여러분의 합격을 응원하는
해커스경찰의 특별 혜택!

FREE 경찰헌법 **동영상강의**

해커스경찰(police.Hackers.com) 접속 후 로그인 ▶ 상단의 [무료강좌 → 경찰 무료강의] 클릭하여 이용

 해커스경찰 온라인 단과강의 **20% 할인쿠폰**

F73A46BACF9NHSLF

해커스경찰(police.Hackers.com) 접속 후 로그인 ▶ 상단의 [내강의실] 클릭 ▶
[쿠폰/포인트] 클릭 ▶ 쿠폰번호 입력 후 이용

* 등록 후 7일간 사용 가능(ID당 1회에 한해 등록 가능)

합격예측 **모의고사 응시권 + 해설강의 수강권**

756AAC3EDE9BBFYW

해커스경찰(police.Hackers.com) 접속 후 로그인 ▶ 상단의 [내강의실] 클릭 ▶
[쿠폰/포인트] 클릭 ▶ 쿠폰번호 입력 후 이용

* ID당 1회에 한해 등록 가능

쿠폰 이용 관련 문의 **1588-4055**

단기 합격을 위한 해커스 커리큘럼

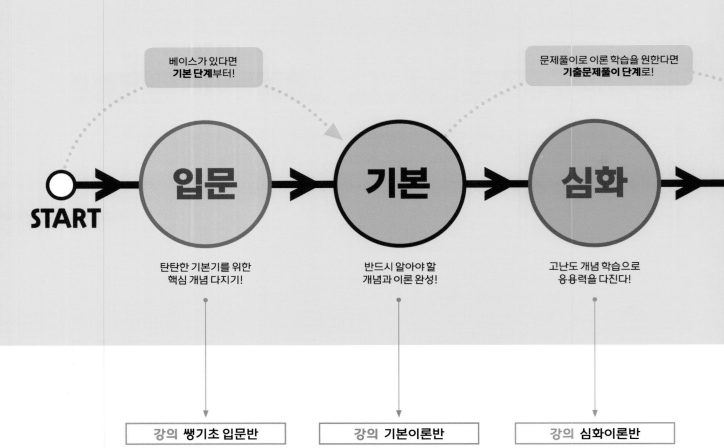

베이스가 있다면 **기본 단계부터!**

문제풀이로 이론 학습을 원한다면 **기출문제풀이 단계로!**

START → **입문** → **기본** → **심화** →

입문
탄탄한 기본기를 위한
핵심 개념 다지기!

기본
반드시 알아야 할
개념과 이론 완성!

심화
고난도 개념 학습으로
응용력을 다진다!

강의 쌩기초 입문반
이해하기 쉬운 개념 설명과 풍부한
연습문제 풀이로 부담 없이 기초를
다질 수 있는 강의

강의 기본이론반
반드시 알아야 할 기본 개념과 문제풀이
전략을 학습하여 핵심 개념 정리를
완성하는 강의

강의 심화이론반
심화이론과 중·상 난이도의 문제를
함께 학습하여 고득점을 위한 발판을
마련하는 강의

단계별 교재 확인 및
수강신청은 여기서!

police.Hackers.com

* 커리큘럼은 과목별·선생님별로 상이할 수 있으며, 자세한 내용은 해커스경찰 사이트에서 확인하세요.

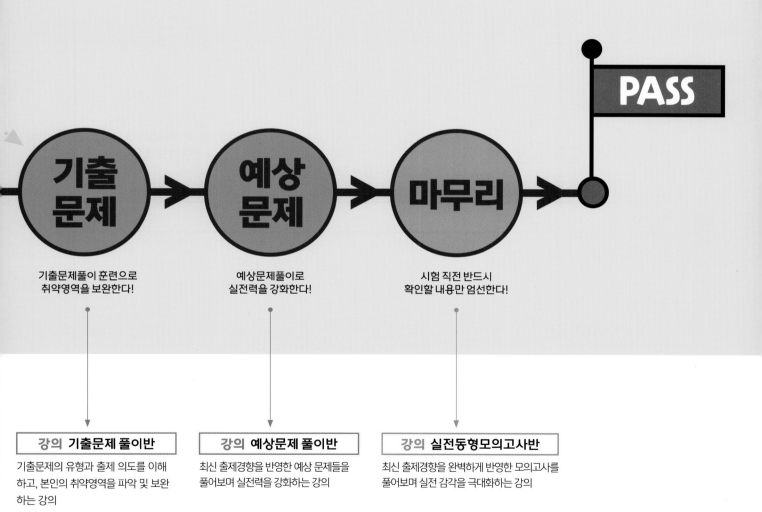

PASS

기출
문제

예상
문제

마무리

기출문제풀이 훈련으로
취약영역을 보완한다!

예상문제풀이로
실전력을 강화한다!

시험 직전 반드시
확인할 내용만 엄선한다!

강의 **기출문제 풀이반**

기출문제의 유형과 출제 의도를 이해
하고, 본인의 취약영역을 파악 및 보완
하는 강의

강의 **예상문제 풀이반**

최신 출제경향을 반영한 예상 문제들을
풀어보며 실전력을 강화하는 강의

강의 **실전동형모의고사반**

최신 출제경향을 완벽하게 반영한 모의고사를
풀어보며 실전 감각을 극대화하는 강의

강의 **봉투모의고사반**

시험 직전에 실제 시험과 동일한 형태의
모의고사를 풀어보며 실전력을 완성하는 강의

해커스경찰 **합격생**이 말하는
경찰 단기 합격 비법!

해커스경찰과 함께라면
다음 합격의 주인공은 바로 여러분입니다.

완전 노베이스로 시작,
8개월 만에 인천청 합격!

강*혁 합격생

형사법 부족한 부분은 모의고사로 채우기!

기본부터 기출문제집과 같이 병행해서 좋았던 것 같습니다. 그리고 1차 시험 보기 전까지 심화 강의를 끝냈는데 **개인적으로 심화강의 추천** 드립니다. 안정적인 실력이 아니라 생각해서 기출 후 **전범위 모의고사에서 부족한 부분들을 많이 채워** 나간 것 같습니다.

법 계열 전공,
1년 이내 대구청 합격!

배*성 합격생

외우기 힘든 경찰학, 방법은 회독과 복습!

경찰학의 경우 양이 워낙 방대하고 휘발성이 강한 과목이라고 생각합니다. (중략) 지속적으로 **회독**을 하였으며, **모의고사**를 통해서 **틀린 부분을 복습**하고 그 범위를 **다시 한 번 책**으로 돌아가서 봤습니다.

이과 계열 전공,
6개월 만에 인천청 합격!

서*범 합격생

법 과목 공부법은 기본과 기출 회독!

법 과목만큼은 **인강을 반복해서 듣고 기출을 반복**해서 읽고 풀었습니다. 익숙해질 필요가 있다고 생각해서 **회독에 더 집중**했었습니다. 익숙해진 이후로는 **오답도 챙기면서 공부**했습니다.

해커스경찰
신동욱
경찰헌법
진도별 문제풀이 500제

해커스경찰

신동욱

약력

현 | 해커스경찰 헌법 강의
　　해커스공무원 헌법, 행정법 강의

전 | 경찰청 헌법특강, EBS 특강
　　경찰교육원 간부후보생 헌법특강
　　서울시교육청 핵심인재과정 헌법특강
　　교육부 평생교육진흥원 학점은행 교수
　　성균관대, 단국대, 전남대, 충북대 등 특강교수

저서

경찰헌법 실전동형모의고사 2, 해커스경찰
경찰헌법 실전동형모의고사 1, 해커스경찰
경찰헌법 최신 3개년 판례집, 해커스경찰
경찰헌법 진도별 문제풀이 500제, 해커스경찰
경찰헌법 단원별 핵심지문 OX, 해커스경찰
경찰헌법 기출문제집, 해커스경찰
경찰헌법 핵심요약집, 해커스경찰
경찰헌법 기본서, 해커스경찰
신헌법 실전동형모의고사 2, 해커스공무원
신헌법 실전동형모의고사 1, 해커스공무원
신헌법 핵심요약집, 해커스공무원
신헌법 핵심 기출 OX, 해커스공무원
신헌법 단원별 기출문제집, 해커스공무원
신헌법 조문해설집, 해커스공무원
처음헌법 만화판례집, 해커스공무원
신헌법(기본서), 해커스공무원
조문이론 판례분석 헌법, 법학사
스마트 신동욱 헌법, 윌비스

서문

본서를 공부하시는 분들은 기본이론, 기출문제에 대한 기본적인 연습이 되어 있는 분들이 많을 것입니다.

그럼에도 아직 뭔가 불충분하고 아쉬운 요소들도 있을 겁니다. 그 이유는 시험 자체가 주는 부담일 수도 있지만, 시중의 많은 헌법 과목 문제집들, 그리고 사설 모의고사 문제들의 유형이 천차만별이다 보니 더욱 불안감이 증폭되는 측면도 있을 것으로 생각됩니다. 결국은 소신껏 공부 분량을 결정하고 적정한 수준의 문제풀이를 꾸준히 함으로써 실력을 계속 쌓아가며 다양한 변수까지 대비할 수 있다면 최상일 것입니다.

수험생 입장에서는 어느 정도의 수준과 어떤 유형의 문제가 출제될지 매우 궁금하기도 하면서, 한편으로는 자신감이 생길 때도 있지만 문득문득 다가오는 불안감에 초조할 때도 있을 것입니다. 초조함의 가장 큰 이유는 순경시험이나 경찰간부시험에서는 헌법 기출문제가 많이 없기 때문입니다. 그러나 공무원시험이나 승진시험 등에서 이미 많은 헌법 기출문제가 축적되어 있고 그 유형도 나름 정형화된 모델들이 있으므로 이를 우선적으로 참조하는 것이 가장 현명한 대책이라고 할 수 있습니다. 그리고 다양한 기출문제들을 분석하고 참조하면서도 경찰헌법에 출제 가능성이 높은 중요문제들을 응용하고 변형된 유사문제들을 많이 풀어보는 것이 중요합니다.

본서는 수험생들의 걱정과 염려를 덜어 주고, 경찰헌법에 대해 자신감을 가질 수 있도록 구성하였습니다. 실전에서 출제될 가능성이 높은 문제, 최신 판례와 개정법령이 모두 반영된 핵심 문제들로만 500문제를 선별하였습니다. 따라서 이미 출간된 <2024 해커스경찰 신동욱 경찰헌법 기출문제집>으로 연습을 하신 분들에게는 본서가 화룡점정의 역할을 할 수 있을 거라 생각됩니다.

본서는 다음과 같은 특징을 가지고 있습니다.
첫째, 출제 가능한 모든 쟁점을 망라하여 균형 있고 고르게 전체범위를 학습할 수 있도록 하였습니다.
둘째, 수험 적합성과 효율성을 최우선으로 고려하였습니다.
셋째, 2023년 12월 판례까지 반영하여 최신판례 문제에 대한 대비도 가능하도록 하였습니다.
넷째, 중요하면서도 출제 가능성이 높은 문제들로만 구성하였습니다.

더불어 경찰공무원 시험 전문 해커스경찰(police.Hackers.com)에서 학원강의나 인터넷 동영상강의를 함께 이용하여 꾸준히 수강한다면 학습효과를 극대화할 수 있을 것입니다.
아무쪼록 본서로 공부하시는 분들의 조기합격과 건강을 기원합니다.

2024년 1월
신동욱

목차

2024 해커스경찰
신동욱 경찰헌법
진도별 문제풀이 500제

문제

2024 해커스경찰
신동욱 경찰헌법
진도별 문제풀이 500제

제1편

헌법총론

제1절 헌법의 의의

01 관습헌법에 대한 설명으로 가장 적절하지 <u>않은</u> 것은? (다툼이 있는 경우 판례에 의함)

① 관습헌법은 주권자인 국민에 의하여 유효한 헌법규범으로 인정되는 동안에만 존속한다.

② 관습헌법규범은 헌법전에 그에 상반하는 법규범을 첨가함에 의하여 폐지하게 된다.

③ 국민은 성문헌법의 제·개정에는 직접 참여하지만, 헌법전에 포함되지 아니한 헌법사항을 필요에 따라 관습의 형태로 직접 형성할 수 없다.

④ 관습헌법은 성문헌법과 동등한 효력을 가지며, 형식적 헌법전에는 기재되지 않은 사항이라도 이를 불문헌법 내지 관습헌법으로 인정할 소지가 있다.

02 헌법의 개념에 관한 설명으로 가장 적절하지 <u>않은</u> 것은? (다툼이 있는 경우 판례에 의함)

① 관습헌법도 성문헌법과 마찬가지로 주권자인 국민의 헌법적결단의 의사표현이고 성문헌법과 동등한 효력을 가지며, 관습헌법의 요건들은 그 성립의 요건일 뿐 효력 유지의 요건은 아니다.

② 관습헌법이 성립하기 위하여서는 관습이 성립하는 사항이 단지 법률로 정할 사항이 아니라 반드시 헌법에 의하여 규율되어 법률에 대하여 효력상 우위를 가져야 할 만큼 헌법적으로 중요한 기본적 사항이 되어야 한다.

③ 일반적인 헌법사항 중 과연 어디까지가 기본적이고 핵심적인 헌법사항에 해당하는지 여부는 일반추상적인 기준을 설정하여 재단할 수는 없고, 개별적 문제사항에서 헌법적 원칙성과 중요성 및 헌법원리를 통하여 평가하는 구체적 판단에 의하여 확정하여야 한다.

④ 국민은 최고의 헌법제정권력이기 때문에 성문헌법의 제·개정에 참여할 뿐만 아니라 헌법전에 포함되지 아니한 헌법사항을 필요에 따라 관습의 형태로 직접 형성할 수 있다.

제2절 합헌적 법률해석

03 법률에 대한 헌법합치적 해석에 관한 헌법재판소의 판시내용과 설명으로 가장 적절하지 **않은** 것은?

① 법률에 대한 헌법합치적 해석이란 어떠한 법률이 다의적으로 해석될 가능성이 있을 경우, 위헌적 해석가능성은 배제하고, 합헌적 해석가능성을 택하여 법률의 효력을 유지시키는 해석방법이다.

② 헌법재판소는 법률에 대한 헌법합치적 해석의 근거로 권력분립원리, 민주주의 원리의 관점에서 입법자의 존중, 법질서의 통일성 및 법적 안정성을 들고 있다.

③ 법률 또는 법률의 조항은 원칙적으로 가능한 범위 안에서 합헌적으로 해석함이 마땅하나 그 해석은 법의 문구와 목적에 따른 한계가 있다. 즉, 법률의 조항의 문구가 간직하고 있는 말의 뜻을 넘어서 말의 뜻이 완전히 다른 의미로 변질되지 아니하는 범위 내이어야 한다는 문의적 한계와 입법권자가 그 법률의 제정으로써 추구하고자 하는 입법자의 명백한 의지와 입법의 목적을 헛되게 하는 내용으로 해석할 수 없다고 하는 법목적에 따른 한계가 바로 그것이다.

④ 헌법재판소에 의하면 구 상속세법 제18조 제1항 본문 중 '상속인'의 범위에 '상속개시 전에 피상속인으로부터 상속재산가액에 가산되는 재산을 증여받고 상속을 포기한 자'를 포함하지 않은 것은 상속을 승인한 자의 헌법상 재산권을 침해하는 것은 아니다.

04 합헌적 법률해석에 대한 설명으로 가장 적절한 것은? (다툼이 있는 경우 판례에 의함)

① 합헌적 법률해석이란 법률이 외형상 위헌적으로 보일 경우라도 그것이 헌법의 정신에 맞도록 해석될 여지가 조금이라도 있는 한 이를 쉽사리 위헌이라고 판단해서는 안 된다는 헌법의 해석지침을 말한다.

② 합헌적 법률해석은 독일연방헌법재판소 판례를 통하여 처음 행해졌다.

③ 합헌적 법률해석은 입법권을 침해하지 아니하는 범위 내에서 사법부가 최대한의 해석상 재량을 발휘하자는 것으로서 사법적극주의의 전형적인 표현이다.

④ 법률에 대한 합헌적 해석의 경우 법률의 목적이나 내용을 본래의 취지보다 다소 제한하거나 보충하는 것은 가능하지만, 전혀 새로운 목적이나 내용을 가지게 하는 것은 허용되지 않는다.

05 합헌적 법률해석에 대한 설명으로 가장 적절하지 **않은** 것은? (다툼이 있는 경우 판례에 의함)

① 어떤 법률의 개념이 다의적이고 그 어의의 테두리 안에서 여러 가지 해석이 가능할 때, 헌법을 최고법규로 하는 통일적인 법질서의 형성을 위하여 헌법에 합치되는 해석, 즉 합헌적인 해석을 택하여야 하며, 이에 의하여 위헌적인 결과가 될 해석은 배제하면서 합헌적이고 긍정적인 면은 살려야 한다는 것이 헌법의 일반법리이다.

② 헌법정신에 맞도록 법률의 내용을 해석·보충하거나 정정하는 '헌법합치적 법률해석' 역시 '유효한' 법률조항의 의미나 문구를 대상으로 하는 것이지, 이를 넘어 이미 실효된 법률조항을 대상으로 하여 헌법합치적인 법률해석을 할 수는 없는 것이어서, 유효하지 않은 법률조항을 유효한 것으로 해석하는 결과에 이르는 것은 '헌법합치적 법률해석'을 이유로도 정당화될 수 없다.

③ 합헌적 법률해석은 규범통제의 과정에서만 문제되며, 규범통제를 확립하는 기능을 한다.

④ 합헌적 법률해석은 인권보장상 폐해를 가져오는 경우도 있다.

06 헌법해석과 합헌적 법률해석에 대한 설명으로 가장 적절하지 <u>않은</u> 것은? (다툼이 있는 경우 판례에 의함)

① 헌법정신에 맞도록 법률의 내용을 해석 보충하거나 정정하는 '헌법합치적 법률해석'은 '유효한' 법률조항의 의미나 문구를 대상으로 하는 것이므로 입법의 공백을 방지하기 위하여 실효된 법률 조항을 유효한 것으로 해석하는 결과에 이르는 것은 '헌법합치적 법률해석'을 이유로도 정당화될 수 없다.

② 통일정신, 국민주권원리 등은 우리나라 헌법의 연혁적·이념적 기초로서 헌법이나 법률해석에서의 해석기준으로 작용한다고 할 수 있으나, 그에 기하여 곧바로 국민의 개별적 기본권성을 도출해내기는 어렵다.

③ 헌법재판소의 헌법해석은 헌법이 내포하고 있는 특정한 가치를 탐색·확인하고 이를 규범적으로 관철하는 작업인 점에 비추어, 헌법재판소가 행하는 구체적 규범통제의 심사기준은 원칙적으로 법률제정 당시에 규범적 효력을 가지는 헌법이다.

④ 헌법 제8조 제1항은 정당설립의 자유, 정당조직의 자유, 정당활동의 자유를 포괄하는 정당의 자유를 보장하는 규정이므로 정당의 자유의 주체는 정당을 설립하려는 개개인과 이를 통해 조직된 정당이다.

제3절 헌법의 제정·개정 및 변천

07 헌법개정에 관한 설명 중 가장 적절하지 <u>않은</u> 것은? (다툼이 있는 경우 판례에 의함)

① 헌법재판의 수요를 감당하기 위하여 헌법재판관의 수를 늘리기 위해서는 헌법개정이 필요하다.

② 헌법개정안은 국회가 의결한 후 30일 이내에 국민투표에 붙여 국회의원선거권자 과반수의 투표와 선거권자 과반수의 찬성을 얻어야 한다.

③ 국회는 헌법개정안이 공고된 날로부터 60일 이내에 의결하여야 하며, 국회의 의결은 재적의원 3분의 2 이상의 찬성을 얻어야 한다.

④ 헌법개정의 한계에 관한 규정을 두지 아니하고 헌법의 개정을 법률의 개정과는 달리 국민투표로 확정하는 현행 헌법상 과연 어떤 규정이 헌법핵 내지는 헌법제정규범으로서 상위규범이고 어떤 규정이 단순한 헌법개정규범으로서 하위규범인지를 구별하는 것이 가능하지 아니하다.

08 헌법개정에 관한 다음 설명 중 가장 적절하지 <u>않은</u> 것은? (다툼이 있는 경우 판례에 의함)

① 제안된 헌법개정안은 대통령이 30일간 공고할 수 있다.

② 관습헌법도 성문헌법의 경우와 동일한 효력을 가지므로 헌법 제130조의 개정방법에 의해서만 개정될 수 있으나, 그것을 지탱하고 있는 국민적 합의성이 소멸되면 관습헌법으로서의 법적 효력을 상실하게 된다.

③ 헌법개정을 하려면 국회는 헌법개정안이 공고된 날로부터 60일 이내에 기명투표로써 재적의원 3분의 2 이상의 찬성을 얻어야 한다.

④ 헌법제정권과 헌법개정권의 구별론이나 헌법개정한계론은 헌법의 개별규정에 대한 위헌심사의 논거로 원용될 수 있다는 것이 우리 헌법재판소의 입장이다.

09 헌법개정에 관한 설명으로 가장 적절하지 <u>않은</u> 것은? (다툼이 있는 경우 판례에 의함)

① 헌법은 하나의 통일된 가치체계를 이루고 있기 때문에 헌법규범 상호간에는 이념적·논리적 가치의 우열과 효력상 우열은 인정되지 아니한다.

② 위헌심사의 대상이 되는 법률은 국회의 의결을 거친 형식적 의미의 법률을 의미하는 것이므로 헌법의 개별규정 자체는 헌법소원에 의한 위헌심사의 대상이 될 수 없다.

③ 대통령의 임기연장 또는 중임변경을 위한 헌법개정은 그 헌법개정 제안 당시의 대통령에 대하여는 효력이 없다.

④ 헌법개정은 국회재적의원 과반수 또는 대통령의 발의로 제안된다.

10 현행 헌법상 헌법개정에 대한 설명으로 옳지 <u>않은</u> 것을 모두 고른 것은? (다툼이 있는 경우 판례에 의함)

> ㉠ 제안된 헌법개정안은 대통령이 30일 이상의 기간 이를 공고하여야 한다.
> ㉡ 헌법개정안은 대통령이 공고한 후 30일 이내에 국민투표에 붙여 국회의원 선거권자 과반수의 투표와 투표자 과반수의 찬성을 얻어야 한다.
> ㉢ 국회는 공고기간이 만료된 날로부터 60일 이내에 의결하여야 하며 국회의 의결은 재적의원 3분의 2 이상의 찬성을 얻어야 한다.
> ㉣ 현행 헌법상 헌법개정을 하지 않고도 채택할 수 있는 것으로는 국회의원 정수를 300인 이상으로 하는 것, 선거권 행사연령의 인상, 지방자치단체 종류의 결정 및 변경, 대법원장과 대법관이 아닌 법관의 임기변경 등이 있다.

① ㉠, ㉣

② ㉠, ㉡, ㉢

③ ㉡, ㉢, ㉣

④ ㉠, ㉡, ㉢, ㉣

11 헌법개정에 대한 설명으로 가장 적절한 것은? (다툼이 있는 경우 판례에 의함)

① 1948년 헌법에서부터 현행 헌법에 이르기까지 헌법개정의 발의권은 국회와 대통령에게만 부여되어 오고 있다.

② 헌법재판소장의 정년을 연장하는 것은 법률의 개정만으로도 가능하다.

③ 국민투표의 효력에 관하여 이의가 있는 투표인은 투표인 10만인 이상의 찬성을 얻어 국회의장을 피고로 하여 투표일로부터 20일 이내에 대법원에 제소할 수 있다.

④ 헌법재판소는 헌법의 개별규정에 대하여 위헌심사를 함에 있어 헌법개정한계론을 원용하는 태도를 보이고 있다.

제4절 헌법의 수호

12 헌법의 보장 혹은 보호와 관련된 설명으로 가장 적절하지 <u>않은</u> 것은? (다툼이 있는 경우 판례에 의함)

① 방어적 민주주의는 민주주의의 자기방어적인 성격을 갖는 것으로서 가치상대주의 내지 다원주의에 대한 한계로서 인정될 것이다.

② 헌법재판소는 국회법 소정의 협의 없는 개의시간의 변경과 회의일시를 통지하지 아니한 입법과정의 하자는 저항권 행사의 대상이 아니라고 판시하고 있다.

③ 방어적 민주주의의 실현수단으로서 위헌정당해산제도는 1960년 제3차 개정헌법에 최초로 규정되었으며, 이와 함께 기본권실효제도를 최초로 도입하였다.

④ 헌법수호의 대상으로서 헌법은 형식적 의미의 헌법뿐만 아니라 실질적 의미의 헌법도 포함한다.

13 다음 중 헌법의 보장 혹은 보호와 관련한 사항으로 가장 적절한 설명은? (다툼이 있는 경우 판례에 의함)

① 대법원은 저항권은 일종의 자연법상의 권리로서 이를 인정하는 것이 타당하다 할 것이고 저항권이 인정된다면 재판규범으로서의 기능을 배제할 근거가 없다는 입장을 가지고 있다.

② 소수의 특수집단을 중심으로 헌정체제의 변화를 유발하는 쿠데타는 혁명이나 저항권과 같이 국민적 정당성을 확보한다고 볼 수 있다.

③ 대법원은 낙선운동을 저항권의 한 형태로 인정하고 있다.

④ 방어적 민주주의를 위한 장치로 위헌정당해산제도와 기본권실효제도를 들 수 있는데 이중 우리는 독일과 달리 위헌정당해산제도만을 도입하고 있다.

14 저항권에 관한 설명 중 가장 적절하지 <u>않은</u> 것은? (다툼이 있는 경우 판례, 다수설 순에 의함)

① 저항권은 보충성 요건의 제약을 받는다는 점에서 시민불복종권과 구별된다.

② 헌법재판소는 국회법 소정의 협의 없는 개의시간의 변경과 회의일시를 통지하지 아니한 입법과정의 하자는 저항권 행사의 대상이 아니라고 한다.

③ 헌법전문의 "불의에 항거한 4·19민주이념을 계승하고"라는 부분을 저항권의 근거규정으로 보는 견해가 있다.

④ 국가기관이나 지방자치단체와 같은 공법인도 저항권의 주체가 될 수 있다.

15 저항권에 대한 설명으로 가장 적절하지 <u>않은</u> 것은? (다툼이 있는 경우 판례에 의함)

① 헌법재판소는 저항권이란 국가권력에 의하여 헌법의 기본원리에 대한 중대한 침해가 행하여지고 그 침해가 헌법의 존재 자체를 부인하는 것으로서 다른 합법적인 구제수단으로는 목적을 달성할 수 없을 때에 국민이 자기의 권리ㆍ자유를 지키기 위하여 실력으로 저항하는 권리라고 개념정의하고 있다.

② 1948년 이래 우리 헌법에는 저항권을 인정하는 명문규정이 없다.

③ 저항권은 고대 그리스 도시국가에서 참주에 대한 국외 추방제도나 고대 중국의 사상가인 맹자(孟子)의 역성혁명론에서 그 사상적 기원을 찾을 수 있다.

④ 대법원은 초실정법적 자연권으로서의 저항권 자체는 실정법질서에서도 존중되어야 하기 때문에, 위법성조각사유로서의 정당행위 여부를 판단할 때에는 저항권을 충분히 고려해야 한다는 입장을 견지하고 있다.

16 헌법의 수호와 관련된 다음 설명 중 가장 적절하지 <u>않은</u> 것은? (다툼이 있는 경우 판례에 의함)

① 사전예방적 헌법수호제도에는 헌법의 최고법규성 선언, 경성헌법성, 위헌법률심사제, 위헌정당해산제도 등이 있다.

② 저항권의 목적은 민주적 기본질서에 바탕한 입헌주의적 헌법체제를 수호하기 위한 것이므로 기존의 체제를 부정하고 새로운 체제를 지향하는 저항은 인정되지 않으나, 저항권은 예외적 경우에는 폭력적 방법도 허용된다는 것이 일반적인 견해이다.

③ 대법원은 저항권이 실정법에 근거를 두지 못하고 오직 자연법에만 근거하고 있는 한, 법관은 이를 재판규범으로 원용할 수 없다고 판시하였다.

④ 저항권이 행사되려면 불법적인 공권력행사의 존재가 객관적으로 명백해야 한다.

제1절 대한민국 헌정사

17 역대 헌법에 대한 설명으로 가장 적절하지 <u>않은</u> 것은?

① 1948년 제헌헌법에서 국회의원의 임기와 국회에서 선거되는 대통령의 임기는 모두 4년으로 규정되었다.

② 1962년 개정헌법은 국회 재적의원 3분의 1 이상 또는 국회의원선거권자 50만인 이상의 찬성으로 헌법개정의 제안을 하도록 규정함으로써, 1948년 헌법부터 유지되고 있던 대통령의 헌법개정제안권을 삭제했다.

③ 기본권의 본질적 내용의 침해금지규정을 처음으로 둔 것은 1962년 제3공화국 헌법이다.

④ 제8차 개정헌법(1980년)에서 대통령은 대통령선거인단에서 무기명투표로 선거하였으며, 대통령의 임기는 7년이었다.

18 대한민국 헌정사에 관한 다음 설명 중 가장 적절하지 <u>않은</u> 것은?

① 제7차 개헌(1972년 유신헌법)에서는 헌법개정절차를 이원화하여 대통령이 헌법개정안을 제안한 경우에는 국민투표로, 국회에서 헌법개정안을 제안한 경우에는 통일주체국민회의의 의결로 확정토록 하였다.

② 독립된 헌법기관인 중앙선거관리위원회는 3·15부정선거에 대한 반성으로 1962년 헌법개정으로 처음 도입된 이래 현재에 이르고 있다.

③ 국군의 정치적 중립성 준수에 관한 규정은 군의 정치개입 폐단을 방지하려는 의지를 천명한 것으로, 현행 헌법에서 새로이 규정된 것이다.

④ 제헌헌법에 따르면 영토의 변경을 위해서는 헌법개정이 필요하지만, 1954년 헌법은 국민투표에 의한 영토 변경이 가능하도록 규정하였다.

19 우리나라 헌정사에 관한 설명 중 가장 적절하지 <u>않은</u> 것은? (다툼이 있는 경우 판례에 의함)

① 제헌헌법에서 국무총리는 대통령이 임명하되 국회의 승인을 얻도록 하였으며, 대통령과 부통령은 국회에서 선출하고 임기는 4년으로 하였다.

② 1948년 헌법에서 사기업근로자의 이익분배균점권을 인정하였고, 1980년 헌법에서 국가가 근로자의 적정임금의 보장에 노력하여야 할 의무에 관하여 최초로 규정하였으며, 1987년 헌법에서 국가가 근로자의 최저임금제를 시행할 의무를 최초로 규정하였다.

③ 1954년 제2차 개정헌법에 의하면 대통령, 민의원 또는 참의원의 재적의원 3분의 1 이상 또는 민의원선거권자 50만인 이상의 찬성으로 헌법개정을 제안할 수 있었고, 민의원 재적의원 3분의 2 이상의 찬성으로 확정되었다.

④ 1962년 제5차 개정헌법은 인간으로서의 존엄과 가치 조항을 신설하고, 위헌법률심사권을 법원의 권한으로 하였다.

20 우리나라 헌정사에 관한 설명 중 가장 적절하지 <u>않은</u> 것은?

① 1948년 건국헌법은 중요한 운수, 통신, 금융, 보험, 전기, 수도, 가스 및 공공성을 가진 기업을 국영 혹은 공영으로 하도록 하였다.

② 1954년 제2차 개정헌법은 초대 대통령에 한하여 중임제한 규정을 적용하지 않도록 하여 초대 대통령에게 영구집권의 가능성을 열어 주었다.

③ 1972년 제7차 개정헌법에서 최초로 언론·출판에 대한 허가·검열의 금지 조항을 두었다.

④ 1980년 제8차 개정헌법에서는 환경권과 행복추구권을 신설하였다.

21 우리나라 헌정사에 대한 설명으로 가장 적절한 것은?

① 제헌헌법에서는 심의기관인 국무원을 두었으며, 대통령이 국무원의 의장이었다.

② 1952년 헌법에는 국무총리제를 폐지하고 국무위원에 대한 개별적 불신임제를 채택하였다.

③ 1948년 건국헌법은 헌법수호기구로서 위헌법률심사권을 가진 헌법위원회와 탄핵심판을 담당하는 탄핵재판소를 규정하였다.

④ 헌법개정에 있어서 국민발안제를 명문으로 규정한 것은 1954년 제2차 개정헌법부터 1962년 제3공화국 헌법까지이다.

22 한국헌정사에 대한 설명 중 가장 적절하지 <u>않은</u> 것은?

① 우리나라 역대헌법에서 명시적인 헌법개정금지조항을 둔 적은 있으나, 현행 헌법에는 명시적인 헌법개정금지조항이 없다는 것이 일반적인 견해이다.

② 1948년 제헌헌법에서는 대통령, 부통령, 국무총리를 모두 두고 있었다.

③ 1962년 제5차 개정헌법은 인간으로서의 존엄과 가치 조항을 신설하고, 위헌법률심사권을 법원의 권한으로 규정하였다.

④ 1987년 제9차 개정헌법에서 환경권을 최초로 규정하였다.

23 우리나라 헌정사에 관한 설명 중 가장 적절한 것은?

① 1954년 개정헌법(제2차 개헌)은 같은 헌법 공포 당시의 대통령에 한하여 중임제한을 철폐하고, 대통령의 궐위시에는 국무총리가 그 지위를 계승하도록 하였다.

② 1962년 개정헌법(제5차 개헌)은 국무총리, 국무위원에 대한 국회의 해임건의가 있을 때에는 대통령은 특별한 사유가 없는 한 이에 응하도록 규정하였다.

③ 1969년의 제6차 헌법개정은 대통령 연임제한규정을 철폐하였다.

④ 1987년 제9차 개헌에서는 근로자의 적정임금 보장, 재외국민 보호의무 규정을 신설하고 형사보상청구권을 피의자까지 확대인정하였다.

24 우리나라 헌정사에 관한 설명 중 가장 적절하지 <u>않은</u> 것은?

① 1948년 건국헌법에서는 대통령과 부통령을 국회에서 선출하도록 하였고 헌법위원회제도를 두었다.

② 1960년의 제3차 개정헌법에서는 의원내각제 정부형태를 채택하였고 대통령간선제를 규정하였다.

③ 1962년 제5차 개정헌법에서는 인간의 존엄과 가치 조항을 처음 규정하였다.

④ 1972년의 제7차 헌법개정은 국회를 해산하고 국가재건최고회의에서 개헌안을 의결하였다.

25 우리나라 헌법의 제정 및 개정 과정에 관한 다음의 설명 중 가장 적절한 것은?

① 제헌헌법에서는 양원제 의회를 채택하였다.

② 중앙선거관리위원회는 제5차 개정헌법에서 헌법기관으로 처음 규정되었다.

③ 제5차 개정헌법에서는 국회의 구성을 단원제로 환원하였고 대법원에 의한 위헌법률심사제를 두었다.

④ 제8차 개정헌법에서는 인간의 존엄성 존중 조항을 신설하였고 일반 법관의 임명권을 대통령에게 부여하였다.

26 역대 헌법에 관한 설명으로 가장 적절하지 <u>않은</u> 것은?

① 제헌헌법에서는 심의기관인 국무원을 두었으며, 대통령이 국무원의 의장이었다.

② 제헌헌법에서는 위헌법률심사권을 가진 헌법위원회와 탄핵심판을 담당하는 탄핵재판소를 따로 규정하였다.

③ 국군의 정치적 중립성 준수에 관한 규정은 군의 정치개입 폐단을 방지하려는 의지를 천명한 것으로, 현행 헌법에서 새로이 규정된 것이다.

④ 1962년의 제5차 개헌은 국회의 의결 없이 국가재건최고회의가 의결하여 국민투표로 확정하였으나, 이는 제2공화국 헌법의 헌법개정절차에 따른 개정이 아니었다.

27 헌정사에 대한 설명 중 가장 적절하지 <u>않은</u> 것은?

① 제헌헌법(1948년)에서 대통령과 부통령은 국회에서 무기명투표로 각각 선거하였다.

② 제2차 개정헌법(1954년)에서 주권의 제약 또는 영토의 변경을 가져올 국가안위에 관한 중대사항은 국회의 가결을 거친 후 국민투표에 부쳐 결정하도록 하였다.

③ 제8차 개정헌법(1980년)에서 대통령선거제도는 대통령선거인단에 의한 간선제에서 직선제로 변경되었다.

④ 제3차 개정헌법(1960년)에서 대통령은 국회에서 간선되었으며, 의결기관인 국무원을 두었고 국무총리가 국무원의 의장이었으며, 국무원은 민의원 해산권을 가지고 있었다.

제2절 대한민국의 국가형태와 구성요소

28 헌법의 적용범위에 대한 설명으로 옳은 것을 모두 고른 것은? (다툼이 있는 경우 판례에 의함)

> ㉠ 헌법재판소는 독도 등을 중간수역으로 정한 대한민국과 일본국간의 어업에 관한 협정은 배타적 경제수역을 직접 규정한 것이 아니고, 독도의 영유권 문제나 영해 문제와는 직접적인 관련을 가지지 아니하기 때문에 헌법상 영토조항에 위반되지 않는다고 하였다.
> ㉡ 북한이탈주민의 보호 및 정착 지원에 관한 법률에 따르면 북한을 벗어난 후 외국의 국적을 취득한 자는 '북한이탈주민'으로 보호된다.
> ㉢ 1948년 정부수립이전이주동포를 재외동포의 출입국과 법적 지위에 관한 법률의 적용대상에서 제외하는 것은 헌법 제11조의 평등원칙에 위배된다.
> ㉣ 헌법의 인적 적용범위와 관련하여 우리나라는 부모양계혈통주의에 기초한 속인주의를 원칙으로 하면서 속지주의를 보충적으로 채택하고 있다.
> ㉤ 남북교류협력에 관한 법률과 국가보안법의 상호관계에 대해서, 헌법재판소는 양 법률의 규제대상이 동일한 점을 들어 일반법과 특별법의 관계로 파악하고 있다.

① ㉠, ㉡

② ㉠, ㉢, ㉣

③ ㉢, ㉣, ㉤

④ ㉠, ㉢, ㉣, ㉤

29 국적에 관한 설명으로 가장 적절하지 <u>않은</u> 것은? (다툼이 있는 경우 판례에 의함)

① 출생이나 그 밖에 국적법에 따라 대한민국 국적과 외국 국적을 함께 가지게 된 사람으로서 대통령령으로 정하는 사람은 대한민국의 법령 적용에서 대한민국 국민으로만 처우한다.

② 대한민국의 국민이 아닌 자로서 대한민국의 국민인 부 또는 모에 의하여 인지된 자가 대한민국의 민법상 미성년자이면서 출생 당시에 부 또는 모가 대한민국의 국민이었을 경우에는 법무부장관에게 신고함으로써 대한민국 국적을 취득할 수 있다.

③ 직계존속이 외국에서 영주할 목적 없이 체류한 상태에서 출생한 자는 병역의무를 해소한 경우에만 국적이탈을 신고할 수 있도록 하는 구 국적법 제12조 제3항은 혈통주의에 따라 출생과 동시에 대한민국 국적을 취득하게 되므로 병역의무를 해소해야만 국적이탈을 허용하게 되는 결과를 가져오지만, 과잉금지원칙에 위배되지 아니하므로 국적이탈의 자유를 침해하지 않는다.

④ 외국인이 귀화허가를 받기 위해서는 '품행이 단정할 것'의 요건을 갖추도록 한 구 국적법 제5조 제3호는 귀화신청자의 성별, 연령, 직업, 가족, 경력, 전과관계 등 여러 사정을 종합적으로 고려하여 판단하는 것이 자의적일 수 있어 명확성원칙에 위배된다.

30 현행 국적법 규정으로 옳지 <u>않은</u> 것은 모두 몇 개인가?

> ㉠ 공무원이 그 직무상 대한민국 국적을 상실한 자를 발견하면 3개월 이내에 법무부장관에게 그 사실을 통보하여야 한다.
> ㉡ 복수국적자로서 외국 국적을 선택하려는 자는 외국에 주소가 있는 경우에만 주소지 관할 재외공관의 장을 거쳐 법무부장관에게 대한민국 국적을 이탈한다는 뜻을 신고할 수 있다.
> ㉢ 복수국적자는 대한민국의 법령 적용에서 대한민국 국민으로만 처우한다.
> ㉣ 출생 당시에 모가 자녀에게 외국 국적을 취득하게 할 목적으로 외국에서 체류 중이었던 사실이 인정되는 자는 외국 국적을 포기한 경우에만 대한민국 국적을 선택한다는 뜻을 신고할 수 있다.

① 1개   ② 2개
③ 3개   ④ 4개

31 현행 국적법에 관한 설명 중 가장 적절하지 <u>않은</u> 것은? (다툼이 있는 경우 판례에 의함)

① 외국인인 부(父)와 대한민국 국민인 모(母) 사이의 혼인외 출생자는 출생과 동시에 대한민국 국적을 취득한다.
② 복수국적자로서 외국 국적을 선택하려는 자는 외국에 주소가 있는 경우에만 주소지 관할 재외공관의 장을 거쳐 법무부장관에게 대한민국 국적을 이탈한다는 뜻을 신고할 수 있다.
③ 대한민국의 국적을 취득한 사실이 없는 외국인은 법무부장관의 귀화허가를 받아 대한민국의 국적을 취득할 수 있는데, 이때 일반귀화의 경우 5년 이상 계속하여 대한민국에 주소가 있을 것, 대한민국의 민법상 성년일 것 등 법 제5조의 요건을 갖추어야 한다.
④ 대한민국 국민이 자진하여 미국의 시민권을 취득하면 복수국적자가 되어 국적법에 따라 법무부장관의 허가를 얻어 대한민국의 국적을 이탈하여야 대한민국의 국적을 상실한다.

32 국적에 대한 설명으로 가장 적절하지 <u>않은</u> 것은? (다툼이 있는 경우 판례에 의함)

① 대한민국 국민이 자진하여 외국 국적을 취득한 경우 대한민국 국적을 상실하도록 한 국적법 조항은 청구인의 거주·이전의 자유 및 행복추구권을 침해하지 않는다.
② 1978.6.14.부터 1998.6.13. 사이에 태어난 모계출생자가 대한민국 국적을 취득할 수 있도록 특례를 두면서 2004.12.31. 까지 국적취득신고를 한 경우에만 대한민국 국적을 취득하도록 한 국적법 조항은 평등원칙에 위배된다.
③ 직계존속이 외국에서 영주할 목적 없이 체류한 상태에서 출생한 자는 병역의무 이행과 관련하여 병역면제처분을 받은 경우 국적이탈 신고를 할 수 있다.
④ 대한민국 국적을 상실한 자는 국적을 상실한 때부터 대한민국의 국민만이 누릴 수 있는 권리를 누릴 수 없는데 이 권리 중 대한민국의 국민이었을 때 취득한 것으로서 양도할 수 있는 것은 그 권리와 관련된 법령에서 따로 정한 바가 없으면 3년 내에 대한민국의 국민에게 양도하여야 한다.

33 국적과 재외국민에 관한 다음 설명 중 가장 적절하지 <u>않은</u> 것은? (다툼이 있는 경우 판례에 의함)

① 국적법은 부모양계혈통주의를 원칙으로 하고 출생지주의를 예외적으로 인정하고 있다.

② 주된 생활의 근거를 외국에 두고 있는 복수국적자가 병역준비역에 편입된 때부터 대한민국 국적으로부터 이탈한다는 뜻을 신고하지 않고 3개월이 지난 경우 병역의무 해소 전에는 예외 없이 대한민국 국적에서 이탈할 수 없도록 제한하는 국적법 조항은 국적이탈의 자유를 침해한다.

③ 국가의 재외국민 보호의무는 재외국민이 조약 기타 일반적으로 승인된 국제법규와 거류국의 법령에 의하여 누릴 수 있는 모든 분야에서 정당한 대우를 받도록 거류국과의 관계에서 국가가 외교적 보호를 행하는 것과 국외 거주 국민에 대하여 정치적인 고려에서 특별히 법률로써 정하여 베푸는 법률·문화·교육 기타 제반영역에서의 지원을 의미한다.

④ 여행금지국가로 고시된 사정을 알면서도 외교부장관으로부터 예외적 여권사용 등의 허가를 받지 않고 여행금지국가를 방문하는 등의 행위를 형사처벌하는 여권법 규정은 국가의 재외국민 보호의무를 이행하기 위하여 법률에 구체화된 것으로서 그 목적의 정당성은 인정되나, 과도한 처벌 규정으로 인하여 거주·이전의 자유를 침해한다.

34 국적의 취득에 대한 설명으로 가장 적절하지 <u>않은</u> 것은?

① 출생하기 전에 부(父)가 사망한 경우에는 그 사망 당시에 부(父)가 대한민국의 국민이었던 자는 출생과 동시에 대한민국 국적을 취득한다.

② 대한민국에서 발견된 기아(棄兒)는 대한민국에서 출생한 것으로 추정한다.

③ 외국에서 출생(직계존속이 외국에서 영주할 목적 없이 체류한 상태에서 출생한 사람은 포함한다)하거나 6세 미만의 아동일 때 외국으로 이주한 사람으로서 주된 생활의 근거를 계속하여 외국에 둔 복수국적자의 경우에는 병역준비역에 편입된 때부터 3개월 이내에 국적 이탈을 신고하지 못한 정당한 사유가 있는 경우 법무부장관에게 대한민국 국적의 이탈 허가를 신청할 수 있다.

④ 1978.6.14.부터 1998.6.13. 사이에 태어난 모계출생자가 대한민국 국적을 취득할 수 있는 특례를 두면서 2004.12.31.까지 국적 취득 신고를 한 경우에만 대한민국 국적을 취득하도록 한 것은, 특례의 적용을 받는 모계출생자가 그 권리를 조속히 행사하도록 하여 위 모계출생자가 권리를 남용할 가능성을 억제하기 위한 것으로 합리적 이유 있는 차별이다.

35 국적에 관한 설명으로 가장 적절하지 <u>않은</u> 것은? (다툼이 있는 경우 판례에 의함)

① 국적법 조항 중 거짓이나 그 밖의 부정한 방법으로 국적회복허가를 받은 사람에 대하여 그 허가를 취소할 수 있도록 규정한 부분은 과잉금지원칙에 위배하여 거주·이전의 자유 및 행복추구권을 침해하지 아니한다.

② 1978.6.14.부터 1998.6.13. 사이에 태어난 모계출생자(모가 대한민국 국민이거나 모가 사망할 당시에 모가 대한민국 국민이었던 자)가 대한민국 국적을 취득할 수 있는 특례를 두면서 2004.12.31.까지 국적취득신고를 한 경우에만 대한민국 국적을 취득하도록 한 국적법 조항은, 모계출생자가 권리를 남용할 가능성을 억제하기 위하여 특례기간을 2004.12.31.까지로 한정하고 있는바, 이를 불합리하다고 볼 수 없고 평등원칙에 위배되지 않는다.

③ 국적법 조항 중 "외국에 주소가 있는 경우"는 입법취지 및 사전적 의미 등을 고려할 때 다른 나라에 생활근거가 있는 경우를 뜻함이 명확하므로 명확성원칙에 위배되지 아니한다.

④ 복수국적자가 외국에 주소가 있는 경우에만 국적이탈을 신고할 수 있도록 정한 국적법 조항은 복수국적자에게 과도한 불이익을 발생시켜 과잉금지원칙에 위배되어 국적이탈의 자유를 침해한다.

36 대한민국 국적에 대한 설명으로 가장 적절한 것은? (다툼이 있는 경우 판례에 의함)

① 국적법에 규정된 신청이나 신고와 관련하여 그 신청이나 신고를 하려는 자가 18세 미만이면 법정대리인이 대신하여 이를 행한다.

② 중앙행정기관의 장이 복수국적자를 외국인과 동일하게 처우하는 내용으로 법령을 제정 또는 개정하려는 경우에는 미리 법무부장관에게 통보하여야 한다.

③ 배우자가 대한민국 국민인 외국인으로서 그 배우자와 혼인한 후 3년이 지나고 혼인한 상태로 대한민국에 1년 이상 계속하여 주소가 있는 자는 귀화허가를 받을 수 있다.

④ 출생 당시 모가 자녀에게 외국 국적을 취득하게 할 목적으로 외국에서 체류 중이었던 사실이 인정되는 자는 대한민국에서 외국 국적을 행사하지 않겠다는 서약을 한 후 대한민국 국적을 선택한다는 뜻을 신고할 수 있다.

37 국적법상 국적에 대한 설명으로 옳은 것만을 〈보기〉에서 모두 고른 것은?

〈보기〉
㉠ 부 또는 모가 대한민국의 국민이었던 외국인은 대한민국에 3년 이상 계속하여 주소가 있는 경우 간이귀화허가를 받을 수 있다.
㉡ 외국인의 자(子)로서 대한민국의 민법상 미성년인 사람은 부 또는 모가 귀화허가를 신청할 때 함께 국적 취득을 신청할 수 있다.
㉢ 국적법은 출생이나 그 밖에 국적법에 따라 대한민국 국적과 외국 국적을 함께 가지게 된 자, 즉 복수국적자는 대한민국의 법령 적용에 있어서 대한민국 국민과 외국 국민으로 처우한다.
㉣ 복수국적자로서 외국 국적을 선택하려는 자는 외국에 주소가 없어도 법무부장관에게 대한민국 국적을 이탈한다는 뜻을 신고할 수 있다.

① ㉠
② ㉠, ㉡
③ ㉡, ㉢
④ ㉠, ㉡, ㉢

38 국적에 관한 헌법재판소의 판시내용과 설명으로 가장 적절한 것은? (다툼이 있는 경우 판례에 의함)

① 대한민국의 민법상 미성년인 대한민국의 국민이 아닌 자는 대한민국 국민인 부 또는 모에 의하여 인지되고, 출생 당시에 그 부 또는 모가 대한민국의 국민이라는 요건을 모두 갖춘 때에 대한민국 국적을 취득한다.

② 대한민국 국적을 취득한 사실이 없는 외국인은 법무부장관의 귀화허가를 받아 대한민국 국적을 취득할 수 있으며, 법무부장관 앞에서 국민선서를 하고 귀화증서를 수여받은 때에 대한민국 국적을 취득한다.

③ 대한민국 국민의 양자로서 입양 당시 대한민국의 민법상 성년이었던 외국인으로서 대한민국에 2년간 계속하여 주소가 있는 자는 5년 이상 계속하여 대한민국에 주소가 없고 대한민국에 영주할 수 있는 체류자격이 없더라도 귀화허가를 받을 수 있다.

④ 국적이탈 신고자에게 신고서에 '가족관계기록사항에 관한 증명서'를 첨부하여 제출하도록 규정한 국적법 시행규칙 제12조 제2항 제1호는 명확성원칙에 위배되고, 과잉금지원칙에 위배되어 국적이탈의 자유를 침해한다.

39 헌법상의 통일 관련 조항과 남북한 관계에 관한 설명 중 가장 적절하지 <u>않은</u> 것은? (다툼이 있는 경우 판례에 의함)

① 남북교류협력에 관한 법률과 국가보안법은 그 입법목적과 규제대상을 달리한다.

② 헌법조문이나 헌법해석에 의하여 바로 입법자에게 탈북의료인에 대해 국내 의료면허를 부여할 입법의무가 발생한다고 볼 수 없다.

③ 남북은 국제연합(UN)에 2개의 국가로 동시 가입하였으므로 북한주민은 별도의 국적취득절차를 거쳐야 대한민국 국민이 된다.

④ 통일부장관이 북한주민 등과의 접촉을 원하는 자로부터 승인신청을 받아 구체적인 내용을 검토하여 승인 여부를 결정하는 절차를 규정한 남북교류협력에 관한 법률은 평화통일을 선언한 헌법전문과 헌법 제4조에 위배되지 않는다.

40 남북관계에 관한 설명으로 가장 적절하지 <u>않은</u> 것은? (다툼이 있는 경우 판례에 의함)

① 북한은 조국의 평화적 통일을 위한 대화와 협력의 동반자임과 동시에, 대남적화노선을 고수하며 우리의 자유민주체제 전복을 획책하는 반국가단체라는 이중적 성격을 함께 가진다.

② 우리 헌법에서 지향하는 통일은 대한민국의 존립과 안전을 부정하는 것이 아니고, 자유민주적 기본질서에 바탕을 둔 정치체제적 의미뿐만 아니라 사유재산과 시장경제를 골간으로 한 경제질서까지도 포함된 것이다.

③ 통일부장관이 북한주민 등과의 접촉을 원하는 자로부터 승인 신청을 받아 구체적인 내용을 검토하여 승인 여부를 결정하는 절차를 규정한 남북교류협력에 관한 법률은 평화통일을 선언한 헌법전문과 헌법 제4조에 위배되지 않는다.

④ 헌법상 통일 관련 조항들로부터 국민 개개인의 통일에 대한 기본권이 직접 인정되지는 않지만, 국가기관에 대하여 통일에 관련된 일정한 행동을 요구할 수 있는 권리는 도출된다.

41 남북관계에 대한 설명으로 가장 적절하지 <u>않은</u> 것은?

① 북한지역은 대한민국의 영토에 속하는 한반도의 일부를 이루는 것이어서 대한민국의 주권이 미치는 점에 비추어 볼 때, 북한법의 규정에 따라 북한 국적을 취득하고 북한의 해외공민증을 발급받았다는 사정은 대한민국 국적을 취득하고 이를 유지함에 있어 아무런 영향을 끼칠 수 없다.

② 우리 헌법이 "대한민국의 영토는 한반도와 그 부속도서로 한다."는 영토조항을 두고 있는 이상 북한을 외국환거래법 소정의 '외국'으로, 북한의 주민 또는 법인 등을 '비거주자'로 바로 인정하기 어렵다.

③ 남북합의서는 조약이 아니므로 대통령이 남북합의서를 체결·비준할 때에 국회의 동의는 없어도 된다.

④ 남북정상회담의 개최과정에서 재정경제부장관에게 신고하지 아니하거나 통일부장관의 협력사업 승인을 얻지 아니한 채 북한 측에 사업권의 대가 명목으로 송금한 행위자체는 사법심사의 대상이다.

42 북한 및 통일문제에 대한 다음 설명 중 가장 적절하지 <u>않은</u> 것은? (다툼이 있는 경우 판례에 의함)

① 1992년 발효된 '남북 사이의 화해와 불가침 및 교류·협력에 관한 합의서'는 국가 간의 조약이라기보다는 남북당국의 성의 있는 이행을 상호 약속하는 일종의 신사협정에 불과하다.

② 우리 헌법이 평화통일조항을 둔 것은 1972년 제4공화국 헌법이 처음이다.

③ '남한과 북한의 주민'이라는 행위 주체 사이에 '투자 기타 경제에 관한 협력사업'이라는 행위를 할 경우에는 남북교류협력에 관한 법률이 다른 법률보다 우선적으로 적용되고, 필요한 범위 내에서 외국환거래법 등이 준용된다.

④ 개별 법률의 적용 내지 준용에 있어서 남북한의 특수관계적 성격을 고려하더라도 북한지역을 외국에 준하는 지역으로, 북한주민 등을 외국인에 준하는 지위에 있는 자로 규정할 수 없다.

제3절 한국헌법의 기본원리

43 헌법전문(前文)에 대한 설명으로 가장 적절하지 <u>않은</u> 것은? (다툼이 있는 경우 판례에 의함)

① "헌법전문에 기재된 3·1정신"은 우리나라 헌법의 연혁적·이념적 기초로서 헌법이나 법률해석에서의 해석기준으로 작용한다고 할 수 있지만, 그에 기하여 곧바로 국민의 개별적 기본권성을 도출해낼 수는 없다.

② 헌법전문에서 "3·1운동으로 건립된 대한민국임시정부의 법통을 계승"한다고 선언하고 있으므로 국가는 일제로부터 조국의 자주독립을 위하여 공헌한 독립유공자와 그 유족에 대하여는 응분의 예우를 하여야 할 헌법적 의무를 지닌다.

③ 헌법전문(前文)과 헌법 제9조에서 말하는 '전통', '전통문화'란 역사성과 시대성을 띤 개념으로 이해하여야 하므로, 과거의 어느 일정 시점에서 역사적으로 존재하였다는 사실만으로도 헌법의 보호를 받는 전통이 되는 것이다.

④ 헌법전문이란 헌법전(憲法典)의 일부를 구성하는 헌법서문을 말하지만, 성문헌법의 필수적 구성요소는 아니다.

44 현행 헌법전문(前文)에 규정되어 있는 내용으로만 연결된 것은?

① 우리 대한민국 - 조국의 민주개혁 - 세계평화와 인류공영

② 5·18 민주화운동의 이념 - 자유민주적 기본질서 - 평화적 통일의 사명

③ 민족의 단결 - 국민생활의 균등한 향상 - 대한민국 임시정부의 법통

④ 8차에 걸쳐 개정된 헌법 - 개인의 존엄과 양성의 평등 - 전통문화의 계승·발전

45 현행 헌법의 전문에 대한 설명으로 가장 적절하지 <u>않은</u> 것은? (다툼이 있는 경우 판례에 의함)

① 헌법의 본문 앞에 위치한 문장으로서 헌법전의 일부를 구성하는 헌법서문을 말한다.

② 헌법제정 및 개정의 주체, 건국이념과 대한민국의 정통성, 자유 민주주의적 기본질서의 확립, 평화통일과 국제평화주의의 지향은 물론 대한민국이 민주공화국이고 모든 권력이 국민으로부터 나온다는 사실도 헌법전문에 선언되어 있다.

③ 헌법의 전문과 본문의 전체에 담겨 있는 최고 이념은 국민주권주의와 자유민주주의에 입각한 입헌민주헌법의 본질적 기본원리에 기초하고 있다.

④ 우리 헌법이 제정되기 전의 일이라도 일제강점기에 징병과 징용으로 일제에 의해 강제이주 당하여 원폭피해를 당한 상태에서 장기간 방치됨으로써 심각하게 훼손된 피해자들의 인간으로서의 존엄과 가치를 회복시켜야 할 의무는 대한민국임시정부의 법통을 계승한 지금의 정부가 국민에 대하여 부담한다.

46 법적 안정성에 관한 설명으로 가장 적절하지 <u>않은</u> 것은? (다툼이 있는 경우 판례에 의함)

① 일반적으로 과거에 시작된 구성요건사항에 대한 신뢰는 더 보호될 가치가 있는 것이므로 부진정소급입법의 신뢰보호의 원칙에 대한 심사는 장래 입법의 경우보다 일반적으로 더 강화되어야 한다.

② 친일재산의 취득 경위에 내포된 민족배반적 성격, 대한민국임시정부의 법통 계승을 선언한 헌법전문 등에 비추어 친일반민족행위자 측으로서는 친일재산의 소급적 박탈을 충분히 예상할 수 있었고, 친일재산 환수 문제는 그 시대적 배경에 비추어 역사적으로 매우 이례적인 공동체적 과업이므로 이러한 소급입법의 합헌성을 인정한다고 하더라도 이를 계기로 진정소급입법이 빈번하게 발생할 것이라는 우려는 충분히 불식될 수 있다.

③ 사법연수원의 소정 과정을 마치더라도 바로 판사임용자격을 취득할 수 없고 일정 기간 이상의 법조경력을 갖추어야 판사로 임용될 수 있도록 한 법원조직법 개정조항은 동법 개정 시점에 이미 사법연수원에 입소하여 사법연수원생의 신분을 갖고 있었던 자에게 사법연수원을 수료하는 해의 판사임용에 지원하는 경우라도 신뢰보호의 원칙에 위반되지 않는다.

④ 국세관련 경력공무원 중 구법규정상의 자격부여요건을 충족한 자들에게만 세무사 자격이 부여되도록 규정한 개정된 세무사법 규정은 관련자들의 신뢰이익을 침해한 것이다.

47 법치국가원리에 관한 다음 설명 중 가장 적절하지 <u>않은</u> 것은? (다툼이 있는 경우 판례에 의함)

① 징집대상자의 범위를 정하는 것은 입법자의 입법형성권이 매우 광범위하게 인정되어야 하는 영역으로, 국민들은 이러한 영역에 관한 법률이 제반사정에 따라 언제든지 변경될 수 있다는 것을 충분히 예측할 수 있다고 보아야 한다.

② 러·일전쟁 개전시부터 1945년 8월 15일까지 친일반민족행위자가 취득한 재산을 친일행위의 대가로 취득한 재산으로 추정하는 친일반민족행위자 재산의 국가귀속에 관한 특별법 조항은 추정 번복을 어렵게 하고 있어 법치국가원리가 요구하는 적법절차원칙에 반한다.

③ 범죄행위의 무게 및 그 범죄자의 책임에 상응하는 정당한 비례성을 감안하여, 기본권의 제한은 필요한 최소한에 그쳐야 한다는 것은 헌법상 법치국가의 원리에서 나온다.

④ 일정기간 근무한 뒤에는 변리사 자격을 획득할 수 있었던 기존 특허청 경력공무원 중 일부에게만 구법 규정을 적용하여 변리사 자격이 부여되도록 규정한 것은 신뢰이익을 침해하여 헌법에 위반된다.

48 법치국가원리에 관한 설명 중 가장 적절하지 <u>않은</u> 것은? (다툼이 있는 경우 판례에 의함)

① 체계정당성의 원리는 비례의 원칙이나 평등의 원칙 등 일정한 헌법의 규정이나 원칙을 위반하여야만 비로소 그 위반이 인정된다.

② 특별한 법적 근거 없이 엄중격리대상자의 수용거실에 CCTV를 설치하여 24시간 감시하는 행위는 법률유보의 원칙에 위배되지 않는다.

③ 국세관련 경력공무원 중 일부에게만 종전 세무사법 규정을 적용하여 세무사 자격이 부여되도록 개정된 세무사법 (1999.12.31. 법률 제6080호로 개정된 것) 부칙 규정은 관련자들의 신뢰이익을 침해한 것이다.

④ 신뢰보호의 원칙은 법률이나 그 하위법규의 개폐에만 적용될 뿐, 국가관리의 입시제도와 같은 제도운영지침의 개폐에는 적용되지 않는다.

49 법치국가원리에 대한 설명으로 가장 적절한 것은? (다툼이 있는 경우 판례에 의함)

① 검사에 대한 징계사유 중 하나인 '검사로서의 체면이나 위신을 손상하는 행위를 하였을 때'의 의미는 그 포섭 범위가 지나치게 광범위하므로 명확성의 원칙에 반하여 헌법에 위배된다.

② 법적 안정성의 객관적 측면은 한번 제정된 법규범은 원칙적으로 존속력을 갖고 자신의 행위기준으로 작용하리라는 개인의 신뢰를 보호하는 것이다.

③ 시혜적 소급입법은 수익적인 것이어서 헌법상 보장된 기본권을 침해할 여지가 없어 위헌 여부가 문제되지 않는다.

④ 법률시행 당시 개발이 진행 중인 사업에 대하여 장차 개발이 완료되면 개발부담금을 부과하려는 것은 이른바 부진정소급입법에 해당하는 것이어서 헌법상 허용되는 것이다.

50 신뢰보호의 원칙에 대한 설명으로 옳은 것을 모두 고른 것은? (다툼이 있는 경우 판례에 의함)

> ㉠ 전부개정된 성폭력범죄의 처벌에 관한 특례법 시행 전에 행하여졌으나 아직 공소시효가 완성되지 아니한 성폭력범죄에 대해서도 공소시효의 정지·배제조항을 적용하는 성폭력범죄의 처벌에 관한 특례법 조항은 신뢰보호원칙에 위반되지 않는다.
>
> ㉡ 실제 평균임금이 노동부장관이 고시하는 한도금액 이상일 경우 그 한도금액을 실제임금으로 의제하는 최고보상제도가 시행되기 전에 이미 재해를 입고 산재보상수급권이 확정적으로 발생한 경우에도 적용하는 산업재해보상보험법 부칙조항은 신뢰보호원칙에 위반된다.
>
> ㉢ 상가건물 임차인의 계약갱신요구권 행사기간을 10년으로 연장한 개정법 조항의 시행 이전에 체결되었더라도 개정법 시행 이후 갱신되는 임대차의 경우에 개정법 조항의 연장된 기간을 적용하는 상가건물임대차 보호법 부칙조항은 신뢰보호원칙에 위반된다.
>
> ㉣ 위법건축물에 대해 이행강제금을 부과하도록 하면서 이행강제금제도 도입 전의 건축물에 대해 이행강제금제도 적용의 예외를 두지 않는 건축법 부칙조항은 신뢰보호원칙에 위반되지 않는다.

① ㉠, ㉡, ㉢   ② ㉠, ㉡, ㉣

③ ㉠, ㉢, ㉣   ④ ㉡, ㉢, ㉣

51 신뢰보호원칙에 대한 설명으로 가장 적절하지 <u>않은</u> 것은? (다툼이 있는 경우 판례에 의함)

① 조세에 관한 법규·제도는 신축적으로 변할 수밖에 없다는 점에서 납세의무자로서는 구법 질서에 의거한 신뢰를 바탕으로 적극적으로 새로운 법률관계를 형성하였다든지 하는 특별한 사정이 없는 한 원칙적으로 현재의 세법이 변함없이 유지되리라고 기대하거나 신뢰할 수는 없다.

② 사회 환경이나 경제여건의 변화에 따른 필요성에 의하여 법률은 신축적으로 변할 수밖에 없고 변경된 새로운 법질서와 기존의 법질서 사이에는 이해관계의 상충이 불가피하므로, 국민이 가지는 모든 기대 내지 신뢰가 헌법상 권리로서 보호될 것은 아니다.

③ 택지소유상한에 관한 법률이 택지를 소유하게 된 경위나 그 목적 여하에 관계없이 법 시행 이전부터 택지를 소유하고 있는 개인에 대하여 일률적으로 소유상한을 적용하도록 한 것은, 법목적을 달성하기 위하여 필요한 정도를 넘어 과도하게 침해하는 것이자 신뢰보호의 원칙 및 평등원칙에 위반되는 것이다.

④ 친일재산을 그 취득·증여 등 원인행위시에 국가의 소유로 하도록 규정한 친일반민족행위자 재산의 국가귀속에 관한 특별법 제3조 제1항 본문은 진정소급입법에 해당하여 신뢰보호원칙에 위반된다.

52 신뢰보호의 원칙 및 소급입법금지원칙에 관한 설명 중 가장 적절한 것은? (다툼이 있는 경우 판례에 의함)

① 신법이 피적용자에게 유리한 경우에는 시혜적인 소급입법을 하여야 하므로, 순직공무원의 적용범위를 확대한 개정 공무원연금법을 소급하여 적용하지 아니하도록 한 개정 법률 부칙은 평등의 원칙에 위배된다.

② 부당환급받은 세액을 징수하는 근거규정인 개정조항을 개정된 법 시행 후 최초로 환급세액을 징수하는 분부터 적용하도록 규정한 법인세법 부칙조항은 이미 완성된 사실 법률관계를 규율하는 진정소급입법에 해당하나, 이를 허용하지 아니하면 위 개정조항과 같이 법인세 부과처분을 통하여 효율적으로 환수하지 못하고 부당이득 반환 등 복잡한 절차를 거칠 수밖에 없어 중대한 공익상 필요에 의하여 예외적으로 허용된다.

③ 신뢰보호원칙의 위반 여부는 한편으로는 침해받은 신뢰이익의 보호가치, 침해의 중한 정도, 신뢰침해의 방법 등과 다른 한편으로는 새 입법을 통해 실현코자 하는 공익목적을 종합적으로 비교형량하여 판단하여야 한다.

④ 법률에 따른 개인의 행위가 국가에 의하여 일정 방향으로 유인된 것이라도 헌법상 보호가치가 있는 신뢰이익으로 인정될 수 없다.

53 신뢰보호원칙에 대한 설명으로 가장 적절하지 <u>않은</u> 것은? (다툼이 있는 경우 판례에 의함)

① 신뢰보호의 원칙은 헌법상 법치국가원리로부터 파생되는 것으로, 법률이 개정되는 경우 기존의 법질서에 대한 당사자의 신뢰가 합리적이고 정당한 반면, 법률의 제정이나 개정으로 야기되는 당사자의 손해가 극심하여 새로운 입법으로 달성코자 하는 공익적 목적이 그러한 당사자의 신뢰가 파괴되는 것을 정당화할 수 없는 경우, 그러한 새 입법은 허용될 수 없다는 것이다.

② 신뢰보호원칙의 위반 여부는 한편으로는 침해되는 이익의 보호가치, 침해의 정도, 신뢰의 손상 정도, 신뢰침해의 방법 등과 또 다른 한편으로는 새로운 입법을 통하여 실현하고자 하는 공익적 목적 등을 종합적으로 형량하여 결정되어야 한다.

③ 1953년부터 시행된 "교사의 신규채용에 있어서는 국립 또는 공립 교육대학 사범대학의 졸업자를 우선하여 채용하여야 한다."라는 교육공무원법 조항에 대한 헌법재판소의 위헌결정에도 불구하고 헌법재판소의 위헌결정 당시의 국 · 공립사범대학 등의 재학생과 졸업자의 신뢰는 보호되어야 하므로, 입법자가 위헌 법률에 기초한 이들의 신뢰이익을 보호하기 위한 법률을 제정하지 않은 부작위는 헌법에 위배된다.

④ 군인연금법상 퇴역연금 수급권자가 사립학교교직원 연금법 제3조의 학교기관으로부터 보수 기타 급여를 지급받는 경우에는 대통령령이 정하는 바에 따라 퇴역연금의 전부 또는 일부의 지급을 정지할 수 있도록 하는 것은 신뢰보호원칙에 위반되지 않는다.

54 신뢰보호원칙과 소급입법금지원칙에 대한 설명으로 가장 적절하지 <u>않은</u> 것은? (다툼이 있는 경우 판례에 의함)

① 부진정소급입법은 원칙적으로 허용되지 않고, 법치국가의 원리에 의하여 특단의 사정이 있는 경우에만 예외적으로 허용될 수 있다.

② 공무원의 퇴직연금 지급개시연령을 제한한 구 공무원연금법은 현재 공무원으로 재직 중인 자가 퇴직하는 경우 장차 받게 될 퇴직연금의 지급시기를 변경한 것으로서 입법목적으로 달성하고자 하는 연금재정 안정 등의 공익이 손상되는 신뢰에 비해 우월하다고 할 것이므로 신뢰보호원칙에 위배된다고 볼 수 없다.

③ 행정기관이 개발촉진지구 지역개발사업으로 실시계획을 승인하고 이를 고시하면 고급골프장 사업과 같이 공익성이 낮은 사업에 대해서까지도 시행자인 민간개발자에게 수용권한을 부여하는 규정은 헌법 제23조 제3항에 위반된다.

④ 개정된 신법이 피적용자에게 유리한 경우에 이른바 시혜적인 소급입법을 할 것인지의 여부는 입법재량의 문제로서 그 판단은 일차적으로 입법기관에 맡겨져 있는 것이므로 광범위한 입법형성의 자유가 인정된다.

55 소급입법에 관한 설명 중 가장 적절하지 <u>않은</u> 것은? (다툼이 있는 경우 판례에 의함)

① 과거의 사실관계 또는 법률관계를 규율하기 위한 소급입법의 태양에는 이미 과거에 완성된 사실 · 법률관계를 규율의 대상으로 하는 이른바 진정소급효의 입법과 이미 과거에 시작하였으나 아직 완성되지 아니하고 진행과정에 있는 사실 · 법률관계를 규율의 대상으로 하는 이른바 부진정소급효의 입법이 있다.

② 진정소급입법이라 할지라도 예외적으로 국민이 소급입법을 예상할 수 있었던 경우와 같이 소급입법이 정당화되는 경우에는 허용될 수 있다.

③ 친일재산이라고 하더라도 그 당시의 재산법 관련 법제에 의하여 확정적으로 취득된 재산이므로 친일재산을 그 취득 · 증여 등 원인행위시에 국가의 소유로 하도록 하는 것은 헌법에 반한다.

④ 법률 시행 당시 개발이 진행 중인 사업에 대하여 장차 개발이 완료되면 개발부담금을 부과하려는 것은 부진정소급입법에 해당하는 것으로 원칙적으로 허용된다.

56 문화국가의 원리에 관한 설명으로 가장 적절하지 <u>않은</u> 것은? (다툼이 있는 경우 판례에 의함)

① 우리나라는 건국헌법 이래 문화국가의 원리를 헌법의 기본원리로 채택하고 있다.

② 헌법은 제9조에서 '문화의 영역에 있어서 각인의 기회를 균등히' 할 것을 선언하고 있을 뿐 아니라, 국가에게 전통문화의 계승 발전과 민족문화의 창달을 위하여 노력할 의무를 지우고 있다.

③ 헌법 제9조의 규정취지와 민족문화유산의 본질에 비추어 볼 때, 국가가 민족문화유산을 보호하고자 하는 경우 이에 관한 헌법적 보호법익은 '민족문화유산의 존속' 그 자체를 보장하는 것이고, 원칙적으로 민족문화유산의 훼손 등에 관한 가치보상이 있는지 여부는 이러한 헌법적 보호법익과 직접적인 관련이 없다.

④ 국가는 학교교육에 관한 한, 교육제도의 형성에 관한 폭넓은 권한을 가지고 있지만, 학교교육 밖의 사적인 교육영역에서는 원칙적으로 부모의 자녀교육권이 우위를 차지하고, 국가 또한 헌법이 지향하는 문화국가이념에 비추어, 학교교육과 같은 제도교육 외에 사적인 교육의 영역에서도 사인의 교육을 지원하고 장려해야 할 의무가 있으므로 사적인 교육영역에 대한 국가의 규율권한에는 한계가 있다.

57 문화국가원리에 대한 설명으로 가장 적절한 것은? (다툼이 있는 경우 판례에 의함)

① 개인의 정치적 견해를 기준으로 청구인들을 문화예술계 정부지원사업에서 배제되도록 차별취급한 것은 헌법상 문화국가원리에 반하는 자의적인 것으로 정당화될 수 없다.

② 우리나라는 제9차 개정헌법에서 문화국가원리를 헌법의 기본원리로 처음 채택하였으며, 문화국가원리는 국가의 문화국가실현에 관한 과제 또는 책임을 통하여 실현된다.

③ 공동체 구성원들 사이에 관습화된 문화요소라 하더라도 종교적인 의식, 행사에서 유래된 경우에까지 국가가 지원하는 것은 문화국가원리와 정교분리 원칙에 위배된다.

④ 헌법전문(前門)과 헌법 제9조에서 말하는 '전통', '전통문화'란 역사성과 시대성을 띤 개념으로 이해하여야 하므로, 과거의 어느 일정 시점에서 역사적으로 존재하였다는 사실만으로도 헌법의 보호를 받는 전통이 되는 것이다.

제4절 한국헌법의 기본질서

58 경제질서에 관한 설명으로 가장 적절하지 <u>않은</u> 것은? (다툼이 있는 경우 판례에 의함)

① 헌법 제119조는 헌법상 경제질서에 관한 일반조항으로서 국가의 경제정책에 대한 하나의 헌법적 지침일 뿐, 그 자체가 기본권의 성질을 가진다거나 독자적인 위헌심사의 기준이 된다고 할 수 없다.

② 헌법 제119조 제2항은 독과점규제라는 경제정책적 목표를 개인의 경제적 자유를 제한할 수 있는 정당한 공익의 하나로 명문화하고 있는데, 독과점규제의 목적이 경쟁의 회복에 있다면 이 목적을 실현하는 수단 또한 자유롭고 공정한 경쟁을 가능하게 하는 방법이어야 한다.

③ '사영기업의 국유 또는 공유로의 이전'은 일반적으로 공법적 수단에 의하여 사기업에 대한 소유권을 국가나 기타 공법인에 귀속시키고 사회정책적·국민경제적 목표를 실현할 수 있도록 그 재산권의 내용을 변형하는 것을 말하며, 또 사기업의 '경영에 대한 통제 또는 관리'라 함은 비록 기업에 대한 소유권의 보유주체에 대한 변경은 이루어지지 않지만 사기업 경영에 대한 국가의 광범위하고 강력한 감독과 통제 또는 관리의 체계를 의미한다고 할 것이다.

④ 구 상속세 및 증여세법 제45조의3 제1항은 이른바 일감 몰아주기로 수혜법인의 지배주주 등에게 발생한 이익에 대하여 증여세를 부과함으로써 적정한 소득의 재분배를 촉진하고, 시장의 지배와 경제력의 남용 우려가 있는 일감 몰아주기를 억제하려는 것이지만, 거래의 필요성, 영업외손실의 비중, 손익변동 등 구체적인 사정을 고려하지 않은 채, 특수관계법인과 수혜법인의 거래가 있으면 획일적 기준에 의하여 산정된 미실현 이익을 수혜법인의 지배주주가 증여받은 것으로 보아 수혜법인의 지배주주의 재산권을 침해한다.

59 헌법상 경제질서에 대한 설명으로 가장 적절하지 <u>않은</u> 것은? (다툼이 있는 경우 판례에 의함)

① 국방상 또는 국민경제상 긴절한 필요로 인하여 법률이 정하는 경우에는, 사영기업을 국유 또는 공유로 이전하거나 그 경영을 통제 또는 관리할 수 있다.

② 농업생산성의 제고와 농지의 합리적인 이용을 위하거나 불가피한 사정으로 발생하는 농지의 임대차와 위탁경영은 법률이 정하는 바에 의하여 인정된다.

③ 헌법 제119조 제2항은 국가가 경제영역에서 실현하여야 할 목표의 하나로서 '적정한 소득의 분배'를 들고 있지만, 이로부터 반드시 소득에 대하여 누진세율에 따른 종합과세를 시행하여야 할 구체적인 헌법적 의무가 조세입법자에게 부과되는 것이라고 할 수 없다.

④ 전통시장 등의 보호라는 명분으로 대형마트 등의 영업 자체를 규제하는 유통산업발전법 규정은, 시대의 흐름과 소매시장구조의 재편에 역행할 뿐만 아니라 소비자의 자기결정권을 과도하게 침해하는 과잉규제입법이다.

60 경제질서에 관한 설명 중 가장 적절하지 <u>않은</u> 것은? (다툼이 있는 경우 판례에 의함)

① 우리 헌법은 사유재산제를 바탕으로 자유경쟁을 존중하는 자유시장경제질서를 기본으로 하면서도 국가의 규제와 조정을 인정하는 사회적 시장경제질서의 성격을 띠고 있다.

② 헌법 제119조 제2항이 국가가 경제영역에서 실현해야 할 목표의 하나로서 '적정한 소득의 분배'를 들고 있으므로 입법자는 사회·경제정책을 시행함에 있어서 이에 대하여 정책적으로 항상 최우선적인 배려를 해야 한다.

③ 부동산중개수수료를 법정하고 이를 초과하여 수령할 경우 행정상의 제재뿐만 아니라 형사처벌까지 가하는 것이 우리 헌법의 경제질서에 반한다고 볼 수는 없다.

④ 국방상 또는 국민경제상 긴절한 필요로 인하여 법률이 정하는 경우를 제외하고는, 사영기업을 국유 또는 공유로 이전하거나 그 경영을 통제 또는 관리할 수 없다.

61 현행법상 경제질서에 대한 설명으로 옳은 것을 모두 고른 것은? (다툼이 있는 경우 판례에 의함)

> ⊙ 헌법 제119조 제2항에 규정된 '경제주체간의 조화를 통한 경제민주화'의 이념은 경제영역에서 정의로운 사회질서를 형성하기 위하여 추구할 수 있는 국가목표로서 개인의 기본권을 제한하는 국가행위를 정당화하는 헌법규범이다.
> ⓛ 국방상 또는 국민경제상 긴절한 필요로 인하여 법률이 정하는 경우를 제외하고는, 사영기업을 국유 또는 공유로 이전하거나 그 경영을 통제 또는 관리할 수 없다.
> ⓒ 헌법 제119조 제1항은 기업의 생성·발전·소멸은 어디까지나 기업의 자율에 맡긴다는 기업자유의 표현이며 국가의 공권력은 특단의 사정이 없는 한 이에 대한 불개입을 원칙으로 한다는 뜻이다.
> ⓔ 소비자불매운동은 모든 경우에 있어서 그 정당성이 인정될 수는 없고, 헌법이나 법률의 규정에 비추어 정당하다고 평가되는 범위에 해당하는 경우에만 형사책임이나 민사책임이 면제된다.

① ⓛ, ⓔ

② ⊙, ⓛ, ⓒ

③ ⊙, ⓒ, ⓔ

④ ⊙, ⓛ, ⓒ, ⓔ

62 헌법상 경제질서에 대한 설명으로 가장 적절하지 <u>않은</u> 것은? (다툼이 있는 경우 판례에 의함)

① 헌법 제119조는 기본권의 성질을 가지며, 헌법상 경제질서와 관련하여 위헌심사의 기준이 된다.

② 국방상 또는 국민경제상 긴절한 필요로 인하여 법률이 정하는 경우를 제외하고는, 사영기업을 국유 또는 공유로 이전하거나 그 경영을 통제 또는 관리할 수 없다.

③ 현행 헌법은 소비자의 권리를 소비자보호운동의 보장 차원에서 규정하고 있을 뿐 기본권으로 명시하고 있지는 않다.

④ 국가는 등록소비자단체의 건전한 육성·발전을 위하여 필요하다고 인정될 때에는 금전적 지원을 할 수 있다.

63 사회국가원리에 대한 설명으로 가장 적절하지 <u>않은</u> 것은? (다툼이 있는 경우 판례에 의함)

① 사회국가란 사회정의의 이념을 헌법에 수용한 국가로 경제·사회·문화의 모든 영역에서 사회현상에 관여하고 간섭하고 분배하고 조정하는 국가를 말하지만 국가에게 국민 각자가 실제로 자유를 행사할 수 있는 그 실질적 조건을 마련해 줄 의무까지 부여하는 것은 아니다.

② 국가는 복지국가를 실현하기 위하여 가능한 수단을 동원할 책무를 진다고 할 것이나 가능한 여러 가지 수단들 가운데 구체적으로 어느 것을 선택할 것인가는 기본적으로 입법자의 재량에 속한다.

③ 특수한 불법행위책임에 관하여 위험책임의 원리를 수용하는 것은 입법정책에 관한 사항으로서 입법자의 재량에 속한다고 할 것이므로 자동차손해배상보장법 조항이 운행자의 재산권을 본질적으로 제한하거나 평등의 원칙에 위반되지 아니하는 이상 위험책임의 원리에 기하여 무과실책임을 지운 것만으로 헌법 제119조 제1항의 자유시장 경제질서에 위반된다고 할 수 없다.

④ 저소득층 지역가입자에 대하여 국가가 국고지원을 통하여 보험료를 보조하는 것은 경제적·사회적 약자에게도 의료보험의 혜택을 제공해야 할 사회국가적 의무를 이행하기 위한 것으로서 국고지원에 있어서의 지역가입자와 직장가입자의 차별취급은 사회국가원리의 관점에서 합리적인 차별에 해당하여 평등원칙에 위반되지 아니한다.

64 헌법상 기본원리에 대한 설명으로 가장 적절하지 <u>않은</u> 것은? (다툼이 있는 경우 판례에 의함)

① 국제법적으로 조약은 국제법 주체들이 일정한 법률효과를 발생시키기 위하여 체결한 국제법의 규율을 받는 국제적 합의를 말하며 서면에 의한 경우가 대부분이지만 예외적으로 구두합의도 조약의 성격을 가질 수 있다.

② '중대사고'에 대한 평가를 제외하는 '원자력이용시설 방사선환경영향평가서 작성 등에 관한 규정' 조항은 국민들이 원전과 관련하여 정확하고 공정한 여론을 형성하는 것을 방해하므로 민주주의원리에 위반된다.

③ 문화국가의 원리는 문화의 개방성 내지 다원성의 표지와 연결되는데, 국가의 문화 육성의 대상에는 원칙적으로 모든 사람에게 문화창조의 기회를 부여한다는 의미에서 모든 문화가 포함되므로 엘리트문화뿐만 아니라 서민문화, 대중문화도 그 가치를 인정하고 정책적인 배려의 대상으로 한다.

④ 규율대상이 기본권적 중요성을 가질수록 그리고 그에 관한 공개적 토론의 필요성 내지 상충하는 이익 간 조정의 필요성이 클수록, 그것이 국회의 법률에 의해 직접 규율될 필요성 및 그 규율밀도의 요구 정도는 그만큼 더 증대되는 것으로 보아야 한다.

65 조약 및 국제질서에 관한 설명 중 가장 적절하지 <u>않은</u> 것은? (다툼이 있는 경우 판례에 의함)

① 자기집행조약은 법률의 입법이 없이 국내에서 효력을 발생하지만, 비자기집행조약은 이를 집행하기 위한 법률의 제정이 있어야 비로소 국내에서 적용할 수 있다.

② 외교관계에 관한 비엔나협약에 의하여 외국의 대사관저에 대하여 강제집행을 할 수 없다는 이유로 집행관이 강제 집행 신청의 접수를 거부하여 강제집행이 불가능하게 되었다면 국가는 이러한 경우 손실을 보상하는 법률을 제정 하여야 할 의무가 있다.

③ 국제노동기구 산하 '결사의 자유위원회'의 권고는 국내법과 같은 효력이 있거나 일반적으로 승인된 국제법규라고 볼 수 없다.

④ 일반적으로 승인된 국제관습법은 국내법과 같은 효력을 가진다.

66 조약과 국제법규에 대한 설명으로 옳은 것을 모두 고른 것은? (다툼이 있는 경우 판례에 의함)

㉠ 외교통상부장관이 2006.1.19. 미합중국 국무장관과 발표한 '동맹 동반자 관계를 위한 전략대화 출범에 관한 공동성명'은 국회의 동의가 필요 없는 조약이다.

㉡ 대한민국과 아메리카합중국간의 상호방위조약 제4조에 의한 시설과 구역 및 대한민국에서의 합중국군대의 지위에 관한 협정(SOFA)은 국회의 동의를 요하는 조약이다.

㉢ 국제통화기금협정은 국회의 동의를 얻어 체결된 것이므로 헌법 제6조 제1항에 따라 국내법적 효력을 가지지 만, 그 효력의 정도는 대통령령에 준하는 효력이다.

㉣ 강제노동의 폐지에 관한 국제노동기구(ILO)의 제105호 조약은 우리나라가 비준한 바 없고, 헌법 제6조 제1항 에서 말하는 일반적으로 승인된 국제법규로서 헌법적 효력을 갖는 것이라고 볼 만한 근거도 없다.

---

① ㉠, ㉢

② ㉡, ㉣

③ ㉠, ㉡, ㉢

④ ㉠, ㉡, ㉣

67 국제법의 국내법적 효력에 관한 설명 중 가장 적절하지 <u>않은</u> 것은? (다툼이 있는 경우 판례에 의함)

① 대한민국과 일본국간의 어업에 관한 협정은 헌법 제6조 제1항에 의하여 국내법과 같은 효력을 가진다.

② 국제연합교육과학문화기구와 국제노동기구가 채택한 교원의 지위에 관한 권고는 직접적으로 국내법적 효력을 가지는 것이라고 할 수 없다.

③ 전 세계적으로 양심적 병역거부권의 보장에 관한 국제관습법이 형성되었다고 할 수 없어 양심적 병역거부가 일반적으로 승인된 국제법규로서 우리나라에 수용될 수는 없다.

④ 마라케쉬협정은 적법하게 체결되어 공포된 조약이므로 국내법과 같은 효력을 가지나 그로 인하여 새로운 범죄를 구성하거나 가중처벌하는 것은 허용되지 않는다.

68 국제질서와 관련한 다음의 설명 중 가장 적절한 것은?

① 대한민국은 모든 전쟁을 부인한다.

② 국제법 성문주의 원칙상 국제법 관습은 국내법과 같은 효력을 가지지 못한다.

③ 대한민국과 일본국간의 어업에 관한 협정 체결행위는 헌법소원심판의 대상이 되는 '공권력의 행사'에 해당하지 않는다.

④ 헌법 제2조 제2항(재외국민의 보호)의 규정이 국가로 하여금 특정한 협약에 가입하거나 조약을 체결하여야 하는 입법위임을 한 것이라고 볼 수는 없다.

69 국제질서와 관련된 다음 설명 중 가장 적절하지 <u>않은</u> 것은?

① 국회의 동의를 요하지 않는 국제조약이 헌법에 위반되는지 여부가 재판의 전제가 된 경우에는 대법원이 최종적으로 심사한다.

② 외국인은 국제법과 조약이 정하는 바에 의하여 그 지위가 보장된다.

③ 조약의 체결 권한은 대통령에게 있고, 비준권은 국회에 속한다.

④ 헌법에 의하여 체결·공포된 조약과 일반적으로 승인된 국제법규는 국내법과 동일한 효력을 가진다.

제5절 한국헌법의 기본제도

70 다음 중 가장 적절하지 <u>않은</u> 것은? (다툼이 있는 경우 판례에 의함)

① 제도적 보장은 주관적 권리가 아닌 객관적 법규범이라는 점에서 기본권과 구별되기는 하지만 헌법에 의하여 일정한 제도가 보장되면 입법자는 그 제도를 설정하고 유지할 입법의무를 지게 된다.

② 제도적 보장은 법률로써 이를 폐지할 수 없고 비록 내용을 제한하더라도 그 본질적 내용을 침해할 수 없다.

③ 제도보장도 재판규범으로서의 성격을 가진다.

④ 제도적 보장은 기본권 보장의 경우와 마찬가지로 그 본질적 내용을 침해하지 않는 범위 안에서 '최대한 보장의 원칙'이 적용된다.

제6절 정당제도(복수정당제)

71 정당제도에 관한 설명으로 가장 적절하지 <u>않은</u> 것은? (다툼이 있는 경우 판례에 의함)

① 1980년 제8차 헌법개정에서 국가는 법률이 정하는 바에 의하여 정당의 운영에 필요한 자금을 보조할 수 있다고 규정하였다.

② 정당의 법적 지위는 적어도 그 소유재산의 귀속관계에 있어서는 법인격 없는 사단(社團)으로 보아야 하고, 중앙당과 지구당과의 복합적 구조에 비추어 정당의 지구당은 단순한 중앙당의 하부조직이 아니라 어느 정도의 독자성을 가진 단체로서 역시 법인격 없는 사단에 해당한다.

③ 위헌정당해산제도의 실효성을 확보하기 위하여 헌법재판소의 위헌정당 해산결정에 따라 해산된 정당 소속 비례대표 지방의회의원은 해산결정시 의원의 지위를 상실한다.

④ "누구든지 2 이상의 정당의 당원이 되지 못한다."라고 규정하고 있는 정당법 조항은 정당의 정체성을 보존하고 정당 간의 위법·부당한 간섭을 방지함으로써 정당정치를 보호·육성하기 위한 것으로서, 정당 당원의 정당 가입·활동의 자유를 침해한다고 할 수 없다.

72 정당제도에 관한 다음 설명 중 가장 적절하지 <u>않은</u> 것은? (다툼이 있는 경우 판례에 의함)

① 헌법재판소는 청구인의 신청이 있거나 그 직권으로 위헌정당으로 제소된 정당의 활동을 정지시키는 가처분결정을 할 수 있다.

② 국회법 제34조 제1항이 교섭단체를 구성한 정당에게만 정책연구위원을 배정하고 있다고 하더라도 이것이 그렇지 못한 정당을 합리적 이유 없이 차별하는 것이라고 볼 수 없다.

③ 당론과 다른 견해를 가진 소속 국회의원을 당해 교섭단체의 필요에 따라 다른 상임위원회로 전임(사·보임)하는 조치는 특별한 사정이 없는 한 헌법상 용인될 수 있는 정당 내부의 사실상 강제의 범위 내에 해당한다.

④ 정치자금의 수입·지출에 관한 내역을 회계장부에 허위 기재하거나 관할 선거관리위원회에 허위 보고한 정당의 회계책임자를 형사처벌하는 구 정치자금에 관한 법률의 규정은 헌법 제12조 제2항이 보장하는 진술거부권을 침해하여 헌법에 위반된다.

73 정당에 대한 설명으로 가장 적절한 것은? (다툼이 있는 경우 판례에 의함)

① 정당이 그 소속 국회의원을 제명하기 위해서는 당헌이 정하는 절차를 거치는 외에 그 소속 국회의원 전원의 3분의 1 이상의 찬성이 있어야 한다.

② 정당의 활동이란 정당 기관의 행위나 주요 정당관계자, 당원 등의 행위로서 그 정당에게 귀속시킬 수 있는 활동 일반을 의미하는데, 정당 소속의 국회의원 등은 비록 정당과 밀접한 관련성을 가지지만 헌법상으로는 정당의 대표자가 아닌 국민 전체의 대표자이므로 그들의 행위를 곧바로 정당의 활동으로 귀속시킬 수는 없다.

③ 헌법재판소가 정당해산결정을 내리기 위해서는 그 해산결정이 비례원칙에 부합하는지를 숙고해야 하는바, 이 경우의 비례원칙 준수 여부는 통상적으로 기능하는 위헌심사의 척도에 의한다.

④ 타인의 명의나 가명으로 납부된 당비는 국고에 귀속되며, 국고에 귀속되는 당비는 중앙선거관리위원회가 이를 납부받아 국가에 납입한다.

74 정당에 대한 설명으로 가장 적절하지 <u>않은</u> 것은? (다툼이 있는 경우 판례에 의함)

① 헌법 제8조 제1항이 명시하는 정당설립의 자유는 설립할 정당의 조직형태를 어떠한 내용으로 할 것인가에 관한 정당조직 선택의 자유 및 그와 같이 선택된 조직을 결성할 자유를 포괄하는 '정당조직의 자유'를 포함한다.

② 정당의 명칭은 그 정당의 정책과 정치적 신념을 나타내는 대표적인 표지에 해당하므로, 정당설립의 자유는 자신들이 원하는 명칭을 사용하여 정당을 설립하거나 정당활동을 할 자유도 포함한다.

③ 현행법상 정당이 헌법재판소의 결정으로 해산된 때에는 해산된 정당의 소속 국회의원은 그 의원직을 상실한다는 규정을 두고 있다.

④ 정당이 비례대표국회의원선거 및 비례대표지방의회선거에 후보자를 추천하는 때에는 그 후보자 중 100분의 50 이상을 여성으로 추천하되, 그 후보자명부의 순위의 매 홀수에는 여성을 추천하여야 한다.

75 정당제도에 대한 설명으로 가장 적절하지 <u>않은</u> 것은? (다툼이 있는 경우 판례에 의함)

① 정당의 자유는 국민이 개인적으로 갖는 기본권일 뿐만 아니라, 단체로서의 정당이 가지는 기본권이기도 하다.

② 공직선거법상 법원의 판결에 의하여 선거일 현재 선거권이 정지된 18세 국민이라도 정당법에 따른 정당의 발기인은 될 수 있다.

③ 정당설립의 자유는 개인이 정당 일반 또는 특정 정당에 가입하지 아니할 자유, 가입했던 정당으로부터 탈퇴할 자유 등 소극적 자유도 포함한다.

④ 정당이 최근 4년간 임기만료에 의한 국회의원선거 또는 임기만료에 의한 지방자치단체의 장 선거나 시·도의회의원선거에 참여하지 아니한 때에는 당해 선거관리위원회는 그 등록을 취소한다.

76 다음 설명 중 가장 적절하지 <u>않은</u> 것은? (다툼이 있는 경우 판례에 의함)

① 정당은 중앙당이 중앙선거관리위원회에 등록함으로써 성립한다.

② 초·중등학교 교원에 대해서는 정당가입과 선거운동의 자유를 금지하면서 대학교원에게는 이를 허용한다 하더라도 이는 양자간 직무의 본질이나 내용 그리고 근무태양이 다른 점을 고려할 때 합리적인 차별에 해당한다.

③ 정당등록취소조항에 의하여 등록취소된 정당의 명칭과 같은 명칭을 등록취소된 날부터 최초로 실시하는 임기만료에 의한 국회의원선거의 선거일까지 정당의 명칭으로 사용할 수 없도록 한 정당법 조항은 정당활동과 무관하여 정당설립의 자유를 침해하지 않는다.

④ 헌법재판소의 결정에 의하여 해산된 정당의 명칭과 같은 명칭은 정당의 명칭으로 다시 사용하지 못하고, 해산된 정당의 잔여재산은 국고에 귀속한다.

77 정당제도에 관한 설명으로 가장 적절한 것은? (다툼이 있는 경우 판례에 의함)

① 정당설립의 자유는 정당으로서의 명칭을 사용하고 정치활동을 하며 당헌에 따라 계속적인 조직을 두고 있는 등 등록정당에 준하는 권리능력 없는 사단의 실질을 가지고 있는 정치적 결사에게도 인정되는 기본권이다.

② 정당은 직접 헌법규정에 따라 결성된 조직체이며, 집권정당의 의사는 곧 국가의사를 의미하므로 정당은 헌법기관이다.

③ 경찰청장의 퇴직 후 일정기간 동안 정당에 가입할 수 없게 하는 것은 공무원의 정치적 중립성을 보장하기 위한 것이어서 정당의 자유를 침해하는 것은 아니다.

④ 정당의 조직 중 기존의 지구당과 당연락소를 강제적으로 폐지하고 이후 지구당을 설립하거나 당연락소를 설치하는 것을 금지하는 규정은, 정당조직의 자유 및 정당활동의 자유를 제한하는 것으로서 정당의 자유의 본질적 내용을 침해한다.

78 헌법상 정당제도에 관한 설명으로 가장 적절하지 <u>않은</u> 것은?

① 정당의 설립은 자유이며, 복수정당제는 보장된다.

② 정당은 그 목적·조직과 활동이 민주적이어야 한다.

③ 대통령선거경선후보자가 당내경선 과정에서 탈퇴함으로써 후원회를 둘 수 있는 자격을 상실한 때에는 후원회로부터 후원받은 후원금 전액을 국고에 귀속하도록 하는 것은 선거의 자유 등을 침해하는 것이다.

④ 정당이 그 소속 국회의원을 제명하는 경우 당헌이 정하는 절차 외에도 그 소속 국회의원 전원의 3분의 2 이상의 찬성이 있어야 하며, 무기명투표를 원칙으로 하되 예외적인 경우에는 서면에 의하여 의결할 수 있다.

79 정당의 자유 및 정당제도에 관한 헌법재판소의 판시내용과 설명으로 가장 적절한 것은?

① 18세 미만의 국민은 정당의 발기인 및 당원이 될 수 없다.

② 복수당적 보유를 금지하는 정당법 조항은 과잉금지원칙에 위배되어 정당 가입 및 활동의 자유를 침해한다.

③ 등록이 취소되거나 자진해산한 정당의 잔여재산 및 헌법재판소의 해산결정에 의하여 해산된 정당의 잔여재산은 국고에 귀속한다.

④ 등록신청을 받은 관할 선거관리위원회는 형식적 요건을 구비하는 한 이를 거부하지 못한다. 다만, 형식적 요건을 구비하지 못한 때에는 상당한 기간을 정하여 그 보완을 명하고, 2회 이상 보완을 명하여도 응하지 아니할 때에는 그 신청을 각하할 수 있다.

80 정당에 대한 설명으로 가장 적절하지 <u>않은</u> 것은? (다툼이 있는 경우 판례에 의함)

① 헌법의 정당해산심판제도는 방어적 민주주의 이념이 구체화된 제도다.

② 정당설립의 자유를 '권리능력 없는 사단'의 실체를 가지는 등록취소된 정당이 주장할 수 있는 기본권으로 볼 수는 없다.

③ 입법자는 정당설립의 자유를 최대한 보장하는 방향으로 입법하여야 하고, 헌법재판소는 정당설립의 자유를 제한하는 법률의 합헌성을 심사할 때에 엄격한 비례심사를 하여야 한다.

④ 정당의 명칭은 그 정당의 정책과 정치적 신념을 나타내는 대표적인 표지에 해당하므로, 정당설립의 자유는 자신들이 원하는 명칭을 사용하여 정당을 설립하거나 정당활동을 할 자유도 포함한다.

81 위헌정당해산에 대한 헌법재판소의 판시내용과 설명으로 옳은 것을 <보기>에서 모두 고른 것은?

〈보기〉
ㄱ. 정당의 목적이나 활동이 민주적 기본질서에 위배될 때에는 정부는 국무회의의 심의를 거쳐 헌법재판소에 그 해산을 제소할 수 있고 당해 정당의 해산은 헌법재판소 재판관 6인 이상의 찬성으로 결정된다.

ㄴ. 정당해산심판에 있어서는 피청구인의 활동을 정지하는 가처분이 인정되지 않는다.

ㄷ. 정당의 해산을 명하는 헌법재판소의 결정은 정부가 정당법에 따라 집행한다.

ㄹ. 정당해산결정에 대해서는 재심을 허용하지 아니함으로써 얻을 수 있는 법적 안정성의 이익이 재심을 허용함으로써 얻을 수 있는 구체적 타당성의 이익보다 더 중하므로 재심에 의한 불복방법이 허용될 수 없다.

ㅁ. 헌법재판소의 정당해산결정이 있는 경우 그 정당 소속 국회의원의 의원직은 당선 방식을 불문하고 모두 상실된다.

① ㄱ, ㄴ
② ㄱ, ㅁ
③ ㄴ, ㄷ
④ ㄷ, ㄹ

제7절 선거제도

82 다음 사례에 관한 설명으로 가장 적절하지 <u>않은</u> 것은? (다툼이 있는 경우 판례에 의함)

> 공직선거법 조항이 한국철도공사와 같이 정부가 100분의 50 이상의 지분을 가지고 있는 기관의 상근직원은 선거운동을 할 수 없도록 규정하고 있음에도 불구하고, 甲은 한국철도공사 상근직원으로서, 특정 정당과 그 정당의 후보자에 대한 지지를 호소하는 내용의 메일을 한국철도공사 경기지부 소속 노조원에게 발송하였다는 이유로 기소되었다. 甲은 소송 계속 중 자신의 선거운동을 금지하고 있는 공직선거법 조항에 대하여 위헌법률심판제청 신청을 하였으나 기각되자, 헌법재판소법 제68조 제2항의 헌법소원심판을 청구하였다.

① 선거운동의 자유는 선거권 행사의 전제 내지 선거권의 중요한 내용을 이룬다고 할 수 있으므로, 甲에 대한 선거운동의 제한은 선거권의 제한으로도 파악될 수 있다.

② 위 공직선거법 조항은 한국철도공사 상근직원의 직급이나 직무의 성격에 대한 검토 없이 일률적으로 모든 상근직원의 선거운동을 전면적으로 금지하는 것으로 선거운동의 자유를 침해한다.

③ 선거운동의 자유는 선거의 공정성이라는 또 다른 가치를 위하여 무제한 허용될 수는 없는 것이고, 선거운동이 허용되거나 금지되는 사람의 인적 범위는 입법자가 재량의 범위 내에서 직무의 성질과 내용 등 제반 사정을 종합적으로 검토하여 정할 사항이므로 제한입법의 위헌 여부에 대하여는 다소 완화된 심사기준이 적용되어야 한다.

④ 선거운동의 자유는 널리 선거과정에서 자유로이 의사를 표현할 자유의 일환이므로 표현의 자유의 한 태양이기도 한데, 이러한 정치적 표현의 자유는 선거과정에서의 선거운동을 통하여 국민이 정치적 의견을 자유로이 발표, 교환함으로써 비로소 그 기능을 다하게 된다 할 것이므로 선거운동의 자유는 헌법이 정한 언론·출판·집회·결사의 자유 및 보장규정에 의한 보호를 받는다.

83 선거권에 관한 설명 중 가장 적절하지 <u>않은</u> 것은? (다툼이 있는 경우 판례에 의함)

① 주민등록과 국내거소신고를 기준으로 지역구 국회의원 선거권을 인정하는 것은 해당 국민의 지역적 관련성을 확인하는 합리적인 방법으로, 주민등록이 되어 있지 않고 국내 거소신고도 하지 않은 재외국민의 임기만료 지역구 국회의원 선거권을 인정하지 않은 것은 선거권을 침해한다고 볼 수 없다.

② 지역농협은 사법인에서 볼 수 없는 공법인적 특성을 많이 가지고 있으므로, 지역농협의 조합장선거에서 조합장을 선출하거나 조합장으로 선출될 권리, 조합장선거에서 선거운동을 하는 것도 헌법에 의하여 보호되는 선거권의 범위에 포함된다.

③ 선거운동의 자유는 선거권 행사의 전제 내지 선거권의 중요한 내용을 이룬다고 할 수 있으므로, 선거운동의 제한은 후보자에 관한 정보에 자유롭게 접근할 수 있는 권리를 제한하는 것으로서 선거권, 곧 참정권의 제한으로 파악될 수도 있다.

④ 국회의원 '후보자가 되고자 하는 자'로 하여금 당해 선거구 안에 있는 자나 당해 선거구 밖에 있더라도 그 선거구민과 연고가 있는 자에 대한 기부행위를 금지하고 이를 위반한 경우 형사처벌하도록 규정한 공직선거법 제113조 제1항 중 '후보자가 되고자 하는 자' 부분은 과잉금지원칙에 반하여 선거운동의 자유를 침해하지 아니한다.

84 선거 등에 관한 다음 설명 중 가장 적절하지 <u>않은</u> 것은?

① 투표권은 선거인명부에 등재되지 아니하면 이를 행사할 수 없다.

② 비례대표제는 적절히 운용될 경우 사회세력에 상응한 대표를 형성하고, 정당정치를 활성화하며, 정당 간의 경쟁을 촉진하여 정치적 독점을 배제하는 장점을 가진다.

③ 대법원은 선거에 관한 규정에 위반한 사실이 있는 때라도 선거의 결과에 영향을 미쳤다고 인정하는 때에 한하여 선거의 전부나 일부의 무효 또는 당선의 무효임을 판결한다.

④ 국회의원선거에 있어서 당선의 효력에 이의가 있는 선거인·정당(후보자를 추천한 정당에 한함) 또는 후보자는 당선소송을 제기할 수 있다.

85 보통선거원칙에 관한 헌법재판소의 판시내용과 설명으로 옳지 <u>않은</u> 것을 <보기>에서 모두 고른 것은?

<보기>

㉠ 헌법 제41조 제1항 및 제67조 제1항은 국회의원 및 대통령 선거에 관한 헌법상 일반원칙으로 보통·평등·직접·비밀·자유선거원칙을 직접 규정하고 있다.

㉡ 국내에 주민등록이 되어 있는 국민에 대해서만 선거권을 인정하고 국내에 주민등록이 되어 있지 아니한 재외국민에 대해서 선거권을 인정하고 있지 않은 구 공직선거및부정방지법 제37조 제1항은 부진정입법부작위에 해당한다.

㉢ 집행유예자와 수형자에 대하여 선거권을 제한하는 것은 과잉금지원칙에 위배하여 선거권을 침해한다고 할 수 없다.

㉣ 선거인명부에 오를 자격이 있는 국내거주자에 대해서만 부재자신고를 허용함으로써 재외국민과 단기해외체류자 등 국외거주자 전부의 국정선거권을 부인하고 있는 구 공직선거법 조항은 정당한 입법목적을 갖추지 못한 것으로 헌법 제37조 제2항에 위반하여 국외거주자의 선거권과 평등권을 침해하고 보통선거원칙에도 위반된다.

㉤ 국민투표는 국가의 중요정책이나 헌법개정안에 대해 주권자로서의 국민이 그 승인 여부를 결정하는 절차인데, 주권자인 국민의 지위에 아무런 영향을 미칠 수 없는 주민등록 여부만을 기준으로 하여, 주민등록을 할 수 없는 재외국민의 국민투표권 행사를 전면적으로 배제하고 있는 국민투표법 조항은 헌법 제37조 제2항의 과잉금지원칙에 위반되어 국민투표권을 침해한다.

① ㉠, ㉢

② ㉠, ㉣

③ ㉠, ㉢, ㉤

④ ㉡, ㉣, ㉤

86 선거제도에 관한 설명으로 가장 적절하지 <u>않은</u> 것은? (다툼이 있는 경우 판례에 의함)

① 헌법은 법률이 정하는 바에 따라 모든 국민이 선거권을 가지도록 하고 있는데, 이는 보통선거의 원칙을 의미한다.

② 선거제도가 민주주의원리 나아가 국민주권의 원리에 부합하기 위해서 국민의 의사를 제대로 반영하고 국민의 자유로운 선택을 보장하여야 한다.

③ 선거제도는 선거구당 선출되는 의원정수에 따라 소선거구제, 중선거구제, 대선거구제로 나눌 수 있고, 대표의 결정 방식에 따라 다수대표제, 소수대표제 및 비례대표제 등으로 구분된다.

④ 우리나라 국회의원선거는 소선거구제, 절대다수대표제 및 비례대표제를 함께 채택하고 있다.

87 선거와 관련된 다음의 설명 중 가장 적절하지 <u>않은</u> 것은? (다툼이 있는 경우 판례에 의함)

① 선거 관련 법률에서 저조한 투표율에도 불구하고 유효투표의 다수만 얻으면 당선인으로 될 수 있도록 규정하였다고 하더라도 선거의 대표성의 본질을 침해하고 국민주권주의에 위반한다고 볼 수 없다.

② 1인 1표제를 채택하여 유권자에게 별도의 정당투표를 인정하지 않고 지역구국회의원 총선거에서 얻은 득표비율에 따라 비례대표의석을 배분하는 방식은 평등선거의 원칙에 반한다고 볼 수 없다.

③ 정당추천후보자에 대한 후보자의 기호 부여는 헌법재판소 판례상 합헌이다.

④ 대통령선거에서 후보자가 1인인 경우에는 선거권자 총수 3분의 1 이상 찬성을 요하고, 최고득표자 2인 이상인 경우에는 국회 재적의원 과반수가 출석한 공개회의에서 다수표를 얻은 자가 당선된다.

88 선거제도에 관한 설명으로 가장 적절하지 <u>않은</u> 것은? (다툼이 있는 경우 판례에 의함)

① 주민등록이 되어 있지 않고 국내거소신고도 하지 않은 재외국민에게 국회의원 재 · 보궐선거의 선거권을 부여하지 않는 공직선거법 조항은 재외국민의 선거권을 침해한다.

② 지방자치단체장과 지방의회의원에 대한 선거권도 헌법 제24조에 의하여 보호되는 기본권이다.

③ 1년 이상의 징역형을 선고받고 그 집행이 종료되지 않은 사람의 선거권을 제한하는 공직선거법 조항은 선거권을 침해하지 않는다.

④ 보통선거제도는 일정한 연령에 이르지 못한 국민에 대하여 선거권을 제한하는 것을 당연한 전제로 삼고 있고, 입법자가 선거권 행사연령을 정하는 것은 현저하게 불합리하고 불공정하지 않는 한 재량범위에 속한다.

89 선거제도에 관한 설명으로 옳은 것을 모두 고른 것은? (다툼이 있는 경우 판례에 의함)

> ㉠ 지역구국회의원선거 예비후보자가 정당의 공천심사에서 탈락한 후 후보자등록을 하지 않은 경우를 기탁금 반환 사유로 규정하지 않은 공직선거법 조항은 과잉금지원칙에 반하여 예비후보자의 재산권을 침해한다.
> ㉡ 예비후보자 선거비용을 후보자가 부담한다고 하더라도 그것이 지나치게 다액이라서 선거공영제의 취지에 반하는 정도에 이른다고 할 수는 없고, 예비후보자의 선거비용을 보전해 줄 경우 선거가 조기에 과열되어 악용될 소지가 있으므로 지역구국회의원선거에서 예비후보자의 선거비용을 보전대상에서 제외하고 있는 공직선거법 조항은 청구인들의 선거운동의 자유를 침해하지 않는다.
> ㉢ 부재자투표시간을 오전 10시부터 오후 4시까지로 정하고 있는 공직선거법 제155조 제2항 본문 중 "오전 10시에 열고" 부분은 투표관리의 효율성을 도모하고 행정부담을 줄이며, 부재자투표의 인계 · 발송절차의 지연위험 등을 경감하기 위한 것이므로 청구인의 선거권이나 평등권을 침해하지 않는다.
> ㉣ 신체의 장애로 인하여 자신이 기표할 수 없는 선거인에 대해 투표보조인이 가족이 아닌 경우 반드시 2인을 동반하여서만 투표를 보조하게 할 수 있도록 정하고 있는 공직선거법 조항은 선거의 공정성을 확보하는 데 치우친 나머지 비밀선거의 중요성을 간과하고 있으므로 과잉금지원칙에 반하여 청구인의 선거권을 침해한다.

① ㉠, ㉡　　　　　　　　　　　　　② ㉠, ㉢

③ ㉡, ㉣　　　　　　　　　　　　　④ ㉢, ㉣

90 선거권 및 선거제도에 대한 설명으로 옳지 <u>않은</u> 것을 모두 고른 것은? (다툼이 있는 경우 판례에 의함)

> ㉠ 공직선거법이 소선거구제 다수대표제를 규정하여 다수의 사표가 발생할 수 있는 여지가 있다면 헌법상 요구된 선거의 대표성이나 헌법상 요구된 국민주권원리를 침해하는 것이다.
> ㉡ 지방자치법에서 규정한 주민투표권은 그 성질상 선거권, 공무담임권, 국민투표권과 전혀 다른 것이어서 이를 법률이 보장하는 참정권이라고 할 수 있을지언정 헌법이 보장하는 참정권이라고 할 수는 없다.
> ㉢ 집행유예자에 대하여 선거권을 제한한다고 하여 보통선거의 원칙에 위반되는 것은 아니다.
> ㉣ 국내에 3년 이상 체류하고 있는 19세 이상의 외국인은 모두 지방자치단체장의 선거에서 선거권을 행사할 수 있다.
> ㉤ 선거범죄로 당선이 무효로 된 자에게 이미 반환받은 기탁금과 보전받은 선거비용을 다시 반환하도록 한 구 공직선거법 조항은 공무담임권을 제한하지 않는다.

① ㉠, ㉡

② ㉣, ㉤

③ ㉠, ㉢, ㉣

④ ㉢, ㉣, ㉤

91 선거권에 대한 설명으로 가장 적절하지 <u>않은</u> 것은? (다툼이 있는 경우 판례에 의함)

① 선거권자의 연령을 선거일 현재를 기준으로 산정하도록 규정한 공직선거법 제17조 중 '선거권자의 연령은 선거일 현재로 산정한다.' 부분은 구 공직선거법에 따라 선거권이 있는 만 19세 생일이 선거일 이틀 뒤에 있었던 청구인의 선거권을 침해한다고 볼 수 없다.

② 지역구국회의원선거에 있어서 선거구선거관리위원회가 당해 국회의원지역구에서 유효투표의 다수를 얻은 자를 당선인으로 결정하도록 한 공직선거법 조항은 청구인의 선거권을 침해하지 않는다.

③ 선거일 현재 선거범으로서 100만 원 이상의 벌금형의 선고를 받고 그 형이 확정된 후 5년 또는 형의 집행유예의 선고를 받고 그 형이 확정된 후 10년을 경과하지 아니한 사람은 선거권이 없다.

④ 대통령선거에서 당선의 효력에 이의가 있는 경우, 정당 또는 후보자는 사안에 따라 당선인을 피고로 하거나 중앙선거관리위원장 또는 국무총리를 피고로 하여 대법원에 소를 제기할 수 있다.

92 선거권과 선거의 원칙에 관한 다음 설명 중 가장 적절한 것은? (다툼이 있는 경우 판례에 의함)

① 외국인은 대통령선거 및 국회의원선거에서는 선거권이 없으나, 지방선거권이 조례에 의해서 인정되고 있다.

② 평등선거의 원칙은 평등의 원칙이 선거제도에 적용된 것으로서 투표의 수적(數的) 평등, 즉 복수투표제 등을 부인하고 모든 선거인에게 1인 1표(one man, one vote)를 인정함을 의미할 뿐, 투표의 성과가치의 평등까지 의미하는 것은 아니다.

③ 지역구국회의원선거는 다수대표제 및 소선거구제를 채택하고 있다.

④ 현행 공직선거법상 투표를 마친 선거인에게 국공립유료시설의 이용요금을 면제·할인하는 것은 허용되지 않는다.

제8절 공무원제도

93 공무원제도에 관한 다음 설명 중 가장 적절한 것은? (다툼이 있는 경우 판례에 의함)

① 직업공무원제도는 헌법이 보장하는 제도적 보장 중의 하나임이 분명하므로 입법자는 직업공무원제도에 관하여 '최대한 보장'의 원칙에 의하여 입법을 형성할 책무가 있다.

② 공직자선발에 관하여 능력주의에 바탕한 선발기준을 마련하지 아니하고 해당 공직이 요구하는 직무수행능력과 무관한 요소, 예컨대 성별·종교·사회적 신분·출신지역 등을 기준으로 삼는 것은 공직취임권을 침해하는 것이 되므로 헌법상 능력주의 원칙에 대한 예외는 인정되지 않는다.

③ 금고 이상의 형의 선고유예를 받은 경우에는 공무원직에서 당연히 퇴직하는 것으로 규정한 국가공무원법 제69조 중 제33조 제1항 제5호 부분은 헌법 제25조의 공무담임권을 침해한 것이다.

④ 공무원의 범죄행위와 직무의 관련 유무를 묻지 않고 금고 이상의 형의 집행유예 판결을 받은 것을 공무원의 당연퇴직사유로 규정한 법률조항은 헌법에 위반된다.

94 공무원제도에 관한 설명으로 가장 적절하지 <u>않은</u> 것은? (다툼이 있는 경우 판례에 의함)

① 공무원은 국민전체에 대한 봉사자이며, 직업공무원제도를 통해 정치적 중립성과 신분보장을 확보하고 있다.

② 직제가 폐지되어 해당 공무원을 직권면직할 때는 합리적인 근거를 요한다.

③ 직업공무원제도는 헌법이 보장하는 제도적 보장 중의 하나로서 입법자는 직업공무원제도에 관하여 '최소한 보장'의 원칙의 한계 안에서 입법형성의 자유를 가진다.

④ 공무원이 집단, 연명으로 또는 단체의 명의를 사용하여 국가의 정책을 반대하거나 국가 정책의 수립·집행을 방해하는 정치적 주장을 표시·상징하는 복장을 직무수행 중 착용하지 못하게 하는 것은 정치적 표현의 자유의 침해이다.

95 직업공무원제도에 관한 설명 중 가장 적절하지 <u>않은</u> 것은? (다툼이 있는 경우 판례에 의함)

① 국민이 공무원으로 임용된 경우에 있어서 그가 정년까지 근무할 수 있는 권리는 헌법의 공무원 신분보장규정에 의하여 보호되는 기득권으로서 그 침해 내지 제한은 신뢰보호의 원칙에 위배되지 않는 범위 내에서만 가능하다 할 것이다.

② 직제폐지에 따른 직권면직을 규정한 지방공무원법 제62조 제1항 제3호는 직업공무원제도에 위반되지 않는다.

③ 직업공무원제도에서 말하는 공무원은 국가 또는 공공단체와 근로관계를 맺고 이른바 공법상 특별권력관계 내지 특별행정법관계 아래 공무를 담당하는 것을 직업으로 하는 협의의 공무원뿐만 아니라 정치적 공무원과 임시적 공무원을 포함하는 것이다.

④ 입법자는 공무원의 정년을 행정조직, 직제의 변경 또는 예산의 감소 등 제반사정을 고려하여 합리적인 범위 내에서 조정할 수 있다.

96 공무원제도 및 공무담임권에 대한 설명으로 가장 적절한 것은? (다툼이 있는 경우 판례에 의함)

① 경찰공무원이 자격정지 이상의 형의 선고유예를 받은 경우 당연퇴직하도록 규정하고 있는 구 경찰공무원법 조항은 공무담임권을 침해하지 않는다.

② 지방자치단체의 직제가 폐지된 경우에 해당 공무원을 직권면직할 수 있도록 규정하고 있는 지방공무원법 조항은 헌법상 직업공무원제도를 위반한 것이다.

③ 입법자는 직업공무원제도에 관하여 '최소한의 보장'의 원칙의 한계 안에서 폭넓은 입법형성의 자유를 가진다.

④ 순경 공개경쟁채용 선발시험의 응시연령 상한을 30세 이하로 규정한 경찰공무원임용령 규정은 헌법에 위반되지 않는다.

97 공무원제도에 관한 설명으로 가장 적절하지 <u>않은</u> 것은? (다툼이 있는 경우 판례에 의함)

① 공무원의 기부금모집을 금지하고 있는 국가공무원법 조항은 선거의 공정성을 확보하기 위한 것이라 하더라도 직급이나 직무의 성격에 대한 검토 혹은 기부금 상한액을 낮추는 방법 등에 대한 고려 없이 일률적으로 모든 공무원의 기부금 모집을 전면적으로 금지함으로써 과도한 제한을 초래하므로 공무원의 정치적 의사표현의 자유를 침해하는 것이다.

② 서울교통공사의 상근직원은 서울교통공사의 경영에 관여하거나 실질적인 영향력을 미칠 수 있는 권한이 있다고 인정하기 어려우므로, 당원이 아닌 자에게도 투표권을 부여하여 실시하는 당내경선에서 서울교통공사의 상근직원이 경선운동을 할 수 없도록 일률적으로 금지·처벌하는 것은 정치적 표현의 자유를 과도하게 제한하는 것이다.

③ 사실상 노무에 종사하는 공무원 중 대통령령 등이 정하는 자에 한하여 근로3권을 인정하는 국가공무원법 조항은, 근로3권이 보장되는 공무원의 범위를 사실상 노무에 종사하는 공무원으로 한정하고 있으나, 이는 헌법 제33조 제2항에 근거한 것으로, 전체국민의 공공복리와 사실상 노무에 종사하는 공무원의 직무의 내용, 노동조건 등을 고려해 보았을 때 입법자에게 허용된 입법재량권의 범위를 벗어난 것이라 할 수 없다.

④ 공무원의 정당가입이 허용된다면, 공무원의 정치적 행위가 직무 내의 것인지 직무 외의 것인지 구분하기 어려운 경우가 많고, 설사 공무원이 근무시간 외에 혹은 직무와 관련 없이 정당과 관련된 정치적 표현행위를 한다 하더라도 공무원의 정치적 중립성에 대한 국민의 기대와 신뢰는 유지되기 어렵다.

제9절 지방자치제도

98 지방자치에 대한 설명으로 가장 적절하지 <u>않은</u> 것은? (다툼이 있는 경우 판례에 의함)

① 헌법 제117조 제1항은 '지방자치단체는 주민의 복리에 관한 사무를 처리하고 재산을 관리하며, 법령의 범위 안에서 자치에 관한 규정을 제정할 수 있다'라고 하여 지방자치제도의 보장과 지방자치단체의 자치권을 규정하고 있는데, 헌법 제117조 제1항에서 규정하는 '법령'에는 법규명령으로서 기능하는 행정규칙이 포함된다.

② 헌법 제118조 제2항에서 지방자치단체의 장의 '선임방법'에 관한 사항은 법률로 정한다고 규정하고 있으므로 지방자치단체의 장 선거권은 다른 공직선거권과 달리 헌법상 보장되는 기본권으로 볼 수 없다.

③ 헌법이 규정하는 지방자치단체의 자치권에는 자치에 관한 규정을 스스로 제정할 수 있는 자치입법권은 물론이고, 그 밖에 그 소속 공무원에 대한 인사와 처우를 스스로 결정하고 이에 관련된 예산을 스스로 편성하여 집행하는 권한이 성질상 당연히 포함된다.

④ 지방자치단체의 구역은 주민·자치권과 함께 자치단체의 구성요소이며 자치권이 미치는 관할구역의 범위에는 육지는 물론 바다도 포함되므로 공유수면에 대해서도 지방자치단체의 자치권한이 존재한다고 보아야 한다.

99 지방자치제도에 관한 설명으로 가장 적절하지 <u>않은</u> 것은? (다툼이 있는 경우 판례에 의함)

① 국가기본도에 표시된 해상경계선은 그 자체로 불문법상 해상경계선으로 인정되는 것은 아니나, 관할 행정청이 국가기본도에 표시된 해상경계선을 기준으로 하여 과거부터 현재에 이르기까지 반복적으로 처분을 내리고, 지방자치단체가 허가, 면허 및 단속 등의 업무를 지속적으로 수행하여 왔다면 국가기본도상의 해상경계선은 여전히 지방자치단체 관할 경계에 관하여 불문법으로서 그 기준이 될 수 있다.

② 헌법이 감사원을 독립된 외부감사기관으로 정하고 있는 취지, 중앙정부와 지방자치단체는 서로 행정기능과 행정책임을 분담하면서 중앙행정의 효율성과 지방행정의 자주성을 조화시켜 국민과 주민의 복리증진이라는 공동목표를 추구하는 협력관계에 있다는 점을 고려하면 지방자치단체의 자치사무에 대한 합목적성 감사의 근거가 되는 감사원법 조항은 지방자치권의 본질적 내용을 침해하였다고는 볼 수 없다.

③ 연간 감사계획에 포함되지 아니하고 사전조사가 수행되지 아니한 감사의 경우 지방자치법에 따른 감사의 절차와 방법 등에 관한 관련 법령에서 감사대상이나 내용을 통보할 것을 요구하는 명시적인 규정이 없어, 광역지방자치단체가 기초지방자치단체의 자치사무에 대한 감사에 착수하기 위해서는 감사대상을 특정하여야 하나, 특정된 감사대상을 사전에 통보할 것까지 요구된다고 볼 수는 없다.

④ 감사 과정에서 사전에 감사대상으로 특정되지 아니한 사항에 관하여 위법사실이 발견된 경우, 당초 특정된 감사대상과 관련성이 인정되는 것으로서 당해 절차에서 함께 감사를 진행하더라도 감사대상 지방자치단체가 절차적인 불이익을 받을 우려가 없고, 해당 감사대상을 적발하기 위한 목적으로 감사가 진행된 것으로 볼 수 없는 사항이라 하더라도, 감사대상을 확장하거나 추가하는 것은 허용되지 않는다.

100 지방자치제도에 관한 다음 설명 중 가장 적절하지 <u>않은</u> 것은? (다툼이 있는 경우 판례에 의함)

① 지방자치단체가 지방세의 과세를 면제하는 조례를 제정할 때 중앙정부의 사전허가를 받도록 하는 것은 지방자치단체의 조례제정권의 본질적 내용을 침해하는 것이다.

② 조례가 규율하는 특정사항에 관하여 그것을 규율하는 국가의 법령이 이미 존재하는 경우에도 조례가 법령과 별도의 목적에 기하여 규율함을 의도하는 것으로서 그 적용에 의하여 법령의 규정이 의도하는 목적과 효과를 전혀 저해하는 바가 없는 때에는 그 조례가 국가의 법령에 위반되는 것은 아니다.

③ 지방자치단체는 헌법 또는 법률에 의하여 부여받은 그의 권한, 즉 지방자치단체의 사무에 관한 권한이 침해되거나 침해될 우려가 있는 때에 한하여 권한쟁의심판을 청구할 수 있으므로, 기관위임사무에 대하여는 권한쟁의심판을 청구할 수 없다.

④ 지방자치제도의 보장은 지방자치단체에 의한 자치행정을 일반적으로 보장한다는 것뿐이고 특정 지방자치단체의 존속을 보장한다는 것은 아니다.

101 기초지방자치단체 A의 자치사무에 대한 광역지방자치단체 B, 행정안전부 및 감사원의 감사에 관한 설명으로 가장 적절하지 <u>않은</u> 것은? (다툼이 있는 경우 판례에 의함)

① A의 자치사무에 대한 B의 감사과정에서 사전에 감사대상으로 특정되지 않은 사항에 관하여 위법사실이 발견된 경우, 당초 특정된 감사대상과 관련성이 있어 함께 감사를 진행해도 A가 절차적인 불이익을 받을 우려가 없고, 해당 감사대상을 적발하기 위한 목적으로 감사가 진행된 것으로 볼 수 없는 사항에 대하여는 감사대상의 확장 내지 추가가 허용된다.

② B가 A의 자치사무에 대한 감사에 착수하기 위해서는 감사대상을 특정하고, 특정된 감사대상을 A에게 사전 통보해야 한다.

③ A의 자치사무에 대한 행정안전부 감사는 합법성 감사로 제한되어야 하고, 포괄적·사전적 일반감사나 법령위반사항을 적발하기 위한 감사는 허용되지 않는다.

④ A의 자치사무에 대한 감사원의 감사는 합법성 감사에 한정되지 않고, 합목적성 감사가 가능하여 사전적·포괄적 감사가 인정된다.

102 다음 설명 중 가장 적절하지 <u>않은</u> 것은? (다툼이 있는 경우 판례에 의함)

① 조례는 지방자치단체가 그 자치입법권에 근거하여 자주적으로 지방의회의 의결을 거쳐 제정한 법규이기 때문에 조례 자체로 인하여 직접 그리고 현재 자기의 기본권을 침해받은 자는 그 권리구제의 수단으로서 조례에 대한 헌법소원을 제기할 수 있다.

② 조례의 제정권자인 지방의회는 선거를 통해서 그 지역적인 민주적 정당성을 지니고 있는 주민의 대표기관이라 하더라도 조례에 대한 법률의 위임은 법규명령에 대한 법률의 위임과 다르기 때문에 반드시 구체적으로 범위를 정하여 할 필요가 있다.

③ 법령의 직접적인 위임에 따라 위임행정기관이 그 법령을 시행하는 데 필요한 구체적 사항을 정한 것이라면, 그 제정형식은 비록 법규명령이 아닌 고시, 훈령, 예규 등과 같은 행정규칙이더라도 그것이 상위법령의 위임한계를 벗어나지 아니하는 한, 상위법령과 결합하여 대외적인 구속력을 갖는 법규명령으로서 기능하게 된다고 보아야 한다.

④ 행정규칙이 재량권행사의 준칙으로서 그 정한 바에 따라 되풀이 시행되어 행정관행을 이루게 되어 평등의 원칙이나 신뢰보호의 원칙에 따라 행정기관이 그 상대방에 대한 관계에서 그 규칙에 따라야 할 자기구속을 당하게 되는 경우에는 대외적인 구속력을 갖게 되어 헌법소원의 대상이 된다.

제10절 가족제도

103 혼인과 가족생활의 보호에 대한 설명으로 옳고 그름의 표시(○, ×)가 바르게 된 것은? (다툼이 있는 경우 판례에 의함)

<보기>

㉠ 수형자의 배우자에 대해 인터넷화상접견과 스마트접견을 할 수 있도록 하고 미결수용자의 배우자에 대해서는 이를 허용하지 않는 것이 미결수용자의 배우자의 평등권을 침해하는지 여부는 헌법상 혼인과 가족생활에 대한 특별한 헌법적 보호에 비추어 볼 때, 엄격한 비례성심사를 하여야 한다.

㉡ 혼인 종료 후 300일 이내에 출생한 자를 전남편의 친생자로 추정하는 것은 모가 가정생활과 신분관계에서 누려야 할 혼인과 가족생활에 관한 기본권을 침해하지 않는다.

㉢ 중혼을 혼인취소의 사유로 정하면서 후혼의 취소가 가혹한 결과를 발생시키는 경우에도 취소청구권의 제척기간 또는 소멸사유를 규정하지 않은 것은 후혼배우자의 혼인과 가족생활에 관한 기본권을 침해한다.

㉣ 육아휴직신청권은 헌법 제36조 제1항 등으로부터 개인에게 직접 주어지는 헌법적 차원의 권리라고 볼 수 없다.

㉤ 헌법 제36조 제1항에서 규정하는 '혼인'이란 양성이 평등하고 존엄한 개인으로서 자유로운 의사의 합치에 의하여 생활공동체를 이루는 것으로서 법적으로 승인받은 것을 말하므로, 법적으로 승인되지 아니한 사실혼은 그 보호범위에 포함되지 않는다.

① ㉠ [○] ㉡ [○] ㉢ [○] ㉣ [×] ㉤ [×]
② ㉠ [○] ㉡ [×] ㉢ [×] ㉣ [○] ㉤ [○]
③ ㉠ [×] ㉡ [○] ㉢ [○] ㉣ [×] ㉤ [×]
④ ㉠ [×] ㉡ [×] ㉢ [×] ㉣ [○] ㉤ [○]

104 혼인과 가족생활에 관한 설명으로 가장 적절한 것은? (다툼이 있는 경우 판례에 의함)

① 8촌 이내의 혈족 사이에서는 혼인할 수 없도록 하는 민법 제809조 제1항은 입법목적의 달성에 필요한 범위를 넘는 과도한 제한으로서 침해의 최소성을 충족하지 못하므로 혼인의 자유를 침해한다.

② 육아휴직신청권은 비록 헌법에 명문으로 규정되어 있지는 아니하지만, 이는 모든 인간이 누리는 불가침의 인권으로서 혼인과 가족생활을 보장하는 헌법 제36조 제1항, 행복추구권을 보장하는 헌법 제10조 및 '국민의 자유와 권리는 헌법에 열거되지 아니한 이유로 경시되지 아니한다.'라고 규정한 헌법 제37조 제1항에서 나오는 중요한 기본권이다.

③ 헌법 제36조 제1항은 혼인과 가족을 보호해야 한다는 국가의 일반적 과제를 규정하였을 뿐, 청구인들의 주장과 같이 양육비채권의 집행권원을 얻었음에도 양육비 채무자가 이를 이행하지 아니하는 경우 그 이행을 용이하게 확보하도록 하는 내용의 구체적이고 명시적인 입법의무를 부여하였다고 볼 수 없다.

④ 대한민국 국민으로 태어난 아동은 태어난 즉시 '출생등록될 권리'를 가지며, 이러한 권리는 '법 앞에 국민으로 인정받을 권리'로서 법률로써 제한할 수 있을 뿐이다.

105 혼인과 가족생활에 관한 권리에 관한 설명으로 가장 적절하지 <u>않은</u> 것은? (다툼이 있는 경우 판례에 의함)

① 헌법 제36조 제1항은 혼인과 가족에 관련되는 공법 및 사법의 모든 영역에 영향을 미치는 헌법원리 내지 원칙규범 으로서의 성격도 가진다.

② 태어난 즉시 '출생등록 될 권리'는 헌법상의 기본권이 아니라 법률상의 권리이므로 '혼인 중 여자와 남편 아닌 남자 사이에서 출생한 자녀에 대한 생부의 출생신고'를 허용하도록 규정하지 아니한 가족관계의 등록 등에 관한 법률조 항이 혼인외 출생자인 청구인들의 태어난 즉시 '출생등록 될 권리'를 침해하는 것은 아니다.

③ 사실혼 배우자는 혼인신고를 함으로써 상속권을 가질 수 있고, 증여나 유증을 받는 방법으로 상속에 준하는 효과를 얻을 수 있으며, 근로기준법, 국민연금법 등에 근거한 급여를 받을 권리 등이 인정된다는 측면에서 볼 때, 사실혼 배우자에게 상속권을 인정하지 않는 민법 조항이 사실혼 배우자인 청구인의 상속권을 침해하는 것은 아니다.

④ 부모가 자녀의 이름을 지어주는 것은 자녀의 양육과 가족생활을 위하여 필수적인 것이고, 가족생활의 핵심적 요소 라 할 수 있으므로, '부모가 자녀의 이름을 지을 자유'는 혼인과 가족생활을 보장하는 헌법 제36조 제1항과 행복추 구권을 보장하는 헌법 제10조에 의하여 보호받는다.

2024 해커스경찰
신동욱 경찰헌법
진도별 문제풀이 500제

제2편

기본권론

106 기본권의 주체에 관한 설명으로 가장 적절하지 <u>않은</u> 것은? (다툼이 있는 경우 판례에 의함)

① 초기배아는 수정이 된 배아라는 점에서 형성 중인 생명의 첫걸음을 떼었다고 볼 여지가 있으나, 이에 대한 국가의 보호필요성이 있음은 별론으로 하고, 아직 모체에 착상되거나 원시선이 나타나지 않은 이상, 그 기본권 주체성이 인정되기는 어렵다.

② 헌법상의 근로의 권리는 근로자를 개인의 차원에서 보호하기 위한 권리로서 개인인 근로자가 그 주체가 되는 것이고 노동조합은 그 주체가 될 수 없다.

③ 국가, 지방자치단체나 그 기관 또는 국가조직의 일부나 공법인은 원칙적으로 기본권의 수범자이자 동시에 기본권의 주체가 되는 이중적 지위에 있다.

④ 외국인이 국내에서 누리는 직업의 자유는 법률 이전에 헌법에 의해서 부여된 기본권이라고 할 수 없고, 법률에 따른 정부의 허가에 의해 비로소 발생하는 권리이다.

107 헌법재판소 판례에 의할 때, 다음 중 기본권의 주체성이 인정되는 것은 모두 몇 개인가?

㉠ 한국영화인협회 감독위원회	㉡ 지방자치단체
㉢ 직장의료보험조합	㉣ 교육위원
㉤ 국립서울대학교	㉥ 한국신문편집인협회
㉦ 축협중앙회	㉧ 상공회의소

① 2개
③ 4개
② 3개
④ 5개

108 기본권의 주체에 관한 설명으로 가장 적절하지 <u>않은</u> 것은? (다툼이 있는 경우 판례에 의함)

① 대통령도 국민의 한사람으로서 제한적으로나마 기본권의 주체가 될 수 있는바, 중앙선거관리위원회가 선거중립의무를 준수해 줄 것을 요청한 것에 대해 대통령이 헌법소원심판을 청구한 것은 적법하다.

② 자본주의 경제질서하에서 근로자가 기본적 생활수단을 확보하고 인간의 존엄성을 보장받기 위하여 최소한의 근로조건을 요구할 수 있는 권리는 자유권적 기본권의 성격도 가지므로 이러한 경우 외국인 근로자에게도 그 기본권 주체성이 인정된다.

③ 공법상 재단법인인 방송문화진흥회가 최다출자자인 방송사업자는 방송법 등 관련 규정에 의하여 공법상의 의무를 부담하고 있지만, 상법에 의하여 설립된 주식회사로서 설립목적은 언론의 자유의 핵심 영역인 방송사업이므로 이러한 업무 수행과 관련하여 당연히 기본권 주체가 될 수 있다.

④ 개인이 자연인으로서 향유하게 되는 기본권은 그 성질상 당연히 법인에게 적용될 수 없다. 따라서 인간의 존엄과 가치에서 유래하는 인격권은 그 성질상 법인에게는 적용될 수 없다.

109 기본권의 주체성에 관한 설명 중 가장 적절하지 <u>않은</u> 것은? (다툼이 있는 경우 판례에 의함)

① 태아는 헌법상 생명권의 주체이므로 수정 후 착상 전의 초기배아도 그에 대한 국가의 보호필요성과 기본권 주체성이 인정된다.

② 정당의 기본권 주체성은 인정되지만 지방자치단체의 기본권 주체성은 인정되지 않는다.

③ 검사가 발부한 형집행장에 의하여 검거된 벌금미납자의 신병에 관한 업무는 경찰공무원이 국가기관의 일부 또는 그 구성원으로서 공법상의 권한을 행사하는 공권력행사의 주체로서 행하는 것이므로 경찰공무원은 헌법소원을 청구할 수 없다.

④ 국립대학은 국가가 설립한 공법상 영조물이지만, 대학의 자율이라는 기본권의 주체이기도 하다.

110 기본권의 주체에 관한 설명 중 가장 적절한 것은? (다툼이 있는 경우 판례에 의함)

① 국가균형발전 특별법에 의한 도지사의 혁신도시 입지선정과 관련하여 그 입지선정에서 제외된 지방자치단체는 자의적인 선정기준을 다투는 평등권의 주체가 된다.

② 출입국관리법에 따른 영주의 체류자격 취득일 후 3년이 경과한 18세 이상의 외국인에게는 지방자치단체 의회의원 및 장의 선거권이 부여되어 헌법상의 정치적 기본권이 인정된다.

③ 대학의 자율성은 학문의 자유의 확실한 보장수단으로 대학에게 부여된 헌법상의 기본권이므로 교수나 교수회는 대학의 자치의 주체가 될 수 없다.

④ 생명·신체의 안전에 관한 기본권은 성질상 자연인에게만 인정되는 것이므로, 진보신당과 같은 권리능력 없는 단체는 위와 같은 기본권의 행사에 있어 그 주체가 될 수 없다.

111 기본권의 주체성에 대한 설명으로 가장 적절하지 <u>않은</u> 것은? (다툼이 있는 경우 판례에 의함)

① 무소속 국회의원으로서 교섭단체소속 국회의원과 동등하게 대우받을 권리는 입법권을 행사하는 국가기관인 국회를 구성하는 국회의원의 지위에서 향유할 수 있는 권한인 동시에 헌법이 일반 국민에게 보장하고 있는 기본권이라고 할 수 있다.

② 국가 정책에 따라 정부의 허가를 받은 외국인은 정부가 허가한 범위 내에서 소득활동을 할 수 있는 것이므로 외국인이 국내에서 누리는 직업의 자유는 법률 이전에 헌법에 의해서 부여된 기본권이라고 할 수는 없고, 법률에 따른 정부의 허가에 의해 비로소 발생하는 권리이다.

③ 정당이 등록이 취소된 이후에도 '등록정당'에 준하는 '권리능력 없는 사단'으로서의 실질을 유지하고 있다고 볼 수 있으면 헌법소원의 청구인능력을 인정할 수 있다.

④ 공법상 재단법인인 방송문화진흥회가 최다출자자인 방송사업자는 방송법 등 관련 규정에 의하여 공법상의 의무를 부담하고 있지만, 그 설립목적이 언론의 자유의 핵심 영역인 방송사업이므로 이러한 업무 수행과 관련해서는 기본권 주체가 될 수 있고, 그 운영을 광고수익에 전적으로 의존하고 있는 만큼 이를 위해 사경제 주체로서 활동하는 경우에도 기본권 주체가 될 수 있다.

112 기본권 주체에 대한 설명으로 가장 적절하지 <u>않은</u> 것은? (다툼이 있는 경우 판례에 의함)

① 평등권 및 평등선거의 원칙으로부터 나오는 기회균등의 원칙은 후보자는 물론 정당에 대해서도 보장된다.

② 직장선택의 자유는 국민의 권리로 보아야 할 것이므로 외국인에게는 직장선택의 자유가 인정되지 않는다.

③ 근로의 권리가 일할 환경에 관한 권리도 내포하고 있으므로 건강한 작업환경, 일에 대한 정당한 보수, 합리적인 근로조건의 보장 등을 요구할 수 있는 권리에 관하여 외국인 근로자의 기본권 주체성이 인정된다.

④ 미성년자도 대한민국 국민이기 때문에 당연히 기본권 주체성이 인정되나 기본권 행사가 본인에게 불이익이 될 수 있는 경우에는 친권에 의하여 기본권 행사가 제한될 수 있다.

113 기본권 주체에 대한 설명으로 가장 적절하지 <u>않은</u> 것은? (다툼이 있는 경우 판례에 의함)

① 공법상 재단법인인 방송문화진흥회가 최다출자자인 방송사업자는 관련 규정에 의하여 공법상의 의무를 부담하고 있기 때문에 기본권 주체가 될 수 없다.

② '2018학년도 대학수학능력시험 시행기본계획'은 성년의 자녀를 둔 부모의 자녀교육권을 제한하지 않는다.

③ 대학자치의 주체는 원칙적으로 교수 기타 연구자 조직이나 학생과 학생회도 학습활동과 직접 관련된 학생회 활동 기타 자치활동의 범위 내에서 그 주체가 될 수 있다고 보아야 한다.

④ 헌법은 국가의 교육권한과 부모의 교육권의 범주 내에서 학생에게도 자신의 교육에 관하여 스스로 결정할 권리, 즉 자유롭게 교육을 받을 권리를 부여하고, 학생은 국가의 간섭을 받지 아니하고 자신의 능력과 개성, 적성에 맞는 학교를 자유롭게 선택할 권리를 가진다.

114 기본권 주체에 관한 설명 중 가장 적절하지 <u>않은</u> 것은? (다툼이 있는 경우 판례에 의함)

① 법인도 법인의 목적과 사회적 기능에 비추어 볼 때 그 성질에 반하지 않는 범위 내에서 인격권의 내용인 사회적 신용이나 명예 등의 주체가 될 수 있다.

② 기본권 능력을 가진 사람은 모두 기본권 주체가 되지만, 기본권 주체가 모두 기본권의 행사능력을 가지는 것은 아니다.

③ 평등권은 외국인에게는 보장되지 않는다.

④ 사단법인 한국영화인협회 내부의 8개 분과위원회 중 하나인 한국영화인협회 감독위원회는 독자적으로 기본권의 주체가 될 수 없다.

115 기본권 주체에 관한 설명으로 가장 적절하지 <u>않은</u> 것은? (다툼이 있는 경우 판례에 의함)

① 아동과 청소년은 인격의 발전을 위하여 어느 정도 부모와 학교의 교사 등 타인에 의한 결정을 필요로 하는 아직 성숙하지 못한 인격체이지만, 부모와 국가에 의한 단순한 보호의 대상이 아닌 독자적인 인격체이며, 그의 인격권은 성인과 마찬가지로 인간의 존엄성 및 행복추구권을 보장하는 헌법 제10조에 의하여 보호된다.

② 불법체류 중인 외국인은 성질상 인간의 권리에 해당되는 신체의 자유, 주거의 자유, 변호인의 조력을 받을 권리, 재판청구권 등에 대해 주체성이 인정되므로 국가인권위원회의 공정한 조사를 받을 권리도 불법체류 중인 외국인에게 헌법상 인정되는 기본권이다.

③ 정당은 국민의 정치적 의사형성에 참여하기 위한 조직이지만, 구성원과는 독립하여 그 자체로서 기본권의 주체가 될 수 있다.

④ 주택재개발정비사업조합은 노후·불량한 건축물이 밀집한 지역에서 주거환경을 개선하여 도시의 기능을 정비하고 주거생활의 질을 높여야 할 국가의 의무를 대신하여 실현하는 기능을 수행하고 있으므로 구 도시 및 주거환경정비법상 주택재개발정비사업조합이 공법인의 지위에서 기본권의 수범자로 기능하면서 행정심판의 피청구인이 된 경우에는 기본권의 주체가 될 수 없다.

116 기본권의 주체에 관한 내용으로 가장 적절하지 <u>않은</u> 것은? (다툼이 있는 경우 판례에 의함)

① 태아도 헌법상 생명권의 주체가 되며, 국가는 헌법 제10조에 따라 태아의 생명을 보호할 의무가 있다.

② 정부 수립 이후의 이주동포에게는 특혜를 주면서 정부 수립 이전의 동포를 재외동포의 출입국과 법적 지위에 관한 법률이 정하는 수혜의 대상에서 제외한 것은 평등원칙에 위배된다.

③ 기본권 주체로서의 법적 지위와 민법상의 권리 주체로서의 법적 지위는 그 범위가 일치하지 않는다.

④ 국가, 지방자치단체도 다른 공권력 주체와의 관계에서 지배복종관계가 성립되어 일반 사인처럼 그 지배하에 있는 경우에는 기본권 주체가 될 수 있다.

117 기본권 주체에 대한 설명으로 가장 적절하지 <u>않은</u> 것은? (다툼이 있는 경우 판례에 의함)

① 기본권 능력을 가진 사람은 모두 기본권 주체가 되지만, 기본권 주체가 모두 기본권의 행사능력을 가지는 것은 아니다.

② 직장선택의 자유는 인간의 권리로 보아야 할 것이므로 외국인도 제한적으로라도 직장선택의 자유를 향유할 수 있다고 보아야 한다.

③ 변호사 접견권을 악용하는 수형자들로 인한 부작용을 배제하기 위하여, 수용자 일반을 접촉차단시설이 설치된 장소에서 변호인을 접견하게 하는 행위는 정당화된다.

④ 정당은 소유재산의 귀속관계에서는 법인격 없는 사단이다.

118 기본권의 제한과 한계에 관한 설명으로 가장 적절하지 <u>않은</u> 것은? (다툼이 있는 경우 판례에 의함)

① 기본권 제한에 관한 법률유보의 원칙은 '법률에 의한 규율'을 요청하는 것이므로, 기본권 제한의 형식은 반드시 법률이어야 한다.

② 경찰서장이 동시에 접수한 두 개의 옥외집회 신고서를 상호충돌을 피한다는 이유로 모두 반려한 행위는 법률의 근거 없이 집회의 자유를 침해한 것으로서 헌법에 위반된다.

③ 운전면허를 받은 사람이 자동차 등을 이용하여 범죄행위를 한 경우 범죄행위의 심각성 및 범죄행위의 기여 정도와는 관계없이 필수적으로 운전면허를 취소하도록 하는 것은 기본권 제한에 있어서 최소침해성의 원칙에 위반된다.

④ 입법자는 기본권행사의 '방법'에 관한 규제로써 공익을 실현할 수 있는가를 시도하고 이러한 방법으로는 공익달성이 어렵다고 판단되는 경우에 비로소 그 다음 단계인 기본권행사의 '여부'에 관한 규제를 선택해야 한다.

119 기본권 경합과 충돌에 대한 설명으로 가장 적절하지 <u>않은</u> 것은? (다툼이 있는 경우 판례에 의함)

① 수용자가 작성한 집필문의 외부반출을 불허하고 이를 영치할 수 있도록 한 것은 수용자의 통신의 자유와 표현의 자유를 제한한다.

② 혐연권은 흡연권보다 상위의 기본권이라 할 수 있고, 이처럼 상하의 위계질서가 있는 기본권끼리 충돌하는 경우에는 상위기본권 우선원칙이 적용되므로 결국 흡연권은 혐연권을 침해하지 않는 한 인정된다.

③ 기본권의 경합은 동일한 기본권 주체가 동시에 여러 기본권의 적용을 주장하는 경우에 발생하는 문제이다.

④ 근로자의 단결하지 아니할 자유와 노동조합의 적극적 단결권이 충돌하게 되는 경우 후자가 전자보다 중시된다.

120 기본권의 경합과 충돌에 관한 설명으로 가장 적절한 것은? (다툼이 있는 경우 판례에 의함)

① 학교정화구역 내 극장영업금지를 규정한 학교보건법 제6조는 극장영업자의 직업의 자유와 예술의 자유를 제한하나, 예술의 자유는 간접적으로 제약되고 입법자의 객관적 동기를 참작하여 볼 때 사안과 가장 밀접한 관계에 있고 또 침해의 정도가 가장 큰 주된 기본권은 직업의 자유이므로 직업의 자유 침해만을 판단하는 것으로 족하므로 예술의 자유 침해 여부를 판단할 필요는 없다.

② 병역거부자에 대한 병역의무를 부과하고 이를 위반시 처벌하는 병역법 제88조는 병역거부자의 양심의 자유와 종교의 자유를 함께 제한한다. 양심의 자유는 종교적 신념에 기초한 양심뿐만 아니라 비종교적 양심도 포괄하는 기본권이고 종교의 자유는 종교적 신념만을 보호하여 종교의 자유가 특별한 기본권이므로 종교의 자유를 중심으로 위헌 여부를 판단한다.

③ 헌법재판소가 채권자취소권을 합헌으로 본 것은 채권자의 재산권과 채무자의 일반적 행동의 자유권 중에서 채권자의 재산권이 상위의 기본권이라고 보았기 때문이다.

④ 어떠한 법령이 수범자의 직업의 자유와 행복추구권 양자를 제한하는 외관을 띠는 경우 두 기본권의 경합문제가 발생하는데, 보호영역으로서 직업이 문제되는 경우 직업의 자유와 행복추구권은 서로 특별관계에 있어 기본권의 내용상 특별성을 갖는 직업의 자유의 침해 여부가 우선하므로, 행복추구권 관련 위헌 여부의 심사는 배제된다고 보아야 한다.

121 기본권 경합에 대한 설명으로 가장 적절하지 <u>않은</u> 것은? (다툼이 있는 경우 판례에 의함)

① 기본권 경합의 경우에는 기본권 침해를 주장하는 청구인의 의도 및 기본권을 제한하는 입법자의 객관적 동기 등을 참작하여 사안과 가장 밀접한 관계에 있고 또 침해의 정도가 큰 주된 기본권을 중심으로 그 제한의 한계를 살핀다.

② 청구인은 의료인이 아니라도 문신시술업을 합법적인 직업으로 영위할 수 있어야 함을 주장하고 있고, 의료법 조항의 1차적 의도도 보건위생상 위해 가능성이 있는 행위를 규율하고자하는 경우에는 직업선택의 자유를 중심으로 위헌 여부를 살피는 이상 예술의 자유 침해 여부는 판단하지 아니한다.

③ 선거기간 중 모임을 처벌하는 공직선거법 조항에 대한 입법자의 1차적 의도는 선거기간 중 집회를 금지하는 데 있으며, 헌법상 결사의 자유보다 집회의 자유가 두텁게 보호되고, 위 조항에 의하여 직접 제약되는 자유 역시 집회의 자유이므로 집회의 자유를 침해하는지를 살핀다.

④ 국립대학교 총장임용후보자 선거 시 투표에서 일정 수 이상을 득표한 경우에만 기탁금 전액이나 일부를 후보자에게 반환하고, 반환되지 않은 기탁금은 국립대학교 발전기금에 귀속시키는 기탁금귀속조항에 대해서는 재산권보다 공무담임권을 중심으로 살핀다.

122 기본권 제한에 관한 설명 중 가장 적절하지 <u>않은</u> 것은? (다툼이 있는 경우 판례에 의함)

① 생명권의 제한은 어떠한 상황에서든 곧바로 개인의 생명권의 본질적인 내용을 침해하는 것으로서 기본권 제한의 한계를 넘는 것으로 본다면, 이는 생명권을 제한이 불가능한 절대적 기본권으로 인정하는 것과 동일한 결과를 가져오게 된다.

② 기본권의 제한은 원칙적으로 국회에서 제정한 형식적 의미의 법률에 의해서만 가능하다.

③ 헌법은 처분적 법률의 정의규정을 따로 두고 있지 않음은 물론, 처분적 법률의 제정을 금지하는 명문의 규정도 두고 있지 않으므로, 특정규범이 개인대상법률 또는 개별사건법률에 해당한다고 하여 그것만으로 바로 헌법에 위반되는 것은 아니다.

④ 차로를 가로막고 불특정 다수의 운전자를 대상으로 무차별적으로 음주단속을 실시하기 위하여, 검문지점을 설치하여 그곳을 통행하는 불특정 다수의 자동차를 정지시키고, 운전자의 음주 여부를 점검해 볼 수 있는 권한이 도로교통법 제41조 제2항 전단에 규정된 "교통안전과 위험방지의 필요성"에 필연적으로 내포되어 있다고 볼 수는 없다.

123 기본권 제한에 관한 설명 중 가장 적절하지 <u>않은</u> 것은? (다툼이 있는 경우 판례에 의함)

① 헌법에는 긴급명령이나 긴급재정경제명령, 계엄에 대한 명시적인 근거조항이 있으며, 이들에 의한 기본권 제한은 그 형식 측면에서 법률에 의하지 않은 기본권 제한이라는 예외적이고 특수한 제한이다.

② 증거인멸이나 도망을 예방하기 위한 미결구금제도를 실효성 있게 하기 위한 것이라고 하더라도 미결수용자의 서신에 대한 검열은 통신 비밀에 대한 과잉의 조치이므로 헌법에 위반된다.

③ 헌법은 절대적 기본권을 명문으로 인정하고 있지 아니하며, 헌법 제37조 제2항에서는 국민의 모든 자유와 권리는 국가안전보장·질서유지 또는 공공복리를 위하여 필요한 경우에 한하여 법률로써 제한할 수 있도록 규정하고 있어, 비록 생명이 이념적으로 절대적 가치를 지닌 것이라 하더라도 생명에 대한 법적 평가가 예외적으로 허용될 수 있다.

④ 비상계엄이 선포된 경우 영장제도와 언론·출판·집회·결사의 자유에 대한 특별한 조치를 통하여 기본권을 제한할 수 있는 명시적인 헌법상 근거가 존재한다.

124 기본권의 제한과 그 한계에 관한 설명으로 가장 적절하지 <u>않은</u> 것은? (다툼이 있는 경우 판례에 의함)

① 구 여객자동차운수사업법상 명의이용금지조항을 위반한 운송사업자에 대한 불이익 처분을 규정함에 있어, 입법자가 임의적 규정으로도 법의 목적을 실현할 수 있는 경우에 구체적 사안의 개별성과 특수성을 고려할 수 있는 가능성을 일체 배제하는 필요적 규정을 둔다면 이는 비례의 원칙의 한 요소인 최소침해성의 원칙에 위반된다.

② 부실경영에 책임이 없는 임원이나 금고경영에 영향력을 행사하지 않은 과점주주에 대해서도 상호신용금고의 채무에 대하여 연대변제책임을 부과하도록 한 구 상호신용금고법 조항은 입법목적을 달성하기 위하여 필요한 범위를 넘는 과도한 제한이다.

③ 과잉금지원칙의 요소인 목적의 정당성, 방법의 적절성, 피해의 최소성, 법익의 균형성 중 하나라도 준수하지 못하는 국가행위는 위헌이다.

④ 직업수행의 자유에 대하여는 직업선택의 자유와는 달리 공익목적을 위하여 상대적으로 폭넓은 입법적 규제가 가능한 것이므로 과잉금지의 원칙이 적용되는 것이 아니라 자의금지의 원칙이 적용되는 것이다.

125 기본권 제한에 관한 설명으로 가장 적절하지 <u>않은</u> 것은? (다툼이 있는 경우 판례에 의함)

① 도로를 차단하고 불특정 다수인을 상대로 실시하는 일제단속식 음주단속은 그 자체로는 도로교통법에 근거를 둔 적법한 경찰작용이다.

② 음주운전 금지규정 위반 또는 음주측정거부 전력을 가중요건으로 삼으면서 해당 전력과 관련하여 아무런 시간적 제한도 두지 않은 채 뒤에 행해진 음주운전 금지규정 위반행위를 가중처벌하는 것은 책임에 비해 과도한 형벌을 규정한 것이다.

③ 음주운전의 경우 운전의 개념에 '도로 외의 곳'을 포함하도록 한 도로교통법 조항은 건전한 일반상식을 가진 사람에 의하여 일의적으로 파악되기 어려우므로 죄형법정주의의 명확성원칙에 위배된다.

④ 음주측정거부자에 대해 필요적으로 면허를 취소할 것을 규정한 도로교통법 조항은 재산권, 직업선택의 자유, 행복추구권 또는 양심의 자유에 대한 과도한 제한에 해당하지 않는다.

126 기본권의 제한과 그 한계에 대한 설명 중 옳은 것을 모두 고른 것은? (다툼이 있는 경우 판례에 의함)

> ○ 유치원의 학교환경위생정화구역 안에 당구장시설을 금지하는 학교보건법 조항은 기본권 제한의 한계를 벗어난 것이 아니다.
>
> ○ 입법자가 정한 전문분야에 관한 자격제도에 대해서는 그 내용이 불합리하고 불공정하지 않는 한 입법자의 정책판단은 존중되어야 하며, 자격요건에 관한 법률조항은 합리적인 근거 없이 현저히 자의적인 경우에만 헌법에 위반된다고 할 수 있다.
>
> ○ 헌법재판소는 기본권을 제한함에 있어 비례의 원칙(과잉금지의 원칙)의 심사요건으로 목적의 정당성, 방법의 적정성, 침해의 최소성(필요성), 법익균형성(법익형량)을 채용하고 있다.
>
> ○ 헌법재판소는 공직선거법이 공직선거에 있어서 소액의 기부를 받은 경우에 과태료를 그 가액의 50배로 산정하도록 정한 것은 책임원칙에 부합되지 않게 획일적이고 지나치게 과중하여 입법목적을 달성함에 필요한 정도를 일탈함으로써 과잉금지의 원칙에 위반된다고 판시하였다.

① ㉠, ㉡
② ㉢, ㉣
③ ㉡, ㉢, ㉣
④ ㉠, ㉡, ㉢, ㉣

127 기본권 제한과 법치주의에 관한 설명으로 옳은 것은 모두 몇 개인가? (다툼이 있는 경우 판례에 의함)

> ㉠ 헌법 제37조 제2항은 기본권제한에 관한 일반적 법률유보조항이고, 법률유보의 원칙은 '법률에 의한 규율'을 요청하고 있으므로, 기본권 제한에는 법률의 근거가 필요하고 반드시 법률의 형식으로 하여야 한다.
>
> ㉡ 법률유보원칙은 단순히 행정작용이 법률에 근거를 두기만 하면 충분한 것이 아니라, 국가공동체와 그 구성원에게 기본적이고도 중요한 의미를 갖는 영역, 특히 국민의 기본권실현에 관련된 영역에 있어서는 행정에 맡길 것이 아니라 국민의 대표자인 입법자 스스로 그 본질적 사항에 대해 결정하여야 한다는 요구까지 내포한다.
>
> ㉢ 체계정당성의 원리는 동일 규범 내에서 또는 상이한 규범 간에 그 규범의 구조나 내용 또는 규범의 근거가 되는 원칙면에서 상호 배치되거나 모순되어서는 안 된다는 하나의 헌법적 요청이고, 이러한 체계정당성 위반은 비례의 원칙이나 평등의 원칙 등 일정한 헌법의 규정이나 원칙을 위반하여야만 비로소 위헌이 된다.
>
> ㉣ 소급입법은 신법이 이미 종료된 사실관계에 작용하는지 아니면 현재 진행 중인 사실관계에 작용하는지에 따라 '진정소급입법'과 '부진정소급입법'으로 구분되고, 전자는 헌법적으로 허용되지 않는 것이 원칙이며 특단의 사정이 있는 경우에만 예외적으로 허용될 수 있는 반면, 후자는 원칙적으로 허용되지만 소급효를 요구하는 공익상의 사유와 신뢰보호의 요청 사이의 교량 과정에서 신뢰보호의 관점이 입법자의 형성권에 제한을 가하게 된다.

① 1개　　　　　　　　　　　　　　　② 2개
③ 3개　　　　　　　　　　　　　　　④ 4개

128 기본권 제한의 한계에 대한 설명으로 가장 적절하지 <u>않은</u> 것은? (다툼이 있는 경우 판례에 의함)

① 헌법재판소는 과잉금지의 원칙의 근거를 헌법상의 법치주의와 헌법 제37조 제2항에서 찾고 있다.

② 직업을 선택함에 있어 일정한 자격을 요구하는 것은 직업선택의 자유의 제한에 해당하는데, 자격제도에서 그 자격요건을 정함에 있어서는 입법자에게 광범위한 입법 재량이 인정된다.

③ 과잉금지의 원칙은 국가작용의 한계를 명시하는 것인데 목적의 정당성, 방법의 적정성, 피해의 최소성, 법익의 균형성[보호하려는 공익이 침해되는 사익보다 더 커야 한다는 것으로서 그래야만 수인(受忍)의 기대가능성이 있다는 것]을 의미하는 것으로서 그 어느 하나에라도 저촉되면 위헌이 된다는 헌법상의 원칙이다.

④ 기본권의 제한에서 과잉금지원칙에 위반되면 당연히 본질적 내용이 침해된다는 것이 헌법재판소의 기본적인 태도이다.

129 헌법재판소가 과잉금지의 원칙에 위반된다고 본 것이 <u>아닌</u> 것은? (다툼이 있는 경우 판례에 의함)

① 부실경영에 아무런 관련이 없는 상호신용금고의 임원과 과점주주에게 금고의 채무에 대하여 연대변제책임을 부과하는 것

② 학원·교습소·대학(원)생을 제외하고는 과외교습을 원칙적으로 금지하고 이를 위반한 자를 처벌하는 것

③ 특별검사가 참고인에게 지정된 장소까지 동행할 것을 명령할 수 있게 하고 참고인이 정당한 이유 없이 위 동행명령을 거부한 경우 1천만 원 이하의 벌금형에 처하도록 한 것

④ 한의사 국가시험의 문제와 정답을 공개하지 아니할 수 있도록 한 것

130 기본권 제한에 대한 설명으로 가장 적절하지 <u>않은</u> 것은? (다툼이 있는 경우 판례에 의함)

① 영상물에 수록된 미성년 피해자 진술에 있어서 원진술자인 미성년 피해자에 대한 피고인의 반대신문권을 실질적으로 배제하여 피고인의 방어권을 과도하게 제한하는 구 성폭력범죄의 처벌 및 피해자보호 등에 관한 법률 조항은 피해의 최소성 요건을 갖추지 못하였다.

② '변호인의 피의자신문 참여 운영 지침'상 피의자신문에 참여한 변호인이 피의자 옆에 앉는 경우 피의자 뒤에 앉는 경우보다 수사를 방해할 가능성이나 수사기밀을 유출할 가능성이 높아진다고 볼 수 있으므로, 후방착석요구행위의 목적의 정당성과 수단의 적절성이 인정된다.

③ 마약류 관리에 관한 법률을 위반하여 금고 이상의 실형을 선고받고 그 집행이 끝나거나 면제된 날부터 20년이 지나지 아니한 것을 택시 운송사업의 운전업무 종사자격의 결격사유 및 취소사유로 정한 구 여객자동차 운수사업법 조항은 침해의 최소성원칙에 위배된다.

④ 임차주택의 양수인이 임대인의 지위를 승계하도록 규정한 구 주택임대차보호법 조항은 임차인의 주거생활의 안정을 도모함과 동시에 주민등록이라는 공시기능을 통하여 주택 양수인의 불측의 손해를 예방할 수 있도록 하고 있으므로, 기본권 침해의 최소성원칙에 반하지 않는다.

131 다음 설명 중 가장 적절하지 <u>않은</u> 것은? (단, 다툼이 있는 경우 판례에 의함)

① 가족관계등록법상 각종 증명서 발급에 있어 형제자매에게 정보주체인 본인과 거의 같은 지위를 부여하는 법률조항은 증명서 교부청구권자의 범위를 필요한 최소한도로 한정한 것이라고 볼 수 없는 것으로 침해의 최소성에 위배된다.

② 구 국가보안법의 불고지죄는 국가의 존립과 안전에 저해가 되는 타인의 범행에 관한 객관적 사실을 고지할 의무를 부과할 뿐이고 개인의 세계관·인생관·주의·신조 등이나 내심에 있어서의 윤리적 판단을 그 고지의 대상으로 하는 것은 아니므로, 양심의 자유 특히 침묵의 자유를 직접적으로 침해하는 것이라고 볼 수 없다.

③ 순경 공채시험 응시연령의 상한을 '30세 이하'로 규정하고 있는 것은 합리적이라고 볼 수 없으므로 침해의 최소성원칙에 위배된다.

④ 보호의무자 2인의 동의와 정신건강의학과 전문의 1인의 진단으로 정신질환자에 대한 보호입원이 가능하도록 한 것은 침해의 최소성원칙에 위반되지 않는다.

132 기본권에 관한 설명으로 가장 적절한 것은? (다툼이 있는 경우 판례에 의함)

① 청소년 성매수자에 대한 신상공개제도는 헌법상 일반적 인격권 및 사생활의 비밀과 자유를 침해한 것이다.

② 언론이 부당하게 사생활의 비밀과 자유를 침해하였다 하여도 민법상의 불법행위에 의한 손해배상책임은 물을 수 없다.

③ 부모의 자녀교육권이란 부모의 자기결정권이라는 의미에서 보장되는 자유가 아니라 자녀의 보호와 인격발현을 위하여 부여되는 것이므로, 자녀의 행복이란 관점에서 교육방향을 결정하라는 행위지침을 의미할 뿐 부모의 기본권이라고는 볼 수 없다.

④ 근로의 권리는 자유권적 기본권의 성격도 있으므로 이 부분에 관한 한 외국인에게도 기본권 주체성을 인정해야 한다.

133 처분적 법률에 대한 설명 중 옳은 것을 모두 고른 것은? (다툼이 있는 경우 판례에 의함)

> ○ 특별검사에 의한 수사대상을 특정인에 대한 특정 사건으로 한정하고 있는 한나라당 대통령후보 이명박의 주가 조작 등 범죄혐의의 진상규명을 위한 특별검사의 임명 등에 관한 법률은 처분적 법률의 성격을 갖는다.
> ○ 불특정 다수인을 규율대상으로 하는 것이 아니라 친일반민족행위자의 후손만을 규율하고 있는 친일반민족행위자 재산의 국가귀속에 관한 특별법은 처분적 법률에 해당한다.
> ○ 폐지대상인 세무대학설치법 자체가 이미 처분법률에 해당하는 것이므로, 이를 폐지하는 법률도 당연히 그에 상응하여 처분법률의 형식을 띨 수밖에 없다.
> ○ 국민의 기본권을 제한하는 경우에는 일반적 법률에 의하여야 하므로 처분적 법률은 어떠한 경우에도 허용되지 않는다.

① ○

② ○, ○

③ ○, ○, ○

④ ○, ○, ○, ○

134 기본권 갈등에 대한 설명으로 가장 적절한 것은? (다툼이 있는 경우 판례에 의함)

① 종교단체가 일정규모 이상의 양로시설을 설치하고자 하는 경우 신고하도록 의무를 부담시키는 것은 종교단체의 종교의 자유와 인간다운 생활을 할 권리를 제한한다.

② 행복추구권은 다른 기본권에 대한 보충적 기본권으로서의 성격을 지니므로, 공무담임권이라는 우선적으로 적용되는 기본권이 존재하여 그 침해 여부를 판단하는 이상, 행복추구권 침해 여부를 독자적으로 판단할 필요가 없다.

③ 서울광장으로 출입하고 통행하는 행위를 제지하는 것은 거주·이전의 자유를 제한한다.

④ 수용자가 작성한 집필문의 외부반출을 불허하고 이를 영치할 수 있도록 한 것은 수용자의 통신의 자유와 표현의 자유를 제한한다.

135 입법부작위에 의한 기본권 침해에 관한 설명 중 가장 적절하지 **않은** 것은? (다툼이 있는 경우 판례에 의함)

① 국회의 입법부작위를 다툴 수 있기 위해서는 헌법에서 기본권보장을 위하여 법령에 명시적인 입법위임을 하였거나, 헌법 해석상 특정인에게 구체적인 기본권이 생겨 이를 보장하기 위한 국가의 행위의무 내지 보호의무가 발생하였음이 명백함에도 불구하고 입법자가 아무런 입법조치를 취하지 아니한 경우이어야 한다.

② 국가가 일정한 사항에 관하여 헌법에 의하여 부과되는 구체적인 입법의무를 부담하고 있음에도 불구하고 그 입법에 필요한 상당한 기간이 경과하도록 고의 또는 과실로 이러한 입법의무를 이행하지 아니하는 경우 국가배상법 소정의 배상책임이 인정될 수 있다.

③ 부진정입법부작위의 경우 입법부작위로서 헌법소원의 대상으로 삼을 수는 없고, 불완전한 법규자체를 대상으로 적극적인 헌법소원을 제기하여야 하며, 이때 청구기간은 문제되지 않는다.

④ 법원은 헌법재판소에 진정입법부작위의 위헌 여부에 관한 심판을 제청할 수 없다.

136 기본권 제한 및 한계에 대한 설명으로 가장 적절하지 <u>않은</u> 것은? (다툼이 있는 경우 판례에 의함)

① 금치처분을 받은 수형자에 대하여 집필의 목적과 내용 등을 묻지 아니하고 일체의 집필행위를 금지하는 것은 입법목적 달성을 위한 필요최소한의 제한이라는 한계를 벗어난 것으로서 과잉금지의 원칙에 위반된다.

② 방송사업자가 구 방송법상 심의규정을 위반한 경우 방송통신위원회로 하여금 전문성과 독립성을 갖춘 방송통신심의위원회의 심의를 거쳐 '시청자에 대한 사과'를 명할 수 있도록 규정한 것은 침해의 최소성원칙에 위배되지 않는다.

③ 정부에 대한 반대 견해나 비판에 대하여 합리적인 홍보와 설득으로 대처하는 것이 아니라 비판적 견해를 가졌다는 이유만으로 국가의 지원에서 일방적으로 배제함으로써 정치적 표현의 자유를 제재하는 공권력의 행사는 헌법의 근본원리인 국민주권주의와 자유민주적 기본질서에 반하는 것으로 그 목적의 정당성을 인정할 수 없다.

④ 육군3사관학교 사관생도는 군 장교를 배출하기 위하여 국가가 모든 재정을 부담하는 특수교육기관인 육군3사관학교의 구성원이므로 그 존립 목적을 달성하기 위하여 필요한 한도 내에서 일반 국민보다 상대적으로 기본권이 더 제한될 수 있으나, 그러한 경우에도 법률유보원칙, 과잉금지원칙 등 기본권 제한의 헌법상 원칙들을 지켜야 한다.

137 국가인권위원회에 대한 설명으로 가장 적절하지 <u>않은</u> 것은? (다툼이 있는 경우 판례에 의함)

① 진정에 대한 국가인권위원회의 기각결정은 항고소송의 대상이 되는 행정처분이 아니므로 헌법재판소법 제68조 제1항에 의한 헌법소원의 대상이 된다.

② 국가인권위원회는 위원장 1명과 상임위원 3명을 포함한 11명의 인권위원으로 구성되며, 국회가 선출하는 4명, 대통령이 지명하는 4명, 대법원장이 지명하는 3명을 대통령이 임명한다.

③ 국가인권위원회는 그 기관이 갖는 권한의 침해 여부에 대해 국가를 상대로 권한쟁의심판을 청구할 당사자능력이 없다.

④ 위원회의 조사대상은 국가기관, 지방자치단체 또는 구금 보호시설의 업무수행(국회의 입법 및 법원 헌법재판소의 재판을 제외한다)과 관련하여 헌법 제10조부터 제22조에 보장된 인권을 침해당하거나 차별행위를 당한 경우 및 법인, 단체 또는 사인으로부터 차별행위를 당한 경우로 되어 있다.

138 국가인권위원회에 관한 설명으로 옳은 것을 모두 고른 것은? (다툼이 있는 경우 판례에 의함)

> ㉠ 국가인권위원회는 '헌법에 의하여 설치되고 헌법과 법률에 의하여 독자적인 권한을 부여받은 국가기관'이라고 할 수 없어 권한쟁의심판의 당사자능력이 인정되지 않는다.
> ㉡ 국가인권위원회는 피해자의 권리 구제를 위해 필요하다고 인정하면 피해자를 위하여 피해자의 명시적 의사에 관계없이 대한법률구조공단 또는 그 밖의 기관에 법률구조를 요청할 수 있다.
> ㉢ 장기간 불법체류를 해 온 외국인 甲의 진정에 의한 국가인권위원회의 조사가 완료되기도 전에 甲을 강제퇴거시켰다면, 이는 헌법 제10조와 제37조 제1항에서 도출되는 '국가인권위원회의 공정한 조사를 받을 권리'를 침해하는 것이다.
> ㉣ 국가인권위원회는 위원은 위원장 1명과 상임위원 3명을 포함한 11명의 인권위원으로 구성되며, 위원은 특정 성(性)이 10분의 6을 초과하지 아니하도록 하여야 한다.

① ㉠, ㉡

② ㉠, ㉣

③ ㉡, ㉢

④ ㉢, ㉣

139 기본권 보호의무에 관한 설명으로 가장 적절하지 <u>않은</u> 것은? (다툼이 있는 경우 판례에 의함)

① 국가의 기본권 보호의무란 사인인 제3자에 의한 생명이나 신체에 대한 침해로부터 이를 보호하여야 할 국가의 의무를 말하는 것으로, 국가가 직접 주방용오물분쇄기의 사용을 금지하여 개인의 기본권을 제한하는 경우에는 국가의 기본권 보호의무 위반 여부가 문제되지 않는다.

② 권리능력의 존재 여부를 출생 시를 기준으로 확정하고 태아에 대해서는 살아서 출생할 것을 조건으로 손해배상청구권을 인정한 법률조항은 국가의 생명권 보호의무를 위반한 것이라 볼 수 없다.

③ 공직선거법이 주거지역에서 선거운동 시 확성장치 사용에 따른 소음 규제기준을 전혀 마련하지 않은 것은 국가의 기본권 보호의무를 과소하게 이행한 것으로서 헌법에 위반된다.

④ 교통사고처리 특례법 중 업무상 과실 또는 중대한 과실로 인한 교통사고로 말미암아 피해자로 하여금 상해를 입게 한 경우 공소를 제기할 수 없도록 한 부분은 국가의 기본권 보호의무를 위반한 것이다.

140 국가의 기본권 보호의무에 관한 설명으로 가장 적절하지 <u>않은</u> 것은? (다툼이 있는 경우 판례에 의함)

① 헌법 제10조는 국가의 기본권 보호의무를 명문으로 규정하고 있다.

② 헌법재판소는 국가가 기본권 보호의무를 다하지 않았는지를 심사할 때 적어도 적절하고 효율적인 최소한의 보호조치를 취하였는가 하는 이른바 '과소보호금지원칙'의 위반 여부를 기준으로 삼는다.

③ 헌법재판소는 교통사고처리 특례법이 교통사고 피해자가 업무상 과실 또는 중대한 과실로 인하여 중상해를 입은 경우까지 면책되도록 규정한 것은 국민의 신체와 생명에 대한 국가의 보호의무를 위반하는 것이라고 결정하였다.

④ 외교행위 영역도 사법심사의 대상에서 완전히 배제되는 것으로는 볼 수 없고, 특정 국민의 기본권이 관련되는 외교행위에 있어서 법률에 규정된 구체적 작위의무의 불이행이 헌법상 기본권 보호의무에 대한 명백한 위반이라고 판단되는 경우에는 기본권 침해행위로서 위헌이라고 선언되어야 한다.

141 국가의 기본권 보호의무에 관한 설명으로 가장 적절하지 <u>않은</u> 것은? (다툼이 있는 경우 판례에 의함)

① 국가의 기본권 보호의무는 기본권적 법익을 기본권 주체인 사인에 의한 위법한 침해 또는 침해의 위험으로부터 보호해야 하는 국가의 의무로서 주로 사인인 제3자에 의한 개인의 생명이나 신체의 훼손에서 문제된다.

② 국가가 기본권 보호의무를 어떻게 실현할 것인지는 입법자의 책임범위에 속하는 것으로서 보호의무 이행을 위한 행위의 형식에 관하여도 폭넓은 형성의 자유가 인정되고, 반드시 법령에 의하여야 하는 것은 아니다.

③ 국민의 기본권을 보호하는 것은 국민주권의 원리상 국가의 가장 기본적인 의무이므로 입법자는 기본권 보호의무를 최대한 실현하여야 하며, 헌법재판소는 입법자의 기본권 보호의무를 엄밀하게 심사하여야 한다.

④ 헌법재판소는 국민의 생명·신체의 안전을 보호하기 위한 조치가 필요한 상황인데도 국가가 아무런 보호조치를 취하지 않았든지, 아니면 취한 조치가 법익을 보호하기에 전적으로 부적합하거나 매우 불충분한 것임이 명백한 경우에 한하여 국가의 보호의무 위반을 확인하여야 한다.

142 국가의 기본권 보호의무에 대한 설명으로 옳지 <u>않은</u> 것을 〈보기〉에서 모두 고른 것은? (다툼이 있는 경우 판례에 의함)

<보기>

㉠ 검사만 치료감호를 청구할 수 있고 법원은 검사에게 치료감호청구를 요구할 수 있다고만 정하여 치료감호대 상자의 치료감호 청구권이나 법원의 직권에 의한 치료감호를 인정하지 않은 것은 국민의 보건에 관한 국가 의 보호의무에 반한다.

㉡ 주거지역에서 출근 또는 등교 이전 및 퇴근 또는 하교 이후 시간대에 확성장치의 최고출력 내지 소음을 제한 하는 등 사용시간과 사용지역에 따른 수인한도 내에서 확성장치의 최고출력 내지 소음 규제기준에 관한 구 체적인 규정을 두어야 함에도 이러한 규정을 두지 아니한 것은 적절하고 효율적인 최소한의 보호조치를 취 하지 아니하여 국가의 기본권 보호의무를 과소하게 이행한 것이다.

㉢ 자동차 운전자가 업무상 과실 또는 중대한 과실로 인한 교통사고로 말미암아 피해자로 하여금 중상해에 이 르게 한 경우, 가해차량이 종합보험 등에 가입되어 있음을 이유로 공소를 제기할 수 없도록 한 것은 형벌까 지 동원해야 보호법익을 유효적절하게 보호할 수 있다는 의미에서 교통사고 피해자에 대한 국가의 기본권 보호의무를 위반한 것이다.

㉣ 종래 산업단지의 지정을 위한 개발계획 단계와 산업단지 개발을 위한 실시계획 단계에서 각각 개별적으로 진행하던 주민의견청취절차 또는 주민의견수렴절차를 한 번의 절차에서 동시에 진행하도록 하는 것은 국가 가 산업단지계획의 승인 및 그에 따른 산업단지의 조성·운영으로 인하여 초래될 수 있는 환경상 위해로부터 지역주민을 포함한 국민의 생명·신체의 안전을 보호하기 위하여 필요한 최소한의 보호조치를 취하지 아니 함으로써 국가의 기본권 보호의무를 과소하게 이행한 것이다.

㉤ 가축사육시설의 환경이 지나치게 열악할 경우 그러한 시설에서 사육되고 생산된 축산물을 섭취하는 인간의 건강도 악화될 우려가 있으므로, 국가로서는 건강하고 위생적이며 쾌적한 시설에서 가축을 사육할 수 있도록 필요한 적절하고도 효율적인 조치를 취함으로써 소비자인 국민의 생명·신체의 안전에 관한 기본권을 보호 할 구체적인 헌법적 의무가 있다.

① ㉠, ㉢
② ㉡, ㉢
③ ㉣, ㉤
④ ㉠, ㉢, ㉣

143 인간의 존엄과 가치에 대한 헌법재판소의 결정으로 가장 적절하지 <u>않은</u> 것은?

① 흡연자들이 자유롭게 흡연할 권리인 흡연권은 인간의 존엄과 행복추구권을 규정한 헌법 제10조와 사생활의 자유를 규정한 헌법 제17조에 의하여 뒷받침된다.

② 헌법재판소는 연명치료 중단에 관하여 제기된 입법부작위 위헌확인 헌법소원심판청구에서 연명치료 중단에 관한 자기결정권이 죽음에 임박한 환자에게 헌법상 보장된 기본권에 해당한다고 보았다.

③ 병역의무는 국민 전체의 인간으로서의 존엄과 가치를 보장하기 위한 것이므로, 양심적 병역거부자의 양심의 자유가 국방의 의무보다 우월한 가치라고 할 수 없다.

④ 일본군위안부의 배상청구권의 실현을 가로막는 것은 헌법상 재산권 문제에 국한되고, 근원적인 인간으로서의 존엄과 가치의 침해와는 직접 관련이 없다.

144 헌법 제10조의 인간의 존엄과 가치로부터 파생된 권리에 대한 설명으로 가장 적절하지 <u>않은</u> 것은? (다툼이 있는 경우 판례에 의함)

① 사법경찰관이 보도자료 배포 직후 기자들의 취재 요청에 응하여 피의자가 경찰서 조사실에서 양손에 수갑을 찬 채 조사받는 모습을 촬영할 수 있도록 허용한 행위는 잠재적인 피해자의 발생을 방지하고 범죄를 예방할 필요성이 크다는 점에서 피의자의 인격권을 침해하지 않는다.

② 민사재판의 당사자로 출석하는 수형자에 대하여, 사복착용을 허용하는 형의 집행 및 수용자의 처우에 관한 법률 제82조를 준용하지 아니하였다 하더라도 수형자의 인격권 및 행복추구권을 침해하는 것은 아니다.

③ 경찰서 유치장에 수용되는 과정에서 속옷을 내리게 하는 방법으로 한 신체수색행위는 헌법 제10조의 인간의 존엄과 가치로부터 유래하는 인격권 및 헌법 제12조의 신체의 자유를 침해하는 것이다.

④ 교통경찰관이 전(全) 차로를 가로막고 모든 운전자를 대상으로 무차별적으로 음주단속을 하는 것은 개인의 인간다운 생활을 할 권리 등의 기본권을 침해하는 것이 아니다.

145 인간의 존엄과 가치에 관한 다음 설명 중 가장 적절하지 <u>않은</u> 것은? (다툼이 있는 경우 판례에 의함)

① 죽음에 임박한 환자에게 '연명치료 중단에 관한 자기결정권'은 헌법상 보장된 기본권이므로, 헌법해석상 '연명치료 중단 등에 관한 법률'을 제정할 국가의 입법의무가 명백하다고 볼 수 있다.

② 헌법 제10조로부터 도출되는 일반적 인격권에는 각 개인이 그 삶을 사적으로 형성할 수 있는 자율영역에 대한 보장이 포함되어 있음을 감안할 때, 장래 가족의 구성원이 될 태아의 성별 정보에 대한 접근을 국가로부터 방해받지 않을 부모의 권리는 이와 같은 일반적 인격권에 의하여 보호된다고 보아야 한다.

③ 기부행위자는 자신의 재산을 사회적 약자나 소외 계층을 위하여 출연함으로써 자기가 속한 사회에 공헌하였다는 행복감과 만족감을 실현할 수 있으므로, 기부행위는 행복추구권과 그로부터 파생되는 일반적 행동자유권에 의해 보호된다.

④ 주방용오물분쇄기의 판매와 사용을 금지하는 것은 주방용오물분쇄기를 사용하려는 자의 일반적 행동자유권을 제한한다.

146 헌법 제10조의 인간의 존엄과 가치, 행복추구권에 관한 설명으로 가장 적절한 것은? (다툼이 있는 경우 판례에 의함)

① 기부금품의 모집이나 기부행위 자체는 사회적으로 해로운 행위가 아니고 기부금품 모집과정에서의 위법행위는 형법 등으로 규제되므로, 기부금품의 모집에 허가를 받도록 한 것은 일반적 행동의 자유를 침해한다.

② 환자가 죽음에 임박한 상태에서 인간으로서의 존엄과 가치를 지키기 위하여 미리 의료인 등에게 연명치료 거부·중단에 관한 의사를 밝히는 등으로 연명치료의 거부·중단을 결정하는 것은 헌법상 기본권인 자기결정권의 한 내용이 된다.

③ 형의 집행을 유예하면서 사회봉사를 명할 수 있도록 한 형법 제62조의2는 일반적 행동의 자유를 과도하게 제한하여 과잉금지원칙에 반한다.

④ 대학 부근 학교환경위생정화구역 내에서의 극장 시설 및 영업을 금지하는 것은 유해환경을 방지하고 학생들에게 평온하고 건강한 환경을 마련해 주기 위한 것으로서 대학생의 자유로운 문화향유에 관한 권리 등 행복추구권을 침해한다고 볼 수 없다.

147 인간의 존엄과 가치 및 행복추구권(헌법 제10조)에 대한 다음 설명 중 가장 적절하지 <u>않은</u> 것은? (다툼이 있는 경우 판례에 의함)

① 지역방언을 자신의 언어로 선택하여 공적 또는 사적인 의사소통과 교육의 수단으로 사용하는 것은 행복추구권에서 파생되는 일반적 행동의 자유 내지 개성의 자유로운 발현의 내용이 된다.

② 대학교원을 제외한 교육공무원의 정년을 65세에서 62세로 단축하는 것이 위헌인지 여부에 대해서 행복추구권의 침해 여부를 독자적으로 판단할 필요는 없다.

③ 긴급자동차를 제외한 이륜자동차와 원동기장치자전거에 대하여 고속도로 또는 자동차전용도로의 통행을 금지하고 있는 법률 규정은 일반적 행동의 자유를 침해하는 것이라 할 수 없다.

④ 일반적 행동자유권은 가치있는 행동만 보호영역으로 하는 것인바, 개인이 대마를 자유롭게 수수하고 흡연할 자유가 일반적 행동자유권의 보호영역에 속하지는 아니한다.

148 인간의 존엄과 가치 및 행복추구권에 관한 설명 중 가장 적절하지 <u>않은</u> 것은? (다툼이 있는 경우 판례에 의함)

① 공인이 아니며 보험사기를 이유로 체포된 피의자가 경찰서 내에서 수갑을 차고 얼굴을 드러낸 상태에서 조사받는 과정을 기자들로 하여금 촬영하도록 허용하는 행위는 기본권 제한의 목적의 정당성이 인정되지 아니한다.

② 고졸검정고시 또는 고입검정고시에 합격했던 자가 해당 검정고시에 다시 응시할 수 없게 됨으로써 제한되는 주된 기본권은 자유로운 인격발현권인데, 이러한 응시자격 제한은 검정고시제도 도입 이후 허용되어 온 합격자의 재응시를 경과조치 등 없이 무조건적으로 금지하는 것이어서 과잉금지원칙에 위배된다.

③ 청소년 성매수 범죄자들은 일반인에 비해서 인격권과 사생활의 비밀의 자유도 그것이 본질적인 부분이 아닌 한 넓게 제한받을 여지가 있다.

④ 환자가 장차 죽음에 임박한 상태에 이를 경우에 대비하여 미리 의료인 등에게 연명치료 거부 또는 중단에 관한 의사를 밝히는 등의 방법으로 죽음에 임박한 상태에서 인간으로서의 존엄과 가치를 지키기 위하여 연명치료의 거부 또는 중단을 결정할 수 있다 할 것이고, 위 결정은 헌법상 기본권인 자기결정권의 한 내용으로서 보장되지만, 헌법해석상 연명치료 중단 등에 관한 법률을 제정할 국가의 입법의무가 명백하다고 볼 수는 없다.

149 인격권에 관한 설명으로 옳은 것을 모두 고른 것은? (다툼이 있는 경우 판례에 의함)

> ㉠ 범죄사실에 관한 보도 과정에서 대상자의 실명 공개에 대한 공공의 이익이 대상자의 명예나 사생활의 비밀에 관한 이익보다 우월하다고 인정되어 실명에 의한 보도가 허용되는 경우에는, 비록 대상자의 의사에 반하여 그의 실명이 공개되었다고 하더라도 그의 성명권이 위법하게 침해되었다고 할 수 없다.
>
> ㉡ 입양이나 재혼 등과 같이 가족관계의 변동과 새로운 가족관계의 형성에 있어서 구체적인 사정들에 따라서는 양부 또는 계부의 성으로의 변경이 개인의 인격적 이익과 매우 밀접한 관계를 가짐에도 부성(父姓)의 사용만을 강요하여 성의 변경을 허용하지 않는 것은 개인의 인격권을 침해한다.
>
> ㉢ 사법경찰관이 보험사기범 검거라는 보도자료 배포 직후 기자들의 취재 요청에 응하여 피의자가 경찰서 조사실에서 양손에 수갑을 찬 채 조사받는 모습을 촬영할 수 있도록 허용한 행위는 과잉금지원칙에 위반되어 피의자의 인격권을 침해한다.
>
> ㉣ 지역아동센터의 시설별 신고정원의 80% 이상을 돌봄취약아동으로 구성하도록 한 보건복지부 '2019년 지역아동센터 지원사업안내' 관련 부분은 돌봄취약아동과 일반아동을 분리함으로써 아동들의 인격권을 침해한다.

① ㉠, ㉣

② ㉠, ㉡, ㉢

③ ㉡, ㉢, ㉣

④ ㉠, ㉡, ㉢, ㉣

150 행복추구권 내지 일반적 행동자유권에 관한 설명 중 헌법재판소 판례의 입장으로 가장 적절하지 <u>않은</u> 것은?

① 자동차 운전 중 휴대용 전화를 사용하는 것을 금지하고 위반시 처벌하는 구 도로교통법 제49조 제1항 제10호 본문, 구 도로교통법 제156조 제1호 중 제49조 제1항 제10호 본문에 관한 부분은 청구인의 일반적 행동자유권을 침해한다고 볼 수 없다.

② 무면허의료행위라 할지라도 지속적인 소득활동이 아니라 취미, 일시적 활동 또는 무상의 봉사활동으로 삼는 경우에는 일반적 행동자유권의 보호영역에 포함된다.

③ 경찰버스들로 서울광장을 둘러싸 일반시민들의 통행을 제지한 행위는 과잉금지원칙을 위반하여 청구인들의 일반적 행동자유권을 침해한 것으로서 위헌이다.

④ 혼인을 빙자하여 부녀를 간음한 남자를 처벌하는 형법 조항은 사생활의 비밀과 자유를 제한하는 것이라고 할 수 있지만, 혼인을 빙자하여 부녀를 간음한 남자의 성적자기결정권을 제한하는 것은 아니다.

151 인격권에 관한 설명으로 가장 적절한 것은? (다툼이 있는 경우 판례에 의함)

① 학교폭력 가해학생에 대한 조치로 피해학생에 대한 서면사과를 규정한 구 학교폭력예방 및 대책에 관한 법률상 조항은 가해학생의 인격권을 침해한다.

② 지역아동센터 시설별 신고정원의 80% 이상을 돌봄취약아동으로 구성하도록 정한 '2019년 지역아동센터 지원 사업안내' 규정은 돌봄취약아동이 일반아동과 교류할 기회를 제한하므로 청구인 아동들의 인격권을 침해한다.

③ 경찰이 보도자료 배포 직후 기자들의 취재요청에 응하여 경찰서조사실에서 얼굴과 수갑이 드러난 채 조사받는 보험사기피의자의 모습을 촬영할 수 있도록 허용한 행위는 보도를 실감나게 제공하려는 공익적 목적이 크므로 피의자의 인격권을 침해하지 않는다.

④ 출국 수속 과정에서 일반적인 보안검색을 마친 승객을 상대로, 촉수검색(patdown)과 같은 추가적인 보안검색 실시를 예정하고 있는 '국가항공보안계획'은 청구인의 인격권을 침해하지 않는다.

152 인간으로서의 존엄과 가치 및 행복추구권에서 도출되는 권리들에 관한 설명 중 가장 적절하지 <u>않은</u> 것은? (다툼이 있는 경우 판례에 의함)

① 광장에서 여가활동이나 문화활동을 하는 것은 일반적 행동자유권의 보호영역에 포함되지만, 그 광장 주변을 출입하고 통행하는 개인의 행위는 거주·이전의 자유로 보장될 뿐 일반적 행동자유권의 내용으로는 보장되지 않는다.

② 형법상 자기낙태죄 조항은 태아의 생명을 보호하기 위하여 태아의 발달단계나 독자적 생존능력과 무관하게 임부의 낙태를 원칙적으로 금지하고 이를 형사처벌하고 있으므로, 헌법 제10조에서 도출되는 임부의 자기결정권, 즉 낙태의 자유를 제한하고 있다.

③ 행복추구권은 국민이 행복을 추구하기 위해 필요한 급부를 국가에게 적극적으로 요구할 수 있는 것을 내용으로 하는 것이 아니라, 국민이 행복을 추구하기 위한 활동을 국가권력의 간섭 없이 자유롭게 할 수 있다는 포괄적인 의미의 자유권으로서의 성격을 가진다.

④ 자신이 마실 물을 선택할 자유는 헌법 제10조에 규정된 행복추구권의 내용을 이룬다.

153 헌법 제10조 인간의 존엄과 가치, 행복추구권에 대한 설명으로 가장 적절한 것은? (다툼이 있는 경우 판례에 의함)

① 일반적 행동자유권은 개인이 행위를 할 것인가의 여부에 대하여 자유롭게 결단하는 것을 전제로 하여 이성적이고 책임감 있는 사람이라면 자기에 관한 사항은 스스로 처리할 수 있을 것이라는 생각에서 인정되는 것이므로, 가치 있는 행동만 그 보호영역으로 하며 위험한 스포츠를 즐길 권리와 같은 위험한 생활방식으로 살아갈 권리는 그 보호영역에 포함되지 않는다.

② 행복추구권도 국가안전보장, 질서유지 또는 공공복리를 위하여 제한될 수 있는 것이며, 공동체의 이익과 무관하게 무제한의 경제적 이익의 도모를 보장하는 것은 아니다.

③ 평화적 생존권은 헌법에 열거되지 아니한 기본권으로서 침략전쟁에 강제되지 않고 평화적 생존을 할 수 있도록 국가에 요청할 수 있는 권리라고 할 것이다.

④ 긴급자동차를 제외한 이륜자동차와 원동기장치자전거에 대하여 고속도로 또는 자동차전용도로의 통행을 금지하는 구 도로교통법은 고속도로 등 통행의 자유(일반적 행동의 자유)를 헌법 제37조 제2항에 반하여 과도하게 제한하는 것이어서 헌법에 위반된다.

154 인격권에 대한 설명으로 가장 적절하지 않은 것은? (다툼이 있는 경우 판례에 의함)

① 장래 가족의 구성원이 될 태아의 성별 정보에 대한 접근을 국가로부터 방해받지 않을 부모의 권리는 일반적 인격권에 의하여 보호된다.

② 이미 출국 수속 과정에서 일반적인 보안검색을 마친 승객을 상대로 촉수검색(patdown)과 같은 추가적인 보안검색 실시를 예정하고 있는 국가항공보안계획은 달성하고자 하는 공익에 비해 추가 보안검색으로 인해 대상자가 느낄 모욕감이나 수치심의 정도가 크다고 할 수 있으므로 과잉금지원칙에 위반되어 해당 승객의 인격권을 침해한다.

③ 사자(死者)에 대한 사회적 명예와 평가의 훼손은 사자와의 관계를 통하여 스스로의 인격상을 형성하고 명예를 지켜온 그 후손의 인격권을 제한한다.

④ 변호사 정보 제공 웹사이트 운영자가 변호사들의 개인신상정보를 기반으로 한 인맥지수를 공개하는 서비스를 제공하는 행위는 변호사들의 개인정보에 관한 인격권을 침해한다.

155 일반적 행동자유권에 대한 설명으로 가장 적절하지 않은 것은? (다툼이 있는 경우 판례에 의함)

① 일반적 행동자유권은 가치 있는 행동만 그 보호영역으로 하는 것은 아니고, 개인의 생활방식과 취미에 관한 사항, 위험한 스포츠를 즐길 권리와 같은 위험한 생활방식으로 살아갈 권리도 포함하므로, 술에 취한 상태로 도로 외의 곳에서 운전하는 것을 금지하고 위반시 처벌하는 것은 일반적 행동의 자유를 제한한다.

② 일반적 행동자유권의 보호대상으로서 행동이란 국가가 간섭하지 않으면 자유롭게 할 수 있는 행위를 의미하므로 병역의무 이행으로서 현역병 복무도 국가가 간섭하지 않으면 자유롭게 할 수 있는 행위에 속한다는 점에서, 현역병으로 복무할 권리도 일반적 행동자유권에 포함된다.

③ 수상레저안전법상 조종면허를 받은 사람이 동력수상레저기구를 이용하여 범죄행위를 하는 경우에 조종면허를 필요적으로 취소하도록 하는 구 수상레저안전법상 규정은 직업의 자유 내지 일반적 행동의 자유를 침해한다.

④ 청구인인 금치처분을 받은 사람이 최장 30일 이내의 기간 동안 의사가 치료를 위하여 처방한 의약품을 제외한 자비구매물품의 사용을 제한받았다 하더라도, 소장이 지급하는 물품을 통하여 건강을 유지하기 위한 필요최소한의 생활을 영위할 수 있도록 하였다면 청구인의 일반적 행동의 자유를 침해하였다고 할 수 없다.

156 일반적 행동자유권에 대한 설명으로 가장 적절한 것은? (다툼이 있는 경우 헌법재판소 판례에 의함)

① 4·16세월호참사 피해구제 및 지원 등을 위한 특별법 시행령에 따른 세월호참사와 관련된 일체의 이의제기를 금지하는 서약은 세월호 승선 사망자들 부모의 일반적 행동의 자유를 침해한다.

② 비어업인이 잠수용 스쿠버장비를 사용하여 수산자원을 포획·채취하는 것을 금지하는 수산자원관리법 시행규칙 조항은 비어업인의 일반적 행동의 자유를 침해한다.

③ 도로교통법상 주취 중 운전금지규정을 3회 위반한 경우 운전면허를 필요적으로 취소하도록 규정한 것은 과잉금지원칙에 반하여 일반적 행동자유권을 침해하는 것이다.

④ 법인의 인격을 자유롭게 발현할 권리가 무엇을 뜻하는지 그 헌법적 근거가 무엇인지 분명하지 않으므로, 선거기사심의위원회가 불공정한 선거기사를 게재하였다고 판단한 언론사에 대하여 사과문 게재 명령을 하도록 한 공직선거법상의 사과문 게재 조항은 언론사인 법인의 인격권을 침해하는 것이 아니라 소극적 표현의 자유나 일반적 행동의 자유를 제한할 뿐이다.

157 자기결정권에 대한 설명으로 가장 적절하지 <u>않은</u> 것은? (다툼이 있는 경우 판례에 의함)

① 형법상 자기낙태죄 조항은 입법목적을 달성하기 위하여 필요한 최소한의 정도를 넘어 임신한 여성의 자기결정권을 제한하고 있어 침해의 최소성을 갖추지 못하였고, 태아의 생명 보호라는 공익에 대하여만 일방적이고 절대적인 우위를 부여함으로써 법익균형성의 원칙도 위반하였으므로 과잉금지원칙을 위반하여 임신한 여성의 자기결정권을 침해한다.

② 성폭력범죄의 처벌 등에 관한 특례법상 정신적인 장애로 항거불능 또는 항거곤란 상태에 있음을 이용하여 사람을 간음한 사람을 무기징역 또는 7년 이상의 징역에 처하도록 규정한 것은 정신적 장애인의 성적 자기결정권을 침해한다.

③ 전동킥보드의 최고속도를 25km/h 이내로 제한하는 것은 소비자가 그보다 빠른 제품을 구매하지 못하여 겪는 자기결정권 및 일반적 행동자유권의 제약에 비하여, 소비자의 생명·신체에 대한 위해 및 도로교통상의 위험을 방지하고 향후 자전거도로 통행이 가능해질 경우를 대비하여 소비자의 편의를 도모한다는 공익이 중대하므로 과잉금지원칙에 위반되지 않는다.

④ 본인이 해부용 시체로 제공되는 것에 대해 반대하는 의사표시를 명시적으로 표시할 수 있는 절차도 마련하지 않고 본인의 의사와는 무관하게 인수자가 없는 시체를 해부용으로 제공될 수 있도록 규정하고 있는 시체 해부 및 보존에 관한 법률 조항은 사실상 연고가 없는 청구인의 시체 처분에 대한 자기결정권을 침해한다.

158 행복추구권에 대한 설명으로 가장 적절하지 <u>않은</u> 것은? (다툼이 있는 경우 판례에 의함)

① 공정거래위원회의 명령으로 독점규제 및 공정거래에 관한 법률 위반의 혐의자에게 스스로 법위반사실을 인정하여 공표하도록 강제하고 있는 '법위반사실공표명령' 부분은 헌법상 일반적 행동의 자유, 명예권, 무죄추정권 및 양심의 자유를 침해한다.

② 행복추구권은 국민이 행복을 추구하기 위해 필요한 급부를 국가에게 적극적으로 요구할 수 있는 것을 내용으로 하는 것이 아니라, 국민이 행복을 추구하기 위한 활동을 국가권력의 간섭 없이 자유롭게 할 수 있다는 포괄적인 의미의 자유권으로서의 성격을 가진다.

③ 수상레저안전법상 조종면허를 받은 사람이 동력수상레저기구를 이용하여 범죄행위를 하는 경우에 조종면허를 필요적으로 취소하도록 하는 구 수상레저안전법상 규정은 직업의 자유 내지 일반적 행동의 자유를 침해한다.

④ 지역 방언을 자신의 언어로 선택하여 공적 또는 사적인 의사소통과 교육의 수단으로서 사용하는 것은 행복추구권에서 파생되는 일반적 행동의 자유 내지 개성의 자유로운 발현의 한 내용이다.

159 헌법상 일반적 인격권에 대한 설명으로 가장 적절하지 <u>않은</u> 것은? (다툼이 있는 경우 판례에 의함)

① 변호사에 대한 징계결정정보를 인터넷 홈페이지에 공개하도록 한 변호사법 조항과 징계결정정보의 공개범위와 시행방법을 정한 변호사법 시행령 조항은 청구인의 인격권을 침해하지 않는다.

② 범죄행위 당시에 없었던 위치추적 전자장치 부착명령을 출소예정자에게 소급 적용할 수 있도록 한 특정 범죄자에 대한 위치추적 전자장치 부착 등에 관한 법률 부칙 경과조항은 과잉금지원칙에 위반되지 않아 피부착자의 인격권을 침해하지 않는다.

③ 공직선거 및 선거부정방지법(현행 공직선거법) 위반의 현행범으로 체포된 여자들에게 이미 유치장 수용 당시에 신체검사를 통해 위험물이 없음을 확인한 후에도 재차 옷을 전부 벗긴 상태에서 신체수색을 한 것은 모욕감과 수치심만을 안겨 주어서 인간의 존엄과 가치에서 나오는 인격권을 침해한 것이다.

④ 개인이 자연인으로서 향유하게 되는 기본권은 그 성질상 당연히 법인에게 적용될 수 없다. 따라서 인간의 존엄과 가치에서 유래하는 인격권은 그 성질상 법인에게는 적용될 수 없다.

160 우리 헌법상의 일반적 인격권의 보장에 대한 설명으로 가장 적절하지 <u>않은</u> 것은? (다툼이 있는 경우 판례에 의함)

① 방송사업자의 의사에 반한 사과행위를 강제하는 구 방송법 규정은 방송사업자의 인격권을 침해하지 않는다.

② 중혼을 혼인취소의 사유로 정하면서 그 취소청구권의 제척기간 또는 소멸사유를 규정하지 않은 민법 규정은 입법재량의 한계를 일탈하여 후혼 배우자의 인격권 및 행복추구권을 침해하지 않는다.

③ 아동·청소년 대상 성폭력범죄를 저지른 자에 대하여 신상정보를 공개하도록 하는 구 아동·청소년의 성보호에 관한 법률 제38조 제1항 본문 제1호가 인격권 및 개인정보 자기결정권을 침해하는 것은 아니다.

④ 이미 출국 수속 과정에서 일반적인 보안검색을 마친 승객을 상대로, 촉수검색(patdown)과 같은 추가적인 보안검색 실시를 예정하고 있는 국가항공보안계획은 과잉금지원칙에 위반되지 않아 청구인의 인격권을 침해하지 않는다.

161 일반적 행동자유권에 대한 설명 중 가장 적절하지 <u>않은</u> 것은? (다툼이 있는 경우 판례에 의함)

① 주방용오물분쇄기의 사용을 금지하는 환경부고시는 공공수역의 수질오염을 방지함으로써 달성되는 공익이 인정되나, 분쇄기를 이용하여 음식물 찌꺼기 등을 처리할 수 없으므로 행복추구권으로부터 도출되는 일반적 행동자유권을 침해한다.

② 자동차운전 중 휴대용 전화사용을 원칙적으로 금지하고 이를 형사처벌로 강제하는 것은 과잉금지원칙에 반하여 일반적 행동자유권을 침해한다고 볼 수 없다.

③ 교도소 사동에서 인원점검을 하면서 청구인을 비롯한 수형자들을 정렬시킨 후 차례로 번호를 외치도록 한 행위는 과잉금지원칙에 위배되어 청구인의 인격권 및 일반적 행동의 자유를 침해하지 않는다.

④ 육군장교가 민간법원 약식명령을 받아 확정된 사실에 대해 자진신고 의무를 부과한 2020년도 육군지시 자진신고조항 및 2021년도 육군지시 자진신고조항은 과잉금지원칙을 위반하여 일반적 행동의 자유를 침해하지 않는다.

162 계약의 자유에 관한 다음 설명 중 가장 적절하지 <u>않은</u> 것은? (다툼이 있는 경우 판례에 의함)

① 계약의 자유는 계약을 체결할 것인지의 여부, 체결한다면 어떠한 내용의 계약을, 어떠한 상대방과의 관계에서, 어떠한 방식으로 체결하느냐 하는 것도 당사자 자신이 자기의사로 결정하는 자유뿐만 아니라, 원치 않는 계약의 체결을 법이나 국가에 의하여 강제받지 않을 자유도 포함한다.

② 최저임금의 적용을 위해 주(週) 단위로 정해진 근로자의 임금을 시간에 대한 임금으로 환산할 때, 해당 임금을 1주 동안의 소정근로시간 수와 법정 주휴시간 수를 합산한 시간 수로 나누도록 한 규정은 임금의 수준에 관한 사용자의 계약의 자유를 침해하지 않는다.

③ 증여계약의 합의해제에 따라 신고기한 이내에 증여받은 재산을 반환하는 경우 처음부터 증여가 없었던 것으로 보는 대상에서 '금전'을 제외한 규정은 수증자의 계약의 자유를 침해한다.

④ 석조, 석회조, 연와조 또는 이와 유사한 견고한 건물 기타 공작물의 소유를 목적으로 하는 토지임대차나 식목, 채염을 목적으로 하는 토지임대차를 제외한 임대차의 존속기간을 예외 없이 20년으로 제한한 조항은 사적 자치에 의한 자율적 거래관계 형성을 왜곡하므로 계약의 자유를 침해한다.

163 행복추구권에 대한 설명으로 가장 적절하지 <u>않은</u> 것은? (다툼이 있는 경우 판례에 의함)

① '운전면허를 받은 사람이 자동차 등을 이용하여 범죄행위를 한 때'를 필요적 운전면허 취소사유로 규정하는 것은 일반적 행동자유권을 침해하여 헌법에 위반된다.

② 형사재판의 피고인으로 출석하는 수형자에 대하여 사복착용을 허용하지 아니한 것은 행복추구권을 침해한다.

③ 소비자가 자신의 의사에 따라 자유롭게 상품을 선택할 수 있는 소비자의 자기결정권은 행복추구권과는 무관하다.

④ 18세 미만자의 노래방 출입제한을 통해 얻을 수 있는 공익이 이로 인해 제한되는 행복추구권의 법익보다 크다.

164 행복추구권에 관한 설명으로 옳지 <u>않은</u> 것은 모두 몇 개인가? (다툼이 있는 경우 판례에 의함)

ㄱ. 협의상 이혼을 하고자 하는 경우 부부가 함께 관할 가정법원에 출석하여 협의이혼의사확인신청서를 제출하도록 하는 가족관계의 등록 등에 관한 규칙상 조항은 청구인의 일반적 행동자유권을 침해하지 않는다.

ㄴ. 누구든지 금융회사 등에 종사하는 자에게 타인의 금융거래의 내용에 관한 정보 또는 자료를 요구하는 것을 금지하고 이를 위반시 형사처벌하는 구 금융실명거래 및 비밀보장에 관한 법률상 조항은 과잉금지원칙에 반하여 일반적 행동자유권을 침해하지 않는다.

ㄷ. 어린이보호구역에서 제한속도 준수의무 또는 안전운전의무를 위반하여 어린이를 상해에 이르게 한 경우 가중처벌하는 특정범죄 가중처벌 등에 관한 법률상 조항은 과잉금지원칙에 위반되어 청구인들의 일반적 행동자유권을 침해한다.

ㄹ. 만성신부전증환자에 대한 외래 혈액투석 의료급여수가의 기준을 정액수가로 규정한 '의료급여수가의 기준 및 일반기준'상 조항은 과잉금지원칙에 반하여 수급권자인 청구인의 의료행위선택권을 침해한다.

---

① 1개
② 2개
③ 3개
④ 4개

165 평등권에 대한 설명으로 가장 적절한 것은? (다툼이 있는 경우 판례에 의함)

① 초·중등학교 교원에 대하여는 정당가입을 금지하면서 대학교원에게는 허용하는 것은 기초적인 지식전달, 연구기능 등 직무의 본질이 서로 다른 점을 고려한 합리적 차별이므로 평등원칙에 반하지 아니한다.

② 국민참여재판 배심원의 자격을 만 20세 이상으로 정한 것은 민법상 성년연령이 만 19세로 개정된 점이나 선거권연령이 만 18세로 개정된 점을 고려해 볼 때, 만 19세 및 만 18세의 국민을 합리적인 이유 없이 차별취급하는 것이다.

③ 형벌체계에 있어서 법정형의 균형은 한치의 오차도 없이 반드시 실현되어야 하는 헌법상 절대원칙이므로, 특정한 범죄에 대한 형벌이 그 자체로서의 책임과 형벌의 비례원칙에 위반되지 않더라도 보호법익과 죄질이 유사한 범죄에 대한 형벌과 비교할 때 형벌체계상의 균형을 상실할 우려가 있는 경우에는 평등원칙에 반한다고 할 수 있다.

④ 근로자의 날을 법정유급휴일로 할 것인지에 있어서 공무원과 일반근로자를 다르게 취급할 이유가 없으므로 근로자의 날을 공무원의 법정유급휴일로 정하지 않은 것은 공무원과 일반근로자를 자의적으로 차별하는 것에 해당하여 평등권을 침해한다.

166 평등권 또는 평등원칙에 대한 설명으로 가장 적절하지 <u>않은</u> 것은? (다툼이 있는 경우 판례에 의함)

① 친일반민족행위자의 후손이라는 점이 헌법 제11조 제1항 후문의 사회적 신분에 해당한다면 헌법에서 특별히 평등을 요구하고 있는 경우에 해당하여 친일반민족행위자의 후손에 대한 차별은 평등권 침해 여부의 심사에서 엄격한 기준을 적용해야 한다.

② 국민연금법이 형제자매를 사망일시금 수급권자로 규정하고 있는 것과는 달리 공무원연금법이 형제자매를 연금수급권자에서 제외하고 있다 하여도 합리적인 이유에 의한 차별로서 국민연금법상의 수급권의 범위와 비교하여 헌법상 평등권을 침해하였다고 볼 수 없다.

③ 평등원칙 위반의 특수성은 대상 법률이 정하는 '법률효과' 자체가 위헌이 아니라 그 법률효과가 수범자의 한 집단에만 귀속되어 '다른 집단과 사이에 차별'이 발생한다는 점에 있기 때문에, 평등원칙의 위반을 인정하기 위해서는 우선 법적용과 관련하여 상호 배타적인 '두 개의 비교집단'을 일정한 기준에 따라서 구분할 수 있어야 한다.

④ 변호인선임서 등을 공공기관에 제출할 때 소속 지방변호사회를 경유하도록 하는 변호사법 조항은 다른 전문직과 비교하여 차별취급의 합리적 이유가 있다고 할 것이므로 변호사의 평등권을 침해하지 아니한다.

167 평등권 및 평등원칙에 관한 헌법재판소의 입장으로 가장 적절하지 <u>않은</u> 것은?

① 헌법 제11조 제1항의 규범적 의미는 '법 적용의 평등'에서 끝나지 않고 더 나아가 입법자에 대해서도 그가 입법을 통해서 권리와 의무를 배분함에 있어서 적용할 가치평가의 기준을 정당화할 것을 요구하는 '법 제정의 평등'을 포함한다.

② 중혼의 취소청구권자로 직계존속과 4촌 이내의 방계혈족을 규정하면서도 직계비속을 제외하는 민법규정에 대한 평등원칙 위반 여부는 자의금지원칙 위반 여부의 심사로 족하다.

③ 국가공무원임용시험에서 가산점 혜택을 받는 국가유공자와 그렇지 않은 비국가유공자를 통합하여 시험을 실시하는 것은 비국가유공자의 기본권을 침해할 가능성이 있다.

④ 경찰공무원은 그 직무 범위와 권한이 포괄적인 점, 특히 경사 계급은 현장수사의 핵심인력으로서 직무수행과 관련하여 많은 대민접촉이 이루어지므로 민사 분쟁에 개입하거나 금품을 수수하는 등의 비리 개연성이 높다는 점 등에 비추어, 대민접촉이 거의 전무한 교육공무원이나 군인 등과 달리 비교적 하위직급인 경사 계급까지 재산등록의무를 부과한 것은 합리적인 이유가 있다.

168 다음 설명 중 옳지 <u>않은</u> 것을 모두 고른 것은? (다툼이 있는 경우 판례에 의함)

> ㉠ 지방자치단체 장의 계속 재임을 3기로 제한한 것은 공무담임권에 중대한 제한을 초래하므로 엄격한 심사척도에 의해 심사되어야 한다.
>
> ㉡ 교통사고처리특례법 제4조 제1항 본문 중 업무상 과실 또는 중대한 과실로 인한 교통사고로 말미암아 피해자로 하여금 중상해에 이르게 한 경우에 공소를 제기할 수 없도록 규정한 부분은 평등권을 침해하는 것이다.
>
> ㉢ 비례의 원칙에 의한 평등심사는 문제의 차별적 취급으로 인하여 관련 기본권에 대한 중대한 제한이 초래되는 경우에 하는 심사방식으로서, 광범위한 입법형성권을 인정하는 심사방식이다.
>
> ㉣ 결혼식 등의 당사자가 자신을 축하하러 온 하객들에게 주류와 음식물을 접대하는 행위는 인류의 오래된 보편적인 사회생활의 한 모습으로서 개인의 일반적인 행동의 자유영역에 속한다.

① ㉠, ㉡   ② ㉠, ㉢

③ ㉡, ㉢   ④ ㉢, ㉣

169 평등권 또는 평등원칙에 관한 설명 중 가장 적절하지 <u>않은</u> 것은? (다툼이 있는 경우 판례에 의함)

① 보수를 기준으로 보험료를 산정하는 직장가입자와 달리 지역가입자에 대해서는 소득뿐만 아니라 재산, 생활수준, 경제활동참가율 등을 참작하여 보험료를 산정하도록 하는 국민건강보험법 조항은 합리적 이유 없이 지역가입자를 직장가입자와 차별하여 평등권을 침해하는 것이다.

② 혼인한 등록의무자 모두 배우자가 아닌 본인의 직계존·비속의 재산을 등록하도록 공직자윤리법 제4조 제1항 제3호가 개정되었음에도 불구하고, 개정 전 공직자윤리법 조항에 따라 이미 배우자의 직계존·비속의 재산을 등록한 혼인한 여성 등록의무자는 종전과 동일하게 계속해서 배우자의 직계존·비속의 재산을 등록하도록 규정한 공직자윤리법 부칙은 평등원칙에 위배된다.

③ 평등원칙의 위반을 인정하기 위해서는 법적용에 관련하여 상호 배타적인 '두 개의 비교집단'을 일정한 기준에 따라 구분할 수 있어야 한다.

④ 국가가 합리적인 기준에 따라 능력이 허용되는 범위 내에서 법적 가치의 상향적 구현을 위한 제도의 단계적 개선을 추진하는 것은 평등권을 침해하지 않는다.

170 다음 설명 중 가장 적절하지 <u>않은</u> 것은? (다툼이 있는 경우 판례에 의함)

① 혼인한 등록의무자는 배우자가 아닌 본인의 직계존·비속의 재산을 등록하도록 법이 개정되었으나, 개정 전 이미 배우자의 직계존·비속의 재산을 등록한 혼인한 여성 등록의무자는 종전과 동일하게 계속해서 배우자의 직계존·비속의 재산을 등록하도록 한 부칙 조항은 그 목적의 정당성을 발견할 수 없다.

② 중혼의 취소권자를 민법이 규정하면서 직계비속을 제외한 것은 합리적 이유 없이 직계존속에게는 중혼의 취소청구권을 부여하고 직계비속에게는 부여하지 않았다고 할 것이어서 평등원칙에 반한다.

③ 국채에 대한 소멸시효를 5년 단기로 규정하여 민사 일반채권자나 회사채 채권자에 비하여 국채 채권자를 차별 취급한 것은 합리적인 이유 없는 차별에 해당하지 않는다.

④ 우체국보험금 및 환급금 청구채권 전액에 대하여 압류를 금지하여 우체국보험 가입자의 채권자와 일반 인보험 가입자의 채권자를 차별 취급하는 것은 합리적인 사유가 존재하므로 헌법상 평등원칙에 위배되지 아니한다.

171 〈보기〉에서 평등원칙 위반 여부의 심사기준이 같은 사안끼리 묶인 것은? (다툼이 있는 경우 판례에 의함)

〈보기〉
㉠ 국가를 상대로 하는 당사자소송의 경우에는 가집행선고를 할 수 없다고 규정한 것은 평등원칙에 반한다.
㉡ 제대군인이 공무원채용시험 등에 응시한 때에 과목별 득점에 과목별 만점의 5% 또는 3%를 가산하는 제대군인가산점제도를 규정한 것은 헌법에 위반된다.
㉢ 대한민국 국민인 남자에 한하여 병역의무를 부과한 것은 평등권을 침해하지 않는다.
㉣ 혼인한 등록의무자 모두 배우자가 아닌 본인의 직계존·비속의 재산을 등록하도록 법조항이 개정되었음에도 불구하고, 개정 전 조항에 따라 이미 배우자의 직계존·비속의 재산을 등록한 혼인한 여성 등록의무자는 종전과 동일하게 계속해서 배우자의 직계존·비속의 재산을 등록하도록 규정한 것은 평등원칙에 위배된다.

① ㉠, ㉡, ㉢, ㉣
② ㉠, ㉡, ㉢, ㉣
③ ㉠, ㉢, ㉡, ㉣
④ ㉠, ㉣, ㉡, ㉢

172 평등권 및 평등의 원칙에 관한 설명으로 옳고 그름의 표시(○, ×)가 바르게 된 것은? (다툼이 있는 경우 판례에 의함)

> ㉠ 평등의 원칙은 국민의 기본권 보장에 관한 우리 헌법의 최고원리로서 국가가 입법을 하거나 법을 해석 및 집행함에 있어 따라야 할 기준인 동시에, 국가에 대하여 합리적 이유 없이 불평등한 대우를 하지 말 것과 평등한 대우를 할 것을 요구할 수 있는 근거가 된다.
> ㉡ 초·중등학교의 교원의 정당 가입을 금지한 것은 헌법상의 평등권을 침해한 것이라고 할 수 없다.
> ㉢ 헌법상 평등의 원칙은 국가가 언제 어디서 어떤 계층을 대상으로 하여 기본권에 관한 상황이나 제도의 개선을 시작할 것인지를 선택하는 것을 방해하지 않는다.
> ㉣ 수혜적인 법률규정에서 배제된 자는 수혜를 배제하고 있는 법률규정에 대하여 헌법소원을 제기할 수 있으며, 이 경우 청구기간의 구속을 받는다.

① ㉠ [O] ㉡ [O] ㉢ [O] ㉣ [×]
② ㉠ [×] ㉡ [×] ㉢ [O] ㉣ [×]
③ ㉠ [×] ㉡ [×] ㉢ [×] ㉣ [×]
④ ㉠ [O] ㉡ [O] ㉢ [O] ㉣ [O]

173 평등권에 관한 설명으로 가장 적절하지 <u>않은</u> 것은? (다툼이 있는 경우 판례에 의함)

① 재산권의 청구는 공법상의 법률관계를 전제로 하는 당사자소송이라는 점에서 민사소송과 본질적으로 달라, 국가를 상대로 한 당사자소송에서 가집행선고를 제한하는 행정소송법 조항은 국가만을 차별적으로 우대하는 데 합리적 이유가 있으므로 평등원칙에 위반되지 않는다.
② 애국지사 본인과 순국선열의 유족은 본질적으로 다른 집단이므로 구 독립유공자예우에 관한 법률 시행령 조항이 순국선열의 유족보다 애국지사 본인에게 높은 보상금 지급액 기준을 두고 있다고 하여 순국선열의 유족의 평등권이 침해되었다고 볼 수 없다.
③ 보상금의 지급을 신청할 수 있는 자의 범위를 '내부 공익신고자'로 한정함으로써 '외부 공익신고자'를 보상금 지급 대상에서 배제하도록 정한 공익신고자 보호법 조항 중 '내부 공익신고자' 부분은 평등원칙에 위배되지 않는다.
④ 학생 선발시기 구분에 있어 초·중등교육법 시행령 조항이 자사고를 후기학교로 규정함으로써 과학고와 달리 취급하고, 일반고와 같이 취급하는 데에는 합리적인 이유가 있으므로 자사고 학교법인의 평등권을 침해하지 아니한다.

174 헌법상 평등권 내지 평등원칙에 대한 설명으로 가장 적절하지 <u>않은</u> 것은? (다툼이 있는 경우 판례에 의함)

① 평등위반 여부를 심사함에 있어 엄격한 심사척도에 의할 것인지 완화된 심사척도에 의할 것인지는 입법자에게 인정되는 입법형성권의 정도에 따라 달라진다.
② 자의심사의 경우에는 차별을 정당화하는 합리적인 이유가 있는지만을 심사하기 때문에 그에 해당하는 비교대상 간의 사실상의 차이나 입법목적(차별목적)의 발견, 확인에 그친다.
③ 강도상해죄 또는 강도치상죄의 법정형의 하한을 강간상해죄 또는 강간치상죄, 현주건조물등방화치상죄 등에 비하여 높게 규정한 것은 형벌체계상의 균형을 상실하여 평등원칙에 위반된다.
④ 적극적 평등실현조치는 종래 사회로부터 차별을 받아 온 일정집단에 대해 그동안의 불이익을 보상하기 위한 우대적 조치이다.

175 평등권(평등원칙)에 관한 설명 중 가장 적절한 것은? (다툼이 있는 경우 판례에 의함)

① 자기 또는 배우자의 직계존속을 고소하지 못하도록 규정한 형사소송법 조항은 친고죄의 경우든 비친고죄의 경우든 헌법상 보장된 재판절차진술권의 행사에 중대한 제한을 초래한다고 보기는 어려우므로, 완화된 자의심사에 따라 차별에 합리적 이유가 있는지를 따져보는 것으로 족하다.

② 선거로 취임하는 공무원인 지방자치단체장을 공무원연금법의 적용대상에서 제외하는 법률 조항은, 지방자치단체장도 국민 전체에 대한 봉사자로서 공무원법상 각종 의무를 부담하고 영리업무 및 겸직 금지 등 기본권 제한이 수반된다는 점에서 경력직공무원 또는 다른 특수경력직공무원등과 차이가 없는데도 공무원연금법의 적용에 있어 지방자치단체장을 다른 공무원에 비하여 합리적 이유 없이 차별하는 것으로, 지방자치단체장들의 평등권을 침해한다.

③ 헌법에서 특별히 평등을 요구하고 있는 경우나 차별적 취급으로 인하여 관련 기본권에 중대한 제한을 초래하게 되는 경우에는 완화된 심사척도인 자의금지원칙이 적용된다.

④ 개별사건법률의 위헌 여부는 그 규정의 형식만으로 결정되는 것이므로 그 실질적 내용이 평등원칙에 위배되는지 여부까지 심사할 필요는 없다.

176 평등권 및 평등의 원칙에 관한 설명으로 가장 적절하지 <u>않은</u> 것은? (다툼이 있는 경우 판례에 의함)

① 구 건설근로자의 고용개선 등에 관한 법률 제14조 제2항 중 구 산업재해보상보험법 제63조 제1항 가운데 "그 근로자가 사망할 당시 대한민국 국민이 아닌 자로서 외국에서 거주하고 있던 유족은 제외한다."를 준용하는 부분은 합리적 이유 없이 외국거주 외국인 유족을 대한민국 국민인 유족 및 국내거주 외국인 유족과 차별하는 것으로 평등원칙에 위반된다.

② 국회의원을 후원회 지정권자로 정하면서 지방자치법의 '도'의회의원, '시'의회의원을 후원회지정권자에서 제외하고 있는 정치자금법 제6조 제2호는 국회의원과 지방의회의원의 업무의 특성을 고려한 합리적 차별로 평등권을 침해하지 않는다.

③ 국군포로로서 억류기간동안의 보수를 지급받을 권리를 국내로 귀환하여 등록절차를 거친 자에게만 인정하는 국군포로의 송환 및 대우등에 관한 법률 제9조 제1항은 귀환하지 않은 국군포로를 합리적 이유 없이 차별한 것이라 볼 수 없어 평등원칙에 위배되지 않는다.

④ 사회복무요원에게 현역병의 봉급에 해당하는 보수를 지급하도록 정한 구 병역법 시행령 제62조 제1항 본문, 사회복무요원에게 교통비, 중식비의 실비를 지급하도록 정한 구 병역법 시행령 제62조 제2항 전단, 구 사회복무요원 복무관리 규정 제41조 제3항 본문 전단은 사회복무요원을 현역병에 비하여 합리적 이유 없이 자의적으로 차별한 것이라 볼 수 없어 사회복무요원인 청구인의 평등권을 침해하지 않는다.

177 평등에 대한 설명으로 가장 적절한 것은? (다툼이 있는 경우 판례에 의함)

① 흉기 기타 위험한 물건을 휴대하여 형법상 폭행죄를 범한 사람에 대하여 징역형의 하한을 기준으로 최대 6배에 이르는 엄한 형을 규정한 구 폭력행위 등 처벌에 관한 법률 제3조 제1항은 평등원칙에 합치한다.

② 중등교원 임용시험에서 동일지역 사범대학을 졸업한 교원경력이 없는 자에게 가산점을 부여하는 것은 평등권을 침해하지 아니한다.

③ 일정 규모 이상의 사업주에게 직장보육시설 설치 의무를 부과하는 것은, 여러 가지 요인을 종합적으로 고려함이 없이, 해당 사업주에게만 그 의무를 부담시키는 것으로서 자의적인 차별이다.

④ 변경회생계획인가결정에 대한 불복방식을 '즉시항고'로 정한 채무자회생법 제282조 제3항 중 제247조 제1항 본문을 준용하는 부분은 평등원칙에 위배된다.

178 평등권 및 평등원칙에 관한 설명으로 가장 적절한 것은? (다툼이 있는 경우 판례에 의함)

① 국공립어린이집, 사회복지법인어린이집, 법인·단체등 어린이집등과 달리 민간어린이집에는 보육교직원 인건비를 지원하지 않는 '2020년도 보육사업안내(2020.1.10. 보건복지부지침)'상 조항은 합리적 근거 없이 민간어린이집을 운영하는 청구인을 차별하여 청구인의 평등권을 침해한다.

② 국립묘지 안장 대상자의 사망 당시의 배우자가 재혼한 경우에는 국립묘지에 안장된 안장대상자와 합장할 수 없도록 규정한 국립묘지의 설치 및 운영에 관한 법률상 조항은 재혼한 배우자를 불합리하게 차별한 것으로 평등원칙에 위배된다.

③ 사관생도의 사관학교 교육기간을 현역병 등의 복무기간과 달리 연금 산정의 기초가 되는 군 복무기간으로 산입할 수 있도록 규정하지 아니한 구 군인연금법상 조항은 현저히 자의적인 차별이라고 볼 수 없다.

④ 1991년 개정 농어촌의료법이 적용되기 전에 공중보건의사로 복무한 사람이 사립학교 교직원으로 임용된 경우 공중보건의사로 복무한 기간을 사립학교 교직원 재직기간에 산입하도록 규정하지 않은 사립학교교직원 연금법상 조항은 공중보건의사가 출·퇴근을 하며 병역을 이행한다는 점에서 그 복무기간을 재직기간에 산입하지 않는 것에 합리적 이유가 있다.

179 헌법상 평등의 원칙에 관한 다음 설명 중 가장 적절하지 <u>않은</u> 것은? (다툼이 있는 경우 판례에 의함)

① 헌법에서 특별히 평등을 요구하고 있는 경우나 차별적 취급으로 인하여 관련 기본권에 대한 중대한 제한을 초래하게 되는 경우에는 입법형성권은 축소되고, 보다 엄격한 심사척도가 적용되어야 할 것이다.

② 사회적 특수계급의 제도는 인정되지 아니하며, 어떠한 형태로도 이를 창설할 수 없다.

③ 헌법상 평등원칙은 국가가 합리적인 기준에 따라 능력이 허용하는 범위 내에서 법적 가치의 상향적 구현을 위한 제도의 단계적인 개선을 추진할 수 있는 길을 선택할 수 있도록 한다.

④ 보건복지부장관이 최저생계비를 고시함에 있어 장애로 인한 추가지출비용을 반영한 별도의 최저생계비를 결정하지 않은 채 가구별 인원수만을 기준으로 최저생계비를 결정한 고시는 엄격한 기준인 비례성원칙에 따른 심사를 함이 타당하다.

180 평등권 및 평등원칙에 대한 설명으로 가장 적절한 것은? (다툼이 있는 경우 판례에 의함)

① 공익신고자 보호법상 보상금의 의의와 목적을 고려하면 공익신고 유도 필요성에 있어 차이가 있는 내부 공익신고자와 외부 공익신고자를 달리 취급하는 것은 합리성을 인정할 수 있다.

② 초·중등교육법 시행령 중 자율형사립고(이하 자사고) 지원자의 평준화지역 후기학교 중복지원금지조항은 고등학교 진학기회에 있어서 자사고 지원자들에 대한 차별을 정당화할 수 있을 정도로 차별 목적과 차별 정도 간에 비례성을 갖춘 것이다.

③ 개정 전 공직자윤리법 조항에 따라 이미 재산등록을 한 혼인한 여성 등록의무자에게만 배우자의 직계존·비속의 재산을 등록하도록 예외를 규정한 공직자윤리법 부칙조항은 평등원칙에 위배되지 않는다.

④ 임대의무기간이 10년인 공공건설임대주택의 분양전환가격을 임대의무기간이 5년인 공공건설임대주택의 분양전환가격과 서로 다른 기준으로 산정하는 구 임대주택법 시행규칙 조항은 10년 임대주택에 거주하는 임차인의 평등권을 침해한다.

181 평등권에 대한 설명으로 가장 적절한 것은? (다툼이 있는 경우 판례에 의함)

① 대통령선거 및 지역구국회의원선거의 예비후보자들과 달리 광역자치단체장선거의 예비후보자를 후원회지정권자에서 제외하고 있는 것은 광역자치단체장선거 예비후보자의 평등권을 침해하지 않는다.

② 행정관서요원으로 근무한 공익근무요원과는 달리 국제협력요원으로 근무한 공익근무요원을 국가유공자법에 의한 보상에서 제외한 구 병역법 제75조 제2항은 평등권을 침해하는 위헌적 규정에 해당한다.

③ 치과전문의 자격 인정 요건으로 '외국의 의료기관에서 치과의사전문의 과정을 이수한 사람'을 포함하지 아니한 것은 외국의 의료기관에서 레지던트 등 소정의 치과전문의 과정을 이수한 자를 자의적으로 차별함으로써 평등권을 침해한다.

④ '수사가 진행 중이거나 형사재판이 계속 중이었다가 그 사유가 소멸한 경우'에는 잔여 퇴직급여 등에 대해 이자를 가산하는 규정을 두면서, '형이 확정되었다가 그 사유가 소멸한 경우'에는 이자 가산 규정을 두지 않은 군인연금법 제33조 제2항은 평등원칙을 위반하지 않는다.

182 평등원칙 및 평등권에 관한 설명 중 옳은 것을 모두 고른 것은? (다툼이 있는 경우 판례에 의함)

> ㉠ 사업주가 제공하거나 그에 준하는 교통수단을 이용하여 출퇴근하던 중에 산업재해보상보험 가입 근로자가 입은 재해를 업무상 재해로 인정하는 것과 달리, 도보나 자기 소유 교통수단 또는 대중교통수단 등을 이용하여 출퇴근하는 산업재해보상보험 가입 근로자가 사업주의 지배관리 아래 있다고 볼 수 없는 통상적 경로와 방법으로 출퇴근하던 중에 입은 재해를 업무상 재해로 인정하지 않는 것은 자의적 차별로 평등원칙에 위배된다.
> ㉡ 학교급식의 실시에 필요한 시설·설비에 요하는 경비를 학교의 설립경영자에게 부담하도록 하는 것은 사립학교와 국·공립학교를 차별적으로 취급하는 것으로 평등원칙에 위반된다.
> ㉢ 국회의원은 지방공사직원의 직을 겸할 수 있지만 지방의회의원은 지방공사직원의 직을 겸할 수 없게 하는 것은, 국회의원과 지방의회의원이 본질적으로 동일한 비교집단이 아니므로 불합리한 차별이 아니다.
> ㉣ 대한민국 국적을 가지고 있는 영유아 중에서도 재외국민 영유아를 보육료·양육수당 지원대상에서 제외하는 보건복지부지침은 국내에 거주하면서 재외국민인 영유아를 양육하는 부모들을 합리적 이유 없이 차별하는 것이 아니다.

① ㉠, ㉡
② ㉠, ㉢
③ ㉡, ㉣
④ ㉠, ㉢, ㉣

183 평등의 원칙에 대한 설명으로 가장 적절하지 <u>않은</u> 것은? (다툼이 있는 경우 판례에 의함)

① 개별사건법률의 위헌 여부는 그 형식만으로 가려지는 것이 아니라, 나아가 평등의 원칙이 추구하는 실질적 내용이 정당한지 아닌지를 따져야 비로소 가려진다.

② 차별적 취급으로 인하여 관련 기본권에 대한 중대한 제한을 초래하게 된다면 입법형성권은 축소되어 보다 엄격한 심사척도가 적용되어야 한다.

③ 2회 이상 음주운전 금지규정을 위반한 사람을 2년 이상 5년 이하의 징역이나 1천만 원 이상 2천만 원 이하의 벌금에 처하도록 규정한 구 도로교통법 제148조의2 제1항 중 '제44조 제1항을 2회 이상 위반한 사람'에 관한 부분은 책임과 형벌간의 비례원칙과 평등원칙에 위배된다.

④ 구 공직선거법이 고등학교를 졸업한 공직 후보자에 대해서는 수학기간의 기재를 요구하지 않으면서도 고등학교 졸업학력 검정고시에 합격한 공직 후보자에게는 고등학교를 중퇴한 경력에 대해서 그 학력을 기재할 때 그 수학기간을 기재하도록 요구하는 것은 불합리한 차별이므로 평등원칙에 위배된다.

184 생명권에 대한 설명으로 가장 적절한 것은? (다툼이 있는 경우 판례에 의함)

① 태아는 생명의 유지를 모(母)에게 의존하는 형성 중의 생명이라는 점에서 국가가 헌법 제10조 제2문에 따라 태아의 생명을 보호할 의무를 부담한다고 볼 수는 없다.

② 국가가 생명을 보호하는 입법적 조치를 취함에 있어 인간생명의 발달단계에 따라 그 보호정도나 보호수단을 달리 하는 것은 불가능하지 않다.

③ 헌법은 사형제도의 허용을 직접적으로 규정하고 있다.

④ 생명권은 개인이 포기할 수 없는 기본권이므로 기본권 제한적 법률유보의 대상이 될 수 없다.

185 생명권과 신체의 자유에 대한 설명으로 가장 적절하지 <u>않은</u> 것은? (다툼이 있는 경우 판례에 의함)

① 비록 연명치료 중단에 관한 결정 및 그 실행이 환자의 생명단축을 초래한다 하더라도 이를 생명에 대한 임의적 처분으로서 자살이라고 평가할 수 없고, 오히려 이는 생명권의 한 내용으로서 보장된다.

② 모든 국민은 고문을 받지 아니하며, 형사상 자기에게 불리한 진술을 강요당하지 아니한다.

③ 교도소 내 엄중격리대상자에 대하여 이동시 계구를 사용하고 교도관이 동행계호하는 행위 및 1인 운동장을 사용하게 하는 처우가 신체의 자유를 과도하게 제한하여 헌법을 위반한 것이라고 볼 수 없다.

④ 헌법 제12조 제1항이 정하고 있는 법률주의에서 말하는 '법률'이라 함은 국회에서 제정하는 형식적 의미의 법률과 이와 동등한 효력을 가지는 긴급명령, 긴급재정·경제명령 등을 의미한다.

186 신체의 자유에 대한 설명으로 가장 적절하지 <u>않은</u> 것은? (다툼이 있는 경우 판례에 의함)

① 변호인의 조력을 받을 권리에 대한 헌법과 법률의 규정 및 취지에 비추어 보면 형사절차가 종료되어 교정시설에 수용 중인 수형자는 원칙적으로 변호인의 조력을 받을 권리의 주체가 될 수 없다.

② 헌법 제12조 제4항 본문에 규정된 '구속'은 사법절차에서 이루어진 구속뿐 아니라 행정절차에서 이루어진 구속까지 포함하는 개념이므로 헌법 제12조 제4항 본문에 규정된 변호인의 조력을 받을 권리는 행정절차에서 구속을 당한 사람에게도 즉시 보장된다.

③ 음주운전 금지규정을 2회 이상 위반한 사람을 2년 이상 5년 이하의 징역이나 1천만 원 이상 2천만 원 이하의 벌금에 처하도록 한 구 도로교통법 조항은 보호법익에 미치는 위험 정도가 비교적 낮은 유형의 재범 음주운전행위도 일률적으로 그 법정형의 하한인 2년 이상의 징역 또는 1천만 원 이상의 벌금을 기준으로 처벌하도록 하고 있어 책임과 형벌 간의 비례원칙에 위반된다.

④ 체포 또는 구속된 자와 변호인 등 간의 접견이 실제로 이루어지는 경우에 있어서의 '자유로운 접견'은 어떠한 명분으로도 제한될 수 없는 성질의 것이므로 변호인 등과의 접견 자체에 대하여 아무런 제한도 가할 수 없다는 것을 의미한다.

187 죄형법정주의에 관한 설명 중 가장 적절하지 <u>않은</u> 것은? (다툼이 있는 경우 판례에 의함)

① 과태료는 형벌이 아니고 행정상의 질서유지를 위한 행정질서벌에 해당되지만, 국민의 재산상 제약에 해당되어 죄형법정주의의 규율대상에 해당된다.

② 지방자치법이 노동운동을 하더라도 형사처벌에서 제외되는 공무원의 범위를 당해 지방자치단체의 조례로 정하도록 한 것은 헌법에 위반되지 않는다.

③ 죄형법정주의의 명확성원칙은 법률이 처벌하고자 하는 행위가 무엇이며 그에 대한 형벌이 어떠한 것인지를 누구나 예견할 수 있고 그에 따라 자신의 행위를 결정할 수 있게끔 구성요건을 명확하게 규정할 것을 요구한다.

④ 형사소송법상의 재정신청에 적용되는 공소시효정지의 규정을 헌법소원에 적용하는 것은 죄형법정주의 원칙에 반한다는 것이 헌법재판소의 입장이다.

188 죄형법정주의에 관한 다음 설명 중 가장 적절하지 <u>않은</u> 것은? (다툼이 있는 경우 판례에 의함)

① 죄형법정주의는 "법률 없으면 범죄 없고, 법률 없으면 처벌 없다."는 말이다.

② 죄형법정주의는 자유주의, 법치주의, 국민주권 및 권력분립의 원리에 입각한 것이다.

③ 법치국가 원리의 한 표현인 명확성원칙은 기본적으로 모든 기본권제한입법에 대하여 요구되는 것이다.

④ 의료인도 면허된 것 이외의 의료행위'를 할 수 없도록 금지하고 이를 위반하면 처벌하는 의료법 규정 중 '면허된 것 이외의 의료행위' 부분은 무엇이 면허된 의료행위인지를 전혀 명시하지 못하는 것이어서 죄형법정주의의 명확성원칙에 위배된다.

189 헌법상 명확성원칙에 대한 설명으로 가장 적절하지 <u>않은</u> 것은? (다툼이 있는 경우 판례에 의함)

① "국내에 널리 인식된 타인의 성명, 상호, 표장(標章), 그 밖에 타인의 영업임을 표시하는 표지와 동일하거나 유사한 것을 사용하여 타인의 영업상의 시설 또는 활동과 혼동하게 하는 행위"를 부정경쟁행위로 정의하고 있는 부정경쟁방지 및 영업비밀보호에 관한 법률 제2조 제1호 나목은 명확성원칙에 위배되지 아니한다.

② 건설업자가 부정한 방법으로 건설업의 등록을 한 경우, 건설업등록을 필요적으로 말소하도록 규정한 건설산업기본법 조항 중 '부정한 방법' 개념은 모호하여 법률해석을 통하여 구체화될 수 없으므로 명확성원칙에 위배된다.

③ 선거운동을 위한 호별방문금지 규정에도 불구하고 '관혼상제의 의식이 거행되는 장소와 도로 · 시장 · 점포 · 다방 · 대합실 기타 다수인이 왕래하는 공개된 장소'에서의 지지 호소를 허용하는 공직선거법 조항 중 '기타 다수인이 왕래하는 공개된 장소' 부분은, 해당 장소의 구조와 용도, 외부로부터의 접근성 및 개방성의 정도 등을 종합적으로 고려할 때 '관혼상제의 의식이 거행되는 장소와 도로 · 시장 · 점포 · 다방 · 대합실'과 유사하거나 이에 준하여 일반인의 자유로운 출입이 가능한 개방된 곳을 의미한다고 충분히 해석할 수 있으므로 명확성원칙에 위반된다고 할 수 없다.

④ 변호사가 아닌 자가 금품 등 이익을 얻을 목적으로 법률사무를 취급하는 행위 등을 처벌하는 변호사법 제109조 제1호 다목 중 '중재사무를 취급한 자'에 관한 부분, 제109조 제1호 마목 중 '대리사무를 취급한 자'에 관한 부분 가운데 '대리', '중재', '일반의 법률사건' 부분은 죄형법정주의의 명확성원칙에 위반되지 않는다.

190 형벌법규에서 명확성원칙에 대한 설명 중 가장 적절하지 <u>않은</u> 것은?

① 죄형법정주의에서 파생된 원칙이다.

② 범죄구성요건에 법관의 보충적 해석을 통해서 비로소 그 내용이 확정될 수 있는 개념을 사용하였다면 죄형법정주의에 위반된다.

③ 방송편성에 관하여 간섭을 금지하는 방송법 제4조 제2항의 '간섭'에 관한 부분은 죄형법정주의의 명확성원칙에 위반되지 않는다.

④ 품목허가를 받지 아니한 의료기기를 수리·판매·임대·수여 또는 사용의 목적으로 수입하는 것을 금지하는 구 의료기기법 조항은 수리·판매·임대·수여 또는 사용의 목적이 있는 경우에만 품목허가를 받지 않은 의료기기의 수입을 금지하는 것으로 일의적으로 해석되므로 명확성원칙에 위배되지 않는다.

191 명확성원칙에 대한 설명으로 옳지 <u>않은</u> 것을 〈보기〉에서 모두 고른 것은? (다툼이 있는 경우 판례에 의함)

〈보기〉
ⓐ '여러 사람의 눈에 뜨이는 곳에서 공공연하게 알몸을 지나치게 내놓거나 가려야 할 곳을 내놓아 다른 사람에게 부끄러운 느낌이나 불쾌감을 준 사람'을 처벌하는 경범죄처벌법 조항은 그 의미를 알기 어렵고 확정하기도 곤란하므로 명확성원칙에 위배된다.
ⓑ 모양이 총포와 아주 비슷하여 '범죄에 악용될 소지가 현저한 것'을 모의총포의 기준으로 정한 총포·도검·화약류 등의 안전 관리에 관한 법률 시행령 조항은 건전한 상식과 통상적인 법감정을 가진 사람이 어떠한 물건이 모의총포에 해당하는지 알 수 없기 때문에 명확성원칙에 위배된다.
ⓒ 선거운동기간 외에는 중소기업중앙회 회장선거에 관한 선거운동을 제한하고, 이를 위반하면 형사처벌하는 중소기업협동조합법 제125조 전문 중 제53조 제1항을 준용하는 부분은 죄형법정주의의 명확성원칙에 위반되지 않는다.
ⓓ 전문과목을 표시한 치과의원에게 그 표시한 전문과목에 해당하는 환자만을 진료하도록 한 의료법 조항은 명확성원칙에 위배된다.

① ⓑ

② ⓓ

③ ⓐ, ⓒ

④ ⓑ, ⓓ

192 명확성원칙에 대한 설명으로 가장 적절하지 <u>않은</u> 것은? (다툼이 있는 경우 판례에 의함)

① 모의총포의 기준을 구체적으로 정한 총포·도검·화약류 등의 안전관리에 관한 법률 시행령 조항에서 '범죄에 악용될 소지가 현저한 것'은 진정한 총포로 오인·혼동되어 위협 수단으로 사용될 정도로 총포와 모양이 유사한 것을 의미하므로 죄형법정주의의 명확성원칙에 위반되지 않는다.

② 취소소송 등의 제기시 행정소송법 조항의 집행정지의 요건으로 규정한 '회복하기 어려운 손해'는 건전한 상식과 통상적인 법감정을 가진 사람이 심판대상조항의 의미내용을 파악하기 어려우므로 명확성원칙에 위배된다.

③ 구 군형법 조항에서 금지하는 연설, 문서 또는 그 밖의 방법으로 '정치적 의견을 공표'하는 행위는 법집행 당국의 자의적인 해석과 집행을 가능하게 한다고 보기 어려우므로 명확성원칙에 위배되지 않는다.

④ 구 도로교통법 제60조 제1항 본문 중 '자동차의 운전자는 고속도로 등에서 자동차의 고장 등 부득이한 사정이 있는 경우를 제외하고는 갓길로 통행하여서는 아니 된다.' 부분 중 '부득이한 사정' 부분은 죄형법정주의의 명확성원칙에 위배되지 않는다.

193 적법절차의 원칙과 관련한 설명 중 가장 적절하지 <u>않은</u> 것은? (다툼이 있는 경우 판례, 다수설에 의함)

① 관계행정청이 등급분류를 받지 않은 게임물을 발견하여 관계공무원으로 하여금 이를 수거·폐기하게 할 수 있도록 하는 경우, 수거·폐기에 앞서 청문이나 의견제출 등 절차보장에 관한 규정을 두고 있지 않으면, 적법절차의 원칙에 위반된다.

② 검사가 법원의 증인으로 채택된 수감자를 그 증언에 이르기까지 거의 매일 검사실로 하루 종일 소환하여 피고인 측 변호인이 접근하는 것을 차단하고 검찰에서의 진술을 번복하는 증언을 하지 않도록 회유, 협박하는 것은 적법절차에 위배된다.

③ 법원의 구속집행정지결정에 대하여 검사가 즉시항고할 수 있도록 한 형사소송법 조항은 영장주의원칙과 적법절차원칙에도 위배된다.

④ 수뢰죄를 범하여 금고 이상의 형의 선고유예를 받은 국가공무원은 별도의 징계절차를 거치지 아니하고 당연퇴직하도록 규정한 국가공무원법 제69조 단서 중 '형법 제129조 제1항'에 관한 부분이 적법절차원칙에 위배되는 것은 아니다.

194 적법절차의 원칙에 관한 설명으로 옳지 <u>않은</u> 것을 모두 고른 것은? (다툼이 있는 경우 판례에 의함)

㉠ 영미법계의 국가에서 국민의 인권을 보장하기 위한 기본원리의 하나로 발달되어 온 적법절차의 원칙을 처음으로 도입하여 명문화한 것은 제9차 개정한 현행 헌법이다.

㉡ 관계행정청이 등급분류를 받지 아니하거나 등급분류를 받은 게임물과 다른 내용의 게임물을 발견한 경우 관계공무원으로 하여금 이를 수거·폐기하게 할 수 있도록 하는 경우, 수거·폐기에 앞서 청문이나 의견제출 등 절차보장에 관한 규정을 두고 있지 않으면, 적법절차의 원칙에 위반된다.

㉢ 압수물에 대한 소유권포기가 있다면, 사법경찰관이 법에서 정한 압수물폐기의 요건과 상관없이 임의로 압수물을 폐기하였어도, 이것이 적법절차원칙을 위반한 것은 아니다.

㉣ 국가기관이 국민과의 관계에서 공권력을 행사함에 있어서 준수해야 할 법원칙으로서 형성된 적법절차의 원칙은 국가기관에 대하여 헌법을 수호하고자 하는 탄핵소추절차에는 직접 적용되지 않는다.

---

① ㉠, ㉡

② ㉠, ㉢

③ ㉡, ㉢

④ ㉢, ㉣

195 적법절차 및 영장주의에 관한 설명으로 가장 적절하지 <u>않은</u> 것은? (다툼이 있는 경우 판례에 의함)

① 구 도시 및 주거환경정비법 조항이 정비예정구역 내 토지등소유자의 100분의 30 이상의 해제 요청이라는 비교적 완화된 요건만으로 정비예정구역 해제 절차에 나아갈 수 있도록 하였다고 하여 적법절차원칙에 위반된다고 보기는 어렵다.

② 강제퇴거명령을 받은 사람을 보호할 수 있도록 하면서 보호기간의 상한을 마련하지 아니한 출입국관리법상 보호는 그 개시 또는 연장단계에서 공정하고 중립적인 기관에 의한 통제절차가 없고 당사자에게 의견을 제출할 기회도 보장하고 있지 아니하므로 헌법상 적법절차원칙에 위배된다.

③ 기지국 수사를 허용하는 통신사실 확인자료 제공요청의 경우 관할 지방법원 또는 지원의 허가를 받도록 규정한 통신비밀보호법상 조항은 헌법상 영장주의에 위배되지 않는다.

④ 서울용산경찰서장이 국민건강보험공단에 청구인들의 요양급여내역의 제공을 요청한 사실조회행위는 임의수사에 해당하나 이에 응해 이루어진 정보제공행위에 대해서는 헌법상 영장주의가 적용된다.

196 적법절차의 원칙에 관한 설명 중 가장 적절하지 <u>않은</u> 것은? (다툼이 있는 경우 판례에 의함)

① 적법절차의 원칙은 형사소송절차에 국한하지 않고 모든 국가작용에 대하여 문제된 법률의 실체적 내용이 합리성과 정당성을 갖추고 있는지 여부를 판단하는 기준으로 적용된다.

② 적법절차의 원칙은 기본권 제한이 있음을 전제로 하여 적용된다.

③ 범죄의 피의자로 입건된 사람이 경찰공무원이나 검사의 신문을 받으면서 자신의 신원을 밝히지 않고 지문채취에 불응한 경우 그로 하여금 벌금, 과료, 구류의 형사처벌을 받도록 하는 구 경범죄처벌법 조항은 적법절차원칙에 위배되지 않는다.

④ 심급제도에 대한 입법재량의 범위와 범죄인 인도심사의 법적 성격, 그리고 범죄인 인도법에서의 심사절차에 관한 규정 등을 종합할 때, 범죄인 인도심사를 서울고등법원의 단심제로 정하고 있는 것은 적법절차원칙에서 요구하는 합리성과 정당성을 결여한 것이라고 볼 수 없다.

197 적법절차원칙에 대한 설명으로 옳지 <u>않은</u> 것만을 〈보기〉에서 모두 고른 것은? (다툼이 있는 경우 판례에 의함)

〈보기〉
㉠ 법원의 구속집행정지결정에 대하여 검사가 즉시항고할 수 있도록 한 형사소송법 조항은 법원의 구속집행정지결정을 무의미하게 할 수 있는 권한을 검사에게 부여한 것이라는 점에서 적법절차원칙에 위배된다.

㉡ 구 친일반민족행위자 재산의 국가귀속에 관한 특별법(이하 '친일재산귀속법'이라 한다) 제2조 제1호에 따라 친일반민족행위자로 결정한 경우에는 현행 친일재산귀속법 제2조 제1호에 따라 결정한 것으로 보는, 현행 친일재산귀속법 부칙 조항은 친일재산귀속법의 입법목적을 관철하기 위하여 불가피한 입법적 결단을 한 것으로 보이므로 적법절차원칙에 위반된다고 볼 수 없다.

㉢ 압수물에 대한 소유권포기가 있다면, 사법경찰관이 법에서 정한 압수물폐기의 요건과 상관없이 임의로 압수물을 폐기하였어도 적법절차원칙에 위배되지 않는다.

㉣ 범죄의 피의자로 입건된 사람이 경찰공무원이나 검사의 신문을 받으면서 자신의 신원을 밝히지 않고 지문채취에 불응하는 경우 그로 하여금 벌금, 과료, 구류의 형사처벌을 받도록 하고 있는 구 경범죄처벌법의 조항은 적법절차원칙에 위배된다.

① ㉠

② ㉡, ㉢

③ ㉢, ㉣

④ ㉠, ㉡, ㉢

198 무죄추정의 원칙과 관련한 다음 설명 중 가장 적절하지 <u>않은</u> 것은? (다툼이 있는 경우 판례에 의함)

① 헌법 제27조 제4항의 무죄추정의 원칙이라 함은 아직 공소제기가 없는 피의자는 물론 공소가 제기된 피고인이라도 유죄의 확정판결이 있기 전까지는 원칙적으로 죄가 없는 자에 준하여 취급하여야 한다는 원칙을 말한다.

② 무죄추정의 원칙상 금지되는 '불이익'이란 '범죄사실의 인정 또는 유죄를 전제로 그에 대하여 법률적·사실적 측면에서 유형·무형의 차별취급을 가하는 유죄인정의 효과로서의 불이익'을 뜻한다.

③ 무죄추정권은 자기부죄거부특권(自己負罪拒否特)의 또 다른 표현이다.

④ 무죄추정의 원칙은 판결 이전의 절차에서는 물론 판결 자체와 판결형성의 과정에서도 준수되어야 할 원칙이다.

199 다음 설명 중 가장 적절하지 <u>않은</u> 것은? (다툼이 있는 경우 판례에 의함)

① 누범을 가중처벌하는 것은 종전의 범죄에 대하여 형벌을 받았음에도 다시 범행을 하였다는 것 때문이므로 헌법이 규정한 일사부재리의 원칙에 위반되는 것은 아니다.

② 징계부가금을 행정처분의 형식으로 부과하는 것은 허용되나, 이에 대한 행정소송이 제기되어 판결이 확정되기 전에 징계부가금의 집행을 실시하는 것은 무죄추정원칙에 위배되므로 허용되지 아니한다.

③ 적법절차조항의 적용범위에 관하여 다수설 및 헌법재판소 판례는 적법절차의 적용범위에 대해 형사절차뿐만 아니라 행정절차와 입법작용 등 국가작용 전반으로 확장하여 해석하고 있다.

④ 법무부령이 정하는 금액 이상의 추징금을 납부하지 아니한 자에게 출국금지조치를 내릴 수 있도록 하는 것은 이중처벌금지의 원칙에 위배된다고 할 수 없다.

200 다음 중 헌법재판소의 입장으로 가장 적절하지 <u>않은</u> 것은?

① 현행범인으로 체포되어 경찰서 유치장에 구금되어 체포된 때부터 48시간이 경과하기 전에 석방된 자가 자신에 대한 구금은 불필요하게 장시간 계속된 것으로 기본권을 침해하였다며 제기한 헌법소원은 보충성원칙에 반하여 부적법하다.

② 퇴직연금의 지급정지 및 환수결정에 앞서 청문절차를 거치도록 직접 규정하지 아니하였다고 하여 적법절차의 원칙에 어긋난다고 할 수는 없다.

③ 미결수용자의 변호인 접견권은 국가안전보장·질서유지 또는 공공복리를 위해 필요한 경우에는 법률로써 제한할 수 있다.

④ 공판절차에서 참고인이라 할 수 있는 증인을 구인하는 경우에는 영장주의가 적용되지 않는다.

201 다음 중 헌법재판소의 판례의 태도로 가장 적절하지 <u>않은</u> 것은?

① 부정청탁금지조항 및 대가성 여부를 불문하고 직무와 관련하여 금품 등을 수수하는 것을 금지할 뿐만 아니라, 직무관련성이나 대가성이 없더라도 동일인으로부터 일정 금액을 초과하는 금품 등의 수수를 금지하는 부정청탁 및 금품 등 수수의 금지에 관한 법률 조항 중 사립학교 관계자와 언론인에 관한 부분이 언론인과 사립학교 관계자의 일반적 행동자유권을 침해하지 않는다.

② 구 식품위생법 제44조 제1항 '식품접객영업자 등 대통령령으로 정하는 영업자와 그 종업원은 영업의 위생관리와 질서유지, 국민의 보건위생 증진을 위하여 총리령으로 정하는 사항을 지켜야 한다'는 부분은 수범자와 준수사항을 하위법령에 위임하면서 위임될 내용에 대해 구체화하고 있고, 그 내용도 예측이 가능하므로 포괄위임금지원칙에 위반되지 않는다.

③ 건전한 상식과 통상적인 법감정을 가진 사람은 군복 및 군용장구의 단속에 관한 법률상 판매목적 소지가 금지되는 '유사군복'에 어떠한 물품이 해당하는지 예측할 수 있고, 유사군복을 정의한 조항에서 법 집행자에게 판단을 위한 합리적 기준이 제시되고 있으므로 '유사군복' 부분은 명확성원칙에 위반되지 아니한다.

④ 단기복무군인 중 여성에게만 육아휴직을 허용하는 것은 성별에 의한 차별로 볼 수 없다.

202 신체의 자유에 관한 설명 중 가장 적절하지 <u>않은</u> 것은? (다툼이 있는 경우 판례에 의함)

① 교도소의 수형자 중 엄중격리대상자의 수용거실에 CCTV를 설치하여 24시간 감시하는 행위는 행형법 및 교도관직무규칙 등에 규정된 교도관의 계호활동 중 육안에 의한 시선계호와는 그 기본권 제한의 정도와 방법이 상이하여 단순히 육안에 의한 계호를 CCTV 장비에 의한 계호로 대체한 것에 불과하다고 보기 어려우므로, 별도의 특별한 법적 근거가 없는 한 법률유보의 원칙에 위배되어 사생활의 비밀과 자유를 침해한다.

② 형사절차가 종료되어 교정시설에 수용 중인 수형자는 원칙적으로 변호인의 조력을 받을 권리의 주체가 될 수 없으나, 재심절차 등에는 변호인 선임을 위한 일반적인 교통·통신이 보장될 수 있다.

③ 보호의무자 2인의 동의와 정신건강의학과 전문의 1인의 진단으로 정신질환자에 대한 보호입원이 가능하도록 한 정신보건법 조항은 보호입원 대상자의 신체의 자유를 과도하게 제한하는 등 과잉금지원칙을 위배하여 신체의 자유를 침해한다.

④ '변호인으로 선임된 자'뿐 아니라 '변호인이 되려는 자'의 접견교통권도 헌법상 기본권이므로 '변호인이 되려는 자'의 접견교통권 침해를 이유로 한 헌법소원심판청구는 적법하다.

203 무죄추정원칙에 대한 설명으로 가장 적절한 것은? (다툼이 있는 경우 헌법재판소 판례에 의함)

① 공금 횡령 비위로 징계부가금 부과를 의결받은 자에 대한 법원의 유죄판결 확정 전 징계부가금 집행은 무죄추정원칙에 위배된다.

② 변호사에 대한 징계절차가 개시되어 그 재판이나 징계 결정의 결과 등록취소, 영구제명 또는 제명에 이르게 될 가능성이 매우 크고, 그대로 두면 장차 의뢰인이나 공공의 이익을 해칠 구체적인 위험성이 있는 경우 법무부징계위원회의의결을 거쳐 법무부장관이 업무정지를 명하더라도 무죄추정원칙에 위배된다.

③ 소년보호사건에서 1심 결정 집행에 의한 소년원 수용기간을 항고심 결정에 의한 보호기간에 산입하지 않는 것은 무죄추정원칙에 위배된다.

④ 수형자로 하여금 형사재판 출석시 아무런 예외 없이 사복착용을 금지하는 것은 무죄추정원칙에 위배될 소지가 크나, 민사재판의 당사자로 출석시 사복착용 불허로 인하여 공정한 재판을 받을 권리가 침해되는 것은 아니다.

204 영장주의에 대한 설명으로 가장 적절하지 <u>않은</u> 것은? (다툼이 있는 경우 헌법재판소 판례에 의함)

① 헌법에 규정된 영장신청권자로서의 검사는 검찰권을 행사하는 국가기관인 검사로서 공익의 대표자이자 수사단계에서의 인권옹호기관으로서의 지위에서 그에 부합하는 직무를 수행하는 자를 의미하는 것으로 검찰청법상 검사만을 지칭한다.

② 각급 선거관리위원회 위원·직원의 선거범죄조사에 있어서 자료제출요구에 응할 의무를 부과하고 허위자료를 제출하는 경우 형사처벌을 규정한 구 공직선거법 조항은 자료제출요구가 대상자의 자발적 협조를 전제하고 물리적 강제력을 수반하지 않으므로 영장주의의 적용대상이 아니다.

③ 체포영장을 발부받아 피의자를 체포하는 경우 필요한 때에는 영장 없이 타인의 주거 등 내에서 피의자 수사를 할 수 있다고 규정한 형사소송법 조항은 피의자가 존재할 개연성만 소명되면 타인의 주거 등에 대한 영장 없는 수색을 허용하므로 영장주의에 위반된다.

④ 피의자를 긴급체포한 경우 사후 체포영장을 청구하도록 규정하지 않고 피의자를 구속하고자 할 때에 한하여 구속영장을 청구하도록 규정한 형사소송법상 영장청구조항은 헌법상 영장주의에 위반된다고 단정할 수 없다.

205 신체의 자유에 관한 다음 설명 중 가장 적절한 것은? (다툼이 있는 경우 판례에 의함)

① 형사절차가 종료되어 교정시설에 수용 중인 수형자 또한 원칙적으로 변호인의 조력을 받을 권리의 주체가 된다.

② 수사상 필요에 의하여 수사기관이 직접강제에 의하여 지문을 채취하는 경우에는 영장주의가 적용되지 않는다.

③ 치료감호기간의 상한을 정하지 아니한 구 사회보호법 제9조 제2항은 과잉금지의 원칙에 위반하여 신체의 자유를 침해한다.

④ 체포·구속적부심사청구권은 원칙적으로 절차적 기본권(청구권적 기본권)이기 때문에, 본질적으로 제도적 보장의 성격을 강하게 띠고 있으며, 제도적 보장의 성격이 강한 절차적 기본권에 관하여는 상대적으로 광범위한 입법형성권이 인정되어 관련 법률에 대한 위헌성심사를 함에 있어서는 자의금지원칙이 적용된다.

206 신체의 자유에 관한 설명 중 가장 적절하지 <u>않은</u> 것은? (다툼이 있는 경우 판례에 의함)

① 행정상 즉시강제는 상대방의 임의이행을 기다릴 시간적 여유가 없을 때 하명 없이 바로 실력을 행사하는 것으로서 그 본질상 급박성을 요건으로 하고 있어 법관의 영장을 기다려서는 그 목적을 달성할 수 없다고 할 것이므로 영장주의가 적용되지 않는다.

② 교도소 내 엄중격리대상자에 대하여 이동시 계구를 사용하고 교도관이 동행계호하는 행위 및 1인 운동장을 사용하게 하는 처우가 신체의 자유를 과도하게 제한하여 헌법을 위반한 것이라고 볼 수 없다.

③ 법관으로 하여금 미결구금일수를 형기에 산입하되, 그 산입범위는 재량에 의하여 결정하도록 하는 형법 규정은 신체의 자유를 침해한다.

④ 변호인의 구속된 피고인 또는 피의자와의 접견·교통권은 수사기관의 처분으로는 제한할 수 없으나, 법원의 결정으로는 제한할 수 있다.

207 신체의 자유에 관한 설명 중 가장 적절하지 <u>않은</u> 것은? (다툼이 있는 경우 판례에 의함)

① 폭력행위 등 처벌에 관한 법률 제3조 제1항에서는 '다중의 위력으로써' 주거침입의 범죄를 범한 자를 형사처벌하고 있는데, 이 사건 규정의 '다중'이 몇 명의 사람을 의미하는지 그 기준을 일률적으로 말할 수 없으므로, 죄형법정주의의 명확성원칙에 위반된다.

② 헌법재판소 판례에 따르면 형사절차가 종료되어 교정시설에 수용 중인 수형자는 원칙적으로 변호인의 도움을 받을 권리의 주체가 아니다.

③ 음주운전 금지규정을 2회 이상 위반한 사람이 다시 이를 위반한 때에는 운전면허를 필요적으로 취소하도록 하였더라도 운전면허 취소처분은 이중처벌금지원칙에서 말하는 '처벌'로 보기 힘드므로 이중처벌금지원칙에 위배되었다고 볼 수 없다.

④ 불구속 피의자나 피고인의 경우 형사소송법상 특별한 명문의 규정이 없더라도 스스로 선임한 변호인의 조력을 받기 위하여 변호인을 옆에 두고 조언과 상담을 구하는 것은 수사절차의 개시에서부터 재판절차의 종료에 이르기까지 언제나 가능하다.

208 헌법상 신체의 자유에 대한 설명으로 가장 적절하지 <u>않은</u> 것은? (다툼이 있는 경우 판례에 의함)

① 마약류사범인 수용자에게 마약류반응검사를 위하여 소변을 받아 제출하게 한 것은 과잉금지의 원칙에 위반되지 않는다.

② 보호의무자 2인의 동의와 정신건강의학과 전문의 1인의 진단으로 정신질환자에 대한 보호입원이 가능하도록 한 정신보건법 조항은 정신질환자를 신속 적정하게 치료하고, 정신질환자 본인과 사회의 안전을 지키기 위한 것이므로 신체의 자유를 침해하지 않는다.

③ 죄형법정주의는 처벌하고자 하는 행위가 무엇이며 그에 대한 형벌이 어떠한 것인지 누구나 예견할 수 있고 그에 따라 자신의 행위를 결정할 수 있도록 구성요건을 명확하게 규정할 것을 요구한다.

④ 이중처벌금지의 원칙은 처벌 또는 제재가 '동일한 행위'를 대상으로 행해질 때에 적용될 수 있는 것이고, 그 대상이 동일한 행위인지의 여부는 기본적 사실관계가 동일한지 여부에 의하여 가려야 할 것이다.

209 신체의 자유에 관한 설명으로 가장 적절하지 <u>않은</u> 것은? (다툼이 있는 경우 판례에 의함)

① 자기부죄진술거부권(自己負罪陳述拒否權)은 형사피의자·피고인뿐 아니라 그 이전 단계의 자에게도 보장되고 형사절차뿐 아니라 행정절차나 국회에서의 조사절차 등에서도 보장된다는 것이 헌법재판소의 입장이다.

② 일반형사피의자를 구속영장 없이 경찰서 보호실에 유치한 것은 적법한 공무수행이라고 볼 수 없으므로, 이러한 위법한 공무집행을 방해한 행위에 대해서는 공무집행방해죄가 성립되지 않는다는 것이 대법원의 판례이다.

③ 특별검사가 참고인에게 지정된 장소까지 동행할 것을 명령할 수 있게 하고 참고인이 정당한 이유 없이 동행명령을 거부한 경우 처벌하는 것은, 심리적·간접적인 강제를 통하여 참고인의 출석을 확보하고자 하는 것일 뿐, 동행명령에 불응하는 참고인의 신체에 대하여 직접적이고 현실적인 강제력의 행사를 허용하는 것이 아니므로 신체의 자유를 침해하지 아니한다.

④ 형사 법률에 저촉되는 행위 또는 규율 위반 행위를 한 피보호감호자에 대하여 징벌처분을 내릴 수 있도록 한 구 사회보호법 조항은 과잉금지원칙에 위배되지 않아 청구인의 신체의 자유를 침해하지 않는다.

210 현행 헌법상 신체의 자유에 관한 설명 중 가장 적절하지 <u>않은</u> 것은? (다툼이 있는 경우 판례에 의함)

① 누구든지 체포·구속을 당한 때에는 즉시 변호인의 조력을 받을 권리를 가지고, 형사피고인이 스스로 변호인을 구할 수 없을 때에는 언제든지 국선변호인의 조력을 받을 수 있다.

② 체포·구속·압수 또는 수색을 할 때에는 사전에 적법한 절차에 따라 검사의 신청에 의하여 법관이 발부한 영장을 제시하여야 하나, 일정한 경우에는 사후에 영장을 청구할 수 있다.

③ 피구속자를 조력할 변호인의 권리 중 그것이 보장되지 않으면 피구속자가 변호인으로부터 조력을 받는다는 것이 유명무실하게 되는 핵심적인 부분은, 조력을 받을 피구속자의 기본권과 표리관계에 있기 때문에 이러한 핵심부분에 관한 변호인의 조력할 권리 역시 헌법상의 기본권으로서 보호되어야 할 것이다.

④ 법위반사실의 공표명령은 공소제기조차 되지 아니하고 단지 고발만 이루어진 수사의 초기 단계에서 아직 법원의 유·무죄에 대한 판단이 가려지지 아니하였는데도 관련 행위자를 유죄로 추정하는 불이익한 처분이 된다는 것이 헌법재판소의 판례이다.

211 신체의 자유에 대한 설명으로 가장 적절하지 <u>않은</u> 것은? (다툼이 있는 경우 판례에 의함)

① 검찰수사관이 정당한 사유 없이 피의자신문에 참여한 변호인에게 피의자 후방에 앉으라고 요구한 행위는 변호인의 변호권을 침해하는 것이다.

② 외국에서 실제로 형의 집행을 받았음에도 불구하고 우리 형법에 의한 처벌시 이를 전혀 고려하지 않더라도 과도한 제한이라고 할 수 없으므로 신체의 자유를 침해하지 아니한다.

③ 국가보안법 위반죄 등 일부 범죄혐의자를 법관의 영장 없이 구속, 압수, 수색할 수 있도록 규정하고 있던 구 인신구속 등에 관한 임시 특례법 조항은 영장주의에 위배된다.

④ 성폭력범죄를 저지른 성도착증 환자로서 재범의 위험성이 인정되는 19세 이상의 사람에 대해 법원이 15년의 범위에서 치료명령을 선고할 수 있도록 한 법률규정은, 장기형이 선고되는 경우 치료명령의 선고시점과 집행시점 사이에 상당한 시간적 간극이 있어 집행시점에 발생할 수 있는 불필요한 치료와 관련한 부분에 대해서는 침해의 최소성과 법익균형성이 인정되지 않기 때문에 피치료자의 신체의 자유를 침해한다.

212 신체의 자유에 대한 설명으로 가장 적절하지 <u>않은</u> 것은? (다툼이 있는 경우 판례에 의함)

① 법원의 수사서류 열람·등사 허용 결정에도 불구하고 해당 수사서류의 등사를 거부한 검사의 행위는 피고인의 변호인의 조력을 받을 권리를 침해하는 것이다.

② 인천국제공항출입국·외국인청장이 인천국제공항 송환대기실에 수용된 '난민인정신청을 하였으나 난민인정심사 불회부결정을 받은 자'에 대한 변호인 접견신청을 거부한 행위는 변호인의 조력을 받을 권리를 침해하는 것이다.

③ 현행범인인 경우와 장기 3년 이상의 형에 해당하는 죄를 범하고 도피 또는 증거인멸의 염려가 있을 때에는 사후에 영장을 청구할 수 있다.

④ 군인 아닌 자가 유사군복을 착용함으로써 군인에 대한 국민의 신뢰가 실추되는 것을 방지하기 위해 유사군복의 착용을 금지하는 것은 허용되지만, 유사군복을 판매목적으로 소지하는 것까지 금지하는 것은 과잉금지원칙에 위반된다.

213 명확성원칙에 관한 설명으로 가장 적절하지 <u>않은</u> 것은? (다툼이 있는 경우 판례에 의함)

① 공익을 해할 목적으로 전기통신설비에 의하여 공연히 허위의 통신을 한 자를 형사 처벌하는 구 전기통신사업법 조항은, 수범자인 국민에 대하여 일반적으로 허용되는 '허위의 통신' 가운데 어떤 목적의 통신이 금지되는 것인지 고지하여 주지 못하므로 표현의 자유에서 요구하는 명확성원칙에 위배된다.

② 사회복무요원의 정치적 행위를 금지하는 병역법 조항 중 '정치적 목적을 지닌 행위'는 '특정 정당, 정치인을 지지·반대하거나 공직선거에 있어서 특정 후보자를 당선·낙선하게 하는 등 그 정파성·당파성에 비추어 정치적 중립성을 훼손할 가능성이 높은 행위'로 한정하여 해석되므로 명확성원칙에 위배되지 않는다.

③ 청원경찰법상 품위손상행위란 '청원경찰이 경찰관에 준하여 경비 및 공안업무를 하는 주체로서 직책을 맡아 수행해나가기에 손색이 없는 인품에 어울리지 않는 행위를 함으로써 국민이 가지는 청원경찰에 대한 정직성, 공정성, 도덕성에 대한 믿음을 떨어뜨릴 우려가 있는 행위'라고 해석할 수 있으므로 명확성원칙에 위배되지 않는다.

④ '여러 사람의 눈에 뜨이는 곳에서 공공연하게 알몸을 지나치게 내놓거나 가려야 할 곳을 내놓아 다른 사람에게 부끄러운 느낌이나 불쾌감을 준 사람'을 처벌하는 구 경범죄 처벌법 조항은 무엇이 지나친 알몸노출행위인지 판단하기 쉽지 않고, '가려야 할 곳'의 의미도 알기 어려우며, '부끄러운 느낌이나 불쾌감'을 통하여 '지나치게'와 '가려야 할 곳' 의미를 확정하기도 곤란하여 죄형법정주의의 명확성원칙에 위배된다.

214 신체의 자유 및 적법절차에 대한 설명으로 가장 적절하지 <u>않은</u> 것은? (다툼이 있는 경우 판례에 의함)

① 형벌법규는 문언에 따라 엄격하게 해석·적용하여야 하고 피고인에게 불리한 방향으로 지나치게 확장해석하거나 유추해석하여서는 아니 되지만, 형벌법규의 해석에서도 법률문언의 통상적인 의미를 벗어나지 않는 한 그 법률의 입법취지와 목적, 입법연혁 등을 고려한 목적론적 해석이 배제되는 것은 아니다.

② 강제퇴거명령을 받은 사람을 즉시 대한민국 밖으로 송환할 수 없으면 송환할 수 있을 때까지 보호시설에 보호할 수 있도록 규정한 출입국관리법 제63조 제1항은 과잉금지원칙에 반하여 신체의 자유를 침해한다.

③ 보호의무자 2인의 동의와 정신건강의학과 전문의 1인의 진단으로 정신질환자에 대한 보호입원이 가능하도록 한 것은 신체의 자유를 침해하지 않는다.

④ 전자우편에 대한 압수수색 집행의 경우에 급속을 요하는 때에는 사전통지를 생략할 수 있도록 한 것은 적법절차원칙에 위배되지 않는다.

215 신체의 자유 및 피의자·피고인의 권리에 대한 설명으로 가장 적절한 것은? (다툼이 있는 경우 판례에 의함)

① 범죄의 피의자로 입건된 사람이 경찰공무원이나 검사의 신문을 받으면서 자신의 신원을 밝히지 않고 지문채취에 불응하는 경우 형사처벌을 부과하는 것은, 수사기관이 직접 물리적 강제력을 행사하여 피의자에게 강제로 지문을 찍도록 하는 것을 허용하는 것과 질적인 차이가 없으므로 영장주의에 위배된다.

② 변호인의 조력을 받을 권리는 '형사사건'에서의 변호인의 조력을 받을 권리에 국한되는 것은 아니므로, 수형자가 형사사건의 변호인이 아닌 민사사건, 행정사건, 헌법소원사건 등에서 변호사와 접견할 경우에도 헌법상 변호인의 조력을 받을 권리의 주체가 될 수 있다.

③ 변호인의 조력을 받을 권리에 따라 원칙적으로 변호인과 미결수용자 사이의 서신의 비밀이 보장되어야 한다.

④ 미결수용자가 변호인의 조력을 받을 기회가 충분히 보장되었다고 인정될 수 있는 경우라도 미결수용자 또는 그 상대방인 변호인이 원하는 특정 시점에 접견이 이루어지지 못한 경우에는 변호인의 조력을 받을 권리가 침해된 것이다.

216 신체의 자유에 관한 설명 중 가장 적절하지 <u>않은</u> 것은? (다툼이 있는 경우 판례에 의함)

① 누구든지 체포 또는 구속의 이유와 변호인의 조력을 받을 권리가 있음을 고지받지 아니하고는 체포 또는 구속을 당하지 아니한다. 체포 또는 구속을 당한 자의 가족 등 법률이 정하는 자에게는 그 이유와 일시·장소가 지체 없이 통지되어야 한다.

② 법무부장관이 형사사건으로 공소가 제기된 변호사에 대하여 판결이 확정될 때까지 업무정지를 명하도록 한 구 변호사법 제15조는 무죄추정의 원칙에 위배되지 않는다.

③ 변호인의 수사서류 열람·등사권은 피고인의 신속·공정한 재판을 받을 권리 및 변호인의 조력을 받을 권리라는 헌법상 기본권의 중요한 내용이자 구성요소이며 이를 실현하는 구체적인 수단이 된다.

④ 불법체류 외국인에 대한 긴급보호의 경우에도 출입국관리법이 정한 요건에 해당하지 않거나 법률이 정한 절차를 위반하는 때에는 적법절차원칙에 반하여 신체의 자유 등 기본권을 침해하게 된다.

217 신체의 자유에 대한 설명으로 가장 적절하지 <u>않은</u> 것은? (다툼이 있는 경우 판례에 의함)

① 형벌은 범행의 경중과 행위자의 책임, 즉 형벌 사이에 비례성을 갖추어야 한다.

② 징역형 수형자에게 정역의무를 부과하는 형법 제67조는 신체의 자유 침해가 아니다.

③ 헌법 제12조 제4항의 해석상 변호인의 조력을 받을 권리는 체포·구속된 피의자와 형사피고인에 대하여만 보장되는 것이고, 불구속피의자에 대하여까지 보장되는 것은 아니라고 보아야 한다.

④ 피고인의 자백이 고문·폭행·협박·구속의 부당한 장기화 또는 기망 기타의 방법에 의하여 자의로 진술된 것이 아니라고 인정될 때 또는 정식재판에 있어서 피고인의 자백이 그에게 불리한 유일한 증거일 때에는 이를 유죄의 증거로 삼거나 이를 이유로 처벌할 수 없다.

218 영장주의에 대한 설명으로 옳은 것을 〈보기〉에서 모두 고른 것은? (다툼이 있는 경우 판례에 의함)

〈보기〉

㉠ 헌법재판소의 법정의견에 따르면 병(兵)에 대한 징계처분으로 법관의 판단 없이 인신구금이 이루어질 수 있도록 한 영창처분은 영장주의에 위배된다.

㉡ 헌법에 규정된 영장신청권자로서의 검사는 검찰권을 행사하는 국가기관인 검사로서 공익의 대표자이자 수사단계에서의 인권옹호기관으로서의 지위에서 그에 부합하는 직무를 수행하는 자를 의미하는 것이지, 검찰청법상 검사만을 지칭하는 것으로 보기 어렵다.

㉢ 강제퇴거명령을 받은 사람을 즉시 국외 송환할 수 없을 경우 '송환할 수 있을 때까지' 보호시설에 보호할 수 있도록 한 출입국관리법 제63조 제1항은 적법절차원칙에 위배되지 않는다.

㉣ 체포영장을 발부받아 피의자를 체포하는 경우에 필요한 때에는 영장 없이 타인의 주거 등 내에서 피의자 수사를 할 수 있다고 규정한 것은 수색에 앞서 영장을 발부받기 어려운 긴급한 사정이 인정되지 않는 경우에도 영장 없이 피의자 수색을 할 수 있다는 것이므로, 영장주의에 위배된다.

㉤ 수사기관의 위치정보추적자료 제공요청은 통신비밀보호법이 정한 강제처분에 해당되므로, 법관이 발부하는 영장에 의하지 않고 관할 지방법원 또는 지원의 허가만 받으면 이를 가능하게 한 것은 영장주의에 위배된다.

① ㉠, ㉢

② ㉡, ㉣

③ ㉠, ㉡, ㉣

④ ㉠, ㉣, ㉤

219 신체의 자유에 대한 설명으로 가장 적절하지 <u>않은</u> 것은? (다툼이 있는 경우 판례에 의함)

① 관광진흥개발기금 관리·운용업무에 종사토록 하기 위하여 문화체육관광부장관에 의해 채용된 민간 전문가에 대해 형법상 뇌물죄의 적용에 있어서 공무원으로 의제하는 관광진흥개발기금법의 규정은 신체의 자유를 과도하게 제한하는 것은 아니다.

② 구 미성년자보호법의 해당 조항 중 "잔인성"과 "범죄의 충동을 일으킬 수 있게"라는 부분은 그 적용 범위를 법집행기관의 자의적인 판단에 맡기고 있으므로 죄형법정주의에서 파생된 명확성의 원칙에 위배된다.

③ 전투경찰순경의 인신구금을 그 내용으로 하는 영장처분에 있어서도 헌법상 적법절차원칙이 준수될 것이 요청되며 이에 관한 영창조항은 헌법에서 요구하는 수준의 절차적 보장기준을 충족하지 못했으므로 헌법에 위반된다.

④ 특별검사가 참고인에게 지정된 장소까지 동행할 것을 명령할 수 있게 하고 참고인이 정당한 이유 없이 위 동행명령을 거부한 경우 1천만 원 이하의 벌금형에 처하도록 규정한 동행명령조항은 영장주의 또는 과잉금지원칙에 위배하여 참고인의 신체의 자유를 침해하는 것이다.

220 변호인의 조력을 받을 권리에 관한 설명 중 가장 적절하지 <u>않은</u> 것은? (다툼이 있는 경우 판례에 의함)

① 형사절차가 종료되어 교정시설에 수용 중인 수형자는 원칙적으로 변호인의 조력을 받을 권리의 주체가 될 수 없다.

② 교정시설 내 수용자와 변호사 사이의 접견교통권의 보장은 헌법상 보장되는 재판청구권의 한 내용 또는 그로부터 파생되는 권리로 볼 수 있다.

③ 변호인의 조력을 받을 권리의 내용 중 하나인 미결수용자의 변호인 접견권은 어떠한 경우에도 제한될 수 없다.

④ 법원의 수사서류 열람·등사 허용 결정에도 불구하고 검사가 이를 신속하게 이행하지 아니하는 것은 변호인의 조력을 받을 권리를 침해하는 것이다.

221 변호인의 조력을 받을 권리에 대한 설명으로 가장 적절하지 <u>않은</u> 것은? (다툼이 있는 경우 판례에 의함)

① 피의자신문에 참여한 변호인에게 피의자 후방에 앉으라고 요구한 행위가 변호인의 변호권을 침해하는 것은 아니다.

② 불구속 피의자나 피고인의 경우 형사소송법상 특별한 명문의 규정이 없더라도 스스로 선임한 변호인의 조력을 받기 위하여 변호인을 옆에 두고 조언과 상담을 구하는 것은 수사절차의 개시에서부터 재판절차의 종료에 이르기까지 언제나 가능하다.

③ 변호인의 수사서류 열람·등사권은 피고인의 신속·공정한 재판을 받을 권리 및 변호인의 조력을 받을 권리라는 헌법상 기본권의 중요한 내용이자 구성요소이며 이를 실현하는 구체적인 수단이 된다.

④ 가사소송에서는 헌법 제12조 제4항의 변호인의 조력을 받을 권리가 보장되지 않는다.

222 신체의 자유에 관한 다음 설명 중 가장 적절하지 <u>않은</u> 것은? (다툼이 있는 경우 판례에 의함)

① 병(兵)에 대한 징계처분으로 일정기간 부대나 함정(艦艇) 내의 영창, 그 밖의 구금장소에 감금하는 영창처분이 가능하도록 규정한 조항은 병(兵)의 신체의 자유를 침해하지 않는다.

② 신체의 자유는 외부의 물리적인 힘뿐만 아니라 정신적인 위험으로부터도 신체의 안정성이 침해당하지 아니할 자유를 포함한다.

③ 직장 변경을 제한하거나 특정한 직장에서 계속 근로를 강제하는 것이 곧바로 신체의 안전성을 침해한다거나 신체의 자유로운 이동과 활동을 제한하는 것이라고 볼 수는 없다.

④ 전동킥보드의 최고속도는 25km/h를 넘지 않아야 한다고 규정한 조항은 소비자의 자기결정권 및 일반적 행동자유권을 제한할 뿐, 신체의 자유를 제한하는 것은 아니다.

223 변호인의 조력을 받을 권리에 관한 설명으로 가장 적절하지 <u>않은</u> 것은? (다툼이 있는 경우 판례에 의함)

① 피고인이 미성년자임에도 변호인이 없는 때에는 법원은 직권으로 변호인을 선정하여야 한다.

② 구속된 피의자·피고인이 갖는 변호인과의 접견교통권은 헌법 제12조 제4항의 변호인의 조력을 받을 권리의 가장 중요한 내용에 속하나, 피구속자와 변호인 아닌 자, 변호인이 아닌 자와 피구속자가 접견할 권리는 헌법상 보호되는 기본권이 아니다.

③ 미결수용자의 변호인의 조력을 받을 권리는 국가안전보장·질서유지 또는 공공복리를 위해 필요한 경우에 법률로써 제한될 수 있다.

④ 법원의 수사서류 열람·등사 허용 결정에도 불구하고 해당 수사서류의 등사를 거부한 검사의 행위는 청구인들의 변호인의 조력을 받을 권리를 침해한다.

224 변호인의 조력을 받을 권리에 관한 설명으로 가장 적절하지 <u>않은</u> 것은? (다툼이 있는 경우 판례에 의함)

① 우리 헌법은 변호인의 조력을 받을 권리가 불구속 피의자·피고인 모두에게 포괄적으로 인정되는지 여부에 관하여 명시적으로 규율하고 있지는 않지만, 불구속 피의자의 경우에도 변호인의 조력을 받을 권리는 우리 헌법에 나타난 법치국가원리, 적법절차원칙에서 인정되는 당연한 내용이다.

② 법원이 검사의 열람·등사 거부처분에 정당한 사유가 없다고 판단하고 그러한 거부처분이 피고인의 헌법상 기본권을 침해한다는 취지에서 수사서류의 열람·등사를 허용하도록 명한 이상 검사로서는 당연히 법원의 그러한 결정에 지체 없이 따라야 하지만, 별건으로 공소제기되어 확정된 관련 형사사건 기록에 관한 경우에는 이를 따르지 않을 수 있다.

③ 헌법 제12조 제4항 본문에 규정된 "구속"은 사법절차에서 이루어진 구속뿐 아니라 행정절차에서 이루어진 구속까지 포함하는 개념으로, 헌법 제12조 제4항 본문에 규정된 변호인의 조력을 받을 권리는 행정절차에서 구속을 당한 사람에게도 즉시 보장된다.

④ 변호인과 상담하고 조언을 구할 권리는 변호인의 조력을 받을 권리의 내용 중 구체적인 입법형성이 필요한 다른 절차적 권리의 필수적인 전제요건으로서 변호인의 조력을 받을 권리 그 자체에서 막바로 도출되는 것이다.

225 변호인의 조력을 받을 권리에 관한 설명 중 가장 적절하지 <u>않은</u> 것은? (다툼이 있는 경우 판례에 의함)

① 인천공항출입국 외국인청장이 입국불허되어 송환대기실 내에 수용된 외국인에게 변호인의 접견신청을 거부한 것은, 청구인이 자진출국으로 송환대기실을 벗어날 수 있는 점을 고려할 때 '구금' 상태에 놓여 있었다고 볼 수 없으므로, 헌법상 변호인의 조력을 받을 권리를 침해하지 않는다.

② 피의자 및 피고인을 조력할 변호인의 권리 중 그것이 보장되지 않으면 그들이 변호인의 조력을 받는다는 것이 유명무실하게 되는 핵심적인 부분은 헌법상 기본권인 피의자 및 피고인이 가지는 변호인의 조력을 받을 권리와 표리의 관계에 있다 할 수 있어 헌법상 기본권으로 보호되어야 한다.

③ 법원의 수사서류 열람·등사 허용 결정에도 불구하고 해당 수사서류의 등사를 거부한 검사의 행위는 청구인들의 변호인의 조력을 받을 권리를 침해한다.

④ 변호인이 피의자신문에 자유롭게 참여할 수 있는 권리는 피의자가 가지는 변호인의 조력을 받을 권리를 실현하는 수단이라고 할 수 있어 헌법상 기본권인 변호인의 변호권으로 보호되어야 하므로, 피의자신문시 변호인에 대한 수사기관의 후방착석요구행위는 헌법상 기본권인 변호인의 변호권을 침해한다.

226 변호인의 조력을 받을 권리에 대한 설명으로 가장 적절하지 <u>않은</u> 것은? (다툼이 있는 경우 판례에 의함)

① 변호인이 피의자신문에 자유롭게 참여할 수 있는 권리는 피의자가 가지는 변호인의 조력을 받을 권리를 실현하는 수단이라고 할 수 있어 헌법상 기본권인 변호인의 변호권으로서 보호되어야 하므로, 검찰수사관인 피청구인이 피의자신문에 참여한 변호인인 청구인에게 피의자 후방에 앉으라고 요구한 행위는 변호인인 청구인의 변호권을 침해한다.

② 형사소송법은 차폐시설을 설치하고 증인신문절차를 진행할 경우 피고인으로부터 의견을 듣도록 하는 등 피고인이 받을 수 있는 불이익을 최소화하기 위한 장치를 마련하고 있으므로, '피고인 등'에 대하여 차폐시설을 설치하고 신문할 수 있도록 한 것이 변호인의 조력을 받을 권리를 침해한다고 할 수는 없다.

③ 미결수용자가 민사재판, 행정재판, 헌법재판과 관련하여 변호사와 접견하는 것도 원칙적으로 변호인의 조력을 받을 권리에 의해 보호된다.

④ 대법원은 변호인의 구속된 피고인 또는 피의자와의 접견교통권은 헌법상 보장된 권리라고는 할 수 없고, 형사소송법 제34조에 의하여 비로소 보장되는 권리이지만, 구속된 피고인 또는 피의자의 인권보장과 방어준비를 위해 필수불가결한 권리이므로 수사기관의 처분 등에 의하여 이를 제한할 수 없다고 하였다.

227 다음 사례에 관한 설명으로 가장 적절하지 <u>않은</u> 것은? (다툼이 있는 경우 판례에 의함)

> 검사 乙은 전기통신사업자 A에게 수사를 위하여 시민 甲의 '성명, 주민등록번호, 주소, 전화번호, 가입일' 등의 통신자료제공을 요청하였고, A는 乙에게 2022.1.1.부터 2022.6.30.까지 甲의 통신자료를 제공하였다. 甲은 수사기관 등이 전기통신사업자에게 통신자료 제공을 요청하면 전기통신사업자가 그 요청에 따를 수 있다고 정한 전기통신사업법 제83조에 대해 헌법소원심판을 청구하였다.

① A가 乙의 통신자료 제공요청에 따라 乙에게 제공한 甲의 성명, 주민등록번호, 주소, 전화번호, 아이디, 가입일 또는 해지일은 甲의 동일성을 식별할 수 있게 해주는 개인정보에 해당하므로 이 사건 법률조항은 甲의 개인정보자기결정권을 제한한다.

② 헌법상 영장주의는 체포·구속·압수·수색 등 기본권을 제한하는 강제처분에 적용되므로 강제력이 개입되지 않은 임의수사에 해당하는 乙의 통신자료 취득에 영장주의가 적용되지 않는다.

③ 이 사건 법률조항 중 '국가안전보장에 대한 위해를 방지하기 위한 정보수집'은 국가의 존립이나 헌법의 기본질서에 대한 위험을 방지하기 위한 목적을 달성함에 있어 요구되는 최소한의 범위 내에서의 정보수집을 의미하는 것으로 해석되므로 명확성원칙에 위배되지 않는다.

④ 효율적인 수사와 정보수집의 신속성, 밀행성 등의 필요성을 고려하여 甲에게 통신자료 제공 내역을 통지하도록 하는 것이 적절하지 않기 때문에, 이 사건 법률조항이 통신자료 취득에 대한 사후통지절차를 두지 않은 것은 적법절차원칙에 위배되지 않는다.

228 수용자의 기본권에 대한 설명으로 옳지 <u>않은</u> 것을 〈보기〉에서 모두 고른 것은? (다툼이 있는 경우 판례에 의함)

〈보기〉

㉠ 수형자라 하더라도 확정되지 않은 별도의 형사재판에서만큼은 미결수용자와 같은 지위에 있으므로, 이러한 수용자로 하여금 형사재판 출석시 아무런 예외 없이 사복착용을 금지하고 재소자용 의류를 입도록 하는 것은 소송관계자들에게 유죄의 선입견을 줄 수 있어 무죄추정의 원칙에 위배될 소지가 클 뿐만 아니라 공정한 재판을 받을 권리, 인격권, 행복추구권을 침해한다.

㉡ 민사재판에 당사자로 출석하는 수형자의 사복착용을 불허하는 것은 수형자의 공정한 재판을 받을 권리, 인격권, 행복추구권을 침해하지 아니한다.

㉢ 수형자가 국선대리인인 변호사를 접견하는데 교도소장이 그 접견내용을 녹음·기록하였다고 해도 재판을 받을 권리를 침해하는 것은 아니다.

㉣ 형사절차가 종료되어 교정시설에 수용 중인 수형자나 미결수용자가 형사사건의 변호인이 아닌 민사재판, 행정재판, 헌법재판 등에서 변호사와 접견할 경우에는 원칙적으로 변호인의 조력을 받을 권리의 주체가 될 수 없다.

㉤ 교도소의 수형자 중 엄중격리대상자의 수용거실에 CCTV를 설치하여 24시간 감시하는 행위는 형의 집행 및 수용자의 처우에 관한 법률 및 교도관직무규칙 등에 규정된 교도관의 계호활동 중 육안에 의한 시선계호와는 그 기본권 제한의 정도와 방법이 상이하여 단순히 육안에 의한 계호를 CCTV 장비에 의한 계호로 대체한 것에 불과하다고 보기 어려우므로, 별도의 특별한 법적 근거가 없는 한 법률유보의 원칙에 위배되어 사생활의 비밀과 자유를 침해한다.

① ㉢, ㉣
② ㉢, ㉤
③ ㉠, ㉡, ㉣
④ ㉠, ㉢, ㉤

---

229 책임과 형벌의 비례원칙에 위반되지 <u>않는</u> 것은? (다툼이 있는 경우 판례에 의함)

① 음주운항 전력이 있는 사람이 다시 음주운항을 한 경우 2년 이상 5년 이하의 징역이나 2천만 원 이상 3천만 원 이하의 벌금에 처하도록 규정한 해사안전법상 조항

② 예비군대원의 부재시 예비군훈련 소집통지서를 수령한 같은 세대 내의 가족 중 성년자가 정당한 사유 없이 소집통지서를 본인에게 전달하지 아니한 경우 6개월 이하의 징역 또는 500만 원 이하의 벌금에 처하도록 규정한 예비군법상 조항

③ 주거침입강제추행죄 및 주거침입준강제추행죄에 대하여 무기징역 또는 7년 이상의 징역에 처하도록 한 성폭력범죄의 처벌 등에 관한 특례법상 조항

④ 금융회사 등의 임직원이 그 직무에 관하여 금품이나 그 밖의 이익을 수수, 요구 또는 약속한 경우 5년 이하의 징역 또는 10년 이하의 자격정지에 처하도록 규정한 특정경제범죄 가중처벌 등에 관한 법률상 조항

230 영장주의에 관한 다음 설명 중 가장 적절한 것은? (다툼이 있는 경우 판례에 의함)

① 특별검사가 참고인에게 지정된 장소까지 동행할 것을 명령할 수 있게 하고 동행명령을 받은 참고인이 정당한 이유 없이 이를 거부한 경우 벌금형에 처하도록 하는 것은 영장주의원칙에 위반된다.

② 현행범으로 체포된 피의자에 대하여 구속영장을 청구받은 지방법원판사는 피의자 또는 그 변호인, 법정대리인, 배우자, 직계친족, 형제자매, 호주, 가족이나 동거인 또는 고용주의 신청이 있을 때에만 피의자를 심문할 수 있다.

③ 법원이 직권으로 발부하는 영장의 법적 성격은 '허가장'으로서의 성질을 갖지만, 수사기관의 청구에 의하여 발부하는 구속영장의 법적 성격은 '명령장'으로서의 성질을 갖는다.

④ 마약류 관련 수형자에 대하여 마약류반응검사를 위하여 소변을 받아 제출하게 한 것은, 수사에 필요한 처분이므로 법관이 발부한 영장을 필요로 한다.

231 변호인의 조력을 받을 권리에 관한 설명으로 가장 적절하지 <u>않은</u> 것은? (다툼이 있는 경우 판례에 의함)

① 수형자가 형사사건의 변호인이 아닌 민사사건, 행정사건, 헌법소원사건 등에서 변호사와 접견할 경우에는 원칙적으로 헌법상 변호인의 조력을 받을 권리의 주체가 될 수 없다.

② 살인미수 등 사건의 수형자이면서 공무집행방해 등 사건의 미결수용자와 같은 지위에 있는 수형자의 변호인이 위 수형자에게 보낸 서신을 교도소장이 금지물품 동봉 여부를 확인하기 위하여 개봉한 후 교부한 행위는 위 수형자가 갖는 변호인의 조력을 받을 권리를 침해하지 않는다.

③ 별건으로 공소제기 후 확정되어 검사가 보관하고 있는 서류에 대해 법원의 열람·등사 허용 결정이 있었음에도 불구하고 청구인에 대한 형사사건과 별건이라는 이유로 검사가 해당 서류의 열람·등사를 허용하지 아니한 행위는 청구인이 갖는 변호인의 조력을 받을 권리를 침해한다.

④ 난민인정신청을 하였으나 난민인정심사불회부 결정을 받고 인천공항 송환대기실에 계속 수용된 외국인의 경우 형사절차에서 구속된 자로는 볼 수는 없으므로 변호인의 조력을 받을 권리는 보장되지 않는다.

232 영장주의에 관한 설명 중 가장 적절하지 <u>않은</u> 것은? (다툼이 있는 경우 판례에 의함)

① 헌법 제12조 제3항이 정한 영장주의는 수사기관이 강제처분을 함에 있어 중립적 기관인 법원의 허가를 얻어야 함을 의미하는 것 외에 법원에 의한 사후 통제까지 마련되어야 함을 의미한다.

② 수사상 필요에 의하여 수사기관이 직접강제에 의하여 지문을 채취하는 경우에는 영장주의가 적용된다.

③ 체포영장을 발부받아 피의자를 체포하는 경우에 필요한 때에는 영장 없이 타인의 주거 등 내에서 피의자 수사를 할 수 있도록 한 형사소송법 조항은 별도로 영장을 발부받기 어려운 긴급한 사정이 있는지 여부를 구별하지 않고 피의자가 소재할 개연성만 소명되면 영장 없이 타인의 주거 등을 수색할 수 있도록 허용하고 있어 헌법 제16조의 영장주의에 위반된다.

④ 법원의 구속집행정지결정에 대하여 검사가 즉시항고할 수 있도록 한 형사소송법 조항은 영장주의원칙과 적법절차원칙에도 위배된다.

233 보안처분에 관한 다음 설명 중 가장 적절하지 <u>않은</u> 것은? (다툼이 있는 경우 판례에 의함)

① 보안처분에도 적법절차의 원칙이 적용되어야 함은 당연한 것이지만 보안처분에는 다양한 형태와 내용이 존재하므로 각 보안처분에 적용되어야 할 적법절차의 범위 내지 한계에도 차이가 있어야 할 것이다.

② 노역장유치란 벌금납입의 대체수단이자 납입강제기능을 갖는 벌금형의 집행방법이며, 벌금형에 대한 환형처분이라는 점에서 형벌과 구별된다. 따라서 노역장유치기간의 하한을 정한 것은 벌금형을 대체하는 집행방법을 강화한 것에 불과하며, 이를 소급적용한다고 하여 형벌불소급의 문제가 발생한다고 보기 어렵다.

③ 보안처분이라 하더라도 형벌적 성격이 강하여 신체의 자유를 박탈하거나 박탈에 준하는 정도로 신체의 자유를 제한하는 경우에는 소급입법금지원칙을 적용하는 것이 법치주의 및 죄형법정주의에 부합한다.

④ 디엔에이신원확인정보의 수집·이용은 수형인 등에게 심리적 압박으로 인한 범죄예방효과를 가진다는 점에서 보안처분의 성격을 지니지만, 처벌적인 효과가 없는 비형벌적 보안처분으로서 소급입법금지원칙이 적용되지 않는다.

234 변호사 갑(甲)은 수형자 을(乙)을 접견하고자 하나 소송계속 사실 소명자료를 제출하지 못하는 경우 접촉차단시설이 설치되지 않은 장소에서 60분간 이루어지는 변호사 접견 대신 접촉차단시설이 설치된 일반접견실에서 10분 내외의 일반 접견만 가능하다는 교정당국의 답변을 받았다. 이 답변의 근거가 되는 법규정은 아래와 같다. 이에 대한 헌법적 판단 내용으로 가장 적절하지 <u>않은</u> 것은? (다툼이 있는 경우 판례에 의함)

> 형의 집행 및 수용자의 처우에 관한 법률 시행규칙(2016.6.28. 법무부령 제870호로 개정된 것)
> 제29조의2【소송사건의 대리인 변호사의 접견 등 신청】① 소송사건의 대리인 변호사가 수용자를 접견하고자 하는 경우에는 별지 제32호 서식의 신청서에 다음 각 호의 자료를 첨부하여 소장에게 제출하여야 한다.

① 심판대상조항은 소송사건과 무관하게 수형자를 접견하는 소위 '집사 변호사'의 접견권 남용행위를 방지하기 위해 제정되었으므로 입법목적의 정당성은 인정된다.

② 심판대상조항은 변호사 접견권 남용행위 방지에 실효적인 수단이며 수형자의 재판청구권 행사에 장애를 초래하지 않으므로 수단의 적합성이 인정된다.

③ 심판대상조항은 변호사와의 상담이 가장 필요한 시기에 소송계속이 발생하지 않았다는 이유로 변호사 접견을 금지하고 있어 수형자와의 접견을 통한 변호사의 직무수행에 큰 장애를 초래할 수 있다는 점에 비추어 침해의 최소성에 위배된다.

④ 심판대상조항은 소송계속 사실 소명자료를 요구하더라도 실제 달성되는 공익이 크다고 보기는 어려운 반면 변호사의 도움이 가장 필요한 시기에 접견에 대한 제한의 강도가 커서 수형자의 재판청구권이 심각하게 제한되는 불이익도 크다는 면에서 법익의 균형성에 위배된다.

235 적법절차원칙에 대한 설명으로 옳지 <u>않은</u> 것을 〈보기〉에서 모두 고른 것은? (다툼이 있는 경우 판례에 의함)

〈보기〉

㉠ 수뢰죄를 범하여 금고 이상의 형의 선고유예를 받은 국가공무원은 별도의 징계절차를 거치지 아니하고 당연 퇴직하도록 규정한 국가공무원법 제69조 단서 중 '형법 제129조 제1항'에 관한 부분이 적법절차원칙에 위배되는 것은 아니다.

㉡ 법원의 구속집행정지결정에 대하여 검사가 즉시항고할 수 있도록 한 형사소송법 조항은 영장주의원칙과 적법절차원칙에도 위배된다.

㉢ 교도소 · 구치소의 수용자가 교정시설 외부로 나갈 경우 도주방지를 위하여 해당 수용자의 발목에 전자장치를 부착하도록 한 수용자 도주방지를 위한 위치추적전자장치 운영방안에 따른 전자장치 부착행위는 적법절차원칙에 위반된다.

㉣ 연락운송 운임수입의 배분에 관한 협의가 성립하지 아니한 때에는 당사자의 신청을 받아 국토교통부장관이 결정하도록 한 도시철도법 조항 중 "제1항에 따른 운임수입의 배분에 관한 협의가 성립되지 아니한 때에는 당사자의 신청을 받아 국토교통부장관이 결정한다." 부분은 국토교통부장관의 결정에 의해 이루어지므로 적법절차원칙에 위배된다.

---

① ㉠

② ㉡, ㉢

③ ㉢, ㉣

④ ㉠, ㉡, ㉢

236 형의 집행 및 수용자의 처우에 대한 설명으로 가장 적절하지 <u>않은</u> 것은? (다툼이 있는 경우 판례에 의함)

① 형의 집행 및 수용자의 처우에 관한 법률상 징벌은 수사 및 재판 등의 절차확보를 위해 미결구금 및 형벌의 집행이라는 불이익을 받고 있는 자들에 대하여 부과되므로, 규율 위반에 대한 제재로서의 불이익은 형벌에 포함된 통상의 구금 및 수용생활이라는 불이익보다 더욱 자유와 권리를 제한하게 된다.

② 형사절차가 종료되어 교정시설에 수용 중인 수형자는 원칙적으로 변호인의 조력을 받을 권리의 주체가 될 수 없으나, 재심절차 등에는 변호인 선임을 위한 일반적인 교통 · 통신이 보장될 수 있다.

③ 미결수용자와 변호인이 되려고 하는 자와의 접견에는 교도관이 참여하지 못한다. 다만, 형사법령에 저촉되는 행위를 할 우려가 있는 경우에는 그러하지 아니하다.

④ 수용자가 밖으로 내보내는 모든 서신을 봉함하지 않은 상태로 교정시설에 제출하도록 규정하고 있는 형의 집행 및 수용자의 처우에 관한 법률 시행령 제65조 제1항은 통신비밀의 자유를 침해한다.

237 명확성원칙에 대한 설명으로 가장 적절하지 **않은** 것은? (다툼이 있는 경우 판례에 의함)

① 모의총포의 기준을 구체적으로 정한 총포·도검·화약류 등의 안전관리에 관한 법률 시행령 조항에서 '범죄에 악용될 소지가 현저한 것'은 진정한 총포로 오인·혼동되어 위협 수단으로 사용될 정도로 총포와 모양이 유사한 것을 의미하므로 죄형법정주의의 명확성원칙에 위반되지 않는다.

② 검사에 대한 징계사유 중 하나인 '검사로서의 체면이나 위신을 손상하는 행위를 하였을 때'의 의미는 그 포섭범위가 지나치게 광범위하므로 명확성의 원칙에 반하여 헌법에 위배된다.

③ 구 미성년자보호법의 해당 조항 중 "잔인성"과 "범죄의 충동을 일으킬 수 있게"라는 부분은 그 적용 범위를 법집행기관의 자의적인 판단에 맡기고 있으므로 죄형법정주의에서 파생된 명확성의 원칙에 위배된다.

④ 정당한 이유 없이 이 법에 규정된 범죄에 공용(供用)될 우려가 있는 흉기나 그 밖의 위험한 물건을 휴대한 사람을 처벌하도록 규정한 폭력행위 등 처벌에 관한 법률 조항에서 '공용(供用)될 우려가 있는'은 흉기나 그 밖의 위험한 물건이 '사용될 위험성이 있는'의 뜻으로 해석할 수 있으므로 죄형법정주의의 명확성원칙에 위배되지 않는다.

238 죄형법정주의의 명확성원칙에 관한 설명 중 옳은 것을 모두 고른 것은? (다툼이 있는 경우 판례에 의함)

> ㉠ 건전한 상식과 통상적인 법감정을 가진 사람은 군복 및 군용장구의 단속에 관한 법률상 판매목적 소지가 금지되는 '유사군복'에 어떠한 물품이 해당하는지 예측할 수 있고, 유사군복을 정의한 조항에서 법 집행자에게 판단을 위한 합리적 기준이 제시되고 있으므로 '유사군복' 부분은 명확성원칙에 위반되지 아니한다.
>
> ㉡ 취소소송 등의 제기시 행정소송법조항의 집행정지의 요건으로 규정한 '회복하기 어려운 손해'는 건전한 상식과 통상적인 법감정을 가진 사람이 심판대상조항의 의미내용을 파악하기 어려우므로 명확성원칙에 위배된다.
>
> ㉢ 경범죄처벌법 제3조 제1항 제33호(과다노출) '여러 사람의 눈에 뜨이는 곳에서 공공연하게 알몸을 지나치게 내놓거나 가려야 할 곳을 내놓아 다른 사람에게 부끄러운 느낌이나 불쾌감을 준 사람'의 부분은 죄형법정주의의 명확성원칙에 위배된다.
>
> ㉣ 공중도덕상 유해한 업무에 취업시킬 목적으로 근로자를 파견한 사람을 형사처벌하도록 규정한 구 파견근로자보호 등에 관한 법률 조항은 그 조항의 입법목적, 위 법률의 체계, 관련조항 등을 모두 종합하여 보더라도 '공중도덕상 유해한 업무'의 내용을 명확히 알 수 없고, 위 조항에 관한 이해관계기관의 확립된 해석기준이 마련되어 있다거나, 법관의 보충적 가치판단을 통한 법문 해석으로 그 의미 내용을 확인하기도 어려우므로 명확성원칙에 위배된다.

① ㉠, ㉡   ② ㉠, ㉢
③ ㉡, ㉣   ④ ㉠, ㉢, ㉣

239 다음 설명 중 가장 적절하지 <u>않은</u> 것은? (다툼이 있는 경우 판례에 의함)

① 헌법은 사후영장을 청구할 수 있는 경우를 현행범인인 경우와 장기 3년 이상의 형에 해당하는 죄를 범하고 도피 또는 증거인멸의 염려가 있을 때로 한정하고 있다.

② '변호인이 되려는 자'의 접견교통권은 피체포자 등의 '변호인의 조력을 받을 권리'를 기본권으로 인정한 결과 발생 하는 간접적이고 부수적인 효과로서 형사소송법 등 개별 법률을 통하여 구체적으로 형성된 법률상의 권리에 불과 하다.

③ 진술거부권은 형사절차에서만 보장되는 것은 아니고, 행정절차 또는 국회에서의 질문 등 어디에서나 그 진술이 자기에게 형사상 불리한 경우 이를 강요받지 아니할 국민의 기본권으로 보장된다.

④ 경찰서장이 구속적부심사 중에 있는 피구속자의 변호인에게 고소장과 피의자신문조서에 대한 열람 및 등사를 거부 한 것은 변호인의 피구속자를 조력할 권리 및 알 권리를 침해한 것이다.

240 영장주의에 관한 다음 설명 중 가장 적절한 것은? (다툼이 있는 경우 판례에 의함)

① 헌법 제12조 제3항이 정한 영장주의는 수사기관이 강제처분을 함에 있어 중립적 기관인 법원의 허가를 얻는 것뿐 만 아니라 법원에 의한 사후 통제까지 마련되어야 함을 의미한다.

② 경찰서장이 국민건강보험공단에게 청구인들의 요양급여내역 제공을 요청한 행위는 강제력이 개입되지 않은 임의 수사에 해당하므로 이에 응하여 이루어진 정보제공행위에는 영장주의가 적용되지 않는다.

③ 각급 선거관리위원회 위원·직원의 선거범죄 조사에 있어서 피조사자에게 자료제출요구를 하는 것은 범죄와 관련 한 수사의 성격을 가지므로 영장주의의 적용대상에 해당한다.

④ 형식적으로 영장주의를 준수하였다면 실질적인 측면에서 입법자가 합리적인 선택범위를 일탈하는 등 그 입법형성 권을 남용하였더라도 그러한 법률이 자의금지원칙에 위배되어 위헌이라고 볼 수는 없다.

241 명확성원칙에 관한 다음 설명 중 가장 적절하지 <u>않은</u> 것은? (다툼이 있는 경우 판례에 의함)

① 술에 취한 상태에서의 운전을 금지하는 도로교통법 조항을 2회 이상 위반한 음주운전자를 가중처벌하는 조항은 죄형법정주의의 명확성원칙에 위배되지 않는다.

② 인터넷언론사는 선거운동기간 중 당해 홈페이지 게시판 등에 정당·후보자에 대한 지지·반대 등의 정보를 게시하 는 경우 실명을 확인받는 기술적 조치를 하도록 하는 조항에서 '인터넷언론사' 부분 및 정당 후보자에 대한 '지지· 반대' 부분은 명확성원칙에 위배되지 않는다.

③ 방송편성에 관하여 간섭을 금지하는 조항의 '간섭'에 관한 부분은 명확성의 원칙에 위배되지 않는다.

④ 상법 제635조 제1항에 규정된 자, 그 외의 회사의 회계업무를 담당하는 자, 감사인 등으로 하여금 감사보고서에 기재하여야 할 사항을 기재하지 아니하거나 허위의 기재를 한 때를 처벌하는 조항은 명확성의 원칙에 위배되지 않는다.

242 변호인의 조력을 받을 권리에 대한 설명으로 가장 적절하지 <u>않은</u> 것은? (다툼이 있는 경우 판례에 의함)

① 인천공항출입국 외국인청장이 입국불허되어 송환대기실 내에 수용된 외국인에게 변호인의 접견신청을 거부한 것은 헌법상 변호인의 조력을 받을 권리를 침해한다.

② 형사소송법은 차폐시설을 설치하고 증인신문절차를 진행할 경우 피고인으로부터 의견을 듣도록 하는 등 피고인이 받을 수 있는 불이익을 최소화하기 위한 장치를 마련하고 있으므로, '피고인 등'에 대하여 차폐시설을 설치하고 신문할 수 있도록 한 것이 변호인의 조력을 받을 권리를 침해한다고 할 수는 없다.

③ 헌법 제12조 제4항 본문에 규정된 변호인의 조력을 받을 권리는 형사절차에서 피의자 또는 피고인의 방어권을 보장하기 위한 것으로서 출입국관리법상 보호 또는 강제퇴거의 절차에는 적용되지 않는다.

④ 피의자 및 피고인을 조력할 변호인의 권리 중 그것이 보장되지 않으면 그들이 변호인의 조력을 받는다는 것이 유명무실하게 되는 핵심적인 부분은 헌법상 기본권인 피의자 및 피고인이 가지는 변호인의 조력을 받을 권리와 표리의 관계에 있다 할 수 있어 헌법상 기본권으로 보호되어야 한다.

243 사생활의 비밀과 자유 내지 개인정보자기결정권에 관한 설명 중 가장 적절한 것은? (다툼이 있는 경우 판례에 의함)

① 인터넷언론사의 공개된 게시판·대화방에서 스스로의 의사에 의하여 정당·후보자에 대한 지지·반대의 글을 게시하는 행위는 사생활 비밀의 자유에 의하여 보호되는 영역에 포함된다.

② 개인정보자기결정권의 보호대상이 되는 개인정보는 그 개인의 동일성을 식별할 수 있게 하는 일체의 정보라고 할 수 있고, 반드시 개인의 내밀한 영역이나 사사(私事)의 영역에 속하는 정보에 국한되지 않고 공적생활에서 형성되었거나 이미 공개된 개인정보까지 포함한다.

③ 선거운동과정에서 자신의 인격권이나 명예권을 보호하기 위하여 대외적으로 해명을 하는 행위도 사생활의 자유에 의하여 보호되는 범주에 속한다.

④ 구치소장이 미결수용자가 배우자와 접견하는 것을 녹음하는 행위는 미결수용자의 사생활의 비밀과 자유를 침해하는 것으로 헌법에 위반된다.

244 다음 중 사생활의 비밀과 자유 또는 개인정보자기결정권을 침해한 것은? (다툼이 있는 경우 판례에 의함)

① A시장이 B경찰서장의 사실조회 요청에 따라 B경찰서장에게 청구인들의 이름, 생년월일, 전화번호, 주소를 제공한 행위

② 공직선거의 후보자등록 신청을 함에 있어 형의 실효 여부와 관계없이 일률적으로 금고 이상의 형의 범죄경력을 제출 공개하도록 한 규정

③ 구 국군보안사령부가 군과 관련된 첩보 수집, 특정한 군사법원 관할 범죄의 수사 등 법령에 규정된 직무 범위를 벗어나 민간인들을 대상으로 평소의 동향을 감시 파악할 목적으로 지속적으로 개인의 집회·결사에 관한 활동이나 사생활에 관한 정보를 미행, 망원활용, 탐문채집 등의 방법으로 비밀리에 수집·관리하는 행위

④ 변호사의 수임사건의 건수 및 수임액을 보고하도록 한 규정

245 사생활의 비밀과 자유 내지 개인정보자기결정권에 관한 다음 설명 중 가장 적절한 것은?

① 교육감이 졸업생 관련 증명업무를 위해 졸업생의 성명, 생년월일 및 졸업일자에 대한 정보를 교육정보시스템에 보유하는 행위는 개인정보 보호법제가 완비되지 않은 상황에서 그 보유의 목적과 수단의 적정성을 인정할 수 없어 졸업생의 개인정보자기결정권을 침해한다.

② 개인정보자기결정권은 헌법에 명시된 기본권이다.

③ 금융감독원 4급 이상 직원에 대한 재산등록제도 및 취업제한제도는 사생활의 비밀과 자유를 침해하지 않는다.

④ 공직선거에 후보자로 등록하고자 하는 자가 제출하여야 하는 금고 이상의 형의 범죄경력에 실효된 형을 포함시키고 있는 공직선거법의 규정은 공직선거 후보자의 사생활의 비밀과 자유를 지나치게 제한하여 헌법에 위반된다.

246 사생활의 비밀과 자유 등에 관한 설명 중 가장 적절한 것은? (다툼이 있는 경우 판례에 의함)

① 보안관찰처분대상자가 교도소 등에서 출소한 후 7일 이내에 출소사실을 신고하도록 한 부분 및 이를 위반할 경우 처벌하도록 정한 보안관찰법은 사생활의 비밀과 자유 및 개인정보자기결정권을 침해하지 않는다.

② 대법원은 헌법 제17조는 개인의 사생활 활동이 타인으로부터 침해되거나 사생활이 함부로 공개되지 아니할 소극적인 권리를 보장하는 것에 국한되고, 자신에 대한 정보를 자율적으로 통제할 수 있는 적극적인 권리까지 보장하는 것은 아니라고 판시한 바 있다.

③ 여러 입법을 통하여 주민등록번호의 유출이나 오·남용에 대한 사전적 예방과 사후적 제재 및 피해 구제 등의 조치가 마련되어 있기 때문에, 주민등록번호 변경에 관한 규정을 두지 않은 것만으로는 개인정보자기결정권을 침해한다고 볼 수 없다.

④ 기소유예처분에 관한 수사경력자료를 최장 5년까지 보존하도록 하는 것은 기소유예처분을 받은 자의 개인정보자기결정권을 침해한다.

247 사생활의 비밀과 자유에 관한 설명 중 가장 적절하지 않은 것은? (다툼이 있는 경우 판례에 의함)

① 사생활의 자유란 사회공동체의 일반적인 생활규범의 범위 내에서 사생활을 자유롭게 형성해 나가고 그 설계 및 내용에 대해서 외부로부터의 간섭을 받지 아니할 권리를 말하는바, 흡연을 하는 행위는 이와 같은 사생활의 영역에 포함된다고 할 것이다.

② 대법원은 헌법 제17조는 개인의 사생활 활동이 타인으로부터 침해되거나 사생활이 함부로 공개되지 아니할 소극적인 권리를 보장하는 것에 국한되고, 자신에 대한 정보를 자율적으로 통제할 수 있는 적극적인 권리까지 보장하는 것은 아니라고 판시한 바 있다.

③ 4급 이상 공무원들의 병역 면제사유인 질병명을 관보와 인터넷을 통해 공개하도록 하는 것은 사생활의 자유를 침해한다.

④ 보험회사 직원이 보험회사를 상대로 손해배상청구소송을 제기한 교통사고 피해자들의 장해 정도에 관한 증거자료를 수집할 목적으로 피해자들의 일상생활을 촬영하는 행위는 사생활의 자유를 침해한다.

248 사생활의 비밀과 자유에 관한 설명 중 가장 적절하지 <u>않은</u> 것은? (다툼이 있는 경우 판례에 의함)

① 교도소장이 수용자가 없는 상태에서 실시한 거실 및 작업장의 검사행위가 과잉금지원칙에 위배하여 수용자의 사생활의 비밀 및 자유를 침해한다고 할 수 없다.

② 아동·청소년 대상 성범죄자에 대하여 신상정보 등록 후 1년마다 새로 촬영한 사진을 관할 경찰서에 제출하도록 하고 이에 위반하는 경우 형벌로 제재를 가하는 것은 기본권의 최소침해성원칙에 반한다.

③ 공직선거에 후보자로 등록하고자 하는 자가 제출하여야 하는 금고 이상의 형의 범죄경력에 실효된 형을 포함시키고 있는 공직선거법 제49조 제4항 제5호가 과잉금지의 원칙에 위배하여 사생활의 비밀과 자유를 침해한다고 볼 수 없다.

④ 시장, 군수 또는 구청장이 개인의 지문정보를 수집하고, 경찰청장이 이를 보관·전산화하여 범죄수사목적에 이용하는 지문날인제도가 과잉금지의 원칙에 위배하여 청구인들의 개인정보자기결정권을 침해한다고 볼 수 없다.

249 사생활의 비밀과 자유에 관한 설명 중 가장 적절하지 <u>않은</u> 것은? (다툼이 있을 경우에는 판례에 의함)

① 신문보도의 명예훼손적 표현의 피해자가 공적 인물인지 아니면 사인(私人)인지, 그 표현이 공적인 관심 사안에 관한 것인지 순수한 사적인 영역에 속하는 사안인지의 여부에 따라 헌법적 심사기준에 차이를 두어서는 안 된다.

② 사생활의 비밀과 자유에 관한 헌법 규정은 개인의 사생활 활동이 타인으로부터 침해되거나 사생활이 함부로 공개되지 아니할 소극적인 권리는 물론, 오늘날 고도로 정보화된 현대사회에서 자신에 대한 정보를 자율적으로 통제할 수 있는 적극적인 권리까지도 보장하려는 데에 그 취지가 있다.

③ 국민건강보험공단이 2013.12.20.에 C경찰서장에게 체포영장이 발부된 피의자의 '2010.12.18.부터 2013.12.18.'까지의 상병명, 요양기관명, 요양기관주소, 전화번호 등 요양급여내역을 제공한 행위는 개인정보자기결정권을 침해한다.

④ 보안관찰처분 대상자의 변동신고조항 및 이를 위반할 경우 처벌하도록 정한 보안관찰법 제27조 제2항 중 제6조 제2항 전문에 관한 부분은 보안관찰처분 대상자의 사생활의 비밀과 자유 및 개인정보자기결정권을 침해한다.

250 사생활의 비밀과 자유에 대한 설명으로 가장 적절하지 <u>않은</u> 것은? (다툼이 있는 경우 판례에 의함)

① 엄중격리대상자의 수용거실에 CCTV를 설치하여 24시간 감시하는 행위는 교도관의 계호활동 중 육안에 의한 시선계호를 CCTV 장비에 의한 시선계호로 대체한 것에 불과하므로, 특별한 법적 근거가 없더라도 일반적인 계호활동을 허용하는 법률규정에 의하여 허용되고, 엄중격리대상자의 사생활의 비밀 및 자유를 침해하였다고 볼 수 없다.

② 흡연자들이 자유롭게 흡연할 권리를 흡연권이라고 한다면, 이러한 흡연권은 인간의 존엄과 행복추구권을 규정한 헌법 제10조와 사생활의 자유를 규정한 헌법 제17조에 의하여 뒷받침된다.

③ 헌법 제17조의 사생활의 비밀과 자유 및 헌법 제18조의 통신의 자유에 의하여 보장되는 개인정보자기결정권의 보호대상이 되는 개인정보는 개인의 신체, 신념, 사회적 지위, 신분 등과 같이 개인의 사적 영역에 국한된 사항으로서 그 개인의 동일성을 식별할 수 있게 하는 일체의 정보라고 할 수 있다.

④ 사관생도의 모든 사적 생활에서까지 예외 없이 금주의무를 이행할 것을 요구하는 것은 사관생도의 일반적 행동자유권은 물론 사생활의 비밀과 자유를 지나치게 제한하는 것이다.

251 개인정보자기결정권에 대한 설명으로 가장 적절하지 <u>않은</u> 것은? (다툼이 있는 경우 판례에 의함)

① 보안관찰처분대상자가 교도소 등에서 출소한 후 7일 이내에 출소사실을 신고하도록 하고 이를 위반할 경우 처벌하도록 정한 법률조항은, 보다 완화된 방법으로도 입법목적을 충분히 달성할 수 있다는 점에서 과잉금지원칙에 반하여 그 대상자의 개인정보자기결정권을 침해하는 것이다.

② 법무부장관은 변호사시험 합격자가 결정되면 즉시 명단을 공고하여야 한다고 규정한 것은 과잉금지원칙에 위배되어 변호사시험 응시자의 개인정보자기결정권을 침해한다고 볼 수 없다.

③ 보안관찰처분대상자가 교도소 등에서 출소한 후 기존에 신고한 거주예정지 등 정보에 변동이 생길 때마다 7일 이내에 이를 신고하도록 정한 법률조항은, 대상자에게 보안관찰처분의 개시 여부를 결정하기 위함이라는 공익을 위하여 지나치게 장기간 형사처벌의 부담이 있는 신고의무를 지도록 하므로, 이는 과잉금지원칙을 위반하여 대상자의 개인정보자기결정권을 침해한다.

④ 소년에 대한 수사경력자료의 삭제와 보존기간에 대하여 규정하면서 법원에서 불처분결정된 소년부송치 사건에 대하여 규정하지 않은 것은 과잉금지원칙을 위반하여 소년부송치 후 불처분결정을 받은 자의 개인정보자기결정권을 침해한다.

252 사생활의 자유에 대한 설명으로 가장 적절하지 <u>않은</u> 것은? (다툼이 있는 경우 판례에 의함)

① 교정시설의 장이 수용자가 범죄의 증거를 인멸하거나 형사 법령에 저촉되는 행위를 할 우려가 있는 때에 교도관으로 하여금 수용자의 접견내용을 청취·기록·녹음 또는 녹화하게 하는 것은 미결수용자의 사생활을 침해한다.

② 형제자매에게 가족관계등록부 등의 기록사항에 관한 증명서 교부청구권을 부여하는 가족관계의 등록 등에 관한 법률 조항은 해당 본인의 개인정보자기결정권을 침해한다.

③ 국정감사는 개인의 사생활을 침해하여서는 아니 된다.

④ 간통죄를 처벌하는 것은 사생활의 비밀과 자유를 침해하는 것으로 헌법에 위배된다.

253 사생활의 비밀과 자유에 대한 설명으로 가장 적절하지 <u>않은</u> 것은? (다툼이 있는 경우 판례에 의함)

① 4급 이상 공무원들까지 대상으로 삼아 모든 질병명을 예외 없이 공개토록 한 것은 사생활의 비밀과 자유에 대한 침해이다.

② 성폭력범죄를 2회 이상 범하여 그 습벽이 인정된 때에 해당하고 성폭력범죄를 다시 범할 위험성이 인정되는 자에 대해 전자장치 부착을 명할 수 있도록 한 것은 사생활의 비밀과 자유를 침해하는 것이 아니다.

③ 정보통신망을 통해 청소년유해매체물을 제공하는 자에게 이용자의 본인확인 의무를 부과하고 있는 청소년 보호법 조항은 관계자의 개인정보자기결정권을 침해하지 않는다.

④ '성적목적공공장소침입죄'로 형을 선고받아 확정된 자는 신상정보 등록대상자가 된다고 규정한 성폭력범죄의 처벌 등에 관한 특례법 조항은 해당 성범죄자의 개인정보자기결정권을 침해한다.

254 사생활의 비밀과 자유에 대한 설명으로 가장 적절한 것은? (다툼이 있는 경우 판례에 의함)

① 피고인이나 변호인에 의한 공판정에서의 녹취는 진술인의 인격권 또는 사생활의 비밀과 자유에 대한 침해를 수반하고, 실체적 진실발견 등 다른 법익과 충돌할 개연성이 있으므로, 녹취를 금지해야 할 필요성이 녹취를 허용함으로써 달성하고자 하는 이익보다 큰 경우에는 녹취를 금지 또는 제한함이 타당하다.

② 자동차를 도로에서 운전하는 중에 좌석안전띠를 착용할 것인가 여부의 생활관계는 개인의 전체적 인격과 생존에 관계되는 '사생활의 기본조건'이라 할 수 있으므로, 운전할 때 운전자가 좌석안전띠를 착용할 의무는 청구인의 사생활의 비밀과 자유를 침해한다.

③ 국가기관이 행정목적달성을 위하여 언론에 보도자료를 제공하는 등의 방법으로 실명을 공개함으로써 타인의 명예를 훼손한 경우, 그 공표된 사람에 관하여 적시된 사실의 내용이 진실이라는 증명이 없는 경우에는 국가기관이 공표 당시 이를 진실이라고 믿었고 또 그렇게 믿을 상당한 이유가 있다 하더라도 위법성이 인정된다.

④ 피보안관찰자에게 자신의 주거지 등 현황을 신고하게 하고, 정당한 이유 없이 신고를 하지 아니한 자를 처벌하는 것은 사생활의 비밀과 자유에 대한 침해이다.

255 개인정보자기결정권에 관한 설명 중 가장 적절하지 않은 것은? (다툼이 있는 경우 판례에 의함)

① 개인정보자기결정권은 자신에 관한 정보가 언제 누구에게 어느 범위까지 알려지고 또 이용되도록 할 것인지를 그 정보주체가 스스로 결정할 수 있는 권리이다.

② 헌법재판소는 개인정보자기결정권을 헌법상의 기본권으로 인정하며, 그 헌법적 근거는 독자적인 기본권으로서 헌법상 명시되지 않은 기본권에 해당한다고 본다.

③ 졸업생의 성명, 생년월일, 졸업일자 등은 내밀한 사적영역에 속하는 개인정보로서 이를 교육정보시스템(NEIS)에 보유하는 것은 개인정보자기결정권을 침해한다.

④ 개인정보 보호법은 개인정보를 살아 있는 개인에 관한 정보로 한정한다.

256 개인정보자기결정권에 대한 설명으로 가장 적절하지 않은 것은? (다툼이 있는 경우 판례에 의함)

① 헌법재판소는 개인정보자기결정권을 헌법상의 기본권으로 인정하며, 그 헌법적 근거는 독자적인 기본권으로서 헌법상 명시되지 않은 기본권에 해당한다고 본다.

② 주민등록번호 변경에 관한 규정을 두지 않는 주민등록법 관련 조항은 주민등록번호 불법 유출 등을 원인으로 자신의 주민등록번호를 변경하고자 하는 사람들의 개인정보자기결정권을 침해하고 있다.

③ 개인정보 보호법에서는 구 공공기관의 개인정보 보호에 관한 법률과 달리 공공기관뿐만 아니라 법인, 단체, 개인 등으로 개인정보처리자의 범위가 확대되었다.

④ 개인정보자기결정권의 보호대상이 되는 개인정보는 공적 생활에서 형성되었거나 이미 공개된 개인정보는 포함되지 아니한다.

257 개인정보자기결정권에 대한 설명으로 옳은 것을 모두 고른 것은? (다툼이 있는 경우 판례에 의함)

> ㉠ 학교생활세부사항기록부의 '행동특성 및 종합의견'에 학교폭력예방법 제17조에 규정된 가해학생에 대한 조치사항을 입력하고, 이러한 내용을 학생의 졸업과 동시에 삭제하도록 규정한 학교생활기록 작성 및 관리지침이 법률유보원칙에 반하여 개인정보자기결정권을 침해하는 것이라 할 수 없다.
> ㉡ 형제자매에게 가족관계등록부 등의 기록사항에 관한 증명서 교부청구권을 부여하는 가족관계의 등록 등에 관한 법률조항은 개인정보자기결정권을 침해하지 않는다.
> ㉢ 개인정보자기결정권의 보호대상이 되는 개인정보에는 이미 공개된 개인정보는 포함되지 않는다.
> ㉣ 개인정보자기결정권이란 자신에 관한 정보의 공개와 유통을 스스로 결정하고 통제할 수 있는 권리를 말하며, 이때 '자신에 관한 정보'는 그 자체가 꼭 비밀성이 있는 정보일 필요는 없다.

① ㉠, ㉡

② ㉡, ㉢

③ ㉠, ㉣

④ ㉠, ㉡, ㉢, ㉣

258 개인정보자기결정권에 대한 설명으로 가장 적절하지 <u>않은</u> 것은? (다툼이 있는 경우 판례에 의함)

① 형제자매에게 가족관계등록부 등의 기록사항에 관한 증명서 교부청구권을 부여하는 가족관계의 등록 등에 관한 법률 조항은 과잉금지원칙을 위반하여 청구인의 개인정보자기결정권을 침해한다.

② 국민건강보험공단이 서울용산경찰서장에게 청구인들의 요양급여내역을 제공한 행위는 검거 목적에 필요한 최소한의 정보에 해당하는 '급여일자와 요양기관명'만을 제공하였기 때문에, 과잉금지원칙에 위배되지 않아 청구인들의 개인정보자기결정권을 침해하지 않는다.

③ 범죄의 경중·재범의 위험성 여부를 불문하고 모든 신상정보 등록대상자의 등록정보를 20년 동안 보존·관리하도록 한 성폭력범죄의 처벌 등에 관한 특례법 관련 규정은 신상정보 등록대상자의 개인정보자기결정권을 침해한다.

④ 소년에 대한 수사경력자료의 삭제와 보존기간에 대하여 규정하면서 법원에서 불처분결정된 소년부송치 사건에 대하여 규정하지 않은 구 형의 실효 등에 관한 법률 제8조의2 제1항 및 제3항은 과잉금지원칙에 반하여 개인정보자기결정권을 침해한다.

259 개인정보자기결정권에 대한 헌법재판소의 판시내용과 <u>다른</u> 것은?

① 개인정보자기결정권의 보호대상이 되는 정보는 개인의 인격 주체성을 특징짓는 사항으로서 그 개인의 동일성을 식별할 수 있게 하는 일체의 정보를 말한다.

② 개인정보자기결정권은 자신에 관한 정보가 언제 누구에게 어느 범위까지 알려지고 이용되도록 할 것인지를 정보주체가 스스로 결정할 수 있는 권리이다.

③ 국민기초생활 보장법상의 급여신청자에게 금융거래정보의 제출을 요구할 수 있도록 한 동법 시행규칙은 급여신청자의 개인정보자기결정권을 침해한다.

④ 게임물 관련사업자에게 게임물 이용자의 회원가입시 본인인증을 할 수 있는 절차를 마련하도록 하고, 청소년의 회원가입시 법정대리인의 동의를 확보하도록 하고 있는 게임산업진흥에 관한 법률 조항은 개인정보자기결정권을 제한한다.

260 개인정보자기결정권에 대한 설명으로 가장 적절하지 <u>않은</u> 것은? (다툼이 있는 경우 판례에 의함)

① 가정폭력 가해자에 대한 별도의 제한 없이 직계혈족이기만 하면 그 자녀의 가족관계증명서 및 기본증명서의 교부를 청구하여 발급받을 수 있도록 한 가족관계의 등록 등에 관한 법률조항은 가정폭력 피해자인 청구인의 개인정보자기결정권을 침해한다.

② 보안관찰처분대상자가 교도소 등에서 출소 후 신고한 거주예정지 등 정보에 변동이 생길 때마다 7일 이내 이를 신고하도록 규정한 보안관찰법상 변동신고조항 및 위반시 처벌조항은 청구인의 개인정보자기결정권을 침해하지 않는다.

③ 카메라등이용촬영죄 유죄판결이 확정된 자를 신상정보 등록대상자로 규정하는 성폭력범죄의 처벌 등에 관한 특례법상 등록대상자조항은 청구인의 개인정보자기결정권을 침해하지 않는다.

④ 소년에 대한 수사경력자료의 삭제 및 보존기간에 대해 규정하면서 법원에서 불처분결정된 소년부송치 사건에 대해서는 규정하지 않은 구 형의 실효 등에 관한 법률조항은 소년부송치 후 불처분결정을 받은 자의 개인정보자기결정권을 침해한다.

261 다음 중 개인정보자기결정권에 대한 설명으로 가장 적절하지 <u>않은</u> 것은? (다툼이 있는 경우 판례에 의함)

① 국회의원이 각급학교 교원의 교원단체 가입현황과 교원노조 가입현황에 관한 실명자료를 인터넷을 통해 공개하는 것은 공익을 위해서 적정한 것으로서 위헌이 아니다.

② 개인정보 보호법은 개인정보를 살아 있는 개인에 관한 정보로 한정한다.

③ 통신매체이용음란죄로 유죄판결이 확정된 자도 신상정보 등록대상자가 된다고 규정한 성폭력범죄의 처벌 등에 관한 특례법 제42조 제1항은 통신매체이용음란죄로 유죄판결이 확정된 자의 개인정보자기결정권을 침해한다.

④ 구치소장이 검사의 요청에 따라 미결수용자와 배우자의 접견녹음파일을 제공한 행위는 미결수용자의 개인정보자기결정권을 침해하지 않는다.

262 개인정보자기결정권에 대한 설명으로 가장 적절하지 <u>않은</u> 것은? (다툼이 있는 경우 판례에 의함)

① 헌법재판소는 수사를 위하여 필요한 경우 검사 또는 사법경찰관이 전기통신사업자에게 기지국을 이용하여 착·발신한 전화번호 등의 통신사실 확인자료의 제공을 요청할 수 있도록 하는 통신비밀보호법 제13조 제1항이 과잉금지원칙에 위반되어 정보주체의 개인정보자기결정권을 침해한다고 판시하였다.

② '각급학교 교원의 교원단체 및 교원노조 가입현황 실명자료'를 인터넷을 통하여 일반대중에게 공개하는 국회의원의 행위는 해당 교원들의 개인정보자기결정권을 침해한다.

③ 가축전염병의 발생 예방 및 확산 방지를 위해 축산관계시설 출입차량에 차량무선인식장치를 설치하여 이동경로를 파악할 수 있도록 한 구 가축전염병예방법 조항은 축산관계시설에 출입하는 청구인들의 개인정보자기결정권을 침해하지 않는다.

④ 개인정보자기결정권의 보호대상이 되는 개인정보는 개인의 내밀한 영역이나 사사의 영역에 속하는 정보를 의미하므로 공적 생활에서 형성되었거나 이미 공개된 개인정보는 제외된다.

263 개인정보자기결정권에 대한 설명으로 가장 적절하지 <u>않은</u> 것은? (다툼이 있는 경우 판례에 의함)

① 구형의 실효 등에 관한 법률의 해당 조항이 법원에서 불처분결정된 소년부송치 사건에 대한 수사경력자료의 삭제 및 보존기간에 대하여 규정하지 아니하여 수사경력자료에 기록된 개인정보가 당사자의 사망시까지 보존되면서 이용되는 것은 당사자의 개인정보자기결정권에 대한 제한에 해당한다.

② 선거운동기간 중 모든 익명표현을 사전적·포괄적으로 규율하는 것은 표현의 자유보다 행정편의와 단속편의를 우선함으로써 익명표현의 자유와 개인정보자기결정권 등을 지나치게 제한한다.

③ 가축전염병의 발생 예방 및 확산 방지를 위해 축산관계시설 출입차량에 차량무선인식장치를 설치하여 이동경로를 파악할 수 있도록 한 구 가축전염병예방법 제17조의3 제2항은 축산관계시설에 출입하는 자의 개인정보자기결정권을 침해한다.

④ 이 사건 법률 시행 당시 디엔에이감식시료 채취 대상범죄로 이미 징역이나 금고 이상의 실형을 선고받아 그 형이 확정되어 수용 중인 사람에게 디엔에이감식시료 채취 및 디엔에이확인정보의 수집·이용에 있어서 디엔에이신원확인정보의 이용 및 보호에 관한 법률을 적용할 수 있도록 규정한 동 법률 부칙조항은 개인정보자기결정권을 과도하게 침해하지 않는다.

264 개인정보자기결정권에 관한 설명으로 가장 적절하지 <u>않은</u> 것은? (다툼이 있는 경우 판례에 의함)

① '형제자매'에게 가족관계등록부 등의 기록사항에 관한 증명서 교부청구권을 부여하는 '가족관계의 등록 등에 관한 법률' 조항은 과잉금지원칙에 반하여 정보주체의 개인정보자기결정권을 침해한다.

② '직계혈족'에게 가족관계증명서 및 기본증명서의 교부청구권을 부여하는 '가족관계의 등록 등에 관한 법률' 조항은 가정폭력 피해자의 개인정보가 가정폭력 가해자인 전 배우자에게 무단으로 유출될 수 있는 가능성을 열어놓고 있으므로 가정폭력 피해자의 개인정보자기결정권을 침해한다.

③ 수형인 등이 재범하지 않고 상당 기간을 경과하는 경우에는 재범의 위험성이 그만큼 줄어든다고 할 것임에도 일률적으로 이들 대상자가 사망할 때까지 디엔에이신원확인정보를 보관하는 것은 과잉금지원칙에 위반하여 수형인 등의 개인정보자기결정권을 침해한다.

④ 개인정보자기결정권은 자신에 관한 정보가 언제 누구에게 어느 범위까지 알려지고 또 이용되도록 할 것인지를 그 정보주체가 스스로 결정할 수 있는 권리로서, 헌법 제10조 제1문에서 도출되는 일반적 인격권 및 헌법 제17조의 사생활의 비밀과 자유에 의하여 보장된다.

265 개인정보자기결정권에 대한 설명으로 가장 적절한 것은? (다툼이 있는 경우 판례에 의함)

① 검사 또는 사법경찰관이 수사를 위하여 필요한 경우에 전기통신사업자에게 위치정보추적자료의 열람이나 제출을 요청할 수 있도록 하는 규정은 수사기관에 수사대상자의 민감한 개인정보인 위치정보추적자료 제공을 허용하여 수사대상자의 기본권을 과도하게 제한하면서도 절차적 통제가 제대로 이루어지고 있지 않으므로 개인정보자기결정권을 침해한다.

② 건강에 관한 정보는 민감정보에 해당하지만, 국민건강보험공단 이사장이 경찰서장의 요청에 따라 질병명이 기재되지 않은 수사대상자의 요양급여내역만을 제공한 행위 자체만으로는 수사대상자의 개인정보자기결정권이 침해되었다고 볼 수는 없다.

③ 디엔에이감식시료 채취 대상자가 수형인인 경우 사망할 때까지 디엔에이신원확인정보를 데이터베이스에 수록, 관리할 수 있도록 규정한 법률조항은 개인정보자기결정권을 침해하여 위헌이다.

④ 개인정보자기결정권의 보호대상이 되는 개인정보는 개인의 신체, 신념, 사회적 지위, 신분 등과 같이 개인의 인격주체성을 특징짓는 사항으로서 그 개인의 동일성을 식별할 수 있게 하는 정보로서 개인의 내밀한 영역이나 사사(私事)의 영역에 속하는 정보에 국한하고, 공적 생활에서 형성되었거나 이미 공개된 개인정보까지 포함하는 것은 아니다.

266 개인정보자기결정권에 관한 설명으로 가장 적절하지 <u>않은</u> 것은? (다툼이 있는 경우 판례에 의함)

① 국회의원인 甲이 '각급학교 교원의 교원단체 및 교원노조가입현황 실명자료'를 인터넷을 통하여 공개하였다면, 이는 개인정보자기결정권의 보호대상이 되는 개인정보를 일반대중에게 공개함으로써 해당 교원들의 개인정보자기결정권을 침해하는 것이다.

② 법률정보 제공 사이트를 운영하는 甲 주식회사가 공립대학교인 乙 대학교 법과대학 법학과 교수로 재직 중인 丙의 사진, 성명, 성별, 출생연도, 직업, 직장, 학력, 경력 등의 개인정보를 위 법학과 홈페이지 등을 통해 수집하여 위 사이트 내 '법조인' 항목에서 유료로 제공한 행위는 丙의 개인정보자기결정권을 침해하지 않는다.

③ 야당 소속 후보자 지지 혹은 정부 비판은 정치적 견해로서 개인의 인격주체성을 특징짓는 개인정보에 해당하지만, 그것이 지지 선언 등의 형식으로 공개적으로 이루어진 것이라면 개인정보자기결정권의 보호범위 내에 속하지 않는다.

④ 서울용산경찰서장이 전기통신사업자로부터 위치추적자료를 제공받아 청구인들의 위치를 확인하였거나 확인할 수 있었음에도 불구하고 청구인들의 검거를 위하여 국민건강보험공단으로부터 2년 내지 3년 동안의 요양급여정보를 제공받은 것은 청구인들의 개인정보자기결정권에 대한 중대한 침해에 해당한다.

267 주거의 자유에 관한 설명으로 가장 적절하지 <u>않은</u> 것은? (다툼이 있는 경우 판례에 의함)

① 일정한 주거에 거주함으로써 그 장소로부터 사생활상의 편익을 얻는 자는 누구나 주거의 자유의 주체가 된다.

② 주거의 자유는 거주하는 설비와 관련이 있고 사생활의 비밀과 자유도 거주하는 설비와 관련이 있기에, 주거의 자유는 사생활의 비밀과 자유보다 넓은 개념이다.

③ 정당한 이유 없이 주거에 침입하는 것은 형법상 주거침입죄를 구성한다.

④ 주거용 건축물의 사용·수익관계를 정하고 있는 도시 및 주거환경정비법 조항은 헌법 제16조에 의해 보호되는 주거의 자유를 제한하지 않는다.

268 거주·이전의 자유에 관한 설명 중 가장 적절한 것은? (다툼이 있는 경우 판례에 의함)

① 복수국적자가 병역의무발생시부터 일정기간(3월) 내에 한국 국적을 이탈함으로써 한국의 병역의무를 면하는 것은 허용하되, 위 기간 내에 국적이탈을 하지 않은 복수국적자는 병역문제를 해소하지 않는 한 한국 국적을 이탈하지 못하게 한 국적법 규정은, 국적이탈의 자유를 침해하는 것이다.

② 거주지를 중심으로 중·고등학교의 입학을 제한하는 입학제도는 특정학교에 자녀를 입학시키려고 하는 부모에게 해당 학교가 소재하고 있는 지역으로의 이주를 사실상 강제하는 것으로 거주·이전의 자유를 침해하고 있는 것이다.

③ 1980년 해직공무원의 보상금 산출기간을 산정함에 있어 해외이민을 제한사유로 정했다면 이는 사실상 국외이주자에게 불이익을 주어 국외이주를 제한하는 것으로서 거주·이전의 자유를 중대하게 침해한 것이다.

④ 거주·이전의 자유는 자연인과 법인, 내국인과 외국인에게 동등하게 보장된다.

269 다음 중 거주이전의 자유를 침해하는 것은? (다툼이 있는 경우 판례에 의함)

① 북한 고위직 출신 탈북인사인 여권발급신청인의 신변에 대한 위해 우려가 있다는 이유로 미국 방문을 위한 여권발급을 거부하는 것

② 영내 기거하는 군인의 선거권 행사를 주민등록이 되어 있는 선거구로 한 것

③ 법무부령이 정하는 금액 이상의 추징금을 납부하지 않은 자에 대한 출국금지를 규정한 것

④ 법인의 대도시 내 부동산취득에 대하여 통상보다 높은 세율인 5배의 등록세를 부과함으로써 법인의 대도시 내 활동을 간접적으로 억제하는 것

270 거주·이전의 자유에 관한 다음 설명 중 가장 적절한 것은? (다툼이 있는 경우 판례에 의함)

① 국적을 가지고 이를 변경할 수 있는 권리는 그 본질상 인간의 존엄과 가치 및 행복추구권을 규정하고 있는 헌법 제10조에서 도출되는 것으로 보아야 하고, 따라서 복수국적자가 대한민국 국적을 버릴 수 있는 자유도 마찬가지로 헌법 제10조에서 나오는 것이지 거주·이전의 자유에 포함되어 있는 것이 아니다.

② 주거로 사용하던 건물이 수용될 경우 그 효과로 거주지도 이전하여야 하는 것은 사실이나 이는 토지 및 건물 등의 수용에 따른 부수적 효과로서 간접적·사실적 제약에 해당하므로, 정비사업조합에 수용권한을 부여하여 주택재개발사업에 반대하는 청구인의 토지 등을 강제로 취득할 수 있도록 한 도시 및 주거환경정비법 조항이 청구인의 재산권을 침해하였는지 여부를 판단하는 이상 거주·이전의 자유 침해 여부는 별도로 판단하지 않는다.

③ 거주·이전의 자유에는 국내에서의 거주·이전의 자유와 귀국의 자유가 포함되나 국외 이주의 자유와 해외여행의 자유는 포함되지 않는다.

④ 법인이 과밀억제권역 내에 본점의 사업용 부동산으로 건축물을 신축하여 이를 취득하는 경우, 취득세를 중과세하는 구 지방세법 조항은 법인의 영업의 자유를 제한하는 것으로서 법인의 거주·이전의 자유를 제한하는 것은 아니다.

271 거주·이전의 자유에 관한 다음 설명 중 가장 적절한 것은? (다툼이 있는 경우 판례에 의함)

① 북한 고위직 출신 탈북인사인 여권발급신청인의 신변에 대한 위해 우려가 있다는 이유로 미국 방문을 위한 여권발급을 거부하는 것은 거주·이전의 자유를 침해하지 않는다.

② 주거로 사용하던 건물이 수용될 경우 그 효과로 거주지도 이전하여야 하는 것은 사실이나 이는 토지 및 건물 등의 수용에 따른 부수적 효과로서 간접적·사실적 제약에 해당하므로, 정비사업조합에 수용권한을 부여하여 주택재개발사업에 반대하는 청구인의 토지 등을 강제로 취득할 수 있도록 한 도시 및 주거환경정비법 조항이 청구인의 재산권을 침해하였는지 여부를 판단하는 이상 거주·이전의 자유 침해 여부는 별도로 판단하지 않는다.

③ 거주지를 중심으로 중·고등학교의 입학을 제한하는 입학제도는 특정학교에 자녀를 입학시키려고 하는 부모에게 해당 학교가 소재하고 있는 지역으로의 이주를 사실상 강제하는 것으로 거주·이전의 자유를 침해하고 있는 것이다.

④ 거주·이전의 자유는 성질상 법인이 누릴 수 있는 기본권이 아니므로, 법인의 대도시 내 부동산 취득에 대하여 통상보다 높은 세율인 5배의 등록세를 부과함으로써 법인의 대도시내 활동을 간접적으로 억제하는 것은 법인의 직업수행의 자유를 제한할 뿐이다.

272 거주·이전의 자유에 대한 설명으로 가장 적절한 것은? (다툼이 있는 경우 판례에 의함)

① 국적을 가지고 이를 변경할 수 있는 권리는 그 본질상 인간의 존엄과 가치 및 행복추구권을 규정하고 있는 헌법 제10조에서 도출되는 것으로 보아야 하고, 따라서 복수국적자가 대한민국 국적을 버릴 수 있는 자유도 마찬가지로 헌법 제10조에서 나오는 것이지 거주·이전의 자유에 포함되어 있는 것이 아니다.

② 거주·이전의 자유는 자연인과 법인, 내국인과 외국인에게 동등하게 보장된다.

③ 서울특별시 서울광장을 경찰버스들로 둘러싸 통행을 제지한 행위는 거주·이전의 자유를 제한한다.

④ 복수국적자에 대하여 제1국민역에 편입된 날부터 3개월 이내에 대한민국 국적을 이탈하지 않으면 병역의무를 해소한 후에야 이를 가능하도록 한 국적법 조항은 복수국적자의 국적이탈의 자유를 침해한다.

273 통신의 자유에 대한 설명으로 가장 적절하지 <u>않은</u> 것은? (다툼이 있는 경우 판례에 의함)

① 미결수용자가 교정시설 내에서 규율위반 행위를 이유로 금치처분을 받은 경우 금치기간 중 서신수수·접견·전화통화를 제한하는 것은 통신의 자유를 침해하지 아니한다.

② 긴급조치 제1호는 유신헌법을 부정하거나 반대하고 폐지를 주장하는 행위 중 실제로 국가의 안전보장과 공공의 안녕질서에 대한 심각하고 중대한 위협이 명백하고 현존하는 경우 이외에도, 국가긴급권의 발동이 필요한 상황과는 전혀 무관하게 헌법과 관련하여 자신의 견해를 단순하게 표명하는 행위까지 모두 처벌하고 처벌의 대상이 되는 행위를 구체적으로 특정할 수 없으므로 표현의 자유를 침해한다.

③ 검사, 사법경찰관 또는 정보수사기관의 장은 일정한 중대한 범죄수사를 위한 경우로서 긴급한 사유가 있는 때에는 법원의 허가 없이 긴급통신제한조치를 할 수 있으나, 이 경우 36시간 이내에 법원에 허가청구를 하여야 한다.

④ 마약류사범인 미결수용자와 변호인이 아닌 접견인 사이의 화상접견내용이 모두 녹음·녹화된 경우 이는 화상접견시스템이라는 전기통신수단을 이용하여 개인 간의 대화내용을 녹음·녹화하는 것으로 미결수용자의 통신의 비밀을 침해하지 아니한다.

274 통신의 자유에 대한 설명으로 가장 적절하지 <u>않은</u> 것은? (다툼이 있는 경우 판례에 의함)

① 신병교육기간 동안 신병들의 전화사용을 통제하는 것은 헌법 제18조가 보장하는 통신의 자유를 제한한다.

② 인터넷회선감청은 인터넷회선을 통하여 흐르는 전기신호 형태의 패킷을 중간에 확보한 다음 재조합 기술을 거쳐 그 내용을 파악하는 패킷감청의 방식으로 이루어지는 것으로서 개인의 통신 및 사생활의 비밀과 자유를 제한한다.

③ 교도소장이 법원, 검찰청 등이 수용자에게 보낸 문서를 열람한 행위는 수용자의 통신의 자유를 침해한다고 볼 수 없다.

④ 국가기관이 정보통신부장관의 인가 없이 감청설비의 제조·수입 등의 방법으로 감청설비를 보유·사용할 수 있도록 하는 것은 통신의 자유를 침해한 것이다.

275 헌법 제18조(통신의 자유)에 관한 다음 설명 중 가장 적절하지 <u>않은</u> 것은? (다툼이 있는 경우 판례에 의함)

① 통신의 비밀이란 서신·우편·전신의 통신수단을 통하여 개인간에 의사나 정보의 전달과 교환이 이루어지는 경우, 통신의 내용과 통신이용의 상황이 개인의 의사에 반하여 공개되지 아니할 자유를 의미하므로, 휴대전화 통신계약 체결 단계에서는 아직 통신의 비밀에 대한 제한이 이루어진다고 보기 어렵다.

② 통신의 자유란 통신수단을 자유로이 이용하여 의사소통할 권리이고, 이러한 '통신수단의 자유로운 이용'에는 자신의 인적사항을 누구에게도 밝히지 않는 상태로 통신수단을 이용할 자유, 즉 통신수단의 익명성 보장도 포함된다.

③ 수용자가 밖으로 내보내는 모든 서신을 봉함하지 않은 상태로 교정시설에 제출하도록 규정하고 있는 형의 집행 및 수용자의 처우에 관한 법률 시행령 제65조 제1항은 통신비밀의 자유를 침해하지 아니한다.

④ 수용자가 작성한 집필문의 외부반출을 불허하고 이를 영치할 수 있도록 규정한 형의 집행 및 수용자의 처우에 관한 법률 조항은 수용자의 통신의 자유를 침해하지 않는다.

276 헌법 제18조(통신의 자유)에 관한 다음 설명 중 가장 적절하지 <u>않은</u> 것은? (다툼이 있는 경우 판례에 의함)

① 통신의 자유는 국가안전보장·질서유지 또는 공공복리를 위하여 필요한 경우에는 법률로 제한될 수 있다.

② 통신의 자유란 통신수단을 자유로이 이용하여 의사소통할 권리이고, 이러한 '통신수단의 자유로운 이용'에는 자신의 인적사항을 누구에게도 밝히지 않는 상태로 통신수단을 이용할 자유, 즉 통신수단의 익명성 보장도 포함된다.

③ 전기통신역무제공에 관한 계약을 체결하는 경우 전기통신사업자로 하여금 가입자에게 본인임을 확인할 수 있는 증서 등을 제시하도록 요구하고 부정가입방지시스템 등을 이용하여 본인인지 여부를 확인하도록 한 전기통신사업 법령 조항들은 휴대전화를 통한 문자·전화·모바일 인터넷 등 통신기능을 사용하고자 하는 자에게 반드시 사전에 본인확인 절차를 거치는 데 동의해야만 이를 사용할 수 있도록 하므로, 익명으로 통신하고자 하는 청구인들의 통신의 자유를 침해한다.

④ 수용자가 작성한 집필문의 외부반출을 불허하고 이를 영치할 수 있도록 규정한 형의 집행 및 수용자의 처우에 관한 법률 조항은 수용자의 통신의 자유를 침해하지 않는다.

277 통신의 자유에 대한 설명으로 가장 적절하지 <u>않은</u> 것은? (다툼이 있는 경우 판례에 의함)

① 통신사실 확인자료 제공요청은 통신비밀보호법이 정한 수사기관의 강제처분이므로 영장주의가 적용된다.

② 통신비밀보호법상 '감청'이란 대상이 되는 전기통신의 송·수신과 동시에 이루어지는 경우만을 의미하고, 이미 수신이 완료된 전기통신의 내용을 지득하는 등의 행위는 포함되지 않는다.

③ 인터넷회선 감청은 서버에 저장된 정보가 아니라, 인터넷상에서 발신되어 수신되기까지의 과정 중에 수집되는 정보, 즉 전송 중인 정보의 수집을 위한 수사이므로, 압수·수색과 구별되지 않는다.

④ 누구든지 공개되지 아니한 타인간의 대화를 녹음하거나 전자장치 또는 기계적 수단을 이용하여 청취할 수 없다.

278 양심의 자유에 대한 설명으로 가장 적절하지 <u>않은</u> 것은? (다툼이 있는 경우 판례에 의함)

① 헌법이 보호하고자 하는 양심은 어떤 일의 옳고 그름을 판단함에 있어서 그렇게 행동하지 않고는 자신의 인격적 존재가치가 허물어지고 말 것이라는 강력하고 진지한 마음의 소리를 말한다.

② 양심의 자유는 인간으로서의 존엄성 유지와 개인의 자유로운 인격발현을 위해 개인의 윤리적 정체성을 보장하는 기능을 담당한다.

③ 대체복무제가 마련되지 아니한 상황에서 양심상의 결정에 따라 입영을 거부하거나 소집에 불응하는 사람들에게 형사처벌을 부과하는 병역법 조항은 '양심에 반하는 행동을 강요당하지 아니할 자유'를 제한하는 것이다. 그러나 다른 한편 헌법 제39조 제1항의 국방의 의무를 형성하는 입법이기도 하므로, 위 병역법 조항이 양심의 자유를 침해하는지 여부에 대한 심사는 헌법상 자의금지원칙에 따라 입법형성의 재량을 일탈하였는지 여부를 기준으로 판단하여야 한다.

④ 양심의 자유 중 양심형성의 자유는 내심에 머무르는 한 절대적으로 보호되는 기본권이라 할 수 있는 반면, 양심적 결정을 외부로 표현하고 실현할 수 있는 권리인 양심실현의 자유는 법질서에 위배되거나 타인의 권리를 침해할 수 있기 때문에 법률에 의하여 제한될 수 있다.

279 통신의 자유에 대한 설명으로 가장 적절하지 <u>않은</u> 것은? (다툼이 있는 경우 판례에 의함)

① 전기통신역무제공에 관한 계약을 체결하는 경우 전기통신사업자로 하여금 가입자에게 본인임을 확인할 수 있는 증서 등을 제시하도록 하는 휴대전화 가입 본인확인제는 익명으로 통신하고자 하는 자의 통신의 자유를 제한하는 것은 물론, 통신의 비밀까지도 제한한다.

② 자유로운 의사소통은 통신내용의 비밀을 보장하는 것만으로는 충분하지 아니하고 구체적인 통신으로 발생하는 외형적인 사실관계, 특히 통신관여자의 인적 동일성·통신시간·통신장소·통신횟수 등 통신의 외형을 구성하는 통신이용의 전반적 상황의 비밀까지도 보장해야 한다.

③ 통신의 중요한 수단인 서신의 당사자나 내용은 본인의 의사에 반하여 공개될 수 없으므로 서신의 검열은 원칙으로 금지되나, 수형자가 수발하는 서신에 대한 검열로 인하여 수형자의 통신의 비밀이 일부 제한되는 것은 국가안전보장·질서유지 또는 공공복리라는 정당한 목적을 위하여 부득이할 뿐만 아니라 유효적절한 방법에 의한 최소한의 제한이며 통신의 자유의 본질적 내용을 침해하는 것이 아니므로 헌법에 위반된다고 할 수 없다.

④ 수사기관이 수사를 위하여 필요한 경우 법원의 허가를 얻어 전기통신사업자에게 정보주체의 위치정보 추적자료의 제공을 요청할 수 있게 한 법률조항은, 수사의 필요성만을 그 요건으로 하고 있어 절차적 통제마저도 제대로 이루어지기 어려운 현실인 점 등을 고려할 때, 과잉금지원칙에 반하여 정보주체인 전기통신가입자의 통신의 자유를 침해한다.

280 양심의 자유에 대한 설명으로 가장 적절하지 <u>않은</u> 것은? (다툼이 있는 경우 판례에 의함)

① 양심의 자유는 내심에서 우러나오는 윤리적 확신과 이에 반하는 외부적 법질서의 요구가 서로 회피할 수 없는 상태로 충돌할 때에만 침해될 수 있다.

② 양심형성의 자유와 양심적 결정의 자유는 내심에 머무르는 한 절대적 자유라고 할 수 있지만, 양심실현의 자유는 상대적 자유라고 할 수 있다.

③ 단순히 국법질서나 헌법체제를 준수하겠다는 취지의 서약을 요구하는 것은 양심의 영역을 건드리는 것이 아니다.

④ 보안관찰법상 보안관찰처분은 그 대상자가 보안관찰 해당 범죄를 다시 저지를 위험성이라는 내심의 영역을 문제삼기 때문에 양심의 자유를 보장한 헌법규정에 위배된다.

281 양심의 자유에 관한 설명으로 옳지 <u>않은</u> 것을 모두 고른 것은? (다툼이 있는 경우 판례에 의함)

> ㉠ 사업자단체의 독점규제 및 공정거래에 관한 법률 위반행위가 있을 때 공정거래위원회가 당해 사업자단체에 대하여 법위반사실의 공표를 명할 수 있도록 한 위 법의 관계규정은 양심의 자유를 침해한다.
> ㉡ 소수의 국민이 양심의 자유를 주장하여 다수에 의하여 결정된 법질서에 대하여 복종을 거부한다면 국가의 법질서와 개인의 양심 사이의 충돌은 항상 발생할 수 있다.
> ㉢ 양심상의 결정이 양심의 자유에 의하여 보장되기 위해서는 어떠한 종교관·세계관 또는 그 외의 가치체계에 기초하고 있어야 한다.
> ㉣ 음주측정거부자에게 필요적 면허취소를 규정한 것은 양심의 자유나 행복추구권 등에 대한 침해가 될 수 없다.

① ㉠, ㉡

② ㉠, ㉢

③ ㉡, ㉢

④ ㉢, ㉣

282 정신적 자유에 관한 설명으로 가장 적절하지 <u>않은</u> 것은? (다툼이 있는 경우 판례에 의함)

① '양심의 자유'가 보장하고자 하는 '양심'은 개인적 현상으로서 지극히 주관적인 것으로 그 대상이나 내용 또는 동기에 의하여 판단될 수 없으며, 특히 양심상의 결정이 이성적·합리적인가, 타당한가 또는 법질서나 사회규범, 도덕률과 일치하는가 하는 관점은 양심의 존재를 판단하는 기준이 될 수 없다.

② 현역입영 또는 소집통지서를 받은 사람이 정당한 사유 없이 입영일이나 소집일부터 3일이 지나도 입영하지 아니하거나 소집에 응하지 아니한 경우를 처벌하는 병역법 처벌조항은 과잉금지원칙을 위반하여 양심적 병역거부자의 양심의 자유를 침해한다.

③ 종교전파의 자유는 누구에게나 자신의 종교 또는 종교적 확신을 알리고 선전하는 자유를 말하지만, 이러한 종교전파의 자유에는 국민에게 그가 선택한 임의의 장소에서 자유롭게 행사할 수 있는 권리까지 보장한다고 할 수 없다.

④ 육군훈련소장이 훈련병에게 개신교, 불교, 천주교, 원불교 종교행사 중 하나에 참석하도록 한 것은 국가가 종교를 군사력 강화라는 목적을 달성하기 위한 수단으로 전락시키거나, 반대로 종교단체가 군대라는 국가권력에 개입하여 선교행위를 하는 등 영향력을 행사할 수 있는 기회를 제공하므로, 국가와 종교의 밀접한 결합을 초래한다는 점에서 헌법상 정교분리원칙에 위배된다.

283 양심의 자유에 관한 설명으로 가장 적절하지 <u>않은</u> 것은? (다툼이 있는 경우 판례에 의함)

① 국가의 법질서나 사회의 도덕률과 갈등을 일으키는 양심은 현실적으로 이러한 법질서나 도덕률에서 벗어나려는 소수의 양심이다. 따라서 종교관·세계관 등에 관계없이, 모든 내용의 양심상 결정이 양심의 자유에 의해 보장된다.

② 병역의 종류를 현역, 예비역, 보충역, 병역준비역, 전시근로역의 다섯 가지로 한정하여 규정하고 양심적 병역거부자에 대한 대체복무제를 규정하지 아니한 병역종류조항은 과잉금지원칙을 위반하여 양심적 병역거부자의 양심의 자유를 침해한다.

③ 공정거래위원회가 독점규제 및 공정거래에 관한 법률 위반행위를 한 사업자단체에 대하여 법위반사실의 공표를 명할 수 있도록 한 법률 규정은 양심의 자유를 침해한다고 볼 수 없다.

④ 양심의 자유는 윤리적 판단을 국가권력에 의하여 외부에 표명하도록 강제받지 아니할 자유를 포함하지 않는다.

284 양심의 자유에 관한 설명 중 가장 적절한 것은? (다툼이 있는 경우 판례에 의함)

① 양심의 자유에서 현실적으로 문제가 되는 것은 법질서와 도덕에 부합하는 사고를 가진 사회적 다수의 양심을 의미한다.

② '양심적' 병역거부는 실상 당사자의 '양심에 따른' 혹은 '양심을 이유로 한' 병역거부를 가리키는 것일 뿐만 아니라 병역거부가 '도덕적이고 정당하다'는 의미를 내포한다.

③ 음주운전을 방지하기 위하여 경찰이 강제로 음주 여부를 측정하는 것은 선악에 대한 윤리적 결정을 강제하는 것이어서 양심의 자유를 침해한다.

④ 헌법이 보호하고자 하는 양심은 구체적인 양심을 말하며, 막연하고 추상적인 개념으로서의 양심이 아니다.

285 양심의 자유에 관한 설명 중 헌법재판소의 입장으로 가장 적절하지 <u>않은</u> 것은?

① 헌법이 보호하고자 하는 양심은 막연하고 추상적인 개념으로서의 양심이 아니다.

② 법률해석에 관한 의견은 양심의 자유의 보호범위에 속한다.

③ 양심적 병역거부자에 대하여 3년 이하의 징역이라는 형사처벌을 가하는 법률조항은 양심의 자유를 침해하지 않는다.

④ 타인의 명예를 훼손한 자에 대하여 법원이 명하는 '명예회복에 적당한 처분(민법 제764조)'에 사죄광고를 포함시키는 것은 양심의 자유를 침해한다.

286 양심의 자유에 대한 침해로 가장 적절한 것은? (다툼이 있는 경우 판례에 의함)

① 채무자에게 강제집행의 재산관계를 명시한 재산목록을 제출하게 한 후 선서 의무 부과
② 양심적 병역거부자에 대한 처벌의 예외를 인정하지 않고 일률적으로 형벌을 부과하는 처벌조항
③ 의료기관에게 환자의 진료비 관련 소득공제증빙서류 제출 의무 부과
④ 양심적 병역거부자에 대한 대체복무제를 규정하지 아니한 병역종류조항

287 양심의 자유와 종교의 자유에 대한 설명으로 옳지 <u>않은</u> 것을 모두 고른 것은? (다툼이 있는 경우 판례에 의함)

> ㉠ 양심의 자유가 보장하고자 하는 '양심'은 민주적 다수의 사고나 가치관과 일치하는 것이 아니라, 개인적 현상으로서 지극히 주관적인 것이고, 그 대상이나 내용 또는 동기에 의하여 판단될 수 없으며, 양심상의 결정이 이성적·합리적인지, 타당한지 또는 법질서나 사회규범, 도덕률과 일치하는지 여부는 양심의 존재를 판단하는 기준이 될 수 없다.
> ㉡ 종교단체가 운영하는 학교 형태 혹은 학원 형태의 교육기관도 예외 없이 학교설립 인가 혹은 학원설립 등록을 받도록 규정한 것은 종교의 자유를 침해하여 헌법에 위반된다.
> ㉢ 양심의 자유는 윤리적 판단을 국가권력에 의하여 외부에 표명하도록 강제받지 아니할 자유를 포함하지 않는다.
> ㉣ 법학전문대학원 입학을 위한 법학적성시험의 시행일을 일요일로 정한 것이 종교의 자유 및 평등권을 침해한 것이라 할 수 없다.

① ㉠, ㉡   ② ㉠, ㉣
③ ㉡, ㉢   ④ ㉢, ㉣

288 양심의 자유에 대한 설명으로 가장 적절하지 <u>않은</u> 것은? (다툼이 있는 경우 판례에 의함)

① 헌법이 보호하고자 하는 양심은 어떤 일의 옳고 그름을 판단함에 있어서 그렇게 행동하지 않고는 자신의 인격적 존재가치가 허물어지고 말 것이라는 강력하고 진지한 마음의 소리를 말한다.
② 자신의 태도나 입장을 외부에 설명하거나 해명하는 행위는 진지한 윤리적 결정에 관계된 행위라기보다는 단순한 생각이나 의견, 사상이나 확신 등의 표현행위라고 볼 수 있어, 그 행위가 선거에 영향을 미치게 하기 위한 것이라는 이유로 이를 하지 못하게 된다 하더라도 내면적으로 구축된 인간의 양심이 왜곡 굴절된다고는 할 수 없다는 점에서 양심의 자유의 보호영역에 포괄되지 않는다.
③ 양심적 결정을 외부로 표현하고 실현할 수 있는 양심실현의 자유는 표현의 자유에 속하는 행위일 뿐 헌법 제19조가 보호하고 있는 양심의 자유에 포함되지 않는다.
④ 헌법이 보장하는 양심의 자유는 정신적인 자유로서, 어떠한 사상·감정을 가지고 있다고 하더라도 그것이 내심에 머무르는 한 절대적인 자유이므로 제한할 수 없다.

289 양심의 자유에 대한 설명으로 가장 적절하지 <u>않은</u> 것은? (다툼이 있는 경우 판례에 의함)

① 단순히 국법질서나 헌법체제를 준수하겠다는 취지의 서약을 요구하는 것은 양심의 영역을 건드리는 것이 아니다.

② 양심형성의 자유와 양심적 결정의 자유는 내심에 머무르는 한 절대적 자유라고 할 수 있지만, 양심실현의 자유는 상대적 자유라고 할 수 있다.

③ 국가의 존립과 안전을 위한 불가결한 헌법적 가치를 담고 있는 국방의 의무와 개인의 인격과 존엄의 기초가 되는 양심의 자유라는 헌법적 가치가 서로 충돌하는 경우에도 그에 대한 심사는 헌법상 비례원칙에 의하여야 한다.

④ 특정한 내적인 확신 또는 신념이 양심으로 형성된 이상 그 내용 여하를 떠나 양심의 자유에 의해 보호되는 양심이 될 수 있으므로, 헌법상 양심의 자유에 의해 보호받는 양심으로 인정할 것인지의 판단은 그것이 깊고, 확고하며, 진실된 것인지 여부와 관계없다.

290 양심의 자유에 관한 설명으로 가장 적절하지 <u>않은</u> 것은? (다툼이 있는 경우 판례에 의함)

① 음주측정거부자에게 필요적 면허취소를 규정한 것은 양심의 자유나 행복추구권 등에 대한 침해가 될 수 없다.

② 헌법상 양심의 자유에 의해 보호받는 '양심'으로 인정할 것인지의 판단은 그것이 깊고, 확고하며, 진실된 것인지 여부에 따르게 되므로, 양심적 병역거부를 주장하는 사람은 자신의 '양심'을 외부로 표명하여 증명할 최소한의 의무를 진다.

③ 양심의 자유는 윤리적 판단을 국가권력에 의하여 외부에 표명하도록 강제받지 아니할 자유를 포함한다.

④ 대체복무제가 마련되지 아니한 상황에서 양심상의 결정에 따라 입영을 거부하거나 소집에 불응하는 사람들에게 형사처벌을 부과하는 병역법 조항은 '양심에 반하는 행동을 강요당하지 아니할 자유'를 제한하는 것이다. 그러나 다른 한편 헌법 제39조 제1항의 국방의 의무를 형성하는 입법이기도 하므로, 위 병역법 조항이 양심의 자유를 침해하는지 여부에 대한 심사는 헌법상 자의금지원칙에 따라 입법형성의 재량을 일탈하였는지 여부를 기준으로 판단하여야 한다.

291 종교의 자유에 관한 설명으로 가장 적절하지 <u>않은</u> 것은? (다툼이 있는 경우 판례에 의함)

① 특정 종교의 의식, 행사, 유형물이 우리 사회공동체 구성원들 사이에서 관습화된 문화요소로 인식되고 받아들여질 정도에 이르렀다면, 그에 대한 국가의 지원은 정교분리의 원칙에 위배되지 않는다.

② 종교시설의 건축행위에 대하여 기반시설 부담금 부과를 제외하거나 감경하지 아니하였더라도 종교의 자유를 침해하는 것이 아니다.

③ 종교단체가 종교적 행사를 위하여 종교집회장 내에 납골시설을 설치하여 운영하는 것은 종교행사의 자유와 관련된 것이라 할 것이므로, 학교정화구역 내의 납골시설의 설치·운영을 일반적·절대적으로 금지하는 것은 종교의 자유를 침해한다.

④ 공범이나 동일사건 관련자가 있는지 여부를 불문하고 미결수용자에 대하여만 일률적으로 종교행사 등에의 참석을 불허하는 것은 미결수용자의 종교의 자유를 나머지 수용자의 종교의 자유보다 더욱 엄격하게 제한하는 것으로서 미결수용자의 종교의 자유를 침해한다.

292 종교의 자유에 관한 설명 중 가장 적절하지 <u>않은</u> 것은? (다툼이 있는 경우 판례에 의함)

① 특정 종교의 의식, 행사, 유형물이 우리 사회공동체 구성원들 사이에서 관습화된 문화요소로 인식되고 받아들여질 정도에 이르렀다면, 그에 대한 국가의 지원은 정교분리의 원칙에 위배되지 않는다.

② 군대 내에서 군종장교는 성직자로서의 신분과 국가공무원인 참모장교로서의 신분을 함께 가지고 있으므로, 군종장교가 주재하는 종교활동을 수행함에 있어 다른 종교를 비판하였다면, 국가공무원법에서 정한 종교적 중립을 준수할 의무를 위반한 직무상의 위법이 있다.

③ 공범이나 동일사건 관련자가 있는지 여부를 불문하고 미결수용자에 대하여만 일률적으로 종교행사 등에의 참석을 불허하는 것은 미결수용자의 종교의 자유를 나머지 수용자의 종교의 자유보다 더욱 엄격하게 제한하는 것으로서 미결수용자의 종교의 자유를 침해한다.

④ 종교의 자유에는 신앙의 자유, 종교적 행위의 자유가 포함되며, 종교적 행위의 자유에는 종교전파·교육의 자유 등이 있다. 종교전파의 자유는 포교행위 또는 선교행위가 이에 해당하는데, 이러한 종교전파의 자유는 국민에게 그가 선택한 임의의 장소에서 자유롭게 행사할 수 있는 권리까지 보장한다고 할 수는 없다.

293 종교의 자유에 관한 다음 설명 중 가장 적절하지 <u>않은</u> 것은? (다툼이 있는 경우 판례에 의함)

① 종교의 자유에는 자기가 신봉하는 종교를 선전하고 새로운 신자를 규합하기 위한 선교의 자유가 포함되나, 선교의 자유에는 다른 종교의 신자에 대하여 개종을 권고하는 자유를 넘어 타 종교를 비판하는 자유까지 포함되었다고 볼 수 없다.

② 종교 의식 내지 종교적 행위와 밀접한 관련이 있는 시설의 설치와 운영은 종교의 자유를 보장하기 위한 전제에 해당되므로 종교적 행위의 자유에 포함된다.

③ '집회 및 시위에 관한 법률'은 종교에 관한 집회에는 옥외집회 및 시위의 신고제를 적용하지 아니한다.

④ 종교교육 및 종교지도자의 양성은 헌법 제20조에 규정된 종교의 자유의 한 내용으로 보장되지만, 그것이 학교라는 교육기관의 형태를 취할 때에는 헌법 제31조 제1항, 제6항의 규정 및 이에 기한 교육법상의 각 규정들에 의한 규제를 받게 된다.

294 언론·출판의 자유에 대한 설명으로 가장 적절하지 <u>않은</u> 것은? (다툼이 있는 경우 판례에 의함)

① 정보통신망의 발달에 따라 선거기간 중 인터넷 언론사의 선거와 관련한 게시판 대화방 등도 정치적 의사를 형성·전파하는 매체로서 역할을 담당하고 있으므로, 의사의 표현·전파의 형식의 하나로 인정되고 따라서 언론·출판의 자유에 의하여 보호된다고 할 것이다.

② '식품 등의 표시기준'상 식품이나 식품의 용기포장에 음주 전후 또는 숙취 해소라는 표시를 금지하는 것은 영업의 자유, 표현의 자유 및 특허권을 침해한다.

③ 언론중재 및 피해구제 등에 관한 법률은 언론이 사망한 사람의 인격권을 침해한 경우에 그 피해가 구제될 수 있도록 명문의 규정을 두고 있으며, 사망한 사람의 인격권을 침해하였거나 침해할 우려가 있는 경우의 구제절차는 유족이 수행하도록 규정을 두고 있다.

④ 인터넷 등 전자적 방법에 의한 판결서 열람·복사의 범위를 개정법 시행 이후 확정된 사건의 판결서로 한정하고 있는 군사법원법 부칙조항은 정보공개청구권을 침해한다.

295 언론·출판의 자유와 관련된 설명 중 헌법재판소의 입장과 일치하지 <u>않는</u> 것은 모두 몇 개인가?

> ㉠ 건강기능식품의 기능성 표시·광고의 사전심의는 건강기능식품협회가 담당하고 있지만 그 실질은 식약청장이 위탁이라는 방법으로 그 업무의 범위를 확장하고 있는 것에 지나지 않으므로, 건강기능식품협회가 행하는 사전심의절차는 헌법이 금지하는 행정기관에 의한 사전검열에 해당한다.
>
> ㉡ 음란표현도 헌법이 규정하는 언론·출판의 자유의 보호영역에 해당한다.
>
> ㉢ 상업광고 규제에 관한 비례의 원칙 심사에 있어서 '피해의 최소성'원칙은 입법목적을 달성하기 위하여 필요한 범위 내의 것인지를 심사하는 정도로 완화되는 것이 아니라, 같은 목적을 달성하기 위하여 달리 덜 제약적인 수단이 없을 것인지 혹은 입법목적을 달성하기 위하여 필요한 최소한의 제한인지를 심사하는 것이다.
>
> ㉣ "교통수단을 이용한 광고는 교통수단 소유자에 관한 광고에 한하여 할 수 있다."라고 규정하고 있는 옥외광고물 등 관리법 시행령 규정은 표현방법에 따른 규제가 아니라 표현내용을 금지하거나 제한하려는 것이다.
>
> ㉤ 국가가 개인의 표현행위를 규제하는 경우, 표현내용에 대한 규제는 원칙적으로 중대한 공익의 실현을 위하여 불가피한 경우에 한하여 엄격한 요건하에서 허용되는 반면, 표현내용과 무관하게 표현의 방법을 규제하는 것은 합리적인 공익상의 이유로 상대적으로 넓은 제한이 가능하다.

① 0개   ② 1개

③ 2개   ④ 3개

296 언론·출판의 자유에 관한 헌법재판소의 입장과 일치하는 것은?

① 정보에의 접근·수집·처리의 자유는 자유권적 성질뿐 아니라 청구권적 성질도 가지기 때문에, 이를 구체화하는 법률이 제정되어 있지 않으면 그 실현이 불가능하다.

② 신문 등의 자유와 기능보장에 관한 법률 제16조 등 위헌확인 등 사건에서, 신문기업 활동의 외적 조건을 규제하는 신문법 조항에 대한 위헌심사는 신문의 자유가 갖는 헌법적 중요성을 감안할 때 신문의 내용을 규제하여 언론의 자유를 제한하는 경우 못지않게 엄격한 기준이 요구된다고 보았다.

③ 방송위원회로부터 위탁을 받은 한국광고자율심의기구에 의하여 방송광고의 사전심의를 받도록 하는 것은 언론·출판에 대한 사전검열에 해당한다.

④ 일간신문과 지상파방송간의 겸영을 금지하는 것은 언론의 다양성을 보장하기 위한 필요한 한도 내의 제한이라고 할 수 없어 신문의 자유를 침해한다.

297 언론·출판의 자유에 관한 설명 중 가장 적절하지 <u>않은</u> 것은? (다툼이 있는 경우 판례에 의함)

① 언론·출판의 자유의 내용 중 의사표현·전파의 자유에 있어서 의사표현 또는 전파의 매개체는 어떠한 형태이건 가능하며 그 제한이 없다.

② 공연윤리위원회는 검열기관에 해당하나, 한국공연예술진흥협의회는 검열기관으로 볼 수 없다.

③ 민사소송법(1990.1.13. 법률 제4201호로 개정된 것) 제714조 제2항에 규정된 방영금지가처분은 행정권에 의한 사전심사나 금지처분이 아니므로, 헌법에서 금지하는 사전검열에 해당하지 아니한다.

④ 신문보도의 명예훼손적 표현의 피해자가 공적인물인지 아니면 사인인지, 그 표현이 공적인 관심 사안에 관한 것인지 순수한 사적인 영역에 속하는 사안인지의 여부에 따라 헌법적 심사기준에 차이가 있어야 한다.

298 언론·출판의 자유에 대한 설명으로 가장 적절하지 <u>않은</u> 것은? (다툼이 있는 경우 판례에 의함)

① 헌법 제21조 제2항의 검열금지조항은 절대적 금지를 의미하므로 국가안전보장·질서유지·공공복리를 위하여 필요한 경우라도 사전검열이 허용되지 않는다.

② '일단 표출되면 그 해악이 처음부터 해소될 수 없거나 또는 너무나 심대한 해악을 지닌 음란표현'도 헌법 제21조가 규정하는 언론·출판의 자유의 보호영역에 해당한다.

③ 행정기관인 청소년보호위원회 및 각 심의기관에 '청소년유해매체물'의 결정권한을 부여하는 것은 법관에 의한 재판을 받을 권리를 침해하는 것이다.

④ 영화도 의사형성적 작용을 하는 한 의사의 표현·전파의 형식의 하나로 인정되며, 결국 언론·출판의 자유에 의해서 보호되는 의사표현의 매개체라는 점은 의문의 여지가 없다.

299 헌법상 금지되는 사전검열에 관한 설명으로 옳은 것을 모두 고른 것은? (다툼이 있는 경우 판례에 의함)

> ㉠ 영화진흥법이 규정하고 있는 영상물등급위원회에 의한 등급분류보류제도는 등급분류보류의 횟수제한이 없어 실질적으로 영상물등급위원회의 허가를 받지 않는 한 영화를 통한 의사표현이 무한정 금지될 수 있으므로 검열에 해당한다.
> ㉡ 검열을 행정기관이 아닌 독립적인 위원회에서 행한다고 하더라도, 행정권이 주체가 되어 검열절차를 형성하고 검열기관의 구성에 지속적인 영향을 미칠 수 있는 경우라면 실질적으로 그 검열기관은 행정기관이라고 보아야 한다.
> ㉢ 사전심의를 받은 내용과 다른 내용의 건강기능식품 기능성광고를 금지하고 이를 위반한 경우 처벌하는 건강기능식품에 관한 법률에 의한 건강기능식품 기능성광고 사전심의는 그 검열이 행정권에 의하여 행하여진다고 볼 수 있어, 헌법이 금지하는 사전검열에 해당하므로 헌법에 위반된다.
> ㉣ 헌법재판소에 의하면 공연윤리위원회의 심의는 헌법 제21조 제2항의 검열에 해당하므로 음반을 제작하기에 앞서 공연윤리위원회의 심의를 받도록 하고 심의를 받지 아니한 음반의 판매를 금지하면서 이에 위반한 자를 처벌하는 것은 헌법 제21조 제2항에 위반된다.

① ㉠, ㉡

② ㉠, ㉢, ㉣

③ ㉡, ㉢, ㉣

④ ㉠, ㉡, ㉢, ㉣

300 언론·출판에 대한 검열금지에 관한 다음 설명 중 가장 적절하지 <u>않은</u> 것은? (다툼이 있는 경우 판례에 의함)

① 헌법 제21조 제1항과 제2항은 모든 국민은 언론·출판의 자유를 가지며, 언론·출판에 대한 허가나 검열은 인정되지 아니한다고 규정하고 있으므로, 검열을 수단으로 한 제한은 국가안전보장·질서유지 또는 공공복리를 위하여 필요한 경우에 한하여 법률로써 하는 경우에만 허용될 수 있다.

② 헌법 제21조 제2항이 금지하는 검열은 사전검열만을 의미하므로, 헌법상 보호되지 않는 의사표현에 대하여 공개한 뒤에 국가기관이 간섭하는 것을 금지하는 것은 아니다.

③ 한국의료기기산업협회가 행하는 의료기기 광고 사전심의는 헌법이 금지하는 사전검열에 해당한다.

④ 비디오물 등급분류는 비디오물 유통으로 인해 청소년이 받게 될 악영향을 미리 차단하고자 공개나 유통에 앞서 이용 연령을 분류하는 절차에 불과하여 사전검열에 해당하지 않는다.

301 표현의 자유와 언론·출판의 자유에 대한 설명 중 가장 적절하지 <u>않은</u> 것은? (다툼이 있는 경우 판례에 의함)

① 사법부가 사법절차에 의하여 심리·결정하는 방영금지가처분은 헌법에서 금지하는 사전검열에 해당하지 않는다.
② 교과서의 국정 또는 검·인정 제도는 허가의 성질보다 특허의 성질을 갖는 것이므로 국가가 재량권을 갖는 것은 당연하다.
③ 광고물도 사상·지식·정보 등을 불특정다수인에게 전하는 것으로서 언론·출판의 자유에 의한 보호를 받는다.
④ 검열금지의 원칙은 개인이 정보와 사상을 발표하기 이전에 국가기관이 미리 그 내용을 심사·선별하여 발표를 저지하지 못하도록 하고 있으며, 나아가 헌법상 보호되지 않는 의사표현에 대하여 공개한 뒤에도 국가기관이 간섭하는 것이 금지된다.

302 표현의 자유 및 언론·출판의 자유에 대한 설명으로 가장 적절하지 <u>않은</u> 것은? (다툼이 있는 경우 판례에 의함)

① 정보통신망 이용촉진 및 정보보호 등에 관한 법률 제74조 제1항 제3호 중 '제44조의7 제1항 제3호를 위반하여 공포심이나 불안감을 유발하는 문언을 반복적으로 상대방에게 도달하게 한 자' 부분은 표현의 자유를 침해하지 않는다.
② 인터넷게시판을 설치·운영하는 정보통신서비스 제공자에게 본인확인조치의무를 부과하여 게시판 이용자로 하여금 본인확인절차를 거쳐야만 게시판을 이용할 수 있도록 하는 정보통신망 이용촉진 및 정보보호 등에 관한 법률 조항은 과잉금지원칙에 위배하여 인터넷게시판 이용자의 표현의 자유 및 인터넷게시판을 운영하는 정보통신서비스 제공자의 언론의 자유를 침해한다.
③ 외국비디오물을 수입할 때 영상물등급위원회의 추천을 받도록 한 것은 헌법에 위반된다.
④ 의사의 자유로운 표명과 전파의 자유에는 책임이 따르므로 자신의 신원을 밝히지 아니한 채 익명 또는 가명으로 자신의 사상이나 견해를 표명하고 전파할 익명표현의 자유는 보장되지 않는다.

303 언론·출판의 자유에 대한 설명으로 가장 적절하지 <u>않은</u> 것은? (다툼이 있는 경우 판례에 의함)

① 미결수용자의 규율위반행위 등에 대한 제재로서 금치처분과 함께 금치기간 중 신문과 자비구매도서의 열람을 제한하고 있는 형의 집행 및 수용자의 처우에 관한 법률조항은 최장 30일의 기간 내에서만 신문이나 도서의 열람을 금지하고 열람을 금지하는 대상에 수용시설 내 비치된 도서는 포함시키지 않고 있으므로 미결수용자의 알 권리를 과도하게 제한한다고 보기 어렵다.
② 일간신문의 지배주주가 뉴스통신 법인의 주식 또는 지분의 2분의 1 이상을 취득 또는 소유하지 못하도록 함으로써 이종 미디어 간의 결합을 규제하는 신문법 조항은 언론의 다양성을 보장하기 위한 필요한 한도 내의 제한이라고 할 것이어서 신문의 자유를 침해한다고 할 수 없다.
③ 인터넷신문의 언론으로서의 신뢰성을 제고하기 위해 5인 이상의 취재 및 편집 인력을 정식으로 고용하도록 강제하고, 이에 대한 확인을 위하여 국민연금 등 가입사실을 확인하는 것은 언론의 자유를 침해한다고 할 수 없다.
④ 학교 구성원으로 하여금 성별 등의 사유를 이유로 차별적 언사나 행동, 혐오적 표현 등을 통해 다른 사람의 인권을 침해하지 못하도록 한 서울특별시 학생인권조례 규정은 학교 구성원들의 표현의 자유를 침해한 것이라고 볼 수 없다.

304 표현의 자유에 대한 헌법재판소의 태도로 가장 적절하지 <u>않은</u> 것은?

① 공공의 안녕질서 또는 미풍양속은 그 모호성·추상성·포괄성 때문에 표현의 자유를 제한하는 기준으로 적절하지 아니하다.

② 상업적 광고표현은 표현의 자유의 보호를 받는 대상이 된다.

③ 국가가 개인의 표현행위를 규제하는 경우, 표현내용에 대한 규제는 원칙적으로 중대한 공익의 실현을 위하여 불가피한 경우에 한하여 엄격한 요건하에서 허용되는 반면, 표현내용과 무관하게 표현의 방법을 규제하는 것은 합리적인 공익상의 이유로 상대적으로 넓은 제한이 가능하다.

④ 금치처분을 받은 미결수용자라 할지라도 금치처분 기간 중 집필을 금지하면서 예외적인 경우에만 교도소장이 집필을 허가할 수 있도록 한 형의 집행 및 수용자의 처우에 관한 법률상 규정은 미결수용자의 표현의 자유를 침해한다.

305 표현의 자유에 관한 설명으로 옳지 <u>않은</u> 것을 〈보기〉에서 모두 고른 것은? (다툼이 있는 경우 판례에 의함)

〈보기〉
㉠ 방송사 외부에 있는 자가 방송편성에 관계된 자에게 방송편성에 관해 특정한 요구를 하는 등의 방법으로, 방송편성에 관한 자유롭고 독립적인 의사결정에 영향을 미칠 수 있는 행위 일체를 금지하고 이를 위반한 자를 처벌하는 것은 시청자의 건전한 방송 비판 내지 의견제시까지 처벌대상으로 삼는 것으로 시청자들의 표현의 자유를 침해한다.
㉡ 공무원이 선거에서 특정정당 또는 특정인을 지지하기 위하여 타인에게 정당에 가입하도록 권유 운동을 한 경우 형사처벌하는 것은 정치적 표현의 자유를 침해한다.
㉢ 사람을 비방할 목적으로 정보통신망을 통하여 공공연하게 거짓의 사실을 드러내어 다른 사람의 명예를 훼손한 자를 형사처벌하는 것은 표현의 자유를 침해하지 않는다.
㉣ 초·중등학교의 교육공무원이 정치단체의 결성에 관여하거나 이에 가입하는 행위를 금지한 국가공무원법 조항 중 '그 밖의 정치단체'에 관한 부분은 정치적 표현의 자유를 침해하지 않는다.
㉤ 선거운동기간 중 당해 홈페이지 게시판 등에 정당·후보자에 대한 지지·반대 등의 정보를 게시하는 경우 인터넷언론사로 하여금 실명을 확인받는 기술적 조치를 하도록 하는 것은 게시판 등 이용자의 익명표현의 자유를 침해한다.

① ㉠, ㉡, ㉣
② ㉠, ㉡, ㉤
③ ㉠, ㉢, ㉤
④ ㉡, ㉢, ㉣

306 표현의 자유에 대한 설명으로 가장 적절하지 <u>않은</u> 것은? (다툼이 있는 경우 판례에 의함)

① 지역농협 이사 선거의 경우 전화(문자메시지를 포함한다)·컴퓨터통신(전자우편을 포함한다)을 이용한 지지 호소의 선거운동방법을 금지하는 것은 표현의 자유를 침해한다.

② 비의료인의 의료에 관한 광고를 금지하고 처벌하는 것은 국민의 생명권 등을 보호하는 것이어서 표현의 자유를 침해하지 않는다.

③ 허위사실표현도 헌법 제21조가 규정하는 언론·출판의 자유의 보호영역에 해당한다.

④ 헌법상 검열금지원칙은 검열의 주체와 관계없이 모든 형태의 사전적인 규제를 금지하는 것이다.

307 표현의 자유에 대한 설명으로 가장 적절하지 <u>않은</u> 것은? (다툼이 있는 경우 판례에 의함)

① 의료광고는 상업광고의 성격을 가지고 있지만 헌법 제21조 제1항의 표현의 자유의 보호대상이 됨은 물론이고, 동조 제2항도 당연히 적용되어 이에 대한 사전검열도 금지된다.

② 언론·출판의 자유의 보호를 받는 표현에 대해서는 사전검열이 예외 없이 금지되는 것으로 보아야 한다.

③ 특정구역 안에서 업소별로 표시할 수 있는 광고물의 총 수량을 1개로 제한하는 것은 표현의 자유를 침해하지 않는다.

④ 인터넷신문을 발행하려는 사업자가 취재 인력 3인 이상을 포함하여 취재 및 편집 인력 5인 이상을 상시 고용하지 않는 경우 인터넷신문으로 등록할 수 없도록 하는 것은 직업의 자유의 문제이고 언론의 자유를 제한하지는 않는다.

308 표현의 자유에 관한 설명으로 가장 적절한 것은? (다툼이 있는 경우 판례에 의함)

① 인터넷언론사는 선거운동기간 중 당해 홈페이지 게시판 등에 정당·후보자에 대한 지지·반대의 정보를 게시하는 경우 실명을 확인받는 기술적 조치를 하도록 정한 공직선거법 조항 중 '인터넷언론사' 및 '지지·반대' 부분은 명확성원칙에 위배된다.

② 변호사 또는 소비자로부터 대가를 받고 법률상담 또는 사건들을 소개·알선·유인하기 위하여 변호사등을 광고·홍보·소개하는 행위를 금지하는 대한변호사협회의 '변호사광고에 관한 규정' 중 대가수수 광고금지규정은 과잉금지원칙을 위반하여 청구인들의 표현의 자유를 침해한다.

③ 공공기관 등이 설치·운영하는 모든 게시판에 본인확인조치를 한 경우에만 정보를 게시하도록 하는 것은 게시판에 자신의 사상이나 견해를 표현하고자 하는 사람에게 표현의 내용과 수위등에 대한 자기검열 가능성을 높이는 것이므로 익명표현의 자유를 침해한다.

④ '인터넷선거보도 심의기준 등에 관한 규정' 중 선거일 전 90일부터 선거일까지 인터넷 언론에 후보자 명의의 칼럼 등의 게재를 금지하는 시기제한조항은 과잉금지원칙에 반하여 청구인의 표현의 자유를 침해하지 않는다.

309 표현의 자유에 관한 다음 설명 중 가장 적절하지 <u>않은</u> 것은? (다툼이 있는 경우 판례에 의함)

① 표현의 자유를 규제하는 법률은 그 규제로 인해 보호되는 다른 표현에 대하여 위축효과가 미치지 않도록 규제되는 표현의 개념을 세밀하고 명확하게 규정할 것이 헌법적으로 요구되는데, 이는 명확성의 원칙과 관련된다.

② 인터넷언론사에 대하여 선거일 전 90일부터 선거일까지 후보자 명의의 칼럼이나 저술을 게재하는 보도를 제한하는 '인터넷선거보도 심의기준 등에 관한 규정' 조항은 후보자 명의로 칼럼을 게재하는 자의 표현의 자유를 침해한다.

③ 정보통신망 이용촉진 및 정보보호 등에 관한 법률 조항 중 '공포심이나 불안감을 유발하는 문언을 반복적으로 상대방에게 도달하게 한 자' 부분은, 정보 수신자가 불안감이나 공포심을 실제로 느꼈는지 여부와 상관없이 정보를 보낸 사람을 처벌 가능한 것으로 해석할 수 있어, 그 처벌 대상이 무한히 확장될 가능성이 있으므로 명확성원칙에 위배되어 표현의 자유를 침해한다.

④ 정기간행물의 납본제도와 검·인정 교과서제도는 사전검열금지원칙에 위배되지 않는다.

310 표현의 자유에 대한 설명으로 가장 적절하지 <u>않은</u> 것은? (다툼이 있는 경우 판례에 의함)

① 인터넷언론사에 대하여 선거일 전 90일부터 선거일까지 후보자 명의의 칼럼이나 저술을 게재하는 보도를 제한하는 구 인터넷선거보도 심의기준 등에 관한 규정 제8조 제2항 본문과 인터넷선거보도 심의기준 등에 관한 규정 제8조 제2항은 인터넷언론사 홈페이지에 청구인 명의의 칼럼을 게재한 자의 표현의 자유를 침해한다.

② 지역농협 이사 선거의 경우 전화·컴퓨터통신을 이용한 지지·호소의 선거운동방법을 금지하고, 이를 위반한 자를 처벌하는 구 농업협동조합법 조항은 해당 선거 후보자의 표현의 자유를 침해한다.

③ 온라인서비스제공자가 자신이 관리하는 정보통신망에서 아동·청소년이용음란물을 발견하기 위하여 대통령령으로 정하는 조치를 취하지 아니하거나 발견된 아동·청소년이용음란물을 즉시 삭제하고, 전송을 방지 또는 중단하는 기술적인 조치를 취하지 아니한 경우 처벌하는 아동·청소년의 성보호에 관한 법률 규정은 통신의 비밀과 표현의 자유를 침해한다.

④ 집회·시위장소는 집회·시위의 목적을 달성하는 데 있어서 매우 중요한 역할을 수행하는 경우가 많기 때문에 장소선택의 자유는 집회·시위의 자유의 한 실질을 형성한다.

311 헌법상 언론·출판의 자유에 대한 설명으로 가장 적절하지 <u>않은</u> 것은? (다툼이 있는 경우 판례에 의함)

① 엄격한 의미의 음란표현은 헌법 제21조가 규정하는 언론·출판의 자유의 보호영역 내에 있다.

② 특정구역 안에서 업소별로 표시할 수 있는 광고물의 총 수량을 1개로 제한한 옥외광고물 표시제한 특정구역 지정 고시 조항은 자신들이 원하는 위치에 원하는 종류의 옥외광고물을 원하는 만큼 표시 설치할 수 없어 청구인들의 표현의 자유를 침해한다.

③ 의료광고의 심의기관이 행정기관인가 여부는 기관의 형식에 의하기보다는 그 실질에 따라 판단되어야 하며, 민간 심의기구가 심의를 담당하는 경우에도 행정권의 개입 때문에 자율성이 보장되지 않는다면 헌법이 금지하는 행정기관에 의한 사전검열에 해당하게 될 것이다.

④ 상영 및 광고·선전에 있어 일정한 제한이 필요한 영화를 제한상영가 영화로 상영등급분류한 구 영화진흥법 조항이나 영화 및 비디오물 진흥에 관한 법률 조항은 헌법에 합치되지 않는다.

312 언론·출판의 자유에 관한 설명으로 옳은 것을 모두 고른 것은? (다툼이 있는 경우 판례에 의함)

> ㉠ 인터넷 언론사에 대하여 선거운동기간 중 당해 인터넷홈페이지 게시판·대화방 등에 정당 후보자에 대한 지지·반대의 글을 게시할 수 있도록 하는 경우 실명을 확인받도록 하는 기술적 조치를 할 의무를 부과한 구 공직선거법은 익명표현의 자유를 제한하지만 과도한 제한이라고 할 수 없다.
> ㉡ 여론조사 실시행위에 대한 신고의무를 부과하고 있는 공직선거법 조항은 여론조사결과의 보도나 공표행위를 규제하는 것이 아니라 여론조사의 실시행위에 대한 신고의무를 부과하는 것으로, 허가받지 아니한 것의 발표를 금지하는 헌법 제21조 제2항의 사전검열과 관련이 있다고 볼 수 없으므로 검열금지원칙에 위반되지 아니한다.
> ㉢ 지역농협 이사 선거의 경우 전화·컴퓨터통신을 이용한 지지 호소의 선거운동방법을 금지하고, 이를 위반한 자를 처벌하는 구 농업협동조합법 조항은 해당 선거 후보자의 표현의 자유를 침해하지 않는다.
> ㉣ 음란표현도 헌법 제21조가 규정하는 언론·출판의 자유의 보호영역에 포함된다.

① ㉠, ㉡

② ㉠, ㉣

③ ㉡, ㉢

④ ㉡, ㉣

313 헌법상 사전검열에 대한 설명으로 가장 적절하지 <u>않은</u> 것은? (다툼이 있는 경우 판례에 의함)

① 광고의 심의기관이 행정기관인지 여부는 기관의 형식에 의하기보다는 그 실질에 따라 판단되어야 하고, 행정기관의 자의로 민간심의기구의 심의업무에 개입할 가능성이 열려 있다면 개입 가능성의 존재 자체로 헌법이 금지하는 사전검열이라고 보아야 한다.

② 헌법상 사전검열은 표현의 자유의 보호대상이더라도 예외 없이 금지되지는 않는다.

③ 검열은 언론의 내용에 대한 허용될 수 없는 사전적 제한이라는 점에서 헌법 제21조 제2항 전단의 "허가"와 "검열"은 본질적으로 같은 것이라고 할 것이다.

④ 의료기기에 대한 광고는 상업광고로서 헌법 제21조 제1항의 표현의 자유의 보호대상이 됨과 동시에 같은 조 제2항의 사전검열금지원칙의 적용대상이 된다.

314 언론·출판의 자유에 대한 설명으로 가장 적절하지 <u>않은</u> 것은? (다툼이 있는 경우 판례에 의함)

① 인터넷게시판을 운영하는 정보통신서비스 제공자에게 본인확인 절차를 거쳐야만 게시판을 이용할 수 있도록 한 '본인확인제'는 위헌이다.

② '공익을 해할 목적으로 전기통신설비에 의하여 공연히 허위의 통신을 한 자'를 처벌하고 있는 전기통신기본법은 죄형법정주의의 명확성원칙에 위반된다.

③ 1개 일간신문사의 시장점유율 30%, 3개 일간신문사의 시장점유율 60% 이상인 자를 '시장지배적 사업자'로 추정하는 신문법 제17조는 신문사업자인 청구인들의 신문의 자유와 평등권을 침해한다.

④ 정정보도청구의 요건으로 언론사의 고의·과실이나 위법성을 요하지 않도록 규정한 언론중재 및 피해구제 등에 관한 법률 제14조 제2항, 제31조 후문은 신문사업자인 청구인들의 언론의 자유를 침해한다.

315 헌법재판소의 결정 내용으로 가장 적절하지 <u>않은</u> 것은?

① 일간신문과 뉴스통신·방송사업의 겸영을 금지하는 신문법 제15조 제2항이 신문사업자인 청구인들의 신문의 자유를 침해하지는 않는다.

② 일간신문사 지배주주의 뉴스통신사 또는 다른 일간신문사 주식·지분의 소유·취득을 제한하는 신문법 제15조 제3항은 헌법에 합치하지 않는다.

③ 미결수용자가 자비로 신문을 구독하는 것은 일반적으로 접근할 수 있는 정보에 대한 능동적 접근으로서 이는 알 권리의 행사이다.

④ 옥외광고물의 경우에는 그 종류, 외형, 설치방법 등을 규제할 뿐 아니라 그 내용을 심사·선별하더라도 사전허가·검열에 해당하지 않는다.

316 알 권리 및 정보공개청구권에 관한 설명으로 가장 적절하지 <u>않은</u> 것은? (다툼이 있는 경우 판례에 의함)

① 신문의 편집인 등으로 하여금 아동보호사건에 관련된 아동학대행위자를 특정하여 파악할 수 있는 인적사항 등을 신문 등 출판물에 싣거나 방송매체를 통하여 방송할 수 없도록 하는 아동학대범죄의 처벌 등에 관한 특례법상 보도금지조항은 국민의 알 권리를 침해하지 않는다.

② 정치자금법에 따라 회계보고된 자료의 열람기간을 3월간으로 제한한 동법상 열람기간제한 조항은 청구인의 알 권리를 침해한다.

③ 인터넷 등 전자적 방법에 의한 판결서 열람·복사의 범위를 개정법 시행 이후 확정된 사건의 판결서로 한정하고 있는 군사법원법 부칙조항은 청구인의 정보공개청구권을 침해한다.

④ 변호사시험성적 공개청구기간을 변호사시험법 시행일부터 6개월 내로 제한하는 동법 부칙조항은 청구인의 정보공개청구권을 침해한다.

317 표현의 자유와 알 권리에 관한 설명으로 가장 적절하지 <u>않은</u> 것은? (다툼이 있는 경우 판례에 의함)

① 저속한 간행물의 출판을 전면 금지시키고 출판사의 등록을 취소시킬 수 있도록 하는 것은 청소년 보호를 위해 지나치게 과도한 수단을 선택한 것으로서, 성인의 알 권리를 침해하는 것이다.

② 국민의 알 권리의 내용에는 자신의 권익보호와 직접 관련이 있는 정보의 공개를 청구할 수 있는 개별적 정보공개청구권만이 포함되고, 일반 국민 누구나 국가에 대하여 보유·관리하고 있는 정보의 공개를 청구할 수 있는 일반적 정보공개청구권은 포함되지 않는다.

③ 알 권리의 실현은 법률의 제정이 뒤따라 이를 구체화시키는 것이 충실하고도 바람직하지만 그러한 법률이 제정되어 있지 않다고 하더라도 헌법 제21조에 의해 직접 보장될 수 있다.

④ 알 권리에서 파생되는 정부의 공개의무는 특별한 사정이 없는 한 국민의 적극적인 정보수집행위, 특히 특정의 정보에 대한 공개청구가 있는 경우에야 비로소 존재하므로 정보공개청구가 없었던 경우 정보를 사전에 공개할 정부의 의무는 인정되지 않는다.

318 언론·출판·집회·결사의 자유에 관한 설명으로 가장 적절하지 <u>않은</u> 것은? (다툼이 있는 경우 판례에 의함)

① 언론·출판은 불특정다수인에 대한 표현행위라는 점에서 개인간의 통신과 구별된다.

② 현대 정보사회에서 언론·출판의 자유는 적극적 자유로서 파악되기도 한다.

③ 구 주택건설촉진법상의 주택조합은 주택이 없는 국민의 주거생활의 안정을 도모하고 모든 국민의 주거수준 향상을 기한다는 공공목적을 위하여 법이 구성원의 자격을 제한적으로 정해 놓은 특수조합이어서, 이는 헌법상 결사의 자유가 뜻하는 헌법상 보호법익의 대상이 되는 단체가 아니다.

④ 집회의 시간과 장소가 중복되는 2개 이상의 신고가 있을 경우 관할 경찰관서장은 먼저 신고된 집회가 다른 집회의 개최를 봉쇄하기 위한 가장집회신고에 해당하는지 여부에 관하여 판단할 권한이 없으므로 뒤에 신고된 집회에 대하여 집회 자체를 금지하는 통고를 하여야 한다.

319 언론·출판에 대한 검열금지에 관한 다음 설명 중 가장 적절하지 <u>않은</u> 것은? (다툼이 있는 경우 판례에 의함)

① 헌법 제21조 제1항과 제2항은 모든 국민은 언론·출판의 자유를 가지며, 언론·출판에 대한 허가나 검열은 인정되지 아니한다고 규정하고 있으므로, 검열을 수단으로 한 제한은 국가안전보장·질서유지 또는 공공복리를 위하여 필요한 경우에 한하여 법률로써 하는 경우에만 허용될 수 있다.

② 헌법 제21조 제2항이 금지하는 검열은 사전검열만을 의미하므로, 헌법상 보호되지 않는 의사표현에 대하여 공개한 뒤에 국가기관이 간섭하는 것을 금지하는 것은 아니다.

③ 검열을 행정기관이 아닌 독립적인 위원회에서 행한다고 하더라도, 행정권이 주체가 되어 검열절차를 형성하고 검열기관의 구성에 지속적인 영향을 미칠 수 있는 경우라면 실질적으로 그 검열기관은 행정기관이라고 보아야 한다.

④ 헌법재판소에 의하면 공연윤리위원회의 심의는 헌법 제21조 제2항의 검열에 해당하므로 음반을 제작하기에 앞서 공연윤리위원회의 심의를 받도록 하고 심의를 받지 아니한 음반의 판매를 금지하면서 이에 위반한 자를 처벌하는 것은 헌법 제21조 제2항에 위반된다.

320 다음 중 헌법재판소가 언론의 자유(표현의 자유)를 침해한다고 결정한 것은 모두 몇 개인가? (다툼이 있는 경우 판례에 의함)

> ㉠ 인터넷게시판을 설치·운영하는 정보통신서비스 제공자에게 본인확인조치의무를 부과하여 게시판 이용자로 하여금 본인확인절차를 거쳐야만 게시판을 이용할 수 있도록 하는 본인확인제에 관한 정보통신망 이용촉진 및 정보보호 등에 관한 법률 규정
>
> ㉡ 일간신문과 지상파방송간의 겸영을 금지하는 것은 언론의 다양성을 보장하기 위한 필요한 한도 내의 제한이라고 할 수 없어 신문의 자유를 침해한다.
>
> ㉢ 교통수단을 이용하여 타인의 광고를 할 수 없도록 하고 있는 옥외광고물등관리법 시행령 규정
>
> ㉣ 행정기관인 청소년보호위원회 및 각 심의기관에 '청소년유해매체물'의 결정권한을 부여하는 것은 법관에 의한 재판을 받을 권리를 침해하는 것이다.

① 1개   ② 2개
③ 3개   ④ 4개

321 표현의 자유에 대한 설명으로 옳은 것을 모두 고른 것은? (다툼이 있는 경우 판례에 의함)

> ⊙ 사법부가 사법절차에 의하여 심리·결정하는 방영금지가처분은 헌법에서 금지하는 사전검열에 해당하지 않는다.
> ⓛ 일반적으로 표현의 자유는 정보의 전달 또는 전파와 관련지어 생각되므로 구체적인 전달이나 전파의 상대방이 없는 집필의 단계를 표현의 자유의 보호영역에 포함시킬 것인지 의문이 있을 수 있으나, 집필은 문자를 통한 모든 의사표현의 기본 전제가 된다는 점에서 당연히 표현의 자유의 보호영역에 속해 있다고 보아야 한다.
> ⓒ 건강기능식품의 기능성 광고는 인체의 구조 및 기능에 대하여 보건용도에 유용한 효과를 준다는 기능성 등에 관한 정보를 널리 알려 해당 건강기능식품의 소비를 촉진시키기 위한 상업광고이지만, 헌법 제21조 제1항의 표현의 자유의 보호대상이 됨과 동시에 같은 조 제2항의 사전검열 금지대상도 된다.
> ⓔ 의사의 자유로운 표명과 전파의 자유에는 책임이 따르므로 자신의 신원을 밝히지 아니한 채 익명 또는 가명으로 자신의 사상이나 견해를 표명하고 전파할 익명표현의 자유는 보장되지 않는다.

① ⊙, ⓛ   ② ⊙, ⓔ

③ ⊙, ⓛ, ⓒ   ④ ⓛ, ⓒ, ⓔ

322 표현의 자유에 대한 설명으로 가장 적절하지 않은 것은? (다툼이 있는 경우 판례에 의함)

① 사전심의를 받지 않은 건강기능식품의 기능성 광고를 금지하고 이를 어길 경우 형사처벌하도록 한 구 건강기능식품에 관한 법률 조항은 사전검열에 해당하여 표현의 자유를 침해한다.

② 출판사 및 인쇄소의 등록에 관한 법률 규정 중 '음란한 간행물' 부분은 헌법에 위반되지 아니하고, '저속한 간행물' 부분은 명확성의 원칙에 반할 뿐만 아니라 출판의 자유와 성인의 알 권리를 침해하는 것으로 헌법에 위반된다.

③ 신문 등의 진흥에 관한 법률의 등록조항은 인터넷신문의 명칭, 발행인과 편집인의 인적사항 등 인터넷신문의 외형적이고 객관적 사항을 제한적으로 등록하도록 하고 있는바, 이는 인터넷신문에 대한 인적 요건의 규제 및 확인에 관한 것으로 인터넷신문의 내용을 심사·선별하여 사전에 통제하기 위한 규정으로 사전허가금지원칙에 위배된다.

④ 국가가 개인의 표현행위를 규제하는 경우, 표현내용에 대한 규제는 원칙적으로 중대한 공익의 실현을 위하여 불가피한 경우에 한하여 엄격한 요건하에서 허용되는 반면, 표현내용과 무관하게 표현의 방법을 규제하는 것은 합리적인 공익상의 이유로 상대적으로 넓은 제한이 가능하다.

323 표현의 자유에 대한 설명으로 가장 적절하지 않은 것은? (다툼이 있는 경우 판례에 의함)

① 인터넷언론사에 대하여 선거일 전 90일부터 선거일까지 후보자 명의의 칼럼이나 저술을 게재하는 보도를 제한하는 구 인터넷선거보도 심의기준 등에 관한 규정 제8조 제2항 본문과 인터넷선거보도 심의기준 등에 관한 규정 제8조 제2항은 인터넷언론사 홈페이지에 청구인 명의의 칼럼을 게재한 자의 표현의 자유를 침해한다.

② 의사표현·전파의 자유에 있어서 의사표현 또는 전파의 매개체는 어떠한 형태이건 가능하며 그 제한이 없다.

③ 의료광고를 사전에 예방하지 않을 경우 불특정 다수가 신체·건강상 피해를 보는 등 광범위한 해악이 초래될 수 있으므로, 의료광고는 사전검열금지원칙의 적용대상이 아니다.

④ 공무원이 선거에서 특정 정당 또는 특정인을 지지하기 위하여 타인에게 정당에 가입하도록 권유 운동을 한 경우 형사처벌하는 국가공무원법 제65조 제2항 제5호 중 정당 가입 권유에 관한 부분은 정치적 표현의 자유를 침해하지 않는다.

324 표현의 자유에 대한 설명으로 가장 적절하지 <u>않은</u> 것은? (다툼이 있는 경우 판례에 의함)

① 정당에 관련된 표현행위는 직무 내외를 구분하기 어려우므로 '직무와 관련된 표현행위만을 규제'하는 등 기본권을 최소한도로 제한하는 대안을 상정하기 어렵다.

② 선거일에 선거운동을 한 자를 처벌하는 구 공직선거법 조항은 정치적 표현의 자유를 침해하지 않는다.

③ 사람을 비방할 목적으로 정보통신망을 통하여 공공연하게 거짓의 사실을 드러내어 다른 사람의 명예를 훼손한 자를 형사처벌하도록 규정한 정보통신망 이용촉진 및 정보보호 등에 관한 법률 조항 중 '사람을 비방할 목적' 부분은 청구인들의 표현의 자유를 침해하지 않는다.

④ 시청자는 왜곡된 보도에 대해서 의견 개진 내지 비판을 할 수 있음에도, 방송편성에 관하여 간섭을 금지하는 방송법조항의 '간섭'에 관한 부분 및 그 위반 행위자를 처벌하는 구 방송법 조항의 '간섭'에 관한 부분은 청구인의 표현의 자유를 침해한다.

325 헌법상 금지되는 사전검열에 대한 설명으로 옳은 것을 모두 고른 것은? (다툼이 있는 경우 판례에 의함)

> ㉠ 영화진흥법이 규정하고 있는 영상물등급위원회에 의한 등급분류보류제도는 등급분류보류의 횟수제한이 없어 실질적으로 영상물등급위원회의 허가를 받지 않는 한 영화를 통한 의사표현이 무한정 금지될 수 있으므로 검열에 해당한다.
> ㉡ 사전심의를 받지 않은 건강기능식품의 기능성 광고를 금지하고 이를 어길 경우 형사처벌하도록 한 구 건강기능식품에 관한 법률 조항은 사전검열에 해당하여 표현의 자유를 침해한다.
> ㉢ 민간심의기구가 심의를 담당하는 경우에도 행정권이 개입하여 그 사전심의에 자율성이 보장되지 않는다면 이 역시 행정기관의 사전검열에 해당하게 된다.
> ㉣ 사전심의를 받지 아니한 의료광고를 금지하고 이를 위반한 경우 처벌하는 의료법상의 규정은 사전검열금지원칙에 위반된다.

① ㉠, ㉡   ② ㉠, ㉢, ㉣
③ ㉡, ㉢, ㉣   ④ ㉠, ㉡, ㉢, ㉣

326 집회의 자유에 대한 설명으로 가장 적절하지 <u>않은</u> 것은? (다툼이 있는 경우 판례에 의함)

① 국무총리 공관 경계지점으로부터 100m 이내의 장소에서 옥외집회 또는 시위를 예외 없이 절대적으로 금지하고 있는 법률조항은 집회의 자유를 침해한다.

② 집회의 자유는 집회의 시간, 장소, 방법과 목적을 스스로 결정하는 것을 보장하는 것으로, 구체적으로 보호되는 주요 행위는 집회의 준비 및 조직, 지휘, 참가, 집회장소·시간의 선택이라고 할 수 있다.

③ 야간옥외집회가 공공질서나 타인의 법익을 해칠 위험성이 있다고 하나, 모든 야간옥외집회가 항상 타인의 법익을 침해할 것이라고 볼 수 있는 것은 아니므로 야간옥외집회의 법익침해가능성을 내세워 모든 야간옥외집회를 금지할 수는 없다.

④ 관할 경찰관서장에 대하여 사전신고를 하지 아니하고 옥외집회나 시위를 주최한 자에 대하여 행정질서벌인 과태료가 아닌 형벌을 과하도록 규정되어 있는 집회 및 시위에 관한 법률의 규정은 헌법에 위배된다.

327 집회의 자유에 대한 설명으로 가장 적절하지 <u>않은</u> 것은? (다툼이 있는 경우 판례에 의함)

① 헌법 제21조 제2항의 '허가'는 '행정청이 주체가 되어 집회의 허용 여부를 사전에 결정하는 것'으로서 행정청에 의한 사전허가는 헌법상 금지되지만, 입법자가 법률로써 일반적으로 집회를 제한하는 것은 헌법상 '사전허가금지'에 해당하지 않는다.

② 국회의사당의 경계지점으로부터 100m 이내의 장소에서 옥외집회를 금지하는 것은 국회의 기능이나 역할에 비추어 볼 때 집회의 자유를 침해하는 것이 아니다.

③ 집회의 자유에는 집회를 통하여 형성된 의사를 집단적으로 표현하고 이를 통하여 불특정 다수인의 의사에 영향을 줄 자유를 포함한다.

④ 야간시위를 금지하는 내용의 집회 및 시위에 관한 법률 은 이미 보편화된 야간의 일상적인 생활의 범주에 속하는 '해가 진 후부터 같은 날 24시까지의 시위'에 적용하는 한 헌법에 위반된다.

328 집회의 자유에 관한 설명 중 가장 적절하지 <u>않은</u> 것은? (다툼이 있는 경우 판례에 의함)

① 집회신고는 신고 자체로 효력이 발생하므로 집회신고서의 반려행위는 신고의 효력에 아무런 영향을 미칠 수 없는 행위에 불과하여 헌법소원심판청구의 대상이 되는 공권력의 행사로 볼 수 없다.

② 해가 뜨기 전이나 해가 진 후의 시위를 금지하는 집회 및 시위에 관한 법률 제10조 본문에는 위헌적인 부분과 합헌적인 부분이 공존하고 있으므로, 동 규정을 이미 보편화된 야간의 일상적인 생활의 범주에 속하는 '해가 진 후부터 같은 날 24시까지의 시위'에 적용하는 한 헌법에 위반된다.

③ 서울○○경찰서장이 ○○합섬HK지회와 ○○생명인사지원실이 각각 제출한 옥외집회신고서를 폭력사태 발생이 우려된다는 이유로 동시에 접수 처리하였고, 이후 상호 충돌을 피한다는 이유로 두 개의 집회신고를 모두 반려한 것은 집회의 자유를 침해한 것이다.

④ 국내주재 외교기관이나 각급 법원의 인근에서의 집회와 시위를 금지한 집회 및 시위에 관한 법률 제11조의 규정은 입법목적을 달성하기에 필요한 조치의 범위를 넘는 과도한 제한으로 위헌이다.

329 집회의 자유에 관한 설명으로 가장 적절하지 <u>않은</u> 것은? (다툼이 있는 경우 판례에 의함)

① 막연히 폭력·불법적이거나 돌발적인 상황이 발생할 위험이 있다는 가정만을 근거로 하여 대통령 관저 인근이라는 특정한 장소에서 열리는 모든 집회를 금지하는 것은 헌법적으로 정당화되기 어렵다.

② 미신고 시위로 인하여 타인의 법익이나 공공의 안녕질서에 대한 직접적이고 명백한 위험이 발생한 경우에 해산명령을 발할 수 있도록 하고 이에 응하지 아니하는 행위에 대해 처벌하는 집회 및 시위에 관한 법률상 조항은 달성하려는 공익과 이로 인해 제한되는 청구인의 기본권 사이의 균형을 상실하였다고 보기 어렵다.

③ 신고 범위를 뚜렷이 벗어난 집회·시위로 인하여 질서를 유지할 수 없어 해산을 명령하였음에도 불구하고 이에 불응한 경우에 처벌하는 집회 및 시위에 관한 법률상 조항은 과잉금지원칙을 위반하여 집회의 자유를 침해한다고 볼 수 없다.

④ 재판에 영향을 미칠 염려가 있거나 미치게 하기 위한 집회 또는 시위를 금지하고 이를 위반한 자를 형사처벌하는 구 집회 및 시위에 관한 법률상 조항은 과잉금지원칙을 위반하여 집회의 자유를 침해한다고 볼 수 없다.

330 집회의 자유에 대한 설명 중 가장 적절하지 <u>않은</u> 것은? (다툼이 있는 경우 판례에 의함)

① 옥외집회를 늦어도 집회가 개최되기 48시간 전까지 사전신고를 하도록 법률로 규정한 것이 과잉금지원칙에 위반하여 집회의 자유를 침해하였다고 볼 수 없다.

② 국회의사당의 경계지점으로부터 100m 이내의 장소에서 옥외집회를 금지하는 법률 조항은 집회의 자유를 침해하지 않는다.

③ 옥외집회 또는 시위를 주최하고자 하는 자는 신고서를 옥외집회나 시위를 시작하기 720시간 전부터 48시간 전에 관할 경찰서장에게 제출하여야 한다.

④ 집회의 자유의 보장 대상은 평화적, 비폭력적 집회에 한정된다.

331 집회의 자유에 대한 설명으로 가장 적절하지 <u>않은</u> 것은? (다툼이 있는 경우 판례에 의함)

① 옥외집회를 주최하려는 자는 옥외집회 신고서를 관할 경찰서장에게 제출하여야 하며, 신고한 옥외집회를 하지 아니하게 된 경우에는 신고서에 적힌 집회 일시 24시간 전에 그 철회사유 등을 적은 철회신고서를 관할 경찰서장에게 제출하여야 한다.

② 집회 현장에서 집회 참가자에 대한 사진촬영행위는 집회 참가자에게 심리적 부담으로 작용하여 집회의 자유를 전체적으로 위축시키는 결과를 가져올 수 있으므로 집회의 자유를 제한한다.

③ 24시 이후의 시위를 금지하고 이에 위반한 시위 참가자를 형사처벌하는 법률조항은 집회의 자유를 침해한다.

④ 집회참가자에 대한 검문의 방법으로 시간을 지연시킴으로써 집회장소에 접근하는 것을 방해하는 등의 조치는 집회의 자유를 침해한다.

332 집회의 자유에 대한 설명으로 가장 적절한 것은? (다툼이 있는 경우 판례에 의함)

① 법원의 기능에 대한 보호는 헌법적으로 요청되는 특수성이 있기 때문에 각급 법원 인근에서의 옥외집회나 시위를 예외 없이 절대적으로 금지하더라도 이는 헌법에 위반되지 아니한다.

② 집회는 일정한 장소를 전제로 하여 특정 목적을 가진 다수인이 일시적으로 회합하는 것을 말하는 것으로, 그 공동의 목적은 내적인 유대관계로 족하다.

③ 집회 또는 시위의 주체자는 집회 및 시위에 관한 법률 제8조에 따른 금지 통고를 받았을 경우, 통고를 받은 날부터 7일 이내에 해당 경찰관서의 바로 위의 상급 경찰관서의 장에게 이의를 신청할 수 있다.

④ 미신고 시위에 대한 해산명령에 불응하는 자를 처벌하도록 규정한 집회 및 시위에 관한 법률 조항은 과잉금지원칙을 위반하여 집회의 자유를 침해한다.

333 집회의 자유에 대한 설명으로 가장 적절하지 <u>않은</u> 것은? (다툼이 있는 경우 판례에 의함)

① 집회 및 시위에 관한 법률에서 옥외집회나 시위가 사전신고한 범위를 뚜렷이 벗어나 신고제도의 목적달성을 심히 곤란하게 하고, 그로 인하여 질서를 유지할 수 없게 된 경우에 공공의 안녕 질서유지 및 회복을 위해 해산명령을 할 수 있도록 규정한 것은 청구인들의 집회의 자유를 침해한다고 볼 수 없다.

② 집회장소가 바로 집회의 목적과 효과에 대하여 중요한 의미를 가지기 때문에, 누구나 '어떤 장소'에서 자신이 계획한 집회를 할 것인가를 원칙적으로 자유롭게 결정할 수 있어야만 집회의 자유가 비로소 효과적으로 보장되는 것이다.

③ 집회나 시위 해산을 위한 살수차 사용은 집회의 자유 및 신체의 자유에 대한 중대한 제한을 초래하므로 살수차 사용요건이나 기준은 법률에 근거를 두어야 하고, 살수차와 같은 위해성경찰장비는 본래의 사용방법에 따라 지정된 용도로 사용되어야 하며 다른 용도나 방법으로 사용하기 위해서는 반드시 법령에 근거가 있어야 한다.

④ 대한민국을 방문하는 외국의 국가 원수를 경호하기 위하여 지정된 경호구역 안에서 서울종로경찰서장이 안전 활동의 일환으로 청구인들의 삼보일배행진을 제지한 행위 등은 과잉금지원칙을 위반하여 청구인들의 집회의 자유 등을 침해한다.

334 다음 설명 중 가장 적절하지 <u>않은</u> 것은? (다툼이 있는 경우 판례에 의함)

① 집회의 자유에 의해 보호되는 것은 평화적 또는 비폭력적 집회이고, 폭력을 사용한 의견의 강요는 헌법적으로 보호되지 않는다.

② 의료기관에게 환자들의 의료비 내역에 관한 정보를 국세청에 제출하는 의무를 부과하고 있는 소득세법 규정이 개인정보자기결정권을 침해하는 것은 아니다.

③ 보험회사 직원이 보험회사를 상대로 손해배상청구소송을 제기한 교통사고 피해자들의 장해 정도에 관한 증거자료를 수집할 목적으로 피해자들의 일상생활을 촬영하는 행위는 초상권 및 사생활의 비밀과 자유를 침해하는 행위에 해당하지 않는다.

④ 지방자치단체의 장이 공소제기된 후 구금상태에 있는 경우 부단체장이 그 권한을 대행하도록 규정한 것은 무죄추정의 원칙에 위반되지 않는다.

335 집회 및 결사의 자유에 대한 설명으로 가장 적절한 것은? (다툼이 있는 경우 판례에 의함)

① 집회는 일정한 장소를 전제로 하여 특정 목적을 가진 다수인이 일시적으로 회합하는 것을 의미하여, 그 공동의 목적은 '내적인 유대관계'뿐만 아니라 공동의 의사표현을 전제로 한다.

② 집회의 자유는 개성신장과 아울러 여론형성에 영향을 미칠 수 있게 하여 동화적 통합을 촉진하는 기능을 가지며, 나아가 정치·사회현상에 대한 불만과 비판을 공개적으로 표출케 함으로써 정치적 불만세력을 사회적으로 통합하여 정치적 안정에 기여하는 역할을 한다.

③ 결사의 자유의 주체는 자연인에 한정된다.

④ 원칙적으로 공공의 안녕질서에 대한 위협이 예상되는 경우에는 집회를 해산할 수 있다.

336 집회 및 결사의 자유에 대한 설명으로 가장 적절하지 <u>않은</u> 것은? (다툼이 있는 경우 판례에 의함)

① 일몰시간 후부터 같은 날 24시까지의 시위의 경우, 특별히 공공의 질서 내지 법적 평화를 침해할 위험성이 크다고 할 수 없으므로 그와 같은 시위를 일률적으로 금지하는 것은 과잉금지원칙에 위반된다.

② 집회의 자유는 집회참가자에 대한 검문의 방법으로 시간을 지연시킴으로써 집회장소에 접근하는 것을 방해하는 등 집회의 자유 행사에 영향을 미치는 모든 조치를 금지한다.

③ 농지개량조합을 공법인으로 보는 이상, 이는 결사의 자유가 뜻하는 헌법상 보호법익의 대상이 되는 단체로 볼 수 없다.

④ 헌법 제21조 제1항에 의해 보호되는 결사의 개념에는 공공목적에 의해 구성원의 자격이 정해진 특수단체나 공법상의 결사도 포함된다.

337 집회·결사의 자유에 관한 다음 설명 중 가장 적절하지 <u>않은</u> 것은? (다툼이 있는 경우 판례에 의함)

① 집회의 자유는 민주정치에 있어 필수의 전제가 되는 것이므로 그 보장이 절실히 요구된다.

② 대법원은 2인 이상이 모이면 '집회'로 보고 그 경우 집회 및 시위에 관한 법률의 보장 또는 규제 대상으로 본다.

③ 지역농협 이사 선거의 경우 전화·컴퓨터통신을 이용한 지지 호소의 선거운동방법을 금지하고, 이를 위반한 자를 처벌하는 것은 해당 선거 후보자의 결사의 자유와 표현의 자유를 침해한다.

④ 농협은 기본적으로 사법인의 성격을 지니므로, 농업협동조합법에서 정하는 특정한 국가적 목적을 위하여 설립되는 공공성이 강한 법인으로서 공적인 역할을 수행한다고 하더라도, 농협의 구성원들이 기본권 침해를 주장하여 과잉금지원칙 위배 여부를 판단할 때에는 사적인 임의결사의 기본권이 제한되는 경우와 마찬가지로 엄격한 심사기준이 적용된다.

338 집회·결사의 자유에 대한 설명으로 가장 적절하지 <u>않은</u> 것은? (다툼이 있는 경우 판례에 의함)

① 재판에 영향을 미칠 염려가 있거나 미치게 하기 위한 집회 또는 시위를 금지하고 이를 위반한 자를 형사처벌하는 규정은 과잉금지원칙에 위배되지 않는다.

② 누구든지 각급 법원의 경계 지점으로부터 100m 이내의 장소에서 옥외집회 또는 시위를 할 경우 형사처벌하는 규정은 집회의 자유를 침해한다.

③ 집회의 사전허가제는 헌법으로 금지되고, 현행법은 사전신고제로 하고 있다.

④ 근로자가 노동조합에 가입을 강제당하지 않을 자유는 헌법 제10조의 행복추구권에서 파생되는 일반적 행동의 자유 또는 헌법 제21조 제1항의 결사의 자유에서 그 근거를 찾을 수 있다.

339 집회의 자유에 대한 설명으로 가장 적절하지 <u>않은</u> 것은? (다툼이 있는 경우 판례에 의함)

① 집회의 자유에 있어서 그 공동의 목적은 '내적인 유대관계'로 족하다.

② 집회 및 시위에 관한 법률의 옥외집회 시위의 사전신고제도는 협력의무로서의 신고이기 때문에 헌법 제21조 제2항의 사전허가금지에 위배되지 않는다.

③ 입법자가 법률로써 일반적으로 집회를 제한하는 것도 원칙적으로 헌법 제21조 제2항에서 금지하는 '사전허가'에 해당한다.

④ 일몰시간 후부터 같은 날 24시까지의 시위의 경우, 특별히 공공의 질서 내지 법적 평화를 침해할 위험성이 크다고 할 수 없으므로 그와 같은 시위를 일률적으로 금지하는 것은 과잉금지원칙에 위반된다.

340 집회 및 결사의 자유에 관한 설명 중 가장 적절하지 <u>않은</u> 것은? (다툼이 있는 경우 판례에 의함)

① 집회의 자유에는 집회의 장소를 스스로 결정할 장소선택의 자유도 포함한다.

② 집회의 개념 요소인 공동의 목적은 '내적인 유대관계'로 족하다.

③ 헌법은 집회의 자유를 국민의 기본권으로 보장하므로, 평화적 집회 그 자체는 공공의 안녕질서에 대한 위험이나 침해로서 평가되어서는 아니 되지만, 개인이 집회의 자유를 집단적으로 행사함으로써 불가피하게 발생하는 일반대중에 대한 불편함이나 법익에 대한 위험이 국가와 제3자에 의하여 수인되어야 하는 것은 아니다.

④ 집회의 자유는 집회참가자에 대한 검문의 방법으로 시간을 지연시킴으로써 집회장소에 접근하는 것을 방해하는 등 집회의 자유 행사에 영향을 미치는 모든 조치를 금지한다.

341 집회 및 시위의 자유에 관한 다음 설명 중 가장 적절하지 <u>않은</u> 것은? (다툼이 있는 경우 판례에 의함)

① 집회의 자유는 개인의 인격발현의 요소이자 민주주의를 구성하는 요소라는 이중적인 헌법적 기능을 가지고 있다.

② 각급 법원 인근에 집회·시위금지장소를 설정하는 것은 입법목적 달성을 위한 적합한 수단으로 볼 수 없다.

③ 집회 또는 시위의 주최자는 집회 또는 시위에 있어서의 질서를 유지하여야 하며, 질서를 유지할 수 없으면 그 집회 또는 시위의 종결을 선언하여야 한다.

④ 집회 참가자들에 대한 경찰의 촬영행위는 개인정보자기결정권의 보호대상이 되는 신체, 특정인의 집회·시위 참가 여부 및 그 일시·장소 등의 개인정보를 정보주체의 동의 없이 수집하였다는 점에서 개인정보자기결정권을 제한할 수 있다.

342 집회의 자유에 대한 설명으로 가장 적절하지 <u>않은</u> 것은? (다툼이 있는 경우 판례에 의함)

① 국무총리 공관 경계지점으로부터 100m 이내의 장소에서 옥외집회 또는 시위를 예외 없이 절대적으로 금지하고 있는 법률조항은 집회의 자유를 침해한다.

② 헌법 제21조 제2항의 '허가'는 '행정청이 주체가 되어 집회의 허용 여부를 사전에 결정하는 것'으로서 행정청에 의한 사전허가는 헌법상 금지되지만, 입법자가 법률로써 일반적으로 집회를 제한하는 것은 헌법상 '사전허가금지'에 해당하지 않는다.

③ 외교기관 인근의 옥외집회·시위를 원칙적으로 금지하면서도 외교기관의 기능을 침해할 우려가 없는 예외적인 경우에는 허용하고 있다면 집회의 자유를 침해하는 것은 아니다.

④ 관할 경찰관서장에 대하여 사전신고를 하지 아니하고 옥외집회나 시위를 주최한 자에 대하여 행정질서벌인 과태료가 아닌 형벌을 과하도록 규정되어 있는 집회 및 시위에 관한 법률의 규정은 헌법에 위배된다.

343 집회·결사의 자유에 대한 설명으로 가장 적절하지 <u>않은</u> 것은? (다툼이 있는 경우 판례에 의함)

① 재판에 영향을 미칠 염려가 있거나 미치게 하기 위한 집회 또는 시위를 금지하고 이를 위반한 자를 형사처벌하는 규정은 과잉금지원칙에 위배되지 않는다.

② 누구든지 각급 법원의 경계 지점으로부터 100m 이내의 장소에서 옥외집회 또는 시위를 할 경우 형사처벌하는 규정은 집회의 자유를 침해한다.

③ 국내주재 외교기관이나 각급 법원의 인근에서의 집회와 시위를 금지한 집회 및 시위에 관한 법률 제11조의 규정은 입법목적을 달성하기에 필요한 조치의 범위를 넘는 과도한 제한으로 위헌이다.

④ 해가 뜨기 전이나 해가 진 후의 시위를 금지하는 집회 및 시위에 관한 법률 제10조 본문에는 위헌적인 부분과 합헌적인 부분이 공존하고 있으므로, 동 규정을 이미 보편화된 야간의 일상적인 생활의 범주에 속하는 '해가 진 후부터 같은 날 24시까지의 시위'에 적용하는 한 헌법에 위반된다.

344 집회의 자유에 대한 설명으로 가장 적절하지 <u>않은</u> 것은? (다툼이 있는 경우 판례에 의함)

① 집회 및 시위에 관한 법률상의 '시위'는 반드시 '일반인이 자유로이 통행할 수 있는 장소'에서 이루어져야 한다거나 '행진' 등 장소 이동을 동반해야만 성립하는 것은 아니다.

② 집회의 자유는 민주국가에서 사회·정치현상에 대한 불만과 비판을 공개적으로 표출케 함으로써 정치적 불만이 있는 자를 사회에 통합하고 정치적 안정에 기여하는 기능을 하는 중요한 수단이기 때문에, 평화적 수단을 이용한 의견의 표명뿐만 아니라 폭력을 사용한 의견의 강요 역시 헌법적으로 보호된다.

③ 집회는 특별한 상징적 의미나 집회와 특별한 연관성을 갖는 장소에서 이루어져야 의견표명이 효과적으로 이루어질 수 있으므로 집회장소를 선택할 자유는 집회의 자유의 실질적 부분을 형성한다.

④ 집회 및 시위에 관한 법률상 미신고 옥외집회 또는 시위를 해산명령 대상으로 하면서 별도의 해산 요건을 정하고 있지 않더라도, 그 옥외집회 또는 시위로 인하여 타인의 법익이나 공공의 안녕질서에 대한 직접적인 위험이 명백하게 초래된 경우에 한하여 해산을 명할 수 있다.

345 예술의 자유에 관한 설명으로 가장 적절하지 <u>않은</u> 것은? (다툼이 있는 경우 판례에 의함)

① 구 음반에관한법률 제3조 제1항이 비디오물을 포함하는 음반제작자에 대하여 일정한 시설을 갖추어 문화공보부에 등록할 것을 명하는 것은 예술의 자유를 침해하는 것이다.

② 극장은 영상물·공연물 등 의사표현의 매개체를 일반 공중에게 표현하는 장소로서의 의미가 있으므로 극장의 자유로운 운영에 대한 제한은 공연물, 영상물이 지니는 표현물, 예술작품으로서의 성격에 기하여 표현의 자유 및 예술의 자유의 제한 효과도 가지고 있다.

③ 자신의 미적 감상 등을 문신시술을 통하여 시각적으로 표현할 수 있다는 측면에서 문신시술이 예술의 자유 또는 표현의 자유의 영역에 포함될 수 있다.

④ 헌법 제22조 제2항은 저작자·발명가·과학기술자와 예술가의 권리는 법률로써 보호한다고 하여 학문과 예술의 자유를 제도적으로 뒷받침해 주고 학문과 예술의 자유에 내포된 문화국가실현의 실효성을 높이기 위하여 저작자 등의 권리보호를 국가의 과제로 규정하고 있다.

346 학문과 예술의 자유에 대한 설명으로 가장 적절하지 <u>않은</u> 것은? (다툼이 있는 경우 판례에 의함)

① 대학교수가 반국가단체로서의 북한의 활동을 찬양·고무·선전 또는 이에 동조할 목적 아래 '한국전쟁과 민족통일'이란 논문을 제작·반포하거나 발표한 것은 헌법이 보장하는 학문의 자유의 범위 안에 있지 않다.

② 초·중·고교 교사는 수업의 자유를 내세워 헌법과 법률이 지향하는 자유민주적 기본질서를 침해할 수 없다.

③ 헌법재판소의 판례에 의하면, 중학교의 국어교과서에 대한 국정교과서제도는 교과서라는 형태의 도서에 대하여 국가가 이를 독점하는 것으로서 학문의 자유를 침해하는 것이다.

④ 예술표현의 자유는 창작한 예술품을 일반대중에게 전시·공연·보급할 수 있는 자유인바, 예술품 보급의 자유와 관련해서 예술품 보급을 목적으로 하는 예술출판자 등도 이러한 의미에서의 예술의 자유의 보호를 받는다.

347 대학의 자율성에 관한 설명 중 가장 적절하지 <u>않은</u> 것은? (다툼이 있는 경우 판례에 의함)

① 대학의 자율성은 헌법 제22조 제1항에서 보장하는 학문의 자유의 확실한 보장수단으로 꼭 필요한 것으로서 대학에게 부여된 헌법상의 기본권이다.

② 대학의 자율은 대학시설의 관리·운영만이 아니라 전반적인 것이라야 하므로 연구와 교육의 내용, 그 방법과 대상, 교과과정의 편성, 학생의 선발과 전형뿐만 아니라 교원의 임면에 관한 사항도 자율의 범위에 속한다.

③ 대학의 장 후보자를 추천할 때 해당 대학 교원의 합의된 방식과 절차에 따라 직접선거로 선정하는 경우, 해당 대학은 선거관리에 관하여 그 소재지를 관할하는 선거관리위원회법에 따른 구·시·군선거관리위원회에 선거관리를 위탁하여야 한다.

④ 대학의 장이 단과대학장을 보할 때 그 대상자의 추천을 받거나 선출의 절차를 거치지 아니하고, 해당 단과대학 소속 교수 또는 부교수 중에서 직접 지명하도록 하고 있는 것은 대학의 자율성을 침해하는 것이다.

348 재산권과 관련한 설명 중 가장 적절하지 <u>않은</u> 것은? (다툼이 있는 경우 판례에 의함)

① 헌법재판소는 강제집행권은 국가 통치권의 한 작용으로 헌법상 보호되는 재산권에 속하지 않는다고 하였다.

② 건축허가를 받은 자가 그 허가를 받은 날로부터 1년 이내에 공사에 착수하지 아니한 경우 건축허가를 필수적으로 취소하도록 규정한 건축법 제11조 제7항은 건축주의 재산권을 침해하는 위헌적인 규정이라고 할 것이다.

③ 토지소유자가 건설폐기물처리사업자에게 자기 소유의 토지를 임대한 경우 건설폐기물처리사업자가 이행하지 않은 방치폐기물 처리책임을 승계하도록 하는 것은 토지소유자의 재산권을 침해하지 않는다.

④ 공법상의 권리가 헌법상의 재산권으로 보장되기 위해서는 사적 유용성, 수급자의 상당한 자기기여 및 수급자의 생존확보에 기여 등 세 가지 요건을 충족해야 하기 때문에 사회부조(社會扶助)와 같이 국가의 일방적인 급부에 대한 권리는 재산권의 보호대상에서 제외된다.

349 재산권에 대한 다음 설명 중 헌법재판소의 입장으로 가장 적절하지 <u>않은</u> 것은?

① 양도소득세를 부과함에 있어 같은 과세기간에 이루어진 일반양도로 인한 양도소득과 공용수용으로 인한 양도소득을 합산해 누진과세하는 것이 과잉금지원칙에 반하여 재산권을 침해하는 것이라 할 수 없다.

② 상속회복청구권의 행사기간을 상속침해를 안 날로부터 3년으로 제한한 것은 헌법에 위반되지 아니한다.

③ 헌법 제23조 제3항은 정당한 보상을 전제로 하여 재산권의 수용에 관한 가능성을 규정하면서도 재산권 수용의 주체를 한정하지 않고 있지만 재산권 수용의 주체는 국가에 한정되고 민간기업에는 수용권이 허용될 수 없다.

④ 건축허가를 받은 자가 그 허가를 받은 날로부터 1년 이내에 공사에 착수하지 아니한 경우 건축허가를 필수적으로 취소하도록 규정한 건축법 제11조 제7항은 헌법에 위반되지 아니한다.

350 재산권에 관한 설명 중 가장 적절하지 <u>않은</u> 것은? (다툼이 있는 경우 판례에 의함)

① 종합소득세의 납부의무 위반에 대하여 미납기간을 고려하지 않고 일률적으로 미납세액의 100분의 10에 해당하는 가산세를 부과하도록 한 구 소득세법 제81조 제3항이 비례원칙에 반하여 납세의무자의 재산권을 침해하는 것은 아니다.

② 잠수기어업허가를 받아 키조개 등을 채취하던 자가 잠수기어업허가를 받지 못하여 상실된 이익은 헌법 제23조의 재산권의 보호범위에 포함되지 않는다.

③ 개발사업시행자에게 학교용지 조성·개발의무를 부과하고 이를 시·도에 공급하도록 하면서도, 이러한 학교용지를 시·도가 매입하는 시기와 절차 등에 관하여 규정하고 있지 아니한 학교용지 확보 등에 관한 특례법 제4조 제2항이 재산권을 침해하는 규정이라 할 수 없다.

④ 상호신용금고의 예금채권자에게 예탁금의 한도 안에서 상호신용금고의 총재산에 대하여 다른 채권자에 우선하여 변제받을 권리를 부여하는 것은 공적자금 등의 보호필요성에 근거하므로 다른 일반 채권자의 재산권을 침해하지 않는다.

351 재산권 보장에 관한 설명으로 가장 적절하지 <u>않은</u> 것은? (다툼이 있는 경우 판례에 의함)

① 성매매에 제공되는 사실을 알면서 건물을 제공하는 행위를 한 자를 처벌하는 것은 집창촌에서 건물을 소유하거나 그 관리권한을 가지고 있는 자의 재산권을 침해한다.

② 재산권 보장은 사유재산의 처분과 그 상속을 포함하는 것이므로 유언자가 생전에 최종적으로 자신의 재산권에 대하여 처분할 수 있는 법적 가능성을 의미하는 유언의 자유는 헌법상 재산권의 보호를 받는다.

③ 청구인이 심판대상조항을 적용받지 아니함으로써 재단법인의 설립 없이 유골 수를 추가 설치·관리하여 수익을 창출하려 하였던 사정은 재산권의 보호영역에 포함될 수 없다.

④ 농업경영에 이용하지 않는 경우에 농지소유를 원칙적으로 금지하고 있는 농지법 제6조 제1항에도 불구하고, 예외적인 경우에는 농지소유를 허용하면서, 그러한 예외에 종중은 포함하지 않고 있는 구 농지법 제6조 제2항이 종중의 재산권을 침해하는 것은 아니다.

352 재산권에 관한 설명으로 가장 적절하지 <u>않은</u> 것은? (다툼이 있는 경우 판례에 의함)

① 수용된 토지가 당해 공익사업에 필요 없게 되거나 이용되지 아니하였을 경우에 피수용자가 그 토지소유권을 회복할 수 있는 권리, 즉 환매권은 헌법이 보장하는 재산권의 내용에 포함되는 권리이다.

② 구 문화재보호법이 건설공사 과정에서 매장문화재의 발굴로 인하여 문화재훼손 위험을 야기한 사업시행자에게 원칙적으로 발굴경비를 부담시키는 것은 사업시행자의 재산권을 침해한다.

③ 국가 등의 양로시설 등에 입소하는 국가유공자에게 부가연금, 생활조정수당 등의 지급을 정지한다 하더라도 그 국가유공자의 재산권을 침해하는 것은 아니다.

④ 사업연도가 1년 미만인 경우 과세표준을 1년으로 환산한 금액을 기준으로 누진세율을 적용하여 세액을 산출하도록 한 법인세법 제55조 제2항은 재산권을 침해하지 않는다.

353 재산권에 대한 설명으로 옳지 <u>않은</u> 것을 모두 고른 것은? (다툼이 있는 경우 판례에 의함)

> ⊙ 재산권의 내용을 새로이 형성하는 법률이 합헌적이기 위해서는 장래에 적용될 법률이 헌법에 합치하여야 하고, 나아가 과거의 법적 상태에 의하여 부여된 구체적 권리에 대한 침해를 정당화하는 이유가 존재하여야 한다.
> ⓒ 배우자의 상속공제를 인정받기 위한 요건으로 배우자상속재산 분할기한까지 배우자의 상속재산을 분할하여 신고할 것을 요구하면서 위 기한이 경과하면 일률적으로 배우자의 상속공제를 부인하고 있는 구 상속세 및 증여세법 제19조 제2항은 배우자인 상속인의 재산권을 침해한다고 볼 수 없다.
> ⓒ 일본국에 의하여 광범위하게 자행된 반인도적 범죄행위에 대하여 일본군위안부 피해자들이 일본에 대하여 가지는 배상청구권은 헌법상 보장되는 재산권에 해당한다.
> ② 매도인이 선의인 계약명의신탁의 경우에도 명의신탁자에게 과징금을 부과하도록 규정한 구 부동산 실권리자 명의 등기에 관한 법률 조항은 명의신탁자의 재산권을 침해하는 위헌 규정이다.

① ⊙, ⓒ

② ⊙, ②

③ ⓒ, ⓒ

④ ⓒ, ②

354 헌법상 재산권의 보호대상에 해당되는 것을 모두 고른 것은? (다툼이 있는 경우 헌법재판소 판례에 의함)

㉠ 환매권	㉡ 약사의 한약조제권
㉢ 상속권	㉣ 강제집행권
㉤ 특허권	

① ㉠, ㉡, ㉢
② ㉠, ㉢, ㉤
③ ㉡, ㉣, ㉤
④ ㉢, ㉣, ㉤

355 재산권에 관한 설명 중 가장 적절한 것은? (다툼이 있는 경우 판례에 의함)

① 물건에 대한 재산권 행사에 비하여 동물에 대한 재산권 행사는 사회적 연관성과 사회적 기능이 적다 할 것이므로 이를 제한하는 경우 입법재량의 범위를 좁게 인정함이 타당하다.

② 건설공사를 위하여 문화재발굴허가를 받아 매장문화재를 발굴하는 경우 그 발굴비용을 사업시행자로 하여금 부담하게 하는 것은 문화재 보존을 위해 사업시행자에게 일방적인 희생을 강요하는 것이므로 재산권을 침해한다.

③ 종래 보수연동제에 의하여 연금액의 조정을 받아오던 기존의 연금수급자에게 법률개정을 통해 물가연동제에 의한 연금액조정방식을 적용하도록 하는 것은 헌법에 위배되지 않는다.

④ 토지의 강한 사회성 내지 공공성으로 말미암아 토지재산권에는 다른 재산권에 비하여 보다 강한 제한과 의무가 부과되고 이에 대한 제한입법에는 입법자의 광범위한 입법형성권이 인정되므로, 과잉금지원칙에 의한 심사는 부적절하다.

356 재산권 보장에 관한 설명으로 가장 적절하지 <u>않은</u> 것은? (다툼이 있는 경우 판례에 의함)

① 헌법이 보장하는 재산권의 내용과 한계는 국회에서 제정되는 형식적 법률에 의하여 정해지므로 헌법상의 재산권 보장은 재산권 형성적 법률유보에 의하여 실현되고 구체화된다.

② 사회부조와 같이 수급자의 자기기여 없이 국가가 일방적으로 주는 급부를 내용으로 하는 공법상의 권리도 헌법상의 재산권 보장 대상이다.

③ 유한회사가 납부하여야 할 국세·가산금과 체납처분비에 대한 제2차 납세의무를 '유한책임사원 1명과 그의 특수관계인 중 대통령령으로 정하는 자로서 그들의 출자액 합계가 해당 법인의 출자총액의 100분의 50을 초과하면서 그에 관한 권리를 실질적으로 행사하는 자들'에게 부과하도록 하고 있는 구 국세기본법 제39조 제2호의 '법인' 중 유한회사에 관한 부분은 과잉금지원칙에 위배되어 재산권을 침해하지 않는다.

④ 토지의 가격이 취득일 당시에 비하여 현저히 상승한 경우 환매금액에 대한 협의가 성립하지 아니한 때에는 사업시행자로 하여금 환매금액의 증액을 청구할 수 있도록 한 공익사업을 위한 토지 등의 취득 및 보상에 관한 법률 조항은 환매권자의 재산권을 침해하지 아니한다.

357 재산권에 관한 설명으로 가장 적절하지 <u>않은</u> 것은? (다툼이 있는 경우 판례에 의함)

① 재산권의 내용을 새로이 형성하는 법률이 합헌적이기 위하여서는 장래에 적용될 법률이 헌법에 합치하면 되는 것이지 과거의 법적 상태에 의하여 부여된 구체적 권리에 대한 침해를 정당화하는 이유가 존재하여야 하는 것은 아니다.

② 재산권은 민법상의 소유권·물권·채권은 물론 특별법상의 권리인 광업권·어업권·수렵권 그리고 공법상의 권리인 환매권·퇴직연금수급권·퇴직급여청구권 등도 포함한다.

③ 재직 중의 사유로 금고 이상의 형을 받은 공무원 또는 공무원이었던 자에 대하여 일률적으로 퇴직급여 및 퇴직수당의 일부를 감액하여 지급하도록 하는 것은 그의 재산권을 침해하는 것이다.

④ 신문기업의 소유와 경영에 관한 자료를 신고·공개토록 하는 것은 일반신문의 기업활동의 자유를 침해하지 아니한다.

358 재산권에 관한 설명 중 가장 적절하지 <u>않은</u> 것은? (다툼이 있는 경우 판례에 의함)

① 재산권 보장은 사유재산의 처분과 그 상속을 포함하는 것이므로 유언자가 생전에 최종적으로 자신의 재산권에 대하여 처분할 수 있는 법적 가능성을 의미하는 유언의 자유는 헌법상 재산권의 보호를 받는다.

② 재산권 행사의 대상이 되는 객체가 지닌 사회적인 연관성과 사회적 기능이 크면 클수록 입법자에 의한 보다 더 광범위한 제한이 정당화된다.

③ 의약품을 판매하여 얻게 되는 이익은 장래의 불확실한 기대이익에 불과한 것이므로 약사의 한약조제권은 재산권의 범위에 속하지 아니한다.

④ 건축법을 위반한 건축주 등이 건축 허가권자로부터 위반건축물의 철거 등 시정명령을 받고도 그 이행을 하지 않는 경우 건축법 위반자에 대하여 시정명령 이행시까지 반복적으로 이행강제금을 부과할 수 있도록 규정한 건축법 조항은 과잉금지의 원칙에 위배되어 건축법 위반자의 재산권을 침해한다.

359 재산권에 대한 설명으로 가장 적절하지 <u>않은</u> 것은? (다툼이 있는 경우 판례에 의함)

① 환매권의 발생기간을 '취득일로부터 10년 이내'로 제한한 것은 토지수용 등의 원인이 된 공익사업의 폐지 등으로 공공필요가 소멸하였음에도 단지 10년이 경과하였다는 사정만으로 환매권이 배제되는 결과가 초래될 수 있으므로 재산권을 침해한다.

② 공무원이거나 공무원이었던 사람이 재직 중의 사유로 금고 이상의 형을 받거나 형이 확정된 경우 퇴직급여 및 퇴직수당의 일부를 감액하여 지급함에 있어 그 이후 형의 선고의 효력을 상실하게 하는 특별사면 및 복권을 받은 경우를 달리 취급하는 규정을 두지 아니한 것은 재산권을 침해하지 않는다.

③ 공무원연금법상 퇴직연금 수급자가 유족연금을 함께 받게 된 경우 그 유족연금액의 2분의 1을 빼고 지급하도록 하는 것은 재산권을 침해한다.

④ 예비군 교육훈련에 참가한 예비군대원이 훈련 과정에서 식비, 여비 등을 스스로 지출함으로써 생기는 경제적 부담은 헌법에서 보장하는 재산권의 범위에 포함된다고 할 수 없고, 예비군 교육훈련기간 동안의 일실수익과 같은 기회비용 역시 경제적인 기회에 불과하여 재산권의 범위에 포함되지 아니한다.

360 헌법재판소가 재산권으로 인정한 경우를 ○, 인정하지 않은 경우를 ×로 표시한다면 옳은 것은? (다툼이 있는 경우 판례에 의함)

> ○ 상공회의소의 의결권
> ○ 국민연금법상 사망일시금
> ○ 개인택시면허
> ○ 관행어업권
> ○ 건강보험수급권
> ○ 이동전화번호
> ○ 불법적인 사용의 경우에 인정되는 수용청구권

① ㉠ [○] ㉡ [×] ㉢ [○] ㉣ [○] ㉤ [×] ㉥ [×] ㉦ [○]

② ㉠ [○] ㉡ [○] ㉢ [×] ㉣ [×] ㉤ [×] ㉥ [○] ㉦ [×]

③ ㉠ [×] ㉡ [○] ㉢ [○] ㉣ [×] ㉤ [○] ㉥ [×] ㉦ [○]

④ ㉠ [×] ㉡ [×] ㉢ [○] ㉣ [○] ㉤ [○] ㉥ [×] ㉦ [×]

361 재산권에 대한 설명으로 가장 적절하지 <u>않은</u> 것은? (다툼이 있는 경우 판례에 의함)

① 일반적인 물건에 대한 재산권 행사에 비하여 동물에 대한 재산권 행사는 사회적 연관성과 사회적 기능이 매우 크다 할 것이므로 이를 제한하는 경우 입법재량의 범위를 폭넓게 인정함이 타당하다.

② 공무원 퇴직연금수급권은 국가의 재정상황, 국민 전체의 소득 및 생활수준 기타 여러 가지 사회·경제적인 여건 등을 종합하여 합리적인 수준에서 결정할 수 있는 광범위한 입법형성의 재량이 인정되기 때문에 법정요건을 갖춘 후 발생하는 공무원 퇴직연금수급권은 경제적·재산적 가치가 있는 공법상의 권리로서 헌법 제23조 제1항이 보장하고 있는 재산권에 포함된다.

③ 영리획득의 단순한 기회 또는 기업활동의 사실적·법적 여건 또한 재산권 보장의 대상이 된다.

④ 개발제한구역 지정으로 인하여 토지를 종래의 목적으로도 사용할 수 없거나 또는 더 이상 법적으로 허용된 토지이용의 방법이 없기 때문에 실질적으로 토지의 사용·수익의 길이 없는 경우에는 토지소유자가 수인해야 하는 사회적 제약의 한계를 넘는 것으로 보아야 한다.

362 재산권에 대한 설명으로 가장 적절하지 <u>않은</u> 것은? (다툼이 있는 경우 판례에 의함)

① 고엽제후유의증 환자지원 등에 관한 법률에 의한 고엽제후유증환자 및 그 유족의 보상수급권은 법률에 의하여 비로소 인정되는 권리로서 재산권적 성질을 갖는 것이긴 하지만 그 발생에 필요한 요건이 법정되어 있는 이상 이러한 요건을 갖추기 전에는 헌법이 보장하는 재산권이라고 할 수 없다.

② 토지의 협의취득 또는 수용 후 당해 공익사업이 다른 공익사업으로 변경되는 경우에 당해 토지의 원소유자 또는 그 포괄승계인의 환매권을 제한하고, 환매권 행사기간을 변환 고시일부터 기산하도록 한 구 공익사업을 위한 토지 등의 취득 및 보상에 관한 법률 조항은 이들의 재산권을 침해한다.

③ 문화재의 사용, 수익, 처분에 있어 고의로 문화재의 효용을 해하는 은닉을 금지하는 것은 문화재에 관한 재산권 행사의 사회적 제약을 구체화한 것에 불과하다.

④ 토지수용시에 개발이익이 포함되지 아니한 공시지가를 기준으로 보상하는 것은 합헌이다.

363 재산권에 관한 설명으로 가장 적절한 것은? (다툼이 있는 경우 판례에 의함)

① 헌법의 재산권 보장은 사유재산의 사용과 그 처분을 포함하는 것인바, 유언자가 생전에 최종적으로 자신의 재산권에 대하여 처분할 수 있는 법적 가능성을 의미하는 유언의 자유가 생전증여에 의한 처분과 마찬가지로 헌법상 재산권의 보호를 받는 것은 아니다.

② 환경개선부담금은 경유에 리터당 부과되는 교통·에너지·환경세와 달리 개별 경유차의 오염유발 수준을 고려하므로, 경유를 연료로 사용하는 자동차의 소유자로부터 환경개선부담금을 부과·징수하도록 정한 환경개선비용 부담법 조항이 과잉금지원칙을 위반하여 경유차 소유자의 재산권을 침해한다고는 볼 수 없다.

③ 회원제 골프장용 부동산의 재산세에 대하여 1천분의 40의 중과세율을 규정한 구 지방세법 조항은 모든 회원제 골프장을 동일하게 취급하고 있는바, 이는 회원제 골프장 운영자 등의 재산권을 침해하는 것으로서 과잉금지원칙에 반하여 헌법에 위반된다.

④ 전기통신 금융사기의 피해자가 피해구제 신청을 하는 경우, 피해자의 자금이 송금·이체된 계좌 및 해당 계좌로부터 자금의 이전에 이용된 계좌를 지급정지하는 전기통신금융사기 피해방지 및 피해금 환급에 관한 특별법 조항은 과잉금지원칙을 위반하여 청구인의 재산권을 침해한다.

364 재산권에 대한 설명으로 가장 적절하지 <u>않은</u> 것은? (다툼이 있는 경우 판례에 의함)

① 일반적인 물건에 대한 재산권 행사에 비하여 동물에 대한 재산권 행사는 사회적 연관성과 사회적 기능이 매우 크다 할 것이므로 이를 제한하는 경우 입법재량의 범위를 폭넓게 인정함이 타당하다.

② 종합소득세의 납부의무 위반에 대하여 미납기간을 고려하지 않고 일률적으로 미납세액의 100분의 10에 해당하는 가산세를 부과하도록 한 구 소득세법 제81조 제3항이 비례원칙에 반하여 납세의무자의 재산권을 침해하는 것은 아니다.

③ 별거나 가출 등으로 실질적인 혼인관계가 존재하지 아니하여 연금 형성에 기여가 없는 이혼배우자에 대해서 법률혼 기간을 기준으로 분할연금 수급권을 인정하는 것은 재산권을 침해하지 않는다.

④ 면세유류 관리기관인 수산업협동조합이 관리 부실로 인하여 면세유류 구입카드 또는 출고지시서를 잘못 교부·발급한 경우 해당 석유류에 대한 부가가치세 등 감면세액의 100분의 20에 해당하는 금액을 가산세로 징수하도록 규정한 구 조세특례제한법 제106조의2 제11항 제2호 중 각 '면세유류 관리기관인 조합' 가운데 '수산업협동조합법에 따른 조합'에 관한 부분은 과잉금지원칙에 반하여 면세유류 관리기관인 수협의 재산권을 침해하지 않는다.

365 공무원의 연금청구권에 관한 설명 중 가장 적절하지 <u>않은</u> 것은? (다툼이 있는 경우 판례에 의함)

① 재산권 보장은 사유재산의 처분과 그 상속을 포함하는 것이므로 유언자가 생전에 최종적으로 자신의 재산권에 대하여 처분할 수 있는 법적 가능성을 의미하는 유언의 자유는 헌법상 재산권의 보호를 받는다.

② 구 문화재보호법이 건설공사 과정에서 매장문화재의 발굴로 인하여 문화재훼손 위험을 야기한 사업시행자에게 원칙적으로 발굴경비를 부담시키는 것은 사업시행자의 재산권을 침해하지 않는다.

③ 공무원의 범죄행위로 인해 형사처벌이 부과된 경우에는 그로 인하여 공직을 상실하게 되므로, 이에 더하여 공무원의 퇴직급여청구권까지 박탈하는 것은 이중처벌금지의 원칙에 위반된다.

④ 공무원 또는 공무원이었던 자가 재직 중의 사유로 금고 이상의 형을 받은 때 퇴직급여 및 퇴직수당의 일부를 감액하여 지급하도록 한 공무원연금법 조항은 공무원의 신분이나 직무상 의무와 관련 없는 범죄인지 여부 등과 관계없이 일률적·필요적으로 퇴직급여를 감액하는 것으로서 재산권을 침해한다.

366 다음 중 헌법재판소가 재산권으로 인정한 사례를 모두 고른 것은? (다툼이 있는 경우 판례에 의함)

> ㉠ 강제집행권
> ㉡ 주주권
> ㉢ 개인택시면허
> ㉣ 정당한 지목을 등록함으로써 얻는 이익
> ㉤ 구 민법상 법정혈족관계로 인정되던 계모자 사이의 상속권
> ㉥ 소멸시효의 기대이익

① ㉠, ㉡, ㉢　　　　　　　　　　　　　② ㉡, ㉢, ㉣

③ ㉡, ㉢, ㉣, ㉤　　　　　　　　　　　④ ㉡, ㉢, ㉣, ㉤, ㉥

367 재산권에 관한 설명 중 가장 적절하지 않은 것은? (다툼이 있는 경우 판례에 의함)

① 국민연금법상 연금수급권 내지 연금수급기대권이 재산권의 보호대상인 사회보장적 급여라고 한다면 사망일시금은 헌법상 재산권에 해당한다.

② 공무원연금법이 개정되어 시행되기 전에 청구인이 이미 퇴직하여 퇴직연금을 수급할 수 있는 기초를 상실한 경우에는 공무원 퇴직연금의 수급요건을 재직기간 20년에서 10년으로 완화한 개정 공무원연금법 규정이 청구인의 재산권을 제한한다고 볼 수 없다.

③ '사업인정고시가 있은 후에 3년 이상 토지가 공익용도로 사용된 경우' 토지소유자에게 매수 혹은 수용청구권을 인정한 공익 사업을 위한 토지 등의 취득 및 보상에 관한 법률의 조항을 통하여 인정되는 '수용청구권'은 사적 유용성을 지닌 것으로서 재산의 사용, 수익, 처분에 관계되는 법적 권리이므로 헌법상 재산권에 포함된다.

④ 잠수기어업허가를 받아 키조개 등을 채취하는 직업에 종사한다고 하더라도 이는 원칙적으로 자신의 계획과 책임 하에 행동하면서 법제도에 의하여 반사적으로 부여되는 기회를 활용하는 것에 불과하므로 잠수기어업허가를 받지 못하여 상실된 이익 등 청구인 주장의 재산권은 헌법 제23조에서 규정하는 재산권의 보호범위에 포함된다고 볼 수 없다.

368 직업의 자유에 관한 설명 중 가장 적절한 것은? (다툼이 있는 경우 판례에 의함)

① 직업의 선택 또는 수행의 자유는 주관적 공권의 성격이 두드러진 것이므로 사회적 시장경제질서라고 하는 객관적 법질서의 구성요소가 될 수는 없다.

② 금고 이상의 실형을 선고받고 그 집행이 종료되거나 그 집행이 면제된 날로부터 3년이 지나지 않은 경우를 감정평가사의 결격사유로 정한 부동산 가격공시 및 감정평가에 관한 법률 제24조 제3호는 객관적 요건에 의한 좁은 의미의 직업선택의 자유를 제한하는 규정에 속한다.

③ 직업이란 생활의 기본적 수요를 충족하기 위한 계속적인 소득활동을 의미하는바, 이에 의하면 휴가기간 중에 하는 일, 무보수 봉사직은 헌법상의 직업의 개념에 포함될 수 없다.

④ 의료인의 의료기관 중복 개설을 금지하는 의료법 제33조 제8항 본문 중 '개설' 부분 및 이를 위반한 자를 처벌하는 구 의료법 제87조 제1항 제2호 중 제33조 제8항 본문 가운데 '개설' 부분은 의료인의 직업수행의 자유를 침해한다고 볼 수 없다.

369 직업선택의 자유에 관한 설명으로 가장 적절하지 <u>않은</u> 것은? (다툼이 있는 경우 판례에 의함)

① 자신이 원하는 직업을 자유롭게 선택하는 좁은 의미의 '직업선택의 자유'에 대한 제한은 반드시 법률로써 하여야 할 뿐 아니라 국가안전보장, 질서유지 또는 공공복리 등 정당하고 중요한 공공의 목적을 달성하기 위하여 필요하고 적정한 수단·방법에 의하여서만 가능하다.

② 성적목적공공장소침입죄로 형을 선고받아 확정된 자로 하여금 그 형의 집행을 종료한 날부터 10년 동안 의료기관을 제외한 아동·청소년 관련기관 등을 개설하거나 그에 취업할 수 없도록 하는 것은 직업선택의 자유를 침해한다.

③ 형법 제243조 중 '음란한 물건을 판매한 자'를 처벌하는 부분 및 제244조 중 '판매할 목적으로 음란한 물건을 소지한 자'를 처벌하는 부분은 성기구 판매자의 직업수행의 자유 및 소비자의 사생활의 비밀과 자유를 침해하는 것이 아니다.

④ 농협·축협조합장이 금고 이상의 형을 선고받고 그 형이 확정되지 아니한 경우에도 이사가 그 직무를 대행하도록 규정한 농업협동조합법 제46조 제4항 제3호 중 '조합장'에 관한 부분은 조합장의 직무수행에 대한 조합원 내지 공공의 신뢰를 지키고 직무에 대한 전념성을 확보하여 조합의 원활한 운영에 대한 위험을 미연에 방지하기 위한 것이므로 과잉금지원칙에 반하여 조합장들의 직업수행의 자유를 침해하는 것이 아니다.

370 직업의 자유에 대한 설명으로 가장 적절하지 <u>않은</u> 것은? (다툼이 있는 경우 판례에 의함)

① 전문과목을 표시한 치과의원은 그 표시한 전문과목에 해당하는 환자만을 진료하여야 한다고 규정한 의료법 제77조 제3항은 과잉금지원칙을 위배하여 치과전문의인 청구인들의 직업수행의 자유를 침해한다.

② 안경사 면허를 가진 자연인에게만 안경업소의 개설 등을 할 수 있도록 한 의료기사 등에 관한 법률 제12조 제1항과 그 위반시 처벌하도록 정한 구 의료기사 등에 관한 법률 제30조 제1항 제6호 등은 과잉금지원칙에 반하여 자연인 안경사와 법인의 직업의 자유를 침해하지 않는다.

③ 감차 사업구역 내에 있는 일반택시 운송사업자에게 택시운송사업 양도를 금지하고 감차 계획에 따른 감차 보상만 신청할 수 있도록 하는 조항은 일반택시 운송사업자의 직업수행의 자유를 과도하게 제한한다고 볼 수 없다.

④ 현금영수증 의무발행업종 사업자에게 건당 10만 원 이상 현금을 거래할 때 현금영수증을 의무 발급하도록 하고, 위반시 현금영수증 미발급 거래대금의 100분의 50에 상당하는 과태료를 부과하도록 한 규정은 공익과 비교할 때 과태료 제재에 따른 불이익이 매우 커서 직업수행의 자유를 침해한다.

371 직업의 자유에 관한 설명으로 옳은 것을 〈보기〉에서 모두 고른 것은? (다툼이 있는 경우 판례에 의함)

〈보기〉

㉠ 직업선택의 자유에는 자신이 원하는 직업 내지 직종에 종사하는데 필요한 전문지식을 습득하기 위한 직업교육장을 임의로 선택할 수 있는 '직업교육장 선택의 자유'도 포함된다.

㉡ 학원설립·운영자가 구 학원의 설립·운영 및 과외교습에 관한 법률을 위반하여 벌금형을 선고받은 경우 등록의 효력을 잃도록 규정하고 있는 것은 당사자의 능력이나 자격과는 하등 관련이 없는 객관적 사유에 의한 직업선택의 자유에 대한 제한이다.

㉢ 구 학원의 설립·운영 및 과외교습에 관한 법률을 위반하여 벌금형을 선고받은 후 1년이 지나지 아니한 자는 학원설립·운영의 등록을 할 수 없도록 규정한 구 학원의 설립·운영 및 과외교습에 관한 법률상의 등록결격 조항은 각종 규율의 형해화를 막고 학습자를 보호하며 학원의 공적 기능을 유지하고자 하는 목적을 달성하기 위하여 필요한 것으로 과잉금지원칙에 위배되어 직업선택의 자유를 침해한다고 보기 어렵다.

㉣ 이륜자동차를 운전하여 고속도로 또는 자동차전용도로를 통행한 자를 처벌하는 것은 퀵서비스 배달업자들의 직업수행의 자유를 제한하는 것이지만, 사고의 위험성과 사고결과의 중대성에 비추어 이를 기본권 침해라고 볼 수는 없다.

㉤ 영업으로 성매매를 알선하는 행위를 처벌하는 성매매알선 등 행위의 처벌에 관한 법률 조항은 과잉금지원칙에 위배되어 이를 업으로 하고자 하는 사람들의 직업선택의 자유를 침해한다.

① ㉠, ㉢
② ㉡, ㉣
③ ㉠, ㉡, ㉢
④ ㉠, ㉢, ㉤

372 직업의 자유에 관한 설명으로 가장 적절한 것은? (다툼이 있는 경우 판례에 의함)

① '거짓이나 그 밖의 부정한 수단으로 운전면허를 받은 행위'에 대한 불이익 처분으로 '부정 취득한 해당 운전면허와 함께 해당 운전자가 보유하고 있는 나머지 운전면허'도 필요적으로 취소하도록 규정한 도로교통법 조항은 일반적 행동의 자유 또는 직업의 자유를 침해하지 않는다.

② 소송사건의 대리인인 변호사가 수형자를 접견하고자 하는 경우 소송계속 사실을 소명할 수 있는 자료를 제출하도록 규정하고 있는 형의 집행 및 수용자의 처우에 관한 법률 시행규칙 중 '수형자 접견'에 관한 부분은 변호사의 직업수행의 자유를 침해하지 않는다.

③ 학원의 설립·운영 및 과외교습에 관한 법률에 따라 설립된 학원 및 체육시설의 설치·이용에 관한 법률에 따라 설립된 체육시설에서 어린이통학버스를 운영함에 있어서 어린이 등과 함께 보호자를 의무적으로 동승하여 운행하도록 하는 도로교통법 조항은 학원 및 체육시설 운영자의 직업수행의 자유를 침해한다.

④ "약사 또는 한약사가 아니면 약국을 개설할 수 없다."고 규정한 약사법 조항은 법인을 구성하여 약국을 개설·운영하려고 하는 약사들 및 이들로 구성된 법인의 직업선택(직업수행)의 자유와 결사의 자유를 침해한다.

373 직업의 자유에 관한 설명으로 옳은 것을 〈보기〉에서 모두 고른 것은? (다툼이 있는 경우 판례에 의함)

〈보기〉

㉠ 청원경찰이 법원에서 금고 이상의 형의 선고유예를 받은 경우 당연퇴직하도록 규정한 조항은 청원경찰의 직업의 자유를 침해한다.

㉡ 청원경찰이 법원에서 자격정지의 형을 선고받은 경우 국가공무원법을 준용하여 당연퇴직하도록 한 조항은 청원경찰의 직업의 자유를 침해한다.

㉢ 변호사가 변호사 업무수행을 하던 중 변리사 등록을 한 경우 대한변리사회에 의무적으로 가입하게 하는 조항은 변호사의 직업수행의 자유를 침해한다.

㉣ 직업의 자유에 '해당 직업에 합당한 보수를 받을 권리'까지 포함되지 않는다.

㉤ 정원제로 사법시험의 합격자를 결정하는 방법은 개인이 주관적인 노력으로 획득할 수 있는 변호사로서의 자질과 능력을 검정하는 것이 아니라 변호사의 사회적 수급상황 등 객관적 사유에 의하여 직업선택의 자유를 제한하는 것이다.

㉥ 개인이 다수의 직업을 선택하여 동시에 행사하는 겸직의 자유는 직업의 자유에 포함된다.

---

① ㉠, ㉣, ㉤

② ㉠, ㉣, ㉥

③ ㉡, ㉢, ㉤

④ ㉡, ㉢, ㉥

374 직업의 자유에 관한 설명으로 가장 적절하지 <u>않은</u> 것은? (다툼이 있는 경우 판례에 의함)

① 유골 500구 이상을 안치할 수 있는 사설봉안시설을 설치·관리하려는 자는 민법에 따라 봉안시설의 설치·관리를 목적으로 하는 재단법인을 설립하도록 하는 구 장사 등에 관한 법률 제15조 제3항 본문 중 '설치·관리하려는 자' 부분은 과잉금지원칙에 위반되어 직업의 자유를 침해하지 않는다.

② 복수면허 의료인들에게 단수면허 의료인과 같이 하나의 의료기관만을 개설할 수 있다고 한 법률조항은 '다른 것을 같게' 대우하는 것으로 합리적인 이유를 찾기 어렵다.

③ 변호사가 변리사 업무를 수행하는 경우 변리사 연수교육을 받을 의무를 부과하는 조항은 변호사의 직업수행의 자유를 침해하지 않는다.

④ 경비업을 경영하고 있는 자들이나 다른 업종을 경영하면서 새로이 경비업에 진출하고자 하는 자들로 하여금 경비업을 전문으로 하는 별개의 법인을 설립하지 않는 한 경비업과 그 밖의 업종을 겸영하지 못하도록 금지하는 것은 청구인들의 직업의 자유를 침해하는 것은 아니다.

375 직업의 자유에 대한 설명으로 가장 적절한 것은? (다툼이 있는 경우 판례에 의함)

① 안경사 면허를 가진 자연인에게만 안경업소의 개설 등을 할 수 있도록 하고 위반시 처벌하도록 규정한 구 의료기사 등에 관한 법률 조항은 자연인 안경사와 법인의 직업의 자유를 침해한다.

② 택시운전자격을 취득한 사람이 강제추행 등 성범죄를 범하여 금고 이상의 형의 집행유예를 선고받은 경우 그 자격을 취소하도록 규정한 여객자동차 운수사업법 조항은 택시운전자격을 취득한 사람의 직업의 자유를 침해한다.

③ 청원경찰이 금고 이상의 형의 선고유예를 받은 경우 당연퇴직되도록 규정한 청원경찰법 조항은 청원경찰의 직업의 자유를 침해한다.

④ 교통사고로 사람을 사상한 후 필요한 조치 및 신고를 하지 아니하여 벌금 이상의 형을 선고 받고 운전면허가 취소된 사람은 운전면허가 취소된 날부터 4년간 운전면허를 받을 수 없도록 한 도로교통법 조항은 운전자의 직업의 자유를 침해한다.

376 직업선택의 자유에 관한 설명으로 가장 적절하지 <u>않은</u> 것은? (다툼이 있는 경우 판례에 의함)

① 건설업 등록기준 중 자본금기준에 미달하여 영업정지처분을 받았던 건설업자가 3년 안에 다시 동일한 자본금기준에 미달한 경우 건설업 등록을 필요적으로 말소하도록 한 구 건설산업기본법 제83조 단서 중 제3호의3 가운데 제10조 제2호에 관한 부분은 청구인의 직업의 자유를 침해한다.

② 인터넷 게임의 결과물의 환전, 즉 게임이용자로부터 게임결과물을 매수하여 다른 게임이용자에게 이윤을 붙여 되파는 것을 영업으로 하는 것은 생활의 기본적 수요를 충족시키는 계속적인 소득활동이 될 수 있으므로, 게임결과물의 환전업은 헌법 제15조가 보장하고 있는 직업에 해당한다.

③ 건설업자가 명의대여행위를 한 경우 그 건설업 등록을 필요적으로 말소하도록 규정한 것은 직업수행의 자유 및 재산권을 침해한다고 할 수 없다.

④ 청소년의 보호를 위하여 담배자판기설치의 제한은 반드시 필요하다고 할 것이고 이로 인하여 담배소매인의 직업수행의 자유가 다소 제한되더라도 법익형량의 원리상 감수되어야 할 것이다.

377 직업의 자유에 대한 설명으로 가장 적절하지 <u>않은</u> 것은? (다툼이 있는 경우 판례에 의함)

① 판매를 목적으로 모의총포를 소지하는 행위는 일률적으로 영업활동으로 볼 수는 없지만, 소지의 목적이나 정황에 따라 이를 영업을 위한 준비행위로 보아 영업활동의 일환으로 평가할 수 있으므로 직업의 자유의 보호범위에 포함될 수 있다.

② 변호사시험의 성적 공개를 금지하고 있는 변호사시험법 관련조항은 변호사시험 합격자에 대하여 그 성적을 공개하지 않도록 규정하고 있을 뿐이고, 이러한 시험 성적의 비공개가 청구인들의 법조인으로서의 직역 선택이나 직업수행에 있어서 어떠한 제한을 두고 있는 것은 아니므로 청구인들의 직업선택의 자유를 제한하고 있다고 볼 수 없다.

③ 금융감독원의 4급 이상 직원에 대하여 퇴직일부터 3년간 퇴직 전 5년 동안 소속하였던 부서 또는 기관의 업무와 밀접한 관련성이 있는 취업심사대상기관에의 취업을 제한하는 공직자윤리법은 직업의 자유를 침해한다.

④ 외국인 근로자의 사업장 변경허가기간을 그 신청일로부터 2개월로 제한한 것은 외국인 근로자의 사업장 변경 자체를 금지하는 것이 아니라 허가기간을 제한하는 것에 불과하므로 외국인 근로자의 직장선택의 자유를 침해하지 않는다.

378 직업의 자유에 대한 설명 중 옳은 것을 모두 고른 것은? (다툼이 있는 경우 판례에 의함)

> ⊙ 직업의 선택 혹은 수행의 자유는 주관적 공권의 성격이 두드러진 것이므로 사회적 시장경제질서라고 하는 객관적 법질서의 구성요소가 될 수는 없다.
> ⓛ 로스쿨에 입학하는 자들에 대하여 학사 전공별, 출신 대학별로 로스쿨 입학정원의 비율을 각각 규정한 법학전문대학원 설치·운영에 관한 법률 조항은 변호사가 되기 위한 과정에 있어 필요한 전문지식을 습득할 수 있는 로스쿨에 입학하는 것을 제한할 뿐이므로 직업선택의 자유를 제한하는 것으로 보기 어렵다.
> ⓒ 어떠한 직업분야에 관하여 자격제도를 만들면서 그 자격요건을 어떻게 설정할 것인가에 관하여는 국가에게 폭넓은 입법재량권이 부여되어 있으므로, 다른 방법으로 직업의 자유를 제한하는 경우에 비하여 유연하고 탄력적인 심사가 필요하다.
> ⓔ 직업의 자유를 제한함에 있어서도 다른 기본권과 마찬가지로 헌법 제37조 제2항에서 정한 과잉금지의 원칙은 준수되어야 하므로, 직업수행의 자유를 제한하는 법령에 대한 위헌 여부를 심사하는 데 있어서 좁은 의미의 직업선택의 자유에 비하여 다소 완화된 심사기준을 적용할 수는 없다.

① ⊙

② ⓒ

③ ⓒ, ⓔ

④ ⓛ, ⓒ

379 직업의 자유에 관한 설명으로 가장 적절하지 <u>않은</u> 것은? (다툼이 있는 경우 판례에 의함)

① 사회복무요원은 출·퇴근 근무를 원칙으로 하며 퇴근 이후에는 상대적으로 자유로운 생활관계를 형성하고 있는바, 사회복무요원이 '복무기관의 장의 허가 없이 다른 직무를 겸하는 행위'를 한 경우 경고처분하고, 경고처분 횟수가 더하여질 때마다 5일을 연장하여 복무하도록 하는 병역법 제33조 제2항은 사회복무요원인 청구인의 직업의 자유를 침해한다.

② 시설경비업을 허가받은 경비업자로 하여금 '허가받은 경비업무 외의 업무에 경비원을 종사하게 하는 것'을 금지하고, 이를 위반한 경비업자에 대한 허가를 취소하도록 정하고 있는 경비업법 제7조 제5항 중 '시설경비업무'에 관한 부분, 같은 법 제19조 제1항 제2호 중 '시설경비업무'에 관한 부분은 과잉금지원칙에 위반하여 시설경비업을 수행하는 경비업자의 직업의 자유를 침해한다.

③ 시각장애인만이 안마사 자격인정을 받을 수 있도록 규정한 의료법 제82조 제1항 중 '장애인복지법에 따른 시각장애인 중' 부분, 시·도지사로부터 안마사 자격인정을 받지 아니한 자는 안마시술소 또는 안마원을 개설할 수 없도록 규정한 의료법 제82조 제3항 중 제33조 제2항 제1호를 준용하는 부분은 비시각장애인인 청구인의 직업선택의 자유를 침해한다고 볼 수 없다.

④ 변호사의 자격이 있는 자에게 더 이상 세무사 자격을 부여하지 않는 구 세무사법 조항은 시행일 이후 변호사 자격을 취득한 청구인의 직업선택의 자유를 침해한다고 볼 수 없다.

380 직업의 자유에 관한 설명 중 가장 적절하지 <u>않은</u> 것은? (다툼이 있는 경우 판례에 의함)

① 유치원 주변 학교환경위생 정화구역에서 성관련 청소년유해물건을 제작·생산·유통하는 청소년 유해업소를 예외 없이 금지하는 구 학교보건법 관련조항은 직업의 자유를 침해한 것이다.

② 변호사가 아닌 자가 금품 등 이익을 얻을 목적으로 법률사무를 취급하는 행위 등을 처벌하는 변호사법 제109조 제1호 다목 중 '중재사무를 취급한 자'에 관한 부분, 제109조 제1호 마목 중 '대리사무를 취급한 자'에 관한 부분 가운데 '대리', '중재', '일반의 법률사건' 부분은 청구인의 직업의 자유를 침해한다고 볼 수 없다.

③ 입법자가 설정한 자격요건을 구비하여 자격을 부여받은 자에게 사후적으로 결격사유가 발생했다고 해서 당연히 그 자격을 박탈할 수 있는 것은 아니다.

④ 경쟁의 자유는 기본권의 주체가 직업의 자유를 실제로 행사하는 데에서 나오는 결과이므로 당연히 직업의 자유에 의하여 보장되고, 다른 기업과의 경쟁에서 국가의 간섭이나 방해를 받지 않고 기업활동을 할 수 있는 자유를 의미한다.

381 직업의 자유에 대한 설명으로 가장 적절한 것은? (다툼이 있는 경우 판례에 의함)

① 의료인의 중복운영 허용 여부는 입법정책적인 문제이나 1인의 의료인에 대하여 운영할 수 있는 의료기관의 수를 제한하는 입법자의 판단은 그 목적에 비해 입법자에게 부여된 입법재량을 명백히 일탈하였다.

② 나무의사만이 수목진료를 할 수 있도록 규정한 산림보호법 제21조의4 제1항의 '나무의사조항'은 과잉금지원칙에 위배되어 직업선택의 자유를 침해한다.

③ 의료기기 수입업자가 의료기관 개설자에게 리베이트를 제공하는 경우를 처벌하는 조항은 의료기기 수입업자의 직업의 자유를 침해한다.

④ 성적목적공공장소침입죄로 형을 선고받아 확정된 자로 하여금 그 형의 집행을 종료한 날부터 10년 동안 의료기관을 제외한 아동·청소년 관련기관 등을 개설하거나 그에 취업할 수 없도록 하는 것은 직업선택의 자유를 침해한다.

382 직업의 자유에 관한 다음 설명 중 가장 적절하지 <u>않은</u> 것은? (다툼이 있는 경우 판례에 의함)

① 게임 결과물의 환전은 게임이용자로부터 게임 결과물을 매수하여 다른 게임이용자에게 이윤을 붙여 되파는 것으로, 게임 결과물의 환전업은 헌법 제15조가 보장하고 있는 직업에 해당한다.

② 성매매는 그것이 가지는 사회적 유해성과는 별개로 성판매자의 입장에서 생활의 기본적 수요를 충족하기 위한 소득활동에 해당하므로, 성매매 행위를 처벌하는 것은 성판매자의 직업선택의 자유도 제한하는 것이다.

③ 청원경찰이 금고 이상의 형의 선고유예를 받은 경우 당연퇴직하도록 규정한 청원경찰법은 직업의 자유를 침해한다.

④ 외국인 근로자의 사업장 변경을 원칙적으로 3회를 초과할 수 없도록 하는 규정은 외국인 근로자에게 일단 형성된 근로관계를 포기하는 것을 제한하기 때문에 직업선택의 자유에 대한 제한이 아니라 근로의 권리에 대한 제한으로 보아야 한다.

383 직업의 자유에 대한 설명으로 가장 적절하지 <u>않은</u> 것은? (다툼이 있는 경우 판례에 의함)

① 유치원 주변 학교환경위생 정화구역에서 성관련 청소년유해물건을 제작·생산·유통하는 청소년유해업소를 예외 없이 금지하는 구 학교보건법 조항은 청구인들의 직업의 자유를 침해하지 않는다.

② 세무사법 위반으로 벌금형을 받은 세무사의 등록을 필요적으로 취소하도록 한 세무사법 조항은 벌금형의 집행이 끝나거나 집행을 받지 아니하기로 확정된 후 3년이 지난 때에 다시 세무사로 등록하여 활동할 수 있는 점 등에 비추어 볼 때 청구인의 직업선택의 자유를 침해하지 않는다.

③ 주류 판매업면허를 받은 자가 타인과 동업 경영을 하는 경우 관할 세무서장이 해당 주류 판매업자의 면허를 필요 적으로 취소하도록 한 구 주세법 조항은 면허가 있는 자들끼리의 동업의 경우도 일률적으로 주류 판매업면허를 취소하도록 규정하고 있으므로 주류 판매면허업자의 직업의 자유를 침해한다.

④ 성매매는 그것이 가지는 사회적 유해성과는 별개로 성판매자의 입장에서 생활의 기본적 수요를 충족하기 위한 소 득활동에 해당함을 부인할 수 없다 할 것이므로, 성매매알선 등 행위의 처벌에 관한 법률에서 성매매를 한 사람을 처벌하는 것은 성판매자의 직업선택의 자유도 제한하고 있다.

384 직업의 자유에 대한 설명으로 가장 적절하지 <u>않은</u> 것은? (다툼이 있는 경우 판례에 의함)

① 학원이나 체육시설에서 어린이통학버스를 운영하는 자로 하여금 어린이통학버스에 학원 강사 등의 보호자를 동승 하여 운행하도록 한 것은 학원 등 운영자의 직업수행의 자유를 지나치게 제한하여 입법형성권의 범위를 현저히 벗어났다거나 기본권 침해의 최소성원칙에 반한다고 볼 수 없다.

② 변호사의 자격이 있는 자에게 더 이상 세무사 자격을 자동으로 부여하지 않도록 한 것은 과잉금지원칙에 반하여 직업선택의 자유를 침해한다고 볼 수 없다.

③ 거짓이나 그 밖의 부정한 수단으로 운전면허를 받은 경우 모든 범위의 운전면허를 필요적으로 취소하도록 한 것은 과잉금지원칙에 반하여 직업의 자유를 침해한다.

④ 안경사 면허를 가진 자연인에게만 안경업소의 개설 등을 할 수 있도록 한 것은 안경사들로만 구성된 법인 형태의 안경업소 개설까지 허용하지 않으므로 과잉금지원칙에 반하여 자연인 안경사와 법인의 직업의 자유를 침해한다.

385 자격·면허·허가의 취소가 직업의 자유를 침해하는 경우가 <u>아닌</u> 것은? (다툼이 있는 경우 판례에 의함)

① 아동학대관련범죄로 처벌받은 어린이집 원장 또는 보육교사의 자격을 행정청으로 하여금 취소할 수 있도록 규정한 영유아보육법상 조항

② 거짓이나 그 밖의 부정한 수단으로 운전면허를 받은 경우 부정취득하지 않은 기존 보유 운전면허까지 필요적으로 취소하도록 규정한 도로교통법상 조항

③ 조종면허를 받은 사람이 동력수상레저기구를 이용하여 범죄행위를 하는 경우 조종면허를 필요적으로 취소하도록 규정한 구 수상레저안전법상 조항

④ 시설경비업을 허가받은 경비업자로 하여금 허가받은 경비업무 외의 업무에 경비원을 종사하게 하는 것을 금지하고 이를 위반한 경비업자에 대한 허가를 취소하도록 규정한 경비업법상 조항

386 직업의 자유에 관한 설명 중 옳은 것을 모두 고른 것은? (다툼이 있는 경우 판례에 의함)

> ㉠ 직업의 자유에 의한 보호의 대상이 되는 직업은 생활의 기본적 수요를 충족시키기 위한 계속적 소득활동을 의미하며, 그 개념표지가 되는 '계속성'의 해석상 휴가기간 중에 하는 일, 수습직으로서의 활동 등은 이에 포함되지 않는다.
>
> ㉡ 변호사시험의 성적 공개를 금지하고 있는 변호사시험법 관련 조항은 변호사시험 합격자에 대하여 그 성적을 공개하지 않도록 규정하고 있을 뿐이고, 이러한 시험 성적의 비공개가 청구인들의 법조인으로서의 직역 선택이나 직업수행에 있어서 어떠한 제한을 두고 있는 것은 아니므로 청구인들의 직업선택의 자유를 제한하고 있다고 볼 수 없다.
>
> ㉢ 외국의 의사·치과의사·한의사 자격을 가진 자에게 예비시험을 치도록 한 것은 사실상 외국에서 학위를 받은 사람이 국내에서 면허를 받는 길을 봉쇄하는 방향으로 악용될 소지가 있으므로 직업선택의 자유를 침해한다.
>
> ㉣ 직장선택의 자유는 원하는 직장을 제공하여 주거나 선택한 직장의 존속보호를 청구할 권리를 보장하지 않으나, 국가는 직업선택의 자유로부터 나오는 객관적 보호의무, 즉 사용자에 의한 해고로부터 근로자를 보호할 의무를 진다.

① ㉠, ㉡
② ㉠, ㉣
③ ㉡, ㉢
④ ㉡, ㉣

387 직업의 자유에 관한 다음 설명 중 가장 적절하지 않은 것은? (다툼이 있는 경우 판례에 의함)

① 어떠한 직업분야에 관하여 자격제도를 만들면서 그 자격요건을 어떻게 설정할 것인가에 관하여는 국가에게 폭넓은 입법재량권이 부여되어 있으므로, 다른 방법으로 직업의 자유를 제한하는 경우에 비하여 유연하고 탄력적인 심사가 필요하다.

② 성매매는 그것이 가지는 사회적 유해성과는 별개로 성판매자의 입장에서 생활의 기본적 수요를 충족하기 위한 소득활동에 해당하므로, 성매매 행위를 처벌하는 것은 성판매자의 직업선택의 자유도 제한하는 것이다.

③ 판매를 목적으로 모의총포를 소지하는 행위는 일률적으로 영업활동으로 볼 수는 없지만, 소지의 목적이나 정황에 따라 이를 영업을 위한 준비행위로 보아 영업활동의 일환으로 평가할 수 있으므로 직업의 자유의 보호범위에 포함될 수 있다.

④ 금고 이상의 실형을 선고받고 그 집행이 종료된 날부터 3년이 경과되지 않은 경우 중개사무소 개설등록을 취소하도록 한 공인중개사법 조항은 직업선택의 자유를 침해한 것이다.

388 직업의 자유에 대한 설명으로 가장 적절한 것은? (다툼이 있는 경우 판례에 의함)

① 의료인의 중복운영 허용 여부는 입법정책적인 문제이나 1인의 의료인에 대하여 운영할 수 있는 의료기관의 수를 제한하는 입법자의 판단은 그 목적에 비해 입법자에게 부여된 입법재량을 명백히 일탈하였다.

② 건설폐기물 수집·운반업자가 건설폐기물을 임시보관장소로 수집·운반할 수 있는 사유 중 하나로 '매립대상 폐기물을 반입규격에 맞게 절단하기 위한 경우'를 포함하지 않고 있는 건설폐기물의 재활용촉진에 관한 법률 제13조의2 제2항은 신뢰보호원칙에 반하여 직업수행의 자유를 침해한다.

③ 유치원 주변 학교환경위생 정화구역에서 성관련 청소년유해물건을 제작·생산·유통하는 청소년 유해업소를 예외 없이 금지하는 구 학교보건법 관련조항은 직업의 자유를 침해한 것이다.

④ 감차 사업구역 내에 있는 일반택시 운송 사업자에게 택시운송사업 양도를 금지하고 감차 계획에 따른 감차 보상만 신청할 수 있도록 하는 조항은 일반택시운송사업자의 직업수행의 자유를 과도하게 제한한다고 볼 수 없다.

389 자격제와 직업의 자유에 대한 설명으로 가장 적절하지 <u>않은</u> 것은? (다툼이 있는 경우 판례에 의함)

① 의료인이 아닌 자의 무면허의료행위를 일률적·전면적으로 금지한 구 의료법 조항은 국민의 생명권과 건강권을 보호하고 국민의 보건에 관한 국가의 보호의무를 이행하기 위한 조치로서, 이러한 기본권의 제한은 비례의 원칙에 부합한다.

② 세무 관련 분야에서 전문성이 인정되는 자격증을 소지한 자를 7급 세무직 공무원 공개경쟁채용시험에서 우대하는 것은 업무상 전문성을 강화하고 자격증 소지 여부가 시험에서 우대를 고려할 객관적 근거가 되며, 가산점제도가 자격증 없는 자들의 응시기회 자체를 제한한다고 보기 어려우므로 과잉금지원칙에 반하지 않는다.

③ 법학전문대학원 입학자 중 법학 외의 분야 및 당해 법학전문대학원이 설치된 대학 외의 대학에서 학사학위를 취득한 자가 차지하는 비율이 입학자의 3분의 1 이상이 되도록 규정한 법학전문대학원 설치·운영에 관한 법률 조항은 직업의 자유를 침해하지 않는다.

④ 특정 직업분야에 관한 자격제도를 만들면서 그 자격요건을 어떻게 설정할 것인가는 그 입법재량의 폭이 좁다 할 것이므로 과잉금지원칙을 적용함에 있어서 다른 방법으로 직업선택의 자유를 제한하는 경우에 비해 보다 엄격한 심사가 필요하다.

390 소비자의 권리에 관한 다음 설명 중 가장 적절하지 <u>않은</u> 것은?

① 현행 헌법은 소비자의 권리를 소비자보호운동의 보장 차원에서 규정하고 있을 뿐 기본권으로 명시하고 있지는 않다.

② 국가는 소비자단체의 건전한 육성·발전을 위하여 금전적 지원을 할 수 있다.

③ 불매운동의 목표로서의 '소비자의 권익'이란 원칙적으로 사업자가 제공하는 물품이나 용역의 소비생활과 관련된 것으로서 상품의 질이나 가격, 유통구조, 안정성 등 시장적 이익에 국한된다.

④ 전통시장 등의 보호라는 명분으로 대형마트 등의 영업 자체를 규제하는 유통산업발전법 규정은 시대의 흐름과 소매시장구조의 재편에 역행할 뿐만 아니라 소비자의 자기결정권을 과도하게 침해하는 과잉규제입법이다.

391 직업의 자유에 대한 설명으로 가장 적절하지 <u>않은</u> 것은? (다툼이 있는 경우 판례에 의함)

① 기존에 수목진료를 해오던 식물보호기사·산업기사에게 일정 기간 나무의사 자격을 인정하는 산림보호법 부칙 제3조 중 '국가기술자격법에 따른 식물보호기사·산업기사 자격을 보유한 자로서 산림자원의 조성 및 관리에 관한 법률 제24조에 따라 수목피해의 진단·처방·치유를 업으로 하는 산림사업법인으로 등록한 법인에서 1년 이상 대표자 또는 근로자로 종사한 자는 이 법 시행일부터 5년이 되는 날까지' 부분이 신뢰보호원칙에 위배되어 직업선택의 자유를 침해하는 것은 아니다.

② 택시운전자격을 취득한 사람이 강제추행 등 성범죄를 범하여 금고 이상의 형의 집행유예를 선고받은 경우 그 자격을 취소하도록 하는 것은 직업의 자유를 침해한다.

③ 청원경찰이 법원에서 금고 이상의 형의 선고유예를 받은 경우 당연퇴직하도록 규정한 조항은 청원경찰의 직업의 자유를 침해한다.

④ 품목허가를 받지 아니한 의료기기를 수리·판매·임대·수여 또는 사용의 목적으로 수입한 자를 처벌하는 조항은 의료기기 수입업자의 직업수행의 자유를 침해하지 않는다.

392 정치적 기본권에 관한 설명으로 옳고 그름의 표시(○, ×)가 모두 바르게 된 것은? (다툼이 있는 경우 판례에 의함)

> ㉠ 국가공무원 복무규정 조항이 금지하는 정치적 주장을 표시 또는 상징하는 행위에서의 '정치적 주장'이란 정당 활동이나 선거와 직접적으로 관련되거나 특정 정당과의 밀접한 연계성을 인정할 수 있는 경우 등 정치적 중립성을 훼손할 가능성이 높은 주장에 한정된다고 해석되므로, 명확성원칙에 위배되지 아니한다.
> ㉡ 국가공무원법 제65조 제1항 중 '그 밖의 정치단체'에 관한 부분은 명확성원칙에 위배되어 공무원의 정치적 표현의 자유 및 결사의 자유를 침해한다.
> ㉢ 피성년후견인인 국가공무원은 당연퇴직한다고 규정한 국가공무원법 조항은 성년후견이 개시되지는 않았으나 동일한 정도의 정신적 장애가 발생한 국가공무원의 경우와 비교할 때 사익의 제한 정도가 과도하여 과잉금지원칙에 위반되므로 공무담임권을 침해한다.
> ㉣ 금고이상의 선고유예를 받고 그 기간 중에 있는 자를 임용결격 사유로 삼고 위 사유에 해당하는 자가 임용되더라도 이를 당연무효로 하는 구 국가공무원법 조항은, 입법자의 재량을 일탈하여 공무담임권을 침해한 것이라고 볼 수 없다.

① ㉠ [○] ㉡ [○] ㉢ [○] ㉣ [○]
② ㉠ [○] ㉡ [×] ㉢ [○] ㉣ [×]
③ ㉠ [○] ㉡ [×] ㉢ [×] ㉣ [○]
④ ㉠ [×] ㉡ [×] ㉢ [×] ㉣ [○]

393 공무담임권에 관한 설명 중 가장 적절하지 <u>않은</u> 것은? (다툼이 있는 경우 판례에 의함)

① 순경 공채시험 응시연령의 상한을 '30세 이하'로 규정하고 있는 것은 합리적이라고 볼 수 없으므로 침해의 최소성원칙에 위배되어 공무담임권을 침해한다.
② 수뢰죄를 범하여 금고 이상의 형의 선고유예를 받은 국가공무원을 당연퇴직하도록 한 국가공무원법 조항은 과잉금지원칙에 반하여 공무담임권을 침해한다.
③ 지방자치단체의 장이 금고 이상의 형을 선고받고 그 형이 확정되지 아니한 경우 부단체장이 그 권한을 대행하도록 규정한 지방자치법 제111조 제1항 제3호는 자치단체장의 공무담임권을 침해한다.
④ 금고 이상의 형의 선고유예를 받은 경우에 군무원직에서 당연히 퇴직하도록 하는 것은 해당 군무원의 공무담임권을 침해하는 것이다.

394 공무담임권에 대한 설명으로 가장 적절하지 <u>않은</u> 것은? (다툼이 있는 경우 판례에 의함)

① 사립대학 교원이 국회의원으로 당선된 경우 임기개시일 전까지 그 직을 사직하도록 규정한 국회법 조항은 청구인의 공무담임권을 침해하지 않는다.

② 금고 이상의 형의 선고유예를 받고 그 기간 중에 있는 자를 임용결격사유로 삼고, 위 사유에 해당하는 자가 임용되더라도 이를 당연무효로 하는 구 국가공무원법 조항은 공무담임권을 침해하지 않는다.

③ 공무원 또는 공무원이었던 자가 재직 중의 사유로 금고 이상의 형을 받은 때에는 대통령령이 정하는 바에 의하여 퇴직급여 및 퇴직수당의 일부를 감액하여 지급하도록 한 공무원연금법 조항은 평등원칙에 위배되지 않는다.

④ 공무담임권의 보호영역에는 공직취임의 자의적인 배제뿐 아니라, 공무원 신분의 부당한 박탈이나 권한 또는 직무의 부당한 정지도 포함된다.

395 공무담임권에 관한 설명 중 가장 적절한 것은? (다툼이 있는 경우 판례에 의함)

① 공무담임권은 공직취임의 기회균등을 요구하지만, 취임한 뒤 승진할 때에도 균등한 기회 제공을 요구하지는 않는다.

② 지방자치단체의 장이 금고 이상의 형을 선고받고 그 형이 확정되지 아니한 경우 부단체장이 그 권한을 대행하도록 규정한 지방자치법 조항은 지방자치단체장의 공무담임권을 침해한다.

③ 국·공립학교 채용시험의 동점자 처리에서 국가유공자 등 및 그 유족·가족에게 우선권을 주도록 하고 있는 국가유공자 등 예우 및 지원에 관한 법률의 해당 조항에 의하여 일반 응시자들은 국·공립학교 채용시험의 동점자 처리에서 불이익을 당하며 이는 일반 응시자들의 공무담임권을 침해한다.

④ 지방자치단체장의 계속 재임을 3기로 제한하는 것은 지방자치단체장의 공무담임권을 침해한다.

396 공무담임권에 대한 설명으로 가장 적절하지 <u>않은</u> 것은? (다툼이 있는 경우 판례에 의함)

① 금고 이상의 형의 선고유예 판결을 받아 그 기간 중에 있는 사람이 공무원으로 임용되는 것을 금지하고 이러한 사람이 공무원으로 임용되더라도 그 임용을 당연무효로 하는 것은 해당 공무원의 공무담임권을 침해하지 않는다.

② 공무담임권의 보호영역에는 공직취임 기회의 자의적인 배제뿐 아니라, 공무원 신분의 부당한 박탈이나 권한의 부당한 정지도 포함된다.

③ 부사관으로 최초로 임용되는 사람의 최고연령을 27세로 정한 군인사법 조항은 군 조직의 특수성, 군 조직 내에서 부사관의 상대적 지위 및 역할 등을 고려하더라도 과잉금지원칙에 위배되어 공무담임권을 침해한다.

④ 주민등록을 하는 것이 법령의 규정상 아예 불가능한, 재외국민인 주민의 지방선거 피선거권을 부인하는 구 공직선거법조항은 국내거주 재외국민의 공무담임권을 침해한다.

397 공무담임권에 대한 설명 중 가장 적절하지 <u>않은</u> 것은? (다툼이 있는 경우 판례에 의함)

① 공무담임권의 보호영역에는 공직취임의 자의적인 배제뿐 아니라, 공무원 신분의 부당한 박탈이나 권한 또는 직무의 부당한 정지도 포함된다.

② 후보자의 직계존비속이 공직선거법을 위반하여 300만 원 이상의 벌금형의 선고를 받은 때에는 그 후보자의 당선을 무효로 한다.

③ 5급 공채시험 응시연령의 상한을 '32세까지'로 제한한 것은 기본권 제한을 최소한도에 그치도록 요구하는 헌법 제37조 제2항에 부합된다고 보기 어렵다.

④ 공무원의 신분이나 직무상 의무와 관련이 없는 범죄의 경우에도 퇴직급여 등을 제한하는 것은, 공무원범죄를 예방하고 공무원이 재직 중 성실히 근무하도록 유도하는 입법목적을 달성하는 데 적합한 수단이다.

398 공무담임권에 대한 설명으로 가장 적절한 것은? (다툼이 있는 경우 판례에 의함)

① 교육의원후보자가 되려는 사람은 5년 이상의 교육경력 또는 교육행정경력을 갖추도록 규정한 구 제주특별자치도 설치 및 국제자유도시 조성을 위한 특별법의 해당 조항은 이러한 경력을 갖추지 못한 청구인들의 공무담임권을 침해한다.

② 공무담임권의 보호영역에는 공직취임 기회의 자의적인 배제뿐 아니라, 공무원 신분의 부당한 박탈이나 권한(직무)의 부당한 정지도 포함된다.

③ 국립대학 총장후보자에 지원하려는 사람에게 접수시 1,000만 원의 기탁금을 납부하도록 하고, 지원서 접수 시 기탁금 납입 영수증을 제출하도록 하는 것은 총장후보자 지원자들의 무분별한 난립을 방지하려는 것으로 총장후보자에 지원하려는 자의 공무담임권을 침해하지 않는다.

④ 금고 이상의 형의 선고유예를 받고 그 기간 중에 있는 자를 임용결격사유로 삼고, 위 사유에 해당하는 자가 임용되더라도 이를 당연무효로 하는 것은 금고 이상의 형의 선고유예의 판결을 받아 그 기간 중에 있는 자의 공무담임권을 침해하는 것이다.

399 공무담임권에 관한 설명으로 가장 적절한 것은? (다툼이 있는 경우 판례에 의함)

① 미성년자에 대하여 성범죄를 범하여 형을 선고받아 확정된 자와 성인에 대한 성폭력범죄를 범하여 벌금 100만 원 이상의 형을 선고받아 확정된 자는 초·중등교육법상의 교원에 임용될 수 없도록 한 부분은 그 제한의 범위가 지나치게 넓고 포괄적이어서 공무담임권을 침해한다.

② 국가공무원법 해당 조항 중 아동복지법 제17조 제2호 가운데 '아동에게 성적 수치심을 주는 성희롱 등의 성적 학대행위로 형을 선고받아 그 형이 확정된 사람은 일반직 공무원으로 임용될 수 없도록 한 부분은 아동·청소년 대상 성범죄의 재범률을 고려해 볼 때 공무담임권을 침해하지 않는다.

③ 비위공무원에 대한 징계를 통해 불이익을 줌으로써 공직기강을 바로 잡고 공무수행에 대한 국민의 신뢰를 유지하고자 하는 공익은 제한되는 사익 이상으로 중요하므로, 공무원이 감봉처분을 받은 경우 12월간 승진임용을 제한하는 국가공무원법 조항 중 '승진임용'에 관한 부분은 공무담임권을 침해하지 않는다.

④ 피성년후견인인 국가공무원은 당연퇴직한다고 정한 구 국가공무원법 조항 중 '피성년후견인'에 관한 부분은 정신상의 장애로 직무를 감당할 수 없는 국가공무원을 부득이 공직에서 배제하는 불가피한 조치로서 공무담임권을 침해하지 않는다.

400 국민투표권에 관한 헌법재판소의 판시내용으로 가장 적절하지 <u>않은</u> 것은?

① 국민투표권이란 국민이 국가의 특정한 사안에 대해 직접 결정권을 행사하는 권리로서, 각종 선거에서의 선거권 및 피선거권과 더불어 국민의 참정권의 한 내용을 이루는 헌법상 기본권이다.

② 헌법 제72조에 의한 중요정책에 관한 국민투표는 국가안위에 관계되는 사항에 관하여 대통령이 제시한 구체적인 정책에 대한 주권자인 국민의 승인절차이다.

③ 특정의 국가정책에 대하여 다수의 국민들이 국민투표를 원하고 있음에도 불구하고 대통령이 이러한 희망과는 달리 국민투표에 회부하지 아니하는 것은, 헌법이 보장하는 국민의 국민투표권을 침해한 것으로 헌법에 위반된다.

④ 국회의원선거권자인 재외선거인에게 국민투표권을 인정하지 않은 것은 국회의원선거권자의 헌법개정안 국민투표 참여를 전제하고 있는 헌법 제130조 제2항의 취지에 부합하지 않는다.

401 공무담임권에 대한 설명으로 가장 적절한 것은? (다툼이 있는 경우 판례에 의함)

① 순경 공개경쟁채용시험의 응시연령 상한을 30세 이하로 규정한 경찰공무원임용령 조항은 공무담임권을 침해하지 않는다.

② 군의 특수성을 고려하여 부사관으로 최초로 임용되는 사람의 최고연령을 27세로 정한 군인사법 조항은 부사관임용을 원하는 사람들의 공무담임권을 침해한다.

③ 구 검사징계법상 검사에 대한 징계로서 '면직' 처분을 인정하는 것은 과잉금지원칙에 반하여 공무담임권을 침해한다고 할 수 없다.

④ 공무담임권의 보호영역에는 공무원 신분의 부당한 박탈이나 권한 또는 직무의 부당한 정지뿐만 아니라 승진시험의 응시제한이나 이를 통한 승진기회의 보장 등 내부 승진인사에 관한 문제도 포함된다.

402 공무담임권에 관한 다음 설명 중 가장 적절하지 <u>않은</u> 것은? (다툼이 있는 경우 판례에 의함)

① 경찰공무원이 자격정지 이상의 형의 선고유예를 받은 경우 당연퇴직하도록 규정한 조항은 자격정지 이상의 선고유예 판결을 받은 모든 범죄를 포괄하여 규정하고 있을 뿐만 아니라 과실범의 경우마저 당연퇴직의 사유에서 제외하지 않고 있으므로 공무담임권을 침해한다.

② 청구인이 당선된 당해 선거에 관한 것인지를 묻지 않고, 선거에 관한 여론조사의 결과에 영향을 미치게 하기 위하여 둘 이상의 전화번호를 착신 전환 등의 조치를 하여 같은 사람이 두 차례 이상 응답하여 100만 원 이상의 벌금형을 선고받은 자로 하여금 지방의회의원의 직에서 퇴직되도록 한 조항은 청구인의 공무담임권을 침해한다.

③ '승진시험의 응시제한'은 공직신분의 유지나 업무 수행에는 영향을 주지 않는 단순한 내부 승진인사에 관한 문제에 불과하여 공무담임권의 보호영역에 포함된다고 보기는 어려우므로, 시험요구일 현재를 기준으로 승진임용이 제한된 자에 대하여 승진시험응시를 제한하도록 한 공무원임용시험령이 공무담임권을 침해하였다고 볼 수 없다.

④ 지역구국회의원선거에 입후보하기 위한 요건으로서 기탁금 및 그 반환에 관한 규정은 입후보에 영향을 주므로 공무담임권을 제한하는 것이고, 이러한 공무담임권에 대한 제한은 과잉금지원칙을 기준으로 하여 판단한다.

403 공무담임권에 대한 설명으로 가장 적절하지 <u>않은</u> 것은? (다툼이 있는 경우 판례에 의함)

① 국방부 등의 보조기관에 근무할 수 있는 기회를 현역군인에게만 부여하고 군무원에게는 부여하지 않는 법률조항은 군무원의 공무담임권을 침해한다.

② 공무원의 기부금 모집을 금지하고 있는 법률조항은 선거의 공정성을 확보하고 공무원의 정치적 중립성을 보장하기 위한 것이므로, 정치적 의사표현의 자유를 침해하지 않는다.

③ 국립대학교 총장후보자로 지원하려는 사람에게 1,000만 원의 기탁금 납부를 요구하고, 납입하지 않을 경우 총장후보자에 지원하는 기회를 주지 않는 것은 공무담임권을 침해한다.

④ 고용노동 및 직업상담 직류를 채용하는 경우 직업상담사 자격증 보유자에게 만점의 3% 또는 5%의 가산점을 부여한다고 명시한 인사혁신처 2018년도 국가공무원 공개경쟁채용시험 등 계획 공고는 직업상담사 자격증을 소지하지 않은 상태에서 국가공무원 공개경쟁채용시험에 응시하려고 하는 자들의 공무담임권을 침해하지 않는다.

404 국민투표권에 대한 설명으로 가장 적절하지 <u>않은</u> 것은? (다툼이 있는 경우 판례에 의함)

① 신행정수도 후속대책을 위한 연기·공주지역 행정중심복합도시건설을 위한 특별법이 수도를 분할하는 국가정책을 집행하는 내용을 가지고 있고 대통령이 이를 추진하고 집행하기 이전에 그에 관한 국민투표를 실시하지 아니하였다면 국민투표권이 행사될 수 있는 계기인 대통령의 중요정책 국민투표 부의가 행해지지 않았다고 하더라도 청구인들의 국민투표권이 행사될 수 있을 정도로 구체화되었다고 할 수 있으므로 그 침해의 가능성이 인정된다.

② 대통령이 국민투표를 정치적 무기화하고 정치적으로 남용할 수 있는 위험성이 있다는 점을 고려하면, 국민투표부의권의 헌법 제72조는 대통령에 의한 국민투표의 정치적 남용을 방지할 수 있도록 엄격하고 축소적으로 해석되어야 한다.

③ 헌법 제130조 제2항에 의한 헌법개정에 대한 국민투표는 대통령 또는 국회가 제안하고 국회의 의결을 거쳐 확정된 헌법개정안에 대하여 주권자인 국민이 최종적으로 그 승인 여부를 결정하는 절차이다.

④ 국민투표는 선거와 달리 국민이 직접 국가의 정치에 참여하는 절차이므로, 국민투표권은 대한민국 국민의 자격이 있는 사람에게 반드시 인정되어야 하는 권리이다.

405 국민투표권에 관한 설명 중 가장 적절하지 <u>않은</u> 것은? (다툼이 있는 경우 판례에 의함)

① 국회의원선거권자인 재외선거인에게 국민투표권을 인정하지 않은 것은 국회의원선거권자의 헌법개정안 국민투표 참여를 전제하고 있는 헌법 제130조 제2항의 취지에 부합하지 않는다.

② 대법원은 국민투표에 관하여 국민투표법 또는 동법에 의하여 발하는 명령에 위반하는 사실이 있는 경우라도 국민투표의 결과에 영향을 미쳤다고 인정하는 때에 한하여 국민투표의 전부 또는 일부의 무효를 판결한다.

③ 국민투표는 선거와 달리 국민이 직접 국가의 정치에 참여하는 절차이므로, 국민투표권은 대한민국 국민의 자격이 있는 사람에게 반드시 인정되어야 하는 권리이다.

④ 한미무역협정(FTA)은 대한민국의 입법권의 범위, 사법권의 주체와 범위, 헌법상 경제조항에 변경을 가져오는 등 실질적으로 헌법 개정에 해당함에도, 국민투표 절차를 거치지 않고 이 협정을 체결한 것은 대한민국 국민의 국민투표권을 침해한다.

406 국민투표권에 대한 헌법재판소의 입장으로 가장 적절하지 <u>않은</u> 것은?

① 국민투표권이란 국민이 국가의 특정 사안에 대해 직접 결정권을 행사하는 권리로서, 각종 선거에서의 선거권 및 피선거권과 더불어 국민의 참정권의 한 내용을 이루는 헌법상 기본권이다.

② 헌법 제72조에 의한 중요정책에 관한 국민투표는 국가안위에 관계되는 사항에 관하여 대통령이 제시한 구체적인 정책에 대한 주권자인 국민의 승인절차이다.

③ 헌법의 개정은 반드시 국민투표를 거쳐야 하므로 국민은 헌법개정에 관하여 찬반투표로 그 의견을 표명할 권리를 가지는데, 헌법개정사항인 수도의 이전을 헌법개정의 절차를 밟지 아니하고 단지 단순 법률의 형태로 실현시킨 것은 헌법 제130조에 따라 헌법개정에 있어서 국민이 가지는 참정권적 기본권인 국민투표권을 침해한다.

④ 대의기관의 선출주체가 곧 대의기관의 의사결정에 대한 승인주체가 되는 것이 원칙이나, 국민투표권자의 범위가 대통령선거권자·국회의원선거권자와 반드시 일치할 필요는 없다.

407 청구권적 기본권에 관한 설명으로 가장 적절하지 <u>않은</u> 것은? (다툼이 있는 경우 판례에 의함)

① 범죄피해자구조청구권은 청구권적 기본권의 일종으로서 현행 헌법에서 신설되었다.

② 국가배상책임과 관련해서 대법원은 공무원의 경과실의 경우에는 국가가 책임을 지고 공무원의 고의·중과실로 인한 직무수행의 경우에는 국가와 공무원의 양쪽에 대하여 선택적 청구를 인정한다는 입장으로 종전의 판결을 변경하였다.

③ 형사보상의 청구는 무죄재판이 확정된 때로부터 3년 이내에 하여야 한다.

④ 형사보상법은 보상을 받을 자가 다른 법률에 따라 손해배상을 청구하는 것을 금지하지 아니한다.

408 청원권에 관한 설명으로 가장 적절하지 <u>않은</u> 것은? (다툼이 있는 경우 판례에 의함)

① 모든 국민은 법률이 정하는 바에 의하여 국가기관에 문서로 청원할 권리를 가진다.

② 헌법상 보장된 청원권은 국가기관이 청원을 수리할 뿐만 아니라 이를 심사하여 청원자에게 적어도 그 결과를 통지할 것을 요구할 수 있는 권리이다.

③ 국회에 청원을 할 경우에는 국회의원의 소개를 얻어야 하나, 지방의회에 청원을 할 경우에는 지방의회의원의 소개를 요하지 아니한다.

④ 헌법상 보장된 청원권의 주체는 국민이고, 국민에는 법인도 포함된다.

409 청원권에 대한 설명으로 가장 적절한 것은? (다툼이 있는 경우 판례에 의함)

① 모든 국민은 법률이 정하는 바에 의하여 국가기관에 문서로 청원할 권리를 가지고, 국가는 청원에 대하여 심사할 의무를 지므로 청원인이 기대한 바에 미치지 못하는 처리내용은 헌법소원의 대상이 되는 공권력의 불행사이다.

② 청원권의 보호범위에는 청원사항의 처리결과에 심판서나 재결서에 준하여 이유를 명시할 것까지를 요구하는 것을 포함하는 것은 아니다.

③ 국회에 청원을 할 때 의원의 소개를 얻어 청원서를 제출하도록 한 것은 청원권을 침해하는 것이다.

④ 모해청원, 반복청원, 이중청원, 국가기관권한사항청원, 개인사생활사항청원 등의 경우에는 수리되지 않는다.

410 현행 청원법 규정에 대한 설명으로 가장 적절하지 <u>않은</u> 것은?

① 청원기관의 장은 청원이 감사·수사·재판·행정심판·조정·중재 등 다른 법령에 의한 조사·불복 또는 구제절차가 진행 중인 사항인 경우에는 처리를 하지 아니할 수 있다.

② 공개청원을 접수한 청원기관의 장은 접수일부터 15일 이내에 청원심의회의 심의를 거쳐 공개 여부를 결정하고 결과를 청원인에게 알려야 한다.

③ 청원기관의 장은 청원을 접수한 때에는 특별한 사유가 없으면 60일 이내에 처리결과를 청원인에게 알려야 한다. 이 경우 공개청원의 처리결과는 온라인청원시스템에 공개하여야 한다.

④ 청원은 청원서에 청원인의 성명과 주소 또는 거소를 적고 서명한 문서(전자문서 및 전자거래 기본법에 따른 전자문서를 포함한다)로 하여야 한다.

411 청원권 및 재판청구권에 대한 설명으로 가장 적절하지 <u>않은</u> 것은? (다툼이 있는 경우 판례에 의함)

① 청원이 단순한 호소나 요청이 아닌 구체적인 권리행사로서의 성질을 갖는 경우라면, 그에 대한 국가기관의 거부행위는 헌법소원의 대상이 되는 공권력의 행사라고 할 수 있다.

② 재판청구권에 '피고인 스스로 치료감호를 청구할 수 있는 권리'가 포함된다고 보기 어렵고, 피고인에게까지 치료감호청구권을 주어야만 절차의 적법성이 담보되는 것은 아니므로 치료감호청구권자를 검사로 한정하는 법률규정은 재판청구권을 침해하지 않는다.

③ 권리남용으로 인한 패소의 경우에 소송비용 부담에 관한 별도의 예외 규정을 두지 않았다는 점을 이유로 민사소송법 제98조가 재판청구권을 침해한다고 볼 수 없다.

④ 사학분쟁조정위원회의 심의결과에 대해 관할청에게만 재심을 요청할 수 있도록 하고 학교법인 설립자의 유가족 또는 학교법인의 초대 감사로 재직하다가 퇴임한 사람들에게는 재심을 요청할 권리를 부여하지 아니하는 사립학교법 제24조의2 제4항은 이들의 재판청구권을 과도하게 제한하는 위헌규정이다.

412 헌법 제27조의 재판을 받을 권리에 대한 설명 중 가장 적절하지 <u>않은</u> 것은? (다툼이 있는 경우 판례에 의함)

① 재판청구권은 공권력이나 사인에 의해서 기본권이 침해당하거나 침해당할 위험에 처해 있을 경우 이에 대한 구제나 그 예방을 요청할 수 있는 권리라는 점에서 다른 기본권의 보장을 위한 기본권이라는 성격을 가지고 있다.

② 헌법 제27조 제3항은 '모든 국민은 신속한 재판을 받을 권리를 가진다'고 규정하고 있으므로 모든 국민은 법률에 의한 구체적 형성이 없어도 직접 신속한 재판을 청구할 수 있는 권리를 가진다.

③ 재판청구권은 당사자의 동의로 포기할 수 있다.

④ 교원의 신분과 관련되는 징계처분의 적법성 판단에 있어서는 교육의 자주성·전문성이 요구되는바, 교원 징계처분에 관하여 교원징계재심위원회의 재심을 거치지 않으면 행정소송을 제기할 수 없도록 한 법률조항은 헌법 제27조의 재판청구권을 침해하지 않는다.

413 재판을 받을 권리에 대한 설명으로 가장 적절하지 <u>않은</u> 것은? (다툼이 있는 경우 판례에 의함)

① 헌법은 재판의 전심절차로서 행정심판을 할 수 있다고 규정하고 있다.

② 국가의 안전보장 또는 안녕질서를 방해하거나 선량한 풍속을 해할 염려가 있을 때에는 당사자의 청구가 있어야만 법원의 결정에 의해서 심리를 공개하지 않을 수 있다.

③ 디엔에이감식시료채취 영장 발부 과정에서 채취대상자가 자신의 의견을 진술하거나 영장 발부에 불복하는 등의 절차를 두지 아니한 것은 재판청구권을 침해하는 것이다.

④ 심의위원회의 배상금 등 지급결정에 신청인이 동의한 때에는 국가와 신청인 사이에 민사소송법에 따른 재판상 화해가 성립된 것으로 보는 4·16세월호참사 피해구제 및 지원 등을 위한 특별법 규정은 신청인의 재판청구권을 침해하지 않는다.

414 재판을 받을 권리에 대한 설명으로 가장 적절하지 <u>않은</u> 것은? (다툼이 있는 경우 판례에 의함)

① 재판청구권에는 민사재판, 형사재판, 행정재판뿐만 아니라 헌법재판을 받을 권리도 포함되므로, 헌법상 보장되는 기본권인 '공정한 재판을 받을 권리'에는 '공정한 헌법재판을 받을 권리'도 포함된다.

② 헌법 제27조 제1항의 재판을 받을 권리는 신분이 보장되고 독립된 법관에 의한 재판의 보장을 주된 내용으로 하므로 국민참여재판을 받을 권리는 헌법 제27조 제1항에서 규정하는 재판받을 권리의 보호범위에 속하지 아니한다.

③ 헌법상 보장된 국민의 재판청구권이 대법원에 의한 상고심재판을 받을 권리를 의미하는 것이라고 할 수 없다.

④ 형사재판에서 사실·법리·양형과 관련하여 피고인이 자신에게 유리한 주장과 자료를 제출할 기회를 보장하는 것은 헌법이 보장한 '공정한 재판을 받을 권리'의 보호영역에 포함되지 않는다.

415 재판청구권에 관한 설명 중 가장 적절하지 <u>않은</u> 것은? (다툼이 있는 경우 판례에 의함)

① 현역병의 군대 입대 전 범죄에 대한 재판권을 군사법원에 부여하고 있다고 하더라도 이것이 군인의 재판청구권을 형성함에 있어 그 재량의 헌법적 한계를 벗어났다고 볼 수 없다.

② 소환된 증인이 보복을 당할 우려가 있는 경우 재판장이 피고인을 퇴정시키고 증인신문을 할 수 있도록 한 법률 규정은 피고인의 반대신문권을 보장하지 않아 공정한 재판을 받을 권리를 침해한다.

③ 보상금 등의 지급결정에 동의한 때에는 특수임무수행 등으로 인하여 입은 피해에 대하여 재판상 화해가 성립된 것으로 보는 특수임무수행자보상에 관한 법률 제17조의 2의 재판상 화해조항은 청구인들의 재판청구권을 침해한다고 볼 수 없다.

④ 불복절차에서 행정심판을 임의적 전치제도로 규정하고 있다면, 불복신청인에게 행정심판을 거치지 아니하고 곧바로 행정소송을 제기할 수 있는 선택권이 보장되어 있으므로, 그 행정심판에 사법절차가 준용되지 않는다 하더라도 헌법에 위반되지 않는다.

416 재판을 받을 권리에 관한 설명 중 가장 적절하지 <u>않은</u> 것은? (다툼이 있는 경우 판례에 의함)

① 교원징계재심위원회의 재심결정에 대하여 교원에게만 행정소송을 제기할 수 있도록 하고 학교법인을 제외한 것은 학교법인의 재판청구권을 침해한다.

② 우리 헌법상 헌법과 법률이 정한 법관에 의한 재판을 받을 권리라 함은 직업법관에 의한 재판을 주된 내용으로 하는 것이므로 '국민참여재판을 받을 권리'가 헌법 제27조 제1항에서 규정한 재판을 받을 권리의 보호범위에 속한다고 볼 수 없다.

③ 공시송달의 방법으로 기일통지서를 송달받은 당사자가 변론기일에 출석하지 아니한 경우 자백간주 규정을 준용하지 않는 민사소송법 제150조 제3항은 그 상대방 당사자의 효율적이고 공정한 재판을 받을 권리를 침해하지 않는다.

④ 재심은 확정판결에 대한 특별한 불복방법이고 확정판결에 대한 법적 안정성의 요청은 미확정판결에 대한 그것보다 훨씬 크다고 할 것이지만, 재심청구권은 헌법 제27조에서 규정한 재판을 받을 권리에 당연히 포함되므로 입법형성권의 행사에 의하여 비로소 창설되는 법률상의 권리가 아니다.

417 재판청구권에 대한 설명으로 가장 적절하지 <u>않은</u> 것은? (다툼이 있는 경우 판례에 의함)

① 우리 헌법상 재판을 받을 권리의 보호범위에는 배심재판을 받을 권리가 포함되지 않는다.

② 심리불속행 상고기각판결의 경우 판결이유를 생략할 수 있도록 규정한 상고심절차에 관한 특례법 조항은 헌법 제27조 제1항에서 보장하는 재판청구권 등을 침해하지 않는다.

③ 특수임무수행자 등이 보상금 등의 지급결정에 동의한 때에는 특수임무수행 또는 이와 관련한 교육훈련으로 입은 피해에 대하여 재판상 화해가 성립된 것으로 보는 '특수임무수행자 보상에 관한 법률' 제17조의2 가운데 특수임무수행 또는 이와 관련한 교육훈련으로 입은 피해 중 '정신적 손해'에 관한 부분은 청구인의 재판청구권을 침해하지 않는다.

④ 형사실체법상으로 직접적인 보호법익의 주체로 해석되지 않는 자는 문제되는 범죄 때문에 법률상 불이익을 받게 되는 자라 하더라도 헌법상 형사피해자의 재판절차진술권의 주체가 될 수 없다.

418 재판청구권에 관한 설명 중 가장 적절하지 <u>않은</u> 것은? (다툼이 있는 경우 판례에 의함)

① 군사시설 중 전투용에 공하는 시설을 손괴한 일반 국민이 평시에 군사법원에서 재판을 받도록 하는 것은 법관에 의한 재판을 받을 권리를 침해하는 것이다.

② 취소소송의 제소기간을 처분 등이 있음을 안 때로부터 90일 이내로 규정한 것은 지나치게 짧은 기간이라고 보기 어렵고 행정법 관계의 조속한 안정을 위해 필요한 방법이므로 재판청구권을 침해하지 않는다.

③ 현역병의 군대 입대 전 범죄에 대한 군사법원의 재판권을 규정하는 것은 헌법상 재판청구권을 침해한 것이다.

④ 재판청구권에 상급심재판을 받을 권리나 사건의 경중을 가리지 않고 모든 사건에 대하여 반드시 대법원 또는 상급법원을 구성하는 법관에 의한 균등한 재판을 받을 권리가 포함되어 있다고 할 수는 없다.

419 재판청구권에 관한 헌법재판소의 결정으로 가장 적절하지 <u>않은</u> 것은?

① 건설업자의 명의대여행위에 대해 필요적으로 건설업등록을 말소하는 것은 재판청구권을 침해하는 것이 아니다.

② 교원징계재심위원회의 재심결정에 대하여 교원에게만 행정소송을 제기할 수 있도록 하고 학교법인을 제외한 것은 학교법인의 재판청구권을 침해한다.

③ 법관이 아닌 사법보좌관이 소송비용액 확정재판을 할 수 있도록 정한 법원조직법 제54조는 동일 심급 내에서 법관으로부터 다시 재판받을 수 있는 권리를 보장하고 있으므로 재판청구권을 침해하지 않는다.

④ 국민참여재판을 받을 권리는 직업법관에 의한 재판을 받을 권리를 주된 내용으로 하는 헌법 제27조 제1항에서 규정한 재판을 받을 권리의 보호범위에 속한다.

420 재판청구권에 관한 설명 중 가장 적절하지 <u>않은</u> 것은? (다툼이 있는 경우 판례에 의함)

① 헌법 제27조 제1항의 '모든 국민은 헌법과 법률이 정한 법관에 의하여 법률에 의한 재판을 받을 권리'로부터 모든 사건에 관하여 대법원의 재판을 받을 권리가 도출되지는 않는다.

② 현역병으로 입대한 군인이 그 신분취득 전 저지른 범죄에 대한 군사법원의 재판권을 규정하고 있는 법률조항은 헌법 제27조 제1항의 재판청구권을 침해하지 않는다.

③ 헌법이 대법원을 최고법원으로 규정하고 있다고 하여 대법원이 모든 사건의 상고심이 된다는 것을 의미하는 것은 아니다.

④ 배당기일에 이의한 사람이 배당이의의 소(訴)의 첫 변론기일에 출석하지 아니한 때에는 소(訴)를 취하한 것으로 보도록 한 민사집행법 제158조는 이의한 사람의 재판청구권을 침해한다.

421 재판청구권에 대한 설명으로 가장 적절한 것은? (다툼이 있는 경우 판례에 의함)

① 정식재판 청구기간을 약식명령의 고지를 받은 날로부터 7일 이내로 정하고 있는 형사소송법 조항은 합리적인 입법재량의 범위를 벗어나 약식명령 피고인의 재판청구권을 침해한다.

② 항소심 확정판결에 대한 재심소장에 붙일 인지액을 항소장에 붙일 인지액과 같게 정한 민사소송 등 인지법 조항은 항소심 확정판결에 대해서 재심을 청구하는 사람의 재판청구권을 침해하지 아니한다.

③ 헌법 제27조 제1항이 규정하는 '법률에 의한' 재판청구권을 보장하기 위해서는 입법자에 의한 재판청구권의 구체적 형성이 불가피하므로 입법자의 광범위한 입법재량이 인정되며, 그러한 입법을 함에 있어서 헌법 제37조 제2항의 비례의 원칙은 적용되지 않는다.

④ 심리불속행 상고기각판결의 경우 판결이유를 생략할 수 있도록 규정한 상고심절차에 관한 특례법 조항은 재판의 본질에 반하여 당사자의 재판청구권을 침해한다.

422 재판청구권에 대한 설명으로 가장 적절하지 않은 것은? (다툼이 있는 경우 판례에 의함)

① 사법보좌관의 지급명령에 대한 이의신청 기간을 2주 이내로 규정한 민사소송법 조항은 재판청구권을 침해한다.

② 특허무효심결에 대한 소(訴)는 심결의 등본을 송달받은 날로부터 30일 이내에 제기하도록 규정한 특허법 조항은 재판청구권을 침해하지 않는다.

③ 국가배상사건인 당해사건 확정판결에 대해 헌법재판소 위헌결정을 이유로 한 재심의 소를 제기할 경우 재심제기기간을 재심사유를 안 날부터 30일 이내로 한 헌법재판소법 조항은 재판청구권을 침해하지 않는다.

④ 즉시항고 제기기간을 3일로 제한하고 있는 형사소송법 조항은 재판청구권을 침해한다.

423 재판청구권에 관한 다음 설명 중 가장 적절하지 <u>않은</u> 것은? (다툼이 있는 경우 판례에 의함)

① 군인이 상관의 지시나 명령에 대하여 재판청구권을 행사하는 경우에 그것이 위법·위헌인 지시와 명령을 시정하려는 데 목적이 있을 뿐, 군 내부의 상명하복관계를 파괴하고 명령불복종 수단으로서 재판청구권의 외형만을 빌리거나 그 밖에 다른 불순한 의도가 있지 않다면, 정당한 기본권의 행사이므로 군인의 복종의무를 위반하였다고 볼 수 없다.

② 특허법이 규정하고 있는 30일의 제소기간은 90일의 제소기간을 규정하고 있는 행정소송법에 비하여 지나치게 짧아 특허무효심결에 대하여 소송으로 다투고자 하는 당사자의 재판청구권 행사를 불가능하게 하거나 현저히 곤란하게 하여 헌법에 위반된다.

③ 법정소동죄 등을 규정한 형법 제138조에서의 '법원의 재판'에 헌법의 규정에 따라 헌법재판소가 담당하게 된 '헌법재판'도 포함된다.

④ 헌법 제27조 제1항의 재판청구권은 법적 분쟁의 해결을 가능하게 하는 적어도 한번의 권리구제절차가 개설될 것을 요청할 뿐 아니라 그를 넘어서 소송절차의 형성에 있어서 실효성 있는 권리보호를 제공하기 위하여 그에 필요한 절차적 요건을 갖출 것을 요청한다.

424 재판을 받을 권리에 관한 다음 설명 중 가장 적절하지 <u>않은</u> 것은? (다툼이 있는 경우 판례에 의함)

① 우리 헌법은 공정하고 신속한 공개재판을 받을 권리를 보장하고 있다.

② 심의위원회의 배상금 등 지급결정에 신청인이 동의한 때에는 국가와 신청인 사이에 민사소송법에 따른 재판상 화해가 성립된 것으로 보는 4·16세월호참사 피해구제 및 지원 등을 위한 특별법 규정은 신청인의 재판청구권을 침해하지 않는다.

③ 소송사건의 대리인인 변호사가 수용자를 접견하고자 하는 경우 소송계속 사실을 소명할 수 있는 자료를 제출하도록 요구하는 것은 과잉금지원칙에 위배되어 변호사의 재판청구권을 침해한다.

④ 재판청구권은 공권력이나 사인에 의해서 기본권이 침해당하거나 침해당할 위험에 처해 있을 경우 이에 대한 구제나 그 예방을 요청할 수 있는 권리라는 점에서 다른 기본권의 보장을 위한 기본권이라는 성격을 가지고 있다.

425 재판청구권에 대한 설명으로 가장 적절하지 <u>않은</u> 것은? (다툼이 있는 경우 판례에 의함)

① 모든 국민은 헌법과 법률이 정한 법관에 의하여 법률에 의한 재판을 받을 권리를 가진다.

② 재판청구권은 모든 사건에 대하여 대법원에 의한 재판을 받을 권리를 포함한다.

③ 변호인이 있는 때에 피고인에게 따로 공판조서 열람청구를 인정하지 않아도 기본권을 침해하는 것이 아니다.

④ 관세청의 통고처분을 행정소송의 대상에서 제외한 관세법 규정은 재판청구권 침해가 아니다.

426 대한민국의 과거사 정리 과업과 관련한 기본권 침해 여부에 관한 설명으로 가장 적절하지 <u>않은</u> 것은? (다툼이 있는 경우 판례에 의함)

① 특수임무수행 등으로 인하여 입은 피해에 대해 특수임무수행자보상심의회의 보상금 등 지급결정에 대해 동의한 때에는 재판상 화해가 성립된다고 보는 특수임무수행자 보상에 관한 법률상 조항이 재판청구권을 과도하게 제한하였다고 보기는 어렵다.

② 5·18민주화운동 보상심의위원회의 보상금지급결정에 동의하면 정신적 손해에 관한 부분도 재판상 화해가 성립된 것으로 보는 구 광주민주화운동 관련자 보상에 관한 법률상 조항은 국가배상청구권을 침해한다.

③ 진실·화해를 위한 과거사정리 기본법상 민간인 집단희생사건, 중대한 인권침해·조작의혹사건에 민법상 소멸시효 조항의 객관적 기산점이 적용되도록 하는 것은 청구인들의 국가배상청구권을 침해한다.

④ 부마민주항쟁을 이유로 30일 미만 구금된 자를 보상금 또는 생활지원금의 지급대상에서 제외하는 부마민주항쟁 관련자의 명예훼손 및 보상 등에 관한 법률상 조항은 청구인의 평등권을 침해한다.

427 재판청구권에 관한 다음 설명 중 가장 적절하지 <u>않은</u> 것은? (다툼이 있는 경우 판례에 의함)

① 재판청구권은 공권력이나 사인에 의해서 기본권이 침해당하거나 침해당할 위험에 처해 있을 경우 이에 대한 구제나 그 예방을 요청할 수 있는 권리라는 점에서 다른 기본권의 보장을 위한 기본권이라는 성격을 가진다.

② 형사피해자는 법률이 정하는 바에 의하여 당해 사건의 재판절차에서 진술할 수 있다.

③ 디엔에이감식시료채취영장 발부 과정에서 형이 확정된 채취대상자에게 자신의 의견을 밝히거나 영장 발부 후 불복할 수 있는 절차 등에 관하여 규정하지 않은 것은 재판청구권을 침해하지 않는다.

④ 공권력이나 사인에 의해 기본권이 침해당하거나 침해당할 위험에 처해 있을 경우 재판청구권에 기하여 이에 대한 구제나 그 예방을 요청할 수 있으므로, 재판청구권은 다른 기본권의 보장을 위한 기본권이라는 성격을 가진다.

428 청구권적 기본권에 대한 설명으로 가장 적절하지 <u>않은</u> 것은? (다툼이 있는 경우 판례에 의함)

① 재판청구기간에 관한 입법자의 재량과 관련하여 제소기간 또는 불복기간을 너무 짧게 정하여 재판을 제기하거나 불복하는 것을 사실상 불가능하게 하거나 합리적인 이유로 정당화될 수 없는 방법으로 이를 어렵게 한다면 재판청구권은 사실상 형해화될 수 있으므로, 이러한 점에서 입법형성권의 한계가 있다.

② 지방공무원이 면직처분에 대해 불복할 경우 소청심사청구기간을 처분사유 설명서 교부일부터 30일 이내로 정한 것은 일반행정심판 청구기간 또는 행정소송 제기기간인 처분이 있음을 안 날부터 90일보다 짧기는 하나, 지방공무원의 권리구제를 위한 재판청구권의 행사를 불가능하게 하거나 형해화한다고 볼 수는 없다.

③ 직권면직처분을 받은 지방공무원이 그에 대해 불복할 경우 행정소송의 제기에 앞서 반드시 소청심사를 거치도록 규정한 것은 재판청구권을 침해하거나 평등원칙에 위반된다고 볼 수 없다.

④ 재판청구권과 같은 절차적 기본권은 원칙적으로 제도적 보장의 성격이 강하기 때문에, 자유권적 기본권 등 다른 기본권의 경우와 비교하여 볼 때 상대적으로 광범위한 입법형성권이 인정되므로, 관련 법률에 대한 위헌심사기준은 과잉금지원칙이 적용된다.

429 재판청구권에 대한 설명으로 가장 적절하지 <u>않은</u> 것은? (다툼이 있는 경우 판례에 의함)

① 형사소송법상 즉시항고 제기기간을 3일로 제한하고 있는 것은 과잉금지원칙을 위반한 것이 아니므로 재판청구권을 침해하지 않는다.

② 헌법과 법률이 정한 법관에 의하여 법률에 의한 재판을 받을 권리가 사건의 경중을 가리지 않고 모든 사건에 대하여 대법원을 구성하는 법관에 의한 균등한 재판을 받을 권리를 의미한다거나 또는 상고심재판을 받을 권리를 의미하는 것이라고 할 수는 없다.

③ 공정한 재판을 받을 권리 속에는 신속하고 공개된 법정의 법관의 면전에서 모든 증거자료가 조사·진술되고 이에 대하여 피고인이 공격·방어할 수 있는 기회가 보장되는 재판, 원칙적으로 당사자주의와 구두변론주의가 보장되어 당사자가 공소사실에 대한 답변과 입증 및 반증을 하는 등 공격, 방어권이 충분히 보장되는 재판을 받을 권리가 포함되어 있다.

④ 헌법상 보장되는 기본권인 '공정한 재판을 받을 권리'에는 '공정한 헌법재판을 받을 권리'도 포함된다.

430 형사보상청구권에 대한 설명으로 가장 적절하지 <u>않은</u> 것은? (다툼이 있는 경우 판례에 의함)

① 형사피의자로 구금되었다가 법률이 정하는 불기소처분을 받은 자도 형사보상청구권을 행사할 수 있다.

② 형사보상의 청구에 대하여 한 보상의 결정에 대하여는 불복을 신청할 수 없도록 하여 형사보상의 결정을 단심재판으로 규정한 형사보상법 조항은 형사보상청구권 및 재판청구권을 침해한다.

③ 형사보상은 형사피고인 등의 신체의 자유를 제한한 것에 대하여 사후적으로 그 손해를 보상하는 것인 바, 구금으로 인하여 침해되는 가치는 객관적으로 평가하기 어려운 것이므로, 그에 대한 보상을 어떻게 할 것인지는 국가의 경제적, 사회적, 정책적 사정들을 참작하여 입법재량으로 결정할 수 있는 사항이고, 이러한 점에서 헌법 제28조에서 규정하는 '정당한 보상'은 헌법 제23조 제3항에서 재산권의 침해에 대하여 규정하는 '정당한 보상'과 동일한 의미를 가진다.

④ 법률이 형사보상의 청구를 무죄재판이 확정된 때로부터 1년 이내에 하도록 하는 것은 피고인의 형사보상청구권을 침해한 것이다.

431 형사보상청구권에 관한 설명으로 가장 적절하지 <u>않은</u> 것은? (다툼이 있는 경우 판례에 의함)

① 외형상·형식상으로 무죄의 재판이 없는 경우에는 형사사법절차에 내재하는 불가피한 위험으로 인하여 국민의 신체의 자유에 관하여 피해가 발생하였더라도 형사보상청구권을 인정할 수는 없다.

② 형사보상청구는 무죄재판이 확정된 사실을 안 날부터 3년, 무죄재판이 확정된 때부터 5년 이내에 하여야 한다.

③ 형사보상 및 명예회복에 관한 법률에 따른 보상을 받을 자가 같은 원인에 대하여 다른 법률에 따라 손해배상을 받은 경우에 그 손해배상의 액수가 형사보상 및 명예회복에 관한 법률에 따라 받을 보상금의 액수와 같거나 그보다 많을 때에는 보상하지 아니한다.

④ 사형 집행에 대한 보상을 할 때에는 집행 전 구금에 대한 보상금 외에 3천만 원 이내에서 모든 사정을 고려하여 법원이 타당하다고 인정하는 금액을 더하여 보상하며, 이 경우 본인의 사망으로 인하여 발생한 재산상의 손실액이 증명되었을 때에는 그 손실액도 보상한다.

432 형사보상청구권에 관한 설명으로 가장 적절하지 <u>않은</u> 것은? (다툼이 있는 경우 판례에 의함)

① 형사보상청구권은 국가의 공권력 작용에 의하여 신체의 자유를 침해받은 국민에 대해 금전적인 보상을 청구할 권리를 인정하는 것이므로, 형사보상청구권이 제한됨으로 인하여 침해되는 국민의 기본권은 단순히 금전적인 권리에 불과한 것이라기보다는 실질적으로 국민의 신체의 자유와 밀접하게 관련된 중대한 기본권이다.

② 형사보상의 구체적 내용과 금액 및 절차에 관한 사항은 입법자가 정하여야 할 사항으로 형사보상금을 일정한 범위 내로 한정하고 있는 형사보상법 조항은 형사보상청구권을 침해한다고 볼 수 없다.

③ 면소나 공소기각의 재판을 받은 경우에 형사보상을 청구할 수 있는 경우가 있다.

④ 형사피의자의 경우, 보상을 하는 것이 선량한 풍속 기타 사회질서에 반한다고 할 특별한 사정이 있다 하더라도 보상의 전부를 지급해야 한다.

433 형사보상청구권에 관한 설명으로 가장 적절하지 <u>않은</u> 것은? (다툼이 있는 경우 판례에 의함)

① 형사보상의 청구기간을 '무죄판결이 확정된 때로부터 1년'으로 규정한 것은 형사보상청구권의 행사를 어렵게 할 정도로 지나치게 짧다고 할 수 없으므로 합리적인 입법재량을 행사한 것으로 볼 수 있다.

② 형사보상청구권과 직접적인 이해관계를 가진 당사자는 형사피고인과 국가밖에 없는데, 국가가 무죄판결을 선고받은 형사피고인에게 넓게 형사보상청구권을 인정함으로써 감수해야 할 공익은 경제적인 것에 불과하다.

③ 형사보상액의 산정에 기초되는 사실인정이나 보상액에 관한 판단에서 오류나 불합리성이 발견되는 경우에도 그 시정을 구하는 불복신청을 할 수 없도록 하는 것은 형사보상청구권 및 그 실현을 위한 기본권으로서의 재판청구권의 본질적 내용을 침해하는 것이다.

④ 피의자로서 구금되었던 자 중 검사로부터 불기소처분을 받거나 사법경찰관으로부터 불송치결정을 받은 자는 국가에 대하여 그 구금에 대한 보상을 청구할 수 있다.

434 국가배상청구권에 관한 설명으로 가장 적절하지 <u>않은</u> 것은? (다툼이 있는 경우 판례에 의함)

① 국가배상청구권의 성립요건으로서 공무원의 고의 또는 과실을 규정한 국가배상법 조항은 법률로 이미 형성된 국가배상청구권의 행사 및 존속을 '제한'하는 것이라기보다는 국가배상청구권의 내용을 '형성'하는 것이므로, 헌법상 국가배상제도의 정신에 부합하게 국가배상청구권을 형성하였는지의 관점에서 심사하여야 한다.

② 헌법상 국가배상청구권에 관한 규정은 국가배상청구권을 청구권적 기본권으로 보장하며, 그 요건에 해당하는 사유가 발생한 개별 국민에게는 금전청구권으로서의 재산권으로서도 보장된다.

③ 민주화보상법이 보상금 등 산정에 있어 정신적 손해에 대한 배상을 전혀 반영하지 않고 있으므로 이와 무관한 보상금 등을 지급한 다음 정신적 손해에 대한 배상청구마저 금지하는 것은 법익의 균형성에 위반된다.

④ 지방자치단체에 의하여 '교통할아버지'로 선정된 노인이 어린이 보호, 교통안내, 거리질서 확립 등의 위탁받은 업무범위를 넘어 교차로 중앙에서 교통정리를 하다가 교통사고를 발생시킨 경우, 그 지방자치단체는 국가배상법상의 배상책임을 부담하지 아니한다.

435 다음 설명 중 가장 적절하지 <u>않은</u> 것은? (다툼이 있는 경우 판례에 의함)

① 소환된 증인 또는 그 친족 등이 보복을 당할 우려가 있는 경우 재판장이 피고인을 퇴장시키고 증인신문을 행할 수 있도록 한 법률규정은 피고인의 반대신문권을 보장하지 않아 공정한 재판을 받을 권리를 침해한다.

② 재심은 판결에 대한 불복방법의 하나인 점에서는 상소와 마찬가지라고 할 수 있지만, 상소와는 달리 재심은 확정판결에 대한 불복방법이고 확정판결에 대한 법적 안정성의 요청은 미확정판결에 대한 그것보다 훨씬 크기 때문에, 상소보다 더 예외적으로 인정되어야 한다는 점에서 차이가 있다.

③ '민주화운동 관련자 명예회복 및 보상 심의위원회'의 보상금 등 지급결정에 동의한 때 재판상 화해의 성립을 간주함으로써 법관에 의하여 법률에 의한 재판을 받을 권리를 제한하는 법규정은 재판청구권을 침해하지 않는다.

④ 피고인이 스스로 치료감호를 청구할 수 있는 권리는 헌법상 재판청구권의 보호범위에 속하지 않는다.

436 범죄피해자구조청구권에 관한 설명으로 가장 적절하지 <u>않은</u> 것은? (다툼이 있는 경우 판례에 의함)

① 범죄피해자구조청구권의 주체는 자연인과 법인이며, 외국인은 상호보증이 있는 경우에 한하여 주체가 될 수 있다.

② 범죄피해자구조청구권의 대상이 되는 범죄피해의 범위에 관하여 해외에서 발생한 범죄피해는 포함하고 있지 아니한 조항이 평등원칙에 위배된다고 볼 수 없다.

③ 범죄피해자구조대상이 되는 범죄피해의 범위에는 형법 제20조 또는 제21조 제1항에 따라 처벌되지 아니하는 행위, 과실에 의한 행위는 제외한다.

④ 타인의 범죄행위로 피해를 당한 사람과 그 배우자, 직계친족뿐만 아니라 범죄피해 방지 및 범죄피해자 구조 활동으로 피해를 당한 사람도 범죄피해자로 본다.

437 청구권적 기본권과 관련된 법 규정으로 가장 적절하지 <u>않은</u> 것은?

① 청원법 규정에 의하면 청원기관의 장은 공개청원의 공개결정일부터 60일간 청원사항에 관하여 국민의 의견을 들어야 한다.

② 형사보상 및 명예회복에 관한 법률 규정에 의하면 형사보상청구는 무죄재판이 확정된 사실을 안 날부터 3년, 무죄재판이 확정된 때부터 5년 이내에 하여야 한다.

③ 형사보상 및 명예회복에 관한 법률 규정에 의하면 형사보상을 받을 자는 다른 법률에 따라 손해배상을 청구하는 것이 금지되지 아니한다.

④ 범죄피해자 보호법 규정에 의하면 구조금의 신청은 해당 구조대상 범죄피해의 발생을 안 날부터 3년이 지나거나 해당 구조대상 범죄피해가 발생한 날부터 10년이 지나면 할 수 없다.

438 범죄피해자구조청구권에 대한 설명으로 가장 적절하지 <u>않은</u> 것은? (다툼이 있는 경우 판례에 의함)

① 범죄피해자구조금을 받을 권리는 그 구조결정이 해당 신청인에게 송달된 날로부터 2년간 행사하지 않으면 시효로 인하여 소멸된다.

② 범죄피해자구조청구권의 대상이 되는 범죄피해에 해외에서 발생한 범죄피해의 경우를 포함하고 있지 아니한 것이 현저하게 불합리한 자의적 차별이라고 볼 수 없어 평등의 원칙에 위배되지 아니한다.

③ 범죄피해자구조청구권이라 함은 타인의 범죄행위로 인하여 생명·신체에 대한 피해를 입은 국민이 가해자로부터 충분한 배상을 받지 못한 경우에 국가에 대하여 경제적 구조를 청구할 수 있는 권리를 말한다.

④ 범죄피해자구조청구권의 구조금의 지급에 관한 사항을 심의·결정하기 위하여 지방법원에 범죄피해구조심의회를 둔다.

439 범죄피해자구조청구권에 관한 설명 중 가장 적절한 것은? (다툼이 있는 경우 판례에 의함)

① 범죄피해자구조청구권은 생명, 신체에 대한 피해를 입은 경우에 적용되는 것은 물론이고 재산상 피해를 입은 경우에도 적용된다.

② 범죄행위 당시 구조피해자와 가해자 사이에 사실상의 혼인관계가 있는 경우에도 구조피해자에게 구조금을 지급한다.

③ 범죄피해구조금을 받을 권리는 그 2분의 1 상당액에 한하여 양도 또는 담보로 제공하거나 압류할 수 있다.

④ 범죄피해자구조는 피해자가 사망한 경우에는 유족이, 중상해 등을 당한 경우에는 본인이 청구한다.

440 범죄피해자구조청구권에 관한 설명으로 가장 적절하지 <u>않은</u> 것은? (다툼이 있는 경우 판례에 의함)

① 대한민국의 주권이 미치는 영역에서 발생한 범죄행위로 인한 피해자인 외국인은 원칙적으로 범죄피해자구조청구권의 주체가 된다.

② 구조금을 받을 권리는 그 구조결정이 해당 신청인에게 송달된 날부터 2년간 행사하지 아니하면 시효로 인하여 소멸된다.

③ 자기 또는 타인의 형사사건의 수사 또는 재판에서 고소·고발 등 수사단서를 제공하거나 진술, 증언 또는 자료를 제출하다가 구조피해자가 된 경우에 범죄피해구조금을 지급한다.

④ 헌법재판소는 범죄피해자구조청구권의 대상이 되는 범죄피해에 해외에서 발생한 범죄피해의 경우를 포함하고 있지 아니한 것이 현저하게 불합리한 자의적인 차별이라고 볼 수 없어 평등원칙에 위배되지 아니한다고 결정하였다.

441 범죄피해자구조청구권에 관한 설명으로 가장 적절하지 <u>않은</u> 것은? (다툼이 있는 경우 판례에 의함)

① 긴급피난의 경우는 청구가 가능하나, 정당행위·정당방위·과실에 의한 행위로 발생한 피해는 청구할 수 없다.

② 형사절차에 대한 협조와 관련하여 범죄피해자가 된 경우에도 범죄피해자구조청구권을 행사할 수 있다.

③ 범죄피해구조금을 받을 권리는 그 구조결정이 해당 신청인에게 송달된 날부터 1년간 행사하지 아니하면 시효로 인하여 소멸된다.

④ 범죄피해구조금은 국가의 재정에 기반을 두고 있는바, 구조금청구권의 행사대상을 우선적으로 대한민국의 영역 안의 범죄피해에 한정하고, 향후 구조금의 확대에 따라서 해외에서 발생한 범죄피해의 경우에도 구조를 하는 방향으로 운영하는 것은 입법형성의 재량의 범위 내라고 할 수 있다.

442 인간다운 생활을 할 권리에 관한 설명으로 가장 적절하지 <u>않은</u> 것은? (다툼이 있는 경우 판례에 의함)

① 재혼을 유족연금수급권 상실사유로 규정한 구 공무원연금법 해당 조항 중 '유족연금'에 관한 부분은 입법재량의 한계를 벗어나 재혼한 배우자의 인간다운 생활을 할 권리를 침해하였다고 볼 수 없다.

② 연금보험료를 낸 기간이 그 연금보험료를 낸 기간과 연금보험료를 내지 아니한 기간을 합산한 기간의 3분의 2보다 짧은 경우 유족연금 지급을 제한한 구 국민연금법 해당 조항 중 '유족연금'에 관한 부분은 인간다운 생활을 할 권리를 침해한다고 볼 수 없다.

③ 노인장기요양보험법은 요양급여의 실시와 그에 따른 급여비용 지급에 관한 기본적이고도 핵심적인 사항을 이미 법률로 규정하고 있으므로, '시설 급여비용의 구체적인 산정방법 및 항목 등에 관하여 필요한 사항'을 보건복지부령에 위임하였다고 하여 그 자체로 법률유보원칙에 반한다고 볼 수는 없다.

④ 생계급여를 지급함에 있어 자활사업 참가조건의 부과를 유예할 수 있는 대상자를 정하면서 입법자가 '대학원에 재학 중인 사람'과 '부모에게 버림받아 부모를 알 수 없는 사람'을 포함시키지 않은 것은 인간다운 생활을 보장하기 위한 조치를 취함에 있어서 국가가 실현해야 할 객관적 내용의 최소한도의 보장에 이르지 못한 것이다.

443 인간다운 생활을 할 권리에 대한 설명으로 가장 적절하지 <u>않은</u> 것은? (다툼이 있는 경우 판례에 의함)

① 국가에게 헌법 제34조에 의하여 장애인의 복지를 위하여 노력을 해야 할 의무가 있다는 것은, 장애인도 인간다운 생활을 누릴 수 있는 정의로운 사회질서를 형성해야 할 국가의 일반적인 의무를 뜻하는 것이지, 장애인을 위하여 저상버스를 도입해야 한다는 구체적 내용의 의무가 헌법으로부터 나오는 것은 아니다.

② 구치소·치료감호시설에 수용 중인 자에 대하여 국민기초생활 보장법에 의한 중복적인 보장을 피하기 위하여 개별가구에서 제외하기로 한 입법자의 판단이 헌법상 용인될 수 있는 재량의 범위를 일탈하여 인간다운 생활을 할 권리와 보건권을 침해한다고 볼 수 없다.

③ 보건복지부장관이 고시한 생계보호기준에 따른 생계보호의 수준이 일반 최저생계비에 못미친다면, 인간다운 생활을 보장하기 위하여 국가가 실현해야 할 객관적 내용의 최소한도의 보장에도 이르지 못한 것이므로 청구인들의 행복추구권과 인간다운 생활을 할 권리를 침해한 것이다.

④ 인간다운 생활을 보장하기 위한 객관적인 내용의 최소한을 보장하고 있는지 여부는 심판대상조항만을 가지고 판단하여서는 안 되고, 다른 법령에 의거하여 국가가 최저생활보장을 위하여 지급하는 각종 급여나 각종 부담의 감면 등도 함께 고려하여 판단하여야 한다.

444 사회적 기본권에 관한 설명으로 가장 적절하지 <u>않은</u> 것은? (다툼이 있는 경우 판례에 의함)

① 국민기초생활 보장법 시행령상 '대학원에 재학 중인 사람'과 '부모에게 버림받아 부모를 알 수 없는 사람'을 조건 부과 유예의 대상자에 포함시키지 않았다는 사정만으로 국가가 인간다운 생활을 보장하기 위한 조치를 취함에 있어서 실현해야 할 객관적 내용의 최소한도 보장에 이르지 못하였다거나 헌법상 용인될 수 있는 재량의 범위를 명백히 일탈하였다고는 보기 어렵다.

② 지뢰피해자 및 그 유족에 대한 위로금 산정시 사망 또는 상이를 입을 당시의 월평균임금을 기준으로 하고, 그 기준으로 산정한 위로금이 2천만 원에 이르지 아니할 경우 2천만 원을 초과하지 아니하는 범위에서 조정·지급할 수 있도록 한 지뢰피해자 지원에 관한 특별법 조항은 인간다운 생활을 할 권리를 침해한다고 볼 수 없다.

③ 구 공무원연금법상 유족급여수급권이 헌법상 보장되는 재산권에 포함되기 때문에 대통령령이 정하는 정도의 장애 상태에 있지 아니한 19세 이상의 자녀를 유족의 범위에서 제외한 것은 유족급여수급권의 본질적 내용을 침해하여 입법형성권의 범위를 벗어난 것이다.

④ 산재피해 근로자에게 인정되는 산재보험수급권은 입법재량권의 행사에 의하여 제정된 산업재해보상보험법에 의하여 비로소 구체화되는 '법률상의 권리'이며, 개인에게 국가에 대한 사회보장·사회복지 또는 재해예방 등과 관련된 적극적 급부청구권이 인정되는 것은 아니다.

445 인간다운 생활을 할 권리에 관한 설명으로 가장 적절하지 <u>않은</u> 것은? (다툼이 있는 경우 판례에 의함)

① 헌법에 의하면 국가는 재해를 예방하고 그 위험으로부터 국민을 보호하기 위하여 노력하여야 한다고 되어 있다.

② 헌법재판소는 공무원연금법상의 연금수급권은 사회보장수급권으로서의 성격과 재산권으로서의 성격이 혼재되어 있다고 보면서 양자 가운데 사회보장수급권으로서의 성격에 더 비중이 있다고 보고 있다.

③ 국가가 인간다운 생활을 보장하기 위한 헌법적 의무를 다하였는지의 여부가 사법적 심사의 대상이 된 경우에는 국가가 생계보호에 관한 입법을 전혀 하지 아니하였다든가 그 내용이 현저히 불합리하여 헌법상 용인될 수 있는 재량의 범위를 명백히 일탈한 경우에 한하여 인간다운 생활을 할 권리를 보장한 헌법에 위반된다고 할 수 있다.

④ 국가에게 헌법 제34조에 의하여 장애인의 복지를 위하여 노력을 해야 할 의무가 있다는 것은, 장애인도 인간다운 생활을 누릴 수 있는 정의로운 사회질서를 형성해야 할 국가의 일반적인 의무를 뜻하는 것이지, 장애인을 위하여 저상버스를 도입해야 한다는 구체적 내용의 의무가 헌법으로부터 나오는 것은 아니다.

446 사회보장수급권에 관한 설명으로 가장 적절하지 <u>않은</u> 것은? (다툼이 있는 경우 판례에 의함)

① 공무원연금법상 퇴직연금의 수급자가 사립학교교직원연금법 제3조의 학교기관으로부터 보수 기타 급여를 지급받고 있는 경우, 그 기간 중 퇴직연금의 지급을 정지하도록 한 것은 기본권 제한의 입법한계를 일탈한 것으로 볼 수 없다.

② 휴직자에게 직장가입자의 자격을 유지시켜 휴직전월의 표준보수월액을 기준으로 보험료를 부과하는 것은 사회국가원리에 위배되지 않는다.

③ 사회보험료를 형성하는 원리 중의 하나인 '사회연대의 원칙'은 사회보험체계 내에서의 소득의 재분배를 정당화하는 근거이고, 보험의 급여수혜자가 아닌 제3자인 사용자의 보험료 납부의무를 정당화하는 근거이기도 하며, 사회보험에의 강제가입의무를 정당화하는 한편, 재정구조가 취약한 보험자와 재정구조가 건전한 보험자 사이의 재정조정을 가능하게 한다.

④ 국민연금의 급여수준은 납입한 연금보험료의 금액을 기준으로 결정하여야 하며, 한 사람의 수급권자에게 여러 종류의 수급권이 발생한 경우에는 중복하여 지급해야 한다.

447 사회적 기본권에 관한 설명 중 가장 적절한 것은? (다툼이 있는 경우 판례에 의함)

① 개인과외교습이나 인터넷 통신강좌와 같은 사교육의 교습시간을 제한하지 않으면서, 학원 및 교습소의 교습시간만 제한하는 것은 합리적 이유가 없는 차별이다.

② 혼인으로 세대를 합침으로써 1세대 3주택을 보유한 자에 대해 1세대 3주택에 해당한다는 사유만으로 양도소득세를 중과하는 것은 혼인과 가족생활 보장을 규정한 헌법 제36조 제1항에 위배되지 않는다.

③ 사립학교교직원 연금법상 퇴직급여 및 퇴직수당을 받을 권리는 사회적 기본권의 하나인 사회보장수급권에는 해당하지만, 헌법 제23조에 의하여 보장되는 재산권에는 해당하지 아니한다.

④ 친생부인의 소의 제척기간을 규정한 민법 제847조 제1항 중 '부가 그 사유가 있음을 안 날로부터 2년 내' 부분은 친생부인의 소의 제척기간에 관한 입법재량의 한계를 일탈하지 않은 것으로서 헌법에 위반되지 아니한다.

448 사회적 기본권에 대한 설명으로 가장 적절하지 <u>않은</u> 것은? (다툼이 있는 경우 판례에 의함)

① 인간다운 생활을 할 권리 중 최소한의 물질적 생활의 유지 이상의 급부를 요구할 수 있는 구체적인 권리는 법률을 통하여 구체화할 때에 비로소 인정되는 법률적 차원의 권리이다.

② '의무교육은 무상으로 한다'는 헌법 제31조 제3항은 초등교육에 관하여는 직접적인 효력규정으로서, 이로부터 개인은 국가에 대하여 초등학교의 입학금·수업료 등을 면제받을 수 있는 헌법상의 권리를 가진다.

③ 중학교 의무교육을 일시에 전면 실시하는 대신 단계적으로 확대 실시하도록 한 것은 실질적 평등의 원칙에 부합되지 않는다.

④ 해고예고제도는 근로조건의 핵심적 부분인 해고와 관련된 사항일 뿐만 아니라, 근로자가 갑자기 직장을 잃어 생활이 곤란해지는 것을 막는 데 목적이 있으므로 근로자의 인간 존엄성을 보장하기 위한 최소한의 근로조건으로서 근로의 권리의 내용에 포함된다.

449 사회적 기본권에 대한 설명으로 가장 적절하지 <u>않은</u> 것은? (다툼이 있는 경우 판례에 의함)

① 근로자가 사업주의 지배관리 아래 출퇴근하던 중 발생한 사고로 부상 등이 발생한 경우에만 업무상 재해로 인정하는 산업재해보상보험법 조항은 평등원칙에 위배되지 아니한다.

② 공무원연금법상 퇴직연금의 수급자가 사립학교교직원연금법 제3조의 학교기관으로부터 보수 기타 급여를 지급받고 있는 경우 퇴직연금의 지급을 정지하도록 한 공무원연금법 조항은 헌법에 위배되지 않는다.

③ 헌법상 보장되고 있는 학문의 자유 또는 교육을 받을 권리의 규정에서 교사의 수업권이 파생되는 것으로 해석하여 기본권에 준하는 것으로 간주하더라도, 수업권을 내세워 국민의 수학권을 침해할 수는 없다.

④ 국가는 생활능력 없는 국민을 보호할 의무가 있다는 헌법 규정은 모든 국가기관을 기속하지만, 그 기속의 의미는 입법부 또는 행정부의 경우와 헌법재판소의 경우가 동일하지 않다.

450 사회적 기본권에 관한 설명으로 가장 적절하지 <u>않은</u> 것은? (다툼이 있는 경우 판례에 의함)

① 모든 국민은 인간다운 생활을 할 권리를 가지며 국가는 생활능력 없는 국민을 보호할 의무가 있다는 헌법의 규정은 헌법재판에 있어서는 다른 국가기관, 즉 입법부나 행정부가 국민으로 하여금 인간다운 생활을 영위하도록 하기 위하여 객관적으로 필요한 최소한의 조치를 취할 의무를 다하였는지를 기준으로 국가기관의 행위의 합헌성을 심사하여야 한다는 통제규범으로 작용하는 것이다.

② 국가는 사회적 기본권에 의하여 제시된 국가의 의무와 과제를 언제나 국가의 현실적인 재정·경제 능력의 범위 내에서 다른 국가과제와의 조화와 우선순위결정을 통하여 이행할 수밖에 없다.

③ 사회적 기본권의 성격을 가지는 연금수급권은 국가에 대하여 적극적으로 급부를 요구하는 것이므로 법률에 의한 형성을 필요로 한다.

④ 사회적 기본권에 관한 법률유보는 주로 권리의 내용을 구체화하는 기본권 구체화적 법률유보를 의미하기 때문에, 국회가 사회적 기본권을 구체화하는 입법의무를 게을리 할 경우 헌법재판소 결정의 형식으로 스스로 입법할 수 있다.

451 사회적 기본권에 관한 설명으로 가장 적절하지 <u>않은</u> 것은? (다툼이 있는 경우 판례에 의함)

① 사회보장수급권은 사회적 기본권으로서 국가에게 적극적으로 급부를 요구할 수 있는 권리를 주된 내용으로 하며, 헌법 제34조 제1항, 제2항에 의하여 보장된다.

② 국가가 인간다운 생활을 보장하기 위한 헌법적 의무를 다하였는지의 여부가 사법적 심사의 대상이 된 경우에는, 국가가 최저생활보장에 관한 입법을 전혀 하지 아니하였다든지, 그 내용이 현저히 불합리하여 헌법상 용인될 수 있는 재량의 범위를 명백히 일탈한 경우에 한하여 헌법에 위반된다.

③ 사회적 기본권은 입법과정이나 정책결정과정에서 사회적 기본권에 규정된 국가목표의 무조건적인 최우선적 배려가 아니라 단지 적절한 고려를 요청하는 것이다.

④ 국민연금의 급여수준은 납입한 연금보험료의 금액을 기준으로 결정하여야 하며, 한 사람의 수급권자에게 여러 종류의 수급권이 발생한 경우에는 중복하여 지급해야 한다.

452 다음 설명 중 가장 적절한 것은? (다툼이 있는 경우 판례에 의함)

① 일반적으로 부모의 교육권으로부터 학부모의 학교참여권이 도출된다고 보기 어렵고, 학부모가 미성년자인 학생의 교육과정에 참여할 당위성이 부정되므로, 입법자가 학부모의 집단적인 교육참여권을 법률로써 인정하는 것은 헌법상 허용되지 않는다.

② 개인과외교습이나 인터넷 통신강좌와 같은 사교육의 교습시간을 제한하지 않으면서 학원 및 교습소의 교습시간만 제한하는 것은 합리적 이유가 없는 차별이다.

③ 헌법상 보장되고 있는 학문의 자유 또는 교육을 받을 권리의 규정에서 교사의 수업권이 파생되는 것으로 해석하여 기본권에 준하는 것으로 간주하더라도, 수업권을 내세워 국민의 수학권을 침해할 수는 없다.

④ 교육을 받을 권리는 모든 인간에게 부여되는 권리이므로 외국인에게도 보장된다는 것이 통설이다.

453 교육을 받을 권리에 관한 설명으로 가장 적절한 것은? (다툼이 있는 경우 헌법재판소 판례에 의함)

① 검정고시응시자격을 제한하는 것은 국민의 교육받을 권리 중 그 의사와 능력에 따라 균등하게 교육을 받을 것을 국가로부터 방해받지 않을 권리를 제한하는 것이므로 과소보호금지의 원칙에 따른 심사를 받아야 할 것이다.

② 고시 공고일을 기준으로 고등학교에서 퇴학된 날로부터 6월이 지나지 아니한 자를 고등학교 졸업학력 검정고시를 받을 수 있는 자의 범위에서 제외하고 있는 '고등학교 졸업학력 검정고시 규칙'의 조항은 교육을 받을 권리를 침해한다.

③ 자율형 사립고등학교(이하 '자사고'라 함)와 일반고등학교(이하 '일반고'라 함)가 동시선발을 하게 되면 해당 자사고의 교육에 적합한 학생을 선발하는 데 지장이 있고 자사고의 사학운영의 자유를 침해하므로 자사고를 후기학교로 정하여 신입생을 일반고와 동시에 선발하도록 한 초·중등교육법 시행령 해당 조항은 국가가 학교제도를 형성할 수 있는 재량 권한의 범위를 일탈하였다.

④ '서울대학교 2023학년도 대학 신입학생 입학전형 시행계획' 중 저소득학생 특별전형의 모집인원을 모두 수능위주 전형으로 선발하도록 정한 부분이 저소득학생 특별전형에 응시하고자하는 수험생들의 기회를 불합리하게 박탈하는 것은 아니다.

454 교육을 받을 권리에 관한 설명 중 가장 적절하지 않은 것은? (다툼이 있는 경우 판례에 의함)

① 대학수학능력시험을 한국교육방송공사(EBS) 수능교재 및 강의와 연계하여 출제하기로 한 '2018학년도 대학수학능력시험 시행 기본계획'은 헌법 제31조 제1항의 능력에 따라 균등하게 교육을 받을 권리를 직접 제한한다고 보기는 어렵다.

② 학교용지부담금의 부과대상을 수분양자가 아닌 개발사업자로 정하고 있는 구 학교용지 확보 등에 관한 특례법 조항은 의무교육의 무상원칙에 위배된다.

③ 교육을 받을 권리의 내용과 관련하여 헌법재판소는 실질적인 평등교육을 실현해야 할 국가의 적극적인 의무가 인정된다고 하여 이로부터 국민이 직접 실질적 평등교육을 위한 교육비를 청구할 권리가 도출된다고 볼 수 없다고 판시하였다.

④ 교육을 받을 권리란 모든 국민에게 저마다의 능력에 따른 교육이 가능하도록 그에 필요한 설비와 제도를 마련해야 할 국가의 과제와 아울러, 사회적·경제적 약자도 능력에 따른 실질적 평등교육을 받을 수 있도록 적극적인 정책을 실현해야 할 국가의 의무를 뜻한다.

455 교육을 받을 권리에 대한 설명으로 가장 적절하지 않은 것은? (다툼이 있는 경우 판례에 의함)

① 대학수학능력시험의 문항 수 기준 70%를 한국교육방송공사교재와 연계하여 출제하는 것이 대학수학능력시험을 준비하는 자들의 능력에 따라 균등하게 교육을 받을 권리를 직접 제한한다고 보기는 어렵다.

② 학문의 자유와 대학의 자율성에 따라 대학이 학생의 선발 및 전형 등 대학입시제도를 자율적으로 마련할 수 있다 하더라도 이를 내세워 국민의 교육받을 권리를 침해할 수 없다.

③ 학교폭력예방 및 대책에 관한 법률에서 학교폭력 가해학생에 대하여 수개의 조치를 병과할 수 있도록 하고, 출석정지기간의 상한을 두지 아니한 부분은 과잉금지원칙에 위배되어 청구인들의 학습의 자유를 침해한다.

④ 2년제 전문대학의 졸업자에게만 대학 산업대학 또는 원격대학의 편입학 자격을 부여하고, 3년제 전문대학의 2년 이상 과정이수자에게는 편입학 자격을 부여하지 않는 것은 교육을 받을 권리를 침해하지 않는다.

456 교육받을 권리에 관한 헌법재판소 결정의 내용으로 가장 적절하지 <u>않은</u> 것은?

① 만 6세가 되기 전에 앞당겨서 입학을 허용하지 않는다고 해서 헌법상의 '능력에 따라 균등하게 교육을 받을 권리'를 본질적으로 침해한 것이라 볼 수 없다.

② 의무교육에 필요한 학교용지의 부담금을 개발사업지역 내 주택의 수분양자들에게 부과·징수하는 것은 의무교육의 무상원칙에 위배되어 위헌이다.

③ 교육기본법에 의하면 원칙적으로 6년의 초등교육뿐 아니라 3년의 중등교육까지 의무교육으로 하고 있다.

④ 학교제도에 관한 국가의 규율권한과 부모의 교육권이 서로 충돌하는 경우 어떠한 법익이 우선하는가의 문제는 구체적인 경우마다 법익형량을 통하여 판단해야 하는데, 자녀의 취학연령을 부모가 자유롭게 결정할 수 없다는 것은 부모의 교육권에 대한 과도한 제한이다.

457 교육을 받을 권리에 관한 설명으로 옳지 <u>않은</u> 것을 〈보기〉에서 모두 고른 것은? (다툼이 있는 경우 판례에 의함)

〈보기〉
㉠ 대학수학능력시험을 한국교육방송공사(EBS) 수능교재 및 강의와 연계하여 출제하기로 한 '2018학년도 대학수학능력시험 시행기본계획'은 헌법 제31조 제1항의 능력에 따라 균등하게 교육을 받을 권리를 직접 제한한다고 보기는 어렵다.
㉡ 지방교육자치에 관한 법률' 등을 개정하여 의무교육 관련 경비를 국가뿐만 아니라 지방자치단체에도 부담케 하는 것은 지방자치단체의 자치재정권을 침해한다.
㉢ 의무교육 대상인 중학생의 학부모에게 급식관련 비용 일부를 부담하도록 하는 구 학교급식법 조항은 비록 국가나 지방자치단체의 지원으로 학부모의 급식비 부담을 경감하는 조항이 마련되어 있다고 하더라도 입법형성권의 범위를 넘어 헌법상 의무교육의 무상원칙에 반하는 것이다.

① ㉠   ② ㉢
③ ㉠, ㉡   ④ ㉡, ㉢

458 교육을 받을 권리와 관련한 설명으로 가장 적절하지 <u>않은</u> 것은? (다툼이 있는 경우 판례에 의함)

① 국·공립학교와는 달리 사립학교의 경우에 학교운영위원회의 설치를 임의적인 사항으로 규정한 것은 학부모의 교육참여권을 침해하여 위헌이다.

② 의무취학 시기를 만 6세가 된 다음 날 이후의 학년 초로 규정하고 있는 교육법 규정이 교육을 받을 권리를 침해한 것으로 볼 수 없다는 것이 헌법재판소 판례의 입장이다.

③ 무상의 중등교육을 받을 권리는 법률에서 중등교육을 의무교육으로서 시행하도록 규정하기 전에는 헌법상 권리로서 보장되는 것은 아니다.

④ 학교교육에 있어서 교사의 가르치는 권리를 수업권이라고 한다면, 그것은 자연법적으로는 학부모에게 속하는 자녀에 대한 교육권을 신탁받은 것이고, 실정법상으로는 공교육에 책임이 있는 국가의 위임에 의한 것이다.

459 교육을 받을 권리에 대한 설명으로 가장 적절하지 <u>않은</u> 것은? (다툼이 있는 경우 판례에 의함)

① 헌법은 국가의 교육권한과 부모의 교육권의 범주 내에서 학생에게도 자신의 교육에 관하여 스스로 결정할 권리를 부여하고 있으므로, 학생은 국가의 간섭을 받지 아니하고 자신의 능력과 개성, 적성에 맞는 학교를 자유롭게 선택할 권리를 가진다.

② 학교교육에 관한 한, 국가는 헌법 제31조에 의하여 부모의 교육권으로부터 원칙적으로 독립된 독자적인 교육권한을 부여받음으로써 부모의 교육권과 함께 자녀의 교육을 담당한다.

③ 자녀의 교육에 관한 부모의 권리와 의무는 서로 불가분의 관계에 있고 자녀교육권의 본질을 결정하는 구성요소이기 때문에, 부모의 자녀교육권은 '자녀교육에 대한 부모의 책임'으로도 표현될 수 있다.

④ 교육을 받을 권리를 규정한 헌법 제31조 제1항은 헌법 제10조의 행복추구권에 대한 특별규정으로서, 교육의 영역에서 능력주의를 실현하고자 하는 것이다.

460 교육을 받을 권리에 대한 설명으로 가장 적절하지 <u>않은</u> 것은? (다툼이 있는 경우 판례에 의함)

① 초·중등학교 교사인 청구인들이 교육과정에 따라 학생들을 가르치고 평가하여야 하는 법적인 부담이나 제약을 받는다고 하더라도 이는 헌법상 보장된 기본권에 대한 제한이라고 보기 어렵다.

② 학교의 급식활동은 의무교육에 있어서 필수불가결한 교육과정이고 이에 소요되는 경비는 의무교육의 실질적인 균등보장을 위한 본질적이고 핵심적인 항목에 해당하므로, 급식에 관한 경비를 전면무상으로 하지 않고 그 일부를 학부모의 부담으로 정하고 있는 것은 의무교육의 무상원칙에 위배된다.

③ 초·중·고교 교사는 수업의 자유를 내세워 헌법과 법률이 지향하는 자유민주적 기본질서를 침해할 수 없다.

④ 대학수학능력시험의 문항 수 기준 70%를 EBS 교재와 연계하여 출제한다는 대학수학능력시험 시행기본계획은 대학수학능력시험을 준비하는 자의 자유로운 인격발현권을 제한하는데, 이러한 계획이 헌법 제37조 제2항을 준수하였는지 심사하되, 국가가 학교에서의 학습방법 등 교육제도를 정하는 데 포괄적인 규율권한을 갖는다는 점을 감안하여야 한다.

461 교육에 대한 헌법재판소의 결정으로 가장 적절한 것은?

① 교원의 정치활동은 교육수혜자인 학생의 입장에서는 수업권의 침해로 받아들여질 수 있다는 점에서 초·중등학교 교육공무원의 정당가입 및 선거운동을 제한하는 것은 헌법적으로 정당화될 수 있다.

② 부모가 미성년자인 학생의 교육과정에 참여할 당위성을 부정할 수 없는 이상, 국·공립학교와 달리 사립학교의 경우 학부모가 참여하는 학교운영위원회의 구성을 법률로써 의무화하지 않은 것은 교육참여권과 평등권을 침해한 것이다.

③ 헌법 제31조의 '능력에 따라 균등한 교육을 받을 권리'는 국가가 교육제도의 정비·개선 등 적극적인 활동을 통하여 사인간의 출발기회에서의 불평등을 완화해야 할 의무를 규정한 것인 동시에, 교육의 모든 영역에서 균등한 교육이 이루어지도록 하기 위하여 개인이 별도로 교육을 시키거나 받는 행위를 국가가 금지하거나 제한할 수 있는 근거를 부여하는 수권규범이기도 하다.

④ 부모의 자녀에 대한 교육권'은 비록 헌법에 명문으로 규정되어 있지는 않지만, 혼인과 가족생활을 보장하는 헌법 제36조 제1항, 교육을 받을 권리를 규정한 헌법 제31조 제1항에서 직접 도출되는 권리이다.

462 교육에 관한 헌법재판소의 결정으로 가장 적절한 것은?

① 헌법상 보장되고 있는 학문의 자유 또는 교육을 받을 권리의 규정에서 교사의 수업권이 파생되는 것으로 해석하여 기본권에 준하는 것으로 간주하더라도, 수업권을 내세워 국민의 수학권을 침해할 수는 없다.

② 부모의 자녀에 대한 교육권은 비록 헌법에 명문으로 규정되어 있지는 아니하지만 이는 모든 인간이 누리는 불가침의 인권이다. 이러한 부모의 교육권은 학교 밖 다른 교육주체와의 관계에서 대등한 지위를 가진다.

③ 사립학교 법인이 의무의 부담을 하고자 할 때에는 관할청의 허가를 받도록 하는 것은 사립학교 운영의 자유를 침해하는 것이므로 위헌이다.

④ 학교운영지원비를 학교회계 세입항목에 포함시키도록 하는 것은 헌법 제31조 제3항에 규정되어 있는 의무교육의 무상원칙에 위반되지 않는다.

463 '부모의 교육권'에 대한 설명으로 가장 적절한 것은? (다툼이 있는 경우 판례에 의함)

① 부모의 자녀에 대한 교육권은 비록 헌법에 명문으로 규정되어 있지 아니하지만 모든 인간이 국적과 관계없이 누리는 양도할 수 없는 불가침의 인권으로서 헌법 제10조, 제36조 제1항, 제37조 제1항에서 나오는 중요한 기본권이다.

② 부모는 자녀의 교육에 관하여 전반적인 계획을 세우고 자신의 인생관·사회관·교육관에 따라 자녀의 교육을 자유롭게 형성할 권리를 가지므로 부모의 교육권은 다른 교육의 주체와의 관계에서 원칙적인 우위를 차지하고, 이는 학교교육 영역에 있어서도 마찬가지이다.

③ 학교교육에 관한 한, 국가가 독자적으로 교육권한을 행사할 수 있기 때문에 부모의 교육권을 배제한다.

④ 국·공립학교와는 달리 사립학교의 경우에 학교운영위원회의 설치를 임의적인 사항으로 규정한 것은 학부모의 교육참여권을 침해하여 위헌이다.

464 아동의 교육에 관한 국가와 부모 및 교사의 권리 등에 대한 설명 중 가장 적절하지 <u>않은</u> 것은? (다툼이 있는 경우 판례에 의함)

① 부모는 자녀의 교육에 관하여 전반적인 계획을 세우고 자신의 인생관·사회관·교육관에 따라 자녀의 교육을 자유롭게 형성할 권리를 가지며, 부모의 교육권은 다른 교육 주체와의 관계에서 원칙적인 우위를 가진다.

② 부모가 자녀의 이익을 가장 잘 보호할 수 있다는 점에 비추어 자녀가 의무교육을 받아야 할지 여부를 부모가 자유롭게 결정할 수 없도록 하는 것은 부모의 교육권에 대한 침해이다.

③ 자녀의 교육은 헌법상 부모와 국가에 공동으로 부과된 과제이므로 부모와 국가의 상호연관적인 협력관계를 필요로 한다.

④ 거주지를 기준으로 중·고등학교의 입학을 제한하는 교육법 시행령 등의 규정은 학부모의 자녀를 교육시킬 학교선택권의 본질적 내용을 침해하였다고 볼 수 없다는 것이 헌법재판소 판례이다.

465 근로기본권에 대한 설명으로 가장 적절하지 <u>않은</u> 것은? (다툼이 있는 경우 판례에 의함)

① 청원경찰은 일반근로자일뿐 공무원이 아니므로, 이들의 근로3권을 전면적으로 제한하는 것은 헌법에 위반된다.

② 헌법에서는 국가유공자의 유가족, 상이군경의 유가족 및 전몰군경의 유가족은 법률이 정하는 바에 의하여 우선적으로 근로의 기회를 부여받는다고 규정하고 있다.

③ 합리적 이유 없이 "월급근로자로서 6개월이 되지 못한 자"를 해고예고제도의 적용대상에서 제외한 것은 근무기간이 6개월 미만인 월급근로자의 근로의 권리를 침해하고, 평등원칙에도 위배된다.

④ 헌법은 여자 및 연소자 근로의 특별한 보호와 최저임금제의 시행에 관하여 규정하고 있다.

466 근로3권에 관한 다음 설명 중 가장 적절하지 <u>않은</u> 것은? (다툼이 있는 경우 판례에 의함)

① 국가의 행정관청이 사법상 근로계약을 체결한 경우 국가는 그러한 근로계약관계에 있어서 사업주로서 단체교섭의 당사자의 지위에 있는 사용자에 해당한다.

② 노동조합에 가입할 수 있는 특정직공무원의 범위를 '6급 이하의 일반직공무원에 상당하는 외무행정·외교정보관리직 공무원'으로 한정하여 소방공무원을 노동조합 가입대상에서 제외한 것은 헌법 제33조 제2항에 근거를 두고 있을 뿐 아니라 합리적인 이유가 있다.

③ 노동조합법상의 근로자성이 인정되는 한, 출입국관리 법령에 따라 취업활동을 할 수 있는 체류자격을 받지 아니한 외국인 근로자도 노동조합을 설립하거나 노동조합에 가입할 수 있다.

④ 국회는 헌법 제33조 제2항에 따라 공무원인 근로자에게 단결권·단체교섭권·단체행동권을 인정할 것인가의 여부, 어떤 형태의 행위를 어느 범위에서 인정할 것인가 등에 대하여 필요한 한도에서만 공무원의 근로3권을 제한할 수 있을 뿐 광범위한 입법형성의 자유를 갖는 것은 아니다.

467 근로의 권리에 대한 설명으로 가장 적절한 것은? (다툼이 있는 경우 판례에 의함)

① 고용 허가를 받아 국내에 입국한 외국인 근로자의 출국만기보험금을 출국 후 14일 이내에 지급하도록 한 외국인근로자의 고용 등에 관한 법률 조항 중 '피보험자 등이 출국한 때부터 14일 이내' 부분은 해당 외국인 근로자의 근로의 권리를 침해한다.

② 근로의 권리는 사회적 기본권으로서, 고용증진을 위한 사회적·경제적 정책을 요구할 수 있는 권리뿐만 아니라, 국가에 대하여 직접 일자리(직장)를 청구하거나 일자리에 갈음하는 생계비의 지급청구권을 의미한다.

③ 해고예고제도의 적용제외사유 중 하나로 일용근로자로서 3개월을 계속 근무하지 아니한 자를 규정하고 있는 근로기준법 조항은 해당 일용근로자의 근로의 권리를 침해한다.

④ 사용자로 하여금 2년을 초과하여 기간제근로자를 사용할 수 없도록 한 기간제 및 단시간근로자 보호 등에 관한 법률 조항은 해당 기간제근로자의 계약의 자유를 침해하지 않는다.

468 근로3권에 관한 설명으로 가장 적절하지 <u>않은</u> 것은? (다툼이 있는 경우 판례에 의함)

① 법률이 정하는 주요방위산업체에 종사하는 근로자에게 단체행동권을 부인하는 것은 헌법에 반한다.

② 단결권의 주체인 근로자는 근로의 성격과는 무관하다.

③ 헌법재판소는 단결권 · 단체교섭권 · 단체행동권의 자유권적 성격을 강조하여 그 법적 성격을 근로3권은 '사회적 보호기능을 담당하는 자유권' 또는 '사회권적 성격을 띤 자유권'이라고 밝힌 바 있다.

④ 청원경찰의 복무에 관하여 국가공무원법 제66조 제1항을 준용함으로써 노동운동을 금지하는 청원경찰법 조항은 국가기관이나 지방자치단체 이외의 곳에서 근무하는 청원경찰인 청구인들의 근로3권을 침해한다.

469 근로의 권리에 관한 설명으로 가장 적절하지 <u>않은</u> 것은? (다툼이 있는 경우 판례에 의함)

① 축산업 근로자들에게 육체적 · 정신적 휴식을 보장하고 장시간 노동에 대한 경제적 보상을 해야 할 필요성이 요청됨에도 동물의 사육 사업 근로자에 대하여 근로시간 및 휴일 규정의 적용을 제외하도록 한 것은 근로의 권리를 침해한다.

② 해고예고제도는 근로관계 종료 전 사용자에게 근로자에 대한 해고예고를 하게 하는 것이어서, 근로조건을 이루는 중요한 사항에 해당하고 근로의 권리의 내용에 포함된다.

③ 계속근로기간 1년 이상인 근로자가 근로연도 중도에 퇴직한 경우 중도퇴직 전 1년 미만의 근로에 대하여 유급휴가를 보장하지 않는 것은 근로의 권리를 침해하지 않는다.

④ 정직처분을 받은 공무원에 대하여 정직일수를 연차유급휴가인 연가일수에서 공제하도록 하는 것은 근로의 권리를 침해하지 않는다.

470 우리 헌법상의 근로3권의 보장에 관한 설명으로 가장 적절하지 <u>않은</u> 것은? (다툼이 있는 경우 판례에 의함)

① 헌법재판소는 단결권 · 단체교섭권 · 단체행동권의 자유권적 성격을 강조하여 그 법적 성격을 근로3권은 사회적 보호기능을 담당하는 자유권 또는 사회권적 성격을 띤 자유권이라고 밝힌 바 있다.

② 노동조합 및 노동관계조정법, 그리고 대법원 판례는 해고된 자는 설사 해고의 효력을 다투고 있다고 할지라도 근로자의 지위에 있지 않다고 해석하고 있다.

③ 헌법 제33조 제1항에 의하면 단결권의 주체는 단지 개인인 것처럼 표현되어 있지만, 근로자 개인뿐만이 아니라 단체 자체의 단결권도 보장하고 있는 것으로 보아야 한다.

④ 공무원인 근로자 중 법률이 정하는 자 이외의 공무원은 노동3권의 주체가 되지 못하므로 노동3권이 인정됨을 전제로 하여 헌법 제37조 제2항의 과잉금지원칙을 적용할 수는 없다.

471 근로3권에 관한 다음 설명 중 가장 적절하지 <u>않은</u> 것은? (다툼이 있는 경우 판례에 의함)

① 제헌 헌법은 근로자의 단결, 단체교섭과 단체행동의 자유는 법률의 범위 내에서 보장된다고 규정하였다.

② 취업활동을 할 수 있는 체류자격이 없는 외국인도 노동조합을 결성하거나 노동조합에 가입할 수 있다.

③ 단체행동권의 행사는 정당행위로서 형사상 책임을 추궁당하지 않는다.

④ 헌법상 보장된 근로자의 단결권은 단결할 자유만을 의미하므로 근로자가 노동조합을 결성하지 아니할 자유는 헌법상 근거를 찾을 수 없다.

472 근로3권에 대한 설명으로 가장 적절하지 <u>않은</u> 것은? (다툼이 있는 경우 판례에 의함)

① 노동조합으로 하여금 행정관청이 요구하는 경우 결산결과와 운영상황을 보고하도록 하고 그 위반시 과태료에 처하도록 하는 것은 노동조합의 단결권을 침해하는 것이 아니다.

② 근로자에게 보장된 단결권의 내용에는 단결할 자유뿐만 아니라 노동조합을 결성하지 아니할 자유나 노동조합에 가입을 강제당하지 아니할 자유, 그리고 가입한 노동조합을 탈퇴할 자유도 포함된다.

③ 헌법 제33조 제1항은 단결권 · 단체교섭권 · 단체행동권의 주체로서 근로자만을 명시적으로 규정하고 있을 뿐, 사용자에 대해서는 규정하고 있지 않다.

④ 노동조합 및 노동관계조정법은 동법상의 쟁의행위의 개념에 사용자의 직장폐쇄를 포함하고 있다.

473 근로3권에 대한 설명으로 가장 적절하지 <u>않은</u> 것은? (다툼이 있는 경우 판례에 의함)

① 근로3권을 향유하는 근로자는 노동을 제공하고 그 대가를 받는 자이면 족하므로 육체적 · 정신적 노동자를 포괄한다.

② 근로3권은 자유권적 성격과 사회권적 성격을 함께 갖고 있으며, 근로3권이 자유권적 성격을 가진다는 것은 국가가 근로자의 단결권을 존중하고 부당하게 침해해서는 안 된다는 것을 의미한다.

③ 노동조합을 설립할 때 행정관청에 설립신고서를 제출하게 하고 그 요건을 충족하지 못하는 경우 행정관청이 설립신고서를 반려하도록 규정한 구 노동조합 및 노동관계조정법 조항은 단체결성에 대한 허가제를 금지하는 헌법 제21조 제2항에 위배되지는 아니하나, 근로자의 단결권에 대한 과도한 침해로서 헌법 제33조 제1항에 위배된다.

④ 헌법재판소는 소극적 단결권은 헌법 제33조 제1항의 단결권에 포함되지 않는다고 보고 있다.

474 근로3권에 관한 다음 설명 중 가장 적절하지 <u>않은</u> 것은? (다툼이 있는 경우 판례에 의함)

① 헌법은 사립학교 교원의 단체행동권을 제한하는 명문 규정을 두고 있지 않다.

② 근로자 개인뿐 아니라 근로자단체도 헌법상 단결권의 주체가 될 수 있다.

③ 국가비상사태하에서라도 단체교섭권 · 단체행동권이 제한되는 근로자의 범위를 구체적으로 제한함이 없이 그 허용 여부를 주무관청의 조정결정에 포괄적으로 위임하고 이에 위반할 경우 형사처벌하도록 규정하는 것은 근로3권의 본질적인 내용을 침해하는 것이다.

④ 사용자의 성실교섭의무 위반에 대한 형사처벌은 계약의 자유와 기업의 자유를 침해하여 위헌이다.

475 근로3권에 관한 설명으로 가장 적절하지 <u>않은</u> 것은? (다툼이 있는 경우 판례에 의함)

① 노동조합 및 노동관계조정법상의 근로자성이 인정되는 한, 출입국관리 법령에 의하여 취업활동을 할 수 있는 체류자격을 얻지 아니한 외국인 근로자도 노동조합의 결성 및 가입이 허용되는 근로자에 해당된다.

② 하나의 사업 또는 사업장에 두 개 이상의 노동조합이 있는 경우 단체교섭에 있어 그 창구를 단일화하도록 하고 교섭대표가 된 노동조합에게만 단체교섭권을 부여한 교섭창구단일화제도는 교섭대표노동조합이 되지 못한 노동조합의 단체교섭권을 침해하는 것이 아니다.

③ 헌법재판소는 소극적 단결권은 헌법 제33조 제1항의 단결권에 포함된다고 보고 있다.

④ 교원노조를 설립하거나 가입하여 활동할 수 있는 자격을 초·중등교원으로 한정함으로써 교육공무원이 아닌 대학교원에 대해서 근로기본권의 핵심인 단결권조차 전면적으로 부정한 법률조항은 그 입법목적의 정당성을 인정하기 어렵고, 수단의 적합성 역시 인정할 수 없다.

476 근로3권에 관한 설명으로 가장 적절하지 <u>않은</u> 것은? (다툼이 있는 경우 판례에 의함)

① 근로자는 근로조건의 향상을 위하여 자주적인 단결권·단체교섭권 및 단체행동권을 가진다.

② 공무원인 근로자는 법률이 정하는 자에 한하여 단결권·단체교섭권 및 단체행동권을 가진다.

③ 교원노조를 설립하거나 가입하여 활동할 수 있는 자격을 초·중등 교원으로 한정함으로써 교육공무원이 아닌 대학교원에 대해서 근로기본권의 핵심인 단결권조차 전면적으로 부정한 법률조항은 그 입법목적의 정당성을 인정하기 어렵고, 수단의 적합성 역시 인정할 수 없다.

④ 필수공익사업장에서의 노동쟁의를 노동위원회의 직권으로 중재에 회부함으로써 파업에 이르기 전에 노사분쟁을 해결하는 강제중재제도를 채택한 것은 헌법상 정당한 목적을 추구하기 위한 필요하고 적합한 수단이 아니므로 과잉금지원칙에 위배된다는 것이 판례이다.

477 근로의 권리 및 근로3권에 관한 설명으로 가장 적절한 것은? (다툼이 있는 경우 판례에 의함)

① 소위 '소극적 단결권'이란 헌법 제33조 제1항의 단결권에 포함되지 아니하므로, 근로자가 노동조합에 가입하지 아니할 권리 내지 이미 가입한 노동조합에서 탈퇴할 권리는 노동조합의 지위를 약화시키려는 정치적 논리일 뿐 헌법상 기본권으로서 보호되는 권리라고 볼 수 없다.

② 연차유급휴가는 최소한의 인간의 존엄성을 보장하기 위한 핵심적인 근로조건에 해당하므로 근로연도 중도퇴직자의 중도퇴직 전 근로에 대해 유급휴가를 보장하지 않는 것이 근로의 권리를 침해하는지 여부는 과잉금지의 원칙에 의해 엄격히 심사되어야 한다.

③ 근로관계 종료 전 사용자로 하여금 근로자에게 해고예고를 하도록 하는 것은 개별 근로자의 인간 존엄성을 보장하기 위한 최소한의 근로조건 가운데 하나에 해당하므로, 해고예고에 관한 권리는 근로의 권리의 내용에 포함된다.

④ 헌법 제32조 제1항의 근로의 권리는 국가에 대하여 근로의 기회를 제공하는 정책을 수립해 줄 것을 요구할 수 있는 권리도 내포하므로 노동조합도 그 주체가 될 수 있다.

478 근로3권에 관한 설명으로 가장 적절하지 <u>않은</u> 것은? (다툼이 있는 경우 판례에 의함)

① 노동조합을 설립할 때 행정관청에 설립신고서를 제출하게 하고 그 요건을 충족하지 못하는 경우 설립신고서를 반려하도록 하고 있는 노동조합 및 노동관계조정법 조항의 노동조합 설립신고서 반려제도가 헌법 제21조 제2항 후단에서 금지하는 결사에 대한 허가제라고 볼 수 없다.

② 법령 등에 의하여 국가 또는 지방자치단체가 그 권한으로 행하는 정책결정에 관한 사항, 임용권의 행사 등 그 기관의 관리·운영에 관한 사항으로서 근무조건과 직접 관련되지 아니하는 사항을 공무원노동조합의 단체교섭 대상에서 제외하고 있는 공무원의 노동조합 설립 및 운영 등에 관한 법률 조항이 명확성의 원칙에 위반되는 것은 아니다.

③ 근로자들의 단체행동권은 집단적 실력행사로서 위력의 요소를 가지고 있으므로, 사용자의 재산권이나 직업의 자유, 경제활동의 자유를 현저히 침해하고, 거래질서나 국가 경제에 중대한 영향을 미치는 일정한 단체행동권의 행사에 대하여는 제한이 가능하다.

④ 노동조합 및 노동관계조정법상 방위사업법에 의하여 지정된 주요 방위산업체에 종사하는 근로자 중 전력, 용수 및 주로 방산물자를 생산하는 업무에 종사하는 자는 단체교섭을 할 수 없다.

479 근로의 권리에 대한 설명으로 가장 적절하지 <u>않은</u> 것은? (다툼이 있는 경우 판례에 의함)

① 헌법 제32조 제6항의 '법률이 정하는 바에 의하여 우선적으로 근로의 기회가 부여되는 대상'이 누구인가에 대하여 헌법재판소는 국가유공자, 상이군경, 전몰군경의 유가족, 국가유공자의 유가족, 상이군경의 유가족이 포함된다고 판시하고 있다.

② 동물의 사육 사업 근로자에 대하여 근로기준법 제4장에서 정한 근로시간 및 휴일 규정의 적용을 제외하도록 한 구 근로기준법 제63조 제2호 중 '동물의 사육' 가운데 '제4장에서 정한 근로시간, 휴일에 관한 규정'에 관한 부분은 청구인의 근로의 권리를 침해하지 않는다.

③ 연차유급휴가는 근로자의 건강하고 문화적인 생활의 실현에 이바지할 수 있도록 여가를 부여하는 데 그 목적이 있는 것으로, 인간의 존엄성을 보장하기 위한 합리적인 근로조건에 해당하므로 연차유급휴가에 관한 권리는 근로의 권리의 내용에 포함된다.

④ 임금, 보상금, 수당, 그 밖의 모든 금품을 지급하지 아니한 사업주가 명단 공개 기준일 이전 3년 이내 임금 등을 체불하여 2회 이상 유죄가 확정된 자로서 명단 공개 기준일 이전 1년 이내 임금등의 체불총액이 3천만 원 이상인 경우에는 그 인적사항 등을 공개할 수 있다.

480 근로의 권리에 관한 설명으로 가장 적절하지 <u>않은</u> 것은? (다툼이 있는 경우 판례에 의함)

① 매월 1회 이상 정기적으로 지급하는 상여금 등이나 복리후생비는 그 성질이나 실질적 기능 면에서 기본급과 본질적인 차이가 있다고 보기 어려우므로, 기본급과 마찬가지로 이를 최저임금에 산입하는 것은 그 합리성을 수긍할 수 있다.

② 최저임금의 적용을 위해 주(週) 단위로 정해진 근로자의 임금을 시간에 대한 임금으로 환산할 때, 해당 임금을 1주 동안의 소정근로시간 수와 법정 주휴시간 수를 합산한 시간 수로 나누도록 한 최저임금법 시행령 해당 조항은 사용자의 계약의 자유 및 직업의 자유를 침해한다.

③ 고용허가를 받아 국내에 입국한 외국인근로자의 출국만기보험금을 출국 후 14일 이내에 지급하도록 한 외국인근로자의 고용등에 관한 법률의 해당 조항 중 '피보험자등이 출국한 때부터 14일 이내' 부분이 청구인들의 근로의 권리를 침해한다고 보기 어렵다.

④ '가구 내 고용활동'에 대해서는 근로자퇴직급여 보장법을 적용하지 않도록 규정한 같은 법 제3조 단서 중 '가구 내 고용활동' 부분은 합리적 이유가 있는 차별로서 평등원칙에 위배되지 아니한다.

481 헌법 제32조에 따른 근로의 권리에 관한 설명으로 가장 적절하지 <u>않은</u> 것은? (다툼이 있는 경우 판례에 의함)

① 근로의 권리는 국민의 권리이므로 외국인은 그 주체가 될 수 없는 것이 원칙이나, 근로의 권리 중 일할 환경에 관한 권리에 대해서는 외국인의 기본권 주체성을 인정할 수 있다.

② 근로의 권리는 국가에 대하여 직접적인 직장존속보장청구권을 보장하는 것은 아니다.

③ 근로의 권리는 사회적 기본권으로서, 국가에 대하여 직접 일자리를 청구하거나 일자리에 갈음하는 생계비의 지급청구권을 의미하는 것이 아니라, 고용증진을 위한 사회적 경제적 정책을 요구할 수 있는 권리에 그치는 것이다.

④ '65세 이후 고용된 자'에게 실업급여에 관한 고용보험법의 적용을 배제하는 것은 근로의 의사와 능력의 존부에 대한 합리적인 판단을 결여한 것이다.

482 환경권에 관한 설명으로 가장 적절한 것은? (다툼이 있는 경우 판례에 의함)

① 환경소송에도 민법상 불법행위의 법리가 적용되기 때문에 원고에게 엄격한 인과관계의 입증책임이 요구된다.

② 환경권 침해의 경우 환경오염으로 직접 경제적 손실을 입은 자만이 원고가 될 수 있다.

③ '건강하고 쾌적한 환경에서 생활할 권리'를 보장하는 환경권의 보호대상이 되는 환경에는 자연환경뿐만 아니라 인공적 환경과 같은 생활환경도 포함되므로, 일상생활에서 소음을 제거·방지하여 정온한 환경에서 생활할 권리는 환경권의 한 내용을 구성한다.

④ 1987년 개정헌법(제9차 개헌)은 현대적 인권인 환경권을 최초로 규정하였다.

483 환경권에 관한 설명으로 가장 적절한 것은? (다툼이 있는 경우 판례에 의함)

① 환경권의 내용과 행사에 관하여는 법률로 정한다.

② 환경권은 물질적 공해로부터 보호받을 권리를 의미하므로 소음, 진동 등으로부터의 보호는 포함되지 않는다.

③ 국가가 사인인 제3자에 의한 국민의 환경권 침해에 대해서 적극적으로 기본권 보호조치를 취할 의무를 지는 경우 헌법재판소가 이를 심사할 때에는 과잉금지원칙을 심사기준으로 삼아야 한다.

④ 국민의 생명·신체의 안전이 질병 등으로부터 위협받거나 받게 될 우려가 있는 경우, 국가는 국민의 생명·신체의 안전을 보호하기 위하여 필요한 적절하고 효율적인 입법·행정상의 조치를 취함으로써 침해의 위험을 방지하고 이를 유지할 구체적이고 직접적인 의무를 진다.

484 헌법상 환경권 등에 관한 설명으로 가장 적절하지 <u>않은</u> 것은? (다툼이 있는 경우 판례에 의함)

① 국가가 사인인 제3자에 의한 국민의 환경권 침해에 대해서 적극적으로 기본권 보호조치를 취할 의무를 지는 경우 헌법재판소가 이를 심사할 때에는 과잉금지원칙을 심사기준으로 삼아야 한다.

② 환경권의 내용과 행사에 관하여는 법률로 정한다.

③ 공직선거법에서 확성장치 사용에 따른 소음제한기준을 두고 있지 않은 것은 국민의 정온한 환경에서 생활할 권리를 보호하기 위한 입법자의 의무를 과소하게 이행하였다고 할 수 있다.

④ 환경권을 행사함에 있어 국민은 국가로부터 건강하고 쾌적한 환경을 향유할 수 있는 자유를 침해당하지 않을 권리를 행사할 수 있고, 일정한 경우 국가에 대하여 건강하고 쾌적한 환경에서 생활할 수 있도록 요구할 수 있는 권리가 인정되기도 하는바, 환경권은 그 자체 종합적인 기본권으로서의 성격을 지닌다.

485 환경권에 관한 설명으로 가장 적절하지 <u>않은</u> 것은? (다툼이 있는 경우 판례에 의함)

① 모든 국민은 건강하고 쾌적한 환경에서 생활할 권리를 가지며, 국가와 국민은 환경보전을 위하여 노력하여야 한다.

② 헌법 제35조 제1항은 환경정책에 관한 국가적 규제와 조정을 뒷받침하는 헌법적 근거가 되며 국가는 환경정책 실현을 위한 재원마련과 환경침해적 행위를 억제하고 환경보전에 적합한 행위를 유도하기 위한 수단으로 환경부담금을 부과·징수하는 방법을 선택할 수 있다.

③ 국가는 주택개발정책 등을 통하여 모든 국민이 쾌적한 주거생활을 할 수 있도록 노력하여야 한다.

④ 환경소송에도 민법상 불법행위의 법리가 적용되기 때문에 원고에게 엄격한 인과관계의 입증책임이 요구된다.

486 국민의 기본의무에 관한 설명 중 옳은 것을 모두 고른 것은? (다툼이 있는 경우 판례에 의함)

> ㉠ 조세의 부과·징수로 인해 납세의무자의 사유재산에 관한 이용·수익 처분권이 중대한 제한을 받게 되는 경우에는 재산권의 침해가 될 수 있다.
> ㉡ 공무원 시험의 응시자격을 '군복무를 필한 자'라고 하여 군복무 중에는 그 응시기회를 제한하는 것은 병역의무의 이행을 이유로 불이익을 주는 것이다.
> ㉢ 재산권 행사의 공공복리 적합의무는 헌법상의 의무로서, 입법형성권의 행사에 의해 현실적인 의무로 구체화된다.
> ㉣ 납세의무자는 자신이 납부한 세금을 국가가 효율적으로 사용하는가를 감시할 수 있으므로, 재정사용의 합법성과 타당성을 감시하는 납세자의 권리는 헌법에 열거되지 않은 기본권이다.

① ㉠, ㉡

② ㉠, ㉢

③ ㉡, ㉣

④ ㉢, ㉣

487 국민의 의무에 대한 설명으로 가장 적절하지 않은 것은? (다툼이 있는 경우 판례에 의함)

① 헌법 제39조 제2항의 병역의무조항에서 금지하는 '불이익한 처우'라 함은 사실상·경제상의 불이익을 모두 포함한다.

② 국방의 의무는 직접적인 병력형성의무만을 가리키는 것이 아니라, 간접적인 병력형성의무 및 병력형성 이후 군작전명령에 복종하고 협력하여야 할 의무도 포함하는 개념이다.

③ 조세의 부과·징수로 인해 납세의무자의 사유재산에 관한 이용·수익·처분권이 중대한 제한을 받게 되는 경우에는 재산권의 침해가 될 수 있다.

④ 병역의무는 국민 전체의 인간으로서의 존엄과 가치를 보장하기 위한 것이므로, 양심적 병역거부자의 양심의 자유가 국방의 의무보다 우월한 가치라고 할 수 없다.

488 국민의 의무에 대한 설명으로 가장 적절하지 않은 것은? (다툼이 있는 경우 판례에 의함)

① 모든 국민은 그 보호하는 자녀에게 적어도 초등교육과 법률이 정하는 교육을 받게 할 의무를 진다.

② 헌법 제38조의 납세의 의무에 관한 규정은 헌법 제59조와 함께 조세법률주의의 근거가 된다.

③ 학교운영지원비를 학교회계 세입항목에 포함시키도록 하는 것은 헌법 제31조 제3항에 규정되어 있는 의무교육의 무상 원칙에 위반되지 않는다.

④ 국방의 의무는 병역법에 의하여 군복무에 임하는 등의 직접적인 병력형성의무만을 가리키는 것이 아니라, 향토예비군설치법, 민방위기본법 등에 의한 간접적인 병력형성의무도 포함하며, 병력형성 이후 군작전명령에 복종하고 협력하여야 할 의무도 포함한다.

police.Hackers.com

부록

종합 문제

489 다음 설명 중 가장 적절한 것은? (다툼이 있는 경우 판례에 의함)

① 경찰대학의 입학연령을 만 21세 미만으로 규정하고 있는 경찰대학의 학사운영에 관한 규정은 나이에 따른 공무담임권의 침해이다.

② 임신 후반기에도 태아의 성별을 이유로 낙태할 가능성이 있으므로 임부 및 태아의 생명보호와 성비의 불균형 해소를 위해서 전체 임신기간 동안 태아의 성별 고지를 금지하는 것은 헌법상 정당화된다.

③ 교통사고처리특례법 제4조 제1항 본문 중 업무상 과실 또는 중대한 과실로 인한 교통사고로 말미암아 피해자로 하여금 중상해에 이르게 한 경우에 공소를 제기할 수 없도록 규정한 부분은 국가의 기본권보호의무를 위반한 것이다.

④ 한국인 BC급 전범들의 대일청구권이 '대한민국과 일본국간의 재산 및 청구권에 관한 문제의 해결과 경제협력에 관한 협정' 제2조 제1항에 의하여 소멸하였는지 여부에 관한 한·일 양국간 해석상 분쟁을 해결해야 할 피청구인의 작위의무는 인정되지 않는다.

490 다음 설명 중 가장 적절하지 않은 것은? (다툼이 있는 경우 판례에 의함)

① 투표소를 선거일 오후 6시에 닫도록 한 공직선거법 제155조 제1항 중 '오후 6시에' 부분은 자영업 등 직업의 특성상 일과시간 중에는 투표하기 어려운 선거권자들의 선거권을 침해하는 위헌 규정이다.

② 금고 이상의 형의 집행유예를 선고받고 그 유예기간이 지난 후 2년이 지나지 아니한 사람에 대하여 변호사시험에 응시할 수 없도록 규정한 변호사시험법 제6조 제3호가 직업선택의 자유를 침해하는 것은 아니다.

③ 법률사건의 수임에 관하여 알선의 대가로 금품을 제공하거나 이를 약속한 변호사를 형사처벌하는 구 변호사법 제109조 제2호 중 제34조 제2항 부분이 변호사의 직업수행의 자유를 침해하는 것은 아니다.

④ 재판청구권에 '피고인이 스스로 치료감호를 청구할 수 있는 권리'가 포함된다고 보기 어렵고, 피고인에게까지 치료감호청구권을 주어야만 절차의 적법성이 담보되는 것은 아니므로 치료감호청구권자를 검사로 한정하는 법률 규정은 재판청구권을 침해하지 않는다.

491 다음 중 헌법재판소의 판례의 태도로 가장 적절한 것은?

① 보호의무자 2인의 동의와 정신건강의학과 전문의 1인의 진단으로 정신질환자에 대한 보호입원이 가능하도록 한 정신보건법 조항은 보호입원 대상자의 신체의 자유를 과도하게 제한하는 등 과잉금지원칙을 위배하여 신체의 자유를 침해한다.

② 재판에 영향을 미칠 염려가 있거나 미치게 하기 위한 집회 또는 시위를 금지하고 이를 위반한 자를 형사처벌하는 구 집회 및 시위에 관한 법률 조항은 집회의 자유를 침해하지 않는다.

③ 공직선거에 후보자로 등록하려는 자가 제출하여야 하는 '금고 이상의 형의 범죄경력'에 이미 실효된 형까지 포함시키는 법률 조항은 공직선거후보자의 사생활의 비밀과 자유를 과도하게 제한하는 것이어서 과잉금지원칙에 반한다.

④ 사회복무요원이 대학에서 수학하는 행위를 제한하는 구 병역법 시행령 제65조의3 제4호 중 고등교육법 제2조 제1호의 '대학'에 관한 부분은 청구인의 교육을 통한 자유로운 인격발현권을 침해한다.

492 기본권의 제한과 침해에 대한 헌법재판소 결정으로 가장 적절하지 <u>않은</u> 것은?

① 2015. 1. 1.부터 모든 일반음식점영업소를 금연구역으로 지정하여 운영하도록 한 국민건강증진법 시행규칙 조항은 청구인의 직업수행의 자유를 침해하지 않는다.

② 디엔에이감식시료채취영장 발부 과정에서 채취대상자에게 자신의 의견을 밝히거나 영장 발부 후 불복할 수 있는 절차 등에 관하여 규정하지 아니한 디엔에이신원확인정보의 이용 및 보호에 관한 법률 조항은 청구인들의 재판청구권을 침해하지 않는다.

③ 수용자가 보내려는 모든 서신에 대해 무봉함 상태의 제출을 강제함으로써 수용자의 발송 서신 모두를 사실상 검열 가능한 상태에 놓이도록 하는 것은 기본권제한의 최소침해성요건을 위반하여 수용자인 청구인의 통신비밀의 자유를 침해하는 것이다.

④ 익명휴대전화를 금지하기 위해 이동통신서비스 가입시 본인 확인 절차를 거치도록 한다면 그 규정은 정당한 입법목적을 가지고 있다고 볼 수 있으므로 개인정보자기결정권 및 통신의 자유를 침해하지 않는다.

493 기본권의 보호영역에 대한 설명으로 가장 적절하지 <u>않은</u> 것은? (다툼이 있는 경우 판례에 의함)

① 음란표현은 헌법 제21조가 규정하는 언론·출판의 자유의 보호영역 내에 있다.

② 일반적 행동자유권의 보호영역에는 개인의 생활방식과 취미에 관한 사항이 포함되며, 여기에는 위험한 스포츠를 즐길 권리와 같은 위험한 생활방식으로 살아갈 권리도 포함된다.

③ 생활의 근거지에 이르지 못하는 일시적인 이동을 위한 장소의 선택과 변경은 거주·이전의 자유의 보호영역에 포함되지 않는다.

④ 공무원의 재임 기간 동안 충실한 공무 수행을 담보하기 위하여 공무원의 퇴직급여 및 공무상 재해보상을 보장할 것까지 공무담임권의 보호영역에 포함된다고 본다.

494 다음 설명 중 옳지 <u>않은</u> 것을 〈보기〉에서 모두 고른 것은? (다툼이 있는 경우 판례에 의함)

〈보기〉

㉠ 입법자가 병역의 종류에 관하여 입법은 하였으나 그 내용이 양심적 병역거부자를 위한 비군사적 내용의 대체복무제를 포함하지 아니한 것은 진정입법부작위로서 헌법에 위반된다.

㉡ 헌법 제10조의 행복추구권은 포괄적인 의미의 자유권으로서의 성격을 가지고 있을 뿐만 아니라, 행복을 추구하기 위하여 필요한 급부를 국가에게 요구할 수 있는 것을 내용으로 한다.

㉢ 일반 공중에게 개방된 장소인 서울광장을 개별적으로 통행하거나 서울광장에서 여가활동이나 문화활동을 하는 것은 일반적 행동자유권의 내용으로 보장된다.

㉣ 교육을 받을 권리는 국가에 의한 교육조건의 개선·정비와 교육기회의 균등한 보장을 적극적으로 요구할 수 있는 권리이지만, 그로부터 위와 같은 작위의무가 헌법해석상 바로 도출되는 것은 아니다.

㉤ 교도소·구치소에 수용 중인 자를 기초생활보장급여의 지급대상에서 제외시키는 것은 무죄추정의 원칙에 반한다.

① ㉠, ㉡, ㉢

② ㉠, ㉡, ㉤

③ ㉡, ㉢, ㉣

④ ㉡, ㉣, ㉤

495 군사제도 및 군인의 기본권에 대한 설명으로 가장 적절하지 <u>않은</u> 것은? (다툼이 있는 경우 판례에 의함)

① 군사법원을 설치함에 있어서 군사재판의 특수성을 고려하여 그 조직·권한 및 재판관의 자격을 일반법원과 달리 정하는 것은 헌법상 허용된다.

② 병(兵)에 대한 징계처분으로 일정기간 부대나 함정 내의 영창, 그 밖의 구금장소에 감금하는 영창처분은, 병을 단기간 구금하여 엄정한 징계를 할 수 있게 하고, 해당 병을 문제 상황과 격리함으로써 확대·반복될 수 있는 사고를 예방하며, 병에게 경고 및 반성의 시간을 제공할 수 있다. 우리나라의 병역 현실상 영창제도는 엄정하고 효과적인 징계제도의 한 축을 담당하면서 군의 지휘명령체계 확립과 전투력 제고에 기여하는 병에 대한 유효한 통제수단이라고 평가할 수 있다.

③ 공무상 질병 또는 부상으로 인하여 퇴직 후 장애 상태가 확정된 군인에게 상이연금을 지급하도록 한 개정된 군인연금법 제23조 제1항을 개정법 시행일 이후부터 적용하도록 한 군인연금법 조항은 평등원칙에 위반된다.

④ 군인사법 제47조의2는 헌법이 대통령에게 부여한 군통수권을 실질적으로 존중한다는 차원에서 군인의 복무에 관한 사항을 규율할 권한을 대통령령에 위임한 것이라 할 수 있고, 대통령령으로 규정될 내용 및 범위에 관한 기본적인 사항을 다소 광범위하게 위임하였다 하더라도 포괄위임금지원칙에 위배된다고 볼 수 없다.

496 헌법재판소 판례에 관한 설명으로 가장 적절하지 <u>않은</u> 것은?

① 아동·청소년 대상 성폭력범죄를 저지른 자에 대하여 신상정보를 공개하도록 하는 구 아동·청소년의 성보호에 관한 법률 제38조 제1항 본문 제1호가 인격권 및 개인정보 자기결정권을 침해하는 것은 아니다.

② 사립유치원의 교비회계에 속하는 예산·결산 및 회계 업무를 교육부장관이 지정하는 정보처리장치로 처리하도록 규정한 사학기관 재무·회계 규칙(교육부령 제175호)이 사립학교 운영의 자유를 침해하는 것은 아니다.

③ 장애로 인한 추가지출비용을 반영한 별도의 최저생계비를 결정치 않고 가구별 인원수만을 기준으로 최저생계비를 고시하는 것은 비장애인가구 구성원에 비해 장애인가구 구성원의 평등권 및 인간존엄 등 기본권을 침해하는 것이다.

④ 어음발행인과 달리 부도수표발행인에 대해서만 형사처벌하는 부정수표단속법은 평등원칙에 반하지 않는다.

497 다음 설명 중 가장 적절한 것은? (다툼이 있는 경우 판례에 의함)

① 형사보상청구권은 손실보상적 성격의 청구권으로, 현행 헌법에서 처음 신설되었다.

② 형사소송법 제405조가 즉시항고 제기기간을 민사재판의 즉시항고 제기기간보다 단기인 3일로 정하고 있는 것은 재판청구권을 침해한다.

③ 공무원의 직무상 불법행위로 손해를 받은 국민이 법률이 정하는 바에 의하여 국가 또는 공공단체에 정당한 배상을 청구하였을 때 공무원 자신의 책임은 면제된다.

④ 청원에 대하여 국가기관이 수리·심사하여 그 결과를 청원인에게 통지하였다고 하더라도, 그 결과가 청원인의 기대에 미치지 못한다면 헌법소원의 대상이 되는 공권력의 불행사에 해당한다.

498 기본권에 대한 다음 설명 중 가장 적절한 것은? (다툼이 있는 경우 판례에 의함)

① 기본권의 제3자적 효력에 관한 미국 판례의 입장은 결국 국가의 관여가 있거나 사인의 행위를 국가의 행위로 볼 수 있는 일정한 경우에 기본권 보장이 직접 적용된다는 것이고, 그 밖에도 사법상의 조리(Common Sense)를 접점으로 하여 사인 간의 생활영역 전반에 걸쳐 직접 적용된다는 것이다.

② 하나의 규제로 인해 여러 기본권이 동시에 제약을 받는 경우에는 기본권 침해를 주장하는 사람의 의도 및 기본권을 제한하는 입법자의 객관적 동기 등을 참작하여 먼저 사안과 가장 밀접한 관계에 있고, 또 침해의 정도가 큰 주된 기본권을 중심으로 해서 그 제한의 한계를 따져야 한다.

③ 국가의 사경제적 활동에 의해 기본권을 침해받은 사인은 헌법소원을 제기하여 기본권 침해를 구제받을 수 있다.

④ 기본권의 경합과 기본권의 충돌의 문제는 기본권 해석의 문제이지 기본권 제한의 문제는 아니라고 할 수 있다.

499 기본권에 관한 설명 중 가장 적절하지 <u>않은</u> 것은? (다툼이 있는 경우 판례에 의함)

① 대부업자가 대부조건 등에 관하여 광고하는 경우 명칭, 대부이자율 등의 사항을 포함하지 않으면 과태료를 부과하도록 규정한 '대부업 등의 등록 및 금융이용자 보호에 관한 법률' 조항은 명확성원칙에 위배되지 않는다.

② 공공수역에 다량의 토사를 유출하거나 버려 상수원 또는 하천·호소를 현저히 오염되게 한 자를 처벌하는 수질 및 수생태계 보전에 관한 법률 조항 중 다량, 토사, 현저히 오염 부분은 명확성원칙에 위배된다.

③ 국가의 기본권 보호의무란 사인인 제3자에 의한 생명이나 신체에 대한 침해로부터 이를 보호하여야 할 국가의 의무를 말하는 것으로, 국가가 직접 주방용오물분쇄기의 사용을 금지하여 개인의 기본권을 제한하는 경우에는 국가의 기본권 보호의무 위반 여부가 문제되지 않는다.

④ 국가인권위원회의 공정한 조사를 받을 권리는 헌법상 기본권이므로 불법체류 외국인에 대한 보호조치와 강제퇴거는 불법체류 외국인의 노동3권 제한이다.

500 다음 설명 중 가장 적절하지 <u>않은</u> 것은? (다툼이 있는 경우 판례에 의함)

① 헌법재판소는 완화된 수단이 있다고 하더라도 선택된 제한조치가 입법목적달성에 유효적절한 수단인 경우, 제한조치가 현저하게 불합리하거나 불공정하지 않는 한, 완화된 수단이 있다는 것만 가지고 최소침해의 원칙(필요성의 원칙)에 위반된다고 볼 수 없다는 입장이다.

② 교도소 내에서 징벌인 금치기간 중 일체의 집필행위를 금지하는 것은 입법목적을 달성하기 위한 필요최소한의 제한을 벗어나 과잉금지원칙에 위반된다.

③ 기본권 보호의무란 기본권적 법익을 기본권 주체인 사인에 의한 위법한 침해 또는 침해의 위협으로부터 보호하여야 하는 국가의 의무를 말하며, 주로 사인인 제3자에 의한 개인의 생명이나 신체의 훼손에서 문제되는데, 이는 타인에 의하여 개인의 신체나 생명 등 법익이 국가의 보호의무 없이는 무력화 될 정도의 상황에서만 적용될 수 있다.

④ 헌법재판소는 유료직업소개사업을 노동부장관의 허가를 받아야만 할 수 있도록 제한하는 것은 직업선택의 자유의 본질적 내용을 침해하는 것이라고 판단하였다.

police.Hackers.com

2024 해커스경찰
신동욱 경찰헌법
진도별 문제풀이 500제

해설

제1장 헌법과 헌법학

정답

p.10

01	③	02	①	03	④	04	④	05	③
06	③	07	②	08	④	09	①	10	④
11	②	12	③	13	④	14	④	15	④
16	①								

01

정답 ③

③ [×] 헌법 제1조 제2항은 '대한민국의 주권은 국민에게 있고, 모든 권력은 국민으로부터 나온다.'고 규정한다. 이와 같이 국민이 대한민국의 주권자이며, 국민은 최고의 헌법제정권력이기 때문에 성문헌법의 제·개정에 참여할 뿐만 아니라 헌법전에 포함되지 아니한 헌법사항을 필요에 따라 관습의 형태로 직접 형성할 수 있다(헌재 2004.10.21, 2004헌마554 등).

① [○] 관습헌법은 주권자인 국민에 의하여 유효한 헌법규범으로 인정되는 동안에만 존속하는 것이며, 관습법의 존속요건의 하나인 국민적 합의성이 소멸되면 관습헌법으로서의 법적 효력도 상실하게 된다(헌재 2004.10.21, 2004헌마554 등).

② [○] 어느 법규범이 관습헌법으로 인정된다면 그 개정가능성을 가지게 된다. 관습헌법도 헌법의 일부로서 성문헌법의 경우와 동일한 효력을 가지기 때문에 그 법규범은 최소한 헌법 제130조에 의거한 헌법개정의 방법에 의하여만 개정될 수 있다. … 다만 이 경우 관습헌법규범은 헌법전에 그에 상반하는 법규범을 첨가함에 의하여 폐지하게 되는 점에서, 헌법전으로부터 관계되는 헌법조항을 삭제함으로써 폐지되는 성문헌법규범과는 구분된다(헌재 2004.10.21, 2004헌마554 등).

④ [○] 관습헌법도 성문헌법과 마찬가지로 주권자인 국민의 헌법적 결단의 의사의 표현이며 성문헌법과 동등한 효력을 가진다고 보아야 한다. … 우리나라는 성문헌법을 가진 나라로서 기본적으로 우리 헌법전이 헌법의 법원이 된다. 그러나 성문헌법이라고 하여도 그 속에 모든 헌법사항을 빠짐없이 완전히 규율하는 것은 불가능하고 또한 헌법은 국가의 기본법으로서 간결성과 함축성을 추구하기 때문에 형식적 헌법전에는 기재되지 아니한 사항이라도 이를 불문헌법 내지 관습헌법으로 인정할 소지가 있다(헌재 2004.10.21, 2004헌마554 등).

02

정답 ①

① [×] 관습헌법은 주권자인 국민에 의하여 유효한 헌법규범으로 인정되는 동안에만 존속하는 것이며, 관습법의 존속요건의 하나인 국민적 합의성이 소멸되면 관습헌법으로서의 법적 효력도 상실하게 된다. 관습헌법의 요건들은 그 성립의 요건일 뿐만 아니라 효력 유지의 요건이다(헌재 2004.10.21, 2004헌마554).

② [○] 관습헌법이 성립하기 위하여서는 관습이 성립하는 사항이 단지 법률로 정할 사항이 아니라 반드시 헌법에 의하여 규율되어 법률에 대하여 효력상 우위를 가져야 할 만큼 헌법적으로 중요한 기본적 사항이 되어야 한다. 일반적으로 실질적인 헌법사항이라고 함은 널리 국가의 조직에 관한 사항이나 국가기관의 권한 구성에 관한 사항 혹은 개인의 국가권력에 대한 지위를 포함하여 말하는 것이지만, 관습헌법은 이와 같은 일반적인 헌법사항에 해당하는 내용 중에서도 특히 국가의 기본적이고 핵심적인 사항으로서 법률에 의하여 규율하는 것이 적합하지 아니한 사항을 대상으로 한다(헌재 2004.10.21, 2004헌마554).

③ [○] 일반적인 헌법사항 중 과연 어디까지가 이러한 기본적이고 핵심적인 헌법사항에 해당하는지 여부는 일반추상적인 기준을 설정하여 재단할 수는 없고, 개별적 문제사항에서 헌법적 원칙성과 중요성 및 헌법원리를 통하여 평가하는 구체적 판단에 의하여 확정하여야 한다(헌재 2004.10.21, 2004헌마554).

④ [○] 헌법 제1조 제2항은 "대한민국의 주권은 국민에게 있고, 모든 권력은 국민으로부터 나온다."라고 규정한다. 이와 같이 국민이 대한민국의 주권자이며, 국민은 최고의 헌법제정권력이기 때문에 성문헌법의 제·개정에 참여할 뿐만 아니라 헌법전에 포함되지 아니한 헌법사항을 필요에 따라 관습의 형태로 직접 형성할 수 있다. 그렇다면 관습헌법도 성문헌법과 마찬가지로 주권자인 국민의 헌법적 결단의 의사표현이며 성문헌법과 동등한 효력을 가진다고 보아야 한다(헌재 2004.10.21, 2004헌마554).

03

정답 ④

④ [×] 응능부담의 원칙을 상속세의 부과에서 실현하고자 하는 입법목적이 공공복리에 기여하므로 목적정당성을 인정할 수 있으나, 상속포기자를 제외하는 것은 응능부담 원칙의 실현이라는 입법목적 달성에 적절한 수단이 될 수 없어서 방법의 적절성 원칙에 위배되며, "상속개시 전에 피상속인으로부터 상속재산가액에 가산되는 재산을 증여받고 상속을 포기한 자"를 "상속인"의 범위에 포함시키는 별도의 수단이 존재하는데도 이를 외면하는 것이므로 침해의 최소성원칙에 위배되고, 상속을 승인한 자가 상속을 포기한 자가 본래 부

담하여야 할 상속세액을 부담하게 되는 재산상의 불이익을 받게 되는 반면에 달성되는 공익은 상대적으로 작다고 할 것이어서 법익 균형성 원칙에도 위배되기 때문에, 구 상속세법 제18조 제1항 본문 중 "상속인"의 범위에 "상속개시 전에 피상속인으로부터 상속재산가액에 가산되는 재산을 증여받고 상속을 포기한 자"를 포함하지 않는 것은 상속을 승인한 자의 헌법상 보장되는 재산권을 침해한다(헌재 2008. 10.30, 2003헌바10).

① [O] 법률에 대한 헌법합치적 해석(합헌적 법률해석)에 대한 개념이며, 옳은 지문이다.

② [O] 법률의 합헌적 해석은 헌법의 최고규범성에서 나오는 법질서의 통일성에 바탕을 두고, 법률이 헌법에 조화하여 해석될 수 있는 경우에는 위헌으로 판단하여서는 아니된다는 것을 뜻하는 것으로서 권력분립과 입법권을 존중하는 정신에 그 뿌리를 두고 있다(헌재 1989.7.14, 88헌가5 등).

③ [O] 법률 또는 법률의 위 조항은 원칙적으로 가능한 범위 안에서 합헌적으로 해석함이 마땅하나 그 해석은 법의 문구와 목적에 따른 한계가 있다. 즉, 법률의 조항의 문구가 간직하고 있는 말의 뜻을 넘어서 말의 뜻이 완전히 다른 의미로 변질되지 아니하는 범위 내이어야 한다는 문의적 한계와 입법권자가 그 법률의 제정으로써 추구하고자 하는 입법자의 명백한 의지와 입법의 목적을 헛되게 하는 내용으로 해석할 수 없다는 법목적에 따른 한계가 바로 그것이다. 왜냐하면, 그러한 범위를 벗어난 합헌적 해석은 그것이 바로 실질적 의미에서의 입법작용을 뜻하게 되어 결과적으로 입법권자의 입법권을 침해하는 것이 되기 때문이다(헌재 1989. 7.14, 88헌가5 등).

04   정답 ④

④ [O] 합헌적 법률해석의 한계에는 법조문이 지닌 말뜻(어의)을 넘어서는 해석을 하는 것을 허용하지 않는 문의적 한계, 입법자의 명백한 입법목적을 넘어서는 해석이 불가능한 법목적적 한계, 헌법규범의 내용을 지나치게 확대해석하는 것을 허용하지 않는 헌법수용적 한계가 존재한다.

① [×] 합헌적 법률해석은 법률의 해석지침이다.

② [×] 미국연방대법원 판례를 통해 행해졌다.

③ [×] 합헌적 법률해석은 입법부가 합헌이라는 판단하에 제정한 법률을 다른 국가기관이 최대한 존중하여 해석하는 것이므로 사법소극주의의 전형적인 표현이다.

05   정답 ③

③ [×] 법원은 법률해석, 헌법재판소는 규범통제 과정에서 문제된다.

① [O] 어떤 법률의 개념이 다의적이고 그 어의의 테두리 안에서 여러 가지 해석이 가능할 때, 헌법을 최고법규로 하는 통일적인 법질서의 형성을 위하여 헌법에 합치되는 해석 즉 합헌적인 해석을 택하여야 하며, 이에 의하여 위헌적인 결과가 될 해석은 배제하면서 합헌적이고 긍정적인 면은 살려야 한다는 것이 헌법의 일반법리이다(헌재 1990.4.2, 89헌가113).

② [O] 헌법정신에 맞도록 법률의 내용을 해석·보충하거나 정정하는 '헌법합치적 법률해석' 역시 '유효한' 법률조항의 의미나 문구를 대상으로 하는 것이지, 이를 넘어 이미 실효된 법률조항을 대상으로 하여 헌법합치적인 법률해석을 할 수는 없는 것이어서, 유효하지 않은 법률조항을 유효한 것으로 해석하는 결과에 이르는 것은 '헌법합치적 법률해석'을 이유로도 정당화될 수 없다 할 것이다(헌재 2012.5.31, 2009헌바123).

④ [O] 법률의 합헌적 해석을 모든 기본권 제한 법률에 그대로 적용할 경우에는 인권보장상 폐해를 초래할 우려도 없지 않다. 기본권 침해가능성이 큰 법률에 대해서 합헌적 법률해석만을 강조하면 기본권 보호에는 미흡할 수가 있다.

06   정답 ③

③ [×] 유신헌법 일부 조항과 긴급조치 등이 기본권을 지나치게 침해하고 자유민주적 기본질서를 훼손하였다는 반성에 따른 헌법 개정사, 국민의 기본권의 강화·확대라는 헌법의 역사성, 헌법재판소의 헌법해석은 헌법이 내포하고 있는 특정한 가치를 탐색·확인하고 이를 규범적으로 관철하는 작업인 점에 비추어, 헌법재판소가 행하는 구체적 규범통제의 심사기준은 원칙적으로 <u>헌법재판을 할 당시에 규범적 효력을 가지는 현행헌법</u>이다(헌재 2013.3.21, 2010헌바70).

① [O] 헌법정신에 맞도록 법률의 내용을 해석·보충하거나 정정하는 '헌법합치적 법률해석' 역시 '유효한' 법률조항의 의미나 문구를 대상으로 하는 것이지, 이를 넘어 이미 실효된 법률조항을 대상으로 하여 헌법합치적인 법률해석을 할 수는 없는 것이어서, 유효하지 않은 법률조항을 유효한 것으로 해석하는 결과에 이르는 것은 '헌법합치적 법률해석'을 이유로도 정당화될 수 없다 할 것이다(헌재 2012.5.31, 2009헌바123).

② [O] 통일정신, 국민주권원리 등은 우리나라 헌법의 연혁적·이념적 기초로서 헌법이나 법률해석에서의 해석기준으로 작용한다고 할 수 있지만 그에 기하여 곧바로 국민의 개별적 기본권성을 도출해내기는 어려우며, 헌법전문에 기재된 대한민국 임시정부의 법통을 계승하는 부분에 위배된다는 점이 청구인들의 법적지위에 현실적이고 구체적인 영향을 미친다고 볼 수도 없다(헌재 2008.11.27, 2008헌마517).

④ [O] 정당설립의 자유는 정당설립의 자유만이 아니라 정당활동의 자유를 포함한다. 따라서 정당의 자유의 주체는 정당을 설립하려는 개개인과 이를 통해 조직된 정당 모두에게 인정되는 것이다(헌재 2006.3.30, 2004헌마246).

07   정답 ②

② [×] 헌법개정안은 국회가 의결한 후 30일 이내에 국민투표에 붙여 국회의원선거권자 과반수의 투표와 <u>투표자</u> 과반수의 찬성을 얻어야 한다(헌법 제130조 제2항).

① [O] 헌법재판관 수는 헌법이 직접 규정하고 있기 때문에 헌법개정이 필요하다.

③ [O] 헌법 제130조 제1항

④ [○] 헌법의 제규정 가운데는 헌법의 근본가치를 보다 추상적으로 선언한 것도 있고, 이를 보다 구체적으로 표현한 것도 있으므로 이념적·논리적으로는 헌법규범상호간의 우열을 인정할 수 있는 것이 사실이다. 그러나 이때 인정되는 헌법규범상호간의 우열은 추상적 가치규범의 구체화에 따른 것으로서 헌법의 통일적 해석에 있어서는 유용할 것이지만, 그것이 헌법의 어느 특정규정이 다른 규정의 효력을 전면적으로 부인할 수 있을 정도의 개별적 헌법규정 상호간에 효력상의 차등을 의미하는 것이라고는 볼 수 없다(헌재 1996.6.13, 94헌바20).

08
정답 ④

④ [×] 우리 헌법의 각 개별규정 가운데 무엇이 헌법제정규정이고 무엇이 헌법개정규정인지를 구분하는 것이 가능하지 아니할 뿐 아니라, 각 개별규정에 그 효력상의 차이를 인정하여야 할 형식적인 이유를 찾을 수 없다. 이러한 점과 앞에서 검토한 현행 헌법 및 헌법재판소법의 명문의 규정취지에 비추어, 헌법제정권과 헌법개정권의 구별론이나 헌법개정한계론은 그 자체로서의 이론적 타당성 여부와 상관없이 우리 헌법재판소가 헌법의 개별규정에 대하여 위헌심사를 할 수 있다는 논거로 원용될 수 있는 것이 아니다(헌재 1995.12.28, 95헌바3).

① [○] 제안된 헌법개정안은 대통령이 20일 이상의 기간 공고하여야 하므로 대통령이 30일간 공고할 수 있다(헌법 제129조).

② [○] 관습헌법은 주권자인 국민에 의하여 유효한 헌법규범으로 인정되는 동안에만 존속하는 것이며, 관습법의 존속요건의 하나인 국민적 합의성이 소멸되면 관습헌법으로서의 법적 효력도 상실하게 된다. 관습헌법의 요건들은 그 성립의 요건일 뿐만 아니라 효력 유지의 요건이다[헌재 2004.10.21, 2004헌마554·566(병합)].

③ [○] 헌법 제130조

09
정답 ①

① [×] 헌법은 전문과 단순한 개별조항의 상호관련성이 없는 집합에 지나지 않는 것이 아니고 하나의 통일된 가치체계를 이루고 있으며 헌법의 제규정 가운데는 헌법의 근본가치를 보다 추상적으로 선언한 것도 있고 이를 보다 구체적으로 표현한 것도 있으므로, 이념적·논리적으로는 헌법규범 상호간의 가치의 우열을 인정할 수 있을 것이다(헌재 1996.6.13, 94헌바20).

② [○] 헌법 제111조 제1항 제1호, 제5호 및 헌법재판소법 제41조 제1항, 제68조 제2항은 위헌심사의 대상이 되는 규범을 '법률'로 명시하고 있으며, 여기서 '법률'이라고 함은 국회의 의결을 거쳐 제정된 이른바 형식적 의미의 법률을 의미하므로 헌법의 개별규정 자체는 헌법소원에 의한 위헌심사의 대상이 아니다(헌재 1996.6.13, 94헌바20).

③ [○] 헌법 제128조 제2항
④ [○] 헌법 제128조 제1항

10
정답 ④

㉠ [×] 제안된 헌법개정안은 대통령이 20일 이상의 기간 이를 공고하여야 한다(헌법 제129조).

㉡ [×] 헌법개정안은 국회가 의결한 후 30일 이내에 국민투표에 붙여 국회의원선거권자 과반수의 투표와 투표자 과반수의 찬성을 얻어야 한다(헌법 제130조 제2항).

㉢ [×] 국회는 헌법개정안이 공고된 날로부터 60일 이내에 의결하여야 하며, 국회의 의결은 재적의원 3분의 2 이상의 찬성을 얻어야 한다(헌법 제130조 제1항).

㉣ [×] 대법원장과 대법관이 아닌 법관의 임기는 10년으로 헌법에 규정되어 있다.

11
정답 ②

② [○] 재판관의 정년은 70세로 한다(헌법재판소법 제7조 제2항).

① [×] 2차 개정헌법에는 민의원 선거권자 50만 이상의 찬성으로 헌법개정안을 발의할 수 있다고 규정하고 있다.

③ [×]

> **국민투표법 제92조【국민투표무효의 소송】** 국민투표의 효력에 관하여 이의가 있는 투표인은 투표인 10만인 이상의 찬성을 얻어 중앙선거관리위원회위원장을 피고로 하여 투표일로부터 20일 이내에 대법원에 제소할 수 있다.

④ [×] 헌법제정권과 헌법개정권의 구별론이나 헌법개정한계론은 그 자체로서의 이론적 타당성 여부와 상관없이 우리 헌법재판소가 헌법의 개별규정에 대하여 위헌심사를 할 수 있다는 논거로 원용될 수 있는 것이 아니다(헌재 1995.12.8, 95헌바3).

12
정답 ③

③ [×] 방어적 민주주의의 실현수단으로 위헌정당해산제도는 1960년 제3차 개정헌법에 최초로 규정되었으나, 기본권실효제도는 채택되지 않았다.

① [○] 방어적 민주주의는 가치구속적 민주주의다.

② [○] 국회법 소정의 협의 없는 개의시간의 변경과 회의일시를 통지하지 아니한 입법과정의 하자는 저항권 행사의 대상이 되지 아니한다(헌재 1997.9.25, 97헌가4).

④ [○] 헌법의 수호대상에는 형식적 의미의 헌법과 실질적 의미의 헌법이 모두 포함된다.

13
정답 ④

④ [○] 방어적 민주주의의 실현수단으로 위헌정당해산제도는 1960년 제3차 개정헌법에 최초로 규정되었으나, 기본권실효제도는 채택되지 않았다.

① [×] 대법원의 소수의견이다. 다수의견은 "현대 입헌 자유민주주의 국가의 헌법이론상 자연법에서 우러나온 자연권으로서의 소위 저항권이 헌법 기타 실정법에 규정되어 있든

없든 간에 엄존하는 권리로 인정되어야 한다는 논지가 시인된다 하더라도 그 저항권이 실정법에 근거를 두지 못하고 오직 자연법에만 근거하고 있는 한 법관은 이를 재판규범으로 원용할 수 없다고 할 것인바, 헌법 및 법률에 저항권에 관하여 아무런 규정없는 우리나라의 현 단계에서는 저항권이론을 재판의 근거규범으로 채용·적용할 수 없다."라는 입장이다(대판 1980.5.20, 80도306).

② [×] 쿠데타는 국민적 정당성을 확보한다고 볼 수 없다.

③ [×] 대법원은 시민단체의 특정 후보자에 대한 낙선운동이 시민불복종운동으로서 정당행위 또는 긴급피난에 해당한다고 볼 수 없다는 원심을 수긍하였다(대판 2004.11.12, 2003다52227).

14   정답 ④

④ [×] 저항권의 주체는 국민이며, 국가기관은 저항권의 주체가 될 수 없다.

① [○] 저항권은 국가권력 행사의 불법이 객관적으로 명백하고 민주적 기본질서를 중대하게 침해하고 헌법의 존재 자체를 부인하는 경우에 행사할 수 있다. 반면, 시민불복종운동은 개별정책이나 법령에 대한 준수 거부를 의미하며, 무력 행사가 배제된 시민운동의 방법으로 행할 수 있다.

② [○] 저항권은 국가권력에 의하여 헌법의 기본원리에 대한 중대한 침해가 행하여지고 그 침해가 헌법의 존재 자체를 부인하는 것으로서 다른 합법적인 구제수단으로는 목적을 달성할 수 없을 때에 국민이 자기의 권리·자유를 지키기 위하여 실력으로 저항하는 권리이므로, 국회법 소정의 협의 없는 개의시간의 변경과 회의일시를 통지하지 아니한 입법과정의 하자는 저항권 행사의 대상이 되지 아니한다(헌재 1997.9.25, 97헌가4).

③ [○] 한국 헌정사의 특수성에 비추어 4·19혁명은 민주이념을 구현하기 위한 저항권 행사였다는 점에 국민이 공감하고 있고 우리의 헌법전문은 대한민국의 국가적 이념과 국가적 질서를 지배하는 지도이념을 규정하고 있으므로 헌법전문의 "불의에 항거한 4·19 민주이념을 계승하고"라는 부분을 저항권의 근거규정으로 보는 견해가 있다.

15   정답 ④

④ [×] 현대 입헌 자유민주주의국가의 헌법이론상 자연법에서 우러나온 자연권으로서의 소위 저항권이 헌법 기타 실정법에 규정되어 있든 없든 간에 엄존하는 권리로 인정되어야 한다는 논지가 시인된다 하더라도 그 저항권이 실정법에 근거를 두지 못하고 오직 자연법에만 근거하고 있는 한 법관은 이를 재판규범으로 원용할 수 없다 더구나 오늘날 저항권의 존재를 긍인하는 학자 사이에도 그 구체적 개념의 의무내용이나 그 성립요건에 관해서는 그 견해가 구구하여 일치된다 할 수 없어 결국 막연하고 추상적인 개념이란 말을 면할 수 없고, 이미 헌법에 저항권의 존재를 선언한 몇 개의 입법례도 그 구체적 요건은 서로 다르다 할 것이니 헌법 및 법률에 저항권에 관하여 아무런 규정도 없는(소론 헌법전문 중 "4·19 의거운운"은 저항권 규정으로 볼 수 없다) 우리나라

의 현 단계에서는 더욱이 이 저항권이론을 재판의 준거규범으로 채용적용하기를 주저 아니할 수 없다(대판 1980.5.20, 80도306).

▶ 위법성 조각사유로 채택하지 아니한다.

① [○] 저항권은 국가권력에 의하여 헌법의 기본원리에 대한 중대한 침해가 행하여지고 그 침해가 헌법의 존재 자체를 부인하는 것으로서 다른 합법적인 구제수단으로는 목적을 달성할 수 없을 때에 국민이 자기의 권리·자유를 지키기 위하여 실력으로 저항하는 권리이다(헌재 1997.9.25, 97헌가4).

② [○] 우리 헌법은 저항권에 대한 명문규정을 둔 예가 없다.

③ [○] 서양의 폭군방벌론, 동양의 역성혁명론이 저항권 사상의 기원이라고 할 수 있다.

16   정답 ①

① [×] 위헌법률심사제와 위헌정당해산제도는 사후적 헌법수호제도에 해당한다.

② [○] 저항권은 공권력의 행사자가 민주적 기본질서를 침해하거나 파괴하려는 경우 이를 회복하기 위하여 국민이 공권력에 대하여 폭력·비폭력, 적극적·소극적으로 저항할 수 있다는 국민의 권리이자 헌법수호제도를 의미한다(헌재 2014.12.19, 2013헌다1).

③ [○] 현대 입헌 자유민주주의 국가의 헌법이론상 자연법에서 우러나온 자연권으로서의 소위 저항권이 헌법 기타 실정법에 규정되어 있든 없든 간에 엄존하는 권리로 인정되어야 한다는 논지가 시인된다 하더라도 그 저항권이 실정법에 근거를 두지 못하고 오직 자연법에만 근거하고 있는 한 법관은 이를 재판규범으로 원용할 수 없다(대판 1980.5.20, 80도306).

④ [○] 저항권은 국가권력행사의 불법성이 객관적으로 명백한 경우에 행사할 수 있다.

정답

p.16

17	③	18	②	19	③	20	③	21	③
22	④	23	②	24	④	25	③	26	①
27	③	28	②	29	④	30	①	31	④
32	④	33	④	34	③	35	④	36	③
37	②	38	②	39	③	40	④	41	③
42	④	43	③	44	③	45	②	46	③
47	②	48	④	49	④	50	②	51	④
52	③	53	③	54	①	55	③	56	③
57	④	58	④	59	②	60	③	61	④
62	①	63	①	64	②	65	②	66	②
67	④	68	④	69	③	70	③	71	③
72	③	73	③	74	④	75	③	76	①
77	④	78	④	79	④	80	②	81	②
82	③	83	②	84	④	85	①	86	④
87	②	88	①	89	①	90	③	91	④
92	③	93	③	94	④	95	③	96	③
97	①	98	②	99	③	100	①	101	②
102	②	103	④	104	③	105	②		

17

정답 ③

③ [×] 본질적 내용의 침해금지규정은 제2공화국 제3차 개정헌법(1960년)에서 신설되었다. 이는 제7차 개정헌법에서 삭제되었다가 제8차 개정헌법에서 다시 규정되었다.

① [○] 1948년 제헌헌법에서 국회의원의 임기와 국회에서 선거되는 대통령의 임기는 모두 4년으로 규정되었는데, 제헌 국회의원의 임기는 2년으로 하는 특별규정을 별도로 두었다.

② [○] 대통령에게 헌법개정제안권이 인정되지 않은 헌법은 제5차, 제6차 개정헌법(제3공화국)이다.

④ [○] 제8차 개정헌법은 대통령선거인단에 의한 7년 단임제로 하는 대통령을 선출하도록 하였고, 해당 선거는 무기명투표로 진행되었다.

18

정답 ②

② [×] 중앙선거관리위원회가 처음 도입된 것은 1960년 6월 15일 제3차 개정헌법이다. 참고로 각급 선거관리위원회가 추가적으로 헌법에 규정된 것은 1962년 제5차 개정헌법이다.

① [○] 제7차 개정헌법은 헌법개정절차를 2가지 방법으로 규정하였다.

③ [○] 헌법 제5조 제2항에서 규정하고 있다.

▶ **제9차 개정헌법(1987년)의 주요내용:** 기본권 강화(적법절차, 형사피해자의 재판절차진술권, 범죄피해자구조청구권, 구속이유 고지제도, 최저임금제, 대학의 자율성), 대통령(5년 단임 직선제), 헌법재판소 부활, 국정감사권 부활, 긴급명령권 부활, 비상조치권 삭제, 국회해산권 삭제

④ [○] 1954년 제2차 개정헌법에서 주권제약과 영토변경에 대한 국민투표제를 규정하였다.

19

정답 ③

③ [×]

> **제2차 개정헌법 제98조** ④ 헌법개정의 의결은 양원에서 각각 그 재적의원 3분의 2 이상의 찬성으로써 한다.

① [○]

> **제헌헌법 제69조** 국무총리는 대통령이 임명하고 국회의 승인을 얻어야 한다.
> **제53조** 대통령과 부통령은 국회에서 무기명투표로써 각각 선거한다.

② [○] 1948년 헌법에서 사기업근로자의 이익분배균점권을 인정하였고, 1980년 헌법에서 국가가 근로자의 적정임금의 보장에 노력하여야 할 의무에 관하여 최초로 규정하였으며, 1987년 헌법에서 국가가 근로자의 최저임금제를 시행할 의무를 최초로 규정하였다.

④ [○]

> **제5차 개정헌법 제8조** 모든 국민은 인간으로서의 존엄과 가치를 가지며, 이를 위하여 국가는 국민의 기본적 인권을 최대한으로 보장할 의무를 진다.
> **제102조** ① 법률이 헌법에 위반되는 여부가 재판의 전제가 된 때에는 대법원은 이를 최종적으로 심사할 권한을 가진다.

20

정답 ③

③ [×] 1960년 제3차 개헌에서 언론의 검열제·사전허가제 금지를 명시하였다.

① [○]

> **제헌헌법(1948년) 제87조** 중요한 운수, 통신, 금융, 보험, 전기, 수리, 수도, 가스 및 공공성을 가진 기업은 국영 또는 공영으로 한다. 공공필요에 의하여 사영을 특허하거나 또는 그 특허를 취소함은 법률의 정하는 바에 의하여 행한다. 대외무역은 국가의 통제하에 둔다.

② [○]

> **제2차 개정헌법(1954년) 제55조** 대통령과 부통령의 임기는 4년으로 한다. 단, 재선에 의하여 1차 중임할 수 있다.

부칙 이 헌법공포 당시의 대통령에 대하여는 제55조 제1항 단서의 제한을 적용하지 아니한다.

④ [○] 1980년 제8차 개정헌법 제33조에 "모든 국민은 깨끗한 환경에서 생활할 권리를 가지며, 국가와 국민은 환경보전을 위하여 노력하여야 한다."라고 처음 규정하였고, 현행 헌법에서는 제35조에 이를 이어오고 있다(법제처 헌법주석서 Ⅱ p.388). 1980년 개정헌법은 인간으로서의 존엄과 가치 및 기본권보장의무 규정에 행복추구권을 삽입하였다(법제처 헌법주석서 Ⅰ p.399).

---

21 정답 ③

③ [○]

제헌헌법 **제47조** 탄핵사건을 심판하기 위하여 법률로써 탄핵재판소를 설치한다.
제81조 법률이 헌법에 위반되는 여부가 재판의 전제가 되는 때에는 법원은 헌법위원회에 제청하여 그 결정에 의하여 재판한다.

① [×] 국무원은 의결기관이다.
② [×] 국무총리제는 1956년 헌법에 폐지되었다.
④ [×] 헌법개정에 있어서의 국민발안제도는 1954년 제2차 개정헌법부터 1969년 제6차 개정헌법까지 존재하였다.

---

22 정답 ④

④ [×] 1980년 제8차 개정헌법이다.
① [○] 제2차 개정헌법(1954년)·제3차 개정헌법(1960년 6월)·제4차 개정헌법(1960년 11월)

헌법 **제98조** ⑥ 제1조, 제2조와 제7조의2의 규정은 개폐할 수 없다.

▶ 2차 개정헌법, 3차 개정헌법, 4차 개정헌법에는 일부 조항의 개정을 금지하는 규정을 둔 바 있다.

② [○]

제헌헌법 **제46조** 대통령, 부통령, 국무총리, 국무위원, 심계원장, 법관 기타 법률이 정하는 공무원의 그 직무수행에 관하여 헌법 또는 법률에 위배한 때에는 국회는 탄핵의 소추를 결의할 수 있다.

③ [○]

제5차 개정헌법 제8조 모든 국민은 인간으로서의 존엄과 가치를 가지며, 이를 위하여 국가는 국민의 기본적 인권을 최대한으로 보장할 의무를 진다.
제102조 ① 법률이 헌법에 위반되는 여부가 재판의 전제가 된 때에는 대법원은 이를 최종적으로 심사할 권한을 가진다.

---

23 정답 ②

② [○]

제5차 개정헌법 제59조 ① 국회는 국무총리 또는 국무위원의 해임을 대통령에게 건의할 수 있다.
③ 제1항과 제2항에 의한 건의가 있을 때에는 대통령은 특별한 사유가 없는 한 이에 응하여야 한다.

① [×]

제2차 개정헌법 제55조 대통령과 부통령의 임기는 4년으로 한다. 단, 재선에 의하여 1차 중임할 수 있다. 대통령이 궐위된 때에는 **부통령**이 대통령이 되고 잔임기간 중 재임한다.
부칙 이 헌법공포당시의 대통령에 대하여는 제55조 제1항 단서의 제한을 적용하지 아니한다.

③ [×] 제6차 헌법개정에서는 대통령에 대한 3선금지규정을 완화하여 대통령의 계속 재임을 3기로 연장하였으므로 연임제한규정을 철폐한 것은 아니다. 대통령에 대한 탄핵소추요건을 강화한 것도 제6차 개정헌법이다.
④ [×] 적정임금이 아니라 최저임금을 보장하였다.

---

24 정답 ④

④ [×] 제7차 개헌은 1972년의 비상조치에 따라 국회를 해산하고, 비상국무회의가 개헌 작업을 담당하였다.
  ▶ **제7차 개정헌법(1972년)의 주요내용:** 구속적부심제 폐지, 대통령의 중임·연임조항 폐지, 통일주체국민회의 설치(대통령과 국회의원 3분의 1 선출), 긴급조치권 신설, 국정감사권 폐지, 헌법위원회 설치, 헌법개정에 대한 국민발안제 폐지
① [○] 건국헌법은 대통령과 부통령을 국회에서 선출하도록 하였고, 임기는 4년 1차 중임으로 정하였다. 또한, 위헌법률심판을 담당하는 헌법위원회를 설치하였다.
② [○] 제3차 개정헌법은 의원내각제를 골자로 하였으며, 대통령을 5년 1차 중임으로 하여 국회에서 선출하도록 하였다.
③ [○]

제5차 개정헌법(1962년) 제8조 모든 국민은 인간으로서의 존엄과 가치를 가지며, 이를 위하여 국가는 국민의 기본적 인권을 최대한으로 보장할 의무를 진다.

---

25 정답 ③

③ [○] 제5차 개정헌법은 국회 구성을 단원제로 환원하였으며, 위헌법률심판, 정당해산심판, 선거소송을 관할하는 대법원을 두었다.
① [×] 헌법상 양원제를 처음으로 규정한 것은 제1차 개정헌법이지만, 단원제로 운영되었다. 양원제가 실제로 구성된 것은 제3차 개정헌법 때가 처음이다.
② [×] 중앙선거관리위원회를 헌법기구화한 것은 제3차 개정헌법이다.

④ [×] 제5차 개정헌법에서 인간의 존엄성 조항을 신설하였다. 제7차 개정헌법에서는 모든 법관의 임명권을 대통령이 가졌으나, 제8차 개정헌법에서는 대법원장이 일반 법관을 임명하도록 하며 징계에 의한 법관의 파면조항을 삭제하였다.

26
정답 ①

① [×] 제헌헌법에서 국무원은 의결기관이었다.

② [O] 제헌헌법에서는 위헌법률심사권을 가진 헌법위원회와 탄핵심판을 담당하는 탄핵재판소를 따로 규정하였다. 헌법위원회의 구성원은 위원장인 부통령, 대법관 5인, 국회의원 5인이며, 탄핵재판소의 구성원은 재판장인 부통령, 대법관 5인, 국회의원 5인으로 이루어졌다.

③ [O]

> 헌법 제5조 ② 국군은 국가의 안전보장과 국토방위의 신성한 의무를 수행함을 사명으로 하며, 그 정치적 중립성은 준수된다.

④ [O] 제5차 개정헌법은 제2공화국의 헌법개정절차와 달리 국회의 의결을 요하지 않는 대신 국가재건최고회의가 의결하였으며, 국민투표로 확정하였다.

27
정답 ③

③ [×] 제8차 개정헌법에서도 대통령선거는 간선제였고, 제9차 개정헌법에서 직선제로 변경되었다.

① [O] 제헌헌법은 국회간선제로 대통령, 부통령을 무기명투표로 선출하였으며, 4년 임기에 1차에 한하여 중임이 가능하도록 하였다.

② [O] 제2차 개정헌법은 주권의 제약 또는 영토의 변경을 가져올 국가안위에 관한 중대사항은 국회의 가결을 거친 후 국민투표에 부쳐 결정하도록 하여, 국민투표제를 도입하였다는 의의를 지닌다.

④ [O] 제3차 개정헌법에서 대통령은 국회간선제로 임기는 5년 1차 중임으로 하였다. 현재의 심의기관인 국무회의와는 다르게 의결기관인 국무원을 두었으며, 국무원은 국무총리를 의장으로 하고 민의원 해산권을 지녔다.

28
정답 ②

㉠ [O] 대한민국과 일본국 간의 어업에 관한 협정은 배타적 경제수역을 직접 규정한 것이 아닐 뿐만 아니라 배타적 경제수역이 설정된다 하더라도 영해를 제외한 수역을 의미하며, 이러한 점들은 이 사건 협정에서의 이른바 중간수역에 대해서도 동일하다고 할 것이므로 독도가 중간수역에 속해 있다 할지라도 독도의 영유권 문제나 영해 문제와는 직접적인 관련을 가지지 아니한 것임은 명백하다 할 것이다(헌재 2001.3.21, 99헌마139 등).

㉡ [×]

> 북한이탈주민의 보호 및 정착지원에 관한 법률 제2조【정의】이 법에서 사용하는 용어의 뜻은 다음과 같다.
> 1. '북한이탈주민'이란 군사분계선 이북지역(이하 '북한'이라 한다)에 주소, 직계가족, 배우자, 직장 등을 두고 있는 사람으로서 북한을 벗어난 후 외국 국적을 취득하지 아니한 사람을 말한다.

㉢ [O] 정부수립이후이주동포와 정부수립이전이주동포는 이미 대한민국을 떠나 그들이 거주하고 있는 외국의 국적을 취득한 우리의 동포라는 점에서 같고, 국외로 이주한 시기가 대한민국 정부수립 이전인가 이후인가는 결정적인 기준이 될 수 없는데도 … 이 사건 심판대상규정이 청구인들과 같은 정부수립이전이주동포를 재외동포법의 적용대상에서 제외한 것은 합리적 이유없이 정부수립이전이주동포를 차별하는 자의적인 입법이어서 헌법 제11조의 평등원칙에 위배된다(헌재 2001.11.29, 99헌마494).

㉣ [O] 국적법 제2조

㉤ [×] 남북교류협력에 관한 법률은 앞서 본 바와 같이 기본적으로 북한을 평화적 통일을 위한 대화와 협력의 동반자로 인정하면서 남북대결을 지양하고, 자유왕래를 위한 문호개방의 단계로 나아가기 위하여 종전에 원칙적으로 금지되었던 대북한 접촉을 허용하며, 이를 법률적으로 지원하기 위하여 제정된 것으로서, 그 입법목적은 평화적 통일을 지향하는 헌법의 제반규정에 부합하는 것이다. 이 법이 없다면 남북한간의 교류, 협력행위는 국가보안법에 의하여 처벌될 수 있으나, 이 법에서 남북관계에 관한 기본적 용어정리, 통신·왕래·교역·협력사업 등에 관한 포괄적 규정(제9조 내지 제23조)과 타법률에 대한 우선적용(제3조) 등을 규정하고 있는 관계로 그 적용범위 내에서 국가보안법의 적용이 배제된다는 점에서, 이 법은 평화적 통일을 지향하기 위한 기본법으로서의 성격을 갖고 있다고 할 수 있다(헌재 2000.7.20, 98헌바63).

29
정답 ④

④ [×] 심판대상조항은 외국인에게 대한민국 국적을 부여하는 '귀화'의 요건을 정한 것인데, '품행', '단정' 등 용어의 사전적 의미가 명백하고, 심판대상조항의 입법취지와 용어의 사전적 의미 및 법원의 일반적인 해석 등을 종합해 보면, '품행이 단정할 것'은 '귀화신청자를 대한민국의 새로운 구성원으로서 받아들이는 데 지장이 없을 만한 품성과 행실을 갖춘 것'을 의미하고, 구체적으로 이는 귀화신청자의 성별, 연령, 직업, 가족, 경력, 전과관계 등 여러 사정을 종합적으로 고려하여 판단될 것임을 예측할 수 있다. 따라서 심판대상조항은 명확성원칙에 위배되지 아니한다(헌재 2016.7.28, 2014헌바421).

① [O]

> 국적법 제11조의2【복수국적자의 법적 지위 등】① 출생이나 그 밖에 이 법에 따라 대한민국 국적과 외국 국적을 함께 가지게 된 사람으로서 대통령령으로 정하는 사람[이하 "복수국적자"(複數國籍者)라 한다]은 대한민국의 법령 적용에서 대한민국 국민으로만 처우한다.

② [O]

> **국적법 제3조【인지에 의한 국적 취득】** ① 대한민국의 국민이 아닌 자(이하 "외국인"이라 한다)로서 대한민국의 국민인 부 또는 모에 의하여 인지(認知)된 자가 다음 각 호의 요건을 모두 갖추면 법무부장관에게 신고함으로써 대한민국 국적을 취득할 수 있다.
> 1. 대한민국의 민법상 미성년일 것
> 2. 출생 당시에 부 또는 모가 대한민국의 국민이었을 것

③ [O] 심판대상조항은 직계존속이 외국에서 영주할 목적 없이 체류한 상태에서 출생한 복수국적자로 하여금 병역의무 해소 후에만 대한민국 국적을 이탈할 수 있도록 제도적으로 제한함으로써, 병역의무의 공평한 분담과 그에 대한 국민적 신뢰를 확보하여 충실한 병역의무 이행을 위한 여건을 마련하고자 하는 것이므로 목적의 정당성과 수단의 적합성이 인정된다. 심판대상조항은 국적이탈을 이용한 편법적 병역기피를 방지하면서도, 출생할 무렵 직계존속에게 외국에 영주할 목적이 인정되어 장차 성장과정에서 대한민국과의 유대관계가 인정되기 어려울 것으로 예상되는 사람에게는 국적이탈에 과도한 부담을 지우지 않도록 필요한 최소한의 범위에서 조화롭게 국적이탈을 규제하려는 것이므로, 침해의 최소성도 충족한다. 심판대상조항은 법익의 균형성도 충족한다. 심판대상조항은 과잉금지원칙에 위배되지 아니하므로 국적이탈의 자유를 침해하지 아니한다(헌재 2023.2.23, 2019헌바462).

30 정답 ①

㉠ [×]

> **국적법 제16조【국적상실자의 처리】** ② 공무원이 그 직무상 대한민국 국적을 상실한 자를 발견하면 지체 없이 법무부장관에게 그 사실을 통보하여야 한다.

㉡ [O]

> **국적법 제14조【대한민국 국적의 이탈 요건 및 절차】** ① 복수국적자로서 외국 국적을 선택하려는 자는 외국에 주소가 있는 경우에만 주소지 관할 재외공관의 장을 거쳐 법무부장관에게 대한민국 국적을 이탈한다는 뜻을 신고할 수 있다. 다만, 제12조 제2항 본문 또는 같은 조 제3항에 해당하는 자는 그 기간 이내에 또는 해당 사유가 발생한 때부터만 신고할 수 있다.

㉢ [O]

> **국적법 제11조의2【복수국적자의 법적 지위 등】** ① 출생이나 그 밖에 이 법에 따라 대한민국 국적과 외국 국적을 함께 가지게 된 사람으로서 대통령령으로 정하는 사람[이하 '복수국적자'(複數國籍者)라 한다]은 대한민국의 법령 적용에서 대한민국 국민으로만 처우한다.

㉣ [O]

> **국적법 제13조【대한민국 국적의 선택 절차】** ③ 제1항 및 제2항 단서에도 불구하고 출생 당시에 모가 자녀에게

> 외국 국적을 취득하게 할 목적으로 외국에서 체류 중이었던 사실이 인정되는 자는 외국 국적을 포기한 경우에만 대한민국 국적을 선택한다는 뜻을 신고할 수 있다.

31 정답 ④

④ [×]

> **국적법 제15조【외국 국적 취득에 따른 국적 상실】** ① 대한민국의 국민으로서 자진하여 외국 국적을 취득한 자는 그 외국 국적을 취득한 때에 대한민국 국적을 상실한다.

① [O]

> **국적법 제2조【출생에 의한 국적 취득】** ① 다음 각 호의 어느 하나에 해당하는 자는 출생과 동시에 대한민국 국적(國籍)을 취득한다.
> 1. 출생 당시에 부(父) 또는 모(母)가 대한민국의 국민인 자

② [O]

> **국적법 제14조【대한민국 국적의 이탈 요건 및 절차】** ① 복수국적자로서 외국 국적을 선택하려는 자는 외국에 주소가 있는 경우에만 주소지 관할 재외공관의 장을 거쳐 법무부장관에게 대한민국 국적을 이탈한다는 뜻을 신고할 수 있다.

③ [O]

> **국적법 제4조【귀화에 의한 국적 취득】** ① 대한민국 국적을 취득한 사실이 없는 외국인은 법무부장관의 귀화허가(歸化許可)를 받아 대한민국 국적을 취득할 수 있다.
> **제5조【일반귀화 요건】** 외국인이 귀화허가를 받기 위해서는 제6조나 제7조에 해당하는 경우 외에는 다음 각 호의 요건을 갖추어야 한다.
> 1. 5년 이상 계속하여 대한민국에 주소가 있을 것
> 2. 대한민국의 민법상 성년일 것

32 정답 ②

② [×] 1978.6.14.부터 1998.6.13. 사이에 태어난 모계출생자가 대한민국 국적을 취득할 수 있는 특례를 두면서 2004.12.31.까지 국적취득신고를 한 경우에만 대한민국 국적을 취득하도록 한 국적법 부칙 제7조 제1항 중 '2004년 12월 31일까지 대통령령이 정하는 바에 의하여 법무부장관에게 신고함으로써' 부분이 평등원칙에 위배되지 않는다(헌재 2015.11.26, 2014헌바211).

① [O] 대한민국 국민이 자진하여 외국 국적을 취득한 경우 대한민국 국적을 상실하도록 한 국적법 제15조 제1항이 과잉금지원칙에 위배되어 청구인의 거주·이전의 자유 및 행복추구권을 침해하지 않는다(헌재 2014.6.26, 2011헌마502).

③ [O]

> **국적법 제12조【복수국적자의 국적선택의무】** ③ 직계존속이 외국에서 영주할 목적 없이 체류한 상태에서 출생한 자는 병역의무의 이행과 관련하여 다음 각 호의 어느 하나에 해당하는 경우에만 제14조에 따른 국적이탈신고를 할 수 있다.
> 3. 병역면제처분을 받은 경우

④ [O]

> **국적법 제18조【국적상실자의 권리 변동】** ① 대한민국 국적을 상실한 자는 국적을 상실한 때부터 대한민국의 국민만이 누릴 수 있는 권리를 누릴 수 없다.
> ② 제1항에 해당하는 권리 중 대한민국의 국민이었을 때 취득한 것으로서 양도할 수 있는 것은 그 권리와 관련된 법령에서 따로 정한 바가 없으면 3년 내에 대한민국의 국민에게 양도하여야 한다.

33 정답 ④

④ [×] 외교부장관으로부터 허가를 받은 경우에는 이 사건 처벌조항으로 형사처벌되지 않도록 가벌성이 제한되어 있고, 이를 위반한 경우에도 1년 이하의 징역 또는 1천만 원 이하의 벌금으로 처벌수준이 비교적 경미하다. 따라서 이 사건 처벌조항으로 인하여 거주·이전의 자유가 제한되는 것을 최소화하고 있다. 국외 위난상황이 우리나라의 국민 개인이나 국가·사회에 미칠 수 있는 피해는 매우 중대한 반면, 이 사건 처벌조항으로 인한 불이익은 완화되어 있으므로, 이 사건 처벌조항이 법익의 균형성원칙에 반하지 않는다. 그러므로 이 사건 처벌조항은 과잉금지원칙에 반하여 청구인의 거주·이전의 자유를 침해하지 않는다(헌재 2020.2.27, 2016헌마945).

① [O] 국적법은 부모양계혈통주의(속인주의)를 원칙으로 하고 출생지주의(속지주의)를 예외적으로 인정하고 있다.

② [O] 복수국적자는 제1국민역에 편입된 날부터 3개월 이내에 대한민국 국적을 이탈하지 않으면 병역의무를 해소한 후에야 국적이탈이 가능하도록 한 것은 과잉금지원칙에 위반하여 복수국적자의 국적이탈의 자유를 침해한다(헌재 2020.9.24, 2016헌마889).

③ [O] 헌법 제2조 제2항에서 정한 국가의 재외국민 보호의무에 의하여 재외국민이 거류국에 있는 동안 받게 되는 보호는, 조약 기타 일반적으로 승인된 국제법규와 당해 거류국의 법령에 의하여 누릴 수 있는 모든 분야에서 정당한 대우를 받도록 거류국과의 관계에서 국가가 하는 외교적 보호와 국외 거주 국민에 대하여 정치적인 고려에서 특별히 법률로써 정하여 베푸는 법률·문화·교육 기타 제반영역에서의 지원을 뜻하는 것이므로, 국내에 주소를 두지 아니한 피상속인의 국내 소재 재산에 대하여 상속세를 부과함에 있어서 그 과세표준 산정시 인적공제를 적용하지 않도록 규정한 구 상속세법 제11조 제1항 부분에 대한 관계에서 위 헌법규정의 보호법익은 그대로 적용된다고 보기 어려운 것이고, 따라서, 위 법률조항이 비거주자에 대하여 상속세 인적공제 적용을 배제하였다 하더라도 국가가 헌법 제2조 제2항에 규정한 재외국민을 보호할 의무를 행하지 않은 경우라고는 볼 수 없다(헌재 2001.12.20, 2001헌바25).

34 정답 ③

③ [×]

> **국적법 제14조의2【대한민국 국적의 이탈에 관한 특례】**
> ① 제12조 제2항 본문 및 제14조 제1항 단서에도 불구하고 다음 각 호의 요건을 모두 충족하는 복수국적자는 병역법 제8조에 따라 병역준비역에 편입된 때부터 3개월 이내에 대한민국 국적을 이탈한다는 뜻을 신고하지 못한 경우 법무부장관에게 대한민국 국적의 이탈 허가를 신청할 수 있다.
> 1. 다음 각 목의 어느 하나에 해당하는 사람일 것
>   가. 외국에서 출생한 사람(직계존속이 외국에서 영주할 목적 없이 체류한 상태에서 출생한 사람은 제외한다)으로서 출생 이후 계속하여 외국에 주된 생활의 근거를 두고 있는 사람
>   나. 6세 미만의 아동일 때 외국으로 이주한 이후 계속하여 외국에 주된 생활의 근거를 두고 있는 사람
> 2. 제12조 제2항 본문 및 제14조 제1항 단서에 따라 병역준비역에 편입된 때부터 3개월 이내에 국적 이탈을 신고하지 못한 정당한 사유가 있을 것
> ② 법무부장관은 제1항에 따른 허가를 할 때 다음 각 호의 사항을 고려하여야 한다.
> 1. 복수국적자의 출생지 및 복수국적 취득경위
> 2. 복수국적자의 주소지 및 주된 거주지가 외국인지 여부
> 3. 대한민국 입국 횟수 및 체류 목적·기간
> 4. 대한민국 국민만이 누릴 수 있는 권리를 행사하였는지 여부
> 5. 복수국적으로 인하여 외국에서의 직업 선택에 상당한 제한이 있거나 이에 준하는 불이익이 있는지 여부
> 6. 병역의무 이행의 공평성과 조화되는지 여부
> ③ 제1항에 따른 허가 신청은 외국에 주소가 있는 복수국적자가 해당 주소지 관할 재외공관의 장을 거쳐 법무부장관에게 하여야 한다.
> ④ 제1항 및 제3항에 따라 국적의 이탈 허가를 신청한 사람은 법무부장관이 허가한 때에 대한민국 국적을 상실한다.

①② [O]

> **국적법 제2조【출생에 의한 국적 취득】** ① 다음 각 호의 어느 하나에 해당하는 자는 출생과 동시에 대한민국 국적(國籍)을 취득한다.
> 2. 출생하기 전에 부가 사망한 경우에는 그 사망 당시에 부가 대한민국의 국민이었던 자
> ② 대한민국에서 발견된 기아(棄兒)는 대한민국에서 출생한 것으로 추정한다.

④ [O] 심판대상조항은 특례의 적용을 받는 모계출생자가 그 권리를 조속히 행사하도록 하여 위 모계출생자의 국적·법률관계를 조속히 확정하고, 국가기관의 행정상 부담을 줄일 수 있도록 하며, 위 모계출생자가 권리를 남용할 가능성을 억제하기 위하여 특례기간을 2004.12.31.까지로 한정하고 있는바, 이를 불합리하다고 볼 수 없다. … 심판대상조항은

특례의 적용을 받는 모계출생자와 출생으로 대한민국 국적을 취득하는 모계출생자를 합리적 사유 없이 차별하고 있다고 볼 수 없고, 따라서 평등원칙에 위배되지 않는다(헌재 2015.11.26, 2014헌바211).

35
정답 ④

④ [×] 심판대상조항은 국가 공동체의 운영원리를 보호하고자 복수국적자의 기회주의적 국적이탈을 방지하기 위한 것으로, 더 완화된 대안을 찾아보기 어려운 점, 외국에 생활근거 없이 주로 국내에서 생활하며 대한민국과 유대관계를 형성한 자가 단지 법률상 외국 국적을 지니고 있다는 사정을 빌미로 국적을 이탈하려는 행위를 제한한다고 하여 과도한 불이익이 발생한다고 보기도 어려운 점 등을 고려할 때 심판대상조항은 과잉금지원칙에 위배되어 국적이탈의 자유를 침해하지 아니한다(헌재 2023.2.23, 2020헌바603).

① [○] 심판대상조항은 국적취득 과정에서 발생한 위법 상태를 해소하여 국적 취득에 있어 진실성을 담보하고 사회구성원 사이의 신뢰를 확보하며 나아가 국가질서를 유지하고자 하는 것으로, 입법목적의 정당성이 인정된다. 국적 관련 행정의 주무관청인 법무부장관으로 하여금 거짓이나 그 밖의 부정한 방법에 의한 하자 있는 국적회복허가를 소급적으로 취소하게 하여 위법 상태를 제거하는 것은 위와 같은 입법목적을 달성하기 위한 적합한 방법이라고 할 것이므로, 수단의 적합성도 인정된다. 심판대상조항은 침해의 최소성에 반하지 아니한다. 심판대상조항에 의하여 국적회복허가가 취소되면, 국적을 상실하게 되어 국내 체류의 곤란이나 종전의 생활관계 단절 등의 불이익을 받는 것은 사실이다. 그러나 국적은 국가의 근본요소 중 하나인 국민을 결정하는 기준이며 헌법 및 법률상 권리의 근거가 되는 것으로, 국적 취득에 있어서 적법성의 확보는 사회구성원들 사이의 신뢰를 확보하고 국가질서를 유지하는 근간이 된다. 따라서 심판대상조항을 통해서 달성하고자 하는 공익이 위와 같이 제한되는 사익에 비해 훨씬 크다고 할 것이므로, 심판대상조항은 법익의 균형성도 갖추었다. 심판대상조항은 과잉금지원칙에 위배하여 거주·이전의 자유 및 행복추구권을 침해하지 아니한다(헌재 2020.2.27, 2017헌바434).

② [○] 심판대상조항은 특례의 적용을 받는 모계출생자가 그 권리를 조속히 행사하도록 하여 위 모계출생자의 국적·법률관계를 조속히 확정하고, 국가기관의 행정상 부담을 줄일 수 있도록 하며, 위 모계출생자가 권리를 남용할 가능성을 억제하기 위하여 특례기간을 2004.12.31.까지로 한정하고 있는바, 이를 불합리하다고 볼 수 없다. 또한 특례의 적용을 받는 모계출생자가 특례기간 내에 국적취득신고를 하지 못한 경우에도 그 사유가 천재지변 기타 불가항력적 사유에 의한 것이면 그 사유가 소멸한 때부터 3개월 내에 국적취득신고를 할 수 있고, 그 외에 다른 사정으로 국적취득신고를 하지 못한 경우에도 간이귀화 또는 특별귀화를 통하여 어렵지 않게 대한민국 국적을 취득할 수 있으므로, 심판대상조항은 특례의 적용을 받는 모계출생자와 출생으로 대한민국 국적을 취득하는 모계출생자를 합리적 사유 없이 차별하고 있다고 볼 수 없고, 따라서 평등원칙에 위배되지 않는다(헌

재 2015.11.26, 2014헌바211).

③ [○] 국적법 제14조 제1항 본문의 '외국에 주소가 있는 경우'라는 표현은 입법취지 및 그에 사용된 단어의 사전적 의미 등을 고려할 때 다른 나라에 생활근거가 있는 경우를 뜻함이 명확하므로 명확성원칙에 위배되지 아니한다(헌재 2023.2.23, 2020헌바603).

36
정답 ③

③ [○] 혼인에 의한 간이귀화에 대한 내용으로 옳은 설명이다.

① [×] '18세 미만'이 아니라, '15세 미만'이다.

② [×] 법무부장관에 통보하는 것이 아니라 미리 협의를 하여야 한다.

④ [×] 출생 당시에 모가 자녀에게 외국 국적을 취득하게 할 목적으로 외국에서 체류 중이었던 사실이 인정되는 자는 외국 국적을 포기한 경우에만 대한민국 국적을 선택한다는 뜻을 신고할 수 있다(국적법 제13조 제3항 참조).

37
정답 ②

㉠ [○]

> **국적법 제6조【간이귀화 요건】** ① 다음 각 호의 어느 하나에 해당하는 외국인으로서 대한민국에 3년 이상 계속하여 주소가 있는 사람은 제5조 제1호 및 제1호의2의 요건을 갖추지 아니하여도 귀화허가를 받을 수 있다.
> 1. 부 또는 모가 대한민국의 국민이었던 사람
> 2. 대한민국에서 출생한 사람으로서 부 또는 모가 대한민국에서 출생한 사람
> 3. 대한민국 국민의 양자(養子)로서 입양 당시 대한민국의 민법상 성년이었던 사람

㉡ [○]

> **국적법 제8조【수반 취득】** ① 외국인의 자(子)로서 대한민국의 민법상 미성년인 사람은 부 또는 모가 귀화허가를 신청할 때 함께 국적 취득을 신청할 수 있다.

㉢ [×]

> **국적법 제11조의2【복수국적자의 법적 지위 등】** ① 출생이나 그 밖에 이 법에 따라 대한민국 국적과 외국 국적을 함께 가지게 된 사람으로서 대통령령으로 정하는 사람(이하 '복수국적자'라 한다)은 대한민국의 법령 적용에서 대한민국 국민으로만 처우한다.

㉣ [×]

> **국적법 제14조【대한민국 국적의 이탈 요건 및 절차】** ① 복수국적자로서 외국 국적을 선택하려는 자는 외국에 주소가 있는 경우에만 주소지 관할 재외공관의 장을 거쳐 법무부장관에게 대한민국 국적을 이탈한다는 뜻을 신고할 수 있다.

② [○]

> **국적법 제4조【귀화에 의한 국적 취득】** ① 대한민국 국적을 취득한 사실이 없는 외국인은 법무부장관의 귀화허가(歸化許可)를 받아 대한민국 국적을 취득할 수 있다.
> ③ 제1항에 따라 귀화허가를 받은 사람은 법무부장관 앞에서 국민선서를 하고 귀화증서를 수여받은 때에 대한민국 국적을 취득한다. 다만, 법무부장관은 연령, 신체적·정신적 장애 등으로 국민선서의 의미를 이해할 수 없거나 이해한 것을 표현할 수 없다고 인정되는 사람에게는 국민선서를 면제할 수 있다.

① [×]

> **국적법 제3조【인지에 의한 국적 취득】** ① 대한민국의 국민이 아닌 자(이하 "외국인"이라 한다)로서 대한민국의 국민인 부 또는 모에 의하여 인지(認知)된 자가 다음 각호의 요건을 모두 갖추면 법무부장관에게 신고함으로써 대한민국 국적을 취득할 수 있다.
> 1. 대한민국의 민법상 미성년일 것
> 2. 출생 당시에 부 또는 모가 대한민국의 국민이었을 것

③ [×]

> **국적법 제5조【일반귀화 요건】** 외국인이 귀화허가를 받기 위해서는 제6조나 제7조에 해당하는 경우 외에는 다음 각 호의 요건을 갖추어야 한다.
> 1. 5년 이상 계속하여 대한민국에 주소가 있을 것
> 1의2. 대한민국에서 영주할 수 있는 체류자격을 가지고 있을 것
> **제6조【간이귀화 요건】** ① 다음 각 호의 어느 하나에 해당하는 외국인으로서 대한민국에 3년 이상 계속하여 주소가 있는 사람은 제5조 제1호 및 제1호의2의 요건을 갖추지 아니하여도 귀화허가를 받을 수 있다.
> 3. 대한민국 국민의 양자(養子)로서 입양 당시 대한민국의 민법상 성년이었던 사람

④ [×] 심판대상 시행규칙조항이 규정하는 '가족관계기록사항에 관한 증명서'가 어떠한 서류를 의미하는지 다른 법령에도 명시되어 있지는 않으나 … 이 과정에서 청구인은 이 서류가 무엇을 지칭하는지 알 수 있다. 이러한 사정을 종합하면 심판대상 시행규칙조항은 명확성원칙에 위배되지 않는다 … 심판대상 시행규칙조항은 과잉금지원칙에 위배되어 청구인의 국적이탈의 자유를 침해하지 않는다(헌재 2020.9.24, 2016헌마889).

③ [×] 국제연합(UN)에 동시 가입하였다는 것이 국제관계에서 국가로 인정하는 것은 별론으로 하고 상호국간에 국가승인이 있는 것은 아니다. 북한주민은 별도의 국적취득절차를 거치지 않고 대한민국 국민이 된다(헌재 1997.1.16, 92헌바6 등).

① [○] 국가보안법은 국가의 안정을 위태롭게 하는 반국가활동을 규제함으로써 국가의 안전과 국민의 생존 및 자유를

확보함을 목적으로 하여 제정된 법률이고 남북교류협력에 관한 법률은 남한과 북한과의 상호교류와 협력을 촉진하기 위하여 필요한 사항을 규정함을 목적으로 하여 제정된 법률로서 상호 그 입법취지와 규제대상을 달리하고 있을 뿐만 아니라, 구 국가보안법 제6조 제1항의 잠입·탈출죄는 국가의 존립·안전을 위태롭게 하거나 자유민주적 기본질서에 위해를 준다는 정을 알면서 반국가단체의 지배하에 있는 지역으로부터 "잠입"하거나 그 지역으로 "탈출"하는 경우에 성립한다고 해석되고 남북교류협력에 관한 법률 제27조 제2항 제1호의 죄는 재외국민이 재외공관의 장에게 신고하지 아니하고 외국에서 북한을 "왕래"한 경우에 성립하며 여기서 말하는 "왕래"라 함은 남한과 북한간의 상호교류 및 협력을 목적으로 하는 왕래에 한한다고 해석되므로 양자는 그 구성요건을 달리한다(헌재 1993.7.29, 92헌바48).

② [○] 국가가 의사면허 등 의료면허를 부여함에 있어서는 공정하고 객관적인 절차와 기준에 따라 의료인으로서의 능력을 갖추었다고 판단하는 경우에만 이를 부여하여야 하고, 이러한 당위성은 북한이탈주민의 의료면허를 국내 의료면허로 인정함에 있어서도 달라질 것은 아니다. 따라서 청구인과 같은 탈북의료인에게 국내 의료면허를 부여할 것인지 여부는 북한의 의학교육 실태와 탈북의료인의 의료수준, 탈북의료인의 자격증명방법 등을 고려하여 입법자가 그의 입법형성권의 범위 내에서 규율할 사항이지, 헌법조문이나 헌법해석에 의하여 바로 입법자에게 국내 의료면허를 부여할 입법의무가 발생한다고 볼 수는 없으므로, 이 사건 입법부작위의 위헌확인을 구하는 예비적 청구 부분은 부적법하다(헌재 2006.11.30, 2006헌마679).

④ [○] 헌재 2000.7.20, 98헌바63

④ [×] 헌법상의 여러 통일관련 조항들은 국가의 통일의무를 선언한 것이기는 하지만, 그로부터 국민 개개인의 통일에 대한 기본권, 특히 국가기관에 대하여 통일과 관련된 구체적인 행동을 요구하거나 일정한 행동을 할 수 있는 권리가 도출된다고 볼 수 없다(헌재 2000.7.20, 98헌바63).

① [○] 북한은 조국의 평화적 통일을 위한 대화와 협력의 동반자임과 동시에 대남적화노선을 고수하면서 우리 자유민주체제의 전복을 획책하고 있는 반국가단체라는 성격도 함께 갖고 있음이 엄연한 현실이다(헌재 1993.7.29, 92헌바48).

② [○] 우리 헌법에서 지향하는 통일은 대한민국의 존립과 안전을 부정하는 것이 아니고, 또 자유민주적 기본질서에 위해를 주는 것이 아니라 그것에 바탕을 둔 통일인 것이다(헌재 2000.7.20, 98헌바63).

③ [○] 대판 2004.3.26, 2003도7878

③ [×]

> **남북관계 발전에 관한 법률 제21조【남북합의서의 체결·비준】** ① 대통령은 남북합의서를 체결·비준하며, 통일부장관은 이와 관련된 대통령의 업무를 보좌한다.
> ② 대통령은 남북합의서를 비준하기에 앞서 국무회의의 심의를 거쳐야 한다.
> ③ 국회는 국가나 국민에게 중대한 재정적 부담을 지우는 남북합의서 또는 입법사항에 관한 남북합의서의 체결·비준에 대한 동의권을 가진다.
> ④ 대통령이 이미 체결·비준한 남북합의서의 이행에 관하여 단순한 기술적·절차적 사항만을 정하는 남북합의서는 남북회담대표 또는 대북특별사절의 서명만으로 발효시킬 수 있다.

① [○] 설사 원고가 북한법의 규정에 따라 북한국적을 취득하여 1977.8.25. 중국 주재 북한대사관으로부터 북한의 해외공민증을 발급받은 자라 하더라도 북한지역 역시 대한민국의 영토에 속하는 한반도의 일부를 이루는 것이어서 대한민국의 주권이 미칠 뿐이고, 대한민국의 주권과 부딪치는 어떠한 국가단체나 주권을 법리상 인정할 수 없는 점에 비추어 볼 때 이러한 사정은 원고가 대한민국 국적을 취득하고, 이를 유지함에 있어 아무런 영향을 끼칠 수 없다고 판단하였다(대판 1996.11.12, 96누1221).

② [○] 당해 사건과 같이 남한과 북한 주민 사이의 외국환 거래에 대하여는 법 제15조 제3항에 규정되어 있는 "거주자 또는 비거주자" 부분 즉 대한민국 안에 주소를 둔 개인 또는 법인인지 여부가 문제되는 것이 아니라, 남북교류협력에 관한 법률(이하 '남북교류법'이라 한다) 제26조 제3항의 "남한과 북한", 즉 군사분계선 이남지역과 그 이북지역의 주민인지 여부가 문제되는 것이다. 즉, 외국환거래의 일방 당사자가 북한의 주민일 경우 그는 이 사건 법률조항의 '거주자' 또는 '비거주자'가 아니라 남북교류법의 '북한의 주민'에 해당하는 것이다. 그러므로, 당해사건에서 아태위원회가 법 제15조 제3항에서 말하는 '거주자'나 '비거주자'에 해당하는지 또는 남북교류법상 '북한의 주민'에 해당하는지 여부는 법률해석의 문제에 불과한 것이고, 헌법 제3조의 영토조항과는 관련이 없다(헌재 2005.6.30, 2003헌바114).

④ [○] 남북정상회담의 개최는 고도의 정치적 성격을 지니고 있는 행위라 할 것이므로 특별한 사정이 없는 한 그 당부를 심판하는 것은 사법권의 내재적·본질적 한계를 넘어서는 것이 되어 적절하지 못하지만, 남북정상회담의 개최과정에서 위 피고인들이 공모하여 재정경제부장관에게 신고하지 아니하거나 통일부장관의 협력사업 승인을 얻지 아니한 채 위와 같이 북한측에 사업권의 대가 명목으로 4억 5,000만 달러를 송금한 행위 자체는 헌법상 법치국가의 원리와 법 앞에 평등원칙 등에 비추어 볼 때 사법심사의 대상이 된다(대판 2004.3.26, 2003도7878).

④ [×] 북한주민 등을 외국인에 준하는 지위에 있는 자로 규정할 수 있다(대판 2004.11.12, 2004도4044).

① [○] 1991.12.13. 남·북한의 정부당국자가 소위 남북합의서('남북 사이의 화해와 불가침 및 교류·협력에 관한 합의서')에 서명하였고 1992.2.19. 이 합의서가 발효되었다. 그러나 이 합의서는 남북관계를 '나라와 나라 사이의 관계가 아닌 통일을 지향하는 과정에서 잠정적으로 형성되는 특수관계'임을 전제로 하여 이루어진 합의문서인 바, 이는 한민족공동체 내부의 특수관계를 바탕으로 한 당국간의 합의로서 남북당국의 성의 있는 이행을 상호 약속하는 일종의 공동성명 또는 신사협정에 준하는 성격을 가짐에 불과하다(헌재 1997.1.16, 89헌마240).

② [○] 1972년 제7차 개정헌법의 헌법전문에서 '조국의 평화적 통일'을 처음 규정하였다.

③ [○] 남한과 북한의 주민(법인, 단체 포함) 사이의 투자 기타 경제에 관한 협력사업 및 이에 수반되는 거래에 대하여는 우선적으로 남북교류법과 동법 시행령 및 위 외국환관리지침이 적용되며, 관련 범위 내에서 외국환거래법이 준용된다. 즉, '남한과 북한의 주민'이라는 행위 주체 사이에 '투자 기타 경제에 관한 협력사업'이라는 행위를 할 경우에는 남북교류법이 다른 법률보다 우선적으로 적용되고, 필요한 범위 내에서 외국환거래법 등이 준용되는 것이다(헌재 2005.6.30, 2003헌바114).

③ [×] 헌법전문과 헌법 제9조에서 말하는 '전통', '전통문화'란 역사성과 시대성을 띤 개념으로 이해하여야 한다. 과거의 어느 일정 시점에서 역사적으로 존재하였다는 사실만으로 모두 헌법의 보호를 받는 전통이 되는 것은 아니다(헌재 2005.2.3, 2001헌가9 등).

① [○] "헌법전문에 기재된 3·1정신"은 우리나라 헌법의 연혁적·이념적 기초로서 헌법이나 법률해석에서의 해석기준으로 작용한다고 할 수 있지만, 그에 기하여 곧바로 국민의 개별적 기본권성을 도출해낼 수는 없다(헌재 2001.3.21. 99헌마139).

② [○] 헌법은 국가유공자 인정에 관하여 명문 규정을 두고 있지 않으나 전문(前文)에서 "3·1운동으로 건립된 대한민국임시정부의 법통을 계승"한다고 선언하고 있다. 이는 대한민국이 일제에 항거한 독립운동가의 공헌과 희생을 바탕으로 이룩된 것임을 선언한 것이고, 그렇다면 국가는 일제로부터 조국의 자주독립을 위하여 공헌한 독립유공자와 그 유족에 대하여는 응분의 예우를 하여야 할 헌법적 의무를 지닌다(헌재 2005.6.30, 2004헌마859).

④ [○] 현재 대부분의 헌법은 전문을 두고 있으나 모두가 그런 것은 아니어서, 헌법전문은 성문헌법의 필수적 구성요소는 아니다.

44 정답 ③

③ [O] 민족의 단결 – 국민생활의 균등한 향상 – 대한민국 임시정부의 법통은 전문에 모두 규정된 내용이다.
① [×] 헌법전문은 '대한민국'이 아니라 '대한국민'으로 규정되어 있다.
② [×] '5·18 민주화운동의 이념'은 규정되어 있지 않다.

> **헌법전문** 유구한 역사와 전통에 빛나는 우리 대한국민은 3·1운동으로 건립된 대한민국임시정부의 법통과 불의에 항거한 4·19민주이념을 계승하고, 조국의 민주개혁과 평화적 통일의 사명에 입각하여 정의·인도와 동포애로써 민족의 단결을 공고히 하고, 모든 사회적 폐습과 불의를 타파하며, 자율과 조화를 바탕으로 자유민주적 기본질서를 더욱 확고히 하여 정치·경제·사회·문화의 모든 영역에 있어서 각인의 기회를 균등히 하고, 능력을 최고도로 발휘하게 하며, 자유와 권리에 따르는 책임과 의무를 완수하게 하여, 안으로는 국민생활의 균등한 향상을 기하고 밖으로는 항구적인 세계평화와 인류공영에 이바지함으로써 우리들과 우리들의 자손의 안전과 자유와 행복을 영원히 확보할 것을 다짐하면서 1948년 7월 12일에 제정되고 8차에 걸쳐 개정된 헌법을 이제 국회의 의결을 거쳐 국민투표에 의하여 개정한다.

④ [×] '개인의 존엄과 양성평등'은 본문 제36조 제1항에 규정되어 있고, '전통문화의 계승·발전'은 본문 제9조에 규정되어 있다.

> **헌법 제9조** 국가는 전통문화의 계승·발전과 민족문화의 창달에 노력하여야 한다.
> **제36조** ① 혼인과 가족생활은 개인의 존엄과 양성의 평등을 기초로 성립되고 유지되어야 하며, 국가는 이를 보장한다.

45 정답 ②

② [×] 대한민국이 민주공화국이고 모든 권력이 국민으로부터 나온다는 사실은 헌법전문이 아닌 헌법 제1조에 규정된 내용이다.
① [O] 헌법전문은 헌법의 본문 앞에 위치하며, 헌법전의 일부를 구성하는 헌법서문이다.
③ [O] 국민주권과 국민대표제 우리 헌법의 전문과 본문의 전체에 담겨있는 최고이념은 국민주권주의와 자유민주주의에 입각한 입헌민주헌법의 본질적 기본원리에 기초하고 있다(헌재 1989.9.8, 88헌가6).
④ [O] 헌재 2011.8.30, 2008헌마648

46 정답 ③

③ [×] 이 사건에서 청구인들의 신뢰이익에 대비되는 공익이 중대하고 장기적 관점에서 필요한 것이라 하더라도, 이 사건 심판대상조항을 이 사건 법원조직법 개정 당시 이미 사법연수원에 입소한 사람들에게도 반드시 시급히 적용해야 할 정도로 긴요하다고는 보기 어렵고, 종전 규정의 적용을

받게 된 사법연수원 2년차들과 개정 규정의 적용을 받게 된 사법연수원 1년차들인 청구인들 사이에 위 공익의 실현 관점에서 이들을 달리 볼 만한 합리적인 이유를 찾기도 어려우므로, 이 사건 심판대상조항이 개정법 제42조 제2항을 법 개정 당시 이미 사법연수원에 입소한 사람들에게 적용되도록 한 것은 신뢰보호원칙에 반한다고 할 것이다(헌재 2012.11.29, 2011헌마786 등).
① [O] 부진정소급입법의 경우, 일반적으로 과거에 시작된 구성요건사항에 대한 신뢰는 더 보호될 가치가 있는 것이므로, 신뢰보호의 원칙에 대한 심사는 장래 입법의 경우보다 일반적으로 더 강화되어야 한다(헌재 1995.10.26, 94헌바12).
② [O] 이 사건 귀속조항은 진정소급입법에 해당하지만, 진정소급입법이라 할지라도 예외적으로 국민이 소급입법을 예상할 수 있었던 경우와 같이 소급입법이 정당화되는 경우에는 허용될 수 있다. 친일재산의 취득 경위에 내포된 민족배반적 성격, 대한민국임시정부의 법통 계승을 선언한 헌법전문 등에 비추어 친일반민족행위자 측으로서는 친일재산의 소급적 박탈을 충분히 예상할 수 있었고, 친일재산 환수 문제는 그 시대적 배경에 비추어 역사적으로 매우 이례적인 공동체적 과업이므로 이러한 소급입법의 합헌성을 인정한다고 하더라도 이를 계기로 진정소급입법이 빈번하게 발생할 것이라는 우려는 충분히 불식될 수 있다. 따라서 이 사건 귀속조항은 진정소급입법에 해당하나 헌법 제13조 제2항에 반하지 않는다(헌재 2011.3.31, 2008헌바141 등).
④ [O] 청구인들의 세무사자격 부여에 대한 신뢰는 보호할 필요성이 있는 합리적이고도 정당한 신뢰라 할 것이고, 개정법 제3조 등의 개정으로 말미암아 청구인들이 입게 된 불이익의 정도, 즉 신뢰이익의 침해 정도는 중대하다고 아니할 수 없는 반면, 청구인들의 신뢰이익을 침해함으로써 일반응시자와의 형평을 제고한다는 공익은 위와 같은 신뢰이익 제한을 헌법적으로 정당화할 만한 사유라고 보기 어렵다. 그러므로 기존 국세관련 경력공무원 중 일부에게만 구법 규정을 적용하여 세무사자격이 부여되도록 규정한 위 세무사법 부칙 제3항은 충분한 공익적 목적이 인정되지 아니함에도 청구인들의 기대가치 내지 신뢰이익을 과도하게 침해한 것으로서 헌법에 위반된다(헌재 2001.9.27, 2000헌마152).

47 정답 ②

② [×] 친일재산의 국가귀속이 해방 이후 오랜 시간이 경과한 상황에서 이루어지고 있어서 친일재산 여부를 국가 측이 일일이 입증하는 것은 곤란한 반면, 일반적으로 재산의 취득자 측은 취득내역을 잘 알고 있을 개연성이 높다. 또한 이 사건 추정조항이 친일반민족행위자 측에 전적으로 입증책임을 전가한 것도 아니고, 행정소송을 통해 추정을 번복할 수 있는 방도도 마련되어 있으며, 가사 처분청 또는 법원이 이러한 추정의 번복을 쉽게 인정하지 않는다 할지라도 이는 처분청 또는 법원이 추정조항의 취지를 충분히 실현하지 못한 결과이지 추정조항을 활용한 입법적 재량이 일탈·남용되었다고 보기 어렵다. 따라서 이 사건 추정조항이 재판청구권을 침해한다거나 적법절차원칙에 반한다고 할 수 없다(헌재 2011.3.31, 2008헌바141 등).

① [O] 특히, 이 사건 법률조항은 직접적인 병력형성에 관한 영역으로서, 입법자가 급변하는 정세에 따라 탄력적으로 그 징집대상자의 범위를 결정함으로써 적정한 군사력을 유지하여야 하는 강력한 공익상 필요가 있기 때문에, 이에 관한 입법자의 입법형성권의 범위가 매우 넓다는 점은 위에서 살펴본 바와 같다. 따라서 국민들은 이러한 영역에 관한 법률이 제반 사정에 따라 언제든지 변경될 수 있다는 것을 충분히 예측할 수 있다고 보아야 한다(헌재 2002.11.28, 2002헌바45).

③ [O] 법정형벌에 의한 기본권의 제한은 범죄행위의 무게 및 그 범행자의 부책에 상응하는 정당한 비례성을 감안하여 기본권의 제한은 필요한 최소한에 그쳐야 한다는 헌법상의 법치국가의 원리에서 나오는 과잉입법금지의 원칙에도 반하는 것이라고 아니할 수 없어 이는 기본권의 본질적 내용을 침해할 수 없다는 헌법 제37조 제2항에 위반되는 것이라고 할 것이다(헌재 1992.4.28, 90헌바24).

④ [O] 청구인들의 변리사자격 부여에 대한 신뢰는 보호할 필요성이 있는 합리적이고도 정당한 신뢰라 할 것이고, 위 변리사법 제3조 제1항 등의 개정으로 말미암아 청구인들이 입게 된 불이익의 정도, 즉 신뢰이익의 침해정도는 중대하다고 아니할 수 없는 반면, 청구인들의 신뢰이익을 침해함으로써 일반응시자와의 형평을 제고한다는 공익은 위와 같은 신뢰이익 제한을 헌법적으로 정당화할 만한 사유라고 보기 어렵다. 그러므로 기존 특허청 경력공무원 중 일부에게만 구법 규정을 적용하여 변리사자격이 부여되도록 규정한 위 변리사법 부칙 제3항은 충분한 공익적 목적이 인정되지 아니함에도 청구인들의 기대가치 내지 신뢰이익을 과도하게 침해한 것으로서 헌법에 위반된다(헌재 2001.9.27, 2000헌마208 등).

48　　정답 ④

④ [×] 헌법상의 법치국가원리의 파생원칙인 신뢰보호의 원칙은 국민이 법률적 규율이나 제도가 장래에도 지속할 것이라는 합리적인 신뢰를 바탕으로 이에 적응하여 개인의 법적 지위를 형성해 왔을 때에는 국가로 하여금 그와 같은 국민의 신뢰를 되도록 보호할 것을 요구한다. 따라서 법규나 제도의 존속에 대한 개개인의 신뢰가 그 법규나 제도의 개정으로 침해되는 경우에 상실된 신뢰의 근거 및 종류와 신뢰이익의 상실로 인한 손해의 정도 등과 개정규정이 공헌하는 공공복리의 중요성을 비교교량하여 현존상태의 지속에 대한 신뢰가 우선되어야 한다고 인정될 때에는 규범정립자는 지속적 또는 과도적으로 그 신뢰보호에 필요한 조치를 취하여야 할 의무가 있다. 이 원칙은 법률이나 그 하위법규뿐만 아니라 국가관리의 입시제도와 같이 국·공립대학의 입시전형을 구속하여 국민의 권리에 직접 영향을 미치는 제도운영지침의 개폐에도 적용되는 것이다(헌재 1997.7.16, 97헌마38).

① [O] 일반적으로 일정한 공권력작용이 체계정당성에 위반한다고 해서 곧 위헌이 되는 것은 아니고, 그것이 위헌이 되기 위해서는 결과적으로 비례의 원칙이나 평등의 원칙 등 일정한 헌법의 규정이나 원칙을 위반하여야 한다(헌재 2010.6.24,

2007헌바101).

② [O] 엄중격리대상자의 수용거실에 CCTV를 설치하여 24시간 감시하는 행위가 법률유보의 원칙에 위배되어 사생활의 자유·비밀을 침해하지는 않는다(헌재 2008.5.29, 2005헌마137).

③ [O] 청구인들의 세무사자격 부여에 대한 신뢰는 보호할 필요성이 있는 합리적이고도 정당한 신뢰라 할 것이고, 개정법 제3조 등의 개정으로 말미암아 청구인들이 입게 된 불이익의 정도, 즉 신뢰이익의 침해정도는 중대하다고 아니할 수 없는 반면, 청구인들의 신뢰이익을 침해함으로써 일반응시자와의 형평을 제고한다는 공익은 위와 같은 신뢰이익 제한을 헌법적으로 정당화할 만한 사유라고 보기 어렵다. 그러므로 기존 국세관련 경력공무원 중 일부에게만 구법 규정을 적용하여 세무사자격이 부여되도록 규정한 위 세무사법 부칙 제3항은 충분한 공익적 목적이 인정되지 아니함에도 청구인들의 기대가치 내지 신뢰이익을 과도하게 침해한 것으로서 헌법에 위반된다(헌재 2001.9.27, 2000헌마152).

49　　정답 ④

④ [O] 동법 시행 당시 개발이 진행 중인 사업에 대하여 장차 개발이 완료되면 개발부담금을 부과하려는 것이므로, 이는 아직 완성되지 아니하여 진행과정에 있는 사실관계 또는 법률관계를 규율대상으로 하는 이른바 부진정소급입법에 해당하는 것이어서 원칙적으로 헌법상 허용되는 것이다(헌재 2001.2.22, 98헌바19).

① [×] 구 검사징계법 제2조 제3호의 "검사로서의 체면이나 위신을 손상하는 행위"의 의미는, 공직자로서의 검사의 구체적 언행과 그에 대한 검찰 내부의 평가 및 사회 일반의 여론, 그리고 검사의 언행이 사회에 미친 파장 등을 종합적으로 고려하여 구체적인 상황에 따라 건전한 사회통념에 의하여 판단할 수 있으므로 명확성원칙에 위배되지 아니한다(헌재 2011.12.29, 2009헌바282).

② [×] 법적 안정성의 주관적 측면은 한번 제정된 법규범은 원칙적으로 존속력을 갖고 자신의 행위기준으로 작용하리라는 개인의 신뢰보호원칙이다(헌재 1996.2.16, 96헌가2).

③ [×] '수혜적 법률'의 경우에는 수혜범위에서 제외된 자가 그 법률에 의하여 평등권이 침해되었다고 주장하는 당사자에 해당되고, 당해 법률에 대한 위헌 또는 헌법불합치 결정에 따라 수혜집단과의 관계에서 평등권침해 상태가 회복될 가능성이 있다면 기본권 침해성이 인정된다(헌재 2001.11.29, 99헌마494).

50　　정답 ②

㉠ [O] 형사소송법의 공소시효에 관한 조항이 적용된다는 신뢰는, 제2심판대상조항을 통해 전부개정 법률 시행 전에 행하여졌으나 아직 공소시효가 완성되지 아니한 성폭력범죄에 대해서도 공소시효의 정지·배제 조항을 적용하여 범죄자를 처벌할 수 있도록 함으로써 훼손된 법질서를 회복하고 실체적 정의를 구현하고자 하는 공익에 우선하여 특별히 헌법적으로 보호할 만한 필요성이 있다고 보기 어려우므로, 제2심

판대상조항은 신뢰보호원칙에 반한다고 할 수 없다(헌재 2021.6.24, 2018헌바457).

ⓛ [○] 심판대상조항은 실제 평균임금이 노동부장관이 고시하는 한도금액 이상일 경우 그 한도금액을 실제임금으로 의제하는 최고보상제도를 2003.1.1.부터 기존 피재근로자인 청구인들에게도 적용함으로써, 평균임금에 대한 청구인들의 정당한 법적 신뢰를 심각하고 예상하지 못한 방법으로 제약하여 청구인들에게 불이익을 초래하였다. … 심판대상조항이 달성하려는 공익은 한정된 재원으로 보다 많은 재해근로자와 그 유족들에게 적정한 사회보장적 급여를 실시하고 재해근로자 사이에 보험급여의 형평성을 제고하여 소득재분배의 기능을 수행하는 데 있는 것으로 보인다. 장해급여제도는 본질적으로 소득재분배를 위한 제도가 아니고, 손해배상 내지 손실보상적 급부인 점에 그 본질이 있는 것으로, 산업재해보상보험이 갖는 두 가지 성격 중 사회보장적 급부로서의 성격은 상대적으로 약하고 재산권적인 보호의 필요성은 보다 강하다고 볼 수 있어 다른 사회보험수급권에 비하여 보다 엄격한 보호가 필요하다. 장해급여제도에 사회보장 수급권으로서의 성격도 있는 이상 소득재분배의 도모나 새로운 산재보상사업의 확대를 위한 자금마련의 목적으로 최고보상제를 도입하는 것 자체는 입법자의 결단으로서 형성적 재량권의 범위 내에 있다고 보더라도, 그러한 입법자의 결단은 최고보상제도 시행 이후에 산재를 입는 근로자들부터 적용될 수 있을 뿐, 제도 시행 이전에 이미 재해를 입고 산재보상수급권이 확정적으로 발생한 청구인들에 대하여 그 수급권의 내용을 일시에 급격히 변경하여 가면서까지 적용할 수 있는 것은 아니라고 보아야 할 것이다. 따라서, 심판대상조항은 신뢰보호의 원칙에 위배하여 청구인들의 재산권을 침해하는 것으로서 헌법에 위반된다(헌재 2009.5.28, 2005헌바20).

ⓒ [×] 이 사건 부칙조항(=임차인의 계약갱신요구권 행사 기간을 10년으로 규정한 '상가건물 임대차보호법' 제10조 제2항을 개정법 시행 후 갱신되는 임대차에 대하여도 적용하도록 규정한 '상가건물 임대차보호법' 부칙 제2조 중 '갱신되는 임대차'에 관한 부분)은 개정법조항을 개정법 시행 당시 존속 중인 임대차 전반이 아니라, 개정법 시행 후 갱신되는 임대차에 한하여 적용하도록 한정되어 있고, 임차인이 계약갱신요구권을 행사하더라도 임대인은 '상가건물 임대차보호법'에 따라 정당한 사유가 있거나 임차인에게 귀책사유가 있는 경우 갱신거절이 가능하며, 합의하여 임대인이 임차인에게 상당한 보상을 제공한 경우 등에도 마찬가지로 임대인이 임대차계약의 구속에서 벗어날 수 있는 길을 열어두고 있다. 따라서 이 사건 부칙조항이 임차인의 안정적인 영업을 지나치게 보호한 나머지 임대인에게만 일방적으로 가혹한 부담을 준다고 보기는 어렵다. 개정법조항은 상가건물 임차인의 계약갱신요구권 행사 기간을 연장함으로써 상가건물에 대한 임차인의 시설투자비, 권리금 등 비용을 회수할 수 있는 기간을 충실히 보장하기 위한 것인데, 개정법조항을 개정법 시행 후 새로이 체결되는 임대차에만 적용할 경우 임대인들이 새로운 임대차계약에 이를 미리 반영하여 임대료가 한꺼번에 급등할 수 있고 이는 결과적으로 개정법조항의 입법취지에도 반하는 것이다. 이에 이 사건 부칙조항은 이러한 부작용을 막고 개정법조항의 실효성을 확보하기

위해서 개정법조항 시행 이전에 체결되었더라도 개정법 시행 이후 갱신되는 임대차인 경우 개정법조항의 연장된 기간을 적용하도록 정한 것이므로, 이와 같은 공익은 긴급하고도 중대하다. 따라서 이 사건 부칙조항은 신뢰보호원칙에 위배되어 임대인의 재산권을 침해한다고 볼 수 없다(헌재 2021.10.28, 2019헌마106).

ⓔ [○] 위법건축물에 대하여 종전처럼 과태료만이 부과될 것이라고 기대한 신뢰는 제도상의 공백에 따른 반사적인 이익에 불과하여 그 보호가치가 그리 크지 않은 데다가, 이미 이행강제금 도입으로 인한 국민의 혼란이나 부담도 많이 줄어든 상태인 반면, 이행강제금제도 도입 전의 위법건축물이라 하더라도 이행강제금을 부과함으로써 위법상태를 치유하여 건축물의 안전, 기능, 미관을 증진하여야 한다는 공익적 필요는 중대하다 할 것이다. 따라서 이 사건 부칙조항은 신뢰보호원칙에 위배된다고 볼 수 없다(헌재 2015.10.21, 2013헌바248).

51 정답 ④

④ [×] 이 사건 귀속조항은 진정소급입법에 해당하지만, 진정소급입법이라 할지라도 예외적으로 국민이 소급입법을 예상할 수 있었던 경우와 같이 소급입법이 정당화되는 경우에는 허용될 수 있다. 친일재산의 취득 경위에 내포된 민족배반적 성격, 대한민국임시정부의 법통 계승을 선언한 헌법전문 등에 비추어 친일반민족행위자 측으로서는 친일재산의 소급적 박탈을 충분히 예상할 수 있었고, 친일재산 환수 문제는 그 시대적 배경에 비추어 역사적으로 매우 이례적인 공동체적 과업이므로 이러한 소급입법의 합헌성을 인정한다고 하더라도 이를 계기로 진정소급입법이 빈번하게 발생할 것이라는 우려는 충분히 불식될 수 있다. 따라서 이 사건 귀속조항은 진정소급입법에 해당하나 헌법 제13조 제2항에 반하지 않는다(헌재 2011.3.31, 2008헌바141 등).

① [○] 조세법의 영역에 있어서는 국가가 조세·재정정책을 탄력적·합리적으로 운용할 필요성이 매우 큰 만큼, 조세에 관한 법규·제도는 신축적으로 변할 수밖에 없다는 점에서 납세의무자로서는 구법질서에 의거한 신뢰를 바탕으로 적극적으로 새로운 법률관계를 형성하였다든지 하는 특별한 사정이 없는 한 원칙적으로 세율 등 현재의 세법이 변함없이 유지되리라고 기대하거나 신뢰할 수는 없다(헌재 2002.2.28, 99헌바4).

② [○] 사회환경이나 경제여건의 변화에 따른 필요성에 의하여 법률은 신축적으로 변할 수밖에 없고, 변경된 새로운 법질서와 기존의 법질서 사이에는 이해관계의 상충이 불가피하므로, 국민이 가지는 모든 기대 내지 신뢰가 헌법상 권리로서 보호될 것은 아니고, 신뢰의 근거 및 종류, 상실된 이익의 중요성, 침해의 방법 등에 의하여 개정된 법규·제도의 존속에 대한 개인의 신뢰가 합리적이어서 권리로서 보호할 필요성이 인정되어야 한다(헌재 2019.8.29, 2017헌바496).

③ [○] 법 시행 이전부터 소유하고 있는 택지까지 법의 적용대상으로 포함시킨 것은 입법목적을 실현하기 위하여 불가피한 조치였다고 보여지지만, 택지는 소유자의 주거장소로

서 그의 행복추구권 및 인간의 존엄성의 실현에 불가결하고 중대한 의미를 가지는 경우에는 단순히 부동산투기의 대상이 되는 경우와는 헌법적으로 달리 평가되어야 하고, 신뢰보호의 기능을 수행하는 재산권 보장의 원칙에 의하여 보다 더 강한 보호를 필요로 하는 것이므로, 택지를 소유하게 된 경우나 그 목적 여하에 관계없이 법 시행 이전부터 택지를 소유하고 있는 개인에 대하여 일률적으로 소유상한을 적용하도록 한 것은, 입법목적을 달성하기 위하여 필요한 정도를 넘는 과도한 침해이자 신뢰보호의 원칙 및 평등원칙에 위반된다(헌재 1999.4.29, 94헌바37).

52 정답 ③

③ [O] 신뢰보호의 원칙의 위배 여부는 한편으로는 침해받은 이익의 보호가치, 침해의 중한 정도, 신뢰가 손상된 정도, 신뢰침해의 방법 등과 다른 한편으로는 새 입법을 통해 실현하고자 하는 공익적 목적을 종합적으로 비교·형량하여 판단하여야 하는데, 이 사건의 경우 투자유인이라는 입법목적을 감안하더라도 그로 인한 공익의 필요성이 구법에 대한 신뢰보호보다 간절한 것이라고 보여지지 아니한다(헌재 1995.10.26, 94헌바12).

① [×] 소방공무원이 재난·재해현장에서 화재진압이나 인명구조작업 중 입은 위해뿐만 아니라 그 업무수행을 위한 긴급한 출동·복귀 및 부수활동 중 위해에 의하여 사망한 경우까지 그 유족에게 순직공무원보상을 하여 주는 제도를 도입하면서 이 사건 부칙조항이 신법을 소급하는 경과규정을 두지 않았다고 하더라도 소급적용에 따른 국가의 재정부담, 법적 안정성 측면 등을 종합적으로 고려하여 입법정책적으로 정한 것이므로 입법재량의 범위를 벗어나 불합리한 차별이라고 할 수 없다(헌재 2012.8.23, 2011헌바169).

② [×] 심판대상조항은 개정조항이 시행되기 전 환급세액을 수령한 부분까지 사후적으로 소급하여 개정된 징수조항을 적용하는 것으로서 헌법 제13조 제2항에 따라 원칙적으로 금지되는 이미 완성된 사실·법률관계를 규율하는 진정소급입법에 해당한다. 법인세를 부당 환급받은 법인은 소급입법을 통하여 이자상당액을 포함한 조세채무를 부담할 것이라고 예상할 수 없었고, 환급세액과 이자상당액을 법인세로서 납부하지 않을 것이라는 신뢰는 보호할 필요가 있다. 나아가 개정 전 법인세법 아래에서도 환급세액을 부당이득 반환청구를 통하여 환수할 수 있었으므로, 신뢰보호의 요청에 우선하여 진정소급입법을 하여야 할 매우 중대한 공익상 이유가 있다고 볼 수도 없다(헌재 2014.7.24, 2012헌바105).

④ [×] 개인의 신뢰이익에 대한 보호가치는 ⓐ 법령에 따른 개인의 행위가 국가에 의하여 일정 방향으로 유인된 신뢰의 행사인지, ⓑ 아니면 단지 법률이 부여한 기회를 활용한 것으로서 원칙적으로 사적 위험부담의 범위에 속하는 것인지 여부에 따라 달라진다. 만일 법률에 따른 개인의 행위가 단지 법률이 반사적으로 부여하는 기회의 활용을 넘어서 국가에 의하여 일정 방향으로 유인된 것이라면 특별히 보호가치가 있는 신뢰이익이 인정될 수 있고, 원칙적으로 개인의 신뢰보호가 국가의 법률개정이익에 우선된다고 볼 여지가 있다(헌재 2002.11.28, 2002헌바45).

53 정답 ③

③ [×] 청구인들이 주장하는 교원으로 우선임용받을 권리는 헌법상 권리가 아니고 단지 구 교육공무원법 제11조 제1항의 규정에 의하여 비로소 인정되었던 권리일 뿐이며, 헌법재판소가 1990.10.8. 위 법률조항에 대한 위헌결정을 하면서 청구인들과 같이 국·공립 사범대학을 졸업하고 아직 교사로 채용되지 아니한 자들에게 교원으로 우선임용받을 권리를 보장할 것을 입법자나 교육부장관에게 명하고 있지도 아니하므로 국회 및 교육부장관에게 청구인들을 중등교사로 우선임용하여야 할 작위의무가 있다고 볼 근거가 없어 국회의 입법불행위 및 교육부장관의 경과조치불작위에 대한 이 사건 헌법소원심판청구 부분은 부적법하다(헌재 1995.5.25, 90헌마196).

① [O] 신뢰보호의 원칙은 헌법상 법치국가원리로부터 파생되는 것으로, 법률이 개정되는 경우 기존의 법질서에 대한 당사자의 신뢰가 합리적이고 정당한 반면, 법률의 제정이나 개정으로 야기되는 당사자의 손해가 극심하여 새로운 입법으로 달성코자 하는 공익적 목적이 그러한 당사자의 신뢰가 파괴되는 것을 정당화할 수 없는 경우, 그러한 새 입법은 허용될 수 없다는 것이다. 이러한 신뢰보호원칙의 위반 여부는 한편으로는 침해되는 이익의 보호가치, 침해의 정도, 신뢰의 손상 정도, 신뢰침해의 방법 등과 또 다른 한편으로는 새로운 입법을 통하여 실현하고자 하는 공익적 목적 등을 종합적으로 형량하여야 한다(헌재 2009.5.28, 2005헌바20).

② [O] 그리고 이러한 신뢰보호의 원칙 위배 여부를 판단하기 위해서는 한편으로는 침해받은 이익의 보호가치, 침해의 중한 정도, 신뢰가 손상된 정도, 신뢰침해의 방법 등과 다른 한편으로는 개정 법령을 통해 실현하고자 하는 공익적 목적을 종합적으로 비교·형량하여야 한다(대판 2009.9.10, 2008두9324).

④ [O] 이 사건 정지조항을 통하여 기존의 연금수급자들에 대한 퇴역연금의 지급을 정지함으로써 달성하려는 공익은 군인연금 재정의 악화를 개선하여 이를 유지·존속하려는 데에 있는 것으로, 그와 같은 공익적인 가치는 매우 크다 하지 않을 수 없다. … 그렇다면 보호해야 할 연금수급자의 신뢰의 가치는 그리 크지 않은 반면, 군인연금 재정의 파탄을 막고 군인연금제도를 건실하게 유지하려는 공익적 가치는 긴급하고 또한 중요한 것이므로, 이 사건 정지조항이 헌법상 신뢰보호의 원칙에 위반된다고 할 수 없다(헌재 2007.10.25, 2005헌바68).

54 정답 ①

① [×] 부진정소급입법은 원칙적으로 허용되지만 소급효를 요구하는 공익상의 사유와 신뢰보호의 요청 사이의 교량과정에서 신뢰보호의 원칙이 입법자의 형성권에 제한을 가하게 되는 데 반하여, 진정소급입법은 특단의 사정이 없는 한 개인의 신뢰보호와 법적 안정성을 내용으로 하는 법치국가원리에 의하여 헌법적으로 허용되지 아니하는 것이 원칙이다(헌재 2001.5.31, 99헌가18 등).

② [O] 공무원의 퇴직연금 지급개시연령을 제한한 구 공무원연금법은 현재 공무원으로 재직 중인 자가 퇴직하는 경우

장차 받게 될 퇴직연금의 지급시기를 변경한 것으로, 아직 완성되지 아니한 사실 또는 법률관계를 규율대상으로 하는 부진정소급입법에 해당되는 것이어서 원칙적으로 허용되고, 입법목적으로 달성하고자 하는 연금재정 안정 등의 공익이 손상되는 신뢰에 비하여 우월하다고 할 것이어서 신뢰보호원칙에 위배된다고 볼 수 없다(헌재 2015.12.23, 2013헌바259).

③ [○] 헌법 제23조 제3항에서 규정하고 있는 '공공필요'는 '국민의 재산권을 그 의사에 반하여 강제적으로라도 취득해야 할 공익적 필요성'으로서, '공공필요'의 개념은 '공익성'과 '필요성'이라는 요소로 구성되어 있는바, '공익성'의 정도를 판단함에 있어서는 공용수용을 허용하고 있는 개별법의 입법목적, 사업내용, 사업이 입법목적에 이바지하는 정도는 물론, 특히 그 사업이 대중을 상대로 하는 영업인 경우에는 그 사업 시설에 대한 대중의 이용·접근가능성도 아울러 고려하여야 한다. 그리고 '필요성'이 인정되기 위해서는 공용수용을 통하여 달성하려는 공익과 그로 인하여 재산권을 침해당하는 사인의 이익 사이의 형량에서 사인의 재산권침해를 정당화할 정도의 공익의 우월성이 인정되어야 하며, 사업시행자가 사인인 경우에는 그 사업 시행으로 획득할 수 있는 공익이 현저히 해태되지 않도록 보장하는 제도적 규율도 갖추어져 있어야 한다. 그런데 이 사건에서 문제된 지구개발사업의 하나인 '관광휴양지 조성사업' 중에는 고급골프장, 고급리조트 등(이하 '고급골프장 등'이라 한다)의 사업과 같이 입법목적에 대한 기여도가 낮을 뿐만 아니라, 대중의 이용·접근가능성이 작아 공익성이 낮은 사업도 있다. 또한 고급골프장 등 사업은 그 특성상 사업 운영 과정에서 발생하는 지방세수 확보와 지역경제 활성화는 부수적인 공익일 뿐이고, 이 정도의 공익이 그 사업으로 인하여 강제수용당하는 주민들의 기본권침해를 정당화할 정도로 우월하다고 볼 수는 없다. 따라서 이 사건 법률조항은 공익적 필요성이 인정되기 어려운 민간개발자의 지구개발사업을 위해서까지 공공수용이 허용될 수 있는 가능성을 열어두고 있어 헌법 제23조 제3항에 위반된다(헌재 2014.10.30, 2011헌바172 등).

④ [○] 신법이 피적용자에게 유리한 경우에는 이른바 시혜적인 소급입법이 가능하지만 이를 입법자의 의무라고는 할 수 없고, 그러한 소급입법을 할 것인지의 여부는 입법재량의 문제로서 그 판단은 일차적으로 입법기관에 맡겨져 있으며, 이와 같은 시혜적 조치를 할 것인가 하는 문제는 국민의 권리를 제한하거나 새로운 의무를 부과하는 경우와는 달리 입법자에게 보다 광범위한 입법형성의 자유가 인정된다(헌재 1995.12.28, 95헌마196).

55 정답 ③

③ [×] 친일재산을 그 취득·증여 등 원인행위시에 국가의 소유로 하도록 규정한 이 사건 귀속조항은 진정소급입법에 해당하지만, 진정소급입법이라 할지라도 예외적으로 국민이 소급입법을 예상할 수 있었던 경우와 같이 소급입법이 정당화되는 경우에는 허용될 수 있다. 친일재산의 취득 경위에 내포된 민족배반적 성격, 대한민국임시정부의 법통계승을 선언한 헌법전문 등에 비추어 친일반민족행위자 측으로서는

친일재산의 소급적 박탈을 충분히 예상할 수 있었고, 친일재산 환수 문제는 그 시대적 배경에 비추어 역사적으로 매우 이례적인 공동체적 과업이므로 이러한 소급입법의 합헌성을 인정한다고 하더라도 이를 계기로 진정소급입법이 빈번하게 발생할 것이라는 우려는 충분히 불식될 수 있다. 따라서 이 사건 귀속조항은 진정소급입법에 해당하나 헌법 제13조 제2항에 반하지 않는다(헌재 2011.3.31, 2008헌바141 등).

① [○] 과거의 사실관계 또는 법률관계를 규율하기 위한 소급입법의 태양에는 이미 과거에 완성된 사실 또는 법률관계를 규율의 대상으로 하는 이른바 진정소급효의 입법과 이미 과거에 시작하였으나 아직 완성되지 아니하고 진행과정에 있는 사실 또는 법률관계를 규율의 대상으로 하는 이른바 부진정소급효의 입법을 상정할 수 있다고 할 것이다(헌재 1989.3.17, 88헌마1).

② [○] 이 사건 귀속조항은 진정소급입법에 해당하지만, 진정소급입법이라 할지라도 예외적으로 국민이 소급입법을 예상할 수 있었던 경우와 같이 소급입법이 정당화되는 경우에는 허용될 수 있다(헌재 2011.3.31, 2008헌바141 등).

④ [○] 개발이익환수에 관한 법률 부칙 제2조(1993.6.11. 법률 제4563호로 개정된 것)는 동법이 시행된 1990.1.1. 이전에 이미 개발을 완료한 사업에 대하여 소급하여 개발부담금을 부과하려는 것이 아니라 동법 시행 당시 개발이 진행 중인 사업에 대하여 장차 개발이 완료되면 개발부담금을 부과하려는 것이므로, 이는 아직 완성되지 아니하여 진행과정에 있는 사실관계 또는 법률관계를 규율대상으로 하는 이른바 부진정소급입법에 해당하는 것이어서 원칙적으로 헌법상 허용되는 것이다(헌재 2001.2.22, 98헌바19).

56 정답 ②

② [×] 문화의 영역에 있어서 각인의 기회를 균등히 할 것은 헌법 제9조가 아닌 헌법전문에 규정되어 있다.

> **헌법전문** 유구한 역사와 전통에 빛나는 우리 대한국민은 3·1운동으로 건립된 대한민국임시정부의 법통과 불의에 항거한 4·19민주이념을 계승하고, 조국의 민주개혁과 평화적 통일의 사명에 입각하여 정의·인도와 동포애로써 민족의 단결을 공고히 하고, 모든 사회적 폐습과 불의를 타파하며, 자율과 조화를 바탕으로 자유민주적 기본질서를 더욱 확고히 하여 정치·경제·사회·문화의 모든 영역에 있어서 각인의 기회를 균등히 하고, 능력을 최고도로 발휘하게 하며, 자유와 권리에 따르는 책임과 의무를 완수하게 하여, 안으로는 국민생활의 균등한 향상을 기하고 밖으로는 항구적인 세계평화와 인류공영에 이바지함으로써 우리들과 우리들의 자손의 안전과 자유와 행복을 영원히 확보할 것을 다짐하면서 1948년 7월 12일에 제정되고 8차에 걸쳐 개정된 헌법을 이제 국회의 의결을 거쳐 국민투표에 의하여 개정한다. 1987년 10월 29일
>
> **제9조** 국가는 전통문화의 계승·발전과 민족문화의 창달에 노력하여야 한다.

① [○] 우리나라는 건국헌법 이래 문화국가의 원리를 헌법의 기본원리로 채택하고 있다(헌재 2004.5.27, 2003헌가1).

③ [O] 법은 '국가는 전통문화의 계승·발전과 민족문화의 창달에 노력하여야 한다'라고 규정한 우리 헌법 제9조에 근거하여 제정된 것으로서, 국가의 문화재에 관한 사무를 관장하던 관할 행정관청이 어떤 사찰을 전통사찰로 지정하는 행위는 해당 사찰을 국가의 '보존공물(保存公物)'로 지정하는 처분에 해당한다고 보아야 한다. 또한, 헌법 제9조의 규정취지와 민족문화유산의 본질에 비추어 볼 때, 국가가 민족문화유산을 보호하고자 하는 경우 이에 관한 헌법적 보호법익은 '민족문화유산의 존속' 그 자체를 보장하는 것이고, 원칙적으로 민족문화유산의 훼손등에 관한 가치보상(價値補償)이 있는지 여부는 이러한 헌법적 보호법익과 직접적인 관련이 없다(헌재 2003.1.30, 2001헌바64).

④ [O] 사교육의 영역은 앞서 본 바와 같이 사회의 자율영역으로서, 자녀의 인격발현권·부모의 자녀교육권이 국가의 규율권한에 대하여 원칙적으로 우위를 차지한다. 사적으로 가르치고 배우는 행위 그 자체는 타인의 법익이나 공익을 침해하는 사회적으로 유해한 행위가 아니라 오히려 기본권적으로 보장된 행위이자 문화국가가 장려해야 할 행위이다. … 학교교육에 관한 한, 국가는 교육제도의 형성에 관한 폭넓은 권한을 가지고 있지만, 학교교육 밖의 사적인 교육영역에서는 국가의 규율권한에는 한계가 있다(헌재 2000.4.27, 98헌가16).

57 정답 ①

① [O] 특히 아직까지 국가지원에의 의존도가 높은 우리나라 문화예술계 환경을 고려할 때, 정부는 문화국가실현에 관한 과제를 수행함에 있어 과거 문화간섭정책에서 벗어나 문화의 다양성, 자율성, 창조성이 조화롭게 실현될 수 있도록 중립성을 지키면서 문화에 대한 지원 및 육성을 하도록 유의하여야 한다. 그럼에도 불구하고 피청구인들이 이러한 중립성을 보장하기 위하여 법률에서 정하고 있는 제도적 장치를 무시하고 정치적 견해를 기준으로 청구인들을 문화예술계 정부지원사업에서 배제되도록 차별취급한 것은 헌법상 문화국가원리와 법률유보원칙에 반하는 자의적인 것으로 정당화될 수 없다(헌재 2020.12.23, 2017헌마416).

② [×] 우리나라는 제헌헌법 이래 문화국가의 원리를 헌법의 기본원리로 채택하고 있다. 문화국가원리는 국가의 문화국가실현에 관한 과제 또는 책임을 통하여 실현되는바, 국가의 문화정책과 밀접 불가분의 관계를 맺고 있다(헌재 2020. 12.23, 2017헌마416).

③ [×] 오늘날 종교적인 의식 또는 행사가 하나의 사회공동체의 문화적인 현상으로 자리잡고 있으므로, 어떤 의식, 행사, 유형물 등이 비록 종교적인 의식, 행사 또는 상징에서 유래되었다고 하더라도 그것이 이미 우리 사회공동체 구성원들 사이에서 관습화된 문화요소로 인식되고 받아들여질 정도에 이르렀다면, 이는 정교분리원칙이 적용되는 종교의 영역이 아니라 헌법적 보호가치를 지닌 문화의 의미를 갖게 된다. 그러므로 이와 같이 이미 문화적 가치로 성숙한 종교적인 의식, 행사, 유형물에 대한 국가 등의 지원은 일정 범위 내에서 전통문화의 계승·발전이라는 문화국가원리에 부합하며 정교분리원칙에 위배되지 않는다(대판 2009.5.28, 2008두16933).

④ [×] 헌법전문과 헌법 제9조에서 말하는 '전통', '전통문화'란 역사성과 시대성을 띤 개념으로 이해하여야 한다. 과거의 어느 일정 시점에서 역사적으로 존재하였다는 사실만으로 모두 헌법의 보호를 받는 전통이 되는 것은 아니다(헌재 2005.2.3. 2001헌가9 등).

58 정답 ④

④ [×] 현행 소득세법하에서는 일감 몰아주기로 수혜법인의 지배주주 등에게 발생한 이익에 대하여 적정한 과세가 이루어지기 어렵다. 독점규제 및 공정거래에 관한 법률, 상법, 형법 등에 일감 몰아주기를 규제할 수 있는 수단이 존재하고 이들 수단이 중첩적으로 활용되지만, 위 법률들은 조세법과는 입법목적·규제대상·규제수단을 달리한다. 뿐만 아니라 위 법률들은 구 상증세법 제45조의3 제1항 제정 당시 일감 몰아주기로 인한 이익의 귀속주체인 수혜법인의 지배주주 등에 대한 직접적이고 실효적인 규제수단을 갖추고 있지 않았다. 결국, 특수관계법인과 수혜법인 사이에 일정한 비율을 초과하는 거래에 관하여 수혜법인의 지배주주 등에게 증여세를 과세하더라도 그 경제적 불이익이 앞서 본 공익에 비하여 더 크다고 할 수 없다. 구 상증세법 제45조의3 제1항은 재산권을 침해하지 아니한다(헌재 2018.6.28, 2016헌바347).

① [O] 청구인들은 심판대상조항들이 헌법 제119조 등에 위반된다고 주장한다. 그러나 헌법 제119조는 헌법상 경제질서에 관한 일반조항으로서 국가의 경제정책에 대한 하나의 헌법적 지침일 뿐(헌재 2002.10.31, 99헌바76 등 참조) 그 자체가 기본권의 성질을 가진다거나 독자적인 위헌심사의 기준이 된다고 할 수 없으므로, 청구인들의 이러한 주장에 대하여는 더 나아가 살펴보지 않는다(헌재 2017.7.27, 2015헌바278).

② [O] 헌법 제119조 제2항은 독과점규제라는 경제정책적 목표를 개인의 경제적 자유를 제한할 수 있는 정당한 공익의 하나로 명문화하고 있다. 독과점규제의 목적이 경쟁의 회복에 있다면 이 목적을 실현하는 수단 또한 자유롭고 공정한 경쟁을 가능하게 하는 방법이어야 한다(헌재 1996.12.26, 96헌가18).

③ [O] 헌법 제126조는 국방상 또는 국민경제상 긴절한 필요로 인하여 법률이 정하는 경우를 제외하고는 사영기업을 국유 또는 공유로 이전하거나 그 경영을 통제 또는 관리할 수 없다고 규정하고 있다. 여기서 '사영기업의 국유 또는 공유로의 이전'은 일반적으로 공법적 수단에 의하여 사기업에 대한 소유권을 국가나 기타 공법인에 귀속시키고 사회정책적·국민경제적 목표를 실현할 수 있도록 그 재산권의 내용을 변형하는 것을 말하며, 또 사기업의 '경영에 대한 통제 또는 관리'라 함은 비록 기업에 대한 소유권의 보유주체에 대한 변경은 이루어지지 않지만 사기업 경영에 대한 국가의 광범위하고 강력한 감독과 통제 또는 관리의 체계를 의미한다(헌재 1998.10.29, 97헌마345).

59 　　　　　　　　　　　　　　　　　　　　정답 ④

④ [×] 건전한 유통질서를 확립하고, 대형마트 등과 중소유통업의 상생발전을 도모하며, 대형마트 등에 근무하는 근로자의 건강권을 보호하려는 심판대상조항의 입법목적은 정당하고, 대형마트 등의 영업시간 제한 및 의무휴업일 지정이라는 수단의 적합성도 인정된다. 심판대상조항에 따라 대형마트 등이 경제적 손실을 입고, 소비자가 불편을 겪게 될 수도 있으나, 이는 입법목적을 달성하기 위하여 필요한 최소한의 범위에 그치고 있는 반면, 심판대상조항의 입법목적은 매우 중요하므로, 법익의 균형성도 충족한다. 따라서 심판대상조항은 과잉금지원칙에 위배되어 직업수행의 자유를 침해하지 않는다(헌재 2018.6.28, 2016헌바77 등).

① [○]

> 헌법 제126조 국방상 또는 국민경제상 긴절한 필요로 인하여 법률이 정하는 경우를 제외하고는, 사영기업을 국유 또는 공유로 이전하거나 그 경영을 통제 또는 관리할 수 없다.

② [○]

> 헌법 제121조 ② 농업생산성의 제고와 농지의 합리적인 이용을 위하거나 불가피한 사정으로 발생하는 농지의 임대차와 위탁경영은 법률이 정하는 바에 의하여 인정된다.

③ [○] 헌법 제119조 제2항은 국가가 경제영역에서 실현하여야 할 목표의 하나로서 "적정한 소득의 분배"를 들고 있지만, 이로부터 반드시 소득에 대하여 누진세율에 따른 종합과세를 시행하여야 할 구체적인 헌법적 의무가 조세입법자에게 부과되는 것이라고 할 수 없다(헌재 1999.11.25, 98헌마55).

60 　　　　　　　　　　　　　　　　　　　　정답 ②

② [×] 헌법 제119조 제2항은 국가가 경제영역에서 실현하여야 할 목표의 하나로서 "적정한 소득의 분배"를 들고 있지만, 이로부터 반드시 소득에 대하여 누진세율에 따른 종합과세를 시행하여야 할 구체적인 헌법적 의무가 조세입법자에게 부과되는 것이라고 할 수 없다. 오히려 입법자는 사회·경제정책을 시행함에 있어서 소득의 재분배라는 관점만이 아니라 서로 경쟁하고 충돌하는 여러 목표, 예컨대 "균형있는 국민경제의 성장 및 안정", "고용의 안정" 등을 함께 고려하여 서로 조화시키려고 시도하여야 하고, 끊임없이 변화하는 사회·경제상황에 적응하기 위하여 정책의 우선순위를 정할 수도 있다. 그러므로 "적정한 소득의 분배"를 무조건적으로 실현할 것을 요구한다거나 정책적으로 항상 최우선적인 배려를 하도록 요구하는 것은 아니라 할 것이다(헌재 1999.11.25, 98헌마55).

① [○] 우리나라 헌법상의 경제질서는 사유재산제를 바탕으로 하고 자유경쟁을 존중하는 자유시장경제질서를 기본으로 하면서도 이에 수반되는 갖가지 모순을 제거하고 사회복지·사회정의를 실현하기 위하여 국가적 규제와 조정을 용인하는 사회적 시장경제질서로서의 성격을 띠고 있다(헌재 1996.4.25, 92헌바47).

③ [○] 부동산중개업자로 하여금 법정수수료 이상의 금품을 받지 못하도록 하기 위하여 행정상의 불이익을 부과하는 것에 그칠 것인지 또는 형사상의 처벌을 가하는 정도로 제재를 강화할 것인지는 일차적으로 입법자의 재량인 정책판단에 맡겨져 있다. 법정수수료제도가 추구하는 경제적 공익은 결국 국민 전체의 경제생활의 안정이라 할 것이어서 대단히 중요하다고 하지 않을 수 없고, 이는 부동산중개업자의 사익에 비하여 보다 우월하다(헌재 2002.6.27, 2000헌마642).

④ [○]

> 헌법 제126조 국방상 또는 국민경제상 긴절한 필요로 인하여 법률이 정하는 경우를 제외하고는, 사영기업을 국유 또는 공유로 이전하거나 그 경영을 통제 또는 관리할 수 없다.

61 　　　　　　　　　　　　　　　　　　　　정답 ④

㉠ [○] 헌법 제119조 제2항에 규정된 '경제주체간의 조화를 통한 경제민주화'의 이념은 경제영역에서 정의로운 사회질서를 형성하기 위하여 추구할 수 있는 국가목표로서 개인의 기본권을 제한하는 국가행위를 정당화하는 헌법규범이다(헌재 2003.11.27, 2001헌바35).

㉡ [○] 국방상 또는 국민경제상 긴절한 필요로 인하여 법률이 정하는 경우를 제외하고는, 사영기업을 국유 또는 공유로 이전하거나 그 경영을 통제 또는 관리할 수 없다(헌법 제126조).

㉢ [○] 헌법 제119조 제1항은 대한민국의 경제질서는 개인과 기업의 경제상의 자유와 창의를 존중함을 기본으로 한다고 하여 시장경제의 원리에 입각한 경제체제임을 천명하였는바, 이는 기업의 생성·발전·소멸은 어디까지나 기업의 자율에 맡긴다는 기업자유의 표현이며 국가의 공권력은 특단의 사정이 없는 한 이에 대한 불개입을 원칙으로 한다는 뜻이다(헌재 1993.7.29, 89헌마31).

㉣ [○] 소비자보호운동의 일환으로서, 구매력을 무기로 소비자가 자신의 선호를 시장에 실질적으로 반영하려는 시도인 소비자불매운동은 모든 경우에 있어서 그 정당성이 인정될 수는 없고, 헌법이나 법률의 규정에 비추어 정당하다고 평가되는 범위에 해당하는 경우에만 형사책임이나 민사책임이 면제된다고 할 수 있다(헌재 2011.12.29, 2010헌바54).

62 　　　　　　　　　　　　　　　　　　　　정답 ①

① [×] 헌법은 제119조에서 개인의 경제적 자유를 보장하면서 사회정의를 실현하기 위한 경제질서를 선언하고 있다. 이 규정은 헌법상 경제질서에 관한 일반조항으로서 국가의 경제정책에 대한 하나의 헌법적 지침이고, 동 조항이 언급하는 '경제적 자유와 창의'는 직업의 자유, 재산권의 보장, 근로3권과 같은 경제에 관한 기본권 및 비례의 원칙과 같은 법치국가원리에 의하여 비로소 헌법적으로 구체화된다. 따라서 이 사건에서 청구인들이 헌법 제119조 제1항과 관련하여 주장하는 내용은 구체화된 헌법적 표현인 경제적 기본권을 기준으로 심사되어야 한다(헌재 2002.10.31, 99헌바76 등).

② [○] 헌법 제126조
③ [○] 국가는 건전한 소비행위를 계도하고 생산품의 품질향상을 촉구하기 위한 소비자보호운동을 법률이 정하는 바에 의하여 보장한다(헌법 제124조).
④ [○] 국가 또는 지방자치단체는 등록소비자단체의 건전한 육성·발전을 위하여 필요하다고 인정될 때에는 보조금을 지급할 수 있다(소비자기본법 제32조).

63
정답 ①

① [×] 사회국가란 사회정의의 이념을 헌법에 수용한 국가, 사회현상에 대하여 방관적인 국가가 아니라 경제·사회·문화의 모든 영역에서 정의로운 사회질서의 형성을 위하여 사회현상에 관여하고 간섭하고 분배하고 조정하는 국가이며, 궁극적으로는 국민 각자가 실제로 자유를 행사할 수 있는 그 실질적 조건을 마련해 줄 의무가 있는 국가를 의미한다(헌재 2004.10.28, 2002헌마328).
② [○] 국가는 이러한 복지국가를 실현하기 위하여 가능한 수단을 동원할 책무를 진다고 할 것이다. 그러나, 가능한 여러 가지 수단들 가운데 구체적으로 어느 것을 선택할 것인가는 기본적으로 입법자의 재량에 속하는 것이고, 따라서 입법자는 그 목적을 추구함에 있어 그에게 부여된 입법재량권을 남용하였거나 그 한계를 일탈하여 명백히 불공정 또는 불합리하게 자의적으로 입법형성권을 행사하였다는 등 특별한 사정이 없는 한 헌법위반의 문제는 야기되지 아니한다고 할 것이다(헌재 2001.1.18, 2000헌바7).
③ [○] 자유시장 경제질서를 기본으로 하면서도 사회국가원리를 수용하고 있는 우리 헌법의 이념에 비추어, 일반불법행위책임에 관하여는 과실책임의 원리를 기본원칙으로 하면서 이 사건 법률조항과 같은 특수한 불법행위책임에 관하여 위험책임의 원리를 수용하는 것은 입법정책에 관한 사항으로서 입법자의 재량에 속한다고 할 것이다. 따라서 이 사건 법률조항이 아래에서 보는 바와 같이 운행자의 재산권을 본질적으로 제한하거나 평등의 원칙에 위반되지 아니하는 이상 위험책임의 원리에 기하여 무과실책임을 지운 것만으로 헌법 제119조 제1항의 자유시장 경제질서나 청구인이 주장하는 헌법전문 및 헌법 제13조 제3항의 연좌제금지의 원칙에 위반된다고 할 수 없다(헌재 1998.5.28, 96헌가4).
④ [○] 직장가입자에 비하여, 지역가입자에는 노인, 실업자, 퇴직자 등 소득이 없거나 저소득의 주민이 다수 포함되어 있고, 이러한 저소득층 지역가입자에 대하여 국가가 국고지원을 통하여 보험료를 보조하는 것은, 경제적·사회적 약자에게도 의료보험의 혜택을 제공해야 할 사회국가적 의무를 이행하기 위한 것으로서, 국고지원에 있어서의 지역가입자와 직장가입자의 차별취급은 사회국가원리의 관점에서 합리적인 차별에 해당하는 것으로서 평등원칙에 위반되지 아니한다(헌재 2000.6.29, 99헌마289).

64
정답 ②

② [×] 민주주의원리의 한 내용인 국민주권주의는 모든 국가권력이 국민의 의사에 기초해야 한다는 의미일 뿐 국민이

정치적 의사결정에 관한 모든 정보를 제공받고 직접 참여하여야 한다는 의미는 아니므로, 청구인들의 이 부분 주장 역시 이유 없다(헌재 2016.10.27, 2012헌마121).
▶ 지문의 내용은 청구인들의 주장이었으나, 받아들여지지 않았다.
① [○] 국제법적으로, 조약은 국제법 주체들이 일정한 법률효과를 발생시키기 위하여 체결한 국제법의 규율을 받는 국제적 합의를 말하며 서면에 의한 경우가 대부분이지만 예외적으로 구두합의도 조약의 성격을 가질 수 있다. 국가는 경우에 따라 조약과는 달리 법적 효력 내지 구속력이 없는 합의도 하는데, 이러한 합의는 많은 경우 일정한 공동 목표의 확인이나 원칙의 선언과 같이 구속력을 부여하기에는 너무 추상적이거나 구체성이 없는 내용을 담고 있으며, 대체로 조약체결의 형식적 절차를 거치지 않는다. 이러한 합의도 합의 내용이 상호 준수되리라는 기대 하에 체결되므로 합의를 이행하지 않는 국가에 대해 항의나 비판의 근거가 될 수는 있으나, 이는 법적 구속력과는 구분된다(헌재 2019.12.27, 2016헌마253).
③ [○] 오늘날 문화국가에서의 문화정책은 그 초점이 문화 그 자체에 있는 것이 아니라 문화가 생겨날 수 있는 문화풍토를 조성하는 데 두어야 한다. 문화국가원리의 이러한 특성은 문화의 개방성 내지 다원성의 표지와 연결되는데, 국가의 문화육성대상에는 원칙적으로 모든 사람에게 문화창조의 기회를 부여한다는 의미에서 모든 문화가 포함된다. 따라서 엘리트문화뿐만 아니라 서민문화·대중문화도 그 가치를 인정하고 정책적인 배려의 대상으로 하여야 한다[헌재 2004.5.27, 2003헌가1·2004헌가4(병합)].
④ [○] 규율대상이 기본권적 중요성을 가질수록 그리고 그에 관한 공개적 토론의 필요성 내지 상충하는 이익간 조정의 필요성이 클수록, 그것이 국회의 법률에 의해 직접 규율될 필요성 및 그 규율밀도의 요구정도는 그만큼 더 증대되는 것으로 보아야 한다(헌재 2004.3.25, 2001헌마882).

65
정답 ②

② [×] 외국의 대사관저에 대하여 강제집행을 할 수 없다는 이유로 집달관이 청구인들의 강제집행의 신청의 접수를 거부하여 강제집행이 불가능하게 된 경우 국가가 청구인들에게 손실을 보상하는 법률을 제정하여야 할 헌법상의 명시적인 입법위임은 인정되지 아니하고, 헌법의 해석으로도 그러한 법률을 제정함으로써 청구인들의 기본권을 보호하여야 할 입법자의 행위의무 내지 보호의무가 발생하였다고 볼 수 없다(헌재 1998.5.28, 96헌마44).
① [○] 조약에 따른 국내법적 효력을 가지기 위한 절차이다.
③ [○] 국제노동기구 산하 '결사의 자유위원회'의 권고는 일반적으로 승인된 국제법규로 인정되지 않으므로 국내법적 효력이 인정되지 않는다.
④ [○] 헌법 제6조 제1항

㉠ [×] 피청구인 대통령이 피청구인 외교통상부장관에게 위임하여 2006.1.19.경 워싱턴에서 미합중국 국무장관과 발표한 '동맹 동반자 관계를 위한 전략대화 출범에 관한 공동성명'이 조약에 해당하지 않는다(헌재 2008.3.27, 2006헌라4).

㉡ [○] 대한민국과 아메리카합중국간의 상호방위조약 제4조에 의한 시설과 구역 및 대한민국에서의 합중국군대의 지위에 관한 협정은 그 명칭이 "협정"으로 되어 있어 국회의 관여없이 체결되는 행정협정처럼 보이기도 하나 우리나라의 입장에서 볼 때에는 외국군대의 지위에 관한 것이고, 국가에게 재정적 부담을 지우는 내용과 입법사항을 포함하고 있으므로 국회의 동의를 요하는 조약으로 취급되어야 한다(헌재 1999.4.29, 97헌가14).

㉢ [×] 국제통화기금협정 제9조 등은 각 국회의 동의를 얻어 체결된 것으로서 헌법 제6조 제1항에 따라 국내법적·법률적 효력을 가지는바, 가입국의 재판권 면제에 관한 것이므로 성질상 국내에 바로 적용될 수 있는 법규범으로서 위헌법률심판의 대상이 된다(헌재 2001.9.27, 2000헌바20).

㉣ [○] 강제노동의 폐지에 관한 국제노동기구(ILO)의 제105호 조약은 우리나라가 비준한 바가 없고, 헌법 제6조 제1항에서 말하는 일반적으로 승인된 국제법규로서 헌법적 효력을 갖는 것이라고 볼 만한 근거도 없으므로 이 사건 심판대상 규정의 위헌성 심사의 척도가 될 수 없다(헌재 1998.7.16, 97헌바23).

④ [×] 마라케쉬협정도 적법하게 체결되어 공포된 조약이므로 국내법과 같은 효력을 갖는 것이어서 그로 인하여 새로운 범죄를 구성하거나 범죄자에 대한 처벌이 가중된다고 하더라도 이것은 국내법에 의하여 형사처벌을 가중한 것과 같은 효력을 갖게 되는 것이다(헌재 1998.11.26, 97헌바65).

① [○] 이 사건 협정은 우리나라 정부가 일본 정부와의 사이에서 어업에 관해 체결·공포한 조약(조약 제1477호)으로서 헌법 제6조 제1항에 의하여 국내법과 같은 효력을 가지므로, 그 체결행위는 고권적 행위로서 '공권력의 행사'에 해당한다(헌재 2001.3.21, 99헌마139).

② [○] 국제연합교육과학문화기구와 국제노동기구가 채택한 교원의 지위에 관한 권고는 직접적으로 국내법적 효력을 가지는 것이 아니다.

③ [○] 양심적 병역거부권을 명문으로 인정한 국제인권조약은 아직까지 존재하지 않으며, 유럽 등의 일부국가에서 양심적 병역거부권이 보장된다고 하더라도 전 세계적으로 양심적 병역거부권의 보장에 관한 국제관습법이 형성되었다고 할 수 없어 양심적 병역거부가 일반적으로 승인된 국제법규로서 우리나라에 수용될 수는 없다(헌재 2011.8.30, 2008헌가22 등).

④ [○] 헌법 제2조 제2항은 중국동포의 국적선택절차에 관한 법률의 제정 또는 조약의 체결을 명시적으로 위임하고 있지

않다. 한편, 입법자는 헌법의 위임을 받아 대한민국의 국적이 되는 요건을 규정한 '국적법'을, 재외국민의 보호와 관련하여 '재외동포의 출입국과 법적지위에 관한 법률' 등을 제정하였으며, 위 법률에서의 중국동포의 국적취득과 관련된 입법상의 불비는 별론으로 하더라도, 헌법 제2조 제2항을 근거로 중국동포의 국적을 선택할 수 있는 절차에 관한 법률을 제정하거나 또는 조약을 체결할 명시적인 입법위임이 있다는 것을 이유로 헌법소원을 제기함은 부적법하다(헌재 2006.3.30, 2003헌마806).

① [×] 대한민국은 국제평화의 유지에 노력하고 침략적 전쟁을 부인한다(헌법 제5조 제1항).

② [×] 헌법에 의하여 체결·공포된 조약과 일반적으로 승인된 국제법규(국제법 관습 포함)는 국내법과 같은 효력을 가진다(헌법 제6조 제1항).

③ [×] 대한민국과 일본국간의 어업에 관한 협정은 우리나라 정부가 일본 정부와의 사이에서 어업에 관해 체결·공포한 조약으로서 헌법 제6조 제1항에 의하여 국내법과 같은 효력을 가지므로, 그 체결행위는 고권적 행위로서 '공권력의 행사'에 해당한다(헌재 2001.3.21, 99헌마139 등).

③ [×] 조약의 체결과 비준권은 대통령의 권한이고, 국회는 헌법 제60조 제1항에 열거된 조약의 체결·비준에 대한 동의권을 가진다.

① [○] 국회의 동의를 요하지 않는 조약은 명령의 효력을 갖는다.

②④ [○]

> **헌법 제6조** ① 헌법에 의하여 체결·공포된 조약과 일반적으로 승인된 국제법규는 국내법과 같은 효력을 가진다.
> ② 외국인은 국제법과 조약이 정하는 바에 의하여 그 지위가 보장된다.

④ [×] 제도적 보장은 기본권 보장의 경우와는 달리 그 본질적 내용을 침해하지 아니하는 범위 안에서 입법자에게 제도의 구체적인 내용과 형태의 형성권을 폭넓게 인정한다는 의미에서 '최소한 보장의 원칙'이 적용된다(헌재 2006.2.23, 2005헌마403).

① [○] 제도적 보장은 객관적 법규범이라는 점에서 기본권과 구별되며, 헌법에 의하여 일정한 제도가 보장되면 입법자는 그 제도를 설정하고 유지할 입법의무를 갖는다.

② [○] 제도적 보장은 객관적 제도를 헌법에 규정하여 당해 제도의 본질을 유지하려는 것으로서 헌법제정권자가 특히 중요하고도 가치가 있다고 인정되고 헌법적으로도 보장할 필요가 있다고 생각하는 국가제도를 헌법에 규정함으로써 장래의 법발전, 법형성의 방침과 범주를 미리 규율하려는 데 있다. 이러한 제도적 보장은 주관적 권리가 아닌 객관적 범규범이라는 점에서 기본권과 구별되기는 하지만 헌법에 의하여 일정한 제도가 보장되면 입법자는 그 제도를 설정하고

유지할 입법의무를 지게 될 뿐만 아니라 헌법에 규정되어 있기 때문에 법률로써 이를 폐지할 수 없고, 비록 내용을 제한하더라도 그 본질적 내용을 침해할 수 없다(헌재 1997.4.24, 95헌바48).
③ [○] 제도적 보장도 재판규범으로서의 성질을 갖는다.

71 정답 ③

③ [×] 헌법재판소의 위헌정당 해산결정에 따라 해산된 정당 소속 비례대표 지방의회의원 갑이 공직선거법 제192조 제4항에 따라 지방의회의원직을 상실하는지가 문제 된 사안에서, 공직선거법 제192조 제4항은 소속 정당이 헌법재판소의 정당해산결정에 따라 해산된 경우 비례대표 지방의회의원의 퇴직을 규정하는 조항이라고 할 수 없어 갑이 비례대표 지방의회의원의 지위를 상실하지 않았다고 본 원심판단은 정당하다(대판 2021.4.29, 2016두39825).
① [○]

> 제8차 개정헌법 제7조 ③ 정당은 법률이 정하는 바에 의하여 국가의 보호를 받으며, 국가는 법률이 정하는 바에 의하여 정당의 운영에 필요한 자금을 보조할 수 있다.

② [○] 또한 정당의 법적 지위는 적어도 그 소유재산의 귀속관계에 있어서는 법인격 없는 사단(社團)으로 보아야 하고, 중앙당과 지구당과의 복합적 구조에 비추어 정당의 지구당은 단순한 중앙당의 하부조직이 아니라 어느 정도의 독자성을 가진 단체로서 역시 법인격 없는 사단에 해당한다고 보아야 할 것이다(헌재 1993.7.29, 92헌마262).
④ [○] 심판대상조항은 정당의 정체성을 보존하고 정당 간의 위법·부당한 간섭을 방지함으로써 정당정치를 보호·육성하기 위한 것으로 볼 수 있다. 이러한 입법목적은 국민의 정치적 의사형성에 중대한 영향을 미치는 정당의 헌법적 기능을 보호하기 위한 것으로 정당하고, 복수 당적 보유를 금지하는 것은 입법목적 달성을 위한 적합한 수단에 해당한다. … 따라서 심판대상조항이 정당의 당원인 청구인들의 정당 가입·활동의 자유를 침해한다고 할 수 없다(헌재 2022. 3.31, 2020헌마1729).

72 정답 ④

④ [×] 정치자금법 제31조 제1호 중 제22조 제1항의 허위 기재 부분과 제24조 제1항의 허위보고부분은 궁극적으로 정치자금의 투명성을 확보하여 민주정치의 건전한 발전을 도모하려는 것으로서 그 입법목적이 정당하고, … 마지막으로, 위 조항들을 통하여 달성하고자 하는 정치자금의 투명한 공개라는 공익은 불법 정치자금을 수수한 사실을 회계장부에 기재하고 신고해야 할 의무를 지키지 않은 채 진술거부권을 주장하는 사익보다 우월하다. 결국, 정당의 회계책임자가 불법 정치자금이라도 그 수수 내역을 회계장부에 기재하고 이를 신고할 의무가 있다고 규정하고 있는 위 조항들은 헌법 제12조 제2항이 보장하는 진술거부권을 침해한다고 할 수 없다(헌재 2005.12.22, 2004헌바25).

① [○] 헌법재판소는 정당해산심판의 청구를 받은 때에는 직권 또는 청구인의 신청에 의하여 종국결정의 선고시까지 피청구인의 활동을 정지하는 결정을 할 수 있다(헌법재판소법 제57조).
② [○] 국회의 역할 중 가장 중요한 것은 국민의 요구와 기대를 수렴하여 입법화하는 일이다. 그런데 국민의 의사를 수렴하여 정책을 수립하고 이를 법률안으로 구체화하는 일은 국회의원 개개인보다 그들의 결사체인 정당 등 교섭단체가 하는 것이 더 적절하고 효율적일 것이다. 나아가 원내에서도 법률안을 발의하는 데에는 의원 10인 이상의 찬성이 있어야 하는 점, 이를 심의하기 위한 의사일정에 관하여 교섭단체 간의 타협과 조정이 필요한 점, 법률안 심의는 주로 본회의가 아닌 소관 상임위원회 중심으로 이루어지는데 상임위원회 수가 17개에 달하는 점, 법안이 의결되기 위하여는 재적의원 과반수의 출석과 출석의원 과반수의 찬성을 필요로 하는 점 등을 고려하여 볼 때, 일정수 이상의 소속 의원을 가진 교섭단체가 입법활동을 주도할 가능성이 높다. 이러한 상황에서 국회 입법활동의 활성화와 효율화를 이루기 위하여는 우선적으로 교섭단체의 전문성을 제고시켜야 하며, 교섭단체가 필요로 하는 전문인력을 공무원 신분인 정책연구위원으로 임용하여 그 소속 의원들의 입법활동을 보좌하도록 할 필요성이 발생하므로 교섭단체에 한하여 정책연구위원을 배정하는 것은 입법재량의 범위 내로서 그 차별에 합리적인 이유가 있다 할 것이다(헌재 2008.3.27, 2004헌마654).
③ [○] 국회의원의 국민대표성을 중시하는 입장에서도 특정 정당에 소속된 국회의원이 정당기속 내지는 교섭단체의 결정(소위 '당론')에 위반하는 정치활동을 한 이유로 제재를 받는 경우, 국회의원 신분을 상실하게 할 수는 없으나 "정당내부의 사실상의 강제" 또는 소속 "정당으로부터의 제명"은 가능하다고 보고 있다. 그렇다면, 당론과 다른 견해를 가진 소속 국회의원을 당해 교섭단체의 필요에 따라 다른 상임위원회로 전임(사·보임)하는 조치는 특별한 사정이 없는 한 헌법상 용인될 수 있는 "정당 내부의 사실상 강제"의 범위 내에 해당한다고 할 것이다(헌재 2003.10.30, 2002헌라1).

73 정답 ②

② [○] '정당의 활동'이란, 정당 기관의 행위나 주요 정당관계자, 당원 등의 행위로서 그 정당에게 귀속시킬 수 있는 활동 일반을 의미한다. … 정당 소속의 국회의원 등은 비록 정당과 밀접한 관련성을 가지지만 헌법상으로는 정당의 대표자가 아닌 국민 전체의 대표자이므로 그들의 행위를 곧바로 정당의 활동으로 귀속시킬 수는 없겠으나, 가령 그들의 활동 중에서도 국민의 대표자의 지위가 아니라 그 정당에 속한 유력한 정치인의 지위에서 행한 활동으로서 정당과 밀접하게 관련되어 있는 행위들은 정당의 활동이 될 수도 있을 것이다(헌재 2014.12.19, 2013헌다1).
① [×]

> 정당법 제33조 【정당소속 국회의원의 제명】 정당이 그 소속 국회의원을 제명하기 위해서는 당헌이 정하는 절차를 거치는 외에 그 소속 국회의원 전원의 2분의 1 이상의 찬성이 있어야 한다.

③ [×] 강제적 정당해산은 헌법상 핵심적인 정치적 기본권인 정당활동의 자유에 대한 근본적 제한이므로, 헌법재판소는 이에 관한 결정을 할 때 헌법 제37조 제2항이 규정하고 있는 비례원칙을 준수해야만 한다. 이 경우에 <u>비례원칙 준수 여부는 그것이 통상적으로 기능하는 위헌심사의 척도가 아니라 헌법재판소의 정당해산결정이 충족해야 할 일종의 헌법적 요건 혹은 헌법적 정당화 사유에 해당한다</u>(헌재 2014.12.19, 2013헌다1).

④ [×]

> **정치자금법 제4조【당비】** ② 정당의 회계책임자는 타인의 명의나 가명으로 납부된 당비는 국고에 귀속시켜야 한다.
> ③ 제2항의 규정에 의하여 국고에 귀속되는 당비는 <u>관할 선거관리위원회가 이를 납부받아 국가에 납입하되, 납부 기한까지 납부하지 아니한 때에는 관할 세무서장에게 위탁하여 관할 세무서장이 국세체납처분의 예에 따라 이를 징수한다.</u>

74
정답 ③

③ [×] 헌법재판소의 결정으로 해산된 때 해산된 정당 소속 국회의원의 의원직 상실 여부에 관한 현행법 규정은 없다.

① [O] 헌법 제8조 제1항이 명시하는 정당설립의 자유는 설립할 정당의 조직형태를 어떠한 내용으로 할 것인가에 관한 정당조직 선택의 자유 및 그와 같이 선택된 조직을 결성할 자유를 포괄하는 '정당조직의 자유'를 포함한다. 정당조직의 자유는 정당설립의 자유에 개념적으로 포괄될 뿐만 아니라 정당조직의 자유가 완전히 배제되거나 임의적으로 제한될 수 있다면 정당설립의 자유가 실질적으로 무의미해지기 때문이다. 또 헌법 제8조 제1항은 정당활동의 자유도 보장하고 있기 때문에 위 조항은 결국 정당설립의 자유, 정당조직의 자유, 정당활동의 자유 등을 포괄하는 정당의 자유를 보장하고 있다(헌재 2004.12.16, 2004헌마456).

② [O] 헌법 제8조 제1항 전단은 단지 정당설립의 자유만을 명시적으로 규정하고 있지만, 정당의 설립만이 보장될 뿐 설립된 정당이 언제든지 해산될 수 있거나 정당의 활동이 임의로 제한될 수 있다면 정당설립의 자유는 사실상 아무런 의미가 없게 되므로, 정당설립의 자유는 당연히 정당존속의 자유와 정당활동의 자유를 포함하는 것이다. 한편, 정당의 명칭은 그 정당의 정책과 정치적 신념을 나타내는 대표적인 표지에 해당하므로, 정당설립의 자유는 자신들이 원하는 명칭을 사용하여 정당을 설립하거나 정당활동을 할 자유도 포함한다고 할 것이다(헌재 2014.1.28, 2012헌마431 등).

④ [O] 정당이 비례대표국회의원선거 및 비례대표지방의회의원선거에 후보자를 추천하는 때에는 그 후보자 중 100분의 50 이상을 여성으로 추천하되, 그 후보자명부의 순위의 매 홀수에는 여성을 추천하여야 한다(공직선거법 제47조 제3항).

75
정답 ②

② [×] 공직선거법상 법원의 판결에 의하여 선거일 현재 선거권이 정지된 사람은 정당법에 따른 정당의 발기인은 될 수

없다.

> **정당법 제22조【발기인 및 당원의 자격】** ① 16세 이상의 국민은 공무원 그 밖에 그 신분을 이유로 정당가입이나 정치활동을 금지하는 다른 법령의 규정에 불구하고 누구든지 정당의 발기인 및 당원이 될 수 있다. 다만, 다음 각 호의 어느 하나에 해당하는 자는 그러하지 아니하다. <개정 2022.1.21.>
> 1. 국가공무원법 제2조(공무원의 구분) 또는 지방공무원법 제2조(공무원의 구분)에 규정된 공무원. 다만, 대통령, 국무총리, 국무위원, 국회의원, 지방의회의원, 선거에 의하여 취임하는 지방자치단체의 장, 국회 부의장의 수석비서관·비서관·비서·행정보조요원, 국회 상임위원회·예산결산특별위원회·윤리특별위원회 위원장의 행정보조요원, 국회의원의 보좌관·비서관·비서, 국회 교섭단체대표의원의 행정비서관, 국회 교섭단체의 정책연구위원·행정보조요원과 고등교육법 제14조(교직원의 구분)제1항·제2항에 따른 교원은 제외한다.
> 2. 고등교육법 제14조 제1항·제2항에 따른 교원을 제외한 사립학교의 교원
> 3. 법령의 규정에 의하여 공무원의 신분을 가진 자
> 4. 공직선거법 제18조 제1항에 따른 선거권이 없는 사람
>
> > **공직선거법 제18조【선거권이 없는 자】** ① 선거일 현재 다음 각 호의 어느 하나에 해당하는 사람은 선거권이 없다.
> > 4. <u>법원의 판결 또는 다른 법률에 의하여 선거권이 정지 또는 상실된 자</u>

① [O] 헌법 제8조 제1항은 정당설립의 자유, 정당조직의 자유, 정당활동의 자유 등을 포괄하는 정당의 자유를 보장하고 있다. 이러한 정당의 자유는 국민이 개인적으로 갖는 기본권일 뿐만 아니라, 단체로서의 정당이 가지는 기본권이기도 하다(헌재 2004.12.16, 2004헌마456).

③ [O] 정당설립의 자유는 당연히 정당의 존속과 정당활동의 자유도 보장하는 것이다. 정당의 자유의 주체는 정당을 설립하려는 개개인과 이를 통해 조직된 정당 모두에게 인정되는 것이다. 구체적으로 정당의 자유는 개개인의 자유로운 정당설립 및 정당가입의 자유, 조직형식 내지 법형식 선택의 자유를 포함한다. 또한 정당설립의 자유는 설립에 대응하는 정당해산의 자유, 합당의 자유, 분당의 자유도 포함한다. 뿐만 아니라 정당설립의 자유는 개인이 정당 일반 또는 특정 정당에 가입하지 아니할 자유, 가입했던 정당으로부터 탈퇴할 자유 등 소극적 자유도 포함한다(헌재 2006.3.30, 2004헌마246).

④ [O]

> **정당법 제44조【등록의 취소】** ① 정당이 <u>다음 각 호의 어느 하나에 해당하는 때에는 당해 선거관리위원회는 그 등록을 취소한다.</u>
> 1. 제17조(법정시·도당수) 및 제18조(시·도당의 법정당원수)의 요건을 구비하지 못하게 된 때. 다만, 요건의 흠결이 공직선거의 선거일 전 3월 이내에 생긴 때에는 선거일 후 3월까지, 그 외의 경우에는 요건흠결 시부터 3월까지 그 취소를 유예한다.

> 2. 최근 4년간 임기만료에 의한 국회의원선거 또는 임기만료에 의한 지방자치단체의 장선거나 시·도의회의원선거에 참여하지 아니한 때

76
정답 ③

③ [×] 정당등록취소조항은 입법목적의 정당성과 수단의 적합성이 인정될 수 있지만 침해의 최소성과 법익의 균형성이 인정되지 않으므로 과잉금지원칙에 위배되어 청구인들의 정당설립의 자유를 침해한다. 정당명칭사용금지조항은 정당등록취소조항에 의하여 등록이 취소된 정당의 명칭을 등록취소된 날부터 최초로 실시하는 임기만료에 의한 국회의원선거의 선거일까지 정당의 명칭으로 사용할 수 없게 하는 조항인바, 이는 앞서 본 정당등록취소조항을 전제로 하고 있으므로 같은 이유에서 정당설립의 자유를 침해한다고 할 것이다(헌재 2014.1.28, 2012헌마431 등).

① [○]

> 정당법 제4조 【성립】 ① 정당은 중앙당이 중앙선거관리위원회에 등록함으로써 성립한다.

② [○] 그렇다면 초·중등학교 교원에 대해서는 정당가입과 선거운동의 자유를 금지하면서 대학교원에게는 이를 허용한다 하더라도, 이는 양자간 직무의 본질이나 내용 그리고 근무태양이 다른 점을 고려할 때 합리적인 차별이라고 할 것이므로 청구인이 주장하듯 헌법상의 평등권을 침해한 것이라고 할 수 없다(헌재 2004.3.25, 2001헌마710).

④ [○]

> 정당법 제41조 【유사명칭 등의 사용금지】 ② 헌법재판소의 결정에 의하여 해산된 정당의 명칭과 같은 명칭은 정당의 명칭으로 다시 사용하지 못한다.
> 제48조 【해산된 경우 등의 잔여재산 처분】 ② 제1항의 규정에 의하여 처분되지 아니한 정당의 잔여재산 및 헌법재판소의 해산결정에 의하여 해산된 정당의 잔여재산은 국고에 귀속한다.

77
정답 ①

① [○] 정당설립의 자유는 그 성질상 등록된 정당에게만 인정되는 기본권이 아니라 청구인과 같이 등록정당은 아니지만 권리능력 없는 사단의 실체를 가지고 있는 정당에게도 인정되는 기본권이라고 할 수 있다(헌재 2006.3.30, 2004헌마246).
② [×] 정당은 헌법기관이 아니고 국민의 자발적 조직인 정치적 결사이다(정당법 제2조 참조). 정당의 헌법적 지위는 중개적 권력(매개체)이라는 것이 헌법재판소 판례(헌재 1991.3.11, 91헌마21)와 통설의 입장이다.
③ [×] 경찰청장은 퇴직일부터 2년 이내에는 정당의 발기인이 되거나 당원이 될 수 없도록 한 것은 정당설립 및 가입의 자유를 침해하는 조항이다(헌재 1999.12.23, 99헌마135).
④ [×] 정당의 조직 중 기존의 지구당과 당연락소를 강제적으로 폐지하고 이후 지구당을 설립하거나 당연락소를 설치하는 것을 금지하는 것은 정당으로 하여금 그 핵심적인 기능과 임무를 전혀 수행하지 못하도록 하거나 이를 수행하더라도 전혀 비민주적인 과정을 통할 수밖에 없도록 하는 것이라면 정당의 자유의 본질적 내용을 침해하는 것이 되지만, 지구당이나 당연락소가 없더라도 이러한 기능과 임무를 수행하는 것이 불가능하지 아니하고 특히 교통, 통신, 대중매체가 발달한 오늘날 지구당의 통로로서의 의미가 상당부분 완화되었기 때문에, 본질적 내용을 침해한다고 할 수 없다(헌재 2004.12.16, 2004헌마456).

78
정답 ④

④ [×]

> 정당법 제32조 【서면결의의 금지】 ① 대의기관의 결의와 소속 국회의원의 제명에 관한 결의는 서면이나 대리인에 의하여 의결할 수 없다.
> 제33조 【정당소속 국회의원의 제명】 정당이 그 소속 국회의원을 제명하기 위해서는 당헌이 정하는 절차를 거치는 외에 그 소속 국회의원 전원의 2분의 1 이상의 찬성이 있어야 한다.

①② [○]

> 헌법 제8조 ① 정당의 설립은 자유이며, 복수정당제는 보장된다.
> ② 정당은 그 목적·조직과 활동이 민주적이어야 하며, 국민의 정치적 의사형성에 참여하는 데 필요한 조직을 가져야 한다.

③ [○] 대통령선거경선후보자가 당내경선 과정에서 탈퇴함으로써 후원회를 둘 수 있는 자격을 상실한 때에는 후원회로부터 후원받은 후원금 전액을 국고에 귀속하도록 하고 있는 구 정치자금법 제21조 제3항 제2호의 '대통령선거경선후보자'에 관한 부분(이하 '이 사건 법률조항'이라고 한다)은 청구인의 평등권을 침해한다(헌재 2009.12.29, 2007헌마1412).

79
정답 ④

④ [○]

> 정당법 제15조 【등록신청의 심사】 등록신청을 받은 관할 선거관리위원회는 형식적 요건을 구비하는 한 이를 거부하지 못한다. 다만, 형식적 요건을 구비하지 못한 때에는 상당한 기간을 정하여 그 보완을 명하고, 2회 이상 보완을 명하여도 응하지 아니할 때에는 그 신청을 각하할 수 있다.

① [×]

> 정당법 제22조 【발기인 및 당원의 자격】 ① 16세 이상의 국민은 공무원 그 밖에 그 신분을 이유로 정당가입이나 정치활동을 금지하는 다른 법령의 규정에 불구하고 누구든지 정당의 발기인 및 당원이 될 수 있다. 다만, 다음 각 호의 어느 하나에 해당하는 자는 그러하지 아니하다.

② [×] 심판대상조항은 정당의 정체성을 보존하고 정당 간의 위법·부당한 간섭을 방지함으로써 정당정치를 보호·육성하기 위한 것으로 볼 수 있다. 이러한 입법목적은 국민의 정치적 의사형성에 중대한 영향을 미치는 정당의 헌법적 기능을 보호하기 위한 것으로 정당하고, 복수 당적 보유를 금지하는 것은 입법목적 달성을 위한 적합한 수단에 해당한다. … 따라서 심판대상조항이 정당의 당원인 청구인들의 정당 가입·활동의 자유를 침해한다고 할 수 없다(헌재 2022.3.31, 2020헌마1729).

③ [×]

> **정당법 제48조【해산된 경우 등의 잔여재산 처분】** ① 정당이 제44조 제1항의 규정에 의하여 등록이 취소되거나 제45조의 규정에 의하여 자진해산한 때에는 그 잔여재산은 당헌이 정하는 바에 따라 처분한다.
> ② 제1항의 규정에 의하여 처분되지 아니한 정당의 잔여재산 및 헌법재판소의 해산결정에 의하여 해산된 정당의 잔여재산은 국고에 귀속한다.

80 　　　　　　　　　　　　　　　　정답 ②

② [×] 정당설립의 자유는 그 성질상 등록된 정당에게만 인정되는 기본권이 아니라 청구인과 같이 등록정당은 아니지만 권리능력 없는 사단의 실체를 가지고 있는 정당에게도 인정되는 기본권이라고 할 수 있고, 청구인이 등록정당으로서의 지위를 갖추지 못한 것은 결국 이 사건 법률조항 및 같은 내용의 현행 정당법(제17조, 제18조)의 정당등록요건규정 때문이고, 장래에도 이 사건 법률조항과 같은 내용의 현행 정당법 규정에 따라 기본권 제한이 반복될 위험이 있으므로, 심판청구의 이익을 인정할 수 있다(헌재 2006.3.30, 2004헌마246).

① [○] 정당해산심판제도는 방어적 민주주의 이념이 구체화된 것으로 본다.

③ [○] 정당은 국민과 국가의 중개자로서 정치적 도관(導管)의 기능을 수행하여 주체적·능동적으로 국민의 다원적 정치의사를 유도·통합함으로써 국가정책의 결정에 직접 영향을 미칠 수 있는 규모의 정치적 의사를 형성하고 있다. 오늘날 대의민주주의에서 차지하는 정당의 이러한 의의와 기능을 고려하여, 헌법 제8조 제1항은 국민 누구나가 원칙적으로 국가의 간섭을 받지 아니하고 정당을 설립할 권리를 기본권으로 보장함과 아울러 복수정당제를 제도적으로 보장하고 있다. 따라서 입법자는 정당설립의 자유를 최대한 보장하는 방향으로 입법하여야 하고, 헌법재판소는 정당설립의 자유를 제한하는 법률의 합헌성을 심사할 때에 헌법 제37조 제2항에 따라 엄격한 비례심사를 하여야 한다(헌재 2014.1.28, 2012헌마431).

④ [○] 정당의 명칭은 그 정당의 정책과 정치적 신념을 나타내는 대표적인 표지에 해당하므로, 정당설립의 자유는 자신들이 원하는 명칭을 사용하여 정당을 설립하거나 정당활동을 할 자유도 포함한다(헌재 2014.1.28, 2012헌마431).

81 　　　　　　　　　　　　　　　　정답 ②

㉠ [○]

> **헌법재판소법 제55조【정당해산심판의 청구】** 정당의 목적이나 활동이 민주적 기본질서에 위배될 때에는 정부는 국무회의의 심의를 거쳐 헌법재판소에 정당해산심판을 청구할 수 있다.
> **헌법 제113조** ① 헌법재판소에서 법률의 위헌결정, 탄핵의 결정, 정당해산의 결정 또는 헌법소원에 관한 인용결정을 할 때에는 재판관 6인 이상의 찬성이 있어야 한다.

㉡ [×]

> **헌법재판소법 제57조【가처분】** 헌법재판소는 정당해산심판의 청구를 받은 때에는 직권 또는 청구인의 신청에 의하여 종국결정의 선고 시까지 피청구인의 활동을 정지하는 결정을 할 수 있다.

㉢ [×]

> **헌법재판소법 제60조【결정의 집행】** 정당의 해산을 명하는 헌법재판소의 결정은 중앙선거관리위원회가 정당법에 따라 집행한다.

㉣ [×] 정당해산심판은 일반적 기속력과 대세적·법규적 효력을 가지는 법령에 대한 헌법재판소의 결정과 달리 원칙적으로 해당 정당에게만 그 효력이 미친다. 또 정당해산결정은 해당 정당의 해산에 그치지 않고 대체정당이나 유사정당의 설립까지 금지하는 효력을 가지므로, 오류가 드러난 결정을 바로잡지 못한다면 현 시점의 민주주의가 훼손되는 것에 그치지 않고 장래 세대의 정치적 의사결정에까지 부당한 제약을 초래할 수 있다. 따라서 정당해산심판절차에서는 재심을 허용하지 아니함으로써 얻을 수 있는 법적 안정성의 이익보다 재심을 허용함으로써 얻을 수 있는 구체적 타당성의 이익이 더 크므로 재심을 허용하여야 한다(헌재 2016.5.26, 2015헌아20).

㉤ [○] 헌법재판소의 해산결정으로 정당이 해산되는 경우에 그 정당 소속 국회의원이 의원직을 상실하는지에 대하여 명문의 규정은 없으나, 정당해산심판제도의 본질은 민주적 기본질서에 위배되는 정당을 정치적 의사형성과정에서 배제함으로써 국민을 보호하는 데에 있는데 해산정당 소속 국회의원의 의원직을 상실시키지 않는 경우 정당해산결정의 실효성을 확보할 수 없게 되므로, 이러한 정당해산제도의 취지 등에 비추어 볼 때 헌법재판소의 정당해산결정이 있는 경우 그 정당 소속 국회의원의 의원직은 당선 방식을 불문하고 모두 상실되어야 한다(헌재 2014.12.19, 2013헌다1).

82 　　　　　　　　　　　　　　　　정답 ③

③ [×] 선거운동의 자유도 무제한일 수는 없는 것이고, 선거의 공정성이라는 또 다른 가치를 위하여 어느 정도 선거운동의 주체, 기간, 방법 등에 대한 규제가 행하여지지 않을 수 없다. 다만 선거운동은 국민주권 행사의 일환일 뿐 아니라 정치적 표현의 자유의 한 형태로서 민주사회를 구성하고

움직이게 하는 요소이므로 그 제한입법의 위헌 여부에 대하여는 엄격한 심사기준이 적용되어야 할 것이다(헌재 2018.2.22, 2015헌바124).

① [O] 헌법은 참정권의 내용으로서 모든 국민에게 법률이 정하는 바에 따라 선거권을 부여하고 있는데, 선거권이 제대로 행사되기 위하여는 후보자에 대한 정보의 자유교환이 필연적으로 요청된다 할 것이므로, 선거운동의 자유는 선거권 행사의 전제 내지 선거권의 중요한 내용을 이룬다고 할 수 있고, 따라서 선거운동의 제한은 선거권의 제한으로도 파악될 수 있을 것이다(헌재 2018.2.22, 2015헌바124).

② [O] 한국철도공사 상근직원의 지위와 권한에 비추어 볼 때, 특정 개인이나 정당을 위한 선거운동을 한다고 하여 그로 인한 부작용과 폐해가 일반 사기업 직원의 경우보다 크다고 보기 어려우므로, 직급이나 직무의 성격에 대한 검토 없이 일률적으로 모든 상근직원에게 선거운동을 전면적으로 금지하고 이에 위반한 경우 처벌하는 것은 선거운동의 자유를 지나치게 제한하는 것이다. 또한, 한국철도공사의 상근직원은 공직선거법의 다른 조항에 의하여 직무상 행위를 이용하여 선거운동을 하거나 하도록 하는 행위를 할 수 없고, 선거에 영향을 미치는 전형적인 행위도 할 수 없다. 더욱이 그 직을 유지한 채 공직선거에 입후보할 수 없는 상근임원과 달리, 한국철도공사의 상근직원은 그 직을 유지한 채 공직선거에 입후보하여 자신을 위한 선거운동을 할 수 있음에도 타인을 위한 선거운동을 전면적으로 금지하는 것은 과도한 제한이다. 따라서 심판대상조항은 선거운동의 자유를 침해한다(헌재 2018.2.22, 2015헌바124).

④ [O] 선거운동의 자유는 널리 선거과정에서 자유로이 의사를 표현할 자유의 일환이므로 표현의 자유의 한 태양이기도 한데, 이러한 정치적 표현의 자유는 선거과정에서의 선거운동을 통하여 국민이 정치적 의견을 자유로이 발표, 교환함으로써 비로소 그 기능을 다하게 된다 할 것이므로 선거운동의 자유는 헌법이 정한 언론·출판·집회·결사의 자유의 보장규정에 의한 보호를 받는다(헌재 2004.4.29, 2002헌마467).

83　　　　　　　　　　　　　　　　　　정답 ②

② [×] 사법적인 성격을 지니는 농협의 조합장선거에서 조합장을 선출하거나 조합장으로 선출될 권리, 조합장선거에서 선거운동을 하는 것은 헌법에 의하여 보호되는 선거권의 범위에 포함되지 않는다(헌재 2012.2.23, 2011헌바154).

① [O] 전국을 단위로 선거를 실시하는 대통령선거와 비례대표국회의원선거에 투표하기 위해서는 국민이라는 자격만으로 충분한 데 반해, 특정한 지역구의 국회의원선거에 투표하기 위해서는 '해당 지역과의 관련성'이 인정되어야 한다. 주민등록과 국내거소신고를 기준으로 지역구국회의원선거권을 인정하는 것은 해당 국민의 지역적 관련성을 확인하는 합리적인 방법이다. 따라서 선거권조항과 재외선거인 등록신청조항이 재외선거인의 임기만료 지역구 국회의원 선거권을 인정하지 않은 것이 재외선거인의 선거권을 침해하거나 보통선거원칙에 위배된다고 볼 수 없다(헌재 2014.7.24, 2009헌마256 등).

③ [O] 선거운동의 자유는 선거권 행사의 전제 내지 선거권의 중요한 내용을 이룬다고 할 수 있다. 그러므로 선거운동의 제한은 후보자에 관한 정보에 자유롭게 접근할 수 있는 권리를 제한하는 것이므로 선거권, 곧 참정권의 제한으로 귀결된다(헌재 1999.6.24, 98헌마153).

④ [O] 기부행위금지조항의 '후보자가 되고자 하는 자'는 당사자의 주관에 의해서만 판단하는 것이 아니라 후보자 의사를 인정할 수 있는 객관적 징표 등을 고려하여 그 해당 여부를 판단하고 있으며, 문제되는 당해 선거를 기준으로 하여 기부 당시 후보자가 되려는 의사를 인정할 수 있는 객관적 징표를 고려하여 판단하면 되므로, 기부행위금지조항은 명확성원칙에 위반되지 아니한다. 기부행위가 금지되는 시기와 대상자는 한정되어 있고, 관련규정에 따라 기부행위가 허용되는 예외도 인정되고 있으며, 그러한 예외에 해당되지 않더라도 사회상규에 위배되지 않는 경우 법원에서 위법성이 조각될 수 있으므로, 기부행위금지조항은 과잉금지원칙에 반하여 선거운동의 자유를 침해하지 아니한다(헌재 2021.8.31, 2018헌바149).

84　　　　　　　　　　　　　　　　　　정답 ④

④ [×] 당선소송(공직선거법 제223조)은 선거소송(공직선거법 제222조)과 달리 제소자를 정당과 후보자로 한정하여 선거인은 제외시키고 있다.

① [O]

> **공직선거법 제156조【투표의 제한】**① 선거인명부에 올라 있지 아니한 자는 투표할 수 없다. 다만, 제41조(異議申請과 決定) 제2항·제42조(不服申請과 決定) 제2항 또는 제43조(名簿漏落者의 구제) 제2항의 이유 있다는 결정통지서를 가지고 온 자는 투표할 수 있다.

② [O] 비례대표제의 장점은 사회 세력에 알맞은 대표를 선출하고, 정당정치의 활성화 및 정당간의 경쟁을 촉진한다는 것이다.

③ [O]

> **공직선거법 제224조【선거무효의 판결 등】**소청이나 소장을 접수한 선거관리위원회 또는 대법원이나 고등법원은 선거쟁송에 있어 선거에 관한 규정에 위반된 사실이 있는 때라도 선거의 결과에 영향을 미쳤다고 인정하는 때에 한하여 선거의 전부나 일부의 무효 또는 당선의 무효를 결정하거나 판결한다.

85　　　　　　　　　　　　　　　　　　정답 ①

㉠ [×]

> **헌법 제41조**① 국회는 국민의 보통·평등·직접·비밀선거에 의하여 선출된 국회의원으로 구성한다.
> **제67조**① 대통령은 국민의 보통·평등·직접·비밀선거에 의하여 선출한다.

ⓛ [O] 공직선거및선거부정방지법 제37조 제1항은 국민 중 국내에 주민등록이 되어 있는 국민에 대하여 선거권을 인정하고 있을 뿐 국내에 주민등록이 되어 있지 아니한 재외국민에 대하여서는 선거권을 인정할 수 없음을 분명히 하고 있으므로 이른바 부진정입법부작위에 해당한다(헌재 1999. 1.28, 97헌마253).

ⓒ [×] 심판대상조항의 입법목적에 비추어 보더라도, 구체적인 범죄의 종류나 내용 및 불법성의 정도 등과 관계없이 일률적으로 선거권을 제한하여야 할 필요성이 있다고 보기는 어렵다. 범죄자가 저지른 범죄의 경중을 전혀 고려하지 않고 수형자와 집행유예자 모두의 선거권을 제한하는 것은 침해의 최소성원칙에 어긋난다. 특히 집행유예자는 집행유예 선고가 실효되거나 취소되지 않는 한 교정시설에 구금되지 않고 일반인과 동일한 사회생활을 하고 있으므로, 그들의 선거권을 제한해야 할 필요성이 크지 않다. 따라서 심판대상조항은 청구인들의 선거권을 침해하고, 보통선거원칙에 위반하여 집행유예자와 수형자를 차별취급하는 것이므로 평등원칙에도 어긋난다(헌재 2014.1.28, 2012헌마409 등).

ⓔ [O] 선거인명부에 오를 자격이 있는 국내거주자에 대해서만 부재자신고를 허용함으로써 재외국민과 단기해외체류자 등 국외거주자 전부의 국정선거권을 부인하는 것은 정당한 입법목적을 갖추지 못한 것으로 헌법 제37조 제2항에 위반하여 국외거주자의 선거권과 평등권을 침해하고 보통선거원칙에도 위반된다(헌재 2007.6.28, 2004헌마644 등).

ⓜ [O] 국민투표는 선거와 달리 국민이 직접 국가의 정치에 참여하는 절차이므로, 국민투표권은 대한민국 국민의 자격이 있는 사람에게 반드시 인정되어야 하는 권리이다. 이처럼 국민의 본질적 지위에서 도출되는 국민투표권을 추상적 위험 내지 선거기술상의 사유로 배제하는 것은 헌법이 부여한 참정권을 사실상 박탈한 것과 다름없다. 따라서 국민투표법조항은 재외선거인의 국민투표권을 침해한다(헌재 2014. 7.24, 2009헌마256 등).

<h2>86</h2> 정답 ④

④ [×] 절대다수대표제가 아닌 상대다수대표제이다. 우리나라의 국회의원선거는 소선거구제와 상대적으로 가장 많은 유효투표를 득표한 사람을 선출하는 상대다수대표제, 비례대표제를 함께 채택하고 있다.

① [O] 보통선거의 원칙은 일정한 연령에 달한 모든 국민에게 선거권을 인정하여야 한다는 것을 의미한다. 헌법 제24조의 내용이 이에 속한다.

> 헌법 제24조 모든 국민은 법률이 정하는 바에 의하여 선거권을 가진다.

② [O] 선거는 주권자인 국민이 그 주권을 행사하는 통로이므로 선거제도는 첫째, 국민의 의사를 제대로 반영하고, 둘째, 국민의 자유로운 선택을 보장하여야 하고, 셋째, 정당의 공직선거 후보자의 결정과정이 민주적이어야 하며, 그렇지 않으면 민주주의원리 나아가 국민주권의 원리에 부합한다고 볼 수 없다(헌재 2001.7.19, 2000헌마91 등).

③ [O] 선거구당 선출되는 의원정수에 따라 소선거구제, 중선거구제, 대선거구제로 나눌 수 있고, 대표의 결정방식에 따라 다수대표제, 소수대표제 및 비례대표제 등으로 나눌 수 있다.

<h2>87</h2> 정답 ②

② [×] 1인1표제하에서의 비례대표의석배분방식에서, 지역구 후보자에 대한 투표는 지역구의원의 선출에 기여함과 아울러 그가 속한 정당의 비례대표의원의 선출에도 기여하는 이중의 가치를 지니게 되는 데 반하여, 무소속후보자에 대한 투표는 그 무소속후보자의 선출에만 기여할 뿐 비례대표의원의 선출에는 전혀 기여하지 못하므로 투표가치의 불평등이 발생하는바, 자신이 지지하는 정당이 자신의 지역구에 후보자를 추천하지 않아 어쩔 수 없이 무소속후보자에게 투표하는 유권자들로서는 자신의 의사에 반하여 투표가치의 불평등을 강요하게 되는바, 이는 합리적 이유 없이 무소속 후보자에게 투표하는 유권자를 차별하는 것이라 할 것이므로 평등선거의 원칙에 위배된다[헌재 2001.7.19, 2000헌마91 · 112 · 134(병합)].

① [O] 헌법 제41조 제1항에 의한 선거원칙은 보통 · 평등 · 직접 · 비밀 · 자유 선거인데 공선법 제188조의 규정처럼 유효투표의 다수를 얻은 자를 당선인으로 결정하도록 하는 것이 헌법에서 선언된 위와 같은 선거원칙에 위반된다고 할 근거는 찾아볼 수 없다. 선거의 대표성 확보는 모든 선거권자들에게 차등 없이 투표참여의 기회를 부여하고, 그 투표에 참여한 선거권자들의 표를 동등한 가치로 평가하여 유효투표 중 다수의 득표를 얻은 자를 당선인으로 결정하는 현행 방식에 의해 충분히 구현된다고 해야 하는 것이다. 그리고 차등 없이 투표참여의 기회를 부여했음에도 불구하고 자발적으로 투표에 참가하지 않은 선거권자들의 의사도 존중해야 할 필요가 있다. 따라서 유효투표의 다수를 얻은 후보자를 당선인으로 결정하게 한 공선법 규정도 선거의 대표성의 본질이나 국민주권 원리를 침해하는 것이 아니다(헌재 2003.11.27, 2003헌마259).

③ [O] 현행 정당 · 의석우선제도는 선거운동의 준비나 선거운동에 있어서 다수의석을 가진 정당후보자에게 유리하고, 소수의석을 가진 정당이나 의석이 없는 정당후보자 및 무소속 후보자에게는 상대적으로 불리하여 차별을 두었다고 할 수 있다. 그러나 정당제민주주의에 바탕을 둔 우리 헌법은 정당 설립의 자유와 복수정당제를 보장하고(헌법 제8조 제1항), 정당의 목적 · 조직 · 활동이 민주적인 한 법률이 정하는 바에 의하여 국가의 보호를 받으며, 정당운영에 필요한 자금도 보조받을 수 있도록 하는 등(같은 조 제2항 내지 제4항) 정당을 일반결사에 비하여 특별히 두텁게 보호하고 있다. 그리고 정당이 국민의 정치적 의사형성에 참여하는 가장 중요한 형태는 공직선거에 있어서 후보자를 추천 · 지지함으로써 행하는 선거를 통한 참여라고 할 것이고, 여기에 정당 본래의 존재 의의가 있다 할 것이다. 따라서 공직선거에 있어서 정당후보자에게 무소속후보자보다 우선순위의 기호를 부여하는 제도는 정당제도의 존재 의의에 비추어 그 목적이 정당하다(헌재 2007.10.4, 2006헌마364).

④ [○]

> 헌법 제67조 ② 제1항의 선거에 있어서 최고득표자가 2인 이상인 때에는 국회의 재적의원 과반수가 출석한 공개회의에서 다수표를 얻은 자를 당선자로 한다.

88 정답 ①

① [×] 재외선거인 등록신청조항이 재외선거인에게 국회의원 재·보궐선거의 선거권을 인정하지 않은 것이 나머지 청구인들의 선거권을 침해하거나 보통선거원칙에 위배된다고 볼 수 없다(헌재 2014.7.24, 2009헌마256).

관련판례

> 입법자는 재외선거제도를 형성하면서, 잦은 재·보궐선거는 재외국민으로 하여금 상시적인 선거체제에 직면하게 하는 점, 재외 재·보궐선거의 투표율이 높지 않을 것으로 예상되는 점, 재·보궐선거 사유가 확정될 때마다 전 세계 해외 공관을 가동하여야 하는 등 많은 비용과 시간이 소요된다는 점을 종합적으로 고려하여 재외선거인에게 국회의원의 재·보궐선거권을 부여하지 않았다고 할 것이고, 이와 같은 선거제도의 형성이 현저히 불합리하거나 불공정하다고 볼 수 없다. 따라서 재외선거인 등록신청조항은 재외선거인의 선거권을 침해하거나 보통선거원칙에 위배된다고 볼 수 없다(헌재 2014.7.24, 2009헌마256).

② [○] 지방의회의원 선거권은 헌법에 명시되어 있으며, 지방자치단체의 장 선거권은 판례가 인정하는 헌법상의 기본권이다.

> 헌법 제118조 ② 지방의회의 조직·권한·의원선거와 지방자치단체의 장의 선임방법 기타 지방자치단체의 조직과 운영에 관한 사항은 법률로 정한다.

주민자치제를 본질로 하는 민주적 지방자치제도가 안정적으로 뿌리내린 현 시점에서 지방자치단체의 장 선거권을 지방의회의원 선거권, 나아가 국회의원 선거권 및 대통령 선거권과 구별하여 하나는 법률상의 권리로, 나머지는 헌법상의 권리로 이원화하는 것은 허용될 수 없다. 그러므로 지방자치단체의 장 선거권 역시 다른 선거권과 마찬가지로 헌법 제24조에 의해 보호되는 기본권으로 인정하여야 한다(헌재 2016.10.27, 2014헌마797).

③ [○] 1년 이상의 징역형을 선고받은 사람의 선거권을 제한함으로써 형사적·사회적 제재를 부과하고 준법의식을 강화한다는 공익이, 형 집행기간 동안 선거권을 행사하지 못하는 수형자 개인의 불이익보다 작다고 할 수 없다. 따라서 심판대상조항은 과잉금지원칙을 위반하여 청구인의 선거권을 침해하지 아니한다(헌재 2017.5.25, 2016헌마292).

④ [○] 보통선거제도는 일정한 연령에 이르지 못한 국민에 대하여 선거권을 제한하는 것을 당연한 전제로 삼고 있고, 헌법은 제24조에서 모든 국민은 '법률이 정하는 바'에 의하여 선거권을 가진다고 규정함으로써 선거권 연령의 구분을 입법자에게 위임하고 있으므로, 보통선거에서 선거권 연령을 몇 세로 정할 것인가의 문제는 입법자가 그 나라의 역사, 전통과 문화, 국민의 의식수준, 교육적 요소, 미성년자의 신체적·정신적 자율성, 정치적 사회적 영향 등 여러 가지 사항을 종합하여 결정하는 것으로서, 이는 입법자가 입법목적 달성을 위한 선택의 문제이고 입법자가 선택한 수단이 현저하게 불합리하고 불공정한 것이 아닌 한 재량에 속하는 것인바, 공선법 제15조 제1항이 선거권 연령을 20세 이상으로 제한하고 있는 것은, 입법자가 미성년자의 정신적 신체적 자율성의 불충분 외에도 교육적인 측면에서 예견되는 부작용과 일상생활 여건상 독자적으로 정치적인 판단을 할 수 있는 능력에 대한 의문 등 여러 가지 사정을 고려하여 규정한 것이어서 이를 입법부에게 주어진 합리적인 재량의 범위를 벗어난 것으로 볼 수 없으므로, 위 법 조항은 18~19세 미성년자들에게 보장된 헌법 제11조 제1항의 평등권이나 제41조 제1항의 보통·평등선거의 원칙에 위반하는 것이 아니다(헌재 2001.6.28, 2000헌마111).

89 정답 ①

㉠ [○] 지역구국회의원선거와 지방자치단체의 장 선거는 헌법상 선거제도 규정 방식이나 선거대상의 지위와 성격, 기관의 직무 및 기능, 선거구 수 등에 있어 차이가 있을 뿐, 예비후보자의 무분별한 난립을 막고 책임성을 강화하며 그 성실성을 담보하고자 하는 기탁금제도의 취지 측면에서는 동일하므로, 헌법재판소의 2016헌마541 결정에서의 판단은 이 사건에서도 타당하고, 그 견해를 변경할 사정이 있다고 보기 어려우므로, 지방자치단체의 장 선거에 있어 정당의 공천심사에서 탈락한 후 후보자등록을 하지 않은 경우를 기탁금 반환 사유로 규정하지 않은 심판대상조항은 과잉금지원칙에 반하여 헌법에 위반된다(헌재 2020.9.24, 2018헌가15).

㉡ [○] 선거비용 보전 제한조항이 달성하려는 공익은 선거가 조기에 과열되거나 불필요한 선거운동이 남용되어 선거 과정이 혼탁해지는 것을 방지하고 선거공영제를 운영함에 있어 국가 예산을 효율적으로 집행하려는 것이다. 예비후보자 선거비용을 보전해줄 경우 선거가 조기에 과열되어 정치신인이 자신을 홍보할 수 있게 해준다는 예비후보자 제도의 취지를 넘어서 선거운동을 하는 수단으로 악용될 수 있다. 그러한 경우 예비후보자 시기에서부터 탈법적인 선거운동이 발생하거나 예비후보자 선거비용이 증가함에 따라 선거비용 제한을 면탈하려는 시도들이 발생할 가능성이 커지는 등 이를 단속하기 위한 행정력의 낭비도 증가할 수 있다. 반면 선거비용 보전 제한조항으로 인하여 후보자가 받는 불이익은 예비후보자 선거비용을 보전받을 수 없어 선거운동에 있어 일부 경제적 부담을 지게 된다는 것이다. 그러나 예비후보자도 후원회를 통해 후원금을 기부받아 선거비용을 지출할 수 있으므로, 그 노력 여하에 따라 상당한 수준의 경제적 부담이 경감될 수 있다. 이처럼 후보자가 선거비용 보전 제한조항으로 인하여 받게 되는 불이익이 보호하려고 하는 공익보다 더 크다고 할 수 없으므로, 선거비용 보전 제한조항은 법익균형성원칙에도 반하지 않는다. 선거비용 보전 제한조항은 후보자에게 선거공영제에 반하는 과도한 부담을 지우는 것이라고 할 수 없으므로, 청구인들의 선거운동의 자유를 침해하지 않는다(헌재 2018.7.26, 2016헌마524).

© [×] 이 사건 투표시간조항이 투표개시시간을 일과시간 이내인 오전 10시부터로 정한 것은 투표시간을 줄인 만큼 투표관리의 효율성을 도모하고 행정부담을 줄이는 데 있고, 그 밖에 부재자투표의 인계·발송절차의 지연위험 등과는 관련이 없다. 이에 반해 일과시간에 학업이나 직장업무를 하여야 하는 부재자투표자는 이 사건 투표시간조항 중 투표개시시간 부분으로 인하여 일과시간 이전에 투표소에 가서 투표할 수 없게 되어 사실상 선거권을 행사할 수 없게 되는 중대한 제한을 받는다. 따라서 이 사건 투표시간조항 중 투표개시시간 부분은 수단의 적정성, 법익균형성을 갖추지 못하므로 과잉금지원칙에 위배하여 청구인의 선거권과 평등권을 침해하는 것이다(헌재 2012.2.23, 2010헌마601).

② [×] 심판대상조항으로 인해 청구인이 받는 불이익은 투표보조인이 가족이 아닌 경우 2인을 동반해야 하므로, 투표보조인이 1인인 경우에 비하여 투표의 비밀이 더 유지되기 어렵고, 투표보조인을 추가로 섭외해야 한다는 불편이다. 그런데 앞에서 살펴본 것처럼 중앙선거관리위원회는 실무상 선거인이 가족이 아닌 투표보조인 2인을 동반하지 않은 경우 투표참관인의 입회 아래 투표사무원 중 1인 또는 2인을 투표보조인으로 선정하여 투표보조인 2인이 투표를 보조할 수 있도록 함으로써 선거인이 투표보조인을 섭외해야 하는 불편을 해소하고 있고, 이러한 투표보조인 2인은 중증장애인의 선거권 행사를 실질적으로 보장하고 선거의 공정성을 확보하기 위한 최소한의 인원이라는 점에서 그 불이익이 크다고 보기 어렵다. 나아가 공직선거법은 형사처벌을 통해 투표보조인이 선거인의 투표의 비밀을 침해하는 것을 방지하여 투표의 비밀이 유지되도록 하고 있다. 따라서 심판대상조항으로 달성하고자 하는 공익이 청구인이 받는 불이익보다 더 크다고 할 수 있으므로, 심판대상조항은 법익의 균형성원칙에 반하지 않는다. 그러므로 심판대상조항은 비밀선거의 원칙에 대한 예외를 두고 있지만 필요하고 불가피한 예외적인 경우에 한하고 있으므로, 과잉금지원칙에 반하여 청구인의 선거권을 침해하지 않는다(헌재 2020.5.27, 2017헌마867).

---

90   정답 ③

㉠ [×] 소선거구 다수대표제는 다수의 사표가 발생할 수 있다는 문제점이 제기됨에도 불구하고 정치의 책임성과 안정성을 강화하고 인물 검증을 통해 당선자를 선출하는 등 장점을 가지며, 선거의 대표성이나 평등선거의 원칙 측면에서도 다른 선거제도와 비교하여 반드시 열등하다고 단정할 수 없다. … 선거제도상 모든 후보자들을 당선시키는 것은 불가능하므로 사표의 발생은 불가피한 측면이 있다(헌재 2016.5.26, 2012헌마374).

㉡ [○] 우리 헌법은 법률이 정하는 바에 따른 '선거권'과 '공무담임권' 및 국가안위에 관한 중요정책과 헌법개정에 대한 '국민투표권'만을 헌법상의 참정권으로 보장하고 있으므로, 지방자치법 제13조의2에서 규정한 주민투표권은 그 성질상 선거권, 공무담임권, 국민투표권과 전혀 다른 것이어서 이를 법률이 보장하는 참정권이라고 할 수 있을지언정 헌법이 보장하는 참정권이라고 할 수는 없다(헌재 2001.6.28, 2000헌마735).

© [×] 범죄자가 저지른 범죄의 경중을 전혀 고려하지 않고 수형자와 집행유예자 모두의 선거권을 제한하는 것은 침해의 최소성원칙에 어긋난다. 특히 집행유예자는 집행유예선고가 실효되거나 취소되지 않는 한 교정시설에 구금되지 않고 일반인과 동일한 사회생활을 하고 있으므로, 그들의 선거권을 제한해야 할 필요성이 크지 않다. 따라서 심판대상조항은 청구인들의 선거권을 침해하고, 보통선거원칙에 위반하여 집행유예자와 수형자를 차별취급하는 것이므로 평등원칙에도 어긋난다(헌재 2014.1.28, 2012헌마409 등).

② [×] 출입국관리법 제10조에 따른 영주의 체류자격 취득일 후 3년이 경과한 외국인으로서 해당 지방자치단체의 외국인 등록대장에 올라 있는 사람은 그 구역에서 선거하는 지방자치단체의 의회의원 및 장의 선거권이 있다(공직선거법 제15조 제2항 제3호).

⑤ [○] 공무담임권은 국민이 공무담임에 관한 평등한 기회를 보장받는 권리로서 공직취임 기회의 자의적인 배제와 공무원 신분의 부당한 박탈을 금지하는 것을 그 보호영역으로 한다. 살피건대, 이 사건 법률조항에서 규정한 제재는 이미 선거에 입후보하여 당선된 사람 즉, 공직취임의 기회를 이미 보장받았던 사람을 대상으로 하는 것이라서 공직취임의 기회를 배제하는 내용이라고 볼 수 없고, 그 제재의 내용도 금전적 불이익의 부과뿐이라서 공무원 신분의 부당한 박탈에 관한 규정이라고 할 수 없으므로 공무담임권의 보호영역에 속하는 사항을 규정한 것이 아니다. 그리고 이 사건 법률조항은 선거범죄를 저질러 벌금 100만 원 이상의 형을 선고받은 당선자만을 제재대상으로 하고 있어 선거범죄를 저지르지 않고 선거를 치르려는 대부분의 후보자는 제재대상에 포함될 여지가 없으므로 청구인의 주장과 같이 자력이 충분하지 못한 국민의 입후보를 곤란하게 하는 효과를 갖는다고 할 수도 없다. 따라서 이 사건 법률조항에 의하여 공무담임권이 제한된다고 할 수 없다(헌재 2011.4.28, 2010헌바232).

---

91   정답 ④

④ [×]

> **공직선거법 제23조 【당선소송】** ① 대통령선거 및 국회의원선거에 있어서 당선의 효력에 이의가 있는 정당(후보자를 추천한 정당에 한한다) 또는 후보자는 당선인결정일부터 30일 이내에 제52조 제1항·제3항 또는 제192조 제1항부터 제3항까지의 사유에 해당함을 이유로 하는 때에는 당선인을, 제187조(대통령당선인의 결정·공고·통지) 제1항·제2항, 제188조(지역구국회의원당선인의 결정·공고·통지) 제1항 내지 제4항, 제189조(비례대표국회의원의석의 배분과 당선인의 결정·공고·통지) 또는 제194조(당선인의 재결정과 비례대표국회의원의석 및 비례대표지방의회의원의석의 재배분) 제4항의 규정에 의한 결정의 위법을 이유로 하는 때에는 대통령선거에 있어서는 그 당선인을 결정한 중앙선거관리위원회위원장 또는 국회의장을, 국회의원선거에 있어서는 당해 선거구선거관리위원회위원장을 각각 피고로 하여 대법원에 소를 제기할 수 있다.

① [O] 심판대상조항은 보통선거원칙을 구현하기 위한 선거권 연령이 공직선거법 제15조 제2항에 별도로 구체적으로 정해져 있음을 전제로 하여, 그 연령을 산정하는 기준일을 규정한다. 따라서 심판대상조항의 합리성 유무는 심판대상조항에 따라 선거권이 있는 사람과 없는 사람을 명확하게 가를 수 있는지 여부에 좌우된다. 선거일은 공직선거법 제34조 내지 제36조에 명확하게 규정되어 있고 심판대상조항은 선거일 현재를 선거권연령 산정 기준일로 규정하고 있으므로, 국민 각자의 생일을 기준으로 선거권의 유무를 명확하게 판단할 수 있다. 심판대상조항과 달리 선거권연령 산정 기준일을 선거일 이전이나 이후의 특정한 날로 정할 경우, 이를 구체적으로 언제로 할지에 관해 자의적인 판단이 개입될 여지가 있고, 공직선거법 제15조 제2항이 개정되어 선거권연령 자체가 18세로 하향 조정된 점까지 아울러 고려하면, 심판대상조항은 입법형성권의 한계를 벗어나 청구인의 선거권이나 평등권을 침해하지 않는다(헌재 2021.9.30, 2018헌마300).

② [O] 소선거구 다수대표제는 다수의 사표가 발생할 수 있다는 문제점이 제기됨에도 불구하고 정치의 책임성과 안정성을 강화하고 인물 검증을 통해 당선자를 선출하는 등 장점을 가지며, 선거의 대표성이나 평등선거의 원칙 측면에서도 다른 선거제도와 비교하여 반드시 열등하다고 단정할 수 없다. 또한 비례대표선거제도를 통하여 소선거구 다수대표제를 채택함에 따라 발생하는 정당의 득표비율과 의석비율간의 차이를 보완하고 있다. 그리고 유권자들의 후보들에 대한 각기 다른 지지는 자연스러운 것이고, 선거제도상 모든 후보자들을 당선시키는 것은 불가능하므로 사표의 발생은 불가피한 측면이 있다. … 심판대상조항이 청구인의 평등권과 선거권을 침해한다고 할 수 없다(헌재 2016.5.26, 2012헌마374).

③ [O]

> 공직선거법 제18조【선거권이 없는 자】① 선거일 현재 다음 각 호의 어느 하나에 해당하는 사람은 선거권이 없다.
> 　3. 선거범, 정치자금법 제45조(정치자금부정수수죄) 및 제49조(선거비용관련 위반행위에 관한 벌칙)에 규정된 죄를 범한 자 또는 대통령·국회의원·지방의회의원·지방자치단체의 장으로서 그 재임 중의 직무와 관련하여 형법(특정범죄가중처벌 등에 관한 법률 제2조에 의하여 가중처벌되는 경우를 포함한다) 제129조(수뢰, 사전수뢰) 내지 제132조(알선수뢰)·특정범죄가중처벌 등에 관한 법률 제3조(알선수재)에 규정된 죄를 범한 자로서, 100만 원 이상의 벌금형의 선고를 받고 그 형이 확정된 후 5년 또는 형의 집행유예의 선고를 받고 그 형이 확정된 후 10년을 경과하지 아니하거나 징역형의 선고를 받고 그 집행을 받지 아니하기로 확정된 후 또는 그 형의 집행이 종료되거나 면제된 후 10년을 경과하지 아니한 자(형이 실효된 자도 포함한다)

유공자·상이군경 및 전몰군경의 유가족에 대한 우선적 근로기회의 보장을 규정한 헌법 제32조 제6항, 여자, 노인과 청소년, 신체장애자 등에 대한 사회보장의무를 규정한 헌법 제34조 제2항 내지 제5항 등을 들 수 있다. 이와 같은 헌법적 요청이 있는 경우에는 합리적 범위 안에서 능력주의가 제한될 수 있다(헌재 2001.2.22, 2000헌마25).

④ [×] 범죄행위로 형사처벌을 받은 공무원에 대하여 형사처벌사실 그 자체를 이유로 신분상 불이익처분을 하는 방법과 별도의 징계절차를 거쳐 불이익처분을 하는 방법 중 어느 방법을 선택할 것인가는 입법자의 재량에 속하는 것인바, 공무원에게 부과되는 신분상 불이익과 보호하려는 공익이 합리적 균형을 이루는 한 법원이 범죄의 모든 정황을 고려하여 금고 이상의 형의 집행유예 판결을 하였다면 그 범죄행위가 직무와 직접적 관련이 없거나 과실에 의한 것이라 하더라도 공무원의 품위를 손상하는 것으로 당해 공무원에 대한 사회적 비난가능성이 결코 적지 아니함을 의미하므로 이를 공무원의 당연퇴직사유로 규정한 것을 위헌의 법률조항이라고 볼 수 없고, 집행유예와 선고유예의 차이, 금고형과 벌금형의 경중을 고려할 때 이 사건 법률조항이 집행유예 판결을 받은 자를 합리적 이유 없이 선고유예나 벌금형의 판결을 받은 자에 비하여 차별하는 것이라고도 볼 수 없다(헌재 2003.12.18, 2003헌마409).

94 정답 ④

④ [×] 위 규정들은 공무원의 근무기강을 확립하고 공무원의 정치적 중립성을 확보하려는 입법목적을 가진 것으로서, 공무원이 직무 수행 중 정치적 주장을 표시·상징하는 복장 등을 착용하는 행위는 그 주장의 당부를 떠나 국민으로 하여금 공무집행의 공정성과 정치적 중립성을 의심하게 할 수 있으므로 공무원이 직무수행 중인 경우에는 그 활동과 행위에 더 큰 제약이 가능하다고 하여야 할 것인바, 위 규정들은 오로지 공무원의 직무수행 중의 행위만을 금지하고 있으므로 침해의 최소성원칙에 위배되지 아니한다. 따라서 위 규정들은 과잉금지원칙에 반하여 공무원의 정치적 표현의 자유를 침해한다고 할 수 없다(헌재 2012.5.31, 2009헌마705).

① [○]

> **헌법 제7조** ① 공무원은 국민전체에 대한 봉사자이며, 국민에 대하여 책임을 진다.
> ② 공무원의 신분과 정치적 중립성은 법률이 정하는 바에 의하여 보장된다.

② [○] 직업공무원제도하에서 입법자는 직제폐지로 생기는 유휴인력을 직권면직하여 행정의 효율성 이념을 달성하고자 할 경우에도 직업공무원제도에 따른 공무원의 권익이 손상되지 않도록 조화로운 입법을 하여야 하는데, 직제가 폐지되면 해당 공무원은 그 신분을 잃게 되므로 직제폐지를 이유로 공무원을 직권면직할 때는 합리적인 근거를 요하며, 직권면직이 시행되는 과정에서 합리성과 공정성이 담보될 수 있는 절차적 장치가 요구된다(헌재 2004.11.25, 2002헌바8).

③ [○] 직업공무원제도는 헌법이 보장하는 제도적 보장 중의 하나임이 분명하므로 입법자는 직업공무원제도에 관하여 '최소한 보장'의 원칙의 한계 안에서 폭넓은 입법형성의 자유를 가진다(헌재 1997.4.24, 95헌바48).

95 정답 ③

③ [×] 우리나라는 직업공무원제도를 채택하고 있는데, 이는 공무원이 집권세력의 논공행상의 제물이 되는 엽관제도(獵官制度)를 지양하고 정권교체에 따른 국가작용의 중단과 혼란을 예방하고 일관성 있는 공무수행의 독자성을 유지하기 위하여 헌법과 법률에 의하여 공무원의 신분이 보장되는 공직구조에 관한 제도이다. 여기서 말하는 공무원은 국가 또는 공공단체와 근로관계를 맺고 이른바 공법상 특별권력관계 내지 특별행정법관계 아래 공무를 담당하는 것을 직업으로 하는 협의의 공무원을 말하며 정치적 공무원이라든가 임시적 공무원은 포함되지 않는 것이다(헌재 1989.12.18, 89헌마32).

① [○] 국민이 공무원으로 임용된 경우에 있어서 그가 정년까지 근무할 수 있는 권리는 헌법의 공무원신분보장 규정에 의하여 보호되는 기득권으로서 그 침해 내지 제한은 신뢰보호의 원칙에 위배되지 않는 범위 내에서만 가능하다고 할 것이다(헌재 1994.4.28, 91헌바15).

② [○] 지방자치단체의 직제가 폐지된 경우에 해당 공무원을 직권면직할 수 있도록 규정하고 있는 지방공무원법 제62조 제1항 제3호가 직업공무원제도를 위반하지 않는다(헌재 2004.11.25, 2002헌바8).

④ [○] 공무원이 정년까지 근무할 수 있는 권리는 헌법의 공무원신분보장규정에 의하여 보호되는 기득권으로서 그 침해 내지 제한은 신뢰보호의 원칙에 위배되지 않는 범위 내에서만 가능하다고 할 것인즉 기존의 정년규정을 변경하여 임용 당시의 공무원법상의 정년까지 근무할 수 있다는 기대 내지 신뢰를 합리적 이유 없이 박탈하는 것은 위 공무원신분 보장규정에 위배된다 할 것이나, 임용 당시의 공무원법상의 정년까지 근무할 수 있다는 기대와 신뢰는 절대적인 권리로서 보호되어야만 하는 것은 아니고 행정조직, 직제의 변경 또는 예산의 감소 등 강한 공익상의 정당한 근거에 의하여 좌우될 수 있는 상대적이고 가변적인 것이라 할 것이므로 입법자에게는 제반사정을 고려하여 합리적인 범위 내에서 정년을 조정할 입법형성권이 인정된다(헌재 2000.12.14, 99헌마112 등).

96 정답 ③

③ [○] 직업공무원제도는 바로 헌법이 보장하는 제도적 보장 중의 하나임이 분명하므로 입법자는 직업공무원제도에 관하여 '최소한 보장'의 원칙의 한계 안에서 폭넓은 입법형성의 자유를 가진다(헌재 1997.4.24, 95헌바48).

① [×] 경찰공무원이 자격정지 이상의 형의 선고유예를 받은 경우 당연퇴직하도록 규정하고 있는 이 사건 법률조항이 헌법 제25조의 공무담임권을 침해한다(헌재 2004.9.23, 2004헌가12).

② [×] 지방자치단체의 직제가 폐지된 경우에 해당 공무원을 직권면직할 수 있도록 규정하고 있는 지방공무원법 제62조 제1항 제3호가 직업공무원제도를 위반하지 않는다(헌재 2004. 11.25, 2002헌바8).

④ [×] 순경 공개경쟁채용시험의 응시연령 상한을 '30세 이하'로 규정한 부분, 소방사·지방소방사 공개경쟁채용시험 및 특별채용시험의 응시연령 상한을 '30세 이하'로 규정한 부분 및 소방간부후보생 선발시험의 응시연령 상한을 '30세 이하'로 규정한 부분들은 공무담임권을 침해한다(헌재 2012. 5.31, 2010헌마278).

97   정답 ①

① [×] 특히, 정치운동 중 특정 정당 또는 특정인을 지지 또는 반대하기 위하여 기부금을 모집 또는 모집하게 하거나, 공공자금을 이용 또는 이용하게 하는 행위는 정치활동에 대한 지지·지원인 동시에 정책적 영향력 행사의 의도 또는 가능성을 내포하고 있는 행위로서, 이러한 행위는 공무원의 정치적 중립성에 정면으로 반하는 행위이다. 따라서 이 사건 기부금모집 금지조항은 위와 같은 입법목적의 달성에 적합한 수단임이 인정된다. 이 사건 기부금모집 금지조항이 과잉금지원칙을 위배하여 정치적 의사표현의 자유를 제한한다고 볼 수 없다(헌재 2012.7.26, 2009헌바298).

② [○] 심판대상조항이 서울교통공사 상근임원의 경선운동을 금지하는 데 더하여 상근직원에게까지 경선운동을 금지하는 것은 당내경선의 형평성과 공정성을 확보한다는 입법목적에 비추어 보았을 때 과도한 제한이라고 볼 수 있다. 이처럼 심판대상조항이 정치적 표현의 자유를 중대하게 제한하는 반면, 당내경선의 형평성과 공정성의 확보라는 공익에 기여하는 바가 크다고 보기 어렵다. 따라서 심판대상조항은 법익의 균형성을 충족하지 못하였다. 심판대상조항은 과잉금지원칙을 위반하여 정치적 표현의 자유를 침해한다(헌재 2021.9.6, 2021헌가24).

③ [○] 헌법 제33조 제2항이 직접 '법률이 정하는 자'만이 노동3권을 향유할 수 있다고 규정하고 있어서 '법률이 정하는 자' 이외의 공무원은 노동3권의 주체가 되지 못하므로, '법률이 정하는 자' 이외의 공무원에 대해서도 노동3권이 인정됨을 전제로 하여 헌법 제37조 제2항의 과잉금지원칙을 적용할 수는 없는 것이다. 한편, 법 제66조 제1항은 근로3권이 보장되는 공무원의 범위를 사실상 노무에 종사하는 공무원에 한정하고 있으나, 이는 헌법 제33조 제2항에 근거한 것이고, 전체국민의 공공복리와 사실상 노무에 공무원의 직무의 내용, 노동조건 등을 고려해 보았을 때 입법자에게 허용된 입법재량권의 범위를 벗어난 것이라 할 수 없다(헌재 2007.8.30, 2003헌바51).

④ [○] 공무원의 정당가입이 허용된다면, 공무원의 정치적 행위가 직무 내의 것인지 직무 외의 것인지 구분하기 어려운 경우가 많고, 설사 공무원이 근무시간 외에 혹은 직무와 관련 없이 정당과 관련한 정치적 표현행위를 한다 하더라도 공무원의 정치적 중립성에 대한 국민의 기대와 신뢰는 유지되기 어렵다(헌재 2020.4.23, 2018헌마551).

98   정답 ②

② [×] 지방자치단체의 대표인 단체장은 지방의회의원과 마찬가지로 주민의 자발적 지지에 기초를 둔 선거를 통해 선출되어야 한다. … 민주적 지방자치제도가 안정적으로 뿌리내린 현 시점에서 지방자치단체의 장 선거권을 지방의회의원선거권, 나아가 국회의원 선거권 및 대통령 선거권과 구별하여 하나는 법률상의 권리로, 나머지는 헌법상의 권리로 이원화하는 것은 허용될 수 없다. 그러므로 지방자치단체의 장 선거권 역시 다른 선거권과 마찬가지로 헌법 제24조에 의해 보호되는 기본권으로 인정하여야 한다(헌재 2016.10.27, 2014헌마797).

① [○] 헌법 제117조 제1항은 '지방자치단체는 주민의 복리에 관한 사무를 처리하고 재산을 관리하며, 법령의 범위안에서 자치에 관한규정을 제정할 수 있다'라고 규정하여 지방자치제도의 보장과 지방자치단체의 자치권을 규정하고 있다. … 헌법 제117조 제1항에서 규정하고 있는 '법령'에 법률 이외에 헌법 제75조 및 제95조 등에 의거한 '대통령령', '총리령' 및 '부령'과 같은 법규명령이 포함되는 것은 물론이지만, 헌법재판소의 "법령의 직접적인 위임에 따라 수임행정기관이 그 법령을 시행하는데 필요한 구체적 사항을 정한 것이면, 그 제정형식은 비록 법규명령이 아닌 고시, 훈령, 예규 등과 같은 행정규칙이더라도, 그것이 상위법령의 위임 한계를 벗어나지 아니하는 한, 상위법령과 결합하여 대외적인 구속력을 갖는 법규명령으로서 기능하게 된다고 보아야 한다"고 판시한 바에 따라, 헌법 제117조 제1항에서 규정하는 '법령'에는 법규명령으로서 기능하는 행정규칙이 포함된다(헌재 2002.10.31, 2001헌라1).

③ [○] 헌법 제117조 제1항이 규정하는 자치권 가운데에는 자치에 관한 규정을 스스로 제정할 수 있는 자치입법권은 물론이고 그 밖에 그 소속 공무원에 대한 인사와 처우를 스스로 결정하고 이에 관련된 예산을 스스로 편성하여 집행하는 권한이 성질상 당연히 포함되지만, 이러한 자치권의 범위는 법령에 의하여 형성되고 제한된다(헌재 2002.10.31, 2002헌라2).

④ [○] 지방자치법 제4조 제1항에 규정된 지방자치단체의 구역은 주민·자치권과 함께 지방자치단체의 구성요소로서 자치권을 행사할 수 있는 장소적 범위를 말하며, 자치권이 미치는 관할구역의 범위에는 육지는 물론 바다도 포함되므로, 공유수면에 대한 지방자치단체의 자치권한이 존재한다(헌재 2006.8.31, 2003헌라1).

99   정답 ④

④ [×] 지방자치단체의 자치사무에 대한 무분별한 감사권의 행사는 헌법상 보장된 지방자치권을 침해할 가능성이 크므로, 원칙적으로 감사 과정에서 사전에 감사대상으로 특정되지 아니한 사항에 관하여 위법사실이 발견되었다고 하더라도 감사대상을 확장하거나 추가하는 것은 허용되지 않는다. 다만, 자치사무의 합법성 통제라는 감사의 목적이나 감사의 효율성 측면을 고려할 때, 당초 특정된 감사대상과 관련성이 인정되는 것으로서 당해 절차에서 함께 감사를 진행하더라도 감사대상 지방자치단체가 절차적인 불이익을 받을 우

려가 없고, 해당 감사대상을 적발하기 위한 목적으로 감사가 진행된 것으로 볼 수 없는 사항에 대하여는 감사대상의 확장 내지 추가가 허용된다(헌재 2023.3.23, 2020헌라5).

① [O] 국가기본도에 표시된 해상경계선을 그 자체로 불문법상 해상경계선으로 인정하지 않는다는 것일 뿐, 관할 행정청이 국가기본도에 표시된 해상경계선을 기준으로 하여 과거부터 현재에 이르기까지 반복적으로 처분을 내리고, 지방자치단체가 허가, 면허 및 단속 등의 업무를 지속적으로 수행하여 왔다면 국가기본도상의 해상경계선은 여전히 지방자치단체 관할 경계에 관하여 불문법으로서 그 기준이 될 수 있다(헌재 2021.2.25, 2015헌라7).

② [O] 헌법이 감사원을 독립된 외부감사기관으로 정하고 있는 취지, 중앙정부와 지방자치단체는 서로 행정기능과 행정책임을 분담하면서 중앙행정의 효율성과 지방행정의 자주성을 조화시켜 국민과 주민의 복리증진이라는 공동목표를 추구하는 협력관계에 있다는 점을 고려하면 지방자치단체의 자치사무에 대한 합목적성 감사의 근거가 되는 이 사건 관련규정은 그 목적의 정당성과 합리성을 인정할 수 있다. 또한 감사원법에서 지방자치단체의 자치권을 존중할 수 있는 장치를 마련해두고 있는 점, 국가재정지원에 상당부분 의존하고 있는 우리 지방재정의 현실, 독립성이나 전문성이 보장되지 않은 지방자치단체 자체감사의 한계 등으로 인한 외부감사의 필요성까지 감안하면, 이 사건 관련규정이 지방자치단체의 고유한 권한을 유명무실하게 할 정도로 지나친 제한을 함으로써 지방자치권의 본질적 내용을 침해하였다고는 볼 수 없다(헌재 2008.5.29, 2005헌라3).

③ [O] 연간 감사계획에 포함되지 아니하고 사전조사가 수행되지 아니한 감사의 경우 지방자치법에 따른 감사의 절차와 방법 등에 관한 사항을 규정하는 '지방자치단체에 대한 행정감사규정' 등 관련 법령에서 감사대상이나 내용을 통보할 것을 요구하는 명시적인 규정이 없다. 광역지방자치단체가 자치사무에 대한 감사에 착수하기 위해서는 감사대상을 특정하여야 하나, 특정된 감사대상을 사전에 통보할 것까지 요구된다고 볼 수는 없다(헌재 2023.3.23, 2020헌라5).

100
정답 ①

① [×] 지방자치단체가 과세를 면제하는 조례를 제정하고자 할 때 중앙정부(내무부장관)의 사전허가를 얻도록 한 지방세법 제9조는 지방자치단체의 합리성 없는 과세면제의 남용을 억제하고 지방자치단체 상호간의 균형을 맞추게 함으로써 조세평등주의를 실천함과 아울러 건전한 지방세제를 확립하고 안정된 지방재정 운영에 기여하게 하는 데 그 목적이 있는 것으로서 지방자치단체의 조례제정권의 본질적 내용을 침해한다고 볼 수 없으므로 헌법에 위반되지 아니한다(헌재 1998.4.30, 96헌바62).

② [O] 법령에 위반되지 아니하는 범위 내에서 그 사무에 관하여 조례를 제정할 수 있는 것이고, 조례가 규율하는 특정사항에 관하여 그것을 규율하는 국가의 법령이 이미 존재하는 경우에도 조례가 법령과 별도의 목적에 기하여 규율함을 의도하는 것으로서 그 적용에 의하여 법령의 규정이 의도하는 목적과 효과를 전혀 저해하는 바가 없는 때 또는 양자가

동일한 목적에서 출발한 것이라 할지라도 국가의 법령이 반드시 그 규정에 의하여 전국적으로 걸쳐 일률적으로 동일한 내용을 규율하려는 취지가 아니고 각 지방자치단체가 그 지방의 실정에 맞게 별도로 규율하는 것을 용인하는 취지라고 해석되는 때에는 그 조례가 국가의 법령에 위반되는 것은 아니라고 보아야 할 것이다(대판 1997.4.25, 96추244).

③ [O] 기관위임사무는 지방자치단체의 사무라고 할 수 없고, 지방자치단체의 장은 기관위임사무의 집행권한과 관련된 범위에서는 그 사무를 위임한 국가기관의 지위에 서게 될 뿐 지방자치단체의 기관이 아니다. 따라서 지방자치단체는 기관위임사무의 집행에 관한 권한의 존부 및 범위에 관한 권한분쟁을 이유로 기관위임사무를 집행하는 국가기관 또는 다른 지방자치단체의 장을 상대로 권한쟁의심판청구를 할 수 없다고 할 것이므로, 청구인의 피청구인 태안군수에 대한 심판청구는 지방자치단체의 권한에 속하지 아니하는 사무에 관한 심판청구로 부적법하다(헌재 2009.7.30, 2005헌라2).

④ [O] 헌법상 지방자치제도 보장의 핵심영역 내지 본질적 부분이 특정 지방자치단체의 존속을 보장하는 것이 아니며 지방자치단체에 의한 자치행정을 일반적으로 보장하는 것이므로, 현행법에 따른 지방자치단체의 중층구조 또는 지방자치단체로서 특별시·광역시 및 도와 함께 시·군 및 구를 계속하여 존속하도록 할지 여부는 결국 입법자의 입법형성권의 범위에 들어가는 것으로 보아야 한다. 같은 이유로 일정구역에 한하여 당해 지역 내의 지방자치단체인 시·군을 모두 폐지하여 중층구조를 단층화하는 것 역시 입법자의 선택범위에 들어가는 것이다(헌재 2006.4.27, 2005헌마1190).

101
정답 ②

② [×] 광역지방자치단체가 자치사무에 대한 감사에 착수하기 위해서는 감사대상을 특정하여야 하나, 특정된 감사대상을 사전에 통보할 것까지 요구된다고 볼 수는 없다(헌재 2023. 3.23, 2020헌라5).

① [O] 지방자치단체의 자치사무에 대한 무분별한 감사권의 행사는 헌법상 보장된 지방자치권을 침해할 가능성이 크므로, 원칙적으로 감사 과정에서 사전에 감사대상으로 특정되지 아니한 사항에 관하여 위법사실이 발견되었다고 하더라도 감사대상을 확장하거나 추가하는 것은 허용되지 않는다. 다만, 자치사무의 합법성 통제라는 감사의 목적이나 감사의 효율성 측면을 고려할 때, 당초 특정된 감사대상과 관련성이 인정되는 것으로서 당해 절차에서 함께 감사를 진행하더라도 감사대상 지방자치단체가 절차적인 불이익을 받을 우려가 없고, 해당 감사대상을 적발하기 위한 목적으로 감사가 진행된 것으로 볼 수 없는 사항에 대하여는 감사대상의 확장 내지 추가가 허용된다(헌재 2023.3.23, 2020헌라5).

③ [O] 지방자치제 실시를 유보하던 개정전 헌법 부칙 제10조를 삭제한 현행헌법 및 이에 따라 자치사무에 관한 감사규정은 존치하되 '위법성 감사'라는 단서를 추가하여 자치사무에 대한 감사를 축소한 구 지방자치법 제158조 신설경위, 자치사무에 관한 한 중앙행정기관과 지방자치단체의 관계가 상하의 감독관계에서 상호보완적 지도·지원의 관계로 변화

된 지방자치법의 취지, 중앙행정기관의 감독권 발동은 지방
자치단체의 구체적 법위반을 전제로 하여 작동되도록 제한
되어 있는 점, 그리고 국가감독권 행사로서 지방자치단체의
자치사무에 대한 감사원의 사전적·포괄적 합목적성 감사가
인정되므로 국가의 중복감사의 필요성이 없는 점 등을 종합
하여 보면, 중앙행정기관의 지방자치단체의 자치사무에 대
한 구 지방자치법 제158조 단서 규정의 감사권은 사전적·
일반적인 포괄감사권이 아니라 그 대상과 범위가 한정적인
제한된 감사권이라 해석함이 마땅하다(헌재 2009.5.28.
2006헌라6).

④ [○] 감사원법은 지방자치단체의 위임사무나 자치사무의 구
별 없이 합법성 감사뿐만 아니라 합목적성 감사도 허용하고
있는 것으로 보이므로, 감사원의 지방자치단체에 대한 이
사건 감사는 법률상 권한 없이 이루어진 것은 아니다(헌재
2008.5.29, 2005헌라3).

102
정답 ②

② [×] 조례의 제정권자인 지방의회는 선거를 통해서 그 지역
적인 민주적 정당성을 지니고 있는 주민의 대표기관이고,
헌법이 지방자치단체에 대해 포괄적인 자치권을 보장하고
있는 취지로 볼 때 조례제정권에 대한 지나친 제약은 바람
직하지 않으므로 조례에 대한 법률의 위임은 법규명령에 대
한 법률의 위임과 같이 반드시 구체적으로 범위를 정하여
할 필요가 없으며 포괄적인 것으로 족하다고 할 것이다(헌
재 1995.4.20, 92헌마264 등).

① [○] 조례는 지방자치단체가 그 자치입법권에 근거하여 자
주적으로 지방의회의 의결을 거쳐 제정한 법규이기 때문에
조례 자체로 인하여 기본권을 침해받은 자는 그 권리구제의
수단으로서 조례에 대한 헌법소원을 제기할 수 있다고 할
것이다(헌재 1994.12.29, 92헌마216).

③ [○] 법령의 직접적 위임에 따라 수임행정기관이 그 법령을
시행하는 데 필요한 구체적 사항을 정한 것이면, 그 제정형
식은 비록 법규명령이 아닌 고시·훈령·예규 등과 같은 행
정규칙이더라도 그것이 상위법령의 위임한계를 벗어나지 않
는 한 상위법령과 결합하여 대외적인 구속력을 갖는 법규명
령으로서 기능하게 된다고 보아야 할 것이다(헌재 2013.5.28,
2013헌마334).

④ [○] 다만, 행정규칙이 법령의 규정에 의하여 행정관청에
법령의 구체적인 내용을 보충할 권한을 부여한 경우 또는
재량권행사의 준칙인 행정규칙이 그 정한 바에 따라 되풀이
시행되어 행정관행이 성립되어 평등원칙이나 신뢰보호의 원
칙에 따라 행정기관이 그 상대방에 대한 관계에서 그 규칙
에 따라야 할 자기구속을 당하게 되는 경우에는 대외적인
구속력을 갖게 되어 헌법소원의 대상이 될 수도 있다(헌재
2005.5.26, 2004헌마49).

103
정답 ④

㉠ [×] 영상통화 방식의 접견은 헌법이 명문으로 특별히 평등
을 요구하는 영역에 속하지 않고, 달리 인터넷화상접견 대
상자 지침조항 및 스마트접견 대상자 지침조항에 의한 중대
한 기본권의 제한 역시 인정할 수 없다. 따라서 위 각 지침
조항에 의한 평등권 침해 여부는 차별에 합리적 이유가 있
는지를 살펴보는 방식으로 심사하는 것이 적절하다(헌재
2021.11.25, 2018헌마598).

㉡ [×] 혼인 종료 후 300일 내에 출생한 자녀가 전남편의 친
생자가 아님이 명백하고, 전남편이 친생추정을 원하지도 않
으며, 생부가 그 자를 인지하려는 경우에도, 그 자녀는 전남
편의 친생자로 추정되어 가족관계등록부에 전남편의 친생자
로 등록되고, 이는 엄격한 친생부인의 소를 통해서만 번복
될 수 있다. 그 결과 심판대상조항은 이혼한 모와 전남편이
새로운 가정을 꾸리는 데 부담이 되고, 자녀와 생부가 진실
한 혈연관계를 회복하는 데 장애가 되고 있다. 이와 같이 민
법 제정 이후의 사회적·법률적·의학적 사정변경을 전혀
반영하지 아니한 채, 이미 혼인관계가 해소된 이후에 자가
출생하고 생부가 출생한 자를 인지하려는 경우마저도, 아무
런 예외 없이 그 자를 전남편의 친생자로 추정함으로써 친
생부인의 소를 거치도록 하는 심판대상조항은 입법형성의
한계를 벗어나 모가 가정생활과 신분관계에서 누려야 할 인
격권, 혼인과 가족생활에 관한 기본권을 침해한다(헌재
2015.4.30, 2013헌마623).

㉢ [×] 이 사건 법률조항은 우리 사회의 중대한 공익이며 헌
법 제36조 제1항으로부터 도출되는 일부일처제를 실현하기
위한 것이다. 이 사건 법률조항은 중혼을 혼인무효사유가
아니라 혼인취소사유로 정하고 있는데, 혼인취소의 효력은
기왕에 소급하지 아니하므로 중혼이라 하더라도 법원의 취
소판결이 확정되기 전까지는 유효한 법률혼으로 보호받는
다. … 따라서 중혼취소청구권의 소멸에 관하여 아무런 규
정을 두지 않았다 하더라도, 이 사건 법률조항이 현저히 입
법재량의 범위를 일탈하여 후혼배우자의 인격권 및 행복추
구권을 침해하지 아니한다(헌재 2014.7.24, 2011헌바275).

㉣ [○] '육아휴직신청권'은 헌법 제36조 제1항 등으로부터 개
인에게 직접 주어지는 헌법적 차원의 권리라고 볼 수는 없
고, 입법자가 입법의 목적, 수혜자의 상황, 국가예산, 전체적
인 사회보장수준, 국민정서 등 여러 요소를 고려하여 제정
하는 입법에 적용요건, 적용대상, 기간 등 구체적인 사항이
규정될 때 비로소 형성되는 법률상의 권리이다(헌재 2008.
10.30, 2005헌마1156).

㉤ [○] 법적으로 승인되지 아니한 사실혼은 헌법 제36조 제1
항의 보호범위에 포함되지 아니한다(헌재 2014.8.28, 2013
헌바119).

104

③ [O] 헌법 제36조 제1항은 혼인과 가족을 보호해야 한다는 국가의 일반적 과제를 규정하였을 뿐, 청구인들의 주장과 같이 양육비 채권의 집행권원을 얻었음에도 양육비 채무자가 이를 이행하지 아니하는 경우 그 이행을 용이하게 확보하도록 하는 내용의 구체적이고 명시적인 입법의무를 부여하였다고 볼 수 없다. 기타 인간다운 생활을 할 권리 등을 천명하고 있는 헌법 제34조 제1항, 재산권 보장을 규정하고 있는 헌법 제23조 제1항 등 다른 헌법조항을 살펴보아도 청구인들의 주장과 같은 법률의 입법에 대한 구체적·명시적인 입법위임은 존재하지 아니한다(헌재 2021.12.23, 2019헌마168).

① [×] 이 사건 금혼조항은 근친혼으로 인하여 가까운 혈족 사이의 상호관계 및 역할, 지위와 관련하여 발생할 수 있는 혼란을 방지하고 가족제도의 기능을 유지하기 위한 것으로서 정당한 입법목적 달성을 위한 적합한 수단에 해당한다. 이 사건 금혼조항은, 촌수를 불문하고 부계혈족 간의 혼인을 금지한 구 민법상 동성동본금혼 조항에 대한 헌법재판소의 헌법불합치 결정의 취지를 존중하는 한편, 우리 사회에서 통용되는 친족의 범위 및 양성평등에 기초한 가족관계 형성에 관한 인식과 합의에 기초하여 혼인이 금지되는 근친의 범위를 한정한 것이므로 그 합리성이 인정되며, 입법목적 달성에 불필요하거나 과도한 제한을 가하는 것이라고는 볼 수 없으므로 침해의 최소성에 반한다고 할 수 없다(헌재 2022.10.27, 2018헌바115).

  ▶ 헌법재판소는 이 사건 금혼조항을 위반하여 혼인한 경우 혼인을 무효로 하는 무효조항이 입법목적 달성에 필요한 범위를 넘는 과도한 제한으로서 침해의 최소성을 충족하지 못한다고 보아서 헌법불합치 판결을 내렸다. 금혼조항과 무효조항의 결론이 다르다는 것을 암기해야 한다.

② [×] 육아휴직신청권은 헌법 제36조 제1항 등으로부터 개인에게 직접 주어지는 헌법적 차원의 권리라고 볼 수는 없고, 입법자가 입법의 목적, 수혜자의 상황, 국가예산, 전체적인 사회보장수준, 국민정서 등 여러 요소를 고려하여 제정하는 입법에 적용요건, 적용대상, 기간 등 구체적인 사항이 규정될 때 비로소 형성되는 <u>법률상의 권리에 불과하다 할 것이다</u>(헌재 2008.10.30, 2005헌마1156).

④ [×] 대한민국 국민으로 태어난 아동은 태어난 즉시 '출생등록될 권리'를 가진다. 이러한 권리는 '법 앞에 인간으로 인정받을 권리'로서 모든 기본권 보장의 전제가 되는 기본권이므로 법률로써도 이를 제한하거나 침해할 수 없다(대판 2020.6.8, 2020스575).

105

② [×] 심판대상조항들은 입법형성권의 한계를 넘어서서 실효적으로 출생등록될 권리를 보장하고 있다고 볼 수 없으므로, 혼인 중 여자와 남편 아닌 남자 사이에서 출생한 자녀에 해당하는 혼인 외 출생자인 청구인들의 태어난 즉시 '출생등록될 권리'를 침해한다(헌재 2023.3.23, 2021헌마975).

① [O] 헌법 제36조 제1항은 혼인과 가족에 관련되는 공법 및 사법의 모든 영역에 영향을 미치는 헌법원리 내지 원칙 규범으로서의 성격도 가진다(헌재 2002.8.29, 2001헌바82).

③ [O] 이 사건 법률조항이 사실혼 배우자에게 상속권을 인정하지 아니하는 것은 상속인에 해당하는지 여부를 객관적인 기준에 의하여 파악할 수 있도록 함으로써 상속을 둘러싼 분쟁을 방지하고, 상속으로 인한 법률관계를 조속히 확정시키며, 거래의 안전을 도모하기 위한 것이다. 사실혼 배우자는 혼인신고를 함으로써 상속권을 가질 수 있고, 증여나 유증을 받는 방법으로 상속에 준하는 효과를 얻을 수 있으며, 근로기준법, 국민연금법 등에 근거한 급여를 받을 권리 등이 인정된다. 따라서 이 사건 법률조항이 사실혼 배우자의 상속권을 침해한다고 할 수 없다(헌재 2014.8.28, 2013헌바119).

④ [O] 부모가 자녀의 이름을 지어주는 것은 자녀의 양육과 가족생활을 위하여 필수적인 것이고, 가족생활의 핵심적 요소라 할 수 있으므로, '부모가 자녀의 이름을 지을 자유'는 혼인과 가족생활을 보장하는 헌법 제36조 제1항과 행복추구권을 보장하는 헌법 제10조에 의하여 보호받는다(헌재 2016.7.28, 2015헌마964).

제1장 기본권총론

정답

p.50

106	③	107	③	108	④	109	①	110	④
111	①	112	②	113	①	114	③	115	②
116	④	117	③	118	①	119	①	120	④
121	④	122	④	123	④	124	①	125	③
126	③	127	④	128	④	129	①	130	②
131	④	132	④	133	②	134	①	135	②
136	②	137	①	138	②	139	④	140	③
141	③	142	④							

106

정답 ③

③ [×] 국가, 지방자치단체나 그 기관 또는 국가조직의 일부나 공법인은 원칙적으로 기본권의 수범자이지 기본권의 향유자가 아니므로 기본권의 주체가 아니다.

① [O] 배아의 경우 현재의 과학기술 수준에서 모태 속에서 수용될 때 비로소 독립적인 인간으로의 성장가능성을 기대할 수 있다는 점, 수정 후 착상 전의 배아가 인간으로 인식된다거나 그와 같이 취급하여야 할 필요성이 있다는 사회적 승인이 존재한다고 보기 어려운 점 등을 종합적으로 고려할 때, 초기배아에 대한 국가의 보호필요성이 있음은 별론으로 하고, 청구인의 기본권 주체성을 인정하기 어렵다. 그렇다면 청구인은 기본권의 주체가 될 수 없으므로 헌법소원을 제기할 수 있는 청구인적격이 없다(헌재 2010.5.27, 2005헌마346).

② [O] 헌법 제32조 제1항이 규정한 근로의 권리는 근로자를 개인의 차원에서 보호하기 위한 권리로서 개인인 근로자가 그 주체가 되는 것이고 노동조합은 그 주체가 될 수 없으므로, 이 사건 법률조항이 노동조합을 비과세 대상으로 규정하지 않았다 하여 헌법 제32조 제1항에 반한다고 볼 여지는 없다(헌재 2009.2.26, 2007헌바27).

④ [O] 심판대상조항이 제한하고 있는 직업의 자유는 국가자격제도정책과 국가의 경제상황에 따라 법률에 의하여 제한할 수 있는 국민의 권리에 해당한다. 국가정책에 따라 정부의 허가를 받은 외국인은 정부가 허가한 범위 내에서 소득활동을 할 수 있는 것이므로, 외국인이 국내에서 누리는 직업의 자유는 법률에 따른 정부의 허가에 의해 비로소 발생하는 권리이다(헌재 2014.8.28, 2013헌마359).

107

정답 ③

㉠ [×] 영화인협회 감독위원회는 영화인협회로부터 독립된 별개의 단체가 아니고, 영화인협회의 내부에 설치된 8개의 분과위원회 가운데 하나에 지나지 아니하며, 달리 단체로서의 실체를 갖추어 당사자능력이 인정되는 법인 아닌 사단으로 볼 자료가 없으므로 헌법소원심판청구능력이 있다고 할 수 없다(헌재 1991.6.3, 90헌마56).

㉡ [×] 공권력의 행사자인 국가, 지방자치단체나 그 기관 또는 국가조직의 일부나 공법인은 기본권의 "수범자"이지 기본권의 주체가 아니고 오히려 국민의 기본권을 보호 내지 실현해야 할 '책임'과 '의무'를 지니고 있을 뿐이다. 그렇다면 이 사건에서 지방자치단체인 청구인은 기본권의 주체가 될 수 없다(헌재 2006.2.23, 2004헌바50).

㉢ [×] 국민건강보험법 부칙 제6조 및 제7조의 직접적인 수규자는 법인이나, 직장의료보험조합은 공법인으로서 기본권의 주체가 될 수 없을 뿐만 아니라, 법규정의 실질적인 규율 대상이 수규자인 법인의 지위와 아울러 제3자인 청구인들(직장의료보험조합의 조합원들)의 법적 지위라고 볼 수 있으며 … (헌재 2000.6.29, 99헌마289).

㉣ [×] 교육위원인 청구인들은 기본권의 주체가 아니라 공법인인 지방자치단체의 합의체기관인 교육위원회의 구성원으로서 "공법상 권한"을 행사하는 공권력의 주체일 뿐이다(헌재 1995.9.28, 92헌마23 등).

㉤ [O] 국립대학인 서울대학교는 다른 국가기관 내지 행정기관과는 달리 공권력의 행사자의 지위와 함께 기본권의 주체라는 점도 중요하게 다루어져야 한다(헌재 1992.10.1, 92헌마68 등).

㉥ [O] 청구인협회는 언론인들의 협동단체로서 법인격은 없으나, 대표자와 총회가 있고, 단체의 명칭, 대표의 방법, 총회운영, 재산의 관리 기타 단체의 중요한 사항이 회칙으로 규정되어 있는 등 사단으로서의 실체를 가지고 있으므로 권리능력 없는 사단이라고 할 것이고, 따라서 기본권의 성질상 자연인에게만 인정될 수 있는 기본권이 아닌 한 기본권의 주체가 될 수 있으며, 헌법상의 기본권을 향유하는 범위 내에서는 헌법소원심판청구능력도 있다고 할 것이다(헌재 1995.7.21, 92헌마177 등).

㉦ [O] 법인도 결사의 자유의 주체가 될 수 있다. 헌법재판소도 축협중앙회라는 결사체도 그 결사의 구성원인 회원조합들과 별도로 결사의 자유의 주체가 될 수 있다고 하였다.

㉧ [O] 상공회의소는 사업범위, 조직, 회계 등에 있어서 상공회의소법에 따른 규율을 받고 있는 특수성을 가지고 있으나, 기본적으로는 관할구역의 상공업계를 대표하여 그 권익을 대변하고 회원에게 기술 및 정보 등을 제공하여 회원의 경제적·사회적 지위를 높임으로써 상공업의 발전을 꾀함을 목적으로 하는 조직으로 목적이나 설립, 관리 면에서 자주적인 단체로 사법인이라고 할 것이므로 상공회의소와 관련해서도

결사의 자유는 보장된다고 할 것이다(헌재 1996.4.25, 92헌바47).

108 정답 ④

④ [×] 법인도 법인의 목적과 사회적 기능에 비추어 볼 때 그 성질에 반하지 않는 범위 내에서 인격권의 한 내용인 사회적 신용이나 명예 등의 주체가 될 수 있고 법인이 이러한 사회적 신용이나 명예 유지 내지 법인격의 자유로운 발현을 위하여 의사결정이나 행동을 어떻게 할 것인지를 자율적으로 결정하는 것도 법인의 인격권의 한 내용을 이룬다고 할 것이다(헌재 2012.8.23, 2009헌가27).

① [○] 대통령도 국민의 한사람으로서 제한적으로나마 기본권의 주체가 될 수 있는바, 대통령은 소속 정당을 위하여 정당활동을 할 수 있는 사인으로서의 지위와 국민 모두에 대한 봉사자로서 공익실현의 의무가 있는 헌법기관으로서의 지위를 동시에 갖는데 최소한 전자의 지위와 관련하여는 기본권주체성을 갖는다고 할 수 있다(헌재 2008.1.17, 2007헌마700).

② [○] 근로의 권리가 '일할 자리에 관한 권리'만이 아니라 '일할 환경에 관한 권리'도 함께 내포하고 있는바, 후자는 인간의 존엄성에 대한 침해를 방어하기 위한 자유권적 기본권의 성격도 갖고 있어 건강한 작업환경, 일에 대한 정당한 보수, 합리적인 근로조건의 보장 등을 요구할 수 있는 권리 등을 포함한다고 할 것이므로 외국인 근로자라고 하여 이 부분에까지 기본권 주체성을 부인할 수는 없다. 즉, 근로의 권리의 구체적인 내용에 따라 국가에 대하여 고용증진을 위한 사회적·경제적 정책을 요구할 수 있는 권리는 사회권적 기본권으로서 국민에 대하여만 인정해야 하지만, 자본주의 경제질서하에서 근로자가 기본적 생활수단을 확보하고 인간의 존엄성을 보장받기 위하여 최소한의 근로조건을 요구할 수 있는 권리는 자유권적 기본권의 성격도 아울러 가지므로 이러한 경우 외국인 근로자에게도 그 기본권 주체성을 인정함이 타당하다(헌재 2007.8.30, 2004헌마670).

③ [○] 청구인의 경우 공법상 재단법인인 방송문화진흥회가 최다출자자인 방송사업자로서 방송법 등 관련규정에 의하여 공법상의 의무를 부담하고 있지만, 상법에 의하여 설립된 주식회사로 설립목적은 언론의 자유의 핵심 영역인 방송사업이므로 이러한 업무 수행과 관련하여 당연히 기본권 주체가 될 수 있고, 그 운영을 광고수익에 전적으로 의존하고 있는 만큼 이를 위해 사경제 주체로서 활동하는 경우에도 기본권 주체가 될 수 있는바, 이 사건 심판청구는 청구인이 그 운영을 위한 영업활동의 일환으로 방송광고를 판매하는 지위에서 그 제한과 관련하여 이루어진 것이므로 그 기본권 주체성을 인정할 수 있다(헌재 2013.9.26, 2012헌마271).

109 정답 ①

① [×] 초기배아는 수정이 된 배아라는 점에서 형성 중인 생명의 첫걸음을 떼었다고 볼 여지가 있기는 하나 아직 모체에 착상되거나 원시선이 나타나지 않은 이상 현재의 자연과학적 인식 수준에서 독립된 인간과 배아간의 개체적 연속성

을 확정하기 어렵다고 봄이 일반적이라는 점, 배아의 경우 현재의 과학기술 수준에서 모태 속에서 수용될 때 비로소 독립적인 인간으로의 성장가능성을 기대할 수 있다는 점, 수정 후 착상 전의 배아가 인간으로 인식된다거나 그와 같이 취급하여야 할 필요성이 있다는 사회적 승인이 존재한다고 보기 어려운 점 등을 종합적으로 고려할 때, 기본권 주체성을 인정하기 어렵다(헌재 2010.5.27, 2005헌마346).

② [○] 청구인 진보신당은 국민의 정치적 의사형성에 참여하기 위한 조직으로 성격상 권리능력 없는 단체에 속하지만, 구성원과는 독립하여 그 자체로서 기본권의 주체가 될 수 있고, 그 조직 자체의 기본권이 직접 침해당한 경우 자신의 이름으로 헌법소원심판을 청구할 수 있으나, … (헌재 2008.12.26, 2008헌마419 등). / 기본권의 보장에 관한 각 헌법규정의 해석상 국민만이 기본권의 주체라 할 것이고, 공권력의 행사자인 국가, 지방자치단체나 그 기관 또는 국가조직의 일부나 공법인은 기본권의 "수범자"이지 기본권의 주체가 아니고 오히려 국민의 기본권을 보호 내지 실현해야 할 '책임'과 '의무'를 지니고 있을 뿐이다. 그렇다면 이 사건에서 지방자치단체인 청구인은 기본권의 주체가 될 수 없고 따라서 청구인의 재산권 침해 여부는 더 나아가 살펴볼 필요가 없다(헌재 2006.2.23, 2004헌바50).

③ [○] 일반적으로 청구인과 같은 경찰공무원은 기본권의 주체가 아니라 국민 모두에 대한 봉사자로서 공공의 안전 및 질서유지라는 공익을 실현할 의무가 인정되는 기본권의 수범자라 할 것인바, 검사가 발부한 형집행장에 의하여 검거된 벌금미납자의 신병에 관한 업무는 국가 조직영역 내에서 수행되는 공적 과제 내지 직무영역에 대한 것으로 이와 관련해서 청구인은 국가기관의 일부 또는 그 구성원으로서 공법상의 권한을 행사하는 공권력행사의 주체일 뿐, 기본권의 주체라 할 수 없으므로 이 사건에서 청구인에게 헌법소원을 제기할 청구인적격을 인정할 수 없다(헌재 2009.3.24, 2009헌마118).

④ [○] 헌재 2006.4.27, 2005헌마1119

110 정답 ④

④ [○] 청구인 진보신당은 국민의 정치적 의사형성에 참여하기 위한 조직으로 성격상 권리능력 없는 단체에 속하지만, 구성원과는 독립하여 그 자체로서 기본권의 주체가 될 수 있고, 그 조직 자체의 기본권이 직접 침해당한 경우 자신의 이름으로 헌법소원심판을 청구할 수 있으나, 이 사건에서 침해된다고 하여 주장되는 기본권은 생명·신체의 안전에 관한 것으로서 성질상 자연인에게만 인정되는 것이므로, 이와 관련하여 청구인 진보신당과 같은 권리능력 없는 단체는 위와 같은 기본권의 행사에 있어 그 주체가 될 수 없고, 또한 청구인 진보신당이 그 정당원이나 일반 국민의 기본권이 침해됨을 이유로 이들을 위하거나 이들을 대신하여 헌법소원심판을 청구하는 것은 원칙적으로 허용되지 아니하므로, 이 사건에 있어 청구인 진보신당은 청구인능력이 인정되지 아니한다 할 것이다(헌재 2008.12.26, 2008헌마419 등).

① [×] 지방자치단체는 기본권의 주체가 될 수 없다는 것이 헌법재판소의 입장이며, 이를 변경해야 할만한 사정이나 필요성이 없으므로 지방자치단체인 춘천시의 헌법소원 청구는

부적법하다. 강원도지사가 혁신도시 입지로 원주시를 선정한 것은 국가균형발전 특별법 제18조 등에 따른 것으로서 지방의 균형발전을 위한 공공정책으로서 계획되었다. 이로 인해 해당 지역 주민들이 받는 이익 내지 혜택은 공공정책의 실행으로 인하여 주어지는 사실적·경제적인 것이며, 청구인들이 그러한 이익 내지 혜택에서 배제되었다 해서 기본권이 침해되었다 할 수 없다. 따라서 청구인들의 심판청구는 기본권 침해의 가능성 내지 자기관련성이 없어 부적법하다(헌재 2006.12.28, 2006헌마312).

② [×] 공직선거법은 제15조 제2항 제2호에서 '영주의 체류 자격 취득일로부터 3년이 경과한 18세 이상의 외국인'에 대해서도 일정한 요건하에 지방선거 선거권을 부여하고 있다. 그런데 외국인의 지방선거 선거권은 헌법상의 권리라 할 수는 없고 단지 공직선거법이 인정하고 있는 '법률상의 권리'에 불과하다(헌재 2007.6.38, 2004헌마644).

③ [×] 대학의 자치의 주체를 기본적으로 대학으로 본다고 하더라도 교수나 교수회의 주체성이 부정된다고 볼 수는 없고, 가령 학문의 자유를 침해하는 대학의 장에 대한 관계에서는 교수나 교수회가 주체가 될 수 있고, 또한 국가에 의한 침해에 있어서는 대학 자체 외에도 대학 전 구성원이 자율성을 갖는 경우도 있을 것이므로 문제되는 경우에 따라서 대학, 교수, 교수회 모두가 단독, 혹은 중첩적으로 주체가 될 수 있다고 보아야 할 것이다[헌재 2006.4.27, 2005헌마1047·1048(병합)].

111 정답 ①

① [×] 무소속 국회의원으로서 교섭단체소속 국회의원과 동등하게 대우받을 권리라는 것으로서 이는 입법권을 행사하는 국가기관인 국회를 구성하는 국회의원의 지위에서 주장하는 권리일지언정 헌법이 <u>일반국민에게 보장하고 있는 기본권이라고 할 수는 없다</u>(헌재 2000.8.31, 2000헌마156).

② [○] 헌법에서 인정하는 직업의 자유는 원칙적으로 대한민국 국민에게 인정되는 기본권이지, 외국인에게 인정되는 기본권은 아니다. 국가 정책에 따라 정부의 허가를 받은 외국인은 정부가 허가한 범위 내에서 소득활동을 할 수 있는 것이므로, 외국인이 국내에서 누리는 직업의 자유는 법률 이전에 헌법에 의해서 부여된 기본권이라고 할 수는 없고, 법률에 따른 정부의 허가에 의해 비로소 발생하는 권리이다(헌재 2014.8.28, 2013헌마359).

③ [○] 등록이 취소된 이후에도 '등록정당'에 준하는 '권리능력 없는 사단'으로서의 실질을 유지하고 있다고 볼 수 있으므로 이 사건 헌법소원의 청구인능력을 인정할 수 있다(헌재 2006.3.30, 2004헌마246).

④ [○] 공법상 재단법인인 방송문화진흥회가 최다출자자인 방송사업자로서 방송법 등 관련 규정에 의하여 공법상의 의무를 부담하고 있지만, 그 설립목적이 언론의 자유의 핵심 영역인 방송 사업이므로 이러한 업무 수행과 관련해서는 기본권 주체가 될 수 있고, 그 운영을 광고수익에 전적으로 의존하고 있는 만큼 이를 위해 사경제 주체로서 활동하는 경우에도 기본권 주체가 될 수 있다. 이 사건 심판청구는 청구인이 그 운영을 위한 영업활동의 일환으로 방송광고를 판매하

는 지위에서 그 제한과 관련하여 이루어진 것이므로 그 기본권 주체성이 인정된다(헌재 2013.9.26, 2012헌마271).

112 정답 ②

② [×] 직업의 자유 중 이 사건에서 문제되는 직장선택의 자유는 인간의 존엄과 가치 및 행복추구권과도 밀접한 관련을 가지는 만큼 단순히 국민의 권리가 아닌 인간의 권리로 보아야할 것이므로 외국인도 제한적으로라도 직장선택의 자유를 향유할 수 있다고 보아야 한다(헌재 2011.9.29, 2009헌마351).

① [○] 평등권 및 평등선거원칙으로부터 나오는 (선거에 있어서의) 기회균등의 원칙은 후보자는 물론 정당에 대해서도 보장되는 것이다(헌재 1991.3.11, 91헌마21).

③ [○] 근로의 권리가 '일할 자리에 관한 권리'만이 아니라 '일할 환경에 관한 권리'도 함께 내포하고 있는바, 후자는 인간의 존엄성에 대한 침해를 방어하기 위한 자유권적 기본권의 성격도 갖고 있어 건강한 작업환경, 일에 대한 정당한 보수, 합리적인 근로조건의 보장 등을 요구할 수 있는 권리 등을 포함한다고 할 것이므로 외국인 근로자라고 하여 이 부분에까지 기본권 주체성을 부인할 수는 없다(헌재 2007.8.30, 2004헌마670).

④ [○] 미성년자 역시 기본권의 주체로 모든 기본권이 부여되나 그 행사에는 일정한 제한이 따른다(선거권 등).

113 정답 ①

① [×] 청구인의 경우 공법상 재단법인인 방송문화진흥회가 최다출자자인 방송사업자로서 방송법 등 관련 규정에 의하여 공법상의 의무를 부담하고 있지만, 상법에 의하여 설립된 주식회사로 설립목적은 언론의 자유의 핵심 영역인 방송 사업이므로 이러한 업무 수행과 관련하여 당연히 기본권 주체가 될 수 있고, 그 운영을 광고수익에 전적으로 의존하고 있는 만큼 이를 위해 사경제 주체로서 활동하는 경우에도 기본권 주체가 될 수 있는바, 이 사건 심판청구는 청구인이 그 운영을 위한 영업활동의 일환으로 방송광고를 판매하는 지위에서 그 제한과 관련하여 이루어진 것이므로 그 기본권 주체성을 인정할 수 있다(헌재 2013.9.26, 2012헌마271).

② [○] 부모는 아직 성숙하지 못하고 인격을 닦고 있는 미성년 자녀를 교육시킬 교육권을 가지지만, 자녀가 성년에 이르면 자녀 스스로 자신의 기본권 침해를 다툴 수 있으므로 이와 별도로 부모에게 자녀교육권 침해를 다툴 수 있도록 허용할 필요가 없다. 따라서 심판대상계획이 청구인 이○경의 자녀교육권을 제한한다고 볼 수 없으므로, 청구인 이○경에 대한 기본권 침해가능성도 인정할 수 없다(헌재 2018.2.22, 2017헌마691).

③ [○] 대학자치의 주체는 원칙적으로 교수 기타 연구자 조직이나 학생과 학생회도 학습활동과 직접 관련된 학생회 활동 기타 자치활동의 범위 내에서 그 주체가 될 수 있다고 보아야 한다.

> 대학의 자치의 주체를 기본적으로 대학으로 본다고 하더라도 교수나 교수회의 주체성이 부정된다고 볼 수는 없고, 가령 학문의 자유를 침해하는 대학의 장에 대한 관계에서는 교수나 교수회가 주체가 될 수 있고, 또한 국가에 의한 침해에 있어서는 대학 자체 외에도 대학 전구성원이 자율성을 갖는 경우도 있을 것이므로 문제되는 경우에 따라서 대학, 교수, 교수회 모두가 단독, 혹은 중첩적으로 주체가 될 수 있다고 보아야 할 것이다(헌재 2006.4.27, 2005헌마1047).

④ [O] 헌법은 국가의 교육권한과 부모의 교육권의 범주 내에서 아동 및 청소년에게도 자신의 교육에 관하여 스스로 결정할 권리, 즉 자유롭게 교육을 받을 권리를 부여한다. 이에 따라 학생들은 학교교육 외에 학원교습을 받을지 여부와 언제, 어떠한 방식으로 학원교습을 받을 것인지 등에 관하여 국가의 간섭을 받지 아니하고 자유롭게 결정할 권리를 가진다(헌재 2016.5.26, 2014헌마374).

114　　　　　　　　　　　　　　　　　정답 ③

③ [×] 기본권을 그 성질에 따라 인간의 권리와 국민의 권리로 분류하는 기본권성질설의 입장에 선다면, 외국인에게도 인간의 권리에 관해서는 그 기본권 주체성을 인정하여야 한다. 헌법재판소도 "인간의 존엄과 가치, 행복추구권은 대체로 '인간의 권리'로서 외국인도 주체가 될 수 있다고 보아야 하고, 평등권도 인간의 권리로서 참정권 등에 대한 성질상의 제한 및 상호주의에 따른 제한이 있을 수 있을 뿐이다."라고 하여 외국인의 기본권 주체성을 인정한다(헌재 2001.11.29, 99헌마494).

① [O] 법인도 법인의 목적과 사회적 기능에 비추어 볼 때 그 성질에 반하지 않는 범위 내에서 인격권의 한 내용인 사회적 신용이나 명예 등의 주체가 될 수 있고 법인이 이러한 사회적 신용이나 명예 유지 내지 법인격의 자유로운 발현을 위하여 의사결정이나 행동을 어떻게 할 것인지를 자율적으로 결정하는 것도 법인의 인격권의 한 내용을 이룬다고 할 것이다(헌재 2012.8.23, 2009헌가27).

② [O] '기본권능력'을 가진 사람은 모두가 '기본권의 주체'가 되지만 기본권 주체가 모든 기본권의 '행사능력'을 가지는 것은 아니다. 우리 헌법과 선거법에 의해서 대통령과 국회의원의 선거권이 18세 이상으로, 대통령과 국회의원의 피선거권이 각각 25세 이상, 45세 이상으로 정해져 있는 것 등이 그 예이다.

④ [O] 청구인 ○○ 협회 감독위원회는 ○○ 협회로부터 독립된 별개의 단체가 아니고, 영화인협회의 내부에 설치된 8개의 분과위원회 가운데 하나에 지나지 아니하며, 달리 단체로서의 실체를 갖추어 당사자능력이 인정되는 법인 아닌 사단으로 볼 자료가 없으므로 헌법소원심판청구능력이 있다고 할 수 없다(헌재 1991.6.3, 90헌마56).

115　　　　　　　　　　　　　　　　　정답 ②

② [×] 청구인들이 침해받았다고 주장하고 있는 신체의 자유, 주거의 자유, 변호인의 조력을 받을 권리, 재판청구권 등은 성질상 인간의 권리에 해당한다고 볼 수 있으므로, 위 기본권들에 관하여는 청구인들의 기본권 주체성이 인정된다. 그러나 '국가인권위원회의 공정한 조사를 받을 권리'는 헌법상 인정되는 기본권이라고 하기 어렵고, 이 사건 보호 및 강제퇴거가 청구인들의 노동3권을 직접 제한하거나 침해한 바 없음이 명백하므로, 위 기본권들에 대하여는 본안판단에 나아가지 아니한다(헌재 2012.8.23, 2008헌마430).

① [O] 아동과 청소년은 인격의 발전을 위하여 어느 정도 부모와 학교의 교사 등 타인에 의한 결정을 필요로 하는 아직 성숙하지 못한 인격체이지만, 부모와 국가에 의한 교육의 단순한 대상이 아닌 독자적인 인격체이며, 그의 인격권은 성인과 마찬가지로 인간의 존엄성 및 행복추구권을 보장하는 헌법 제10조에 의하여 보호된다(헌재 2000.4.27, 98헌가16).

③ [O] 청구인 진보신당은 국민의 정치적 의사형성에 참여하기 위한 조직으로 성격상 권리능력 없는 단체에 속하지만, 구성원과는 독립하여 그 자체로서 기본권의 주체가 될 수 있고, 그 조직 자체의 기본권이 직접 침해당한 경우 자신의 이름으로 헌법소원심판을 청구할 수 있다(헌재 2008.12.26, 2008헌마419).

④ [O] 재개발조합의 공공성과 도시정비법에서 위 조합에 행정처분을 할 수 있는 권한을 부여한 취지 등을 종합하여 볼 때, 재개발조합이 공법인의 지위에서 행정처분의 주체가 되는 경우에 있어서는, 위 조합은 재개발사업에 관한 국가의 기능을 대신하여 수행하는 공권력 행사자 내지 기본권 수범자의 지위에 있다고 할 것이다. 이 사건에서도 재개발조합은 사법상의 당사자로서 상대방에게 계약상 권리 등을 행사한 것이 아니라 도시정비법 제89조 제1항에 따라 기본권의 수범자인 행정청의 지위에서 국민에게 이 사건 청산금부과처분을 하였기 때문에, 행정심판의 피청구인이 되어 심판대상조항의 규율을 받게 된 것이다. 이상의 사정을 종합하여 볼 때, 재개발조합이 기본권의 수범자로 기능하면서 행정심판의 피청구인이 된 경우에 적용되는 심판대상조항의 위헌성을 다투는 이 사건에 있어, 재개발조합인 청구인은 기본권의 주체가 된다고 볼 수 없다(헌재 2022.7.21, 2019헌바543).

116　　　　　　　　　　　　　　　　　정답 ④

④ [×] 국가나 지방자치단체는 기본권을 향유할 수 없다. 국가나 지방자치단체는 법령에 의해 부여된 관할범위 내에서 활동하므로 이들에게 부여된 것은 권한이지, 기본권이 아니다. 국가와 지방자치단체간에 발생하는 갈등은 공법적 주체 상호간의 관계에 적용되는 다른 원리에 따라 해결해야 한다.

① [O] 모든 인간은 헌법상 생명권의 주체가 되며, 형성 중의 생명인 태아에게도 생명에 대한 권리가 인정되어야 한다. 따라서 태아도 헌법상 생명권의 주체가 되며, 국가는 헌법 제10조에 따라 태아의 생명을 보호할 의무가 있다(헌재 2008.7.31, 2004헌바81).

② [O] 정부수립이후이주동포와 정부수립이전이주동포는 이미 대한민국을 떠나 그들이 거주하고 있는 외국의 국적을 취득한 우리의 동포라는 점에서 같고, 국외로 이주한 시기가 대한민국정부수립 이전인가 이후인가는 결정적인 기준이 될 수 없는데도, 정부수립이후이주동포(주로 재미동포, 그중에서도 시민권을 취득한 재미동포 1세)의 요망사항은 재외동포법에 의하여 거의 완전히 해결된 반면, 정부수립이전이주동포(주로 중국동포 및 구 소련동포)는 재외동포법의 적용대상에서 제외됨으로써 그들이 절실히 필요로 하는 출입국기회와 대한민국 내에서의 취업기회를 차단당하였고, 사회경제적 또는 안보적 이유로 거론하는 우려도, 당초 재외동포법의 적용범위에 정부수립이전이주동포도 포함시키려 하였다가 제외시킨 입법과정에 비추어 보면 엄밀한 검증을 거친 것이라고 볼 수 없으며, 또한 재외동포법상 외국 국적 동포에 대한 정의규정에는 일응 중립적인 과거국적주의를 표방하고, 시행령으로 일제시대 독립운동을 위하여 또는 일제의 강제징용이나 수탈을 피하기 위해 조국을 떠날 수밖에 없었던 중국동포나 구 소련동포가 대부분인 대한민국 정부수립 이전에 이주한 자들에게 외국 국적 취득 이전에 대한민국의 국적을 명시적으로 확인받은 사실을 입증하도록 요구함으로써 이들을 재외동포법의 수혜대상에서 제외한 것은 정당성을 인정받기 어렵다(헌재 2001.11.29, 99헌마494).

③ [O] 기본권 주체로서의 법적 지위와 민법상의 권리 주체로서의 법적 지위는 서로 일치하는 개념이 아니다.

117

정답 ③

③ [×] 변호사와 접견하는 경우에도 수용자의 접견은 원칙적으로 접촉차단시설이 설치된 장소에서 하도록 한 규정은 수용자의 효율적인 재판준비가 곤란하게 되고, 특히 교정시설 내에서의 처우에 대하여 국가 등을 상대로 소송을 하는 경우에는 소송의 상대방에게 소송자료를 그대로 노출하게 되어 무기대등의 원칙이 훼손될 수 있다. 변호사 직무의 공공성, 윤리성 및 사회적 책임성은 변호사 접견권을 이용한 증거인멸, 도주 및 마약 등 금지물품 반입 시도 등의 우려를 최소화시킬 수 있으며, 변호사 접견이라 하더라도 교정시설의 질서 등을 해할 우려가 있는 특별한 사정이 있는 경우에는 예외를 두도록 한다면 악용될 가능성도 방지할 수 있다. 따라서 이 사건 접견조항은 과잉금지원칙에 위배하여 청구인의 재판청구권을 지나치게 제한하고 있으므로, 헌법에 위반된다(헌재 2013.8.29, 2011헌마122).

① [O] 기본권 보유능력과 기본권 행위능력은 반드시 일치하지 않는다.

② [O] 직장선택의 자유는 인간의 존엄과 가치 및 행복추구권과도 밀접한 관련을 가지는 만큼 단순히 국민의 권리가 아닌 인간의 권리로 보아야 할 것이므로 외국인도 제한적으로라도 직장선택의 자유를 향유할 수 있다고 보아야 한다(헌재 2011.9.29, 2007헌마1083).

④ [O] 정당의 법적 지위는 적어도 그 소유재산의 귀속관계에 있어서는 법인격 없는 사단(社團)으로 보아야 하고, 중앙당과 지구당과의 복합적 구조에 비추어 정당의 지구당은 단순한 중앙당의 하부조직이 아니라 어느 정도의 독자성을 가진

단체로서 역시 법인격 없는 사단에 해당한다고 보아야 할 것이다(헌재 1993.7.29. 92헌마262).

118

정답 ①

① [×] 법률에 의한 규율이 아니라 법률에 근거한 규율을 요청하는 것이다.

관련판례

> 기본권은 헌법 제37조 제2항에 의하여 국가안전보장·질서유지 또는 공공복리를 위하여 필요한 경우에 한하여 이를 제한할 수 있으나, 그 제한의 방법은 원칙적으로 법률로써만 가능하고 제한의 정도도 기본권의 본질적 내용을 침해할 수 없고 필요한 최소한도에 그쳐야 한다. 그런데 위 조항에서 규정하고 있는 기본권제한에 관한 법률유보의 원칙은 '법률에 의한 규율'을 요청하는 것이 아니라 '법률에 근거한 규율'을 요청하는 것이므로, 기본권의 제한에는 법률의 근거가 필요할 뿐이고 기본권 제한의 형식이 반드시 법률의 형식일 필요는 없다(헌재 2005.5.26, 99헌마513 등).

② [O] 이 사건 집회신고에 관한 사무를 처리하는 데 있어서도 적법한 절차에 따라 접수순위를 확정하려는 최선의 노력을 한 후, 집시법 제8조 제2항에 따라 후순위로 접수된 집회의 금지 또는 제한을 통고하였어야 한다. 만일 접수순위를 정하기 어렵다는 현실적인 이유로 중복신고된 모든 옥외집회의 개최가 법률적 근거 없이 불허되는 것이 용인된다면, 집회의 자유를 보장하고 집회의 사전허가를 금지한 헌법 제21조 제1항 및 제2항은 무의미한 규정으로 전락할 위험성이 있다. 결국 이 사건 반려행위는 법률의 근거 없이 청구인들의 집회의 자유를 침해한 것으로서 헌법상 법률유보원칙에 위반된다고 할 것이다(헌재 2008.5.29, 2007헌마712).

③ [O] 이 사건 규정은 자동차 등을 이용하여 범죄행위를 하기만 하면 그 범죄행위가 얼마나 중한 것인지, 그러한 범죄행위를 행함에 있어 자동차 등이 당해 범죄행위에 어느 정도로 기여했는지 등에 대한 아무런 고려 없이 무조건 운전면허를 취소하도록 하고 있으므로 이는 구체적 사안의 개별성과 특수성을 고려할 수 있는 여지를 일체 배제하고 그 위법의 정도나 비난의 정도가 극히 미약한 경우까지도 운전면허를 취소할 수밖에 없도록 하는 것으로 최소침해성의 원칙에 위반된다 할 것이다. 한편, 이 사건 규정에 의해 운전면허가 취소되면 2년 동안은 운전면허를 다시 발급 받을 수 없게 되는바, 이는 지나치게 기본권을 제한하는 것으로서 법익균형성원칙에도 위반된다. 그러므로 이 사건 규정은 직업의 자유 내지 일반적 행동자유권을 침해하여 헌법에 위반된다(헌재 2005.11.24, 2004헌가28).

④ [O] 입법자는 공익실현을 위하여 기본권을 제한하는 경우에도 입법목적을 실현하기에 적합한 여러 수단 중에서 되도록 국민의 기본권을 가장 존중하고 기본권을 최소로 침해하는 수단을 선택해야 한다. 기본권을 제한하는 규정은 기본권행사의 '방법'에 관한 규정과 기본권행사의 '여부'에 관한 규정으로 구분할 수 있다. 침해의 최소성의 관점에서, 입법자는 그가 의도하는 공익을 달성하기 위하여 우선 기본권을

보다 적게 제한하는 단계인 기본권행사의 '방법'에 관한 규제로써 공익을 실현할 수 있는가를 시도하고 이러한 방법으로는 공익달성이 어렵다고 판단되는 경우에 비로소 그 다음 단계인 기본권행사의 '여부'에 관한 규제를 선택해야 한다(헌재 1998.5.28, 96헌가5).

119
정답 ①

① [×] 청구인은 심판대상조항에 의해 표현의 자유 또는 예술창작의 자유가 제한된다고 주장하나, 심판대상조항은 집필문을 창작하거나 표현하는 것을 금지하거나 이에 대한 허가를 요구하는 조항이 아니라 이미 표현된 집필문을 외부의 특정한 상대방에게 발송할 수 있는지 여부에 대해 규율하는 것이므로, 제한되는 기본권은 헌법 제18조에서 정하고 있는 통신의 자유로 봄이 상당하다(헌재 2016.5.26, 2013헌바98).

② [O] 혐연권이 흡연권보다 상위의 기본권이다. 상하의 위계질서가 있는 기본권끼리 충돌하는 경우에는 상위기본권 우선의 원칙에 따라 하위기본권이 제한될 수 있으므로, 흡연권은 혐연권을 침해하지 않는 한에서 인정되어야 한다(헌재 2004.8.26, 2003헌마457).

③ [O] 기본권 경합의 개념이다.

④ [O] 근로자에게 보장되는 적극적 단결권이 단결하지 아니할 자유보다 특별한 의미를 갖고 있고, 노동조합의 조직강제권도 이른바 자유권을 수정하는 의미의 생존권(사회권)적 성격을 함께 가지는 만큼 근로자 개인의 자유권에 비하여 보다 특별한 가치로 보장되는 점 등을 고려하면, 노동조합의 적극적 단결권은 근로자 개인의 단결하지 않을 자유보다 중시된다(헌재 2005.11.24, 2002헌바95).

120
정답 ④

④ [O] 어떠한 법령이 수범자의 직업의 자유와 행복추구권 양자를 제한하는 외관을 띠는 경우 두 기본권의 경합문제가 발생하는데, 보호영역으로서 '직업'이 문제되는 경우 직업의 자유와 행복추구권은 서로 특별관계에 있어 기본권의 내용상 특별성을 갖는 직업의 자유의 침해 여부가 우선하므로, 행복추구권 관련 위헌 여부의 심사는 배제된다고 보아야 한다(헌재 2003.9.25, 2002헌마519).

① [×] 학교정화구역 내 극장영업금지를 규정한 학교보건법 제6조에 의한 표현 및 예술의 자유의 제한은 극장운영자의 직업의 자유에 대한 제한을 매개로 하여 간접적으로 제약되는 것이라 할 것이고, 입법자의 객관적인 동기 등을 참작하여 볼 때 사안과 가장 밀접한 관계에 있고 또 침해의 정도가 가장 큰 주된 기본권은 직업의 자유라고 할 것이다. 따라서 이하에서는 직업의 자유의 침해 여부를 중심으로 살피는 가운데 표현·예술의 자유의 침해 여부에 대하여도 부가적으로 살펴보기로 한다(헌재 2004.5.27, 2003헌가1).

② [×] 헌법 제20조 제1항은 종교의 자유를 따로 보장하고 있으므로 양심적 병역거부가 종교의 교리나 종교적 신념에 따라 이루어진 것이라면, 이 사건 법률조항에 의하여 양심적 병역거부자의 종교의 자유도 함께 제한된다. 그러나 양심의 자유는 종교적 신념에 기초한 양심뿐만 아니라 비종교적인 양심도 포함하는 포괄적인 기본권이므로, 이하에서는 양심의 자유를 중심으로 살펴보기로 한다(헌재 2004.8.26, 2002헌가1).

③ [×] 채권자에게 채권의 실효성 확보를 위한 수단으로서 채권자취소권을 인정함으로써, 채권자의 재산권과 채무자와 수익자의 일반적 행동의 자유 내지 계약의 자유 및 수익자의 재산권이 서로 충돌하게 되는바, 위와 같은 채권자와 채무자 및 수익자의 기본권들이 충돌하는 경우에 기본권의 서열이나 법익의 형량을 통하여 어느 한쪽의 기본권을 우선시키고 다른 쪽의 기본권을 후퇴시킬 수는 없다고 할 것이다. 채권자의 재산권과 채무자 및 수익자의 일반적 행동의 자유권 중 어느 하나를 상위기본권이라고 할 수는 없을 것이고, 채권자의 재산권과 수익자의 재산권 사이에서도 어느 쪽이 우월하다고 할 수는 없을 것이기 때문이다. 따라서 이러한 경우에는 헌법의 통일성을 유지하기 위하여 상충하는 기본권 모두가 최대한으로 그 기능과 효력을 발휘할 수 있도록 조화로운 방법을 모색하되(규범조화적 해석), 법익형량의 원리, 입법에 의한 선택적 재량 등을 종합적으로 참작하여 심사하여야 할 것이다(헌재 2007.10.25, 2005헌바96).

121
정답 ④

④ [×] 이 사건 기탁금귀속조항은 후보자가 사망하거나 제1차 투표에서 유효투표수의 100분의 15 이상을 득표한 경우에는 기탁금 전액을, 제1차 투표에서 유효투표수의 100분의 10 이상 100분의 15 미만을 득표한 경우에는 기탁금 반액을 후보자에게 반환하고, 반환되지 않은 기탁금은 경북대학교 발전기금에 귀속되도록 하고 있다. 이하에서는 이 사건 기탁금귀속조항이 후보자의 재산권을 침해하는지 여부에 대하여 살핀다(헌재 2022.5.26. 2020헌마1219).

▶ 기탁금 귀속조항과 달리 기탁금 납부조항은 공무담임권의 침해 여부 위주로 판단하였다.

■ 기탁금 납부조항에 관한 판단

헌법 제25조의 공무담임권은 모든 국민이 누구나 그 능력과 적성에 따라 공직에 취임할 수 있는 균등한 기회를 보장한다. 이 사건 기탁금 납부조항은 국립대학인 경북대학교에서 총장임용후보자선거의 후보자가 되려는 사람에게 기탁금 납부를 요구하므로, 이들의 공무담임권을 제한한다.

한편 청구인은 이 사건 기탁금 납부조항이 경제적 능력이 없는 사람의 후보자 지원을 어렵게 하므로 평등권을 침해한다고 주장하나, 이는 공무담임권 침해 여부를 판단할 때 함께 판단할 수 있으므로 별도로 살피지 아니한다.

또한 청구인은 이 사건 기탁금 납부조항이 기탁금을 납부하지 않을 자유를 제한함으로써 일반적 행동자유권을 침해한다고 주장하나, 이는 기탁금 납부를 요구함으로써 후보자 등록을 제한하는 것이 공무담임권을 침해한다는 주장과 다를 바 없으므로 이에 대해서 별도로 판단하지 않는다.

따라서 이하에서는 이 사건 기탁금 납부조항이 공무담임권을 침해하는지 여부에 대하여 살핀다(헌재 2022.5.26, 2020헌마1219).

① [O] 하나의 규제로 인하여 여러 기본권이 동시에 제약을 받는 기본권 경합의 경우에는 기본권 침해를 주장하는 청구인의 의도 및 기본권을 제한하는 입법자의 객관적 동기 등을 참작하여 사안과 가장 밀접한 관계가 있고 또 침해의 정도가 큰 주된 기본권을 중심으로 해서 그 제한의 한계를 따져 보아야 한다(헌재 2020.7.16, 2018헌마566).

② [O] 청구인들은 의료인이 아니더라도 문신시술업을 합법적인 직업으로 영위할 수 있어야 함을 주장하고 있고, 심판대상조항의 일차적 의도도 보건위생상 위해 가능성이 있는 행위를 규율하고자 하는 데 있으며, 심판대상조항에 의한 예술의 자유 또는 표현의 자유의 제한은 문신시술업이라는 직업의 자유에 대한 제한을 매개로 하여 간접적으로 제약되는 것이라 할 것인바, 사안과 가장 밀접하고 침해의 정도가 큰 직업선택의 자유를 중심으로 심판대상조항의 위헌 여부를 살피는 이상 예술의 자유와 표현의 자유 침해 여부에 대하여는 판단하지 아니한다(헌재 2022.3.31, 2017헌마1343).

③ [O] 심판대상조항에 대한 입법자의 일차적 의도는 선거기간 중 모임, 즉 집회를 금지하고자 하는 데 있으며, 단체의 모임은 단체의 다양한 활동 중의 하나에 불과하고, 헌법상 결사의 자유보다는 집회의 자유가 두텁게 보호되며, 위 조항에 의하여 직접 제약되는 자유 역시 집회의 자유라고 할 것이다. 따라서 아래에서는 심판대상조항이 과잉금지원칙에 위반하여 <u>집회의 자유를 침해하는지를 살핀다</u>(헌재 2013. 12.26, 2010헌가90).

122
정답 ④

④ [×] 도로교통법 제41조 제2항 전단에 규정된 "교통안전과 위험방지의 필요성"이란, 음주 측정을 요구할 대상자인 당해 운전자의 운전으로 인하여 야기된 개별적·구체적인 위험방지를 위하여 필요한 경우뿐만 아니라, 잠재적 음주운전자의 계속적인 음주운전을 차단함으로써 그렇지 않았을 경우 음주운전의 피해자가 되었을지도 모를 잠재적인 교통관련자의 위해를 방지할 가능성이 있다면 그 필요성이 충족되는 것으로 넓게 해석하여야 하고, 이러한 음주측정을 위하여, 검문지점을 설치하고 그곳을 통행하는 불특정 다수의 자동차를 정지시켜 운전자의 음주 여부를 점검해 볼 수 있는 권한도 여기에 내포되어 있다고 보아야 한다(헌재 2004. 1.29, 2002헌마293).

① [O] 헌법은 절대적 기본권을 명문으로 인정하고 있지 아니하며, 헌법 제37조 제2항에서는 국민의 모든 자유와 권리는 국가안전보장·질서유지 또는 공공복리를 위하여 필요한 경우에 한하여 법률로써 제한할 수 있도록 규정하고 있어, 비록 생명이 이념적으로 절대적 가치를 지닌 것이라 하더라도 생명에 대한 법적 평가가 예외적으로 허용될 수 있다고 할 것이므로, 생명권 역시 헌법 제37조 제2항에 의한 일반적 법률유보의 대상이 될 수밖에 없다(헌재 2010.2.25, 2008헌가23).

② [O] 기본권의 제한은 원칙적으로 국회에서 제정한 형식적 의미의 법률에 의해서만 가능하다. 그러나 법률의 위임이 있으면 법규명령이나 조례에 의해서도 기본권 제한이 가능하다. 따라서 법률에 의한 제한만을 의미하는 것이 아닌 법

률에 근거한 제한을 의미한다.

③ [O] 우리 헌법은 처분적 법률로서의 개인대상법률 또는 개별사건법률의 정의를 따로 두고 있지 않음은 물론, 이러한 처분적 법률의 제정을 금하는 명문의 규정도 두고 있지 않으므로 특정한 규범이 개인대상 또는 개별사건법률에 해당한다고 하여 그것만으로 바로 헌법에 위반되는 것은 아니다(헌재 1996.2.16, 96헌가2 등).

123
정답 ②

② [×] 증거인멸이나 도망을 예방하고 교도소 내의 질서를 유지하여 미결구금제도를 실효성 있게 운영하고 일반사회의 불안을 방지하기 위하여 미결수용자의 서신에 대한 검열은 그 필요성이 인정된다고 할 것이고, 이로 인하여 미결수용자의 통신의 비밀이 일부제한되는 것은 질서유지 또는 공공복리라는 정당한 목적을 위하여 불가피할 뿐만 아니라 유효적절한 방법에 의한 최소한의 제한으로서 헌법에 위반된다고 할 수 없다(헌재 1995.7.21, 92헌마144).

① [O] 대통령의 국가긴급권에 의한 기본권 제한은 평상시에는 허용될 수 없고, 헌법 제76조 및 제77조의 요건하에서만 예외적으로 인정된다.

③ [O] 헌법은 절대적 기본권을 명문으로 인정하고 있지 아니하며, 헌법 제37조 제2항에서는 국민의 모든 자유와 권리는 국가안전보장·질서유지 또는 공공복리를 위하여 필요한 경우에 한하여 법률로써 제한할 수 있도록 규정하고 있어, 비록 생명이 이념적으로 절대적 가치를 지닌 것이라 하더라도 생명에 대한 법적 평가가 예외적으로 허용될 수 있다고 할 것이므로, 생명권 역시 헌법 제37조 제2항에 의한 일반적 법률유보의 대상이 될 수밖에 없다. 나아가 생명권의 경우, 다른 일반적인 기본권 제한의 구조와는 달리, 생명의 일부 박탈이라는 것을 상정할 수 없기 때문에 생명권에 대한 제한은 필연적으로 생명권의 완전한 박탈을 의미하게 되는바, 위와 같이 생명권의 제한이 정당화될 수 있는 예외적인 경우에는 생명권의 박탈이 초래된다 하더라도 곧바로 기본권의 본질적인 내용을 침해하는 것이라 볼 수는 없다(헌재 2010.2.25, 2008헌가23).

④ [O] 비상계엄이 선포된 때에는 법률이 정하는 바에 의하여 영장제도, 언론·출판·집회·결사의 자유, 정부나 법원의 권한에 관하여 특별한 조치를 할 수 있다(헌법 제77조 제3항).

124
정답 ④

④ [×] 일반적으로 직업행사의 자유에 대하여는 직업선택의 자유와는 달리 공익목적을 위하여 상대적으로 폭넓은 입법적 규제가 가능한 것이지만, 그렇다고 하더라도 그 수단은 목적달성에 적절한 것이어야 하고 또한 필요한 정도를 넘는 지나친 것이어서는 아니 된다. … 결국, 직업의 자유에 대한 이 사건 법률조항의 제한은 헌법 제37조 제2항의 비례의 원칙에 기한 기본권 제한의 입법적 한계 심사에 의하여야 할 것이다(헌재 2004.5.27, 2003헌가1 등).

① [O] 입법자가 임의적 규정으로도 법의 목적을 실현할 수 있는 경우에 구체적 사안의 개별성과 특수성을 고려할 수

있는 가능성을 일체 배제하는 필요적 규정을 둔다면 이는 비례의 원칙의 한 요소인 "최소침해성의 원칙"에 위배되는 바, 종래의 임의적 취소제도로도 철저한 단속, 엄격한 법집행 등 그 운용 여하에 따라서는 지입제 관행의 근절이라는 입법목적을 효과적으로 달성할 수 있었을 것으로 보이므로, 기본권 침해의 정도가 덜한 임의적 취소제도의 적절한 운용을 통하여 입법목적을 달성하려는 노력은 기울이지 아니한 채 기본권 침해의 정도가 한층 큰 필요적 취소제도를 도입한 이 사건 법률조항은 행정편의적 발상으로서 피해최소성의 원칙에 위반된다(헌재 2000.6.1, 99헌가11).

② [O] 상호신용금고법 제37조의3이 달성하고자 하는 바가 금고의 경영부실 및 사금고화로 인한 금고의 도산을 막고 이로써 예금주를 보호하고자 하는 데에 있다면, 이를 실현하기 위한 입법적 수단이 적용되어야 하는 인적 범위도 마찬가지로 '부실경영에 관련된 자'에 제한되어야 한다. 부실경영을 방지하는 다른 수단에 대하여 부가적으로 민사상의 책임을 강화하는 이 사건 법률조항은 원칙적으로 '최소침해의 원칙'에 부합하나, 부실경영에 아무런 관련이 없는 임원이나 과점주주에 대해서도 연대변제책임을 부과하는 것은 입법목적을 달성하기 위하여 필요한 범위를 넘는 과도한 제한이다(헌재 2002.8.29, 2000헌가5).

③ [O] 과잉금지의 원칙이라 함은 국민의 기본권을 제한함에 있어서 국가작용의 한계를 명시한 것으로서 목적의 정당성·수단의 적합성·침해의 최소성·법익의 균형성을 의미하며 그 어느 하나에라도 저촉이 되면 위헌이 된다는 헌법상의 원칙을 말한다.

125
정답 ③

③ [×] 심판대상조항에 규정된 '도로 외의 곳'이란 '도로 외의 모든 곳 가운데 자동차등을 그 본래의 사용방법에 따라 사용할 수 있는 공간'으로 해석할 수 있다. 따라서 심판대상조항이 죄형법정주의의 명확성원칙에 위배된다고 할 수 없다(헌재 2016.2.25, 2015헌가11).

① [O] 음주운전으로 인한 피해를 예방하여야 하는 공익은 대단히 중대하며, 그러한 단속방식이 그 공익을 보호함에 효율적인 수단임에 반하여, 일제단속식 음주단속으로 인하여 받는 국민의 불이익은 비교적 경미하다. 검문을 당하는 국민의 불이익은 교통체증으로 인한 약간의 시간적 손실, 주관적·정서적 불쾌감 정도에 불과하고, 음주측정을 실시하는 경우라 할지라도 그것은 단속현장에서 짧은 시간 내에 간단히 실시되고 측정결과도 즉석에서 알 수 있는 호흡측정 방법에 의하여 실시되므로 편이성이 높다. 따라서 도로를 차단하고 불특정 다수인을 상대로 실시하는 일제단속식 음주단속은 그 자체로는 도로교통법 제41조 제2항 전단에 근거를 둔 적법한 경찰작용이다(헌재 2004.1.29, 2002헌마293).

② [O] 심판대상조항은 음주측정거부 전력을 가중요건으로 삼으면서 해당 전력과 관련하여 형의 선고나 유죄의 확정판결을 받을 것을 요구하지 않는 데다 아무런 시간적 제한도 두지 않은 채 뒤에 행해진 음주측정거부행위를 가중처벌하도록 하고 있어, 과거의 위반행위 이후 상당히 오랜 시간이 지나 '반규범적 행위'나 '반복적인 행위' 등이라고 평가하기 어

려운 음주측정거부행위를 한 사람에 대해서는 책임에 비해 과도한 형벌을 규정하고 있다고 하지 않을 수 없다(헌재 2022.8.31, 2022헌가18, 19, 20).

④ [O] 음주운전이 초래할 수 있는 잠재적인 사고 위험성의 심각도에 비추어 볼 때 음주운전행위 및 음주측정 거부행위의 심각한 위험성은 여러 가지 다른 이유에 의하여 현실로 발생하는 경미한 교통사고의 경우와는 비교할 수 없을 정도로 훨씬 더 크다. 따라서 음주측정 거부행위에 대한 제재로서 운전면허를 반드시 취소하도록 하는 것이 법익 간의 균형을 도외시한 것이라고 보기 어렵다. 또한 앞에서 본 바에 의하면 음주측정은 음주운전을 단속하기 위한 불가피한 전치적(前置的) 조치라고 인정되므로 경찰관의 음주측정요구에 응하는 것은 법률이 운전자에게 부과한 정당한 의무라고 할 것이고 법률이 부과한 이러한 정당한 의무의 불이행에 대하여 이 정도의 제재를 가하는 것은 양심의 자유나 행복추구권 등에 대한 침해가 될 수 없다(헌재 2004.12.16, 2003헌바87).

126
정답 ③

㉠ [×] 유치원주변에 당구장시설을 허용한다고 하여도 이로 인하여 유치원생이 학습을 소홀히 하거나 교육적으로 나쁜 영향을 받을 위험성이 있다고 보기 어려우므로, 유치원 및 이와 유사한 교육기관의 학교환경위생정화구역 안에서 당구장시설을 하지 못하도록 기본권을 제한하는 것은 입법목적의 달성을 위하여 필요하고도 적정한 방법이라고 할 수 없어 역시 기본권 제한의 한계를 벗어난 것이다(헌재 1997.3.27, 94헌마196).

㉡ [O] 입법자는 일정한 전문분야에 관한 자격제도를 마련함에 있어서 그 제도를 마련한 목적을 고려하여 정책적인 판단에 따라 그 내용을 구성할 수 있고, 마련한 자격제도의 내용이 불합리하고 불공정하지 않은 한 입법자의 정책판단은 존중되어야 하며, 자격제도에서 입법자에게는 그 자격요건을 정함에 있어 광범위한 입법재량이 인정되는 만큼, 자격요건에 관한 법률조항은 합리적인 근거 없이 현저히 자의적인 경우에만 헌법에 위반된다고 할 수 있다(헌재 2007.5.31, 2003헌마422).

㉢ [O] 국가작용 중 특히 입법작용에 있어서의 과잉입법금지의 원칙이라 함은 국가가 국민의 기본권을 제한하는 내용의 입법활동을 함에 있어서 준수하여야 할 기본원칙 내지 입법활동의 한계를 의미하는 것으로서, 국민의 기본권을 제한하려는 입법의 목적이 헌법 및 법률의 체제상 그 정당성이 인정되어야 하고(목적의 정당성), 그 목적의 달성을 위하여 그 방법이 효과적이고 적절하여야 하며(방법의 적정성), 입법권자가 선택한 기본권 제한의 조치가 입법목적달성을 위하여 설사 적절하다 할지라도 보다 완화된 형태나 방법을 모색함으로써 기본권의 제한은 필요 최소한도에 그치도록 하여야 하며(피해의 최소성), 그 입법에 의하여 보호하려는 공익과 침해되는 사익을 비교형량할 때 보호되는 공익이 더 커야한다(법익의 균형성)는 법치국가의 원리에서 당연히 파생되는 헌법상의 기본원리의 하나인 비례의 원칙을 말하는 것이다.

ⓔ [○] 이러한 획일적인 기준에 따른 과태료의 액수는 제공받은 금액 또는 음식물·물품 가액의 '50배'에 상당하는 금액으로서 제공받은 물품 등의 가액 차이에 따른 과태료 액수의 차이도 적지 아니한 데다가 그와 같은 50배의 과태료가 일반 유권자들에게 소액의 경미한 제재로 받아들여질 수도 없는 것이다. 특히 이 사건 심판대상조항이 규정한 과태료 제재의 과중성은 형벌조항인 공직선거법 제257조 제2항에서 규정한 벌금형의 법정형의 상한이 500만 원인 데 비하여, 이보다 경미한 사안, 예컨대 100만 원의 물품을 제공받은 경우 이 사건 심판대상조항에 따라 일률적으로 5,000만 원의 과태료를 부담하게 된다는 점에서 분명해진다. 나아가 소액의 위법한 기부행위를 근절함으로써 선거의 공정성을 확보한다는 입법목적의 달성은, 반드시 과태료의 액수가 '50배'에 상당하는 금액이 되어야만 가능한 것이 아니고, 과태료의 액수를 '50배 이하'로 정하는 등 보다 완화된 형식의 입법수단을 통하여도 얼마든지 가능한 것이다(헌재 2009.3.26, 2007헌가22).

127   정답 ③

㉠ [×] 헌법 제37조 제2항은 "국민의 모든 자유와 권리는 … 법률로써 제한할 수 있으며"라고 하여 법률유보원칙을 규정하고 있다. 여기서 '법률'이란 국회가 제정한 형식적 의미의 법률을 말한다. 입법자는 행정부로 하여금 규율하도록 입법권을 위임할 수 있으므로, 법률에 근거한 행정입법에 의해서도 기본권 제한이 가능하다. 즉 기본권 제한에 관한 법률유보원칙은 '법률에 의한 규율'을 요청하는 것이 아니라 '법률에 근거한 규율'을 요청하는 것이므로, <u>기본권 제한에는 법률의 근거가 필요할 뿐이고 기본권 제한의 형식이 반드시 법률의 형식일 필요는 없으므로 법규명령, 규칙, 조례 등 실질적 의미의 법률을 통해서도 기본권 제한이 가능하다</u>(헌재 2013.7.25, 2012헌마167).

㉡ [○] 오늘날 법률유보원칙은 단순히 행정작용이 법률에 근거를 두기만 하면 충분한 것이 아니라, 국가공동체와 그 구성원에게 기본적이고도 중요한 의미를 갖는 영역, 특히 국민의 기본권실현에 관련된 영역에 있어서는 행정에 맡길 것이 아니라 국민의 대표자인 입법자 스스로 그 본질적 사항에 대하여 결정하여야 한다는 요구까지 내포하는 것으로 이해하여야 한다(이른바 의회유보원칙)(헌재 1999.5.27, 98헌바70).

㉢ [○] 체계정당성의 원리는 동일 규범 내에서 또는 상이한 규범 간에 그 규범의 구조나 내용 또는 규범의 근거가 되는 원칙면에서 상호 배치되거나 모순되어서는 안 된다는 하나의 헌법적 요청이며, 국가공권력에 대한 통제와 이를 통한 국민의 자유와 권리의 보장을 이념으로 하는 법치주의원리로부터 도출되는데, 이러한 체계정당성 위반은 비례의 원칙이나 평등의 원칙 등 일정한 헌법의 규정이나 원칙을 위반하여야만 비로소 위헌이 되며, 체계정당성의 위반을 정당화할 합리적인 사유의 존재에 대하여는 입법 재량이 인정된다(헌재 2004.11.25, 2002헌바66).

㉣ [○] 소급입법은, 신법이 이미 종료된 사실관계에 작용하는지, 아니면 현재 진행 중인 사실관계에 작용하는지에 따라 "진정소급입법"과 "부진정소급입법"으로 구분되고, 전자는 헌법적으로 허용되지 않는 것이 원칙이며, 특단의 사정이 있는 경우에만 예외적으로 허용될 수 있는 반면, 후자는 원칙적으로 허용되지만 소급효를 요구하는 공익상의 사유와 신뢰보호의 요청 사이의 교량 과정에서 신뢰보호의 관점이 입법자의 형성권에 제한을 가하게 된다(헌재 2001.4.26, 99헌바55).

128   정답 ④

④ [×] 헌법의 기본정신(헌법 제37조 제2항)에 비추어 볼 때 기본권의 본질적인 내용의 침해가 설사 없다고 하더라도 과잉금지의 원칙에 위반되면 역시 위헌임을 면하지 못한다고 할 것이다. 과잉금지의 원칙은 국가작용의 한계를 명시하는 것인데 목적의 정당성, 방법의 적정성, 피해의 최소성, 법익의 균형성[보호하려는 공익이 침해되는 사익보다 더 커야 한다는 것으로서 그래야만 수인(受忍)의 기대가능성이 있다는 것]을 의미하는 것으로서 그 어느 하나에라도 저촉되면 위헌이 된다는 헌법상의 원칙이다. 이하 항목을 세분하여 따져보기로 한다. … 토지거래허가제가 재산권의 본질적인 내용을 침해하는 것이 아니라고 하더라도 토지의 투기적 거래 및 지가상승을 억제하기 위하여서는 토지거래신고제나 조세제도 등의 개선으로 충분히 그 목적을 달성할 수 있는데도 토지거래허가제라는 과도한 방법을 선택하고 있는 것은 위 목적달성에만 급급한 과잉조치이므로 위헌이라는 견해에 대하여 살펴본다(헌재 1989.12.22, 88헌가13).
▶ 헌법재판소는 기본권의 본질적 내용 침해 여부와 과잉금지원칙 위배 여부를 별도로 검토하는 입장이다.

① [○] 우리 헌법재판소는 과잉금지원칙의 근간을 헌법상의 법치주의와 헌법 제37조 제2항으로 본다.

② [○] 일반적으로 직업선택의 자유를 제한함에 있어, 어떤 직업의 수행을 위한 전제요건으로서 일정한 주관적 요건을 갖춘 자에게만 그 직업에 종사할 수 있도록 제한하는 경우에는, 이러한 주관적 요건을 갖추도록 요구하는 것이, 누구에게나 제한없이 그 직업에 종사하도록 방임함으로써 발생할 우려가 있는 공공의 손실과 위험을 방지하기 위한 적절한 수단이고, 그 직업을 희망하는 모든 사람에게 동일하게 적용되어야 하며, 주관적 요건 자체가 그 제한목적과 합리적인 관계가 있어야 할 것이다. … 자격제도에서 입법자에게는 그 자격요건을 정함에 있어 광범위한 입법재량이 인정되는 만큼, 자격요건에 관한 법률조항은 합리적인 근거 없이 현저히 자의적인 경우에만 헌법에 위반된다고 할 수 있다(헌재 2008.11.27, 2007헌바51).

③ [○] 국가작용 중 특히 입법작용에 있어서의 과잉금지의 원칙이라 함은 국가가 국민의 기본권을 제한하는 내용의 입법활동을 함에 있어서 준수하여야 할 기본원칙 내지 입법활동의 한계를 의미하는 것으로서, 국민의 기본권을 제한하려는 입법의 목적이 헌법 및 법률의 체제상 그 정당성이 인정되어야 하고(목적의 정당성), 그 목적의 달성을 위하여 그 방법이 효과적이고 적절하여야 하며(방법의 적정성), 입법자가 선택한 기본권 제한의 조치가 입법목적달성을 위하여 설사 적절하다 할지라도 보다 완화된 형태나 방법을 모색함으로

로써 기본권의 제한은 필요한 최소한도에 그치도록 하여야 하며(피해의 최소성), 그 입법에 의하여 보호하려는 공익과 침해되는 사익을 비교형량할 때 보호되는 공익이 더 커야 한다(법익의 균형성)는 것이며, 이 중 하나라도 저촉되면 위헌 판결이 내려진다.

129   정답 ④

④ [×] 시험의 관리에 있어서 가장 중요한 것은 정확성과 공정성이므로, 이를 위하여 시험문제와 정답, 채점기준 등 시험의 정확성과 공정성에 영향을 줄 수 있는 모든 정보는 사전에 엄격하게 비밀로 유지되어야 할 뿐만 아니라, 공공기관에서 시행하는 대부분의 시험들은 평가대상이 되는 지식의 범위가 한정되어 있고 그 시행도 주기적으로 반복되므로 이미 시행된 시험에 관한 정보라 할지라도 이를 제한없이 공개할 경우에는 중요한 영역의 출제가 어려워지는 등 시험의 공정한 관리 및 시행에 영향을 줄 수밖에 없다고 할 것이므로, 이 사건 법률조항이 시험문제와 정답을 공개하지 아니할 수 있도록 한 것이 과잉금지원칙에 위반하여 알 권리를 침해한다고 볼 수 없다(헌재 2011.3.31, 2010헌바291).

① [O] 상호신용금고법 제37조의3이 달성하고자 하는 바가 금고의 경영부실 및 사금고화로 인한 금고의 도산을 막고 이로써 예금주를 보호하고자 하는 데에 있다면, 이를 실현하기 위한 입법적 수단이 적용되어야 하는 인적 범위도 마찬가지로 '부실경영에 관련된 자'에 제한되어야 한다. 부실경영을 방지하는 다른 수단에 대하여 부가적으로 민사상의 책임을 강화하는 이 사건 법률조항은 원칙적으로 '최소침해의 원칙'에 부합하나, 부실경영에 아무런 관련이 없는 임원이나 과점주주에 대해서도 연대변제책임을 부과하는 것은 입법목적을 달성하기 위하여 필요한 범위를 넘는 과도한 제한이다(헌재 2002.8.29, 2000헌가5).

② [O] 과외교습을 금지하는 학원의 설립·운영 및 과외교습에 관한 법률 제3조는 원칙적으로 허용되고 기본권적으로 보장되는 행위에 대하여 원칙적으로 금지하고 예외적으로 허용하는 방식의 '원칙과 예외'가 전도된 규율형식을 취한 데다가, 그 내용상으로도 규제의 편의성만을 강조하여 입법목적달성의 측면에서 보더라도 금지범위에 포함시킬 불가피성이 없는 행위의 유형을 광범위하게 포함시키고 있다는 점에서, 입법자가 선택한 규제수단은 입법목적의 달성을 위한 최소한의 불가피한 수단이라고 볼 수 없다(헌재 2000.4.27, 98헌가16).

③ [O] 특별검사가 참고인에게 지정된 장소까지 동행할 것을 명령할 수 있게 하고 참고인이 정당한 이유 없이 위 동행명령을 거부한 경우 1천만 원 이하의 벌금형에 처하도록 규정한 이 사건 법률이 영장주의 또는 과잉금지원칙에 위배하여 청구인들의 평등권과 신체의 자유를 침해한다(헌재 2008.1.10, 2007헌마1468).

130   정답 ②

② [×] 피의자신문에 참여한 변호인이 피의자 옆에 앉는다고 하여 피의자 뒤에 앉는 경우보다 수사를 방해할 가능성이 높아진다거나 수사기밀을 유출할 가능성이 높아진다고 볼 수 없으므로, 이 사건 후방착석요구행위의 목적의 정당성과 수단의 적절성을 인정할 수 없다. 그런데 이 사건에서 변호인의 수사방해나 수사기밀의 유출에 대한 우려가 없고, 조사실의 장소적 제약 등과 같이 이 사건 후방착석요구행위를 정당화할 그 외의 특별한 사정도 없으므로, 이 사건 후방착석요구행위는 침해의 최소성 요건을 충족하지 못한다. 이 사건 후방착석요구행위로 얻어질 공익보다는 변호인의 피의자신문참여권 제한에 따른 불이익의 정도가 크므로, 법익의 균형성 요건도 충족하지 못한다. 따라서 이 사건 후방착석요구행위는 변호인인 청구인의 변호권을 침해한다(헌재 2017.11.30, 2016헌마503).

① [O] 미성년 피해자의 2차 피해를 방지하는 것은, 성폭력범죄에 관한 형사절차를 형성함에 있어 포기할 수 없는 중요한 가치이나 그 과정에서 피고인의 공정한 재판을 받을 권리도 보장되어야 한다. 성폭력범죄의 특성상 영상물에 수록된 미성년 피해자 진술이 사건의 핵심 증거인 경우가 적지 않음에도 심판대상조항은 진술증거의 오류를 탄핵할 수 있는 효과적인 방법인 피고인의 반대신문권을 보장하지 않고 있다. … 그러나 심판대상조항으로 인한 피고인의 방어권 제한의 중대성과 미성년 피해자의 2차 피해를 방지할 수 있는 여러 조화적인 대안들이 존재함을 고려할 때, 심판대상조항이 달성하려는 공익이 제한되는 피고인의 사익보다 우월하다고 쉽게 단정하기는 어렵다. 따라서 심판대상조항은 과잉금지원칙을 위반하여 공정한 재판을 받을 권리를 침해한다(헌재 2021.12.23, 2018헌바524).

③ [O] 심판대상조항은 구체적 사안의 개별성과 특수성을 고려할 수 있는 여지를 일체 배제하고 그 위법의 정도나 비난가능성의 정도가 미약한 경우까지도 획일적으로 20년이라는 장기간 동안 택시운송사업의 운전업무 종사자격을 제한하는 것이므로 침해의 최소성원칙에 위배되며, 법익의 균형성원칙에도 반한다(헌재 2015.12.23, 2014헌바446).

④ [O] 심판대상조항에 따른 임대인 지위의 승계는 주택임대차보호법 제3조 제1항 소정의 대항력 요건을 갖춘 임차인이 있을 경우에만 이루어지는 것인데, 이 경우 주택임대차보호법은 대항력의 요건으로서 주택의 인도와 주민등록을 요구하고 있으므로 적어도 임차인의 이름과 전입일 만큼은 공부인 주민등록표에 의하여 공시되어 거래의 안전이 보장된다. 따라서 임차주택을 대상으로 하여 법률관계를 맺으려는 자는 대항력 있는 임차인이 존재함으로 인하여 발생할 수 있는 위험을 예상하여 그에 대한 적절한 예방조치를 취할 수 있다. 그런데 이는 임대차보증금반환채무에 대한 지연손해금 승계의 경우에도 마찬가지이다. 임차주택을 양도한 임대인에게 이미 발생한 지연손해금도 임차인 보호의 측면 및 주민등록의 공시기능으로 인한 양수인의 예측가능성의 측면에서 임대차보증금반환채무의 승계와 달리 볼 이유가 없기 때문이다. 결국 심판대상조항은 임차인의 주거생활의 안정을 도모함과 동시에 주민등록이라는 공시기능을 통하여 주택 양수인의 불측의 손해를 예방할 수 있도록 하고 있으므로, 과잉금지원칙에 위반된다고 볼 수 없다(헌재 2017.8.31, 2016헌바146).

④ [×] 심판대상조항이 정한 보호입원 제도는 입원의 필요성에 대한 판단에 있어 객관성과 공정성을 담보할 만한 장치를 두고 있지 않고, 보호입원 대상자의 의사 확인이나 부당한 강제입원에 대한 불복제도도 충분히 갖추고 있지 아니하여, 보호입원 대상자의 신체의 자유를 과도하게 제한하고 있어, 침해의 최소성에 반한다(헌재 2016.9.29, 2014헌가9).

① [○] 가족관계등록법상 각종 증명서에 기재된 개인정보가 유출되거나 오·남용될 경우 정보의 주체에게 가해지는 타격은 크므로 증명서 교부청구권자의 범위는 가능한 한 축소하여야 하는데, 형제자매는 언제나 이해관계를 같이 하는 것은 아니므로 형제자매가 본인에 대한 개인정보를 오·남용 또는 유출할 가능성은 얼마든지 있다. 그런데 이 사건 법률조항은 증명서 발급에 있어 형제자매에게 정보주체인 본인과 거의 같은 지위를 부여하고 있으므로, 이는 증명서 교부청구권자의 범위를 필요한 최소한도로 한정한 것이라고 볼 수 없다. 본인은 인터넷을 이용하거나 위임을 통해 각종 증명서를 발급받을 수 있으며, 가족관계등록법 제14조 제1항 단서 각 호에서 일정한 경우에는 제3자도 각종 증명서의 교부를 청구할 수 있으므로 형제자매는 이를 통해 각종 증명서를 발급받을 수 있다. 따라서 이 사건 법률조항은 침해의 최소성에 위배된다(헌재 2016.6.30, 2015헌마924).

② [○] 이 사건 심판대상 법률조항이 규정한 불고지죄는 국가의 존립과 안전에 저해가 되는 타인의 범행에 관한 객관적 사실을 고지할 의무를 부과할 뿐이고 개인의 세계관·인생관·주의·신조 등이나 내심에 있어서의 윤리적 판단을 그 고지의 대상으로 하는 것은 아니므로 양심의 자유 특히 침묵의 자유를 직접적으로 침해하는 것이라고 볼 수 없을 뿐만 아니라 국가의 존립·안전에 저해가 되는 죄를 범한 자라는 사실을 알고서도 그것이 본인의 양심이나 사상에 비추어 범죄가 되지 아니한다거나 이를 수사기관 또는 정보기관에 고지하는 것이 양심이나 사상에 어긋난다는 등의 이유로 고지하지 아니하는 것은 결국 부작위에 의한 양심실현, 즉 내심의 의사를 외부에 표현하거나 실현하는 행위가 되는 것이고 이는 이미 순수한 내심의 영역을 벗어난 것이므로 이에 대하여는 필요한 경우 법률에 의한 제한이 가능하다 할 것이다(헌재 1998.7.16, 96헌바35).

③ [○] 획일적으로 30세까지는 순경과 소방사·지방소방사 및 소방간부후보생의 직무수행에 필요한 최소한도의 자격요건을 갖추고, 30세가 넘으면 그러한 자격요건을 상실한다고 보기 어렵고, 이 점은 순경을 특별 채용하는 경우 응시연령을 40세 이하로 제한하고, 소방사·지방소방사와 마찬가지로 화재현장업무 등을 담당하는 소방교·지방소방교의 경우 특채시험의 응시연령을 35세 이하로 제한하고 있는 점만 보아도 분명하다. 따라서 이 사건 심판대상조항들이 순경 공채시험, 소방사 등 채용시험, 그리고 소방간부 선발시험의 응시연령의 상한을 '30세 이하'로 규정하고 있는 것은 합리적이라고 볼 수 없으므로 침해의 최소성원칙에 위배되어 청구인들의 공무담임권을 침해한다(헌재 2012.5.31, 2010헌마278).

④ [○] 자본주의 경제질서하에서 근로자가 기본적 생활수단을 확보하고 인간의 존엄성을 보장받기 위하여 최소한의 근로조건을 요구할 수 있는 권리는 자유권적 기본권의 성격도 아울러 가지므로 이러한 경우 외국인 근로자에게도 그 기본권 주체성을 인정함이 타당하다(헌재 2007.8.30, 2004헌마670).

① [×] 공개된 형사재판에서 밝혀진 범죄인들의 신상과 전과를 일반인이 알게 된다고 하여 그들의 인격권 내지 사생활의 비밀을 침해하는 것이라고 단정하기는 어렵다(헌재 2003.6.26, 2002헌가14).

② [×] 부당한 보도에 의하여 피해를 입은 사람이 민법과 민사소송법에 정한 전통적인 일반원칙과 절차에 따라 명예훼손 등을 원인으로 하여 소로써 손해배상에 갈음하거나 또는 손해배상과 함께 명예회복에 적당한 처분을 구할 수는 있다(헌재 1991.9.16, 89헌마165).

③ [×] 부모의 자녀교육권은 다른 기본권과는 달리, 기본권의 주체인 부모의 자기결정권이라는 의미에서 보장되는 자유가 아니라, 자녀의 보호와 인격발현을 위하여 부여되는 기본권이다. 다시 말하면, 부모의 자녀교육권은 자녀의 행복이란 관점에서 보장되는 것이며, 자녀의 행복이 부모의 교육에 있어서 그 방향을 결정하는 지침이 된다(헌재 2000.4.27, 98헌가16).

㉠ [○] '한나라당 대통령후보 이명박의 주가조작 등 범죄혐의의 진상규명을 위한 특별검사의 임명 등에 관한 법률' 제2조는 거기에 규정된 사건 내지 사람만을 이 사건 법률에 의한 특별검사의 수사 및 소추 대상으로 하고 있어 다른 유사한 상황의 불특정 다수의 사건·사람에게 적용될 가능성을 배제하고 있으므로, 이른바 처분적 법률이라 할 것이다(헌재 2008.1.10, 2007헌마1468).

㉡ [×] '일제강점하 반민족행위 진상규명에 관한특별법' 제2조 제6호 내지 제9호의 행위를 한 자를 재산이 국가에 귀속되는 대상인 친일반민족행위자로 보는 '친일반민족행위자 재산의 국가귀속에 관한 특별법'은 친일반민족행위자의 친일재산에 일반적으로 적용되는 것이므로 위 법률조항들을 처분적 법률로 보기도 어렵다(헌재 2011.3.31, 2008헌바141).

㉢ [○] 이 사건 폐지법은 세무대학설치의 법적 근거로 제정된 기존의 세무대학설치법을 폐지함으로써 세무대학을 폐교하는 법적 효과를 발생하는 것이므로 동법은 세무대학과 그 폐지만을 규율목적으로 삼는 처분법률의 형식을 띤다 그러나 이와 같은 처분법률의 형식은 폐지대상인 세무대학설치법 자체가 이미 처분법률에 해당하는 것이므로, 이를 폐지하는 법률도 당연히 그에 상응하여 처분법률의 형식을 띨 수밖에 없는 필연적 현상이다(헌재 2001.2.22, 99헌마613).

㉣ [×] 우리 헌법은 처분적 법률로서의 개인대상법률 또는 개별사건법률의 정의를 따로 두고 있지 않음은 물론, 이러한 처분적 법률의 제정을 금하는 명문의 규정도 두고 있지 않으므로 특정한 규범이 개인대상 또는 개별사건법률에 해당

한다고 하여 그것만으로 바로 헌법에 위반되는 것은 아니다(헌재 2008.1.10, 2007헌마1468).

134
정답 ②

② [O] 행복추구권은 다른 기본권에 대한 보충적 기본권으로서의 성격을 지니므로, 공무담임권이라는 우선적으로 적용되는 기본권이 존재하여(청구인들이 주장하는 불행이란 결국 교원직 상실에서 연유하는 것에 불과하다)그 침해 여부를 판단하는 이상, 행복추구권 침해 여부를 독자적으로 판단할 필요가 없다(헌재 2000.12.14, 99헌마112).

① [×] 국가 또는 지방자치단체 외의 자가 양로시설을 설치하고자 하는 경우 신고하도록 규정하고 이를 위반한 경우 처벌하는 노인복지법 제33조 제2항 중 제32조 제1항 제1호의 '양로시설'에 관한 부분 및 노인복지법 제57조 제1항 중 제33조 제2항의 '양로시설'에 관한 부분은 종교단체에서 운영하는 양로시설도 일정규모 이상의 경우 신고하도록 한 규정일 뿐, 거주이전의 자유나 인간다운 생활을 할 권리의 제한을 불러온다고 볼 수 없다(헌재 2016.6.30, 2015헌바46).

③ [×] 거주·이전의 자유는 거주지나 체류지라고 볼 만한 정도로 생활과 밀접한 연관을 갖는 장소를 선택하고 변경하는 행위를 보호하는 기본권인바, 이 사건에서 서울광장이 청구인들의 생활형성의 중심지인 거주지나 체류지에 해당한다고 할 수 없고, 서울광장에 출입하고 통행하는 행위가 그 장소를 중심으로 생활을 형성해 나가는 행위에 속한다고 볼 수도 없으므로 청구인들의 거주·이전의 자유가 제한되었다고 할 수 없다. … 이 사건 통행제지행위에 의하여 청구인들의 이와 같은 행위를 할 수 없게 하였으므로 청구인들의 일반적 행동자유권의 침해 여부가 문제된다(헌재 2011.6.30, 2009헌마406).

④ [×] 청구인은 심판대상조항에 의해 표현의 자유 또는 예술창작의 자유가 제한된다고 주장하나, 심판대상조항은 집필문을 창작하거나 표현하는 것을 금지하거나 이에 대한 허가를 요구하는 조항이 아니라 이미 표현된 집필문을 외부의 특정한 상대방에게 발송할 수 있는지 여부에 대해 규율하는 것이므로, 제한되는 기본권은 헌법 제18조에서 정하고 있는 통신의 자유로 봄이 상당하다. 따라서 심판대상조항이 사전검열에 해당한다는 청구인의 주장에 대해서는 판단하지 아니하고, 통신의 자유침해 여부에 대해서만 판단하기로 한다(헌재 2016.5.26, 2013헌바98).

135
정답 ③

③ [×] '부진정입법부작위'를 대상으로, 즉 입법의 내용·범위·절차 등의 결함을 이유로 헌법소원을 제기하려면 이 경우에는 결함이 있는 당해 입법규정 그 자체를 대상으로 하여 그것이 평등의 원칙에 위배된다는 등 헌법 위반을 내세워 적극적인 헌법소원을 제기하여야 하며, 이 경우에는 헌법재판소법 소정의 제소기간(청구기간)을 준수하여야 한다(헌재 1996.10.4, 94헌마108).

① [O] 입법부작위에 대한 헌법소원심판청구는 헌법에서 기본권 보장을 위해 법률에 명시적으로 입법위임을 하였음에도

불구하고 입법자가 이를 이행하지 않고 있는 경우이거나, 헌법 해석상 특정인의 기본권을 보호하기 위한 국가의 입법의무가 발생하였음이 명백함에도 불구하고 입법자가 아무런 입법조치를 취하지 않고 있는 경우에 한하여 허용된다(헌재 2003.5.15, 2000헌마192 등).

② [O] 국가가 일정한 사항에 관하여 헌법에 의하여 부과되는 구체적인 입법의무를 부담하고 있음에도 불구하고 그 입법에 필요한 상당한 기간이 경과하도록 고의 또는 과실로 이러한 입법의무를 이행하지 아니하는 등 극히 예외적인 사정이 인정되는 사안에 한정하여 국가배상법 소정의 배상책임이 인정될 수 있으며, 위와 같은 구체적인 입법의무 자체가 인정되지 않는 경우에는 애당초 부작위로 인한 불법행위가 성립할 여지가 없다(대판 2008.5.29, 2004다33469).

④ [O] 원칙적으로 입법부작위를 심판의 대상으로 하여 위헌법률심판을 제청하는 것은 허용되지 않는다. 불완전한 법률조항 자체를 대상으로 심판을 제청하는 부진정입법부작위에 대한 위헌법률심판 제청은 가능하다.

136
정답 ②

② [×] 심의규정을 위반한 방송사업자에게 '주의 또는 경고'만으로도 반성을 촉구하고 언론사로서의 공적 책무에 대한 인식을 제고시킬 수 있고, 위 조치만으로도 심의규정에 위반하여 '주의 또는 경고'의 제재조치를 받은 사실을 공표하게 되어 이를 다른 방송사업자나 일반 국민에게 알리게 됨으로써 여론의 왜곡 형성 등을 방지하는 한편, 해당 방송사업자에게는 해당 프로그램의 신뢰도 하락에 따른 시청률 하락 등의 불이익을 줄 수 있다. 또한, '시청자에 대한 사과'에 대하여는 '명령'이 아닌 '권고'의 형태를 취할 수도 있다. 이와 같이 기본권을 보다 덜 제한하는 다른 수단에 의하더라도 이 사건 심판대상조항이 추구하는 목적을 달성할 수 있으므로 이 사건 심판대상조항은 침해의 최소성원칙에 위배된다(헌재 2012.8.23, 2009헌가27).

① [O] 이 사건 시행령조항은 규율 위반자에 대해 불이익을 가한다는 면만을 강조하여 금치처분을 받은 자에 대하여 집필의 목적과 내용 등을 묻지 않고, 또 대상자에 대한 교화 또는 처우상 필요한 경우까지도 예외 없이 일체의 집필행위를 금지하고 있음은 입법목적 달성을 위한 필요최소한의 제한이라는 한계를 벗어난 것으로서 과잉금지의 원칙에 위반된다(헌재 2005.2.24, 2003헌마289).

③ [O] 이 사건 지원배제 지시는 특정한 정치적 견해를 표현한 자에 대하여 문화예술 지원 공모사업에서의 공정한 심사 기회를 박탈하여 사후적으로 제재를 가한 것으로, 개인 및 단체의 정치적 표현의 자유에 대한 제한조치에 해당하는바, 그 법적 근거가 없으므로 법률유보원칙을 위반하여 표현의 자유를 침해한다(헌재 2020.12.23, 2017헌마416).

④ [O] 사관생도는 군 장교를 배출하기 위하여 국가가 모든 재정을 부담하는 특수교육기관인 육군3사관학교의 구성원으로서, 학교에 입학한 날에 육군 사관생도의 병적에 편입하고 준사관에 준하는 대우를 받는 특수한 신분관계에 있다(육군3사관학교 설치법 시행령 제3조). 따라서 그 존립 목적을 달성하기 위하여 필요한 한도 내에서 일반 국민보다 상대적으로 기본권이 더 제한될 수 있으나, 그러한 경우에

도 법률유보원칙, 과잉금지원칙 등 기본권 제한의 헌법상 원칙들을 지켜야 한다(대판 2018.8.30, 2016두60591).

137 정답 ①

① [×] 진정에 대한 국가인권위원회의 각하 및 기각결정은 피해자인 진정인의 권리행사에 중대한 지장을 초래하는 것으로서 항고소송의 대상이 되는 행정처분에 해당하므로, 그에 대한 다툼은 우선 행정심판이나 행정소송에 의하여야 할 것이다. 따라서 이 사건 심판청구는 행정심판이나 행정소송 등의 사전 구제절차를 모두 거친 후 청구된 것이 아니므로 보충성 요건을 충족하지 못하였다(헌재 2015.3.26, 2013헌마214).

② [O]

> **국가인권위원회법 제5조【위원회의 구성】**① 위원회는 위원장 1명과 상임위원 3명을 포함한 11명의 인권위원으로 구성한다.
> ② 위원은 다음 각 호의 사람을 대통령이 임명한다.
> 1. 국회가 선출하는 4명(상임위원 2명을 포함한다)
> 2. 대통령이 지명하는 4명(상임위원 1명을 포함한다)
> 3. 대법원장이 지명하는 3명

③ [O] 권한쟁의 심판은 국회의 입법행위 등을 포함하여 권한쟁의 상대방의 처분 또는 부작위가 헌법 또는 법률에 의하여 부여받은 청구인의 권한을 침해하였거나 침해할 현저한 위험이 있는 때 제기할 수 있는 것인데, 헌법상 국가에 부여된 임무 또는 의무를 수행하고 그 독립성이 보장된 국가기관이라고 하더라도 오로지 법률에 설치근거를 둔 국가기관이라면 국회의 입법행위에 의하여 존폐 및 권한범위가 결정될 수 있으므로 이러한 국가기관은 '헌법에 의하여 설치되고 헌법과 법률에 의하여 독자적인 권한을 부여받은 국가기관'이라고 할 수 없다. 즉, 청구인이 수행하는 업무의 헌법적 중요성, 기관의 독립성 등을 고려한다고 하더라도, 국회가 제정한 국가인권위원회법에 의하여 비로소 설립된 청구인은 국회의 위 법률 개정행위에 의하여 존폐 및 권한범위 등이 좌우되므로 헌법 제111조 제1항 제4호 소정의 헌법에 의하여 설치된 국가기관에 해당한다고 할 수 없다. 결국, 권한쟁의 심판의 당사자능력은 헌법에 의하여 설치된 국가기관에 한정하여 인정하는 것이 타당하므로, 법률에 의하여 설치된 청구인에게는 권한쟁의 심판의 당사자능력이 인정되지 아니한다(헌재 2010.10.28, 2009헌라6).

④ [O] 국가인권위원회법 제30조

138 정답 ②

㉠ [O] 권한쟁의심판은 국회의 입법행위 등을 포함하여 권한쟁의 상대방의 처분 또는 부작위가 헌법 또는 법률에 의하여 부여받은 청구인의 권한을 침해하였거나 침해할 현저한 위험이 있는 때 제기할 수 있는 것인데, 헌법상 국가에 부여된 임무 또는 의무를 수행하고 그 독립성이 보장된 국가기관이라고 하더라도 오로지 법률에 설치근거를 둔 국가기관이라면 국회의 입법행위에 의하여 존폐 및 권한범위가 결정될

수 있으므로 이러한 국가기관은 '헌법에 의하여 설치되고 헌법과 법률에 의하여 독자적인 권한을 부여받은 국가기관'이라고 할 수 없다. … 결국, 권한쟁의심판의 당사자능력은 헌법에 의하여 설치된 국가기관에 한정하여 인정하는 것이 타당하므로, 법률에 의하여 설치된 청구인에게는 권한쟁의심판의 당사자능력이 인정되지 아니한다(헌재 2010.10.28, 2009헌라6).

㉡ [×]

> **국가인권위원회법 제47조【피해자를 위한 법률구조 요청】**① 위원회는 진정에 관한 위원회의 조사, 증거의 확보 또는 피해자의 권리 구제를 위하여 필요하다고 인정하면 피해자를 위하여 대한법률구조공단 또는 그 밖의 기관에 법률구조를 요청할 수 있다.
> ② 제1항에 따른 법률구조 요청은 피해자의 명시한 의사에 반하여 할 수 없다.

㉢ [×] '국가인권위원회의 공정한 조사를 받을 권리'는 헌법상 인정되는 기본권이라고 하기 어렵고, 이 사건 보호 및 강제퇴거가 청구인들의 노동3권을 직접 제한하거나 침해한 바 없음이 명백하므로, 위 기본권들에 대하여는 본안판단에 나아가지 아니한다(헌재 2012.8.23, 2008헌마430).

㉣ [O] 위원회는 위원장 1명과 상임위원 3명을 포함한 11명의 인권위원으로 구성한다(국가인권위원회법 제5조 제1항). 위원은 특정 성(性)이 10분의 6을 초과하지 아니하도록 하여야 한다(국가인권위원회법 제5조 제7항).

139 정답 ④

④ [×] 이 사건 법률조항을 두고 국가가 일정한 교통사고범죄에 대하여 형벌권을 행사하지 않음으로써 도로교통의 전반적인 위험으로부터 국민의 생명과 신체를 적절하고 유효하게 보호하는 아무런 조치를 취하지 않았다든지, 아니면 국가가 취한 현재의 제반 조치가 명백하게 부적합하거나 부족하여 그 보호의무를 명백히 위반한 것이라고 할 수 없다(헌재 2009.2.26, 2005헌마764).

① [O] 주방용오물분쇄기를 사용하지 못하면 음식물 찌꺼기 등을 음식물류 폐기물로 분리 배출하여야 하므로 그 처리에 다소 불편을 겪을 수는 있으나, 심판대상조항이 음식물 찌꺼기 등의 배출 또는 처리 자체를 금지하는 것은 아니다. 뿐만 아니라 국가의 기본권 보호의무란 사인인 제3자에 의한 생명이나 신체에 대한 침해로부터 이를 보호하여야 할 국가의 의무를 말하는 것으로, 이 사건처럼 국가가 직접 주방용오물분쇄기의 사용을 금지하여 개인의 기본권을 제한하는 경우에는 국가의 기본권 보호의무 위반 여부가 문제되지 않는다. 따라서 청구인들의 위 주장에 대해서는 판단하지 않는다(헌재 2018.6.28, 2016헌마1151).

② [O] 이 사건 법률조항들이 권리능력의 존재 여부를 출생 시를 기준으로 확정하고 태아에 대해서는 살아서 출생할 것을 조건으로 손해배상청구권을 인정한다 할지라도 이러한 입법적 태도가 입법형성권의 한계를 명백히 일탈한 것으로 보기는 어려우므로 이 사건 법률조항들이 국가의 생명권 보호의무를 위반한 것이라 볼 수 없다(헌재 2008.7.31, 2004헌바81).

③ [O] 심판대상조항이 선거운동의 자유를 감안하여 선거운동을 위한 확성장치를 허용할 공익적 필요성이 인정된다고 하더라도 정온한 생활환경이 보장되어야 할 주거지역에서 출근 또는 등교 이전 및 퇴근 또는 하교 이후 시간대에 확성장치의 최고출력 내지 소음을 제한하는 등 사용시간과 사용지역에 따른 수인한도 내에서 확성장치의 최고출력 내지 소음 규제기준에 관한 규정을 두지 아니한 것은, 국민이 건강하고 쾌적하게 생활할 수 있는 양호한 주거환경을 위하여 노력하여야 할 국가의 의무를 부과한 헌법 제35조 제3항에 비추어 보면, 적절하고 효율적인 최소한의 보호조치를 취하지 아니하여 국가의 기본권 보호의무를 과소하게 이행한 것으로서, 청구인의 건강하고 쾌적한 환경에서 생활할 권리를 침해하므로 헌법에 위반된다(헌재 2019.12.27, 2018헌마730).

140 정답 ③

③ [×] 교통사고 피해자가 업무상 과실 또는 중대한 과실로 인하여 중상해를 입은 경우까지 면책되도록 규정한 것이 피해자의 재판절차진술권과 평등권 침해라는 점은 인정하였으나, 기본권 보호의무를 위반한 것이라고는 보지 않았다(헌재 2009.2.26, 2005헌마764).

① [O]

> 헌법 제10조 모든 국민은 인간으로서의 존엄과 가치를 가지며, 행복을 추구할 권리를 가진다. 국가는 개인이 가지는 불가침의 기본적 인권을 확인하고 이를 보장할 의무를 진다.

② [O] 국가가 국민의 생명·신체의 안전에 대한 보호의무를 다하지 않았는지 여부를 헌법재판소가 심사할 때에는 국가가 이를 보호하기 위하여 적어도 적절하고 효율적인 최소한의 보호조치를 취하였는가 하는 이른바 '과소보호금지원칙'의 위반 여부를 기준으로 삼아, 국민의 생명·신체의 안전을 보호하기 위한 조치가 필요한 상황인데도 국가가 아무런 보호조치를 취하지 않았든지 아니면 취한 조치가 법익을 보호하기에 전적으로 부적합하거나 매우 불충분한 것임이 명백한 경우에 한하여 국가의 보호의무의 위반을 확인하여야 한다[헌재 2008.12.26, 2008헌마419·423·436(병합)].

④ [O] 헌법상의 기본권은 모든 국가권력을 기속하므로 행정권력 역시 이러한 기본권 보호의무에 따라 기본권이 실효적으로 보장될 수 있도록 행사되어야 하고, 외교행위라는 영역도 사법심사의 대상에서 완전히 배제되는 것으로는 볼 수 없다. 특정 국민의 기본권이 관련되는 외교행위에 있어서, 앞서 본 바와 같이 법령에 규정된 구체적 작위의무의 불이행이 헌법상 기본권 보호의무에 대한 명백한 위반이라고 판단되는 경우에는 기본권 침해행위로서 위헌이라고 선언되어야 한다(헌재 2011.8.30, 2006헌마788).

141 정답 ③

③ [×] 국가는 국민의 기본권을 침해하지 않고 이를 최대한 보호해야 할 의무를 가지며 만약 국가가 불법적으로 국민의 기본권을 침해하는 경우 그러한 기본권을 보호해주어야 할 행위의무를 진다(헌재 2003.5.15, 2000헌마192). 그리고 헌법재판소는 입법자의 기본권 보호의무를 엄밀하게가 아니라 완화된 심사를 해야 한다.

① [O] 국가의 기본권 보호의무란 기본권적 법익을 기본권 주체인 사인에 의한 위법한 침해 또는 침해의 위험으로부터 보호하여야 하는 국가의 의무를 말하며, 주로 사인인 제3자에 의한 개인의 생명이나 신체의 훼손에서 문제되는 것이므로, 제3자에 의한 개인의 생명이나 신체의 훼손이 문제되는 사안이 아닌 이 사건에서는 이에 대해 판단할 필요가 없다(헌재 2015.12.23, 2011헌바139).

② [O] 국가가 국민의 생명·신체의 안전을 보호할 의무를 진다 하더라도, 국가의 보호의무를 입법자 또는 그로부터 위임받은 집행자가 어떻게 실현할 것인가 하는 문제는 원칙적으로 권력분립과 민주주의원칙에 따라 국민에 의하여 직접 민주적 정당성을 부여받고 자신의 결정에 대하여 정치적 책임을 지는 입법자의 책임범위에 속하므로, 헌법재판소는 단지 제한적으로만 입법자 또는 그로부터 위임받은 집행자에 의한 보호의무의 이행을 심사할 수 있다. … 국가가 기본권 보호의무를 이행함에 있어서는 그 행위의 형식에 관하여도 폭넓은 형성의 자유가 인정되고, 반드시 법령에 의하여 이행하여야 하는 것은 아니므로, 국가의 보호조치가 침해되는 기본권을 보호하는 데 적절한지 여부를 판단함에 있어서는 이 사건 결정 선고시까지 취해진 국가행위를 전체적으로 고려하여 판단하여야 한다(헌재 2016.10.27, 2012헌마121).

④ [O] 국가가 국민의 생명·신체의 안전에 대한 보호의무를 다하지 않았는지 여부를 헌법재판소가 심사할 때에는 국가가 이를 보호하기 위하여 적어도 적절하고 효율적인 최소한의 보호조치를 취하였는가 하는 이른바 '과소보호금지원칙'의 위반 여부를 기준으로 삼아, 국민의 생명·신체의 안전을 보호하기 위한 조치가 필요한 상황인데도 국가가 아무런 보호조치를 취하지 않았든지 아니면 취한 조치가 법익을 보호하기에 전적으로 부적합하거나 매우 불충분한 것임이 명백한 경우에 한하여 국가의 보호의무의 위반을 확인하여야 한다[헌재 2008.12.26, 2008헌마419·423·436(병합)].

142 정답 ④

㉠ [×] 이 사건 법률조항에서 치료감호청구권자를 검사로 한정한 것은 개인적인 감정이나 집단적 이해관계 또는 여론에 좌우되지 않고 국가형벌권을 객관적으로 행사하도록 하여 재판의 적정성 및 합리성을 기하고자 하는 것이므로 이 사건 법률조항이 청구인의 평등권을 침해한다고 볼 수 없다. 마약류중독자들에 대한 국가적 급부와 배려는 다른 법률조항들에 의하여 충분히 이루어지고 있으므로 이 사건 법률조항에서 청구인의 치료감호청구권을 인정하지 않는다 하더라도 국민의 보건에 관한 권리를 침해한다고 볼 수 없다(헌재 2010.4.29, 2008헌마622).

㉡ [O] 심판대상조항은 선거운동의 자유를 감안하여 선거운동을 위하여 확성장치를 허용하여야 할 공익적 필요성이 인정된다고 하더라도, 정온한 생활환경이 보장되어야 할 주거지역에서 출근 또는 등교 이전 및 퇴근 또는 하교 이후 시간까지 지속 시간 및 최고출력 또는 소음 규제 없이 확성장치

를 사용하여 선거운동을 할 수 있도록 허용한 것은 수인한도를 초과하는 소음이 발생하도록 방치하는 것이다. … 출근 또는 등교 이전 및 퇴근 또는 하교 이후 시간대의 주거지역에서 확성장치의 최고출력 또는 소음을 제한하는 등 사용시간과 사용지역에 따른 수인한도 내에서 확성장치의 최고출력 내지 소음 규제기준에 관한 구체적인 규정을 두어야 할 것이다. 그러므로 심판대상조항이 이러한 규정을 두고 있지 아니한 것은 관련 법익을 형량하여 보더라도 적절하고 효율적인 최소한의 보호조치를 취하지 아니함으로써 국가의 기본권 보호의무를 과소하게 이행하였다고 평가되고, 이는 청구인의 건강하고 쾌적한 환경에서 생활할 권리의 침해를 가져온다(헌재 2019.12.27, 2018헌마730).

ⓒ [×] 국가의 신체와 생명에 대한 보호의무는 교통과실범의 경우 발생한 침해에 대한 사후처벌뿐만 아니라 무엇보다도 우선적으로 운전면허취득에 관한 법규 등 전반적인 교통 관련 법규의 정비, 운전자와 일반 국민에 대한 지속적인 계몽과 교육, 교통안전에 관한 시설의 유지 및 확충, 교통사고 피해자에 대한 보상제도 등 여러 가지 사전적·사후적 조치를 함께 취함으로써 이행되고, 이 경우 형벌은 국가가 취할 수 있는 유효적절한 수많은 수단 중의 하나일 뿐이지 결코 형벌까지 동원하여야만 보호법익을 유효적절하게 보호할 수 있다는 의미의 최종적인 유일한 수단이 될 수는 없으므로 이 사건 법률조항은 국가의 기본권보호의무의 위반 여부에 관한 심사기준인 과소보호금지의 원칙에 위반한 것이라고 볼 수 없다(헌재 2009.2.26, 2005헌마764).

ⓔ [×] 의견청취동시진행조항은 종래 산업단지의 지정을 위한 개발계획 단계와 산업단지 개발을 위한 실시계획 단계에서 각각 개별적으로 진행하던 산업단지개발계획안과 환경영향평가서 초안에 대한 주민의견청취절차 또는 주민의견수렴절차를 산업단지 인·허가 절차의 간소화를 위하여 한 번의 절차에서 동시에 진행하도록 하고 있을 뿐, 환경영향평가서 초안에 대한 주민의견수렴절차 자체를 생략하거나 주민이 환경영향평가서 초안을 열람하고 그에 대한 의견을 제출함에 있어 어떠한 방법상·내용상 제한을 가하고 있지도 않다. 또한 입법자는 산단절차간소화법 및 환경영향평가법 등에 환경영향평가서 초안에 대한 지역주민의 의견수렴이 부실해지는 것을 방지하기 위한 여러 보완장치를 마련해 두고 있다. 따라서 국가가 산업단지계획의 승인 및 그에 따른 산업단지의 조성·운영으로 인하여 초래될 수 있는 환경상 위해로부터 지역주민을 포함한 국민의 생명·신체의 안전을 보호하기 위하여 필요한 최소한의 보호조치를 취하지 아니한 것이라고 보기는 어려우므로, 의견청취동시진행조항이 국가의 기본권 보호의무에 위배되었다고 할 수 없다(헌재 2016.12.29, 2015헌바280).

ⓜ [○] 이 사건 기준은 가축사육업 허가를 받거나 등록을 하고자 할 경우 가축사육시설이 갖추어야 하는 기준이다. 그런데 가축사육시설의 환경이 지나치게 열악할 경우 그러한 시설에서 사육되고 생산된 축산물을 섭취하는 인간의 건강도 악화될 우려가 있다. 따라서 국가로서는 건강하고 위생적이며 쾌적한 시설에서 가축이 서식할 수 있도록 필요한 적절하고도 효율적인 조치를 취함으로써, 소비자인 국민의 생명·신체의 안전에 관한 기본권을 보호할 구체적인 헌법적 의무가 있다(헌재 2015.9.24, 2013헌마384).

제2장 인간의 존엄과 가치, 행복추구권, 법 앞의 평등

정답

p.63

143	④	144	①	145	①	146	②	147	④
148	②	149	②	150	④	151	④	152	①
153	②	154	①	155	②	156	①	157	②
158	①	159	②	160	①	161	①	162	③
163	③	164	①	165	①	166	①	167	②
168	②	169	①	170	①	171	③	172	④
173	①	174	③	175	①	176	②	177	②
178	①	179	④	180	①	181	③	182	②
183	④								

143
정답 ④

④ [×] 일본국에 의하여 광범위하게 자행된 반인도적 범죄행위에 대하여 일본군위안부 피해자들이 일본에 대하여 가지는 배상청구권은 헌법상 보장되는 재산권일 뿐만 아니라, 그 배상청구권의 실현은 무자비하고 지속적으로 침해된 인간으로서의 존엄과 가치 및 신체의 자유를 사후적으로 회복한다는 의미를 가지는 것이므로 피청구인의 부작위로 인하여 침해되는 기본권이 매우 중대하다(헌재 2011.8.30, 2006헌마788).

① [○] 흡연자들이 자유롭게 흡연할 권리를 흡연권이라고 한다면, 이러한 흡연권은 인간의 존엄과 행복추구권을 규정한 헌법 제10조와 사생활의 자유를 규정한 헌법 제17조에 의하여 뒷받침된다(헌재 2004.8.26, 2003헌마457).

② [○] 그렇다면 환자가 장차 죽음에 임박한 상태에 이를 경우에 대비하여 미리 의료인 등에게 연명치료 거부 또는 중단에 관한 의사를 밝히는 등의 방법으로 죽음에 임박한 상태에서 인간으로서의 존엄과 가치를 지키기 위하여 연명치료의 거부 또는 중단을 결정할 수 있다 할 것이고, 위 결정은 헌법상 기본권인 자기결정권의 한 내용으로서 보장된다 할 것이다(헌재 2009.11.26, 2008헌마385).

③ [○] 이 사건 법률조항은 바로 이와 같이 가장 기본적인 국민의 국방의 의무를 구체화하기 위하여 마련된 것이다. 그리고 이와 같은 병역의무가 제대로 이행되지 않아 국가의 안전보장이 이루어지지 않는다면 국민의 인간으로서의 존엄과 가치도 보장될 수 없음은 불을 보듯 명확한 일이다. 따라서 병역의무는, 궁극적으로는 국민 전체의 인간으로서의 존엄과 가치를 보장하기 위한 것이라 할 것이고, 피고인의 양심의 자유가 위와 같은 헌법적 법익보다 우월한 가치라고는 할 수 없다(헌재 2004.10.28, 2004헌바61 등).

144
정답 ①

① [×] 피청구인(사법경찰관)은 기자들에게 청구인이 경찰서 내에서 수갑을 차고 얼굴을 드러낸 상태에서 조사받는 모습을 촬영할 수 있도록 허용하였는데, 청구인에 대한 이러한 수사 장면을 공개 및 촬영하게 할 어떠한 공익 목적도 인정하기 어려우므로 촬영허용행위는 목적의 정당성이 인정되지 아니한다. … 촬영허용행위는 언론 보도를 보다 실감나게 하기 위한 목적 외에 어떠한 공익도 인정할 수 없는 반면, 청구인은 피의자로서 얼굴이 공개되어 초상권을 비롯한 인격권에 대한 중대한 제한을 받았고, 촬영한 것이 언론에 보도될 경우 범인으로서의 낙인 효과와 그 파급효는 매우 가혹하여 법익균형성도 인정되지 아니하므로, 촬영허용행위는 과잉금지원칙에 위반되어 청구인의 인격권을 침해하였다(헌재 2014.3.27, 2012헌마652).

② [O] 수형자가 민사법정에 출석하기까지 교도관이 반드시 동행하여야 하므로 수용자의 신분이 드러나게 되어 있어 재소자용 의류를 입었다는 이유로 인격권과 행복추구권이 제한되는 정도는 제한적이고, 형사법정 이외의 법정 출입 방식은 미결수용자와 교도관 전용 통로 및 시설이 존재하는 형사재판과 다르며, 계호의 방식과 정도도 확연히 다르다. 따라서 심판대상조항이 민사재판에 출석하는 수형자에 대하여 사복착용을 허용하지 아니한 것은 청구인의 인격권과 행복추구권을 침해하지 아니한다(헌재 2015.12.23, 2013헌마712).

③ [O] 따라서 피청구인의 청구인들에 대한 이러한 과도한 이 사건 신체수색은 그 수단과 방법에 있어서 필요한 최소한도의 범위를 벗어났을 뿐만 아니라, 이로 인하여 청구인들로 하여금 인간으로서의 기본적 품위를 유지할 수 없도록 하는 것으로서 수인하기 어려운 정도라고 보여지므로 헌법 제10조의 인간의 존엄과 가치로부터 유래하는 인격권 및 제12조의 신체의 자유를 침해하는 정도에 이르렀다고 판단된다(헌재 2002.7.18, 2000헌마327).

④ [O] 이 사건에서 청구인은 도로를 차단하고서 불특정 다수인을 상대로 무차별적으로 음주단속을 하는 것이 그 자체로 위헌이라고 주장하고 있을 뿐, 이 사건 심판대상행위와 관련하여 구체적 단속방법이나 과정에 과잉조치가 있었음을 전혀 다투고 있지 않다. 그렇다면 위 범위 내에서는 심판대상행위로 인한 청구인의 기본권 침해는 인정될 수 없다 할 것이다(헌재 2004.1.29, 2002헌마293).

145
정답 ①

① [×] 환자가 장차 죽음에 임박한 상태에 이를 경우에 대비하여 미리 의료인 등에게 연명치료 거부 또는 중단에 관한 의사를 밝히는 등의 방법으로 죽음에 임박한 상태에서 인간으로서의 존엄과 가치를 지키기 위하여 연명치료의 거부 또는 중단을 결정할 수 있다 할 것이고, 위 결정은 헌법상 기본권인 자기결정권의 한 내용으로서 보장된다 할 것이다. … '연명치료 중단에 관한 자기결정권'을 보장하는 방법으로서 '법원의 재판을 통한 규범의 제시'와 '입법' 중 어느 것이 바람직한가는 입법정책의 문제로서 국회의 재량에 속한다 할 것이다. 그렇다면 헌법해석상 연명치료 중단 등에 관한

'법률'을 제정할 국가의 입법의무가 명백하다고 볼 수 없다(헌재 2009.11.26, 2008헌마385).

② [O] 헌법 제10조로부터 도출되는 일반적 인격권에는 각 개인이 그 삶을 사적으로 형성할 수 있는 자율영역에 대한 보장이 포함되어 있음을 감안할 때, 장래 가족의 구성원이 될 태아의 성별 정보에 대한 접근을 국가로부터 방해받지 않을 부모의 권리는 이와 같은 일반적 인격권에 의하여 보호된다고 보아야 할 것인바, 이 사건 규정은 일반적 인격권으로부터 나오는 부모의 태아 성별 정보에 대한 접근을 방해받지 않을 권리를 제한하고 있다고 할 것이다(헌재 2008.7.31, 2004헌마1010 등).

③ [O] 타인이나 단체에 대한 기부행위는 공동체의 결속을 도모하고 사회생활에서 개인의 타인과의 연대를 확대하는 기능을 하므로 자본주의와 시장경제의 흠결을 보완하는 의미에서 국가·사회적으로 장려되어야 할 행위이다. 또한, 기부행위자 본인은 자신의 재산을 사회적 약자나 소외 계층을 위하여 출연함으로써 자기가 속한 사회에 공헌하였다는 행복감과 만족감을 실현할 수 있으므로, 이는 헌법상 인격의 자유로운 발현을 위하여 필요한 행동을 할 수 있어야 한다는 의미의 행복추구권과 그로부터 파생되는 일반적 행동자유권의 행사로서 당연히 보호되어야 한다(헌재 2010.9.30, 2009헌바201).

④ [O] 주방용오물분쇄기를 사용하고자 하는 청구인들은 심판대상조항이 주방용오물분쇄기의 사용을 금지하고 있어 이를 이용하여 자유롭게 음식물 찌꺼기 등을 처리할 수 없으므로, 행복추구권으로부터 도출되는 일반적 행동자유권을 제한받는다(헌재 2018.6.28, 2016헌마1151).

146
정답 ②

② [O] 비록 연명치료 중단에 관한 결정 및 그 실행이 환자의 생명단축을 초래한다 하더라도 이를 생명에 대한 임의적 처분으로서 자살이라고 평가할 수 없고, 오히려 인위적인 신체침해 행위에서 벗어나서 자신의 생명을 자연적인 상태에 맡기고자 하는 것으로서 인간의 존엄과 가치에 부합한다 할 것이다. 그렇다면 환자가 장차 죽음에 임박한 상태에 이를 경우에 대비하여 미리 의료인 등에게 연명치료 거부 또는 중단에 관한 의사를 밝히는 등의 방법으로 죽음에 임박한 상태에서 인간으로서의 존엄과 가치를 지키기 위하여 연명치료의 거부 또는 중단을 결정할 수 있다 할 것이고, 위 결정은 헌법상 기본권인 자기결정권의 한 내용으로서 보장된다 할 것이다(헌재 2009.11.26, 2008헌마385).

① [×] 이 사건 허가조항은 기부금품의 과잉모집이나 적정하지 못한 사용을 방지하기 위한 것으로서 정당한 목적달성을 위한 적합한 수단이 된다. 또한 기속적인 기부금품 모집허가를 규정하고, 기부금품 모집을 허가해야 할 사업의 범위를 넓게 규정하면서 일반조항을 통하여 대부분의 공익사업에 대한 기부금품 모집이 가능하도록 하고 있는 점 등을 고려할 때 기본권의 최소침해성원칙이나 법익균형성원칙에 반한다고 보기도 어렵다. 따라서 이 사건 허가조항은 헌법 제37조 제2항의 과잉금지원칙에 위반하여 기부금품을 모집할 일반적 행동의 자유를 침해하지 않는다(헌재 2010.2.25, 2008헌바83).

③ [×] 이 사건 법률조항에 의하여 형의 집행유예와 동시에 사회봉사명령을 선고받은 청구인은 자신의 의사와 무관하게 사회봉사를 하지 않을 수 없게 되어 헌법 제10조의 행복추구권에서 파생하는 일반적 행동의 자유를 제한받게 된다. 청구인은 이 사건 법률조항이 신체의 자유를 제한한다고 주장하나, 이 사건 법률조항에 의한 사회봉사명령은 청구인에게 근로의무를 부과함에 그치고 공권력이 신체를 구금하는 등의 방법으로 근로를 강제하는 것은 아니어서 이 사건 법률조항이 신체의 자유를 제한한다고 볼 수 없다. … 사회봉사명령으로 인하여 범죄인은 정해진 시간 동안 정해진 장소에서 본인의 의사와 무관하게 근로를 하지 않을 수 없는 불이익을 입게 되나, 앞서 본 바와 같이 사회봉사명령은 자유형의 집행으로 인한 자유의 제한을 완화하여 주는 것으로서 범죄인에게 유리할 뿐만 아니라, 범죄인에게 사회봉사활동을 하게 하여 사회와 통합하고 재범방지 및 사회복귀를 용이하게 함으로써 달성하는 공익은 범죄인이 입게 되는 위 불이익보다 훨씬 중요하고 크므로, 이 사건 법률조항은 법익의 균형성원칙에 위배된다고 할 수 없다(헌재 2012.3.29, 2010헌바100).

④ [×] 오늘날 영화 및 공연을 중심으로 하는 문화산업은 높은 부가가치를 실현하는 첨단산업으로서의 의미를 가지고 있다. 따라서 직업교육이 날로 강조되는 대학교육에 있어서 문화에의 손쉬운 접근가능성은 중요한 기본권으로서의 의미를 갖게 된다. 이 사건 법률조항은 대학생의 자유로운 문화향유에 관한 권리 등 행복추구권을 침해하고 있다(헌재 2004.5.27, 2003헌가1 등).

147
정답 ④

④ [×] 헌법 제10조 전문은 "모든 국민은 인간으로서의 존엄과 가치를 지니며, 행복을 추구할 권리를 가진다."고 규정하여 행복추구권을 보장하고 있는바, 인간으로서의 존엄과 가치를 실현하고 행복을 추구하기 위하여서는 누구나 자유로이 의사를 결정하고 그에 기하여 자율적인 생활을 형성할 수 있어야 하므로, 행복추구권은 그의 구체적인 표현으로서 일반적인 행동자유권을 포함한다. 일반적 행동자유권은 적극적으로 자유롭게 행동을 하는 것은 물론 소극적으로 행동을 하지 않을 자유도 포함되고, 가치있는 행동만 보호영역으로 하는 것은 아닌 것인바, 개인이 대마를 자유롭게 수수하고 흡연할 자유도 헌법 제10조의 행복추구권에서 나오는 일반적 행동자유권의 보호영역에 속한다. 이 사건 법률조항은 대마의 흡연과 수수를 금지하고 그 위반행위에 대하여 형벌을 가함으로써 청구인의 행복추구권을 제한하고 있다. … 이 사건 법률조항은 대마의 사용으로 인해 국민 건강에 미치는 악영향을 방지함으로써 국민보건 향상과 아울러 대마 흡연 행위와 관련된 사회적 위험발생의 예방을 도모하고 있고, 이러한 공익은 이 사건 법률조항으로 인하여 제한되는 개인의 대마초 흡연 및 수수의 자유에 비하여 크다고 할 것이어서 법익의 균형성도 갖추었다. 그렇다면, 이 사건 법률조항은 과잉금지원칙에 위반하여 행복추구권을 침해하는 것이 아니다(헌재 2010.11.25, 2009헌바246).

① [○] 언어는 의사소통 수단으로서 다른 동물과 인간을 구별하는 하나의 주요한 특징으로 인식되고, 모든 언어는 지역, 세대, 계층에 따라 각기 상이한 방언을 가지고 있는바, 이들 방언은 이를 공유하는 사람들의 의사소통에 중요한 역할을 담당하며, 방언 가운데 특히 지역방언은 각 지방의 고유한 역사와 문화 등 정서적 요소를 그 배경으로 하기 때문에 같은 지역주민들간의 원활한 의사소통 및 정서교류의 기초가 되므로, 이와 같은 지역방언을 자신의 언어로 선택하여 공적 또는 사적인 의사소통과 교육의 수단으로 사용하는 것은 행복추구권에서 파생되는 일반적 행동의 자유 내지 개성의 자유로운 발현의 한 내용이 된다 할 것이다(헌재 2009.5.28, 2006헌마618).

② [○] 행복추구권은 보충적 기본권이므로 공무담임권을 판단하면 충분하고 별도로 행복추구권을 판단할 필요는 없다.

③ [○] 긴급자동차를 제외한 이륜자동차와 원동기장치자전거에 대하여 고속도로 또는 자동차전용도로의 통행을 금지하고 있는 것은 고속도로 등 통행의 자유(일반적 행동의 자유)를 헌법 제37조 제2항에 반하여 과도하게 제한한다고 볼 수 없다(헌재 2007.1.17, 2005헌마1111).

148
정답 ②

② [×] 이 사건 응시제한은 청구인들이 상급학교 진학을 위하여 취득하여야 할 평가자료의 형성을 제약함으로써 청구인들의 상급학교 진학의 가능성에 영향을 미칠 수 있으므로 교육을 받을 권리를 제한한다 할 것이다. … 이와 같은 목적의 달성을 위해 선행되어야 할 근본적인 조치에 대한 검토 없이 검정고시제도 도입 이후 허용되어 온 합격자의 재응시를 아무런 경과조치 없이 무조건적으로 금지함으로써 응시자격을 단번에 영구히 박탈한 것이어서 최소침해성의 원칙에 위배되고 법익의 균형성도 상실하고 있다 할 것이므로 과잉금지원칙에 위배된다(헌재 2012.5.31, 2010헌마139 등).

① [○] 원칙적으로 '범죄사실' 자체가 아닌 그 범죄를 저지른 자에 관한 부분은 일반 국민에게 널리 알려야 할 공공성을 지닌다고 할 수 없고, 이에 대한 예외는 공개수배의 필요성이 있는 경우 등에 극히 제한적으로 인정될 수 있을 뿐이다. 피청구인은 기자들에게 청구인이 경찰서 내에서 수갑을 차고 얼굴을 드러낸 상태에서 조사받는 모습을 촬영할 수 있도록 허용하였는데, 청구인에 대한 이러한 수사 장면을 공개 및 촬영하게 할 어떠한 공익 목적도 인정하기 어려우므로 촬영허용행위는 목적의 정당성이 인정되지 아니한다(헌재 2014.3.27, 2012헌마652).

③ [○] 청소년 성매수 범죄자들이 자신의 신상과 범죄사실이 공개됨으로써 수치심을 느끼고 명예가 훼손된다고 하더라도 그 보장 정도에 있어서 일반인과는 차이를 둘 수밖에 없어, 그들의 인격권과 사생활의 비밀의 자유도 그것이 본질적인 부분이 아닌 한 넓게 제한될 여지가 있다(헌재 2003.6.26, 2002헌가14).

④ [○] 환자가 장차 죽음에 임박한 상태에 이를 경우에 대비하여 미리 의료인 등에게 연명치료 거부 또는 중단에 관한 의사를 밝히는 등의 방법으로 죽음에 임박한 상태에서 인간으로서의 존엄과 가치를 지키기 위하여 연명치료의 거부 또는 중단을 결정할 수 있다 할 것이고, 위 결정은 헌법상 기

본권인 자기결정권의 한 내용으로서 보장된다 할 것이다. 죽음에 임박한 환자에 대한 연명치료 중단에 관한 다툼은 법원의 재판을 통하여 해결될 수 있고, 법원의 재판에서 나타난 연명치료 중단의 허용요건이나 절차 등에 관한 기준에 의하여 연명치료 중단에 관한 자기결정권은 충분하지 않지는 모르나 효율적으로 보호될 수 있으며, 자기결정권을 행사하여 연명치료를 중단하고 자연스런 죽음을 맞이하는 문제는 생명권 보호라는 헌법적 가치질서와 관련된 것으로 법학과 의학만의 문제가 아니라 종교, 윤리, 나아가 인간의 실존에 관한 철학적 문제까지도 연결되는 중대한 문제이므로 충분한 사회적 합의가 필요한 사항이다. 따라서 이에 관한 입법은 사회적 논의가 성숙되고 공론화 과정을 거친 후 비로소 국회가 그 필요성을 인정하여 이를 추진할 사항이다. 또한 '연명치료 중단에 관한 자기결정권'을 보장하는 방법으로서 '법원의 재판을 통한 규범의 제시'와 '입법' 중 어느 것이 바람직한가는 입법정책의 문제로서 국회의 재량에 속한다 할 것이다. 그렇다면 헌법해석상 '연명치료 중단 등에 관한 법률'을 제정할 국가의 입법의무가 명백하다고 볼 수 없다(헌재 2009.11.26, 2008헌마385).

149 {정답 ②}

㉠ [O] 개인은 자신의 성명의 표시 여부에 관하여 스스로 결정할 권리를 가지나, 성명의 표시행위가 공공의 이해에 관한 사실과 밀접불가분한 관계에 있고 그 목적 달성에 필요한 한도에 있으며 그 표현 내용·방법이 부당한 것이 아닌 경우에는 그 성명의 표시는 위법하다고 볼 수 없다. 따라서, 범죄사실에 관한 보도 과정에서 대상자의 실명 공개에 대한 공공의 이익이 대상자의 명예나 사생활의 비밀에 관한 이익보다 우월하다고 인정되어 실명에 의한 보도가 허용되는 경우에는, 비록 대상자의 의사에 반하여 그의 실명이 공개되었다고 하더라도 그의 성명권이 위법하게 침해되었다고 할 수 없다(헌재 2009.9.10, 2007다71).

㉡ [O] 입양이나 재혼 등과 같이 가족관계의 변동과 새로운 가족관계의 형성에 있어서 구체적인 사정들에 따라서는 양부 또는 계부 성으로의 변경이 개인의 인격적 이익과 매우 밀접한 관계를 가짐에도 부성의 사용만을 강요하여 성의 변경을 허용하지 않는 것은 개인의 인격권을 침해한다(헌재 2005.12.22, 2003헌가5).

㉢ [O] 피청구인은 기자들에게 청구인이 경찰서 내에서 수갑을 차고 얼굴을 드러낸 상태에서 조사받는 모습을 촬영할 수 있도록 허용하였는데, 청구인에 대한 이러한 수사 장면을 공개 및 촬영하게 할 어떠한 공익 목적도 인정하기 어려우므로 촬영허용행위는 목적의 정당성이 인정되지 아니한다. 피의자의 얼굴을 공개하더라도 그로 인한 피해의 심각성을 고려하여 모자, 마스크 등으로 피의자의 얼굴을 가리는 등 피의자의 신원이 노출되지 않도록 침해를 최소화하기 위한 조치를 취하여야 하는데, 피청구인은 그러한 조치를 전혀 취하지 아니하였으므로 침해의 최소성원칙도 충족하였다고 볼 수 없다. 또한 촬영허용행위는 언론 보도를 보다 실감나게 하기 위한 목적 외에 어떠한 공익도 인정할 수 없는 반면, 청구인은 피의자로서 얼굴이 공개되어 초상권을 비롯한 인격권에 대한 중대한 제한을 받았고, 촬영한 것이 언론

에 보도될 경우 범인으로서의 낙인 효과와 그 파급효는 매우 가혹하여 법익균형성도 인정되지 아니하므로, 촬영허용행위는 과잉금지원칙에 위반되어 청구인의 인격권을 침해하였다(헌재 2014.3.27, 2012헌마652).

㉣ [×] 이 사건 이용아동규정이 돌봄취약아동을 지역아동센터 시설별 신고정원의 80% 이상 유지하도록 한 것이 수권법률 조항의 목적에 배치되거나 관련 조항의 내용을 위반함으로써 법률유보원칙을 위반하여 청구인들의 기본권을 침해한다고 할 수 없다. 이 사건 이용아동규정은 과잉금지원칙에 위반하여 청구인 운영자들의 직업수행의 자유 및 청구인 아동들의 인격권을 침해하지 않는다(헌재 2022.1.27, 2019헌마583).

150 {정답 ④}

④ [×] 이 사건 법률조항은 목적의 정당성, 수단의 적절성 및 피해최소성을 갖추지 못하였고 법익의 균형성도 이루지 못하였으므로, 헌법 제37조 제2항의 과잉금지원칙을 위반하여 남성의 성적자기결정권 및 사생활의 비밀과 자유를 과잉 제한하는 것으로 헌법에 위반된다(헌재 2009.11.26, 2008헌바58 등).

① [O] 운전 중 전화를 받거나 거는 것, 수신된 문자메시지의 내용을 확인하는 것과 같이 휴대용 전화를 단순 조작하는 경우에도 전방주시율, 돌발 상황에 대한 대처능력 등이 저하되어 교통사고의 위험이 증가하므로, 국민의 생명·신체·재산을 보호하기 위해서는 휴대용 전화의 사용을 원칙적으로 금지할 필요가 있다. 이 사건 법률조항으로 인하여 청구인은 운전 중 휴대용 전화사용의 편익을 누리지 못하고 그 의무에 위반할 경우 20만 원 이하의 벌금이나 구류 또는 과료에 처해질 수 있으나 이러한 부담은 크지 않다. 이에 비하여 운전 중 휴대용 전화사용 금지로 교통사고의 발생을 줄임으로써 보호되는 국민의 생명·신체·재산은 중대하다. 그러므로 이 사건 법률조항은 과잉금지원칙에 반하여 청구인의 일반적 행동의 자유를 침해하지 않는다(헌재 2021.6.24, 2019헌바5).

② [O] 의료인이 아닌 자의 의료행위를 금지하는 의료법 조항은 '의료행위'를 개인의 경제적 소득활동의 기반이자 자아실현의 근거로 삼으려는 청구인의 기본권, 즉 직업선택의 자유를 제한하거나, 또는 청구인이 의료행위를 지속적인 소득활동이 아니라 취미, 일시적 활동 또는 무상의 봉사활동으로 삼는 경우에는 헌법 제10조의 행복추구권에서 파생하는 일반적 행동의 자유를 제한하는 규정이다(헌재 2002.12.18, 2001헌마370).

③ [O] 대규모의 불법·폭력 집회나 시위를 막아 시민들의 생명·신체와 재산을 보호한다는 공익은 중요한 것이지만, 당시의 상황에 비추어 볼 때 이러한 공익의 존재 여부나 그 실현 효과는 다소 가상적이고 추상적인 것이라고 볼 여지도 있고, 비교적 덜 제한적인 수단에 의하여도 상당 부분 달성될 수 있었던 것으로 보여 일반 시민들이 입은 실질적이고 현존하는 불이익에 비하여 결코 크다고 단정하기 어려우므로 법익의 균형성 요건도 충족하였다고 할 수 없다(헌재 2011.6.30, 2009헌마406).

④ [○] 이 사건 국가항공보안계획은 민간항공 보안에 관한 국제협약의 준수 및 항공기 안전과 보안을 위한 것으로 입법목적의 정당성 및 수단의 적합성이 인정되고, 항공운송사업자가 다른 체약국의 추가 보안검색 요구에 응하지 않을 경우 항공기의 취항 자체가 거부될 수 있으므로 이 사건 국가항공보안계획에 따른 추가 보안검색 실시는 불가피하며, 관련 법령에서 보안검색의 구체적 기준 및 방법 등을 마련하여 기본권 침해를 최소화하고 있으므로 침해의 최소성도 인정된다. 또한 국내외적으로 항공기 안전사고와 테러 위협이 커지는 상황에서, 민간항공의 보안 확보라는 공익은 매우 중대한 반면, 추가 보안검색 실시로 인해 승객의 기본권이 제한되는 정도는 그리 크지 아니하므로 법익의 균형성도 인정된다. 따라서 이 사건 국제항공보안계획은 헌법상 과잉금지원칙에 위반되지 않으므로, 청구인의 기본권을 침해하지 아니한다(헌재 2018.2.22, 2016헌마780).

① [×] 서면사과 조치는 내용에 대한 강제 없이 자신의 행동에 대한 반성과 사과의 기회를 제공하는 교육적 조치로 마련된 것이고, 가해학생에게 의견진술 등 적정한 절차적 기회를 제공한 뒤에 학교폭력 사실이 인정되는 것을 전제로 내려지는 조치이며, 이를 불이행하더라도 추가적인 조치나 불이익이 없다. 또한 이러한 서면사과의 교육적 효과는 가해학생에 대한 주의나 경고 또는 권고적인 조치만으로는 달성하기 어렵다. 따라서 이 사건 서면사과조항이 가해학생의 양심의 자유와 인격권을 과도하게 침해한다고 보기 어렵다(헌재 2023.2.23, 2019헌바93).

② [×] 돌봄취약아동이 일반아동과 함께 초·중등학교를 다니고 방과 후에도 다른 돌봄기관을 이용할 선택권이 보장되고 있는 이상, 설령 이 사건 이용아동규정에 따라 돌봄취약아동이 일반아동과 교류할 기회가 다소 제한된다고 하더라도 그것만으로 청구인 아동들의 인격 형성에 중대한 영향을 미친다고 보기는 어렵다. 이 사건 이용아동규정은 과잉금지원칙에 위반하여 청구인 운영자들의 직업수행의 자유 및 청구인 아동들의 인격권을 침해하지 않는다(헌재 2022.1.27, 2019헌마583).

③ [×] 피청구인은 기자들에게 청구인이 경찰서 내에서 수갑을 차고 얼굴을 드러낸 상태에서 조사받는 모습을 촬영할 수 있도록 허용하였는데, 청구인에 대한 이러한 수사 장면을 공개 및 촬영하게 할 어떠한 공익 목적도 인정하기 어려우므로 촬영허용행위는 목적의 정당성이 인정되지 아니한다. 피의자의 얼굴을 공개하더라도 그로 인한 피해의 심각성을 고려하여 모자, 마스크 등으로 피의자의 얼굴을 가리는 등 피의자의 신원이 노출되지 않도록 침해를 최소화하기 위한 조치를 취하여야 하는데, 피청구인은 그러한 조치를 전혀 취하지 아니하였으므로 침해의 최소성원칙도 충족하였다고 볼 수 없다. 또한 촬영허용행위는 언론 보도를 보다 실감나게 하기 위한 목적 외에 어떠한 공익도 인정할 수 없는 반면, 청구인은 피의자로서 얼굴이 공개되어 초상권을 비롯한 인격권에 대한 중대한 제한을 받았고, 촬영한 것이 언론에 보도될 경우 범인으로서의 낙인 효과와 그 파급효는 매우 가혹하여 법익균형성도 인정되지 아니하므로, 촬영허용행위는 과잉금지원칙에 위반되어 청구인의 인격권을 침해하였다(헌재 2014.3.27, 2012헌마652).

① [×] 서울광장을 자유롭게 통행하거나 서울광장에서 여가활동이나 문화활동을 자유롭게 할 수 있는 자유는 헌법 제10조의 행복추구권에서 파생되는 일반적 행동자유권의 보호영역에 포함된다고 할 것이다. 서울광장에 출입하고 통행하는 행위가 그 장소를 중심으로 생활을 형성해 나가는 행위에 속한다고 볼 수도 없으므로 청구인들의 거주·이전의 자유가 제한되었다고 할 수 없다(헌재 2011.6.30, 2009헌마406).

② [○] 태아의 생명을 보호하기 위하여 태아의 발달단계나 독자적 생존능력과 무관하게 임부의 낙태를 원칙적으로 금지하고 이를 형사처벌하고 있으므로, 헌법 제10조에서 도출되는 임부의 자기결정권, 즉 낙태의 자유를 제한하고 있다(헌재 2012.8.23, 2010헌바402).

③ [○] 헌재 2000.6.1, 98헌마216

④ [○] 헌재 1998.12.24, 98헌가1

② [○] 헌법이 보장하는 행복추구권이 공동체의 이익과 무관하게 무제한의 경제적 이익의 도모를 보장하는 것이라고 볼 수 없다(헌재 1995.7.21, 94헌마125).

① [×] 일반적 행동자유권은 개인이 행위를 할 것인가의 여부에 대하여 자유롭게 결단하는 것을 전제로 하여 이성적이고 책임감 있는 사람이라면 자기에 관한 사항은 스스로 처리할 수 있을 것이라는 생각에서 인정되는 것이다. 일반적 행동자유권에는 적극적으로 자유롭게 행동을 하는 것은 물론 소극적으로 행동을 하지 않을 자유 즉, 부작위의 자유도 포함되며, 포괄적인 의미의 자유권으로서 일반조항적인 성격을 가진다. 즉 일반적 행동자유권은 모든 행위를 할 자유와 행위를 하지 않을 자유로 가치 있는 행동만 그 보호영역으로 하는 것은 아닌 것으로, 그 보호영역에는 개인의 생활방식과 취미에 관한 사항도 포함되며, 여기에는 위험한 스포츠를 즐길 권리와 같은 위험한 생활방식으로 살아갈 권리도 포함된다(헌재 2003.10.30, 2002헌마518).

③ [×] 청구인들이 평화적 생존권이란 이름으로 주장하고 있는 평화란 헌법의 이념 내지 목적으로서 추상적인 개념에 지나지 아니하고, 평화적 생존권은 이를 헌법에 열거되지 아니한 기본권으로서 특별히 새롭게 인정할 필요성이 있다거나 그 권리내용이 비교적 명확하여 구체적 권리로서의 실질에 부합한다고 보기 어려워 헌법상 보장된 기본권이라고 할 수 없다(헌재 2009.5.28, 2007헌마369).

④ [×] 긴급자동차를 제외한 이륜자동차와 원동기장치자전거에 대하여 고속도로 또는 자동차전용도로의 통행을 금지하고 있는 것은 고속도로 등 통행의 자유(일반적 행동의 자유)를 헌법 제37조 제2항에 반하여 과도하게 제한한다고 볼 수 없다(헌재 2007.1.17, 2005헌마1111).

② [×] 항공기 이용이 보편화됨에 따라 국내외적으로 항공기 안전사고나 항고기에 대한 또는 항공기를 이용한 테러 위협이 계속 커지고 있는바, 항공기 사고는 한번 발생하면 그로 인한 인명 피해가 심각하므로 항공기 내에서의 불법행위 방지 및 민간항공의 보안확보라는 공익은 매우 중대하다. 이에 반해 체약국의 요구가 있는 경우 승객을 상대로 실시되는 추가 보안검색은 그 방법 및 절차를 고려할 때 그로 인해 대상자가 느낄 모욕감이나 수치심, 신체의 자유의 제한 정도가 그리 크다고 보기 어렵다. 따라서 이 사건 국가항공보안계획은 법익의 균형성도 인정된다. 그러므로 이 사건 국가항공보안계획은 과잉금지원칙에 위반하여 청구인의 인격권 등 기본권을 침해하지 아니한다(헌재 2018.2.22, 2016헌마780).

① [O] 헌법 제10조로부터 도출되는 일반적 인격권에는 각 개인이 그 삶을 사적으로 형성할 수 있는 자율영역에 대한 보장이 포함되어 있음을 감안할 때, 장래 가족의 구성원이 될 태아의 성별 정보에 대한 접근을 국가로부터 방해받지 않을 부모의 권리는 이와 같은 일반적 인격권에 의하여 보호된다고 보아야 할 것인바, 이 사건 규정은 일반적 인격권으로부터 나오는 부모의 태아 성별 정보에 대한 접근을 방해받지 않을 권리를 제한하고 있다고 할 것이다(헌재 2008.7.31, 2004헌마1010 등).

③ [O] 헌법 제10조로부터 도출되는 일반적 인격권에는 개인의 명예에 관한 권리도 포함되는바, 이 사건 법률조항에 근거하여 반민규명위원회의 조사대상자 선정 및 친일반민족행위결정이 이루어지면(이에 관하여 작성된 조사보고서 및 편찬된 사료는 일반에 공개된다), 조사대상자의 사회적 평가가 침해되어 헌법 제10조에서 유래하는 일반적 인격권이 제한받는다고 할 수 있다. … 사자(死者)에 대한 사회적 명예와 평가의 훼손은 사자(死者)와의 관계를 통하여 스스로의 인격상을 형성하고 명예를 지켜온 그들의 후손의 인격권, 즉 유족의 명예 또는 유족의 사자(死者)에 대한 경애추모의 정을 제한하는 것이다(헌재 2010.10.28, 2007헌가23).

④ [O] 변호사 정보 제공 웹사이트 운영자가 변호사들의 개인신상정보를 기반으로 변호사들의 인맥지수를 산출하여 공개하는 서비스를 제공한 사안에서, 인맥지수의 사적·인격적 성격, 산출과정에서 왜곡 가능성, 인맥지수 이용으로 인한 변호사들의 이익 침해와 공적 폐해의 우려, 그에 반하여 이용으로 달성될 공적인 가치의 보호 필요성 정도 등을 종합적으로 고려하면, 운영자가 변호사들의 개인신상정보를 기반으로 한 인맥지수를 공개하는 표현행위에 의하여 얻을 수 있는 법적 이익이 이를 공개하지 않음으로써 보호받을 수 있는 변호사들의 인격적 법익에 비하여 우월하다고 볼 수 없어, 결국 운영자의 인맥지수 서비스 제공행위는 변호사들의 개인정보에 관한 인격권을 침해하는 위법한 것이다[대판 2011.9.2, 2008다42430(전합)].

② [×] 헌법 제10조의 행복추구권에서 파생하는 일반적 행동자유권은 모든 행위를 하거나 하지 않을 자유를 내용으로 하나, 그 보호대상으로서의 행동이란 국가가 간섭하지 않으면 자유롭게 할 수 있는 행위 내지 활동을 의미하고, 이를 국가권력이 가로막거나 강제하는 경우 자유권의 침해로서 논의될 수 있다 할 것인데, 병역의무의 이행으로서의 현역병 복무는 국가가 간섭하지 않으면 자유롭게 할 수 있는 행위에 속하지 않으므로, 현역병으로 복무할 권리가 일반적 행동자유권에 포함된다고 할 수도 없다(헌재 2010.12.28, 2008헌마527).

① [O] 일반적 행동자유권은 가치 있는 행동만 그 보호영역으로 하는 것은 아니다. 그 보호영역에는 개인의 생활방식과 취미에 관한 사항도 포함되며, 여기에는 위험한 스포츠를 즐길 권리와 같은 위험한 생활방식으로 살아갈 권리도 포함된다. 그런데 심판대상조항은 술에 취한 상태로 도로 외의 곳에서 운전하는 것을 금지하고 이에 위반했을 때 처벌하도록 하고 있으므로 일반적 행동의 자유를 제한한다(헌재 2016.2.25, 2015헌가11).

③ [O] 범죄행위의 유형, 경중이나 위법성의 정도, 동력수상레저기구의 당해 범죄행위에 대한 기여도 등 제반사정을 전혀 고려하지 않고 필요적으로 조종면허를 취소하도록 규정하였으므로 심판대상조항은 침해의 최소성원칙에 위배되고, 심판대상조항에 따라 조종면허가 취소되면 면허가 취소된 날부터 1년 동안은 조종면허를 다시 받을 수 없게 되어 법익의 균형성원칙에도 위배된다. 따라서 심판대상조항은 직업의 자유 및 일반적 행동의 자유를 침해한다(헌재 2015.7.30, 2014헌가13).

④ [O] 형집행법 제112조 제3항 본문 중 제108조 제7호의 신문·도서·잡지 외 자비구매물품에 관한 부분은 금치의 징벌을 받은 사람에 대해 금치기간 동안 자비로 구매한 음식물, 의약품 및 의료용품 등 자비구매물품을 사용할 수 없는 불이익을 가함으로써, 규율의 준수를 강제하여 수용시설 내의 안전과 질서를 유지하기 위한 것으로서 목적의 정당성 및 수단의 적합성이 인정된다. 금치처분을 받은 사람은 소장이 지급하는 음식물, 의류·침구, 그 밖의 생활용품을 통하여 건강을 유지하기 위한 필요최소한의 생활을 영위할 수 있고, 의사가 치료를 위하여 처방한 의약품은 여전히 사용할 수 있다. 또한, 위와 같은 불이익은 규율 준수를 통하여 수용질서를 유지한다는 공익에 비하여 크다고 할 수 없다. 따라서 위 조항은 청구인의 일반적 행동의 자유를 침해하지 아니한다(헌재 2016.5.26, 2014헌마45).

① [O] 세월호피해지원법은 배상금 등의 지급 이후 효과나 의무에 관한 일반규정을 두거나 이에 관하여 범위를 정하여 하위 법규에 위임한 바가 전혀 없다. 따라서 세월호피해지원법 제15조 제2항의 위임에 따라 시행령으로 규정할 수 있는 사항은 지급신청이나 지급에 관한 기술적이고 절차적인 사항일 뿐이다. 신청인에게 지급결정에 대한 동의의 의사표시 전에 숙고의 기회를 보장하고, 그 법적 의미와 효력에 관하여 안내해 줄 필요성이 인정된다 하더라도, 세월호피해지원법 제16조에서 규정하는 동의의 효력 범위를 초과하여 세월호 참사 전반에 관한 일체의 이의제기를 금지시킬 수 있는 권한을 부여받았다고 볼 수는 없다. 따라서 이의제

기금지조항은 법률유보원칙을 위반하여 법률의 근거 없이 대통령령으로 청구인들에게 세월호 참사와 관련된 일체의 이의제기금지의무를 부담시킴으로써 일반적 행동의 자유를 침해한다(헌재 2017.6.29, 2015헌마654).

② [×] 여가생활 또는 오락으로 잠수용 스쿠버다이빙을 즐기면서 수산자원을 포획하거나 채취하지 못함으로 인하여 청구인이 입는 불이익에 비해 수산자원을 보호해야 할 공익은 현저히 크다고 할 것이므로, 이 사건 규칙조항은 침해의 최소성과 법익의 균형성도 갖추었다. 따라서 이 사건 규칙조항은 청구인의 일반적 행동의 자유를 침해하지 아니한다(헌재 2016.10.27, 2013헌마450).

③ [×] 주취 중 운전 금지규정을 2회 이상 위반한 사람이 다시 이를 위반한 때에는 운전면허를 필요적으로 취소하도록 규정하고 있는 이 사건 법률조항은 이중처벌금지원칙에 위반되지 아니한다(헌재 2010.3.25, 2009헌바83).

④ [×] 이 사건 사과문 게재 조항은 정기간행물 등을 발행하는 언론사가 보도한 선거기사의 내용이 공정하지 아니하다고 인정되는 경우 선거기사심의위원회의 사과문 게재 결정을 통하여 해당 언론사로 하여금 그 잘못을 인정하고 용서를 구하게 하고 있다. 이는 언론사 스스로 인정하거나 형성하지 아니한 윤리적·도의적 판단의 표시를 강제하는 것으로서 언론사가 가지는 인격권을 제한하는 정도가 매우 크다. 더욱이 이 사건 처벌조항은 형사처벌을 통하여 그 실효성을 담보하고 있다. 그런데 공직선거법에 따르면, 언론사가 불공정한 선거기사를 보도하는 경우 선거기사심의위원회는 사과문 게재 명령 외에도 정정보도문의 게재 명령을 할 수 있다. 또한 해당 언론사가 '공정보도의무를 위반하였다는 결정을 선거기사심의위원회로부터 받았다는 사실을 공표'하도록 하는 방안, 사과의 의사표시가 필요한 경우에도 사과의 '권고'를 하는 방법을 상정할 수 있다. 나아가, 이 사건 법률조항들이 추구하는 목적, 즉 선거기사를 보도하는 언론사의 공적인 책임의식을 높임으로써 민주적이고 공정한 여론 형성 등에 이바지한다는 공익이 중요하다는 점에는 이론의 여지가 없으나, 언론에 대한 신뢰가 무엇보다 중요한 언론사에 대하여 그 사회적 신용이나 명예를 저하시키고 인격의 자유로운 발현을 저해함에 따라 발생하는 인격권 침해의 정도는 이 사건 법률조항들이 달성하려는 공익에 비해 결코 작다고 할 수 없다. 결국 이 사건 법률조항들은 언론사의 인격권을 침해하여 헌법에 위반된다(헌재 2015.7.30, 2013헌가8).

157 정답 ②

② [×] 심판대상조항은 정신적 장애인과 성관계를 한 모든 사람을 처벌하는 것이 아니라, 정신적 장애를 원인으로 한 항거불능 혹은 항거곤란 상태를 이용하여, 즉, 성적 자기결정권을 행사할 수 없는 장애인을 간음한 사람을 처벌하는 조항이다. 성적 자기결정권을 행사할 능력이 있는 19세 이상의 정신적 장애인과 정상적인 합의 하에 성관계를 한 사람은 심판대상조항에 의하여 처벌되지 아니하므로, 심판대상조항이 정신적 장애인의 성적 자기결정권을 침해하거나 장애인과 비장애인을 차별하지 아니한다(헌재 2016.11.24,

2015헌바136).

① [○] 자기낙태죄 조항은 입법목적을 달성하기 위하여 필요한 최소한의 정도를 넘어 임신한 여성의 자기결정권을 제한하고 있어 침해의 최소성을 갖추지 못하였고, 태아의 생명보호라는 공익에 대하여만 일방적이고 절대적인 우위를 부여함으로써 법익균형성의 원칙도 위반하였으므로, 과잉금지원칙을 위반하여 임신한 여성의 자기결정권을 침해한다(헌재 2019.4.11, 2017헌바127).

③ [○] 심판대상조항은 청구인의 신체의 자유를 제한하는 것은 아니다. 심판대상조항은 위험성을 가진 재화의 제조·판매조건을 제약함으로써 최고속도 제한이 없는 전동킥보드를 구입하여 사용하고자 하는 소비자의 자기결정권 및 일반적 행동자유권을 제한할 뿐이다(헌재 2020.2.27, 2017헌마1339).

④ [○] 시신 자체의 제공과는 구별되는 장기나 인체조직에 있어서는 본인이 명시적으로 반대하는 경우 이식·채취될 수 없도록 규정하고 있음에도 불구하고, 이 사건 법률조항은 본인이 해부용 시체로 제공되는 것에 대해 반대하는 의사표시를 명시적으로 표시할 수 있는 절차도 마련하지 않고 본인의 의사와는 무관하게 해부용 시체로 제공될 수 있도록 규정하고 있다는 점에서 침해의 최소성원칙을 충족했다고 보기 어렵고, 실제로 해부용 시체로 제공된 사례가 거의 없는 상황에서 이 사건 법률조항이 추구하는 공익이 사후 자신의 시체가 자신의 의사와는 무관하게 해부용 시체로 제공됨으로써 침해되는 사익보다 크다고 할 수 없으므로 이 사건 법률조항은 청구인의 시체 처분에 대한 자기결정권을 침해한다(헌재 2015.11.26, 2012헌마940).

158 정답 ①

① [×] 이 사건의 경우와 같이 경제규제법적 성격을 가진 공정거래법에 위반하였는지 여부에 있어서도 각 개인의 소신에 따라 어느 정도의 가치판단이 개입될 수 있는 소지가 있고 그 한도에서 다소의 윤리적 도덕적 관련성을 가질 수도 있겠으나, 이러한 법률판단의 문제는 개인의 인격형성과는 무관하며, 대화와 토론을 통하여 가장 합리적인 것으로 그 내용이 동화되거나 수렴될 수 있는 포용성을 가지는 분야에 속한다고 할 것이므로 헌법 제19조에 의하여 보장되는 양심의 영역에 포함되지 아니한다(헌재 2002.1.31, 2001헌바43).

② [○] 행복추구권은 국민이 행복을 추구하기 위해 필요한 급부를 국가에게 적극적으로 요구할 수 있는 것을 내용으로 하는 것이 아니라, 국민이 행복을 추구하기 위한 활동을 국가권력의 간섭 없이 자유롭게 할 수 있다는 포괄적인 의미의 자유권으로서의 성격을 가진다(헌재 2000.6.1, 98헌마216).

③ [○] 범죄행위의 유형, 경중이나 위법성의 정도, 동력수상레저기구의 당해 범죄행위에 대한 기여도 등 제반사정을 전혀 고려하지 않고 필요적으로 조종면허를 취소하도록 규정하였으므로 심판대상조항은 침해의 최소성원칙에 위배되고, 심판대상조항에 따라 조종면허가 취소되면 면허가 취소된 날부터 1년 동안은 조종면허를 다시 받을 수 없게 되어 법익의 균형성 원칙에도 위배된다. 따라서 심판대상조항은 직업의 자유 및 일반적 행동의 자유를 침해한다(헌재 2015.7.30, 2014헌가13).

④ [O] 지역방언을 자신의 언어로 선택하여 공적 또는 사적인 의사소통과 교육의 수단으로 사용하는 것은 행복추구권에서 파생되는 일반적 행동의 자유 내지 개성의 자유로운 발현의 한 내용이 된다 할 것이다(헌재 2009.5.28, 2006헌마618).

159
정답 ④

④ [×] 법인도 법인의 목적과 사회적 기능에 비추어 볼 때 그 성질에 반하지 않는 범위 내에서 인격권의 한 내용인 사회적 신용이나 명예 등의 주체가 될 수 있다(헌재 2012.8.23, 2009헌가27).

① [O] 징계결정 공개조항은 위와 같이 전문적인 법률지식과 윤리적 소양 및 공정성과 신뢰성을 갖추어야 할 변호사가 변론불성실, 비밀누설 등 직무상 의무 또는 직업윤리를 위반하여 징계를 받은 경우, 국민이 이러한 사정을 쉽게 알 수 있도록 하여 법률사무를 맡길 변호사를 선택할 권리를 보장하고 변호사의 윤리의식을 고취시킴으로써 법률사무에 대한 전문성, 공정성 및 신뢰성을 확보하여 국민의 기본권을 보호하고 사회정의를 실현하기 위한 것이다. … 따라서 징계결정 공개조항의 입법목적은 정당하다. … 따라서 징계결정 공개조항은 과잉금지원칙에 위배되지 아니하므로 청구인의 인격권을 침해하지 아니한다(헌재 2018.7.26, 2016헌마1029).

② [O] 이 사건 부칙조항은 개정 전 법률로는 전자장치 부착명령의 대상자에 포함되지 아니한 성폭력범죄자의 재범에 효과적으로 대처할 만한 수단이 없다는 우려 아래 대상자의 범위를 징역형 등의 집행 중인 사람 내지 징역형 등의 집행이 종료된 뒤 3년이 경과되지 아니한 사람(다음부터 '형 집행 종료자 등'이라 한다)에게까지 확대한 것으로서, 성폭력범죄의 재범을 방지하고 성폭력범죄로부터 국민을 보호하고자 하는 목적의 정당성이 인정된다. … 그렇다면 이 사건 부칙조항은 침해받은 신뢰이익의 보호가치, 침해의 중한 정도 및 방법, 위 조항을 통하여 실현하고자 하는 공익적 목적을 종합적으로 비교형량할 때, 법익균형성원칙에 위배된다고 할 수 없다. 따라서 이 사건 부칙조항은 과잉금지원칙에 위배되지 아니한다(헌재 2012.12.27, 2010헌가82 등).

③ [O] 특히 청구인들의 옷을 전부 벗긴 상태에서 청구인들에 대하여 실시한 이 사건 신체수색은 그 수단과 방법에 있어서 필요최소한의 범위를 명백하게 벗어난 조치로서 이로 말미암아 청구인들에게 심한 모욕감과 수치심만을 안겨주었다고 인정하기에 충분하다. 따라서 피청구인의 청구인들에 대한 이러한 과도한 이 사건 신체수색은 그 수단과 방법에 있어서 필요한 최소한의 범위를 벗어났을 뿐만 아니라, 이로 인하여 청구인들로 하여금 인간으로서의 기본적 품위를 유지할 수 없도록 하는 것으로서 수인하기 어려운 정도라고 보여지므로 헌법 제10조의 인간의 존엄과 가치로부터 유래하는 인격권 및 제12조의 신체의 자유를 침해하는 정도에 이르렀다고 판단된다(헌재 2002.7.18, 2000헌마327).

160
정답 ①

① [×] 방송사업자의 의사에 반한 사과행위를 강제하는 구 방송법 규정은 방송사업자의 인격권을 침해한다(헌재 2012.8.23, 2009헌가27).

② [O] 위와 같은 점들을 종합적으로 고려할 때 이 사건 법률조항에서 중혼취소청구권에 대한 권리소멸사유 또는 제척기간을 두지 않은 것이 합리적인 입법재량의 한계를 벗어나 후혼배우자의 인격권 및 행복추구권을 침해한다고 보기 어렵다(헌재 2014.7.24, 2011헌바275).

③ [O] 심판대상조항은 아동 · 청소년의 성을 보호하고 사회방위를 도모하기 위한 것으로서 목적의 정당성 및 수단의 적합성이 인정된다. 한편, 심판대상조항에 따른 신상정보 공개제도는, 그 공개대상이나 공개기간이 제한적이고, 법관이 '특별한 사정' 등을 고려하여 공개 여부를 판단하도록 되어 있으며, 공개로 인한 피해를 최소화하는 장치도 마련되어 있으므로 침해의 최소성이 인정되고, 이를 통하여 달성하고자 하는 '아동 · 청소년의 성보호'라는 목적이 침해되는 사익에 비하여 매우 중요한 공익에 해당하므로 법익의 균형성도 인정된다. 따라서 심판대상조항은 과잉금지원칙을 위반하여 청구인들의 인격권, 개인정보 자기결정권을 침해한다고 볼 수 없다(헌재 2013.10.24, 2011헌바106 등).

④ [O] 이 사건 국가항공보안계획은, 이미 출국 수속 과정에서 일반적인 보안검색을 마친 승객을 상대로, 촉수검색(patdown)과 같은 추가적인 보안검색 실시를 예정하고 있으므로 이로 인한 인격권 및 신체의 자유 침해 여부가 문제된다. 이 사건 국가항공보안계획은 민간항공 보안에 관한 국제협약의 준수 및 항공기 안전과 보안을 위한 것으로 입법목적의 정당성 및 수단의 적합성이 인정되고, 항공운송사업자가 다른 체약국의 추가 보안검색 요구에 응하지 않을 경우 항공기의 취항 자체가 거부될 수 있으므로 이 사건 국가항공보안계획에 따른 추가 보안검색 실시는 불가피하며, 관련 법령에서 보안검색의 구체적 기준 및 방법 등을 마련하여 기본권 침해를 최소화하고 있으므로 침해의 최소성도 인정된다. 또한 국내외적으로 항공기 안전사고와 테러 위협이 커지는 상황에서, 민간항공의 보안 확보라는 공익은 매우 중대한 반면, 추가 보안검색 실시로 인해 승객의 기본권이 제한되는 정도는 그리 크지 아니하므로 법익의 균형성도 인정된다. 따라서 이 사건 국제항공보안계획은 헌법상 과잉금지원칙에 위반되지 않으므로, 청구인의 기본권을 침해하지 아니한다(헌재 2018.2.22, 2016헌마780).

161
정답 ①

① [×] 청구인들은 국가가 주방용오물분쇄기의 사용을 금지하여 국민들은 음식물 찌꺼기 등을 음식물류 폐기물로 분리배출할 때까지 집안에 보관하여야 하고 이 과정에서 음식물 찌꺼기 등의 부패, 해충 발생 등으로 각종 질병에 노출되거나 쾌적하지 못한 환경에서 살게 되므로, 국가가 국민의 기본권에 대한 보호의무를 다하지 못함으로써 국민의 생명 · 신체의 안전에 관한 기본권, 환경권을 침해한다고 주장한다. 그러나 주방용오물분쇄기를 사용하지 못하면 음식물 찌꺼기

등을 음식물류 폐기물로 분리 배출하여야 하므로 그 처리에 다소 불편을 겪을 수는 있으나, 심판대상조항이 음식물 찌꺼기 등의 배출 또는 처리 자체를 금지하는 것은 아니다. 뿐만 아니라 국가의 기본권 보호의무란 사인인 제3자에 의한 생명이나 신체에 대한 침해로부터 이를 보호하여야 할 국가의 의무를 말하는 것으로, 이 사건처럼 국가가 직접 주방용 오물분쇄기의 사용을 금지하여 개인의 기본권을 제한하는 경우에는 국가의 기본권 보호의무 위반 여부가 문제되지 않는다. 따라서 청구인들의 위 주장에 대해서는 판단하지 않는다(헌재 2018.6.28, 2016헌마1151).

② [O] 운전 중 전화를 받거나 거는 것, 수신된 문자메시지의 내용을 확인하는 것과 같이 휴대용 전화를 단순 조작하는 경우에도 전방주시율, 돌발 상황에 대한 대처능력 등이 저하되어 교통사고의 위험이 증가하므로, 국민의 생명·신체·재산을 보호하기 위해서는 휴대용 전화의 사용을 원칙적으로 금지할 필요가 있다. 운전 중 안전에 영향을 미치지 않거나 긴급한 필요가 있는 경우에는 휴대용 전화를 이용할 수 있고, 지리안내 영상 또는 교통정보안내 영상, 국가비상사태·재난상황 등 긴급한 상황을 안내하는 영상, 운전을 할 때 자동차등의 좌우 또는 전후방을 볼 수 있도록 도움을 주는 영상이 표시되는 범위에서 휴대용 전화를 '영상표시장치'로 사용하는 행위도 허용된다. 이 사건 법률조항으로 인하여 청구인은 운전 중 휴대용 전화 사용의 편익을 누리지 못하고 그 의무에 위반할 경우 20만 원 이하의 벌금이나 구류 또는 과료에 처해질 수 있으나 이러한 부담은 크지 않다. 이에 비하여 운전 중 휴대용 전화 사용 금지로 교통사고의 발생을 줄임으로써 보호되는 국민의 생명·신체·재산은 중대하다. 그러므로 이 사건 법률조항은 과잉금지원칙에 반하여 청구인의 일반적 행동의 자유를 침해하지 않는다(헌재 2021.6.24, 2019헌바5).

③ [O] 이 사건 점호행위는 신속하고 정확하게 거실 내 인원수를 확인함과 동시에 수형자의 건강상태 내지 심리상태, 수용생활 적응 여부 등을 살펴 각종의 교정사고를 예방하거나 사후에 신속하게 대처할 수 있도록 함으로써 교정시설의 안전과 질서를 유지하기 위한 것으로 그 목적이 정당하고, 그 목적을 달성하기 위한 적절한 수단이 된다. … 이 사건 점호행위와 같은 방법이 효과적이며, 점검관이 목산(目算)하는 방법은 인원점검의 정확성·신속성 측면에서 다수의 수형자가 생활하는 혼거실에 대한 인원점검방법으로는 부적절할 뿐만 아니라 효과적인 방법이 될 수 없다. 따라서 이 사건 점호행위는 과잉금지원칙에 위배되어 청구인의 인격권 및 일반적 행동의 자유를 침해한다 할 수 없다(헌재 2012.7.26, 2011헌마332).

④ [O] 육군 장교가 민간법원에서 약식명령을 받아 확정되면 자진신고할 의무를 규정한, '2020년도 장교 진급 지시' Ⅳ. 제4장 5. 가. 2) 나) 중 '민간법원에서 약식명령을 받아 확정된 사실이 있는 자'에 관한 부분(이하 '20년도 육군지시 자진신고조항'이라 한다) 및 '2021년도 장교 진급 지시' 제20조 제1항 제2호 나목 중 '민간법원에서 약식명령을 받아 확정된 사실이 있는 자'에 관한 부분(이하 '21년도 육군지시 자진신고조항'이라 한다)은 과잉금지원칙을 위배하여 청구인의 일반적 행동의 자유를 침해하지 아니한다(헌재 2021.8.31, 2020헌마12).

③ [X] 금전증여의 경우에는 증여와 동시에 본래 수증자가 보유하고 있던 자산에 혼입되어 수증자의 자산에서 증여받은 금전만을 분리하여 특정할 수 없게 되므로 설령 사후에 증여자가 수증자로부터 같은 액수의 금전을 돌려받더라도 그 동일성을 인정할 수 없어 증여받은 금전 자체의 반환이라고 하기 어려운 점 등에 비추어 보면, 합의해제에 의하여 같은 액수의 금전 반환이 이루어졌다 하더라도 법률적인 측면은 물론 경제적인 측면에서도 수증자의 재산이 실질적으로 증가되었다고 볼 수밖에 없다. 나아가 금전증여의 경우 합의해제가 행해지는 통상의 동기가 조세회피 내지 편법적 절세에 있는 이상, 보호하여야 할 사적 자치의 이익이 크다고 할 수 없어 법익의 균형성도 충족되므로 심판대상조항은 과잉금지원칙에 위배되어 수증자의 계약의 자유 및 재산권을 침해한다고 할 수 없다(헌재 2015.12.23, 2013헌바117).

① [O] 이른바 계약자유의 원칙이란 계약을 체결할 것인가의 여부, 체결한다면 어떠한 내용의, 어떠한 상대방과의 관계에서, 어떠한 방식으로 계약을 체결하느냐 하는 것도 당사자 자신이 자기의사로 결정하는 자유뿐만 아니라, 원치 않으면 계약을 체결하지 않을 자유를 말하여, 이는 헌법상의 행복추구권속에 함축된 일반적 행동자유권으로부터 파생되는 것이라 할 것이다(헌재 1991.6.3, 89헌마204).

② [O] 최저임금 적용을 위한 임금의 시간급 환산시 법정 주휴시간 수를 포함한 시간 수로 나누어야 하는지에 관하여 종전에 대법원 판례와 고용노동부의 해석이 서로 일치하지 아니하여 근로 현장에서 혼란이 초래되었다. 이 사건 시행령 조항은 그와 같은 불일치와 혼란을 해소하기 위한 것으로서, 그 취지와 필요성을 인정할 수 있다. 비교대상 임금에는 주휴수당이 포함되어 있고, 주휴수당은 근로기준법에 따라 주휴시간에 대하여 당연히 지급해야 하는 임금이라는 점을 감안하면, 비교대상 임금을 시간급으로 환산할 때 소정근로시간 수 외에 법정 주휴시간 수까지 포함하여 나누도록 하는 것은 그 합리성을 수긍할 수 있다. 근로기준법이 근로자에게 유급주휴일을 보장하도록 하고 있다는 점을 고려할 때, 소정근로시간 수와 법정 주휴시간 수 모두에 대하여 시간급 최저임금액 이상을 지급하도록 하는 것이 그 자체로 사용자에게 지나치게 가혹하다고 보기는 어렵다. 따라서 이 사건 시행령 조항은 과잉금지원칙에 위배되어 사용자의 계약의 자유 및 직업의 자유를 침해한다고 볼 수 없다(헌재 2020.6.25, 2019헌마15).

④ [O] 임대차계약을 통하여 합리적이고 효과적인 임차물 관리 및 개량방식의 설정이 가능함에도 불구하고, 임대인 또는 소유자가 임차물의 가장 적절한 관리자라는 전제하에 임대차의 존속기간을 제한함으로써 임차물 관리 및 개량의 목적을 이루고자 하는 것은 임차물의 관리소홀 및 개량미비로 인한 가치하락 방지라는 목적 달성을 위한 필요 최소한의 수단이라고 볼 수 없다. 이 사건 법률조항은 제정 당시에 비해 현저히 변화된 현재의 사회경제적 현상을 제대로 반영하지 못하는 데 그치는 것이 아니라, 당사자가 20년이 넘는 임대차를 원할 경우 우회적인 방법을 취할 수밖에 없게 함으로써 사적 자치에 의한 자율적 거래관계 형성을 왜곡하고 있다. 토지임대차의 경우, 견고한 건물 소유 목적인지 여부에 따라

이 사건 법률조항의 적용 여부에 차이를 두는 것은, 소유건물이 견고한 건물에 해당하는지 여부가 불분명한 경우도 있어 이에 대한 분쟁이 유발될 수 있을 뿐 아니라, 건축기술이 발달된 오늘날 견고한 건물에 해당하는지 여부가 임대차존속기간 제한의 적용 여부를 결정하는 기준이 되기에는 부적절하다. 또한 지하매설물 설치를 위한 토지임대차나 목조건물과 같은 소위 비견고건물의 소유를 위한 토지임대차의 경우 이 사건 법률조항으로 인해 임대차기간이 갱신되지 않는 한 20년이 경과한 후에는 이를 제거 또는 철거해야 하는데, 이는 사회경제적으로도 손실이 아닐 수 없다. 이 사건 법률조항은 입법취지가 불명확하고, 사회경제적 효율성 측면에서 일정한 목적의 정당성이 인정된다 하더라도 과잉금지원칙을 위반하여 계약의 자유를 침해한다(헌재 2013.12.26, 2011헌바234).

163
정답 ③

③ [×] 소비자가 자신의 의사에 따라 자유롭게 상품을 선택하는 소비자의 자기결정권은 헌법 제10조의 행복추구권에 의하여 보호된다(헌재 2002.10.31, 99헌바76).

① [O] '운전면허를 받은 사람이 자동차 등을 이용하여 범죄행위를 한 때'를 필요적 운전면허 취소사유로 규정하는 것은 자동차 등을 이용하여 범죄행위를 하기만 하면 그 범죄행위가 얼마나 중한 것인지, 그러한 범죄행위를 행함에 있어 자동차 등이 당해 범죄 행위에 어느 정도로 기여했는지 등에 대한 아무런 고려 없이 무조건 운전면허를 취소하도록 하고 있으므로 이는 구체적 사안의 개별성과 특수성을 고려할 수 있는 여지를 일체 배제하고 그 위법의 정도나 비난의 정도가 극히 미약한 경우까지도 운전면허를 취소할 수밖에 없도록 하는 것으로 최소침해성의 원칙에 위반된다 할 것이다. 한편, 이 사건 규정에 의해 운전면허가 취소되면 2년 동안은 운전면허를 다시 발급받을 수 없게 되는바, 이는 지나치게 기본권을 제한하는 것으로서 법익균형성원칙에도 위반된다. 그러므로 이 사건 규정은 직업의 자유 내지 일반적 행동자유권을 침해하여 헌법에 위반된다(헌재 2005.11.24, 2004헌가28).

② [O] 형사재판의 피고인으로 출석하는 수형자에 대하여 사복착용을 허용하지 아니한 것은 청구인의 공정한 재판을 받을 권리, 인격권, 행복추구권을 침해한다(헌재 2015.12.23, 2013헌마712).
   ▶ 그러나 '민사재판'에 출석하는 수형자에 대하여 사복착용을 허용하지 아니한 것은 합헌임을 주의하여야 한다.

④ [O] 행복추구권도 국가안전보장·질서유지 또는 공공복리를 위하여 제한될 수 있는 것이므로, 목적의 정당성, 방법의 적정성 등의 요건을 갖추고 있는 위 조항들이 청구인이나 18세 미만의 청소년들의 행복추구권을 침해한 것이라고 할 수 없다(헌재 1996.2.29, 94헌마13).

164
정답 ③

㉠ [O] 이 사건 규칙조항에서 협의이혼의사확인신청을 할 때 부부 쌍방으로 하여금 직접 법원에 출석하여 신청서를 제출하도록 한 것은, 일시적 감정이나 강압에 의한 이혼을 방지하고 협의상 이혼이 그 절차가 시작될 때부터 당사자 본인의 의사로 진지하고 신중하게 이루어지도록 하기 위한 것이므로, 목적의 정당성 및 수단의 적합성이 인정된다. 당사자의 진정한 이혼의사를 확인하기 위하여는 양 당사자로 하여금 이혼의사확인신청서를 직접 제출하도록 하는 것이 보다 확실한 방법이고, 일정한 경우에는 부부 한 쪽만 출석할 수 있도록 예외가 인정되고 있으며, 법원 출석이 곤란하거나 불편한 경우 재판상 이혼 절차를 이용할 수도 있으므로, 침해의 최소성도 인정된다. 한편, 이 사건 규칙조항은 협의상 이혼의 사유 자체를 제한하거나 당사자에게 과도한 부담이 되는 절차를 요구하는 것이 아닌 반면에, 이 사건 규칙조항을 통해 협의상 이혼이 당사자의 자유롭고 진지한 의사에 기하도록 함으로써 달성될 수 있는 공익은 결코 작지 않으므로, 법익의 균형성도 인정된다. 따라서 이 사건 규칙조항은 과잉금지원칙에 반하여 청구인 노○태의 일반적 행동자유권을 침해하지 않는다(헌재 2016.6.30, 2015헌마894).

㉡ [×] 심판대상조항이 정보제공요구를 하게 된 사유나 행위의 태양, 요구한 거래정보의 내용을 고려하지 아니하고 일률적으로 일반 국민들이 거래정보의 제공을 요구하는 것을 금지하고 그 위반 시 형사처벌을 하는 것은 그 공익에 비하여 지나치게 일반 국민의 일반적 행동자유권을 제한하는 것이다. 따라서 심판대상조항은 과잉금지원칙에 반하여 일반적 행동자유권을 침해한다(헌재 2022.2.24, 2020헌가5).

㉢ [×] 어린이 보호구역에서 제한속도 준수의무 또는 안전운전의무를 위반하여 어린이를 상해에 이르게 한 경우 1년 이상 15년 이하의 징역 또는 500만 원 이상 3천만 원 이하의 벌금에, 사망에 이르게 한 경우 무기 또는 3년 이상의 징역에 처하도록 규정한 '특정범죄 가중처벌 등에 관한 법률' 제5조의13은 과잉금지원칙에 위반되어 청구인들의 일반적 행동자유권을 침해하지 않는다(헌재 2023.2.23, 2020헌마460).
   ▶ 헌법재판소는 해당 조항이 명확성원칙에도 위반되지 않는다고 하였다.

㉣ [×] 심판대상조항에 의한 정액수가제는 혈액투석에 소요되는 과도한 비용을 효율적으로 관리함으로써 의료급여재정을 안정화하여 더 많은 환자들에게 의료급여의 혜택이 돌아가게 하려는 것으로서 입법목적의 정당성과 수단의 적합성이 인정된다. … 그렇다면 한정된 의료재정의 범위 내에서 적정하고 지속적인 의료서비스를 제공하기 위해서는 환자의 의료행위선택권 역시 제한될 수밖에 없으며, 의료재정의 범위 내에서 의료급여 수급권자에 대한 의료의 질을 유지하기 위하여 현행 정액수가제와 같은 정도로 입법목적을 달성하면서 기본권을 덜 제한하는 수단이 명백히 존재한다고 보기 어려우므로, 심판대상조항은 침해의 최소성과 법익의 균형성을 갖추었다. 따라서 심판대상조항은 수급권자인 청구인의 의료행위선택권을 침해하지 아니한다(헌재 2020.4.23, 2017헌마103).

① [O] 정당가입 금지조항은 공무원의 정치적 중립성을 보장하고 초·중등학교 교육의 중립성을 확보한다는 점에서 입법목적의 정당성이 인정되고, 정당에의 가입을 금지하는 것은 입법목적 달성을 위한 적합한 수단이다. 공무원은 정당의 당원이 될 수 없을 뿐, 정당에 대한 지지를 선거와 무관하게 개인적인 자리에서 밝히거나 투표권을 행사하는 등의 활동은 허용되므로 침해의 최소성원칙에 반하지 않는다. 정치적 중립성, 초·중등학교 학생들에 대한 교육기본권 보장이라는 공익은 공무원이 제한받는 불이익에 비하여 크므로 법익균형성도 인정된다. 또한 초·중등학교 교원에 대하여는 정당가입을 금지하면서 대학교원에게는 허용하는 것은, 기초적인 지식전달, 연구기능 등 직무의 본질이 서로 다른 점을 고려한 합리적 차별이므로 평등원칙에 반하지 아니한다(헌재 2014.3.27, 2011헌바42).

② [×] 배심원으로서의 권한을 수행하고 의무를 부담할 능력과 민법상 행위능력, 선거권 행사능력, 군 복무능력, 연소자 보호와 연계된 취업능력 등이 동일한 연령기준에 따라 판단될 수 없고, 각 법률들의 입법취지와 해당 영역에서 고려하여야 할 제반사정, 대립되는 관련 이익들을 교량하여 입법자가 각 영역마다 그에 상응하는 연령기준을 달리 정할 수 있다. 심판대상조항이 우리나라 국민참여재판제도의 취지와 배심원의 권한 및 의무 등 여러 사정을 종합적으로 고려하여 만 20세에 이르기까지 교육 및 경험을 쌓은 자로 하여금 배심원의 책무를 담당하도록 정한 것은 입법형성권의 한계 내의 것으로 자의적인 차별이라고 볼 수 없다(헌재 2021.5.27, 2019헌가19).

③ [×] 공직선거법상 부정선거운동죄(제255조 제1항 제1호, 제57조의6 제1항, 제60조 제1항)의 법정형은 '3년 이하 징역 또는 600만 원 이하 벌금'으로 정하고 있음에 반하여, 지방공무원법상 정치운동죄(심판대상조항)는 벌금형의 선고 가능성을 배제하고 있다. 공직선거법상 부정선거운동죄와 달리, 지방공무원법상 정치운동죄는 제57조 제2항 각 호를 통해 유권자에게 미치는 영향이 상당하거나 구체적 해악이 있다고 판단된 지방공무원의 정치운동 행위를 개별적으로 금지하고 있고, 그 주체를 공무원에 한정함으로써 공무원의 정치적 중립성을 보호법익에 추가하고 있다. 지방공무원법상 정치운동죄가 공직선거법상 부정선거운동죄보다 행위태양과 보호법익에 있어 불법이 가중됨을 고려하여 그 법정형을 달리 한 것이므로, 심판대상조항이 형벌체계상 균형을 상실하여 평등원칙에 위반된다고 보기 어렵다(헌재 2021.2.25, 2019헌바58).

④ [×] 공무원과 일반근로자는 그 직무 성격의 차이로 인하여 근로조건을 정함에 있어서 그 방식이나 내용에 차이가 있을 뿐만 아니라, 근로자의 날을 법정유급휴일로 정할 필요성에도 차이가 있다. 따라서 심판대상조항이 근로자의 날을 공무원의 법정유급휴일에 해당하는 관공서 공휴일로 규정하지 않은 데에는 합리적인 이유가 있다 할 것이므로, 심판대상조항이 청구인들의 평등권을 침해한다고 볼 수 없다(헌재 2015.5.28, 2013헌마343).

① [×] 평등권침해 여부를 심사함에 있어 엄격한 심사척도에 의할 것인지, 완화된 심사척도에 의할 것인지는 입법자에게 인정되는 입법형성권의 정도에 따라 달라지게 될 것이다. 헌법에서 특별히 평등을 요구하고 있는 경우나 차별적 취급으로 인하여 관련 기본권에 대한 중대한 제한을 초래하게 되는 경우에는 입법형성권은 축소되고, 보다 엄격한 심사척도가 적용되어야 할 것이다. 사회적 신분에 대한 차별금지는 헌법 제11조 제1항 후문에서 예시된 것인데, 헌법 제11조 제1항 후문의 규정은 불합리한 차별의 금지에 초점이 있는 것으로서, 예시한 사유가 있는 경우에 절대적으로 차별을 금지할 것을 요구함으로써 입법자에게 인정되는 입법형성권을 제한하는 것은 아니다. 그렇다면 친일반민족행위자의 후손이라는 점이 헌법 제11조 제1항 후문의 사회적 신분에 해당한다 할지라도 이것만으로는 헌법에서 특별히 평등을 요구하고 있는 경우라고 할 수 없고, 아래와 같이 친일재산의 국가귀속은 연좌제금지원칙이 적용되는 경우라고 볼 수도 없으며 그 외 달리 친일반민족행위자의 후손을 특별히 평등하게 취급하도록 규정한 헌법 규정이 없는 이상, 친일반민족행위자의 후손에 대한 차별은 평등권 침해 여부의 심사에서 엄격한 기준을 적용해야 하는 경우라 볼 수 없다. 또한, 이 사건 귀속조항은 친일반민족행위자의 후손이 가지는 모든 재산을 귀속대상으로 규정한 것이 아니라 그가 선조로부터 상속받은 재산 중 친일행위의 대가인 것만 귀속대상으로 규정하고 있다. 그렇다면 이 사건 귀속조항은 그 차별취급으로 기본권에 대한 중대한 제한을 초래하는 경우라고 할 수 없으므로, 역시 평등권 침해 여부의 심사에서 엄격한 기준을 적용해야 하는 경우에 해당하지 않는다. 따라서 이 사건 귀속조항으로 인한 차별이 청구인들의 평등권을 침해하였는지 여부에 대한 심사는 완화된 기준이 적용되어야 한다(헌재 2011.3.31, 2008헌바141).

② [O] 공무원연금과 국민연금은 사회보장적 성격을 가진다는 점에서 동일하기는 하나, 양자는 제도의 도입 목적과 배경, 재원의 조성 등에 차이가 있고, 특히 공무원연금은 국민연금에 비해 재정건전성 확보를 통하여 국가의 재정 부담을 낮출 필요가 절실하다는 점 등에 비추어 볼 때, 공무원연금의 수급권자에서 형제자매를 제외한 것은 합리적인 이유가 있다. 따라서 이 사건 법률조항이 산재보험법이나 국민연금법상의 수급권자의 범위와 비교하여 청구인들의 평등권을 침해하였다고 볼 수 없다(헌재 2014.5.29, 2012헌마555).

③ [O] 평등원칙 위반의 특수성은 대상 법률이 정하는 '법률효과' 자체가 위헌이 아니라, 그 법률효과가 수범자의 한 집단에만 귀속하여 '다른 집단과 사이에 차별'이 발생한다는 점에 있기 때문에, 평등원칙의 위반을 인정하기 위해서는 우선 법적용에 관련하여 상호배타적인 '두 개의 비교집단'을 일정한 기준에 따라서 구분할 수 있어야 한다(헌재 2003.12.18, 2002헌마593).

④ [O] 다른 전문직에 비하여 변호사는 포괄적인 직무영역과 그에 따른 더 엄격한 직무의무를 부담하고 있는바, 이는 변호사 직무의 공공성 및 그 포괄적 직무범위에 따른 사회적 책임성을 고려한 것으로서, 다른 전문직과 비교하여 차별취급의 합리적 이유가 있다고 할 것이므로, 변호사법 제29조는 변호사의 평등권을 침해하지 아니한다(헌재 2013.5.30,

2011헌마131).

167
정답 ③

③ [×] 양자를 분리하여 각각 시험을 실시한다고 하더라도 동 가산점제도가 여전히 유지되고, 공무원시험의 합격정원이 달라지지 않는다면 청구인들과 같은 일반 응시자의 합격가 능성에 실질적인 차이가 있다고 보기 어렵다. 양자를 통합 적으로 하여 시험실시를 할 것인지 여부는 정책적인 문제에 불과하며, 이로 인한 청구인들의 불이익은 사실적인 것에 불과하므로 기본권 침해의 가능성이 있다고 볼 수 없다(헌 재 2006.5.25, 2005헌마11 등).

① [○] 우리 헌법이 선언하고 있는 '인간의 존엄성'과 '법 앞 에 평등'은 행정부나 사법부에 의한 법적용상의 평등만을 의미하는 것이 아니고, 입법권자에게 정의와 형평의 원칙에 합당하게 합헌적으로 법률을 제정하도록 하는 것을 명하는 '법내용상의 평등'을 의미하고 있다(헌재 1992.4.28, 90헌 바24).

② [○] 중혼의 취소청구권자를 규정한 이 사건 법률조항은 그 취소청구권자로 직계존속과 4촌 이내의 방계혈족을 규정하 면서도 직계비속을 제외하였는바, 직계비속을 제외하면서 직 계존속만을 취소청구권자로 규정한 것은 가부장적·종법적 인 사고에 바탕을 두고 있고, 직계비속이 상속권 등과 관련 하여 중혼의 취소청구를 구할 법률적인 이해관계가 직계존 속과 4촌 이내의 방계혈족 못지않게 크며, 그 취소청구권자 의 하나로 규정된 검사에게 취소청구를 구한다고 하더라도 검사로 하여금 직권발동을 촉구하는 것에 지나지 않은 점 등 을 고려할 때 합리적인 이유 없이 직계비속을 차별하고 있어 평등원칙에 위반된다(헌재 2010.7.29, 2009헌가8).

④ [○] 경찰공무원은 그 직무 범위와 권한이 포괄적인 점, 특 히 경사 계급은 현장수사의 핵심인력으로서 직무수행과 관 련하여 많은 대민접촉이 이루어지므로 민사 분쟁에 개입하 거나 금품을 수수하는 등의 비리 개연성이 높다는 점 등을 종합하여 보면, 대민접촉이 거의 전무한 교육공무원이나 군 인 등과 달리 경찰업무의 특수성을 고려하여 경사 계급까지 등록의무를 부과한 것은 합리적인 이유가 있는 것이므로 이 사건 시행령조항이 청구인의 평등권을 침해한다고 볼 수 없 다(헌재 2010.10.28, 2009헌마544).

168
정답 ②

㉠ [×] 이 사건 법률조항은 공무담임권을 제한하고 있는바, 이는 헌법이 차별을 특히 금지하고 있는 영역이거나 차별적 취급으로 인하여 관련 기본권에 대한 중대한 제한을 초래하 고 있다고 볼 수 없다. 그리고 공무담임권의 제한의 경우는 그 직무가 가지는 공익실현이라는 특수성으로 인하여 그 직 무의 본질에 반하지 아니하고 결과적으로 다른 기본권의 침 해를 야기하지 아니하는 한 상대적으로 강한 합헌성이 추정 될 것이므로, 주로 평등의 원칙이나 목적과 수단의 합리적 인 연관성 여부가 심사대상이 될 것이며, 법익형량에 있어 서도 상대적으로 다소 완화된 심사를 하게 된다(헌재 2002. 10.31, 2001헌마557).

㉡ [○] 교통사고로 인하여 중상해를 입은 결과, 식물인간이 되거나 평생 심각한 불구 또는 난치의 질병을 안고 살아가 야 하는 피해자의 경우, 그 결과의 불법성이 사망사고보다 결코 작다고 단정할 수 없으므로, 교통사고로 인하여 피해 자가 사망한 경우와 달리 중상해를 입은 경우 가해 운전자 를 기소하지 않음으로써 그 피해자의 재판절차진술권을 제 한하는 것 또한 합리적인 이유가 없는 차별취급이라고 할 것이다(헌재 2009.2.26, 2005헌바764).

㉢ [×] 엄격한 심사를 한다는 것은 자의금지에 따른 심사, 즉 합리적 이유의 유무를 심사하는 것에 그치지 아니하고 비례 성원칙에 따른 심사를 하는 것인데, 헌법에서 특별히 평등 을 요구하고 있는 경우와 차별적 취급으로 인하여 관련 기 본권에 대한 중대한 제한을 초래하게 된다면 입법형성권은 축소되어 보다 엄격한 심사척도가 적용되어야 할 것이다(헌 재 1999.12.23, 98헌마363).

㉣ [○] 결혼식 등의 당사자가 자신을 축하하러 온 하객들에게 주류와 음식물을 접대하는 행위는 인류의 오래된 보편적인 사회생활의 한 모습으로서 개인의 일반적인 행동의 자유 영 역에 속하는 행위이므로 이는 헌법 제37조 제1항에 의하여 경시되지 아니하는 기본권이며 헌법 제10조가 정하고 있는 행복추구권에 포함되는 일반적 행동자유권으로서 보호되어 야 할 기본권이다(헌재 1998.10.15, 98헌마168).

169
정답 ①

① [×] 지역가입자에 대한 보험료 산정·부과시 소득 외에 재 산 등의 요소를 추가적으로 고려하는 데에 합리적 이유가 있다 할 것이고, 재산 등의 요소를 추가적으로 고려함에 있 어 발생하는 문제점은 보험재정의 안정성을 유지하는 한도 내에서 개선되어 나아가는 중이므로, 심판대상조항이 헌법 상 평등원칙에 위반된다고 할 수 없다(헌재 2016.12.29, 2015헌바199).

② [○] 이 사건 부칙조항은 개정 전 공직자윤리법 조항이 혼 인관계에서 남성과 여성에 대한 차별적 인식에 기인한 것이 라는 반성적 고려에 따라 개정 공직자윤리법 조항이 시행되 었음에도 불구하고, 일부 혼인한 여성 등록의무자에게 이미 개정 전 공직자윤리법 조항에 따라 재산등록을 하였다는 이 유만으로 남녀차별적인 인식에 기인하였던 종전의 규정을 따를 것을 요구하고 있다. 그런데 혼인한 남성 등록의무자 와 달리 혼인한 여성 등록의무자의 경우에만 본인이 아닌 배우자의 직계존·비속의 재산을 등록하도록 하는 것은 여 성의 사회적 지위에 대한 그릇된 인식을 양산하고, 가족관 계에 있어 시가와 친정이라는 이분법적 차별구조를 정착시 킬 수 있으며, 이것이 사회적 관계로 확장될 경우에는 남성 우위·여성비하의 사회적 풍토를 조성하게 될 우려가 있다. 이는 성별에 의한 차별금지 및 혼인과 가족생활에서의 양성 의 평등을 천명하고 있는 헌법에 정면으로 위배되는 것으로 그 목적의 정당성을 인정할 수 없다. 따라서 이 사건 부칙조 항은 평등원칙에 위배된다(헌재 2021.9.30, 2019헌가3).

③ [○] 비교집단이 설정되지 않으면 평등심사를 할 수 없다.

④ [○] 헌법상 평등의 원칙은 국가가 언제 어디에서 어떤 계층 을 대상으로 하여 기본권에 관한 사항이나 제도의 개선을 시

작할 것인지를 선택하는 것을 방해하지 않는다. 말하자면 국가는 합리적인 기준에 따라 능력이 허용하는 범위 내에서 법적 가치의 상향적 구현을 위한 제도의 단계적인 개선을 추진할 수 있는 길을 선택할 수 있어야 한다(헌재 1990.6.25, 90헌마107).

170
정답 ④

④ [×] 이 사건 법률조항은 국가가 운영하는 우체국보험에 가입한다는 사정만으로 일반 보험회사의 인보험에 가입한 경우와는 달리 그 수급권이 사망·장애나 입원 등으로 인하여 발생한 것인지, 만기나 해약으로 발생한 것인지 등에 대한 구별조차 없이 그 전액에 대하여 무조건 압류를 금지하여 우체국보험 가입자를 보호함으로써 우체국보험 가입자의 채권자를 일반 인보험 가입자의 채권자에 비하여 불합리하게 차별취급하는 것이므로, 헌법 제11조 제1항의 평등원칙에 위반된다(헌재 2008.5.29, 2006헌바5).

① [○] 이 사건 부칙조항은 개정 전 공직자윤리법 조항이 혼인관계에서 남성과 여성에 대한 차별적 인식에 기인한 것이라는 반성적 고려에 따라 개정 공직자윤리법 조항이 시행되었음에도 불구하고, 일부 혼인한 여성 등록의무자에게 이미 개정 전 공직자윤리법 조항에 따라 재산등록을 하였다는 이유만으로 남녀차별적인 인식에 기인하였던 종전의 규정을 따를 것을 요구하고 있다. 그런데 혼인한 남성 등록의무자와 달리 혼인한 여성 등록의무자의 경우에만 본인이 아닌 배우자의 직계존·비속의 재산을 등록하도록 하는 것은 여성의 사회적 지위에 대한 그릇된 인식을 양산하고, 가족관계에 있어 시가와 친정이라는 이분법적 차별구조를 정착시킬 수 있으며, 이것이 사회적 관계로 확장될 경우에는 남성우위·여성비하의 사회적 풍토를 조성하게 될 우려가 있다. 이는 성별에 의한 차별금지 및 혼인과 가족생활에서의 양성의 평등을 천명하고 있는 헌법에 정면으로 위배되는 것으로 그 목적의 정당성을 인정할 수 없다. 따라서 이 사건 부칙조항은 평등원칙에 위배된다(헌재 2021.9.30, 2019헌가3).

② [○] 중혼의 취소청구권자를 규정한 이 사건 법률조항은 그 취소청구권자로 직계존속과 4촌 이내의 방계혈족을 규정하면서도 직계비속을 제외하였는바, 직계비속을 제외하면서 직계존속만을 취소청구권자로 규정한 것은 가부장적·종법적인 사고에 바탕을 두고 있고, 직계비속이 상속권 등과 관련하여 중혼의 취소청구를 구할 법률적인 이해관계가 직계존속과 4촌 이내의 방계혈족 못지않게 크며, 그 취소청구권자의 하나로 규정된 검사에게 취소청구를 구한다고 하여도 검사로 하여금 직권발동을 촉구하는 것에 지나지 않은 점 등을 고려할 때, 합리적인 이유 없이 직계비속을 차별하고 있어, 평등원칙에 위반된다(헌재 2010.7.29, 2009헌가8).

③ [○] 국채가 발행되는 공공자금관리기금의 운용계획수립 및 집행에 있어서 채권·채무관계를 조기에 확정하고 예산 수립의 불안정성을 제거하여 공공자금관리기금을 합리적으로 운용하기 위하여 단기소멸시효를 둘 필요성이 크고, 국채는 일반기업 및 개인의 채무보다 채무이행에 대한 신용도가 매우 높아서 채권자가 용이하게 채권을 행사할 수 있으므로 오랫동안 권리행사를 하지 않은 채권자까지 보호할 필요성이 그

리 크지 않으며, 공공기관 기록물 중 예산·회계관련 기록물들의 보존기간이 5년으로 정해져 있어서 소멸시효기간을 이보다 더 장기로 정하는 것은 적절하지 않을 뿐만 아니라, 상사채권뿐만 아니라, 국가 또는 지방자치단체에 대한 채권, 연금법상 채권, 공기업이 발행하는 채권 등이 모두 5년의 소멸시효 기간을 규정하고 있는 점을 종합하건대, 이 사건 법률조항이 국채에 대한 소멸시효를 5년 단기로 규정하여 민사 일반채권자나 회사채 채권자에 비하여 국채 채권자를 차별 취급한 것은 합리적인 사유가 존재하므로 헌법상 평등원칙에 위배되지 아니한다(헌재 2010.4.29, 2009헌바120).

171
정답 ③

㉠, ㉢: 완화된 심사기준, ㉡, ㉣: 엄격한 심사기준
㉠ 국민이 국가를 상대로 한 소송에서 얻어낸 승소판결에는 아무리 확신있는 판결이라고 할지라도 가집행의 선고를 할 수 없게 되어 있어 결국 재산권과 신속한 재판을 받을 권리의 보장에 있어 소송당사자를 차별하여 국가를 우대하고 있는 것이 명백하고 이처럼 민사소송의 당사자를 차별하여 국가를 우대할 만한 합리적 이유도 찾기 어렵다(헌재 1989.1.25, 88헌가7).
㉡ 가산점제도는 헌법 제32조 제4항이 특별히 남녀평등을 요구하고 있는 "근로" 내지 "고용"의 영역에서 남성과 여성을 달리 취급하는 제도이고, 또한 헌법 제25조에 의하여 보장된 공무담임권이라는 기본권의 행사에 중대한 제약을 초래하는 것이기 때문에 엄격한 심사척도가 적용된다(헌재 1999.12.23, 98헌마363).
㉢ 헌법이 특별히 양성평등을 요구하는 경우나 관련 기본권에 중대한 제한을 초래하는 경우의 차별취급을 그 내용으로 하고 있다고 보기 어려우며, 징집대상자의 범위 결정에 관하여는 입법자의 광범위한 입법형성권이 인정된다는 점에 비추어 대한민국 국민인 남자에 한하여 병역의무를 부과한 이 사건 법률조항이 평등권을 침해하는지 여부는 완화된 심사기준에 따라 판단하여야 한다. 대한민국 국민인 남자에 한하여 병역의무를 부과한 것은 평등권을 침해하지 않는다(헌재 2011.6.30, 2010헌마460).
㉣ 혼인한 남성 등록의무자와 이미 개정 전 공직자윤리법 조항에 따라 재산등록을 한 혼인한 여성 등록의무자를 달리 취급하고 있는바, 이 사건 부칙조항이 평등원칙에 위배되는지 여부를 판단함에 있어서는 엄격한 심사척도를 적용하여 비례성 원칙에 따른 심사를 하여야 한다(헌재 2021.9.30, 2019헌가3).

172
정답 ④

㉠ [○] 평등의 원칙은 국민의 기본권 보장에 관한 우리 헌법의 최고원리로서 국가가 입법을 하거나 법을 해석 및 집행함에 있어 따라야 할 기준인 동시에, 국가에 대하여 합리적 이유 없이 불평등한 대우를 하지 말 것과, 평등한 대우를 요구할 수 있는 모든 국민의 권리로서, 국민의 기본권 중의 기본권인 것이다(헌재 1989.1.25, 88헌가7).

Ⓛ [O] 대학교원의 정당가입 및 선거운동의 자유를 허용하면서도 청구인들과 같은 초·중등학교의 교원에 대하여는 이를 금지함으로써 청구인들의 평등권을 침해하지 않는다(헌재 2004.3.25, 2001헌마710).

Ⓒ [O] 헌법상의 평등원칙은 국가가 언제 어디서 어떤 계층을 대상으로 하여 기본권에 관한 상황이나 제도의 개선을 시작할 것인지를 선택하는 것을 방해하는 것은 아니고, 국가는 합리적 기준에 따라 능력이 허용하는 범위 내에서 법적 가치의 상향적인 구현을 위한 단계적 개선을 추진하는 길을 선택할 수 있다(헌재 1998.12.24, 98헌가1).

ⓔ [O]

> 헌법재판소법 제69조【청구기간】① 제68조 제1항에 따른 헌법소원의 심판은 그 사유가 있음을 안 날부터 90일 이내에, 그 사유가 있는 날부터 1년 이내에 청구하여야 한다.

173   정답 ①

① [×] 불필요한 상소권의 남용을 억제하고 신속한 권리실현을 도모한다는 가집행선고의 목적은, 재산권의 청구에 관한 판결이라는 점에서는 민사소송과 당사자소송 간에 본질적인 차이가 없다고 할 것이다. 따라서 심판대상조항이 당사자소송의 피고인 국가를 우대하여 결과적으로 그 원고를 차별하는 것은 합리적인 이유가 없으므로, 이러한 점에서도 평등원칙에 위반된다(헌재 2022.2.24, 2020헌가12).

② [O] 애국지사 본인과 순국선열의 유족은 본질적으로 다른 집단이므로, 이 사건 독립유공자법 시행령 조항이 같은 서훈 등급임에도 순국선열의 유족보다 애국지사 본인에게 높은 보상금 지급액 기준을 두고 있다 하여 곧 청구인의 평등권이 침해되었다고 볼 수 없다(헌재 2018.1.25, 2016헌마319).

③ [O] 이 사건 법률조항이 보상금의 지급을 신청할 수 있는 자의 범위를 내부 공익신고자로 한정함으로써 보상금 지급 대상에서 외부 공익신고자를 배제한 것이 자의금지원칙에 위배된다고 볼 수 없다. 이 사건 법률조항은 평등원칙에 위배되지 아니한다(헌재 2021.5.27, 2018헌바127).

④ [O] 이 사건 동시선발조항이 자사고를 후기학교로 규정함으로써 과학고와 달리 취급하고, 일반고와 같이 취급하는 데에는 합리적인 이유가 있으므로, 이 사건 동시선발 조항은 청구인 학교법인의 평등권을 침해하지 아니한다(헌재 2019.4.11, 2018헌마221).

174   정답 ③

③ [×] 강도상해죄 또는 강도치상죄는 강도죄로 인한 법익침해에 더하여 신체의 안정성이라는 중요 법익을 추가적으로 훼손하여 상해의 결과를 야기하였다는 점에서 다른 범죄들의 결합범에 비하여 그 불법성과 비난가능성이 결코 가볍다고 볼 수 없다. 또한 기본범죄, 보호법익, 죄질 등이 다른 결합범을 단순히 평면적으로 비교하여 법정형의 과중 여부를 판단할 수 없으므로, 심판대상조항이 강도상해죄 또는 강도

치상죄의 법정형의 하한을 강간상해죄 또는 강간치상죄, 현주건조물등방화치상죄 등에 비하여 높게 규정하였다고 하더라도 형벌체계상의 균형을 상실하여 평등원칙에 위반된다고 할 수 없다(헌재 2021.6.24, 2020헌바527).

① [O] 평등원칙 위반 여부에 대한 심사척도는 입법자에게 인정되는 입법형성권의 정도에 따라 달라지게 될 것이나 헌법에서 특별히 평등을 요구하고 있는 경우와 차별적 취급으로 인하여 관련 기본권에 대한 중대한 제한을 초래하게 된다면 입법형성권은 축소되어 보다 엄격한 심사척도가 적용되어야 한다(헌재 2000.8.31, 97헌가12).

② [O] 자의심사의 경우에는 차별을 정당화하는 합리적인 이유가 있는지만을 심사하기 때문에 그에 해당하는 비교대상 간의 사실상의 차이나 입법목적(차별목적)의 발견·확인에 그치는 반면에, 비례심사의 경우에는 단순히 합리적인 이유의 존부문제가 아니라 차별을 정당화하는 이유와 차별간의 상관관계에 대한 심사, 즉 비교대상 간의 사실상의 차이의 성질과 비중 또는 입법목적(차별목적)의 비중과 차별의 정도에 적정한 균형관계가 이루어져 있는가를 심사한다(헌재 2008.11.27, 2006헌가1).

④ [O] 잠정적 우대조치(적극적 평등실현조치)라 함은, 종래 사회로부터 차별을 받아 온 일정집단에 대해 그동안의 불이익을 보상하여 주기 위하여 그 집단의 구성원이라는 이유로 취업이나 입학 등의 영역에서 직·간접적으로 이익을 부여하는 조치를 말한다(헌재 1999.12.23, 98헌마363).

175   정답 ①

① [O] 친고죄의 경우든 비친고죄의 경우든 이 사건 법률조항이 재판절차진술권의 중대한 제한을 초래한다고 보기는 어려우므로, 이 사건 법률조항이 평등원칙에 위반되는지 여부에 대한 판단은 완화된 자의심사에 따라 차별에 합리적인 이유가 있는지를 따져보는 것으로 족하다 할 것이다(헌재 2011.2.24, 2008헌바56).

② [×] 지방자치단체장은 특정 정당을 정치적 기반으로 할 수 있는 선출직 공무원으로 임기가 4년이고 계속 재임도 3기로 제한되어 있어, 장기근속을 전제로 하는 공무원을 주된 대상으로 하고 이들이 재직기간 동안 납부하는 기여금을 일부 재원으로 하여 설계된 공무원연금법의 적용대상에서 지방자치단체장을 제외하는 것에는 합리적 이유가 있다. 선출직 공무원의 경우 선출 기반 및 재임 가능성이 모두 투표권자에게 달려 있고, 정해진 임기가 대체로 짧으며, 공무원연금의 전체 기금은 기본적으로 기여금 및 국가 또는 지방자치단체의 비용으로 운용되는 것이므로 공무원연금급여의 종류를 구별하여 기여금 납부를 전제로 하지 않는 급여의 경우 선출직 공무원에게 지급이 가능하다고 보기도 어렵다. 따라서 심판대상조항은 청구인들의 평등권을 침해하지 않는다(헌재 2014.6.26, 2012헌마459).

③ [×] 평등위반 여부를 심사함에 있어 엄격한 심사척도에 의할 것인지, 완화된 심사척도에 의할 것인지는 입법자에게 인정되는 입법형성권의 정도에 따라 달라지게 될 것이나, 헌법에서 특별히 평등을 요구하고 있는 경우와 차별적 취급으로 인하여 관련 기본권에 대한 중대한 제한을 초래하게

된다면 입법형성권은 축소되어 보다 엄격한 심사척도가 적용되어야 할 것인바, 가산점제도는 헌법 제32조 제4항이 특별히 남녀평등을 요구하고 있는 "근로" 내지 "고용"의 영역에서 남성과 여성을 달리 취급하는 제도이고, 또한 헌법 제25조에 의하여 보장된 공무담임권이라는 기본권의 행사에 중대한 제약을 초래하는 것이기 때문에 엄격한 심사척도가 적용된다(헌재 1999.12.23, 98헌마363).

④ [×] 개별사건법률은 원칙적으로 평등원칙에 위배되는 자의적 규정이라는 강한 의심을 불러일으키는 것이지만, 개별법률금지의 원칙이 법률제정에 있어서 입법자가 평등원칙을 준수할 것을 요구하는 것이기 때문에 특정규범이 개별사건법률에 해당한다 하여 곧바로 위헌을 뜻하는 것은 아니며, 이러한 차별적 규율이 합리적인 이유로 정당화될 수 있는 경우에는 합헌적일 수 있다. 이른바 12·12 및 5·18 사건의 경우 그 이전에 있었던 다른 헌정질서파괴범과 비교해 보면, 공소시효의 완성 여부에 관한 논의가 아직 진행 중이고, 집권과정에서의 불법적 요소나 올바른 헌정사의 정립을 위한 과거청산의 요청에 미루어 볼 때 비록 특별법이 개별사건법률이라고 하더라도 입법을 정당화할 수 있는 공익이 인정될 수 있으므로 위 법률조항은 헌법에 위반되지 않는다(헌재 1996.2.16, 96헌가2 등).

176
정답 ②

② [×] 현재 지방의회의원에게 지급되는 의정활동비 등은 의정활동에 전념하기에 충분하지 않고, 지방의회는 유능한 신인정치인의 유입 통로가 되므로, 지방의회의원에게 후원회를 지정할 수 없도록 하는 것은 경제력을 갖추지 못한 사람의 정치입문을 저해할 수도 있다. 따라서 심판대상조항이 국회의원과 달리 지방의회의원을 후원회지정권자에서 제외하고 있는 것은 불합리한 차별로서 청구인들의 평등권을 침해한다(헌재 2022.11.24, 2019헌마528).

① [○] 심판대상조항이 '일시금'의 형식으로 지급되는 퇴직공제금과는 지급 방식이 다른 산재보험법의 유족보상연금에 관한 규정을 준용하도록 하여 '외국거주 외국인유족'을 퇴직공제금을 지급받을 유족의 범위에서 제외한 것은 현저히 자의적인 것이라 할 것이다. 한편, 퇴직공제금은 '일시금'으로 지급되므로 '피공제자(건설근로자)의 사망 당시 유족인지 여부'만 확인하면 된다는 점은 앞서 본 바와 같으므로, 퇴직공제금 수급 자격에 있어 '외국거주 외국인유족'이 '외국인'이라는 사정 또는 '외국에 거주'한다는 사정이 '대한민국 국민인 유족' 혹은 '국내거주 외국인유족'과 달리 취급받을 합리적인 이유가 될 수 없다. 따라서 심판대상조항은 합리적 이유 없이 '외국거주 외국인유족'을 '대한민국 국민인 유족' 및 '국내거주 외국인유족'과 차별하는 것이므로 평등원칙에 위반된다(헌재 2023.3.23, 2020헌바471).

③ [○] 국군포로의 신원, 귀환동기, 억류기간 중의 행적을 확인하여 등록 및 등급을 부여하는 것은 국군포로가 국가를 위하여 겪은 희생을 위로하고 국민의 애국정신을 함양한다는 국군포로송환법의 취지에 비추어 볼 때 보수를 지급하기 위해 선행되어야 할 필수적인 절차이다. 귀환하지 못한 국군포로의 경우 등록을 할 수가 없고, 대우와 지원을 받을 대상자가 현재 대한민국에 존재하지 않아 보수를 지급하는 제도의 실효성이 인정되기 어렵다. 따라서 심판대상조항은 평등원칙에 위배되지 않는다(헌재 2022.12.22, 2020헌바39).

④ [○] 현역병은 엄격한 규율이 적용되는 내무생활을 하면서 총기·폭발물 사고 등 위험에 노출되어 있는데, 병역의무 이행에 대한 보상의 정도를 결정할 때 위와 같은 현역병 복무의 특수성을 반영할 수 있으며, 사회복무요원은 생계유지를 위하여 필요한 경우 복무기관의 장의 허가를 얻어 겸직할 수 있는 점 등을 고려하면, 심판대상조항이 사회복무요원에게 현역병의 봉급과 동일한 보수를 지급하면서 중식비, 교통비, 제복 등을 제외한 다른 의식주 비용을 추가로 지급하지 않는다 하더라도, 사회복무요원을 현역병에 비하여 합리적 이유 없이 자의적으로 차별한 것이라고 볼 수 없다. 따라서 심판대상조항은 청구인들의 평등권을 침해하지 아니한다(헌재 2019.2.28, 2017헌마374).

177
정답 ②

② [○] 이 사건 법률조항은 기본적으로 우수한 인재를 그 지역의 사범대학으로 유치하여 지역 사범대의 질적 수준을 유지·향상시킴으로써 지역교육의 균등한 발전과 지역실정에 맞는 교육정책의 실현을 기하고, 이를 통해 국민의 교육받을 권리를 보장하는 것을 궁극적인 목적으로 하고 있는 점, 교육시설과 교육인적자원의 수도권 및 대도시 집중이 매우 심하고 지방사범대학의 존립이 위협받고 있음은 물론 지방의 교육사정이 열악해지고 있는 우리의 현실에서 지방 혹은 발전이 더딘 지역의 교육기반을 강화할 필요성은 더욱 크다고 할 것이고, 열악한 예산 사정과 교육환경의 급격한 변화라는 현실적인 사정을 고려할 때 지역교육의 질적 수준의 향상을 위하여는 우수 고교졸업생을 지역에 유치하고 그 지역 사범대 출신자의 우수역량을 다시 지역으로 환원하는 것도 합리적인 방법인 점, 이 사건 지역가산점은 자신의 선택에 따라 이익이 될 수도 불이익이 될 수도 있으므로, 이 사건 법률조항으로 인하여 타 지역 사범대 출신 응시자들이 받는 피해는 입법 기타 공권력행사로 인하여 자신의 의사와 관계없이 받아야 하는 기본권의 침해와는 달리 보아야 할 여지가 있고, 이 사건 법률조항은 한시적으로만 적용되는 점을 고려해 보면 이 사건 법률조항이 비례의 원칙에 반하여 제청신청인의 공무담임권이나 평등권을 침해한다고 보기 어려우므로 헌법에 위반되지 아니한다(헌재 2007.12.27, 2005헌가11).

① [×] 흉기 기타 위험한 물건을 휴대하여 폭행죄를 범하는 경우, 검사는 폭처법상 폭행죄 조항을 적용하여 기소하는 것이 특별법 우선의 법리에 부합하나, 형법 제261조를 적용하여 기소할 수도 있다. 그런데 위 두 조항 중 어느 조항이 적용되는지에 따라 피고인에게 벌금형이 선고될 수 있는지 여부가 달라지고, 징역형의 하한을 기준으로 최대 6배에 이르는 심각한 형의 불균형이 발생한다. 따라서 폭처법상 폭행죄 조항은 형벌체계상의 정당성과 균형을 잃은 것이 명백하므로, 인간의 존엄성과 가치를 보장하는 헌법의 기본원리에 위배될 뿐만 아니라 그 내용에 있어서도 평등원칙에 위배된다(헌재 2015.9.24, 2015헌가17).

③ [×] 직장보육시설 설치 의무 등은 경제적 여건이나 종업원 수 등 사업장의 규모 등을 고려하여 일정 규모 이상의 사업주에게만 그 의무를 부담시키고 있다. 이는 아동 보육에 대한 수요가 어느 정도 클 것으로 예상되는 사업주에게만 그 의무를 부담시키므로 자의적인 차별이라고는 보기 어려우므로 평등원칙에 위반되지 아니한다(헌재 2011.11.24, 2010 헌바373).

④ [×] 결정으로써 한 법원의 재판에 대한 불복절차를 판결절차로 할 것인지, 아니면 결정절차로 할 것인지는 입법자의 광범위한 형성의 자유에 속하는 사항이다. 민사소송법상 항고는 결정에 대한 원칙적인 불복신청 방법인 점, 항고심은 속심적 성격을 가지고 회생절차에는 직권탐지주의가 적용되므로 변경회생계획인가결정에 대하여 즉시항고를 제기한 경우 항고심법원으로서는 심문을 연 때에는 심문종결시까지, 심문을 열지 아니한 때에는 결정 고지시까지 제출된 모든 자료를 토대로 1심 결정 혹은 항고이유의 당부를 판단하여야 하는 점을 고려하면, 변경회생계획인가결정에 대한 불복의 방식으로 '항고'의 방식을 선택한 불복방식 조항은 청구인들의 재판청구권을 침해한다고 볼 수 없다. 나아가 변경회생계획의 인가 여부에 대한 재판의 성질에 비추어 볼 때, 이에 대한 불복절차에서 대립당사자를 전제로 변론절차를 진행하는 것은 그 본질에 부합한다고 보기 어려워 그 불복방식을 통상의 결정에 대한 불복방식과 동일하게 '항고'로 정한 데에는 합리적인 이유가 있으므로, 불복방식 조항은 평등원칙에 위배된다고 볼 수 없다(헌재 2021.7.15, 2018헌바484).

178
정답 ③

③ [O] 군인연금법상 군 복무기간 산입제도의 목적과 취지, 현역병 등과 사관생도의 신분, 역할, 근무환경 등을 종합적으로 고려하면, 심판대상조항이 사관학교에서의 교육기간을 현역병 등의 복무기간과 달리 연금 산정의 기초가 되는 복무기간으로 산입하도록 규정하지 않은 것이 현저히 자의적인 차별이라고 볼 수 없다(헌재 2022.6.30, 2019헌마150).

① [×] 민간어린이집, 가정어린이집은 인건비 지원을 받지 않지만 만 3세 미만의 영유아를 보육하는 등 일정한 요건을 충족하면 보육교직원 인건비 등에 대한 조사를 바탕으로 산정된 기관보육료를 지원받는다. 보건복지부장관이 민간어린이집, 가정어린이집에 대하여 국공립어린이집 등과 같은 기준으로 인건비 지원을 하는 대신 기관보육료를 지원하는 것은 전체 어린이집 수, 어린이집 이용 아동수를 기준으로 할 때 민간어린이집, 가정어린이집의 비율이 여전히 높고 보육예산이 한정되어 있는 상황에서 이들에 대한 지원을 국공립어린이집 등과 같은 수준으로 당장 확대하기 어렵기 때문이다. 이와 같은 어린이집에 대한 이원적 지원 체계는 기존의 민간어린이집을 공적 보육체계에 포섭하면서도 나머지 민간어린이집은 기관보육료를 지원하여 보육의 공공성을 확대하는 방향으로 단계적 개선을 이루어나가고 있다. 이상을 종합하여 보면, 심판대상조항이 합리적 근거 없이 민간어린이집을 운영하는 청구인을 차별하여 청구인의 평등권을 침해하였다고 볼 수 없다(헌재 2022.2.24, 2020헌마177).

② [×] 국립묘지 안장 대상자의 사망 당시의 배우자가 재혼한 경우에는 국립묘지에 안장된 안장 대상자와 합장할 수 없도록 한 것은 평등원칙에 위배되지 않는다(헌재 2022.11.24, 2020헌바463).

④ [×] 구 병역법 등의 규정에 의하면 의사·치과의사 등의 자격이 있는 사람이 병적에 편입되어 공중보건의사와 군의관 중 어떠한 형태로 복무할 것인지는 본인의 의사가 아니라 국방부장관에 의하여 결정되는 점, 군의관과 공중보건의사는 모두 병역의무 이행의 일환으로 의료분야의 역무를 수행한 점, 공중보건의사는 접적지역, 도서, 벽지 등 의료취약지역에서 복무하면서 그 지역 안에서 거주하여야 하고 그 복무에 관하여 국가의 강력한 통제를 받았던 점 등을 종합하면, 1991년 개정 농어촌의료법 시행 전에 공중보건의사로 복무하였던 사람이 사립학교 교직원으로 임용되었을 경우 현역병 등과 달리 공중보건의사 복무기간을 재직기간에 반영하도록 규정하지 아니한 것은 차별취급에 합리적인 이유가 없다. 따라서 심판대상조항은 평등원칙에 위배된다(헌재 2016.2.25, 2015헌가15).

179
정답 ④

④ [×] 이 사건 고시로 인한 장애인 가구와 비장애인 가구의 차별취급은 헌법에서 특별히 평등을 요구하는 경우 내지 차별대우로 인하여 자유권의 행사에 중대한 제한을 받는 경우에 해당한다고 볼 수 없는 점, 국가가 국민의 인간다운 생활을 보장하기 위하여 행하는 사회부조에 관하여는 입법부 내지 입법에 의하여 위임을 받은 행정부에게 사회보장, 사회복지의 이념에 명백히 어긋나지 않는 한 광범위한 형성의 자유가 부여된다는 점을 고려하면, 이 사건 고시로 인한 장애인 가구와 비장애인 가구의 차별취급이 평등위반인지 여부를 심사함에 있어서는 완화된 심사기준인 자의금지원칙을 적용함이 상당하다(헌재 2004.10.28, 2002헌마328).

① [O] 평등원칙 위반 여부를 심사함에 있어 엄격한 심사척도에 의할 것인지, 완화된 심사척도에 의할 것인지는 입법자에게 인정되는 입법형성권의 정도에 따라 다르게 되는데, 헌법에서 특별히 평등을 요구하고 있는 경우나 차별적 취급으로 인하여 관련 기본권에 대한 중대한 제한을 초래하게 되는 경우에는 입법형성권은 축소되고, 보다 엄격한 심사척도가 적용되어야 할 것이다(헌재 2013.9.26, 2011헌바272).

② [O]

> **헌법 제11조** ② 사회적 특수계급의 제도는 인정되지 아니하며, 어떠한 형태로도 이를 창설할 수 없다.

③ [O] 헌법상 평등의 원칙은 국가가 언제 어디에서 어떤 계층을 대상으로 하여 기본권에 관한 사항이나 제도의 개선을 시작할 것인지를 선택하는 것을 방해하지는 않는다. 말하자면 국가는 합리적인 기준에 따라 능력이 허용하는 범위 내에서 법적 가치의 상향적 구현을 위한 제도의 단계적 개선을 추진할 수 있는 길을 선택할 수 있어야 한다(헌재 1991. 2.11, 90헌가27).

180

정답 ①

① [O] 공익침해행위의 효율적인 발각과 규명을 위해서는 내부 공익신고가 필수적인데, 내부 공익신고자는 조직 내에서 배신자라는 오명을 쓰기 쉬우며, 공익신고로 인하여 신분상, 경제상 불이익을 받을 개연성이 높다. 이 때문에 보상금이라는 경제적 지원조치를 통해 내부 공익신고를 적극적으로 유도할 필요성이 인정된다. 반면, '내부 공익신고자가 아닌 공익신고자'는 공익신고로 인해 불이익을 입을 개연성이 높지 않기 때문에 공익신고 유도를 위한 보상금 지급이 필수적이라 보기 어렵다. '공익신고자 보호법'상 보상금의 의의와 목적을 고려하면, 이와 같이 공익신고 유도 필요성에 있어 차이가 있는 내부 공익신고자와 외부 공익신고자를 달리 취급하는 것에 합리성을 인정할 수 있다. … 이 사건 법률조항이 평등원칙에 위배된다고 볼 수 없다(헌재 2021.5.27, 2018헌바127).

② [×] 자사고와 평준화지역 후기학교의 입학전형 실시권자가 달라 자사고 불합격자에 대한 평준화지역 후기학교 배정에 어려움이 있다면 이를 해결할 다른 제도를 마련하였어야 함에도, 이 사건 중복지원금지조항은 중복지원금지 원칙만을 규정하고 자사고 불합격자에 대하여 아무런 고등학교 진학 대책을 마련하지 않았다. 결국 이 사건 중복지원금지조항은 고등학교 진학기회에 있어서 자사고 지원자들에 대한 차별을 정당화할 수 있을 정도로 차별 목적과 차별 정도간에 비례성을 갖춘 것이라고 볼 수 없다. … 따라서 이 사건 중복지원금지조항은 청구인 학생 및 학부모의 평등권을 침해하여 헌법에 위반된다(헌재 2019.4.11, 2018헌마221).

③ [×] 이 사건 부칙조항은 개정 전 공직자윤리법 조항이 혼인관계에서 남성과 여성에 대한 차별적 인식에 기인한 것이라는 반성적 고려에 따라 개정 공직자윤리법 조항이 시행되었음에도 불구하고, 일부 혼인한 여성 등록의무자에게 이미 개정 전 공직자윤리법 조항에 따라 재산등록을 하였다는 이유만으로 남녀차별적인 인식에 기인하였던 종전의 규정을 따를 것을 요구하고 있다. … 이는 성별에 의한 차별금지 및 혼인과 가족생활에서의 양성의 평등을 천명하고 있는 헌법에 정면으로 위배되는 것으로 그 목적의 정당성을 인정할 수 없다. 따라서 이 사건 부칙조항은 평등원칙에 위배된다(헌재 2021.9.30, 2019헌가3).

④ [×] 소형임대주택은 정부 지원이 있으면 자가를 마련할 수 있는 소득 5·6분위의 임차인을 대상으로, 중·대형임대주택은 자력으로 자가를 마련할 수 있는 소득 7분위 이상의 임차인을 대상으로 각각 도입된 임대주택이다. 이에 중·대형임대주택은 임대보증금과 임대료가 자율화되어 있고, 분양전환시 임차인이 무주택자일 것을 요구하지 않으며, 분양전환가격도 자율적으로 정해지게 되어있다. 소형임대주택과 중·대형임대주택은 다른 소득계층의 주거수요를 만족시키기 위하여 도입되었다. 위 차이는 임대사업자의 수익성과 연결된다. 소형임대주택을 공급하는 임대사업자는 공공택지 공급, 국민주택기금 지원에 있어 중·대형임대주택을 공급하는 임대사업자에 비하여 많은 공적 지원을 받는다. 심판대상조항이 중·대형임대주택의 분양전환가격을 자율화한 것은 중·대형임대주택의 임대사업자에게 사적 영역을 통하여 일정한 수익성을 확보할 수 있도록 하기 위함이다. … 심판대상조항이 중·대형임대주택을 분양전환가격 산정기준 적용 대상에서 제외한 데에는 합리적 이유가 있으므로, 심판대상조항으로 인하여 중·대형임대주택에 거주하는 임차인의 평등권은 침해되지 아니한다(헌재 2021.4.29, 2020헌마923).

181

정답 ③

③ [O] 1976년부터 2003년까지 의사전문의와 치과전문의를 함께 규율하던 구 '전문의의 수련 및 자격 인정 등에 관한 규정'이 의사전문의 자격 인정 요건과 치과전문의 자격 인정 요건에 대하여 동일하게 규정하였던 점이나, 의사전문의와 치과전문의 모두 환자의 치료를 위한 전문성을 필요로 한다는 점을 감안하면, 치과전문의 자격 인정 요건을 의사전문의의 경우와 다르게 규정할 특별한 사정이 있다고 보기도 어렵다. 따라서 심판대상조항은 청구인들의 평등권을 침해한다(헌재 2015.9.24, 2013헌마197).

① [×] 그동안 정치자금법이 여러 차례 개정되어 후원회지정권자의 범위가 지속적으로 확대되어 왔음에도 불구하고, 국회의원선거의 예비후보자 및 그 예비후보자에게 후원금을 기부하고자 하는 자와 광역자치단체장선거의 예비후보자 및 이들 예비후보자에게 후원금을 기부하고자 하는 자를 계속하여 달리 취급하는 것은, 불합리한 차별에 해당하고 입법재량을 현저히 남용하거나 한계를 일탈한 것이다. 따라서 심판대상조항 중 광역자치단체장선거의 예비후보자에 관한 부분은 청구인들 중 광역자치단체장선거의 예비후보자 및 이들 예비후보자에게 후원금을 기부하고자 하는 자의 평등권을 침해한다(헌재 2019.12.27, 2018헌마301 등).

② [×] 행정관서요원제도는 방위제도가 폐지되면서, 여전히 현역병 등으로 입영하여 군복무를 이행할 수 없는 신체적 사유 등이 있는 병역의무자의 경우 이들을 행정관서요원으로 소집하여 병역의무를 이행하도록 하기 위하여 고안된 제도임에 반하여, 국제협력요원은 국제봉사요원이 개발도상국에서 자발적으로 봉사활동을 하게 된 것이 국제사회에 긍정적인 영향을 끼치고 있다는 점을 감안하여, 위와 같은 국제봉사활동을 체계적·지속적으로 계속할 자원을 병역의무자 중에서 충원한다는 차원에서 마련된 것에 기인한다는 차이가 있으므로, 입법자가 위와 같은 차이들에 근거하여 국제협력요원과 행정관서요원을 달리 취급하는 것을 입법형성권을 벗어난 자의적인 것이라고 할 수 없어, 이 사건 조항은 헌법상의 평등권을 침해하지 아니한다(헌재 2010.7.29, 2009헌가13).

④ [×] '금고 이상의 형을 받았다가 재심으로 무죄판결을 받은 사람'은 군 복무 중 급여제한사유에 해당함이 없이 직무상 의무를 다한 성실한 군인이라는 점에서 '수사 중이거나 형사재판 계속 중이었다가 불기소처분 등을 받은 사람'과 차이가 없다. 급여제한사유에 해당하지 않는 사람임이 뒤늦게라도 밝혀졌다면, 수사 중이거나 형사재판 계속 중이어서 잠정적·일시적으로 지급을 유보하였던 경우인지, 아니면 당해 형사절차가 종료되어 확정적으로 지급을 제한하였던 경우인지에 따라 잔여 퇴직급여에 대한 이자 가산 여부를 달리 할 이유가 없다. 또한 이들은 '퇴직급여 등을 본래 지

급받을 수 있었던 때 지급받지 못하고 일정한 기간이 경과한 후에 지급받는다.'는 점에서도 차이가 없다. 금고 이상의 형이 확정되었다가 재심에서 무죄판결을 받은 사람은 처음부터 유죄판결이 없었던 것과 같은 상태가 되었으므로 '유죄판결을 받지 않았다면 본래 퇴직급여 등을 받을 수 있었던 날'에 퇴직급여를 지급받을 수 있었던 사람들이다. 따라서 미지급기간 동안 잔여 퇴직급여에 발생하였을 경제적 가치의 증가를 전혀 반영하지 않고 잔여 퇴직급여 원금만을 지급하는 것은 제대로 된 권리회복이라고 볼 수 없다. 이러한 점들을 종합하면, 잔여 퇴직급여에 대한 이자 지급 여부에 있어 양자를 달리 취급하는 것은 합리적 이유 없는 차별로서 평등원칙을 위반한다(헌재 2016.7.28, 2015헌바20).

이와 같은 법의 목적과 보육이념, 보육료·양육수당 지급에 관한 법 규정을 종합할 때, 보육료·양육수당은 영유아가 국내에 거주하면서 국내에 소재한 어린이집을 이용하거나 가정에서 양육되는 경우에 지원이 되는 것으로 제도가 마련되어 있다. 단순한 단기체류가 아니라 국내에 거주하는 재외국민, 특히 외국의 영주권을 보유하고 있으나 상당한 기간 국내에서 계속 거주하고 있는 자들은 주민등록법상 재외국민으로 등록·관리될 뿐 '국민인 주민'이라는 점에서는 다른 일반 국민과 실질적으로 동일하므로, 단지 외국의 영주권을 취득한 재외국민이라는 이유로 달리 취급할 아무런 이유가 없어 위와 같은 차별은 청구인들의 평등권을 침해한다(헌재 2018.1.25, 2015헌마1047).

182
정답 ②

㉠ [O] 도보나 자기 소유 교통수단 또는 대중교통수단 등을 이용하여 출퇴근하는 산업재해보상보험(이하 '산재보험'이라 한다) 가입 근로자(이하 '비혜택근로자'라 한다)는 사업주가 제공하거나 그에 준하는 교통수단을 이용하여 출퇴근하는 산재보험 가입 근로자(이하 '혜택근로자'라 한다)와 같은 근로자인데도 사업주의 지배관리 아래 있다고 볼 수 없는 통상적 경로와 방법으로 출퇴근하던 중에 발생한 재해(이하 '통상의 출퇴근 재해'라 한다)를 업무상 재해로 인정받지 못한다는 점에서 차별취급이 존재한다. … 통상의 출퇴근 중 재해를 입은 비혜택근로자는 가해자를 상대로 불법행위 책임을 물어도 충분한 구제를 받지 못하는 것이 현실이고, 심판대상조항으로 초래되는 비혜택근로자와 그 가족의 정신적·신체적 혹은 경제적 불이익은 매우 중대하다. 따라서 심판대상조항은 합리적 이유 없이 비혜택근로자를 자의적으로 차별하는 것이므로, 헌법상 평등원칙에 위배된다(헌재 2016.9.29, 2014헌바254).

㉡ [×] 사립학교의 경우에도 국·공립학교와 마찬가지로 학교급식 시설·경비의 원칙적 부담을 학교의 설립경영자로 하는 것은 합리적이라고 할 것이어서, 평등원칙에 위반되지 않는다(헌재 2010.7.29, 2009헌바40).

㉢ [O] 지방공사와 지방자치단체, 지방의회의 관계에 비추어 볼 때, 지방공사 직원의 직을 겸할 수 없도록 함에 있어 지방의회의원과 국회의원은 본질적으로 동일한 비교집단이라고 볼 수 없으므로, 양자를 달리 취급하였다고 할지라도 이것이 지방의회의원인 청구인의 평등권을 침해한 것이라고 할 수는 없다(헌재 2012.4.24, 2010헌마605).

㉣ [×] 국가와 지방자치단체는 보호자와 더불어 영유아를 건전하게 보육할 책임을 지며(영유아보육법 제4조 제2항), 영유아보육법(이하 '법'이라 한다)의 보육 이념 중 하나는 영유아가 어떠한 종류의 차별도 받지 아니하고 보육되어야 한다는 것이다(법 제3조 제3항). 보육료는 어린이집을 이용하는 영유아의 출석일수에 따라 해당 어린이집으로 보육료를 입금하는 방식으로 지원되고, 영유아가 출국 후 91일째 되는 날에는 보육료 지원이 정지된다(법 제34조 제1항, 법 시행규칙 제35조의3, 보건복지부지침). 양육수당 역시 영유아가 90일 이상 해외에 장기 체류하는 경우에는 그 기간 동안 비용의 지원을 정지하도록 하였다(법 제34조의2 제3항).

183
정답 ④

④ [×] 특별한 사정이 없는 한 고등학교를 졸업한 경우는 그 수학기간이 3년이라고 쉽게 예측할 수 있는 반면 고등학교를 중퇴한 경우는 학교명과 중퇴라는 사실만으로는 그 사람이 중퇴한 학교에 다닌 이력을 정확히 알 수 없다. 따라서 고등학교를 졸업한 사람에 대해서는 수학기간의 기재를 요구하지 않으면서도 고등학교 졸업학력 검정고시에 합격한 사람이라고 하더라도 고등학교를 중퇴한 경력에 대해서 그 학력을 기재할 때 그 수학기간을 기재하도록 요구하는 것이 불합리한 차별이라고 볼 수는 없어 중퇴학력 표시규정이 평등원칙에 위배된다고 볼 수 없다(헌재 2017.12.28, 2015헌바232).

① [O] 개별사건법률금지의 원칙이 법률제정에 있어서 입법자가 평등원칙을 준수할 것을 요구하는 것이기 때문에, 특정 규범이 개별사건법률에 해당한다 하여 곧바로 위헌을 뜻하는 것은 아니다. 비록 특정법률 또는 법률조항이 단지 하나의 사건만을 규율하려고 한다 하더라도 이러한 차별적 규율이 합리적인 이유로 정당화될 수 있는 경우에는 합헌일 수 있다. 따라서 개별사건법률의 위헌 여부는, 그 형식만으로 가려지는 것이 아니라, 나아가 평등의 원칙이 추구하는 실질적 내용이 정당한지 아닌지를 따져야 비로소 가려진다(헌재 1996.2.16, 96헌가2).

② [O] 평등원칙 위반 여부에 대한 심사척도는 입법자에게 인정되는 입법형성권의 정도에 따라 달라지게 될 것이나 헌법에서 특별히 평등을 요구하고 있는 경우와 차별적 취급으로 인하여 관련 기본권에 대한 중대한 제한을 초래하게 된다면 입법형성권은 축소되어 보다 엄격한 심사척도가 적용되어야 한다(헌재 2000.8.31, 97헌가12).

③ [O] 과거 위반행위가 예컨대 10년 이상 전에 발생한 것이라면 처벌대상이 되는 재범 음주운전이 준법정신이 현저히 부족한 상태에서 이루어진 반규범적 행위라거나 사회구성원에 대한 생명·신체 등을 '반복적으로' 위협하는 행위라고 평가하기 어려워 이를 일반적 음주운전 금지규정 위반행위와 구별하여 가중처벌할 필요성이 있다고 보기 어렵다. 범죄 전력이 있음에도 다시 범행한 경우 재범인 후범에 대하여 가중된 행위책임을 인정할 수 있다고 하더라도, 전범을 이유로 아무런 시간적 제한 없이 무제한 후범을 가중처벌하는 예는 찾기 어렵고, 공소시효나 형의 실효를 인정하는 취

지에도 부합하지 않으므로, 심판대상조항은 예컨대 10년 이상의 세월이 지난 과거 위반행위를 근거로 재범으로 분류되는 음주운전 행위자에 대해서는 책임에 비해 과도한 형벌을 규정하고 있다고 하지 않을 수 없다. 심판대상조항은 음주치료나 음주운전 방지장치 도입과 같은 비형벌적 수단에 대한 충분한 고려 없이 과거 위반 전력 등과 관련하여 아무런 제한도 두지 않고 죄질이 비교적 가벼운 유형의 재범 음주운전 행위에 대해서까지 일률적으로 가중처벌하도록 하고 있으므로 형벌 본래의 기능에 필요한 정도를 현저히 일탈하는 과도한 법정형을 정한 것이다. 그러므로 심판대상조항은 책임과 형벌간의 비례원칙에 위반된다[헌재 2021.11.25, 2019헌바446 · 2020헌가17 · 2021헌바77(병합)].

제3장 자유권적 기본권

정답

p.79

184	②	185	①	186	④	187	①	188	④
189	②	190	②	191	④	192	②	193	①
194	③	195	④	196	②	197	③	198	③
199	②	200	④	201	②	202	①	203	④
204	①	205	④	206	④	207	①	208	④
209	③	210	①	211	②	212	④	213	②
214	③	215	③	216	②	217	③	218	②
219	①	220	②	221	①	222	①	223	②
224	②	225	①	226	③	227	④	228	②
229	④	230	①	231	④	232	①	233	②
234	②	235	③	236	③	237	②	238	④
239	②	240	②	241	④	242	③	243	②
244	③	245	③	246	①	247	④	248	②
249	①	250	③	251	①	252	①	253	④
254	①	255	③	256	④	257	③	258	②
259	③	260	②	261	①	262	④	263	③
264	③	265	①	266	③	267	②	268	①
269	①	270	②	271	②	272	④	273	③
274	④	275	③	276	④	277	③	278	③
279	①	280	④	281	②	282	②	283	④
284	④	285	②	286	④	287	④	288	③
289	④	290	④	291	③	292	②	293	①
294	④	295	③	296	④	297	④	298	③
299	④	300	①	301	④	302	④	303	③
304	④	305	①	306	④	307	④	308	②
309	③	310	③	311	②	312	④	313	②
314	④	315	④	316	③	317	②	318	④
319	①	320	①	321	④	322	③	323	③
324	④	325	④	326	④	327	②	328	①
329	④	330	②	331	③	332	②	333	④
334	③	335	②	336	④	337	④	338	①
339	③	340	③	341	②	342	④	343	①
344	②	345	①	346	③	347	④		

184

정답 ②

② [O] 생명의 전체적 과정에 대해 법질서가 언제나 동일한 법적 보호 내지 효과를 부여하고 있는 것은 아니다. 따라서 국가가 생명을 보호하는 입법적 조치를 취함에 있어 인간생명의 발달단계에 따라 그 보호정도나 보호수단을 달리하는 것은 불가능하지 않다(헌재 2019.4.11, 2017헌바127).

① [×] 모든 인간은 헌법상 생명권의 주체가 되며, 형성 중의 생명인 태아에게도 생명에 대한 권리가 인정되어야 한다. 태아가 비록 그 생명의 유지를 위하여 모(母)에게 의존해야 하지만, 그 자체로 모(母)와 별개의 생명체이고, 특별한 사정이 없는 한, 인간으로 성장할 가능성이 크기 때문이다. 따라서 태아도 헌법상 생명권의 주체가 되며, 국가는 헌법 제10조 제2문에 따라 태아의 생명을 보호할 의무가 있다(헌재 2019.4.11, 2017헌바127).

③ [×] 헌법 제110조 제4항 단서에서 간접적이나마 법률에 의하여 사형이 형벌로서 정해지고 또 적용될 수 있음을 인정하고 있다(헌재 2010.2.25, 2008헌가23).

④ [×] 헌법은 절대적 기본권을 명문으로 인정하고 있지 아니하며, 헌법 제37조 제2항에서는 국민의 모든 자유와 권리는 국가안전보장·질서유지 또는 공공복리를 위하여 필요한 경우에 한하여 법률로써 제한할 수 있도록 규정하고 있어, 비록 생명이 이념적으로 절대적 가치를 지닌 것이라 하더라도 생명에 대한 법적 평가가 예외적으로 허용될 수 있다고 할 것이므로, 생명권 역시 헌법 제37조 제2항에 의한 일반적 법률유보의 대상이 될 수밖에 없다(헌재 2010.2.25, 2008헌가23).

185

정답 ①

① [×] 환자가 장차 죽음에 임박한 상태에 이를 경우에 대비하여 미리 의료인 등에게 연명치료 거부 또는 중단에 관한 의사를 밝히는 등의 방법으로 죽음에 임박한 상태에서 인간으로서의 존엄과 가치를 지키기 위하여 연명치료의 거부 또는 중단을 결정할 수 있다 할 것이고, 위 결정은 헌법상 기본권인 <u>자기결정권</u>의 한 내용으로서 보장된다 할 것이다. (헌재 2009.11.26, 2008헌마385).

② [O] 모든 국민은 고문을 받지 아니하며, 형사상 자기에게 불리한 진술을 강요당하지 아니한다(헌법 제12조 제2항).

③ [O] 교도소 내 엄중격리대상자에 대하여 이동시 계구를 사용하고 교도관이 동행계호하는 행위 및 1인 운동장을 사용하게 하는 처우가 신체의 자유를 과도하게 제한하지 않는다(헌재 2008.5.29, 2005헌마137).

④ [O] 헌법 제12조 제1항이 정하고 있는 법률주의에서 말하는 '법률'이라 함은 국회에서 제정하는 형식적 의미의 법률과 이와 동등한 효력을 가지는 긴급명령, 긴급재정·경제명령 등을 의미한다.

186

정답 ④

④ [×] 미결수용자와 변호인과의 접견에 대해 어떠한 명분으로도 제한할 수 없다고 한 것은 구속된 자와 변호인간의 접견이 실제로 이루어지는 경우에 있어서의 '자유로운 접견', 즉 '대화내용에 대하여 비밀이 완전히 보장되고 어떠한 제한, 영향, 압력 또는 부당한 간섭 없이 자유롭게 대화할 수 있는 접견'을 제한할 수 없다는 것이지, <u>변호인과의 접견 자체에 대해 아무런 제한도 가할 수 없다는 것을 의미하는 것이 아니므로 미결수용자의 변호인 접견권 역시 국가안전보장·질서유지 또는 공공복리를 위해 필요한 경우에는 법률로써 제한될 수 있음은 당연하다</u>(헌재 2011.5.26, 2009헌마341).

① [O] 우리 재판소는 변호인의 조력을 받을 권리가 수형자의 경우에도 그대로 보장되는지에 대하여, 변호인의 조력을 받을 권리에 대한 헌법과 법률의 규정 및 취지에 비추어보면 형사절차가 종료되어 교정시설에 수용 중인 수형자는 원칙적으로 변호인의 조력을 받을 권리의 주체가 될 수 없다고 선언한 바 있다(헌재 2004.12.16, 2002헌마478).

② [O] 헌법 제12조 제4항 본문에 규정된 '구속'은 사법절차에서 이루어진 구속뿐 아니라, 행정절차에서 이루어진 구속까지 포함하는 개념이다. 따라서 헌법 제12조 제4항 본문에 규정된 변호인의 조력을 받을 권리는 행정절차에서 구속을 당한 사람에게도 즉시 보장된다(헌재 2018.5.31, 2014헌마346).

③ [O] 심판대상조항은 과거 위반 전력, 혈중알코올농도 수준 등에 비추어, 보호법익에 미치는 위험 정도가 비교적 낮은 유형의 재범 음주운전행위도 일률적으로 그 법정형의 하한인 2년 이상의 징역 또는 1천만 원 이상의 벌금을 기준으로 처벌하도록 하고 있어 책임과 형벌 사이의 비례성을 인정하기 어렵다. 따라서 심판대상조항은 책임과 형벌간의 비례원칙에 위반된다(헌재 2021.11.25, 2019헌바446).

187

정답 ①

① [×] 과태료는 죄형법정주의의 대상이 아니다.

② [O] 헌법 제117조 제1항은 "지방자치단체는 주민의 복리에 관한 사무를 처리하고 재산을 관리하며, 법령의 범위 안에서 자치에 관한 규정을 제정할 수 있다"고 규정하여 법률의 위임이 있는 경우에는 조례에 의하여 소속 공무원에 대한 인사와 처우를 스스로 결정하는 권한이 있다고 할 것이므로, 제58조 제2항이 노동운동을 하더라도 형사처벌에서 제외되는 공무원의 범위에 관하여 당해 지방자치단체에 조례제정권을 부여하고 있다고 하여 헌법에 위반된다고 할 수 없다(헌재 2005.10.27, 2003헌바50 등).

③ [O] 죄형법정주의에서 파생되는 명확성원칙은 처벌하고자 하는 행위가 무엇이며 그에 대한 형벌이 어떤 것인지 누구나 예견할 수 있고, 그에 따라 자신의 행위를 결정할 수 있도록 구성요건을 명확하게 규정하는 것을 의미한다(헌재 2015.2.26, 2013헌바107).

④ [O] 공소시효제도의 실질은 국가형벌권의 소멸이라는 점에서 형의 시효와 마찬가지로 실체법적 성격을 갖고 있는 것이어서, 그 예외로서 시효가 정지되는 경우는 특별히 법률로서 명문의 규정을 둔 경우에 한하여야 하고 법률에 명문으로 규정되어 있지 아니한 경우 다른 제도인 형사소송법상의 재정신청에 관한 규정을 유추적용하여 공소시효의 정지

를 인정하는 것은 피의자의 법적 지위의 안정을 법률상 근거 없이 침해하는 것이 되며 나아가서는 헌법상의 적법절차주의, 죄형법정주의에 반하여 기소되고 처벌받는 결과도 생길 수 있을뿐더러, 이는 당재판소가 사실상 입법행위를 하는 결과가 되므로 헌법소원사건이 심판에 회부된 경우라고 하더라도 심판대상인 피의사실에 대한 공소시효는 정지되지 아니한다(헌재 1993.9.27, 92헌마284).

188 정답 ④

④ [×] 이 사건 법률조항에서 말하는 '의료에 관한 광고'란 '의료행위에 대한 광고'인바, '의료행위'라 함은 의학적 전문지식을 기초로 하는 경험과 기능으로 진찰, 검안, 처방, 투약 또는 외과적 시술을 시행하여 하는 질병의 예방 또는 치료행위 및 그 밖에 의료인이 행하지 아니하면 보건위생상 위해가 생길 우려가 있는 행위를 의미하는 것으로서 불명확한 개념이라고 볼 수 없다. 따라서 이 사건 법률조항의 수범자는 '의료행위'나 '의료에 관한 광고'의 의미를 충분히 알 수 있고, 법을 해석·집행하는 기관이 이를 자의적으로 해석하거나 집행할 우려가 있다고 보기도 어려우므로 따라서 이 사건 법률조항은 죄형법정주의의 명확성원칙에 위배되지 아니한다(헌재 2016.9.29, 2015헌바325).

① [○] 죄형법정주의는 어떤 행위가 범죄로 처벌되기 위해서는 행위 이전에 미리 성문의 법률로 규정되어 있어야 한다는 원칙이며, '법률 없으면 범죄 없고, 법률 없으면 처벌 없다.'는 의미를 지닌다.

② [○] 죄형법정주의의 근간은 자유주의, 법치주의, 국민주권 및 권력분립의 원리이다.

③ [○] 법치국가원리의 한 표현인 명확성의 원칙은 기본적으로 모든 기본권 제한 입법에 대하여 요구된다. 규범의 의미내용으로부터 무엇이 금지되는 행위이고 무엇이 허용되는 행위인지를 수범자가 알 수 없다면 법적 안정성과 예측가능성은 확보될 수 없게 될 것이고, 또한 법집행 당국에 의한 자의적 집행을 가능하게 할 것이기 때문이다(헌재 1998.4.30, 95헌가16).

189 정답 ②

② [×] 법 제83조 단서 중 제1호에서의 '부정한 방법'이란, 실제로는 기술능력·자본금·시설·장비 등에 관하여 법령이 정한 건설업 등록요건을 갖추지 못하였음에도 자본금의 납입을 가장하거나 허위신고를 통하여 기술능력이나 시설, 장비 등의 보유를 가장하는 수단을 사용함으로써 등록요건을 충족시킨 것처럼 위장하여 등록하는 방법을 말하는 것으로 그 내용이 충분히 구체화되고 제한된다고 판단된다. 따라서 이 사건 법률조항에 규정된 '부정한 방법'의 개념이 약간의 모호함에도 불구하고 법률해석을 통하여 충분히 구체화될 수 있고, 이로써 행정청과 법원의 자의적인 법적용을 배제하는 객관적인 기준을 제공하고 있으므로 이 사건 조항은 법률의 명확성원칙에 위반되지 않는다(헌재 2004.7.15, 2003헌바35 등).

① [○] 심판대상조항은 '부정경쟁방지 및 영업비밀보호에 관한 법률'(이하 '부정경쟁방지법'이라 한다)상 '국내에 널리 인식된' 타인의 영업임을 표시하는 표지'와 '동일'하거나 '유사'한 것을 사용하여 타인의 영업상의 시설 및 활동과 '혼동하게 하는 행위'를 부정경쟁행위로 정의하고 있는바, 각 요건의 문언적 의미, 중한 법익침해를 입법공백 없이 규제하려는 심판대상조항의 입법취지 및 경위, 등록주의를 원칙으로 하고 있는 상표법의 예외로서 특히 주지성을 취득한 영업표지에 한하여 보호하는 점 등에 비추어 본다면, 심판대상조항은 영업표지가 국내 수요자 사이에 자타식별 및 출처표시기능을 가지는 특정인의 영업표지라고 널리 인식되고 알려지는 것을 규율하는 것임을 충분히 알 수 있고, 법원 역시 일관되게 위 각 요건에 관한 보충적 해석기준을 제시해 오고 있다. 따라서 심판대상조항은 명확성원칙에 위배되지 아니한다(헌재 2021.9.30, 2019헌바217).

③ [○] 이 사건 지지호소 조항의 문언과 입법취지에 비추어보면, 이 사건 호별방문 조항에도 불구하고 예외적으로 선거운동을 위하여 지지호소를 할 수 있는 '기타 다수인이 왕래하는 공개된 장소'란, 해당 장소의 구조와 용도, 외부로부터의 접근성 및 개방성의 정도 등을 종합적으로 고려할 때 '관혼상제의 의식이 거행되는 장소와 도로·시장·점포·다방·대합실'과 유사하거나 이에 준하여 일반인의 자유로운 출입이 가능한 개방된 곳을 의미한다고 충분히 해석할 수 있다. 따라서 이 사건 지지호소 조항은 죄형법정주의 명확성원칙에 위반된다고 할 수 없다(헌재 2019.5.30, 2017헌바458).

④ [○] 심판대상조항에서 '대리'란, 소송사건 등 법률사건에 관하여 본인을 대신하여 사건을 처리하는 제반 행위로서 법률사무 취급의 한 태양을 의미한다. 심판대상조항에서 '중재'란, 분쟁당사자가 아닌 제3자가 법률사건에 관계된 사항에 관하여 재판 외의 절차에서 당사자들의 의사를 조율하는 등으로 분쟁의 원활한 해결을 도모하는 행위를 의미한다. 심판대상조항에서 '일반의 법률사건'이란, 법률상의 권리·의무의 발생·변경·소멸에 관한 다툼 또는 의문에 관한 사건을 의미한다. 건전한 상식과 통상적인 법감정을 가진 사람이라면 심판대상조항에 따라 처벌되는 행위가 무엇인지 파악할 수 있고, 그 구체적인 내용은 법관의 통상적인 해석·적용에 의하여 보완될 수 있으므로, 심판대상조항 중 '대리', '중재', '일반의 법률사건' 부분은 죄형법정주의의 명확성원칙에 위반되지 아니한다(헌재 2021.6.24, 2020헌바38).

190 정답 ②

② [×] 모든 법규범의 문언을 순수하게 기술적 개념만으로 구성하는 것은 입법기술적으로 불가능하고 또 바람직하지도 않기 때문에 어느 정도 가치개념을 포함한 일반적, 규범적 개념을 사용하지 않을 수 없다. 따라서 명확성의 원칙이란 기본적으로 최대한이 아닌 최소한의 명확성을 요구하는 것이다. 그러므로 법문언이 해석을 통해서, 즉 법관의 보충적인 가치판단을 통해서 그 의미내용을 확인해낼 수 있고, 그러한 보충적 해석이 해석자의 개인적인 취향에 따라 좌우될

가능성이 없다면 명확성의 원칙에 반한다고 할 수 없다 할 것이다(헌재 1998.4.30, 95헌가16).

① [O] 명확성의 원칙은 법치국가원리의 한 표현으로서 기본권을 제한하는 법규범의 내용은 명확하여야 한다는 헌법상의 원칙이며, 죄형법정주의에서 파생되었다.

③ [O] 금지조항은 방송편성의 자유와 독립을 보장하기 위하여, 방송사 외부에 있는 자가 방송편성에 관계된 자에게 방송편성에 관해 특정한 요구를 하는 등의 방법으로, 방송편성에 관한 자유롭고 독립적인 의사결정에 영향을 미칠 수 있는 행위 일체를 금지한다는 의미임을 충분히 알 수 있다. 따라서 금지조항은 죄형법정주의의 명확성원칙에 위반되지 아니한다(헌재 2021.8.31, 2019헌바439).

④ [O] 위 규정은 수입품목허가를 받지 않은 의료기기에 대하여, 이를 판매·임대·수여 또는 사용하는 행위는 그 목적을 불문하고 금지하고, 이를 제조·수입·수리·저장 또는 진열하는 행위는 수리·판매·임대·수여 또는 사용의 목적이 있는 경우에 이를 금지하는 것으로 일의적으로 해석된다. 또한 "사용"이란 '어떤 목적이나 기능에 맞게 필요로 하거나 소용이 되는 곳에 쓰다'라는 뜻이고, 이 사건 금지조항이 사용의 의미를 한정하고 있지 않으므로, 어느 의료기기가 질병의 진단·치료·경감·처치 또는 예방의 목적 달성에 효과가 있는 것인지 여부를 판단하기 위하여 테스트 목적으로 그 기기를 사용하는 것 역시 이 사건 금지조항이 정한 의료기기의 "사용"에 해당한다. 따라서 이 사건 금지조항이 명확성원칙에 위배된다고 할 수 없다(헌재 2015.7.30, 2014헌바6).

191   정답 ④

㉠ [O] 심판대상조항은 알몸을 '지나치게 내놓는' 것이 무엇인지 그 판단 기준을 제시하지 않아 무엇이 지나친 알몸노출 행위인지 판단하기 쉽지 않고, '가려야 할 곳'의 의미도 알기 어렵다. 심판대상조항 중 '부끄러운 느낌이나 불쾌감'은 사람마다 달리 평가될 수밖에 없고, 노출되었을 때 부끄러운 느낌이나 불쾌감을 주는 신체부위도 사람마다 달라 '부끄러운 느낌이나 불쾌감'을 통하여 '지나치게'와 '가려야 할 곳' 의미를 확정하기도 곤란하다. … 심판대상조항은 죄형법정주의의 명확성원칙에 위배된다(헌재 2016.11.24, 2016헌가3).

㉡ [×] 이 사건 시행령조항에서 '범죄에 악용될 소지가 현저한 것'은 진정한 총포로 오인·혼동되어 위협 수단으로 사용될 정도로 총포와 모양이 유사한 것을 의미하고, '인명·신체상 위해를 가할 우려가 있는 것'은 사람에게 상해나 사망의 결과를 가할 우려가 있을 정도로 진정한 총포의 기능과 유사한 것을 의미한다. 따라서 이 사건 시행령조항은 문언상 그 의미가 명확하므로, 죄형법정주의의 명확성원칙에 위반되지 않는다(헌재 2018.5.31, 2017헌마167).

㉢ [O] 선거운동의 의미, 심판대상조항의 입법취지, 관련 법률의 규정 등에 비추어, 심판대상조항에서의 '선거운동'은 '특정 후보자의 당선 내지 득표나 낙선을 위하여 필요하고도 유리한 모든 행위로서 당선 또는 낙선을 도모한다는 목적의사가 객관적으로 인정될 수 있는 능동적·계획적인 행위를 말하는 것'으로 풀이할 수 있다. 심판대상조항은 '선거운동

기간'의 의미에 관하여 "후보자등록마감일의 다음 날부터 선거일 전일까지"라고 명확하게 규정하고 있고, 다의적인 해석가능성이 있다고 볼 수 없다. 나아가, 심판대상조항의 입법목적이나 입법취지, 입법연혁, 관련 법률의 규정 등을 종합하여 보면, 건전한 상식과 통상적인 법감정을 가진 사람이라면 선거운동이 금지되는 선거운동기간이 언제인지 합리적으로 파악할 수 있으며, 아울러 법집행기관의 자의적인 법해석이나 법집행의 가능성도 배제되어 있다. 그러므로 심판대상조항은 죄형법정주의의 명확성원칙에 위반되지 아니한다(헌재 2021.7.15, 2020헌가9).

㉣ [×] 치과전문의가 되기 위해서는 치과의사면허를 받은 자가 치과전공의 수련과정을 거쳐 치과전문의 자격시험에 합격해야 하므로, 심판대상조항의 수범자인 치과전문의는 각 전문과목의 진료내용과 진료영역 및 전문과목간의 차이점 등을 알 수 있다. 따라서 심판대상조항은 명확성원칙에 위배되어 직업수행의 자유를 침해한다고 볼 수 없다(헌재 2015.5.28, 2013헌마799).

192   정답 ②

② [×] 이 사건 집행정지 요건 조항에서 집행정지 요건으로 규정한 '회복하기 어려운 손해'는 대법원 판례에 의하여 '특별한 사정이 없는 한 금전으로 보상할 수 없는 손해로서 이는 금전보상이 불능인 경우 내지는 금전보상으로는 사회관념상 행정처분을 받은 당사자가 참고 견딜 수 없거나 또는 참고 견디기가 현저히 곤란한 경우의 유형, 무형의 손해'를 의미한 것으로 해석할 수 있고, '긴급한 필요'란 손해의 발생이 시간상 임박하여 손해를 방지하기 위해서 본안판결까지 기다릴 여유가 없는 경우를 의미하는 것으로, 이는 집행정지가 임시적 권리구제제도로서 잠정성, 긴급성, 본안소송에의 부종성의 특징을 지니는 것이라는 점에서 그 의미를 쉽게 예측할 수 있다. 이와 같이 심판대상조항은 법관의 법 보충작용을 통한 판례에 의하여 합리적으로 해석할 수 있고, 자의적인 법해석의 위험이 있다고 보기 어려우므로 명확성 원칙에 위배되지 않는다(헌재 2018.1.25, 2016헌바208).

① [O] 이 사건 시행령조항에서 '범죄에 악용될 소지가 현저한 것'은 진정한 총포로 오인·혼동되어 위협 수단으로 사용될 정도로 총포와 모양이 유사한 것을 의미하고, '인명·신체상 위해를 가할 우려가 있는 것'은 사람에게 상해나 사망의 결과를 가할 우려가 있을 정도로 진정한 총포의 기능과 유사한 것을 의미한다. 따라서 이 사건 시행령조항은 문언상 그 의미가 명확하므로, 죄형법정주의의 명확성원칙에 위반되지 않는다(헌재 2018.5.31, 2017헌마167).

③ [O] 심판대상조항에서 금지하는 "정치적 의견을 공표"하는 행위는 '군무원이 그 지위를 이용하여 특정 정당이나 특정 정치인 또는 그들의 정책이나 활동 등에 대한 지지나 반대 의견 등을 공표하는 행위로서 군조직의 질서와 규율을 무너뜨리거나 민주헌정체제에 대한 국민의 신뢰를 훼손할 수 있는 의견을 공표하는 행위'로 한정할 수 있다. … 심판대상조항은 수범자의 예측가능성을 해한다거나 법집행 당국의 자의적인 해석과 집행을 가능하게 한다고 보기는 어렵다. 이상을 종합하여 보면, 심판대상조항이 죄형법정주의의 명확

성원칙에 위반된다고 할 수 없다(헌재 2018.7.26, 2016헌바139).

④ [○] '부득이'의 사전적 의미는 '마지못하여 하는 수 없이'로, 자동차가 고속도로 등을 통행하는 중에는 다양한 상황이 발생할 수 있으므로, 법률에 구체적이고 일의적인 기준이 제시될 경우 갓길 통행이 불가피한 예외적인 사정이 포섭되지 않는 등으로 인하여 오히려 비상상황에서 적절한 대처를 할 수 없게 될 가능성을 배제하기 어렵다. 결국 금지조항이 규정한 '부득이한 사정'이란 사회통념상 차로로의 통행을 기대하기 어려운 특별한 사정을 의미한다고 해석된다. 건전한 상식과 통상적인 법감정을 가진 수범자는 금지조항이 규정한 부득이한 사정이 어떠한 것인지 충분히 알 수 있고, 법관의 보충적인 해석을 통하여 그 의미가 확정될 수 있다. 그러므로 금지조항 중 '부득이한 사정' 부분은 죄형법정주의의 명확성원칙에 위배되지 않는다(헌재 2021.8.31, 2020헌바100).

193
정답 ①

① [×] 관계공무원이 당해 게임물 등을 수거한 때에는 그 소유자 또는 점유자에게 수거증을 교부하도록 하고 있고, 수거 등 처분을 하는 관계공무원이나 협회 또는 단체의 임·직원은 그 권한을 표시하는 증표를 지니고 관계인에게 이를 제시하도록 하는 등의 절차적 요건을 규정하고 있으므로, 이 사건 법률조항이 적법절차의 원칙에 위배되는 것으로 보기도 어렵다(헌재 2002.10.31, 2000헌가12).

② [○] 증인의 증언 전에 일방 당사자만이 증인과의 접촉을 독점하게 되면, 상대방은 증인이 어떠한 내용을 증언할 것인지를 알 수 없어 그에 대한 방어를 준비할 수 없게 되며 상대방이 가하는 예기치 못한 공격에 그대로 노출될 수밖에 없으므로, 헌법이 규정한 "적법절차의 원칙"에도 반한다(헌재 2001.8.30, 99헌마496).

③ [○] 법원이 피고인의 구속 또는 그 유지 여부의 필요성에 관하여 한 재판의 효력이 검사나 다른 기관의 이견이나 불복이 있다 하여 좌우되거나 제한받는다면 이는 영장주의에 위반된다고 할 것인바, 구속집행정지결정에 대한 검사의 즉시항고를 인정하는 이 사건 법률조항은 검사의 불복을 그 피고인에 대한 구속집행을 정지할 필요가 있다는 법원의 판단보다 우선시킬 뿐만 아니라, 사실상 법원의 구속집행정지결정을 무의미하게 할 수 있는 권한을 검사에게 부여한 것이라는 점에서 헌법 제12조 제3항의 영장주의원칙에 위배된다. 또한 헌법 제12조 제3항의 영장주의는 헌법 제12조 제1항의 적법절차원칙의 특별규정이므로, 헌법상 영장주의원칙에 위배되는 이 사건 법률조항은 헌법 제12조 제1항의 적법절차원칙에도 위배된다(헌재 2012.6.27, 2011헌가36).

④ [○] 심판대상조항은 공무원 직무수행에 대한 국민의 신뢰 및 직무의 정상적 운영의 확보, 공무원범죄의 예방, 공직사회의 질서유지를 위한 것으로서 목적이 정당하고, 형법 제129조 제1항의 수뢰죄를 범하여 금고 이상 형의 선고유예를 받은 국가공무원을 공직에서 배제하는 것은 적절한 수단에 해당한다. 수뢰죄는 수수액의 다과에 관계없이 공무원 직무의 불가매수성과 염결성을 치명적으로 손상시키고, 직

무의 공정성을 해치며 국민의 불신을 초래하므로 일반 형법상 범죄와 달리 엄격하게 취급할 필요가 있다. 수뢰죄를 범하더라도 자격정지형의 선고유예를 받은 경우 당연퇴직하지 않을 수 있으며, 당연퇴직의 사유가 직무 관련 범죄로 한정되므로 심판대상조항은 침해의 최소성원칙에 위반되지 않고, 이로써 달성되는 공익이 공무원 개인이 입는 불이익보다 훨씬 크므로 법익균형성원칙에도 반하지 아니한다. 따라서 심판대상조항은 과잉금지원칙에 반하여 청구인의 공무담임권을 침해하지 아니한다. … 심판대상조항이 청구인의 공무담임권 등을 침해하지 아니하는 이상 적법절차원칙에 위반되지 아니한다(헌재 2013.7.25, 2012헌바409).

194
정답 ③

㉠ [○] 적법절차(due process of law)원리는 원래 1215년 영국의 마그나 카르타에서 유래하여, 미국의 수정헌법 제5조 및 제14조에서 규정하고 있다. 또한 독일기본권 제104조와 일본 헌법 제31조에서도 이를 규정하고 있으며, 한국에서는 1987년 제6공화국 헌법에서 최초로 규정하고 있다.

㉡ [×] 관계공무원이 당해 게임물 등을 수거한 때에는 그 소유자 또는 점유자에게 수거증을 교부하도록 하고 있고, 수거 등 처분을 하는 관계공무원이나 협회 또는 단체의 임·직원은 그 권한을 표시하는 증표를 지니고 관계인에게 이를 제시하도록 하는 등의 절차적 요건을 규정하고 있으므로, 이 사건 법률조항이 적법절차의 원칙에 위배되는 것으로 보기도 어렵다(헌재 2002.10.31, 2000헌가12).

㉢ [×] 압수물은 검사의 이익을 위해서뿐만 아니라 이에 대한 증거신청을 통하여 무죄를 입증하고자 하는 피고인의 이익을 위해서도 존재하므로 사건종결시까지 이를 그대로 보존할 필요성이 있다. 따라서 사건종결 전 일반적 압수물의 폐기를 규정하고 있는 형사소송법 제130조 제2항은 엄격히 해석할 필요가 있으므로, 위 법률조항에서 말하는 '위험발생의 염려가 있는 압수물'이란 사람의 생명, 신체, 건강, 재산에 위해를 줄 수 있는 물건으로서 보관 자체가 대단히 위험하여 종국판결이 선고될 때까지 보관하기 매우 곤란한 압수물을 의미하는 것으로 보아야 하고, 이러한 사유에 해당하지 아니하는 압수물에 대하여는 설사 피압수자의 소유권포기가 있다 하더라도 폐기가 허용되지 아니한다고 해석하여야 한다. 피청구인은 이 사건 압수물을 보관하는 것 자체가 위험하다고 볼 수 없을 뿐만 아니라 이를 보관하는 데 아무런 불편이 없는 물건임이 명백함에도 압수물에 대하여 소유권포기가 있다는 이유로 이를 사건종결 전에 폐기하였는바, 위와 같은 피청구인의 행위는 적법절차의 원칙을 위반하고, 청구인의 공정한 재판을 받을 권리를 침해한 것이다(헌재 2012.12.27, 2011헌마351).

㉣ [○] 적법절차원칙이란 국가공권력이 국민에 대하여 불이익한 결정을 하기에 앞서 국민은 자신의 견해를 진술할 기회를 가짐으로써 절차의 진행과 그 결과에 영향을 미칠 수 있어야 한다는 법원리를 말한다. 그런데 이 사건의 경우, 국회의 탄핵소추절차는 국회와 대통령이라는 헌법기관 사이의 문제이고, 국회의 탄핵소추의결에 의하여 사인으로서의 대통령의 기본권이 침해되는 것이 아니라, 국가기관으로서의

대통령의 권한행사가 정지되는 것이다. 따라서 국가기관이 국민과의 관계에서 공권력을 행사함에 있어서 준수해야 할 법원칙으로서 형성된 적법절차의 원칙을 국가기관에 대하여 헌법을 수호하고자 하는 탄핵소추절차에는 직접 적용할 수 없다고 할 것이고, 그 외 달리 탄핵소추절차와 관련하여 피소추인에게 의견진술의 기회를 부여할 것을 요청하는 명문의 규정도 없으므로, 국회의 탄핵소추절차가 적법절차원칙에 위배되었다는 주장은 이유 없다(헌재 2004.5.14, 2004헌나1).

195
정답 ④

④ [×] 이 사건 사실조회행위는 강제력이 개입되지 아니한 임의수사에 해당하므로, 이에 응하여 이루어진 이 사건 정보제공행위에도 영장주의가 적용되지 않는다. 그러므로 이 사건 정보제공행위가 영장주의에 위배되어 청구인들의 개인정보자기결정권을 침해한다고 볼 수 없다(헌재 2018.8.30, 2014헌마368).

① [O] 심판대상조항은 정비예정구역으로 지정되어 있는 상태에서 정비사업이 장기간 방치됨으로써 발생하는 법적 불안정성을 해소하고, 정비예정구역 내 토지등소유자의 재산권 행사를 보장하기 위한 것이다. 아직 정비계획의 수립 및 정비구역 지정이 이루어지지 않고 있는 정비예정구역을 대상으로 하는 점, 경기, 사업성 또는 주민갈등 등 다양한 사유로 인하여 정비예정구역에 대한 정비계획 수립 등이 이루어지지 않을 가능성도 있는 점, 정비예정구역으로 지정되어 있을 뿐인 단계에서부터 토지등소유자의 100분의 30 이상이 정비예정구역 해제를 요구하고 있는 상황이라면 추후 정비사업의 시행이 지연되거나 좌초될 가능성이 큰 점, 토지등소유자에게는 정비계획의 입안을 제안할 수 있는 방법이 있는 점, 정비예정구역 해제를 위해서는 지방도시계획위원회의 심의를 거쳐야 하고, 정비예정구역의 해제는 해제권자의 재량적 행위인 점, 정비예정구역 해제에 관한 위법이 있는 경우 항고소송을 통하여 이를 다툴 수 있는 점 등을 종합적으로 고려하면, 심판대상조항이 적법절차원칙에 위반된다고 볼 수 없다(헌재 2023.6.29, 2020헌바63).

② [O] 행정절차상 강제처분에 의해 신체의 자유가 제한되는 경우 강제처분의 집행기관으로부터 독립된 중립적인 기관이 이를 통제하도록 하는 것은 적법절차원칙의 중요한 내용에 해당한다. 심판대상조항에 의한 보호는 신체의 자유를 제한하는 정도가 박탈에 이르러 형사절차상 '체포 또는 구속'에 준하는 것으로 볼 수 있는 점을 고려하면, 보호의 개시 또는 연장 단계에서 그 집행기관인 출입국관리공무원으로부터 독립되고 중립적인 지위에 있는 기관이 보호의 타당성을 심사하여 이를 통제할 수 있어야 한다. 그러나 현재 출입국관리법상 보호의 개시 또는 연장 단계에서 집행기관으로부터 독립된 중립적 기관에 의한 통제절차가 마련되어 있지 아니하다. 또한 당사자에게 의견 및 자료 제출의 기회를 부여하는 것은 적법절차원칙에서 도출되는 중요한 절차적 요청이므로, 심판대상조항에 따라 보호를 하는 경우에도 피보호자에게 위와 같은 기회가 보장되어야 하나, 심판대상조항에 따른 보호명령을 발령하기 전에 당사자에게 의견을 제출할 수

있는 절차적 기회가 마련되어 있지 아니하다. 따라서 심판대상조항은 적법절차원칙에 위배되어 피보호자의 신체의 자유를 침해한다(헌재 2023.3.23, 2020헌가1).

③ [O] 이 사건 허가조항은 기지국 수사의 필요성, 실체진실의 발견 및 신속한 범죄수사의 요청, 통신사실 확인자료의 특성, 수사현실 등을 종합적으로 고려하여, 수사기관으로 하여금 법원의 허가를 받아 특정 시간대 특정 기지국에서 발신된 모든 전화번호 등 통신사실 확인자료의 제공을 요청할 수 있도록 하고 있다. 영장주의의 본질이 강제처분을 함에 있어서는 인적·물적 독립을 보장받는 중립적인 법관이 구체적 판단을 거쳐야만 한다는 데에 있음을 고려할 때, 통신비밀보호법이 정하는 방식에 따라 관할 지방법원 또는 지원의 허가를 받도록 하고 있는 이 사건 허가조항은 실질적으로 영장주의를 충족하고 있다 할 것이다. 따라서 이 사건 허가조항은 헌법상 영장주의에 위배되지 아니한다(헌재 2018.6.28, 2012헌마538).

196
정답 ②

② [×] 적법절차의 원칙은 헌법조항에 규정된 형사절차상의 제한된 범위 내에서만 적용되는 것이 아니라 국가작용으로서 기본권 제한과 관련되든 관련되지 않든 모든 입법작용 및 행정작용에도 광범위하게 적용된다고 해석하여야 할 것이다(헌재 1992.12.24, 92헌가8).

① [O] 헌법 제12조 제3항 본문은 동조 제1항과 함께 적법절차원리의 일반조항에 해당하는 것으로서, 형사절차상의 영역에 한정되지 않고 입법, 행정 등 국가의 모든 공권력의 작용에는 절차상의 적법성뿐만 아니라 법률의 구체적 내용도 합리성과 정당성을 갖춘 실체적인 적법성이 있어야 한다는 적법절차의 원칙을 헌법의 기본원리로 명시하고 있는 것이다(헌재 1992.12.24, 92헌가8).

③ [O] 범죄의 피의자로 입건된 사람들에게 경찰공무원이나 검사의 신문을 받으면서 자신의 신원을 밝히지 않고 지문채취에 불응하는 경우 형사처벌을 통하여 지문채취를 강제하는 구 경범죄처벌법 제1조 제42호가 영장주의의 원칙에 위반되지 않는다(헌재 2004.9.23, 2002헌가17).

④ [O] 심급제도에 대한 입법재량의 범위와 범죄인인도심사의 법적 성격, 그리고 범죄인인도법에서의 심사절차에 관한 규정 등을 종합할 때, 이 사건 법률조항이 범죄인인도심사를 서울고등법원의 단심제로 하고 있다고 해서 적법절차원칙에서 요구되는 합리성과 정당성을 결여한 것이라 볼 수 없다(헌재 2003.1.30, 2001헌바95).

197
정답 ③

㉠ [O] 구속집행정지결정에 대한 검사의 즉시항고를 인정하는 이 사건 법률조항은 검사의 불복을 그 피고인에 대한 구속집행을 정지할 필요가 있다는 법원의 판단보다 우선시킬 뿐만 아니라, 사실상 법원의 구속집행정지결정을 무의미하게 할 수 있는 권한을 검사에게 부여한 것이라는 점에서 헌법 제12조 제3항의 영장주의원칙에 위배된다. 또한 헌법 제12조 제3항의 영장주의는 헌법 제12조 제1항의 적법절차원칙

의 특별규정이므로, 헌법상 영장주의원칙에 위배되는 이 사건 법률조항은 헌법 제12조 제1항의 적법절차원칙에도 위배된다(헌재 2012.6.27, 2011헌가36).

ⓛ [○] 이 사건 경과조치조항이 적용되는 경우 친일반민족행위자재산조사위원회(이하 '재산조사위원회'라 한다)가 구 친일재산귀속법 제2조 제1호에 따라 행한 국가귀속결정 또는 친일재산확인결정(이하, 이들을 합하여 '종전 결정'이라 한다)이 존속하나, 이 사건 경과조치조항에 따라 종전 결정이 현행 친일재산귀속법 제2조 제1호에 의하여 이루어진 것으로 의제된다. … 친일재산귀속법 자체가 태생적으로 과거의 행위를 역사적 · 법적으로 재평가하기 위한 진정소급입법에 해당하는 점과 현행 친일재산귀속법 제2조 제1호의 개정 경위를 아울러 종합하여 보면, 입법자는 친일재산귀속법의 입법목적을 관철하기 위하여 과거의 행위를 법적으로 재평가하는 매우 특수하고 이례적인 공동체적 과업을 계속해서 수행해 나가는 과정에서 불가피한 입법적 결단을 한 것으로 보인다. 따라서 이 사건 경과조치조항이 적법절차원칙 등에 위반된다고 볼 수 없다(헌재 2018.4.26, 2016헌바454).

ⓒ [×] 압수물에 대하여는 설사 피압수자의 소유권포기가 있다 하더라도 폐기가 허용되지 아니한다고 해석하여야 한다. 피청구인은 이 사건 압수물을 보관하는 것 자체가 위험하다고 볼 수 없을 뿐만 아니라 이를 보관하는 데 아무런 불편이 없는 물건임이 명백함에도 압수물에 대하여 소유권포기가 있다는 이유로 이를 사건종결 전에 폐기하였는바, 위와 같은 피청구인의 행위는 적법절차의 원칙을 위반하고, 청구인의 공정한 재판을 받을 권리를 침해한 것이다(헌재 2012.12.27, 2011헌마351).

ⓔ [×] 이 사건 법률조항은 피의자의 신원확인을 원활하게 하고 수사활동에 지장이 없도록 하기 위한 것으로 그 목적은 정당하고, 적절한 방법이라 할 수 있다. 그리고 신원을 확인할 수 있는 다른 수단이 없는 경우에 보충적으로만 적용하도록 하고 있으므로 피의자에 대한 피해를 최소화하기 위한 고려를 하고 있는 것으로 볼 수 있다. … 적법절차원칙에 위배되지 않는다고 볼 것이다(헌재 2004.9.23, 2002헌가17 등).

의 유죄확정 여부와는 무관한 것이므로 무죄추정에 관한 헌법 제27조 제4항 규정에 위배되지 않는다(대판 1986.6.10, 85누407).

199 정답 ②

② [×] 행정소송에 관한 판결이 확정되기 전에 행정청의 처분에 대하여 공정력과 집행력을 인정하는 것은 징계부가금에 국한되는 것이 아니라 우리 행정법체계에서 일반적으로 채택되고 있는 것이므로, 징계부가금 부과처분에 대하여 공정력과 집행력을 인정한다고 하여 이를 확정판결 전의 형벌집행과 같은 것으로 보아 곧바로 무죄추정원칙에 위배된다고 할 수 없다(헌재 2015.2.26, 2012헌바435).

① [○] 누범을 가중처벌하는 것은 전범에 대하여 형벌을 받았음에도 그 형벌의 경고기능을 무시하고 다시 범행을 하였다는 데 있는 것이지 전범에 대하여 처벌을 받았음에도 다시 범행을 하는 경우에 전범을 후범과 일괄하여 다시 처벌한다는 것은 아님이 명백하고, 전범 자체가 심판의 대상이 되어 다시 처벌받기 때문에 형이 가중되는 것은 아니므로, 이 사건 법률조항은 일사부재리원칙에 위배된다고 볼 수 없다(헌재 2011.5.26, 2009헌바63 등).

③ [○] 적법절차조항의 적용범위에 관하여 다수설 및 헌법재판소 판례는 적법절차의 적용범위에 대해 형사절차뿐만 아니라 행정절차와 입법작용 등 국가작용 전반으로 확장하여 해석하고 있다.

④ [○] 심판대상 법조항은 일정금액 이상의 추징금을 납부하지 아니한 자에게 법무부장관이 출국을 금지할 수 있도록 함으로써 헌법 제14조상의 거주 · 이전의 자유 중 출국의 자유를 제한하고 있다. 그러나 이 법조항은 추징금을 미납한 국민이 출국을 이용하여 재산을 해외로 도피하는 방법으로 강제집행을 곤란하게 하는 것을 방지함으로써 추징금에 관한 국가의 형벌권을 실현하고자 하는 것에 그 목적이 있으므로 그 정당성은 인정된다(헌재 2004.10.28, 2003헌가18).

198 정답 ③

③ [×] 자기부죄거부특권은 진술거부권의 다른 표현이다.

① [○] 무죄추정의 원칙은 형사절차와 관련하여 아직 공소가 제기되지 아니한 피의자는 물론 비록 공소가 제기된 피고인이라 할지라도 유죄의 판결이 확정될 때까지는 원칙적으로 죄가 없는 자로 다루어져야 하고, 그 불이익은 필요최소한에 그쳐야 한다는 원칙을 말한다(헌재 1997.5.29, 96헌가17).

② [○] 무죄추정의 원칙상 금지되는 '불이익'이란 '범죄사실의 인정 또는 유죄를 전제로 그에 대하여 법률적 · 사실적 측면에서 유형 · 무형의 차별취급을 가하는 유죄인정의 효과로서의 불이익'을 뜻하고, 이는 비단 형사절차 내에서의 불이익뿐만 아니라 기타 일반 법생활 영역에서의 기본권 제한과 같은 경우에도 적용된다(헌재 2010.9.2, 2010헌마418).

④ [○] 무죄추정의 원칙은 수사절차에서뿐만 아니라 판결 자체와 판결형성의 과정에서도 존중되어야 한다. 그러나, 형사재판에서의 유죄확정 전에 징계처분을 하는 것은 형사재판

200 정답 ④

④ [×] 검사 또는 사법경찰관은 수사에 필요한 때에는 피의자 아닌 자, 즉 참고인의 출석을 요구하여 진술을 들을 수 있다(형사소송법 제221조 제1항 전문). 그런데 만일 수사기관이 참고인에 대하여 신체의 자유를 억압하여 출석을 강제하려 한다면 이 경우에 헌법 제12조 제3항의 영장주의가 적용됨은 두말할 나위도 없다. 왜냐하면 헌법 제12조 제1항과 제3항이 그 적용대상을 '모든 국민'으로 규정하여 그 범위를 피의자나 피고인으로 한정하고 있지 않을 뿐 아니라, 참고인은 수사에 대한 협조자이므로 그 신체의 자유는 범죄혐의자인 피의자의 그것보다 훨씬 더 보호되어야 하고, 공판절차에서의 참고인이라 할 수 있는 증인을 구인하는 경우에도 영장주의(형사소송법 제73조, 제152조, 제153조)가 적용되기 때문이다.

① [○] 체포에 대하여는 헌법과 형사소송법이 정한 체포적부심사라는 구제절차가 존재함에도 불구하고, 체포적부심사절차를 거치지 않고 제기된 헌법소원심판청구는 법률이 정한

구제절차를 거치지 않고 제기된 것으로서 보충성의 원칙에 반하여 부적법하다. 한편 헌법과 형사소송법이 정하고 있는 체포적부심사절차의 존재를 몰랐다는 점은 보충성의 예외로 인정될 만큼 정당한 이유 있는 착오라고 볼 수 없으며, 헌법과 형사소송법이 규정하고 있는 체포적부심사의 입법목적, 청구권자의 범위, 처리기관, 처리절차 및 석방결정의 효력 등을 고려하여 볼 때, 자신이 부당하게 현행범인으로 체포되었다거나 더 이상 구금의 필요가 없음에도 계속 구금되고 있다고 생각하는 피의자에게 있어서 체포적부심사절차는 가장 강력하고 실효성 있는 권리구제수단으로서 피의자에게 체포적부심사절차를 이행하도록 하는 것이 그 절차로 권리가 구제될 가능성이 거의 없거나 대단히 우회적인 절차를 요구하는 것밖에 되지 않는 경우에 해당한다고 볼 수 없다 (헌재 2010.9.30, 2008헌마628).

② [O] 청문절차를 거치더라도 그 결과에 따라 정지 및 환수 처분의 내용이 달라질 가능성이 있는 것도 아니고, 급여의 정지 또는 환수결정은 행정처분으로서 그 결정에 이의가 있는 수급자는 공무원연금급여재심위원회에 심사를 청구하고 행정소송을 제기하여 충분히 구제를 받을 수 있으므로 퇴직연금의 지급정지 및 환수결정에 앞서 청문절차를 거치도록 직접 규정하지 아니하였다고 하여 적법절차의 원칙에 어긋난다고 할 수는 없다(헌재 2000.6.29, 98헌바106).

③ [O] 헌법재판소가 91헌마111 결정에서 미결수용자와 변호인과의 접견에 대해 어떠한 명분으로도 제한할 수 없다고 한 것은 구속된 자와 변호인간의 접견이 실제로 이루어지는 경우에 있어서의 '자유로운 접견', 즉 '대화내용에 대하여 비밀이 완전히 보장되고 어떠한 제한, 영향, 압력 또는 부당한 간섭 없이 자유롭게 대화할 수 있는 접견'을 제한할 수 없다는 것이지, 변호인과의 접견 자체에 대해 아무런 제한도 가할 수 없다는 것을 의미하는 것이 아니므로 미결수용자의 변호인 접견권 역시 국가안전보장·질서유지 또는 공공복리를 위해 필요한 경우에는 법률로써 제한될 수 있음은 당연하다(헌재 2011.5.26, 2009헌마341).

201
정답 ②

② [×] '식품접객영업자 등 대통령령으로 정하는 영업자'는 '영업의 위생관리와 질서유지, 국민의 보건위생 증진을 위하여 총리령으로 정하는 사항'을 지켜야 한다고 규정한 구 식품위생법 심판대상조항은 수범자와 준수사항을 모두 하위법령에 위임하면서도 위임될 내용에 대해 구체화하고 있지 아니하여 그 내용들을 전혀 예측할 수 없게 하고 있으므로, 포괄위임금지원칙에 위반된다(헌재 2016.11.24, 2014헌가6).

① [O] 부정청탁금지조항 및 대가성 여부를 불문하고 직무와 관련하여 금품 등을 수수하는 것을 금지할 뿐만 아니라, 직무관련성이나 대가성이 없더라도 동일인으로부터 일정 금액을 초과하는 금품 등의 수수를 금지하는 청탁금지법 제8조 제1항과 제2항 중 사립학교 관계자와 언론인에 관한 부분이 과잉금지원칙을 위반하여 언론인과 사립학교 관계자의 일반적 행동자유권을 침해하지 않는다(헌재 2016.7.28, 2015헌마236).

③ [O] 심판대상조항의 문언과 입법취지, 위와 같은 사정을 종합하면, 건전한 상식과 통상적인 법 감정을 가진 사람은 '군복 및 군용장구의 단속에 관한 법률'상 판매 목적 소지가 금지되는 '유사군복'에 어떠한 물품이 해당하는지를 예측할 수 있고, 유사군복을 정의한 조항에서 법 집행자에게 판단을 위한 합리적 기준이 제시되고 있어 심판대상조항이 자의적으로 해석되고 적용될 여지가 크다고 할 수 없다. 따라서 심판대상조항은 죄형법정주의의 명확성원칙에 위반되지 아니한다(헌재 2019.4.11, 2018헌가14).

④ [O] 병역의무를 이행하고 있는 남성 단기복무군인과 달리 장교를 포함한 여성 단기복무군인은 지원에 의하여 직업으로서 군인을 선택한 것이므로, 단기복무군인 중 여성에게만 육아휴직을 허용하는 이 사건 법률조항이 육아휴직과 관련하여 단기복무군인 중 남성과 여성을 차별하는 것은 성별에 근거한 차별이 아니라 의무복무군인과 직업군인이라는 복무형태에 따른 차별로 봄이 타당하다(헌재 2008.10.30, 2005헌마1156).

202
정답 ①

① [×] 이 사건 CCTV 설치행위는 형의 집행 및 수용자의 처우에 관한 법률(이하 '행형법'이라 한다) 및 교도관직무규칙 등에 규정된 교도관의 계호활동 중 육안에 의한 시선계호를 CCTV 장비에 의한 시선계호로 대체한 것에 불과하므로, 이 사건 CCTV 설치행위에 대한 특별한 법적 근거가 없더라도 일반적인 계호활동을 허용하는 법률규정에 의하여 허용된다고 보아야 한다. 한편 CCTV에 의하여 감시되는 엄중격리대상자에 대하여 지속적이고 부단한 감시가 필요하고 자살·자해나 흉기 제작 등의 위험성 등을 고려하면, 제반 사정을 종합하여 볼 때 기본권 제한의 최소성 요건이나 법익균형성의 요건도 충족하고 있다(헌재 2008.5.29, 2005헌마137 등).

② [O] 형사절차가 종료되어 교정시설에 수용 중인 수형자는 원칙적으로 변호인의 조력을 받을 권리의 주체가 될 수 없다. 다만, 수형자의 경우에도 재심절차 등에는 변호인 선임을 위한 일반적인 교통·통신이 보장될 수도 있겠으나, 기록에 의하면 청구인은 교도소 내에서의 처우를 왜곡하여 외부인과 연계, 교도소 내의 질서를 해칠 목적으로 변호사에게 이 사건 서신을 발송하려는 것이므로 이와 같은 경우에는 변호인의 조력을 받을 권리가 보장되는 경우에 해당한다고 할 수 없다(헌재 1998.8.27, 96헌마398).

③ [O] 헌재 2016.9.29, 2014헌가9

④ [O] '변호인이 되려는 자'의 접견교통권은 피의자 등을 조력하기 위한 핵심적인 부분으로서, 피의자 등이 가지는 헌법상의 기본권인 '변호인이 되려는 자'와의 접견교통권과 표리의 관계에 있다. 따라서 피의자 등이 가지는 '변호인이 되려는 자'의 조력을 받을 권리가 실질적으로 확보되기 위해서는 '변호인이 되려는 자'의 접견교통권 역시 헌법상 기본권으로서 보장되어야 한다(헌재 2019.2.28, 2015헌마1204).

④ [O] 비록 수형자라 하더라도 확정되지 않은 별도의 형사재판에서만큼은 미결수용자와 같은 지위에 있는 것이므로, 그를 죄 있는 자에 준하여 취급함으로써 법률적·사실적 측면에서 유형·무형의 불이익을 주어서는 아니 된다. 그런데 이러한 수형자로 하여금 형사재판 출석시 아무런 예외 없이 사복착용을 금지하고 재소자용 의류를 입도록 하여 인격적인 모욕감과 수치심 속에서 재판을 받도록 하는 것은, 그 재판과 관련하여 미결수용자의 지위임에도 이미 유죄의 확정판결을 받은 수형자와 같은 외관을 형성하게 함으로써 재판부나 검사 등 소송관계자들에게 유죄의 선입견을 줄 수 있는 등 무죄추정의 원칙에 위배될 소지가 크다. … 민사재판에서 법관이 당사자의 복장에 따라 불리한 심증을 갖거나 불공정한 재판진행을 하게 되는 것은 아니므로, 심판대상조항이 민사재판의 당사자로 출석하는 수형자에 대하여 사복착용을 불허하는 것으로 공정한 재판을 받을 권리가 침해되는 것은 아니다(헌재 2015.12.23, 2013헌마712).

① [×] 행정소송에 관한 판결이 확정되기 전에 행정청의 처분에 대하여 공정력과 집행력을 인정하는 것은 징계부가금에 국한되는 것이 아니라 우리 행정법체계에서 일반적으로 채택되고 있는 것이므로, 징계부가금 부과처분에 대하여 공정력과 집행력을 인정한다고 하여 이를 확정판결 전의 형벌집행과 같은 것으로 보아 곧바로 무죄추정원칙에 위배된다고 할 수 없다(헌재 2015.2.26, 2012헌바435).

② [×] 이 사건 법률조항은 공소제기된 변호사에 대하여 유죄의 개연성을 전제로 업무정지라는 불이익을 부과할 수 있도록 하고 있으나, 이 사건 법률조항에 의한 업무정지명령은 의뢰인의 이익과 법적 절차의 공정성·신속성 및 그에 대한 국민의 신뢰라는 중대한 공익을 보호하기 위한 잠정적이고 가처분적 성격을 가지는 것으로, 법무부장관의 청구에 따라 법무부징계위원회라는 합의제 기관의 의결을 거쳐 업무정지명령을 발할 수 있도록 하는 한편, 해당 변호사에게 청문의 기회를 부여하고, 그 기간 또한 원칙적으로 6개월로 정하도록 함으로써, 그러한 불이익이 필요최소한에 그치도록 엄격한 요건 및 절차를 규정하고 있다. 따라서 이 사건 법률조항은 무죄추정의 원칙에 위반되지 아니한다(헌재 2014.4.24, 2012헌바45).

③ [×] 소년보호사건은 소년의 개선과 교화를 목적으로 하는 것으로서 통상의 형사사건과는 구별되어야 하고, 법원이 소년의 비행사실이 인정되고 보호의 필요성이 있다고 판단하여 소년원 송치처분을 함과 동시에 이를 집행하는 것은 무죄추정원칙과는 무관하다. … 또한 항고심에서는 1심 결정과 그에 따른 집행을 감안하여 항고심 판단시를 기준으로 소년에 대한 보호의 필요성과 그 정도를 판단하여 새로운 처분을 하는 것이다. 따라서 1심 결정에 의한 소년원 수용기간을 항고심 결정에 의한 보호기간에 산입하지 않더라도 이는 무죄추정원칙과는 관련이 없으므로 이 사건 법률조항은 무죄추정원칙에 위배되지 않는다(헌재 2015.12.23, 2014헌마768).

① [×] 헌법에서 수사단계에서의 영장신청권자를 검사로 한정한 것은 다른 수사기관에 대한 수사지휘권을 확립시켜 인권유린의 폐해를 방지하고, 법률전문가인 검사를 거치도록 함으로써 기본권 침해가능성을 줄이고자 한 것이다. 헌법에 규정된 영장신청권자로서의 검사는 검찰권을 행사하는 국가기관인 검사로서 공익의 대표자이자 수사단계에서의 인권옹호기관으로서의 지위에서 그에 부합하는 직무를 수행하는 자를 의미하는 것이지, 검찰청법상 검사만을 지칭하는 것으로 보기 어렵다(헌재 2021.1.28, 2020헌마264 등).

② [O] 심판대상조항은 피조사자로 하여금 자료제출요구에 응할 의무를 부과하고, 허위 자료를 제출한 경우 형사처벌하고 있으나, 이는 형벌에 의한 불이익이라는 심리적, 간접적 강제수단을 통하여 진실한 자료를 제출하도록 함으로써 조사권 행사의 실효성을 확보하기 위한 것이다. 이와 같이 심판대상조항에 의한 자료제출요구는 행정조사의 성격을 가지는 것으로 수사기관의 수사와 근본적으로 그 성격을 달리하며, 청구인에 대하여 직접적으로 어떠한 물리적 강제력을 행사하는 강제처분을 수반하는 것이 아니므로 영장주의의 적용대상이 아니다(헌재 2019.9.26, 2016헌바381).

③ [O] 심판대상조항은 체포영장을 발부받아 피의자를 체포하는 경우에 필요한 때에는 영장 없이 타인의 주거 등 내에서 피의자 수사를 할 수 있다고 규정함으로써, 앞서 본 바와 같이 별도로 영장을 발부받기 어려운 긴급한 사정이 있는지 여부를 구별하지 아니하고 피의자가 소재할 개연성만 소명되면 영장 없이 타인의 주거 등을 수색할 수 있도록 허용하고 있다. 이는 체포영장이 발부된 피의자가 타인의 주거 등에 소재할 개연성은 소명되나, 수색에 앞서 영장을 발부받기 어려운 긴급한 사정이 인정되지 않는 경우에도 영장 없이 피의자 수색을 할 수 있다는 것이므로, 헌법 제16조의 영장주의 예외 요건을 벗어나는 것으로서 영장주의에 위반된다(헌재 2018.4.26, 2015헌바370 등).

④ [O] 헌법 제12조 제3항 단서는 "다만 … 장기 3년 이상의 형에 해당하는 죄를 범하고 도피 또는 증거인멸의 염려가 있는 때에는 사후에 영장을 청구할 수 있다."라고 규정할 뿐 사후 영장의 청구 방식에 대해 특별한 규정을 두지 않고 있다. 따라서 이 사건 영장청구조항이 피의자를 긴급체포한 경우에 사후 체포영장을 청구하도록 규정하지 아니하고 수사기관으로 하여금 피의자를 구속하고자 할 때에 한하여 구속영장을 청구하도록 규정하였다고 하여, 그것이 헌법상 영장주의에 위반된다고 단정할 수 없다. 더욱이 피의자를 긴급체포하여 조사한 결과 구금을 계속할 필요가 없다고 판단하여 48시간 이내에 석방하는 경우까지도 수사기관으로 하여금 반드시 체포영장발부절차를 밟게 한다면, 이는 피의자, 수사기관 및 법원 모두에게 비효율을 초래할 가능성이 있고, 경우에 따라서는 오히려 인권침해적인 상황을 발생시킬 우려도 있다(헌재 2021.3.25, 2018헌바212).

정답 ④

④ [○] 이러한 체포·구속적부심사청구권의 경우 헌법적 차원에서 독자적인 지위를 가지고 있기 때문에 입법자가 전반적인 법체계를 통하여 관련자에게 그 구체적인 절차적 권리를 제대로 행사할 수 있는 기회를 최소한 1회 이상 제공하여야 할 의무가 있다고 보아야 한다. 다만, 본질적으로 제도적 보장의 성격이 강한 절차적 기본권에 관하여는 상대적으로 광범위한 입법형성권이 인정되기 때문에, 관련 법률에 대한 위헌성심사를 함에 있어서는 자의금지원칙(恣意禁止原則)이 적용되고, 따라서 현저하게 불합리한 절차법규정이 아닌 이상 이를 헌법에 위반된다고 할 수 없다(헌재 2004.3.25, 2002헌바104).

① [×] 변호인의 조력을 받을 권리에 대한 헌법과 법률의 규정 및 취지에 비추어 보면, '형사사건에서 변호인의 조력을 받을 권리'를 의미한다고 보아야 할 것이므로 형사절차가 종료되어 교정시설에 수용 중인 수형자나 미결수용자가 형사사건의 변호인이 아닌 민사재판, 행정재판, 헌법재판 등에서 변호사와 접견할 경우에는 원칙적으로 헌법상 변호인의 조력을 받을 권리의 주체가 될 수 없다(헌재 2013.8.29, 2011헌마122).

② [×] 신원확인 목적의 지문채취는 영장주의가 적용되지 않지만, 수사상 필요에 의하여 수사기관이 직접강제에 의하여 지문을 채취하려 하는 경우에는 반드시 법관이 발부한 영장에 의하여야 한다(헌재 2004.9.23, 2002헌가17).

③ [×] 치료감호의 기간을 미리 법정하지 않고 계속 수용하여 치료할 수 있도록 하는 것은 정신장애자의 개선 및 재활과 사회의 안전에 모두 도움이 되고 이로서 달성되는 사회적 공익은 상당히 크다고 할 수 있다. 한편, 피치료감호자는 계속적인 치료감호를 통하여 정신장애로부터의 회복을 기대할 수 있는 이익도 있을 뿐만 아니라, 가종료, 치료위탁 등 법적 절차를 통하여 장기수용의 폐단으로부터 벗어날 수도 있으므로, 이 사건 법률조항이 치료감호에 기간을 정하지 아니함으로 말미암아 초래될 수 있는 사익의 침해는 그로써 얻게 되는 공익에 비하여 크다고 볼 수 없다. 따라서 이 사건 법률조항은 과잉금지의 원칙에 위배되지 아니하므로 청구인의 신체의 자유를 침해하는 것이라고 볼 수 없다(헌재 2005.2.3, 2003헌바1).

정답 ④

④ [×] 형사소송법 제34조가 규정한 변호인의 접견교통권은 신체구속을 당한 피고인이나 피의자의 인권보장과 방어준비를 위하여 필수불가결한 권리이므로, 법령에 의한 제한이 없는 한 수사기관의 처분은 물론, 법원의 결정으로도 이를 제한할 수 없는 것이다(대결 1990.2.13, 89모37).

① [○] 행정상 즉시강제는 상대방의 임의이행을 기다릴 시간적 여유가 없을 때 하명 없이 바로 실력을 행사하는 것으로서, 그 본질상 급박성을 요건으로 하고 있어 법관의 영장을 기다려서는 그 목적을 달성할 수 없다고 할 것이므로, 원칙적으로 영장주의가 적용되지 않는다고 보아야 할 것이다. 만일 어떤 법률조항이 영장주의를 배제할 만한 합리적인 이유가 없을 정도로 급박성이 인정되지 아니함에도 행정상 즉시강제를 인정하고 있다면, 이러한 법률조항은 이미 그 자체로 과잉금지의 원칙에 위반되는 것으로서 위헌이라고 할 것이다(헌재 2002.10.31, 2000헌가12).

② [○] 교도소 내 엄중격리대상자에 대하여 이동시 계구를 사용하고 교도관이 동행계호하는 행위 및 1인 운동장을 사용하게 하는 처우는 신체의 자유를 과도하게 제한하는 것이 아니다(헌재 2008.5.29, 2005헌마137).

③ [○] 형법 제57조 제1항은 해당 법관으로 하여금 미결구금일수를 형기에 산입하되, 그 산입범위는 재량에 의하여 결정하도록 하고 있는바, 미결구금을 허용하는 것 자체가 헌법상 무죄추정의 원칙에서 파생되는 불구속수사의 원칙에 대한 예외인데, 형법 제57조 제1항 중 '또는 일부' 부분은 그 미결구금일수 중 일부만을 본형에 산입할 수 있도록 규정하여 그 예외에 대하여 사실상 다시 특례를 설정함으로써, 기본권 중에서도 가장 본질적인 신체의 자유에 대한 침해를 가중하고 있다. … 미결구금은 신체의 자유를 침해받는 피의자 또는 피고인의 입장에서 보면 실질적으로 자유형의 집행과 다를 바 없으므로, 인권보호 및 공평의 원칙상 형기에 전부 산입되어야 한다. 따라서 형법 제57조 제1항 중 '또는 일부' 부분은 헌법상 무죄추정의 원칙 및 적법절차의 원칙 등을 위배하여 합리성과 정당성 없이 신체의 자유를 침해한다(헌재 2009.6.25, 2007헌바25).

정답 ①

① [×] 폭력행위 등 처벌에 관한 법률 규정은 '다중의 위력으로써' 주거침입의 범죄를 범한 자를 형사처벌하고 있는바, 이 사건 규정의 '다중'은 단체를 구성하지는 못하였으나 다수인이 모여 집합을 이루고 있는 것을 말하는 것으로서 집단적 위력을 보일 정도의 다수 혹은 그에 의해 압력을 느끼게 해 불안을 줄 정도의 다수를 의미하고, '위력'이라 함은 다중의 형태로 집결한 다수 인원으로 사람의 의사를 제압하기에 족한 세력을 의미한다고 할 것이다. 따라서 이 사건 규정은 죄형법정주의의 명확성원칙에 위반된다고 볼 수 없다(헌재 2008.11.27, 2007헌가24).

② [○] 형사절차가 종료되어 교정시설에 수용 중인 수형자는 원칙적으로 변호인의 조력을 받을 권리의 주체가 될 수 없다(헌재 1998.8.27, 96헌마398).

③ [○] 운전면허 취소처분은 형법상에 규정된 형(刑)이 아니고, 그 절차도 일반 형사소송절차와는 다를 뿐만 아니라, 주취 중 운전금지라는 행정상 의무의 존재를 전제하면서 그 이행을 확보하기 위해 마련된 수단이라는 점에서 형벌과는 다른 목적과 기능을 가지고 있다고 할 것이므로, 운전면허 취소처분을 이중처벌금지원칙에서 말하는 "처벌"로 보기 어렵다. 따라서 주취 중 운전 금지규정을 2회 이상 위반한 사람이 다시 이를 위반한 때에는 운전면허를 필요적으로 취소하도록 규정하고 있는 이 사건 법률조항은 이중처벌금지원칙에 위반되지 아니한다(헌재 2010.3.25, 2009헌바83).

④ [○] 헌재 2004.9.23, 2000헌마138

208 정답 ②

② [×] 심판대상조항이 정한 보호입원제도는 입원의 필요성에 대한 판단에 있어 객관성과 공정성을 담보할 만한 장치를 두고 있지 않고, 보호입원 대상자의 의사 확인이나 부당한 강제입원에 대한 불복제도도 충분히 갖추고 있지 아니하여, 보호입원 대상자의 신체의 자유를 과도하게 제한하고 있어, 침해의 최소성에 반한다. … 심판대상조항은 단지 보호의무자 2인의 동의와 정신과전문의 1인의 판단만으로 정신질환자에 대한 보호입원이 가능하도록 하면서 정신질환자의 신체의 자유 침해를 최소화할 수 있는 적절한 방안을 마련하지 아니함으로써 지나치게 기본권을 제한하고 있다. 따라서 심판대상조항은 법익의 균형성 요건도 충족하지 못한다. 심판대상조항은 과잉금지원칙을 위반하여 신체의 자유를 침해한다(헌재 2016.9.29, 2014헌가9).

① [O] 마약류는 중독성 등으로 교정시설로 반입되어 수용자가 복용할 위험성이 상존하고, 수용자가 마약류를 복용할 경우 그 수용자의 수용목적이 근본적으로 훼멸될 뿐만 아니라 다른 수용자들에 대한 위해로 인한 사고로 이어질 수 있으므로, 소변채취를 통한 마약류반응검사가 월 1회씩 정기적으로 행하여진다 하여도 이는 마약류의 반입 및 복용사실을 조기에 발견하고 마약류의 반입시도를 사전에 차단함으로써 교정시설 내의 안전과 질서유지를 위하여 필요하고, 마약의 복용 여부는 외부관찰 등에 의해서는 발견될 수 없으며, 징벌 등 제재처분 없이 자발적으로 소변을 받아 제출하도록 한 후, 3분 내의 짧은 시간에, 시약을 떨어뜨리는 간단한 방법으로 실시되므로, 대상자가 소변을 받아 제출하는 하기 싫은 일을 하여야 하고 자신의 신체의 배출물에 대한 자기결정권이 다소 제한된다고 하여도, 그것만으로는 소변채취의 목적 및 검사방법 등에 비추어 과잉금지의 원칙에 반한다고 할 수 없다(헌재 2006.7.27, 2005헌마277).

③ [O] 죄형법정주의에서 파생되는 명확성의 원칙은 법률이 처벌하고자 하는 행위가 무엇이며 그에 대한 형벌이 어떠한 것인지를 누구나 예견할 수 있고, 그에 따라 자신의 행위를 결정할 수 있도록 구성요건을 명확하게 규정할 것을 요구하고 있다(헌재 2000.6.29, 98헌가10).

④ [O] 이중처벌금지의 원칙은 처벌 또는 제재가 '동일한 행위'를 대상으로 행해질 때에 적용될 수 있는 것이고, 그 대상이 동일한 행위인지의 여부는 기본적 사실관계가 동일한지 여부에 의하여 가려야 할 것이다(헌재 2004.2.26, 2001헌바80).

209 정답 ③

③ [×] 참고인은 수사의 협조자에 불과하므로 원칙적으로 출석의무가 없는 점, 입법론적으로 특별검사가 참고인을 강제로 소환할 절실한 필요가 있는 경우 법관에게 그 소환을 요청하여 법관의 명령으로 참고인을 소환하도록 하더라도 수사의 목적 달성에 큰 지장이 없는 점, 특별검사는 형사소송법상 출석요구에 응하지 않는 참고인에 대하여 증거보전절차(제184조) 또는 제1회 공판기일 전 증인신문의 청구(제221조의2) 절차에 의하여 '진상을 규명하기 위해 필수불가결한 참고인의 진술을 확보'할 수 있는 점 등에 비추어 보면, 이 사건 동행명령조항에 의한 신체의 자유의 제한이 입

법목적 달성을 위한 필요한 최소한에 그쳤다고는 볼 수 없다. 또한 참고인 진술의 수사상 효용가치에 한계가 있기 때문에 이 사건 동행명령조항으로 달성하고자 하는 '진상을 규명하기 위해 필수불가결한 참고인의 진술 확보'라는 공익은 그 실현 여부가 분명하지 않은 데 반하여, 위 조항으로 인하여 청구인들이 감수해야 할 신체의 자유에 대한 침해는 지나치게 크다. 결국 이 사건 동행명령조항은 과잉금지원칙에 위배하여 청구인들의 신체의 자유와 평등권을 침해한다(헌재 2008.1.10, 2007헌마1468).

① [O] 이러한 진술거부권은 형사절차에서만 보장되는 것은 아니고 행정절차이거나 국회에서의 질문 등 어디에서나 그 진술이 자기에게 형사상 불리한 경우에는 묵비권을 가지고 이를 강요받지 아니할 국민의 기본권으로 보장되며, 이는 고문 등 폭력에 의한 강요는 물론 법률에 의하여서도 진술을 강요당하지 아니함을 의미한다(헌재 2001.11.29, 2001헌바41).

② [O] 경찰서에 설치되어 있는 보호실은 영장대기자나 즉결대기자 등의 도주방지와 경찰업무의 편의 등을 위한 수용시설로서 사실상 설치, 운영되고 있으나 현행법상 그 설치근거나 운영 및 규제에 관한 법령의 규정이 없고, 이러한 보호실은 그 시설 및 구조에 있어 통상 철창으로 된 방으로 되어 있어 그 안에 대기하고 있는 사람들이나 그 가족들이 출입이 제한되는 등 일단 그 장소에 유치되는 사람은 그 의사에 기하지 아니하고 일정장소에 구금되는 결과가 되므로, 경찰관 직무집행법상 정신착란자, 주취자, 자살기도자 등 응급의 구호를 요하는 자를 24시간을 초과하지 아니하는 범위 내에서 경찰관서에 보호조치할 수 있는 시설로 제한적으로 운영되는 경우를 제외하고는 구속영장을 발부받음이 없이 피의자를 보호실에 유치함은 영장주의에 위배되는 위법한 구금으로서 적법한 공무수행이라고 볼 수 없다. … 피고인에 대한 공무집행방해죄에 대하여 무죄를 선고한 것은 정당하고, 거기에 소론과 같은 법리오해의 위법이 있다고 할 수 없다. 논지는 이유가 없다(대판 1994.3.11, 93도958).

④ [O] 이 사건 법률조항은 보호감호처분에 관하여 형집행법 제107조 제1호, 제6호를 준용하여 형사 법률에 저촉되는 행위 또는 규율 위반 행위를 한 피보호감호자에 대하여 불이익처분을 내릴 수 있도록 함으로써 수용시설의 안전과 공동생활의 질서를 유지하기 위한 것으로, 입법목적의 정당성이 인정된다. … 이 사건 법률조항이 달성하고자 하는 수용시설의 안전과 질서유지는 수용목적을 달성하기 위한 가장 기본적인 전제조건으로서 수용시설의 운영을 위한 필수불가결한 공익인 만큼 이 사건 법률조항으로 인하여 제한되는 청구인의 사익보다 결코 작다고 볼 수 없으므로, 이 사건 법률조항은 법익의 균형성도 갖추었다. 그러므로 이 사건 법률조항은 과잉금지원칙에 위배되어 청구인의 신체의 자유 등 기본권을 침해하지 않는다(헌재 2016.5.26, 2015헌바378).

210 정답 ①

① [×] 형사피고인이 스스로 변호인을 구할 수 없을 때에는 '법률이 정하는 바'에 의하여 국가가 변호인을 붙인다(헌법 제12조 제4항).

② [○]

> **헌법 제12조** ③ 체포·구속·압수 또는 수색을 할 때에는 적법한 절차에 따라 검사의 신청에 의하여 법관이 발부한 영장을 제시하여야 한다. 다만, 현행범인인 경우와 장기 3년 이상의 형에 해당하는 죄를 범하고 도피 또는 증거인멸의 염려가 있을 때에는 사후에 영장을 청구할 수 있다.

③ [○] 그러므로 피구속자를 조력할 변호인의 권리 중 그것이 보장되지 않으면 피구속자가 변호인으로부터 조력을 받는다는 것이 유명무실하게 되는 핵심적인 부분은, "조력을 받을 피구속자의 기본권"과 표리의 관계에 있기 때문에 이러한 핵심부분에 관한 변호인의 조력할 권리 역시 헌법상의 기본권으로서 보호되어야 한다(헌재 2003.3.27, 2000헌마474).

④ [○] 결국 법위반사실의 공표명령은 공소제기조차 되지 아니하고 단지 고발만 이루어진 수사의 초기단계에서 아직 법원의 유무죄에 대한 판단이 가려지지 아니하였는데도 관련 행위자를 유죄로 추정하는 불이익한 처분이 된다(헌재 2002.1.31, 2001헌바43).

211
정답 ②

② [×] 외국에서 실제로 형의 집행을 받았음에도 불구하고 우리 형법에 의한 처벌시 이를 전혀 고려하지 않는다면 신체의 자유에 대한 과도한 제한이 될 수 있으므로 그와 같은 사정은 어느 범위에서든 반드시 반영되어야 하고, 이러한 점에서 입법형성권의 범위는 다소 축소될 수 있다. … 이 사건 법률조항과 같이 우리 형법에 의한 처벌시 외국에서 받은 형의 집행을 전혀 반영하지 아니할 수도 있도록 한 것은 과잉금지원칙에 위배되어 신체의 자유를 침해한다(헌재 2015.5.28, 2013헌바129).

① [○] 피의자신문에 참여한 변호인이 피의자 옆에 앉는다고 하여 피의자 뒤에 앉는 경우보다 수사를 방해할 가능성이 높아진다거나 수사기밀을 유출할 가능성이 높아진다고 볼 수 없으므로, 이 사건 후방착석요구행위의 목적의 정당성과 수단의 적절성을 인정할 수 없다. … 따라서 이 사건 후방착석요구행위는 변호인인 청구인의 변호권을 침해한다(헌재 2017.11.30, 2016헌마503).

③ [○] 이 사건 법률조항은 수사기관이 법관에 의하여 발부된 영장 없이 일부 범죄 혐의자에 대하여 구속 등 강제처분을 할 수 있도록 규정하고 있을 뿐만 아니라, 그와 같이 영장 없이 이루어진 강제처분에 대하여 일정한 기간 내에 법관에 의한 사후영장을 발부받도록 하는 규정도 마련하지 아니함으로써, 수사기관이 법관에 의한 구체적 판단을 전혀 거치지 않고서도 임의로 불특정한 기간 동안 피의자에 대한 구속 등 강제처분을 할 수 있도록 하고 있는바, 이는 이 사건 법률조항의 입법목적과 그에 따른 입법자의 정책적 선택이 자의적이었는지 여부를 따질 필요도 없이 형식적으로 영장주의의 본질을 침해한다고 하지 않을 수 없다(헌재 2012.12.27, 2011헌가5).

④ [○] 장기형이 선고되는 경우 치료명령의 선고시점과 집행시점 사이에 상당한 시간적 간극이 있어 집행시점에서 발생할 수 있는 불필요한 치료와 관련한 부분에 대해서는 침해의 최소성과 법익균형성을 인정하기 어렵다. 따라서 이 사건 청구조항은 과잉금지원칙에 위배되지 아니하나, 이 사건 명령조항은 집행 시점에서 불필요한 치료를 막을 수 있는 절차가 마련되어 있지 않은 점으로 인하여 과잉금지원칙에 위배되어 치료명령 피청구인의 신체의 자유 등 기본권을 침해한다(헌재 2015.12.23, 2013헌가9).

212
정답 ④

④ [×] 군인 아닌 자가 유사군복을 입고 군인임을 사칭하여 군인에 대한 국민의 신뢰를 실추시키는 행동을 하는 등 군에 대한 신뢰 저하 문제로 이어져 향후 발생할 국가안전보장상의 부작용을 상정해볼 때, 단지 유사군복의 착용을 금지하는 것으로는 입법목적을 달성하기에 부족하고, 유사군복을 판매목적으로 소지하는 것까지 금지하여 유사군복이 유통되지 않도록 하는 사전적 규제조치가 불가피하다. … 이를 판매목적으로 소지하지 못하여 입는 개인의 직업의 자유나 일반적 행동의 자유의 제한 정도는, 국가안전을 보장하고자 하는 공익에 비하여 결코 중하다고 볼 수 없다. 따라서 심판대상조항은 과잉금지원칙을 위반하여 직업의 자유 내지 일반적 행동의 자유를 침해한다고 볼 수 없다(헌재 2019.4.11, 2018헌가14).

① [○] 이 사건에서 피청구인(검사)은 법원의 이 사건 열람·등사 허용 결정 이후 이 사건 수사서류에 대한 열람은 허용하고 등사만을 거부하였는바, 변호인이 수사서류를 열람은 하였지만 등사가 허용되지 않는다면, 변호인은 형사소송절차에서 청구인들에게 유리한 수사서류의 내용을 법원에 현출할 수 있는 방법이 없어 불리한 지위에 놓이게 되고, 그 결과 청구인들을 충분히 조력할 수 없음이 명백하다. 따라서 피청구인(검사)이 이 사건 수사서류에 대한 등사만을 거부하였다 하더라도 청구인들의 신속·공정한 재판을 받을 권리 및 변호인의 조력을 받을 권리가 침해되었다고 보아야 한다(헌재 2017.12.28, 2015헌마632).

② [○] 이 사건 변호인 접견신청 거부는 현행법상 아무런 법률상 근거가 없이 청구인의 변호인의 조력을 받을 권리를 제한한 것이므로, 청구인의 변호인의 조력을 받을 권리를 침해한 것이다. 또한 청구인에게 변호인 접견신청을 허용한다고 하여 국가안전보장, 질서유지, 공공복리에 어떠한 장애가 생긴다고 보기는 어렵고, 필요한 최소한의 범위 내에서 접견 장소 등을 제한하는 방법을 취한다면 국가안전보장이나 환승구역의 질서유지 등에 별다른 지장을 주지 않으면서도 청구인의 변호인 접견권을 제대로 보장할 수 있다. 따라서 이 사건 변호인 접견신청 거부는 국가안전보장이나 질서유지, 공공복리를 위해 필요한 기본권 제한 조치로 볼 수도 없다(헌재 2018.5.31, 2014헌마346).

③ [○]

> **헌법 제12조** ③ 체포·구속·압수 또는 수색을 할 때에는 적법한 절차에 따라 검사의 신청에 의하여 법관이 발부한 영장을 제시하여야 한다. 다만, 현행범인인 경우와 장기 3년 이상의 형에 해당하는 죄를 범하고 도피 또는 증거인멸의 염려가 있을 때에는 사후에 영장을 청구할 수 있다.

213
정답 ②

② [×] 이 사건 법률조항 중 '정치적 목적을 지닌 행위'에 관한 부분은 법적용기관인 법관의 보충적 법해석을 통하여도 그 규범내용이 확정될 수 없는 모호하고 막연한 개념을 사용하고 있으므로 명확성원칙에 위반되어 청구인의 결사의 자유와 정치적 표현의 자유를 침해한다(헌재 2021.11.25, 2019헌마534).

① [○] 물론 입법에 있어서 추상적 가치개념의 사용이 필요한 것은 일반적으로 부인할 수 없고, "공익"이라는 개념을 사용하는 것이 언제나 허용되지 않는다고 단정할 수도 없다. 법률의 입법목적, 규율의 대상이 되는 법률관계나 행위의 성격, 관련 법규범의 내용 등에 따라서는 그러한 개념의 사용이 허용되는 경우도 있을 수 있을 것이다. 그러나 '허위의 통신'이라는 행위 자체에 내재된 위험성이나 전기통신의 효율적 관리와 발전을 추구하는 전기통신기본법의 입법목적을 고려하더라도 확정될 수 없는 막연한 "공익" 개념을 구성요건요소로 삼아서 표현행위를 규제하고, 나아가 형벌을 부과하는 이 사건 법률조항은 표현의 자유에서 요구하는 명확성의 요청 및 죄형법정주의의 명확성 원칙에 부응하지 못하는 것이라 할 것이다. 따라서, 이 사건 법률조항은 명확성의 원칙에 위배하여 헌법에 위반된다(헌재 2010.12.28, 2008헌바157).

③ [○] 특정 행위가 청원경찰로서 품위를 손상하는 행위인지 여부는 청원경찰의 구체적 언행과 그에 대한 내부의 평가 및 국민 일반의 인식, 해당 행위가 사회에 미치는 파장 등을 종합적으로 고려하여 구체적으로 판단할 수 있을 것이다. 따라서 이 사건 품위손상조항은 명확성원칙에 위배되지 않는다(헌재 2022.5.26, 2019헌바530).

④ [○] 심판대상조항의 불명확성을 해소하기 위해 노출이 허용되지 않는 신체부위를 예시적으로 열거하거나 구체적으로 특정하여 분명하게 규정하는 것이 입법기술상 불가능하거나 현저히 곤란하지도 않다. 예컨대 이른바 '바바리맨'의 성기 노출행위를 규제할 필요가 있다면 노출이 금지되는 신체부위를 '성기'로 명확히 특정하면 될 것이다. 따라서 심판대상조항은 죄형법정주의의 명확성원칙에 위배된다(헌재 2016.11.24, 2016헌가3).

214
정답 ③

③ [×] 현행 보호입원제도가 입원치료·요양을 받을 정도의 정신질환이 어떤 것인지에 대해서는 구체적인 기준을 제시하지 않고 있는 점, 보호의무자 2인의 동의를 보호입원의 요건으로 하면서 보호의무자와 정신질환자 사이의 이해충돌을 적절히 예방하지 못하고 있는 점, 입원의 필요성이 인정되는지 여부에 대한 판단권한을 정신과전문의 1인에게 전적으로 부여함으로써 그의 자의적 판단 또는 권한의 남용 가능성을 배제하지 못하고 있는 점 … 등을 종합하면, 심판대상조항은 침해의 최소성원칙에 위배된다. 심판대상조항이 정신질환자를 신속·적정하게 치료하고, 정신질환자 본인과 사회의 안전을 도모한다는 공익을 위한 것임은 인정되나, 정신질환자의 신체의 자유 침해를 최소화할 수 있는 적절한 방안을 마련하지 아니함으로써 지나치게 기본권을 제한하고 있다. 따

라서 심판대상조항은 법익의 균형성 요건도 충족하지 못한다. 그렇다면 심판대상조항은 과잉금지원칙을 위반하여 신체의 자유를 침해한다(헌재 2016.9.29, 2014헌가9).

① [○] 형벌법규는 문언에 따라 엄격하게 해석·적용하여야 하고 피고인에게 불리한 방향으로 지나치게 확장해석하거나 유추해석하여서는 아니 되지만, 형벌법규의 해석에서도 법률문언의 통상적인 의미를 벗어나지 않는 한 그 법률의 입법취지와 목적, 입법연혁 등을 고려한 목적론적 해석이 배제되는 것은 아니라고 할 것이다[대판 2002.2.21, 2001도2819(전합)].

② [○] 강제퇴거명령을 받은 사람을 즉시 대한민국 밖으로 송환할 수 없으면 송환할 수 있을 때까지 보호시설에 보호할 수 있도록 규정한 출입국관리법 제63조 제1항은 과잉금지원칙에 반하여 신체의 자유를 침해한다.

④ [○] 이 사건 법률조항에 의하여 피의자 등이 압수수색 사실을 사전 통지받을 권리 및 이를 전제로 한 참여권을 일정 정도 제한받게 되기는 하지만, 그 제한은 '사전통지에 의하여 압수수색의 목적을 달성할 수 없는 예외적인 경우'로 한정되어 있고, … 이와 같은 제한을 통해 압수수색제도가 전자우편에 대하여도 실효적으로 기능하도록 함으로써 실체적 진실 발견 및 범죄수사의 목적을 달성할 수 있도록 하여야 할 공익은 매우 크다고 할 수 있는 점 등을 종합해 보면, 이 사건 법률조항에 의하여 형성된 절차의 내용이 적법절차원칙에서 도출되는 절차적 요청을 무시하였다거나 비례의 원칙이나 과잉금지원칙을 위반하여 합리성과 정당성을 상실하였다고 볼 수 없다(헌재 2012.12.27, 2011헌바225).

215
정답 ③

③ [○] 변호인의 조력을 받을 권리는 변호인과 미결수용자 사이의 접견뿐만 아니라 서신교환에도 적용되어 그 비밀이 보장될 것을 요구한다(헌재 1995.7.21, 92헌마144).

① [×] 범죄의 피의자로 입건된 사람들에게 경찰공무원이나 검사의 신문을 받으면서 자신의 신원을 밝히지 않고 지문채취에 불응하는 경우 형사처벌을 통하여 지문채취를 강제하는 이 사건 법률조항은 수사기관이 직접 물리적 강제력을 행사하여 피의자에게 강제로 지문을 찍도록 하는 것을 허용하는 규정이 아니며 형벌에 의한 불이익을 부과함으로써 심리적·간접적으로 지문채취를 강요하고 있으므로 피의자가 본인의 판단에 따라 수용 여부를 결정한다는 점에서 궁극적으로 당사자의 자발적 협조가 필수적임을 전제로 하므로 물리력을 동원하여 강제로 이루어지는 경우와는 질적으로 차이가 있다(헌재 2004.9.23, 2002헌가17).

② [×] 변호인의 조력을 받을 권리에 대한 헌법과 법률의 규정 및 취지에 비추어 보면, '형사사건에서 변호인의 조력을 받을 권리'를 의미한다고 보아야 할 것이므로 형사절차가 종료되어 교정시설에 수용 중인 수형자나 미결수용자가 형사사건의 변호인이 아닌 민사재판, 행정재판, 헌법재판 등에서 변호사와 접견할 경우에는 원칙적으로 헌법상 변호인의 조력을 받을 권리의 주체가 될 수 없다(헌재 2013.8.29, 2011헌마122).

④ [×] 변호인의 조력을 받을 권리를 보장하는 목적은 피의자 또는 피고인의 방어권 행사를 보장하기 위한 것이므로, 미결수용자 또는 변호인이 원하는 특정한 시점에 접견이 이루어지지 못하였다 하더라도 그것만으로 곧바로 변호인의 조력을 받을 권리가 침해되었다고 단정할 수는 없는 것이고, 변호인의 조력을 받을 권리가 침해되었다고 하기 위해서는 접견이 불허된 특정한 시점을 전후한 수사 또는 재판의 진행 경과에 비추어 보아, 그 시점에 접견이 불허됨으로써 피의자 또는 피고인의 방어권 행사에 어느 정도는 불이익이 초래되었다고 인정할 수 있어야만 하며, 그 시점을 전후한 변호인 접견의 상황이나 수사 또는 재판의 진행 과정에 비추어 미결수용자가 방어권을 행사하기 위해 변호인의 조력을 받을 기회가 충분히 보장되었다고 인정될 수 있는 경우에는, 비록 미결수용자 또는 그 상대방인 변호인이 원하는 특정 시점에는 접견이 이루어지지 못하였다 하더라도 변호인의 조력을 받을 권리가 침해되었다고 할 수 없다(헌재 2011.5.26, 2009헌마341).

216

정답 ②

② [×] 변호사법 제15조에서 변호사에 대해 형사사건으로 공소가 제기되었다는 사실만으로 업무정지명령을 발하게 한 것은 아직 <u>유무죄가 가려지지 아니한 범죄의 혐의사실뿐 확증없는 상태에서 유죄로 추정하는 것이 되며 이를 전제로 한 불이익한 처분</u>이라 할 것이다. … 변호사법 제15조의 규정에 의하여 입는 불이익은 죄가 없는 자에 준하는 취급이 아님은 말할 것도 없고, 불이익을 입히는데 앞서 본 바와 같이 필요한 요건, 불이익처분의 기관구성, 절차 및 불이익의 정도 등에 있어서 비례의 원칙이 준수되었다고 보기 어려울 것으로 헌법의 위 규정을 어긴 것이라 할 것이다(헌재 1990.11.19, 90헌가48).

① [○]

> **헌법 제12조** ⑤ 누구든지 체포 또는 구속의 이유와 변호인의 조력을 받을 권리가 있음을 고지받지 아니하고는 체포 또는 구속을 당하지 아니한다. 체포 또는 구속을 당한 자의 가족 등 법률이 정하는 자에게는 그 이유와 일시·장소가 지체 없이 통지되어야 한다.

③ [○] 변호인의 수사서류 열람·등사권은 피고인의 신속·공정한 재판을 받을 권리 및 변호인의 조력을 받을 권리라는 헌법상 기본권의 중요한 내용이자 구성요소이며 이를 실현하는 구체적인 수단이 된다(헌재 2010.6.24, 2009헌마257).

④ [○] 불법체류 외국인에 대한 보호 또는 긴급보호의 경우에도 출입국관리법이 정한 요건에 해당하지 않거나 법률이 정한 절차를 위반하는 때에는 적법절차원칙에 반하여 신체의 자유 등 기본권을 침해하게 된다(헌재 2012.8.23, 2008헌마430).

217

정답 ③

③ [×] 우리 헌법은 변호인의 조력을 받을 권리가 불구속 피의자·피고인 모두에게 포괄적으로 인정되는지 여부에 관하여 명시적으로 규율하고 있지는 않지만, 불구속 피의자의 경우에도 변호인의 조력을 받을 권리는 우리 헌법에 나타난 법치국가원리, 적법절차원칙에서 인정되는 당연한 내용이고, 헌법 제12조 제4항도 이를 전제로 특히 신체구속을 당한 사람에 대하여 변호인의 조력을 받을 권리의 중요성을 강조하기 위하여 별도로 명시하고 있다. 피의자·피고인의 구속 여부를 불문하고 조언과 상담을 통하여 이루어지는 변호인의 조력자로서의 역할은 변호인선임권과 마찬가지로 변호인의 조력을 받을 권리의 내용 중 가장 핵심적인 것이고, 변호인과 상담하고 조언을 구할 권리는 변호인의 조력을 받을 권리의 내용 중 구체적인 입법형성이 필요한 다른 절차적 권리의 필수적인 전제요건으로서 변호인의 조력을 받을 권리 그 자체에서 막바로 도출되는 것이다. 불구속 피의자나 피고인의 경우 형사소송법상 특별한 명문의 규정이 없더라도 스스로 선임한 변호인의 조력을 받기 위하여 변호인을 옆에 두고 조언과 상담을 구하는 것은 수사절차의 개시에서부터 재판절차의 종료에 이르기까지 언제나 가능하다. 따라서 불구속 피의자가 피의자신문시 변호인을 대동하여 신문과정에서 조언과 상담을 구하는 것은 신문과정에서 필요할 때마다 퇴거하여 변호인으로부터 조언과 상담을 구하는 번거로움을 피하기 위한 것으로서 불구속 피의자가 피의자신문장소를 이탈하여 변호인의 조언과 상담을 구하는 것과 본질적으로 아무런 차이가 없다. 형사소송법 제243조는 피의자신문시 의무적으로 참여하여야 하는 자를 규정하고 있을 뿐 적극적으로 위 조항에서 규정한 자 이외의 자의 참여나 입회를 배제하고 있는 것은 아니다. 따라서 불구속 피의자가 피의자신문시 변호인의 조언과 상담을 원한다면, 위법한 조력의 우려가 있어 이를 제한하는 다른 규정이 있고 그가 이에 해당한다고 하지 않는 한 수사기관은 피의자의 위 요구를 거절할 수 없다(헌재 2004.9.23, 2000헌마138).

① [○] 형사법상 책임원칙은 기본권의 최고이념인 인간의 존엄과 가치에 근거한 것으로, 형벌은 범행의 경중과 행위자의 책임, 즉 형벌 사이에 비례성을 갖추어야 함을 의미한다(헌재 2004.12.16, 2003헌가12).

② [○] 징역형 수형자에게 정역의무를 부과하는 형법 제67조는 신체의 자유를 침해하지 아니한다(헌재 2012.11.29, 2011헌마318).

④ [○]

> **헌법 제12조** ⑦ 피고인의 자백이 고문·폭행·협박·구속의 부당한 장기화 또는 기망 기타의 방법에 의하여 자의로 진술된 것이 아니라고 인정될 때 또는 정식재판에 있어서 피고인의 자백이 그에게 불리한 유일한 증거일 때에는 이를 유죄의 증거로 삼거나 이를 이유로 처벌할 수 없다.

218　　　　　　　　　　　　　　　　　　정답 ②

㉠ [×] 심판대상조항에 의한 영창처분은 그 실질이 구류형의
집행과 유사하게 운영되므로 극히 제한된 범위에서 형사상
절차에 준하는 방식으로 이루어져야 하는데, 영창처분이 가
능한 징계사유는 지나치게 포괄적이고 기준이 불명확하여
영창처분의 보충성이 담보되고 있지 아니한 점, 심판대상조
항은 징계위원회의 심의·의결과 인권담당 군법무관의 적법
성 심사를 거치지만, 모두 징계권자의 부대 또는 기관에 설
치되거나 소속된 것으로 형사절차에 견줄만한 중립적이고
객관적인 절차라고 보기 어려운 점, 심판대상조항으로 달성
하고자 하는 목적은 인신구금과 같이 징계를 중하게 하는 것
으로 달성되는 데 한계가 있고, 병의 비위행위를 개선하고
행동을 교정할 수 있도록 적절한 교육과 훈련을 제공하는 것
등으로 가능한 점, 이와 같은 점은 일본, 독일, 미국 등 외국
의 입법례를 살펴보더라도 그러한 점 등에 비추어 심판대상
조항은 침해의 최소성원칙에 어긋난다(헌재 2020.9.24,
2017헌바157).

㉡ [O] 헌법에 규정된 영장신청권자로서의 검사는 검찰권을
행사하는 국가기관인 검사로서 공익의 대표자이자 수사단계
에서의 인권옹호기관으로서의 지위에서 그에 부합하는 직무
를 수행하는 자를 의미하는 것이지, 검찰청법상 검사만을
지칭하는 것으로 보기 어렵다. 실제로 군사법원법 및 '특별
검사의 임명 등에 관한 법률' 등에 의하여 검찰청법상 검사
외에 군검사와 특별검사도 영장신청권을 행사한다. 군검사
와 특별검사는 검찰청법상 검사에 해당하지는 않으나 검찰
권을 행사하는 국가기관으로서 수사단계에서 다른 수사기관
을 지휘·감독하여 수사대상자의 인권을 보호하는 역할을
하고 법률전문가로서의 자격 또한 갖추고 있으므로, 검찰청
법상 검사와 마찬가지로 수사단계에서 영장을 신청할 수 있
도록 규정되어 있다 할 것이다. 따라서 헌법에 규정된 영장
신청권자로서의 '검사'가 '검찰청법상 검사'에 한정된다고
할 수 없다(헌재 2021.1.28, 2020헌마264).

㉢ [×] 강제퇴거명령을 받은 사람을 보호함에 있어 그 기간의
상한을 두고 있는 국제적 기준이나 외국의 입법례에 비추어
볼 때 보호기간의 상한을 정하는 것이 불가능하다고 볼 수
없는 점, 강제퇴거명령의 집행 확보는 심판대상조항에 의한
보호 외에 주거지 제한이나 보고, 신원보증인의 지정, 적정한
보증금의 납부, 감독관 등을 통한 지속적인 관찰 등 다양한
수단으로도 가능한 점, 현행 보호일시해제제도나 보호명령에
대한 이의신청, 보호기간 연장에 대한 법무부장관의 승인제
도만으로는 보호기간의 상한을 두지 않은 문제가 보완된다고
보기 어려운 점 등을 고려하면, 심판대상조항은 침해의 최소
성과 법익균형성을 충족하지 못한다. 따라서 심판대상조항은
과잉금지원칙을 위반하여 피보호자의 신체의 자유를 침해한
다(헌재 2023.3.23, 2020헌가1).

㉣ [O] 심판대상조항은 체포영장을 발부받아 피의자를 체포하
는 경우에 '필요한 때'에는 영장 없이 타인의 주거 등 내에
서 피의자 수사를 할 수 있다고 규정함으로써, 별도로 영장
을 발부받기 어려운 긴급한 사정이 있는지 여부를 구별하지
아니하고 피의자가 소재할 개연성이 있으면 영장 없이 타인
의 주거 등을 수색할 수 있도록 허용하고 있다. 이는 체포영
장이 발부된 피의자가 타인의 주거 등에 소재할 개연성은

인정되나, 수색에 앞서 영장을 발부받기 어려운 긴급한 사
정이 인정되지 않는 경우에도 영장 없이 피의자 수색을 할
수 있다는 것이므로, 위에서 본 헌법 제16조의 영장주의 예
외요건을 벗어난다(헌재 2018.4.26, 2015헌바370).

㉤ [×] 기지국수사는 통신비밀보호법이 정한 강제처분에 해당
되므로 헌법상 영장주의가 적용된다. 헌법상 영장주의의 본
질은 강제처분을 함에 있어 중립적인 법관이 구체적 판단을
거쳐야 한다는 점에 있는바, 이 사건 허가조항은 수사기관
이 전기통신사업자에게 통신사실 확인자료 제공을 요청함에
있어 관할 지방법원 또는 지원의 허가를 받도록 규정하고
있으므로 헌법상 영장주의에 위배되지 아니한다(헌재 2018.
6.28, 2012헌마538).

219　　　　　　　　　　　　　　　　　　정답 ③

③ [×] 헌법 제12조 제1항의 적법절차원칙은 형사소송절차에
국한되지 않고 모든 국가작용 전반에 대하여 적용되므로, 전
투경찰순경의 인신구금을 내용으로 하는 영창처분에 있어서
도 적법절차원칙이 준수되어야 한다. 그런데 전투경찰순경
에 대한 영창처분은 그 사유가 제한되어 있고, 징계위원회의
심의절차를 거쳐야 하며, 징계 심의 및 집행에 있어 징계대
상자의 출석권과 진술권이 보장되고 있다. 또한 소청과 행정
소송 등 별도의 불복절차가 마련되어 있고 소청에서 당사자
의견진술 기회 부여를 소청결정의 효력에 영향을 주는 중요
한 절차적 요건으로 규정하는바, 이러한 점들을 종합하면 이
사건 영창조항이 헌법에서 요구하는 수준의 절차적 보장 기
준을 충족하지 못했다고 볼 수 없으므로 헌법 제12조 제1항
의 적법절차원칙에 위배되지 아니한다(헌재 2016.3.31,
2013헌바190).

① [O] 민간 전문가가 기금 운용 정책 전반에 관하여 문화체
육관광부장관을 보좌하는 직무를 수행함에 있어서 청렴성이
나 공정성이 필요하다. 위 조항은 민간 전문가를 모든 영역
에서 공무원으로 의제하는 것이 아니라 직무의 불가매수성
을 담보한다는 요청에 의해 금품수수행위 등 직무 관련 비
리행위를 엄격히 처벌하기 위해 형법 제129조 등의 적용에
대하여만 공무원으로 의제하고 있으므로 입법목적 달성에
필요한 정도를 넘어선 과잉형벌이라고 할 수 없고, 신체의
자유 등 헌법상 기본권 제한의 정도가 달성하려는 공익에 비
하여 중하다고 할 수 없다. … 결론적으로 이 사건 공무원 의
제조항이 과잉금지원칙에 위배되어 청구인의 신체의 자유 등
헌법상 기본권을 침해한다고 볼 수 없다(헌재 2014.7.24,
2012헌바188).

② [O] '잔인성'에 대하여는 아직 판례상 그 개념규정이 확립
되지 않은 상태이고 그 사전적 의미는 "인정이 없고 모짊"
이라고 할 수 있는바, 이에 의하면 미성년자의 감정이나 의
지, 행동 등 그 정신생활의 모든 영역을 망라하는 것으로서
… 법 집행자의 자의적인 판단을 허용할 여지가 높다고 할
것이다. … "범죄의 충동을 일으킬 수 있게" 한다는 것이 과
연 확정적이든 미필적이든 고의를 품도록 하는 것에만 한정
되는 것인지, 인식의 유무를 가리지 않고 실제로 구성요건
에 해당하는 행위로 나아가게 하는 일체의 것을 의미하는
지, 더 나아가 단순히 그 행위에 착수하는 단계만으로도 충

분한 것인지, 그 결과까지 의욕하거나 실현하도록 하여야만
하는 것인지를 전혀 알 수 없다. … 이 사건 미성년자보호법
조항은 법관의 보충적인 해석을 통하여도 그 규범내용이 확
정될 수 없는 모호하고 막연한 개념을 사용함으로써 그 적
용범위를 법집행기관의 자의적인 판단에 맡기고 있으므로,
죄형법정주의에서 파생된 명확성의 원칙에 위배된다(헌재
2002.2.28, 99헌가8).
④ [○] 참고인에 대한 동행명령제도는 참고인의 신체의 자유
를 사실상 억압하여 일정 장소로 인치하는 것과 실질적으로
같으므로 헌법 제12조 제3항이 정한 영장주의원칙이 적용
되어야 한다. 그럼에도 불구하고 법관이 아닌 특별검사가
동행명령장을 발부하도록 하고 정당한 사유 없이 이를 거부
한 경우 벌금형에 처하도록 함으로써, 실질적으로는 참고인
의 신체의 자유를 침해하여 지정된 장소에 인치하는 것과 마
찬가지의 결과가 나타나도록 규정한 이 사건 동행명령조항
은 영장주의원칙을 규정한 헌법 제12조 제3항에 위반되거나
적어도 위 헌법상 원칙을 잠탈하는 것이다(헌재 2008.1.10,
2007헌마1468).

220 정답 ③

③ [×] 헌법재판소가 91헌마111 결정에서 미결수용자와 변
호인과의 접견에 대해 어떠한 명분으로도 제한할 수 없다고
한 것은 구속된 자와 변호인간의 접견이 실제로 이루어지는
경우에 있어서의 '자유로운 접견', 즉 '대화내용에 대하여 비
밀이 완전히 보장되고 어떠한 제한, 영향, 압력 또는 부당한
간섭 없이 자유롭게 대화할 수 있는 접견'을 제한할 수 없다
는 것이지, 변호인과의 접견 자체에 대해 아무런 제한도 가
할 수 없다는 것을 의미하는 것이 아니므로 미결수용자의
변호인 접견권 역시 국가안전보장·질서유지 또는 공공복리
를 위해 필요한 경우에는 법률로써 제한될 수 있음은 당연
하다(헌재 2011.5.26, 2009헌마341).
① [○] 헌법재판소는 변호인의 조력을 받을 권리가 수형자의
경우에도 그대로 보장되는지에 대하여, 변호인의 조력을 받
을 권리에 대한 헌법과 법률의 규정 및 취지에 비추어 보면
형사절차가 종료되어 교정시설에 수용 중인 수형자는 원칙
적으로 변호인의 조력을 받을 권리의 주체가 될 수 없다고
선언한 바 있다.
② [○] 헌법 제27조는 "모든 국민은 헌법과 법률이 정한 법관
에 의하여 법률에 의한 재판을 받을 권리를 가진다."고 규정
하여 재판청구권을 보장하고 있고 이때 재판을 받을 권리에
는 민사재판, 형사재판, 행정재판뿐 아니라 헌법재판도 포함
된다. 헌법 제27조 제1항이 규정하는 '법률에 의한' 재판청
구권을 보장하기 위해서는 입법자에 의한 재판청구권의 구
체적인 형성이 필요하지만, 이는 상당한 정도로 권리구제의
실효성이 보장되도록 하는 것이어야 한다. 따라서 현대 사
회의 복잡다단한 소송에서의 법률전문가의 증대되는 역할,
민사법상 무기 대등의 원칙 실현, 헌법소송의 변호사강제주
의 적용 등을 감안할 때 교정시설 내 수용자와 변호사 사이
의 접견교통권의 보장은 헌법상 보장되는 재판청구권의 한
내용 또는 그로부터 파생되는 권리로 볼 수 있다(헌재 2013.
8.29, 2011헌마122).

④ [○] 법원의 열람·등사 허용 결정에도 불구하고 검사가 이
를 신속하게 이행하지 아니하는 경우에는 해당 증인 및 서
류 등을 증거로 신청할 수 없는 불이익을 받는 것에 그치는
것이 아니라, 그러한 검사의 거부행위는 피고인의 열람·등
사권을 침해하고, 나아가 피고인의 신속·공정한 재판을 받
을 권리 및 변호인의 조력을 받을 권리까지 침해하게 되는
것이다(헌재 2010.6.24, 2009헌마257).

221 정답 ①

① [×] 검찰수사관인 피청구인이 피의자신문에 참여한 변호인
인 청구인에게 피의자 후방에 앉으라고 요구한 행위가 변호
인인 청구인의 변호권을 침해한다(헌재 2017.11.30, 2016
헌마503).
② [○] 불구속 피의자나 피고인의 경우 형사소송법상 특별한
명문의 규정이 없더라도 스스로 선임한 변호인의 조력을 받
기 위하여 변호인을 옆에 두고 조언과 상담을 구하는 것은
수사절차의 개시에서부터 재판절차의 종료에 이르기까지 언
제나 가능하다(헌재 2004.9.23, 2000헌마138).
③ [○] 변호인의 수사서류 열람·등사권은 피고인의 신속·공
정한 재판을 받을 권리 및 변호인의 조력을 받을 권리라는
헌법상 기본권의 중요한 내용이자 구성요소이며 이를 실현하
는 구체적인 수단이 된다(헌재 2010.6.24, 2009헌마257).
④ [○] 헌법 제12조 제4항의 변호인의 조력을 받을 권리는
신체의 자유에 관한 영역으로서 가사소송에서 당사자가 변
호사를 대리인으로 선임하여 그 조력을 받는 것을 그 보호
영역에 포함된다고 보기 어렵고, 이 사건 법률조항이 가사
소송의 당사자가 변호사의 조력을 얻어 소송수행을 하는 데
제약을 가하는 것도 아니므로, 재판청구권을 침해하는 것이
라 볼 수도 없다(헌재 2012.10.25, 2011헌마598).

222 정답 ①

① [×] 병의 복무규율준수를 강화하고, 복무기강을 엄정히 하
여 지휘명령체계를 확립하고 전투력을 제고하는 것은 징계
를 중하게 하는 것으로 달성되는 데는 한계가 있고, 병의 비
위행위를 개선하고 행동을 교정할 수 있도록 적절한 교육과
훈련을 제공하고, 비합리적인 병영 내 문화를 개선할 때 가
능할 것이다. 또한, 영창제도가 갖고 있는 위하력이 인신구금
보다는 병역법상 복무기간의 불산입에서 기인하는 바가 더
크다는 지적에 비추어 볼 때, 인신의 자유를 덜 제한하면서
도 병의 비위행위를 효율적으로 억지할 수 있는 징계수단을
강구하는 것은 얼마든지 가능하다고 볼 수 있다. … 심판대
상조항은 병의 신체의 자유를 필요 이상으로 과도하게 제한
하므로, 침해의 최소성원칙에 어긋난다(헌재 2020.9.24,
2017헌바157).
② [○] 신체의 자유는 신체의 안전성이 외부로부터의 물리적
인 힘이나 정신적인 위험으로부터 침해당하지 아니할 자유
와 신체활동을 임의적이고 자율적으로 할 수 있는 자유를
말한다(헌재 2016.9.29, 2014헌가9).
③ [○] 직장 변경을 제한하거나 특정한 직장에서 계속 근로를
강제하는 것이 곧바로 신체의 안전성을 침해한다거나 신체의

자유로운 이동과 활동을 제한하는 것이라고 볼 수는 없다. 또한 청구인들은 본안 심판대상조항들의 사업장 변경 제한이 법률과 적법한 절차에 따르지 않은 것이라 볼 만한 주장도 하지 않고 있다. 따라서 본안 심판대상조항들은 신체의 자유를 제한하지 아니한다(헌재 2021.12.23, 2020헌마395).

④ [O] 전동킥보드가 낼 수 있는 최고속도가 시속 25km라는 것은, 자전거보다 빨라 출근통행의 수요를 일정 부분 흡수할 수 있는 반면, 자전거도로에서 통행하는 다른 자전거보다 속도가 더 높아질수록 사고위험이 증가할 수 있는 측면을 고려한 기준 설정으로서, 전동킥보드 소비자의 자기결정권 및 일반적 행동자유권을 박탈할 정도로 지나치게 느린 정도라고 보기 어렵다. 심판대상조항은 과잉금지원칙을 위반하여 소비자의 자기결정권 및 일반적 행동자유권을 침해하지 아니한다(헌재 2020.2.27, 2017헌마1339).

223
정답 ②

② [×] 구속된 피의자 또는 피고인이 갖는 변호인 아닌 자와의 접견교통권은, 피구속자가 가족 등 외부와 연결될 수 있는 통로를 적절히 개방하고 유지함으로써 한편으로는 가족 등 타인과 교류하는 인간으로서의 기본적인 생활관계가 인신의 구속으로 인하여 완전히 단절되어 파멸에 이르는 것을 방지하고 다른 한편으로는 피의자 또는 피고인의 방어를 준비하기 위하여, 반드시 보장되지 않으면 안 되는 인간으로서의 기본적인 권리에 해당하므로 이는 성질상 헌법상의 기본권에 속한다고 보아야 할 것이다. 헌법재판소는, 비록 헌법에 열거되지는 아니하였지만, 헌법 제10조의 행복추구권에 포함되는 기본권의 하나로서 일반적 행동자유권을 인정하고 있는데 미결수용자의 접견교통권은 이러한 일반적 행동자유권으로부터 나온다고 보아야 할 것이고 다른 한편으로는 무죄추정의 원칙을 규정한 헌법 제27조 제4항도 미결수용자의 접견교통권 보장의 한 근거가 될 것이다(헌재 2003.11.27, 2002헌마193).

① [O]

> **형사소송법 제33조【국선변호인】** ① 다음 각 호의 어느 하나에 해당하는 경우에 변호인이 없는 때에는 법원은 직권으로 변호인을 선정하여야 한다.
> 2. 피고인이 미성년자인 때

③ [O] 미결수용자의 변호인 접견권 역시 국가안전보장·질서유지 또는 공공복리를 위해 필요한 경우에는 법률로써 제한될 수 있음은 당연하다(헌재 2011.5.26, 2009헌마341).

④ [O] 법원의 열람·등사 허용 결정에도 불구하고 검사가 이를 신속하게 이행하지 아니하는 경우에는 해당 증인 및 서류 등을 증거로 신청할 수 없는 불이익을 받는 것에 그치는 것이 아니라, 그러한 검사의 거부행위는 피고인의 열람·등사권을 침해하고, 나아가 피고인의 신속·공정한 재판을 받을 권리 및 변호인의 조력을 받을 권리까지 침해하게 되는 것이다(헌재 2010.6.24, 2009헌마257).

224
정답 ②

② [×] 법원이 검사의 열람·등사 거부처분에 정당한 사유가 없다고 판단하고 그러한 거부처분이 피고인의 헌법상 기본권을 침해한다는 취지에서 수사서류의 열람·등사를 허용하도록 명한 이상, 법치국가와 권력분립의 원칙상 검사로서는 당연히 법원의 그러한 결정에 지체 없이 따라야 하며, 이는 별건으로 공소제기되어 확정된 관련 형사사건 기록에 관한 경우에도 마찬가지이다(헌재 2022.6.30, 2019헌마356).

① [O] 우리 헌법은 변호인의 조력을 받을 권리가 불구속 피의자·피고인 모두에게 포괄적으로 인정되는지 여부에 관하여 명시적으로 규율하고 있지는 않지만, 불구속 피의자의 경우에도 변호인의 조력을 받을 권리는 우리 헌법에 나타난 법치국가원리, 적법절차원칙에서 인정되는 당연한 내용이고, 헌법 제12조 제4항도 이를 전제로 특히 신체구속을 당한 사람에 대하여 변호인의 조력을 받을 권리의 중요성을 강조하기 위하여 별도로 명시하고 있다. 피의자·피고인의 구속 여부를 불문하고 조언과 상담을 통하여 이루어지는 변호인의 조력자로서의 역할은 변호인선임권과 마찬가지로 변호인의 조력을 받을 권리의 내용 중 가장 핵심적인 것이고, 변호인과 상담하고 조언을 구할 권리는 변호인의 조력을 받을 권리의 내용 중 구체적인 입법형성이 필요한 다른 절차적 권리의 필수적인 전제요건으로서 변호인의 조력을 받을 권리 그 자체에서 막바로 도출되는 것이다(헌재 2004.9.23, 2000헌마138).

③ [O] 헌법 제12조 제4항 본문의 문언 및 헌법 제12조의 조문 체계, 변호인 조력권의 속성, 헌법이 신체의 자유를 보장하는 취지를 종합하여 보면 헌법 제12조 제4항 본문에 규정된 "구속"은 사법절차에서 이루어진 구속뿐 아니라, 행정절차에서 이루어진 구속까지 포함하는 개념이다. 따라서 헌법 제12조 제4항 본문에 규정된 변호인의 조력을 받을 권리는 행정절차에서 구속을 당한 사람에게도 즉시 보장된다(헌재 2018.5.31, 2014헌마346).

④ [O] 피의자·피고인의 구속 여부를 불문하고 조언과 상담을 통하여 이루어지는 변호인의 조력자로서의 역할은 변호인선임권과 마찬가지로 변호인의 조력을 받을 권리의 내용 중 가장 핵심적인 것이고, 변호인과 상담하고 조언을 구할 권리는 변호인의 조력을 받을 권리의 내용 중 구체적인 입법형성이 필요한 다른 절차적 권리의 필수적인 전제요건으로서 변호인의 조력을 받을 권리 그 자체에서 막바로 도출되는 것이다(헌재 2004.9.23, 2000헌마138).

225
정답 ①

① [×] 청구인은 이 사건 변호인 접견신청 거부가 있었을 당시 행정기관인 피청구인에 의해 송환대기실에 구속된 상태였으므로, 헌법 제12조 제4항 본문에 따라 변호인의 조력을 받을 권리가 있다. … 현행법상 청구인의 변호인조력권 제한의 근거 법률이 없다. 이 사건 변호인 접견신청 거부는 아무런 법률상 근거가 없다. … 이 사건 변호인 접견신청 거부는 국가안전보장이나 질서유지, 공공복리를 위해 필요한 기본권 제한 조치로 볼 수도 없다. 이 사건 변호인 접견신청 거부는 청구인의 변호인의 조력을 받을 권리를 침해하므로

헌법에 위반된다(헌재 2018.5.31, 2014헌마346).

② [O] 헌법 제12조 제4항은 "누구든지 체포 또는 구속을 당한 때에는 즉시 변호인의 조력을 받을 권리를 가진다."라고 규정함으로써 변호인의 조력을 받을 권리를 헌법상의 기본권으로 격상하여 이를 특별히 보호하고 있거니와 변호인의 "조력을 받을" 피구속자의 권리는 피구속자를 "조력할" 변호인의 권리가 보장되지 않으면 유명무실하게 된다. 그러므로 피구속자를 조력할 변호인의 권리 중 그것이 보장되지 않으면 피구속자가 변호인으로부터 조력을 받는다는 것이 유명무실하게 되는 핵심적인 부분은, "조력을 받을 피구속자의 기본권"과 표리의 관계에 있기 때문에 이러한 핵심부분에 관한 변호인의 조력할 권리 역시 헌법상의 기본권으로서 보호되어야 한다(헌재 2003.3.27, 2000헌마474).

③ [O] 법원의 열람·등사 허용 결정에도 불구하고 검사가 이를 신속하게 이행하지 아니하는 경우에는 해당 증인 및 서류 등을 증거로 신청할 수 없는 불이익을 받는 것에 그치는 것이 아니라, 그러한 검사의 거부행위는 피고인의 열람·등사권을 침해하고, 나아가 피고인의 신속·공정한 재판을 받을 권리 및 변호인의 조력을 받을 권리까지 침해하게 되는 것이다(헌재 2010.6.24, 2009헌마257).

④ [O] 피의자신문에 참여한 변호인이 피의자 옆에 앉는다고 하여 피의자 뒤에 앉는 경우보다 수사를 방해할 가능성이 높아진다거나 수사기밀을 유출할 가능성이 높아진다고 볼 수 없으므로, 이 사건 후방착석요구행위의 목적의 정당성과 수단의 적절성을 인정할 수 없다. 이 사건 후방착석요구행위로 인하여 위축된 피의자가 변호인에게 적극적으로 조언과 상담을 요청할 것을 기대하기 어렵고, 변호인이 피의자의 뒤에 앉게 되면 피의자의 상태를 즉각적으로 파악하거나 수사기관이 피의자에게 제시한 서류 등의 내용을 정확하게 파악하기 어려우므로, 이 사건 후방착석요구행위는 변호인인 청구인의 피의자신문참여권을 과도하게 제한한다. 그런데 이 사건에서 변호인의 수사방해나 수사기밀의 유출에 대한 우려가 없고, 조사실의 장소적 제약 등과 같이 이 사건 후방착석요구행위를 정당화할 그 외의 특별한 사정도 없으므로, 이 사건 후방착석요구행위는 침해의 최소성 요건을 충족하지 못한다. 이 사건 후방착석요구행위로 얻어질 공익보다는 변호인의 피의자신문참여권 제한에 따른 불이익의 정도가 크므로, 법익의 균형성 요건도 충족하지 못한다. 따라서 이 사건 후방착석요구행위는 변호인인 청구인의 변호권을 침해한다(헌재 2017.11.30, 2016헌마503).

장하고 있고 이때 재판을 받을 권리에는 민사재판, 형사재판, 행정재판뿐 아니라 헌법재판도 포함된다. 헌법 제27조 제1항이 규정하는 '법률에 의한' 재판청구권을 보장하기 위해서는 입법자에 의한 재판청구권의 구체적인 형성이 필요하지만, 이는 상당한 정도로 권리구제의 실효성이 보장되도록 하는 것이어야 한다. 따라서 현대 사회의 복잡다단한 소송에서의 법률전문가의 증대되는 역할, 민사법상 무기 대등의 원칙 실현, 헌법소송의 변호사강제주의의 적용 등을 감안할 때 교정시설 내 수용자와 변호사 사이의 접견교통권의 보장은 헌법상 보장되는 재판청구권의 한 내용 또는 그로부터 파생되는 권리로 볼 수 있다(헌재 2013.8.29, 2011헌마122).

① [O] 변호인이 피의자신문에 자유롭게 참여할 수 있는 권리는 피의자가 가지는 변호인의 조력을 받을 권리를 실현하는 수단이라고 할 수 있으므로 헌법상 기본권인 변호인의 변호권으로서 보호되어야 한다. 피의자신문에 참여한 변호인이 피의자 옆에 앉는다고 하여 피의자 뒤에 앉는 경우보다 수사를 방해할 가능성이 높아진다거나 수사기밀을 유출할 가능성이 높아진다고 볼 수 없으므로, 이 사건 후방착석요구행위의 목적의 정당성과 수단의 적절성을 인정할 수 없다. … 따라서 이 사건 후방착석요구행위는 변호인인 청구인의 변호권을 침해한다(헌재 2017.11.30, 2016헌마503).

② [O] 강력범죄 또는 조직폭력범죄의 수사와 재판에서 범죄입증을 위해 증언한 자의 안전을 효과적으로 보장해 줄 수 있는 조치가 마련되어야 할 필요성은 매우 크고, 경우에 따라서는 증인이 피고인의 변호인과 대면하여 진술하는 것으로부터 보호할 필요성이 있을 수 있다. … 형사소송법은 차폐시설을 설치하고 증인신문절차를 진행할 경우 피고인으로부터 의견을 듣도록 하는 등 피고인이 받을 수 있는 불이익을 최소화하기 위한 장치를 마련하고 있다. 따라서 심판대상조항은 과잉금지원칙에 위배되어 청구인의 공정한 재판을 받을 권리 및 변호인의 조력을 받을 권리를 침해한다고 할 수 없다(헌재 2016.12.29, 2015헌바221).

④ [O] 변호인의 구속된 피고인 또는 피의자와의 접견교통권은 피고인 또는 피의자 자신이 가지는 변호인과의 접견교통권과는 성질을 달리하는 것으로서 헌법상 보장된 권리라고는 할 수 없고, 형사소송법 제34조에 의하여 비로소 보장되는 권리이지만, 신체구속을 당한 피고인 또는 피의자의 인권보장과 방어준비를 위하여 필수불가결한 권리이므로, 수사기관의 처분 등에 의하여 이를 제한할 수 없고, 다만 법령에 의하여서만 제한이 가능하다(대결 2002.5.6, 2000모112).

---

226   정답 ③

③ [×] 변호인의 조력을 받을 권리에 대한 헌법과 법률의 규정 및 취지에 비추어 보면, '형사사건에서 변호인의 조력을 받을 권리'를 의미한다고 보아야 할 것이므로 형사절차가 종료되어 교정시설에 수용 중인 수형자나 미결수용자가 형사사건의 변호인이 아닌 민사재판, 행정재판, 헌법재판 등에서 변호사와 접견할 경우에는 원칙적으로 헌법상 변호인의 조력을 받을 권리의 주체가 될 수 없다. 헌법 제27조는 "모든 국민은 헌법과 법률이 정한 법관에 의하여 법률에 의한 재판을 받을 권리를 가진다."고 규정하여 재판청구권을 보

227   정답 ④

④ [×] 이 사건 법률조항에 의한 통신자료 제공요청이 있는 경우 통신자료의 정보주체인 이용자에게는 통신자료 제공요청이 있었다는 점이 사전에 고지되지 아니하며, 전기통신사업자가 수사기관 등에게 통신자료를 제공한 경우에도 이러한 사실이 이용자에게 별도로 통지되지 않는다. 그런데 당사자에 대한 통지는 당사자가 기본권 제한 사실을 확인하고 그 정당성 여부를 다툴 수 있는 전제조건이 된다는 점에서 매우 중요하다. 효율적인 수사와 정보수집의 신속성, 밀행성

등의 필요성을 고려하여 사전에 정보주체인 이용자에게 그 내역을 통지하도록 하는 것이 적절하지 않다면 수사기관 등이 통신자료를 취득한 이후에 수사 등 정보수집의 목적에 방해가 되지 않는 범위 내에서 통신자료의 취득사실을 이용자에게 통지하는 것이 얼마든지 가능하다. 그럼에도 이 사건 법률조항은 통신자료 취득에 대한 사후통지절차를 두지 않아 적법절차원칙에 위배된다(헌재 2022.7.21, 2016헌마388 등).

① [O] 전기통신사업자가 수사기관 등의 통신자료 제공요청에 따라 수사기관 등에 제공하는 이용자의 성명, 주민등록번호, 주소, 전화번호, 아이디, 가입일 또는 해지일은 청구인들의 동일성을 식별할 수 있게 해주는 개인정보에 해당하므로, 이 사건 법률조항은 개인정보자기결정권을 제한한다(헌재 2022.7.21, 2016헌마388 등).

② [O] 이 사건 법률조항은 수사기관 등이 전기통신사업자에 대하여 통신자료의 제공을 요청할 수 있는 권한을 부여하면서 전기통신사업자는 '그 요청에 따를 수 있다'고 규정하고 있을 뿐, 전기통신사업자에게 수사기관 등의 통신자료 제공요청에 응하거나 협조하여야 할 의무를 부과하지 않으며, 달리 전기통신사업자의 통신자료 제공을 강제할 수 있는 수단을 마련하고 있지 아니하다. 따라서 이 사건 법률조항에 따른 통신자료 제공요청은 강제력이 개입되지 아니한 임의수사에 해당하고 이를 통한 수사기관 등의 통신자료 취득에는 영장주의가 적용되지 아니하는바, 이 사건 법률조항은 헌법상 영장주의에 위배되지 아니한다(헌재 2022.7.21, 2016헌마388 등).

③ [O] 전기통신사업법 제83조는 통신비밀을 보호하기 위한 조항으로 제1항과 제2항에서 전기통신사업자가 취급 중에 있는 통신의 비밀이나 전기통신업무에 종사하는 사람이 재직 중에 통신에 관하여 알게 된 타인의 비밀 등을 누설하여서는 아니된다고 정하고 있는바, 통신의 비밀에 대한 엄격한 보호를 규정하고 있는 전기통신사업법 제83조의 취지에 비추어 볼 때 '국가안전보장에 대한 위해를 방지하기 위한 정보수집'은 국가의 존립이나 헌법의 기본질서에 대한 위험을 방지하기 위한 목적을 달성함에 있어 요구되는 최소한의 범위 내에서의 정보수집을 의미하는 것으로 해석된다. 그렇다면 이 사건 법률조항은 건전한 상식과 통상적인 법감정을 가진 사람이라면 그 취지를 충분히 예측할 수 있다고 할 것인바, 명확성원칙에 위배되지 아니한다(헌재 2022.7.21, 2016헌마388 등).

결수용자와 구별되는 별도의 계호상 문제점이 발생된다고 보기 어렵다. 따라서 심판대상조항이 형사재판의 피고인으로 출석하는 수형자에 대하여 사복착용을 허용하지 아니한 것은 청구인의 공정한 재판을 받을 권리, 인격권, 행복추구권을 침해한다(헌재 2015.12.23, 2013헌마712).

ⓒ [O] 민사재판에서 법관이 당사자의 복장에 따라 불리한 심증을 갖거나 불공정한 재판진행을 하게 되는 것은 아니므로, 심판대상조항이 민사재판의 당사자로 출석하는 수형자에 대하여 사복착용을 불허하는 것으로 공정한 재판을 받을 권리가 침해되는 것은 아니다(헌재 2015.12.23, 2013헌마712).

ⓒ [×] 수형자와 변호사와의 접견내용을 녹음, 녹화하게 되면 그로 인해 제3자인 교도소 측에 접견내용이 그대로 노출되므로 수형자와 변호사는 상담과정에서 상당히 위축될 수밖에 없고, 특히 소송의 상대방이 국가나 교도소 등의 구금시설로서 그 내용이 구금시설 등의 부당처우를 다투는 내용일 경우에 접견내용에 대한 녹음, 녹화는 실질적으로 당사자대등의 원칙에 따른 무기평등을 무력화시킬 수 있다. … 이 사건에 있어서 청구인과 헌법소원 사건의 국선대리인인 변호사의 접견내용에 대해서는 접견의 목적이나 접견의 상대방 등을 고려할 때 녹음, 기록이 허용되어서는 아니 될 것임에도, 이를 녹음, 기록한 행위는 청구인의 재판을 받을 권리를 침해한다(헌재 2013.9.26, 2011헌마398).

ⓔ [O] 변호인의 조력을 받을 권리에 대한 헌법과 법률의 규정 및 취지에 비추어 보면, '형사사건에서 변호인의 조력을 받을 권리'를 의미한다고 보아야 할 것이므로 형사절차가 종료되어 교정시설에 수용 중인 수형자나 미결수용자가 형사사건의 변호인이 아닌 민사재판, 행정재판, 헌법재판 등에서 변호사와 접견할 경우에는 원칙적으로 헌법상 변호인의 조력을 받을 권리의 주체가 될 수 없다(헌재 2013.8.29, 2011헌마122).

ⓜ [×] 이 사건 CCTV 설치행위는 형의 집행 및 수용자의 처우에 관한 법률(이하 '행형법'이라 한다) 및 교도관직무규칙 등에 규정된 교도관의 계호활동 중 육안에 의한 시선계호를 CCTV 장비에 의한 시선계호로 대체한 것에 불과하므로, 이 사건 CCTV 설치행위에 대한 특별한 법적 근거가 없더라도 일반적인 계호활동을 허용하는 법률규정에 의하여 허용된다고 보아야 한다. 한편 CCTV에 의하여 감시되는 엄중격리대상자에 대하여 지속적이고 부단한 감시가 필요하고 자살·자해나 흉기 제작 등의 위험성 등을 고려하면, 제반 사정을 종합하여 볼 때 기본권 제한의 최소성 요건이나 법익균형성의 요건도 충족하고 있다(헌재 2008.5.29, 2005헌마137 등).

---

228 정답 ②

ⓐ [O] 수형자라 하더라도 확정되지 않은 별도의 형사재판에서만큼은 미결수용자와 같은 지위에 있으므로, 이러한 수형자로 하여금 형사재판 출석시 아무런 예외 없이 사복착용을 금지하고 재소자용 의류를 입도록 하여 인격적인 모욕감과 수치심 속에서 재판을 받도록 하는 것은 재판부나 검사 등 소송관계자들에게 유죄의 선입견을 줄 수 있고, 이미 수형자의 지위로 인해 크게 위축된 피고인의 방어권을 필요 이상으로 제약하는 것이다. 또한 형사재판에 피고인으로 출석하는 수형자의 사복착용을 추가로 허용함으로써 통상의 미

---

229 정답 ④

④ [O] 금융회사 등의 업무는 국가경제와 국민생활에 중대한 영향을 미치므로 금융회사 등 임직원의 직무 집행의 투명성과 공정성을 확보하는 것은 매우 중요하고, 이러한 필요성에 있어서는 임원과 직원 사이에 차이가 없다. 그리고 금융회사 등 임직원이 금품 등을 수수, 요구, 약속하였다는 사실만으로 직무의 불가매수성은 심각하게 손상되고, 비록 그 시점에는 부정행위가 없었다고 할지라도 장차 실제 부정행

위로 이어질 가능성도 배제할 수 없다. 따라서 부정한 청탁이 있었는지 또는 실제 배임행위로 나아갔는지를 묻지 않고 금품 등을 수수·요구 또는 약속하는 행위를 처벌하고 있는 수재행위처벌조항은 책임과 형벌 간의 비례원칙에 위배되지 아니한다(헌재 2020.3.26, 2017헌바129).

① [×] 음주운항 전력이 있는 사람이 다시 음주운항을 한 경우 2년 이상 5년 이하의 징역이나 2천만 원 이상 3천만 원 이하의 벌금에 처하도록 규정한 해사안전법 제104조의2 제2항 중 '제41조 제1항을 위반하여 2회 이상 술에 취한 상태에서 선박의 조타기를 조작한 운항자'에 관한 부분은 책임과 형벌 간의 비례원칙에 위반된다(헌재 2022.8.31, 2022헌가10).

② [×] 예비군대원 본인과 세대를 같이 하는 가족 중 성년자라면 특별한 사정이 없는 한 소집통지서를 본인에게 전달함으로써 훈련 불참으로 인한 불이익을 받지 않도록 각별히 신경을 쓸 것임이 충분히 예상되고, 설령 그들이 소집통지서를 전달하지 아니하여 행정절차적 협력의무를 위반한다고 하여도 과태료 등의 행정적 제재를 부과하는 것만으로도 그 목적의 달성이 충분히 가능하다고 할 것임에도 불구하고, 심판대상조항은 훨씬 더 중한 형사처벌을 하고 있어 그 자체만으로도 형벌의 보충성에 반하고, 책임에 비하여 처벌이 지나치게 과도하여 비례원칙에도 위반된다고 할 것이다(헌재 2022.5.26, 2019헌가12).

③ [×] 주거침입강제추행죄 및 주거침입준강제추행죄에 대하여 무기징역 또는 7년 이상의 징역에 처하도록 한 심판대상조항은 그 법정형이 형벌 본래의 목적과 기능을 달성함에 있어 필요한 정도를 일탈하였고, 각 행위의 개별성에 맞추어 그 책임에 알맞은 형을 선고할 수 없을 정도로 과중하므로, 책임과 형벌 간의 비례원칙에 위배된다(헌재 2023.2.23, 2021헌가9).

230
정답 ①

① [O] 참고인에 대한 동행명령제도는 참고인의 신체의 자유를 사실상 억압하여 일정 장소로 인치하는 것과 실질적으로 같으므로 헌법 제12조 제3항이 정한 영장주의원칙이 적용되어야 한다. 그럼에도 불구하고 법관이 아닌 특별검사가 동행명령장을 발부하도록 하고 정당한 사유 없이 이를 거부한 경우 벌금형에 처하도록 함으로써, 실질적으로는 참고인의 신체의 자유를 침해하여 지정된 장소에 인치하는 것과 마찬가지의 결과가 나타나도록 규정한 이 사건 동행명령조항은 영장주의원칙을 규정한 헌법 제12조 제3항에 위반되거나 적어도 위 헌법상 원칙을 잠탈하는 것이다(헌재 2008.1.10, 2007헌마1468).

② [×] 형사소송법 제200조의2(영장에 의한 체포), 제200조의3(긴급체포) 또는 제212조(현행범인의 체포)에 따라 체포된 피의자에 대하여 구속영장을 청구받은 판사는 지체 없이 피의자를 심문하여야 한다. 이 경우 특별한 사정이 없는 한 구속영장이 청구된 날의 다음 날까지 심문하여야 한다(형사소송법 제201조의2). 과거에는 '임의적 심문'이었지만 형사소송법 개정으로 현재는 '필요적 심문'이다.

③ [×] 법원이 직권으로 발부하는 영장과 수사기관의 청구에 의하여 발부하는 구속영장의 법적 성격은 같지 않다. 즉, 전자는 명령장으로서의 성질을 갖지만 후자는 허가장으로서의 성질을 갖는 것으로 이해되고 있다(헌재 1997.3.27, 96헌바28 등).

④ [×] 이 사건 소변채취는 교정시설의 안전과 질서유지를 위한 목적에서 행하는 것으로 수사에 필요한 처분이 아닐 뿐만 아니라 청구인과 같은 검사대상자에게 소변을 종이컵에 채취하여 제출하도록 한 것으로서 당사자의 협력이 불가피하므로 이를 두고 강제처분이라고 할 수도 없을 것이다. 따라서, 이 사건 소변채취를 법관의 영장을 필요로 하는 강제처분이라고 할 수 없어 구치소 등 교정시설 내에서 위와 같은 방법에 의한 소변채취가 법관의 영장이 없이 실시되었다고 하여 헌법 제12조 제3항의 영장주의에 위배하였다고 할 수는 없다(헌재 2006.7.27, 2005헌마277).

231
정답 ④

④ [×] 헌법 제12조 제4항 본문에 규정된 "구속"은 사전적 의미의 구속 중에서도 특히 사람을 강제로 붙잡아 끌고 가는 구인과 사람을 강제로 일정한 장소에 가두는 구금을 가리키는데, 이는 형사절차뿐 아니라 행정절차에서도 가능하다. 위와 같은 점을 종합해 보면, 헌법 제12조 제4항 본문에 규정된 "구속"을 형사절차상 구속뿐 아니라 행정절차상 구속까지 의미하는 것으로 보아도 문언해석의 한계를 넘지 않는다. 헌법 제12조 제4항 본문의 문언 및 헌법 제12조의 조문 체계, 변호인 조력권의 속성, 헌법이 신체의 자유를 보장하는 취지를 종합하여 보면 헌법 제12조 제4항 본문에 규정된 "구속"은 사법절차에서 이루어진 구속뿐 아니라, 행정절차에서 이루어진 구속까지 포함하는 개념이다. 따라서 헌법 제12조 제4항 본문에 규정된 변호인의 조력을 받을 권리는 행정절차에서 구속을 당한 사람에게도 즉시 보장된다(헌재 2018.5.31, 2014헌마346).

① [O] 변호인의 조력을 받을 권리는 '형사사건'에서의 변호인의 조력을 받을 권리를 의미한다. 따라서 수형자가 형사사건의 변호인이 아닌 민사사건, 행정사건, 헌법소원사건 등에서 변호사와 접견할 경우에는 원칙적으로 헌법상 변호인의 조력을 받을 권리의 주체가 될 수 없다 할 것이다(헌재 2013.9.26, 2011헌마398).

② [O] 이 사건 서신개봉행위로 인하여 미결수용자가 변호인과 자유롭게 소송관련 서신을 수수함으로써 누릴 수 있는 편익이 일부 제한되었다고 하더라도, 변호인과의 서신 수수 이외에도 형집행법상 변호인과의 접견, 전화통화 등을 통해 변호인의 충분한 조력이 가능한 이상 위와 같은 정도의 사익의 제한이 달성되는 공익에 비하여 중대하다고 보기 어렵다. … 이 사건 서신개봉행위는 과잉금지원칙에 위반되지 아니하므로 청구인의 변호인의 조력을 받을 권리를 침해하지 아니한다(헌재 2021.10.28, 2019헌마973).

③ [O] 법원이 열람·등사 허용 결정을 하였음에도 검사가 이를 신속하게 이행하지 아니하는 경우에는 해당 증인 및 서류 등을 증거로 신청할 수 없는 불이익을 받는 것에 그치는 것이 아니라, 그러한 검사의 거부행위는 피고인의 열람·등

사권을 침해하고, 나아가 피고인의 신속·공정한 재판을 받을 권리 및 변호인의 조력을 받을 권리까지 침해하게 되는 것이다(헌재 2022.6.30, 2019헌마356).

232
정답 ①

① [×] 인터넷회선 감청도 범죄수사를 위한 통신제한조치 허가 대상으로 정한 이 사건 법률조항이 과잉금지원칙에 반하여 피의자 또는 피내사자와 같은 대상자뿐만 아니라 이용자들의 통신 및 사생활의 비밀과 자유를 침해하는지 여부에 대하여 본다. … 헌법 제12조 제3항이 정한 영장주의가 수사기관이 강제처분을 함에 있어 중립적 기관인 법원의 허가를 얻어야 함을 의미하는 것 외에 법원에 의한 사후 통제까지 마련되어야 함을 의미한다고 보기 어렵고, 청구인의 주장은 결국 인터넷회선 감청의 특성상 집행 단계에서 수사기관의 권한 남용을 방지할 만한 별도의 통제 장치를 마련하지 않는 한 통신 및 사생활의 비밀과 자유를 과도하게 침해하게 된다는 주장과 같은 맥락이므로, 이 사건 법률조항이 과잉금지원칙에 반하여 청구인의 기본권을 침해하는지 여부에 대하여 판단하는 이상, 영장주의 위반 여부에 대해서는 별도로 판단하지 아니한다(헌재 2018.8.30, 2016헌마263).

② [O] 신원확인 목적의 지문채취는 영장주의가 적용되지 않지만, 수사상 필요에 의하여 수사기관이 직접강제에 의하여 지문을 채취하려 하는 경우에는 반드시 법관이 발부한 영장에 의하여야 한다(헌재 2004.9.23, 2002헌가17).

③ [O] 심판대상조항은 체포영장을 발부받아 피의자를 체포하는 경우에 필요한 때에는 영장 없이 타인의 주거 등 내에서 피의자 수사를 할 수 있다고 규정함으로써, 앞서 본 바와 같이 별도로 영장을 발부받기 어려운 긴급한 사정이 있는지 여부를 구별하지 아니하고 피의자가 소재할 개연성만 소명되면 영장 없이 타인의 주거 등을 수색할 수 있도록 허용하고 있다. 이는 체포영장이 발부된 피의자가 타인의 주거 등에 소재할 개연성은 소명되나, 수색에 앞서 영장을 발부받기 어려운 긴급한 사정이 인정되지 않는 경우에도 영장 없이 피의자 수색을 할 수 있다는 것이므로, 헌법 제16조의 영장주의 예외 요건을 벗어나는 것으로서 영장주의에 위반된다(헌재 2018.4.26, 2015헌바370 등).

④ [O] 법원이 피고인의 구속 또는 그 유지 여부의 필요성에 관하여 한 재판의 효력이 검사나 다른 기관의 이견이나 불복이 있다 하여 좌우되거나 제한받는다면 이는 영장주의에 위반된다고 할 것인바, 구속집행정지결정에 대한 검사의 즉시항고를 인정하는 이 사건 법률조항은 검사의 불복을 그 피고인에 대한 구속집행을 정지할 필요가 있다는 법원의 판단보다 우선시킬 뿐만 아니라, 사실상 법원의 구속집행정지결정을 무의미하게 할 수 있는 권한을 검사에게 부여한 것이라는 점에서 헌법 제12조 제3항의 영장주의원칙에 위배된다. 또한 헌법 제12조 제3항의 영장주의는 헌법 제12조 제1항의 적법절차원칙의 특별규정이므로, 헌법상 영장주의원칙에 위배되는 이 사건 법률조항은 헌법 제12조 제1항의 적법절차원칙에도 위배된다(헌재 2012.6.27, 2011헌가36).

233
정답 ②

② [×] 형벌불소급원칙에서 의미하는 '처벌'은 형법에 규정되어 있는 형식적 의미의 형벌 유형에 국한되지 않으며, 범죄행위에 따른 제재의 내용이나 실제적 효과가 형벌적 성격이 강하여 신체의 자유를 박탈하거나 이에 준하는 정도로 신체의 자유를 제한하는 경우에는 형벌불소급원칙이 적용되어야 한다. 노역장유치는 그 실질이 신체의 자유를 박탈하는 것으로서 징역형과 유사한 형벌적 성격을 가지고 있으므로 형벌불소급원칙의 적용대상이 된다. 노역장유치조항은 1억원 이상의 벌금형을 선고받는 자에 대하여 유치기간의 하한을 중하게 변경시킨 것이므로, 이 조항 시행 전에 행한 범죄행위에 대해서는 범죄행위 당시에 존재하였던 법률을 적용하여야 한다. 그런데 부칙조항은 노역장유치조항의 시행 전에 행해진 범죄행위에 대해서도 공소제기의 시기가 노역장유치조항의 시행 이후이면 이를 적용하도록 하고 있으므로, 이는 범죄행위 당시보다 불이익한 법률을 소급 적용하도록 하는 것으로서 헌법상 형벌불소급원칙에 위반된다(헌재 2017.10.26, 2015헌바239 등).

① [O] 보안처분에도 적법절차의 원칙이 적용되어야 함은 당연한 것이다. 다만 보안처분에는 다양한 형태와 내용이 존재하므로 각 보안처분에 적용되어야 할 적법절차의 범위 내지 한계에도 차이가 있어야 할 것이다(헌재 2005.2.3, 2003헌바1).

③ [O] 보안처분은 형벌과는 달리 행위자의 장래 재범위험성에 근거하는 것으로서, 행위시가 아닌 재판시의 재범위험성 여부에 대한 판단에 따라 보안처분 선고를 결정하므로 원칙적으로 재판 당시 현행법을 소급적용할 수 있다고 보는 것이 타당하고 합리적이다. 그러나 보안처분의 범주가 넓고 그 모습이 다양한 이상, 보안처분에 속한다는 이유만으로 일률적으로 소급효금지원칙이 적용된다거나 그렇지 않다고 단정해서는 안 되고, 보안처분이라는 우회적인 방법으로 형벌불소급의 원칙을 유명무실하게 하는 것을 허용해서도 안 된다. 따라서 보안처분이라 하더라도 형벌적 성격이 강하여 신체의 자유를 박탈하거나 박탈에 준하는 정도로 신체의 자유를 제한하는 경우에는 소급효금지원칙을 적용하는 것이 법치주의 및 죄형법정주의에 부합한다(헌재 2012.12.27, 2010헌가82 등).

④ [O] 디엔에이신원확인정보의 수집·이용은 수형인 등에게 심리적 압박으로 인한 범죄예방효과를 가진다는 점에서 보안처분의 성격을 지니지만, 처벌적인 효과가 없는 비형벌적 보안처분으로서 소급입법금지원칙이 적용되지 않는다. 이 사건 법률의 소급적용으로 인한 공익적 목적이 당사자의 손실보다 더 크므로, 이 사건 부칙조항이 법률 시행 당시 디엔에이감식시료 채취 대상범죄로 실형이 확정되어 수용 중인 사람들까지 이 사건 법률을 적용한다고 하여 소급입법금지원칙에 위배되는 것은 아니다(헌재 2014.8.28, 2011헌마28 등).

정답 ②

② [×] 집사 변호사라면 소 제기 여부를 진지하게 고민할 필요가 없으므로 얼마든지 불필요한 소송을 제기하고 변호사접견을 이용할 수 있다. 집사 변호사를 고용하는 수형자 역시 소송의 승패와 상관없이 변호사를 고용할 확실한 동기가 있고 이를 위한 충분한 자력이 있는 경우가 보통이므로 손쉽게 변호사접견을 이용할 수 있다. 그에 반해 진지하게 소제기 여부 및 변론 방향을 고민해야 하는 변호사라면 일반접견만으로는 수형자에게 충분한 조력을 제공하기가 어렵고, 수형자 역시 소송의 승패가 불확실한 상황에서 접견마저 충분하지 않다면 변호사를 신뢰하고 소송절차를 진행하기가 부담스러울 수밖에 없다. 따라서 심판대상조항이 변호사의 접견권 남용행위 방지에 실효적인 수단이라고 보기 어려울 뿐 아니라 수형자의 재판청구권 행사에 장애를 초래할 뿐이므로, 심판대상조항은 수단의 적합성이 인정되지 아니한다(헌재 2021.10.28, 2018헌마60).

① [O] 심판대상조항은 이른바 '집사 변호사' 등 소송사건과 무관하게 수형자를 접견하는 변호사의 접견권 남용행위를 방지함으로써, 한정된 교정시설 내의 수용질서 및 규율을 유지하고, 수용된 상태에서 소송수행을 해야 하는 수형자들의 변호사접견을 원활하게 실시하기 위한 것으로서, 그 입법목적은 정당하다(헌재 2021.10.28, 2018헌마60).

③ [O] 심판대상조항에서 소송사건의 대리인 변호사의 접견에 소송계속 사실 소명자료를 제출하도록 한 것이 집사 변호사 등에 의한 접견권 남용을 방지하기 위함이라고는 하나, 아래에서 보는 바와 같이 그러한 이유만으로 변호사접견에 소송계속 사실 소명자료를 요구할 필요성은 인정되지 아니한다. … 심판대상조항은 침해의 최소성에 위배된다(헌재 2021.10.28, 2018헌마60).

④ [O] 변호사접견은 그 시간 및 횟수가 한정되어 있어 남용 가능성이 크지 않고, 형집행법은 이미 변호사의 접견권 남용행위를 방지할 수 있는 장치들을 갖추고 있으므로, 심판대상조항에서 소송계속 사실 소명자료를 요구한다고 하더라도 실제 달성되는 공익이 크다고 보기는 어렵다. 반면, 변호사가 소송사건의 대리인으로 선임되었음에도 심판대상조항으로 인해 변호사접견을 하지 못할 경우 발생하는 문제점은 단순히 변호사 개인의 직업 활동상 불편이 초래되는 차원에 그치는 것이 아니다. … 변호사의 도움이 가장 필요한 시기에 접견에 대한 제한의 정도가 위와 같이 크다는 점에서 수형자의 재판청구권 역시 심각하게 제한될 수밖에 없고, 이로 인해 법치국가원리로 추구되는 정의에 반하는 결과를 낳을 수도 있다는 점에서, 위와 같은 불이익은 매우 크다고 볼 수 있다. 따라서 심판대상조항은 법익의 균형성에 위배된다(헌재 2021.10.28, 2018헌마60).

정답 ③

㉠ [O] 심판대상조항은 공무원 직무수행에 대한 국민의 신뢰 및 직무의 정상적 운영의 확보, 공무원범죄의 예방, 공직사회의 질서유지를 위한 것으로서 목적이 정당하고, 형법 제129조 제1항의 수뢰죄를 범하여 금고 이상 형의 선고유예를 받은 국가공무원을 공직에서 배제하는 것은 적절한 수단

에 해당한다. 수뢰죄는 수수액의 다과에 관계없이 공무원 직무의 불가매수성과 염결성을 치명적으로 손상시키고, 직무의 공정성을 해치며 국민의 불신을 초래하므로 일반 형법상 범죄와 달리 엄격하게 취급할 필요가 있다. 수뢰죄를 범하더라도 자격정지형의 선고유예를 받은 경우 당연퇴직하지 않을 수 있으며, 당연퇴직의 사유가 직무 관련 범죄로 한정되므로 심판대상조항은 침해의 최소성원칙에 위반되지 않고, 이로써 달성되는 공익이 공무원 개인이 입는 불이익보다 훨씬 크므로 법익균형성원칙에도 반하지 아니한다. 따라서 심판대상조항은 과잉금지원칙에 반하여 청구인의 공무담임권을 침해하지 아니한다. … 심판대상조항이 청구인의 공무담임권 등을 침해하지 아니하는 이상 적법절차원칙에 위반되지 아니한다(헌재 2013.7.25, 2012헌바409).

㉡ [O] 법원이 피고인의 구속 또는 그 유지 여부의 필요성에 관하여 한 재판의 효력이 검사나 다른 기관의 이견이나 불복이 있다 하여 좌우되거나 제한받는다면 이는 영장주의에 위반된다고 할 것인바, 구속집행정지결정에 대한 검사의 즉시항고를 인정하는 이 사건 법률조항은 검사의 불복을 그 피고인에 대한 구속집행을 정지할 필요가 있다는 법원의 판단보다 우선시킬 뿐만 아니라, 사실상 법원의 구속집행정지결정을 무의미하게 할 수 있는 권한을 검사에게 부여한 것이라는 점에서 헌법 제12조 제3항의 영장주의원칙에 위배된다. 또한 헌법 제12조 제3항의 영장주의는 헌법 제12조 제1항의 적법절차원칙의 특별규정이므로, 헌법상 영장주의원칙에 위배되는 이 사건 법률조항은 헌법 제12조 제1항의 적법절차원칙에도 위배된다(헌재 2012.6.27, 2011헌가36 [위헌]).

㉢ [×] 수용자에 대해서는 교정시설의 안전과 구금생활의 질서유지를 위하여 신체의 자유 등 기본권 제한이 어느 정도 불가피한 점, 행형 관계 법령에 따라 행하는 사항에 대하여는 의견청취·의견제출 등에 관한 행정절차법 조항이 적용되지 않는 점(행정절차법 제3조 제2항 제6호), 전자장치 부착은 도주 우려 등의 사유가 있어 관심대상수용자로 지정된 수용자를 대상으로 하는 점, 형집행법상 소장에 대한 면담 신청이나 법무부장관 등에 대한 청원 절차가 마련되어 있는 점(제116조, 제117조)을 종합해 보면, 이 사건 부착행위는 적법절차원칙에 위반되어 수용자인 청구인들의 인격권과 신체의 자유를 침해하지 아니한다(헌재 2018.5.31, 2016헌마191 등).

㉣ [×] 심판대상조항이 국토교통부장관이 운임수입 배분에 관한 결정을 하기 전에 거쳐야 하는 일반적인 절차에 대해 따로 규정하고 있지는 않지만, 행정절차법은 처분의 사전통지, 의견제출의 기회, 처분의 이유 제시 등을 규정하고 있고, 이는 국토교통부장관의 결정에도 적용되어 절차적 보장이 이루어지므로, 심판대상조항은 적법절차원칙에 위배되지 아니한다(헌재 2019.6.28, 2017헌바135).

정답 ③

③ [×] 교정시설의 장은 형사법령에 저촉되는 행위를 할 우려가 있는 때에 교도관으로 하여금 수용자의 접견내용을 청취·기록·녹음 또는 녹화하게 할 수 있으나, 미결수용자와

변호인(변호인이 되려고 하는 사람을 포함)의 접견에는 교도관이 참여하지 못한다.

> **형의 집행 및 수용자의 처우에 관한 법률 제84조【변호인과의 접견 및 편지수수】** ① 제41조(접견)제4항에도 불구하고 미결수용자와 변호인(변호인이 되려고 하는 사람을 포함한다. 이하 같다)과의 접견에는 교도관이 참여하지 못하며 그 내용을 청취 또는 녹취하지 못한다. 다만, 보이는 거리에서 미결수용자를 관찰할 수 있다.
>
> **제41조【접견】** ④ 소장은 다음 각 호의 어느 하나에 해당하는 사유가 있으면 교도관으로 하여금 수용자의 접견내용을 청취·기록·녹음 또는 녹화하게 할 수 있다.
> 1. 범죄의 증거를 인멸하거나 형사 법령에 저촉되는 행위를 할 우려가 있는 때
> 2. 수형자의 교화 또는 건전한 사회복귀를 위하여 필요한 때
> 3. 시설의 안전과 질서유지를 위하여 필요한 때

① [O] 교정시설은 수용자를 강제로 수용하는 장소이므로 시설 내의 질서유지와 안전을 확보할 필요성이 크고, 형집행법상 징벌은 이미 수사 및 재판 등의 절차확보를 위한 미결구금 등의 불이익을 받고 있는 자들에 대하여 부과되는 것이라는 점에서, 규율 위반에 대한 제재로서의 불이익은 형벌에 포함된 통상의 구금 및 수용생활이라는 불이익보다 더욱 자유와 권리를 제한하는 것이 될 것임을 예상할 수 있다(헌재 2016.4.28, 2012헌마549 등).

② [O] 형사절차가 종료되어 교정시설에 수용 중인 수형자는 원칙적으로 변호인의 조력을 받을 권리의 주체가 될 수 없다. 다만, 수형자의 경우에도 재심절차 등에는 변호인 선임을 위한 일반적인 교통·통신이 보장될 수도 있겠으나, 기록에 의하면 청구인은 교도소 내에서의 처우를 왜곡하여 외부인과 연계, 교도소 내의 질서를 해칠 목적으로 변호사에게 이 사건 서신을 발송하려는 것이므로 이와 같은 경우에는 변호인의 조력을 받을 권리가 보장되는 경우에 해당한다고 할 수 없다(헌재 1998.8.27, 96헌마398).

④ [O] 수용자가 밖으로 내보내는 모든 서신을 봉함하지 않은 상태로 교정시설에 제출하도록 규정하고 있는 '형의 집행 및 수용자의 처우에 관한 법률 시행령'(2008.10.29. 대통령령 21095호로 개정된 것) 제65조 제1항이 수용자가 보내려는 모든 서신에 대해 무봉함 상태의 제출을 강제함으로써 수용자의 발송 서신 모두를 사실상 검열 가능한 상태에 놓이도록 하는 것은 수용자인 청구인의 통신비밀의 자유를 침해하는 것이다(헌재 2012.2.23, 2009헌마333).

237
정답 ②

② [×] 구 검사징계법 제2조 제3호의 "검사로서의 체면이나 위신을 손상하는 행위"의 의미는, 공직자로서의 검사의 구체적 언행과 그에 대한 검찰 내부의 평가 및 사회 일반의 여론, 그리고 검사의 언행이 사회에 미친 파장 등을 종합적으로 고려하여 구체적인 상황에 따라 건전한 사회통념에 의하여 판단할 수 있으므로 명확성원칙에 위배되지 아니한다(헌재 2011.12.29, 2009헌바282).

① [O] 이 사건 시행령조항에서 '범죄에 악용될 소지가 현저한 것'은 진정한 총포로 오인·혼동되어 위협 수단으로 사용될 정도로 총포와 모양이 유사한 것을 의미하고, '인명·신체상 위해를 가할 우려가 있는 것'은 사람에 상해나 사망의 결과를 가할 우려가 있을 정도로 진정한 총포의 기능과 유사한 것을 의미한다. 따라서 이 사건 시행령조항은 문언상 그 의미가 명확하므로, 죄형법정주의의 명확성원칙에 위반되지 않는다(헌재 2018.5.31, 2017헌마167).

③ [O] '잔인성'에 대하여는 아직 판례상 그 개념규정이 확립되지 않은 상태이고 그 사전적 의미는 "인정이 없고 모짊"이라고 할 수 있는바, 이에 의하면 미성년자의 감정이나 의지, 행동 등 그 정신생활의 모든 영역을 망라하는 것으로서 … 법 집행자의 자의적인 판단을 허용할 여지가 높다고 할 것이다. … "범죄의 충동을 일으킬 수 있게" 한다는 것이 과연 확정적이든 미필적이든 고의를 품도록 하는 것에만 한정되는 것인지, 인식의 유무를 가리지 않고 실제로 구성요건에 해당하는 행위로 나아가게 하는 일체의 것을 의미하는지, 더 나아가 단순히 그 행위에 착수하는 단계만으로도 충분한 것인지, 그 결과까지 의욕하거나 실현하도록 하여야만 하는 것인지를 전혀 알 수 없다. … 이 사건 미성년자보호법 조항은 법관의 보충적인 해석을 통하여도 그 규범내용이 확정될 수 없는 모호하고 막연한 개념을 사용함으로써 그 적용범위를 법집행기관의 자의적인 판단에 맡기고 있으므로, 죄형법정주의에서 파생된 명확성의 원칙에 위배된다(헌재 2002.2.28, 99헌가8).

④ [O] 심판대상조항의 '정당한 이유 없이 이 법에 규정된 범죄에 공용(供用)될 우려가 있는' 부분은 '흉기나 위험한 물건을 휴대할 만한 충분한 사유가 없이 폭력행위처벌법에 규정된 범죄에 사용될 위험성이 있는'의 의미로 구체화할 수 있으므로 죄형법정주의의 명확성원칙에 위배되지 않는다(헌재 2018.5.31, 2016헌바250).

238
정답 ④

㉠ [O] 군복 및 군용장구의 단속에 관한 법률 제2조 제3호에 따르면 유사군복은 '군복과 형태·색상 및 구조 등이 유사하여 외관상으로는 식별이 극히 곤란한 물품으로서 국방부령이 정하는 것'이다. 심판대상조항의 입법취지가 군인 아닌 자의 군 작전 방해 등으로 인한 국방력 약화 방지에 있음을 고려할 때, 유사군복이란 일반인의 눈으로 볼 때 군인이 착용하는 군복이라고 오인할 정도로 형태·색상·구조 등이 극히 비슷한 물품을 의미한다. 이른바 밀리터리 룩은 대부분 군복의 상징만 차용하였을 뿐 형태나 색상 및 구조가 진정한 군복과는 다르거나 그 유사성이 식별하기 극히 곤란한 정도에 이르지 않기 때문에, 심판대상조항의 적용을 받지 않는다. 심판대상조항의 문언과 입법취지, 위와 같은 사정을 종합하면, 건전한 상식과 통상적인 법 감정을 가진 사람은 '군복 및 군용장구의 단속에 관한 법률'상 판매 목적 소지가 금지되는 '유사군복'에 어떠한 물품이 해당하는지를 예측할 수 있고, 유사군복을 정의한 조항에서 법 집행자에게 판단을 위한 합리적 기준이 제시되고 있어 심판대상조항이 자의적으로 해석되고 적용될 여지가 크다고 할 수 없다. 따라서

심판대상조항은 죄형법정주의의 명확성원칙에 위반되지 아니한다(헌재 2019.4.11, 2018헌가14).

ⓛ [×] 이 사건 집행정지 요건조항에서 집행정지 요건으로 규정한 '회복하기 어려운 손해'는 대법원 판례에 의하여 '특별한 사정이 없는 한 금전으로 보상할 수 없는 손해로서 이는 금전보상이 불능인 경우 내지는 금전보상으로는 사회관념상 행정처분을 받은 당사자가 참고 견딜 수 없거나 또는 참고 견디기가 현저히 곤란한 경우의 유형, 무형의 손해'를 의미한 것으로 해석할 수 있고, '긴급한 필요'란 손해의 발생이 시간상 임박하여 손해를 방지하기 위해서 본안판결까지 기다릴 여유가 없는 경우를 의미하는 것으로, 이는 집행정지가 임시적 권리구제제도로서 잠정성, 긴급성, 본안소송에의 부종성의 특징을 지니는 것이라는 점에서 그 의미를 쉽게 예측할 수 있다. 이와 같이 심판대상조항은 법관의 법 보충작용을 통한 판례에 의하여 합리적으로 해석할 수 있고, 자의적인 법해석의 위험이 있다고 보기 어려우므로 명확성원칙에 위배되지 않는다(헌재 2018.1.25, 2016헌바208).

ⓒ [○] 여러 사람의 눈에 뜨이는 곳에서 공공연하게 알몸을 지나치게 내놓거나 가려야 할 곳을 내놓아 다른 사람에게 부끄러운 느낌이나 불쾌감을 준 사람'을 처벌하는 경범죄처벌법 제3조 제1항 제33호가 죄형법정주의의 명확성원칙에 위배된다(헌재 2016.11.24, 2016헌가3).

ⓔ [○] 심판대상조항과 관련하여 파견법이 제공하고 있는 정보는 파견사업주가 '공중도덕상 유해한 업무'에 취업시킬 목적으로 근로자를 파견한 경우 불법파견에 해당하여 처벌된다는 것뿐이다. 파견법 전반에 걸쳐 심판대상조항과 유의미한 상호관계에 있는 다른 조항을 발견할 수 없고, 파견법 제5조, 제16조 등 일부 관련성이 인정되는 규정은 심판대상조항 해석기준으로 활용하기 어렵다. 결국, 심판대상조항의 입법목적, 파견법의 체계, 관련조항 등을 모두 종합하여 보더라도 '공중도덕상 유해한 업무'의 내용을 명확히 알 수 없다. 아울러 심판대상조항에 관한 이해관계기관의 확립된 해석기준이 마련되어 있다거나, 법관의 보충적 가치판단을 통한 법문 해석으로 심판대상조항의 의미내용을 확인할 수 있다는 사정을 발견하기도 어렵다. 심판대상조항은 건전한 상식과 통상적 법감정을 가진 사람으로 하여금 자신의 행위를 결정해 나가기에 충분한 기준이 될 정도의 의미내용을 가지고 있다고 볼 수 없으므로 죄형법정주의의 명확성원칙에 위배된다(헌재 2016.11.24, 2015헌가23).

239 정답 ②

② [×] 변호인 선임을 위하여 피의자·피고인(이하 '피의자 등'이라 한다)이 가지는 '변호인이 되려는 자'와의 접견교통권은 헌법상 기본권으로 보호되어야 하고, '변호인이 되려는 자'의 접견교통권은 피의자 등이 변호인을 선임하여 그로부터 조력을 받을 권리를 공고히 하기 위한 것으로서, 그것이 보장되지 않으면 피의자 등이 변호인 선임을 통하여 변호인으로부터 충분한 조력을 받는다는 것이 유명무실하게 될 수밖에 없다. 이와 같이 '변호인이 되려는 자'의 접견교통권은 피의자 등을 조력하기 위한 핵심적인 부분으로서, 피의자 등이 가지는 헌법상의 기본권인 '변호인이 되려는 자'와의 접

견교통권과 표리의 관계에 있다. 따라서 피의자 등이 가지는 '변호인이 되려는 자'의 조력을 받을 권리가 실질적으로 확보되기 위해서는 '변호인이 되려는 자'의 접견교통권 역시 헌법상 기본권으로서 보장되어야 한다(헌재 2019.2.28, 2015헌마1204).

① [○]

> 헌법 제12조 ③ 체포·구속·압수 또는 수색을 할 때에는 적법한 절차에 따라 검사의 신청에 의하여 법관이 발부한 영장을 제시하여야 한다. 다만, 현행범인인 경우와 장기 3년 이상의 형에 해당하는 죄를 범하고 도피 또는 증거인멸의 염려가 있을 때에는 사후에 영장을 청구할 수 있다.

③ [○] 진술거부권은 자기부죄거부의 특권(自己負罪拒否의 特權, privilege against self – incrimination)에서 유래하는 권리로서, 피고인 또는 피의자가 공판절차나 수사절차에서 법원 또는 수사기관의 신문에 대하여 형사상 자신에게 불리한 진술을 거부할 수 있는 권리로 묵비권(默秘權, right of silence)이라고도 하는바, 헌법이 진술거부권을 기본적 권리로 보장하는 것은 형사피의자나 피고인의 인권을 형사소송의 목적인 실체적 진실발견이나 구체적 사회정의의 실현이라는 국가적 이익보다 우선적으로 보호함으로써 인간의 존엄성과 생존가치를 보장하고 나아가 비인간적인 자백의 강요와 고문을 근절하려는데 있고, 이러한 진술거부권은 형사절차에서만 보장되는 것은 아니고 행정절차이거나 국회에서의 질문 등 어디에서나 그 진술이 자기에게 형사상 불리한 경우에는 묵비권을 가지고 이를 강요받지 아니할 국민의 기본권으로 보장되며, 이는 고문 등 폭력에 의한 강요는 물론 법률에 의하여서도 진술을 강요당하지 아니함을 의미한다(헌재 1998.7.16, 96헌바35).

④ [○] 구속적부심사건 피의자의 변호인에게 고소장과 피의자신문조서에 대한 열람 및 등사를 거부한 경찰서장의 정보비공개결정이 변호인의 피구속자를 조력할 권리 및 알 권리를 침해하여 헌법에 위반된다(헌재 2003.3.27, 2000헌마474).

240 정답 ②

② [○] 이 사건 사실조회조항은 수사기관에 사실조회의 권한을 부여하고 있을 뿐이고, 이에 근거한 이 사건 사실조회행위에 대하여 국민건강보험공단이 응하거나 협조하여야 할 의무를 부담하는 것이 아니다. 따라서 이 사건 사실조회행위는 강제력이 개입되지 아니한 임의수사에 해당하므로, 이에 응하여 이루어진 이 사건 정보제공행위에도 영장주의가 적용되지 않는다. 그러므로 이 사건 정보제공행위는 영장주의원칙에 위배되지 않는다(헌재 2018.8.30, 2014헌마368).

① [×] 헌법 제12조 제3항이 정한 영장주의가 수사기관이 강제처분을 함에 있어 중립적 기관인 법원의 허가를 얻어야 함을 의미하는 것 외에 법원에 의한 사후 통제까지 마련되어야 함을 의미한다고 보기 어렵다(헌재 2018.8.30, 2016헌마263).

③ [×] 심판대상조항에 의한 자료제출요구는 그 성질상 대상자의 자발적 협조를 전제로 할 뿐이고 물리적 강제력을 수반하지 아니한다. 심판대상조항은 피조사자로 하여금 자료제출요

구에 응할 의무를 부과하고, 허위 자료를 제출한 경우 형사처벌하고 있으나, 이는 형벌에 의한 불이익이라는 심리적, 간접적 강제수단을 통하여 진실한 자료를 제출하도록 함으로써 조사권 행사의 실효성을 확보하기 위한 것이다. 이와 같이 심판대상조항에 의한 자료제출요구는 행정조사의 성격을 가지는 것으로 수사기관의 수사와 근본적으로 그 성격을 달리하며, 청구인에 대하여 직접적으로 어떠한 물리적 강제력을 행사하는 강제처분을 수반하는 것이 아니므로 영장주의의 적용대상이 아니다(헌재 2019.9.26, 2016헌바381).

④ [×] 우리 헌법제정권자가 제헌 헌법(제9조) 이래 현행 헌법(제12조 제3항)에 이르기까지 채택하여 온 영장주의의 본질은 신체의 자유를 침해하는 강제처분을 함에 있어서는 인적·물적 독립을 보장받는 제3자인 법관이 구체적 판단을 거쳐 발부한 영장에 의하여야만 한다는 데에 있으므로, 우선 형식적으로 영장주의에 위배되는 법률은 곧바로 헌법에 위반되고, 나아가 형식적으로는 영장주의를 준수하였더라도 실질적인 측면에서 입법자가 합리적인 선택범위를 일탈하는 등 그 입법형성권을 남용하였다면 그러한 법률은 자의금지원칙에 위배되어 헌법에 위반된다고 보아야 한다(헌재 2012.12.27, 2011헌가5).

241 정답 ④

④ [×] 이 사건 법률조항은 '감사보고서에 기재하여야 할 사항'을 기재하지 아니하는 행위를 범죄의 구성요건으로 정하고 있다. 그런데 동 법률이나 상법 등 관련 법률들은 '감사보고서에 기재하여야 할 사항'이 어떠한 내용과 범위의 것을 의미하는지에 관하여는 별도로 아무런 규정을 두고 있지 않다. 또한 감사보고서는 회계감사기준에 따라 작성되는 것인데 동 감사기준은 증권관리위원회 혹은 금융감독위원회에 의하여 정하여지도록 법률에 규정되어 있을 뿐이므로 결국 감사보고서에 기재하여야 할 사항도 전적으로 위 위원회들의 판단에 따라 정하여지고 또한 수시로 얼마든지 변경될 수 있는 것이 되어 법률에 의하여 그 대강 혹은 기본적 사항이 규율되고 있다고 할 수 없다. 한편 이 사건 법률조항의 주된 수범자는 회계분야의 전문가로서 자격을 가진 공인회계사들이며 회계원칙을 숙지하고 있는 이들이 일반인들보다는 감사보고서에 기재하여야 할 사항을 더 잘 알 수 있는 지위에 있는 것은 사실이나, <u>회계감사기준상 사용되고 있는 제반 일반적, 추상적 개념들을 수범자가 어느 정도로 엄격하게 혹은 광범하게 해석하느냐에 따라 폭넓은 재량을 가져오고 있기 때문에 이와 같은 회계전문가에게 있어서도 그 기재의 범위가 반드시 명확하다고 할 수 없다.</u> 따라서 이 사건 법률조항 중 '감사보고서에 기재하여야 할 사항' 부분은 그 의미가 법률로서 확정되어 있지 아니하고, 법률 문언의 전체적, 유기적인 구조와 구성요건의 특수성, 규제의 여건 등을 종합하여 고려하여 보더라도 수범자가 자신의 행위를 충분히 결정할 수 있을 정도로 내용이 명확하지 아니하여 동 조항부분은 죄형법정주의에서 요구하는 <u>명확성의 원칙에 위배된다</u>(헌재 2004.1.29, 2002헌가20).

관련판례

> '감사보고서에 기재하여야 할 사항'이 어느 범위에 이르는지 여부에 관하여는 헌법상 요구되는 명확성이 인정된다고 할 수 없으나, 이러한 불명확성은 '<u>감사보고서에 허위의 기재를 한 행위</u>'의 내용을 정하는 데 있어서는 영향을 미칠 수 없으므로 이를 이유로 동 개념이 불명확하여진다고 할 수 없다. 따라서 이 사건 법률조항 중 '감사보고서에 허위의 기재를 한 때'라고 한 부분은 그것이 형사처벌의 구성요건을 이루는 개념으로서 수범자가 법률의 규정만으로 충분히 그 내용의 대강을 파악할 만큼 명확한 것이라고 할 것이므로 죄형법정주의의 한 내용인 형벌법규의 <u>명확성의 원칙에 반한다고 할 수 없다</u>(헌재 2004.1.29, 2002헌가20).

① [○] 심판대상조항의 문언, 입법목적과 연혁, 관련 규정과의 관계 및 법원의 해석 등을 종합하여 볼 때, 심판대상조항에서 '제44조 제1항을 2회 이상 위반한 사람'이란 '2006.6.1. 이후 도로교통법 제44조 제1항을 위반하여 술에 취한 상태에서 운전을 하였던 사실이 인정되는 사람으로서, 다시 같은 조 제1항을 위반하여 술에 취한 상태에서 운전한 사람'을 의미함을 충분히 알 수 있으므로, 심판대상조항은 죄형법정주의의 명확성원칙에 위반되지 아니한다(헌재 2021.11.25, 2019헌바446).

② [○] 공직선거법 및 관련 법령이 구체적으로 '인터넷언론사'의 범위를 정하고 있고, 중앙선거관리위원회가 설치·운영하는 인터넷선거보도심의위원회가 심의대상인 인터넷언론를 결정하여 공개하는 점 등을 종합하면 '인터넷언론사'는 불명확하다고 볼 수 없으며, '지지·반대'의 사전적 의미와 심판대상조항의 입법목적, 공직선거법 관련 조항의 규율내용을 종합하면, 건전한 상식과 통상적인 법 감정을 가진 사람이면 자신의 글이 정당·후보자에 대한 '지지·반대'의 정보를 게시하는 행위인지 충분히 알 수 있으므로, 실명확인 조항 중 "인터넷언론사" 및 "지지·반대" 부분은 명확성 원칙에 반하지 않는다(헌재 2021.1.28, 2018헌마456).

관련판례

> 심판대상조항(=실명확인 조항을 비롯하여, 행정안전부장관 및 신용정보업자는 실명인증자료를 관리하고 중앙선거관리위원회가 요구하는 경우 지체 없이 그 자료를 제출해야 하며, 실명확인을 위한 기술적 조치를 하지 아니하거나 실명인증의 표시가 없는 정보를 삭제하지 않는 경우 과태료를 부과하도록 정한 공직선거법 조항)은 정치적 의사표현이 가장 긴요한 선거운동기간 중에 인터넷언론사 홈페이지 게시판 등 이용자로 하여금 실명확인을 하도록 강제함으로써 익명표현의 자유와 언론의 자유를 제한하고, 모든 익명표현을 규제함으로써 대다수 국민의 개인정보자기결정권도 광범위하게 제한하고 있다는 점에서 이와 같은 불이익은 선거의 공정성 유지라는 공익보다 결코 과소평가될 수 없다. 그러므로 심판대상조항은 과잉금지원칙에 반하여 인터넷언론사 홈페이지 게시판 등 이용자의 익명표현의 자유와 개인정보자기결정권, 인터넷언론사의 언론의 자유를 침해한다(헌재 2021.11.25, 2019헌바446).

③ [○] 금지조항(= 방송편성에 관하여 간섭을 금지하는 방송법 제4조 제2항의 '간섭'에 관한 부분)은 방송편성의 자유와 독립을 보장하기 위하여, 방송사 외부에 있는 자가 방송편성에 관계된 자에게 방송편성에 관해 특정한 요구를 하는

등의 방법으로, 방송편성에 관한 자유롭고 독립적인 의사결정에 영향을 미칠 수 있는 행위 일체를 금지한다는 의미임을 충분히 알 수 있다. 따라서 금지조항은 죄형법정주의의 명확성원칙에 위반되지 아니한다(헌재 2021.8.31, 2019헌바439).

242
정답 ③

③ [×] 종래 이와 견해를 달리하여 헌법 제12조 제4항 본문에 규정된 변호인의 조력을 받을 권리는 형사절차에서 피의자 또는 피고인의 방어권을 보장하기 위한 것으로서 출입국관리법상 보호 또는 강제퇴거의 절차에도 적용된다고 보기 어렵다고 판시한 우리 재판소 결정은, 이 결정 취지와 저촉되는 범위 안에서 변경한다(헌재 2018.5.31, 2014헌마346).

① [○] 청구인은 이 사건 변호인 접견신청 거부가 있었을 당시 행정기관인 피청구인에 의해 송환대기실에 구속된 상태였으므로, 헌법 제12조 제4항 본문에 따라 변호인의 조력을 받을 권리가 있다. … 현행법상 청구인의 변호인조력권 제한의 근거 법률이 없다. 이 사건 변호인 접견신청 거부는 아무런 법률상 근거가 없다. … 이 사건 변호인 접견신청 거부는 국가안전보장이나 질서유지, 공공복리를 위해 필요한 기본권 제한 조치로 볼 수도 없다. 이 사건 변호인 접견신청 거부는 청구인의 변호인의 조력을 받을 권리를 침해하므로 헌법에 위반된다(헌재 2018.5.31, 2014헌마346).

② [○] 강력범죄 또는 조직폭력범죄의 수사와 재판에서 범죄입증을 위해 증언한 자의 안전을 효과적으로 보장해 줄 수 있는 조치가 마련되어야 할 필요성은 매우 크고, 경우에 따라서는 증인이 피고인의 변호인과 대면하여 진술하는 것으로부터 보호할 필요성이 있을 수 있다. … 형사소송법은 차폐시설을 설치하고 증인신문절차를 진행할 경우 피고인으로부터 의견을 듣도록 하는 등 피고인이 받을 수 있는 불이익을 최소화하기 위한 장치를 마련하고 있다. 따라서 심판대상조항은 과잉금지원칙에 위배되어 청구인의 공정한 재판을 받을 권리 및 변호인의 조력을 받을 권리를 침해한다고 할 수 없다(헌재 2016.12.29, 2015헌바221).

④ [○] 헌법 제12조 제4항은 "누구든지 체포 또는 구속을 당한 때에는 즉시 변호인의 조력을 받을 권리를 가진다."라고 규정함으로써 변호인의 조력을 받을 권리를 헌법상의 기본권으로 격상하여 이를 특별히 보호하고 있거니와 변호인의 "조력을 받을" 피구속자의 권리는 피구속자를 "조력할" 변호인의 권리가 보장되지 않으면 유명무실하게 된다. 그러므로 피구속자를 조력할 변호인의 권리 중 그것이 보장되지 않으면 피구속자가 변호인으로부터 조력을 받는다는 것이 유명무실하게 되는 핵심적인 부분은, "조력을 받을 피구속자의 기본권"과 표리의 관계에 있기 때문에 이러한 핵심부분에 관한 변호인의 조력할 권리 역시 헌법상의 기본권으로서 보호되어야 한다(헌재 2003.3.27, 2000헌마474).

243
정답 ②

② [○] 개인정보자기결정권의 보호대상이 되는 개인정보는 개인의 신체, 신념, 사회적 지위, 신분 등과 같이 개인의 인격주체성을 특징짓는 사항으로서 그 개인의 동일성을 식별할 수 있게 하는 일체의 정보라고 할 수 있고, 반드시 개인의 내밀한 영역이나 사사(私事)의 영역에 속하는 정보에 국한되지 않고 공적 생활에서 형성되었거나 이미 공개된 개인정보까지 포함한다. 또한 그러한 개인정보를 대상으로 한 조사·수집·보관·처리·이용 등의 행위는 모두 원칙적으로 개인정보자기결정권에 대한 제한에 해당한다[헌재 2005.5.26, 99헌마513·2004헌마190(병합)].

① [×] 인터넷언론사의 공개된 게시판·대화방에서 스스로의 의사에 의하여 정당·후보자에 대한 지지·반대의 글을 게시하는 행위가 양심의 자유나 사생활 비밀의 자유에 의하여 보호되는 영역이라고 할 수 없다[헌재 2010.2.25, 2008헌마324 등(병합)].

③ [×] 자신의 인격권이나 명예권을 보호하기 위하여 대외적으로 해명을 하는 행위는 표현의 자유에 속하는 영역이라고 할 수 있을 뿐 이미 사생활의 자유에 의하여 보호되는 범주를 벗어난 행위라고 볼 것이므로, 위 청구인의 사생활의 자유가 침해된다고는 볼 수 없다(헌재 2001.8.30, 99헌바92 등).

④ [×] 이 사건 녹음행위는 교정시설 내의 안전과 질서유지에 기여하기 위한 것으로서 그 목적이 정당할 뿐 아니라 수단이 적절하다. 또한, 소장은 미리 접견내용의 녹음 사실 등을 고지하며, 접견기록물의 엄격한 관리를 위한 제도적 장치도 마련되어 있는 점 등을 고려할 때 침해의 최소성 요건도 갖추었고, 이 사건 녹음행위는 미리 고지되어 청구인의 접견내용은 사생활의 비밀로서의 보호가치가 그리 크지 않다고 할 것이므로 법익의 불균형을 인정하기도 어려워, 과잉금지원칙에 위반하여 청구인의 사생활의 비밀과 자유를 침해하였다고 볼 수 없다(헌재 2012.12.27, 2010헌마153).

244
정답 ③

③ [○] 구 국군보안사령부가 군과 관련된 첩보 수집, 특정한 군사법원 관할 범죄의 수사 등 법령에 규정된 직무 범위를 벗어나 민간인들을 대상으로 평소의 동향을 감시·파악할 목적으로 지속적으로 개인의 집회·결사에 관한 활동이나 사생활에 관한 정보를 미행, 망원 활용, 탐문채집 등의 방법으로 비밀리에 수집·관리한 경우, 이는 헌법에 의하여 보장된 기본권을 침해한 것으로서 불법행위를 구성한다(대판 1998.7.24, 96다42789).

① [×] 김포시장은 이 사건 정보제공조항에 따라 범죄의 수사를 위하여 필요한 경우 정보주체 또는 제3자의 이익을 부당하게 침해할 우려가 있을 때를 제외하고 개인정보를 수사기관에게 제공할 수 있다. … 이름, 생년월일, 주소는 수사의 초기 단계에서 범죄의 피의자를 특정하기 위하여 필요한 가장 기초적인 정보이고, 전화번호는 피의자 등에게 연락을 하기 위하여 필요한 정보이다. 또한 활동지원급여가 제공된 시간을 확인하기 위해서 수급자에 대하여도 조사를 할 필요성을 인정할 수 있다. … 이와 같은 점에 더하여, 활동보조인의 부정 수급 관련 범죄의 수사를 가능하게 함으로써 실체적 진실 발견과 국가형벌권의 적정한 행사에 기여하고자 하는 공익은 매우 중대한 것인 점을 고려하면, 이 사건 정보제공행위는 과잉금지원칙에 위배되어 청구인들의 개인정보

자기결정권을 침해하였다고 볼 수 없다(헌재 2018.8.30, 2016헌마483).

② [×] 후보자의 실효된 형까지 포함한 금고 이상의 형의 범죄경력을 공개함으로써 국민의 알 권리를 충족하고 공정하고 정당한 선거권 행사를 보장하고자 하는 이 사건 법률조항의 <u>입법목적은 정당</u>하며, 이러한 입법목적을 달성하기 위하여는 선거권자가 후보자의 모든 범죄경력을 인지한 후 그 공직적합성을 판단하는 것이 효과적이다. … 따라서 이 사건 법률조항은 청구인들의 사생활의 비밀과 자유를 침해한다고 볼 수 없다(헌재 2008.4.24, 2006헌마402 등).

④ [×] 일반적으로 경제적 내지 직업적 활동은 복합적인 사회적 관계를 전제로 하여 다수 주체간의 상호작용을 통하여 이루어지는 것이고, 특히 변호사의 업무는 다른 어느 직업적 활동보다도 강한 공공성을 내포한다는 점 등을 감안하여 볼 때, 변호사의 업무와 관련된 수임사건의 건수 및 수임액이 변호사의 내밀한 개인적 영역에 속하는 것이라고 보기 어렵고, 따라서 이 사건 법률조항이 청구인들의 사생활의 비밀과 자유를 침해하는 것이라 할 수 없다(헌재 2009.10.29, 2007헌마667).

245 　　　　　　　　　　　　　　　정답 ③

③ [O] 이 사건 재산등록조항은 금융감독원 직원의 비리유혹을 억제하고 업무 집행의 투명성 및 청렴성을 확보하기 위한 것으로 입법목적이 정당하고, 금융기관의 업무 및 재산상황에 대한 검사 및 감독과 그에 따른 제재를 업무로 하는 금융감독원의 특성상 소속 직원의 금융기관에 대한 실질적인 영향력 및 비리 개연성이 클 수 있다는 점을 고려할 때 일정 직급 이상의 금융감독원 직원에게 재산등록의무를 부과하는 것은 적절한 수단이다. 재산등록제도는 재산공개제도와 구별되는 것이고, 재산등록사항의 누설 및 목적 외 사용 금지 등 재산등록사항이 외부에 알려지지 않도록 보호하는 조치가 마련되어 있다. 재산등록대상에 본인 외에 배우자와 직계존비속도 포함되나 이는 등록의무자의 재산은닉을 방지하기 위하여 불가피한 것이며, 고지거부제도 운용 및 혼인한 직계비속인 여자, 외조부모 등을 대상에서 제외함으로써 피해를 최소화하고 있다. 또한 이 사건 재산등록조항에 의하여 제한되는 사생활 영역은 재산관계에 한정됨에 비하여 이를 통해 달성할 수 있는 공익은 금융감독원 업무의 투명성 및 책임성 확보 등으로 중대하므로 법익균형성도 충족하고 있다. 따라서 이 사건 재산등록조항은 청구인들의 사생활의 비밀과 자유를 침해하지 아니한다(헌재 2014.6.26, 2012헌마331).

① [×] 개인정보의 종류 및 성격, 수집목적, 이용형태, 정보처리방식 등에 따라 개인정보자기결정권의 제한이 인격권 또는 사생활의 자유에 미치는 영향이나 침해의 정도는 달라지므로 개인정보자기결정권의 제한이 정당한지 여부를 판단함에 있어서는 위와 같은 요소들과 추구하는 공익의 중요성을 헤아려야 하는바, 피청구인들이 졸업증명서 발급업무에 관한 민원인의 편의 도모, 행정효율성의 제고를 위하여 개인의 존엄과 인격권에 심대한 영향을 미칠 수 있는 민감한 정보라고 보기 어려운 성명, 생년월일, 졸업일자 정보만을

NEIS에 보유하고 있는 것은 목적의 달성에 필요한 최소한의 정보만을 보유하는 것이라 할 수 있고, 공공기관의 개인정보 보호에 관한 법률에 규정된 개인정보 보호를 위한 법규정들의 적용을 받을 뿐만 아니라 피청구인들이 보유목적을 벗어나 개인정보를 무단 사용하였다는 점을 인정할 만한 자료가 없는 한 NEIS라는 자동화된 전산시스템으로 그 정보를 보유하고 있다는 점만으로 피청구인들의 적법한 보유행위 자체의 정당성마저 부인하기는 어렵다(헌재 2005.7.21, 2003헌마282 등).

② [×] 개인정보자기결정권의 헌법상 근거로는 헌법 제17조의 사생활의 비밀과 자유, 헌법 제10조 제1문의 인간의 존엄과 가치 및 행복추구권에 근거를 둔 일반적 인격권 또는 위 조문들과 동시에 우리 헌법의 자유민주적 기본질서 규정 또는 국민주권원리와 민주주의원리 등을 고려할 수 있으나, 개인정보자기결정권으로 보호하려는 내용을 위 각 기본권들 및 헌법원리들 중 일부에 완전히 포섭시키는 것은 불가능하다고 할 것이므로, 그 헌법적 근거를 굳이 어느 한두 개에 국한시키는 것은 바람직하지 않은 것으로 보이고, 오히려 개인정보자기결정권은 이들을 이념적 기초로 하는 독자적 기본권으로서 헌법에 명시되지 아니한 기본권이라고 보아야 할 것이다(헌재 2005.5.26, 99헌마513 등).

④ [×] 후보자의 실효된 형까지 포함한 금고 이상의 형의 범죄경력을 공개함으로써 국민의 알 권리를 충족하고 공정하고 정당한 선거권 행사를 보장하고자 하는 이 사건 법률조항의 입법목적은 정당하며, 이러한 입법목적을 달성하기 위하여는 선거권자가 후보자의 모든 범죄경력을 인지한 후 그 공직적합성을 판단하는 것이 효과적이다. 또한 금고 이상의 범죄경력에 실효된 형을 포함시키는 이유는 선거권자가 공직후보의 자질과 적격성을 판단할 수 있도록 하기 위한 점, 전과기록은 통상 공개재판에서 이루어진 국가의 사법작용의 결과라는 점, 전과기록의 범위와 공개시기 등이 한정되어 있는 점 등을 종합하면, 이 사건 법률조항은 피해최소성의 원칙에 반한다고 볼 수 없고, 공익적 목적을 위하여 공직선거 후보자의 사생활의 비밀과 자유를 한정적으로 제한하는 것이어서 법익균형성의 원칙도 충족한다. 따라서 이 사건 법률조항은 청구인들의 사생활의 비밀과 자유를 침해한다고 볼 수 없다[헌재 2008.4.24, 2006헌마402·531(병합)].

246 　　　　　　　　　　　　　　　정답 ①

① [O] 출소 후 출소사실을 신고하여야 하는 신고의무 내용에 비추어 보안관찰처분대상자(이하 '대상자'라 한다)의 불편이 크다거나 7일의 신고기간이 지나치게 짧다고 할 수 없다. 보안관찰해당범죄는 민주주의체제의 수호와 사회질서의 유지, 국민의 생존 및 자유에 중대한 영향을 미치는 범죄인 점, 보안관찰법은 대상자를 파악하고 재범의 위험성 등 보안관찰처분의 필요성 유무의 판단 자료를 확보하기 위하여 위와 같은 신고의무를 규정하고 있다는 점 등에 비추어 출소 후 신고의무 위반에 대한 제재수단으로 형벌을 택한 것이 과도하다거나 법정형이 다른 법률들에 비하여 각별히 과중하다고 볼 수도 없다. 따라서 출소 후 신고조항 및 위반

시 처벌조항은 과잉금지원칙을 위반하여 청구인의 사생활의 비밀과 자유 및 개인정보자기결정권을 침해하지 아니한다 (헌재 2021.6.24, 2017헌바479).

② [×] 헌법 제10조는 "모든 국민은 인간으로서의 존엄과 가치를 가지며, 행복을 추구할 권리를 가진다. 국가는 개인이 가지는 불가침의 기본적 인권을 확인하고 이를 보장할 의무를 진다."고 규정하고, 헌법 제17조는 "모든 국민은 사생활의 비밀과 자유를 침해받지 아니한다."고 규정하고 있다. 이들 헌법 규정은 개인의 사생활 활동이 타인으로부터 침해되거나 사생활이 함부로 공개되지 아니할 소극적인 권리는 물론, 오늘날 고도로 정보화된 현대 사회에서 자신에 대한 정보를 자율적으로 통제할 수 있는 적극적인 권리까지도 보장하려는 데에 그 취지가 있는 것으로 해석된다[대판 2011.9.2, 2008다42430(전합)].

③ [×] 비록 국가가 개인정보 보호법 등으로 정보보호를 위한 조치를 취하고 있더라도, 여전히 주민등록번호를 처리하거나 수집·이용할 수 있는 경우가 적지 아니하며, 이미 유출되어 발생된 피해에 대해서는 뚜렷한 해결책을 제시해 주지 못하므로, 국민의 개인정보를 충분히 보호하고 있다고 보기 어렵다. 한편, 개별적인 주민등록번호 변경을 허용하더라도 변경 전 주민등록번호와의 연계 시스템을 구축하여 활용한다면 개인식별기능 및 본인 동일성 증명기능에 혼란이 발생할 가능성이 없고, 일정한 요건하에 객관성과 공정성을 갖춘 기관의 심사를 거쳐 변경할 수 있도록 한다면 주민등록번호 변경절차를 악용하려는 시도를 차단할 수 있으며, 사회적으로 큰 혼란을 불러일으키지도 않을 것이다. 따라서 주민등록번호 변경에 관한 규정을 두고 있지 않은 심판대상조항은 과잉금지원칙에 위배되어 개인정보자기결정권을 침해한다(헌재 2015.12.23, 2013헌바68 등).

④ [×] 기소유예처분에 관한 수사경력자료를 보존하도록 하는 것은 재기소나 재수사 상황에 대비한 기초자료를 제공하고, 수사 및 재판과정에서 적정한 양형 등을 통해 사법정의를 실현하기 위한 것으로서 그 목적이 정당하고 수단의 적합성이 인정된다. 보존되는 정보가 최소한에 그치고 이용범위도 제한적이며, 수사경력자료의 누설이나 목적 외 취득과 사용이 엄격히 금지될 뿐만 아니라 법정 보존기간이 합리적 범위 안에 있어 침해의 최소성에 반한다고 볼 수 없고, 수사경력자료의 보존으로 청구인이 현실적으로 입게 되는 불이익이 그다지 크지 않으므로 법익의 균형성도 갖추고 있다. 따라서 심판대상조항은 과잉금지원칙을 위반하여 청구인의 개인정보자기결정권을 침해하지 아니한다(헌재 2016.6.30, 2015헌마828).

247
정답 ②

② [×] 헌법 제10조는 "모든 국민은 인간으로서의 존엄과 가치를 가지며, 행복을 추구할 권리를 가진다. 국가는 개인이 가지는 불가침의 기본적 인권을 확인하고 이를 보장할 의무를 진다."고 규정하고, 헌법 제17조는 "모든 국민은 사생활의 비밀과 자유를 침해받지 아니한다."라고 규정하고 있는 바, 이들 헌법 규정은 개인의 사생활 활동이 타인으로부터 침해되거나 사생활이 함부로 공개되지 아니할 소극적인 권

리는 물론, 오늘날 고도로 정보화된 현대사회에서 자신에 대한 정보를 자율적으로 통제할 수 있는 적극적인 권리까지도 보장하려는 데에 그 취지가 있는 것으로 해석된다(대판 1998.7.24, 96다42789).

① [○] 사생활의 자유란 사회공동체의 일반적인 생활규범의 범위 내에서 사생활을 자유롭게 형성해 나가고 그 설계 및 내용에 대해서 외부로부터의 간섭을 받지 아니할 권리를 말하는바, 흡연을 하는 행위는 이와 같은 사생활의 영역에 포함된다고 할 것이므로, 흡연권은 헌법 제17조에서 그 헌법적 근거를 찾을 수 있다(헌재 2004.8.26, 2003헌마457).

③ [○] 이 사건 법률조항이 공적 관심의 정도가 약한 4급 이상의 공무원들까지 대상으로 삼아 모든 질병명을 아무런 예외 없이 공개토록 한 것은 입법목적 실현에 치중한 나머지 사생활 보호의 헌법적 요청을 현저히 무시한 것이고, 이로 인하여 청구인들을 비롯한 해당 공무원들의 헌법 제17조가 보장하는 기본권인 사생활의 비밀과 자유를 침해하는 것이다(헌재 2007.5.31, 2005헌마1139).

④ [○] 대법원은 "보험회사 직원이 보험회사를 상대로 손해배상청구소송을 제기한 교통사고 피해자들의 장해 정도에 관한 증거자료를 수집할 목적으로 피해자들의 일상생활을 촬영한 행위가 초상권 및 사생활의 비밀과 자유를 침해하는 불법행위에 해당한다(대판 2006.10.13, 2004다16280)."고 보았다.

248
정답 ②

② [×] 아동·청소년 대상 성범죄자의 신상정보를 등록하게 하고, 그중 사진의 경우에는 1년마다 새로 촬영하여 제출하게 하고 이를 보존하는 것은 신상정보 등록대상자의 재범을 억제하고, 재범한 경우에는 범인을 신속하게 검거하기 위한 것이므로 그 입법목적이 정당하고, 사진이 징표하는 신상정보인 외모는 쉽게 변하고, 그 변경 유무를 객관적으로 판단하기 어려우므로 1년마다 사진제출의무를 부과하는 것은 그러한 입법목적 달성을 위한 적합한 수단이다. 외모라는 신상정보의 특성에 비추어 보면 변경되는 정보의 보관을 위하여 정기적으로 사진을 제출하게 하는 방법 외에는 다른 대체수단을 찾기 어렵고, 등록의무자에게 매년 새로 촬영된 사진을 제출하게 하는 것이 그리 큰 부담은 아닐 뿐만 아니라, 의무위반 시 제재방법은 입법자에게 재량이 있으며 형벌 부과는 입법재량의 범위 내에 있고 또한 명백히 잘못되었다고 할 수는 없으며, 법정형 또한 비교적 경미하므로 침해의 최소성원칙 및 법익균형성원칙에도 위배되지 아니한다(헌재 2015.7.30, 2014헌바257).

① [○] 교도소장이 수용자가 없는 상태에서 실시한 거실 및 작업장 교도소의 안전과 질서를 유지하고, 수형자의 교화·개선에 지장을 초래할 수 있는 물품을 차단하기 위한 것으로서 그 목적이 정당하고, 수단도 적절하며, 검사의 실효성을 확보하기 위한 최소한의 조치로 보이고, 달리 덜 제한적인 대체수단을 찾기 어려운 점 등에 비추어 보면 이 사건 검사행위가 과잉금지원칙에 위배하여 사생활의 비밀 및 자유를 침해하였다고 할 수 없다(헌재 2011.10.25, 2009헌마691).

③ [O] 후보자의 실효된 형까지 포함한 금고 이상의 형의 범죄경력을 공개함으로써 국민의 알 권리를 충족하고 공정하고 정당한 선거권 행사를 보장하고자 하는 이 사건 법률조항의 입법목적은 정당하며, 이러한 입법목적을 달성하기 위하여는 선거권자가 후보자의 모든 범죄경력을 인지한 후 그 공직적합성을 판단하는 것이 효과적이다. 또한 금고 이상의 범죄경력에 실효된 형을 포함시키는 이유는 선거권자가 공직후보자의 자질과 적격성을 판단할 수 있도록 하기 위한 점, 전과기록은 통상 공개재판에서 이루어진 국가의 사법작용의 결과라는 점, 전과기록의 범위와 공개시기 등이 한정되어 있는 점 등을 종합하면, 이 사건 법률조항은 피해최소성의 원칙에 반한다고 볼 수 없고, 공익적 목적을 위하여 공직선거 후보자의 사생활의 비밀과 자유를 한정적으로 제한하는 것이어서 법익균형성의 원칙도 충족한다. 따라서 이 사건 법률조항은 청구인들의 사생활의 비밀과 자유를 침해한다고 볼 수 없다(헌재 2008.4.24, 2006헌마402).

④ [O] 시장·군수 또는 구청장이 개인의 지문정보를 수집하고, 경찰청장이 이를 보관·전산화하여 범죄수사목적에 이용하는 지문날인제도가 과잉금지의 원칙에 위배하여 개인정보자기결정권을 침해하였다고 볼 수 없다(헌재 2005.5.26, 99헌마513).

249 정답 ①

① [×] 신문보도의 명예훼손적 표현의 피해자가 공적 인물인지 아니면 사인인지, 그 표현이 공적인 관심 사안에 관한 것인지 순수한 사적인 영역에 속하는 사안인지의 여부에 따라 헌법적 심사기준에는 차이가 있어야 한다. 객관적으로 국민이 알아야 할 공공성·사회성을 갖춘 사실은 민주제의 토대인 여론형성이나 공개토론에 기여하므로 형사제재로 인하여 이러한 사안의 게재를 주저하게 만들어서는 안 된다. 신속한 보도를 생명으로 하는 신문의 속성상 허위를 진실한 것으로 믿고서 한 명예훼손적 표현에 정당성을 인정할 수 있거나, 중요한 내용이 아닌 사소한 부분에 대한 허위보도는 모두 형사제재의 위협으로부터 자유로워야 한다(헌재 1999.6.24, 97헌마265).

② [O] 헌법 제10조는 "모든 국민은 인간으로서의 존엄과 가치를 가지며, 행복을 추구할 권리를 가진다. 국가는 개인이 가지는 불가침의 기본적 인권을 확인하고 이를 보장할 의무를 진다."고 규정하고, 헌법 제17조는 "모든 국민은 사생활의 비밀과 자유를 침해받지 아니한다."라고 규정하고 있는바, 이들 헌법 규정은 개인의 사생활 활동이 타인으로부터 침해되거나 사생활이 함부로 공개되지 아니할 소극적인 권리는 물론, 오늘날 고도로 정보화된 현대사회에서 자신에 대한 정보를 자율적으로 통제할 수 있는 적극적인 권리까지도 보장하려는 데에 그 취지가 있는 것으로 해석된다(대판 1998.7.24, 96다42789).

③ [O] 이 사건 정보제공행위에 의하여 제공된 청구인 김○환의 약 2년 동안의 총 44회 요양급여내역 및 청구인 박○만의 약 3년 동안의 총 38회 요양급여내역은 건강에 관한 정보로서 '개인정보 보호법' 제23조 제1항이 규정한 <u>민감정보에 해당한다</u>. … 한편 <u>급여일자와 요양기관명은</u> 피의자의

현재 위치를 곧바로 파악할 수 있는 정보는 아니므로, 이 사건 정보제공행위로 얻을 수 있는 수사상의 이익은 없었거나 미약한 정도였다. 반면 서울용산경찰서장에게 제공된 <u>요양기관명에는 전문의의 병원도 포함되어 있어</u> 청구인들의 질병의 종류를 예측할 수 있는 점, 2년 내지 3년 동안의 요양급여정보는 청구인들의 건강상태에 대한 총체적인 정보를 구성할 수 있는 점 등에 비추어 볼 때, 이 사건 정보제공행위로 인한 청구인들의 개인정보자기결정권에 대한 침해는 매우 중대하다. 그렇다면 이 사건 정보제공행위는 이 사건 정보제공조항 등이 정한 요건을 충족한 것으로 볼 수 없고, 침해의 최소성 및 법익의 균형성에 위배되어 청구인들의 개인정보자기결정권을 침해하였다(헌재 2018.8.30, 2014헌마368).

④ [O] 변동신고조항은 출소 후 기존에 신고한 거주예정지 등 정보에 변동이 생기기만 하면 신고의무를 부과하는바, 의무기간의 상한이 정해져 있지 아니하여, 대상자로서는 보안관찰처분을 받은 자가 아님에도 무기한의 신고의무를 부담한다. 대상자는 보안관찰처분을 할 권한이 있는 행정청이 어느 시점에 처분을 할지 모르는 불안정한 상태에 항상 놓여 있게 되는바, 이는 행정청이 대상자의 재범 위험성에 대하여 판단을 하지 아니함에 따른 부담을 오히려 대상자에게 전가한다는 문제도 있다. 그렇다면 변동신고조항 및 위반 시 처벌조항은 대상자에게 보안관찰처분의 개시 여부를 결정하기 위함이라는 공익을 위하여 지나치게 장기간 형사처벌의 부담이 있는 신고의무를 지도록 하므로, 이는 과잉금지원칙을 위반하여 청구인의 사생활의 비밀과 자유 및 개인정보자기결정권을 침해한다(헌재 2021.6.24, 2017헌바479).

250 정답 ③

③ [×] 개인정보자기결정권의 보호대상이 되는 개인정보는 개인의 신체, 신념, 사회적 지위, 신분 등과 같이 개인의 인격주체성을 특징짓는 사항으로서 그 개인의 동일성을 식별할 수 있게 하는 일체의 정보라고 할 수 있고, 반드시 개인의 내밀한 영역이나 사사(私事)의 영역에 속하는 정보에 국한되지 않고 공적 생활에서 형성되었거나 이미 공개된 개인정보까지 포함한다. 또한 그러한 개인정보를 대상으로 한 조사·수집·보관·처리·이용 등의 행위는 모두 원칙적으로 개인정보자기결정권에 대한 제한에 해당한다(헌재 2005.5.26, 99헌마513 등).

① [O] 이 사건 CCTV 설치행위는 행형법 및 교도관직무규칙 등에 규정된 교도관의 계호활동 중 육안에 의한 시선계호를 CCTV 장비에 의한 시선계호로 대체한 것에 불과하므로, 이 사건 CCTV 설치행위에 대한 특별한 법적 근거가 없더라도 일반적인 계호활동을 허용하는 법률규정에 의하여 허용된다고 보아야 한다. 한편 CCTV에 의하여 감시되는 엄중격리대상자에 대하여 지속적이고 부단한 감시가 필요하고 자살·자해나 흉기 제작 등의 위험성 등을 고려하면, 제반 사정을 종합하여 볼 때 기본권 제한의 최소성 요건이나 법익균형성의 요건도 충족하고 있다. … 이 사건 CCTV 설치행위는 헌법 제17조 및 제37조 제2항을 위반하여 청구인들의 사생활의 비밀 및 자유를 침해하였다고 볼 수 없다(헌재

② [O] 흡연자들이 자유롭게 흡연할 권리를 흡연권이라고 한다면, 이러한 흡연권은 인간의 존엄과 행복추구권을 규정한 헌법 제10조와 사생활의 자유를 규정한 헌법 제17조에 의하여 뒷받침된다(헌재 2004.8.26, 2003헌마457).

④ [O] 사관학교의 설치 목적과 교육목표를 달성하기 위하여 사관학교는 사관생도에게 교내 음주 행위, 교육·훈련 및 공무 수행 중의 음주 행위, 사적 활동이라 하더라도 신분을 나타내는 생도 복장을 착용한 상태에서 음주하는 행위, 생도 복장을 착용하지 않은 상태에서 사적 활동을 하는 때에도 이로 인하여 사회적 물의를 일으킴으로써 품위를 손상한 경우 등에는 이러한 행위들을 금지하거나 제한할 필요가 있음은 물론이다. 그러나 여기에 그치지 않고 나아가 사관생도의 모든 사적 생활에서까지 예외 없이 금주의무를 이행할 것을 요구하는 것은 사관생도의 일반적 행동자유권은 물론 사생활의 비밀과 자유를 지나치게 제한하는 것이다(대판 2018.8.30, 2016두60591).

① [×] 출소 후 출소사실을 신고하여야 하는 신고의무 내용에 비추어 보안관찰처분대상자의 불편이 크다거나 7일의 신고기간이 지나치게 짧다고 할 수 없다. 보안관찰해당범죄는 민주주의체제의 수호와 사회질서의 유지, 국민의 생존 및 자유에 중대한 영향을 미치는 범죄인 점, 보안관찰법은 대상자를 파악하고 재범의 위험성 등 보안관찰처분의 필요성 유무의 판단 자료를 확보하기 위하여 위와 같은 신고의무를 규정하고 있다는 점 등에 비추어 출소 후 신고의무 위반에 대한 제재수단으로 형벌을 택한 것이 과도하다거나 법정형이 다른 법률들에 비하여 각별히 과중하다고 볼 수도 없다. 따라서 출소후신고조항 및 위반 시 처벌조항은 과잉금지원칙을 위반하여 청구인의 사생활의 비밀과 자유 및 개인정보자기결정권을 침해하지 아니한다(헌재 2021.6.24, 2017헌바479).

② [O] 심판대상조항은 법무부장관이 시험 관리 업무를 위하여 수집한 응시자의 개인정보 중 합격자의 성명을 공개하도록 하는 데 그치므로, 청구인들의 개인정보자기결정권이 제한되는 범위와 정도는 매우 제한적이다. 합격자 명단이 공고되면 누구나, 언제든지 이를 검색할 수 있으므로, 심판대상조항은 공공성을 지닌 전문직인 변호사의 자격 소지에 대한 일반 국민의 신뢰를 형성하는 데 기여하며, 변호사에 대한 정보를 얻는 수단이 확보되어 법률서비스 수요자의 편의가 증진된다. 합격자 명단을 공고하는 경우, 시험 관리 당국이 더 엄정한 기준과 절차를 통해 합격자를 선정할 것이 기대되므로 시험 관리 업무의 공정성과 투명성이 강화될 수 있다. 따라서 심판대상조항이 과잉금지원칙에 위배되어 청구인들의 개인정보자기결정권을 침해한다고 볼 수 없다(헌재 2020.3.26, 2018헌마77).

③ [O] 변동신고조항은 출소 후 기존에 신고한 거주예정지 등 정보에 변동이 생기기만 하면 신고의무를 부과하는바, 의무기간의 상한이 정해져 있지 아니하여, 대상자로서는 보안관찰처분을 받은 자가 아님에도 무기한의 신고의무를 부담한

다. 대상자는 보안관찰처분을 할 권한이 있는 행정청이 어느 시점에 처분을 할지 모르는 불안정한 상태에 항상 놓여 있게 되는바, 이는 행정청이 대상자의 재범 위험성에 대하여 판단을 하지 아니함에 따른 부담을 오히려 대상자에게 전가한다는 문제도 있다. 대상자가 면제결정을 받으면 신고의무에서 벗어날 수 있으나, 이러한 예외적인 구제절차가 존재한다는 사정만으로는 기간의 상한 없는 변동신고의무의 위헌성을 근본적으로 치유하기에는 부족하다. 그렇다면 변동신고조항 및 위반시 처벌조항은 대상자에게 보안관찰처분의 개시 여부를 결정하기 위함이라는 공익을 위하여 지나치게 장기간 형사처벌의 부담이 있는 신고의무를 지도록 하므로, 이는 과잉금지원칙을 위반하여 청구인의 사생활의 비밀과 자유 및 개인정보자기결정권을 침해한다(헌재 2021.6.24, 2017헌바479).

④ [O] 어떤 범죄가 행해진 후 시간이 흐를수록 수사의 단서로서나 상습성 판단자료, 양형자료로서의 가치는 감소하므로, 모든 소년부송치 사건의 수사경력자료를 해당 사건의 경중이나 결정 이후 경과한 시간 등에 대한 고려 없이 일률적으로 당사자가 사망할 때까지 보존할 필요가 있다고 보기는 어렵고, 불처분결정된 소년부송치 사건의 수사경력자료가 조회 및 회보되는 경우에도 이를 통해 추구하는 실체적 진실발견과 형사사법의 정의 구현이라는 공익에 비해, 당사자가 입을 수 있는 실질적 또는 심리적 불이익과 그로 인한 재사회화 및 사회복귀의 어려움이 더 크다. 따라서 심판대상조항은 과잉금지원칙을 위반하여 소년부송치 후 불처분결정을 받은 자의 개인정보자기결정권을 침해한다(헌재 2021.6.24, 2018헌가2).

① [×] 교정시설의 장이 수용자가 범죄의 증거를 인멸하거나 형사 법령에 저촉되는 행위를 할 우려가 있는 때에 교도관으로 하여금 수용자의 접견내용을 청취·기록·녹음 또는 녹화하게 하는 것은 과잉금지원칙에 위배되어 사생활의 비밀과 자유 및 통신의 비밀을 침해하지 아니한다(헌재 2016.11.24, 2014헌바401).

② [O] 이 사건 법률조항은 본인이 스스로 증명서를 발급받기 어려운 경우 형제자매를 통해 증명서를 간편하게 발급받게 하고, 친족·상속 등과 관련된 자료를 수집하려는 형제자매가 본인에 대한 증명서를 편리하게 발급받을 수 있도록 하기 위한 것으로, 목적의 정당성 및 수단의 적합성이 인정된다. 그러나 가족관계등록법상 각종 증명서에 기재된 개인정보가 유출되거나 오·남용될 경우 정보의 주체에게 가해지는 타격은 크므로 증명서 교부청구권자의 범위는 가능한 한 축소하여야 하는데, 형제자매는 언제나 이해관계를 같이 하는 것은 아니므로 형제자매가 본인에 대한 개인정보를 오·남용 또는 유출할 가능성은 얼마든지 있다. 그런데 이 사건 법률조항은 증명서 발급에 있어 형제자매에게 정보주체인 본인과 거의 같은 지위를 부여하고 있으므로, 이는 증명서 교부청구권자의 범위를 필요한 최소한도로 한정한 것이라고 볼 수 없다. 본인은 인터넷을 이용하거나 위임을 통해 각종 증명서를 발급받을 수 있으며, 가족관계등록법 제14조 제1

항 단서 각 호에서 일정한 경우에는 제3자도 각종 증명서의 교부를 청구할 수 있으므로 형제자매는 이를 통해 각종 증명서를 발급받을 수 있다. 따라서 이 사건 법률조항은 침해의 최소성에 위배된다. 또한, 이 사건 법률조항을 통해 달성하려는 공익에 비해 초래되는 기본권 제한의 정도가 중대하므로 법익의 균형성도 인정하기 어려워, 이 사건 법률조항은 청구인의 개인정보자기결정권을 침해한다(헌재 2016.6.30, 2015헌마924).

③ [O]

> **국정감사 및 조사에 관한 법률 제8조【감사 또는 조사의 한계】** 감사 또는 조사는 개인의 사생활을 침해하거나 계속 중인 재판 또는 수사 중인 사건의 소추에 관여할 목적으로 행사되어서는 아니 된다.

④ [O] 간통죄의 보호법익인 혼인과 가정의 유지는 당사자의 자유로운 의지와 애정에 맡겨져야지, 형벌을 통하여 타율적으로 강제될 수 없는 것이며, 현재 간통으로 처벌되는 비율이 매우 낮고, 간통행위에 대한 사회적 비난 역시 상당한 수준으로 낮아져 간통죄는 행위규제규범으로서 기능을 잃어가고, 형사정책상 일반예방 및 특별예방의 효과를 거두기도 어렵게 되었다. 부부간 정조의무 및 여성 배우자의 보호는 간통한 배우자를 상대로 한 재판상 이혼 청구, 손해배상청구 등 민사상의 제도에 의해 보다 효과적으로 달성될 수 있고, 오히려 간통죄가 유책의 정도가 훨씬 큰 배우자의 이혼 수단으로 이용되거나 일시 탈선한 가정주부 등을 공갈하는 수단으로 악용되고 있기도 하다. 결국 심판대상조항은 과잉금지원칙에 위배하여 국민의 성적 자기결정권 및 사생활의 비밀과 자유를 침해하는 것으로서 헌법에 위반된다(헌재 2015.2.26, 2009헌바17).

253　　　　　　　　　　　　　　　　　정답 ④

④ [×] 등록조항은 성범죄자의 재범을 억제하고 효율적인 수사를 위한 것으로 정당한 목적을 달성하기 위한 적합한 수단이다. 신상정보 등록제도는 국가기관이 성범죄자의 관리를 목적으로 신상정보를 내부적으로만 보존·관리하는 것으로, 성범죄자의 신상정보를 일반에게 공개하는 신상정보 공개·고지제도와는 달리 법익침해의 정도가 크지 않다. 성적 목적공공장소침입죄는 공공화장실 등 일정한 장소를 침입하는 경우에 한하여 성립하므로 등록조항에 따른 등록대상자의 범위는 이에 따라 제한되는바, 등록조항은 침해의 최소성원칙에 위배되지 않는다. 등록조항으로 인하여 제한되는 사익에 비하여 성범죄의 재범 방지와 사회 방위라는 공익이 크다는 점에서 법익의 균형성도 인정된다. 따라서 등록조항은 청구인의 개인정보자기결정권을 침해하지 않는다(헌재 2016.10.27, 2014헌마709).

① [O] 결론적으로, 이 사건 법률조항이 공적 관심의 정도가 약한 4급 이상의 공무원들까지 대상으로 삼아 모든 질병명을 아무런 예외 없이 공개토록 한 것은 입법목적 실현에 치중한 나머지 사생활 보호의 헌법적 요청을 현저히 무시한 것이고, 이로 인하여 청구인들을 비롯한 해당 공무원들의 헌법 제17조가 보장하는 기본권인 사생활의 비밀과 자유를

침해하는 것이다(헌재 2007.5.31, 2005헌마1139).

② [O] 이 사건 전자장치부착조항이 과잉금지원칙에 위배하여 피부착자의 사생활의 비밀과 자유, 개인정보자기결정권, 인격권을 침해한다고 볼 수 없다(헌재 2012.12.27, 2011헌바89).

③ [O] 강한 전파력을 가지고 무차별적으로 유포될 수 있는 가능성을 지닌 인터넷 매체의 특성을 고려할 때 이러한 제한을 통하여 달성하고자 하는 청소년 보호라는 공익은 매우 중대한 것임에 반해, 이 사건 본인확인 조항으로 인하여 청구인들이 입게 되는 불이익은 인터넷상 청소년유해매체물을 이용하려는 경우 본인인증 절차를 거쳐야 하는 것이므로, 법익의 균형성도 갖추었다. 따라서 이 사건 본인확인 조항은 과잉금지원칙에 반하여 청구인들의 알 권리 및 개인정보자기결정권을 침해하지 않는다(헌재 2015.3.26, 2013헌마354).

254　　　　　　　　　　　　　　　　　정답 ①

① [O] 피고인이나 변호인에 의한 공판정에서의 녹취는 진술인의 인격권 또는 사생활의 비밀과 자유에 대한 침해를 수반하고, 실체적 진실발견 등 다른 법익과 충돌할 개연성이 있으므로, 녹취를 금지해야 할 필요성이 녹취를 허용함으로써 달성하고자 하는 이익보다 큰 경우에는 녹취를 금지 또는 제한함이 타당하다(헌재 1995.12.28, 91헌마114).

② [×] 자동차를 도로에서 운전하는 중에 좌석안전띠를 착용할 것인가 여부의 생활관계가 개인의 전체적 인격과 생존에 관계되는 '사생활의 기본조건'이라거나 자기결정의 핵심적 영역 또는 인격적 핵심과 관련된다고 보기 어려워 더 이상 사생활 영역의 문제가 아니므로, 운전할 때 운전자가 좌석안전띠를 착용할 의무는 청구인의 사생활의 비밀과 자유를 침해하는 것이라 할 수 없다(헌재 2003.10.30, 2002헌마518).

③ [×] 국가기관이 행정목적달성을 위하여 언론에 보도자료를 제공하는 등 이른바 행정상 공표의 방법으로 실명을 공개함으로써 타인의 명예를 훼손한 경우, 그 공표된 사람에 관하여 적시된 사실의 내용이 진실이라는 증명이 없더라도 국가기관이 공표 당시 이를 진실이라고 믿었고 또 그렇게 믿을 만한 상당한 이유가 있다면 위법성이 없는 것이고, 이 점은 언론을 포함한 사인에 의한 명예훼손의 경우에서와 마찬가지이다(대판 1993.11.26, 93다18389).

④ [×] 보안관찰해당범죄를 범한 자의 재범의 위험성을 예방하고 건전한 사회복귀를 촉진하는 보안관찰법의 목적달성 및 보안관찰처분의 실효성 확보를 위하여 신고의무를 부과하는 입법목적의 정당성이 인정되고, 보안관찰처분의 취소, 갱신 및 피보안관찰자의 지도, 보호를 위하여 피보안관찰자가 자신의 주거지 등 현황을 신고할 필요가 있으며, 공부상 기재만으로 피보안관찰자의 실제 주거지나 직장 등의 정보를 정확하게 알 수 없고, 신고할 사항의 내용, 신고사항 작성의 난이도 등에 비추어 피보안관찰자에게 과도한 의무를 부과한다고 볼 수 없으며, 신고의무 위반행위에 대한 형벌이 상대적으로 과중하지 아니한 점을 고려하면 이 사건 처벌조항은 사생활의 비밀과 자유를 침해하지 아니한다(헌재 2015.11.26, 2014헌바475).

③ [×] 개인정보의 종류 및 성격, 수집목적, 이용형태, 정보처리방식 등에 따라 개인정보자기결정권의 제한이 인격권 또는 사생활의 자유에 미치는 영향이나 침해의 정도는 달라지므로 개인정보자기결정권의 제한이 정당한지 여부를 판단함에 있어서는 위와 같은 요소들과 추구하는 공익의 중요성을 헤아려야 하는바, 피청구인들이 졸업증명서 발급업무에 관한 민원인의 편의 도모, 행정효율성의 제고를 위하여 개인의 존엄과 인격권에 심대한 영향을 미칠 수 있는 민감한 정보라고 보기 어려운 성명, 생년월일, 졸업일자 정보만을 NEIS에 보유하고 있는 것은 목적의 달성에 필요한 최소한의 정보만을 보유하는 것이라 할 수 있고, 공공기관의 개인정보 보호에 관한 법률에 규정된 개인정보의 보호를 위한 법규정들의 적용을 받을 뿐만 아니라 피청구인들이 보유목적을 벗어나 개인정보를 무단 사용하였다는 점을 인정할 만한 자료가 없는 한 NEIS라는 자동화된 전산시스템으로 그 정보를 보유하고 있다는 점만으로 피청구인들의 적법한 보유행위 자체의 정당성마저 부인하기는 어렵다[헌재 2005.7.21, 2003헌마282·425(병합)].

① [○] 개인정보자기결정권은 자신에 관한 정보가 언제 누구에게 어느 범위까지 알려지고 또 이용되도록 할 것인지를 그 정보주체가 스스로 결정할 수 있는 권리, 즉 정보주체가 개인정보의 공개와 이용에 관하여 스스로 결정할 권리를 말하는바, 개인의 고유성, 동일성을 나타내는 지문은 그 정보주체를 타인으로부터 식별 가능하게 하는 개인정보이므로, 시장·군수 또는 구청장이 개인의 지문정보를 수집하고, 경찰청장이 이를 보관·전산화하여 범죄수사목적에 이용하는 것은 모두 개인정보자기결정권을 제한하는 것이다(헌재 2005.5.26, 99헌마513).

② [○] 개인정보자기결정권의 헌법상 근거로는 헌법 제17조의 사생활의 비밀과 자유, 헌법 제10조 제1문의 인간의 존엄과 가치 및 행복추구권에 근거를 둔 일반적 인격권 또는 위 조문들과 동시에 우리 헌법의 자유민주적 기본질서 규정 또는 국민주권원리와 민주주의원리 등을 고려할 수 있으나, 개인정보자기결정권으로 보호하려는 내용을 위 각 기본권들 및 헌법원리들 중 일부에 완전히 포섭시키는 것은 불가능하다고 할 것이므로, 그 헌법적 근거를 굳이 어느 한두 개에 국한시키는 것은 바람직하지 않은 것으로 보이고, 오히려 개인정보자기결정권은 이들을 이념적 기초로 하는 독자적 기본권으로서 헌법에 명시되지 아니한 기본권이라고 보아야 할 것이다(헌재 2005.5.26, 99헌마513).

④ [○]

> **개인정보 보호법 제2조 【정의】** 이 법에서 사용하는 용어의 뜻은 다음과 같다.
> 1. "개인정보"란 살아 있는 개인에 관한 정보로서 다음 각 목의 어느 하나에 해당하는 정보를 말한다.

④ [×] 개인정보자기결정권의 보호대상이 되는 개인정보는 개인의 신체, 신념, 사회적 지위, 신분 등과 같이 개인의 인격주체성을 특징짓는 사항으로서 그 개인의 동일성을 식별할 수 있게 하는 일체의 정보라고 할 수 있고, 반드시 개인의 내밀한 영역이나 사사(私事)의 영역에 속하는 정보에 국한되지 않고 공적 생활에서 형성되었거나 이미 공개된 개인정보까지 포함한다(헌재 2005.5.26, 99헌마513).

① [○] 개인정보자기결정권의 헌법상 근거로는 헌법 제17조의 사생활의 비밀과 자유, 헌법 제10조 제1문의 인간의 존엄과 가치 및 행복추구권에 근거를 둔 일반적 인격권 또는 위 조문들과 동시에 우리 헌법의 자유민주적 기본질서규정 또는 국민주권원리와 민주주의원리 등을 고려할 수 있으나, 개인정보자기결정권으로 보호하려는 내용을 위 각 기본권들 및 헌법원리들 중 일부에 완전히 포섭시키는 것은 불가능하다고 할 것이므로, 그 헌법적 근거를 굳이 어느 한두 개에 국한시키는 것은 바람직하지 않은 것으로 보이고, 오히려 개인정보자기결정권은 이들을 이념적 기초로 하는 독자적 기본권으로서 헌법에 명시되지 아니한 기본권이라고 보아야 할 것이다(헌재 2005.5.26, 99헌마513).

② [○] 주민등록번호 변경에 관한 규정을 두고 있지 않은 심판대상조항은 과잉금지원칙에 위배되어 개인정보자기결정권을 침해한다(헌재 2015.12.23, 2013헌바68).

③ [○] 개인정보 보호법 제2조 제5호

㉠ [○] 학교생활세부사항기록부의 '행동특성 및 종합의견'에 학교폭력예방법 제17조에 규정된 가해학생에 대한 조치사항을 입력하도록 규정한 '학교생활기록 작성 및 관리지침' 제16조 제2항 및 이러한 내용을 학생의 졸업과 동시에 삭제하도록 규정한 위 지침 제18조 제5항이 법률유보원칙에 반하여 청구인의 개인정보자기결정권을 침해하지 않는다(헌재 2016.4.28, 2012헌마630).

㉡ [×] 형제자매에게 가족관계등록부 등의 기록사항에 관한 증명서 교부청구권을 부여하는 '가족관계의 등록 등에 관한 법률' 제14조 제1항 본문 중 '형제자매' 부분이 과잉금지원칙을 위반하여 청구인의 개인정보자기결정권을 침해한다(헌재 2016.6.30, 2015헌마924).

㉢ [×] 개인정보자기결정권의 보호대상이 되는 개인정보는 개인의 신체, 신념, 사회적 지위, 신분 등과 같이 개인의 인격주체성을 특징짓는 사항으로서 그 개인의 동일성을 식별할 수 있게 하는 일체의 정보라고 할 수 있고, 반드시 개인의 내밀한 영역이나 사사(私事)의 영역에 속하는 정보에 국한되지 않고 공적 생활에서 형성되었거나 이미 공개된 개인정보까지 포함한다(헌재 2005.5.26, 99헌마513).

㉣ [○] 개인정보자기결정권은 자신에 관한 정보가 언제 누구에게 어느 범위까지 알려지고 또 이용되도록 할 것인지를 그 정보주체가 스스로 결정할 수 있는 권리이다. 즉 정보주체가 개인정보의 공개와 이용에 관하여 스스로 결정할 권리를 말한다. 개인정보자기결정권의 보호대상이 되는 개인정보는 개인의 신체, 신념, 사회적 지위, 신분 등과 같이 개인의 인격주체성을 특징짓는 사항으로서 그 개인의 동일성을 식별할 수 있게 하는 일체의 정보라고 할 수 있고, 반드시 개인의 내밀한 영역이나 사사(私事)의 영역에 속하는 정보에 국한되지 않고 공적 생활에서 형성되었거나 이미 공개된 개인정보까지 포함한다(헌재 2005.7.21, 2003헌마282).

② [×] 서울용산경찰서장은 청구인들을 검거하기 위하여 청구인들의 요양급여정보를 제공받는 것이 불가피한 상황이 아니었음에도 불구하고 이 사건 정보제공요청을 하였고, 국민건강보험공단은 이 사건 정보제공조항 등이 정한 요건에 해당하는지 여부에 대하여 실질적으로 판단하지 아니한 채 민감정보에 해당하는 청구인들의 요양급여정보를 제공한 것이므로, 이 사건 정보제공행위는 '청구인들의 민감정보를 제공받는 것이 범죄의 수사를 위하여 불가피할 것'이라는 요건을 갖춘 것으로 볼 수 없다. … 그렇다면 이 사건 정보제공행위는 침해의 최소성에 위배된다. 앞서 본 바와 같이 서울용산경찰서장은 청구인들의 소재를 파악한 상태였거나 다른 수단으로 충분히 파악할 수 있었으므로 이 사건 정보제공행위로 얻을 수 있는 수사상의 이익은 거의 없거나 미약하였던 반면, 청구인들은 자신도 모르는 사이에 민감정보인 요양급여정보가 수사기관에 제공되어 개인정보자기결정권에 대한 중대한 불이익을 받게 되었으므로, 이 사건 정보제공행위는 법익의 균형성도 갖추지 못하였다. 이 사건 정보제공행위는 과잉금지원칙에 위배되어 청구인들의 개인정보자기결정권을 침해하였다(헌재 2018.8.30, 2014헌마368).

① [O] 이 사건 법률조항을 통해 달성하려는 것은 본인과 형제자매의 편익 증진인바, 이러한 공익의 중요성은 그다지 크다고 볼 수 없고, 이를 통해 달성되는 공익 실현의 효과 또한 크지 않다. 반면, 이 사건 법률조항으로 말미암아 형제자매가 각종 증명서를 발급받을 수 있도록 함으로써 초래되는 기본권 침해는 중대하다고 볼 수 있으므로 이 사건 법률조항에 대해서는 법익의 균형성을 인정하기 어렵다. 따라서 이 사건 법률조항은 과잉금지원칙을 위반하여 청구인의 개인정보자기결정권을 침해한다(헌재 2016.6.30, 2015헌마924).

③ [O] 성범죄의 재범을 억제하고 수사의 효율성을 제고하기 위하여, 법무부장관이 등록대상자의 재범 위험성이 상존하는 20년 동안 그의 신상정보를 보존·관리하는 것은 정당한 목적을 위한 적합한 수단이다. 그런데 재범의 위험성은 등록대상 성범죄의 종류, 등록대상자의 특성에 따라 다르게 나타날 수 있고, 입법자는 이에 따라 등록기간을 차등화함으로써 등록대상자의 개인정보자기결정권에 대한 제한을 최소화하는 것이 바람직함에도, 이 사건 관리조항은 모든 등록대상 성범죄자에 대하여 일률적으로 20년의 등록기간을 적용하고 있으며, 이 사건 관리조항에 따라 등록기간이 정해지고 나면, 등록의무를 면하거나 등록기간을 단축하기 위해 심사를 받을 수 있는 여지도 없으므로 지나치게 가혹하다. 그리고 이 사건 관리조항이 추구하는 공익이 중요하더라도, 모든 등록대상자에게 20년 동안 신상정보를 등록하게 하고 위 기간 동안 각종 의무를 부과하는 것은 비교적 경미한 등록대상 성범죄를 저지르고 재범의 위험성도 많지 않은 자들에 대해서는 달성되는 공익과 침해되는 사익 사이의 불균형이 발생할 수 있으므로 이 사건 관리조항은 개인정보자기결정권을 침해한다(헌재 2015.7.30, 2014헌마340).

④ [O] 어떤 범죄가 행해진 후 시간이 흐를수록 수사의 단서로서나 상습성 판단자료, 양형자료로서의 가치는 감소하므로, 모든 소년부송치 사건의 수사경력자료를 해당 사건의 경중이나 결정 이후 경과한 시간 등에 대한 고려 없이 일률적으로 당사자가 사망할 때까지 보존할 필요가 있다고 보기는 어렵고, 불처분결정된 소년부송치 사건의 수사경력자료가 조회 및 회보되는 경우에도 이를 통해 추구하는 실체적 진실발견과 형사사법의 정의 구현이라는 공익에 비해, 당사자가 입을 수 있는 실질적 또는 심리적 불이익과 그로 인한 재사회화 및 사회복귀의 어려움이 더 크다. 따라서 심판대상조항은 과잉금지원칙을 위반하여 소년부송치 후 불처분결정을 받은 자의 개인정보자기결정권을 침해한다(헌재 2021.6.24, 2018헌가2).

③ [×] 국민기초생활 보장법상의 급여신청자에게 금융거래정보의 제출을 요구할 수 있도록 한 보장법 시행규칙 제35조 제1항 제5호가 급여신청자의 개인정보자기결정권을 침해하지 않는다(헌재 2005.11.24, 2005헌마112).

① [O] 개인정보자기결정권의 보호대상이 되는 개인정보는 개인의 신체, 신념, 사회적 지위, 신분 등과 같이 인격주체성을 특징짓는 사항으로서 개인의 동일성을 식별할 수 있게 하는 일체의 정보를 의미하며, 반드시 개인의 내밀한 영역에 속하는 정보에 국한되지 않고 공적 생활에서 형성되었거나 이미 공개된 개인정보까지도 포함한다(대판 2016.3.10, 2012다105482).

② [O] 개인정보자기결정권은 자신에 관한 정보가 언제 누구에게 어느 범위까지 알려지고 또 이용되도록 할 것인지를 그 정보주체가 스스로 결정할 수 있는 권리이다. 즉, 정보주체가 개인정보의 공개와 이용에 관하여 스스로 결정할 권리를 말한다(헌재 2005.5.26, 99헌마513).

④ [O] 게임물 관련사업자에게 게임물 이용자의 회원가입시 본인인증을 할 수 있는 절차를 마련하도록 하고 있는 게임산업진흥에 관한 법률은 인터넷게임 이용자가 자기의 개인정보에 대한 제공, 이용 및 보관에 관하여 스스로 결정할 권리인 개인정보자기결정권을 제한한다(헌재 2015.3.26, 2013헌마517).

② [×] 보안관찰해당범죄로 인한 형의 집행을 마치고 출소하여 이미 과거 범죄에 대한 대가를 치른 대상자에게 보안관찰처분의 개시여부를 결정하기 위함이라는 공익을 위하여 재범의 위험성과 무관하게 무기한으로 과도한 범위의 신고의무를 부과하고 위반시 피보안관찰자와 동일한 형으로 형사처벌하는 것은, 달성하고자 하는 공익에 비하여 그들의 기본권을 과도하게 제한하여 법익의 균형성에도 위반된다. … 따라서 변동신고조항 및 위반시 처벌조항은 과잉금지원칙을 위반하여 청구인의 사생활의 비밀과 자유 및 개인정보자기결정권을 침해한다(헌재 2021.6.24, 2017헌바479).

① [O] 이 사건 법률조항은 가정폭력 가해자에 대한 별도의 제한 없이 직계혈족이기만 하면 사실상 자유롭게 그 자녀의 가족관계증명서와 기본증명서의 교부를 청구하여 발급받을 수 있도록 함으로써, 그로 인하여 가정폭력 피해자인 청구인의 개인정보가 가정폭력 가해자인 전 배우자에게 무단으로 유출될 수 있는 가능성을 열어놓고 있다. 따라서 과잉금

지원칙에 위배되어 청구인의 개인정보자기결정권을 침해한다(헌재 2020.8.28, 2018헌마927).

③ [O] 심판대상조항은 공중밀집장소추행죄로 유죄판결이 확정되면 이들을 모두 등록대상자가 되도록 함으로써 그 관리의 기초를 마련하기 위한 것이다. 그러므로 관리의 기초가 되는 등록대상 여부를 결정함에 있어 대상 성범죄로 인한 유죄판결 이외에 반드시 재범의 위험성을 고려해야 한다고 보기는 어렵다. 더욱이 현재 사용되는 재범의 위험성 평가 도구로는 성범죄자의 재범 가능성 여부를 완벽하게 예측할 수 없고, 이와 같은 오류의 가능성을 배제하기 어려운 상황에서는 일정한 성폭력범죄자를 일률적으로 등록대상자가 되도록 하는 것이 불가피한 측면도 있다. … 심판대상조항은 청구인의 개인정보자기결정권을 침해하였다고 볼 수 없다(헌재 2020.6.25, 2019헌마699).

④ [O] 어떤 범죄가 행해진 후 시간이 흐를수록 수사의 단서로서나 상습성 판단자료, 양형자료로서의 가치는 감소하므로, 모든 소년부송치 사건의 수사경력자료를 해당 사건의 경중이나 결정 이후 경과한 시간 등에 대한 고려 없이 일률적으로 당사자가 사망할 때까지 보존할 필요가 있다고 보기는 어렵고, 불처분결정된 소년부송치 사건의 수사경력자료가 조회 및 회보되는 경우에도 이를 통해 추구하는 실체적 진실발견과 형사사법의 정의 구현이라는 공익에 비해, 당사자가 입을 수 있는 실질적 또는 심리적 불이익과 그로인한 재사회화 및 사회복귀의 어려움이 더 크다. 따라서 심판대상조항은 과잉금지원칙을 위반하여 소년부송치 후 불처분결정을 받은 자의 개인정보자기결정권을 침해한다(헌재 2021.6.24, 2018헌가2).

261
정답 ①

① [X] 국회의원인 甲 등이 '각급학교 교원의 교원단체 및 교원노조 가입현황 실명자료'를 인터넷을 통하여 공개한 사안에서, 위 정보는 개인정보자기결정권의 보호대상이 되는 개인정보에 해당하므로 이를 일반 대중에게 공개하는 행위는 해당 교원들의 개인정보자기결정권과 전국교직원노동조합의 존속, 유지, 발전에 관한 권리를 침해하는 것이고, 甲 등이 위 정보를 공개한 표현행위로 인하여 얻을 수 있는 법적 이익이 이를 공개하지 않음으로써 보호받을 수 있는 해당 교원 등의 법적 이익에 비하여 우월하다고 할 수 없으므로, 甲 등의 정보공개행위가 위법하다(대판 2014.7.24, 2012다49933).

② [O]

> **개인정보 보호법 제2조【정의】** 이 법에서 사용하는 용어의 뜻은 다음과 같다.
> 1. "개인정보"란 살아 있는 개인에 관한 정보로서 성명, 주민등록번호 및 영상 등을 통하여 개인을 알아볼 수 있는 정보(해당 정보만으로는 특정 개인을 알아볼 수 없더라도 다른 정보와 쉽게 결합하여 알아볼 수 있는 것을 포함한다)를 말한다.

③ [O] 심판대상조항은 성범죄의 재범 방지를 주요한 입법목적으로 삼고 있음에도 등록대상자의 선정에 있어 '재범의 위험성'을 전혀 요구하지 않는다. 통신매체이용음란죄의 재

범 비율이 높다는 점이 입증되지 않은 상황에서 통신매체이용음란죄로 유죄판결이 확정된 자는 당연히 신상정보 등록대상자가 되도록 한 심판대상조항은 재범의 위험성이 인정되지 않는 등록대상자에게 불필요한 제한을 부과한다. 따라서 심판대상조항은 청구인의 개인정보자기결정권을 침해한다(헌재 2016.3.31, 2015헌마688).

④ [O] 이 사건 제공행위에 의하여 제공된 접견녹음파일로 특정 개인을 식별할 수 있고, 그 대화내용 등은 인격주체성을 특징짓는 사항으로 그 개인의 동일성을 식별할 수 있게 하는 정보이므로, 정보주체인 청구인의 동의 없이 접견녹음파일을 관계기관에 제공하는 것은 청구인의 개인정보자기결정권을 제한하는 것이다. 그런데 이 사건 제공행위는 형사사법의 실체적 진실을 발견하고 이를 통해 형사사법의 적정한 수행을 도모하기 위한 것으로 그 목적이 정당하고, 수단 역시 적합하다. 또한, 접견기록물의 제공은 제한적으로 이루어지고, 제공된 접견내용은 수사와 공소제기 등에 필요한 범위 내에서만 사용하도록 제도적 장치가 마련되어 있으며, 사적 대화내용을 분리하여 제공하는 것은 그 구분이 실질적으로 불가능하고, 범죄와 관련 있는 대화내용을 쉽게 파악하기 어려워 전체 제공이 불가피한 점 등을 고려할 때 침해의 최소성 요건도 갖추고 있다. 나아가 접견내용이 기록된다는 사실이 미리 고지되어 그에 대한 보호가치가 그리 크다고 볼 수 없는 점 등을 고려할 때, 법익의 불균형을 인정하기도 어려우므로, 과잉금지원칙에 위반하여 청구인의 개인정보자기결정권을 침해하였다고 볼 수 없다(헌재 2012.12.27, 2010헌마153).

262
정답 ④

④ [X] 개인정보자기결정권의 보호대상이 되는 개인정보는 개인의 신체, 신념, 사회적 지위, 신분 등과 같이 개인의 인격주체성을 특징짓는 사항으로서 그 개인의 동일성을 식별할 수 있게 하는 일체의 정보라고 할 수 있고, 반드시 개인의 내밀한 영역이나 사사(私事)의 영역에 속하는 정보에 국한되지 않고 공적 생활에서 형성되었거나 이미 공개된 개인정보까지 포함한다. 또한 그러한 개인정보를 대상으로 한 조사·수집·보관·처리·이용 등의 행위는 모두 원칙적으로 개인정보자기결정권에 대한 제한에 해당한다[헌재 2005.5.26, 99헌마513·2004헌마190(병합)].

① [O] 이동전화의 이용과 관련하여 필연적으로 발생하는 통신사실 확인자료는 비록 비내용적 정보이지만 여러 정보의 결합과 분석을 통해 정보주체에 관한 정보를 유추해낼 수 있는 민감한 정보인 점, 수사기관의 통신사실 확인자료 제공요청에 대해 법원의 허가를 거치도록 규정하고 있으나 수사의 필요성만을 그 요건으로 하고 있어 제대로 된 통제가 이루어지기 어려운 점, 기지국수사의 허용과 관련하여서는 유괴·납치·성폭력범죄 등 강력범죄나 국가안보를 위협하는 각종 범죄와 같이 피의자나 피해자의 통신사실 확인자료가 반드시 필요한 범죄로 그 대상을 한정하는 방안 또는 다른 방법으로는 범죄수사가 어려운 경우(보충성)를 요건으로 추가하는 방안 등을 검토함으로써 수사에 지장을 초래하지 않으면서도 불특정 다수의 기본권을 덜 침해하는 수단이 존

재하는 점을 고려할 때, 이 사건 요청조항은 과잉금지원칙에 반하여 청구인의 개인정보자기결정권과 통신의 자유를 침해한다(헌재 2018.6.28, 2012헌마538 등).

② [O] 국회의원인 甲 등이 '각급학교 교원의 교원단체 및 교원노조 가입현황 실명자료'를 인터넷을 통하여 공개한 사안에서, 위 정보는 개인정보자기결정권의 보호대상이 되는 개인정보에 해당하므로 이를 일반 대중에게 공개하는 행위는 해당 교원들의 개인정보자기결정권과 전국교직원노동조합의 존속, 유지, 발전에 관한 권리를 침해하는 것이고, 甲 등이 위 정보를 공개한 표현행위로 인하여 얻을 수 있는 법적 이익이 이를 공개하지 않음으로써 보호받을 수 있는 해당 교원 등의 법적 이익에 비하여 우월하다고 할 수 없으므로, 甲 등의 정보 공개행위가 위법하다(대판 2014.7.24, 2012다49933).

③ [O] 심판대상조항의 입법목적은 차량의 축산관계시설 출입정보를 국가가축방역통합정보시스템으로 송신하여 이를 통합적·체계적으로 관리하고 차량의 이동경로를 신속하게 파악하여 구제역과 같은 가축전염병이 발생한 경우 신속한 역학조사를 행함으로써 가축전염병의 확산을 방지하고 효과적으로 대응하고자 함에 있으므로, 그 입법목적의 정당성이 인정된다. … 따라서 심판대상조항은 청구인들의 개인정보자기결정권을 침해하지 아니한다(헌재 2015.4.30, 2013헌마81).

조항이 과잉금지원칙을 위반하여 개인정보자기결정권을 침해하는지 여부가 문제된다. … 따라서 법원에서 불처분결정된 소년부송치 사건에 대한 수사경력자료의 보존기간과 삭제에 대한 규정을 두지 않은 이 사건 구법 조항은 과잉금지원칙을 위반하여 소년부송치 후 불처분결정을 받은 자의 개인정보자기결정권을 침해한다(헌재 2021.6.24, 2018헌가2).

② [O] 선거운동기간 중 정치적 익명표현의 부정적 효과는 익명성 외에도 해당 익명표현의 내용과 함께 정치적 표현행위를 규제하는 관련 제도, 정치적·사회적 상황의 여러 조건들이 아울러 작용하여 발생하므로, 모든 익명표현을 사전적·포괄적으로 규율하는 것은 표현의 자유보다 행정편의와 단속편의를 우선함으로써 익명표현의 자유와 개인정보자기결정권 등을 지나치게 제한한다(헌재 2021.1.28, 2018헌마456 등).

④ [O] 심판대상조항의 입법목적은 차량의 축산관계시설 출입정보를 국가가축방역통합정보시스템으로 송신하여 이를 통합적·체계적으로 관리하고 차량의 이동경로를 신속하게 파악하여 구제역과 같은 가축전염병이 발생한 경우 신속한 역학조사를 행함으로써 가축전염병의 확산을 방지하고 효과적으로 대응하고자 함에 있으므로, 그 입법목적의 정당성이 인정된다. … 따라서 심판대상조항은 청구인들의 개인정보자기결정권을 침해하지 아니한다(헌재 2015.4.30, 2013헌마81).

263
정답 ③

③ [×] 심판대상조항은 축산관계시설 출입차량의 출입정보를 국가가축방역통합정보시스템으로 송신하여 차량의 이동경로를 신속하게 파악함으로써 구제역과 같은 가축전염병이 발생한 경우 신속한 역학조사를 통해 가축전염병의 확산을 방지하고 효과적으로 대응하고자 하는 것으로 입법목적의 정당성과 수단의 적절성이 인정된다. 예방접종만으로는 감염 자체를 완전히 방지하기 어렵고, 축산관계시설 운영자에게 시설출입차량 정보를 기록하게 하더라도 현실적으로 이를 철저하게 작성하기 어려울 뿐만 아니라 설사 철저하게 작성되었다 하더라도 시설출입차량의 출입기록만으로는 전후 이동경로까지 파악할 수는 없으며, 가축전염병예방법상의 이동중지명령은 원칙적으로 48시간을 초과할 수 없고 1회 연장될 수 있을 뿐이어서 확산 방지에는 한계가 있다. 또한 차량무선인식장치 장착대상 차량의 범위를 최소한으로 한정하고 차량출입정보의 수집 범위와 용도를 제한하는 등 심판대상조항으로 인한 기본권 침해를 최소화하기 위한 조치들이 마련되어 있고, 이로 인해 제한되는 청구인들의 개인정보자기결정권에 비하여 가축전염병의 확산 방지를 통해 달성하고자 하는 공익이 결코 작다고 할 수 없으므로, 심판대상조항은 청구인들의 개인정보자기결정권을 침해하지 아니한다(헌재 2015.4.30, 2013헌마81).

① [O] 이 사건 구법 조항이 법원에서 불처분결정된 소년부송치 사건에 대한 수사경력자료의 삭제 및 보존기간에 대하여 규정하지 아니하여 수사경력자료에 기록된 개인정보가 당사자의 사망시까지 보존되면서 이용되는 것은 당사자의 개인정보자기결정권에 대한 제한에 해당하는바, 이 사건 구법

264
정답 ③

③ [×] 재범의 위험성이 높은 범죄를 범한 수형인 등은 생존하는 동안 재범의 가능성이 있으므로, 디엔에이신원확인정보를 수형인 등이 사망할 때까지 관리하여 범죄수사 및 예방에 이바지하고자 하는 이 사건 삭제조항은 입법목적의 정당성과 수단의 적절성이 인정된다. … 디엔에이신원확인정보를 범죄수사 등에 이용함으로써 달성할 수 있는 공익의 중요성에 비하여 청구인의 불이익이 크다고 보기 어려워 법익균형성도 갖추었다. 따라서 이 사건 삭제조항이 과도하게 개인정보자기결정권을 침해한다고 볼 수 없다(헌재 2014.8.28, 2011헌마28 등).

① [O] 이 사건 법률조항을 통해 달성하려는 것은 본인과 형제자매의 편익 증진인바, 이러한 공익의 중요성은 그다지 크다고 볼 수 없고, 이를 통해 달성되는 공익 실현의 효과 또한 크지 않다. 반면, 이 사건 법률조항으로 말미암아 형제자매가 각종 증명서를 발급받을 수 있도록 함으로써 초래되는 기본권 침해는 중대하다고 볼 수 있으므로 이 사건 법률조항에 대해서는 법익의 균형성을 인정하기 어렵다. 따라서 이 사건 법률조항은 과잉금지원칙을 위반하여 청구인의 개인정보자기결정권을 침해한다(헌재 2016.6.30, 2015헌마924).

② [O] 이 사건 법률조항이 가정폭력 가해자인 직계혈족에 대하여 아무런 제한 없이 그 자녀의 가족관계증명서 및 기본증명서의 발급을 청구할 수 있도록 하여, 결과적으로 가정폭력 피해자인 청구인의 개인정보가 무단으로 가정폭력 가해자에게 유출될 수 있도록 한 것은 입법목적을 달성하기 위하여 필요한 범위를 넘어선 것이므로 침해의 최소성에 위배된다. … 이 사건 법률조항이 불완전·불충분하게 규정되어, 직계혈족이 가정폭력의 가해자로 판명된 경우 주민등록

법 제29조 제6항 및 제7항과 같이 가정폭력 피해자가 가정폭력 가해자를 지정하여 가족관계증명서 및 기본증명서의 교부를 제한하는 등의 가정폭력 피해자의 개인정보를 보호하기 위한 구체적 방안을 마련하지 아니한 부진정입법부작위가 과잉금지원칙을 위반하여 청구인의 개인정보자기결정권을 침해한다(헌재 2020.8.28, 2018헌마927).

④ [○] 개인정보자기결정권은 자신에 관한 정보가 언제 누구에게 어느 범위까지 알려지고 또 이용되도록 할 것인지를 그 정보주체가 스스로 결정할 수 있는 권리로서, 헌법 제10조 제1문에서 도출되는 일반적 인격권 및 헌법 제17조의 사생활의 비밀과 자유에 의하여 보장된다. 개인정보를 대상으로 한 조사·수집·보관·처리·이용 등의 행위는 모두 원칙적으로 개인정보자기결정권에 대한 제한에 해당한다(헌재 2018.8.30, 2016헌마483).

265
정답 ①

① [○] 수사기관은 위치정보 추적자료를 통해 특정 시간대 정보주체의 위치 및 이동상황에 대한 정보를 취득할 수 있으므로 위치정보추적자료는 충분한 보호가 필요한 민감한 정보에 해당되는 점, 그럼에도 이 사건 요청조항은 수사기관의 광범위한 위치정보 추적자료 제공요청을 허용하여 정보주체의 기본권을 과도하게 제한하는 점, … 수사기관의 위치정보 추적자료 제공요청에 대해 법원의 허가를 거치도록 규정하고 있으나 수사의 필요성만을 그 요건으로 하고 있어 절차적 통제마저도 제대로 이루어지기 어려운 현실인 점 등을 고려할 때, 이 사건 요청조항은 과잉금지원칙에 반하여 청구인들의 개인정보자기결정권과 통신의 자유를 침해한다(헌재 2018.6.28, 2012헌마191 등).

② [×] 이 사건 정보제공행위에 의하여 제공된 청구인 김○환의 약 2년 동안의 총 44회 요양급여내역 및 청구인 박○만의 약 3년 동안의 총 38회 요양급여내역은 건강에 관한 정보로서 '개인정보 보호법' 제23조 제1항이 규정한 민감정보에 해당한다. … 급여일자와 요양기관명은 피의자의 현재 위치를 곧바로 파악할 수 있는 정보는 아니므로, 이 사건 정보제공행위로 얻을 수 있는 수사상의 이익은 없었거나 미약한 정도였다. … 이 사건 정보제공행위로 인한 청구인들의 개인정보자기결정권에 대한 침해는 매우 중대하다. 그렇다면 이 사건 정보제공행위는 이 사건 정보제공조항 등이 정한 요건을 충족한 것으로 볼 수 없고, 침해의 최소성 및 법익의 균형성에 위배되어 청구인들의 개인정보자기결정권을 침해하였다(헌재 2018.8.30, 2014헌마368).

③ [×] 재범의 위험성이 높은 범죄를 범한 수형인 등은 생존하는 동안 재범의 가능성이 있으므로, 디엔에이신원확인정보를 수형인 등이 사망할 때까지 관리하여 범죄수사 및 예방에 이바지하고자 하는 이 사건 삭제조항은 입법목적의 정당성과 수단의 적절성이 인정된다. … 디엔에이신원확인정보를 범죄수사 등에 이용함으로써 달성할 수 있는 공익의 중요성에 비하여 청구인의 불이익이 크다고 보기 어려워 법익균형성도 갖추었다. 따라서 이 사건 삭제조항이 과도하게 개인정보자기결정권을 침해한다고 볼 수 없다(헌재 2014.8.28, 2011헌마28 등).

④ [×] 개인정보자기결정권의 보호대상이 되는 개인정보는 개인의 신체, 신념, 사회적 지위, 신분 등과 같이 개인의 인격주체성을 특징짓는 사항으로서 그 개인의 동일성을 식별할 수 있게 하는 일체의 정보라고 할 수 있고, 반드시 개인의 내밀한 영역이나 사사(私事)의 영역에 속하는 정보에 국한되지 않고 공적 생활에서 형성되었거나 이미 공개된 개인정보까지 포함한다. 또한 그러한 개인정보를 대상으로 한 조사·수집·보관·처리·이용 등의 행위는 모두 원칙적으로 개인정보자기결정권에 대한 제한에 해당한다[헌재 2005.7.21, 2003헌마282·425(병합)].

266
정답 ③

③ [×] 이 사건 정보수집 등 행위는 청구인 윤○○, 정○○이 과거 야당 후보를 지지하거나 세월호 참사에 대한 정부의 대응을 비판한 의사표시에 관한 정보를 대상으로 한다. 이러한 야당 소속 후보자 지지 혹은 정부 비판은 정치적 견해로서 개인의 인격주체성을 특징짓는 개인정보에 해당하고, 그것이 지지 선언 등의 형식으로 공개적으로 이루어진 것이라고 하더라도 여전히 개인정보자기결정권의 보호범위 내에 속한다(헌재 2020.12.23, 2017헌마416).

① [○] 이 사건 정보는 개인정보자기결정권의 보호대상이 되는 개인정보에 해당하므로, 이 사건 정보를 일반 대중에게 공개하는 행위는 해당 교원들의 개인정보자기결정권의 침해에 해당한다고 봄이 상당하다. 또한 위와 같은 조합 가입 여부에 관한 개인정보가 공개될 경우 원고 전국교직원노동조합(이하 '전교조'라고 한다)에 속한 조합원들이 조합을 탈퇴하거나, 비조합원들이 조합에 가입하는 것을 꺼리게 될 수 있어 원고 전교조 역시 그 존속, 유지, 발전에 지장을 받을 수 있으므로, 이 사건 정보를 일반 대중에게 공개하는 행위는 원고 전교조의 그러한 권리를 침해하는 경우에 해당한다고 봄이 상당하다(대판 2014.7.24, 2012다49933).

② [○] 갑 회사가 영리 목적으로 병의 개인정보를 수집하여 제3자에게 제공하였더라도 그에 의하여 얻을 수 있는 법적 이익이 정보처리를 막음으로써 얻을 수 있는 정보주체의 인격적 법익에 비하여 우월하므로, 갑 회사의 행위를 병의 개인정보자기결정권을 침해하는 위법한 행위로 평가할 수 없고, 갑 회사가 병의 개인정보를 수집하여 제3자에게 제공한 행위는 병의 동의가 있었다고 객관적으로 인정되는 범위 내이고, 갑 회사에 영리 목적이 있었다고 하여 달리 볼 수 없으므로, 갑 회사가 병의 별도의 동의를 받지 아니하였다고 하여 개인정보 보호법 제15조나 제17조를 위반하였다고 볼 수 없다(대판 2016.8.17, 2014다235080).

④ [○] 서울용산경찰서장은 청구인들을 검거하기 위해서 국민건강보험공단에게 청구인들의 요양급여내역을 요청한 것인데, 서울용산경찰서장은 그와 같은 요청을 할 당시 전기통신사업자로부터 위치추적자료를 제공받는 등으로 청구인들의 위치를 확인하였거나 확인할 수 있는 상태였다. 따라서 서울용산경찰서장이 청구인들을 검거하기 위하여 청구인들의 약 2년 또는 3년이라는 장기간의 요양급여내역을 제공받는 것이 불가피하였다고 보기 어렵다. … 그렇다면 이 사건 정보제공행위는 이 사건 정보제공조항 등이 정한 요건을

충족한 것으로 볼 수 없고, 침해의 최소성 및 법익의 균형성에 위배되어 청구인들의 개인정보자기결정권을 침해하였다(헌재 2018.8.30, 2014헌마368).

267
정답 ②

② [×] 사생활에 관한 자유와 권리는 그 체계가 헌법 제17조 사생활의 비밀과 자유의 불가침을 기본조항 내지 목적조항으로 하고, 제16조 주거의 불가침, 제14조 거주·이전의 자유, 제18조 통신의 불가침 등을 그 실현수단조항으로 하고 있다. 따라서 사생활의 비밀과 자유가 주거의 자유보다 넓은 개념이라 할 수 있다.

① [○] 주거의 자유의 주체란 일정한 주거에 거주함으로써 그 장소로부터 사생활상의 편익을 얻는 자 모두를 의미한다.

③ [○] 주거침입죄는 정당한 이유 없이 사람의 주거 또는 간수하는 저택, 건조물 등에 침입하거나 또는 요구를 받고 그 장소로부터 퇴거하지 않음으로써 성립하는 것이고, … (대판 1983.3.8, 82도1363).

④ [○] 이 사건 수용조항은, 정비사업조합에 수용권한을 부여하여 주택재개발사업에 반대하는 청구인의 토지 등을 강제로 취득할 수 있도록 하고 있다. 따라서 이 사건 수용조항이 토지 등 소유자의 재산권을 침해하는지 여부가 문제된다. 청구인은 이 사건 수용조항으로 인하여 거주·이전의 자유도 제한된다고 주장하고 있다. 주거로 사용하던 건물이 수용될 경우 그 효과로 거주지도 이전하여야 하는 것은 사실이나, 이는 토지 및 건물 등의 수용에 따른 <u>부수적 효과로서 간접적, 사실적 제약에 해당하므로 거주·이전의 자유 침해 여부는 별도로 판단하지 않는다</u>(헌재 2019.11.28, 2017헌바241).

268
정답 ①

① [○] 병역준비역에 편입된 복수국적자의 국적선택 기간이 지났다고 하더라도, 그 기간 내에 국적이탈 신고를 하지 못한 데 대하여 사회통념상 그에게 책임을 묻기 어려운 사정 즉, 정당한 사유가 존재하고, 또한 병역의무 이행의 공평성 확보라는 입법목적을 훼손하지 않음이 객관적으로 인정되는 경우라면, 병역준비역에 편입된 복수국적자에게 국적선택 기간이 경과하였다고 하여 일률적으로 국적이탈을 할 수 없다고 할 것이 아니라, 예외적으로 국적이탈을 허가하는 방안을 마련할 여지가 있다. 이처럼 '병역의무의 공평성 확보'라는 입법목적을 훼손하지 않으면서도 기본권을 덜 침해하는 방법이 있는데도 심판대상 법률조항은 그러한 예외를 전혀 두지 않고 일률적으로 병역의무 해소 전에는 국적이탈을 할 수 없도록 하는바, 이는 피해의 최소성원칙에 위배된다. 심판대상 법률조항은 복수국적자가 대한민국 국적의 유지를 원하지 않는 경우에도 병역의무 해소 전에는 절대적으로 국적에서 이탈할 수 없도록 함으로써 병역의무의 공평한 이행이라는 공익을 확보하고자 한다. 그런데 복수국적자가 주로 외국에 거주하면서 대한민국에 출생신고조차 되어 있지 않은 경우라면 대한민국 정부는 그를 국민으로 파악하기 어려워 실제 병역준비역에 편입하기 어렵고, 설사 어떠한 방법

으로 그를 병역준비역에 편입한 경우라 하더라도 그가 대한민국에 입국하지 않으면 현실적으로 병역의무를 이행하도록 하기 어렵다. 즉, 복수국적자의 국적이탈을 제한하면서도 병역의무의 이행을 현실화할 수 없어 심판대상 법률조항이 추구하는 공익이 실질적으로 달성되지 않는 경우가 발생한다. 국경을 넘는 인적교류가 활발해지고 국적을 달리하는 사람들 간 혼인이 꾸준히 증가하면 현행 국적법의 태도 아래에서는 대한민국에 거주하지 않는 복수국적자도 계속 증가할 것인데, 이러한 규범 목적과 현실 사이의 괴리는 더 가중될 여지가 있다. 반면, 심판대상 법률조항의 존재로 인하여 복수국적을 유지하게 됨으로써 대상자가 겪어야 하는 실질적 불이익은 구체적 사정에 따라 상당히 클 수 있다. 국가에 따라서는 복수국적자가 공직 또는 국가안보와 직결되는 업무나 다른 국적국과 이익충돌 여지가 있는 업무를 담당하는 것이 제한될 가능성이 있다. 현실적으로 이러한 제한이 존재하는 경우, 특정 직업의 선택이나 업무 담당이 제한되는 데 따르는 사익 침해를 가볍게 볼 수 없다. 이상과 같이 심판대상 법률조항을 통하여 달성되는 공익에 비하여 침해되는 사익이 더 큰 경우가 있고, 이러한 경우 심판대상 법률조항은 법익의 균형성원칙도 충족하지 못한다. 심판대상 법률조항은 과잉금지원칙에 위배되어 청구인의 국적이탈의 자유를 침해한다(헌재 2020.9.24, 2016헌마889).

② [×] 거주지를 기준으로 중·고등학교의 입학을 제한하는 교육법 시행령 제71조 및 제112조의6 등의 규정은 과열된 입시경쟁으로 말미암아 발생하는 부작용을 방지한다고 하는 입법목적을 달성하기 위한 방안의 하나이고, 도시와 농어촌에 있는 중·고등학교의 교육여건의 차이가 심하지 않으며, 획일적인 제도의 운용에 따른 문제점을 해소하기 위한 여러 가지 보완책이 위 시행령에 상당히 마련되어 있어서 그 입법수단은 정당하므로, 위 규정은 학부모의 자녀를 교육시킬 학교선택권의 본질적 내용을 침해하였거나 과도하게 제한한 경우에 해당하지 아니한다(헌재 1995.2.23, 91헌마204).

③ [×] 헌법상 거주·이전의 자유 속에 국외거주의 자유가 포함된다고 하여도 1980년 해직공무원의 보상 등에 관한 특별조치법 제2조 제5항은 그 자체 청구인이나 대한민국 국민 누구에게도 거주이전의 자유를 제한하는 것이라거나 국외이주를 제한하는 규정이 아니므로, 동 조항에 따른 보상의 차별이 있더라도 동 규정이 헌법상 재외국민의 평등권을 침해하였다고 할 수 없는 것과 마찬가지로 거주이전의 자유를 침해한 것이라 할 수 없다(헌재 1993.12.23, 89헌마189).

④ [×] 거주·이전의 자유는 한국 국적을 가진 모든 자연인과 국내법인이 그 주체가 된다. 외국인에 대해서는 원칙적으로 거주·이전의 자유가 보장되지 아니하므로 외국인은 그에 관하여 허가를 받아야 한다(다수설).

269
정답 ①

① [○] 여권발급신청인이 북한 고위직 출신의 탈북 인사로서 신변에 대한 위해 우려가 있다는 이유로 신청인의 미국 방문을 위한 여권발급을 거부한 것은 여권법 제8조 제1항 제5호에 정한 사유에 해당한다고 볼 수 없고 거주·이전의 자유를 과도하게 제한하는 것으로서 위법하다(대판 2008.1.24, 2007두10846).

② [×] 누구든지 주민등록 여부와 무관하게 거주지를 자유롭게 이전할 수 있으므로 주민등록 여부가 거주·이전의 자유와 직접적인 관계가 있다고 보기 어려우며, 영내 기거하는 현역병은 병역법으로 인해 거주·이전의 자유를 제한받게 되므로 이 사건 법률조항은 영내 기거 현역병의 거주·이전의 자유를 제한하지 않는다(헌재 2011.6.30, 2009헌마59).

③ [×] 출국금지의 대상이 되는 추징금은 2,000만 원 이상으로 규정하여 비교적 고액의 추징금 미납자에 대하여서만 출국의 자유를 제한할 수 있도록 하고 있으며 실무상 추징금 미납을 이유로 출국금지처분을 함에 있어서는 재산의 해외도피 우려를 중요한 기준으로 삼고 있다. 출입국관리법 제4조 제1항 제4호는 출입국관리법 시행령과 출국금지업무처리규칙의 관련 조항들과 유기적으로 결합하여 살피면 일정한 액수의 추징금 미납사실 외에 '재산의 해외도피 우려'라는 국가형벌권 실현의 목적에 부합하는 요건을 추가적으로 요구함으로써 출국과 관련된 기본권의 제한을 최소한에 그치도록 배려하고 있다. 또한 간접강제제도나 재산명시명령의 불이행에 대한 감치처분, 강제집행면탈죄로 처벌하는 규정과, 사기파산죄 등과 대비하여 볼 때 재산의 해외도피 우려가 있는 추징금 미납자에 대하여 하는 출국금지처분이 결코 과중한 조치가 아닌 최소한의 기본권 제한조치라고 아니할 수 없다(헌재 2004.10.28, 2003헌가18).

④ [×] 지방세법 제138조 제1항 제3호가 법인의 대도시 내의 부동산등기에 대하여 통상세율의 5배를 규정하고 있다 하더라도 그것이 대도시 내에서 업무용 부동산을 취득할 정도의 재정능력을 갖춘 법인의 담세능력을 일반적으로 또는 절대적으로 초과하는 것이어서 그 때문에 법인이 대도시 내에서 향유하여야 할 직업수행의 자유나 거주·이전의 자유의 자유가 형해화할 정도에 이르러 그 기본적인 내용이 침해되었다고 볼 수 없다(헌재 1998.2.27, 97헌바79).

270 정답 ②

② [○] 이 사건 수용조항은, 정비사업조합에 수용권한을 부여하여 주택재개발사업에 반대하는 청구인의 토지 등을 강제로 취득할 수 있도록 하고 있다. 따라서 이 사건 수용조항이 토지 등 소유자의 재산권을 침해하는지 여부가 문제된다. 청구인은 이 사건 수용조항으로 인하여 거주이전의 자유도 제한된다고 주장하고 있다. 주거로 사용하던 건물이 수용될 경우 그 효과로 거주지도 이전하여야 하는 것은 사실이나, 이는 토지 및 건물 등의 수용에 따른 부수적 효과로서 간접적, 사실적 제약에 해당하므로 거주이전의 자유 침해 여부는 별도로 판단하지 않는다(헌재 2019.11.28, 2017헌바241).

① [×] 국적을 이탈하거나 변경하는 것은 헌법 제14조가 보장하는 거주·이전의 자유에 포함되고, 이 사건 법률조항들은 복수국적자인 남성이 제1국민역에 편입된 때에는 그때부터 3개월 이내에 외국 국적을 선택하지 않으면 국적법 제12조 제3항 각 호에 해당하는 때, 즉 현역·상근예비역 또는 보충역으로 복무를 마치거나, 제2국민역에 편입되거나, 또는 병역면제처분을 받은 때(이하 '병역의무의 해소'라 한다)에야 외국 국적의 선택 및 대한민국 국적의 이탈(이하 이를 묶어 '대한민국 국적 이탈'이라고만 한다)을 할 수 있

도록 하고 있으므로, 이 사건 법률조항들은 복수국적자인 청구인의 국적이탈의 자유를 제한한다(헌재 2015.11.26, 2013헌마805 등).

③ [×] 우리 헌법 제14조 제1항은 "모든 국민은 거주·이전의 자유를 가진다."고 규정하고 있고, 이러한 거주·이전의 자유에는 국내에서의 거주·이전의 자유뿐 아니라 국외 이주의 자유, 해외여행의 자유 및 귀국의 자유가 포함되는바, 아프가니스탄 등 일정한 국가로의 이주, 해외여행 등을 제한하는 이 사건 고시로 인하여 청구인들의 거주·이전의 자유가 일부 제한된 점은 인정된다(헌재 2008.6.26, 2007헌마1366).

④ [×] 이 사건 법률조항은 수도권 내의 과밀억제권역 안에서 법인의 본점의 사업용 부동산, 특히 본점용 건축물을 신축 또는 증축하는 경우에 취득세를 중과세하는 조항이므로, 이 사건 법률조항에 의하여 청구인의 거주·이전의 자유와 영업의 자유가 침해되는지 여부가 문제된다(헌재 2014.7.24, 2012헌바408).

271 정답 ②

② [○] 이 사건 수용조항은, 정비사업조합에 수용권한을 부여하여 주택재개발사업에 반대하는 청구인의 토지 등을 강제로 취득할 수 있도록 하고 있다. 따라서 이 사건 수용조항이 토지 등 소유자의 재산권을 침해하는지 여부가 문제된다. 청구인은 이 사건 수용조항으로 인하여 거주이전의 자유도 제한된다고 주장하고 있다. 주거로 사용하던 건물이 수용될 경우 그 효과로 거주지도 이전하여야 하는 것은 사실이나, 이는 토지 및 건물 등의 수용에 따른 부수적 효과로서 간접적, 사실적 제약에 해당하므로 거주이전의 자유 침해 여부는 별도로 판단하지 않는다(헌재 2019.11.28, 2017헌바241).

① [×] 여권발급신청인이 북한 고위직 출신의 탈북 인사로서 신변에 대한 위해 우려가 있다는 이유로 신청인의 미국 방문을 위한 여권발급을 거부한 것은 여권법 제8조 제1항 제5호에 정한 사유에 해당한다고 볼 수 없고 거주·이전의 자유를 과도하게 제한하는 것으로서 위법하다(대판 2008.1.24, 2007두10846).

③ [×] 거주지를 기준으로 중·고등학교의 입학을 제한하는 교육법 시행령 제71조 및 제112조의6 등의 규정은 과열된 입시경쟁으로 말미암아 발생하는 부작용을 방지한다고 하는 입법목적을 달성하기 위한 방안의 하나이고, 도시와 농어촌에 있는 중·고등학교의 교육여건의 차이가 심하지 않으며, 획일적인 제도의 운용에 따른 문제점을 해소하기 위한 여러 가지 보완책이 위 시행령에 상당히 마련되어 있어서 그 입법수단은 정당하므로, 위 규정은 학부모의 자녀를 교육시킬 학교선택권의 본질적 내용을 침해하였거나 과도하게 제한한 경우에 해당하지 아니한다(헌재 1995.2.23, 91헌마204).

④ [×] 법인도 성질상 법인이 누릴 수 있는 기본권의 주체가 되고, 위 조항에 규정되어 있는 법인의 설립이나 지점 등의 설치, 활동거점의 이전(이하 "설립 등"이라 한다) 등은 법인이 그 존립이나 통상적인 활동을 위하여 필연적으로 요구되는 기본적인 행위유형들이라고 할 것이므로 이를 제한하는

것은 결국 헌법상 법인에게 보장된 직업수행의 자유와 거주·이전의 자유를 제한하는 것인가의 문제로 귀결된다(헌재 1996.3.28, 94헌바42).

272
정답 ④

④ [O] 병역준비역에 편입된 복수국적자의 국적선택 기간이 지났다고 하더라도, 그 기간 내에 국적이탈 신고를 하지 못한 데 대하여 사회통념상 그에게 책임을 묻기 어려운 사정 즉, 정당한 사유가 존재하고, 병역의무 이행의 공평성 확보라는 입법목적을 훼손하지 않음이 객관적으로 인정되는 경우라면, 병역준비역에 편입된 복수국적자에게 국적선택 기간이 경과하였다고 하여 일률적으로 국적이탈을 할 수 없다고 할 것이 아니라, 예외적으로 국적이탈을 허가하는 방안을 마련할 여지가 있다. 심판대상 법률조항의 존재로 인하여 복수국적을 유지하게 됨으로써 대상자가 겪어야 하는 실질적 불이익은 구체적 사정에 따라 상당히 클 수 있다. 국가에 따라서는 복수국적자가 공직 또는 국가안보와 직결되는 업무나 다른 국적국과 이익충돌 여지가 있는 업무를 담당하는 것이 제한될 가능성이 있다. 현실적으로 이러한 제한이 존재하는 경우, 특정 직업의 선택이나 업무 담당이 제한되는 데 따르는 사익 침해를 가볍게 볼 수 없다. 심판대상 법률조항은 과잉금지원칙에 위배되어 청구인의 국적이탈의 자유를 침해한다(헌재 2020.9.24, 2016헌마889).
① [×] 국적을 이탈하거나 변경하는 것은 헌법 제14조가 보장하는 거주·이전의 자유에 포함되고, 이 사건 법률조항들은 복수국적자인 남성이 제1국민역에 편입된 때에는 그때부터 3개월 이내에 외국 국적을 선택하지 않으면 국적법 제12조 제3항 각 호에 해당하는 때, 즉 현역·상근예비역 또는 보충역으로 복무를 마치거나, 제2국민역에 편입되거나, 또는 병역면제처분을 받은 때(이하 '병역의무의 해소'라 한다)에야 외국 국적의 선택 및 대한민국 국적의 이탈(이하 이를 묶어 '대한민국 국적 이탈'이라고만 한다)을 할 수 있도록 하고 있으므로, 이 사건 법률조항들은 복수국적자인 청구인의 국적이탈의 자유를 제한한다(헌재 2015.11.26, 2013헌마805 등).
② [×] 거주·이전의 자유는 한국 국적을 가진 모든 자연인과 국내법인이 그 주체가 된다. 외국인에 대해서는 원칙적으로 거주·이전의 자유가 보장되지 아니하므로 외국인은 그에 관하여 허가를 받아야 한다(다수설).
③ [×] 거주·이전의 자유는 거주지나 체류지라고 볼 만한 정도로 생활과 밀접한 연관을 갖는 장소를 선택하고 변경하는 행위를 보호하는 기본권인바, 이 사건에서 서울광장이 청구인들의 생활형성의 중심지인 거주지나 체류지에 해당한다고 할 수 없고, 서울광장에 출입하고 통행하는 행위가 그 장소를 중심으로 생활을 형성해 나가는 행위에 속한다고 볼 수도 없으므로 청구인들의 거주·이전의 자유가 제한되었다고 할 수 없다(헌재 2011.6.30, 2009헌마406).

273
정답 ③

③ [×] 검사, 사법경찰관 또는 정보수사기관의 장은 통신비밀보호법 제1항의 규정에 의한 통신제한조치(이하 '긴급통신제한조치'라 한다)의 집행착수 후 지체 없이 제6조 및 제7조 제3항의 규정에 의하여 법원에 허가청구를 하여야 하며, 그 긴급통신제한조치를 한 때부터 36시간 이내에 법원의 허가를 받지 못한 때에는 즉시 이를 중지하여야 한다(통신비밀보호법 제8조 제2항).
① [O] 미결수용자가 교정시설 내에서 규율위반행위 등을 이유로 금치처분을 받은 경우 금치기간 중 서신수수, 접견, 전화통화를 제한하는 '형의 집행 및 수용자의 처우에 관한 법률'이 청구인의 통신의 자유를 침해하지 않는다(헌재 2016.4.28, 2012헌마549).
② [O] 긴급조치 제1호는 유신헌법을 부정하거나 반대하고 폐지를 주장하는 행위 중 실제로 국가의 안전보장과 공공의 안녕질서에 대한 심각하고 중대한 위협이 명백하고 현존하는 경우 이외에도, 국가긴급권의 발동이 필요한 상황과는 전혀 무관하게 헌법과 관련하여 자신의 견해를 단순하게 표명하는 모든 행위까지 처벌하고, 처벌의 대상이 되는 행위를 전혀 구체적으로 특정할 수 없으므로, 이는 표현의 자유 제한의 한계를 일탈한 것이다(헌재 2013.3.21, 2010헌바70).
④ [O] 이 사건 녹음조항은 수용자의 증거인멸의 가능성 및 추가범죄의 발생가능성을 차단하고, 교정시설 내의 안전과 질서유지를 위한 것으로 목적의 정당성이 인정되며, 수용자는 증거인멸 또는 형사 법령 저촉 행위를 할 경우 쉽게 발각될 수 있다는 점을 예상하여 이를 억제하게 될 것이므로 수단의 적합성도 인정된다. … 따라서 이 사건 녹음조항은 과잉금지원칙에 위배되어 청구인의 사생활의 비밀과 자유 및 통신의 비밀을 침해하지 아니한다(헌재 2016.11.24, 2014헌바401).

274
정답 ④

④ [×] 감청설비 제조·수입 등의 경우 정보통신부장관의 인가를 받도록 하되, 국가기관은 예외로 규정한 통신비밀보호법 제10조 제1항이 통신의 자유를 침해하지 않는다(헌재 2001.3.21, 2000헌바25).
① [O] 이 사건 지침은 신병교육훈련을 받고 있는 군인의 통신의 자유를 제한하고 있으나, 신병들을 군인으로 육성하고 교육훈련과 병영생활에 조속히 적응시키기 위하여 신병교육기간에 한하여 신병의 외부 전화통화를 통제한 것이다. 또한 신병훈련기간이 5주의 기간으로서 상대적으로 단기의 기간이라는 점, 긴급한 전화통화의 경우는 지휘관의 통제하에 허용될 수 있다는 점, 신병들이 부모 및 가족에 대한 편지를 작성하여 우편으로 송부하도록 하고 있는 점 등을 종합하여 고려하여 보면, 이 사건 지침에서 신병교육훈련기간 동안 전화사용을 하지 못하도록 정하고 있는 규율이 청구인을 포함한 신병교육훈련생들의 통신의 자유 등 기본권을 필요한 정도를 넘어 과도하게 제한하는 것이라고 보기 어렵다(헌재 1994.6.30, 92헌가18).

② [O] 인터넷회선감청은 인터넷회선을 통하여 흐르는 전기신호 형태의 '패킷'을 중간에 확보한 다음 재조합 기술을 거쳐 그 내용을 파악하는 이른바 '패킷감청'의 방식으로 이루어진다. 따라서 이를 통해 개인의 통신뿐만 아니라 사생활의 비밀과 자유가 제한된다. … 이 사건 법률조항은 인터넷회선감청의 특성을 고려하여 그 집행 단계나 집행 이후에 수사기관의 권한 남용을 통제하고 관련 기본권의 침해를 최소화하기 위한 제도적 조치가 제대로 마련되어 있지 않은 상태에서, 범죄수사 목적을 이유로 인터넷회선감청을 통신제한조치 허가 대상 중 하나로 정하고 있으므로 침해의 최소성 요건을 충족한다고 할 수 없다. 이러한 여건하에서 인터넷회선의 감청을 허용하는 것은 개인의 통신 및 사생활의 비밀과 자유에 심각한 위협을 초래하게 되므로 이 사건 법률조항으로 인하여 달성하려는 공익과 제한되는 사익 사이의 법익균형성도 인정되지 아니한다. 그러므로 이 사건 법률조항은 과잉금지원칙에 위반하는 것으로 청구인의 기본권을 침해한다(헌재 2018.8.30, 2016헌마263).

③ [O] 피청구인의 문서열람행위는 형집행법 시행령 제67조에 근거하여 법원 등 관계기관이 수용자에게 보내온 문서를 열람한 행위로서, 문서 전달 업무에 정확성을 기하고 수용자의 편의를 도모하며 법령상의 기간준수 여부 확인을 위한 공적 자료를 마련하기 위한 것이다. 수용자 스스로 고지하도록 하거나 특별히 엄중한 계호를 요하는 수용자에 한하여 열람하는 등의 방법으로는 목적달성에 충분하지 않고, 다른 법령에 따라 열람이 금지된 문서는 열람할 수 없으며, 열람한 후에는 본인에게 신속히 전달하여야 하므로, 문서열람행위는 청구인의 통신의 자유를 침해하지 아니한다(헌재 2021.9.30, 2019헌마919).

275 정답 ③

③ [×] 수용자가 밖으로 내보내는 모든 서신을 봉함하지 않은 상태로 교정시설에 제출하도록 규정하고 있는 '형의 집행 및 수용자의 처우에 관한 법률 시행령'(2008.10.29. 대통령령 21095호로 개정된 것) 제65조 제1항이 수용자가 보내려는 모든 서신에 대해 무봉함 상태의 제출을 강제함으로써 수용자의 발송 서신 모두를 사실상 검열 가능한 상태에 놓이도록 하는 것은 수용자인 청구인의 통신비밀의 자유를 침해하는 것이다(헌재 2012.2.23, 2009헌마333).

① [O] 통신의 비밀이란 서신·우편·전신의 통신수단을 통하여 개인간에 의사나 정보의 전달과 교환(의사소통)이 이루어지는 경우, 통신의 내용과 통신이용의 상황이 개인의 의사에 반하여 공개되지 아니할 자유를 의미한다. 그러나 가입자의 인적사항이라는 정보는 통신의 내용·상황과 관계없는 '비내용적 정보'이며 휴대전화 통신계약 체결 단계에서는 아직 통신수단을 통하여 어떠한 의사소통이 이루어지는 것이 아니므로 통신의 비밀에 대한 제한이 이루어진다고 보기는 어렵다. … 심판대상조항은 가입자의 개인정보에 대한 제공·이용 여부를 스스로 결정할 권리를 제한하고 있으므로, 개인정보자기결정권을 제한한다(헌재 2019.9.26, 2017헌마1209).

② [O] 헌법 제18조로 보장되는 기본권인 통신의 자유란 통신수단을 자유로이 이용하여 의사소통할 권리이다. '통신수단의 자유로운 이용'에는 자신의 인적사항을 누구에게도 밝

히지 않는 상태로 통신수단을 이용할 자유, 즉 통신수단의 익명성 보장도 포함된다. 심판대상조항은 휴대전화를 통한 문자·전화·모바일 인터넷 등 통신기능을 사용하고자 하는 자에게 반드시 사전에 본인확인 절차를 거치는 데 동의해야만 이를 사용할 수 있도록 하므로, 익명으로 통신하고자 하는 청구인들의 통신의 자유를 제한한다(헌재 2019.9.26, 2017헌마1209).

④ [O] 심판대상조항은 수용자의 처우 또는 교정시설의 운영에 관하여 명백하게 거짓 사실을 포함하고 있거나, 타인의 사생활의 비밀이나 자유를 침해하거나 교정시설의 안전과 질서를 해치고 수형자의 교정교화와 건전한 사회복귀를 저해할 우려가 있는 내용을 포함하는 집필문의 반출로 인해 야기될 사회적 혼란과 위험을 사전에 예방하고, 교정시설 내의 규율과 수용질서를 유지하고 수용자의 교화와 사회복귀를 원활하게 하려는 것으로 그 입법목적의 정당성이 인정된다. 이러한 사유에 해당하는 집필문의 외부 반출을 금하는 것은 입법목적을 달성하기 위한 적절한 수단에 해당한다. … 따라서 심판대상조항은 수용자의 통신의 자유를 침해하지 아니한다(헌재 2016.5.26, 2013헌바98).

276 정답 ③

③ [×] 심판대상조항이 이동통신서비스 가입시 본인확인절차를 거치도록 함으로써 타인 또는 허무인의 이름을 사용한 휴대전화인 이른바 대포폰이 보이스피싱 등 범죄의 범행도구로 이용되는 것을 막고, 개인정보를 도용하여 타인의 명의로 가입한 다음 휴대전화 소액결제나 서비스요금을 그 명의인에게 전가하는 등 명의도용범죄의 피해를 막고자 하는 입법목적은 정당하고, 이를 위하여 본인확인절차를 거치게 한 것은 적합한 수단이다. … 개인정보자기결정권, 통신의 자유가 제한되는 불이익과 비교했을 때, 명의도용피해를 막고, 차명휴대전화의 생성을 억제하여 보이스피싱 등 범죄의 범행도구로 악용될 가능성을 방지함으로써 잠재적 범죄 피해 방지 및 통신망 질서유지라는 더욱 중대한 공익의 달성효과가 인정된다. 따라서 심판대상조항은 청구인들의 개인정보자기결정권 및 통신의 자유를 침해하지 않는다(헌재 2019.9.26, 2017헌마1209).

① [O]

> **헌법 제37조** ② 국민의 모든 자유와 권리는 국가안전보장·질서유지 또는 공공복리를 위하여 필요한 경우에 한하여 법률로써 제한할 수 있으며, 제한하는 경우에도 자유와 권리의 본질적인 내용을 침해할 수 없다

② [O] 헌법 제18조로 보장되는 기본권인 통신의 자유란 통신수단을 자유로이 이용하여 의사소통할 권리이다. '통신수단의 자유로운 이용'에는 자신의 인적사항을 누구에게도 밝히지 않는 상태로 통신수단을 이용할 자유, 즉 통신수단의 익명성 보장도 포함된다. 심판대상조항은 휴대전화를 통한 문자·전화·모바일 인터넷 등 통신기능을 사용하고자 하는 자에게 반드시 사전에 본인확인 절차를 거치는 데 동의해야만 이를 사용할 수 있도록 하므로, 익명으로 통신하고자 하는 청구인들의 통신의 자유를 제한한다(헌재 2019.9.26, 2017헌마1209).

④ [○] 심판대상조항은 수용자의 처우 또는 교정시설의 운영에 관하여 명백하게 거짓 사실을 포함하고 있거나, 타인의 사생활의 비밀이나 자유를 침해하거나 교정시설의 안전과 질서를 해치고 수형자의 교정교화와 건전한 사회복귀를 저해할 우려가 있는 내용을 포함하는 집필문의 반출로 인해 야기될 사회적 혼란과 위험을 사전에 예방하고, 교정시설 내의 규율과 수용질서를 유지하고 수용자의 교화와 사회복귀를 원활하게 하려는 것으로 그 입법목적의 정당성이 인정된다. 이러한 사유에 해당하는 집필문의 외부 반출을 금하는 것은 입법목적을 달성하기 위한 적절한 수단에 해당한다. … 따라서 심판대상조항은 수용자의 통신의 자유를 침해하지 아니한다(헌재 2016.5.26, 2013헌바98).

277
정답 ③

③ [×] 인터넷회선 감청은 검사가 법원의 허가를 받으면, 피의자 및 피내사자에 해당하는 감청대상자나 해당 인터넷회선의 가입자의 동의나 승낙을 얻지 아니하고도, 전기통신사업자의 협조를 통해 해당 인터넷회선을 통해 송·수신되는 전기통신에 대해 감청을 집행함으로써 정보주체의 기본권을 제한할 수 있으므로, 법이 정한 강제처분에 해당한다. 또한 인터넷회선 감청은 서버에 저장된 정보가 아니라, 인터넷상에서 발신되어 수신되기까지의 과정 중에 수집되는 정보, 즉 전송 중인 정보의 수집을 위한 수사이므로, 압수·수색과 구별된다. … 이 사건 법률조항은 과잉금지원칙에 위반하는 것으로 청구인의 기본권을 침해한다(헌재 2018.8.30, 2016헌마263).

① [○] 통신사실 확인자료 제공요청은 수사 또는 내사의 대상이 된 가입자 등의 동의나 승낙을 얻지 아니하고도 공공기관이 아닌 전기통신사업자를 상대로 이루어지는 것으로 통신비밀보호법이 정한 수사기관의 강제처분이다. 이러한 통신사실 확인자료 제공요청과 관련된 수사기관의 권한남용 및 그로 인한 정보주체의 기본권 침해를 방지하기 위해서는 법원의 통제를 받을 필요가 있으므로, 통신사실 확인자료 제공요청에는 헌법상 영장주의가 적용된다. … 수사기관이 위치정보 추적자료의 제공을 요청한 경우 법원의 허가를 받도록 하고 있는 이 사건 허가조항이 영장주의에 위배된다고 할 수 없다(헌재 2018.6.28, 2012헌마191 등).

② [○] 해당 규정의 문언이 송신하거나 수신하는 전기통신 행위를 감청의 대상으로 규정하고 있을 뿐 송·수신이 완료되어 보관 중인 전기통신 내용은 그 대상으로 규정하지 않은 점, 일반적으로 감청은 다른 사람의 대화나 통신 내용을 몰래 엿듣는 행위를 의미하는 점 등을 고려하여 보면, 통신비밀보호법상의 '감청'이란 그 대상이 되는 전기통신의 송·수신과 동시에 이루어지는 경우만을 의미하고, 이미 수신이 완료된 전기통신의 내용을 지득하는 등의 행위는 포함되지 않는다(대판 2012.10.25, 2012도4644).

④ [○]

> **통신비밀보호법 제14조【타인의 대화비밀 침해금지】①** 누구든지 공개되지 아니한 타인간의 대화를 녹음하거나 전자장치 또는 기계적 수단을 이용하여 청취할 수 없다.

278
정답 ③

③ [×] 병역종류조항에 대체복무제가 마련되지 아니한 상황에서, 양심상의 결정에 따라 입영을 거부하거나 소집에 불응하는 이 사건 청구인 등이 현재의 대법원 판례에 따라 처벌조항에 의하여 형벌을 부과받음으로써 양심에 반하는 행동을 강요받고 있으므로, 이 사건 법률조항은 '양심에 반하는 행동을 강요당하지 아니할 자유', 즉, '부작위에 의한 양심실현의 자유'를 제한하고 있다. … 헌법 제37조 제2항의 비례원칙은, 단순히 기본권 제한의 일반원칙에 그치지 않고, 모든 국가작용은 정당한 목적을 달성하기 위하여 필요한 범위 내에서만 행사되어야 한다는 국가작용의 한계를 선언한 것이므로, 비록 이 사건 법률조항이 헌법 제39조에 규정된 국방의 의무를 형성하는 입법이라 할지라도 그에 대한 심사는 헌법상 비례원칙에 의하여야 한다(헌재 2018.6.28, 2011헌바379 등).

① [○] 헌법이 보호하고자 하는 양심은 어떤 일의 옳고 그름을 판단함에 있어서 그렇게 행동하지 않고는 자신의 인격적 존재가치가 파멸되고 말 것이라는 강력하고 진지한 마음의 소리로서의 절박하고 구체적인 양심을 말한다. 따라서 막연하고 추상적인 개념으로서의 양심이 아니다(헌재 2002. 4.25, 98헌마425 등).

② [○] 이른바 개인적 자유의 시초라고 일컬어지는 이러한 양심의 자유는 인간으로서의 존엄성 유지와 개인의 자유로운 인격발현을 위해 개인의 윤리적 정체성을 보장하는 기능을 담당한다(헌재 2002.4.25, 98헌마425 등).

④ [○] 양심의 자유 중 양심형성의 자유는 내심에 머무르는 한, 절대적으로 보호되는 기본권이라 할 수 있는 반면, 양심적 결정을 외부로 표현하고 실현할 수 있는 권리인 양심실현의 자유는 법질서에 위배되거나 타인의 권리를 침해할 수 있기 때문에 법률에 의하여 제한될 수 있다(헌재 2018. 6.28, 2011헌바379 등).

279
정답 ①

① [×] '통신수단의 자유로운 이용'에는 자신의 인적 사항을 누구에게도 밝히지 않는 상태로 통신수단을 이용할 자유, 즉 통신수단의 익명성 보장도 포함된다. 심판대상조항은 휴대전화를 통한 문자·전화·모바일 인터넷 등 통신기능을 사용하고자 하는 자에게 반드시 사전에 본인확인 절차를 거치는 데 동의해야만 이를 사용할 수 있도록 하므로, 익명으로 통신하고자 하는 청구인들의 통신의 자유를 제한한다. 반면, 심판대상조항이 통신의 비밀을 제한하는 것은 아니다. 가입자의 인적사항이라는 정보는 통신의 내용·상황과 관계없는 '비 내용적 정보'이며 휴대전화 통신계약 체결 단계에서는 아직 통신수단을 통하여 어떠한 의사소통이 이루어지는 것이 아니므로 통신의 비밀에 대한 제한이 이루어진다고 보기는 어렵기 때문이다. … 개인정보자기결정권, 통신의 자유가 제한되는 불이익과 비교했을 때, 명의도용피해를 막고, 차명휴대전화의 생성을 억제하여 보이스피싱 등 범죄의 범행도구로 악용될 가능성을 방지함으로써 잠재적 범죄 피해 방지 및 통신망 질서유지라는 더욱 중대한 공익의 달성효과가 인정된다. 따라서 심판대상조항은 청구인들의 개인정보

자기결정권 및 통신의 자유를 침해하지 않는다(헌재 2019. 9.26, 2017헌마1209).

② [O] 자유로운 의사소통은 통신내용의 비밀을 보장하는 것만으로는 충분하지 아니하고 구체적인 통신관계의 발생으로 야기된 모든 사실관계, 특히 통신관여자의 인적 동일성·통신장소·통신횟수·통신시간 등 통신의 외형을 구성하는 통신이용의 전반적 상황의 비밀까지도 보장한다(헌재 2018. 6.28, 2012헌마191).

③ [O] 교도관집무규칙 제78조와 재소자계호근무준칙 제284조 등은 서신검열의 기준 및 검열자의 비밀준수의무 등을 규정하고 있으므로, 그와 같은 제도하에서 운용되는 서신검열로 인하여 미결수용자의 통신의 비밀이 일부 제한되는 것은 질서유지 또는 공공복리라는 정당한 목적을 위하여 불가피할 뿐만 아니라 유효적절한 방법에 의한 최소한의 제한으로서 헌법에 위반된다고 할 수는 없다 할 것이다(헌재 1998. 8.27, 96헌마398).

④ [O] 이 사건 요청조항이 달성하고자 하는 실체적 진실발견과 국가형벌권의 적정한 행사라는 공익은 중요하고, 이러한 공익목적 달성을 위하여 수사기관이 전기통신사업자로부터 위치정보 추적자료를 제공받는 것은 불가피한 측면이 있다. 그러나 이 사건 요청조항은 공익목적의 달성에 필요한 범위를 벗어나 정보주체의 통신의 자유와 개인정보자기결정권을 과도하게 제한하고 있으므로, 이 사건 요청조항으로 달성하려는 공익이 그로 인해 제한되는 정보주체의 기본권보다 중요하다고 단정할 수 없다. 따라서 이 사건 요청조항은 법익의 균형성 요건을 충족한다고 할 수 없다. 이 사건 요청조항은 과잉금지원칙을 위반하여 청구인들의 개인정보자기결정권 및 통신의 자유를 침해한다[헌재 2018.6.28, 2012헌마191·550(병합)].

280 정답 ④

④ [×] 헌법이 보장한 양심의 자유는 정신적인 자유로서 어떠한 사상·감정을 가지고 있다고 하더라도 그것이 내심에 머무르는 한 절대적인 자유이므로 제한할 수 없는 것이나, 보안관찰법상의 보안관찰처분은 보안관찰처분대상자의 내심의 작용을 문제삼는 것이 아니라, 보안관찰처분대상자가 보안관찰 해당 범죄를 다시 저지를 위험성이 내심의 영역을 벗어나 외부에 표출되는 경우에 재범의 방지를 위하여 내려지는 특별예방적 목적의 처분이므로, 양심의 자유를 보장한 헌법규정에 위반된다고 할 수 없다(헌재 1997.11.27, 92헌바28).

① [O] 양심의 자유는 내심에서 우러나오는 윤리적 확신과 이에 반하는 외부적 법질서의 요구가 서로 회피할 수 없는 상태로 충돌할 때에만 침해될 수 있다. 그러므로 당해 실정법이 특정의 행위를 금지하거나 명령하는 것이 아니라 단지 특별한 혜택을 부여하거나 권고 내지 허용하고 있는 데에 불과하다면, 수범자는 수혜를 스스로 포기하거나 권고를 거부함으로써 법질서와 충돌하지 아니한 채 자신의 양심을 유지, 보존할 수 있으므로 양심의 자유에 대한 침해가 된다할 수 없다(헌재 2002.4.25, 98헌마425 등).

② [O] 헌법 제19조가 보호하고 있는 양심의 자유는 양심형성의 자유와 양심적 결정의 자유를 포함하는 내심적 자유(forum internum)뿐만 아니라, 양심적 결정을 외부로 표현하고 실현할 수 있는 양심실현의 자유(forum externum)를 포함한다고 할 수 있다. 내심적 자유, 즉 양심형성의 자유와 양심적 결정의 자유는 내심에 머무르는 한 절대적 자유라고 할 수 있지만, 양심실현의 자유는 타인의 기본권이나 다른 헌법적 질서와 저촉되는 경우 헌법 제37조 제2항에 따라 국가안전보장·질서유지 또는 공공복리를 위하여 법률에 의하여 제한될 수 있는 상대적 자유라고 할 수 있다(헌재 1998.7.16, 96헌바35).

③ [O] 내용상 단순히 국법질서나 헌법체제를 준수하겠다는 취지의 서약을 할 것을 요구하는 이 사건 준법서약은 국민이 부담하는 일반적 의무를 장래를 향하여 확인하는 것에 불과하며, 어떠한 가정적 혹은 실제적 상황하에서 특정의 사유(思惟)를 하거나 특별한 행동을 할 것을 새로이 요구하는 것이 아니다. 따라서 이 사건 준법서약은 어떤 구체적이거나 적극적인 내용을 담지 않은 채 단순한 헌법적 의무의 확인·서약에 불과하다 할 것이어서 양심의 영역을 건드리는 것이 아니다(헌재 2002.4.25, 98헌마425).

281 정답 ②

㉠ [×] '법위반사실의 공표명령'은 법규정의 문언상으로 보아도 단순히 법위반사실 자체를 공표하라는 것일 뿐, 사죄 내지 사과하라는 의미요소를 가지고 있지는 아니하다. 공정거래위원회의 실제 운용에 있어서도 '특정한 내용의 행위를 함으로써 공정거래법을 위반하였다는 사실'을 일간지 등에 공표하라는 것이어서 단지 사실관계와 법을 위반하였다는 점을 공표하라는 것이지 행위자에게 사죄 내지 사과를 요구하고 있는 것으로는 보이지 않는다. 따라서 이 사건 법률조항의 경우 사죄 내지 사과를 강요함으로 인하여 발생하는 양심의 자유의 침해문제는 발생하지 않는다. 그렇다면 이 사건 법률조항 중 '법위반사실의 공표' 부분은 위반행위자의 양심의 자유를 침해한다고 볼 수 없다(헌재 2002.1.31, 2001헌바43).

㉡ [O] 헌법은 제19조에서 "모든 국민은 양심의 자유를 가진다"라고 하여 양심의 자유를 국민의 기본권으로 보장하고 있다. 이로써 국가의 법질서와 개인의 내적·윤리적 결정인 양심이 서로 충돌하는 경우 헌법은 국가로 하여금 개인의 양심을 보호할 것을 규정하고 있다. 소수의 국민이 양심의 자유를 주장하여 다수에 의하여 결정된 법질서에 대하여 복종을 거부한다면, 국가의 법질서와 개인의 양심 사이의 충돌은 항상 발생할 수 있다(헌재 2004.10.28, 2004헌바61 등).

㉢ [×] 양심은 그 대상이나 내용 또는 동기에 의하여 판단될 수 없고, 양심상의 결정이 이성적·합리적인지, 타당한지 또는 법질서나 사회규범, 도덕률과 일치하는지 여부는 양심의 존재를 판단하는 기준이 될 수 없다. 일반적으로 민주적 다수는 법과 사회의 질서를 그들의 정치적 의사와 도덕적 기준에 따라 형성하기 때문에, 국가의 법질서나 사회의 도덕률과 갈등을 일으키는 양심은 현실적으로 이러한 법질서나 도덕률에서 벗어나려는 소수의 양심이다. 그러므로 양심상 결정이 어떠한 종교관·세계관 또는 그 밖의 가치체계에 기초하고 있는지와 관계없이, 모든 내용의 양심상 결정이 양심의 자유에 의하여 보장되어야 한다(헌재 2011.8.30, 2008헌가22 등).

ⓔ [○] 음주측정은 음주운전을 단속하기 위한 불가피한 전치적(前置的) 조치라고 인정되므로 경찰관의 음주측정요구에 응하는 것은 법률이 운전자에게 부과한 정당한 의무라고 할 것이고 법률이 부과한 이러한 정당한 의무의 불이행에 대하여 이 정도의 제재를 가하는 것은 양심의 자유나 행복추구권 등에 대한 침해가 될 수 없다(헌재 2004.12.16, 2003헌바87).

282 　　　　　　　　　　　　　　　　　　　　정답 ②

② [×] 처벌조항은 병역자원의 확보와 병역부담의 형평을 기하고 국가의 안전보장과 국토방위를 통해 헌법상 인정되는 중대한 법익을 실현하고자 하는 것으로 입법목적이 정당하고, 입영기피자 등에 대한 형사처벌은 위 입법목적을 달성하기 위한 적절한 수단이다. 양심적 병역거부자에 대해 형벌을 부과한다고 하여 침해의 최소성 요건을 충족하지 못한다고 볼 수 없다. 병역거부는 양심의 자유를 제한하는 근거가 되는 다른 공익적 가치와 형량할 때 우선적으로 보호받아야 할 보편적 가치를 가진다고 할 수 없다. 반면 처벌조항에 의하여 달성되는 공익은 국가공동체의 안전보장과 국토방위를 수호함으로써, 헌법의 핵심적 가치와 질서를 확보하고 국민의 생명과 자유, 안전과 행복을 지키는 것이다. 따라서 처벌조항에 의하여 제한되는 사익이 달성하려는 공익에 비하여 우월하다고 할 수 없으므로, 처벌조항은 법익의 균형성 요건을 충족한다. 그렇다면 처벌조항은 과잉금지원칙을 위반하여 양심의 자유를 침해하지 아니한다(헌재 2018.6.28, 2011헌바379·383 등).
▶ 양심적 병역거부자에 대한 대체복무제를 규정하지 아니한 병역종류조항은 과잉금지원칙에 위배하여 양심적 병역거부자의 양심의 자유를 침해한다.

① [○] 양심은 그 대상이나 내용 또는 동기에 의하여 판단될 수 없고, 양심상의 결정이 이성적·합리적인지, 타당한지 또는 법질서나 사회규범, 도덕률과 일치하는지 여부는 양심의 존재를 판단하는 기준이 될 수 없다(헌재 2011.8.30, 2008헌가22 등).

③ [○] 이 사건에서 문제되는 종교의 자유는 종교전파의 자유로서 누구에게나 자신의 종교 또는 종교적 확신을 알리고 선전하는 자유를 말하며, 포교행위 또는 선교행위가 이에 해당한다. 그러나 이러한 종교전파의 자유는 국민에게 그가 선택한 임의의 장소에서 자유롭게 행사할 수 있는 권리까지 보장한다고 할 수 없으며, 그 임의의 장소가 대한민국의 주권이 미치지 아니하는 지역 나아가 국가에 의한 국민의 생명·신체 및 재산의 보호가 강력히 요구되는 해외 위난지역인 경우에는 더욱 그러하다(헌재 2008.6.26, 2007헌마1366).

④ [○] 피청구인이 청구인들로 하여금 개신교, 천주교, 불교, 원불교 4개 종교의 종교행사 중 하나에 참석하도록 한 것은 그 자체로 종교적 행위의 외적 강제에 해당한다. 이는 피청구인이 위 4개 종교를 승인하고 장려한 것이자, 여타 종교 또는 무종교보다 이러한 4개 종교 중 하나를 가지는 것을 선호한다는 점을 표현한 것이라고 보여질 수 있으므로 국가의 종교에 대한 중립성을 위반하여 특정 종교를 우대하는 것이다. 또한, 이 사건 종교행사 참석조치는 국가가 종교를,

군사력 강화라는 목적을 달성하기 위한 수단으로 전락시키거나, 반대로 종교단체가 군대라는 국가권력에 개입하여 선교행위를 하는 등 영향력을 행사할 수 있는 기회를 제공하므로, 국가와 종교의 밀접한 결합을 초래한다는 점에서 정교분리원칙에 위배된다(헌재 2022.11.24, 2019헌마941).

283 　　　　　　　　　　　　　　　　　　　　정답 ④

④ [×] 양심의 자유에는 널리 사물의 시시비비나 선악과 같은 윤리적 판단에 국가가 개입해서는 안되는 내심적 자유는 물론, 이와 같은 윤리적 판단을 국가권력에 의하여 외부에 표명하도록 강제받지 않는 자유, 즉 윤리적 판단사항에 관한 침묵의 자유까지 포괄한다고 할 것이다(헌재 1991.4.1, 89헌마160).

① [○] 일반적으로 민주적 다수는 법질서와 사회질서를 그의 정치적 의사와 도덕적 기준에 따라 형성하기 때문에, 그들이 국가의 법질서나 사회의 도덕률과 양심상의 갈등을 일으키는 것은 예외에 속한다. 양심의 자유에서 현실적으로 문제가 되는 것은 국가의 법질서나 사회의 도덕률에서 벗어나려는 소수의 양심이다. 따라서 양심상의 결정이 어떠한 종교관·세계관 또는 그 외의 가치체계에 기초하고 있는가와 관계없이, 모든 내용의 양심상의 결정이 양심의 자유에 의하여 보장된다(헌재 2004.8.26, 2002헌가1).

② [○] 병역종류조항은, 병역부담의 형평을 기하고 병역자원을 효과적으로 확보하여 효율적으로 배분함으로써 국가안보를 실현하고자 하는 것이므로 정당한 입법목적을 달성하기 위한 적합한 수단이다. 병역종류조항이 규정하고 있는 병역들은 모두 군사훈련을 받는 것을 전제하고 있으므로, 양심적 병역거부자에게 그러한 병역을 부과할 경우 그들의 양심과 충돌을 일으키는데, 이에 대한 대안으로 대체복무제가 논의되어 왔다. 양심적 병역거부자의 수는 병역자원의 감소를 논할 정도가 아니고, 이들을 처벌한다고 하더라도 교도소에 수감할 수 있을 뿐 병역자원으로 활용할 수는 없으므로, 대체복무제를 도입하더라도 우리나라의 국방력에 의미 있는 수준의 영향을 미친다고 보기는 어렵다. 국가가 관리하는 객관적이고 공정한 사전심사절차와 엄격한 사후관리절차를 갖추고, 현역복무와 대체복무 사이에 복무의 난이도나 기간과 관련하여 형평성을 확보해 현역복무를 회피할 요인을 제거한다면, 심사의 곤란성과 양심을 빙자한 병역기피자의 증가 문제를 해결할 수 있으므로, 대체복무제를 도입하면서도 병역의무의 형평을 유지하는 것은 충분히 가능하다. 따라서 대체복무제라는 대안이 있음에도 불구하고 군사훈련을 수반하는 병역의무만을 규정한 병역종류조항은, 침해의 최소성원칙에 어긋난다. 병역종류조항이 추구하는 '국가안보' 및 '병역의무의 공평한 부담'이라는 공익은 대단히 중요하나, 앞서 보았듯이 병역종류조항에 대체복무제를 도입한다고 하더라도 위와 같은 공익은 충분히 달성할 수 있다고 판단된다. 반면, 병역종류조항이 대체복무제를 규정하지 아니함으로 인하여 양심적 병역거부자들은 최소 1년 6월 이상의 징역형과 그에 따른 막대한 유·무형의 불이익을 감수하여야 한다. 양심적 병역거부자들에게 공익 관련 업무에 종사하도록 한다면, 이들을 처벌하여 교도소에 수용하고 있

는 것보다는 넓은 의미의 안보와 공익실현에 더 유익한 효과를 거둘 수 있을 것이다. 따라서 병역종류조항은 법익의 균형성 요건을 충족하지 못하였다. 그렇다면 양심적 병역거부자에 대한 대체복무제를 규정하지 아니한 병역종류조항은 과잉금지원칙에 위배하여 양심적 병역거부자의 양심의 자유를 침해한다(헌재 2018.6.28, 2011헌바379).

③ [O] 이 사건의 경우와 같이 경제규제법적 성격을 가진 공정거래법에 위반하였는지 여부에 있어서도 각 개인의 소신에 따라 어느 정도의 가치판단이 개입될 수 있는 소지가 있고 그 한도에서 다소의 윤리적 도덕적 관련성을 가질 수도 있겠으나, 이러한 법률판단의 문제는 개인의 인격형성과는 무관하며, 대화와 토론을 통하여 가장 합리적인 것으로 그 내용이 동화되거나 수렴될 수 있는 포용성을 가지는 분야에 속한다고 할 것이므로 헌법 제19조에 의하여 보장되는 양심의 영역에 포함되지 아니한다(헌재 2002.1.31, 2001헌바43).

284 정답 ④

④ [O] 헌법이 보호하려는 양심은 '어떤 일의 옳고 그름을 판단하고 그에 따라 행동하지 않고서는 자신의 인격적 존재가치가 허물어지고 말 것이라는 강력하고 진지한 마음의 소리'로서, 진지하고 절박한 구체적인 양심이지 막연하고 추상적인 개념으로서의 양심이 아님은 물론, 그 가치 판단의 일관성 내지 보편성을 충족시키는 양심이어야 할 것이다(헌재 2004.8.26, 2002헌가1).

① [×] 일반적으로 민주적 다수는 법질서와 사회질서를 그의 정치적 의사와 도덕적 기준에 따라 형성하기 때문에, 그들이 국가의 법질서나 사회의 도덕률과 양심상의 갈등을 일으키는 것은 예외에 속한다. 양심의 자유에서 현실적으로 문제가 되는 것은 국가의 법질서나 사회의 도덕률에서 벗어나려는 소수의 양심이다(헌재 2004.8.26, 2002헌가1).

② [×] '양심적' 병역거부는 실상 당사자의 '양심에 따른' 혹은 '양심을 이유로 한' 병역거부를 가리키는 것일 뿐이지 병역거부가 '도덕적이고 정당하다'는 의미는 아닌 것이다. 따라서 '양심적' 병역거부라는 용어를 사용한다고 하여 병역의무 이행은 '비양심적'이 된다거나, 병역을 이행하는 거의 대부분의 병역의무자들과 병역의무이행이 국민의 숭고한 의무라고 생각하는 대다수 국민들이 '비양심적'인 사람들이 되는 것은 결코 아니다(헌재 2018.6.28, 2011헌바379 등).

③ [×] 음주측정요구에 처하여 이에 응하여야 할 것인지 거부해야 할 것인지 고민에 빠질 수는 있겠으나 그러한 고민은 선과 악의 범주에 관한 진지한 윤리적 결정을 위한 고민이라 할 수 없으므로 그 고민 끝에 어쩔 수 없이 음주측정에 응하였다 하여 내면적으로 구축된 인간양심이 왜곡·굴절된다고 할 수 없다. 따라서 이 사건 법률조항을 두고 헌법 제19조에서 보장하는 양심의 자유를 침해하는 것이라고 할 수 없다(헌재 1997.3.27, 96헌가11).

285 정답 ②

② [×] 헌법 제19조에서 보호하는 양심은 옳고 그른 것에 대한 판단을 추구하는 가치적·도덕적 마음가짐으로, 개인의 소신에 따른 다양성이 보장되어야 하고 그 형성과 변경에 외부적 개입과 억압에 의한 강요가 있어서는 아니 되는 인간의 윤리적 내심영역이다. 따라서 단순한 사실관계의 확인과 같이 가치적·윤리적 판단이 개입될 여지가 없는 경우는 물론, 법률해석에 관하여 여러 견해가 갈리는 경우처럼 다소의 가치관련성을 가진다고 하더라도 개인의 인격형성과는 관계가 없는 사사로운 사유나 의견 등은 그 보호대상이 아니다. 이 사건의 경우와 같이 경제규제법적 성격을 가진 공정거래법에 위반하였는지 여부에 있어서도 각 개인의 소신에 따라 어느 정도의 가치판단이 개입될 수 있는 소지가 있고 그 한도에서 다소의 윤리적 도덕적 관련성을 가질 수도 있겠으나, 이러한 법률판단의 문제는 개인의 인격형성과는 무관하며, 대화와 토론을 통하여 가장 합리적인 것으로 그 내용이 동화되거나 수렴될 수 있는 포용성을 가지는 분야에 속한다고 할 것이므로 헌법 제19조에 의하여 보장되는 양심의 영역에 포함되지 아니한다(헌재 2002.1.31, 2001헌바43).

① [O] 그런데 양심 가운데서도 특히 헌법이 보호하려는 양심은 '어떤 일의 옳고 그름을 판단하고 그에 따라 행동하지 않고서는 자신의 인격적 존재가치가 허물어지고 말 것이라는 강력하고 진지한 마음의 소리'로서, 진지하고 절박한 구체적인 양심이지 막연하고 추상적인 개념으로서의 양심이 아님은 물론, 그 가치 판단의 일관성 내지 보편성을 충족시키는 양심이어야 할 것이다(헌재 2004.8.26, 2002헌가1).

③ [O] 양심적 병역거부자는 3년 이하의 징역이라는 형사처벌을 받는 불이익을 입게 되나 이 사건 법률조항이 추구하는 공익은 국가의 존립과 모든 자유의 전제조건인 '국가안보' 및 '병역의무의 공평한 부담'이라는 대단히 중요한 공익이고, 병역의무의 이행을 거부함으로써 양심을 실현하고자 하는 경우는 누구에게나 부과되는 병역의무에 대한 예외를 요구하는 것이므로 병역의무의 공평한 부담의 관점에서 볼 때 타인과 사회공동체 전반에 미치는 파급효과가 대단히 큰 점 등을 고려해 볼 때 이 사건 법률조항이 법익균형성을 상실하였다고 볼 수는 없다. 따라서 이 사건 법률조항은 양심의 자유를 침해하지 아니한다(헌재 2011.8.30, 2008헌가22).

④ [O] 사죄광고의 강제는 양심도 아닌 것이 양심인 것처럼 표현할 것의 강제로 인간양심의 왜곡·굴절이고 겉과 속이 다른 이중인격형성의 강요인 것으로서 침묵의 자유의 파생인 양심에 반하는 행위의 강제금지에 저촉되는 것이며 따라서 우리 헌법이 보호하고자 하는 정신적 기본권의 하나인 양심의 자유의 제약(법인의 경우라면 그 대표자에게 양심표명의 강제를 요구하는 결과가 된다)이라고 보지 않을 수 없다(헌재 1991.4.1, 89헌마160).

④ [○] 대체복무제라는 대안이 있음에도 불구하고 군사훈련을 수반하는 병역의무만을 규정한 병역종류조항은, 침해의 최소성원칙에 어긋난다. … 그렇다면 양심적 병역거부자에 대한 대체복무제를 규정하지 아니한 병역종류조항은 과잉금지원칙에 위배하여 양심적 병역거부자의 양심의 자유를 침해한다(헌재 2018.6.28, 2011헌바379 등).

① [×] 재산목록을 제출하고 그 진실함을 법관 앞에서 선서하는 것은 개인의 인격형성에 관계되는 내심의 가치적·윤리적 판단에 해당하지 않아 양심의 자유의 보호대상이 아니고, 감치의 제재를 통해 이를 강제하는 것이 형사상 불이익한 진술을 강요하는 것이라고 할 수 없으므로, 심판대상조항은 청구인의 양심의 자유 및 진술거부권을 침해하지 아니한다(헌재 2014.9.25, 2013헌마11).

② [×] 처벌조항은 국민의 의무인 국방의 의무의 이행을 강제하고 관철함으로써 징병제를 근간으로 하는 우리의 병역제도 하에서 병력자원의 확보와 병역부담의 형평을 기하고 궁극적으로 국가의 안전보장이라는 헌법적 법익을 실현하고자 하는 것으로서 그 입법목적이 정당하다. … 결국 양심적 병역거부자에 대한 처벌은 대체복무제를 규정하지 아니한 병역종류조항의 입법상 불비와 양심적 병역거부는 처벌조항의 '정당한 사유'에 해당하지 않는다는 법원의 해석이 결합되어 발생한 문제일 뿐, 처벌조항 자체에서 비롯된 문제가 아니다. … 따라서 처벌조항이 과잉금지원칙을 위반하여 양심적 병역거부자의 양심의 자유를 침해한다고 볼 수는 없다(헌재 2018.6.28, 2011헌바379 등).

③ [×] 의사가 환자의 신병(身病)에 관한 사실을 자신의 의사에 반하여 외부에 알려야 한다면, 이는 의사로서의 윤리적·도덕적 가치에 반하는 것으로서 심한 양심적 갈등을 겪을 수밖에 없을 것이다. 그런데 소득공제증빙서류 제출의무자들인 의료기관인 의사로서는 과세자료를 제출하지 않을 경우 국세청으로부터 행정지도와 함께 세무조사와 같은 불이익을 받을 수 있다는 심리적 강박감을 가지게 되는바, … 의사인 청구인들의 양심의 자유를 제한한다. … 이 사건 법령조항은 헌법에 위반되지 아니한다(헌재 2008.10.30, 2006헌마1401 등).

㉠ [○] '양심의 자유'가 보장하고자 하는 '양심'은 민주적 다수의 사고나 가치관과 일치하는 것이 아니라, 개인적 현상으로서 지극히 주관적인 것이다. 양심은 그 대상이나 내용 또는 동기에 의하여 판단될 수 없으며, 특히 양심상의 결정이 이성적·합리적인가, 타당한가 또는 법질서나 사회규범, 도덕률과 일치하는가 하는 관점은 양심의 존재를 판단하는 기준이 될 수 없다(헌재 2004.8.26, 2002헌가1).

㉡ [×] 종교단체가 운영하는 학교 형태 혹은 학원 형태의 교육기관도 예외없이 학교설립인가 혹은 학원설립등록을 받도록 규정하고 있는 것은 종교의 자유를 침해하였다고 볼 수 없다(헌재 2000.3.30, 99헌바14).

㉢ [×] 헌법 제19조에서 말하는 양심이란 세계관·인생관·주의·신조 등은 물론 이에 이르지 아니하여도 보다 널리

개인의 인격형성에 관계되는 내심에 있어서의 가치적·윤리적 판단도 포함된다. 그러므로 양심의 자유에는 널리 사물의 시시비비나 선악과 같은 윤리적 판단에 국가가 개입해서는 아니되는 내심적 자유는 물론, 이와 같은 윤리적 판단을 국가권력에 의하여 외부에 표명하도록 강제받지 아니할 자유까지 포괄한다(헌재 1998.7.16, 96헌바35).

㉣ [○] 적성시험 시행공고가 시험의 시행일을 일요일로 정하고 있는 것은 대다수의 국민의 응시기회 보장 및 용이한 시험관리라는 정당한 목적을 달성하기 위한 적절한 수단이며, 시험장으로 임차된 학교들의 구체적인 학사일정에 차이가 있고 주5일 근무제의 시행이 배제되는 사업장이 존재하며 국가시험의 종류에 따라 시험의 시행기관 및 투입비용 등이 다르다는 점에 비추어 위 공고가 피해의 최소성 및 법익균형성원칙에 반하여 종교의 자유를 침해한다고 볼 수 없다. 또한 기독교 문화를 사회적 배경으로 하는 구미 제국과 달리 우리나라에서는 일요일이 특정 종교의 종교의식일이 아니라 일반적 공휴일에 해당한다는 점 등을 고려하면 일요일에 적성시험을 실시하는 것이 특정 종교를 믿는 자들을 불합리하게 차별대우하는 것이라고 볼 수도 없다(헌재 2010.4.29, 2009헌마399).

③ [×] 헌법 제19조가 보호하고 있는 양심의 자유는 양심형성의 자유와 양심적 결정의 자유를 포함하는 내심적 자유(forum internum)뿐만 아니라, 양심적 결정을 외부로 표현하고 실현할 수 있는 양심실현의 자유(forum externum)를 포함한다고 할 수 있다(헌재 1998.7.16, 96헌바35).

① [○] 헌법이 보호하고자 하는 양심은 어떤 일의 옳고 그름을 판단함에 있어서 그렇게 행동하지 않고는 자신의 인격적 존재가치가 파멸되고 말 것이라는 강력하고 진지한 마음의 소리로서의 절박하고 구체적인 양심을 말한다. 따라서 막연하고 추상적인 개념으로서의 양심이 아니다(헌재 2002.4.25, 98헌마425 등).

② [○] 자신의 인격권이나 명예권을 보호하기 위하여 대외적으로 해명을 하는 행위는 표현의 자유에 속하는 영역일 뿐 이미 사생활의 자유에 의하여 보호되는 범주를 벗어난 행위이고, 또한, 자신의 태도나 입장을 외부에 설명하거나 해명하는 행위는 진지한 윤리적 결정에 관계된 행위라기보다는 단순한 생각이나 의견, 사상이나 확신 등의 표현행위라고 볼 수 있어, 그 행위가 선거에 영향을 미치게 하기 위한 것이라는 이유로 이를 하지 못하게 된다 하더라도 내면적으로 구축된 인간의 양심이 왜곡 굴절된다고는 할 수 없다는 점에서 양심의 자유의 보호영역에 포괄되지 아니하므로, 위 제93조 제1항은 사생활의 자유나 양심의 자유를 침해하지 아니한다(헌재 2001.8.30, 99헌바92 등).

④ [○] 헌법이 보장한 양심의 자유는 정신적인 자유로서 어떠한 사상·감정을 가지고 있다고 하더라도 그것이 내심에 머무르는 한 절대적인 자유이므로 제한할 수 없는 것이나, 보안관찰법상의 보안관찰처분은 보안관찰처분대상자의 내심의 작용을 문제삼는 것이 아니라, 보안관찰처분대상자가 보안관찰해당범죄를 다시 저지를 위험성이 내심의 영역을 벗

어나 외부에 표출되는 경우에 재범의 방지를 위하여 내려지는 특별예방적 목적의 처분이므로, 양심의 자유를 보장한 헌법규정에 위반된다고 할 수 없다(헌재 1997.11.27, 92헌바28).

289 정답 ④

④ [×] 특정한 내적인 확신 또는 신념이 양심으로 형성된 이상 그 내용 여하를 떠나 양심의 자유에 의해 보호되는 양심이 될 수 있으므로, 헌법상 양심의 자유에 의해 보호받는 '양심'으로 인정할 것인지의 판단은 그것이 깊고, 확고하며, 진실된 것인지 여부에 따르게 된다. 그리하여 양심적 병역거부를 주장하는 사람은 자신의 '양심'을 외부로 표명하여 증명할 최소한의 의무를 진다(헌재 2018.6.28, 2011헌바379 등).

① [○] 내용상 단순히 국법질서나 헌법체제를 준수하겠다는 취지의 서약을 할 것을 요구하는 이 사건 준법서약은 국민이 부담하는 일반적 의무를 장래를 향하여 확인하는 것에 불과하며, 어떠한 가정적 혹은 실제적 상황하에서 특정의 사유(思惟)를 하거나 특별한 행동을 할 것을 새로이 요구하는 것이 아니다. 따라서 이 사건 준법서약은 어떤 구체적이거나 적극적인 내용을 담지 않은 채 단순한 헌법적 의무의 확인·서약에 불과하다 할 것이어서 양심의 영역을 건드리는 것이 아니다(헌재 2002.4.25, 98헌마425).

② [○] 헌법 제19조가 보호하고 있는 양심의 자유는 양심형성의 자유와 양심적 결정의 자유를 포함하는 내심적 자유(forum internum)뿐만 아니라, 양심적 결정을 외부로 표현하고 실현할 수 있는 양심실현의 자유(forum externum)를 포함한다고 할 수 있다. 내심적 자유, 즉 양심형성의 자유와 양심적 결정의 자유는 내심에 머무르는 한 절대적 자유라고 할 수 있지만, 양심실현의 자유는 타인의 기본권이나 다른 헌법적 질서와 저촉되는 경우 헌법 제37조 제2항에 따라 국가안전보장·질서유지 또는 공공복리를 위하여 법률에 의하여 제한될 수 있는 상대적 자유라고 할 수 있다(헌재 1998.7.16, 96헌바35).

③ [○] 헌법 제37조 제2항의 비례원칙은, 단순히 기본권 제한의 일반원칙에 그치지 않고, 모든 국가작용은 정당한 목적을 달성하기 위하여 필요한 범위 내에서만 행사되어야 한다는 국가작용의 한계를 선언한 것이므로, 비록 이 사건 법률조항이 헌법 제39조에 규정된 국방의 의무를 형성하는 입법이라 할지라도 그에 대한 심사는 헌법상 비례원칙에 의하여야 한다(헌재 2018.6.28, 2011헌바379 등).

290 정답 ④

④ [×] 병역종류조항에 대체복무제가 마련되지 아니한 상황에서, 양심상의 결정에 따라 입영을 거부하거나 소집에 불응하는 이 사건 청구인 등이 현재의 대법원 판례에 따라 처벌조항에 의하여 형벌을 부과받음으로써 양심에 반하는 행동을 강요받고 있으므로, 이 사건 법률조항은 '양심에 반하는 행동을 강요당하지 아니할 자유', 즉 '부작위에 의한 양심실현의 자유'를 제한하고 있다. … 헌법 제37조 제2항의 비례원칙은, 단순히 기본권 제한의 일반원칙에 그치지 않고, 모

든 국가작용은 정당한 목적을 달성하기 위하여 필요한 범위 내에서만 행사되어야 한다는 국가작용의 한계를 선언한 것이므로, 비록 이 사건 법률조항이 헌법 제39조에 규정된 국방의 의무를 형성하는 입법이라 할지라도 그에 대한 심사는 헌법상 비례원칙에 의하여야 한다(헌재 2018.6.28, 2011헌바379 등).

① [○] 음주측정은 음주운전을 단속하기 위한 불가피한 전치적(前置的) 조치라고 인정되므로 경찰관의 음주측정요구에 응하는 것은 법률이 운전자에게 부과한 정당한 의무라고 할 것이고 법률이 부과한 이러한 정당한 의무의 불이행에 대하여 이 정도의 제재를 가하는 것은 양심의 자유나 행복추구권 등에 대한 침해가 될 수 없다(헌재 2004.12.16, 2003헌바87).

② [○] 특정한 내적인 확신 또는 신념이 양심으로 형성된 이상 그 내용 여하를 떠나 양심의 자유에 의해 보호되는 양심이 될 수 있으므로, 헌법상 양심의 자유에 의해 보호받는 '양심'으로 인정할 것인지의 판단은 그것이 깊고, 확고하며, 진실된 것인지 여부에 따르게 된다. 그리하여 양심적 병역거부를 주장하는 사람은 자신의 '양심'을 외부로 표명하여 증명할 최소한의 의무를 진다(헌재 2018.6.28, 2011헌바379 등).

③ [○] 양심의 자유에는 널리 사물의 시시비비나 선악과 같은 윤리적 판단에 국가가 개입해서는 안 되는 내심적 자유는 물론, 이와 같은 윤리적 판단을 국가권력에 의하여 외부에 표명하도록 강제받지 않는 자유, 즉 윤리적 판단사항에 관한 침묵의 자유까지 포괄한다고 할 것이다(헌재 1991.4.1, 89헌마160).

291 정답 ③

③ [×] 납골시설을 기피하는 풍토와 정서가 과학적인 합리성이 없다고 하더라도 그러한 풍토와 정서가 현실적으로 학생들의 정서발달에 해로운 영향을 끼칠 가능성이 있는 이상, 규제해야 할 필요성과 공익성을 부정하기 어렵다. 대학 부근의 정화구역에서도 납골시설의 설치를 금지하는 것이 불합리하거나 불필요하다고 보기 어렵다. 이 사건 법률조항에 의하여 금지되는 것은 학교 부근 200m 이내의 정화구역 내에 국한되는 것이므로, 그로 인하여 기본권이 침해되는 정도는 크지 않다고 할 수 있다. 결국 이 사건 법률조항은 입법목적을 달성하기 위하여 필요한 한도를 넘어서 종교의 자유, 행복추구권 및 직업의 자유를 과도하게 제한하여 헌법 제37조 제2항에 위반된다고 보기 어렵다(헌재 2009.7.30, 2008헌가2).

① [○] 오늘날 종교적인 의식 또는 행사가 하나의 사회공동체의 문화적인 현상으로 자리잡고 있으므로, 어떤 의식, 행사, 유형물 등이 비록 종교적인 의식, 행사 또는 상징에서 유래되었다고 하더라도 그것이 이미 우리 사회공동체 구성원들 사이에서 관습화된 문화요소로 인식되고 받아들여질 정도에 이르렀다면, 이는 정교분리원칙이 적용되는 종교의 영역이 아니라 헌법적 보호가치를 지닌 문화의 의미를 갖게 된다. 그러므로 이와 같이 이미 문화적 가치로 성숙한 종교적인 의식, 행사, 유형물에 대한 국가 등의 지원은 일정 범위 내에서 전통문화의 계승·발전이라는 문화국가원리에 부합하며 정교분리원칙에 위배되지 않는다(대판 2009.5.28, 2008두16933).

② [○] 종교의 자유에서 종교에 대한 적극적인 우대조치를 요구할 권리가 직접 도출되거나 우대할 국가의 의무가 발생하지 아니한다. 종교시설의 건축행위에만 기반시설부담금을 면제한다면 국가가 종교를 지원하여 종교를 승인하거나 우대하는 것으로 비칠 소지가 있어 헌법 제20조 제2항의 국교금지·정교분리에 위배될 수도 있다고 할 것이므로 종교시설의 건축행위에 대하여 기반시설부담금 부과를 제외하거나 감경하지 아니하였더라도, 종교의 자유를 침해하는 것이 아니다. 또한 부담금의 감면은 광범위한 입법재량사항이고, 기반시설부담금에 관한 법률 제8조 제1항, 제2항, 제3항에 규정한 사항들은 일정한 사회·경제정책을 실현하기 위한 것으로, 그 대상 선정에 합리적인 이유가 있으므로 입법재량을 벗어나 평등권을 침해하는 것이 아니다(헌재 2010.2.25, 2007헌바131 등).

④ [○] '형의 집행 및 수용자의 처우에 관한 법률' 제45조는 종교행사 등에의 참석대상을 '수용자'로 규정하고 있어 수형자와 미결수용자를 구분하고 있지도 아니하고, 무죄추정의 원칙이 적용되는 미결수용자들에 대한 기본권 제한은 징역형 등의 선고를 받아 그 형이 확정된 수형자의 경우보다는 더 완화되어야 할 것임에도, 피청구인이 수용자 중 미결수용자에 대하여만 일률적으로 종교행사 등에의 참석을 불허한 것은 미결수용자의 종교의 자유를 나머지 수용자의 종교의 자유보다 더욱 엄격하게 제한한 것이다. 나아가 공범 등이 없는 경우 내지 공범 등이 있는 경우라도 공범이나 동일사건 관련자를 분리하여 종교행사 등에의 참석을 허용하는 등의 방법으로 미결수용자의 기본권을 덜 침해하는 수단이 존재함에도 불구하고 이를 전혀 고려하지 아니하였으므로 이 사건 종교행사 등 참석불허 처우는 침해의 최소성 요건을 충족하였다고 보기 어렵다. 그리고, 이 사건 종교행사 등 참석불허 처우로 얻어질 공익의 정도가 무죄추정의 원칙이 적용되는 미결수용자들이 종교행사 등에 참석을 하지 못함으로써 입게 되는 종교의 자유의 제한이라는 불이익에 비하여 결코 크다고 단정하기 어려우므로 법익의 균형성 요건 또한 충족하였다고 할 수 없다. 따라서, 이 사건 종교행사 등 참석불허 처우는 과잉금지원칙을 위반하여 청구인의 종교의 자유를 침해하였다(헌재 2011.12.29, 2009헌마527).

292
정답 ②

② [×] 군대 내에서 군종장교는 국가공무원인 참모장교로서의 신분뿐 아니라 성직자로서의 신분을 함께 가지고 소속 종단으로부터 부여된 권한에 따라 설교·강론 또는 설법을 행하거나 종교의식 및 성례를 할 수 있는 종교의 자유를 가지는 것이므로, 군종장교가 최소한 성직자의 신분에서 주재하는 종교활동을 수행함에 있어 소속 종단의 종교를 선전하거나 다른 종교를 비판하였다고 할지라도 그것만으로 종교적 중립을 준수할 의무를 위반한 직무상의 위법이 있다고 할 수 없다(대판 2007.4.26, 2006다87903).

① [○] 오늘날 종교적인 의식 또는 행사가 하나의 사회공동체의 문화적인 현상으로 자리잡고 있으므로, 어떤 의식, 행사, 유형물 등이 비록 종교적인 의식, 행사 또는 상징에서 유래되었다고 하더라도 그것이 이미 우리 사회공동체 구성원들 사이

에서 관습화된 문화요소로 인식되고 받아들여질 정도에 이르렀다면, 이는 정교분리원칙이 적용되는 종교의 영역이 아니라 헌법적 보호가치를 지닌 문화의 의미를 갖게 된다. 그러므로 이와 같이 이미 문화적 가치로 성숙한 종교적인 의식, 행사, 유형물에 대한 국가 등의 지원은 일정 범위 내에서 전통문화의 계승·발전이라는 문화국가원리에 부합하며 정교분리원칙에 위배되지 않는다(대판 2009.5.28, 2008두16933).

③ [○] '형의 집행 및 수용자의 처우에 관한 법률' 제45조는 종교행사 등에의 참석대상을 '수용자'로 규정하고 있어 수형자와 미결수용자를 구분하고 있지도 아니하고, 무죄추정의 원칙이 적용되는 미결수용자들에 대한 기본권 제한은 징역형 등의 선고를 받아 그 형이 확정된 수형자의 경우보다는 더 완화되어야 할 것임에도, 피청구인이 수용자 중 미결수용자에 대하여만 일률적으로 종교행사 등에의 참석을 불허한 것은 미결수용자의 종교의 자유를 나머지 수용자의 종교의 자유보다 더욱 엄격하게 제한한 것이다. 나아가 공범 등이 없는 경우 내지 공범 등이 있는 경우라도 공범이나 동일사건 관련자를 분리하여 종교행사 등에의 참석을 허용하는 등의 방법으로 미결수용자의 기본권을 덜 침해하는 수단이 존재함에도 불구하고 이를 전혀 고려하지 아니하였으므로 이 사건 종교행사 등 참석불허 처우는 침해의 최소성 요건을 충족하였다고 보기 어렵다. 그리고, 이 사건 종교행사 등 참석불허 처우로 얻어질 공익의 정도가 무죄추정의 원칙이 적용되는 미결수용자들이 종교행사 등에 참석을 하지 못함으로써 입게 되는 종교의 자유의 제한이라는 불이익에 비하여 결코 크다고 단정하기 어려우므로 법익의 균형성 요건 또한 충족하였다고 할 수 없다. 따라서, 이 사건 종교행사 등 참석불허 처우는 과잉금지원칙을 위반하여 청구인의 종교의 자유를 침해하였다(헌재 2011.12.29, 2009헌마527).

④ [○] 종교의 자유에는 신앙의 자유, 종교적 행위의 자유가 포함되며, 종교적 행위의 자유에는 신앙고백의 자유, 종교적 의식 및 집회·결사의 자유, 종교전파·교육의 자유 등이 있다. 이 사건에서 문제되는 종교의 자유는 종교전파의 자유로서 누구에게나 자신의 종교 또는 종교적 확신을 알리고 선전하는 자유를 말하며, 포교행위 또는 선교행위가 이에 해당한다. 그러나 이러한 종교전파의 자유는 국민에게 그가 선택한 임의의 장소에서 자유롭게 행사할 수 있는 권리까지 보장한다고 할 수 없으며, 그 임의의 장소가 대한민국의 주권이 미치지 아니하는 지역 나아가 국가에 의한 국민의 생명·신체 및 재산의 보호가 강력히 요구되는 해외 위난지역인 경우에는 더욱 그러하다(헌재 2008.6.26, 2007헌마1366).

293
정답 ①

① [×] 우리 헌법 제20조 제1항은 "모든 국민은 종교의 자유를 가진다."라고 규정하고 있는데, 종교의 자유에는 자기가 신봉하는 종교를 선전하고 새로운 신자를 규합하기 위한 선교의 자유가 포함되고 선교의 자유에는 다른 종교를 비판하거나 다른 종교의 신자에 대하여 개종을 권고하는 자유도 포함되는바, 종교적 선전, 타 종교에 대한 비판 등은 동시에 표현의 자유의 보호대상이 되는 것이나, 그 경우 종교의 자유에 관한 헌법 제20조 제1항은 표현의 자유에 관한 헌법

제21조 제1항에 대하여 특별규정의 성격을 갖는다 할 것이므로 종교적 목적을 위한 언론·출판의 경우에는 그 밖의 일반적인 언론·출판에 비하여 보다 고도의 보장을 받게 된다고 할 것이다(대판 2007.2.8, 2006도4486).

② [O] 종교단체가 종교적 행사를 위하여 종교집회장 내에 납골시설을 설치하여 운영하는 것은 종교행사의 자유와 관련된 것이라고 할 것이고, 그러한 납골시설의 설치를 금지하는 것은 종교행사의 자유를 제한하는 결과로 된다(헌재 2009.7.30, 2008헌가2).

▶ 학교정화구역 내의 납골시설의 설치·운영을 절대적으로 금지하고 있는 구 학교보건법조항은 종교의 자유 내지 행복추구권·직업의 자유 등 기본권을 침해하지 않는다.

③ [O]

> **집회 및 시위에 관한 법률 제15조 【적용의 배제】** 학문, 예술, 체육, 종교, 의식, 친목, 오락, 관혼상제(冠婚喪祭) 및 국경행사(國慶行事)에 관한 집회에는 제6조부터 제12조까지의 규정을 적용하지 아니한다.

▶ 집회 및 시위에 관한 법률 제6조(옥외집회 및 시위의 신고 등)

④ [O] 종교교육 및 종교지도자의 양성은 헌법 제20조에 규정된 종교의 자유의 한 내용으로서 보장되지만, 그것이 학교라는 교육기관의 형태를 취할 때에는 헌법 제31조 제1항, 제6항의 규정 및 이에 기한 교육법상의 각 규정들에 의한 규제를 받게 된다(대판 1992.12.22, 92도1742).

294
정답 ④

④ [×] 이 사건 부칙조항은 판결서 공개제도를 실현하는 과정에서 그 공개범위를 일정 부분 제한하여 판결서 공개에 필요한 국가의 재정이나 용역의 부담을 경감·조정하고자 하는 것이다. 어떤 새로운 제도를 도입할 때에는 그에 따른 사회적 비용도 함께 고려하여 부분적인 개선 방식을 취할 수도 있으므로, 입법자는 현실적인 조건들을 감안해서 위 부칙조항과 같이 판결서 열람·복사에 관한 개정법의 적용 범위를 일정 부분 제한할 수 있으며, 청구인은 비록 전자적 방법은 아니라 해도 군사법원법 제93조의2에 따라 개정법 시행 이전에 확정된 판결서를 열람·복사할 수 있다. 이 사건 부칙조항으로 인해 청구인이 전자적 방법을 통해 열람·복사할 수 있는 판결서의 범위가 제한된다 하더라도 이는 입법재량의 한계 내에 있으므로, 위 부칙조항이 청구인의 정보공개청구권을 침해한다고 할 수 없다(헌재 2015.12.23, 2014헌마185).

① [O] 언론·출판의 자유의 내용 중 의사표현·전파의 자유에 있어서 의사표현 또는 전파의 매개체는 어떠한 형태이건 가능하며 그 제한이 없다. 즉 담화·연설·토론·연극·방송·음악·영화·가요 등과 문서·소설·시가·도화·사진·조각·서화 등 모든 형상의 의사표현 또는 의사전파의 매개체를 포함한다. 정보통신망의 발달로 선거기간 중 인터넷언론사의 선거와 관련한 게시판·대화방 등도 정치적 의사를 형성·전파하는 매체로서 역할을 담당하고 있으므로, 의사의 표현·전파의 형식의 하나로 인정되고 따라서 언론·출판의 자유에 의하여 보호된다고 할 것이다(헌재 2010.2.25, 2008헌마324).

② [O] 숙취해소용 식품임을 나타내는 표시를 일체 금지하도록 한 이사건 규정은 기본권 제한입법이 갖추어야 할 피해의 최소성, 법입균형성 등의 요건을 갖추지 못한 것이어서 숙취해소용 식품의 제조·판매에 영업의 자유 및 광고표현의 자유를 과잉금지원칙에 위반하여 침해하는 것이라고 아니할 수 없다. 또한, 특허발명의 명칭이나 내용을 표시할 수 없다면 그 제품은 특허에 관한 설명력과 광고유인효과를 전혀 가질 수 없어 특허제품으로서의 기능과 효과를 제대로 발휘하지 못하게 되고, 이러한 결과는 업(業)으로서의 특허실시권을 사실상 유명무실하게 하는 것이다. 이러한 제한은 헌법상 과잉금지에 어긋나는 것이므로 이로 인하여 청구인들의 헌법상 보호받는 재산권인 특허권도 침해되었다고 할 것이다(헌재 2000.3.30, 99헌마143).

③ [O]

> **언론중재 및 피해구제 등에 관한 법률 제5조 【언론등에 의한 피해구제의 원칙】** ① 언론, 인터넷뉴스서비스 및 인터넷 멀티미디어 방송(이하 '언론등'이라 한다)은 타인의 생명, 자유, 신체, 건강, 명예, 사생활의 비밀과 자유, 초상(肖像), 성명, 음성, 대화, 저작물 및 사적(私的) 문서, 그 밖의 인격적 가치 등에 관한 권리(이하 '인격권'이라 한다)를 침해하여서는 아니 되며, 언론등이 타인의 인격권을 침해한 경우에는 이 법에서 정한 절차에 따라 그 피해를 신속하게 구제하여야 한다.
> **제5조의2 【사망자의 인격권 보호】** ① 제5조 제1항의 타인에는 사망한 사람을 포함한다.
> ② 사망한 사람의 인격권을 침해하였거나 침해할 우려가 있는 경우에는 이에 따른 구제절차를 유족이 수행한다.

295
정답 ③

㉠ [O] 헌법상 사전검열은 표현의 자유 보호대상이면 예외 없이 금지된다. 건강기능식품의 기능성 광고는 인체의 구조 및 기능에 대하여 보건용도에 유용한 효과를 준다는 기능성 등에 관한 정보를 널리 알려 해당 건강기능식품의 소비를 촉진시키기 위한 상업광고이지만, 헌법 제21조 제1항의 표현의 자유의 보호대상이 됨과 동시에 같은 조 제2항의 사전검열금지 대상도 된다(헌재 2019.5.30, 2019헌가4).

㉡ [O] 음란표현은 헌법 제21조가 규정하는 언론·출판의 자유의 보호영역 내에 있다고 볼 것인바, 종전에 이와 견해를 달리하여 음란표현은 헌법 제21조가 규정하는 언론·출판의 자유의 보호영역에 해당하지 아니한다는 취지로 판시한 우리 재판소의 의견은 변경한다(헌재 2009.5.28, 2006헌바109, 판례변경).

㉢ [×] 상업광고는 표현의 자유의 보호영역에 속하지만 사상이나 지식에 관한 정치적·시민적 표현행위와는 차이가 있고, 한편 직업수행의 자유의 보호영역에 속하지만 인격발현과 개성신장에 미치는 효과가 중대한 것은 아니다. 그러므로 상업광고 규제에 관한 비례의 원칙 심사에 있어서 '피해의 최소성'원칙은 같은 목적을 달성하기 위하여 달리 덜 제약적인 수단이 없을 것인지 혹은 입법목적을 달성하기 위하여 필요한 최소한의 제한인지를 심사하기 보다는 '입법목적을 달

성하기 위하여 필요한 범위 내의 것인지'를 심사하는 정도로 완화되는 것이 상당하다(헌재 2005.10.27, 2003헌가3).

ⓔ [×] 국가가 개인의 표현행위를 규제하는 경우, 표현내용에 대한 규제는 원칙적으로 중대한 공익의 실현을 위하여 불가피한 경우에 한하여 엄격한 요건하에서 허용되는 반면, 표현내용과 무관하게 표현의 방법을 규제하는 것은 합리적인 공익상의 이유로 폭넓은 제한이 가능하다. 헌법상 표현의 자유가 보호하고자 하는 가장 핵심적인 것이 바로 '표현행위가 어떠한 내용을 대상으로 한 것이든 보호를 받아야 한다.'는 것이며, '국가가 표현행위를 그 내용에 따라 차별함으로써 특정한 견해나 입장을 선호하거나 억압해서는 안 된다.'는 것이다. … 이 사건 시행령조항이 자신에 관한 광고를 허용하면서 타인에 관한 광고를 금지한 것은 특정한 표현내용을 금지하거나 제한하려는 것이 아니라 광고의 매체로 이용될 수 있는 차량을 제한하고자 하는 표현방법에 따른 규제로서, 표현의 방법에 대한 제한은 합리적인 공익상의 이유로 비례의 원칙의 준수하에서 가능하다고 할 것이다. 자동차란 매체를 이용하여 자유롭게 광고를 하는 표현행위가 개인의 인격발현에 대하여 가지는 의미·중요성과 다른 한편으로는 자동차를 이용한 광고행위를 제한해야 할 공익상의 이유를 서로 비교형량하여 볼 때, 자동차에 타인에 관한 광고표시를 허용함으로써 보장되는 표현의 자유를 통해 얻을 수 있는 개인의 이익보다는 자동차에 타인에 관한 광고를 금지함으로써 얻을 수 있는 공익이 더 크다고 할 것이다. 따라서 이 사건 시행령조항이 표현의 자유를 침해한다고 볼 수 없다(헌재 2002.12.18, 2000헌마764).

ⓜ [○] 국가가 개인의 표현행위를 규제하는 경우, 표현 '내용'에 대한 규제는 원칙적으로 중대한 공익의 실현을 위하여 불가피한 경우에 한하여 엄격한 요건하에서 허용되는 반면, 표현내용과 무관하게 표현의 '방법'을 규제하는 것은 합리적인 공익상의 이유로 폭넓은 제한이 가능하다(헌재 2002.12.18, 2000헌마764).

296
정답 ③

③ [○] 한국광고자율심의기구는 행정기관적 성격을 가진 방송위원회로부터 위탁을 받아 이 사건 텔레비전 방송광고 사전심의를 담당하고 있는바, 한국광고자율심의기구는 민간이 주도가 되어 설립된 기구이기는 하나, 그 구성에 행정권이 개입하고 있고, 행정법상 공무수탁사인으로서 그 위탁받은 업무에 관하여 국가의 지휘·감독을 받고 있으며, 방송위원회는 텔레비전 방송광고의 심의기준이 되는 방송광고 심의규정을 제정·개정할 권한을 가지고 있고, 자율심의기구의 운영이나 사무실 유지비, 인건비 등을 지급하고 있다. 그렇다면 한국광고자율심의기구가 행하는 방송광고 사전심의는 방송위원회가 위탁이라는 방법에 의해 그 업무의 범위를 확장한 것에 지나지 않는다고 할 것이므로 한국광고자율심의기구가 행하는 이 사건 텔레비전 방송광고 사전심의는 행정기관에 의한 사전검열로서 헌법이 금지하는 사전검열에 해당한다(헌재 2008.6.26, 2005헌마506).

① [×] 정보에의 접근·수집·처리의 자유, 즉 "알 권리"는 표현의 자유와 표리일체의 관계에 있으며 자유권적 성질과 청구권적 성질을 공유하는 것이다. 자유권적 성질은 일반적으로 정보에 접근하고 수집·처리함에 있어서 국가권력의 방해를 받지 아니한다는 것을 말하며, 청구권적 성질을 의사형성이나 여론 형성에 필요한 정보를 적극적으로 수집하고 수집을 방해하는 방해제거를 청구할 수 있다는 것을 의미하는바 이는 정보수집권 또는 정보공개청구권으로 나타난다. 나아가 현대 사회가 고도의 정보화사회로 이행해감에 따라 "알 권리"는 한편으로 생활권적 성질까지도 획득해 나가고 있다. 이러한 "알 권리"는 표현의 자유에 당연히 포함되는 것으로 보아야 하며 인권에 관한 세계선언 제19조도 "알 권리"를 명시적으로 보장하고 있다(헌재 1991.5.13, 90헌마133).

② [×] 신문법 제15조가 비록 신문기업 활동의 외적 조건을 규제하여 신문의 자유를 제한하는 효과를 가진다고 하더라도 그 위헌 여부를 심사함에 있어 신문의 내용을 직접적으로 규제하는 경우와 동일하게 취급할 수는 없다. 결국 신문기업 활동의 외적 조건을 규제하는 신문법 조항에 대한 위헌심사는 신문의 내용을 규제하여 언론의 자유를 제한하는 경우에 비하여 그 기준이 완화된다(헌재 2006.6.29, 2005헌마165 등).

④ [×] 일간신문이 뉴스통신이나 방송사업과 같은 이종 미디어를 겸영하는 것을 어떻게 규율할 것인가 하는 것은 고도의 정책적 접근과 판단이 필요한 분야로서, 겸영금지의 규제정책을 지속할 것인지, 지속한다면 어느 정도로 규제할 것인지의 문제는 입법자의 미디어정책적 판단에 맡겨져 있다. 신문법 제15조 제2항은 신문의 다양성을 보장하기 위하여 필요한 한도 내에서 그 규제의 대상과 정도를 선별하여 제한적으로 규제하고 있다고 볼 수 있다. 규제대상을 일간신문으로 한정하고 있고, 겸영에 해당하지 않는 행위, 즉 하나의 일간신문법인이 복수의 일간신문을 발행하는 것 등은 허용되며, 종합편성이나 보도전문편성이 아니어서 신문의 기능과 중복될 염려가 없는 방송채널사용사업이나 종합유선방송사업, 위성방송사업 등을 겸영하는 것도 가능하다. 그러므로 신문법 제15조 제2항은 헌법에 위반되지 아니한다(헌재 2006.6.29, 2005헌마165 등).

297
정답 ②

② [×] 구 음반 및 비디오물에 관한 법률에서 비디오물의 제작시 공연윤리위원회의 사전심의를 받을 의무를 부과하고 사전심의를 받지 않은 비디오물에 관하여 판매 등을 금지하면서, 이에 위반한 경우에는 형사처벌을 하고 위반자가 소유 또는 점유하는 비디오물과 그 제작기자재 등을 몰수할 수 있도록 규정하고 있고, 공연법에 의하여 공연윤리위원회를 설치하도록 하여 행정권이 그 구성에 지속적인 영향을 미칠 수 있게 하였으므로, 공연윤리위원회는 헌법 제21조 제2항에서 금지한 검열기관으로 보아야 하고 공연윤리위원회의 비디오물에 대한 사전심의는 헌법 제21조 제2항이 금지한 사전검열에 해당한다(헌재 2000.2.24, 99헌가17).
한국공연예술진흥협의회는 그 구성, 심의결과의 보고 등에 있어서 약간의 차이는 있으나, 공연법에 의하여 행정권이 심의기관의 구성에 지속적인 영향을 미칠 수 있고 행정권이 주체가 되어 검열절차를 형성하고 있는 점에 있어서 큰 차이가 없

으로, 한국공연예술진흥협의회도 검열기관으로 보는 것이 타당하고, 따라서 한국공연예술진흥협의회가 비디오물의 제작·판매에 앞서 그 내용을 심사하여 심의기준에 적합하지 아니한 비디오물에 대하여는 제작·판매를 금지하고, 심의를 받지 아니한 비디오물을 제작·판매할 경우에는 형사처벌까지 할 수 있도록 규정한 이 사건 법률조항은 사전검열제도를 채택한 것으로서 헌법에 위배된다(헌재 1999.9.16, 99헌가1).

① [O] 언론·출판의 자유의 내용 중 의사표현·전파의 자유에 있어서 의사표현 또는 전파의 매개체는 어떠한 형태이건 가능하며 그 제한이 없다. 즉, 담화·연설·토론·연극·방송·음악·영화·가요 등과 문서·소설·시가·도화·사진·조각·서화 등 모든 형상의 의사표현 또는 의사전파의 매개체를 포함한다(헌재 1993.5.13, 91헌바17).

③ [O] 헌법 제21조 제2항에서 규정한 검열금지의 원칙은 모든 형태의 사전적인 규제를 금지하는 것이 아니고 단지 의사표현의 발표 여부가 오로지 행정권의 허가에 달려있는 사전심사만을 금지하는 것을 뜻하므로, 이 사건 법률조항에 의한 방영금지가처분은 행정권에 의한 사전심사나 금지처분이 아니라 개별 당사자간의 분쟁에 관하여 사법부가 사법절차에 의하여 심리, 결정하는 것이어서 헌법에서 금지하는 사전검열에 해당하지 아니한다(헌재 2001.8.30, 2000헌바36).

④ [O] 신문보도의 명예훼손적 표현의 피해자가 공적 인물인지 아니면 사인인지, 그 표현이 공적인 관심 사안에 관한 것인지 순수한 사적인 영역에 속하는 사안인지의 여부에 따라 헌법적 심사기준에는 차이가 있어야 한다. 객관적으로 국민이 알아야 할 공공성·사회성을 갖춘 사실은 민주제의 토대인 여론형성이나 공개토론에 기여하므로 형사제재로 인하여 이러한 사안의 게재를 주저하게 만들어서는 안 된다. 신속한 보도를 생명으로 하는 신문의 속성상 허위를 진실한 것으로 믿고서 한 명예훼손적 표현에 정당성을 인정할 수 있거나, 중요한 내용이 아닌 사소한 부분에 대한 허위보도는 모두 형사제재의 위협으로부터 자유로워야 한다(헌재 1999.6.24, 97헌마265).

298 정답 ③

③ [×] 청소년보호위원회 등에 의한 청소년유해매체물의 결정은 그것이 이 사건 법률조항에 따라 그 위임의 범위 내에서 행하여지는 이상 법률상 구성요건의 내용을 보충하는 것에 불과하므로 이를 토대로 재판이 행하여진다 하더라도 그로 인하여 사실확정과 법률의 해석·적용에 관한 법관의 고유권한이 박탈된 것이라 할 수 없으며, 더욱이 법관은 청소년보호위원회 등의 결정이 적법하게 이루어진 것인지에 관하여 독자적으로 판단하여 이를 기초로 재판할 수도 있으므로 청소년유해매체물의 결정권한을 청소년보호위원회 등에 부여하고 있다고 하여 법관에 의한 재판을 받을 권리를 침해하는 것이라고는 볼 수 없다(헌재 2000.6.29, 99헌가16).

① [O] 헌법 제21조 제2항이 언론·출판에 대한 검열금지를 규정한 것은 비록 헌법 제37조 제2항이 국민의 자유와 권리를 국가안전보장·질서유지 또는 공공복리를 위하여 필요한 경우에 한하여 법률로써 제한할 수 있도록 규정하고 있다고 할지라도 언론·출판의 자유에 대하여는 검열을 수단

으로 한 제한만은 법률로써도 허용되지 아니 한다는 것을 밝힌 것이다(헌재 1996.10.31, 94헌가6).

② [O] 음란표현은 헌법 제21조가 규정하는 언론·출판의 자유의 보호영역 내에 있다고 볼 것이다(헌재 2009.5.28, 2006헌바109).

④ [O] 헌재 2005.2.3, 2004헌가8

299 정답 ④

㉠ [O] 영화진흥법 제21조 제4항이 규정하고 있는 영상물등급위원회에 의한 등급분류보류제도는, 영상물등급위원회가 영화의 상영에 앞서 영화를 제출받아 그 심의 및 상영등급분류를 하되, 등급분류를 받지 아니한 영화는 상영이 금지되고 만약 등급분류를 받지 않은 채 영화를 상영한 경우 과태료, 상영금지명령에 이어 형벌까지 부과할 수 있도록 하며, 등급분류보류의 횟수제한이 없어 실질적으로 영상물등급위원회의 허가를 받지 않는 한 영화를 통한 의사표현이 무한정 금지될 수 있으므로 검열에 해당한다(헌재 2001.8.30, 2000헌가9).

㉡ [O] 검열을 행정기관이 아닌 독립적인 위원회에서 행한다고 하더라도, 행정권이 주체가 되어 검열절차를 형성하고 검열기관의 구성에 지속적인 영향을 미칠 수 있는 경우라면 실질적으로 그 검열기관은 행정기관이라고 보아야 한다. 그렇게 해석하지 아니한다면 검열기관의 구성은 입법기술상의 문제에 지나지 않음에도 불구하고 정부에게 행정관청이 아닌 독립된 위원회의 구성을 통하여 사실상 검열을 하면서도 헌법상 검열금지원칙을 위반하였다는 비난을 면할 수 있는 길을 열어주기 때문이다(헌재 2015.12.23, 2015헌바75).

㉢ [O] 한국건강기능식품협회나 위 협회에 설치된 표시·광고심의위원회가 사전심의업무를 수행함에 있어서 식약처장 등 행정권의 영향력에서 벗어나 독립적이고 자율적으로 심의를 하고 있다고 보기 어렵고, 결국 건강기능식품 기능성광고 심의는 행정권이 주체가 된 사전심사라고 할 것이다. … 한국건강기능식품협회가 행하는 이 사건 건강기능식품 기능성광고 사전심의는 헌법이 금지하는 사전검열에 해당하므로 헌법에 위반된다(헌재 2018.6.28, 2016헌가8 등).

㉣ [O] 구 음반 및 비디오물에 관한 법률에서 비디오물의 제작시 공연윤리위원회의 사전심의를 받을 의무를 부과하고 사전심의를 받지 않은 비디오물에 관하여 판매 등을 금지하면서, 이에 위반한 경우에는 형사처벌을 하고 위반자가 소유 또는 점유하는 비디오물과 그 제작기자재 등을 몰수할 수 있도록 규정하고 있고, 공연법에 의하여 공연윤리위원회를 설치하도록 하여 행정권이 그 구성에 지속적인 영향을 미칠 수 있게 하였으므로, 공연윤리위원회는 헌법 제21조 제2항에서 금지한 검열기관으로 보아야 하고 공연윤리위원회의 비디오물에 대한 사전심의는 헌법 제21조 제2항이 금지한 사전검열에 해당한다(헌재 2000.2.24, 99헌가17).

300

① [×] 헌법 제21조 제2항이 언론·출판에 대한 검열금지를 규정한 것은 비록 헌법 제37조 제2항이 국민의 자유와 권리를 국가안전보장·질서유지 또는 공공복리를 위하여 필요한 경우에 한하여 법률로써 제한할 수 있도록 규정하고 있다고 할지라도 언론·출판의 자유에 대하여는 검열을 수단으로 한 제한만은 법률로써도 허용되지 아니한다는 것을 밝힌 것이다(헌재 1996.10.4, 93헌가13 등).

② [○] 헌법 제21조 제2항이 금지하는 검열은 사전검열만을 의미하므로 개인이 정보와 사상을 발표하기 이전에 국가기관이 미리 그 내용을 심사·선별하여 일정한 범위 내에서 발표를 저지하는 것만을 의미하고, 헌법상 보호되지 않는 의사표현에 대하여 공개한 뒤에 국가기관이 간섭하는 것을 금지하는 것은 아니다(헌재 1996.10.4, 93헌가13 등).

③ [○] 한국의료기기산업협회나 위 협회에 설치된 심의위원회가 의료기기 광고 사전심의업무를 수행함에 있어서 식약처장등 행정권의 영향력에서 벗어나 독립적이고 자율적으로 심의를 하고 있다고 보기 어렵고, 결국 의료기기 광고에 대한 심의는 행정권이 주체가 된 사전심사라고 할 것이다. 따라서 한국의료기기산업협회가 행하는 이 사건 의료기기 광고 사전심의는 헌법이 금지하는 사전검열에 해당하고, 이러한 사전심의제도를 구성하는 심판대상조항은 헌법 제21조 제2항의 사전검열금지원칙에 위반된다(헌재 2020.8.28, 2017헌가35).

④ [○] 비디오물 등급분류는 의사 표현물의 공개 내지 유통을 허가할 것인가 말 것인가를 영상물등급위원회가 사전적으로 결정하는 절차가 아니라 그 발표나 유통으로 인한 실정법 위반 사태를 미연에 방지하고, 비디오물 유통으로 인해 청소년이 받게 될 악영향을 미리 차단하고자 공개나 유통에 앞서 이용 연령을 분류하는 절차에 불과하다(헌재 2007.10.4, 2004헌바36).

301

④ [×] 먼저 헌법 제21조 제2항이 금지하는 검열은 사전검열만을 의미하므로 개인이 정보와 사상을 발표하기 이전에 국가기관이 미리 그 내용을 심사·선별하여 일정한 범위 내에서 발표를 저지하는 것만을 의미하고(헌재 1992.11.12, 89헌마88 참조), 헌법상 보호되지 않는 의사표현에 대하여 공개한 뒤에 국가기관이 간섭하는 것을 금지하는 것은 아니다(헌재 1992.6.26, 90헌바26 참조).

① [○] 헌법 제21조 제2항에서 규정한 검열 금지의 원칙은 모든 형태의 사전적인 규제를 금지하는 것이 아니고 단지 의사표현의 발표 여부가 오로지 행정권의 허가에 달려 있는 사전심사만을 금지하는 것을 뜻하므로, 민사소송법 제714조 제2항에 의한 방영금지가처분은 행정권에 의한 사전심사나 금지처분이 아니라 개별 당사자 간의 분쟁에 관하여 사법부가 사법절차에 의하여 심리, 결정하는 것이어서 헌법에서 금지하는 사전검열에 해당하지 아니한다(헌재 2001.8.30, 2000헌바36).

② [○] 교과서에 관련된 국정 또는 검·인정제도의 법적 성질은 인간의 자연적 자유의 제한에 대한 해제인 허가의 성질을 갖는다기보다는 어떠한 책자에 대하여 교과서라는 특수한 지위를 부여하거나 인정하는 제도이기 때문에 가치창설적인 형성적 행위로서 특허의 성질을 갖는 것으로 보아야 할 것이며, 그렇게 본다면 국가가 그에 대한 재량권을 갖는 것은 당연하다고 할 것이다(헌재 1992.11.12, 89헌마88).

③ [○] 우리 헌법은 제21조 제1항에서 "모든 국민은 언론·출판의 자유 … 를 가진다."라고 규정하여 현대 자유민주주의의 존립과 발전에 필수불가결한 기본권으로 언론·출판의 자유를 강력하게 보장하고 있는바, 광고물도 사상·지식·정보 등을 불특정다수인에게 전파하는 것으로서 언론·출판의 자유에 의한 보호를 받는 대상이 됨은 물론이다(헌재 1998.2.27, 96헌바2).

302

④ [×] '자유로운' 표명과 전파의 자유에는 자신의 신원을 누구에게도 밝히지 아니한 채 익명 또는 가명으로 자신의 사상이나 견해를 표명하고 전파할 익명표현의 자유도 그 보호영역에 포함된다고 할 것이다(헌재 2010.2.25, 2008헌마324).

① [○] '정보통신망 이용촉진 및 정보보호 등에 관한 법률'(2008.6.13. 법률 제9119호로 개정된 것) 제74조 제1항 제3호 중 '제44조의7 제1항 제3호를 위반하여 공포심이나 불안감을 유발하는 문언을 반복적으로 상대방에게 도달하게 한 자' 부분 및 제44조의7 제1항 제3호 중 '공포심이나 불안감을 유발하는 문언을 반복적으로 상대방에게 도달하도록 하는 내용의 정보' 부분이 표현의 자유를 침해하지 아니한다(헌재 2016.12.29, 2014헌바434).

② [○] 인터넷게시판을 설치·운영하는 정보통신서비스 제공자에게 본인확인조치의무를 부과하여 게시판 이용자로 하여금 본인확인절차를 거쳐야만 게시판을 이용할 수 있도록 하는 본인확인제를 규정한 '정보통신망 이용촉진 및 정보보호 등에 관한 법률' 제44조의5 제1항 제2호, 같은 법 시행령 제29조, 제30조 제1항이 과잉금지원칙에 위배하여 인터넷게시판 이용자의 표현의 자유, 개인정보자기결정권 및 인터넷게시판을 운영하는 정보통신서비스 제공자의 언론의 자유를 침해한다(헌재 2012.8.23, 2010헌마47).

③ [○] 외국비디오물을 수입할 경우에 반드시 영상물등급위원회로부터 수입추천을 받도록 규정하고 있는 구 음반·비디오물 및 게임물에 관한 법률 제16조 제1항 등에 의한 외국비디오물 수입추천제도는 외국비디오물의 수입·배포라는 의사표현행위 전에 표현물을 행정기관의 성격을 가진 영상물등급위원회에 제출토록 하여 표현행위의 허용 여부를 행정기관의 결정에 좌우되게 하고, 이를 준수하지 않는 자들에 대하여 형사처벌 등의 강제조치를 규정하고 있는바, 허가를 받기 위한 표현물의 제출의무, 행정권이 주체가 된 사전심사절차, 허가를 받지 아니한 의사표현의 금지, 심사절차를 관철할 수 있는 강제수단이라는 요소를 모두 갖추고 있으므로, 우리나라 헌법이 절대적으로 금지하고 있는 사전검열에 해당한다(헌재 2005.2.3, 2004헌가8).

303

정답 ③

③ [×] 고용조항 및 확인조항은 소규모 인터넷신문이 언론으로서 활동할 수 있는 기회 자체를 원천적으로 봉쇄할 수 있음에 비하여, 인터넷신문의 신뢰도 제고라는 입법목적의 효과는 불확실하다는 점에서 법익의 균형성도 잃고 있다. 따라서 고용조항 및 확인조항은 과잉금지원칙에 위배되어 청구인들의 언론의 자유를 침해한다(헌재 2016.10.27, 2015헌마1206 등).

① [O] 미결수용자의 규율위반행위 등에 대한 제재로서 금치처분과 함께 금치기간 중 신문과 자비구매도서의 열람을 제한하는 것은, 규율위반자에 대해서는 반성을 촉구하고 일반수용자에 대해서는 규율 위반에 대한 불이익을 경고하여 수용자들의 규율 준수를 유도하며 궁극적으로 수용질서를 확립하기 위한 것이다. 이 사건 신문 및 도서열람제한 조항은 최장 30일의 기간 내에서만 신문이나 도서의 열람을 금지하고 열람을 금지하는 대상에 수용시설 내 비치된 도서는 포함시키지 않고 있으므로 위 조항들이 청구인의 알 권리를 과도하게 제한한다고 보기 어렵다(헌재 2016.4.28, 2012헌마549 등).

② [O] 신문법 제15조 제3항에서 일간신문의 지배주주가 뉴스통신 법인의 주식 또는 지분의 2분의 1 이상을 취득 또는 소유하지 못하도록 함으로써 이종 미디어 간의 결합을 규제하는 부분은 언론의 다양성을 보장하기 위한 필요한 한도 내의 제한이라고 할 것이어서 신문의 자유를 침해한다고 할 수 없다(헌재 2006.6.29, 2005헌마165).

④ [O] 이 사건 조례 제5조 제3항은 그 표현의 대상이 되는 학교 구성원의 존엄성을 보호하고, 학생이 민주시민으로서의 올바른 가치관을 형성하도록 하며 인권의식을 함양하게 하기 위한 것으로 그 정당성이 인정되고, 수단의 적합성 역시 인정된다. 차별적 언사나 행동, 혐오적 표현은 개인이나 집단에 대한 혐오·적대감을 담고 있는 것으로, 그 자체로 상대방인 개인이나 소수자의 인간으로서의 존엄성을 침해하고, 특정 집단의 가치를 부정하므로, 이러한 차별·혐오표현이 금지되는 것은 헌법상 인간의 존엄성 보장 측면에서 긴요하다. … 이 사건 조례 제5조 제3항은 과잉금지원칙에 위배되어 학교 구성원인 청구인들의 표현의 자유를 침해하지 아니한다(헌재 2019.11.28, 2017헌마1356).

304

정답 ④

④ [×] 이 사건 집필제한 조항은 금치처분을 받은 미결수용자에게 집필제한이라는 불이익을 가함으로써 규율 준수를 강제하고 수용시설의 안전과 질서를 유지하기 위한 것으로 목적의 정당성 및 방법의 적절성이 인정된다. 교정시설의 장이 수용자의 권리구제 등을 위해 특히 필요하다고 인정하는 때에는 집필을 허용할 수 있도록 예외가 규정되어 있으며, 형집행법 제85조에서 미결수용자의 징벌집행 중 소송서류의 작성 등 수사 및 재판과정에서의 권리행사를 보장하도록 규정하고 있는 점 등에 비추어 볼 때 위 조항이 청구인의 <u>표현의 자유를 과도하게 제한한다고 보기 어렵다</u>(헌재 2016.4.28, 2012헌마549 등).

① [O] 전기통신사업법 제53조는 "공공의 안녕질서 또는 미풍양속을 해하는"이라는 불온통신의 개념을 전제로 하여 규제를 가하는 것으로서 불온통신 개념의 모호성, 추상성, 포괄성으로 말미암아 필연적으로 규제되지 않아야 할 표현까지 다함께 규제하게 되어 과잉금지원칙에 어긋난다. 즉, 헌법재판소가 명시적으로 보호받는 표현으로 분류한 바 있는 '저속한' 표현이나, 이른바 '청소년유해매체물' 중 음란물에 이르지 아니하여 성인에 의한 표현과 접근까지 금지할 이유가 없는 선정적인 표현물도 '미풍양속'에 반한다 하여 규제될 수 있고, 성(性), 혼인, 가족제도에 관한 표현들이 "미풍양속"을 해하는 것으로 규제되고 예민한 정치적, 사회적 이슈에 관한 표현들이 "공공의 안녕질서"를 해하는 것으로 규제될 가능성이 있어 표현의 자유의 본질적 기능이 훼손된다(헌재 2002.6.27, 99헌마480).

② [O] 그런데 상업광고는 표현의 자유의 보호영역에 속하지만 사상이나 지식에 관한 정치적, 시민적 표현행위와는 차이가 있고, 한편 직업수행의 자유의 보호영역에 속하지만 인격발현과 개성신장에 미치는 효과가 중대한 것은 아니다. 그러므로 상업광고 규제에 관한 비례의 원칙 심사에 있어서 '피해의 최소성'원칙은 같은 목적을 달성하기 위하여 달리 덜 제약적인 수단이 없을 것인지 혹은 입법목적을 달성하기 위하여 필요한 최소한의 제한인지를 심사하기 보다는 '입법목적을 달성하기 위하여 필요한 범위 내의 것인지'를 심사하는 정도로 완화되는 것이 상당하다(헌재 2005.10.27, 2003헌가3).

③ [O] 국가가 개인의 표현행위를 규제하는 경우, 표현 '내용'에 대한 규제는 원칙적으로 중대한 공익의 실현을 위하여 불가피한 경우에 한하여 엄격한 요건하에서 허용되는 반면, 표현내용과 무관하게 표현의 '방법'을 규제하는 것은 합리적인 공익상의 이유로 폭넓은 제한이 가능하다(헌재 2002.12.18, 2000헌마764).

305

정답 ①

㉠ [×] 방송의 자유는 민주주의의 원활한 작동을 위한 기초인바, 국가권력은 물론 정당, 노동조합, 광고주 등 사회의 여러 세력이 법률에 정해진 절차에 의하지 아니하고 방송편성에 개입한다면 국민 의사가 왜곡되고 민주주의에 중대한 위해가 발생하게 된다. 심판대상조항은 방송편성의 자유와 독립을 보장하기 위하여 방송에 개입하여 부당하게 영향력을 행사하는 '간섭'에 이르는 행위만을 금지하고 처벌할 뿐이고, 방송법과 다른 법률들은 방송 보도에 대한 의견 개진 내지 비판의 통로를 충분히 마련하고 있다. 따라서 심판대상조항이 과잉금지원칙에 반하여 표현의 자유를 침해한다고 볼 수 없다(헌재 2021.8.31, 2019헌바439).

㉡ [×] 정당가입권유금지조항은 선거에서 특정정당·특정인을 지지하기 위하여 정당가입을 권유하는 적극적·능동적 의사에 따른 행위만을 금지함으로써 공무원의 정치적 표현의 자유를 최소화하고 있고, 이러한 행위는 단순한 의견개진의 수준을 넘어 선거운동에 해당하므로 입법자는 헌법 제7조 제2항이 정한 공무원의 정치적 중립성 보장을 위해 이를 제한할 수 있다. 그러므로 정당가입권유금지조항은 과잉금지원칙에 반하여 정치적 표현의 자유를 침해하지 아니한다(헌재 2021.8.31, 2018헌바149).

ⓒ [O] 심판대상조항은 이러한 명예훼손적 표현을 규제하면서도 '비방할 목적'이라는 초과주관적 구성요건을 추가로 요구하여 그 규제 범위를 최소한도로 하고 있고, 헌법재판소와 대법원은 정부 또는 국가기관의 정책결정이나 업무수행과 관련된 사항에 관하여는 표현의 자유를 최대한 보장함으로써 정보통신망에서의 명예보호가 표현의 자유에 대한 지나친 위축효과로 이어지지 않도록 하고 있다. 또한, 민사상 손해배상 등 명예훼손 구제에 관한 다른 제도들이 형사처벌을 대체하여 인터넷 등 정보통신망에서의 악의적이고 공격적인 명예훼손행위를 방지하기에 충분한 덜 제약적인 수단이라고 보기 어렵다. 그러므로 심판대상조항은 과잉금지원칙을 위반하여 표현의 자유를 침해하지 않는다(헌재 2016.2.25, 2013헌바105).

ⓔ [×] 국가공무원법 조항 중 '그 밖의 정치단체'에 관한 부분은 어떤 단체에 가입하는가에 관한 집단적 형태의 '표현의 내용'에 근거한 규제이므로, 더욱 규제되는 표현의 개념을 명확하게 규정할 것이 요구된다. 그럼에도 위 조항은 '그 밖의 정치단체'라는 불명확한 개념을 사용하여, 수범자에 대한 위축효과와 법 집행 공무원의 자의적 판단 위험을 야기하고 있다. 위 조항이 명확성원칙에 위배되어 나머지 청구인들의 정치적 표현의 자유, 결사의 자유를 침해하여 헌법에 위반되는 점이 분명한 이상, 과잉금지원칙에 위배되는지 여부에 대하여는 더 나아가 판단하지 않는다(헌재 2020.4.23, 2018헌마551).

ⓜ [O] 심판대상조항은 정치적 의사표현이 가장 긴요한 선거운동기간 중에 인터넷언론사 홈페이지 게시판 등 이용자로 하여금 실명확인을 하도록 강제함으로써 익명표현의 자유와 언론의 자유를 제한하고, 모든 익명표현을 규제함으로써 대다수 국민의 개인정보자기결정권도 광범위하게 제한하고 있다는 점에서 이와 같은 불이익은 선거의 공정성 유지라는 공익보다 결코 과소평가될 수 없다. 그러므로 심판대상조항은 과잉금지원칙에 반하여 인터넷언론사 홈페이지 게시판 등 이용자의 익명표현의 자유와 개인정보자기결정권, 인터넷언론사의 언론의 자유를 침해한다(헌재 2021.1.28, 2018헌마456).

306 정답 ④

④ [×] 검열은 개인이 사상이나 의견 등을 발표하기 이전에 행정권이 주체가 되어 예방적 조치로서 미리 그 내용을 심사, 선별하여 일정한 범위 내에서 발표를 사전에 억제하는, 즉 허가받지 아니한 것의 발표를 금지하는 제도를 뜻하는 것으로서, 검열금지의 원칙은 모든 형태의 사전적인 규제를 금지하는 것이 아니고, 단지 의사표현의 발표 여부가 오로지 행정권의 허가에 달려 있는 사전심사만을 금지하는 것을 뜻한다 할 것이다. 그런데, 이 사건 법률조항에 의한 방영금지가처분은 비록 제작 또는 방영되기 이전, 즉 사전에 그 내용을 심사하여 금지하는 것이기는 하나, 이는 행정권에 의한 사전심사나 금지처분이 아니라 개별 당사자간의 분쟁에 관하여 사법부가 사법절차에 의하여 심리, 결정하는 것이므로, 헌법에서 금지하는 사전검열에 해당하지 아니한다(헌재 2001.8.30, 2000헌바36).

① [O] 전화·컴퓨터통신은 누구나 손쉽고 저렴하게 이용할 수 있는 매체인 점, 농업협동조합법에서 흑색선전 등을 처벌하는 조항을 두고 있는 점을 고려하면 입법목적 달성을 위하여 위 매체를 이용한 지지 호소까지 금지할 필요성은 인정되지 아니한다. 이 사건 법률조항들이 달성하려는 공익이 결사의 자유 및 표현의 자유 제한을 정당화할 정도로 크다고 보기는 어려우므로, 법익의 균형성도 인정되지 아니한다. 따라서 지역농협 이사 선거의 경우 전화(문자메시지를 포함한다)·컴퓨터통신(전자우편을 포함한다)을 이용한 지지 호소의 선거운동방법을 금지하고, 이를 위반한 자를 처벌하는 것은 과잉금지원칙을 위반하여 결사의 자유, 표현의 자유를 침해하여 헌법에 위반된다(헌재 2016.11.24, 2015헌바62).

② [O] 비의료인의 의료에 관한 광고를 금지하고 처벌하는 것은 국민의 생명권과 건강권을 보호하고 국민의 보건에 관한 국가의 보호의무를 이행하기 위하여 필요한 최소한도 내의 제한이라고 할 것이므로, 비의료인의 표현의 자유, 직업수행의 자유를 침해한다고 볼 수 없다(헌재 2016.9.29, 2015헌바325).

③ [O] 표현이 어떤 내용에 해당한다는 이유만으로 표현의 자유의 보호영역에서 애당초 배제된다고는 볼 수 없으므로, '허위사실의 표현'도 헌법 제21조가 규정하는 언론·출판의 자유의 보호영역에는 해당하되, 다만 헌법 제37조 제2항에 따라 제한될 수 있는 것이다(헌재 2010.12.28, 2008헌바157).

307 정답 ④

④ [×] 언론의 자유에 의하여 보호되는 것은 정보의 획득에서부터 뉴스와 의견의 전파에 이르기까지 언론의 기능과 본질적으로 관련되는 모든 활동이다. 이런 측면에서 인터넷신문을 발행하려는 사업자가 취재 인력 3인 이상을 포함하여 취재 및 편집 인력 5인 이상을 상시고용하지 않는 경우 인터넷신문으로 등록할 수 없도록 하는 고용조항은 인터넷신문의 발행을 제한하는 효과를 가지고 있으므로 언론의 자유를 제한하는 규정에 해당한다. 그런데 고용조항의 입법목적이 인터넷신문의 신뢰성 제고이고, 신문법 규정들은 언론사로서의 인터넷신문의 규율 및 보호를 위한 규정들이므로 고용조항으로 인하여 청구인들의 직업수행의 자유보다는 언론의 자유가 보다 직접적으로 제한된다고 보인다(헌재 2016.10.27, 2015헌마1206).

① [O] 헌법이 특정한 표현에 대해 예외적으로 검열을 허용하는 규정을 두지 않은 점, 이러한 상황에서 표현의 특성이나 규제의 필요성에 따라 언론·출판의 자유의 보호를 받는 표현 중에서 사전검열금지원칙의 적용이 배제되는 영역을 따로 설정할 경우 그 기준에 대한 객관성을 담보할 수 없다는 점 등을 고려하면, 헌법상 사전검열은 예외 없이 금지되는 것으로 보아야 하므로 의료광고 역시 사전검열금지원칙의 적용대상이 된다(헌재 2015.12.23, 2015헌바75).

② [O] 현행 헌법이 사전검열을 금지하는 규정을 두면서 1962년 헌법과 같이 특정한 표현에 대해 예외적으로 검열을 허용하는 규정을 두고 있지 아니한 점, 이러한 상황에서 표현의

특성이나 이에 대한 규제의 필요성에 따라 언론·출판의 자유의 보호를 받는 표현 중에서 사전검열금지원칙의 적용이 배제되는 영역을 따로 설정할 경우 그 기준에 대한 객관성을 담보할 수 없어 종국적으로는 집권자에게 불리한 내용의 표현을 사전에 억제할 가능성을 배제할 수 없게 된다는 점 등을 고려하면, 현행 헌법상 사전검열은 예외 없이 금지되는 것으로 보아야 한다(헌재 2015.12.23, 2015헌바75).

③ [O] 광고물 총수량 조항은 법 제3조 제3항, 제4조 제2항, 법 시행령 제12조 제8항, 제25조 제3항, '세종특별자치시 옥외광고물 관리 조례'(2012.7.2. 조례 제151호) 제6조 제1항, 제27조, 행복도시법 제60조의2 제1항, 제3항에 근거한 것으로서, 위 조항들이 위임하는 범위 내에서 이 사건 특정구역 안에서 업소별로 표시할 수 있는 옥외광고물의 총수량을 원칙적으로 1개로 제한한 것을 두고 위임의 한계를 일탈하였다고 볼 수 없다. 따라서 광고물 총수량 조항이 법률유보원칙에 위배되어 청구인들의 표현의 자유 및 직업수행의 자유를 침해한다고 보기 어렵다(헌재 2016.3.31, 2014헌마794).

308 정답 ②

② [O] 이 사건 대가수수 광고금지규정으로 인하여 청구인 변호사들은 광고업자에게 유상으로 광고를 의뢰하는 것이 사실상 금지되어 표현의 자유, 직업의 자유에 중대한 제한을 받게 되고, 청구인 회사로서도 변호사들로부터 광고를 수주하지 못하게 되어 영업에 중대한 제한을 받게 된다. 따라서 위 규정은 법익의 균형성도 갖추지 못하였다. 그러므로 이 사건 대가수수 광고금지규정은 과잉금지원칙을 위반하여 청구인들의 표현의 자유, 직업의 자유를 침해한다(헌재 2022. 5.26, 2021헌마619).

① [X] 공직선거법 및 관련 법령이 구체적으로 '인터넷언론사'의 범위를 정하고 있고, 중앙선거관리위원회가 설치·운영하는 인터넷선거보도심의위원회가 심의대상인 인터넷언론사를 결정하여 공개하는 점 등을 종합하면 '인터넷언론사'는 불명확하다고 볼 수 없으며, '지지·반대'의 사전적 의미와 심판대상조항의 입법목적, 공직선거법 관련 조항의 규율내용을 종합하면, 건전한 상식과 통상적인 법 감정을 가진 사람이면 자신의 글이 정당·후보자에 대한 '지지·반대'의 정보를 게시하는 행위인지 충분히 알 수 있으므로, 실명확인 조항 중 '인터넷언론사' 및 '지지·반대' 부분은 명확성원칙에 반하지 않는다(헌재 2021.1.28, 2018헌마456).

③ [X] 공공기관등이 게시판을 설치·운영하려면 그 게시판 이용자의 본인 확인을 위한 방법 및 절차의 마련 등 대통령령으로 정하는 필요한 조치를 하도록 정한 심판대상조항으로 인한 기본권 제한의 정도가 크지 않다. 그에 반해 공공기관등이 설치·운영하는 게시판에 언어폭력, 명예훼손, 불법정보의 유통이 이루어지는 것을 방지함으로써 얻게 되는 건전한 인터넷 문화 조성이라는 공익은 중요하다. 따라서 심판대상조항은 청구인의 익명표현의 자유를 침해하지 않는다(헌재 2022.12.22, 2019헌마654).

④ [X] 공직선거법상 인터넷 선거보도 심의의 대상이 되는 인터넷언론사의 개념은 매우 광범위한데, 이 사건 시기제한조항이 정하고 있는 일률적인 규제와 결합될 경우 이로 인해 발생할 수 있는 표현의 자유 제한이 작다고 할 수 없다. 인터넷언론의 특성과 그에 따른 언론시장에서의 영향력 확대에 비추어 볼 때, 인터넷언론에 대하여는 자율성을 최대한 보장하고 언론의 자유에 대한 제한을 최소화하는 것이 바람직하고, 계속 변화하는 이 분야에서 규제 수단 또한 헌법의 틀 안에서 다채롭고 새롭게 강구되어야 한다. 이 사건 시기제한조항의 입법목적을 달성할 수 있는 덜 제약적인 다른 방법들이 이 사건 심의기준 규정과 공직선거법에 이미 충분히 존재한다. 따라서 이 사건 시기제한조항은 과잉금지원칙에 반하여 청구인의 표현의 자유를 침해한다(헌재 2019.11.28, 2016헌마90).

▶ 한편 헌법재판소는 이 사건 시기제한조항이 모법의 위임범위를 벗어났다고 볼 수 없으므로 법률유보원칙에 반하여 청구인의 표현의 자유를 침해하지 않는다고 하였다.

309 정답 ③

③ [X] 심판대상조항의 문언 및 입법목적, 법원의 해석 등을 종합하여 보면, '공포심이나 불안감을 유발하는 문언을 반복적으로 도달하게 한 행위'란 '사회통념상 일반인에게 두려워하고 무서워하는 마음, 마음이 편하지 아니하고 조마조마한 느낌을 일으킬 수 있는 내용의 문언을 되풀이하여 전송하는 일련의 행위'를 의미하는 것으로 풀이할 수 있다. 건전한 상식과 통상적인 법감정을 가진 수범자는 심판대상조항에 의하여 금지되는 행위가 어떠한 것인지 충분히 알 수 있고, 법관의 보충적인 해석을 통하여 그 의미가 확정될 수 있으므로, 심판대상조항은 명확성원칙에 위배되지 않는다. … 한편, 심판대상조항은 일정 행위의 반복을 구성요건요소로 하고 있어서 적용범위를 제한하고 있고, 법정형도 1년 이하의 징역 또는 1,000만 원 이하의 벌금으로 형벌규정 중 상대적으로 가볍다. 이러한 사정을 종합하면 심판대상조항은 침해의 최소성에 반한다고 할 수 없다. 심판대상조항으로 인하여 개인은 정보통신망을 통한 표현에 일정 제약을 받게 되나, 수신인인 피해자의 사생활의 평온 보호 및 정보의 건전한 이용풍토 조성이라고 하는 공익이 침해되는 사익보다 크다고 할 것이어서 심판대상조항은 법익균형성의 요건도 충족하였다. 따라서 심판대상조항은 표현의 자유를 침해하지 아니한다(헌재 2016.12.29, 2014헌바434).

① [O] 표현의 자유를 규제하는 입법에 있어서 이러한 명확성의 원칙은 특별히 중요한 의미를 지닌다. 민주사회에서 표현의 자유가 수행하는 역할과 기능에 비추어 볼 때, 불명확한 규범에 의한 표현의 자유의 규제는 헌법상 보호받는 표현에 대한 위축 효과를 수반하기 때문이다. … 표현의 자유를 규제하는 법률은 그 규제로 인해 보호되는 다른 표현에 대하여 위축 효과가 미치지 않도록 규제되는 표현의 개념을 세밀하고 명확하게 규정할 것이 헌법적으로 요구된다(헌재 2020.11.26, 2016헌마275·606).

② [O] 표현의 자유를 규제하는 입법에 있어서 이러한 명확성의 원칙은 특별히 중요한 의미를 지닌다. 민주사회에서 표현의 자유가 수행하는 역할과 기능에 비추어 볼 때, 불명확한 규범에 의한 표현의 자유의 규제는 헌법상 보호받는 표

현에 대한 위축 효과를 수반하기 때문이다. … 표현의 자유를 규제하는 법률은 그 규제로 인해 보호되는 다른 표현에 대하여 위축 효과가 미치지 않도록 규제되는 표현의 개념을 세밀하고 명확하게 규정할 것이 헌법적으로 요구된다[헌재 2020.11.26, 2016헌마275·606(병합)].

④ [O] 정기간행물의 등록 등에 관한 법률 제10조 제1항 소정의 정기간행물의 공보처장관에의 납본제도는 언론·출판에 대한 사전검열이 아니어서 언론·출판의 자유를 침해하는 것이 아니고, 헌법이 보장하는 재산권을 침해하는 것도 아니며, 도서관진흥법과 국회도서관법 외에 따로 납본제도를 두었다고 하여 과잉금의 원칙에 반한다고 할 수 없어, 헌법에 위반되지 아니한다(헌재 1992.6.26, 90헌바26).

310 정답 ③

③ [×] 심판대상조항은 온라인서비스제공자의 직업의 자유, 구체적으로는 영업수행의 자유를 제한하며, 서비스이용자의 통신의 비밀과 표현의 자유를 제한한다. … 심판대상조항을 통하여 아동음란물의 광범위한 유통·확산을 사전적으로 차단하고 이를 통해 아동음란물이 초래하는 각종 폐해를 방지하며 특히 관련된 아동·청소년의 인권 침해 가능성을 사전적으로 차단할 수 있는바, 이러한 공익이 사적 불이익보다 더 크다. 따라서 심판대상조항은 온라인서비스제공자의 영업수행의 자유, 서비스이용자의 통신의 비밀과 표현의 자유를 침해하지 아니한다(헌재 2018.6.28, 2016헌가15).

① [O] 이 사건 시기제한조항은 선거일 전 90일부터 선거일까지 후보자 명의의 칼럼 등을 게재하는 인터넷 선거보도가 불공정하다고 볼 수 있는지에 대해 구체적으로 판단하지 않고 이를 불공정한 선거보도로 간주하여 선거의 공정성을 해치지 않는 보도까지 광범위하게 제한한다. … 이 사건 시기제한조항의 입법목적을 달성할 수 있는 덜 제약적인 다른 방법들이 이 사건 심의기준 규정과 공직선거법에 이미 충분히 존재한다. 따라서 이 사건 시기제한조항은 과잉금지원칙에 반하여 청구인의 표현의 자유를 침해한다(헌재 2019.11.28, 2016헌마90).

② [O] 전화·컴퓨터통신은 누구나 손쉽고 저렴하게 이용할 수 있는 매체인 점, 농업협동조합법에서 흑색선전 등을 처벌하는 조항을 두고 있는 점을 고려하면 입법목적 달성을 위하여 위 매체를 이용한 지지 호소까지 금지할 필요성은 인정되지 아니한다. 이 사건 법률조항들이 달성하려는 공익이 결사의 자유 및 표현의 자유 제한을 정당화할 정도로 크다고 보기는 어려우므로, 법익의 균형성도 인정되지 아니한다. 따라서 이 사건 법률조항들은 과잉금지원칙을 위반하여 결사의 자유, 표현의 자유를 침해하여 헌법에 위반된다(헌재 2016.11.24, 2015헌바62).

④ [O] 집회·시위장소는 집회·시위의 목적을 달성하는 데 있어서 매우 중요한 역할을 수행하는 경우가 많기 때문에 집회·시위장소를 자유롭게 선택할 수 있어야만 집회·시위의 자유가 비로소 효과적으로 보장되므로 장소선택의 자유는 집회·시위의 자유의 한 실질을 형성한다(헌재 2005.11.24, 2004헌가17).

311 정답 ②

② [×] 이 사건 특정구역은 새롭게 건설되는 행정기능 중심의 복합도시로서 '자연이 살아 숨쉬는 환상(環狀)도시'를 지향하고 있으므로, 이 사건 특정구역 안에서의 옥외광고물의 표시방법을 제한하는 심판대상조항들은 옥외광고물의 난립을 막아 쾌적하고 조화로운 도시미관을 조성함과 동시에 도시의 정체성을 확립하고, 공중에 대한 위해를 방지하고자 하는 것으로서 그 목적의 정당성이 인정된다. … 그러므로 심판대상조항들은 비례의 원칙을 위반하여 청구인들의 표현의 자유 및 직업수행의 자유를 침해한다고 볼 수 없다(헌재 2016.3.31, 2014헌마794).

① [O] 음란표현도 헌법 제21조가 규정하는 언론·출판의 자유의 보호영역에는 해당하되, 다만 헌법 제37조 제2항에 따라 국가 안전보장·질서유지 또는 공공복리를 위하여 제한할 수 있는 것이라고 해석하여야 할 것이다. 결국 이 사건 법률조항의 음란표현은 헌법 제21조가 규정하는 언론·출판의 자유의 보호영역 내에 있다고 볼 것인바, 종전에 이와 견해를 달리하여 음란표현은 헌법 제21조가 규정하는 언론·출판의 자유의 보호영역에 해당하지 아니한다는 취지로 판시한 우리 재판소의 의견은 이를 변경하기로 하며, 이하에서는 이를 전제로 하여 이 사건 법률조항의 위헌 여부를 심사하기로 한다(헌재 2009.5.28, 2006헌바109 등).

③ [O] 의료광고의 심의기관이 행정기관인가 여부는 기관의 형식에 의하기보다는 그 실질에 따라 판단되어야 한다. 따라서 검열을 행정기관이 아닌 독립적인 위원회에서 행한다고 하더라도, 행정권이 주체가 되어 검열절차를 형성하고 검열기관의 구성에 지속적인 영향을 미칠 수 있는 경우라면 실질적으로 그 검열기관은 행정기관이라고 보아야 한다. 민간심의기구가 심의를 담당하는 경우에도 행정권이 개입하여 그 사전심의에 자율성이 보장되지 않는다면 이 역시 행정기관의 사전검열에 해당하게 될 것이다(헌재 2015.12.23, 2015헌바75).

④ [O] 영화 및 비디오물의 진흥에 관한 법률(이하 '영진법'이라 한다) 제21조 제3항 제5호는 '제한상영가' 등급의 영화를 '상영 및 광고·선전에 있어서 일정한 제한이 필요한 영화'라고 규정하고 있는데, 이 규정은 제한상영가 등급의 영화가 어떤 영화인지를 말해주기보다는 제한상영가 등급을 받은 영화가 사후에 어떠한 법률적 제한을 받는지를 기술하고 있는바, 이것으로는 제한상영가 영화가 어떤 영화인지를 알 수가 없고, 따라서 영진법 제21조 제3항 제5호는 명확성원칙에 위배된다. 한편, 영진법 제21조 제7항 후문 중 '제3항 제5호' 부분의 위임 규정은 영화상영등급분류의 구체적 기준을 영상물등급위원회의 규정에 위임하고 있는데, 이 사건 위임 규정에서 위임하고 있는 사항은 제한상영가 등급분류의 기준에 대한 것으로 그 내용이 사회현상에 따라 급변하는 내용들도 아니고, 특별히 전문성이 요구되는 것도 아니며, 그렇다고 기술적인 사항도 아닐 뿐만 아니라, 더욱이 표현의 자유의 제한과 관련되어 있다는 점에서 경미한 사항이라고도 할 수 없는데도, 이 사건 위임 규정은 영상물등급위원회 규정에 위임하고 있는바, 이는 그 자체로서 포괄위임금지원칙을 위반하고 있다고 할 것이다. 나아가 이 사건 위임 규정은 등급분류의 기준에 관하여 아무런 언급 없이 영

상물등급위원회가 그 규정으로 이를 정하도록 하고 있는바, 이것만으로는 무엇이 제한상영가 등급을 정하는 기준인지에 대해 전혀 알 수 없고, 다른 관련규정들을 살펴보더라도 위임되는 내용이 구체적으로 무엇인지 알 수 없으므로 이는 포괄위임금지원칙에 위반된다 할 것이다(헌재 2008.7.31, 2007헌가4 [헌법불합치]).

312
정답 ④

㉠ [×] 심판대상조항과 같이 인터넷홈페이지의 게시판 등에서 이루어지는 정치적 익명표현을 규제하는 것은 인터넷이 형성한 '사상의 자유시장'에서의 다양한 의견 교환을 억제하고, 이로써 국민의 의사표현 자체가 위축될 수 있으며, 민주주의의 근간을 이루는 자유로운 여론 형성이 방해될 수 있다. 선거운동기간 중 정치적 익명표현의 부정적 효과는 익명성 외에도 해당 익명표현의 내용과 함께 정치적 표현행위를 규제하는 관련 제도, 정치적·사회적 상황의 여러 조건들이 아울러 작용하여 발생하므로, 모든 익명표현을 사전적·포괄적으로 규율하는 것은 표현의 자유보다 행정편의와 단속편의를 우선함으로써 익명표현의 자유와 개인정보자기결정권 등을 지나치게 제한한다. … 인터넷을 이용한 선거범죄에 대하여는 명예훼손죄나 후보자비방죄 등 여러 사후적 제재수단이 이미 마련되어 있다. 현재 기술 수준에서 공직선거법에 규정된 수단을 통하여서도 정보통신망을 이용한 행위로서 공직선거법에 위반되는 행위를 한 사람의 인적사항을 특정하고, 궁극적으로 선거의 공정성을 확보할 수 있다. 심판대상조항은 정치적 의사표현이 가장 긴요한 선거운동기간 중에 인터넷언론사 홈페이지 게시판 등 이용자로 하여금 실명확인을 하도록 강제함으로써 익명표현의 자유와 언론의 자유를 제한하고, 모든 익명표현을 규제함으로써 대다수 국민의 개인정보자기결정권도 광범위하게 제한하고 있다는 점에서 이와 같은 불이익은 선거의 공정성 유지라는 공익보다 결코 과소평가될 수 없다. 그러므로 심판대상조항은 과잉금지원칙에 반하여 인터넷언론사 홈페이지 게시판 등 이용자의 익명표현의 자유와 개인정보자기결정권, 인터넷언론사의 언론의 자유를 침해한다(헌재 2021.1.28, 2018헌마456).

㉡ [○] 심판대상조항은 여론조사결과의 보도나 공표행위를 규제하는 것이 아니라 여론조사의 실시행위에 대한 신고의무를 부과하는 것이므로, 허가받지 아니한 것의 발표를 금지하는 헌법 제21조 제2항의 사전검열과 관련이 있다고 볼 수 없다. 따라서 심판대상조항은 헌법 제21조 제2항의 검열금지원칙에 위반되지 아니한다(헌재 2015.4.30, 2014헌마360).

㉢ [×] 지역농협 이사 선거의 경우 전화(문자메시지를 포함한다)·컴퓨터통신(전자우편을 포함한다)을 이용한 지지 호소의 선거운동방법을 금지하고, 이를 위반한 자를 처벌하는 구 농업협동조합법 제50조 제4항 및 농업협동조합법 제50조 제4항이 청구인들의 결사의 자유, 표현의 자유를 침해한다(헌재 2016.11.24, 2015헌바62).

㉣ [○] 이 사건 법률조항의 음란표현은 헌법 제21조가 규정하는 언론·출판의 자유의 보호영역 내에 있다(헌재 2009.5.28, 2006헌바109).

313
정답 ②

② [×] ①④ [○] 현행 헌법상 사전검열은 표현의 자유 보호대상이면 예외 없이 금지된다. 의료기기에 대한 광고는 의료기기의 성능이나 효능 및 효과 또는 그 원리 등에 관한 정보를 널리 알려 해당 의료기기의 소비를 촉진시키기 위한 상업광고로서 헌법 제21조 제1항의 표현의 자유의 보호대상이 됨과 동시에 같은 조 제2항의 사전검열금지원칙의 적용대상이 된다. 광고의 심의기관이 행정기관인지 여부는 기관의 형식에 의하기보다는 그 실질에 따라 판단되어야 하고, 행정기관의 자의로 민간심의기구의 심의업무에 개입할 가능성이 열려 있다면 개입 가능성의 존재 자체로 헌법이 금지하는 사전검열이라고 보아야 한다(헌재 2020.8.28, 2017헌가35 등).

③ [○] 검열금지원칙이 적용되는 '검열'에 관하여 '행정권이 주체가 되어 사상이나 의견 등이 발표되기 이전에 예방적 조치로서 그 내용을 심사, 선별하여 발표를 사전에 억제하는, 즉 허가 받지 아니한 것의 발표를 금지하는 제도'라고 의미 규명한 바 있는데, 언론의 내용에 대한 허용될 수 없는 사전적 제한이라는 점에서 위 조항 전단의 "허가"와 "검열"은 본질적으로 같은 것이라고 할 것이며 위와 같은 요건에 해당되는 허가·검열은 헌법적으로 허용될 수 없다(헌재 2001.5.31, 2000헌바43 등).

314
정답 ④

④ [×] 정정보도청구의 요건으로 언론사의 고의·과실이나 위법성을 요하지 않도록 규정한 언론중재법 제14조 제2항, 제31조 후문은 언론의 자유를 침해하지 않는다(헌재 2006.6.29, 2005헌마165).

① [○] 이 사건 법령조항들이 표방하는 건전한 인터넷 문화의 조성 등 입법목적은, 인터넷 주소 등의 추적 및 확인, 당해 정보의 삭제·임시조치, 손해배상, 형사처벌 등 인터넷 이용자의 표현의 자유나 개인정보자기결정권을 제약하지 않는 다른 수단에 의해서도 충분히 달성할 수 있음에도, 인터넷의 특성을 고려하지 아니한 채 본인확인제의 적용범위를 광범위하게 정하여 법 집행자에게 자의적인 집행의 여지를 부여하고, 목적달성에 필요한 범위를 넘는 과도한 기본권 제한을 하고 있으므로 침해의 최소성이 인정되지 아니한다. 또한 이 사건 법령조항들은 국내 인터넷 이용자들의 해외 사이트로의 도피, 국내 사업자와 해외 사업자 사이의 차별 내지 자의적 법집행의 시비로 인한 집행 곤란의 문제를 발생시키고 있고, 나아가 본인확인제 시행 이후에 명예훼손, 모욕, 비방의 정보의 게시가 표현의 자유의 사전 제한을 정당화할 정도로 의미 있게 감소하였다는 증거를 찾아볼 수 없는 반면에, 게시판 이용자의 표현의 자유를 사전에 제한하여 의사표현 자체를 위축시킴으로써 자유로운 여론의 형성을 방해하고, 본인확인제의 적용을 받지 않는 정보통신망상의 새로운 의사소통수단과 경쟁하여야 하는 게시판 운영자에게 업무상 불리한 제한을 가하며, 게시판 이용자의 개인정보가 외부로 유출되거나 부당하게 이용될 가능성이 증가하게 되었는바, 이러한 인터넷게시판 이용자 및 정보통신서비스 제공자의 불이익은 본인확인제가 달성하려는 공익보

다 결코 더 작다고 할 수 없으므로, 법익의 균형성도 인정되지 않는다. 따라서 본인확인제를 규율하는 이 사건 법령조항들은 과잉금지원칙에 위배하여 인터넷게시판 이용자의 표현의 자유, 개인정보자기결정권 및 인터넷게시판을 운영하는 정보통신서비스 제공자의 언론의 자유를 침해한다(헌재 2012.8.23, 2010헌마47).

② [○] 이 사건 법률조항은 표현의 자유에 대한 제한입법이며, 동시에 형벌조항에 해당하므로, 엄격한 의미의 명확성원칙이 적용된다. 그런데 이 사건 법률조항은 "공익을 해할 목적"의 허위의 통신을 금지하는바, 여기서의 "공익"은 형벌조항의 구성요건으로서 구체적인 표지를 정하고 있는 것이 아니라, 헌법상 기본권 제한에 필요한 최소한의 요건 또는 헌법상 언론·출판의 자유의 한계를 그대로 법률에 옮겨 놓은 것에 불과할 정도로 그 의미가 불명확하고 추상적이다. 따라서 어떠한 표현행위가 "공익"을 해하는 것인지, 아닌지에 관한 판단은 사람마다의 가치관, 윤리관에 따라 크게 달라질 수밖에 없으며, 이는 판단주체가 법전문가라 하여도 마찬가지이고, 법 집행자의 통상적 해석을 통하여 그 의미 내용이 객관적으로 확정될 수 있다고 보기 어렵다. 나아가 현재의 다원적이고 가치상대적인 사회구조하에서 구체적으로 어떤 행위상황이 문제되었을 때에 문제되는 공익은 하나로 수렴되지 않는 경우가 대부분인바, 공익을 해할 목적이 있는지 여부를 판단하기 위한 공익간 형량의 결과가 언제나 객관적으로 명백한 것도 아니다. 결국, 이 사건 법률조항은 수범자인 국민에 대하여 일반적으로 허용되는 '허위의 통신' 가운데 어떤 목적의 통신이 금지되는 것인지 고지하여 주지 못하고 있으므로 표현의 자유에서 요구하는 명확성의 요청 및 죄형법정주의의 명확성원칙에 위배하여 헌법에 위반된다(헌재 2010.12.28, 2008헌바157).

③ [○] 신문법 제17조는 신문사업자를 일반사업자에 비하여 더 쉽게 시장지배적 사업자로 추정되도록 규정하고 있는데, 이러한 규제는 신문의 다양성 보장이라는 입법목적 달성을 위한 합리적이고도 적정한 수단이 되지 못한다. 첫째, 발행 부수만을 기준으로 신문시장의 점유율을 평가하고 있는 점, 둘째, 신문시장의 시장지배력을 평가함에 있어 서로 다른 경향을 가진 신문들에 대한 개별적인 선호도를 합쳐 이들을 하나의 시장으로 묶고 있는 점, 셋째, 그 취급분야와 독자층이 완연히 다른 일반일간신문과 특수일간신문 사이에 시장의 동질성을 인정하고 있는 점, 넷째, 신문의 시장지배적 지위는 결국 독자의 개별적·정신적 선택에 의하여 형성되는 것인 만큼 그것이 불공정행위의 산물이라고 보거나 불공정행위를 초래할 위험성이 특별히 크다고 볼만한 사정이 없는데도 신문사업자를 일반사업자에 비하여 더 쉽게 시장지배적 사업자로 추정되도록 하고 있는 점 등이 모두 불합리하다. 따라서 신문법 제17조는 신문사업자인 청구인들의 평등권과 신문의 자유를 침해하여 헌법에 위반된다(헌재 2006.6.29, 2005헌마165).

④ [×] 옥외광고물 등의 내용을 심사·선별한다면 사전허가·검열에 해당한다. 헌법재판소는 "헌법 제21조 제2항에서 정하는 허가나 검열은 행정권이 주체가 되어 사상이나 의견 등이 발표되기 이전에 예방적 조치로서 그 내용을 심사·선별하여 발표를 사전에 억제하는, 즉 허가받지 아니한 것의 발표를 금지하는 제도를 뜻한다. 옥외광고물 등 관리법 제3조는 일정한 지역·장소 및 물건에 광고물 또는 게시시설을 표시하거나 설치하는 경우에 그 광고물 등의 종류·모양·크기·색깔, 표시 또는 설치의 방법 및 기간 등을 규제하고 있을 뿐, 광고물 등의 내용을 심사·선별하여 광고물을 사전에 통제하려는 제도가 아님은 명백하므로, 헌법 제21조 제2항이 정하는 사전허가·검열에 해당되지 아니한다."고 판시하였다(헌재 1998.2.27, 96헌바2).

① [○] 신문법 제15조 제3항에서 일간신문의 지배주주가 뉴스통신 법인의 주식 또는 지분의 2분의 1 이상을 취득 또는 소유하지 못하도록 함으로써 이종 미디어간의 결합을 규제하는 부분은 언론의 다양성을 보장하기 위한 필요한 한도 내의 제한이라고 할 것이어서 신문의 자유를 침해한다고 할 수 없다(헌재 2006.6.29, 2005헌마165).

② [○] 신문법 제15조 제3항에서 일간신문의 지배주주가 뉴스통신 법인의 주식 또는 지분의 2분의 1 이상을 취득 또는 소유하지 못하도록 함으로써 이종 미디어간의 결합을 규제하는 부분은 언론의 다양성을 보장하기 위한 필요한 한도 내의 제한이라고 할 것이어서 신문의 자유를 침해한다고 할 수 없다. 그런데 제15조 제3항은 나아가 일간신문의 지배주주에 의한 신문의 복수소유를 규제하고 있다. 신문의 다양성을 보장하기 위하여 신문의 복수소유를 제한하는 것 자체가 헌법에 위반된다고 할 수 없지만, 신문의 복수소유가 언론의 다양성을 저해하지 않거나 오히려 이에 기여하는 경우도 있을 수 있는데, 이 조항은 신문의 복수소유를 일률적으로 금지하고 있어서 필요 이상으로 신문의 자유를 제약하고 있다. 그러나 신문의 다양성 보장을 위한 복수소유 규제의 기준을 어떻게 설정할지의 여부는 입법자의 재량에 맡겨져 있으므로 이 조항에 대해서는 단순위헌이 아닌 헌법불합치 결정을 선고하고, 다만 입법자의 개선입법이 있을 때까지 계속 적용을 허용함이 상당하다(헌재 2006.6.29, 2005헌마165).

③ [○] 국민의 알 권리는 정보에의 접근·수집·처리의 자유를 뜻하며 그 자유권적 성질의 측면에서는 일반적으로 정보에 접근하고 수집·처리함에 있어서 국가권력의 방해를 받지 아니한다고 할 것이므로, 개인은 일반적으로 접근가능한 정보원, 특히 신문, 방송 등 매스미디어로부터 방해받음이 없이 알권리를 보장받아야 할 것이다. 미결수용자에게 자비(自費)로 신문을 구독할 수 있도록 한 것은 일반적으로 접근할 수 있는 정보에 대한 능동적 접근에 관한 개인의 행동으로서 이는 알 권리의 행사이다(헌재 1998.10.29, 98헌마4).

③ [×] 이 사건 부칙조항은 판결서 공개제도를 실현하는 과정에서 그 공개범위를 일정 부분 제한하여 판결서 공개에 필요한 국가의 재정이나 용역의 부담을 경감·조정하고자 하는 것이다. 어떤 새로운 제도를 도입할 때에는 그에 따른 사회적 비용도 함께 고려하여 부분적인 개선 방식을 취할 수도 있으므로, 입법자는 현실적인 조건들을 감안해서 위 부칙조항과 같이 판결서 열람·복사에 관한 개정법의 적용 범위를 일정 부분 제한할 수 있으며, 청구인은 비록 전자적 방법은 아니라 해도 군사법원법 제93조의2에 따라 개정법 시행 이전에 확정된 판결서를 열람·복사할 수 있다. 이 사건 부칙조항으로 인해 청구인이 전자적 방법을 통해 열람·복사할 수 있는 판결서의 범위가 제한된다 하더라도 이는 입법재량의 한계 내에 있으므로, 위 부칙조항이 청구인의 정보공개청구권을 침해한다고 할 수 없다(헌재 2015.12.23, 2014헌마185).

① [○] 따라서 아동학대행위자에 대한 식별정보의 보도를 금지하는 것이 과도하다고 보기 어렵다. 보도금지조항은 아동학대사건 보도를 전면금지하지 않으며 오직 식별정보에 대한 보도를 금지할 뿐으로, 익명화된 형태의 사건보도는 가능하다. 따라서 보도금지조항으로 제한되는 사익은 아동학대행위자의 식별정보 보도라는 자극적인 보도의 금지에 지나지 않는 반면 이를 통해 달성하려는 2차 피해로부터의 아동보호 및 아동의 건강한 성장이라는 공익은 매우 중요하다. 따라서 보도금지조항은 언론·출판의 자유와 국민의 알 권리를 침해하지 않는다(헌재 2022.10.27, 2021헌가4).

② [○] 이를 종합하면 정치자금을 둘러싼 분쟁 등의 장기화 방지 및 행정부담의 경감을 위해 열람기간의 제한 자체는 둘 수 있다고 하더라도, 현행 기간이 지나치게 짧다는 점은 명확하다. 짧은 열람기간으로 인해 청구인 신○○는 회계보고된 자료를 충분히 살펴 분석하거나, 문제를 발견할 실질적 기회를 갖지 못하게 되는바, 달성되는 공익과 비교할 때 이러한 사익의 제한은 정치자금의 투명한 공개가 민주주의 발전에 가지는 의미에 비추어 중대하다. 그렇다면 이 사건 열람기간제한 조항은 과잉금지원칙에 위배되어 청구인 신○○의 알 권리를 침해한다(헌재 2021.5.27, 2018헌마1168).

④ [○] 변호사시험 합격자는 성적 공개 청구기간 내에 열람한 성적 정보를 인쇄하는 등의 방법을 통해 개별적으로 자신의 성적 정보를 보관할 수 있으나, 성적 공개 청구기간이 지나치게 짧아 정보에 대한 접근을 과도하게 제한하는 이상, 이러한 점을 들어 기본권 제한이 충분히 완화되어 있다고 보기도 어렵다. 이상을 종합하면, 특례조항은 과잉금지원칙에 위배되어 청구인의 정보공개청구권을 침해한다(헌재 2019.7.25, 2017헌마1329).

② [×] 국민의 알 권리, 특히 국가 정보에의 접근의 권리는 우리 헌법상 기본적으로 표현의 자유와 관련하여 인정되는 것으로, 그 권리의 내용에는 자신의 권익보호와 직접 관련이 있는 정보의 공개를 청구할 수 있는 이른바 개별적 정보공개청구권이 포함된다(대판 1999.9.21. 98두3426). 국민의 알 권리, 특히 국가정보에의 접근의 권리는 우리 헌법상 기본적으로 표현의 자유와 관련하여 인정되는 것으로 그 권리의 내용에는 일반 국민 누구나 국가에 대하여 보유·관리하고 있는 정보의 공개를 청구할 수 있는 이른바 일반적인 정보공개청구권이 포함된다(대판 1999.9.21, 97누5114).

① [○] 청소년의 건전한 심성을 보호하기 위해서 퇴폐적인 성 표현이나 지나치게 폭력적이고 잔인한 표현 등을 규제할 필요성은 분명 존재하지만, 이들 저속한 표현을 규제하더라도 그 보호대상은 청소년에 한정되어야 하고, 규제수단 또한 청소년에 대한 유통을 금지하는 방향으로 좁게 설정되어야 할 것인데, 저속한 간행물의 출판을 전면 금지시키고 출판사의 등록을 취소시킬 수 있도록 하는 것은 청소년보호를 위해 지나치게 과도한 수단을 선택한 것이고, 또 청소년보호라는 명목으로 성인이 볼 수 있는 것까지 전면 금지시킨다면 이는 성인의 알 권리의 수준을 청소년의 수준으로 맞출 것을 국가가 강요하는 것이어서 성인의 알 권리까지 침해하게 된다(헌재 1998.4.30, 95헌가16).

③ [○] "알 권리"의 실현은 법률의 제정이 뒤따라 이를 구체화시키는 것이 충실하고도 바람직하지만, 그러한 법률이 제정되어 있지 않다고 하더라도 불가능한 것은 아니고 헌법 제21조에 의해 직접 보장될 수 있다(헌재 1991.5.13, 90헌마133).

④ [○] 알 권리는 국민이 일반적으로 정보에 접근하고 수집·처리함에 있어서 국가권력의 방해를 받지 않음을 보장하고 의사형성이나 여론 형성에 필요한 정보를 적극적으로 수집하고 수집에 대한 방해의 제거를 청구할 수 있는 권리로서, 원칙적으로 국가에게 이해관계인의 공개청구 이전에 적극적으로 정보를 공개할 것을 요구하는 것까지 알 권리로 보장되는 것은 아니다. 따라서 일반적으로 국민의 권리의무에 영향을 미치거나 국민의 이해관계와 밀접한 관련이 있는 정책결정 등에 관하여 적극적으로 그 내용을 알 수 있도록 공개할 국가의 의무는 기본권인 알 권리에 의하여 바로 인정될 수는 없고 이에 대한 구체적인 입법이 있는 경우에야 비로소 가능하다. 이와 같이 알 권리에서 파생되는 정부의 공개의무는 특별한 사정이 없는 한 국민의 적극적인 정보수집행위, 특히 특정의 정보에 대한 공개청구가 있는 경우에야 비로소 존재하므로, 청구인들의 정보공개청구가 없었던 이 사건의 경우 이 사건 조항을 사전에 마늘재배농가들에게 공개할 정부의 의무는 인정되지 아니한다(헌재 2004.12.16, 2002헌마579).

④ [×] 집회의 신고가 경합할 경우 특별한 사정이 없는 한 관할경찰관서장은 집회 및 시위에 관한 법률(이하 '집시법'이라 한다) 제8조 제2항의 규정에 의하여 신고 순서에 따라 뒤에 신고된 집회에 대하여 금지통고를 할 수 있지만, 먼저 신고된 집회의 참여예정인원, 집회의 목적, 집회개최장소 및 시간, 집회 신고인이 기존에 신고한 집회 건수와 실제로 집회를 개최한 비율 등 먼저 신고된 집회의 실제 개최가능성 여부와 양 집회의 상반 또는 방해가능성 등 제반 사정을 확인하여 먼저 신고된 집회가 다른 집회의 개최를 봉쇄하기 위

한 허위 또는 가장 집회신고에 해당함이 객관적으로 분명해 보이는 경우에는, 뒤에 신고된 집회에 다른 집회금지 사유가 있는 경우가 아닌 한, 관할 경찰관서장이 단지 먼저 신고가 있었다는 이유만으로 뒤에 신고된 집회에 대하여 집회 자체를 금지하는 통고를 하여서는 아니 되고, 설령 이러한 금지통고에 위반하여 집회를 개최하였다고 하더라도 그러한 행위를 집시법상 금지통고에 위반한 집회개최행위에 해당한다고 보아서는 아니 된다(대판 2014.12.11, 2011도13299).

① [O] 불특정 또는 다수인에게 공표하거나 전파하는 것이 아닌 표현행위는 헌법 제21조의 언론·출판의 자유에 의하여 보호되는 것이 아니라, 표현행위의 목적·방법·내용 등에 따라 통신의 자유(제18조), 양심표현의 자유(제19조), 종교표현의 자유(제20조), 학문과 예술의 표현의 자유(제22조), 일반적 표현의 자유(제10조, 제32조 제1항) 등에 의하여 보호되거나, 표현행위의 목적·방법·내용 등에 비추어 가장 밀접한 관련이 있는 기본권의 보호영역에 포섭된다고 봄이 상당하다(헌재 2008.6.26, 2005헌마506).

② [O] 언론·출판의 자유의 적극적 개념의 예에 해당하는 것으로 액세스권 등이 있다.

③ [O] 주택건설촉진법상의 주택조합은 주택이 없는 국민의 주거생활의 안정을 도모하고 모든 국민의 주거수준의 향상을 기한다는(동법 제1조) 공공목적을 위하여 법이 구성원의 자격을 제한적으로 정해 놓은 특수조합이어서 이는 헌법상 결사의 자유가 뜻하는 헌법상 보호법익의 대상이 되는 단체가 아니며 또한 위 법률조항이 위 법률 소정의 주택조합 중 지역조합과 직장조합의 조합원 자격을 무주택자로 한정하였다고 해서 그로 인하여 유주택자가 위 법률과 관계없는 주택조합의 조합원이 되는 것까지 제한받는 것이 아니므로 위 법률조항은 유주택자의 결사의 자유를 침해하는 것이 아니다(헌재 1994.2.24, 92헌바43).

319 정답 ①

① [×] 헌법 제21조 제2항이 언론·출판에 대한 검열금지를 규정한 것은 비록 헌법 제37조 제2항이 국민의 자유와 권리를 국가안전보장·질서유지 또는 공공복리를 위하여 필요한 경우에 한하여 법률로써 제한할 수 있도록 규정하고 있다고 할지라도 언론·출판의 자유에 대하여는 검열을 수단으로 한 제한만은 법률로써도 허용되지 아니 한다는 것을 밝힌 것이다(헌재 1996.10.4, 93헌가13 등).

② [O] 헌법 제21조 제2항이 금지하는 검열은 사전검열만을 의미하므로 개인이 정보와 사상을 발표하기 이전에 국가기관이 미리 그 내용을 심사·선별하여 일정한 범위 내에서 발표를 저지하는 것만을 의미하고, 헌법상 보호되지 않는 의사표현에 대하여 공개한 뒤에 국가기관이 간섭하는 것을 금지하는 것은 아니다(헌재 1996.10.4, 93헌가13 등).

③ [O] 검열을 행정기관이 아닌 독립적인 위원회에서 행한다고 하더라도, 행정권이 주체가 되어 검열절차를 형성하고 검열기관의 구성에 지속적인 영향을 미칠 수 있는 경우라면 실질적으로 그 검열기관은 행정기관이라고 보아야 한다. 그렇게 해석하지 아니한다면 검열기관의 구성은 입법기술상의 문제에 지나지 않음에도 불구하고 정부에게 행정관청이 아

닌 독립된 위원회의 구성을 통하여 사실상 검열을 하면서도 헌법상 검열금지원칙을 위반하였다는 비난을 면할 수 있는 길을 열어주기 때문이다(헌재 2015.12.23, 2015헌바75).

④ [O] 구 음반 및 비디오물에 관한 법률에서 비디오물의 제작시 공연윤리위원회의 사전심의를 받을 의무를 부과하고 사전심의를 받지 않은 비디오물에 관하여 판매 등을 금지하면서, 이에 위반한 경우에는 형사처벌을 하고 위반자가 소유 또는 점유하는 비디오물과 그 제작기자재 등을 몰수할 수 있도록 규정하고 있고, 공연법에 의하여 공연윤리위원회를 설치하도록 하여 행정권이 그 구성에 지속적인 영향을 미칠 수 있게 하였으므로, 공연윤리위원회는 헌법 제21조 제2항에서 금지한 검열기관으로 보아야 하고 공연윤리위원회의 비디오물에 대한 사전심의는 헌법 제21조 제2항이 금지한 사전검열에 해당한다(헌재 2000.2.24, 99헌가17).

320 정답 ①

㉠ [O] 이 사건 법령조항들이 표방하는 건전한 인터넷 문화의 조성 등 입법목적은, 인터넷 주소 등의 추적 및 확인, 당해 정보의 삭제·임시조치, 손해배상, 형사처벌 등 인터넷 이용자의 표현의 자유나 개인정보자기결정권을 제약하지 않는 다른 수단에 의해서도 충분히 달성할 수 있음에도, 인터넷의 특성을 고려하지 아니한 채 본인확인제의 적용범위를 광범위하게 정하여 법 집행자에게 자의적인 집행의 여지를 부여하고, 목적달성에 필요한 범위를 넘는 과도한 기본권 제한을 하고 있으므로 침해의 최소성이 인정되지 아니한다. … 따라서 본인확인제를 규율하는 이 사건 법령조항들은 과잉금지원칙에 위배하여 인터넷게시판 이용자의 표현의 자유, 개인정보자기결정권 및 인터넷게시판을 운영하는 정보통신서비스 제공자의 언론의 자유를 침해한다(헌재 2012.8.23, 2010헌마47 등).

㉡ [×] 일간신문이 뉴스통신이나 방송사업과 같은 이종 미디어를 겸영하는 것을 어떻게 규율할 것인가 하는 것은 고도의 정책적 접근과 판단이 필요한 분야로서, 겸영금지의 규제정책을 지속할 것인지, 지속한다면 어느 정도로 규제할 것인지의 문제는 입법자의 미디어정책적 판단에 맡겨져 있다. 신문법 제15조 제2항은 신문의 다양성을 보장하기 위하여 필요한 한도 내에서 그 규제의 대상과 정도를 선별하여 제한적으로 규제하고 있다고 볼 수 있다. 규제대상을 일간신문으로 한정하고 있고, 겸영에 해당하지 않는 행위, 즉 하나의 일간신문법인이 복수의 일간신문을 발행하는 것 등은 허용되며, 종합편성이나 보도전문편성이 아니어서 신문의 기능과 중복될 염려가 없는 방송채널사용사업이나 종합유선방송사업, 위성방송사업 등을 겸영하는 것도 가능하다. 그러므로 신문법 제15조 제2항은 헌법에 위반되지 아니한다(헌재 2006.6.29, 2005헌마165 등).

㉢ [×] 옥외광고물등관리법은 옥외광고물의 표시장소·표시방법과 게시시설의 설치·유지 등에 관하여 필요한 사항을 규정함으로써 미관풍치와 미풍양속을 유지하고 공중에 대한 위해를 방지함을 목적으로 하고 있는바, 자동차에 무제한적으로 광고를 허용하게 되면, 교통의 안전과 도시미관을 해칠 수가 있으며 운전자들의 운전과 보행자들에게 산란함을 야기하여 운전과 보행에 방해가 됨으로써 도로안전에 영향

을 미칠 수 있다. 따라서 도로안전과 환경·미관을 위하여 자동차에 광고를 부착하는 것을 제한하는 것은 일반 국민들과 운전자들의 공공복리를 위한 것이라 할 수 있고, 이러한 이유로 제한이 가능하다 할 것이다. … 표현의 자유를 침해한다고 볼 수 없다(헌재 2002.12.18, 2000헌마764).

ⓔ [×] 청소년보호위원회 등에 의한 청소년유해매체물의 결정은 그것이 이 사건 법률조항에 따라 그 위임의 범위 내에서 행하여지는 이상 법률상 구성요건의 내용을 보충하는 것에 불과하므로 이를 토대로 재판이 행하여진다 하더라도 그로 인하여 사실확정과 법률의 해석·적용에 관한 법관의 고유권한이 박탈된 것이라 할 수 없으며, 더욱이 법관은 청소년보호위원회 등의 결정이 적법하게 이루어진 것인지에 관하여 독자적으로 판단하여 이를 기초로 재판할 수도 있으므로 청소년유해매체물의 결정권한을 청소년보호위원회 등에 부여하고 있다고 하여 법관에 의한 재판을 받을 권리를 침해하는 것이라고는 볼 수 없다(헌재 2000.6.29, 99헌가16).

ⓔ [×] 자유로운 표명과 전파의 자유에는 자신의 신원을 누구에게도 밝히지 아니한 채 익명 또는 가명으로 자신의 사상이나 견해를 표명하고 전파할 익명표현의 자유도 그 보호영역에 포함된다고 할 것이다(헌재 2010.2.25, 2008헌마324).

321 정답 ③

㉠ [O] 헌법 제21조 제2항에서 규정한 검열 금지의 원칙은 모든 형태의 사전적인 규제를 금지하는 것이 아니고 단지 의사표현의 발표 여부가 오로지 행정권의 허가에 달려있는 사전심사만을 금지하는 것을 뜻하므로, 민사소송법 제714조 제2항에 의한 방영금지가처분은 행정권에 의한 사전심사나 금지처분이 아니라 개별 당사자간의 분쟁에 관하여 사법부가 사법절차에 의하여 심리, 결정하는 것이어서 헌법에서 금지하는 사전검열에 해당하지 아니한다(헌재 2001.8.30, 2000헌바36).

㉡ [O] 집필행위는 사람의 내면에 있는 생각이 외부로 나타나는 첫 단계의 행위란 점에서 문자를 통한 표현행위의 가장 기초적이고도 전제가 되는 행위라 할 것이다. 일반적으로 표현의 자유는 정보의 전달 또는 전파와 관련지어 생각되므로 구체적인 전달이나 전파의 상대방이 없는 집필의 단계를 표현의 자유의 보호영역에 포함시킬 것인지 의문이 있을 수 있으나, 집필은 문자를 통한 모든 의사표현의 기본 전제가 된다는 점에서 당연히 표현의 자유의 보호영역에 속해 있다고 보아야 한다(헌재 2005.2.24, 2003헌마289).

㉢ [O] 건강기능식품의 기능성 광고는 인체의 구조 및 기능에 대하여 보건용도에 유용한 효과를 준다는 기능성 등에 관한 정보를 널리 알려 해당 건강기능식품의 소비를 촉진시키기 위한 상업광고이지만, 헌법 제21조 제1항의 표현의 자유의 보호 대상이 됨과 동시에 같은 조 제2항의 사전검열 금지 대상도 된다. … 건강기능식품법상 기능성 광고의 심의는 식약처장으로부터 위탁받은 한국건강기능식품협회에서 수행하고 있지만, 법상 심의주체는 행정기관인 식약처장이며, 언제든지 그 위탁을 철회할 수 있고, 심의위원회의 구성에 관하여도 법령을 통해 행정권이 개입하고 지속적으로 영향을 미칠 가능성이 존재하는 이상 그 구성에 자율성이 보장되어있다고 볼 수 없다. … 따라서 이 사건 건강기능식품 기능성광고 사전심의는 그 검열이 행정권에 의하여 행하여진다 볼 수 있고, 헌법이 금지하는 사전검열에 해당하므로 헌법에 위반된다(헌재 2018.6.28, 2016헌가8 등).

322 정답 ③

③ [×] 등록조항은 인터넷신문의 명칭, 발행인과 편집인의 인적사항 등 인터넷신문의 외형적이고 객관적 사항을 제한적으로 등록하도록 하고 있고, 고용조항 및 확인조항은 5인 이상 취재 및 편집 인력을 고용하되, 그 확인을 위해 등록시 서류를 제출하도록 하고 있다. 이런 조항들은 인터넷신문에 대한 인적 요건의 규제 및 확인에 관한 것으로, 인터넷신문의 내용을 심사·선별하여 사전에 통제하기 위한 규정이 아님이 명백하다. 따라서 등록조항은 사전허가금지원칙에도 위배되지 않는다(헌재 2016.10.27, 2015헌마1206 등).

① [O] '건강기능식품에 관한 법률'에 따르면 기능성 광고의 심의는 식품의약품안전처장으로부터 위탁받은 한국건강기능식품협회에서 수행하고 있지만, 법상 심의주체는 행정기관인 식품의약품안전처장이며, 언제든지 그 위탁을 철회할 수 있고, 심의위원회의 구성에 관하여도 법령을 통해 행정권이 개입하고 지속적으로 영향을 미칠 가능성이 존재하는 이상 그 구성에 자율성이 보장되어 있다고 볼 수 없다. 식품의약품안전처장이 심의기준 등의 제정과 개정을 통해 심의내용과 절차에 영향을 줄 수 있고, 식품의약품안전처장이 재심의를 권하면 심의기관이 이를 따라야 하며, 분기별로 식품의약품안전처장에게 보고가 이루어진다는 점에서도 그 심의업무의 독립성과 자율성이 있다고 보기 어렵다. 따라서 이 사건 건강기능식품 기능성 광고 사전심의는 행정권이 주체가 된 사전심사로서, 헌법이 금지하는 사전검열에 해당하므로 헌법에 위반된다(헌재 2019.5.30, 2019헌가4).

② [O] "음란"의 개념과는 달리 "저속"의 개념은 그 적용범위가 매우 광범위할 뿐만 아니라 법관의 보충적인 해석에 의한다 하더라도 그 의미내용을 확정하기 어려울 정도로 매우 추상적이다. 이 "저속"의 개념에는 출판사등록이 취소되는 성적 표현의 하한이 열려 있을 뿐만 아니라 폭력성이나 잔인성 및 천한 정도도 그 하한이 모두 열려 있기 때문에 출판을 하고자 하는 자는 어느 정도로 자신의 표현내용을 조절해야 되는지를 도저히 알 수 없도록 되어 있어 명확성의 원칙 및 과도한 광범성의 원칙에 반한다. … 이 사건 법률조항 중 "음란한 간행물" 부분은 헌법에 위반되지 아니하고, "저속한 간행물" 부분은 명확성의 원칙에 반할 뿐만 아니라 출판의 자유와 성인의 알 권리를 침해하는 규정이어서 헌법에 위반된다(헌재 1998.4.30, 95헌가16).

④ [O] 국가가 개인의 표현행위를 규제하는 경우, 표현 '내용'에 대한 규제는 원칙적으로 중대한 공익의 실현을 위하여 불가피한 경우에 한하여 엄격한 요건하에서 허용되는 반면, 표현내용과 무관하게 표현의 '방법'을 규제하는 것은 합리적인 공익상의 이유로 폭넓은 제한이 가능하다(헌재 2002.12.18, 2000헌마764).

③ [×] 헌법이 특정한 표현에 대해 예외적으로 검열을 허용하는 규정을 두지 않은 점, 이러한 상황에서 표현의 특성이나 규제의 필요성에 따라 언론·출판의 자유의 보호를 받는 표현 중에서 사전검열금지원칙의 적용이 배제되는 영역을 따로 설정할 경우 그 기준에 대한 객관성을 담보할 수 없다는 점 등을 고려하면, 헌법상 사전검열은 예외 없이 금지되는 것으로 보아야 하므로 의료광고 역시 사전검열금지원칙의 적용대상이 된다. 의료광고의 사전심의는 보건복지부장관으로부터 위탁을 받은 각 의사협회가 행하고 있으나 사전심의의 주체인 보건복지부장관은 언제든지 위탁을 철회하고 직접 의료광고 심의업무를 담당할 수 있는 점, 의료법 시행령이 심의위원회의 구성에 관하여 직접 규율하고 있는 점, 심의기관의 장은 심의 및 재심의 결과를 보건복지부장관에게 보고하여야 하는 점, 보건복지부장관은 의료인 단체에 대해 재정지원을 할 수 있는 점, 심의기준·절차 등에 관한 사항을 대통령령으로 정하도록 하고 있는 점 등을 종합하여 보면, 각 의사협회는 행정권의 영향력에서 벗어나 독립적이고 자율적으로 사전심의업무를 수행하고 있다고 보기 어렵다. 따라서 이 사건 법률규정들은 사전검열금지원칙에 위배된다(헌재 2015.12.23, 2015헌바75).

① [O] 이 사건 시기제한조항은 선거일 전 90일부터 선거일까지 후보자 명의의 칼럼 등을 게재하는 인터넷 선거보도가 불공정하다고 볼 수 있는지에 대해 구체적으로 판단하지 않고 이를 불공정한 선거보도로 간주하여 선거의 공정성을 해치지 않는 보도까지 광범위하게 제한한다. … 이 사건 시기제한조항의 입법목적을 달성할 수 있는 덜 제약적인 다른 방법들이 이 사건 심의기준 규정과 공직선거법에 이미 충분히 존재한다. 따라서 이 사건 시기제한조항은 과잉금지원칙에 반하여 청구인의 표현의 자유를 침해한다(헌재 2019.11.28, 2016헌마90).

② [O] 의사표현·전파의 자유에 있어서 의사표현 또는 전파의 매개체는 어떠한 형태이건 가능하며 그 제한이 없다고 하는 것이 우리 재판소의 확립된 견해이다. 즉, 담화·연설·토론·연극·방송·음악·영화·가요 등과 문서·소설·시가·도화·사진·조각·서화 등 모든 형상의 의사표현 또는 의사전파의 매개체를 포함한다고 할 것이다(헌재 1993.5.13, 91헌바17). 그러므로 이 사건에서 문제가 되고 있는 영화도 의사형성적 작용을 하는 한 의사의 표현·전파의 형식의 하나로 인정되며, 결국 언론·출판의 자유에 의해서 보호되는 의사표현의 매개체라는 점은 의문의 여지가 없다(헌재 2001.8.30, 2000헌가9).

④ [O] 정당가입권유금지조항은 선거에서 특정정당·특정인을 지지하기 위하여 정당가입을 권유하는 적극적·능동적 의사에 따른 행위만을 금지함으로써 공무원의 정치적 표현의 자유를 최소화하고 있고, 이러한 행위는 단순한 의견개진의 수준을 넘어 선거운동에 해당하므로 입법자는 헌법 제7조 제2항이 정한 공무원의 정치적 중립성 보장을 위해 이를 제한할 수 있다. 그러므로 정당가입권유금지조항은 과잉금지원칙에 반하여 정치적 표현의 자유를 침해하지 아니한다(헌재 2021.8.31, 2018헌바149).

④ [×] 금지조항은 방송편성의 자유와 독립을 보장하기 위하여, 방송사 외부에 있는 자가 방송편성에 관계된 자에게 방송편성에 관해 특정한 요구를 하는 등의 방법으로, 방송편성에 관한 자유롭고 독립적인 의사결정에 영향을 미칠 수 있는 행위 일체를 금지한다는 의미임을 충분히 알 수 있다. 따라서 금지조항은 죄형법정주의의 명확성원칙에 위반되지 아니한다. 방송의 자유는 민주주의의 원활한 작동을 위한 기초인바, 국가권력은 물론 정당, 노동조합, 광고주 등 사회의 여러 세력이 법률에 정해진 절차에 의하지 아니하고 방송편성에 개입한다면 국민 의사가 왜곡되고 민주주의에 중대한 위해가 발생하게 된다. 심판대상조항은 방송편성의 자유와 독립을 보장하기 위하여 방송에 개입하여 부당하게 영향력을 행사하는 '간섭'에 이르는 행위만을 금지하고 처벌할 뿐이고, 방송법과 다른 법률들은 방송 보도에 대한 의견 개진 내지 비판의 통로를 충분히 마련하고 있다. 따라서 심판대상조항이 과잉금지원칙에 반하여 표현의 자유를 침해한다고 볼 수 없다(헌재 2021.8.31, 2019헌바439).

① [O] 사회복무요원의 정당가입을 허용하되 직무시간 내의 직무와 관련된 정치적 표현행위만을 금지하는 등 기본권을 최소한도로 제한하는 것처럼 보이는 대안을 상정해 볼 수는 있다. 그러나 사회복무요원의 정당 관련 정치적 표현행위가 직무 내의 것인지 직무 외의 것인지 구분하기 어려운 경우가 많고, 설사 사회복무요원이 근무시간 외에 직무와 관련 없는 정당과 관련한 정치적 표현행위를 한다 하더라도, 이를 통해 국민들은 사회복무요원의 정치적 입장을 알 수 있게 된다. 그 결과 사회복무요원의 정치적 중립성에 대한 국민의 신뢰는 유지되기 어렵게 된다. 결국 위와 같은 방법으로는 사회복무요원의 정치적 중립성을 유지하며 업무전념성을 보장하는 입법목적을 동등하게 달성할 수 없다(헌재 2021.11.25, 2019헌마534).

② [O] 이 사건 처벌조항은 선거일의 선거운동을 금지하여 유권자가 평온한 상태에서 투표를 할 수 있도록 함으로써 선거운동의 과열 및 그로 인한 유권자의 자유로운 의사 형성에 대한 방해를 방지한다. 이러한 공익은 민의가 왜곡되는 것을 방지하는 것으로서 중요성이 크다. 반면 이 사건 처벌조항에 의하여 선거운동이 금지되는 기간은 선거일 0시부터 투표마감시각 전까지로 하루도 채 되지 않고 선거일 전일까지 선거운동기간 동안 선거운동이 보장되며 선거기간 개시일 이전에도 일정한 선거운동이 허용된다는 점을 고려해보면, 이 사건 처벌조항에 의하여 제한되는 정치적 표현의 자유가 앞서 살핀 공익보다 더 크다고 보기 어렵다. 따라서 이 사건 처벌조항은 법익의 균형성도 갖춘 것으로 봄이 상당하다(헌재 2021.12.23, 2018헌바152).

③ [O] 우리나라는 현재 인터넷 이용이 상당히 보편화됨에 따라 정보통신망을 이용한 명예훼손범죄가 급증하는 추세에 있고, 인터넷 등 정보통신망을 이용하여 사실에 기초하더라도 왜곡된 의혹을 제기하거나 편파적인 의견이나 평가를 추가로 적시함으로써 실제로는 허위의 사실을 적시하여 다른 사람의 명예를 훼손하는 경우와 다를 바 없거나 적어도 다른 사람의 사회적 평가를 심대하게 훼손하는 경우가 적지 않게 발생하고 있고, 이로 인한 사회적 피해는 심각한 상황

이다. 따라서 이러한 명예훼손적인 표현을 규제함으로써 인격권을 보호해야 할 필요성은 매우 크다. 심판대상조항은 이러한 명예훼손적 표현을 규제하면서도 '비방할 목적'이라는 초과주관적 구성요건을 추가로 요구하여 그 규제 범위를 최소한도로 하고 있고, 헌법재판소와 대법원은 정부 또는 국가기관의 정책결정이나 업무수행과 관련된 사항에 관하여는 표현의 자유를 최대한 보장함으로써 정보통신망에서의 명예보호가 표현의 자유에 대한 지나친 위축효과로 이어지지 않도록 하고 있다. 또한, 민사상 손해배상 등 명예훼손 구제에 관한 다른 제도들이 형사처벌을 대체하여 인터넷 등 정보통신망에서의 악의적이고 공격적인 명예훼손행위를 방지하기에 충분한 덜 제약적인 수단이라고 보기 어렵다. 그러므로 심판대상조항은 과잉금지원칙을 위반하여 표현의 자유를 침해하지 않는다(헌재 2016.2.25, 2013헌바105).

325 정답 ④

㉠ [O] 영화진흥법 제21조 제4항이 규정하고 있는 영상물등급위원회에 의한 등급분류보류제도는, 영상물등급위원회가 영화의 상영에 앞서 영화를 제출받아 그 심의 및 상영등급분류를 하되, 등급분류를 받지 아니한 영화는 상영이 금지되고 만약 등급분류를 받지 않은 채 영화를 상영한 경우 과태료, 상영금지명령에 이어 형벌까지 부과할 수 있도록 하며, 등급분류보류의 횟수제한이 없어 실질적으로 영상물등급위원회의 허가를 받지 않는 한 영화를 통한 의사표현이 무한정 금지될 수 있으므로 검열에 해당한다(헌재 2001.8.30, 2000헌가9).

㉡ [O] '건강기능식품에 관한 법률'에 따르면 기능성 광고의 심의는 식품의약품안전처장으로부터 위탁받은 한국건강기능식품협회에서 수행하고 있지만, 법상 심의주체는 행정기관인 식품의약품안전처장이며, 언제든지 그 위탁을 철회할 수 있고, 심의위원회의 구성에 관하여도 법령을 통해 행정권이 개입하고 지속적으로 영향을 미칠 가능성이 존재하는 이상 그 구성에 자율성이 보장되어 있다고 볼 수 없다. 식품의약품안전처장이 심의기준 등의 제정과 개정을 통해 심의내용과 절차에 영향을 줄 수 있고, 식품의약품안전처장이 재심의를 권하면 심의기관이 이를 따라야 하며, 분기별로 식품의약품안전처장에게 보고가 이루어진다는 점에서도 그 심의업무의 독립성과 자율성이 있다고 보기 어렵다. 따라서 이 사건 건강기능식품 기능성 광고 사전심의는 행정권이 주체가 된 사전심사로서, 헌법이 금지하는 사전검열에 해당하므로 헌법에 위반된다(헌재 2019.5.30, 2019헌가4).

㉢ [O] 민간심의기구가 심의를 담당하는 경우에도 행정권이 개입하여 그 사전심의에 자율성이 보장되지 않는다면 이 역시 행정기관의 사전검열에 해당하게 될 것이다(헌재 2015.12.23, 2015헌바75).

㉣ [O] 헌법이 특정한 표현에 대해 예외적으로 검열을 허용하는 규정을 두지 않은 점, 이러한 상황에서 표현의 특성이나 규제의 필요성에 따라 언론·출판의 자유의 보호를 받는 표현 중에서 사전검열금지원칙의 적용이 배제되는 영역을 따로 설정할 경우 그 기준에 대한 객관성을 담보할 수 없다는 점 등을 고려하면, 헌법상 사전검열은 예외 없이 금지되는

것으로 보아야 하므로 의료광고 역시 사전검열금지원칙의 적용대상이 된다. 의료광고의 사전심의는 보건복지부장관으로부터 위탁을 받은 각 의사협회가 행하고 있으나 사전심의의 주체인 보건복지부장관은 언제든지 위탁을 철회하고 직접 의료광고 심의업무를 담당할 수 있는 점, 의료법 시행령이 심의위원회의 구성에 관하여 직접 규율하고 있는 점, 심의기관의 장은 심의 및 재심의 결과를 보건복지부장관에게 보고하여야 하는 점, 보건복지부장관은 의료인 단체에 대해 재정지원을 할 수 있는 점, 심의기준·절차 등에 관한 사항을 대통령령으로 정하도록 하고 있는 점 등을 종합하여 보면, 각 의사협회는 행정권의 영향력에서 벗어나 독립적이고 자율적으로 사전심의업무를 수행하고 있다고 보기 어렵다. 따라서 이 사건 법률규정들은 사전검열금지원칙에 위배된다(헌재 2015.12.23, 2015헌바75).

326 정답 ④

④ [×] 무릇 어떤 행정법규 위반행위에 대하여, 이를 단지 간접적으로 행정상의 질서에 장해를 줄 위험성이 있음에 불과한 경우(단순한 의무태만 내지 의무위반)로 보아 행정질서벌인 과태료를 과할 것인가, 아니면 직접적으로 행정목적과 공익을 침해한 행위로 보아 행정형벌을 과할 것인가, 그리고 행정형벌을 과할 경우 그 법정형의 형종과 형량을 어떻게 정할 것인가는, 당해 위반행위가 위의 어느 경우에 해당하는가에 대한 법적 판단을 그르친 것이 아닌 한 그 처벌내용은 기본적으로 입법권자가 제반 사정을 고려하여 결정할 그 입법재량에 속하는 문제라고 할 수 있다(헌재 1994.4.28, 91헌바14).

① [O] 이 사건 금지장소 조항은 국무총리 공관의 기능과 안녕을 직접 저해할 가능성이 거의 없는 '소규모 옥외집회·시위의 경우', '국무총리를 대상으로 하는 옥외집회·시위가 아닌 경우'까지도 예외 없이 옥외집회·시위를 금지하고 있는바, 이는 입법목적 달성에 필요한 범위를 넘는 과도한 제한이다. … 이 사건 금지장소 조항은 그 입법목적을 달성하는 데 필요한 최소한도의 범위를 넘어, 규제가 불필요하거나 또는 예외적으로 허용하는 것이 가능한 집회까지도 이를 일률적·전면적으로 금지하고 있다고 할 것이므로 침해의 최소성원칙에 위배된다. … 이 사건 금지장소 조항은 과잉금지원칙을 위반하여 집회의 자유를 침해한다(헌재 2018.6.28, 2015헌가28 등).

② [O] 집회의 자유는 집회의 시간, 장소, 방법과 목적을 스스로 결정할 권리를 보장한다. 집회의 자유에 의하여 구체적으로 보호되는 주요행위는 집회의 준비 및 조직, 지휘, 참가, 집회장소·시간의 선택이다(헌재 2003.10.30, 2000헌바67 등).

③ [O] 야간옥외집회가 공공질서나 타인의 법익을 해칠 위험성이 있다고 하나, 야간옥외집회의 시간과 장소에 따라 타인의 법익을 침해할 개연성이 확실하게 인정될 경우도 있을 수 있겠지만, 모든 야간옥외집회가 항상 타인의 법익을 침해할 것이라고 볼 수 있는 것은 아니다. 야간옥외집회가 타인의 법익을 침해할 개연성이 확실하다고 인정할 수 있는 경우를 가려내어 그러한 위험성을 예방하기에 필요하고도

적절한 조치를 강구하면 되는 것이므로, 야간옥외집회의 법익침해가능성을 내세워 모든 야간옥외집회를 금지할 수는 없는 것이다(헌재 2009.9.24, 2008헌가25).

327
정답 ②

② [×] 심판대상조항은 입법목적을 달성하는 데 필요한 최소한도의 범위를 넘어, 규제가 불필요하거나 또는 예외적으로 허용하는 것이 가능한 집회까지도 이를 일률적·전면적으로 금지하고 있으므로 침해의 최소성원칙에 위배된다. 심판대상조항은 국회의 헌법적 기능을 무력화시키거나 저해할 우려가 있는 집회를 금지하는 데 머무르지 않고, 그 밖의 평화적이고 정당한 집회까지 전면적으로 제한함으로써 구체적인 상황을 고려하여 상충하는 법익간의 조화를 이루려는 노력을 전혀 기울이지 않고 있다. 심판대상조항으로 달성하려는 공익이 제한되는 집회의 자유 정도보다 크다고 단정할 수는 없다고 할 것이므로 심판대상조항은 법익의 균형성원칙에도 위배된다. 심판대상조항은 과잉금지원칙을 위반하여 집회의 자유를 침해한다(헌재 2018.5.31, 2013헌바322 등).

① [○] 헌법 제21조 제2항은 "언론·출판에 대한 허가나 검열과 집회·결사에 대한 허가는 인정되지 아니한다."고 규정하여 헌법 자체에서 언론·출판에 대한 허가나 검열의 금지와 더불어 집회에 대한 허가금지를 명시함으로써, 집회의 자유에 있어서는 다른 기본권 조항들과는 달리, '허가'의 방식에 의한 제한을 허용하지 않겠다는 헌법적 결단을 분명히 하고 있다. 한편, 헌법 제21조 제2항의 '허가'는 '행정청이 주체가 되어 집회의 허용 여부를 사전에 결정하는 것'으로서 행정청에 의한 사전허가는 헌법상 금지되지만, 입법자가 법률로써 일반적으로 집회를 제한하는 것은 헌법상 '사전허가금지'에 해당하지 않는다(헌재 2014.4.24, 2011헌가29).

③ [○] 헌법 제21조 제1항은 "모든 국민은 언론·출판의 자유와 집회·결사의 자유를 가진다."고 규정하여 집회의 자유를 표현의 자유로서 언론·출판의 자유와 함께 국민의 기본권으로 보장하고 있다. 집회의 자유에는 집회를 통하여 형성된 의사를 집단적으로 표현하고 이를 통하여 불특정 다수인의 의사에 영향을 줄 자유를 포함한다(헌재 2016.9.29, 2014헌바492).

④ [○] 야간시위를 금지하는 집시법 제10조 본문에는 위헌적인 부분과 합헌적인 부분이 공존하고 있으며, 위 조항 전부의 적용이 중지될 경우 공공의 질서 내지 법적 평화에 대한 침해의 위험이 높아, 일반적인 옥외집회나 시위에 비하여 높은 수준의 규제가 불가피한 경우에도 대응하기 어려운 문제가 발생할 수 있으므로, 현행 집시법의 체계 내에서 시간을 기준으로 한 규율의 측면에서 볼 때 규제가 불가피하다고 보기 어려움에도 시위를 절대적으로 금지하여 위헌성이 명백한 부분에 한하여 위헌 결정을 한다. 심판대상조항들은, 이미 보편화된 야간의 일상적인 생활의 범주에 속하는 '해가 진 후부터 같은 날 24시까지의 시위'에 적용하는 한 헌법에 위반된다(헌재 2014.3.27, 2010헌가2 등).

328
정답 ①

① [×] 이러한 반려행위에 대하여, 청구인들의 입장에서는 피청구인이 위 옥외집회신고의 접수를 거부하거나 집회의 금지를 통고하는 것으로 보지 않을 수 없고, 그 결과 위와 같은 형사적 처벌이나 집회의 해산을 받지 않기 위하여 위 집회의 개최를 포기할 수밖에 없었다고 할 것이다. 결국 피청구인의 이 사건 반려행위는 주무(主務) 행정기관에 의한 행위로서 청구인들의 집회의 자유를 침해하였다고 할 것이므로, 이는 기본권 침해가능성이 있는 공권력의 행사에 해당한다고 할 것이다(헌재 2008.5.29, 2007헌마712).

② [○] 야간시위를 금지하는 집회 및 시위에 관한 법률(이하 '집시법'이라 한다) 제10조 본문에는 위헌적인 부분과 합헌적인 부분이 공존하고 있으며, 위 조항 전부의 적용이 중지될 경우 공공의 질서 내지 법적 평화에 대한 침해의 위험이 높아, 일반적인 옥외집회나 시위에 비하여 높은 수준의 규제가 불가피한 경우에도 대응하기 어려운 문제가 발생할 수 있으므로, 현행 집시법의 체계 내에서 시간을 기준으로 한 규율의 측면에서 볼 때 규제가 불가피하다고 보기 어려움에도 시위를 절대적으로 금지하여 위헌성이 명백한 부분에 한하여 위헌결정을 한다. 심판대상조항들은, 이미 보편화된 야간의 일상적인 생활의 범주에 속하는 '해가 진 후부터 같은 날 24시까지의 시위'에 적용하는 한 헌법에 위반된다(헌재 2014.3.27, 2010헌가2).

③ [○] 이 사건 피청구인은 청구인 ○○합섬HK지회와 ○○생명인사지원실이 제출한 옥외집회신고서를 폭력사태 발생이 우려된다는 이유로 동시에 접수하였고, 이후 상호 충돌을 피한다는 이유로 두 개의 집회신고를 모두 반려하였는바, 법의 집행을 책임지고 있는 국가기관인 피청구인으로서는 집회의 자유를 제한함에 있어 실무상 아무리 어렵더라도 법에 규정된 방식에 따라야 할 책무가 있고, 이 사건 집회신고에 관한 사무를 처리하는 데 있어서도 적법한 절차에 따라 접수순위를 확정하려는 최선의 노력을 한 후, 집시법 제8조 제2항에 따라 후순위로 접수된 집회의 금지 또는 제한을 통고하였어야 한다. 만일 접수순위를 정하기 어렵다는 현실적인 이유로 중복신고된 모든 옥외집회의 개최가 법률적 근거 없이 불허되는 것이 용인된다면, 집회의 자유를 보장하고 집회의 사전허가를 금지한 헌법 제21조 제1항 및 제2항은 무의미한 규정으로 전락할 위험성이 있다. 결국 이 사건 반려행위는 법률의 근거 없이 청구인들의 집회의 자유를 침해한 것으로서 헌법상 법률유보원칙에 위반된다고 할 것이다(헌재 2008.5.29, 2007헌마712).

④ [○] '국내주재 외교기관' 인근에서 금지한 것은 위헌이며(헌재 2003.10.30, 2000헌바67 등), '각급 법원' 인근에서 금지한 것은 합헌이라는 입장이었으나(헌재 2005.11.24, 2004헌가17), 최근 위헌결정을 하였다. '국회' 인근에서 금지한 것에 대해서는 헌법불합치결정을 한바 있다(헌재 2018.5.31, 2013헌바322 등). 각급 법원의 경계 지점으로부터 100m 이내의 장소에서 옥외집회 또는 시위의 전면적 금지는 입법목적을 달성하는 데 필요한 최소한도의 범위를 넘어 규제가 불필요하거나 또는 예외적으로 허용 가능한 옥외집회·시위까지도 일률적·전면적으로 금지하고 있으므로, 침해의 최소성원칙 등에 위반하여 집회의 자유를 침해한다(헌재 2018.7.26, 2018헌바137).

④ [×] 이 사건 제2호 부분은 법관의 직무상 독립을 보호하여 사법작용의 공정성과 독립성을 확보하기 위한 것으로 입법목적의 정당성은 인정되나, 국가의 사법권한 역시 국민의 의사에 정당성의 기초를 두고 행사되어야 한다는 점과 재판에 대한 정당한 비판은 오히려 사법작용의 공정성 제고에 기여할 수도 있는 점을 고려하면 사법의 독립성을 확보하기 위한 적합한 수단이라 보기 어렵다. … 이 사건 제2호 부분으로 인하여 달성하고자 하는 공익 실현 효과는 가정적이고 추상적인 반면, 이 사건 제2호 부분으로 인하여 침해되는 집회의 자유에 대한 제한 정도는 중대하므로 법익균형성도 상실하였다. 따라서 이 사건 제2호 부분은 과잉금지원칙에 위배되어 집회의 자유를 침해한다(헌재 2016.9.29, 2014헌가3).

① [O] 따라서 개별적인 경우에 구체적인 위험 상황이 발생하였는지를 고려하지 않고, 막연히 폭력·불법적이거나 돌발적인 상황이 발생할 위험이 있다는 가정만을 근거로 하여 대통령 관저 인근이라는 특정한 장소에서 열리는 모든 집회를 금지하는 것은 헌법적으로 정당화되기 어렵다(헌재 2022.12.22, 2018헌바48).

② [O] 심판대상조항은 미신고 시위를 처음부터 금지하거나 참가 자체를 처벌하는 것이 아니고, 다만 그 시위로 인하여 타인의 법익이나 공공의 안녕질서에 직접적이고 명백한 위험이 발생한 경우에 해산명령을 발할 수 있도록 하고, 이에 응하지 아니하는 행위에 대하여 처벌하는 조항이다. 그렇다면 심판대상조항이 달성하려는 공공의 안녕질서 유지 및 회복이라는 공익과 심판대상조항으로 인하여 제한되는 청구인의 기본권 사이의 균형을 상실하였다고 보기 어렵다(헌재 2016.9.29, 2014헌바492).

③ [O] 심판대상조항은 신고 범위를 뚜렷이 벗어난 집회·시위로 인하여 질서를 유지할 수 없어 해산을 명령하였음에도 불구하고 불응한 경우에만 처벌하도록 하고 있고, 먼저 자진 해산을 요청한 후 참가자들이 자진 해산 요청에 따르지 아니하는 경우라야 해산명령을 하는 점을 고려하면 심판대상조항은 집회의 자유에 대한 제한을 최소화하고 있다. 해산명령에 불응하는 행위는 단순히 행정질서에 장해를 줄 위험성이 있는 정도의 의무태만 내지 의무위반이 아니고 직접적으로 행정목적을 침해하고 나아가 공익을 침해할 고도의 개연성을 띤 행위라고 볼 수 있으므로 심판대상조항이 법정형의 종류 및 범위의 선택에 관한 입법재량의 한계를 벗어난 과중한 처벌이라고도 볼 수 없다. 또한 심판대상조항이 달성하려는 공공의 안녕질서 유지 및 회복이라는 공익과 심판대상조항으로 인하여 제한되는 청구인들의 집회의 자유 사이의 균형을 상실하였다고 보기 어려우므로, 심판대상조항은 과잉금지원칙을 위반하여 집회의 자유를 침해한다고 볼 수 없다(헌재 2016.9.29, 2015헌바309 등).

② [×] 누구든지 국회의사당의 경계지점으로부터 100m 이내의 장소에서 옥외집회 또는 시위를 할 경우 형사처벌한다고 규정한 '집회 및 시위에 관한 법률'(2007.5.11. 법률 제8424호로 전부개정된 것) 제11조 제1호 중 '국회의사당'에 관한 부분 및 제23조 중 제11조 제1호 가운데 '국회의사당'에 관한 부분(이하 위 두 조항을 합하여 '심판대상조항'이라 한다)은 집회의 자유를 침해한다(헌재 2018.5.31, 2013헌바322 등).

① [O] 심판대상조항의 신고사항은 여러 옥외집회·시위가 경합하지 않도록 하기 위해 필요한 사항이고, 질서유지 등 필요한 조치를 할 수 있도록 하는 중요한 정보이다. 옥외집회·시위에 대한 사전신고 이후 기재사항의 보완, 금지통고 및 이의절차 등이 원활하게 진행되기 위하여 늦어도 집회가 개최되기 48시간 전까지 사전신고를 하도록 규정한 것이 지나치다고 볼 수 없다. 헌법 제21조 제1항을 기초로 하여 심판대상조항을 보면, 미리 계획도 되었고 주최자도 있지만 집회시위법이 요구하는 시간 내에 신고를 할 수 없는 옥외집회인 이른바 '긴급집회'의 경우에는 신고가능성이 존재하는 즉시 신고하여야 하는 것으로 해석된다. 따라서 신고 가능한 즉시 신고한 긴급집회의 경우에까지 심판대상조항을 적용하여 처벌할 수는 없다. 따라서 심판대상조항이 과잉금지원칙에 위배하여 집회의 자유를 침해하지 아니한다(헌재 2014.1.28, 2011헌바174).

③ [O] 집회 및 시위에 관한 법률 제6조 제1항

④ [O] 비록 헌법이 명시적으로 밝히고 있지는 않으나, 집회의 자유에 의하여 보호되는 것은 단지 '평화적' 또는 '비폭력적' 집회이다. 집회의 자유는 민주국가에서 정신적 대립과 논의의 수단으로서, 평화적 수단을 이용한 의견의 표명은 헌법적으로 보호되지만, 폭력을 사용한 의견의 강요는 헌법적으로 보호되지 않는다(헌재 2003.10.30, 2000헌바67 등).

③ [×] 야간시위를 금지하는 집시법 제10조 본문에는 위헌적인 부분과 합헌적인 부분이 공존하고 있으며, 위 조항 전부의 적용이 중지될 경우 공공의 질서 내지 법적 평화에 대한 침해의 위험이 높아, 일반적인 옥외집회나 시위에 비하여 높은 수준의 규제가 불가피한 경우에도 대응하기 어려운 문제가 발생할 수 있으므로, 현행 집시법의 체계 내에서 시간을 기준으로 한 규율의 측면에서 볼 때 규제가 불가피하다고 보기 어려움에도 시위를 절대적으로 금지하여 위헌성이 명백한 부분에 한하여 위헌 결정을 한다. 심판대상조항들은, 이미 보편화된 야간의 일상적인 생활의 범주에 속하는 '해가 진 후부터 같은 날 24시까지의 시위'에 적용하는 한 헌법에 위반된다(헌재 2014.3.27, 2010헌가2 등).

① [O] 주최자는 신고한 옥외집회 또는 시위를 하지 아니하게 된 경우에는 신고서에 적힌 집회 일시 24시간 전에 그 철회사유 등을 적은 철회신고서를 관할 경찰관서장에게 제출하여야 한다(집회 및 시위에 관한 법률 제6조 제3항).

② [○] 경찰의 촬영행위는 직접적인 물리적 강제력을 동원하는 것이 아니라고 하더라도 청구인들의 일반적 인격권, 개인정보자기결정권 및 집회의 자유를 제한할 수 있다. 이러한 기본권 제한은 헌법 제37조 제2항에 따라 국가안전보장·질서유지 또는 공공복리를 위해 필요한 경우에 한하여 허용될 수 있다. 따라서 경찰의 촬영행위는 과잉금지원칙을 위반하여 국민의 일반적 인격권, 개인정보자기결정권 및 집회의 자유를 침해해서는 아니 된다. … 이 사건에서 피청구인이 신고범위를 벗어난 동안에만 집회참가자들을 촬영한 행위가 과잉금지원칙을 위반하여 집회참가자인 청구인들의 일반적 인격권, 개인정보자기결정권 및 집회의 자유를 침해한다고 볼 수 없다(헌재 2018.8.30, 2014헌마843).

④ [○] 집회의 자유는 집회의 시간, 장소, 방법과 목적을 스스로 결정할 권리를 보장한다. 집회의 자유에 의하여 구체적으로 보호되는 주요행위는 집회의 준비 및 조직, 지휘, 참가, 집회장소·시간의 선택이다. 따라서 집회의 자유는 개인이 집회에 참가하는 것을 방해하거나 또는 집회에 참가할 것을 강요하는 국가행위를 금지할 뿐만 아니라, 예컨대 집회장소로의 여행을 방해하거나, 집회장소로부터 귀가하는 것을 방해하거나, 집회참가자에 대한 검문의 방법으로 시간을 지연시킴으로써 집회장소에 접근하는 것을 방해하는 등 집회의 자유행사에 영향을 미치는 모든 조치를 금지한다(헌재 2003.10.30, 2000헌바67).

정답 ②

② [○] 일반적으로 집회는, 일정한 장소를 전제로 하여 특정 목적을 가진 다수인이 일시적으로 회합하는 것을 말하는 것으로 일컬어지고 있고, 그 공동의 목적은 '내적인 유대관계'로 족하다고 할 것이다(헌재 2009.5.28, 2007헌바22).

① [×] 법원 인근에서의 집회라 할지라도 법관의 독립을 위협하거나 재판에 영향을 미칠 염려가 없는 집회도 있다. 예컨대 법원을 대상으로 하지 않고 검찰청 등 법원 인근 국가기관이나 일반법인 또는 개인을 대상으로 한 집회로서 재판업무에 영향을 미칠 우려가 없는 집회가 있을 수 있다. 법원을 대상으로 한 집회라도 사법행정과 관련된 의사표시 전달을 목적으로 한 집회 등 법관의 독립이나 구체적 사건의 재판에 영향을 미칠 우려가 없는 집회도 있다. 한편 집시법은 심판대상조항 외에도 집회·시위의 성격과 양상에 따라 법원을 보호할 수 있는 다양한 규제수단을 마련하고 있으므로, 각급 법원 인근에서의 옥외집회·시위를 예외적으로 허용한다고 하더라도 이러한 수단을 통하여 심판대상조항의 입법목적은 달성될 수 있다. 심판대상조항은 입법목적을 달성하는 데 필요한 최소한도의 범위를 넘어 규제가 불필요하거나 또는 예외적으로 허용 가능한 옥외집회·시위까지도 일률적·전면적으로 금지하고 있으므로, 침해의 최소성원칙에 위배된다. 심판대상조항은 각급 법원 인근의 모든 옥외집회를 전면적으로 금지함으로써 상충하는 법익 사이의 조화를 이루려는 노력을 전혀 기울이지 않아, 법익의 균형성원칙에도 어긋난다. 심판대상조항은 과잉금지원칙을 위반하여 집회의 자유를 침해한다(헌재 2018.7.26, 2018헌바137).

③ [×] 금지 통고를 받은 날부터 10일 이내에 해당 경찰관서의 바로 위의 상급경찰관서의 장에게 이의를 신청할 수 있다.

④ [×] 미신고 시위에 대한 해산명령에 불응하는 자를 처벌하도록 규정한 집회 및 시위에 관한 법률 심판대상조항이 집회의 자유를 침해하지 않는다(헌재 2016.9.29, 2014헌바492).

정답 ④

④ [×] 이 사건 공권력 행사는 경호대상자의 안전 보호 및 국가 간 친선관계의 고양, 질서유지 등을 위한 것이다. 돌발적이고 경미한 변수의 발생도 대비하여야 하는 경호의 특수성을 고려할 때, 경호활동에는 다양한 취약 요소들에 사전적·예방적으로 대비할 수 있는 안전조치가 충분히 이루어질 필요가 있고, 이 사건 공권력 행사는 집회장소의 장소적 특성과 미합중국 대통령의 이동경로, 집회 참가자와의 거리, 질서유지에 필요한 시간 등을 고려하여 경호 목적 달성을 위한 최소한의 범위에서 행해진 것으로 침해의 최소성을 갖추었다. 또한, 이 사건 공권력행사로 인해 제한된 사익은 집회 또는 시위의 자유 일부에 대한 제한으로서 국가간 신뢰를 공고히 하고 발전적인 외교관계를 맺으려는 공익이 위 제한되는 사익보다 덜 중요하다고 할 수 없다. 따라서 이 사건 공권력 행사는 과잉금지원칙을 위반하여 청구인들의 집회의 자유 등을 침해하였다고 할 수 없다(헌재 2021.10.28, 2019헌마1091).

① [○] 집시법은 옥외집회나 시위가 사전신고한 범위를 뚜렷이 벗어나 신고제도의 목적달성을 심히 곤란하게 하고, 그로 인하여 질서를 유지할 수 없게 된 경우에 공공의 안녕질서 유지 및 회복을 위해 해산명령을 할 수 있도록 하고 있다. 심판대상조항은 이러한 해산명령 제도의 실효성 확보를 위해 해산명령에 불응하는 자를 형사처벌하도록 한 것으로서 입법목적의 정당성과 수단의 적절성이 인정된다. … 심판대상조항이 달성하려는 공공의 안녕질서 유지 및 회복이라는 공익과 심판대상조항으로 인하여 제한되는 청구인들의 집회의 자유 사이의 균형을 상실하였다고 보기 어려우므로, 심판대상조항은 과잉금지원칙을 위반하여 집회의 자유를 침해한다고 볼 수 없다(헌재 2016.9.29, 2015헌바309 등).

② [○] 집회장소가 바로 집회의 목적과 효과에 대하여 중요한 의미를 가지기 때문에, 누구나 '어떤 장소에서' 자신이 계획한 집회를 할 것인가를 원칙적으로 자유롭게 결정할 수 있어야만 집회의 자유가 비로소 효과적으로 보장되는 것이다. 따라서 집회의 자유는 다른 법익의 보호를 위하여 정당화되지 않는 한, 집회장소를 항의의 대상으로부터 분리시키는 것을 금지한다(헌재 2003.10.30, 2000헌바67).

③ [○] 집회나 시위 해산을 위한 살수차 사용은 집회의 자유 및 신체의 자유에 대한 중대한 제한을 초래하므로 살수차 사용요건이나 기준은 법률에 근거를 두어야 하고, 살수차와 같은 위해성 경찰장비는 본래의 사용방법에 따라 지정된 용도로 사용되어야 하며 다른 용도나 방법으로 사용하기 위해서는 반드시 법령에 근거가 있어야 한다. 혼합살수방법은 법령에 열거되지 않은 새로운 위해성 경찰장비에 해당하고 이 사건 지침에 혼합살수의 근거 규정을 둘 수 있도록 위임하고 있는 법령이 없으므로, 이 사건 지침은 법률유보원칙

에 위배되고 이 사건 지침만을 근거로 한 이 사건 혼합살수행위 역시 법률유보원칙에 위배된다. 따라서 이 사건 혼합살수행위는 청구인들의 신체의 자유와 집회의 자유를 침해한다(헌재 2018.5.31, 2015헌마476).

334
정답 ③

③ [×] 초상권 및 사생활의 비밀과 자유에 대한 부당한 침해는 불법행위를 구성하는데, 위 침해는 그것이 공개된 장소에서 이루어졌다거나 민사소송의 증거를 수집할 목적으로 이루어졌다는 사유만으로는 정당화되지 아니한다. … 위 피고들의 행위는 특정의 목적을 가지고 의도적·계속적으로 주시하고 미행하면서 사진을 촬영함으로써 원고들에 관한 정보를 임의로 수집한 것이어서, 비록 그것이 공개된 장소에서 민사소송의 증거를 수집할 목적으로 이루어졌다고 하더라도 초상권 및 사생활의 비밀과 자유의 보호영역을 침범한 것으로서 불법행위를 구성한다고 할 것이다. 원심이 이 부분에 관하여 같은 결론에 이른 판단은 정당하다(대판 2006.10.13, 2004다16280).

① [○] 집회의 자유에 의하여 보호되는 것은 단지 '평화적' 또는 '비폭력적' 집회이다. 집회의 자유는 민주국가에서 정신적 대립과 논의의 수단으로서, 평화적 수단을 이용한 의견의 표명은 헌법적으로 보호되지만, 폭력을 사용한 의견의 강요는 헌법적으로 보호되지 않는다(헌재 2003.10.30, 2000헌바67 등).

② [○] 근로소득자인 청구인들의 진료정보가 본인들의 동의 없이 국세청 등으로 제출·전송·보관되는 것은 위 청구인들의 개인정보자기결정권을 제한하는 것으로서, … 이 사건 법령조항은 의료비 특별공제를 받고자 하는 근로소득자의 연말정산을 위한 소득공제증빙자료 제출의 불편을 해소하는 동시에 이에 따른 근로자와 사업자의 시간적·경제적 비용을 절감하고 부당한 소득공제를 방지하려는 데 그 목적이 있고 … 근로소득자들의 개인정보자기결정권을 침해하였다고 볼 수 없다(헌재 2008.10.30, 2006헌마1401 등).

④ [○] 이 사건 법률조항은 공소 제기된 자로서 구금되었다는 사실 자체에 사회적 비난의 의미를 부여한다거나 그 유죄의 개연성에 근거하여 직무를 정지시키는 것이 아니라, 구금의 효과, 즉 구속되어 있는 자치단체장의 물리적 부재상태로 말미암아 자치단체행정의 원활하고 계속적인 운영에 위험이 발생할 것이 명백하여 이를 미연에 방지하기 위하여 직무를 정지시키는 것이므로, '범죄사실의 인정 또는 유죄의 인정에서 비롯되는 불이익'이라거나 '유죄를 근거로 하는 사회윤리적 비난'이라고 볼 수 없다. 따라서 무죄추정의 원칙에 위반되지 않는다(헌재 2011.4.28, 2010헌마474).

335
정답 ②

② [○] 집회의 자유는 국민들이 타인과 접촉하고 정보와 의견을 교환하며 공동의 목적을 위하여 집단적으로 의사표현을 할 수 있게 함으로써 개성신장과 아울러 여론형성에 영향을 미칠 수 있게 하여 동화적 통합을 촉진하는 기능을 가지며, 나아가 정치·사회현상에 대한 불만과 비판을 공개적으로 표

출케 함으로써 정치적 불만세력을 사회적으로 통합하여 정치적 안정에 기여하는 역할을 한다(헌재 2009.9.24, 2008헌가25).

① [×] 일반적으로 집회는, 일정한 장소를 전제로 하여 특정 목적을 가진 다수인이 일시적으로 회합하는 것을 말하는 것으로 일컬어지고 있고, 그 공동의 목적은 '내적인 유대관계'로 족하다(헌재 2009.5.28, 2007헌바22).

③ [×] 법인도 결사의 자유의 주체가 될 수 있다. 헌법재판소도 축협중앙회라는 결사체도 그 결사의 구성원인 회원조합들과 별도로 결사의 자유의 주체가 될 수 있다고 하였다.

④ [×] 집회의 자유에 대한 제한은 다른 중요한 법익의 보호를 위하여 반드시 필요한 경우에 한하여 정당화되는 것이며, 특히 집회의 금지와 해산은 원칙적으로 공공의 안녕질서에 대한 직접적인 위협이 명백하게 존재하는 경우에 한하여 허용될 수 있다. 집회의 금지와 해산은 집회의 자유를 보다 적게 제한하는 다른 수단, 즉 조건(예컨대 시위참가자 수의 제한, 시위대상과의 거리제한, 시위방법, 시기, 소요시간의 제한 등)을 붙여 집회를 허용하는 가능성을 모두 소진한 후에 비로소 고려될 수 있는 최종적인 수단이다(헌재 2003. 10.30, 2000헌바67 등).

336
정답 ④

④ [×] 헌법 제21조 제1항이 보장하고 있는 결사의 자유에 의하여 보호되는 "결사" 개념에는 법이 특별한 공공목적에 의하여 구성원의 자격을 정하고 있는 특수단체의 조직활동까지 그에 해당하는 것으로 볼 수 없다(헌재 1994.2.24, 92헌바43).

① [○] 해가 진 후부터 같은 날 24시까지의 시위의 경우, 이미 보편화된 야간의 일상적인 생활의 범주에 속하는 것이어서 특별히 공공의 질서 내지 법적 평화를 침해할 위험성이 크다고 할 수 없으므로 그와 같은 시위를 일률적으로 금지하는 것은 과잉금지원칙에 위반됨이 명백하다(헌재 2014.3.27, 2010헌가2).

② [○] 집회참가자에 대한 검문의 방법으로 시간을 지연시킴으로써 집회장소에 접근하는 것을 방해하는 등 집회의 자유행사에 영향을 미치는 모든 조치를 금지한다(헌재 2003.10.30, 2000헌바67).

③ [○] 법인의 설립 및 존속은 그 자체가 간접적인 직업선택 또는 직업수행의 한 방법으로서 농조의 해산 및 공사에의 합병으로 인하여 조합원이 그 소속 조합을 존속시키지 못하게 됨에 따라 직업의 자유를 제한받는 듯이 보이나, 앞에서 본 바와 같이 농지개량조합을 공법인으로 보아 결사의 자유의 대상이 되는 결사체임을 부정하는 이상 법인의 설립·존속과 관련하여 별도로 '직업의 자유'가 침해된다고 보기 어렵다(헌재 2000.11.30, 99헌마190).

337
정답 ④

④ [×] 농협은 앞서 본 바와 같이 기본적으로 사법인의 성격을 지니지만, 농협법에서 정하는 특정한 국가적 목적을 위하여 설립되는 공공성이 강한 법인으로, 그 수행하는 사업

내지 업무가 국민경제에서 상당한 비중을 차지하고 국민경제 및 국가 전체의 경제와 관련된 경제적 기능에 있어서 금융기관에 준하는 공공성을 가진다. … 공적인 역할을 수행하는 결사 또는 그 구성원들이 기본권의 침해를 주장하는 경우에 과잉금지원칙 위배 여부를 판단할 때에는, 순수한 사적인 임의결사의 기본권이 제한되는 경우의 심사에 비해서는 완화된 기준을 적용할 수 있다. 이 사건에서도 농협의 공법인적 성격과 조합장선거 관리의 공공성 등의 특성상 기본권 제한의 과잉금지원칙 위배 여부를 심사함에 있어 농협 및 농협조합장선거의 공적인 측면을 고려해야 할 것이다(헌재 2012.12.27, 2011헌마562 등).

① [○] 집회 및 시위의 자유는 민주정치에 있어서 필수의 전제가 되는 것이므로 그 보장이 절실히 요구된다(헌재 1992.1.28, 89헌가8).

② [○] 구 집회 및 시위에 관한 법률에 의하여 보장 및 규제의 대상이 되는 집회란 '특정 또는 불특정 다수인이 공동의 의견을 형성하여 이를 대외적으로 표명할 목적 아래 일시적으로 일정한 장소에 모이는 것'을 말하고, 모이는 장소나 사람의 다과에 제한이 있을 수 없으므로, 2인이 모인 집회도 위 법의 규제 대상이 된다고 보아야 한다(대판 2012.5.24, 2010도11381).

③ [○] 지역농협 이사 선거의 경우 전화·컴퓨터통신을 이용한 지지 호소의 선거운동방법을 금지하고, 이를 위반한 자를 처벌하는 것은 과잉금지원칙을 위반하여 결사의 자유, 표현의 자유를 침해하여 헌법에 위반된다(헌재 2016.11.24, 2015헌바62).

338
정답 ①

① [×] 이 사건 제2호 부분은 재판에 영향을 미칠 염려가 있거나 미치게 하기 위한 집회·시위를 사전적·전면적으로 금지하고 있을 뿐 아니라, 어떠한 집회·시위가 규제대상에 해당하는지를 판단할 수 있는 아무런 기준도 제시하지 아니함으로써 사실상 재판과 관련된 집단적 의견표명 일체가 불가능하게 되어 집회의 자유를 실질적으로 박탈하는 결과를 초래하므로 최소침해성원칙에 반한다. … 따라서 이 사건 제2호 부분은 과잉금지원칙에 위배되어 집회의 자유를 침해한다(헌재 2016.9.29, 2014헌가3 등).

② [○] 법원 인근에서의 집회라 할지라도 법관의 독립을 위협하거나 재판에 영향을 미칠 염려가 없는 집회도 있다. 예컨대 법원을 대상으로 하지 않고 검찰청 등 법원 인근 국가기관이나 일반법인 또는 개인을 대상으로 한 집회로서 재판업무에 영향을 미칠 우려가 없는 집회가 있을 수 있다. 법원을 대상으로 한 집회라도 사법행정과 관련된 의사표시 전달을 목적으로 한 집회 등 법관의 독립이나 구체적 사건의 재판에 영향을 미칠 우려가 없는 집회도 있다. … 심판대상조항은 입법목적을 달성하는 데 필요한 최소한도의 범위를 넘어 규제가 불필요하거나 또는 예외적으로 허용 가능한 옥외집회·시위까지도 일률적·전면적으로 금지하고 있으므로, 침해의 최소성원칙에 위배된다. 심판대상조항은 각급 법원 인근의 모든 옥외집회를 전면적으로 금지함으로써 상충하는 법익 사이의 조화를 이루려는 노력을 전혀 기울이지 않아,

법익의 균형성원칙에도 어긋난다. 심판대상조항은 과잉금지원칙을 위반하여 집회의 자유를 침해한다(헌재 2018.7.26, 2018헌바137).

③ [○]

> 헌법 제21조 ② 언론·출판에 대한 허가나 검열과 집회·결사에 대한 허가는 인정되지 아니한다.
>
> **집회 및 시위에 관한 법률 제6조【옥외집회 및 시위의 신고 등】**① 옥외집회나 시위를 주최하려는 자는 그에 관한 다음 각 호의 사항 모두를 적은 신고서를 옥외집회나 시위를 시작하기 720시간 전부터 48시간 전에 관할 경찰서장에게 제출하여야 한다.

④ [○] 근로자가 노동조합을 결성하지 아니할 자유나 노동조합에 가입을 강제당하지 아니할 자유, 그리고 가입한 노동조합을 탈퇴할 자유는 근로자에게 보장된 단결권의 내용에 포섭되는 권리로서가 아니라 헌법 제10조의 행복추구권에서 파생되는 일반적 행동의 자유 또는 제21조 제1항의 결사의 자유에서 그 근거를 찾을 수 있다(헌재 2005.11.24, 2002헌바95).

339
정답 ③

③ [×] 헌법 제21조 제2항의 '허가'는 '행정청이 주체가 되어 집회의 허용 여부를 사전에 결정하는 것'으로서 행정청에 의한 사전허가는 헌법상 금지되지만, 입법자가 법률로써 일반적으로 집회를 제한하는 것은 헌법상 '사전허가금지'에 해당하지 않는다(헌재 2014.4.24, 2011헌가29).

① [○] 구 집시법에 '옥외집회'에 대한 정의규정은 있으나 '집회'에 대한 정의규정은 없음은 청구인의 주장과 같다. 그러나 일반적으로 집회는, 일정한 장소를 전제로 하여 특정 목적을 가진 다수인이 일시적으로 회합하는 것을 말하는 것으로 일컬어지고 있고, 그 공동의 목적은 '내적인 유대 관계'로 족하다고 할 것이다(헌재 2009.5.28, 2007헌바22).

② [○] 구 집시법 제6조 제1항은, 옥외집회를 주최하려는 자는 그에 관한 신고서를 옥외집회를 시작하기 720시간 전부터 48시간 전에 관할 경찰서장에게 제출하도록 하고 있다. 이러한 사전신고는 경찰관청 등 행정관청으로 하여금 집회의 순조로운 개최와 공공의 안전보호를 위하여 필요한 준비를 할 수 있는 시간적 여유를 주기 위한 것으로서, 협력의무로서의 신고라고 할 것이다. 결국, 구 집시법 전체의 규정 체제에서 보면 법은 일정한 신고절차만 밟으면 일반적·원칙적으로 옥회집회 및 시위를 할 수 있도록 보장하고 있으므로, 집회에 대한 사전신고제도는 헌법 제21조 제2항의 사전허가금지에 반하지 않는다고 할 것이다(헌재 2009.5.28, 2007헌바22).

④ [○] 해가 진 후부터 같은 날 24시까지의 시위의 경우, 이미 보편화된 야간의 일상적인 생활의 범주에 속하는 것이어서 특별히 공공의 질서 내지 법적 평화를 침해할 위험성이 크다고 할 수 없으므로 그와 같은 시위를 일률적으로 금지하는 것은 과잉금지원칙에 위반됨이 명백하다(헌재 2014.3.27, 2010헌가2).

③ [×] 집회의 자유에 의하여 보호되는 것은 단지 '평화적' 또는 '비폭력적' 집회이다. 집회의 자유는 민주국가에서 정신적 대립과 논의의 수단으로서, 평화적 수단을 이용한 의견의 표명은 헌법적으로 보호되지만, 폭력을 사용한 의견의 강요는 헌법적으로 보호되지 않는다. 헌법은 집회의 자유를 국민의 기본권으로 보장함으로써, 평화적 집회 그 자체는 공공의 안녕질서에 대한 위험이나 침해로서 평가되어서는 아니 되며, 개인이 집회의 자유를 집단적으로 행사함으로써 불가피하게 발생하는 일반 대중에 대한 불편함이나 법익에 대한 위험은 보호법익과 조화를 이루는 범위 내에서 국가와 제3자에 의하여 수인되어야 한다는 것을 헌법 스스로 규정하고 있는 것이다(헌재 2003.10.30, 2000헌바67 등).

① [○] 집회의 자유에는 집회의 장소를 스스로 결정할 장소선택의 자유가 포함되고, 집회장소는 집회의 목적을 달성하는 데 있어서 중요한 의미를 지니는 경우가 많기 때문에 집회장소를 자유롭게 선택할 수 있어야만 집회의 자유가 비로소 효과적으로 보장되므로, 장소선택의 자유는 집회의 자유의 한 실질을 형성한다(헌재 2009.12.29, 2006헌바20 등).

② [○] 일반적으로 집회는, 일정한 장소를 전제로 하여 특정 목적을 가진 다수인이 일시적으로 회합하는 것을 말하는 것으로 일컬어지고 있고, 그 공동의 목적은 '내적인 유대 관계'로 족하다(헌재 2009.5.28, 2007헌바22).

④ [○] 집회참가자에 대한 검문의 방법으로 시간을 지연시킴으로써 집회장소에 접근하는 것을 방해하는 등 집회의 자유행사에 영향을 미치는 모든 조치를 금지한다(헌재 2003.10.30, 2000헌바67).

② [×] 법관의 독립은 공정한 재판을 위한 필수 요소로서 다른 국가기관이나 사법부 내부의 간섭으로부터의 독립뿐만 아니라 사회적 세력으로부터의 독립도 포함한다. 심판대상조항의 입법목적은 법원 앞에서 집회를 열어 법원의 재판에 영향을 미치려는 시도를 막으려는 것이다. 이런 입법목적은 법관의 독립과 재판의 공정성 확보라는 헌법의 요청에 따른 것이므로 정당하다. 각급 법원 인근에 집회·시위금지장소를 설정하는 것은 입법목적 달성을 위한 적합한 수단이다. … 심판대상조항은 입법목적을 달성하는 데 필요한 최소한도의 범위를 넘어 규제가 불필요하거나 또는 예외적으로 허용 가능한 옥외집회·시위까지도 일률적·전면적으로 금지하고 있으므로, 침해의 최소성원칙에 위배된다. 심판대상조항은 각급 법원 인근의 모든 옥외집회를 전면적으로 금지함으로써 상충하는 법익 사이의 조화를 이루려는 노력을 전혀 기울이지 않아, 법익의 균형성원칙에도 어긋난다. 심판대상조항은 과잉금지원칙을 위반하여 집회의 자유를 침해한다(헌재 2018.7.26, 2018헌바137).

① [○] 집회의 자유는 개인의 인격발현의 요소이자 민주주의를 구성하는 요소라는 이중적 헌법적 기능을 가지고 있다. 인간의 존엄성과 자유로운 인격발현을 최고의 가치로 삼는 우리 헌법질서 내에서 집회의 자유도 다른 모든 기본권과 마찬가지로 일차적으로는 개인의 자기결정과 인격발현에 기

여하는 기본권이다. 뿐만 아니라, 집회를 통하여 국민들이 자신의 의견과 주장을 집단적으로 표명함으로써 여론의 형성에 영향을 미친다는 점에서, 집회의 자유는 표현의 자유와 더불어 민주적 공동체가 기능하기 위하여 불가결한 근본요소에 속한다(헌재 2003.10.30, 2000헌바67 등).

③ [○]

> **집회 및 시위에 관한 법률 제16조【주최자의 준수 사항】**
> ① 집회 또는 시위의 주최자는 집회 또는 시위에 있어서의 질서를 유지하여야 한다.
> ② 집회 또는 시위의 주최자는 집회 또는 시위의 질서 유지에 관하여 자신을 보좌하도록 18세 이상의 사람을 질서유지인으로 임명할 수 있다.
> ③ 집회 또는 시위의 주최자는 제1항에 따른 질서를 유지할 수 없으면 그 집회 또는 시위의 종결(終結)을 선언하여야 한다.

④ [○] 개인정보자기결정권은 자신에 관한 정보가 언제 누구에게 어느 범위까지 알려지고 또 이용되도록 할 것인지를 그 정보주체가 스스로 결정할 수 있는 권리이다. 개인정보자기결정권의 보호대상이 되는 개인정보는 개인의 신체, 신념, 사회적 지위, 신분 등과 같이 개인이 인격주체성을 특징짓는 사항으로서 개인의 동일성을 식별할 수 있게 하는 일체의 정보라고 할 수 있고, 반드시 개인의 내밀한 영역이나 사사(私事)의 영역에 속하는 정보에 국한되지 않고 공적 생활에서 형성되었거나 이미 공개된 정보까지 포함한다. 또한 이러한 개인정보를 대상으로 한 조사·수집·보관·처리·이용 등의 행위는 원칙적으로 개인정보자기결정권에 대한 제한에 해당한다. 따라서 경찰의 촬영행위는 개인정보자기결정권의 보호대상이 되는 신체, 특정인의 집회·시위 참가 여부 및 그 일시·장소 등의 개인정보를 정보주체의 동의 없이 수집하였다는 점에서 개인정보자기결정권을 제한할 수 있다(헌재 2018.8.30, 2014헌마843).

④ [×] 무릇 어떤 행정법규 위반행위에 대하여, 이를 단지 간접적으로 행정상의 질서에 장해를 줄 위험성이 있음에 불과한 경우(단순한 의무태만 내지 의무위반)로 보아 행정질서벌인 과태료를 과할 것인가, 아니면 직접적으로 행정목적과 공익을 침해한 행위로 보아 행정형벌을 과할 것인가, 그리고 행정형벌을 과할 경우 그 법정형의 형종과 형량을 어떻게 정할 것인가는, 당해 위반행위가 위의 어느 경우에 해당하는가에 대한 법적 판단을 그르친 것이 아닌 한 그 처벌내용은 기본적으로 입법권자가 제반 사정을 고려하여 결정할 그 입법재량에 속하는 문제라고 할 수 있다(헌재 1994.4.28, 91헌바14).

① [○] 이 사건 금지장소 조항은 국무총리 공관의 기능과 안녕을 직접 저해할 가능성이 거의 없는 '소규모 옥외집회·시위의 경우', '국무총리를 대상으로 하는 옥외집회·시위가 아닌 경우'까지도 예외 없이 옥외집회·시위를 금지하고 있는바, 이는 입법목적 달성에 필요한 범위를 넘는 과도한 제한이다. … 이 사건 금지장소 조항은 그 입법목적을 달성하는 데 필요한 최소한도의 범위를 넘어, 규제가 불필요하거나 또는 예외적으로 허용하는 것이 가능한 집회까지도 이를 일률적·전면적

으로 금지하고 있다고 할 것이므로 침해의 최소성원칙에 위배된다. … 이 사건 금지장소 조항은 과잉금지원칙을 위반하여 집회의 자유를 침해한다(헌재 2018.6.28, 2015헌가28 등).

② [O] 헌법 제21조 제2항은 "언론·출판에 대한 허가나 검열과 집회·결사에 대한 허가는 인정되지 아니한다."고 규정하여 헌법 자체에서 언론·출판에 대한 허가나 검열의 금지와 더불어 집회에 대한 허가금지를 명시함으로써, 집회의 자유에 있어서는 다른 기본권 조항들과는 달리, '허가'의 방식에 의한 제한을 허용하지 않겠다는 헌법적 결단을 분명히 하고 있다. 한편, 헌법 제21조 제2항의 '허가'는 '행정청이 주체가 되어 집회의 허용 여부를 사전에 결정하는 것'으로서 행정청에 의한 사전허가는 헌법상 금지되지만, 입법자가 법률로써 일반적으로 집회를 제한하는 것은 헌법상 '사전허가 금지'에 해당하지 않는다(헌재 2014.4.24, 2011헌가29).

③ [O] 이 사건 법률조항은 외교기관의 경계지점으로부터 반경 100m 이내 지점에서의 집회 및 시위를 원칙적으로 금지하되, 그 가운데에서도 외교기관의 기능이나 안녕을 침해할 우려가 없다고 인정되는 세 가지의 예외적인 경우에는 이러한 집회 및 시위를 허용하고 있는바, … 이 사건 법률조항으로 달성하고자 하는 공익은 외교기관의 기능과 안전의 보호라는 국가적 이익이며, 이 사건 법률조항은 법익충돌의 위험성이 없는 경우에는 외교기관 인근에서의 집회나 시위도 허용함으로써 구체적인 상황에 따라 상충하는 법익간의 조화를 이루고 있다. 따라서 이 사건 법률조항이 청구인의 집회의 자유를 침해한다고 할 수 없다(헌재 2010.10.28, 2010헌마111).

343 정답 ①

① [×] 이 사건 제2호 부분은 재판에 영향을 미칠 염려가 있거나 미치게 하기 위한 집회·시위를 사전적·전면적으로 금지하고 있을 뿐 아니라, 어떠한 집회·시위가 규제대상에 해당하는지를 판단할 수 있는 아무런 기준도 제시하지 아니함으로써 사실상 재판과 관련된 집단적 의견표명 일체가 불가능하게 되어 집회의 자유를 실질적으로 박탈하는 결과를 초래하므로 최소침해성원칙에 반한다. … 따라서 이 사건 제2호 부분은 과잉금지원칙에 위배되어 집회의 자유를 침해한다(헌재 2016.9.29, 2014헌가3 등).

② [O] 법원 인근에서의 집회라 할지라도 법관의 독립을 위협하거나 재판에 영향을 미칠 염려가 없는 집회도 있다. 예컨대 법원을 대상으로 하지 않고 검찰청 등 법원 인근 국가기관이나 일반법인 또는 개인을 대상으로 한 집회로서 재판업무에 영향을 미칠 우려가 없는 집회가 있을 수 있다. 법원을 대상으로 한 집회라도 사법행정과 관련된 의사표시 전달을 목적으로 한 집회 등 법관의 독립이나 구체적 사건의 재판에 영향을 미칠 우려가 없는 집회도 있다. … 심판대상조항은 입법목적을 달성하는 데 필요한 최소한도의 범위를 넘어 규제가 불필요하거나 또는 예외적으로 허용 가능한 옥외집회·시위까지도 일률적·전면적으로 금지하고 있으므로, 침해의 최소성원칙에 위배된다. 심판대상조항은 각급 법원 인근의 모든 옥외집회를 전면적으로 금지함으로써 상충하는 법익 사이의 조화를 이루려는 노력을 전혀 기울이지 않아,

법익의 균형성 원칙에도 어긋난다. 심판대상조항은 과잉금지원칙을 위반하여 집회의 자유를 침해한다(헌재 2018.7.26, 2018헌바137).

③ [O] '국내주재 외교기관' 인근에서 금지한 것은 위헌이며(헌재 2003.10.30, 2000헌바67 등), '각급 법원' 인근에서 금지한 것은 합헌이라는 입장이었으나(헌재 2005.11.24, 2004헌가17), 최근 위헌결정을 하였다. '국회' 인근에서 금지한 것에 대해서는 헌법불합치결정을 한바 있다(헌재 2018.5.31, 2013헌바322 등). 각급 법원의 경계 지점으로부터 100m 이내의 장소에서 옥외집회 또는 시위의 전면적 금지는 입법목적을 달성하는 데 필요한 최소한도의 범위를 넘어 규제가 불필요하거나 또는 예외적으로 허용 가능한 옥외집회·시위까지도 일률적·전면적으로 금지하고 있으므로, 침해의 최소성원칙 등에 위반하여 집회의 자유를 침해한다(헌재 2018.7.26, 2018헌바137).

④ [O] 야간시위를 금지하는 집회 및 시위에 관한 법률(이하 '집시법'이라 한다) 제10조 본문에는 위헌적인 부분과 합헌적인 부분이 공존하고 있으며, 위 조항 전부의 적용이 중지될 경우 공공의 질서 내지 법적 평화에 대한 침해의 위험이 높아, 일반적인 옥외집회나 시위에 비하여 높은 수준의 규제가 불가피한 경우에도 대응하기 어려운 문제가 발생할 수 있으므로, 현행 집시법의 체계 내에서 시간을 기준으로 한 규율의 측면에서 볼 때 규제가 불가피하다고 보기 어려움에도 시위를 절대적으로 금지하여 위헌성이 명백한 부분에 한하여 위헌결정을 한다. 심판대상조항들은, 이미 보편화된 야간의 일상적인 생활의 범주에 속하는 '해가 진 후부터 같은 날 24시까지의 시위'에 적용하는 한 헌법에 위반된다(헌재 2014.3.27, 2010헌가2).

344 정답 ②

② [×] 집회의 자유에 의하여 보호되는 것은 단지 '평화적' 또는 '비폭력적' 집회이다. 집회의 자유는 민주국가에서 정신적 대립과 논의의 수단으로서, 평화적 수단을 이용한 의견의 표명은 헌법적으로 보호되지만, 폭력을 사용한 의견의 강요는 헌법적으로 보호되지 않는다. 헌법은 집회의 자유를 국민의 기본권으로 보장함으로써, 평화적 집회 그 자체는 공공의 안녕질서에 대한 위험이나 침해로서 평가되어서는 아니 되며, 개인이 집회의 자유를 집단적으로 행사함으로써 불가피하게 발생하는 일반대중에 대한 불편함이나 법익에 대한 위험은 보호법익과 조화를 이루는 범위 내에서 국가와 제3자에 의하여 수인되어야 한다는 것을 헌법 스스로 규정하고 있는 것이다[헌재 2003.10.30, 2000헌바67, 83(병합)].

① [O] 집시법상의 시위는, 다수인이 공동목적을 가지고 ⓐ 도로·광장·공원 등 공중이 자유로이 통행할 수 있는 장소를 행진함으로써 불특정 여러 사람의 의견에 영향을 주거나 제압을 가하는 행위와 ⓑ 위력 또는 기세를 보여 불특정 여러 사람의 의견에 영향을 주거나 제압을 가하는 행위를 말한다고 풀이해야 할 것이다. 따라서 집시법상의 시위는 반드시 '일반인이 자유로이 통행할 수 있는 장소'에서 이루어져야 한다거나 '행진' 등 장소 이동을 동반해야만 성립하는 것은 아니다(헌재 2014.3.27, 2010헌가2).

③ [O] 집회장소가 바로 집회의 목적과 효과에 대하여 중요한 의미를 가지기 때문에, 누구나 '어떤 장소에서' 자신이 계획한 집회를 할 것인가를 원칙적으로 자유롭게 결정할 수 있어야만 집회의 자유가 비로소 효과적으로 보장되는 것이다. 따라서 집회의 자유는 다른 법익의 보호를 위하여 정당화되지 않는 한, 집회장소를 항의의 대상으로부터 분리시키는 것을 금지한다(헌재 2003.10.30, 2000헌바67).

④ [O] 집시법은 미신고 시위가 타인의 법익이나 공공의 안녕질서에 대한 직접적인 위험을 초래한 경우에 해산명령을 할 수 있도록 규정하고 있다. 집시법상 해산명령은 미신고 시위라는 이유만으로 발할 수 있는 것이 아니라, 미신고 시위로 인하여 타인의 법익이나 공공의 안녕질서에 대한 위험이 명백하게 발생한 경우에만 발할 수 있고, 먼저 자진 해산을 요청한 후 참가자들이 자진 해산 요청에 따르지 아니하는 경우에 해산명령을 내리도록 하고 이에 불응하는 경우에만 처벌하는 점 등을 고려하면, 심판대상조항은 집회의 자유에 대한 제한을 최소화하고 있다. 해산명령에 불응하는 행위는 단순히 행정질서에 장해를 줄 위험성이 있는 정도의 의무태만 내지 의무위반이 아니고, 직접적으로 행정목적을 침해하고 나아가 공익을 침해할 고도의 개연성을 띤 행위라고 볼 수 있으므로, 심판대상조항이 법정형의 종류 및 범위의 선택에 관한 입법재량의 한계를 벗어난 과중한 처벌을 규정하였다고도 볼 수 없다. 또한 심판대상조항이 달성하려는 공공의 안녕질서 유지 및 회복이라는 공익과 심판대상조항으로 인하여 제한되는 청구인의 집회의 자유 사이의 균형을 상실하였다고 보기 어려우므로, 심판대상조항은 과잉금지원칙을 위반하여 집회의 자유를 침해한다고 볼 수 없다(헌재 2016.9.29, 2014헌바492).

345　　　　　　　　　　　　　　　　　　정답 ①

① [×] 구 음반에관한법률 제3조 제1항이 비디오물을 포함하는 음반제작자에 대하여 일정한 시설을 갖추어 문화공보부에 등록할 것을 명하는 것은 음반제작에 필수적인 기본시설을 갖추지 못함으로써 발생하는 폐해방지 등의 공공복리 목적을 위한 것으로서 헌법상 금지된 허가제나 검열제와는 다른 차원의 규정이고, 예술의 자유나 언론·출판의 자유를 본질적으로 침해하였다거나 헌법 제37조 제2항의 과잉금지의 원칙에 반한다고 할 수 없다(헌재 1993.5.13, 91헌바17).

② [O] 이 사건 법률조항은 학교정화구역 내의 극장영업을 금지하고 있다. 극장은 영상물·공연물 등 의사표현의 매개체를 일반 공중에 표현하는 장소로서의 의미가 있다. 따라서 극장의 자유로운 운영에 대한 제한은 공연물·영상물이 지니는 표현물·예술작품으로서의 성격에 기하여 표현의 자유 및 예술의 자유의 제한효과도 가지고 있음을 부인할 수 없다(헌재 2004.05.27, 2003헌가1·2004헌가4).

③ [O] 청구인들은 심판대상조항이 예술의 자유와 표현의 자유도 제한한다고 주장하고, 청구인들이 자신의 미적 감상 등을 문신시술을 통하여 시각적으로 표현할 수 있다는 측면에서 문신시술이 예술의 자유 또는 표현의 자유의 영역에 포함될 수 있다. 그런데 하나의 규제로 인해 여러 기본권이 동시에 제약을 받는 기본권경합의 경우에는 기본권침해를 주장하는 청구인의 의도 및 기본권을 제한하는 입법자의 객관적 동기 등을 참작하여 사안과 가장 밀접한 관계에 있고 또 침해의 정도가 큰 주된 기본권을 중심으로 해서 그 제한의 한계를 따져 보아야 할 것이다(헌재 1998.4.30, 95헌가16 ; 헌재 2004.5.27, 2003헌가1 등). 이 사건에서 청구인들은 의료인이 아니더라도 문신시술업을 합법적인 직업으로 영위할 수 있어야 함을 주장하고 있고, 심판대상조항의 일차적 의도도 보건위생상 위해 가능성이 있는 행위를 규율하고자 하는 데 있으며, 심판대상조항에 의한 예술의 자유 또는 표현의 자유의 제한은 문신시술업이라는 직업의 자유에 대한 제한을 매개로 하여 간접적으로 제약되는 것이라 할 것인바, 사안과 가장 밀접하고 침해의 정도가 큰 직업선택의 자유를 중심으로 심판대상조항의 위헌 여부를 살피는 이상 예술의 자유와 표현의 자유 침해 여부에 대하여는 판단하지 아니한다(헌재 2022.3.31, 2017헌마1343).

④ [O] 헌법 제22조 제2항은 저작자·발명가·과학기술자와 예술가의 권리는 법률로써 보호한다고 하여 학문과 예술의 자유를 제도적으로 뒷받침해 주고 학문과 예술의 자유에 내포된 문화국가실현의 실효성을 높이기 위하여 저작자 등의 권리보호를 국가의 과제로 규정하고 있고, 입법자는 특허법을 통하여 발명가의 권리를 보호하고 있다(헌재 2018.8.30, 2017헌바258).

346　　　　　　　　　　　　　　　　　　정답 ③

③ [×] 국정교과서제도는 교과서라는 형태의 도서에 대하여 국가가 이를 독점하는 것이지만, 국민의 수학권의 보호라는 차원에서 학년과 학과에 따라 어떤 교과용 도서에 대하여 이를 자유발행제로 하는 것이 온당하지 못한 경우가 있을 수 있고 그러한 경우 국가가 관여할 수밖에 없다는 것과 관여할 수 있는 헌법적 근거가 있다는 것을 인정한다면 그 인정의 범위 내에서 국가가 이를 검·인정제로 할 것인가 또는 국정제로 할 것인가에 대하여 재량권을 갖는다고 할 것이므로 중학교의 국어교과서에 관한 한, 교과용 도서의 국정제는 학문의 자유나 언론·출판의 자유를 침해하는 제도가 아님은 물론 교육의 자주성·전문성·정치적 중립성과도 무조건 양립되지 않는 것이라 하기 어렵다(헌재 1992.11.12, 89헌마88).

① [O] 대학교수인 피고인이 제작·반포한 '한국전쟁과 민족통일'이라는 제목의 논문 및 피고인이 작성한 강연 자료, 기고문 등의 이적표현물에 대하여, 그 반포·게재된 경위 및 피고인의 사회단체 활동 내용 등에 비추어 피고인이 절대적으로 누릴 수 있는 연구의 자유의 영역을 벗어나 헌법 제37조 제2항과 국가보안법 제7조 제1항, 제5항에 따른 제한의 대상이 되었고, 또한 피고인이 북한문제와 통일문제를 연구하는 학자로서 순수한 학문적인 동기와 목적 아래 위 논문 등을 제작·반포하거나 발표하였다고 볼 수 없을 뿐만 아니라, 피고인이 반국가단체로서의 북한의 활동을 찬양·고무·선전 또는 이에 동조할 목적 아래 위 논문 등을 제작·반포하거나 발표한 것이어서 그것이 헌법이 보장하는 학문의 자유의 범위 내에 있지 않다(대판 2010.12.9, 2007도10121).

② [○] 수업의 자유는 무제한 보호되기는 어려우며 초·중·고등학교의 교사는 자신이 연구한 결과에 대하여 스스로 확신을 갖고 있다고 하더라도 그것을 학회에서 보고하거나 학술지에 기고하거나 스스로 저술하여 책자를 발행하는 것은 별론 수업의 자유를 내세워 함부로 학생들에게 여과 없이 전파할 수는 없다고 할 것이고, 나아가 헌법과 법률이 지향하고 있는 자유민주적 기본질서를 침해할 수 없음은 물론 사회상규나 윤리도덕을 일탈할 수 없으며, 따라서 가치편향적이거나 반도덕적인 내용의 교육은 할 수 없는 것이라고 할 것이다(헌재 1992.11.12, 89헌마88).
④ [○] 헌재 1993.5.13, 91헌바17

347
정답 ④

④ [×] 단과대학은 대학을 구성하는 하나의 조직·기관일 뿐이고, 단과대학장은 그 지위와 권한 및 중요도에서 대학의 장과 구별된다. 또한 대학의 장을 구성원들의 참여에 따라 자율적으로 선출한 이상, 하나의 보직에 불과한 단과대학장의 선출에 다시 한 번 대학교수들이 참여할 권리가 대학의 자율에서 당연히 도출된다고 보기 어렵다. 따라서 단과대학장의 선출에 참여할 권리는 대학의 자율에 포함된다고 볼 수 없어, 이 사건 심판대상조항에 의해 대학의 자율성이 침해될 가능성이 인정되지 아니한다(헌재 2014.1.28, 2011헌마239).
① [○] 교육의 자주성이나 대학의 자율성은 헌법 제22조 제12항이 보장하고 있는 학문의 자유의 확실한 보장수단으로 꼭 필요한 것으로서 이는 대학에게 부여된 헌법상의 기본권이다(헌재 1992.10.1, 92헌마68).
② [○] 대학의 자율은 대학시설의 관리·운영만이 아니라 전반적인 것이라야 하므로 연구와 교육의 내용, 그 방법과 대상, 교과과정의 편성, 학생의 선발과 전형 및 특히 교원의 임면에 관한 사항도 자율의 범위에 속한다(헌재 1998.7.16, 96헌바33).
③ [○] 교육공무원법 제24조의3 제1항

제4장 경제적 기본권

정답
p.136

348	②	349	③	350	④	351	①	352	②
353	④	354	②	355	③	356	②	357	①
358	④	359	③	360	④	361	③	362	②
363	②	364	③	365	③	366	③	367	①
368	④	369	④	370	④	371	①	372	④
373	②	374	④	375	③	376	①	377	③
378	②	379	①	380	①	381	④	382	④
383	③	384	②	385	①	386	④	387	④
388	④	389	④	390	④	391	②		

348
정답 ②

② [×] 이 사건 법률조항은 건축행위의 규제에 있어 건축물과 관련된 안전의 확보 및 위험의 방지뿐만 아니라 국토의 효율적인 이용 및 환경보전 등 다양한 공익적 고려요소를 시의에 맞도록 합리적으로 반영하기 위한 것이므로 그 입법목적의 정당성이 인정되고, 건축주로 하여금 건축허가 이후 1년 이내에 공사에 필요한 제반 준비를 하여 착공하도록 유도하는 한편, 공사에 착수하지 않고 1년이 지난 후에 계속 건축을 원하는 경우에는 새로운 시점에서의 허가요건을 갖추어 다시 건축허가를 받도록 함으로써 수단의 적합성도 인정된다(헌재 2010.2.25, 2009헌바70).
① [○] 강제집행은 채권자의 신청에 의하여 국가의 집행기관이 채권자를 위하여 채무명의에 표시된 사법상의 이행청구권을 국가권력에 의하여 강제적으로 실현하는 법적 절차를 지칭하는 것이다. 강제집행권은 국가가 보유하는 통치권의 한 작용으로서 민사사법권에 속하는 것이고, 채권자인 청구인들은 국가에 대하여 강제집행권의 발동을 구하는 공법상의 권능인 강제집행청구권만을 보유하고 있을 따름으로서 청구인들이 강제집행권을 침해받았다고 주장하는 권리는 헌법 제23조 제3항 소정의 재산권에 해당되지 아니한다(헌재 1998.5.28, 96헌마44).
③ [○] 관계법령은 방치폐기물처리 이행보증제도를 마련하여 폐기물처리업자가 방치한 폐기물에 대한 1차적 처리를 담당하게 하고 있다. 또한 이 사건 법률조항들로 인하여 토지소유자들이 입게 되는 불이익보다는 이로 인하여 얻게 될 환경보전이라는 공익이 훨씬 크다. 그렇다면 이 사건 심판대상 조항들이 재산권을 지나치게 제한하여 헌법에 위배되는 것으로 볼 수는 없다(헌재 2010.5.27, 2007헌바53).
④ [○] 공법상의 권리가 헌법상의 재산권보장의 보호를 받기 위해서는 다음과 같은 요건을 갖추어야 한다. 첫째, 공법상의 권리가 권리주체에게 귀속되어 개인의 이익을 위하여 이용 가능해야 하며(사적 유용성), 둘째, 국가의 일방적인 급부에 의한 것이 아니라 권리주체의 노동이나 투자, 특별한

희생에 의하여 획득되어 자신이 행한 급부의 등가물에 해당하는 것이어야 하며(수급자의 상당한 자기기여), 셋째, 수급자의 생존의 확보에 기여해야 한다. 이러한 요건을 통하여 사회조부와 같이 국가의 일방적인 급부에 대한 권리는 재산권의 보호대상에서 제외되고, 단지 사회법상의 지위가 자신의 급부에 대한 등가물에 해당하는 경우에 한하여 사법상의 재산권과 유사한 정도로 보호받아야 할 공법상의 권리가 인정된다. 즉, 공법상의 법적 지위가 사법상의 재산권과 비교될 정도로 강력하여 그에 대한 박탈이 법치국가원리에 반하는 경우에 한하여, 그러한 성격의 공법상의 권리가 재산권의 보호대상에 포함되는 것이다(헌재 2000.6.29, 99헌마289).

349 정답 ③

③ [×] 헌법 제23조 제3항은 정당한 보상을 전제로 하여 재산권의 수용 등에 관한 가능성을 규정하고 있지만, 재산권 수용의 주체를 한정하지 않고 있다. 위 헌법조항의 핵심은 당해 수용이 공공필요에 부합하는가, 정당한 보상이 지급되고 있는가 여부 등에 있는 것이지, 그 수용의 주체가 국가인지 민간기업인지 여부에 달려 있다고 볼 수 없다. 또한 국가 등의 공적 기관이 직접 수용의 주체가 되는 것이든 그러한 공적 기관의 최종적인 허부판단과 승인결정하에 민간기업이 수용의 주체가 되는 것이든, 양자 사이에 공공필요에 대한 판단과 수용의 범위에 있어서 본질적인 차이를 가져올 것으로 보이지 않는다. 따라서 위 수용 등의 주체를 국가 등의 공적 기관에 한정하여 해석할 이유가 없다(헌재 2009.9.24, 2007헌바114).

① [○] 양도소득세를 부과함에 있어 같은 과세기간에 이루어진 일반양도로 인한 양도소득과 공용수용으로 인한 양도소득을 합산해 누진과세하는 것을 배제하는 규정을 두지 않았다 하더라도, 그것이 현저하게 합리성을 결여하고 과잉금지원칙에 반해 청구인의 재산권을 침해한다고 볼 수 없다(헌재 2010.7.29, 2009헌바218).

② [○] 이 사건 법률조항 중 "그 침해를 안 날부터 3년" 부분은 그 침해행위를 안 날로부터 3년으로 상속회복청구권 행사기간을 규정하고 있고, 대법원은 상속권의 침해를 안 날이라고 함은 자기가 진정상속인임을 알고 또 자기가 상속에서 제외된 사실을 안 때라고 해석하고 있어 그 기산점이 불합리하게 책정되었다고 할 수 없으며, 상속으로 인한 재산권의 이전이 법률상 당연히 포괄적으로 이루어진다는 법률적 특성과 이에 따른 선의의 제3자 보호의 필요성을 감안할 때 위 3년이라는 기간은 상속인이 자신의 상속재산을 회복하기 위하여 권리를 행사하기에 충분한 기간이라고 보일 뿐만 아니라, 현행법상 인정되는 다른 소멸시효 및 제척기간 관련규정이 정하고 있는 권리행사기간과 비교하여 보더라도 그 권리행사에 상당한 기간이라고 보이므로 이 사건 법률조항 중 "그 침해를 안 날부터 3년" 부분은 헌법 제37조 제2항에서 정하는 기본권 제한의 한계 내의 정당한 입법권의 행사로서 과잉금지원칙에 위배되지 아니하므로, 상속인의 재산권, 사적자치권, 재판청구권을 침해하는 것이 아니며 평등의 원칙을 침해하는 것도 아니다(헌재 2008.7.31, 2006헌바110).

④ [○] 이 사건 법률조항은 건축행위의 규제에 있어 건축물과 관련된 안전의 확보 및 위험의 방지뿐만 아니라 국토의 효율적인 이용 및 환경보전 등 다양한 공익적 고려요소를 시의에 맞도록 합리적으로 반영하기 위한 것이므로 그 입법목적의 정당성이 인정되고, 건축주로 하여금 건축허가 이후 1년 이내에 공사에 필요한 제반 준비를 하여 착공하도록 유도하는 한편, 공사에 착수하지 않고 1년이 지난 후에 계속 건축을 원하는 경우에는 새로운 시점에서의 허가요건을 갖추어 다시 건축허가를 받도록 함으로써 수단의 적합성도 인정된다(헌재 2010.2.25, 2009헌바70).

350 정답 ④

④ [×] 이 사건 예금자우선변제제도가 도입된 배경에 비추어 보면 영세상공인이 주로 거래하는 서민금융기관의 공신력을 보장하고 서민예금채권자를 보호하기 위한 것이라고 할 수 있다. 그런데 이 사건 법률조항이 예금의 종류나 한도를 묻지 아니하고 예탁금 전액에 대하여 우선변제권을 부여하는 것은 위와 같은 입법취지를 벗어난 것이라고 볼 여지가 있다. 상호신용금고의 예금채권을 특별히 보호해야 할 필요성이 있다고 하더라도 입법자는 예금의 종류나 한도를 묻지 않고 무제한적인 우선변제권을 줄 것이 아니라 입법취지에 맞게 예금의 종류나 한도를 제한하여 다른 일반채권자의 재산권 침해를 최소화할 헌법상 의무가 있는 것이다. 결국 이 사건 예금자우선변제제도는 상호신용금고의 예금채권자를 우대하기 위하여 상호신용금고의 일반채권자를 불합리하게 희생시킴으로써 일반 채권자의 평등권 및 재산권을 침해한다고 하지 않을 수 없으므로, 이 사건 법률조항은 헌법 제11조 제1항과 제23조 제1항에 위반된다[헌재 2006.11.30, 2003헌가14·15(병합)].

① [○] 이 사건 법률조항이 소득세의 납부불성실가산세율을 일률적으로 미납세액의 100분의 10으로 설정한 것은 단지 가산세의 제재적 기능의 최소한만을 확보하고자 한 데에 따른 것이다. 그러므로 미납기간이 장기화될 경우 더 높은 세율로 가산세를 부담하도록 하지 않았다고 하여, 소득세의 납부의무를 불이행한 사람들에 대한 제재의 수준을 설정함에 있어 서로 다른 경우를 합리적 이유 없이 같게 취급한다고 볼 수는 없으므로, 이 사건 법률조항이 평등원칙에 위배된다고 볼 수 없다(헌재 2013.8.29, 2011헌가27).

② [○] 이 사건의 경우 청구인이 잠수기어업허가를 받아 키조개 등을 채취하는 직업에 종사한다고 하더라도 이는 원칙적으로 자신의 계획과 책임하에 행동하면서 법제도에 의하여 반사적으로 부여되는 기회를 활용하는 것에 불과하므로 잠수기어업허가를 받지 못하여 상실된 이익 등 청구인 주장의 재산권은 헌법 제23조에서 규정하는 재산권의 보호범위에 포함된다고 볼 수 없다(헌재 2008.6.26, 2005헌마173).

③ [○] 학교용지에 대한 도시계획시설사업(학교)의 지연으로 학교용지의 매수가 장기간 지체되고, 나대지인 경우와 같이 학교용지를 종래의 목적으로도 사용할 수 없거나 또는 더 이상 법적으로 허용된 토지이용의 방법이 없는 등 학교용지에 대한 재산권 제한이 토지소유자가 수인해야 하는 사회적 제약의 한계를 넘게 되는 경우라 하더라도, '국토의 계획 및 이용에 관한 법률' 제47조, 제48조가 정한 매수청구권, 개

발행위의 허용, 도시계획시설결정의 실효 등 가혹한 침해를 완화하고 적절하게 보상하는 제도가 이미 마련되어 있다. 따라서 이 사건 법률조항은 재산권을 침해하지 않는다(헌재 2010.4.29, 2008헌바70).

351
정답 ①

① [×] 성매매에 제공되는 사실을 알면서 건물을 제공하는 행위를 한 자를 처벌하는 이 사건 법률조항에 의한 집창촌에서 건물을 소유하거나 그 관리권한을 가지고 있는 자의 기본권 제한은 헌법 제37조 제2항의 기본권 제한의 한계를 일탈하였다고 볼 수 없다(헌재 2006.6.29, 2005헌마1167).

② [O] 우리 헌법의 재산권 보장은 사유재산의 처분과 그 상속을 포함하는 것인바, 유언자가 생전에 최종적으로 자신의 재산권에 대하여 처분할 수 있는 법적 가능성을 의미하는 유언의 자유는 생전증여에 의한 처분과 마찬가지로 헌법상 재산권의 보호를 받는다(헌재 2008.12.26, 2007헌바128).

③ [O] 청구인이 심판대상조항의 적용을 받지 않고 재단법인의 설립 없이 유골 수를 추가 설치·관리함으로써 수익을 창출하려고 하였던 사정은 법적 여건에 따른 영리획득의 기회를 활용하려던 것에 불과하므로 재산권의 보호영역에 포함된다고 볼 수 없다(헌재 2021.8.31, 2019헌바453).

④ [O] 종중에게 농지 소유를 허용하면 비농업인에 의한 농지법상의 규제를 잠탈할 우려 및 다른 단체와의 형평성 문제가 발생할 수 있어 헌법상 경자유전의 원칙이 형해화될 수 있고, 종중이 위토인 농지를 경작하여 그 수확물로 제사를 지내는 관습이 퇴조하고 있는 현실에서 종중이라는 이유로 농지 소유 제한에 대한 예외를 인정할 필요성도 크지 않다(헌재 2013.6.27, 2011헌바278).

352
정답 ②

② [×] 구 문화재보호법 제55조 제7항 제2문 및 제3문 중 각 '제55조 제1항 제2호에 관한 부분'은 건설공사 과정에서 매장문화재의 발굴로 인하여 문화재 훼손 위험을 야기한 사업시행자에게 원칙적으로 발굴경비를 부담시킴으로써, 각종 개발행위로 인한 무분별한 문화재 발굴로부터 매장문화재를 보호하는 것이어서 입법목적의 정당성, 방법의 적절성이 인정되고, 사업시행자가 발굴조사비용을 감당하기 어렵다고 판단하는 경우에는 더 이상 사업시행에 나아가지 아니할수 있고, 대통령령으로 정하는 경우에는 예외적으로 국가 등이 발굴비용을 부담할 수 있는 완화규정을 두고 있어 최소침해성 원칙, 법익균형성 원칙에도 반하지 아니하므로, 과잉금지원칙에 위배되지 아니한다(헌재 2011.7.28, 2009헌바244).

① [O] 수용된 재산이 당해 공공사업에 필요 없게 되거나 이용되지 아니하게 되었다면 수용의 헌법상 정당성과 공공사업자에 의한 재산권 취득의 근거가 장래를 향하여 소멸한다고 보아야 한다. 따라서 토지수용법 제71조 소정의 환매권은 헌법상의 재산권 보장규정으로부터 도출되는 것으로서 헌법이 보장하는 재산권의 내용에 포함되는 권리이다(헌재 1994.2.24, 92헌가15).

③ [O] 국가 등의 양로시설 등에 입소하는 국가유공자에게 부가연금, 생활조정수당 등의 지급을 정지하도록 한 규정으로 인하여 청구인들이 보훈원에서 보호를 받고 있는 동안 종전에 지급받던 부가연금이나 생활조정수당 등의 지급이 정지된다고 하더라도, 청구인들은 국가의 부담으로 시설보호를 받음으로써 거주비, 식비, 피복비의 대부분을 스스로 부담하지 않게 되어 사실상 종전에 지급받던 보상금 중 상당부분에 갈음하여 다른 형태의 보상을 받고 있다고 볼 수 있고, 또 위와 같은 시설보호를 받을 지의 여부는 청구인들의 선택에 달려 있다는 점 등을 고려하면, 이 사건 규정으로 인하여 청구인들의 재산권이 침해되었다고는 볼 수는 없으므로 이 사건 규정이 입법재량의 범위를 일탈하여 헌법에 위배된다고 할 수 없다(헌재 2000.6.1, 98헌마216).

④ [O] 심판대상조항은 사업연도의 기간에 따른 세액불균형의 발생을 막고 법인이 사업연도를 임의로 1년 미만의 짧은 기간으로 정하여 과세표준을 낮추는 방법으로 누진세율의 적용을 회피하는 것을 방지하기 위한 것이다. 이로 인하여 침해되는 사익은 사업기간이 짧고 일회적인 소득이 발생한 예외적인 경우에도 연 환산에 의하여 높은 누진세율이 적용되거나 산출세액이 증가하는 것이나, 이것이 누진세율을 적용하는 법인세 과세에서 심판대상조항에 의하여 달성할 수 있는 조세형평 및 조세행정의 효율성이라는 공익에 비하여 크다고 보기는 어렵다. 그러므로 심판대상조항이 재산권을 침해한다고 볼 수 없다(헌재 2021.6.24, 2018헌바44).

353
정답 ④

㉠ [O] 재산권의 내용을 새로이 형성하는 법률이 합헌적이기 위하여서는 장래에 적용될 법률이 헌법에 합치하여야 할 뿐만 아니라, 또한 과거의 법적 상태에 의하여 부여된 구체적 권리에 대한 침해를 정당화하는 이유가 존재하여야 하는 것이다(헌재 1999.4.29, 94헌바37).

㉡ [×] 배우자 상속공제를 인정받기 위한 요건으로 배우자상속재산기한 등까지 배우자의 상속재산을 분할하여 신고할 것을 요하고 있는 구 상속세 및 증여세법 제19조 제2항이 상속인들의 재산권과 평등권을 침해한다(헌재 2012.5.31, 2009헌바190).

㉢ [O] 일본국에 의하여 광범위하게 자행된 반인도적 범죄행위에 대하여 일본군위안부 피해자들이 일본에 대하여 가지는 배상청구권은 헌법상 보장되는 재산권이다(헌재 2011.8.30, 2006헌마788).

㉣ [×] 매도인이 선의인 계약명의신탁의 경우에도 명의신탁이 조세 포탈, 법적 규제의 회피 등 불법 목적에 이용되거나 적어도 재산 은닉 등 실권리자의 편의에 따라 이용될 수 있다는 점에서 그 법률적 기능이나 사회적 작용이 다른 유형의 명의신탁과 다를 것이 없으므로, 위 선례는 이 사건에서도 그대로 타당하고, 이를 변경해야 할 만한 특별한 사정도 없다(헌재 2013.2.28, 2010헌바421).

354 정답 ②

㉠ [O] 토지수용법 제71조 소정의 환매권은 헌법상의 재산권 보장규정으로부터 도출되는 것으로서 헌법이 보장하는 재산권의 내용에 포함되는 권리이며, 피수용자가 손실보상을 받고 소유권의 박탈을 수인할 의무는 그 재산권의 목적물이 공공사업에 이용되는 것을 전제로 하기 때문에 위 헌법상 권리는 피수용자가 수용 당시 이미 정당한 손실보상을 받았다는 사실로 말미암아 부인되지 않는다(헌재 1994.2.24, 92헌가15 등).

㉡ [X] 약사는 단순히 의약품의 판매뿐만 아니라 의약품의 분석, 관리 등의 업무를 다루며, 약사면허 그 자체는 양도·양수할 수 없고 상속의 대상도 되지 아니하며, 또한 약사의 한약조제권이란 그것이 타인에 의하여 침해되었을 때 방해를 배제하거나 원상회복 내지 손해배상을 청구할 수 있는 권리가 아니라 법률에 의하여 약사의 지위에서 인정되는 하나의 권능에 불과하고, 더욱이 의약품을 판매하여 얻게 되는 이익 역시 장래의 불확실한 기대리익에 불과한 것이므로, 구 약사법상 약사에게 인정된 한약조제권은 위 헌법조항들이 말하는 재산권의 범위에 속하지 아니한다(헌재 1997.11.27, 97헌바10).

㉢ [O] 상속권은 재산권의 일종이므로 상속제도나 상속권의 내용은 입법자가 입법정책적으로 결정하여야 할 사항으로서 원칙적으로 입법자의 입법형성의 자유에 속한다고 할 것이지만, 입법자가 상속제도와 상속권의 내용을 정함에 있어서 입법형성권을 자의적으로 행사하여 헌법 제37조 제2항이 규정하는 기본권 제한의 입법한계를 일탈하는 경우에는 그 법률조항은 헌법에 위반된다고 할 것이다(헌재 1998.8.27, 96헌가22 등).

㉣ [X] 강제집행은 채권자의 신청에 의하여 국가의 집행기관이 채권자를 위하여 채무명의에 표시된 사법상의 이행청구권을 국가권력에 의하여 강제적으로 실현하는 법적 절차를 지칭하는 것이다. 강제집행권은 국가가 보유하는 통치권의 한 작용으로서 민사사법권에 속하는 것이고, 채권자인 청구인들은 국가에 대하여 강제집행권의 발동을 구하는 공법상의 권능인 강제집행청구권만을 보유하고 있을 따름으로서 청구인들이 강제집행권을 침해받았다고 주장하는 권리는 헌법 제23조 제3항 소정의 재산권에 해당되지 아니한다(헌재 1998.5.28, 96헌마44).

㉤ [O] 청구인들은 "숙취해소용 천연차 및 그 제조방법"에 관하여 특허권을 획득하였음에도 불구하고 위 규정으로 인하여 특허권자인 청구인들조차 그 특허발명제품에 "숙취해소용 천연차"라는 표시를 하지 못하고 "천연차"라는 표시만 할 수밖에 없게 됨으로써 청구인들의 헌법상 보호받는 재산인 특허권도 침해되었다(헌재 2000.3.30, 99헌마143).

355 정답 ③

③ [O] 물가연동제에 의한 연금액조정규정의 취지는 화폐가치의 하락 또는 일반적인 생활수준의 향상 등으로 인하여 연금의 실질적 구매력이 점점 떨어질 것에 대비하여 그 실질구매력을 유지시켜 주어 퇴직연금수급자의 생활안정을 기하기 위한 것이지, 퇴직연금수급권을 제한하거나 박탈하는 것이

아니며, 그 내용이 현저히 자의적이라고 볼 수 없다. 아울러 구 공무원연금법 제43조의2 제3항에 의하여 각 연도 공무원보수인상률과 물가상승률 등을 고려하여 재조정해 주는 보완장치도 마련하고 있다. 따라서 물가연동제에 의한 연금급여를 조정하고 있는 이 사건 조정규정 자체는 퇴직연금수급권자의 재산권, 행복추구권을 침해하거나 직업공무원제도의 근간을 훼손한 것이라고 볼 수는 없다(헌재 2005.6.30, 2004헌바42).

① [X] 일반적인 물건에 대한 재산권 행사에 비하여 동물에 대한 재산권 행사는 사회적 연관성과 사회적 기능이 매우 크다 할 것이므로 이를 제한하는 경우 입법재량의 범위를 폭넓게 인정함이 타당하다. 그러므로 이 사건 법률조항이 과잉금지원칙을 위반하여 재산권을 침해하는지 여부를 살펴보되 심사기준을 완화하여 적용함이 상당하다(헌재 2013.10.24, 2012헌바431).

② [X] 구 문화재보호법 제44조 제4항 제2문은 건설공사 과정에서 매장문화재의 발굴로 인하여 문화재 훼손 위험을 야기한 사업시행자에게 원칙적으로 발굴경비를 부담시킴으로써 각종 개발행위로 인한 무분별한 문화재 발굴로부터 매장문화재를 보호하는 것이어서 입법목적의 정당성, 방법의 적절성이 인정되고, 발굴조사비용 확대에 따른 위험은 사업계획단계나 사업자금의 조달 과정에서 기업적 판단에 의해 위험요인의 하나로서 충분히 고려될 수 있는 것이고, 사업시행자가 발굴조사비용을 감당하기 어렵다고 판단하는 경우에는 더 이상 사업시행에 나아가지 아니할 선택권 또한 유보되어 있으며, 대통령령으로 정하는 경우에는 예외적으로 국가 등이 발굴조사비용을 부담할 수 있는 완화규정을 두고 있어 최소침해성원칙, 법익균형성원칙에도 반하지 아니하므로 과잉금지원칙에 위배되어 위헌이라고 볼 수 없다(헌재 2010.10.28, 2008헌바74).

④ [X] 토지재산권의 강한 사회성 내지는 공공성으로 말미암아 이에 대하여는 다른 재산권에 비하여 보다 강한 제한과 의무가 부과될 수 있다. 그러나, 그렇다고 하더라도 토지재산권에 대한 제한입법 역시 다른 기본권을 제한하는 입법과 마찬가지로 과잉금지의 원칙(비례의 원칙)을 준수해야 한다(헌재 1998.12.24, 89헌마214).

356 정답 ②

② [X] 사회부조와 같이 국가의 일방적인 급부에 대한 권리는 재산권의 보호대상에서 제외된다(헌재 2000.6.29, 99헌마289).

① [O] 헌법이 보장하는 재산권의 내용과 한계는 국회에서 제정되는 형식적 의미의 법률에 의하여 정해지므로 이 헌법상의 재산권 보장은 재산권형성적 법률유보에 의하여 실현되고 구체화하게 된다(헌재 1993.7.29, 92헌바20).

③ [O] 심판대상조항은 조세의 징수를 확보하고 실질적인 조세평등을 이루기 위한 것으로 목적의 정당성 및 수단의 적합성이 인정된다. 심판대상조항은 실제로 출자액에 관한 권리를 행사할 수 있는 지위에 있지 아니한 과점주주에 대해서는 제2차 납세의무를 부과하지 아니하는 등 과점주주의 범위를 한정하고, 과점주주의 책임범위도 '그 부족한 금액을

법인의 출자총액으로 나눈 금액에 해당 과점주주가 실질적으로 권리를 행사하는 출자액을 곱하여 산출한 금액'로 제한하는 등 과점주주의 재산권에 대한 제한을 최소화하고 있으므로 침해의 최소성도 인정된다. 아울러 제2차 납세의무를 부과함으로써 조세정의를 실현함과 동시에 실질적 조세평등을 이루고자 하는 공익은 매우 중대한 반면, 이로 인한 과점주주의 불이익은 해당 법인을 실질적으로 운영하는 일정한 범위의 과점주주가 출자 비율의 범위 내에서 유한회사가 납부하지 아니한 국세·가산금 및 체납처분비를 보충적·추가적으로 부담하는 것에 불과하므로 심판대상조항은 법익의 균형성도 충족하였다. 따라서 심판대상조항은 과잉금지원칙에 위배되어 유한회사의 과점주주의 재산권을 침해하지 아니한다(헌재 2021.8.31, 2020헌바181).

④ [O] 이 사건 증액청구조항이 환매목적물인 토지의 가격이 통상적인 지가상승분을 넘어 현저히 상승하고 당사자 간 협의가 이루어지지 아니할 경우에 한하여 환매금액의 증액청구를 허용하고 있는 점, 환매권의 내용에 토지가 취득되지 아니하였다면 원소유자가 누렸을 법적 지위의 회복을 요구할 권리가 포함된다고 볼 수 없는 점, 개발이익은 토지의 취득 당시의 객관적 가치에 포함된다고 볼 수 없는 점, 환매권자가 증액된 환매금액의 지급의무를 부담하게 될 것을 우려하여 환매권을 행사하지 못하더라도 이는 사실상의 제약에 불과한 점 등에 비추어 볼 때, 위 조항이 재산권의 내용에 관한 입법형성권의 한계를 일탈하여 <u>환매권자의 재산권을 침해한다고 볼 수 없다</u>(헌재 2016.9.29, 2014헌바400).

357 　　　　　　　　　　　　　　　　　　　　　　　정답 ①

① [×] 재산권의 내용을 새로이 형성하는 규정은 비례의 원칙을 기준으로 판단하였을 때 공익에 의하여 정당화되는 경우에만 합헌적이다. 즉, 재산권의 내용을 새로이 형성하는 법률이 합헌적이기 위하여서는 장래에 적용될 법률이 헌법에 합치하여야 할 뿐만 아니라, 또한 과거의 법적 상태에 의하여 부여된 구체적 권리에 대한 침해를 정당화하는 이유가 존재하여야 하는 것이다(헌재 1999.4.29, 94헌바37).

② [O] 재산권의 범위에는 민법상의 소유권·물권·채권은 물론 특별법상의 권리인 광업권·어업권·수렵권 그리고 공법상의 권리인 환매권·퇴직연금수급권·퇴직급여청구권 등이 포함된다.

③ [O] 단지 금고 이상의 형을 받았다는 이유만으로 이미 공직에서 퇴출당한 공무원에게 더 나아가 생활안정을 위해 당연히 지급될 것으로 기대되는 퇴직급여 등까지도 필요적으로 감액하는 것은 과잉금지원칙에 반하여 청구인들의 재산권과 인간다운 생활을 할 권리를 침해하고, 평등의 원칙에 반하여 국민연금법상의 사업장 가입자나 근로기준법상의 근로자에 비해 공무원을 차별하는 것으로서 위헌이다(헌재 2013.9.26, 2013헌바205).

④ [O] 요컨대 신문법 제16조 제1항 내지 제3항이 신문기업의 소유와 경영에 관한 자료를 신고·공개토록 하는 것은 일간신문의 기업활동의 자유를 제약하는 것이기는 하지만, 신문시장의 투명성을 제고하여 신문의 다양성을 실현하려는 입법취지와 합목적적으로 연결된 의무로서, 기존의 다른 법

률에 의하여 이미 공시된 자료나 신문시장의 특성에 비추어 필요한 자료에 한정하여 신고·공개토록 하고 있고, 그 위반행위에 대해서도 과태료 부과에 그치고 있다는 점에서 신문의 자유를 지나치게 침해한다거나, 일반 사기업에 비하여 평등원칙에 반하는 차별을 가하는 위헌규정이라 할 수 없다(헌재 2006.6.29, 2005헌마165).

358 　　　　　　　　　　　　　　　　　　　　　　　정답 ④

④ [×] 이 사건 법률조항은 '건축물의 안전과 기능, 미관을 향상시켜 공공복리의 증진을 도모하기 위한 것'으로 그 입법목적이 정당하고, 이러한 목적 달성을 위하여 시정명령에 불응하고 있는 건축법 위반자에 대하여 이행강제금을 부과함으로써 시정명령에 응할 것을 강제하고 있으므로 적절한 수단이 된다. … 따라서 이 사건 법률조항은 과잉금지의 원칙에 위배되지 아니하므로 위반자의 <u>재산권을 침해하지 아니한다</u>(헌재 2011.10.25, 2009헌바140).

① [O] 우리 헌법의 재산권 보장은 사유재산의 처분과 그 상속을 포함하는 것인바, 유언자가 생전에 최종적으로 자신의 재산권에 대하여 처분할 수 있는 법적 가능성을 의미하는 유언의 자유는 생전증여에 의한 처분과 마찬가지로 헌법상 재산권의 보호를 받는다(헌재 2008.12.26, 2007헌바128).

② [O] 재산권 행사의 대상이 되는 객체가 지닌 사회적인 연관성과 사회적 기능이 크면 클수록 입법자에 의한 보다 더 광범위한 제한이 허용된다(헌재 1999.10.21, 97헌바26).

③ [O] 헌법 제23조 제1항 및 제13조 제2항에 의하여 보호되는 재산권은 사적 유용성 및 그에 대한 원칙적 처분권을 내포하는 재산가치 있는 구체적 권리이므로 구체적인 권리가 아닌 단순한 이익이나 재화의 획득에 관한 기회 등은 재산권 보장의 대상이 아니라 할 것인바, 약사는 단순히 의약품의 판매뿐만 아니라 의약품의 분석, 관리 등의 업무를 다루며, 약사면허 그 자체는 양도·양수할 수 없고 상속의 대상도 되지 아니하며, 또한 약사의 한약조제권이란 그것이 타인에 의하여 침해되었을 때 방해를 배제하거나 원상회복 내지 손해배상을 청구할 수 있는 권리가 아니라 법률에 의하여 약사의 지위에서 인정되는 하나의 권능에 불과하고, 더욱이 의약품을 판매하여 얻게 되는 이익 역시 장래의 불확실한 기대리익에 불과한 것이므로, 구 약사법상 약사에게 인정된 한약조제권은 위 헌법조항들이 말하는 재산권의 범위에 속하지 아니한다(헌재 1997.11.27, 97헌바10).

359 　　　　　　　　　　　　　　　　　　　　　　　정답 ③

③ [×] 퇴직연금과 유족연금을 비롯한 공무원연금의 재원은 공무원 개인이 부담하는 기여금과 국가가 부담하는 부담금 및 지급보전금으로 구성되므로, 공무원연금법상 퇴직연금을 수급하고 있는 사람은 이미 자신이 재원 형성에 기여한 부분을 넘어 국가로부터 생활보장을 받고 있다고 볼 수 있다. 따라서 공무원으로서 이미 퇴직연금을 수령하고 있는 사람에게 유족연금액을 2분의 1 감액하였다고 하여 그 감액 비율이 지나치게 크다고 보기도 어렵다. 결국 심판대상조항은 퇴직연금 수급자의 유족연금 수급권을 구체화함에 있어 급

여의 적절성을 확보할 필요성, 한정된 공무원연금 재정의 안정적 운영, 우리 국민 전체의 소득 및 생활수준, 공무원 퇴직연금의 급여 수준, 유족연금의 특성, 사회보장의 기본원리 등을 종합적으로 고려하여 유족연금액의 2분의 1을 감액하여 지급하도록 한 것이므로, 입법형성의 한계를 벗어나 청구인의 인간다운 생활을 할 권리 및 재산권을 침해하였다고 볼 수 없다(헌재 2020.6.25, 2018헌마865).

① [O] 환매권 발생기간 '10년'을 예외 없이 유지하게 되면 토지수용 등의 원인이 된 공익사업의 폐지 등으로 공공필요가 소멸하였음에도 단지 10년이 경과하였다는 사정만으로 환매권이 배제되는 결과가 초래될 수 있다. 다른 나라의 입법례에 비추어 보아도 발생기간을 제한하지 않거나 더 길게 규정하면서 행사기간 제한 또는 토지에 현저한 변경이 있을 때 환매거절권을 부여하는 등 보다 덜 침해적인 방법으로 입법목적을 달성하고 있다. 이 사건 법률조항은 침해의 최소성원칙에 어긋난다(헌재 2020.11.26, 2019헌바131).

② [O] 공무원이 범죄행위로 형사처벌을 받은 경우 국민의 신뢰가 손상되고 공직 전체에 대한 신뢰를 실추시켜 공공의 이익을 해하는 결과를 초래하는 것은 그 이후 특별사면 및 복권을 받아 형의 선고의 효력이 상실된 경우에도 마찬가지이다. 또한, 형의 선고의 효력을 상실하게 하는 특별사면 및 복권을 받았다 하더라도 그 대상인 형의 선고의 효력이나 그로 인한 자격상실 또는 정지의 효력이 장래를 향하여 소멸되는 것에 불과하고, 형사처벌에 이른 범죄사실 자체가 부인되는 것은 아니므로, 공무원 범죄에 대한 제재수단으로서의 실효성을 확보하기 위하여 특별사면 및 복권을 받았다 하더라도 퇴직급여 등을 계속 감액하는 것을 두고 현저히 불합리하다고 평가할 수 없다. 나아가 심판대상조항에 의하여 퇴직급여 등의 감액대상이 되는 경우에도 본인의 기여금 부분은 보장하고 있다. 따라서 심판대상조항은 그 합리적인 이유가 인정되는바, 재산권 및 인간다운 생활을 할 권리를 침해한다고 볼 수 없어 헌법에 위반되지 아니한다(헌재 2020.4.23, 2018헌바402).

④ [O] 예비군 교육훈련에 참가한 예비군대원이 훈련 과정에서 식비, 여비 등을 스스로 지출함으로써 생기는 경제적 부담은 헌법에서 보장하는 재산권의 범위에 포함된다고 할 수 없고(헌재 2003.6.26, 2002헌마484 참조), 예비군 교육훈련기간 동안의 일실수익과 같은 기회비용 역시 경제적인 기회에 불과하여 재산권의 범위에 포함되지 아니한다(헌재 2019.8.29, 2017헌마828).

360 정답 ④

㉠ [×] 상공회의소의 의결권 또는 회원권은 상공회의소라는 법인의 의사형성에 관한 권리일 뿐 이를 따로 떼어 헌법상 보장되는 재산권이라고 보기 어렵고, 상공회의소의 재산은 법인인 상공회의소의 고유재산이지 회원들이 지분에 따라 반환받을 수 있는 재산이라고 보기 어려워서, 상공업자들의 재산권 제한과도 무관하다(헌재 2006.5.25, 2004헌가1).

㉡ [×] 사망일시금 제도는 유족연금 또는 반환일시금을 지급받지 못하는 가입자 등의 가족에게 사망으로 소요되는 비용의 일부를 지급함으로써 국민연금제도의 수혜범위를 확대하

고자 하는 차원에서 도입되었는데, 국민연금제도가 사회보장에 관한 헌법규정인 제34조 제1항, 제2항, 제5항을 구체화한 제도로서, 국민연금법상 연금수급권 내지 연금수급기대권이 재산권의 보호대상인 사회보장적 급여라고 한다면 사망일시금은 사회보험의 원리에서 다소 벗어난 장제부조적·보상적 성격을 갖는 급여로 사망일시금은 헌법상 재산권에 해당하지 아니하므로, 이 사건 사망일시금 한도 조항이 청구인들의 재산권을 제한한다고 볼 수 없다(헌재 2019.2.28, 2017헌마432).

㉢ [O] 개인택시운송사업자는 장기간의 모범적인 택시운전에 대한 보상의 차원에서 개인택시면허를 취득하였거나, 고액의 프리미엄을 지급하고 개인택시면허를 양수한 사람들이므로 개인택시면허는 자신의 노력으로 혹은 금전적 대가를 치르고 얻은 재산권이라고 할 수 있다(헌재 2012.3.29, 2010헌마443).

㉣ [O] 대법원 판례에 의하여 인정되는 관행어업권은 물권에 유사한 권리로서 공동어업권이 설정되었는지 여부에 관계없이 발생하는 것이고, 그 존속에 있어서도 공동어업권과 운명을 같이 하지 않으며 공동어업권자는 물론 제3자에 대하여서도 주장하고 행사할 수 있는 권리이므로, 헌법상 재산권 보장의 대상이 되는 재산권에 해당한다고 할 것이다(헌재 1999.7.22, 97헌바76 등).

㉤ [O] 건강보험수급권은 가입자가 납부한 보험료에 대한 반대급부의 성격을 가지며, 보험사고로 초래되는 재산상 부담을 전보하여주는 경제적 유용성을 가지므로, 헌법상 재산권의 보호범위에 속한다고 볼 수 있다(헌재 2020.4.23, 2017헌바244).

㉥ [×] 이동전화번호는 유한한 국가자원으로서, 청구인들이 오랜 기간 같은 이동전화번호를 사용해 왔다 하더라도 이는 국가의 이동전화번호 관련 정책 및 이동전화 사업자와의 서비스 이용계약 관계에 의한 것일 뿐, 청구인들이 이동전화번호에 대하여 사적 유용성 및 그에 대한 원칙적 처분권을 내포하는 재산가치 있는 구체적 권리인 재산권을 가진다고 볼 수 없다(헌재 2013.7.25, 2011헌마63 등).

㉦ [×] 입법자에 의한 재산권의 내용과 한계의 설정은 기존에 성립된 재산권을 제한할 수도 있고, 기존에 없던 것을 새롭게 형성하는 것일 수도 있다. 이 사건 조항은 종전에 없던 재산권을 새로이 형성한 것에 해당되므로, 역으로 그 형성에 포함되어 있지 않은 것은 재산권의 범위에 속하지 않는다. 그러므로 청구인들이 주장하는바 '불법적인 사용의 경우에 인정되는 수용청구권'이란 재산권은 존재하지 않으므로, 이 사건 조항이 그러한 재산권을 제한할 수는 없다(헌재 2005.7.21, 2004헌바57).

361 정답 ③

③ [×] 헌법상 보장된 재산권은 사적 유용성 및 그에 대한 원칙적인 처분권을 내포하는 재산가치 있는 구체적인 권리이므로, 구체적 권리가 아닌 영리획득의 단순한 기회나 기업활동의 사실적·법적 여건은 기업에게는 중요한 의미를 갖는다고 하더라도 재산권 보장의 대상이 아니다(헌재 2018.7.31, 2018헌마753).

① [○] 일반적인 물건에 대한 재산권 행사에 비하여 동물에 대한 재산권 행사는 사회적 연관성과 사회적 기능이 매우 크다 할 것이므로 이를 제한하는 경우 입법재량의 범위를 폭넓게 인정함이 타당하다. 그러므로 이 사건 법률조항이 과잉금지원칙을 위반하여 재산권을 침해하는지 여부를 살펴보되 심사기준을 완화하여 적용함이 상당하다(헌재 2013.10.24, 2012헌바431).

② [○] 공무원 퇴직연금수급권은 국가의 재정상황, 국민 전체의 소득 및 생활수준 기타 여러 가지 사회·경제적인 여건 등을 종합하여 합리적인 수준에서 결정할 수 있는 광범위한 입법형성의 재량이 인정되기 때문에 법정요건을 갖춘 후 발생하는 공무원 퇴직연금수급권만이 경제적·재산적 가치가 있는 공법상의 권리로서 헌법 제23조 제1항이 보장하고 있는 재산권에 포함되는 것이다(헌재 2012.8.23, 2010헌바425).

④ [○] 개발제한구역 지정으로 인하여 토지를 종래의 목적으로도 사용할 수 없거나 또는 더 이상 법적으로 허용된 토지이용의 방법이 없기 때문에 실질적으로 토지의 사용·수익의 길이 없는 경우에는 토지소유자가 수인해야 하는 사회적 제약의 한계를 넘는 것으로 보아야 한다(헌재 1998.12.24, 89헌마214).

362
정답 ②

② [×] 이 사건 법률조항으로 인하여 제한되는 사익인 환매권은 이미 정당한 보상을 받은 소유자에게 수용된 토지가 목적 사업에 이용되지 않을 경우에 인정되는 것이고, 변환된 공익사업을 기준으로 다시 취득할 수 있어, 이 사건 법률조항으로 인하여 제한되는 사익이 이로써 달성할 수 있는 공익에 비하여 중하다고 할 수 없으므로, 이 사건 법률조항은 과잉금지원칙에 위배되어 청구인의 재산권을 침해한다고 할 수 없다(헌재 2012.11.29, 2011헌바49).

① [○] 고엽제법에 의한 고엽제후유증환자 및 그 유족의 보상수급권은 법률에 의하여 비로소 인정되는 권리로서 재산권적 성질을 갖는 것이긴 하지만 그 발생에 필요한 요건이 법정되어 있는 이상 이러한 요건을 갖추기 전에는 헌법이 보장하는 재산권이라고 할 수 없다. 결국 고엽제법 제8조 제1항 제2호는 고엽제후유증환자의 유족이 보상수급권을 취득하기 위한 요건을 규정한 것인데, 청구인들은 이러한 요건을 충족하지 못하였기 때문에 보상수급권이라고 하는 재산권을 현재로서는 취득하지 못하였다고 할 것이다. 그렇다면 고엽제법 제8조 제1항 제2호가 평등원칙을 위반하였는지 여부는 별론으로 하고 청구인들이 이미 취득한 재산권을 침해한다고는 할 수 없다(헌재 2001.6.28, 99헌마516).

③ [○] 위 조항들은 문화재를 사용, 수익, 처분함에 있어 고의로 문화재의 효용을 해하는 은닉을 하여서는 아니 된다는 것, 즉 문화재의 사회적 효용과 가치를 유지하는 방법으로만 사용·수익할 수 있다는 것으로, 문화재에 관한 재산권 행사의 사회적 제약을 구체화한 것에 불과하고 문화재의 사용·수익을 금지하는 등 문화재의 사적 유용성과 처분권을 부정하여 구체적으로 형성된 재산권을 박탈하거나 제한하는 것은 아니므로 보상을 요하는 헌법 제23조 제3항 소정의 수용 등에 해당하는 것은 아니다(헌재 2007.7.26, 2003헌마377).

④ [○] 공익사업을 위한 토지수용의 경우 '부동산 가격공시 및 감정평가에 관한 법률'이 정한 공시지가를 기준으로 보상하도록 하는 것은 헌법 제23조 제3항이 규정한 정당보상의 원칙에 위배되지 않는다(헌재 2013.12.26, 2011헌바162).

363
정답 ②

② [○] 이 사건 법률조항의 입법목적은 경유차가 유발하는 대기오염으로 인해 발생하는 경제적 비용을 환경오염 원인자인 경유차 소유자에게 부과함으로써 경유차 소유 및 운행의 자제를 유도하는 한편, 징수된 부담금으로 환경개선을 위한 투자재원을 합리적으로 조달하여, 궁극적으로 국가의 지속적인 발전의 기반이 되는 쾌적한 환경을 조성하는 데 이바지하기 위한 것이다(환경개선비용 부담법 제1조 참조). 이러한 입법목적은 헌법 제35조 제1항에 따라 국가에게 부여된 환경보전이라는 헌법적 과제실현을 위한 것이므로 그 입법목적의 정당성이 인정된다. 경유차 운행의 책임자에 해당하는 경유차 소유자들에게 환경개선부담금을 부과하는 것은 경유차의 소유와 운행을 억제하도록 간접적으로 유도함으로써 궁극적으로는 대기오염물질 배출을 저감시켜 쾌적한 환경을 조성하고자 하는 입법목적 내지 정책목적을 실현하기 위한 적합한 수단이라 할 것이다. 이 사건 법률조항은 침해의 최소성에 위배되지 않는다. 이 사건 법률조항은 법익의 균형성에 반한다고 할 수 없다. 그렇다면, 이 사건 법률조항이 과잉금지원칙을 위반하여 청구인의 재산권을 침해한다고 볼 수 없다(헌재 2022.6.30, 2019헌바440).

① [×] 우리 헌법의 재산권 보장은 사유재산의 처분과 그 상속을 포함하는 것인바, 유언자가 생전에 최종적으로 자신의 재산권에 대하여 처분할 수 있는 법적 가능성을 의미하는 유언의 자유는 생전증여에 의한 처분과 마찬가지로 헌법상 재산권의 보호를 받는다(헌재 2008.3.27, 2006헌바82).

③ [×] 심판대상조항은 사치·낭비 풍조를 억제함으로써 바람직한 자원배분을 달성하고자 하는 유도적·형성적 정책조세조항으로서 그 중과세율이 입법자의 재량의 범위를 벗어나 회원제 골프장의 운영을 사실상 봉쇄하는 등 소유권의 침해를 야기한다고 보기 어려울 뿐만 아니라, 회원제 골프장을 운영하는 자 또는 골프장 운영을 희망하는 자로서도 자신의 선택에 따라 중과세라는 규제로부터 벗어날 수 있는 길이 열려 있다고 할 것이므로, 과잉금지원칙에 반하여 회원제 골프장 운영자 등의 재산권을 침해한다고 볼 수 없다(헌재 2020.3.26, 2016헌가17).

④ [×] 통신사기피해환급법은 급증하는 전기통신금융사기 범죄에 대응하여 피해자가 신속히 재산상 피해를 회복할 수 있도록 하기 위하여 채권소멸절차 및 피해금환급절차 등을 규정하고 있다. 그러나 사기범이 사기이용계좌에서 피해금을 먼저 인출한다면 채권소멸절차 및 피해금환급절차에 의하더라도 피해자는 사실상 구제받기 어렵다. 지급정지조항은 피해금이 사기이용계좌에서 인출되는 것을 방지하여 피해자 구제의 실효성을 기하기 위한 것으로서 목적의 정당성이 인정된다. 피해자의 피해구제신청에 따라 신속히 사기이용계좌에 대하여 지급정지 조치를 하는 것은 이러한 입법목적 달성에 기여할 수 있으므로 수단의 적합성도 인정된다.

지급정지조항은 침해의 최소성을 갖추었다. 지급정지조항으로 인하여 달성하려는 공익과 제한되는 사익 사이에 법익의 균형성도 인정된다. 지급정지조항은 과잉금지원칙을 위반하여 청구인의 재산권을 침해하지 아니한다(헌재 2022.6.30, 2019헌마579).

364 정답 ③

③ [×] 법률혼 관계를 유지하고 있었다고 하더라도 실질적인 혼인관계가 해소되어 노령연금 수급권의 형성에 아무런 기여가 없었다면 그 기간에 대하여는 노령연금의 분할을 청구할 전제를 갖추었다고 볼 수 없다. 그럼에도 불구하고 심판대상조항은 법률혼 관계에 있었지만 별거·가출 등으로 실질적인 혼인관계가 존재하지 않았던 기간을 일률적으로 혼인 기간에 포함시켜 분할연금을 산정하도록 하고 있는바, 이는 분할연금제도의 재산권적 성격을 몰각시키는 것으로서 그 입법형성권의 재량을 벗어났다고 보아야 한다. … 따라서 심판대상조항은 재산권을 침해한다(헌재 2016.12.29, 2015헌바182).

① [○] 일반적인 물건에 대한 재산권 행사에 비하여 동물에 대한 재산권 행사는 사회적 연관성과 사회적 기능이 매우 크다 할 것이므로 이를 제한하는 경우 입법재량의 범위를 폭넓게 인정함이 타당하다. 그러므로 이 사건 법률조항이 과잉금지원칙을 위반하여 재산권을 침해하는지 여부를 살펴보되 심사기준을 완화하여 적용함이 상당하다(헌재 2013.10.24, 2012헌바431).

② [○] 이 사건 법률조항이 소득세의 납부불성실가산세율을 일률적으로 미납세액의 100분의 10으로 설정한 것은 단지 가산세의 제재적 기능의 최소한만을 확보하고자 한 데에 따른 것이다. 그러므로 미납기간이 장기화될 경우 더 높은 세율로 가산세를 부담하도록 하지 않았다고 하여, 소득세의 납부의무를 불이행한 사람들에 대한 제재의 수준을 설정함에 있어 서로 다른 경우를 합리적 이유 없이 같게 취급한다고 볼 수는 없으므로, 이 사건 법률조항이 평등원칙에 위배된다고 볼 수 없다(헌재 2013.8.29, 2011헌가27).

④ [○] 어업용 면세유의 부정 유통을 근본적으로 차단하려면, 면세유류 관리기관인 수협의 관리 부실로 면세유류 구입카드 등이 잘못 교부·발급된 경우 면세유가 실제로 부정 유통되었는지 여부와 관계없이 수협에게 관리·감독 책임을 물을 필요가 있다. 심판대상조항이 해당 석유류에 대한 감면세액의 일부에 해당하는 금액을 가산세로 징수하도록 한 것은 의무위반의 정도를 고려한 제재를 규정한 것으로 볼 수 있고, 100분의 20이라는 가산세율이 본래의 제재 목적을 달성하는 데 필요한 정도를 현저히 일탈하였다고 보기도 어렵다. 나아가, 어업용 면세유의 부정 유통을 사전에 방지하여 어업용 면세유 제도의 실효성을 확보하고 조세정의를 실현하고자 하는 공익은 면세유류 관리기관인 수협이 감면세액의 일부에 해당하는 금액을 가산세로 징수당하여 입게 되는 불이익에 비하여 중대하다. 따라서 심판대상조항이 과잉금지원칙에 반하여 면세유류 관리기관인 수협의 재산권을 침해한다고 볼 수 없다(헌재 2021.7.15, 2018헌바338).

365 정답 ③

③ [×] 헌법 제13조 제1항 후단에 규정된 일사부재리 또는 이중처벌금지의 원칙에 있어서 처벌이라고 함은 원칙적으로 범죄에 대한 국가의 형벌권 실행으로서의 과벌을 의미하는 것이고 국가가 행하는 일체의 제재나 불이익처분이 모두 그에 포함된다고는 할 수 없으므로 이 사건 법률조항에 의하여 급여를 제한한다고 하더라도 그것이 헌법이 금하고 있는 이중적인 처벌에 해당하는 것은 아니라고 할 것이다(헌재 2002.7.18, 2000헌바57).

① [○] 우리 헌법의 재산권 보장은 사유재산의 처분과 그 상속을 포함하는 것인바, 유언자가 생전에 최종적으로 자신의 재산권에 대하여 처분할 수 있는 법적 가능성을 의미하는 유언의 자유는 생전증여에 의한 처분과 마찬가지로 헌법상 재산권의 보호를 받는다(헌재 2008.12.26, 2007헌바128).

② [○] 구 문화재보호법 제55조 제7항 제2문 및 제3문 중 각 '제55조 제1항 제2호에 관한 부분'은 건설공사 과정에서 매장문화재의 발굴로 인하여 문화재 훼손 위험을 야기한 사업시행자에게 원칙적으로 발굴경비를 부담시킴으로써, 각종 개발행위로 인한 무분별한 문화재 발굴로부터 매장문화재를 보호하는 것이어서 입법목적의 정당성, 방법의 적절성이 인정되고, 사업시행자가 발굴조사비용을 감당하기 어렵다고 판단하는 경우에는 더 이상 사업시행에 나아가지 아니할수 있고, 대통령령으로 정하는 경우에는 예외적으로 국가 등이 발굴비용을 부담할 수 있는 완화규정을 두고 있어 최소침해성 원칙, 법익균형성원칙에도 반하지 아니하므로, 과잉금지원칙에 위배되지 아니한다(헌재 2011.7.28, 2009헌바244).

④ [○] 재직 중의 사유로 금고 이상의 형을 선고받아 처벌받음으로써 기본적 죗값을 받은 공무원에게 다시 당연퇴직이란 공무원의 신분상실의 치명적인 법익박탈을 가하고, 이로부터 더 나아가 다른 특별한 사정도 없이 범죄의 종류에 상관 않고, 직무상 저지른 범죄인지 여부와도 관계없이, 누적되어 온 퇴직급여 등을 누적 이후의 사정을 이유로 일률적·필요적으로 감액하는 것은 과도한 재산권의 제한으로서 심히 부당하며 공무원의 퇴직 후 노후생활보장이라는 공무원연금제도의 기본적인 입법목적에도 부합하지 않는다(헌재 2007.3.29, 2005헌바33).

366 정답 ③

㉠ [×] 강제집행권은 국가가 보유하는 통치권의 한 작용으로서 민사사법권에 속하는 것이고, 채권자인 청구인들은 국가에 대하여 강제집행권의 발동을 구하는 공법상의 권능인 강제집행청구권만을 보유하고 있을 따름으로서 청구인들이 강제집행권을 침해받았다고 주장하는 권리는 헌법 제23조 제3항 소정의 재산권에 해당되지 아니한다(헌재 1998.5.28, 96헌마44).

㉡ [○] 주주권은, 비록 주주의 자격과 분리하여 양도·질권 설정·압류할 수 없고 시효에 걸리지 않아 보통의 채권과는 상이한 성질을 갖지만, 다른 한편 주주의 자격과 함께 사용(결의)·수익(담보제공)·처분(양도·상속)할 수 있다는 점에서는 분명히 '사적 유용성 및 그에 대한 원칙적 처분권을 내포하는 재산가치 있는 권리'로 볼 수 있으므로 헌법상 재산권

보장의 대상에 해당한다(헌재 2008.12.26, 2005헌바34).
ⓒ [O] 개인택시운송사업자는 장기간의 모범적인 택시운전에 대한 보상의 차원에서 개인택시면허를 취득하였거나, 고액의 프리미엄을 지급하고 개인택시면허를 양수한 사람들이므로 개인택시면허는 자신의 노력으로 혹은 금전적 대가를 치르고 얻은 재산권이라고 할 수 있다(헌재 2012.3.29, 2010헌마443).
ⓔ [O] 정당한 지목을 등록함으로써 토지소유자가 누리게 될 이익은 국가가 헌법 제23조에 따라 보장하여 주어야 할 재산권의 한 내포(內包)로 봄이 상당하다(헌재 1999.6.24, 97헌마315).
ⓜ [O] 구 민법상 법정혈족관계로 인정되던 계모자 사이의 상속권도 헌법상 보호되는 재산권이라고 볼 수 있다(헌재 2011.2.24, 2009헌바89).
ⓗ [×] '소멸시효를 누릴 기대이익'은 헌법적으로 보호될 만한 재산권적 성질의 것은 아니며 단순한 기대이익에 불과하다(헌재 2004.3.25, 2003헌바22).

367

① [×] 국민연금법상 연금수급권 내지 연금수급기대권이 재산권의 보호대상인 사회보장적 급여라고 한다면 사망일시금은 사회보험의 원리에서 다소 벗어난 장제부조적·보상적 성격을 갖는 급여로 사망일시금은 헌법상 재산권에 해당하지 아니하므로, 이 사건 사망일시금 한도 조항이 청구인들의 재산권을 제한한다고 볼 수 없다(헌재 2019.2.28, 2017헌마432).
② [O] 청구인은 심판대상조항이 자신의 재산권 및 인간다운 생활을 할 권리도 침해한다고 주장하나, 공무원연금법이 개정되어 시행되기 전 청구인은 이미 퇴직하여 퇴직연금을 수급할 수 있는 기초를 상실한 상태이므로, 심판대상조항이 청구인의 재산권 및 인간다운 생활을 할 권리를 제한한다고 볼 수 없다.
심판대상조항은 개정 법률의 적용대상을 법 시행일 당시 재직 중인 공무원으로 한정하여, 공무원의 재직기간이 10년 이상 20년 미만으로 동일하더라도 정년퇴직일이 2016.1.1. 이전인지 이후인지에 따라 퇴직연금의 지급을 달리하고 있으므로, 청구인의 평등권을 제한한다. … 법적 안정성 도모와 연금재정의 건전성 확보, 개정 법률을 시행하기 위한 준비기간의 필요성 등에 비추어 볼 때, 퇴직연금의 수급요건을 완화하면서 유리한 신법을 신법 시행일 이전으로 소급적용하는 경과규정을 두지 않았다고 하더라도 이를 두고 입법재량의 범위를 벗어난 현저히 불합리한 차별이라고 보기 어려우므로, 심판대상조항이 청구인의 평등권을 침해한다고 볼 수 없다(헌재 2017.5.25, 2015헌마933).
③ [O] 헌법이 보장하고 있는 재산권은 경제적 가치가 있는 모든 공법상·사법상의 권리를 뜻하며, 사적 유용성 및 그에 대한 원칙적인 처분권을 내포하는 재산가치 있는 구체적인 권리를 의미한다. 이 사건 조항을 통하여 인정되는 '수용청구권'은 사적 유용성을 지닌 것으로서 재산의 사용, 수익, 처분에 관계되는 법적 권리이므로 헌법상 재산권에 포함된다고 볼 것이다(헌재 2005.7.21, 2004헌바57).

④ [O] 이 사건의 경우 청구인이 잠수기어업허가를 받아 키조개 등을 채취하는 직업에 종사한다고 하더라도 이는 원칙적으로 자신의 계획과 책임하에 행동하면서 법제도에 의하여 반사적으로 부여되는 기회를 활용하는 것에 불과하므로 잠수기어업허가를 받지 못하여 상실된 이익 등 청구인 주장의 재산권은 헌법 제23조에서 규정하는 재산권의 보호범위에 포함된다고 볼 수 없다(헌재 2008.6.26, 2005헌마173).

368

④ [O] 심판대상조항은 의료인의 의료기관 중복 개설을 허용할 경우 예상되는 폐해를 미리 방지하여 건전한 의료질서를 확립하고 궁극적으로는 국민의 건강을 보호·증진하기 위한 것으로 입법목적의 정당성이 인정된다. 의료인의 의료기관 중복 개설을 허용할 경우, 의료인의 역량이 분산되거나, 비의료인으로 하여금 의료행위를 하도록 하는 등 위법행위에 대한 유인이 증가할 우려가 있고, 국민의 생명·신체에 대한 위험이나 보건위생상 위해를 초래할 수 있다. 또한, 영리 추구가 의료의 주된 목적이 될 경우 의료서비스 수급의 불균형, 의료시장의 독과점 등 부작용이 발생할 우려가 있는바, 이를 사전에 방지할 필요가 있다. 일정 기간의 의료업 정지나 중복 개설된 의료기관에 대한 폐쇄명령 등의 조치만으로 실효적인 제재가 된다고 단정하기 어렵고, 심판대상조항 중 처벌조항에 규정된 법정형은 5년 이하 징역이나 5천만 원 이하 벌금으로 하한이 없어 행위자의 책임에 비례하는 형벌을 부과할 수 있다. 건전한 의료질서를 확립하고 국민 건강을 보호·증진하고자 하는 공익이 의료기관 중복개설 금지로 인하여 청구인이 입게 되는 불이익에 비하여 중대하다. 따라서 심판대상조항이 의료인의 직업수행의 자유를 침해한다고 볼 수 없다(헌재 2021.6.24, 2019헌바342).
① [×] 직업의 선택 혹은 수행의 자유는 각자의 생활의 기본적 수요를 충족시키는 방편이 되고, 또한 개성신장의 바탕이 된다는 점에서 주관적 공권의 성격이 두드러지고, 한편으로는 국민 개개인이 선택한 직업의 수행에 의하여 국가의 사회질서와 경제질서가 형성된다는 점에서 사회적 시장경제질서라고 하는 객관적 법질서의 구성요소이기도 하다(헌재 2002.4.25, 2001헌마614).
② [×] 감정평가사가 되고자 하는 자는 이 사건 법률조항 소정의 결격사유에 해당하는 경우 당해 결격사유가 없어질 때까지는 감정평가사의 자격을 취득하여 감정평가업무에 종사할 수 없게 된다. 이는 일정한 직업을 선택함에 있어 기본권 주체의 능력과 자질에 따른 제한으로서 이른바 '주관적 요건에 의한 좁은 의미의 직업선택의 자유의 제한'에 해당한다(헌재 2009.7.30, 2007헌마1037).
③ [×] '직업'은 '생활의 기본적 수요를 충족시키기 위한 계속적 소득활동'을 의미하며 그러한 내용의 활동인 한 그 종류나 성질을 묻지 아니한다. 이러한 직업의 개념표지들은 개방적 성질을 지녀 엄격하게 해석할 필요는 없는바, '계속성'과 관련하여서는 주관적으로 활동의 주체가 어느 정도 계속적으로 해당 소득활동을 영위할 의사가 있고, 객관적으로도 그러한 활동이 계속성을 띨 수 있으면 족하다고 해석되므로 휴가기간 중에 하는 일, 수습직으로서의 활동 따위도 이에 포

함된다고 볼 것이고, 또 '생활수단성'과 관련하여서는 단순한 여가활동이나 취미활동은 직업의 개념에 포함되지 않으나 겸업이나 부업은 삶의 수요를 충족하기에 적합하므로 직업에 해당한다고 말할 수 있다(헌재 2003.9.25, 2002헌마519).

369
정답 ④

④ [×] 이 사건 법률조항들의 입법목적을 달성하기 위하여 직무정지라는 불이익을 가한다고 하더라도 그 사유는 형이 확정될 때까지 기다릴 수 없을 정도로 조합장 직무의 원활한 운영에 대한 '구체적인' 위험을 야기할 것이 명백히 예상되는 범죄 등으로 한정되어야 한다. 그런데 이 사건 법률조항들은 조합장이 범한 범죄가 조합장에 선출되는 과정에서 또는 선출된 이후 직무와 관련하여 발생하였는지 여부, 고의범인지 과실범인지 여부, 범죄의 유형과 죄질이 조합장의 직무를 수행할 수 없을 정도로 공공의 신뢰를 중차대하게 훼손하는지 여부 등을 고려하지 아니하고, 단순히 금고 이상의 형을 선고받은 모든 범죄로 그 적용대상을 무한정 확대함으로써 기본권의 최소침해성원칙을 위반하였다. 또한 이 사건 법률조항들에 의하여 달성하려는 공익은 모호한 반면에, 금고 이상의 형이 선고되었다는 이유만으로 형의 확정이라는 불확정한 시기까지 직무수행을 정지당하는 조합장의 불이익은 실질적이고 현존하는 기본권 침해로서 위와 같은 공익보다 결코 작다고 할 수 없으므로 이 사건 법률조항들은 법익균형성 요건도 충족하지 못하였다. 따라서 이 사건 법률조항들은 과잉금지원칙에 위반하여 청구인들의 직업수행의 자유를 침해한다(헌재 2013.8.29, 2010헌바562 등).
① [○] 직업선택의 자유에 대한 제한은 헌법 제37조 제2항에서 도출되는 과잉금지원칙에 따라, 반드시 법률로써 하여야 할 뿐 아니라 국가안전보장 · 질서유지 · 공공복리라는 공공의 목적을 달성하기 위하여 필요하고 적정한 수단 · 방법에 의해서만 가능하다(헌재 2016.12.29, 2016헌마550).
② [○] 취업제한조항이 성적목적공공장소침입죄 전력만으로 그가 장래에 동일한 유형의 범죄를 저지를 것을 당연시하고, 10년 동안 일률적인 취업제한을 하고 있는 것은 침해의 최소성원칙과 법익의 균형성원칙에 위배된다. 따라서 성적목적공공장소침입죄로 형을 선고받아 확정된 자로 하여금 그 형의 집행을 종료한 날부터 10년 동안 의료기관을 제외한 아동 · 청소년 관련기관 등을 개설하거나 그에 취업할 수 없도록 하는 취업제한조항은 직업선택의 자유를 침해한다(헌재 2016.10.27, 2014헌마709).
③ [○] 성기구라고 하여 무차별적으로 판매 등이 금지되는 것이 아니라 그 형상이나 색깔, 재질 등을 살펴 형상 자체의 자극과 표현의 노골성을 이유로 사람의 존엄성과 가치를 심각하게 훼손 · 왜곡함으로써 음란한 물건으로 인정되는 예외적인 경우에만 판매 등이 금지되고, 그러한 성기구를 소비자가 구입하지 못하게 될 뿐 음란성이 인정되지 아니하는 성기구 일반의 판매 또는 소지가 금지되는 것은 아닌 점, 이처럼 예외적으로 판매 등이 금지되는 성기구를 일반적으로 유형화하기 어려워 개별 사안에서 판단할 수밖에 없는 점 등에 비추어 보면, 이 사건 법률조항이 성기구 판매자의 직업수행의 자유 및 성기구 사용자의 사생활의 비밀과 자유를 과도하

게 제한하여 침해최소성원칙에 위반된다고 보기는 어렵고, 법익의 균형성도 인정되므로 이 사건 법률조항은 과잉금지원칙에 위배되지 아니한다(헌재 2013.8.29, 2011헌바176).

370
정답 ④

④ [×] 심판대상조항은 현금거래가 많은 업종의 사업자에 대한 과세표준을 양성화하여 세금탈루를 방지하고 공정한 거래질서를 확립하기 위한 것이므로, 입법목적의 정당성과 수단의 적합성이 인정된다. … 투명하고 공정한 거래질서를 확립하고 현금거래가 많은 업종의 과세표준을 양성화하려는 공익은 현금영수증 의무발행업종 사업자가 입게 되는 불이익보다 훨씬 크므로 법익균형성도 충족한다. 따라서 심판대상조항은 직업수행의 자유를 침해하지 아니한다(헌재 2019.8.29, 2018헌바265 등).
① [○] 치과의원의 치과전문의가 표시한 전문과목 이외의 영역에서 치과일반의로서의 진료도 전혀 하지 못하는 데서 오는 사적인 불이익은 매우 크므로, 심판대상조항은 과잉금지원칙에 위배되어 청구인들의 직업수행의 자유를 침해한다(헌재 2015.5.28, 2013헌마799).
② [○] 국민의 눈 건강과 관련된 국민보건의 중요성, 안경사 업무의 전문성, 안경사로 하여금 자신의 책임하에 고객과의 신뢰를 쌓으면서 안경사 업무를 수행하게 할 필요성 등을 고려할 때, 안경업소 개설은 그 업무를 담당할 자연인 안경사로 한정할 것이 요청된다. 법인 안경업소가 허용되면 영리추구 극대화를 위해 무면허로 하여금 안경 조제 · 판매를 하게 하는 등의 문제가 발생할 가능성이 높아지고, 안경 조제 · 판매 서비스의 질이 하락할 우려가 있다. 또한 대규모 자본을 가진 비안경사들이 법인의 형태로 안경시장을 장악하여 개인 안경업소들이 폐업하면 안경사와 소비자간 신뢰관계 형성이 어려워지고, 독과점으로 인해 안경 구매비용이 상승할 수 있다. 반면 현행법에 의하더라도 안경사들은 협동조합, 가맹점 가입, 동업 등의 방법으로 법인의 안경업소 개설과 같은 조직화, 대형화 효과를 어느 정도 누릴 수 있다. 따라서 심판대상조항은 과잉금지원칙에 반하지 아니하여 자연인 안경사와 법인의 직업의 자유를 침해하지 아니한다(헌재 2021.6.24, 2017헌가31).
③ [○] 택시운송사업에 사용되는 차량의 총량을 합리적으로 조정함으로써 수요공급의 균형을 이루어 택시운송업의 안정적 발전을 유지하고자 하는 것은 중대한 공익이라고 할 것이다. 심판대상조항으로 인하여 일반택시 운송사업자가 원하는 시기에 자유롭게 택시운송사업을 양도하지 못함으로써 직업수행의 자유와 재산권을 제한받게 된다고 하더라도, 그로 인하여 입게 되는 불이익이 심판대상조항을 통하여 달성하고자 하는 공익보다 크다고 할 수 없으므로, 심판대상조항은 추구하는 공익과 제한되는 기본권 사이의 법익균형성 요건도 충족하고 있다. 심판대상조항은 과잉금지원칙을 위반하여 일반택시 운송사업자의 직업수행의 자유와 재산권을 침해하지 아니한다(헌재 2019.9.26, 2017헌바467).

㉠ [O] 헌법 제15조에 의한 직업선택의 자유라 함은 자신이 원하는 직업 내지 직종을 자유롭게 선택하는 직업선택의 자유 뿐만 아니라 그가 선택한 직업을 자기가 결정한 방식으로 자유롭게 수행할 수 있는 직업수행의 자유를 포함한다. 그리고 직업선택의 자유에는 자신이 원하는 직업 내지 직종에 종사하는 데 필요한 전문지식을 습득하기 위한 직업교육장을 임의로 선택할 수 있는 '직업교육장 선택의 자유'도 포함된다(헌재 2009.2.26, 2007헌마1262).

㉡ [X] 학원설립·운영자는 학원법 위반으로 벌금형을 선고받을 경우 이 사건 효력상실조항에 따라 그 등록은 효력을 잃게 되고, 다시 등록을 하지 않는 이상 학원을 설립·운영할 수 없게 된다. 이는 일정한 직업을 선택함에 있어 기본권 주체의 능력과 자질에 따른 제한으로서 이른바 '주관적 요건에 의한 좁은 의미의 직업선택의 자유의 제한'에 해당한다. … 이 사건 효력상실조항은 학원법 위반으로 벌금형이 확정되기만 하면 일률적으로 등록을 상실하도록 규정하고 있어 지나친 제재라 하지 않을 수 없다. … 이 사건 효력상실조항으로 인하여 등록이 실효된 학원운영자, 학원 소속 근로자는 모두 생계의 위협을 받을 수 있으며, 학습자 역시 불측의 피해를 입을 수밖에 없는 반면 이 사건 효력상실조항을 통하여 실제 달성되는 공익은 학원법 위반자의 학원운영을 조금 일찍 금지할 수 있다는 정도에 불과하여 이 사건 효력상실조항은 법익균형성원칙에도 위배된다(헌재 2014.1.28, 2011헌바252).

㉢ [O] 학원법을 위반하여 벌금형으로 처벌받은 후에도 즉시 다른 학원을 다시 설립·운영할 수 있다고 한다면, 학원법의 각종 규율은 형해화될 수밖에 없으며, 학습자를 보호하고 학원의 공적 기능을 유지하고자 하는 목적을 달성할 수 없으므로, 이 사건 등록결격조항은 과잉금지원칙에 위배되어 직업선택의 자유를 침해한다고 보기 어렵다(헌재 2015.5.28, 2012헌마653). 그러나, '법인의 임원이 학원법을 위반하여 벌금형을 선고받은 경우', 법인의 학원설립·운영 등록이 효력을 잃도록 규정하고 있는 학원법 제9조 제2항 본문 중 제9조 제1항 제7호 가운데 제9조 제1항 제4호에 관한 부분(등록실효조항)은 과잉금지원칙에 위배되어 직업수행의 자유를 침해한다는 점을 주의하여야 한다.

㉣ [X] 긴급자동차를 제외한 이륜자동차와 원동기장치자전거에 대하여 고속도로 또는 자동차전용도로의 통행을 금지하고 있는 것은 고속도로 등 통행의 자유(일반적 행동의 자유)를 헌법 제37조 제2항에 반하여 과도하게 제한한다고 볼 수 없다(헌재 2007.1.17, 2005헌마1111).

㉤ [X] 성매매 영업알선행위를 처벌하는 성매매알선 등 행위의 처벌에 관한 법률 제19조 제2항 제1호 중 제2조 제1항 제2호 가목의 '알선' 부분이 과잉금지원칙에 위배되어 직업선택의 자유를 침해하지 않는다(헌재 2016.9.29, 2015헌바65).

④ [O] "약사 또는 한약사가 아니면 약국을 개설할 수 없다."고 규정한 약사법 제16조 제1항은 자연인 약사만이 약국을 개설할 수 있도록 함으로써, 약사가 아닌 자연인 및 일반법인은 물론, 약사들로만 구성된 법인의 약국 설립 및 운영도 금지하고 있는바, 국민의 보건을 위해서는 약국에서 실제로 약을 취급하고 판매하는 사람은 반드시 약사이어야 한다는 제한을 둘 필요가 있을 뿐, 약국의 개설 및 운영 자체를 자연인 약사에게만 허용할 합리적 이유는 없다. 입법자가 약국의 개설 및 운영을 일반인에게 개방할 경우에 예상되는 장단점을 고려한 정책적 판단의 결과 약사가 아닌 일반인 및 일반법인에게 약국개설을 허용하지 않는 것으로 결정하는 것은 그 입법형성의 재량권 내의 것으로서 헌법에 위반된다고 볼 수 없지만, 법인의 설립은 그 자체가 간접적인 직업선택의 한 방법으로서 직업수행의 자유의 본질적 부분의 하나이므로, 정당한 이유 없이 본래 약국개설권이 있는 약사들만으로 구성된 법인에게도 약국개설을 금지하는 것은 입법목적을 달성하기 위하여 필요하고 적정한 방법이 아니고, 입법형성권의 범위를 넘어 과도한 제한을 가하는 것으로서, 법인을 구성하여 약국을 개설·운영하려고 하는 약사들 및 이들로 구성된 법인의 직업선택(직업수행)의 자유의 본질적 내용을 침해하는 것이고, 동시에 약사들이 약국경영을 위한 법인을 설립하고 운영하는 것에 관한 결사의 자유를 침해하는 것이다(헌재 2002.9.19, 2000헌바84).

① [X] 심판대상조항이 '부정 취득하지 않은 운전면허'까지 필요적으로 취소하도록 한 것은, 임의적 취소·정지 사유로 함으로써 구체적 사안의 개별성과 특수성을 고려하여 불법의 정도에 상응하는 제재수단을 선택하도록 하는 등 완화된 수단에 의해서도 입법목적을 같은 정도로 달성하기에 충분하므로, 피해의 최소성원칙에 위배된다. 나아가, 위법이나 비난의 정도가 미약한 사안을 포함한 모든 경우에 부정 취득하지 않은 운전면허까지 필요적으로 취소하고 이로 인해 2년 동안 해당 운전면허 역시 받을 수 없게 하는 것은, 공익의 중대성을 감안하더라도 지나치게 기본권을 제한하는 것이므로, 법익의 균형성 원칙에도 위배된다. 따라서 심판대상조항 중 각 '거짓이나 그 밖의 부정한 수단으로 받은 운전면허를 제외한 운전면허'를 필요적으로 취소하도록 한 부분은, 과잉금지원칙에 반하여 일반적 행동의 자유 또는 직업의 자유를 침해한다(헌재 2020.6.25, 2019헌가9).

② [X] 소송계속 사실 소명자료를 제출하지 못하는 경우 변호사접견이 아니라 일반접견만 가능하도록 규정한 심판대상조항은 변호사인 청구인의 직업수행의 자유를 제한한다(헌재 2021.10.28, 2018헌마60).

③ [X] 이 사건 보호자동승조항이 어린이통학버스에 어린이 등과 함께 보호자를 의무적으로 동승하도록 하였다고 하여 그 의무가학원 등 운영자의 직업수행의 자유를 지나치게 제한하여 입법형성권의 범위를 현저히 벗어났다거나 기본권 침해의 최소성원칙에 반한다고 볼 수 없다(헌재 2020.4.23, 2017헌마479).

㉠ [O] 심판대상조항은 청원경찰이 저지른 범죄의 종류나 내용을 불문하고 금고 이상의 형의 선고유예를 받게 되면 당연히 퇴직되도록 규정함으로써 청원경찰에게 공무원보다 더 가혹한 제재를 가하고 있으므로, 침해의 최소성원칙에 위배된다. 심판대상조항은 청원경찰이 저지른 범죄의 종류나 내용을 불문하고 범죄행위로 금고 이상의 형의 선고유예를 받게 되면 당연히 퇴직되도록 규정함으로써 그것이 달성하려는 공익의 비중에도 불구하고 청원경찰의 직업의 자유를 과도하게 제한하고 있어 법익의 균형성원칙에도 위배된다. 따라서, 심판대상조항은 과잉금지원칙에 반하여 직업의 자유를 침해한다(헌재 2018.1.25, 2017헌가26).

㉡ [×] 이 사건 법률조항은 자격정지의 형을 선고받은 자를 청원경찰직에서 당연퇴직시킴으로써 청원경찰의 사회적 책임 및 청원경찰직에 대한 국민의 신뢰를 제고하고, 청원경찰로서의 성실하고 공정한 직무수행을 담보하기 위한 법적 조치이므로, 그 입법목적의 정당성이 인정되고, 범죄행위로 인하여 형사처벌을 받은 청원경찰은 청원경찰로서의 자질에 심각한 흠결이 생겼다고 볼 수 있고, 그 자질에 심각한 흠결이 생긴 청원경찰에 대하여 경비 및 공안업무 수행의 위임을 거두어들여 그에 상응하는 신분상의 불이익을 과하는 것은 국민 전체의 이익을 위해 적절한 수단이 될 수 있으므로, 이 사건 법률조항이 범죄행위로 자격정지의 형을 선고받은 자를 청원경찰직에서 배제하도록 한 것은 위와 같은 입법목적을 달성하기 위해 효과적이고 적절한 수단이 될 수 있다. 또한 이 사건 법률조항이 정한 바와 같이 자격정지의 형을 선고받은 자를 청원경찰직에서 당연퇴직시키는 것은 위와 같은 입법목적을 달성하면서도 기본권 침해를 최소화하는 수단이라고 할 것이어서 기본권 침해의 최소성원칙을 준수하였고, 자격정지의 형을 선고받은 청원경찰이 이 사건 법률조항에 따라 당연퇴직되어 입게 되는 직업의 자유에 대한 제한이라는 불이익이 자격정지의 형을 선고받은 자를 청원경찰직에서 당연퇴직시킴으로써 청원경찰에 대한 국민의 신뢰를 제고하고 청원경찰로서의 성실하고 공정한 직무수행을 담보하려는 공익에 비하여 더 중하다고 볼 수는 없으므로, 법익균형성도 지켜지고 있다. 따라서 이 사건 법률조항은 과잉금지원칙을 위반하여 청구인의 직업의 자유를 침해하지 아니한다(헌재 2011.10.25, 2011헌마85).

㉢ [×] 변호사 업무와 변리사 업무는 그 내용이 다르고, 대한변호사협회와 변리사회는 그 설립목적, 제공하는 서비스의 내용, 사회적 기능 및 공적 역할이 다르므로, 변호사이더라도 변리사 업무를 수행하는 이상 변리사회에 가입할 필요가 있다. 따라서 가입조항은 침해의 최소성 요건도 갖추었다. 가입조항으로 인하여 변리사들이 받는 불이익은 변리사회에 가입할 의무가 발생하는 것에 불과한 반면, 가입조항이 달성하고자 하는 공익은 중대하므로 가입조항은 법익의 균형성 요건도 갖추었다. 따라서 가입조항은 청구인의 소극적 결사의 자유 및 직업수행의 자유를 침해하지 않는다(헌재 2017.12.28, 2015헌마1000).

㉣ [O] 청구인들은 이 사건 입법부작위로 인하여 직업의 자유, 평등권, 재산권, 행복추구권이 침해되었다고 주장한다. 그런데 시행령이 제정되지 않아 법관, 검사와 같은 보수를 받지 못한다 하더라도, 직업의 자유에 '해당 직업에 합당한 보수를 받을 권리'까지 포함되어 있다고 보기 어려우므로 청구인들의 직업선택이나 직업수행의 자유가 침해되었다고 할 수 없다(헌재 2004.2.26, 2001헌마718).

㉤ [×] 시험제도란 본질적으로 응시자의 자질과 능력을 측정하는 것이며, 합격자의 결정을 상대평가(정원제)와 절대평가 중 어느 것에 의할 것인지는 측정방법의 선택의 문제일 뿐이고, 이 사건 법률조항이 사법시험의 합격자를 결정하는 방법으로 정원제를 취한 이유는 상대평가라는 방식을 통하여 응시자의 자질과 능력을 검정하려는 것이므로 이는 객관적 사유가 아닌 주관적 사유에 의한 직업선택의 자유의 제한이다(헌재 2010.5.27, 2008헌바110).

㉥ [O] 헌법 제15조는 모든 국민은 직업선택의 자유를 가진다고 규정하고 있는데 그 뜻은 누구든지 자기가 선택한 직업에 종사하여 이를 영위하고 언제든지 임의로 그것을 바꿀 수 있는 자유와 여러 개의 직업을 선택하여 동시에 함께 행사할 수 있는 자유, 즉 겸직의 자유도 가질 수 있다는 것이다(헌재 1997.4.24, 95헌마90).

④ [×] 이 사건 법률조항으로 달성하고자 하는 공익인 경비업체의 전문화, 경비원의 불법적인 노사분규 개입 방지 등은 그 실현 여부가 분명하지 않은 데 반하여, 경비업자인 청구인들이나 새로이 경비업에 진출하고자 하는 자들이 짊어져야 할 직업의 자유에 대한 기본권 침해의 강도는 지나치게 크다고 할 수 있으므로, 이 사건 법률조항은 보호하려는 공익과 기본권 침해간의 현저한 불균형으로 법익의 균형성을 잃고 있다(헌재 2002.4.25, 2001헌마614).

① [O] 심판대상조항은 민법상 재단법인의 설립을 통하여 영세하고 부실한 사설봉안시설의 난립을 방지하고, 관리의 안정성을 보장하여 사설봉안시설을 이용하는 국민의 권익을 보호하려는 것으로서 목적의 정당성과 수단의 적합성이 인정된다. 오늘날 장사방법은 매장중심에서 점차 화장중심으로 변화하고 있는데, 사설봉안시설은 방만하고 부실한 운영으로 불특정 다수의 이용객에게 피해를 입힐 우려가 있으므로 관리인 개인의 역량이나 경제적 여건에 영향을 받지 않고 체계적이고 안정적으로 운영될 수 있도록 할 필요가 있다. 민법상 재단법인은 설립자와 별개의 법인격과 기본재산을 가지며, 이사는 선관주의의무로 재단법인의 사무를 담당하여야 하는 등 개인보다 안정적이고 목적사업에 충실하게 봉안시설을 운영할 수 있고, 봉안시설에 함양된 의미와 이용의 보편적 측면에 비추어 안정적이고 영속적인 봉안시설의 운영을 위하여 일정한 자격요건은 불가피한 측면이 있으며, 심판대상조항은 종중·문중이나 종교단체 등의 경우에 예외를 마련하고 있다. 재단법인을 설립할 의무라는 심판대상조항으로 인하여 제한되는 사익이 심판대상조항을 통하여 추구하는 봉안시설의 안정성과 영속성이라는 공익에 비하여 더 크다고 보기 어려우므로, 심판대상조항은 침해의 최소성과 법익의 균형성을 갖추었다. 따라서 심판대상조항은 과잉금지원칙에 위반되어 직업의 자유를 침해하지 아니한다(헌재 2021.8.31, 2019헌바453).

② [O] 복수면허 의료인은 의과대학과 한의과대학을 각각 졸업하고, 의사와 한의사자격 국가고시에 모두 합격하였다. 따라서 단수면허 의료인에 비하여 양방 및 한방의 의료행위에 대하여 상대적으로 지식 및 능력이 뛰어나거나, 그가 행하는 양방 및 한방의 의료행위의 내용과 그것이 인체에 미치는 영향 등에 대하여도 상대적으로 더 유용한 지식과 정보를 취득하고 이를 분석하여 적절하게 대처할 수 있다고 평가될 수 있다. 복수면허 의료인들에게 단수면허 의료인과 같이 하나의 의료기관만을 개설할 수 있다고 한 것은 '다른 것을 같게' 대우하는 것으로 합리적인 이유를 찾기 어렵다 (헌재 2007.12.27, 2004헌마1021).

③ [O] 연수조항으로 인하여 청구인은 연수교육을 받는 시간만큼 영업활동을 할 수 없게 되는 불이익을 받게 되나, 이와 같은 불이익이 연수조항이 달성하고자 하는 공익에 비하여 크다고 볼 수 없으므로 연수조항은 법익의 균형성 요건도 갖추었다. 따라서 연수조항은 청구인의 직업수행의 자유를 침해하지 않는다(헌재 2017.12.28, 2015헌마1000).

---

375   정답 ③

③ [O] 청원경찰이 저지른 범죄의 종류나 내용을 불문하고 범죄행위로 금고 이상의 형의 선고유예를 받게 되면 당연히 퇴직되도록 규정함으로써 그것이 달성하려는 공익의 비중에도 불구하고 청원경찰의 직업의 자유를 과도하게 제한하고 있어 법익의 균형성원칙에도 위배된다. 따라서, 심판대상조항은 과잉금지원칙에 반하여 직업의 자유를 침해한다(헌재 2018.1.25, 2017헌가26).

① [×] 국민의 눈 건강과 관련된 국민보건의 중요성, 안경사 업무의 전문성, 안경사로 하여금 자신의 책임하에 고객과의 신뢰를 쌓으면서 안경사 업무를 수행하게 할 필요성 등을 고려할 때, 안경업소 개설은 그 업무를 담당할 자연인 안경사로 한정할 것이 요청된다. 법인 안경업소가 허용되면 영리추구 극대화를 위해 무면허로 하여금 안경 조제·판매를 하게 하는 등의 문제가 발생할 가능성이 높아지고, 안경 조제·판매 서비스의 질이 하락할 우려가 있다. … 심판대상조항은 과잉금지원칙에 반하지 아니하여 자연인 안경사와 법인의 직업의 자유를 침해하지 아니한다(헌재 2021.6.24, 2017헌가31).

② [×] 택시를 이용하는 국민을 성범죄 등으로부터 보호하고, 여객운송서비스 이용에 대한 불안감을 해소하며, 도로교통에 관한 공공의 안전을 확보하려는 심판대상조항의 입법목적은 정당하고, 또한 해당 범죄를 범한 택시운송사업자의 운전자격의 필요적 취소라는 수단의 적합성도 인정된다. … 심판대상조항은 과잉금지원칙에 위배되지 않는다(헌재 2018.5.31, 2016헌바14 등).

④ [×] 국민의 생명·신체를 보호하고 도로교통에 관련된 공공의 안전을 확보함과 동시에 4년의 운전면허 결격기간이라는 엄격한 제재를 통하여 교통사고 발생시 구호조치의무 및 신고의무를 이행하도록 하는 예방적 효과를 달성하고자 하는 데 그 입법목적을 가지고 있다. 이러한 입법목적은 정당하고, 그 수단의 적합성 또한 인정된다. … 심판대상조항은 직업의 자유 및 일반적 행동의 자유를 침해하지 않는다(헌재 2017.12.28, 2016헌바254).

---

376   정답 ①

① [×] 건설업 등록제도는 건설업자로 하여금 적정한 시공을 담보할 수 있는 최소한의 요건을 갖추도록 하여 부실공사를 방지하고 국민의 생명과 재산을 보호하고자 하는 것으로, 자본금기준의 미달은 다른 건설업 등록기준에도 영향을 미쳐 등록기준의 총체적 부실을 초래할 가능성이 높고, 업체의 부도나 하자담보책임의 회피, 임금 체납 등 발주자나 근로자에 대한 피해뿐 아니라 전반적으로 건설공사의 적정한 시공과 건설 산업의 건전한 발전을 저해할 우려가 있다. 심판대상조항에 의하여 규제되는 행위는 자본금기준을 단기간 내에 반복적으로 충족하지 못한 경우로서 행정제재의 경고 기능을 무시하였다는 점에서 비난가능성이 가중된다. 국민의 재산과 신체를 보호하며, 자본금기준을 유지하도록 함으로써 건설업자의 건전성과 성실성을 담보하고 건설업체의 무분별한 난립을 막으며 건설 산업을 발전시킨다는 공익은 건설업자가 입는 직업의 자유에 대한 제한보다 긴절하고 중대하다. 따라서 심판대상조항은 과잉금지원칙에 위반되어 직업의 자유를 침해하지 아니한다(헌재 2021.7.15, 2019헌바230).

② [O] 게임 결과물의 환전은 게임이용자로부터 게임 결과물을 매수하여 다른 게임이용자에게 이윤을 붙여 되파는 것으로, 이러한 행위를 영업으로 하는 것은 생활의 기본적 수요를 충족시키는 계속적인 소득활동이 될 수 있으므로, 게임 결과물의 환전업은 헌법 제15조가 보장하고 있는 직업에 해당한다(헌재 2010.2.25, 2009헌바38).

③ [O] 건설업자가 명의대여행위를 한 경우 그 건설업 등록을 필요적으로 말소하도록 한 이 사건 법률조항은 건설업등록제도의 근간을 유지하고 부실공사를 방지하여 국민의 생명과 재산을 보호하려는 것으로 그 목적의 정당성이 인정되고, 또한 등록이 말소된 후에도 5년이 경과하면 다시 건설업등록을 할 수 있도록 하는 등 기본권 제한을 완화하는 규정을 두고 있음을 고려하면 피해최소성의 원칙에도 부합될 뿐 아니라, 유기적 일체로서의 건설공사의 특성으로 말미암아 경미한 부분의 명의대여행위라도 건축물 전체의 부실로 이어진다는 점을 고려할 때 이로 인해 명의대여행위를 한 건설업자가 더 이상 건설업을 영위하지 못하는 등 손해를 입는다고 하더라도 이를 두고 침해되는 사익이 더 중대하다고 할 수는 없으므로 청구인의 직업수행의 자유 및 재산권을 침해한다고 할 수 없다(헌재 2001.3.21, 2000헌바27).

④ [O] 자동판매기를 통한 담배판매는 구입자가 누구인지를 분별하는 것이 곤란하여 청소년의 담배구입을 막기 어렵고, 청소년이 쉽게 볼 수 있는 장소에 설치됨으로써 청소년에 대한 흡연유발효과도 매우 크다고 아니할 수 없으므로, 청소년의 보호를 위하여 자판기설치의 제한은 반드시 필요하다고 할 것이고, 이로 인하여 담배소매인의 직업수행의 자유가 다소 제한되더라도 법익형량의 원리상 감수되어야 할 것이다(헌재 1995.4.20, 92헌마264).

③ [×] 심판대상조항은 취업제한기간을 퇴직일부터 2년간에서 3년간으로 연장하고, 취업심사대상기관의 범위를 확대하여 규정하고 있으나, 민관유착의 폐해를 방지하고 공직수행의 공공성을 강화해야 한다는 사회적 요청과 공직자 부패가 사회에 미치는 영향 등을 고려할 때 위와 같은 사정만으로 위 헌법재판소 선례의 판단을 변경할 만한 필요성이 인정된다고 보기 어려우므로, 청구인들의 직업의 자유를 침해하지 아니한다(헌재 2021.11.25, 2019헌마555).

① [○] 청구인은 판매를 목적으로 모의총포를 소지하는 자인 바 소지하는 행위 자체를 일률적으로 영업활동이라 볼 수는 없지만, 그 소지목적이나 정황적 근거에 따라 소지행위가 영업을 위한 준비행위로서 영업활동의 일환으로 평가될 수 있고, 이 사건 법률조항에 의하여 금지되는 소지행위도 영업으로서 직업의 자유의 보호범위에 포함될 수 있다(헌재 2011.11.24, 2011헌바18).

② [○] 변호사시험 성적을 합격자에게 공개하지 않도록 규정한 변호사시험법 심판대상조항은 변호사시험 합격자에 대하여 그 성적을 공개하지 않도록 규정하고 있을 뿐이고, 이러한 시험 성적의 비공개가 청구인들의 법조인으로서의 직역 선택이나 직업수행에 있어서 어떠한 제한을 두고 있는 것은 아니므로 심판대상조항이 청구인들의 직업선택의 자유를 제한하고 있다고 볼 수 없다(헌재 2015.6.25, 2011헌마769).

④ [○] 이 사건 심판대상조항은 내국인 근로자의 고용기회를 보장하고, 외국인 근로자가 근로의사 없이 국내에 장기간 체류하는 것을 방지함으로써 효율적인 고용관리를 도모하기 위한 것이며, 외국인 근로자의 사업장 변경 자체를 금지하는 것이 아니라 허가기간을 제한한 것에 불과하여 지나치게 불합리하여 자의적이라고 할 수 없으므로 청구인의 직장선택의 자유를 침해하지 아니한다(헌재 2011.9.29, 2009헌마351).

㉠ [×] 직업의 자유는 각자 생활의 기본적 수요를 충족시키는 방편이 되고 또한 개성신장의 바탕이 된다는 점에서 주관적 공권의 성격이 두드러진 것이기는 하나, 다른 한편으로는 국민 개개인이 선택한 직업의 수행에 의하여 국가의 사회질서와 경제질서가 형성된다는 점에서 사회적 시장경제질서라고 하는 객관적 법질서의 구성요소이기도 하다(헌재 2010.6.24, 2007헌바101).

㉡ [×] '법학전문대학원 설치·운영에 관한 법률' 제26조 제2항 및 제3항이 로스쿨에 입학하는 자들에 대하여 학사 전공별로, 그리고 출신 대학별로 로스쿨 입학정원의 비율을 각각 규정한 것은 변호사가 되기 위하여 필요한 전문지식을 습득할 수 있는 로스쿨에 입학하는 것을 제한하는 것이기 때문에 직업교육장 선택의 자유 내지 직업선택의 자유를 제한한다고 할 것이다(헌재 2009.2.26, 2007헌마1262).

㉢ [○] 어떠한 직업분야에 관하여 자격제도를 만들면서 그 자격요건을 어떻게 설정할 것인가에 관하여는 국가에게 폭넓은 입법재량권이 부여되어 있으므로, 다른 방법으로 직업의

자유를 제한하는 경우에 비하여 보다 유연하고 탄력적인 심사가 필요하다 할 것이다(헌재 2008.9.25, 2007헌마419).

㉣ [×] 헌법재판소는 직업수행의 자유는 입법자의 재량의 여지가 많은 것으로, 그 제한을 규정하는 법령에 대한 위헌 여부를 심사하는 데 있어서 좁은 의미의 직업선택의 자유에 비하여 상대적으로 폭넓은 법률상의 규제가 가능한 것으로 보아 다소 완화된 심사기준을 적용하여 왔다(헌재 2007.5.31, 2003헌마579).

① [×] 사회복무요원이 복무기관의 장의 허가 없이 다른 직무를 겸하는 행위를 한 경우 경고처분하고 경고처분 횟수가 더하여질 때마다 5일을 연장하여 복무하도록 하는 병역법 제33조 제2항 본문 제4호 후단은 사회복무요원인 청구인의 직업의 자유 내지 일반적 행동자유권을 침해하지 않는다(헌재 2022.9.29, 2019헌마938).

② [○] 심판대상조항은 시설경비업을 허가받은 경비업자로 하여금 허가받은 경비업무 외의 업무에 경비원을 종사하게 하는 것을 금지하고, 이를 위반한 경비업자에 대한 허가를 취소함으로써 시설경비업무에 종사하는 경비원으로 하여금 경비업무에 전념하게 하여 국민의 생명·신체 또는 재산에 대한 위험을 방지하고자 하는 것으로 입법목적의 정당성 및 수단의 적합성은 인정된다. 그러나 비경비업무의 수행이 경비업무의 전념성을 직접적으로 해하지 아니하는 경우가 있음에도 불구하고, 심판대상조항은 경비업무의 전념성이 훼손되는 정도를 고려하지 아니한 채 경비업자가 경비원으로 하여금 비경비업무에 종사하도록 하는 것을 일률적·전면적으로 금지하고, 경비업자가 허가받은 시설경비업무 외의 업무에 경비원을 종사하게 한 때에는 필요적으로 경비업의 허가를 취소하도록 규정하고 있는 점, 누구든지 경비원으로 하여금 경비업무의 범위를 벗어난 행위를 하게 하여서는 아니 된다며 이에 대한 제재를 규정하고 있는 경비업법 제15조의2 제2항, 제19조 제1항 제7호 등을 통해서도 경비업무의 전념성을 충분히 확보할 수 있는 점 등에 비추어 볼 때, 심판대상조항은 침해의 최소성에 위배되고, 경비업무의 전념성을 중대하게 훼손하지 않는 경우에도 경비원에게 비경비업무를 수행하도록 하면 허가받은 경비업 전체를 취소하도록 하여 경비업을 전부 영위할 수 없도록 하는 것은 법익의 균형성에도 반한다. 따라서 심판대상조항은 과잉금지원칙에 위반하여 시설경비업을 수행하는 경비업자의 직업의 자유를 침해한다(헌재 2023.3.23, 2020헌가19).

③ [○] 시각장애인 안마사제도는 생활전반에 걸쳐 시각장애인에게 가해진 유·무형의 사회적 차별을 보상해 주고 실질적인 평등을 이룰 수 있는 수단이며, 이 사건 자격조항은 시각장애인의 생존권보장이라는 헌법적 요청에 따라 시각장애인과 비시각장애인을 둘러싼 여러 상황을 적절하게 형량한 것으로서, 위 법률조항으로 인해 얻게 되는 시각장애인의 생존권 등 공익과 그로 인해 잃게 되는 일반국민의 직업선택의 자유 등 사익을 비교해 보더라도, 공익과 사익 사이에 법익 불균형이 발생한다고 할 수 없으므로, 이 사건 자격조항이 비시각장애인을 시각장애인에 비하여 비례의 원칙에 반

하여 차별하는 것이라고 할 수 없을 뿐 아니라, 비시각장애인의 직업선택의 자유를 과도하게 침해하여 헌법에 위반된다고 보기도 어렵다(헌재 2021.12.23, 2019헌마656).

④ [○] 변호사 자격 소지자에 대한 세무사 자격 자동부여와 관련된 특혜시비를 없애고 세무사시험에 응시하는 일반 국민과의 형평을 도모함과 동시에 세무분야의 전문성을 제고함으로써 소비자에게 고품질의 세무서비스를 제공하고자 마련된 이 사건 법률조항의 입법목적은 정당하다. 또한 이 사건 법률조항이 변호사에 대한 세무사 자격 자동부여제도를 폐지한 것은 이러한 입법목적을 달성하기 위한 적합한 수단이다. 세무사 자격시험에 합격한 사람에 대하여만 세무사 자격을 부여하는 이 사건 법률조항이 피해의 최소성원칙에 반한다고 보기 어렵다. 이 사건 법률조항은 법익의 균형성도 충족한다. 이 사건 법률조항이 과잉금지원칙에 반하여 청구인들의 직업선택의 자유를 침해한다고 볼 수 없다(헌재 2021.7.15, 2018헌마279).

380 정답 ①

① [×] 이 사건 법률조항들은 유치원 주변 및 아직 유아 단계인 청소년을 유해한 환경으로부터 보호하고 이들의 건전한 성장을 돕기 위한 것으로 그 입법목적이 정당하고, 이를 위해서 유치원 주변의 일정구역 안에서 해당 업소를 절대적으로 금지하는 것은 그러한 유해성으로부터 청소년을 격리하기 위하여 필요·적절한 방법이며, 그 범위가 유치원 부근 200m 이내에서 금지되는 것에 불과하므로, 청구인들의 직업의 자유를 침해하지 아니한다(헌재 2013.6.27, 2011헌바8 등).

② [○] 심판대상조항은 법률사무에 대한 전문성, 공정성 및 신뢰성을 확보하기 위하여 변호사제도를 보호·유지하려는 데 그 목적이 있는 점, 변호사제도의 목적을 달성하기 위해서는 비변호사의 법률사무취급의 금지는 불가피한 점, 금품 등 이익을 얻을 목적의 법률사무취급만을 금지하고 있는 점 등에 비추어 보면, 심판대상조항이 청구인의 직업의 자유를 침해한다고 볼 수 없다(헌재 2021.6.24, 2020헌바38).

③ [○] 일단 자격요건을 구비하여 자격을 부여받았다면 사후적으로 결격사유가 발생했다고 해서 당연히 그 자격을 박탈할 수 있는 것은 아니다(헌재 2014.1.28, 2011헌바252).

④ [○] 경쟁의 자유는 기본권의 주체가 직업의 자유를 실제로 행사하는 데에서 나오는 결과이므로 당연히 직업의 자유에 의하여 보장되고, 다른 기업과의 경쟁에서 국가의 간섭이나 방해를 받지 않고 기업활동을 할 수 있는 자유를 의미한다(헌재 1996.12.26, 96헌가18).

381 정답 ④

④ [○] 취업제한조항이 성적목적공공장소침입죄 전력만으로 그가 장래에 동일한 유형의 범죄를 저지를 것을 당연시하고, 10년 동안 일률적인 취업제한을 하고 있는 것은 침해의 최소성원칙과 법익의 균형성원칙에 위배된다. 따라서 성적목적공공장소침입죄로 형을 선고받아 확정된 자로 하여금 그 형의 집행을 종료한 날부터 10년 동안 의료기관을 제외

한 아동·청소년 관련기관 등을 개설하거나 그에 취업할 수 없도록 하는 취업제한조항은 직업선택의 자유를 침해한다(헌재 2016.10.27, 2014헌마709).

① [×] 의료는 단순한 상거래의 대상이 아니라 사람의 생명과 건강을 다루는 특별한 것으로서, 국민보건에 미치는 영향이 크다. 그 외에 우리나라의 취약한 공공의료의 실태, 의료인이 여러 개의 의료기관을 운영할 때 의료계 및 국민건강보험 재정 등 국민보건 전반에 미치는 영향, 국가가 국민의 건강을 보호하고 적정한 의료급여를 보장해야 하는 사회국가적 의무 등을 종합하여 볼 때, 의료의 질을 관리하고 건전한 의료질서를 확립하기 위하여 1인의 의료인에 대하여 운영할 수 있는 의료기관의 수를 제한하고 있는 입법자의 판단이 입법재량을 명백히 일탈하였다고 보기는 어렵다. … 이 사건 법률조항은 과잉금지원칙에 반한다고 할 수 없다(헌재 2019.8.29, 2014헌바212 등).

② [×] 나무의사조항은 나무의사 양성기관에서 교육을 이수한 후 나무의사 자격시험에 합격한 나무의사만이 수목을 진료하도록 하여 수목을 체계적으로 보호하기 위한 것으로, 목적의 정당성과 수단의 적합성이 인정된다. 식물보호기사·산업기사는 농작물을 포함한 식물 전체를 다루는 점, 산림보호법은 기존에 수목진료를 해오던 식물보호기사·산업기사의 기본권 제한을 최소화하기 위한 조치를 취하고 있는 점 등을 고려하면, 나무의사조항은 침해의 최소성에 반하지 않는다. 청구인들이 교육을 이수한 후 나무의사 자격시험에 합격하지 않으면 수목진료를 할 수 없게 되는 불이익이 나무의사조항이 추구하는 공익에 비하여 중대하다고 볼 수 없으므로, 나무의사조항은 법익의 균형성에도 반하지 않는다. 따라서 나무의사조항은 과잉금지원칙에 위배되어 청구인들의 직업선택의 자유를 침해하지 않는다(헌재 2020.6.25, 2018헌마974).

③ [×] 의료기기법 금지조항과 의료기기법 처벌조항, 의료법 금지조항과 의료법 처벌조항은 국민건강보험의 재정건전성 확보와 국민건강의 증진이라는 정당한 입법목적을 달성하기 위하여 형벌이라는 적절한 수단을 사용하고 있으며, 형벌을 대체할 규제수단의 존재 여부와 위 처벌조항들의 법정형 수준을 종합하여 보면 침해의 최소성원칙에 위배된다고 할 수 없고, 의료기기 수입업자나 의료인이 직업수행의 자유를 부분적으로 제한받아 입게 되는 불이익이 위 조항들이 추구하는 공익에 비해 결코 크다고 하기 어려워 법익의 균형성도 인정되므로 직업의 자유를 침해하지 아니한다(헌재 2018.1.25, 2016헌바201 등).

382 정답 ④

④ [×] 근로의 권리란 "일할 자리에 관한 권리"와 "일할 환경에 관한 권리"를 말하며, 후자는 건강한 작업환경, 일에 대한 정당한 보수, 합리적인 근로조건의 보장 등을 요구할 수 있는 권리 등을 의미하는바, 직장변경의 횟수를 제한하고 있는 이 사건 법률 조항은 위와 같은 근로의 권리를 제한하는 것은 아니라 할 것이다. 한편, 직업선택의 자유는 누구나 자유롭게 자신이 종사할 직업을 선택하고, 그 직업에 종사하며, 이를 변경할 수 있는 자유를 말하며, 이에는 개인의

직업적 활동을 하는 장소 즉 직장을 선택할 자유도 포함된다. 이때 직장선택의 자유란 개인이 그 선택한 직업분야에서 구체적인 취업의 기회를 가지거나, 이미 형성된 근로관계를 계속 유지하거나 포기하는 데 있어 국가의 방해를 받지 않는 자유로운 선택·결정을 보호하는 것을 내용으로 한다. 이 사건 법률조항은 외국인 근로자의 사업장 최대변경 가능 횟수를 설정하고 있는바, 이로 인하여 외국인 근로자는 일단 형성된 근로관계를 포기(직장이탈)하는 데 있어 제한을 받게 되므로 이는 직업선택의 자유 중 직장선택의 자유를 제한하고 있다(헌재 2011.9.29, 2007헌마1083 등).

① [O] 이 사건에서 문제되는 게임 결과물의 환전은 게임이용자로부터 게임 결과물을 매수하여 다른 게임이용자에게 이윤을 붙여 되파는 것으로, 이러한 행위를 영업으로 하는 것은 생활의 기본적 수요를 충족시키는 계속적인 소득활동이 될 수 있으므로, 게임 결과물의 환전업은 헌법 제15조가 보장하고 있는 직업에 해당한다(헌재 2010.2.25, 2009헌바38).

② [O] 헌법 제15조에서 보장하는 '직업'이란 생활의 기본적 수요를 충족시키기 위하여 행하는 계속적인 소득활동을 의미하고, 성매매는 그것이 가지는 사회적 유해성과는 별개로 성판매자의 입장에서 생활의 기본적 수요를 충족하기 위한 소득활동에 해당함을 부인할 수 없다 할 것이므로, 심판대상조항은 성판매자의 직업선택의 자유도 제한하고 있다(헌재 2016.3.31, 2013헌가2).

③ [O] 심판대상조항은 청원경찰이 저지른 범죄의 종류나 내용을 불문하고 금고 이상의 형의 선고유예를 받게 되면 당연히 퇴직되도록 규정함으로써 청원경찰에게 공무원보다 더 가혹한 제재를 가하고 있으므로, 침해의 최소성원칙에 위배된다. 심판대상조항은 청원경찰이 저지른 범죄의 종류나 내용을 불문하고 범죄행위로 금고 이상의 형의 선고유예를 받게 되면 당연히 퇴직되도록 규정함으로써 그것이 달성하려는 공익의 비중에도 불구하고 청원경찰의 직업의 자유를 과도하게 제한하고 있어 법익의 균형성 원칙에도 위배된다. 따라서, 심판대상조항은 과잉금지원칙에 반하여 직업의 자유를 침해한다(헌재 2018.1.25, 2017헌가26).

③ [×] 주류는 국민건강에 미치는 영향이 크고, 국가의 재정에도 직접 영향을 미치는 것이기 때문에 다른 상품과는 달리 특별히 법률을 제정하여 주류의 제조 및 판매에 걸쳐 폭넓게 국가의 규제를 받도록 하고 있다. 심판대상조항은 주류 유통질서의 핵심이라고 할 수 있는 주류 판매면허업자가 면허 허가 범위를 넘어 사업을 운영하는 것을 제한함으로써, 주류 판매업면허 제도의 실효성을 확보하고자 마련된 것이다. 국가의 관리 감독에서 벗어난 판매업자의 등장으로 유통 질서가 왜곡되는 것을 방지하고 규제의 효용성을 담보하기 위하여 필요하므로, 면허의 필요적 취소를 과도한 제한이라고 볼 수 없다. 따라서 이 조항은 주류 판매면허업자의 직업의 자유를 침해하지 않는다(헌재 2021.4.29, 2020헌바328).

① [O] 이 사건 법률조항들은 유치원 주변 및 아직 유아 단계인 청소년을 유해한 환경으로부터 보호하고 이들의 건전한 성장을 돕기 위한 것으로 그 입법목적이 정당하고, 이를 위해서 유치원 주변의 일정구역 안에서 해당 업소를 절대적으로 금지하는 것은 그러한 유해성으로부터 청소년을 격리하기 위하여 필요·적절한 방법이며, 그 범위가 유치원 부근 200m 이내에서 금지되는 것에 불과하므로, 청구인들의 직업의 자유를 침해하지 아니한다(헌재 2013.6.27, 2011헌바8 등).

② [O] 심판대상조항으로 인해 세무사 등록이 취소된다 하더라도 영구적으로 세무사 활동이 불가능한 것이 아니라 그 벌금형의 집행이 끝나거나 집행을 받지 아니하기로 확정된 후 3년이 지난 때에는 다시 세무사로 등록하여 활동할 수 있다. 이와 같이 제한되는 사익에 비해 세무사 직무의 공정성 및 직업윤리의식의 유지, 원활한 세무행정의 수행 등 심판대상조항으로 인하여 달성되는 공익은 매우 중대하다 할 것이므로, 심판대상조항은 법익의 균형성도 충족하였다. 따라서 심판대상조항은 과잉금지원칙에 위반되지 아니하므로 세무사법 위반으로 벌금형을 선고받은 세무사의 직업선택의 자유를 침해하지 않는다(헌재 2021.10.28, 2020헌바221).

④ [O] 헌법 제15조에서 보장하는 '직업'이란 생활의 기본적 수요를 충족시키기 위하여 행하는 계속적인 소득활동을 의미하고, 성매매는 그것이 가지는 사회적 유해성과는 별개로 성판매자의 입장에서 생활의 기본적 수요를 충족하기 위한 소득활동에 해당함을 부인할 수 없다 할 것이므로, 심판대상조항은 성판매자의 직업선택의 자유도 제한하고 있다. … 심판대상조항은 개인의 성적 자기결정권, 사생활의 비밀과 자유, 직업선택의 자유를 침해하지 아니한다(헌재 2016.3.31, 2013헌가2).

④ [×] 국민의 눈 건강과 관련된 국민보건의 중요성, 안경사 업무의 전문성, 안경사로 하여금 자신의 책임하에 고객과의 신뢰를 쌓으면서 안경사 업무를 수행하게 할 필요성 등을 고려할 때, 안경업소 개설은 그 업무를 담당할 자연인 안경사로 한정할 것이 요청된다. 법인 안경업소가 허용되면 영리추구 극대화를 위해 무면허로 하여금 안경 조제·판매를 하게 하는 등의 문제가 발생할 가능성이 높아지고, 안경 조제·판매 서비스의 질이 하락할 우려가 있다. 또한 대규모 자본을 가진 비안경사들이 법인의 형태로 안경시장을 장악하여 개인 안경업소들이 폐업하면 안경사와 소비자간 신뢰관계 형성이 어려워지고, 독과점으로 인해 안경 구매비용이 상승할 수 있다. 반면 현행법에 의하더라도 안경사들은 협동조합, 가맹점 가입, 동업 등의 방법으로 법인의 안경업소 개설과 같은 조직화, 대형화 효과를 어느 정도 누릴 수 있다. 따라서 심판대상조항은 과잉금지원칙에 반하지 아니하여 자연인 안경사와 법인의 직업의 자유를 침해하지 아니한다(헌재 2021.6.24, 2017헌가31).

① [O] 이 사건 보호자동승조항이 학원 등 운영자로 하여금 어린이통학버스에 학원 강사 등의 보호자를 함께 태우고 운행하도록 한 것은 어린이 등이 안전사고 위험으로부터 벗어나 안전하고 건강한 생활을 영위하도록 하기 위한 것이다. 어린이통학버스의 동승보호자는 운전자와 함께 탑승함으로

써 승·하차 시뿐만 아니라 운전자만으로 담보하기 어려운 '차량 운전 중' 또는 '교통사고 발생 등의 비상상황 발생시' 어린이 등의 안전을 효과적으로 담보하는 중요한 역할을 하는 점 등에 비추어 보면, 이 사건 보호자동승조항이 과잉금지원칙에 반하여 청구인들의 직업수행의 자유를 침해한다고 볼 수 없다(헌재 2020.4.23, 2017헌마479).

② [O] 변호사가 세무나 회계 등과 관련한 법률사무를 처리할 수 있다고 하여 변호사에게 반드시 세무사의 자격이 부여되어야 하는 것은 아니고 변호사에 대하여 세무사 자격을 부여할 것인지 여부는 국가가 입법 정책적으로 결정할 사안이라는 점, 세무사법은 세무사 제도가 정착되고 세무대리시장의 수급이 안정됨에 따라 세무사 자격 자동부여 대상을 점차 축소하는 방향으로 개정되어 왔다는 점, 변호사에게 세무사의 자격을 부여하면서도 현행법상 실무교육에 더하여 세무대리 업무에 특화된 추가교육을 이수하도록 하는 등의 대안을 통해서는 세무사 자격 자동부여와 관련된 특혜시비를 없애고 일반 국민과의 형평을 도모한다는 입법목적을 달성할 수 없는 점, 변호사의 자격을 가진 사람은 세무사 자격이 없더라도 세무사법 제2조 각호에 열거되어 있는 세무사의 직무 중 변호사의 직무로서 할 수 있는 세무대리를 수행할 수 있고 현행법상 조세소송대리는 변호사만이 독점적으로 수행할 수 있는 점 등을 고려하면, 이 사건 법률조항이 피해의 최소성원칙에 반한다고 보기 어렵다. 나아가, 청구인들은 이 사건 법률조항으로 인하여 변호사의 직무로서 세무대리를 하는 것 외에는 세무대리를 할 수 없게 되어 업무의 범위가 축소되는 불이익을 입었으나, 이러한 불이익이 위 조항으로 달성하고자 하는 공익보다 크다고 볼 수 없다. 따라서 이 사건 법률조항은 과잉금지원칙에 반하여 청구인들의 직업선택의 자유를 침해한다고 볼 수 없다(헌재 2021.7.15, 2018헌마279).

③ [O] 위법이나 비난의 정도가 미약한 사안을 포함한 모든 경우에 부정 취득하지 않은 운전면허까지 필요적으로 취소하고 이로 인해 2년 동안 해당 운전면허 역시 받을 수 없게 하는 것은, 공익의 중대성을 감안하더라도 지나치게 기본권을 제한하는 것이므로, 법익의 균형성 원칙에도 위배된다. 따라서 심판대상조항 중 각 '거짓이나 그 밖의 부정한 수단으로 받은 운전면허를 제외한 운전면허'를 필요적으로 취소하도록 한 부분은, 과잉금지원칙에 반하여 일반적 행동의 자유 또는 직업의 자유를 침해한다(헌재 2020.6.25, 2019헌가9).

385
정답 ①

① [O] 심판대상조항으로 실현하고자 하는 공익은 영유아를 건강하고 안전하게 보육하는 것으로서, 이로 인하여 어린이집 원장 또는 보육교사 자격을 취득하였던 사람이 그 자격을 취소당한 결과 일정 기간 어린이집에 근무하지 못하는 제한을 받더라도, 그 제한의 정도가 위 공익에 비하여 더 중대하다고 할 수 없다. 따라서 심판대상조항은 과잉금지원칙에 반하여 직업선택의 자유를 침해하지 아니한다(헌재 2023.5.25, 2021헌바234).

② [×] 심판대상조항이 부정 취득한 운전면허를 필요적으로 취소하도록 한 것은 과잉금지원칙에 위반되지 아니하나, 부

정 취득하지 않은 운전면허까지 필요적으로 취소하도록 한 것은 과잉금지원칙에 위반되어 직업의 자유를 침해한다(헌재 2020.6.25, 2019헌가9).

③ [×] 범죄행위의 유형, 경중이나 위법성의 정도, 동력수상레저기구의 당해 범죄행위에 대한 기여도 등 제반사정을 전혀 고려하지 않고 필요적으로 조종면허를 취소하도록 규정하였으므로 심판대상조항은 침해의 최소성원칙에 위배되고, 심판대상조항에 따라 조종면허가 취소되면 면허가 취소된 날부터 1년 동안은 조종면허를 다시 받을 수 없게 되어 법익의 균형성원칙에도 위배된다. 따라서 심판대상조항은 직업의 자유 및 일반적 행동의 자유를 침해한다.(헌재 2015.7.30. 2014헌가13).

④ [×] 비경비업무의 수행이 경비업무의 전념성을 직접적으로 해하지 아니하는 경우가 있음에도 불구하고, 심판대상조항은 경비업무의 전념성이 훼손되는 정도를 고려하지 아니한 채 경비업자가 경비원으로 하여금 비경비업무에 종사하도록 하는 것을 일률적·전면적으로 금지하고, 경비업자가 허가받은 시설경비업무 외의 업무에 경비원을 종사하게 한 때에는 필요적으로 경비업의 허가를 취소하도록 규정하고 있는 점 등에 비추어 볼 때, 심판대상조항은 침해의 최소성에 위배되고, 경비업무의 전념성을 중대하게 훼손하지 않는 경우에도 경비원에게 비경비업무를 수행하도록 하면 허가받은 경비업 전체를 취소하도록 하여 경비업을 전부 영위할 수 없도록 하는 것은 법익의 균형성에도 반한다. 따라서 심판대상조항은 과잉금지원칙에 위반하여 시설경비업을 수행하는 경비업자의 직업의 자유를 침해한다(헌재 2023.3.23, 2020헌가19).

386
정답 ④

㉠ [×] 직업의 자유에 의한 보호의 대상이 되는 직업은 '생활의 기본적 수요를 충족시키기 위한 계속적 소득활동'을 의미하며 그 종류나 성질은 묻지 아니한다. 이러한 직업의 개념표지들은 개방적 성질을 지녀 엄격하게 해석할 필요는 없다. '계속성'에 관해서는 휴가기간 중에 하는 일, 수습직으로서의 활동 등도 이에 포함되고, '생활수단성'에 관해서는 단순한 여가활동이나 취미활동은 직업의 개념에 포함되지 않으나 겸업이나 부업은 삶의 수요를 충족하기에 적합하므로 직업에 해당한다고 본다(헌재 2018.7.26, 2017헌마452).

㉡ [O] 심판대상조항은 변호사시험에 합격한 사람의 '성적'이라는 정보를 공개하지 않는다는 점에서 변호사시험에 합격한 청구인들의 알 권리 중 정보공개청구권을 제한하고 있다. 한편, 청구인들은 변호사시험의 성적 공개를 금지하고 있는 심판대상조항이 변호사시험 합격자들이 공정한 경쟁을 통하여 직업을 선택할 기회를 배제함으로써 직업의 자유를 침해한다고 주장한다. 그러나 심판대상조항은 변호사시험 합격자에 대하여 그 성적을 공개하지 않도록 규정하고 있을 뿐이고, 이러한 시험 성적의 비공개가 청구인들의 법조인으로서의 직역 선택이나 직업수행에 있어서 어떠한 제한을 두고 있는 것은 아니므로 심판대상조항이 청구인들의 직업선택의 자유를 제한하고 있다고 볼 수 없다. … 심판대상조항은 과잉금지원칙에 위배하여 청구인들의 알 권리를 침해한다(헌재 2015.6.25, 2011헌마769).

ⓒ [×] 외국 치과, 의과대학을 졸업한 우리 국민이 국내 의사면 허시험을 치기 위해서는 기존의 응시요건에 추가하여 새로이 예비시험을 치도록 한 의료법 제5조 본문 중 "예비시험 조항" 및 새로운 예비시험의 실시를 일률적으로 3년 후로 한 동법 부칙 제1조의 "경과규정"이 청구인들의 직업선택의 자유를 침해하지 않는다(헌재 2003.4.24, 2002헌마611).

ⓔ [○] 직장선택의 자유는 개인이 그 선택한 직업분야에서 구체적인 취업의 기회를 가지거나, 이미 형성된 근로관계를 계속유지하거나 포기하는 데에 있어 국가의 방해를 받지 않는 자유로운 선택·결정을 보호하는 것을 내용으로 한다. 그러나 이 기본권은 원하는 직장을 제공하여 줄 것을 청구하거나 한번 선택한 직장의 존속보호를 청구할 권리를 보장하지 않으며, 또한 사용자의 처분에 따른 직장 상실로부터 직접 보호하여 줄 것을 청구할 수도 없다. 다만 국가는 이 기본권에서 나오는 객관적 보호의무, 즉 사용자에 의한 해고로부터 근로자를 보호할 의무를 질 뿐이다(헌재 2002.11.28, 2001헌바50).

387
정답 ④

④ [×] 심판대상조항은 공인중개사가 부동산 거래시장에서 수행하는 업무의 공정성 및 그에 대한 국민적 신뢰를 확보하기 위한 것으로서 입법목적의 정당성을 인정할 수 있고, 개업공인중개사가 금고 이상의 실형을 선고받는 경우 중개사무소 개설등록을 필요적으로 취소하여 중개업에 종사할 수 없도록 배제하는 것은 위와 같은 입법목적을 달성하는 데 적절한 수단이 된다. … 심판대상조항은 과잉금지원칙에 반하여 직업선택의 자유를 침해하지 아니한다(헌재 2019.2.28, 2016헌바467).

① [○] 어떠한 직업분야에 관하여 자격제도를 만들면서 그 자격요건을 어떻게 설정할 것인가에 관하여는 국가에게 폭넓은 입법재량권이 부여되어 있으므로, 다른 방법으로 직업의 자유를 제한하는 경우에 비하여 보다 유연하고 탄력적인 심사가 필요하다 할 것이다(헌재 2008.9.25, 2007헌마419).

② [○] 헌법 제15조에서 보장하는 '직업'이란 생활의 기본적 수요를 충족시키기 위하여 행하는 계속적인 소득활동을 의미하고, 성매매는 그것이 가지는 사회적 유해성과는 별개로 성판매자의 입장에서 생활의 기본적 수요를 충족하기 위한 소득활동에 해당함을 부인할 수 없다 할 것이므로, 심판대상조항은 성판매자의 직업선택의 자유도 제한하고 있다(헌재 2016.3.31, 2013헌가2).

③ [○] 청구인은 판매를 목적으로 모의총포를 소지하는 자인바 소지하는 행위 자체를 일률적으로 영업활동이라 볼 수는 없지만, 그 소지 목적이나 정황적 근거에 따라 소지행위가 영업을 위한 준비행위로서 영업활동의 일환으로 평가될 수 있고, 이 사건 법률조항에 의하여 금지되는 소지행위도 영업으로서 직업의 자유의 보호범위에 포함될 수 있다(헌재 2011.11.24, 2011헌바18).

388
정답 ④

④ [○] 택시운송사업에 사용되는 차량의 총량을 합리적으로 조정함으로써 수요공급의 균형을 이루어 택시운송업의 안정적 발전을 유지하고자 하는 것은 중대한 공익이라고 할 것

이다. 심판대상조항으로 인하여 일반택시운송사업자가 원하는 시기에 자유롭게 택시운송사업을 양도하지 못함으로써 직업수행의 자유와 재산권을 제한받게 된다고 하더라도, 그로 인하여 입게 되는 불이익이 심판대상조항을 통하여 달성하고자 하는 공익보다 크다고 할 수 없으므로, 심판대상조항은 추구하는 공익과 제한되는 기본권 사이의 법익균형성 요건도 충족하고 있다. 심판대상조항은 과잉금지원칙을 위반하여 일반택시운송사업자의 직업수행의 자유와 재산권을 침해하지 아니한다(헌재 2019.9.26, 2017헌바467).

① [×] 의료는 단순한 상거래의 대상이 아니라 사람의 생명과 건강을 다루는 특별한 것으로서, 국민보건에 미치는 영향이 크다. 그 외에 우리나라의 취약한 공공의료의 실태, 의료인이 여러 개의 의료기관을 운영할 때 의료계 및 국민건강보험 재정 등 국민보건 전반에 미치는 영향, 국가가 국민의 건강을 보호하고 적정한 의료급여를 보장해야 하는 사회국가적 의무 등을 종합하여 볼 때, 의료의 질을 관리하고 건전한 의료질서를 확립하기 위하여 1인의 의료인에 대하여 운영할 수 있는 의료기관의 수를 제한하고 있는 입법자의 판단이 입법재량을 명백히 일탈하였다고 보기는 어렵다. … 이 사건 법률조항은 과잉금지원칙에 반한다고 할 수 없다(헌재 2019.8.29, 2014헌마212 등).

② [×] 절단을 위한 임시보관장소 수집·운반행위는 원래 허용되지 않고 있다가 2009년부터 규제유예 제도의 일환으로 허용되었던 점, 허용되었던 시기에는 비산먼지, 소음 등으로 인근 주민의 피해가 발생하였고 매립대상 폐기물의 절단행위뿐만 아니라 모든 폐기물의 분리·선별·파쇄행위까지 행해지는 경우도 있었던 점, 2017년 이를 다시 금지하는 법 개정이 이루어진 뒤 2년의 유예기간을 둔 점 등을 고려하면, 심판대상조항은 신뢰보호원칙에 반하여 직업수행의 자유를 침해하지 않는다(헌재 2021.7.15, 2019헌마406).

③ [×] 이 사건 법률조항들은 유치원 주변 및 아직 유아 단계인 청소년을 유해한 환경으로부터 보호하고 이들의 건전한 성장을 돕기 위한 것으로 그 입법목적이 정당하고, 이를 위해서 유치원 주변의 일정구역 안에서 해당 업소를 절대적으로 금지하는 것은 그러한 유해성으로부터 청소년을 격리하기 위하여 필요·적절한 방법이며, 그 범위가 유치원 부근 200m 이내에서 금지되는 것에 불과하므로, 청구인들의 직업의 자유를 침해하지 아니한다(헌재 2013.6.27, 2011헌바8 등).

389
정답 ④

④ [×] 입법자는 일정한 전문분야에 관한 자격제도를 마련함에 있어서 그 제도를 마련한 목적을 고려하여 정책적인 판단에 따라 그 내용을 구성할 수 있고, 마련한 자격제도의 내용이 불합리하고 불공정하지 않은 한 입법자의 정책판단은 존중되어야 하며, 자격제도에서 입법자에게는 그 자격요건을 정함에 있어 광범위한 입법재량이 인정되는 만큼, 자격요건에 관한 법률조항은 합리적인 근거 없이 현저히 자의적인 경우에만 헌법에 위반된다고 할 수 있다(헌재 2007.5.31, 2003헌마422).

① [○] 의료인이 아닌 자의 의료행위를 금지·처벌하는 구 의료법(2002.3.30. 법률 제6686호로 개정되기 전의 것, 이하 '법'이라 한다) 제25조 제1항 본문의 전단부분 및 제66조 제3호 중 제25조 제1항 본문의 전단에 관한 부분(이하 위 조항들은 '이 사건 법률조항'이라 한다)이 의료인이 아닌 자의 의료행위를 전면적으로 금지한 것은 매우 중대한 헌법적 법익인 국민의 생명권과 건강권을 보호하고 국민의 보건에 관한 국가의 보호의무(헌법 제36조 제3항)를 이행하기 위하여 적합한 조치로서, 위와 같은 중대한 공익이 국민의 기본권을 보다 적게 침해하는 다른 방법으로는 효율적으로 실현될 수 없으므로, 직업선택의 자유 등 기본권의 제한은 비례의 원칙에 부합하는 것으로서 헌법적으로 정당화된다(헌재 2005.5.26, 2003헌바86).

② [○] 세무직 국가공무원의 업무상 전문성 강화라는 공익과 함께, 심판대상조항이 정하는 바와 같은 가산점 제도가 1993.12.31. 이후 유지되어 왔고 자격증 없는 자들의 응시기회 자체가 박탈되거나 제한되는 것이 아니며 가산점 부여를 위해서는 일정한 요건을 갖추도록 하고 있는 점 등을 고려하면 법익균형성이 인정된다. 그러므로 이 사건 처벌조항은 과잉금지원칙에 반하여 청구인의 공무담임권을 침해하지 아니한다(헌재 2020.6.25, 2017헌마1178).

③ [○] 다양한 전공자를 대상으로 전문적인 법학교육을 실시하고 다양한 학문풍토를 조성하고자 하는 이 사건 법률 제26조 제2항 및 제3항이 추구하는 입법목적의 정당성이 인정되고, 전공과 출신대학에 따라 로스쿨 입학정원 비율을 제한하는 것은 이 사건 법률 제26조 제2항 및 제3항이 추구하는 입법목적을 달성하기 위한 적절한 방법이 될 수 있고, 입법목적을 달성하는 수단을 선택함에 있어서 입법자의 선택재량의 범위를 일탈하였다고 볼 수 없어서 최소침해성 원칙에도 위배되지 아니하며, 로스쿨을 지원함에 있어서 청구인들이 받게 되는 불이익보다 위와 같은 입법목적을 달성하여 얻게 되는 공익이 훨씬 더 크다고 할 것이어서 법익균형성원칙에도 위배되지 아니하므로, 이 사건 법률 제26조 제2항 및 제3항은 비례의 원칙에 위배되지 않기 때문에 청구인들의 직업선택의 자유를 침해하지 아니한다(헌재 2009.2.26, 2007헌마1262).

390   정답 ④

④ [×] 건전한 유통질서를 확립하고, 대형마트 등과 중소유통업의 상생발전을 도모하며, 대형마트 등에 근무하는 근로자의 건강권을 보호하려는 심판대상조항의 입법목적은 정당하고, 대형마트 등의 영업시간 제한 및 의무휴업일 지정이라는 수단의 적합성도 인정된다. … 심판대상조항에 따라 대형마트 등이 경제적 손실을 입고, 소비자가 불편을 겪게 될 수도 있으나, 이는 입법목적을 달성하기 위하여 필요한 최소한의 범위에 그치고 있는 반면, 심판대상조항의 입법목적은 매우 중요하므로, 법익의 균형성도 충족한다. 따라서 심판대상조항은 과잉금지원칙에 위배되어 직업수행의 자유를 침해하지 않는다(헌재 2018.6.28, 2016헌바77).

① [○] 현행 헌법이 소비자의 권리를 소비자보호운동의 보장 차원에서 규정하고 있으나(헌법 제124조) 이를 기본권으로 명시한 것은 아니다.

② [○]

> **소비자기본법 제32조【보조금의 지급】** 국가 또는 지방자치단체는 등록소비자단체의 건전한 육성·발전을 위하여 필요하다고 인정될 때에는 보조금을 지급할 수 있다.

③ [○] 불매운동의 목표로서의 '소비자의 권익'이란 원칙적으로 사업자가 제공하는 물품이나 용역의 소비생활과 관련된 것으로서 상품의 질이나 가격, 유통구조, 안전성 등 시장적 이익에 국한된다(헌재 2011.12.29, 2010헌바54 등).

391   정답 ②

② [×] 택시를 이용하는 국민을 성범죄 등으로부터 보호하고, 여객운송서비스 이용에 대한 불안감을 해소하며, 도로교통에 관한 공공의 안전을 확보하려는 심판대상조항의 입법목적은 정당하고, 또한 해당 범죄를 범한 택시운송사업자의 운전자격의 필요적 취소라는 수단의 적합성도 인정된다. … 따라서 심판대상조항은 과잉금지원칙에 위배되지 않는다(헌재 2018.5.31, 2016헌바14 등).

① [○] 나무의사조항이 신설되기 전에 식물보호기사·산업기사에 대하여 독점적으로 수목진료를 할 수 있는 구체적인 권리가 인정되었던 것은 아닌 점, 식물보호기사·산업기사 자격을 보유한 청구인들은 나무의사조항의 시행일 전까지 구 산림사업법인 나무병원에서의 종사 요건을 갖추면 시행일로부터 5년간 나무의사 자격을 인정받을 수 있는 점 등을 고려하면, 청구인들이 식물보호기사·산업기사로서 앞으로도 수목진료 업무를 수행할 수 있으리라고 기대했던 신뢰에 대한 침해의 정도가 크다고 보기 어렵다. 반면 부칙조항이 추구하는 공익은 수목을 체계적으로 보호하여 궁극적으로 국민의 건강 증진 및 삶의 질 향상에 이바지하기 위한 것으로서 중대하다. 따라서 부칙조항은 신뢰보호원칙을 위배하여 청구인들의 직업선택의 자유를 침해하지 않는다(헌재 2020.6.25, 2018헌마974).

③ [○] 심판대상조항은 청원경찰이 저지른 범죄의 종류나 내용을 불문하고 금고 이상의 형의 선고유예를 받게 되면 당연히 퇴직되도록 규정함으로써 청원경찰에게 공무원보다 더 가혹한 제재를 가하고 있으므로, 침해의 최소성원칙에 위배된다. 심판대상조항은 청원경찰이 저지른 범죄의 종류나 내용을 불문하고 범죄행위로 금고 이상의 형의 선고유예를 받게 되면 당연히 퇴직되도록 규정함으로써 그것이 달성하려는 공익의 비중에도 불구하고 청원경찰의 직업의 자유를 과도하게 제한하고 있어 법익의 균형성 원칙에도 위배된다. 따라서, 심판대상조항은 과잉금지원칙에 반하여 직업의 자유를 침해한다(헌재 2018.1.25, 2017헌가26).

④ [○] 의료기기는 불특정 다수의 환자에게 반복 사용될 수 있고, 직접 인체에 접촉하거나 침습을 일으키는 특성이 있어 유통·사용하기 전에 안전성과 유효성을 검증하는 절차가 반드시 필요할 뿐만 아니라, 의료기기를 시험용으로 수입하는 경우에는 식품의약품안전청에 등록된 시험검사기관장으로부터 확인서를 발급받아 제출함으로써 품목별 수입허가절차를 면제받을 수 있으므로 침해의 최소성원칙에 반하는 것이라 할 수 없고, 의료기기의 효율적인 관리를 통한 국

민의 생명권과 건강권의 보호라는 공익은 의료기기 수입업자가 위 금지로 인하여 제한받는 사익보다 훨씬 중요하므로 법익균형성의 원칙에 반하지 아니한다. 따라서 심판대상조항은 과잉금지원칙에 위배되어 의료기기 수입업자의 직업수행의 자유를 침해하지 아니한다(헌재 2015.7.30, 2014헌바6).

제5장 정치적 기본권

정답

392	①	393	②	394	③	395	②	396	③
397	④	398	②	399	③	400	③	401	③
402	②	403	①	404	①	405	④	406	④

392　　　　　　　　　　　　　　　　　정답 ①

㉠ [O] 위 규정들이 금지하는 '정치적 주장을 표시 또는 상징하는 행위'에서의 '정치적 주장'이란, 정당활동이나 선거와 직접적으로 관련되거나 특정 정당과의 밀접한 연계성을 인정할 수 있는 경우 등 공무원의 정치적 중립성을 훼손할 가능성이 높은 주장에 한정된다고 해석되므로, 명확성원칙에 위배되지 아니한다(헌재 2012.5.31, 2009헌마705).

㉡ [O] 국가공무원법 조항 중 '그 밖의 정치단체'에 관한 부분은 어떤 단체에 가입하는가에 관한 집단적 형태의 '표현의 내용'에 근거한 규제이므로, 더욱 규제되는 표현의 개념을 명확하게 규정할 것이 요구된다. 그럼에도 위 조항은 '그 밖의 정치단체'라는 불명확한 개념을 사용하여, 수범자에 대한 위축효과와 법 집행 공무원의 자의적 판단 위험을 야기하고 있다. 위 조항이 명확성원칙에 위배되어 나머지 청구인들의 정치적 표현의 자유, 결사의 자유를 침해하여 헌법에 위반되는 점이 분명한 이상, 과잉금지원칙에 위배되는지 여부에 대하여는 더 나아가 판단하지 않는다(헌재 2020.4.23, 2018헌마551).

㉢ [O] 심판대상조항이 달성하고자 하는 공익은 우리 헌법상 사회국가원리에 입각한 공무담임권 보장과 조화를 이루는 정도에 한하여 중요성이 인정될 수 있다. 그런데 심판대상조항은 성년후견이 개시되지는 않았으나 동일한 정도의 정신적 장애가 발생한 국가공무원의 경우와 비교할 때 사익의 제한 정도가 과도하고, 성년후견이 개시되었어도 정신적 제약을 극복하여 후견이 종료될 수 있고, 이 경우 법원에서 성년후견 종료심판을 하고 있다는 사실에 비추어 보아도 사익의 제한 정도가 지나치게 가혹하다. 또한 심판대상조항처럼 국가공무원의 당연퇴직사유를 임용결격사유와 동일하게 규정하려면 국가공무원이 재직 중 쌓은 지위를 박탈할 정도의 충분한 공익이 인정되어야 하나, 이 조항이 달성하려는 공익은 이에 미치지 못한다. 따라서 심판대상조항은 과잉금지원칙에 반하여 공무담임권을 침해한다(헌재 2022.12.22, 2020헌가8).

㉣ [O] 이 사건 법률조항은 금고 이상의 형의 선고유예의 판결을 받아 그 기간 중에 있는 사람이 공무원으로 임용되는 것을 금지하고 이러한 사람이 공무원으로 임용되더라도 그 임용을 당연무효로 하는 것으로서, 공직에 대한 국민의 신뢰를 보장하고 공무원의 원활한 직무수행을 도모하기 위하여 마련된 조항이다. 청구인과 같이 임용결격사유에도 불구하고 임용된 임용결격공무원은 상당한 기간 동안 근무한 경우라도 적법한 공무원의 신분을 취득하여 근무한 것이 아니라는 이유로 공무원연금법상 퇴직급여의 지급대상이 되지

354　해커스경찰　police.Hackers.com

못하는 등 일정한 불이익을 받기는 하지만, 재직기간 중 사실상 제공한 근로에 대하여는 그 대가에 상응하는 금액의 반환을 부당이득으로 청구하는 등의 민사적 구제수단이 있는 점을 고려하면, 공직에 대한 국민의 신뢰보장이라는 공익과 비교하여 임용결격공무원의 사익 침해가 현저하다고 보기 어렵다. 따라서 이 사건 법률조항은 입법자의 재량을 일탈하여 공무담임권을 침해한 것이라고 볼 수 없다(헌재 2016.7.28, 2014헌바437).

393 정답 ②

② [×] 심판대상조항은 공무원 직무수행에 대한 국민의 신뢰 및 직무의 정상적 운영의 확보, 공무원범죄의 예방, 공직사회의 질서유지를 위한 것으로서 목적이 정당하고, 형법 제129조 제1항의 수뢰죄를 범하여 금고 이상 형의 선고유예를 받은 국가공무원을 공직에서 배제하는 것은 적절한 수단에 해당한다. 수뢰죄는 수수액의 다과에 관계없이 공무원 직무의 불가매수성과 염결성을 치명적으로 손상시키고, 직무의 공정성을 해치며 국민의 불신을 초래하므로 일반 형법상 범죄와 달리 엄격하게 취급할 필요가 있다. 수뢰죄를 범하더라도 자격정지형의 선고유예를 받은 경우 당연퇴직하지 않을 수 있으며, 당연퇴직의 사유가 직무 관련 범죄로 한정되므로 심판대상조항은 침해의 최소성원칙에 위반되지 않고, 이로써 달성되는 공익이 공무원 개인이 입는 불이익보다 훨씬 크므로 법익균형성원칙에도 반하지 아니한다. 따라서 심판대상조항은 과잉금지원칙에 반하여 청구인의 공무담임권을 침해하지 아니한다(헌재 2013.7.25, 2012헌바409).
① [○] 획일적으로 30세까지는 순경과 소방사·지방소방사 및 소방간부후보생의 직무수행에 필요한 최소한도의 자격요건을 갖추고, 30세가 넘으면 그러한 자격요건을 상실한다고 보기 어렵고, 이 점은 순경을 특별 채용하는 경우 응시연령을 40세 이하로 제한하고, 소방사·지방소방사와 마찬가지로 화재현장업무 등을 담당하는 소방교·지방소방교의 경우 특채시험의 응시연령을 35세 이하로 제한하고 있는 점만 보아도 분명하다. 따라서 이 사건 심판대상조항들이 순경 공채시험, 소방사 등 채용시험, 그리고 소방간부 선발시험의 응시연령의 상한을 '30세 이하'로 규정하고 있는 것은 합리적이라고 볼 수 없으므로 침해의 최소성원칙에 위배되어 청구인들의 공무담임권을 침해한다(헌재 2012.5.31, 2010헌마278).
③ [○] 이 사건 법률조항은 '금고 이상의 형이 선고되었다.'는 사실 자체에 주민의 신뢰가 훼손되고 자치단체장으로서 직무의 전념성이 해쳐질 것이라는 부정적 의미를 부여한 후, 그러한 판결이 선고되었다는 사실만을 유일한 요건으로 하여, 형이 확정될 때까지의 불확정한 기간 동안 자치단체장으로서의 직무를 정지시키는 불이익을 가하고 있으며, 그와 같이 불이익을 가함에 있어 필요최소한에 그치도록 엄격한 요건을 설정하지도 않았으므로, 무죄추정의 원칙에 위배되고 공무담임권을 침해한다(헌재 2010.9.2, 2010헌마418).
④ [○] 헌재 2007.6.28, 2007헌가3

394 정답 ③

③ [×] 공무원 또는 공무원이었던 자가 재직 중의 사유로 금고 이상의 형을 받은 때에는 대통령령이 정하는 바에 의하여 퇴직급여 및 퇴직수당의 일부를 감액하여 지급하도록 한 공무원연금법 제64조 제1항 제1호가 재산권을 침해하고 평등의 원칙에 위배된다(헌재 2007.3.29, 2005헌바33).
① [○] 국회의원의 직무수행에 있어 공정성과 전념성을 확보하여 국회가 본연의 기능을 충실히 수행할 수 있도록 하는 것은 대의제 민주주의를 성공적으로 운영하기 위한 발판이고, 사립대학에 재학 중인 학생들이 충실한 수업과 지도를 받을 수 있도록 함으로써 대학교육을 정상화하는 것은 미래의 인적 자원을 양성하는 초석이 되는 것인바, 앞서 본 사정들을 종합할 때 입법자가 이와 같은 공익을 국회의원으로 당선된 사립대학 교원이 교원의 직을 사직하여야 하는 것으로 인해 발생하는 공무담임권 및 직업선택의 자유에 대한 제한보다 중시한다고 해서 법익 간의 형량을 그르쳤다고 할 수는 없다. 따라서 심판대상조항은 법익의 균형성 원칙에도 위반되지 않는다(헌재 2015.4.30, 2014헌마621).
② [○] 이 사건 법률조항은 금고 이상의 형의 선고유예의 판결을 받아 그 기간 중에 있는 사람이 공무원으로 임용되는 것을 금지하고 이러한 사람이 공무원으로 임용되더라도 그 임용을 당연무효로 하는 것으로서, 공직에 대한 국민의 신뢰를 보장하고 공무원의 원활한 직무수행을 도모하기 위하여 마련된 조항이다. 청구인과 같이 임용결격사유에도 불구하고 임용된 임용결격공무원은 상당한 기간 동안 근무한 경우라도 적법한 공무원의 신분을 취득하여 근무한 것이 아니라는 이유로 공무원연금법상 퇴직급여의 지급대상이 되지 못하는 등 일정한 불이익을 받기는 하지만, 재직기간 중 사실상 제공한 근로에 대하여는 그 대가에 상응하는 금액의 반환을 부당이득으로 청구하는 등의 민사적 구제수단이 있는 점을 고려하면, 공직에 대한 국민의 신뢰보장이라는 공익과 비교하여 임용결격공무원의 사익 침해가 현저하다고 보기 어렵다. 따라서 이 사건 법률조항은 입법자의 재량을 일탈하여 공무담임권을 침해한 것이라고 볼 수 없다(헌재 2016.7.28, 2014헌바437).
④ [○] 헌법 제25조는 "모든 국민은 법률이 정하는 바에 의하여 공무담임권을 가진다."고 하여 공무담임권을 보장하고 있고, 공무담임권의 보호영역에는 공직취임의 기회의 자의적인 배제뿐 아니라, 공무원 신분의 부당한 박탈도 포함되는 것이다(헌재 2002.8.29, 2001헌마788).

395 정답 ②

② [○] 선거에 의하여 주권자인 국민으로부터 직접 공무담임권을 위임받는 자치단체장의 경우, 그와 같이 공무담임권을 위임한 선출의 정당성이 무너지거나 공무담임권 위임의 본지를 배반하는 직무상 범죄를 저질렀다면, 이러한 경우에도 계속 공무를 담당하게 하는 것은 공무담임권 위임의 본지에 부합된다고 보기 어렵다. 그러므로, 위 두 사유에 해당하는 범죄로 자치단체장이 금고 이상의 형을 선고받은 경우라면, 그 형이 확정되기 전에 해당 자치단체장의 직무를 정지시키더라도 무죄추정의 원칙에 직접적으로 위배된다고 보기 어

렵고, 과잉금지의 원칙도 위반하였다고 볼 수 없으나, 위 두 가지 경우 이외에는 금고 이상의 형의 선고를 받았다는 이유로 형이 확정되기 전에 자치단체장의 직무를 정지시키는 것은 무죄추정의 원칙과 과잉금지의 원칙에 위배된다(헌재 2010.9.2, 2010헌마418).

① [×] 공무담임권은 공직취임의 기회 균등뿐만 아니라 취임한 뒤 승진할 때에도 균등한 기회 제공을 요구한다. 청구인의 경우 군 복무기간이 승진소요 최저연수에 포함되지 않으므로 공무원으로 근무하다가 군 복무를 한 사람보다 더 오래 재직하여야 승진임용절차가 진행된다. 또 군 복무기간이 경력평정에서도 일부만 산입되므로 경력평정점수도 상대적으로 적게 부여된다. 이는 승진임용절차 개시 및 승진임용점수 산정과 관련된 법적 불이익에 해당하므로, 승진경쟁인원 증가에 따라 승진 가능성이 낮아지는 사실상의 불이익 문제나 단순한 내부승진인사 문제와 달리 공무담임권의 제한에 해당한다(헌재 2018.7.26, 2017헌마1183).

③ [×] 국·공립학교 채용시험의 동점자처리에서 국가유공자 등 및 그 유족·가족에게 우선권을 주도록 하고 있는 국가유공자 등 예우 및 지원에 관한 법률 등의 해당 조항들이 일반 응시자들의 공무담임권을 침해하지 않는다(헌재 2006.6.29, 2005헌마44).

④ [×] 지방자치단체장의 계속 재임을 3기로 제한한 규정의 입법취지는 장기집권으로 인한 지역발전 저해방지와 유능한 인사의 지방자치단체장 진출확대로 대별할 수 있는바, 그 목적의 정당성, 방법의 적절성, 피해의 최소성, 법익의 균형성이 충족되므로 헌법에 위반되지 아니한다(헌재 2006.2.23, 2005헌마403).

396
정답 ③

③ [×] 국가의 안전보장과 국토방위의 의무를 수행하기 위하여 군인은 강인한 체력과 정신력을 바탕으로 한 전투력을 유지할 필요가 있고, 이를 위해 군 조직은 위계질서의 확립과 기강확보가 어느 조직보다 중요시된다. 이러한 군의 특수성을 고려할 때 부사관의 임용연령상한을 제한하는 심판대상조항은 그 입법목적이 정당하고, 부사관보다 상위 계급인 소위의 임용연령상한도 27세로 정해져 있는 점, 연령과 체력의 보편적 상관관계 등을 고려할 때 수단의 적합성도 인정된다. 평균수명이 증가하고 취업연령이 전반적으로 늦어지고 있는 것이 오늘날의 현실이나, 부사관 임용을 원하는 사람에게 고등학교 졸업 후 적어도 9년, 대학 졸업 후에도 최소한 4~5년 동안 지원 기회가 제공되고, 특히 제대군인의 경우 최대 3년간 상한 연장특례가 부여되는 점, 군인사법상 부사관의 계급별 연령정년은 하사가 40세로서 낮게 설정되어 있는 반면 근속진급기간은 다소 장기여서, 현재의 정년 및 진급체계를 그대로 둔 채 부사관의 임용연령상한만을 완화하는 경우 부사관 인사체계에 불합리한 결과가 발생할 수 있는 점, 첨단무기·정보를 바탕으로 한 미래전에 대비하기 위해서 각 분야별로 숙련되고 기술력 있는 부사관을 조기에 발굴하여 양성할 필요가 있는데 부사관의 임용연령상한을 상향 조정하는 경우 숙련된 부사관의 활용기간을 단축시키는 결과를 초래할 수 있는 점 등 제반 사정을 종합하

여 볼 때, 심판대상조항에서 정한 부사관의 최초 임용연령상한이 지나치게 낮아 부사관 임용을 원하는 사람의 응시기회를 실질적으로 차단한다거나 제한할 정도에 이르렀다고 보기 어렵다. 나아가 심판대상조항으로 인하여 입는 불이익은 부사관 임용지원기회가 27세 이후에 제한되는 것임에 반하여, 이를 통해 달성할 수 있는 공익은 군의 전투력 등 헌법적 요구에 부응하는 적절한 무력의 유지, 궁극적으로 국가안위의 보장과 국민의 생명·재산 보호로서 매우 중대하므로, 법익의 균형성 원칙에도 위배되지 아니한다. 따라서 심판대상조항이 과잉금지의 원칙을 위반하여 청구인들의 공무담임권을 침해한다고 볼 수 없다(헌재 2014.9.25, 2011헌마414).

① [○] 금고 이상의 형의 선고유예를 받고 그 기간 중에 있는 자를 임용결격사유로 삼고, 위 사유에 해당하는 자가 임용되더라도 이를 당연무효로 하는 구 국가공무원법 조항은 입법자의 재량을 일탈하여 공무담임권을 침해한 것이라고 볼 수 없다(헌재 2016.7.28, 2014헌바437).

② [○] 공무담임권의 보호영역에는 공직취임 기회의 자의적인 배제뿐 아니라, 공무원 신분의 부당한 박탈이나 권한(직무)의 부당한 정지도 포함된다. 다만, '승진시험의 응시제한'이나 이를 통한 승진기회의 보장 문제는 공직신분의 유지나 업무수행에는 영향을 주지 않는 단순한 내부 승진인사에 관한 문제에 불과하여 공무담임권의 보호영역에 포함된다고 보기는 어렵다고 할 것이다(헌재 2010.3.25, 2009헌마538).

④ [○] '외국의 영주권을 취득한 재외국민'과 같이 주민등록을 하는 것이 법령의 규정상 아예 불가능한 자들이라도 지방자치단체의 주민으로서 오랜 기간 생활해 오면서 그 지방자치단체의 사무와 얼마든지 밀접한 이해관계를 형성할 수 있고, 주민등록이 아니더라도 그와 같은 거주 사실을 공적으로 확인할 수 있는 방법은 존재한다는 점, 나아가 법 제16조 제2항이 국회의원 선거에 있어서는 주민등록 여부와 관계없이 25세 이상의 국민이라면 누구든지 피선거권을 가지는 것으로 규정함으로써 국내거주 여부를 불문하고 재외국민도 국회의원 선거의 피선거권을 가진다는 사실에 비추어, 주민등록만을 기준으로 함으로써 주민등록이 불가능한 재외국민인 주민의 지방선거 피선거권을 부인하는 법 제16조 제3항은 헌법 제37조 제2항에 위반하여 국내거주 재외국민의 공무담임권을 침해한다(헌재 2007.6.28, 2004헌마644).

397
정답 ④

④ [×] 공무원의 신분이나 직무상 의무와 관련이 없는 범죄의 경우에도 퇴직급여 등을 제한하는 것은, 공무원범죄를 예방하고 공무원이 재직 중 성실히 근무하도록 유도하는 입법목적을 달성하는 데 적합한 수단이라고 볼 수 없다(헌재 2007.3.29, 2005헌바33).

① [○] 공무담임권의 보호영역에는 공직취임 기회의 자의적인 배제뿐 아니라 공무원 신분의 부당한 박탈이나 권한 또는 직무의 부당한 정지도 포함된다(헌재 2013.11.28, 2011헌마565).

② [○] 헌법 제25조가 보장하는 공무담임권은 입법부, 행정부, 사법부는 물론 지방자치단체 등 국가, 공공단체의 구성원으

로서 그 직무를 담당할 수 있는 권리를 말한다. 그런데 정당은 정치적 주장이나 정책을 추진하고 공직선거의 후보자를 추천 또는 지지함으로써 국민의 정치적 의사형성에 참여함을 목적으로 하는 국민의 자발적 조직으로서, 정당의 공직선거 후보자 선출은 자발적 조직 내부의 의사결정에 지나지 아니한다. 따라서 청구인이 정당의 내부경선에 참여할 권리는 헌법이 보장하는 공무담임권의 내용에 포함된다고 보기 어렵고, 청구인의 소속 정당이 당내경선을 실시하지 않는다고 하여 청구인이 공직선거의 후보자로 출마할 수 없는 것이 아니므로, 심판대상조항으로 인하여 청구인의 공무담임권이 침해될 여지는 없다(헌재 2014.11.27, 2013헌마814).
③ [○] 이 사건 시행령조항이 5급 공채시험 응시연령의 상한을 '32세까지'로 제한하고 있는 것은 기본권 제한을 최소한도에 그치도록 요구하는 헌법 제37조 제2항에 부합된다고 보기 어렵다(헌재 2008.5.29, 2007헌마1105).

정답 ②

② [○] 공무담임권의 보호영역에는 공직취임 기회의 자의적인 배제뿐 아니라, 공무원 신분의 부당한 박탈이나 권한(직무)의 부당한 정지도 포함된다고 할 것이다(헌재 2005.5.26, 2002헌마699 등).
① [×] 심판대상조항은 전문성이 담보된 교육의원이 교육위원회의 구성원이 되도록 하여 헌법 제31조 제4항이 보장하고 있는 교육의 자주성·전문성·정치적 중립성을 보장하면서도 지방자치의 이념을 구현하기 위한 것으로서, 지방교육에 있어서 경력요건과 교육전문가의 참여 범위에 관한 입법재량의 범위를 일탈하여 그 합리성이 결여되어 있다거나 필요한 정도를 넘어 청구인들의 공무담임권을 침해하는 것이라 볼 수 없다(헌재 2020.9.24, 2018헌마444).
③ [×] 이 사건 기탁금조항에 따른 기탁금 액수가 1,000만 원이라는 점, 이 사건 기탁금조항이 추천위원회의 최초 투표만을 기준으로 기탁금 반환 여부를 결정하도록 하는 점, 일정한 경우 기탁자 의사와 관계없이 기탁금을 대학발전기금으로 귀속시키도록 하고 있는 점 등을 종합하면, 이 사건 기탁금조항이 정한 1,000만 원이라는 액수는 자력이 부족한 교원 등 학내 인사와 일반 국민으로 하여금 총장후보자에 지원하려는 의사를 단념토록 할 수 있을 정도로 과다한 액수라고 할 수 있다. 이 사건 기탁금조항은 과잉금지원칙에 반하여 청구인의 공무담임권을 침해한다(헌재 2018.4.26, 2014헌마274).
④ [×] 청구인과 같이 임용결격사유에도 불구하고 임용된 임용결격공무원은 상당한 기간 동안 근무한 경우라도 적법한 공무원의 신분을 취득하여 근무한 것이 아니라는 이유로 공무원연금법상 퇴직급여의 지급대상이 되지 못하는 등 일정한 불이익을 받기는 하지만, 재직기간 중 사실상 제공한 근로에 대하여는 그 대가에 상응하는 금액의 반환을 부당이득으로 청구하는 등의 민사적 구제수단이 있는 점을 고려하면, 공직에 대한 국민의 신뢰보장이라는 공익과 비교하여 임용결격공무원의 사익 침해가 현저하다고 보기 어렵다. 따라서 이 사건 법률조항은 입법자의 재량을 일탈하여 공무담임권을 침해한 것이라고 볼 수 없다(헌재 2016.7.28, 2014헌바437).

정답 ③

③ [○] 징계처분에 따른 승진임용 제한기간을 정함에 있어서는 일반적으로 승진임용에 소요되는 기간을 고려하여 적어도 공무원 징계처분의 취지와 효력을 담보할 수 있는 기간이 설정될 필요가 있다. 감봉의 경우 12개월간 승진임용이 제한되는데 이는 종래 18개월이었던 것을 축소한 것이며, 강등·정직(18개월)이나 견책(6개월)과의 균형을 고려하면 과도하게 긴 기간이라고 보기는 어렵다. 비위공무원에 대한 징계를 통해 불이익을 줌으로써 공직기강을 바로 잡고 공무수행에 대한 국민의 신뢰를 유지하고자 하는 공익은 제한되는 사익 이상으로 중요하다. 이 사건 승진조항은 과잉금지원칙을 위반하여 청구인의 공무담임권을 침해하지 않는다(헌재 2022.3.31, 2020헌마211).
① [×] 아동·청소년과 상시적으로 접촉하고 밀접한 생활관계를 형성하여 이를 바탕으로 교육과 상담이 이루어지고 인성발달의 기초를 형성하는 데 지대한 영향을 미치는 초·중등학교 교원의 업무적인 특수성과 중요성을 고려해 본다면, 최소한 초·중등학교 교육현장에서 성범죄를 범한 자를 배제할 필요성은 어느 공직에서보다 높다고 할 것이고, 아동·청소년 대상 성범죄의 재범률까지 고려해 보면 미성년자에 대하여 성범죄를 범한 자는 교육현장에서 원천적으로 차단할 필요성이 매우 크다. 성인에 대한 성폭력범죄의 경우 미성년자에 대하여 성범죄를 범한 것과 달리, 성폭력범죄 행위로 인하여 형을 선고받기만 하면 곧바로 교원임용이 제한되는 것이 아니고, 100만 원 이상의 벌금형이나 그 이상의 형을 선고받고 그 형이 확정된 사람에 한하여 임용을 제한하고 있는바, 법원이 범죄의 모든 정황을 고려한 다음 벌금 100만 원 이상의 형을 선고하여 그 판결이 확정되었다면, 이는 결코 가벼운 성폭력범죄 행위라고 볼 수 없다. 이처럼 이 사건 결격사유조항은 성범죄를 범하는 대상과 확정된 형의 정도에 따라 성범죄에 관한 교원으로서의 최소한의 자격기준을 설정하였다고 할 것이고, 같은 정도의 입법목적을 달성하면서도 기본권을 덜 제한하는 수단이 명백히 존재한다고 볼 수도 없으므로, 이 사건 결격사유조항은 과잉금지원칙에 반하여 청구인의 공무담임권을 침해하지 아니한다(헌재 2019.7.25, 2016헌마754).
② [×] 심판대상조항은 아동과 관련이 없는 직무를 포함하여 모든 일반직공무원 및 부사관에 임용될 수 없도록 하므로, 제한의 범위가 지나치게 넓고 포괄적이다. 또한, 심판대상조항은 영구적으로 임용을 제한하고, 결격사유가 해소될 수 있는 어떠한 가능성도 인정하지 않는다. 아동에 대한 성희롱 등의 성적 학대행위로 형을 선고받은 경우라고 하여도 범죄의 종류, 죄질 등은 다양하므로, 개별 범죄의 비난가능성 및 재범 위험성 등을 고려하여 상당한 기간 동안 임용을 제한하는 덜 침해적인 방법으로도 입법목적을 충분히 달성할 수 있다. 따라서 심판대상조항은 과잉금지원칙에 위배되어 청구인의 공무담임권을 침해한다(헌재 2022.11.24, 2020헌마1181).
④ [×] 피성년후견인인 국가공무원은 당연퇴직한다고 정한 구 국가공무원법 제69조 제1호 중 제33조 제1호 가운데 '피성년후견인'에 관한 부분, 국가공무원법 제69조 제1호 중 제33조 제1호에 관한 부분은 공무담임권을 침해한다(헌재 2022.12.22, 2020헌가8).

400

정답 ③

③ [×] 헌법 제72조는 국민투표에 부쳐질 중요정책인지 여부를 대통령이 재량에 의하여 결정하도록 명문으로 규정하고 있고 헌법재판소 역시 위 규정은 대통령에게 국민투표의 실시 여부, 시기, 구체적 부의사항, 설문내용 등을 결정할 수 있는 임의적인 국민투표발의권을 독점적으로 부여하였다고 하여 이를 확인하고 있다. 따라서 특정의 국가정책에 대하여 다수의 국민들이 국민투표를 원하고 있음에도 불구하고 대통령이 이러한 희망과는 달리 국민투표에 회부하지 아니한다고 하여도 이를 헌법에 위반된다고 할 수 없고 국민에게 특정의 국가정책에 관하여 국민투표에 회부할 것을 요구할 권리가 인정된다고 할 수도 없다(헌재 2005.11.24, 2005헌마579).

① [○] 국민투표권이란 국민이 국가의 특정 사안에 대해 직접 결정권을 행사하는 권리로서, 각종 선거에서의 선거권 및 피선거권과 더불어 국민의 참정권의 한 내용을 이루는 헌법상 기본권이다(헌재 2014.7.24, 2010헌마394).

② [○] 헌법 제72조에 의한 중요정책에 관한 국민투표는 국가안위에 관계되는 사항에 관하여 대통령이 제시한 구체적인 정책에 대한 주권자인 국민의 승인절차라 할 수 있다(헌재 2014.7.24, 2010헌마394).

④ [○] 헌법 제72조의 중요정책 국민투표와 헌법 제130조의 헌법개정안 국민투표는 대의기관인 국회와 대통령의 의사결정에 대한 국민의 승인절차에 해당한다. 대의기관의 선출주체가 곧 대의기관의 의사결정에 대한 승인주체가 되는 것은 당연한 논리적 귀결이다. 재외선거인은 대의기관을 선출할 권리가 있는 국민으로서 대의기관의 의사결정에 대해 승인할 권리가 있으므로, 국민투표권자에는 재외선거인이 포함된다고 보아야 한다. 또한, 국민투표는 선거와 달리 국민이 직접 국가의 정치에 참여하는 절차이므로, 국민투표권은 대한민국 국민의 자격이 있는 사람에게 반드시 인정되어야 하는 권리이다. 이처럼 국민의 본질적 지위에서 도출되는 국민투표권을 추상적 위험 내지 선거기술상의 사유로 배제하는 것은 헌법이 부여한 참정권을 사실상 박탈한 것과 다름없다. 따라서 국민투표법조항은 재외선거인의 국민투표권을 침해한다[헌재 2014.7.24, 2009헌마256, 2010헌마394(병합)].

401

정답 ③

③ [○] 범죄의 수사와 공소제기 업무를 담당하는 검사의 지위와 위상을 고려할 때, 검사가 중대한 비위행위를 하였음에도 계속 그 직무를 수행하도록 한다면 검찰의 직무와 사법질서에 대한 국민의 불신이 초래된다는 점에서, 검사에 대한 징계로서 '면직' 처분을 인정하는 것은 과잉금지원칙에 반하여 공무담임권을 침해한다고 할 수 없다(헌재 2011.12.29, 2009헌바282).

① [×] 이 사건 심판대상조항들이 순경 공채시험, 소방사 등 채용시험, 그리고 소방간부 선발시험의 응시연령의 상한을 '30세 이하'로 규정하고 있는 것은 합리적이라고 볼 수 없으므로 침해의 최소성원칙에 위배되어 청구인들의 공무담임권을 침해한다(헌재 2012.5.31, 2010헌마278 등).

② [×] 국가의 안전보장과 국토방위의 의무를 수행하기 위하여 군인은 강인한 체력과 정신력을 바탕으로 한 전투력을 유지할 필요가 있고, 이를 위해 군 조직은 위계질서의 확립과 기강확보가 어느 조직보다 중요시된다. 이러한 군의 특수성을 고려할 때 부사관의 임용연령상한을 제한하는 심판대상조항은 그 입법목적이 정당하고, 부사관보다 상위 계급인 소위의 임용연령상한도 27세로 정해져 있는 점, 연령과 체력의 보편적 상관관계 등을 고려할 때 수단의 적합성도 인정된다. 심판대상조항에서 정한 부사관의 최초 임용연령상한이 지나치게 낮아 부사관 임용을 원하는 사람의 응시기회를 실질적으로 차단한다거나 제한할 정도에 이르렀다고 보기 어렵다. 나아가 심판대상조항으로 인하여 입는 불이익은 부사관 임용지원기회가 27세 이후에 제한되는 것임에 반하여, 이를 통해 달성할 수 있는 공익은 군의 전투력 등 헌법적 요구에 부응하는 적절한 무력의 유지, 궁극적으로 국가안위의 보장과 국민의 생명·재산 보호로서 매우 중대하므로, 법익의 균형성 원칙에도 위배되지 아니한다. 따라서 심판대상조항이 과잉금지의 원칙을 위반하여 청구인들의 공무담임권을 침해한다고 볼 수 없다(헌재 2014.9.25, 2011헌마414).

④ [×] 공무담임권의 보호영역에는 공직취임 기회의 자의적인 배제뿐 아니라, 공무원 신분의 부당한 박탈이나 권한(직무)의 부당한 정지도 포함된다. 다만, '승진시험의 응시제한'이나 이를 통한 승진기회의 보장 문제는 공직신분의 유지나 업무수행에는 영향을 주지않는 단순한 내부 승진인사에 관한 문제에 불과하여 공무담임권의 보호영역에 포함된다고 보기는 어렵다고 할 것이다(헌재 2010.3.25, 2009헌마538).

402

정답 ②

② [×] 퇴직조항은 선거에 관한 여론조사의 결과에 부당한 영향을 미치는 행위를 방지하고 선거의 공정성을 담보하며 공직에 대한 국민 또는 주민의 신뢰를 제고한다는 목적을 달성하는 데 적합한 수단이다. 지방의회의원이 선거의 공정성을 해하는 범죄로 유죄판결이 확정되었다면 지방자치행정을 민주적이고 공정하게 수행할 것이라고 기대하기 어렵다. 오히려 그의 직을 유지시킨다면, 이는 공직 전체에 대한 신뢰 훼손으로 이어진다. 대상범죄인 착신전환 등을 통한 중복 응답 등 범죄는 선거의 공정성을 직접 해하는 범죄로, 위 범죄로 형사처벌을 받은 사람이라면 지방자치행정을 민주적이고 공정하게 수행할 것이라 볼 수 없다. 입법자는 100만 원 이상의 벌금형 요건으로 하여 위 범죄로 지방의회의원의 직에서 퇴직할 수 있도록 하는 강력한 제재를 선택한 동시에 퇴직 여부에 대하여 법원으로 하여금 구체적 사정을 고려하여 판단하게 하였다. 당선무효, 기탁금 등 반환, 피선거권 박탈만으로는 퇴직조항, 당선무효, 기탁금 등 반환, 피선거권 박탈이 동시에 적용되는 현 상황과 동일한 정도로 공직에 대한 신뢰를 제고하기 어렵다. 퇴직조항으로 인하여 지방의회의원의 직에서 퇴직하게 되는 사익의 침해에 비하여 선거에 관한 여론조사의 결과에 부당한 영향을 미치는 행위를 방지하고 선거의 공정성을 담보하며 공직에 대한 국민 또는 주민의 신뢰를 제고한다는 공익이 더욱 중대하다. 퇴

직조항은 청구인들의 공무담임권을 침해하지 아니한다(헌재 2022.3.31, 2019헌마986).
▶ 공직선거법 제266조 제1항 등 위헌확인

① [O] 경찰공무원이 자격정지 이상의 형의 선고유예를 받은 경우 공무원직에서 당연퇴직하도록 규정하고 있는 이 사건 법률조항은 자격정지 이상의 선고유예 판결을 받은 모든 범죄를 포괄하여 규정하고 있을 뿐만 아니라 심지어 오늘날 누구에게나 위험이 상존하는 교통사고 관련범죄 등 과실범의 경우마저 당연퇴직의 사유에서 제외하지 않고 있으므로 최소침해성의 원칙에 반한다(헌재 2004.9.23, 2004헌가12).

③ [O] 공무담임권의 보호영역에는 일반적으로 공직취임의 기회보장, 신분박탈, 직무의 정지가 포함될 뿐이고 청구인이 주장하는 '승진시험의 응시제한'이나 이를 통한 승진기회의 보장 문제는 공직신분의 유지나 업무수행에는 영향을 주지 않는 단순한 내부 승진인사에 관한 문제에 불과하여 공무담임권의 보호영역에 포함된다고 보기는 어려우므로 결국 이 사건 심판대상 규정은 청구인의 공무담임권을 침해한다고 볼 수 없다(헌재 2007.6.28, 2005헌마1179).

④ [O] 지역구국회의원선거에 입후보하기 위한 요건으로서의 기탁금 및 그 반환 요건에 관한 규정은 입후보에 영향을 주므로 공무담임권을 제한하는 것이고, 이러한 공무담임권에 대한 제한은 헌법 제37조 제2항이 정하고 있는 바와 같이 법률로써 하여야 하며, 국가안전보장, 질서유지 또는 공공복리 등 정당하고 중요한 공공의 목적을 달성하기 위하여 필요하고 적정한 수단과 방법에 의하여서만 가능하므로, 이러한 과잉금지원칙을 기준으로 하여 공무담임권 침해 여부를 판단한다(헌재 2016.12.29, 2015헌마509).

403
정답 ①

① [×] 공무담임권의 보호영역에는 일반적으로 공직취임의 기회보장, 신분박탈, 직무의 정지가 포함되는 것일 뿐, 여기서 더 나아가 공무원이 특정의 장소에서 근무하는 것 또는 특정의 보직을 받아 근무하는 것을 포함하는 일종의 '공무수행의 자유'까지 그 보호영역에 포함된다고 보기는 어렵다. 따라서 이 사건 법률조항이 특정직공무원으로서 군무원인 청구인들의 공무담임권을 제한하는 것은 아니다(헌재 2008.6.26, 2005헌마1275).

② [O] 공무원의 기부금 모집을 금지하고 있는 법률조항은 선거의 공정성을 확보하고 공무원의 정치적 중립성을 보장하기 위한 것이므로, 정치적 의사표현의 자유를 침해하지 않는다(헌재 2012.7.26, 2009헌바298).

③ [O] 이 사건 기탁금조항의 1,000만 원 액수는 교원 등 학내 인사뿐만 아니라 일반 국민들 입장에서도 적은 금액이 아니다. 여기에, 추천위원회의 최초 투표만을 기준으로 기탁금 반환 여부가 결정되는 점, 일정한 경우 기탁자 의사와 관계없이 기탁금을 발전기금으로 귀속시키는 점 등을 종합하면, 이 사건 기탁금조항의 1,000만 원이라는 액수는 자력이 부족한 교원 등 학내 인사와 일반 국민으로 하여금 총장후보자에 지원하려는 의사를 단념토록 할 수 있을 정도로 과다한 액수라고 할 수 있다. 이러한 사정들을 종합하면 이 사건 기탁금조항은 침해의 최소성에 반한다. 현행 총장후보자

선정규정에 따른 간선제 방식에서는 이 사건 기탁금조항으로 달성하려는 공익은 제한적이다. 반면 이 사건 기탁금조항으로 인하여 기탁금을 납입할 자력이 없는 교원 등 학내 인사 및 일반 국민들은 총장후보자에 지원하는 것 자체를 단념하게 되므로, 이 사건 기탁금조항으로 제약되는 공무담임권의 정도는 결코 과소평가될 수 없다. 이 사건 기탁금조항으로 달성하려는 공익이 제한되는 공무담임권 정도보다 크다고 단정할 수 없으므로, 이 사건 기탁금조항은 법익의 균형성에도 반한다. 따라서 이 사건 기탁금조항은 과잉금지원칙에 반하여 청구인의 공무담임권을 침해한다(헌재 2018.4.26, 2014헌마274).

④ [O] 심판대상조항은 2003년과 2007년경부터 규정된 것이어서 해당 직류의 채용시험을 진지하게 준비 중이었다면 누구라도 직업상담사 자격증이 가산대상 자격증임을 알 수 있었다고 보이며, 자격증소지를 시험의 응시자격으로 한 것이 아니라 각 과목 만점의 최대 5% 이내에서 가산점을 부여하는 점, 자격증 소지자도 다른 수험생들과 마찬가지로 합격의 최저 기준인 각 과목 만점의 40% 이상을 취득하여야 한다는 점, 그 가산점 비율은 3% 또는 5%로서 다른 직렬과 자격증 가산점 비율에 비하여 과도한 수준이라고 볼 수 없다는 점을 종합하면 이 조항이 피해최소성원칙에 위배된다고 볼 수 없고, 법익의 균형성도 갖추었다. 따라서 심판대상조항이 청구인들의 공무담임권과 평등권을 침해하였다고 볼 수 없다(헌재 2018.8.30, 2018헌마46).

404
정답 ①

① [×] 신행정수도 후속대책을 위해 신행정수도 후속대책을 위한 연기 · 공주지역 행정중심복합도시 건설을 위한 특별법이 설사 수도를 분할하는 국가정책을 집행하는 내용을 가지고 있고 대통령이 이를 추진하고 집행하기 이전에 그에 관한 국민투표를 실시하지 아니하였다고 하더라도 국민투표권이 행사될 수 있는 계기인 대통령의 중요정책 국민투표 부의가 행해지지 않은 이상 청구인들의 국민투표권이 행사될 수 있을 정도로 구체화되었다고 할 수 없으므로 그 침해의 가능성은 인정되지 않는다(헌재 2005.11.24, 2005헌마579).

② [O] 국민투표를 정치적 무기화하고 정치적으로 남용할 수 있는 위험성을 안고 있다. 이러한 점을 고려할 때, 대통령의 부의권을 부여하는 헌법 제72조는 가능하면 대통령에 의한 국민투표의 정치적 남용을 방지할 수 있도록 엄격하고 축소적으로 해석되어야 한다(헌재 2004.5.14, 2004헌나1).

③ [O] 헌법 제130조 제2항에 의한 헌법개정에 관한 국민투표는 대통령 또는 국회가 제안하고 국회의 의결을 거쳐 확정된 헌법개정안에 대하여 주권자인 국민이 최종적으로 그 승인 여부를 결정하는 절차이다(헌재 2014.7.24, 2010헌마394).

④ [O] 선거권이 국가기관의 형성에 간접적으로 참여할 수 있는 간접적인 참정권이라면, 국민투표권은 국민이 국가의 의사형성에 직접 참여하는 헌법에 의해 보장되는 직접적인 참정권이다. 선거는 대의제를 가능하게 하기 위한 전제조건으로서 국민의 대표자를 선출하는 '인물에 관한 결정'이며, 이에 대하여 국민투표는 직접민주주의를 실현하기 위한 수단으로서 특정한 국가정책이나 법안을 대상으로 하는 '사안에

대한 결정'이다. 즉, 국민투표는 선거와 달리 국민이 직접 국가의 정치에 참여하는 절차이므로, 국민투표권은 대한민국 국민의 자격이 있는 사람에게 반드시 인정되어야 하는 권리이다. 대한민국 국민인 재외선거인의 의사는 국민투표에 반영되어야 하고, 재외선거인의 국민투표권을 배제할 이유가 없다(헌재 2014.7.24, 2009헌마256 등).

405 정답 ④

④ [×] 한미무역협정의 경우, 국회의 동의를 필요로 하는 조약의 하나로서 법률적 효력이 인정되므로, 그에 의하여 성문헌법이 개정될 수는 없으며, 따라서 한미무역협정으로 인하여 청구인의 헌법 제130조 제2항에 따른 헌법개정절차에서의 국민투표권이 침해될 가능성은 인정되지 아니한다(헌재 2013.11.28, 2012헌마166).

① [O] 헌법 제130조 제2항에 의하면 헌법개정안 국민투표는 '국회의원선거권자' 과반수의 투표와 투표자의 과반수의 찬성을 얻도록 규정하고 있는바, 헌법은 헌법개정안 국민투표권자로서 국회의원선거권자를 예정하고 있다. 재외선거인은 임기만료에 따른 비례대표국회의원선거에 참여하고 있으므로, 재외선거인에게 국회의원선거권이 있음은 분명하다. 국민투표법 조항이 국회의원선거권자인 재외선거인에게 국민투표권을 인정하지 않은 것은 국회의원선거권자의 헌법개정안 국민투표 참여를 전제하고 있는 헌법 제130조 제2항의 취지에도 부합하지 않는다(헌재 2014.7.24, 2009헌마256 등).

② [O]

> **국민투표법 제93조【국민투표무효의 판결】** 대법원은 제92조의 규정에 의한 소송에 있어서 국민투표에 관하여 이 법 또는 이 법에 의하여 발하는 명령에 위반하는 사실이 있는 경우라도 국민투표의 결과에 영향이 미쳤다고 인정하는 때에 한하여 국민투표의 전부 또는 일부의 무효를 판결한다.

③ [O] 국민투표는 선거와 달리 국민이 직접 국가의 정치에 참여하는 절차이므로, 국민투표권은 대한민국 국민의 자격이 있는 사람에게 반드시 인정되어야 하는 권리이다(헌재 2014.7.24, 2009헌마256).

406 정답 ④

④ [×] 대의기관의 선출주체가 곧 대의기관의 의사결정에 대한 승인주체가 되는 것은 당연한 논리적 귀결이므로, 국민투표권자의 범위는 대통령선거권자·국회의원선거권자와 일치되어야 한다(헌재 2014.7.24, 2010헌마394).

① [O] 국민투표권이란 국민이 국가의 특정 사안에 대해 직접 결정권을 행사하는 권리로서, 각종 선거에서의 선거권 및 피선거권과 더불어 국민의 참정권의 한 내용을 이루는 헌법상 기본권이다. 헌법은 외교·국방·통일 기타 국가안위에 관한 중요정책을 결정하는 경우(제72조)와 헌법개정안을 확정하는 경우(제130조 제2항)에 국민투표권을 인정하고 있다(헌재 2014.7.24, 2009헌마256 등).

② [O] 헌법 제72조에 의한 중요정책에 관한 국민투표는 국가안위에 관계되는 사항에 관하여 대통령이 제시한 구체적인 정책에 대한 주권자인 국민의 승인절차라 할 수 있고, 헌법 제130조 제2항에 의한 헌법개정에 관한 국민투표는 대통령 또는 국회가 제안하고 국회의 의결을 거쳐 확정된 헌법개정안에 대하여 주권자인 국민이 최종적으로 그 승인 여부를 결정하는 절차이다(헌재 2014.7.24, 2009헌마256 등).

③ [O] 헌법 제130조에 의하면 헌법의 개정은 반드시 국민투표를 거쳐야만 하므로 국민은 헌법개정에 관하여 찬반투표를 통하여 그 의견을 표명할 권리를 가진다. 그런데 이 사건 법률은 헌법개정사항인 수도의 이전을 헌법개정의 절차를 밟지 아니하고 단지 단순법률의 형태로 실현시킨 것으로서 결국 헌법 제130조에 따라 헌법개정에 있어서 국민이 가지는 참정권적 기본권인 국민투표권의 행사를 배제한 것이므로 동 권리를 침해하여 헌법에 위반된다(헌재 2004.10.21, 2004헌마554).

정답

p.159

407	③	**408**	③	**409**	②	**410**	③	**411**	④
412	②	**413**	②	**414**	④	**415**	②	**416**	④
417	④	**418**	②	**419**	④	**420**	④	**421**	②
422	①	**423**	②	**424**	③	**425**	②	**426**	④
427	③	**428**	④	**429**	①	**430**	③	**431**	①
432	④	**433**	①	**434**	③	**435**	①	**436**	①
437	①	**438**	④	**439**	④	**440**	③	**441**	③

407 　　　　　　　　　　　　　　　　정답 ③

③ [×]

> **형사보상 및 명예회복에 관한 법률 제8조【보상청구의 기간】** 보상청구는 무죄재판이 확정된 사실을 안 날부터 3년, 무죄재판이 확정된 때부터 5년 이내에 하여야 한다.

① [○] 범죄피해자구조청구권은 현행헌법인 제9차 개정헌법(1987년)에 들어와서 신설되었다.

② [○] 헌법 제29조 제1항 본문과 단서 및 국가배상법 제2조를 그 입법취지에 조화되도록 해석하면 공무원이 직무 수행 중 불법행위로 타인에게 손해를 입힌 경우에 국가나 지방자치단체가 국가배상책임을 부담하는 외에 공무원 개인도 고의 또는 중과실이 있는 경우에는 불법행위로 인한 손해배상책임을 지고, 공무원에게 경과실뿐인 경우에만 공무원 개인은 손해배상책임을 부담하지 아니한다(대판 1997.2.11, 95다5110).

④ [○]

> **형사보상 및 명예회복에 관한 법률 제6조【손해배상과의 관계】** ① 이 법은 보상을 받을 자가 다른 법률에 따라 손해배상을 청구하는 것을 금지하지 아니한다.

408 　　　　　　　　　　　　　　　　정답 ③

③ [×]

> **지방자치법 제85조【청원서의 제출】** ① 지방의회에 청원을 하려는 자는 지방의회의원의 소개를 받아 청원서를 제출하여야 한다.

① [○] 모든 국민은 법률이 정하는 바에 의하여 국가기관에 문서로 청원할 권리를 가진다(헌법 제26조 제1항).

② [○] 헌법 제26조와 청원법규정에 의할 때 헌법상 보장된 청원권은 공권력과의 관계에서 일어나는 여러 가지 이해관계, 의견, 희망 등에 관하여 적법한 청원을 한 모든 국민에게, 국가기관이(그 주관관서가) 청원을 수리할 뿐만 아니라,

이를 심사하여, 청원자에게 적어도 그 처리결과를 통지할 것을 요구할 수 있는 권리를 말한다(헌재 1997.7.16, 93헌마239).

④ [○] 청원권의 주체는 자연인·법인·외국인 모두 포함된다.

409 　　　　　　　　　　　　　　　　정답 ②

② [○] 청원권의 보호범위에는 청원사항의 처리결과에 심판서나 재결서에 준하여 이유를 명시할 것까지를 요구하는 것은 포함되지 아니한다고 할 것이다(헌재 1994.2.24, 93헌마213).

① [×] 청원의 처리내용이 청원인이 기대한 바에 미치지 않는다고 하더라도 헌법소원의 대상이 되는 공권력의 불행사가 있다고 볼 수 없다(헌재 2004.5.27, 2003헌마851).

③ [×] 청원권의 구체적 내용은 입법활동에 의하여 형성되며, 입법형성에는 폭넓은 재량권이 있으므로 입법자는 청원의 내용과 절차는 물론 청원의 심사·처리를 공정하고 효율적으로 행할 수 있게 하는 합리적인 수단을 선택할 수 있는 바, 의회에 대한 청원에 국회의원의 소개를 얻도록 한 것은 청원 심사의 효율성을 확보하기 위한 적절한 수단이다. 또한 청원은 일반의안과 같이 처리되므로 청원서 제출단계부터 의원의 관여가 필요하고, 의원의 소개가 없는 민원의 경우에는 진정으로 접수하여 처리하고 있으며, 청원의 소개의원은 1인으로 족한 점 등을 감안할 때 이 사건 법률조항이 국회에 청원을 하려는 자의 청원권을 침해한다고 볼 수 없다(헌재 2006.6.29, 2005헌마604).

④ [×] 반복청원, 이중청원, 국가기관권한사항청원은 불수리사항이 아니다(청원법 제5조 참조).

410 　　　　　　　　　　　　　　　　정답 ③

③ [×]

> **청원법 제21조【청원의 처리 등】** ② 청원기관의 장은 청원을 접수한 때에는 특별한 사유가 없으면 90일 이내(제13조 제1항에 따른 공개청원의 공개 여부 결정기간 및 같은 조 제2항에 따른 국민의 의견을 듣는 기간을 제외한다)에 처리결과를 청원인(공동청원의 경우 대표자를 말한다)에게 알려야 한다. 이 경우 공개청원의 처리결과는 온라인청원시스템에 공개하여야 한다.

① [○]

> **청원법 제6조【청원 처리의 예외】** 청원기관의 장은 청원이 다음 각 호의 어느 하나에 해당하는 경우에는 처리를 하지 아니할 수 있다. 이 경우 사유를 청원인(제11조 제3항에 따른 공동청원의 경우에는 대표자를 말한다)에게 알려야 한다.
> 1. 국가기밀 또는 공무상 비밀에 관한 사항
> 2. 감사·수사·재판·행정심판·조정·중재 등 다른 법령에 의한 조사·불복 또는 구제절차가 진행 중인 사항

② [O]

> **청원법 제13조【공개청원의 공개 여부 결정 통지 등】**① 공개청원을 접수한 청원기관의 장은 접수일부터 15일 이내에 청원심의회의심의를 거쳐 공개 여부를 결정하고 결과를 청원인(공동청원의 경우 대표자를 말한다)에게 알려야 한다.

④ [O]

> **청원법 제9조【청원방법】**① 청원은 청원서에 청원인의 성명(법인인 경우에는 명칭 및 대표자의 성명을 말한다)과 주소 또는 거소를 적고 서명한 문서(전자문서 및 전자거래 기본법에 따른 전자문서를 포함한다)로 하여야 한다.

411
정답 ④

④ [×] 사학분쟁조정위원회(이하 '조정위원회'라 한다)는 사법기관 또는 준사법기관이 아닌 행정기관에 해당한다. 따라서 조정위원회나 조정위원회의 위원은 헌법 제101조의 법원이나 헌법 제27조 제1항이 의미하는 헌법과 법률이 정한 법관에 해당하지 아니하며, 조정위원회의 심의 역시 재판에 해당하지 않는다. 또한 법률상 이해관계 있는 자들에게 조정위원회 심의에 대하여 재심을 거쳤는지 여부와 무관하게 행정소송을 통해 관할청의 이사 선임처분을 다툴 기회가 충분히 보장되어 있는 이상 사립학교법(2007.7.27. 법률 제8545호로 개정된 것) 제24조의2 제4항 단서에 의하여 법률상 이해관계인의 재판청구권이 제한되는 것은 아니며, 비록 청구인들이 관할청의 학교법인 이사 선임처분을 다툴 법률상 이해관계를 가지지 아니한다고 할지라도 이는 행정소송의 원고적격에 대한 구체적인 판단문제로서 그 결론에 따라 위 법률조항의 재판청구권 제한 여부가 달라지는 것도 아니므로 위 법률조항은 청구인들의 재판청구권을 제한하지 아니한다(헌재 2013.5.30, 2010헌바292).

① [O] 청구인의 청원이 단순한 호소나 요청이 아닌 구체적인 권리행사로서의 성질을 갖는 경우라면 그에 대한 위 피청구인의 거부행위는 청구인의 법률관계나 법적 지위에 영향을 미치는 것으로서 당연히 헌법소원의 대상이 되는 공권력의 행사라고 할 수 있을 것이다(헌재 2004.10.28, 2003헌마898).

② [O] '피고인 스스로 치료감호를 청구할 수 있는 권리'가 헌법상 재판청구권의 보호범위에 포함된다고 보기는 어렵고, 검사뿐만 아니라 피고인에게까지 치료감호청구권을 주어야만 절차의 적법성이 담보되는 것도 아니므로, 치료감호청구권자를 검사로 한정한 이 사건 법률조항이 청구인의 재판청구권을 침해하거나 적법절차의 원칙에 반한다고 볼 수 없다(헌재 2010.4.29, 2008헌마622).

③ [O] 민사소송법 제98조가 소송당사자의 실효적인 권리구제를 보장하고, 남소와 남상소를 방지하기 위해 원칙적으로 패소한 당사자에게 소송비용을 부담시키는 것은 합리적인 이유가 인정된다. 또한 민사소송법 제99조 내지 제101조는 소송비용의 패소자부담원칙에 일정한 예외를 인정하고, 민사소송법, 민사소송비용법, 대법원규칙 등에서 소송비용의 범위와 액수를 한정하며, 소송비용 확정결정에 대한 즉시항

고제도나 소송구조제도를 두어 기본권 제한을 최소화하고 있으므로 재판청구권을 과도하게 제한한다고 볼 수 없다. 나아가 권리남용의 성격 및 소송비용부담의 예외규정이 존재하는 점을 고려하면 권리남용의 경우에 별도의 예외를 두지 않았다고 하더라도 민사소송법 제98조가 재판청구권을 침해하였다고 볼 수 없다(헌재 2013.5.30, 2012헌바335).

412
정답 ②

② [×] 헌법 제27조 제3항 제1문에 의거한 신속한 재판을 받을 권리의 실현을 위해서는 구체적인 입법형성이 필요하고, 신속한 재판을 위한 어떤 직접적이고 구체적인 청구권이 이 헌법규정으로부터 직접 발생하지 아니하므로, 보안관찰처분들의 취소청구에 대해서 법원이 그 처분들의 효력이 만료되기 전까지 신속하게 판결을 선고해야 할 헌법이나 법률상의 작위의무가 존재하지 아니한다(헌재 1999.9.16, 98헌마75).

① [O] 재판청구권은 공권력이나 사인에 의해서 기본권이 침해당하거나 침해당할 위험에 처해있을 경우 이에 대한 구제나 그 예방을 요청할 수 있는 권리라는 점에서 다른 기본권의 보장을 위한 기본권이라는 성격을 가지고 있다(헌재 2009.4.30, 2007헌바121).

③ [O] 헌법은 기본권의 포기에 관하여 명시적으로 규정하고 있지 않다. 다수설은 기본권의 성질과 기능에 따라 기본권의 포기가 인정된다고 본다. 항소심의 재판이나 대법원의 재판을 받지 않겠다는 재판청구권의 포기는 성질상 허용된다.

④ [O] 교원에 대한 징계처분은 그 적법성을 판단함에 있어서 전문성과 자주성에 기한 사전심사가 필요하고, 판단기관인 재심위원회의 독립성 및 공정성이 확보되어 있고 심리절차에 있어서도 상당한 정도로 사법절차가 준용되어 권리구제절차로서의 실효성을 가지고 있으며, 재판청구권의 제약은 경미한 데 비하여 그로 인하여 달성되는 공익은 크므로, 재심제도가 입법형성권의 한계를 벗어나 국민의 재판청구권을 침해하는 제도라고 할 수 없다(헌재 2007.1.17, 2005헌바86).

413
정답 ②

② [×]

> **헌법 제109조** 재판의 심리와 판결은 공개한다. 다만, 심리는 국가의 안전보장 또는 안녕질서를 방해하거나 선량한 풍속을 해할 염려가 있을 때에는 법원의 결정으로 공개하지 아니할 수 있다.

① [O]

> **헌법 제107조** ③ 재판의 전심절차로서 행정심판을 할 수 있다. 행정심판의 절차는 법률로 정하되, 사법절차가 준용되어야 한다.

③ [O] 이 사건 영장절차 조항은 채취대상자에게 디엔에이감식시료채취영장 발부 과정에서 자신의 의견을 진술할 수 있는 기회를 절차적으로 보장하고 있지 않을 뿐만 아니라, 발부 후 그 영장 발부에 대하여 불복할 수 있는 기회를 주거

나 채취행위의 위법성 확인을 청구할 수 있도록 하는 구제절차마저 마련하고 있지 않다. 위와 같은 입법상의 불비가 있는 이 사건 영장절차 조항은 채취대상자인 청구인들의 재판청구권을 과도하게 제한하므로, 침해의 최소성원칙에 위반된다. … 따라서 이 사건 영장절차 조항은 과잉금지원칙을 위반하여 청구인들의 재판청구권을 침해한다(헌재 2018.8.30, 2016헌마344 등).

④ [O] 세월호피해지원법 제16조는 지급절차를 신속히 종결함으로써 세월호 참사로 인한 피해를 신속하게 구제하기 위한 것이다. … 따라서 심의위원회의 배상금 등 지급결정에 동의한 때 재판상 화해가 성립한 것으로 간주하더라도 이것이 재판청구권 행사에 대한 지나친 제한이라고 보기 어렵다. 세월호피해지원법 제16조가 지급결정에 재판상 화해의 효력을 인정함으로써 확보되는 배상금 등 지급을 둘러싼 분쟁의 조속한 종결과 이를 통해 확보되는 피해구제의 신속성 등의 공익은 그로 인한 신청인의 불이익에 비하여 작다고 보기는 어려우므로, 법익의 균형성도 갖추고 있다. 따라서 세월호피해지원법 제16조는 청구인들의 재판청구권을 침해하지 않는 다(헌재 2017.6.29, 2015헌마654).

414
정답 ④

④ [×] 형사소송에서 피고인이 자신을 방어하기 위하여 형사절차의 진행과정과 결과에 적극적으로 영향을 미칠 수 있도록 그에 필요한 절차적 권리를 보장하는 것은 공정한 재판을 받을 권리의 내용이 된다. 형사재판에서 일반적으로 피고인이 자신을 방어하기 위하여 유리한 주장과 자료를 제출하는 영역은 대부분 '사실오인, 법리오해, 양형부당' 중 하나에 해당하기 마련이고, 이러한 사유들은 모두 대표적인 항소이유에 해당된다. 그러므로 형사재판에 있어 '사실, 법리, 양형'과 관련하여 피고인이 자신에게 유리한 주장 및 자료를 제출할 수 있는 기회를 보장하는 것은, 헌법이 보장한 '공정한 재판을 받을 권리'의 보호영역에 포함된다[헌재 2021.8.31, 2019헌마516·586·768, 2020헌마411(병합)].

① [O] 헌법 제27조는 국민의 재판청구권을 보장하고 있는데, 여기에는 공정한 재판을 받을 권리가 포함되어 있다. 그런데 재판청구권에는 민사재판, 형사재판, 행정재판뿐만 아니라 헌법재판을 받을 권리도 포함되므로, 헌법상 보장되는 기본권인 '공정한 재판을 받을 권리'에는 '공정한 헌법재판을 받을 권리'도 포함된다(헌재 2016.11.24, 2015헌마902).

② [O] 헌법과 법률이 정한 법관에 의한 재판을 받을 권리는 직업법관에 의한 재판을 주된 내용으로 하는 것이므로, 국민참여재판을 받을 권리가 헌법 제27조 제1항에서 규정한 재판을 받을 권리의 보호범위에 속한다고 볼 수 없다(헌재 2015.7.30, 2014헌바447).

③ [O] 재판을 받을 권리가 사건의 경중을 가리지 않고 모든 사건에 대하여 대법원을 구성하는 법관에 의한 균등한 재판을 받을 권리를 의미한다거나 또는 상고심재판을 받을 권리를 의미하는 것이라고 할 수는 없고, 심급제도는 원칙적으로 입법자의 형성의 자유에 속하는 사항이다(헌재 2002.5.30, 2001헌마781).

415
정답 ②

② [×] 이 사건 법률조항들은 특정범죄에 관한 형사절차에서 국민이 안심하고 자발적으로 협조할 수 있도록 그 범죄신고자 등을 실질적으로 보호함으로써 피해자의 진술을 제약하는 요소를 제거하고 이를 통해 범죄로부터 사회를 방위함에 이바지함과 아울러 실체적 진실의 발견을 용이하게 하기 위한 것으로서, 그 목적의 정당성 및 수단의 적합성이 인정되며, 피고인 퇴정조항에 의하여 피고인 퇴정 후 증인신문을 하는 경우에도 피고인은 여전히 형사소송법 제161조의2에 의하여 반대신문권이 보장되고, 이때 변호인이 반대신문 전에 피고인과 상의하여 반대신문사항을 정리하면 피고인의 반대신문권이 실질적으로 보장될 수 있는 점, 인적사항이 공개되지 아니한 증인에 대하여는 증인신문 전에 수사기관 작성의 조서나 증인 작성의 진술서 등의 열람·복사를 통하여 그 신문 내용을 어느 정도 예상할 수 있고, 변호인이 피고인과 상의하여 반대신문의 내용을 정리한 후 반대신문할 수 있는 점 등에 비추어, 기본권 제한의 정도가 특정범죄의 범죄신고자 등 증인 등을 보호하고 실체적 진실의 발견에 이바지하는 공익에 비하여 크다고 할 수 없어 법익의 균형성도 갖추고 있으며, 기본권 제한에 관한 피해의 최소성 역시 인정되므로, 공정한 재판을 받을 권리를 침해한다고 할 수 없다(헌재 2010.11.25, 2009헌바57).

① [O] 군대는 각종 훈련 및 작전수행 등으로 인해 근무시간이 정해져 있지 않고 집단적 병영(兵營) 생활 및 작전위수(衛戍)구역으로 인한 생활공간적인 제약 등, 군대의 특수성으로 인하여 일단 군인신분을 취득한 군인이 군대 외부의 일반법원에서 재판을 받는 것은 군대 조직의 효율적인 운영을 저해하고, 현실적으로도 군인이 수감 중인 상태에서 일반법원의 재판을 받기 위해서는 상당한 비용·인력 및 시간이 소요되므로 이러한 군의 특수성 및 전문성을 고려할 때 군인신분 취득 전에 범한 죄에 대하여 군사법원에서 재판을 받도록 하는 것은 합리적인 이유가 있다(헌재 2009.7.30, 2008헌바162).

③ [O] 보상금 수급권에 관한 구체적인 사항을 정하는 것은 광범위한 입법재량의 영역에 속한다. 보상법상의 위원회는 국무총리 소속으로 관련분야의 전문가들로 구성되고, 임기가 보장되며 제3자성 및 독립성이 보장되어 있는 점, 위원회 심의절차의 공정성·신중성이 충분히 갖추어져 있는 점, 보상금은 보상법 및 시행령에서 정하는 기준에 따라 그 금액이 확정되는 것으로서 위원회에서 결정되는 보상액과 법원의 그것 사이에 별 다른 차이가 없게 되는 점, 청구인이 보상금 지급결정에 대한 동의 여부를 자유롭게 선택할 수 있는 상황에서 보상금 지급결정에 동의한 다음 보상금까지 수령한 점까지 감안하여 볼 때, 이 사건 법률조항으로 인하여 재심절차 이외에는 더 이상 재판을 청구할 수 있는 길이 막히게 된다고 하더라도, 위 법률조항이 입법재량을 벗어나 청구인의 재판청구권을 과도하게 제한하였다고 보기는 어렵다(헌재 2011.2.24, 2010헌바199).

④ [O] 헌법 제107조 제3항은 "재판의 전심절차로서 행정심판을 할 수 있다. 행정심판의 절차는 법률로 정하되, 사법절차가 준용되어야 한다."고 규정하고 있다. 이 헌법조항은 행정심판절차의 구체적 형성을 입법자에게 맡기고 있지만, 행

정심판은 어디까지나 재판의 전심절차로서만 기능하여야 한다는 점과 행정심판절차에 사법절차가 준용되어야 한다는 점은 헌법이 직접 요구하고 있으므로 여기에 입법적 형성의 한계가 있다. 따라서 입법자가 행정심판을 전심절차가 아니라 종심절차로 규정함으로써 정식재판의 기회를 배제하거나, 어떤 행정심판을 필요적 전심절차로 규정하면서도 그 절차에 사법절차가 준용되지 않는다면 이는 헌법 제107조 제3항, 나아가 재판청구권을 보장하고 있는 헌법 제27조에도 위반된다 할 것이다. 반면 어떤 행정심판절차에 사법절차가 준용되지 않는다 하더라도 임의적 전치제도로 규정함에 그치고 있다면 위 헌법조항에 위반된다 할 수 없다. 그러한 행정심판을 거치지 아니하고 곧바로 행정소송을 제기할 수 있는 선택권이 보장되어 있기 때문이다(헌재 2000.6.1, 98헌바8).

416
정답 ④

④ [×] 재심청구권 역시 헌법 제27조에서 규정한 재판을 받을 권리에 당연히 포함된다고 할 수 없고, 어떤 사유를 재심 사유로 정하여 재심을 허용할 것인가는 입법자가 확정판결에 대한 법적 안정성, 재판의 신속·적정성, 법원의 업무부담 등을 고려하여 결정하여야 할 입법정책의 문제라고 할 것이다(헌재 2004.12.16, 2003헌바105).

① [O] 재심결정에 대하여 교원에게만 행정소송을 제기할 수 있도록 하고 학교법인에게는 이를 금지한 이 사건 법률조항은 국가의 학교법인에 대한 감독권 행사의 실효성을 보장하고, 재심결정에 불복하는 경우 사립학교 교원에게 행정소송을 제기할 수 있게 함으로써 사립학교 교원의 신분보장과 지위향상에 그 입법목적이 있다고 할 것이므로 그 정당성을 긍정할 수 있고, 재심절차에서 교원의 청구가 인용되는 경우 교원은 확정적·최종적으로 징계 등 불리한 처분에서 벗어나게 되므로 그 수단의 적절성도 인정된다. 그리고 교원이 그 선택에 따라 징계 등 불리한 처분의 효력유무를 다투는 민사소송을 제기하는 경우 학교법인은 이에 대하여 응소하거나 또는 그 소송의 피고로서 재판절차에 참여함으로써 자신의 침해된 권익을 구제받을 수 있고, 나아가 적극적으로 학교법인이 징계 등 처분이 유효함을 전제로 교원지위부존재확인 등 민사소송을 제기하는 방법으로 재심결정의 대상인 불리한 처분을 다툴 수도 있다. 그러나 교원이 제기한 민사소송에 대하여 응소하거나 피고로서 재판절차에 참여함으로써 자신의 권리를 주장하는 것은 어디까지나 상대방인 교원이 교원지위법이 정하는 재심절차와 행정소송절차를 포기하고 민사소송을 제기하는 경우에 비로소 가능한 것이므로 이를 들어 학교법인에게 자신의 침해된 권익을 구제받을 수 있는 실효적인 권리구제절차가 제공되었다고 볼 수 없고, 교원지위부존재확인 등 민사소송절차도 교원이 처분의 취소를 구하는 재심을 따로 청구하거나 또는 재심결정에 불복하여 행정소송을 제기하는 경우에는 민사소송의 판결과 재심결정 또는 행정소송의 판결이 서로 모순·저촉될 가능성이 상존하므로 이 역시 간접적이고 우회적인 권리구제수단에 불과하다. 그리고 학교법인에게 재심결정에 불복할 제소권한을 부여한다고 하여 이 사건 법률조항이 추구하는 사

립학교 교원의 신분보장에 특별한 장애사유가 생긴다든가 그 권리구제에 공백이 발생하는 것도 아니므로 이 사건 법률조항은 분쟁의 당사자이자 재심절차의 피청구인인 학교법인의 재판청구권을 침해한다(헌재 2006.2.23, 2005헌가7).

② [O] 우리 헌법상 헌법과 법률이 정한 법관에 의한 재판을 받을 권리는 직업법관에 의한 재판을 주된 내용으로 하는 것이므로 국민참여재판을 받을 권리가 헌법 제27조 제1항에서 규정한 재판을 받을 권리의 보호범위에 속한다고 볼 수 없다(헌재 2009.11.26, 2008헌바12).

③ [O] 이 사건 법률조항에 따라 자백간주가 배제된다고 하더라도, 그 상대방 당사자는 자신이 주장하는 사실을 증명하는 데에 지장이 없으므로, 민사소송을 통한 상대방 당사자의 실체적 권리구제의 실효성은 충분히 보장된다. 따라서 이 사건 법률조항은 공시송달로 기일통지를 받은 당사자의 대립당사자가 가지는 효율적이고 공정한 재판을 받을 권리를 침해하지 아니한다(헌재 2013.3.21, 2012헌바128).

417
정답 ④

④ [×] 헌법상 재판절차진술권의 주체인 형사피해자의 개념은 반드시 형사실체법상의 보호법익을 기준으로 한 피해자의 개념에 의존할 필요가 없고, 형사실체법상으로는 직접적인 보호법익의 주체로 해석되지 않는 자 라 하더라도 문제되는 범죄 때문에 법률상의 불이익을 받게 되는 자라면 헌법상 형사피해자의 재판절차진술권의 주체가 될 수 있다고 할 것인바, 청구인은 청구외 회사와의 사이에 존재하였던 대리점계약의 일방당사자로서 청구 외 회사의 이 사건 불공정거래행위라는 범죄로 인하여 위와 같은 대리점계약상의 지위를 상실하는 법률상의 불이익을 받고 있으므로, 청구인이 비록 공정거래법이라는 형사실체법상의 보호법익의 주체는 아니라고 하더라도 헌법상 재판절차진술권의 주체인 피해자에는 해당한다고 보아야 한다(헌재 1995.7.21, 94헌마136).

① [O] 형사소송절차에서 국민참여재판제도는 사법의 민주적 정당성과 신뢰를 높이기 위하여 배심원이 사실심 법관의 판단을 돕기 위한 권고적 효력을 가지는 의견을 제시하는 제한적 역할을 수행하게 되고, 헌법상 재판을 받을 권리의 보호범위에는 배심재판을 받을 권리가 포함되지 아니한다(헌재 2014.1.28, 2012헌바298).

② [O] 심리불속행 상고기각판결에 이유를 기재한다고 해도, 현실적으로 '상고심 절차에 관한 특례법' 제4조의 심리속행 사유에 해당하지 않는다는 정도의 이유기재에 그칠 수밖에 없고, 나아가 그 이상의 이유기재를 하게 하더라도 이는 법령해석의 통일을 주된 임무로 하는 상고심에게 불필요한 부담만 가중시키는 것으로서 심리불속행제도의 입법취지에 반하는 결과를 초래할 수 있으므로, '상고심 절차에 관한 특례법' 제5조 제1항 중 제4조에 관한 부분이 재판청구권 등을 침해하여 위헌이라고 볼 수 없다(헌재 2008.5.29, 2007헌마1408).

③ [O] 특수임무수행자보상심의위원회는 위원 구성에 제3자성과 독립성이 보장되어 있고, 보상금등 지급 심의절차의 공정성과 신중성이 갖추어져 있다. 특수임무수행자는 보상금등 지급결정에 동의할 것인지 여부를 자유롭게 선택할 수

있으며, 보상금 등을 지급받을 경우 향후 재판상 청구를 할 수 없음을 명확히 고지받고 있다. 보상금 중 기본공로금은 채용·입대경위, 교육훈련여건, 특수임무종결일 이후의 처리사항 등을 고려하여 위원회가 정한 금액으로 지급되는데, 위원회는 음성적 모집 여부, 기본권 미보장 여부, 인권유린, 종결 후 사후관리 미흡 등을 참작하여 구체적인 액수를 정하므로, 여기에는 특수임무교육훈련에 관한 정신적 손해 배상 또는 보상에 해당하는 금원이 포함된다. 특수임무수행자는 보상금 등 산정과정에서 국가 행위의 불법성이나 구체적인 손해 항목 등을 주장·입증할 필요가 없고 특수임무수행자의 과실이 반영되지도 않으며, 국가배상청구에 상당한 시간과 비용이 소요되는 데 반해 보상금 등 지급결정은 비교적 간이·신속한 점까지 고려하면, 특임자보상법령이 정한 보상금등을 지급받는 것이 국가배상을 받는 것에 비해 일률적으로 과소 보상된다고 할 수도 없다. 따라서 심판대상조항이 과잉금지원칙을 위반하여 국가배상청구권 또는 재판청구권을 침해한다고 보기 어렵다(헌재 2021.9.30, 2019헌가28).

---

418 정답 ③

③ [×] 현역병의 군대 입대 전 범죄에 대한 군사법원의 재판권을 규정하고 있는 군사법원법 조항은 재판청구권을 침해하지 않는다(헌재 2009.7.30, 2008헌바162).

① [○] 군인 또는 군무원이 아닌 국민에 대한 군사법원의 예외적인 재판권을 정한 헌법 제27조 제2항에 규정된 군용물에는 군사시설이 포함되지 않는다. 그렇다면 '군사시설' 중 '전투용에 공하는 시설'을 손괴한 일반 국민이 항상 군사법원에서 재판받도록 하는 이 사건 법률조항은, 비상계엄이 선포된 경우를 제외하고는 '군사시설'에 관한 죄를 범한 군인 또는 군무원이 아닌 일반 국민은 군사법원의 재판을 받지 아니하도록 규정한 헌법 제27조 제2항에 위반되고, 국민이 헌법과 법률이 정한 법관에 의한 재판을 받을 권리를 침해한다(헌재 2013.11.28, 2012헌가10).

② [○] '처분 등이 있음을 안 날'을 기산점으로 정하여 취소소송의 제소기간에 제한을 둔 것은 법률관계의 조속한 확정을 위한 것으로 입법목적이 정당하다. 처분 등이 위법할 수 있다는 의심을 갖는 데 있어 처분 등이 있음을 안 때로부터 90일의 기간은 지나치게 짧은 기간이라고 보기 어렵고, '처분 등이 있음'을 안 시점은 비교적 객관적이고 명확하게 특정할 수 있으므로 이를 제소기간의 기산점으로 둔 것은 행정법 관계의 조속한 안정을 위해 필요하고 효과적인 방법이다. … 따라서 '처분 등이 있음을 안 날'을 제소기간의 기산점으로 정한 심판대상조항은 재판청구권을 침해하지 아니한다(헌재 2018.6.28, 2017헌바66).

④ [○] "헌법과 법률이 정하는 법관에 의하여 법률에 의한 재판을 받을 권리"가 사건의 경중을 가리지 아니하고 모든 사건에 대하여 대법원을 구성하는 법관에 의한 균등한 재판을 받을 권리를 의미한다거나 또는 상고심재판을 받을 권리를 의미하는 것이라고 할 수는 없다(헌재 1997.10.30, 97헌바37).

---

419 정답 ④

④ [×] 우리 헌법상 헌법과 법률이 정한 법관에 의한 재판을 받을 권리는 직업법관에 의한 재판을 주된 내용으로 하는 것이므로 국민참여재판을 받을 권리가 헌법 제27조 제1항에서 규정한 재판을 받을 권리의 보호범위에 속한다고 볼 수 없다(헌재 2009.11.26, 2008헌바12).

① [○] 건설업자가 명의대여행위를 한 경우 그 건설업 등록을 필요적으로 말소하도록 한 이 사건 법률조항은 건설업 등록제도의 근간을 유지하고 부실공사를 방지하여 국민의 생명과 재산을 보호하려는 것으로 그 목적의 정당성이 인정되고, 명의대여행위가 국민의 생명과 재산에 미치는 위험과 그 위험방지의 긴절성을 고려할 때 반드시 필요하며, 또한 등록이 말소된 후에도 5년이 경과하면 다시 건설업 등록을 할 수 있도록 하는 등 기본권 제한을 완화하는 규정을 두고 있음을 고려하면 피해최소성의 원칙에도 부합될 뿐 아니라, 유기적 일체로서의 건설공사의 특성으로 말미암아 경미한 부분의 명의대여행위라도 건축물 전체의 부실로 이어진다는 점을 고려할 때 이로 인해 명의대여행위를 한 건설업자가 더 이상 건설업을 영위하지 못하는 등 손해를 입는다고 하더라도 이를 두고 침해되는 사익이 더 중대하다고 할 수는 없으므로 청구인의 직업수행의 자유 및 재산권을 침해한다고 할 수 없다(헌재 2001.3.21, 2000헌바27).

② [○] 교원이 제기한 민사소송에 대하여 응소하거나 피고로서 재판절차에 참여함으로써 자신의 권리를 주장하는 것은 어디까지나 상대방인 교원이 교원지위법이 정하는 재심절차와 행정소송절차를 포기하고 민사소송을 제기하는 경우에 비로소 가능한 것이므로 이를 들어 학교법인에게 자신의 침해된 권익을 구제받을 수 있는 실효적인 권리구제절차가 제공되었다고 볼 수 없고, 교원지위부존재확인 등 민사소송절차도 교원이 처분의 취소를 구하는 재심을 따로 청구하거나 또는 재심결정에 불복하여 행정소송을 제기하는 경우에는 민사소송의 판결과 재심결정 또는 행정소송의 판결이 서로 모순·저촉될 가능성이 상존하므로 이 역시 간접적이고 우회적인 권리구제수단에 불과하다. 그리고 학교법인에게 재심결정에 불복할 제소권한을 부여한다고 하여 이 사건 법률조항이 추구하는 사립학교 교원의 신분보장에 특별한 장애사유가 생긴다든가 그 권리구제에 공백이 발생하는 것도 아니므로 이 사건 법률조항은 분쟁의 당사자이자 재심절차의 피청구인인 학교법인의 재판청구권을 침해한다(헌재 2006.2.23, 2005헌가7).

③ [○] 법관이 아닌 사법보좌관으로 하여금 소송비용액 확정결정절차 등을 처리하도록 하는 한편, 같은 조 제3항에서 사법보좌관의 처분에 관하여는 대법원규칙이 정하는 바에 따라 법관에 대하여 이의신청을 할 수 있도록 하고 있다. 이러한 점을 고려하면 이 사건 조항이 헌법 제27조 제1항에 위반된다고 보기 어렵다(헌재 2009.2.26, 2007헌바8).

420 정답 ④

④ [×] 최초변론기일 불출석시 소취하 의제라는 수단은 원고의 적극적 소송수행을 유도하므로 입법목적의 달성에 효과적이고 적절한 것이고, 원고가 최초의 변론기일에만 출석한다면 그 이후의 불출석으로 인하여 다른 사건에 비하여 특별히 불리한 처우를 받게 되지 않으므로 재판청구권에 대한 과도한 제한이라고 할 수 없다(헌재 2005.3.31, 2003헌바92).

① [O] 헌법이 대법원을 최고법원으로 규정하였다고 하여 대법원이 곧바로 모든 사건을 상고심으로서 관할하여야 한다는 결론이 당연히 도출되는 것은 아니며, '헌법과 법률이 정하는 법관에 의하여 법률에 의한 재판을 받을 권리'가 사건의 경중을 가리지 않고 모든 사건에 대하여 대법원을 구성하는 법관에 의한 재판을 받을 권리를 의미한다거나 또는 상고심재판을 받을 권리를 의미하는 것이라고 할 수는 없다(헌재 2012.5.31, 2010헌마625).

② [O] 현역병의 군대 입대 전 범죄에 대한 군사법원의 재판권을 규정하고 있는 군사법원법 조항은 재판청구권을 침해하지 않는다(헌재 2009.7.30, 2008헌바162).

③ [O] 헌법이 대법원을 최고법원으로 규정하였다고 하여 대법원이 곧바로 모든 사건을 상고심으로서 관할하여야 한다는 결론이 당연히 도출되는 것은 아니며, "헌법과 법률이 정하는 법관에 의하여 법률에 의한 재판을 받을 권리"가 사건의 경중을 가리지 않고 모든 사건에 대하여 대법원을 구성하는 법관에 의한 균등한 재판을 받을 권리를 의미한다거나 또는 상고심 재판을 받을 권리를 의미하는 것이라고 할 수는 없다(헌재 1997.10.30, 97헌바37).

421 정답 ②

② [O] 항소심 확정판결에 대한 재심을 청구하는 사람에게 재심 대상 판결의 심급과 소송목적물의 값에 따라 결정된 인지액을 부담시킴으로써 재판유상주의를 실현하고, 재판 업무의 완성도 및 효율을 보장하며, 확정판결의 법정 안정성을 확보하여야 할 공익은 매우 중요하다. 반면 심판대상조항에 의한 재판청구권 제한은 상대적으로 적다. 따라서 심판대상조항은 법익의 균형성 요건도 충족한다. 심판대상조항은 과잉금지원칙에 위배하여 재판청구권을 침해한다고 볼 수 없다(헌재 2017.8.31, 2016헌바447).

① [×] 약식명령에 대하여 단기의 불복기간을 설정한 것은, 경미하고 간이한 사건들을 신속하게 처리하게 함으로써 사법 자원의 효율적인 배분을 통하여 국민의 재판청구권을 충실하게 보장하고자 하는 것으로서 그 합리성이 인정된다. 형사 입건된 피의자로서는 수사 및 재판에 관한 서류를 정확하게 송달받을 수 있도록 스스로 조치하여야 하므로, 입법자가 그러한 전제하에 불복기간을 정하였더라도 입법재량을 현저하게 일탈하였다고 할 수 없다. … 따라서 이 사건 법률조항이 합리적인 입법재량의 범위를 벗어나 약식명령피고인의 재판청구권을 침해한다고 볼 수 없다(헌재 2013.10.24, 2012헌바428).

③ [×] 헌법 제27조 제1항이 규정하는 '법률에 의한' 재판청구권을 보장하기 위해서는 입법자에 의한 재판청구권의 구체적 형성이 불가피하므로 입법자의 광범위한 입법재량이 인정되기는 하나, 그러한 입법을 함에 있어서는 비록 완화된 의미에서 일지언정 헌법 제37조 제2항의 비례의 원칙은 준수되어야 한다(헌재 2001.6.28, 2000헌바77).

④ [×] 심리불속행 상고기각판결에 이유를 기재한다고 해도, 당사자의 상고이유가 법률상의 상고이유를 실질적으로 포함하고 있는지 여부만을 심리하는 심리불속행 재판의 성격 등에 비추어 현실적으로 특례법 제4조의 심리속행사유에 해당하지 않는다는 정도의 이유기재에 그칠 수밖에 없고, 나아가 그 이상의 이유기재를 하게 하더라도 이는 법령해석의 통일을 주된 임무로 하는 상고심에게 불필요한 부담만 가중시키는 것으로서 심리불속행제도의 입법취지에 반하는 결과를 초래할 수 있으므로, 특례법 제5조 제1항은 재판청구권 등을 침해하여 위헌이라고 볼 수 없다(헌재 2012.5.31, 2010헌마625 등).

422 정답 ①

① [×] 재판을 청구할 수 있는 기간을 정하는 것은 입법자가 그 입법형성재량에 기초한 정책적 판단에 따라 결정할 문제이고 합리적인 재량의 한계를 일탈하지 아니하는 한 위헌이라고 판단할 것은 아니다. … 사법보좌관의 지급명령에 대한 2주의 이의신청 기간이 지나치게 짧아 입법재량의 한계를 일탈함으로써 재판청구권을 침해한다고 할 수 없다(헌재 2020.12.23, 2019헌바353).

② [O] 특허권의 효력 여부에 대한 분쟁은 신속히 확정할 필요가 있는 점, 특허무효심판에 대한 심결은 특허법이 열거하고 있는 무효사유에 대해 특허법이 정한 방법과 절차에 따라 청구인과 특허권자가 다툰 후 심결의 이유를 기재한 서면에 의하여 이루어지는 것이므로, 당사자가 그 심결에 대하여 불복할 것인지를 결정하고 이를 준비하는 데 그리 많은 시간이 필요하지 않은 점, 특허법은 심판장으로 하여금 30일의 제소기간에 부가기간을 정할 수 있도록 하고 있고, 제소기간 도과에 대하여 추후보완이 허용되기도 하는 점 등을 종합하여 보면, 이 사건 제소기간 조항이 정하고 있는 30일의 제소기간이 지나치게 짧아 특허무효심결에 대하여 소송으로 다투고자 하는 당사자의 재판청구권 행사를 불가능하게 하거나 현저히 곤란하게 한다고 할 수 없으므로, 재판청구권을 침해하지 아니한다(헌재 2018.8.30, 2017헌바258).

③ [O] 재심에 있어 제소기간을 둘 것인가 등은 확정판결에 대한 법적 안정성, 재판의 신속·적정성 등을 고려하여 결정하여야 할 입법정책의 문제로, 위헌결정을 이유로 한 재심의 소에서 재심제기기간을 둔 것이 입법형성권을 현저히 일탈하였다고 볼 수 없다. 그리고 위헌결정을 받은 당사자는 스스로 재심사유가 있음을 충분히 알거나 알 수 있는 점, 위헌결정을 이유로 한 재심의 소를 제기하기 위하여 관련 기록이나 증거를 면밀히 검토할 필요가 크지 않은 점, 30일의 재심제기기간은 불변기간이어서 추후보완이 허용되는 점 등을 종합하면, 재심사유가 있음을 안 날로 30일이라는 재심제기기간이 재심청구를 현저히 곤란하게 하거나 사실상 불가능하게 할 정도로 짧다고 보기도 어렵다. 심판대상조항은 재판청구권을 침해하지 않는다(헌재 2020.9.24, 2019헌바130).

④ [○] 심판대상조항은 즉시항고 제기기간을 지나치게 짧게 정함으로써 실질적으로 즉시항고 제기를 어렵게 하고, 즉시항고 제도를 단지 형식적이고 이론적인 권리로서만 기능하게 함으로써 헌법상 재판청구권을 공허하게 하므로 입법재량의 한계를 일탈하여 재판청구권을 침해하는 규정이다(헌재 2018.12.27, 2015헌바77 등).

423
정답 ②

② [×] 특허권의 효력 여부에 대한 분쟁은 신속히 확정할 필요가 있는 점, 특허무효심판에 대한 심결은 특허법이 열거하고 있는 무효사유에 대해 특허법이 정한 방법과 절차에 따라 청구인과 특허권자가 다툰 후 심결의 이유를 기재한 서면에 의하여 이루어지는 것이므로, 당사자가 그 심결에 대하여 불복할 것인지를 결정하고 이를 준비하는 데 그리 많은 시간이 필요하지 않은 점, 특허법은 심판장으로 하여금 30일의 제소기간에 부가기간을 정할 수 있도록 하고 있고, 제소기간 도과에 대하여 추후보완이 허용되기도 하는 점 등을 종합하여 보면, 이 사건 제소기간 조항이 정하고 있는 30일의 제소기간이 지나치게 짧아 특허무효심결에 대하여 소송으로 다투고자 하는 당사자의 재판청구권 행사를 불가능하게 하거나 현저히 곤란하게 한다고 할 수 없으므로, 재판청구권을 침해하지 아니한다(헌재 2018.8.30, 2017헌바258).

① [○] 종래 군인이 상관의 지시나 명령에 대하여 사법심사를 청구하는 행위를 무조건 하극상이나 항명으로 여겨 극도의 거부감을 보이는 태도 역시 모든 국가권력에 대하여 사법심사를 허용하는 법치국가의 원리에 반하는 것으로 마땅히 배격되어야 한다. 따라서 군인이 상관의 지시나 명령에 대하여 재판청구권을 행사하는 경우에 그것이 위법·위헌인 지시와 명령을 시정하려는 데 목적이 있을 뿐, 군 내부의 상명하복관계를 파괴하고 명령불복종 수단으로서 재판청구권의 외형만을 빌리거나 그 밖에 다른 불순한 의도가 있지 않다면, 정당한 기본권의 행사이므로 군인의 복종의무를 위반하였다고 볼 수 없다(대판 2018.3.22, 2012두26401).

③ [○] 법원의 재판 또는 국회의 심의를 방해 또는 위협할 목적으로 법정이나 국회회의장 또는 그 부근에서 모욕 또는 소동한 자를 처벌하는 형법 제138조(이하 '본조'라고 한다)의 규정은, 법원 혹은 국회라는 국가기관을 보호하기 위한 것이 아니라 법원의 재판기능 및 국회의 심의기능을 보호하기 위하여 마련된 것으로, 제정 당시 그 입법경위를 살펴보면 행정기관의 일상적인 행정업무와 차별화되는 위 각 기능의 중요성 및 신성성에도 불구하고 경찰력 등 자체적 권력집행수단을 갖추지 못한 국가기관의 한계에서 생길 수 있는 재판 및 입법기능에 대한 보호의 흠결을 보완하기 위한 것임을 알 수 있다. 이와 같은 본조의 보호법익 및 입법 취지에 비추어 볼 때 헌법재판소의 헌법재판기능을 본조의 적용대상에서 제외하는 해석이 입법의 의도라고는 보기 어렵다. 본조 제정 당시 헌법재판소가 설치되어 있지 않았고 오히려 당시 헌법재판의 핵심적 부분인 위헌법률심사 기능을 맡은 헌법위원회가 헌법상 법원의 장에 함께 규정되어 있었으며 탄핵심판 기능을 맡은 탄핵재판소 역시 본조의 적용대상인

국회의 장에 함께 규정되어 있었고, 더 나아가 1962년 제3공화국 헌법에서는 위헌법률심사와 정당해산심판 기능이 대법원 관장사항으로 규정되기까지 한 사정도 이를 뒷받침한다. 이는 본조의 적용대상으로 규정한 법원의 '재판기능'에 '헌법재판기능'이 포함된다고 보는 것이 입법 취지나 문언의 통상적인 의미에 보다 충실한 해석임을 나타낸다(대판 2021.8.26, 2020도12017).

④ [○] 헌법 제27조 제1항은 권리구제절차에 관한 구체적 형성을 완전히 입법자의 형성권에 맡기지는 않는다. 입법자가 단지 법원에 제소할 수 있는 형식적인 권리나 이론적인 가능성만을 제공할 뿐 권리구제의 실효성이 보장되지 않는다면 권리구제절차의 개설은 사실상 무의미할 수 있다. 그러므로 재판청구권은 법적 분쟁의 해결을 가능하게 하는 적어도 한번의 권리구제절차가 개설될 것을 요청할 뿐 아니라 그를 넘어서 소송절차의 형성에 있어서 실효성 있는 권리보호를 제공하기 위하여 그에 필요한 절차적 요건을 갖출 것을 요청한다. 비록 재판절차가 국민에게 개설되어 있다 하더라도, 절차적 규정들에 의하여 법원에의 접근이 합리적인 이유로 정당화될 수 없는 방법으로 어렵게 된다면, 재판청구권은 사실상 형해화될 수 있으므로, 바로 여기에 입법형성권의 한계가 있다(헌재 2002.10.31, 2001헌바40).

424
정답 ③

③ [×] 일반접견은 접촉차단시설이 설치된 일반접견실에서 10분 내외 짧게 이루어지므로 그 시간은 변호사접견의 6분의 1 수준에 그치고 그 대화내용은 청취·기록·녹음·녹화의 대상이 된다. 변호사의 도움이 가장 필요한 시기에 접견에 대한 제한의 정도가 위와 같이 크다는 점에서 수형자의 재판청구권 역시 심각하게 제한될 수밖에 없고, 이로 인해 법치국가원리로 추구되는 정의에 반하는 결과를 낳을 수도 있다는 점에서, 위와 같은 불이익은 매우 크다고 볼 수 있다. 심판대상조항은 과잉금지원칙에 위배되어 변호사인 청구인의 직업수행의 자유를 침해한다(헌재 2021.10.28, 2018헌마60).

① [○] 헌법은 제27조 제1항에서 "모든 국민은 헌법과 법률이 정한 법관에 의하여 법률에 의한 재판을 받을 권리를 가진다."라고 규정하고 같은 조 제3항에서 "모든 국민은 신속한 재판을 받을 권리를 가진다. 형사피고인은 상당한 이유가 없는 한 지체 없이 공개재판을 받을 권리를 가진다."라고 규정하여 공정하고 신속한 공개재판을 받을 권리를 보장하고 있는바, 이 재판청구권은 재판절차를 규율하는 법률과 재판에서 적용될 실체적 법률이 모두 합헌적이어야 한다는 의미에서의 법률에 의한 재판을 받을 권리뿐만 아니라, 비밀재판을 배제하고 일반 국민의 감시하에서 심리와 판결을 받음으로써 공정한 재판을 받을 수 있는 권리를 포함하고 있다(헌재 1996.12.26, 94헌바1).

② [○] 세월호피해지원법 제16조는 지급절차를 신속히 종결함으로써 세월호참사로 인한 피해를 신속하게 구제하기 위한 것이다. … 따라서 심의위원회의 배상금 등 지급결정에 동의한 때 재판상 화해가 성립한 것으로 간주하더라도 이것이 재판청구권 행사에 대한 지나친 제한이라고 보기 어렵

다. 세월호피해지원법 제16조가 지급결정에 재판상 화해의 효력을 인정함으로써 확보되는 배상금 등 지급을 둘러싼 분쟁의 조속한 종결과 이를 통해 확보되는 피해구제의 신속성 등의 공익은 그로 인한 신청인의 불이익에 비하여 작다고 보기는 어려우므로, 법익의 균형성도 갖추고 있다. 따라서 세월호피해지원법 제16조는 청구인들의 재판청구권을 침해하지 않는다(헌재 2017.6.29, 2015헌마654).

④ [O] 재판청구권은 공권력이나 사인에 의해서 기본권이 침해당하거나 침해당할 위험에 처해있을 경우 이에 대한 구제나 그 예방을 요청할 수 있는 권리라는 점에서 다른 기본권의 보장을 위한 기본권이라는 성격을 가지고 있다(헌재 2009.4.30, 2007헌바121).

425 정답 ②

② [×] 헌법이 대법원을 최고법원으로 규정하였다고 하여 대법원이 곧바로 모든 사건을 상고심으로서 관할하여야 한다는 결론이 당연히 도출되는 것은 아니며, '헌법과 법률이 정하는 법관에 의하여 법률에 의한 재판을 받을 권리'가 사건의 경중을 가리지 않고 모든 사건에 대하여 대법원을 구성하는 법관에 의한 균등한 재판을 받을 권리를 의미한다거나 또는 상고심 재판을 받을 권리를 의미하는 것이라고 할 수는 없다(헌재 1997.10.30, 97헌바37 등).

① [O]

> 헌법 제27조 ① 모든 국민은 헌법과 법률이 정한 법관에 의하여 법률에 의한 재판을 받을 권리를 가진다.

③ [O] 공판조서(公判調書)는 공판절차의 증명과 피고인의 방어권 행사에 중요한 자료가 되므로 변호인이 없는 경우에는 적어도 피고인에게 직접 그 열람청구권(閱覽請求權)을 부여하여야 하겠지만, 변호인이 있는 경우에는 변호인을 통하여 피고인이 공판조서(公判調書)의 내용을 알 수 있고 그 기재의 정확성도 보장할 수 있으며 만약 변호인이 피고인의 정당한 이익을 보호하지 아니하고 불성실한 변호를 할 때에는 피고인은 언제든지 자신의 의사에 반하는 변호인을 배제하고 위 규정에 의한 공판조서열람권(公判調書閱覽權)을 행사할 수도 있게 되어 있으므로, 형사소송법(刑事訴訟法) 제55조 제1항이 변호인이 있는 피고인에게 변호인과는 별도로 공판조서열람권(公判調書閱覽權)을 부여하지 않는다고 하여 피고인의 공정한 재판을 받을 권리가 침해된다고 할 수는 없다(헌재 1994.12.29, 92헌바31).

④ [O] 통고처분은 상대방의 임의의 승복을 그 발효요건으로 하기 때문에 그 자체만으로는 통고이행을 강제하거나 상대방에게 아무런 권리의무를 형성하지 않으므로 행정심판이나 행정소송의 대상으로서의 처분성을 부여할 수 없고, 통고처분에 대하여 이의가 있으면 통고내용을 이행하지 않음으로써 고발되어 형사재판절차에서 통고처분의 위법·부당함을 얼마든지 다툴 수 있기 때문에 관세법 제38조 제3항 제2호가 법관에 의한 재판받을 권리를 침해한다든가 적법절차의 원칙에 저촉된다고 볼 수 없다(헌재 1998.5.28, 96헌바4).

426 정답 ④

④ [×] 이 사건 보상금 조항은 관련자 중 부마민주항쟁과 관련하여 사망하거나 행방불명으로 확인된 자의 유족 및 부마민주항쟁과 관련하여 상이를 입은 자 또는 그 유족에 대하여 일정한 보상금을 지급하도록 하고 있다. … 심판대상조항이 30일 미만 구금된 자와 유죄판결을 받은 자로서 '관련자' 결정을 받은 자를 보상금과 생활지원금의 지급대상에 포함시키지 않았다고 하더라도, 그 차별이 현저하게 불합리하거나 자의적인 차별이라고 보기 어렵다. 따라서 심판대상조항은 청구인의 평등권을 침해하지 않는다(헌재 2019.4.11, 2016헌마418).

① [O] 개정 보상법상의 위원회는 국무총리 소속으로 관련분야의 전문가들로 구성되고, 임기가 보장되며, 국무총리의 위원에 대한 지휘·감독권 규정이 없는 등 제3자성 및 독립성이 보장되어 있는 점, 위원회가 보상금 지급심사를 함에 있어 심의절차의 공정성·신중성이 충분히 갖추어져 있는 점, … 감안하여 볼 때, 이 사건 재판상 화해조항으로 인하여 청구인들의 동의 과정에 실체법상 무효 또는 취소사유가 있더라도 재심절차 이외에는 더 이상 재판을 청구할 수 있는 길이 막히게 된다고 하더라도, 위 재판상 화해조항이 합리적인 범위를 벗어나 청구인들의 재판청구권을 과도하게 제한하였다고 보기는 어렵다(헌재 2009.4.30, 2006헌마1322).

② [O] 심판대상조항은 정신적 손해에 대해 적절한 배상이 이루어지지 않은 상태에서, 5·18민주화운동과 관련하여 사망하거나 행방불명된 자 및 상이를 입은 자 또는 그 유족이 적극적·소극적 손해의 배상에 상응하는 보상금 등 지급결정에 동의하였다는 사정만으로 재판상 화해의 성립을 간주하고 있다. 이는 국가배상청구권에 대한 과도한 제한이고, 해당 손해에 대한 적절한 배상이 이루어졌음을 전제로 하여 국가배상청구권 행사를 제한하려 한 5·18보상법의 입법목적에도 부합하지 않는다. 따라서 이 조항이 5·18보상법상 보상금 등의 성격과 중첩되지 않는 정신적 손해에 대한 국가배상청구권의 행사까지 금지하는 것은 국가배상청구권을 침해한다(헌재 2021.5.27, 2019헌가17).

③ [O] 민법 제166조 제1항, 제766조 제2항의 객관적 기산점을 과거사정리법 제2조 제1항 제3, 4호의 민간인 집단희생사건, 중대한 인권침해·조작의혹사건에 적용하도록 규정하는 것은, 소멸시효제도를 통한 법적 안정성과 가해자 보호만을 지나치게 중시한 나머지 합리적 이유 없이 위 사건유형에 관한 국가배상청구권 보장 필요성을 외면한 것으로서 입법형성의 한계를 일탈하여 청구인들의 국가배상청구권을 침해한다(헌재 2018.8.30, 2014헌바148 등).

427 정답 ③

③ [×] 디엔에이감식시료채취영장 발부 여부는 채취대상자에게 자신의 디엔에이감식시료가 강제로 채취당하고 그 정보가 영구히 보관·관리됨으로써 자신의 신체의 자유, 개인정보자기결정권 등의 기본권이 제한될 것인지 여부가 결정되는 중대한 문제이다. 그럼에도 불구하고 이 사건 영장절차 조항은 채취대상자에게 디엔에이감식시료채취영장 발부 과정

에서 자신의 의견을 진술할 수 있는 기회를 절차적으로 보장하고 있지 않을 뿐만 아니라, 발부 후 그 영장 발부에 대하여 불복할 수 있는 기회를 주거나 채취행위의 위법성 확인을 청구할 수 있도록 하는 구제절차마저 마련하고 있지 않다. 위와 같은 입법상의 불비가 있는 이 사건 영장절차 조항은 채취대상자인 청구인들의 재판청구권을 과도하게 제한하므로, 침해의 최소성원칙에 위반된다. 따라서 이 사건 영장절차 조항은 과잉금지원칙을 위반하여 청구인들의 재판청구권을 침해한다 [헌재 2018.8.30, 2016헌마344·2017헌마630(병합)].

① [O] 헌법 제27조 제1항은 "모든 국민은 헌법과 법률이 정한 법관에 의하여 법률에 의한 재판을 받을 권리를 가진다."고 규정함으로써 모든 국민은 헌법과 법률이 정한 자격과 절차에 의하여 임명되고 물적 독립과 인적 독립이 보장된 법관에 의하여 합헌적인 법률이 정한 내용과 절차에 따라 재판을 받을 권리를 보장하고 있다. 이러한 재판청구권은 공권력이나 사인에 의해서 기본권이 침해당하거나 침해당할 위험에 처해 있을 경우 그에 대한 구제 또는 예방을 요청할 수 있는 권리라는 점에서 다른 기본권의 보장을 위한 기본권이라는 성격을 가지고 있다(헌재 2011.6.30, 2009헌바430).

② [O]

> 헌법 제27조 ⑤ 형사피해자는 법률이 정하는 바에 의하여 당해 사건의 재판절차에서 진술할 수 있다.

④ [O] 재판청구권은 공권력이나 사인에 의해서 기본권이 침해당하거나 침해당할 위험에 처해있을 경우 이에 대한 구제나 그 예방을 요청할 수 있는 권리라는 점에서 다른 기본권의 보장을 위한 기본권이라는 성격을 가지고 있다(헌재 2009. 4.30, 2007헌바121).

428
정답 ④

④ [×] 재판청구권과 같은 절차적 기본권은 원칙적으로 제도적 보장의 성격이 강하기 때문에, 자유권적 기본권 등 다른 기본권의 경우와 비교하여 볼 때 상대적으로 광범위한 입법형성권이 인정되므로, 관련 법률에 대한 위헌심사기준은 합리성원칙 내지 자의금지원칙이 적용된다(헌재 2005.5.26, 2003헌가7).

① [O] 재판을 청구할 수 있는 기간 또는 재판에 불복할 수 있는 기간을 정하는 것 역시 입법자가 그 입법형성재량에 기초한 정책적 판단에 따라 결정할 문제라고 할 것이고 그것이 입법부에 주어진 합리적인 재량의 한계를 일탈하지 아니하는 한 위헌이라고 할 수 없다. 다만, 이러한 입법재량도 제소기간 또는 불복기간을 너무 짧게 정하여 재판을 제기하거나 불복하는 것을 사실상 불가능하게 하거나 합리적인 이유로 정당화될 수 없는 방법으로 이를 어렵게 한다면 재판청구권은 사실상 형해화될 수 있으므로, 이러한 점에서 입법형성권의 한계가 있다(헌재 2013.10.24, 2012헌바428).

② [O] 이 사건 청구기간 조항이 일반행정심판 청구기간 또는 행정소송 제기기간인 처분이 있음을 안 날부터 90일보다 짧기는 하나, 지방공무원법에 어떤 경우에 임용권자가 직권으로 면직처분을 할 수 있는지 구체적으로 규정(지방공무원법 제62조 제1항)하고 있을 뿐만 아니라 실제로 면직처분

등을 하는 경우에는 당해 공무원에게 그 처분사유를 적은 설명서를 교부하도록 하고 있다(지방공무원법 제67조 제1항). 따라서 당해 처분의 당사자로서는 그 설명서를 받는 즉시 자신이 면직처분 등을 받은 이유 등을 상세히 알 수 있고, 30일이면 그 면직처분을 소청심사 등을 통해 다툴지 여부를 충분히 숙고할 수 있다고 할 것이어서 처분사유 설명서 교부일부터 30일 이내 소청심사를 청구하도록 한 것이 지나치게 짧아 청구인의 권리구제를 위한 재판청구권의 행사를 불가능하게 하거나 형해화한다고 볼 수 없으므로 이 사건 청구기간 조항은 청구인의 재판청구권을 침해하지 아니한다(헌재 2015.3.26, 2013헌바186).

③ [O] 직권면직처분을 받은 지방공무원이 그에 대해 불복할 경우 행정소송의 제기에 앞서 반드시 소청심사를 거치도록 규정한 것은 행정기관 내부의 인사행정에 관한 전문성 반영, 행정기관의 자율적 통제, 신속성 추구라는 행정심판의 목적에 부합한다. 소청심사제도에도 심사위원의 자격요건이 엄격히 정해져 있고, 임기와 신분이 보장되어 있는 등 독립성과 공정성이 확보되어 있으며, 증거조사절차나 결정절차 등 심리절차에 있어서도 사법절차가 상당 부분 준용되고 있다. 나아가 소청심사위원회의 결정기간은 엄격히 제한되어 있고, 행정심판전치주의에 대해 다양한 예외가 인정되고 있으며, 행정심판의 전치요건은 행정소송 제기 이전에 반드시 갖추어야 하는 것은 아니어서 전치요건을 구비하면서도 행정소송의 신속한 진행을 동시에 꾀할 수 있으므로, 이 사건 필요적 전치조항은 입법형성의 한계를 벗어나 재판청구권을 침해하거나 평등원칙에 위반된다고 볼 수 없다(헌재 2015. 3.26, 2013헌바186).

429
정답 ①

① [×] 형사재판 중 결정절차에서는 그 결정 일자가 미리 당사자에게 고지되는 것이 아니기 때문에 결정에 대한 불복 여부를 결정하고 즉시항고 절차를 준비하는 데 있어 상당한 기간을 부여할 필요가 있다. … 민사소송, 민사집행, 행정소송, 형사보상절차 등의 즉시항고기간 1주나, 외국의 입법례와 비교하더라도 3일이라는 제기기간은 지나치게 짧다. 즉시항고 자체가 형사소송법상 명문의 규정이 있는 경우에만 허용되므로 기간 연장으로 인한 폐해가 크다고 볼 수도 없는 점 등을 고려하면, 심판대상조항은 즉시항고제도를 단지 형식적이고 이론적인 권리로서만 기능하게 함으로써 헌법상 재판청구권을 공허하게 하므로 입법재량의 한계를 일탈하여 재판청구권을 침해하는 규정이다(헌재 2018.12.27, 2015헌바77 등).

② [O] 헌법이 대법원을 최고법원으로 규정하였다고 하여 대법원이 곧바로 모든 사건을 상고심으로서 관할하여야 한다는 결론이 당연히 도출되는 것은 아니며, "헌법과 법률이 정하는 법관에 의하여 법률에 의한 재판을 받을 권리"가 사건의 경중을 가리지 않고 모든 사건에 대하여 대법원을 구성하는 법관에 의한 균등한 재판을 받을 권리를 의미한다거나 또는 상고심재판을 받을 권리를 의미하는 것이라고 할 수는 없다(헌재 2007.7.26, 2006헌마551 등).

③ [○] 공정한 재판을 받을 권리 속에는 신속하고 공개된 법정의 법관의 면전에서 모든 증거자료가 조사·진술되고 이에 대하여 피고인이 공격·방어할 수 있는 기회가 보장되는 재판, 즉 원칙적으로 당사자주의와 구두변론주의가 보장되어 당사자가 공소사실에 대한 답변과 입증 및 반증하는 등 공격·방어권이 충분히 보장되는 재판을 받을 권리가 포함되어 있다(헌재 1996.12.26, 94헌바1).

④ [○] 헌법 제27조가 보장하는 재판청구권에는 공정한 헌법재판을 받을 권리도 포함되고, 헌법 제111조 제2항은 헌법재판소가 9인의 재판관으로 구성된다고 명시하여 다양한 가치관과 헌법관을 가진 9인의 재판관으로 구성된 합의체가 헌법재판을 담당하도록 하고 있으며, 같은 조 제3항은 재판관 중 3인은 국회에서 선출하는 자를 임명한다고 규정하고 있다(헌재 2014.4.24, 2012헌마2).

430 정답 ③

③ [×] 형사보상은 형사피고인 등의 신체의 자유를 제한한 것에 대하여 사후적으로 그 손해를 보상하는 것인바, 구금으로 인하여 침해되는 가치는 객관적으로 평가하기 어려운 것이므로, 그에 대한 보상을 어떻게 할 것인지는 국가의 경제적, 사회적, 정책적 사정들을 참작하여 입법재량으로 결정할 수 있는 사항이라 할 것이다. 이러한 점에서 헌법 제28조에서 규정하는 '정당한 보상'은 헌법 제23조 제3항에서 재산권의 침해에 대하여 규정하는 '정당한 보상'과는 차이가 있다 할 것이다(헌재 2010.10.28, 2008헌마514).

① [○] 형사피의자 또는 형사피고인으로서 구금되었던 자가 법률이 정하는 불기소처분을 받거나 무죄판결을 받은 때에는 법률이 정하는 바에 의하여 국가에 정당한 보상을 청구할 수 있다(헌법 제28조).

② [○] 형사보상의 청구에 대하여 한 보상의 결정에 대하여는 불복을 신청할 수 없도록 하여 형사보상의 결정을 단심재판으로 규정한 형사보상법 제19조 제1항이 청구인들의 형사보상청구권 및 재판청구권을 침해한다(헌재 2010.10.28, 2008헌마514).

④ [○] 권리의 행사가 용이하고 일상 빈번히 발생하는 것이거나 권리의 행사로 인하여 상대방의 지위가 불안정해지는 경우 또는 법률관계를 보다 신속히 확정하여 분쟁을 방지할 필요가 있는 경우에는 특별히 짧은 소멸시효나 제척기간을 인정할 필요가 있으나, 이 사건 법률조항은 위의 어떠한 사유에도 해당하지 아니하는 등 달리 합리적인 이유를 찾기 어렵고, 일반적인 사법상의 권리보다 더 확실하게 보호되어야 할 권리인 형사보상청구권의 보호를 저해하고 있다. 또한, 이 사건 법률조항은 형사소송법상 형사피고인이 재정하지 아니한 가운데 재판할 수 있는 예외적인 경우를 상정하고 있는 등 형사피고인은 당사자가 책임질 수 없는 사유에 의하여 무죄재판의 확정사실을 모를 수 있는 가능성이 있으므로, 형사피고인이 책임질 수 없는 사유에 의하여 제척기간을 도과할 가능성이 있는바, 이는 국가의 잘못된 형사사법작용에 의하여 신체의 자유라는 중대한 법익을 침해받은 국민의 기본권을 사법상의 권리보다도 가볍게 보호하는 것으로서 부당하다(헌재 2010.7.29, 2008헌가4).

431 정답 ①

① [×] 헌법 제28조의 형사보상청구권이 국가의 형사사법작용에 의하여 신체의 자유가 침해된 국민에게 그 구제를 인정하여 국민의 기본권 보호를 강화하는 데 그 목적이 있는 점에 비추어 보면, 외형상·형식상으로 무죄재판이 없다고 하더라도 형사사법절차에 내재하는 불가피한 위험으로 인하여 국민의 신체의 자유에 관하여 피해가 발생하였다면 형사보상청구권을 인정하는 것이 타당하다. 심판대상조항은 소송법상 이유 등으로 무죄재판을 받을 수는 없으나 그러한 사유가 없었더라면 무죄재판을 받을 만한 현저한 사유가 있는 경우 그 절차에서 구금되었던 개인 역시 형사사법절차에 내재하는 불가피한 위험으로 인하여 신체의 자유에 피해를 입은 것은 마찬가지이므로 국가가 이를 마땅히 책임져야 한다는 고려에서 마련된 규정이다(헌재 2022.2.24, 2018헌마998).

② [○]

> **형사보상 및 명예회복에 관한 법률 제8조【보상청구의 기간】** 보상청구는 무죄재판이 확정된 사실을 안 날부터 3년, 무죄재판이 확정된 때부터 5년 이내에 하여야 한다.

③ [○]

> **형사보상 및 명예회복에 관한 법률 제6조【손해배상과의 관계】** ② 이 법에 따른 보상을 받을 자가 같은 원인에 대하여 다른 법률에 따라 손해배상을 받은 경우에 그 손해배상의 액수가 이 법에 따라 받을 보상금의 액수와 같거나 그보다 많을 때에는 보상하지 아니한다. 그 손해배상의 액수가 이 법에 따라 받을 보상금의 액수보다 적을 때에는 그 손해배상 금액을 빼고 보상금의 액수를 정하여야 한다.

④ [○]

> **형사보상 및 명예회복에 관한 법률 제5조【보상의 내용】** ③ 사형 집행에 대한 보상을 할 때에는 집행 전 구금에 대한 보상금 외에 3천만 원 이내에서 모든 사정을 고려하여 법원이 타당하다고 인정하는 금액을 더하여 보상한다. 이 경우 본인의 사망으로 인하여 발생한 재산상의 손실액이 증명되었을 때에는 그 손실액도 보상한다.

432 정답 ④

④ [×]

> **형사보상 및 명예회복에 관한 법률 제27조【피의자에 대한 보상】** ② 다음 각 호의 어느 하나에 해당하는 경우에는 피의자보상의 전부 또는 일부를 지급하지 아니할 수 있다.
> 2. 구금기간 중에 다른 사실에 대하여 수사가 이루어지고 그 사실에 관하여 범죄가 성립한 경우

① [○] 헌법 제28조의 형사보상청구권은 국가의 형사사법권이라는 공권력에 의해 인신구속이라는 중대한 법익의 침해가 발생한 국민에게 그 피해를 보상해주는 기본권이다. 이

러한 형사보상청구권은 국가의 공권력 작용에 의하여 신체의 자유를 침해받은 국민에 대해 금전적인 보상을 청구할 권리를 인정하는 것이므로 형사보상청구권이 제한됨으로 인하여 침해되는 국민의 기본권은 단순히 금전적인 권리에 불과한 것이라기보다는 실질적으로 국민의 신체의 자유와 밀접하게 관련된 중대한 기본권이라고 할 것이다(헌재 2010.7.29, 2008헌가4).

② [○] 형사보상청구권은 헌법 제28조에 따라 '법률이 정하는 바에 의하여' 행사되므로 그 내용은 법률에 의해 정해지는 바, 형사보상의 구체적 내용과 금액 및 절차에 관한 사항은 입법자가 정하여야 할 사항이다. 이 사건 보상금조항 및 이 사건 보상금 시행령조항은 보상금을 일정한 범위 내로 한정하고 있는데, 형사보상은 형사사법절차에 내재하는 불가피한 위험으로 인한 피해에 대한 보상으로서 국가의 위법·부당한 행위를 전제로 하는 국가배상과는 그 취지 자체가 상이하므로 형사보상절차로서 인과관계 있는 모든 손해를 보상하지 않는다고 하여 반드시 부당하다고 할 수는 없으며, … 보상금조항 및 이 사건 보상금 시행령조항은 청구인들의 형사보상청구권을 침해한다고 볼 수 없다(헌재 2010.10.28, 2008헌마514).

③ [○]

> **형사보상 및 명예회복에 관한 법률 제26조【면소 등의 경우】** ① 다음 각 호의 어느 하나에 해당하는 경우에도 국가에 대하여 구금에 대한 보상을 청구할 수 있다.
> 1. 형사소송법에 따라 면소(免訴) 또는 공소기각(公訴棄却)의 재판을 받아 확정된 피고인이 면소 또는 공소기각의 재판을 할 만한 사유가 없었더라면 무죄재판을 받을 만한 현저한 사유가 있었을 경우

433
정답 ①

① [×] 권리의 행사가 용이하고 일상 빈번히 발생하는 것이거나 권리의 행사로 인하여 상대방의 지위가 불안정해지는 경우 또는 법률관계를 보다 신속히 확정하여 분쟁을 방지할 필요가 있는 경우에는 특별히 짧은 소멸시효나 제척기간을 인정할 필요가 있으나, 이 사건 법률조항은 위의 어떠한 사유에도 해당하지 아니하는 등 달리 합리적인 이유를 찾기 어렵고, 일반적인 사법상의 권리보다 더 확실하게 보호되어야 할 권리인 형사보상청구권의 보호를 저해하고 있다. … 아무런 합리적인 이유 없이 그 청구기간을 1년이라는 단기간으로 제한한 것은 입법목적 달성에 필요한 정도를 넘어선 것이라고 할 것이다. … 이 사건 법률조항은 입법재량의 한계를 일탈하여 청구인의 형사보상청구권을 침해한 것이다 (헌재 2010.7.29, 2008헌가4).

② [○] 형사보상청구권과 직접적인 이해관계를 가진 당사자는 형사피고인과 국가밖에 없는데, 국가가 무죄판결을 선고받은 형사피고인에게 넓게 형사보상청구권을 인정함으로써 감수해야 할 공익은 경제적인 것에 불과하고 그 액수도 국가 전체 예산규모에 비추어 볼 때 미미하다고 할 것이다. 또한 형사피고인에게 넓게 형사보상청구권을 인정한다고 하여 법적 혼란이 초래될 염려도 전혀 없다(헌재 2010.7.29, 2008헌가4).

③ [○] 보상액의 산정에 기초되는 사실인정이나 보상액에 관한 판단에서 오류나 불합리성이 발견되는 경우에도 그 시정을 구하는 불복신청을 할 수 없도록 하는 것은 형사보상청구권 및 그 실현을 위한 기본권으로서의 재판청구권의 본질적 내용을 침해하는 것이라 할 것이고, 나아가 법적 안정성만을 지나치게 강조함으로써 재판의 적정성과 정의를 추구하는 사법제도의 본질에 부합하지 아니하는 것이다. 또한, 불복을 허용하더라도 즉시항고는 절차가 신속히 진행될 수 있고 사건수도 과다하지 아니한 데다 그 재판내용도 비교적 단순하므로 불복을 허용한다고 하여 상급심에 과도한 부담을 줄 가능성은 별로 없다고 할 것이어서, 이 사건 불복금지조항은 형사보상청구권 및 재판청구권을 침해한다고 할 것이다(헌재 2010.10.28, 2008헌마514 등).

④ [○] 형사보상 및 명예회복에 관한 법률 제27조 제1항

434
정답 ④

④ [×] 지방자치단체가 '교통할아버지 봉사활동 계획'을 수립한 후 관할 동장으로 하여금 '교통할아버지'를 선정하게 하여 어린이 보호, 교통안내, 거리질서 확립 등의 공무를 위탁하여 집행하게 하던 중 '교통할아버지'로 선정된 노인이 위탁받은 업무 범위를 넘어 교차로 중앙에서 교통정리를 하다가 교통사고를 발생시킨 경우, 지방자치단체가 국가배상법 제2조 소정의 배상책임을 부담한다(대판 2001.1.5, 98다39060).

① [○] 헌법상 국가배상청구권은 청구권적 기본권이고, 앞에서 본 바와 같이 그 요건인 '불법행위'는 법률에서 구체적으로 형성할 수 있는 개념이라 할 것이다. 따라서 이 사건 법률조항이 국가배상청구권의 성립요건으로서 공무원의 고의 또는 과실을 규정한 것은 법률로 이미 형성된 국가배상청구권의 행사 및 존속을 제한한다고 보기보다는 국가배상청구권의 내용을 형성하는 것이라고 할 것이므로, 헌법상 국가배상제도의 정신에 부합하게 국가배상청구권을 형성하였는지의 관점에서 심사하여야 한다(헌재 2015.4.30, 2013헌바395).

② [○] 헌법상의 국가배상청구권에 관한 규정은 국가배상청구권을 청구권적 기본권으로 보장하며, 국가배상청구권은 그 요건에 해당하는 사유가 발생한 개별 국민에게는 금전청구권으로서의 재산권으로 보장된다(헌재 2015.4.30, 2013헌바395).

③ [○] 민주화보상법은 보상금 등 산정에 있어 정신적 손해에 대한 배상을 전혀 반영하지 않고 있으므로, 이와 무관한 보상금 등을 지급한 다음 정신적 손해에 대한 배상청구마저 금지하는 것은 적절한 손해배상을 전제로 한 관련자의 신속한 구제와 지급결정에 안정성 부여라는 공익에 부합하지 않음에 반하여, 그로 인해 제한되는 사익은 공무원의 직무상 불법행위로 인하여 유죄판결을 받거나 해직되는 등으로 입은 정신적 고통에 대해 적절한 배상을 받지 않았음에도 불구하고 그에 대한 손해배상청구권이 박탈된다는 것으로서, 달성할 수 있는 공익에 비하여 사익 제한의 정도가 지나치게 크다. 그러므로 심판대상조항 중 정신적 손해에 관한 부분은 법익의 균형성에도 위반된다. 따라서 심판대상조항의 '민주화운동과 관련하여 입은 피해' 중 적극적·소극적 손해에 관한 부분은 과

잉금지원칙에 위반되지 아니하나, 정신적 손해에 관한 부분은 과잉금지원칙에 위반되어 관련자와 그 유족의 국가배상청구권을 침해한다(헌재 2018.6.28, 2011헌바379 등).

435

① [×] 이 사건 법률조항들은 특정범죄에 관한 형사절차에서 국민이 안심하고 자발적으로 협조할 수 있도록 그 범죄신고자 등을 실질적으로 보호함으로써 피해자의 진술을 제약하는 요소를 제거하고 이를 통해 범죄로부터 사회를 방위함에 이바지함과 아울러 실체적 진실의 발견을 용이하게 하기 위한 것으로서, 그 목적의 정당성 및 수단의 적합성이 인정되며, 피고인 퇴정조항에 의하여 피고인 퇴정 후 증인신문을 하는 경우에도 피고인은 여전히 형사소송법 제161조의2에 의하여 반대신문권이 보장되고, 이때 변호인이 반대신문 전에 피고인과 상의하여 반대신문사항을 정리하면 피고인의 반대신문권이 실질적으로 보장될 수 있는 점, 인적사항이 공개되지 아니한 증인에 대하여는 증인신문 전에 수사기관 작성의 조서나 증인 작성의 진술서 등의 열람·복사를 통하여 그 신문 내용을 어느 정도 예상할 수 있고, 변호인이 피고인과 상의하여 반대신문의 내용을 정리한 후 반대신문할 수 있는 점 등에 비추어, 기본권 제한의 정도가 특정범죄의 범죄신고자 등 증인 등을 보호하고 실체적 진실의 발견에 이바지하는 공익에 비하여 크다고 할 수 없어 법익의 균형성도 갖추고 있으며, 기본권 제한에 관한 피해의 최소성 역시 인정되므로, 공정한 재판을 받을 권리를 침해한다고 할 수 없다(헌재 2010.11.25, 2009헌바57).

② [○] 재심은 확정된 종국판결에 재심사유에 해당하는 중대한 하자가 있는 경우 그 판결의 취소와 이미 종결되었던 사건의 재심판을 구하는 비상의 불복신청방법으로서 그와 같은 중대한 하자가 있는 예외적인 경우에 한하여 법적 안정성을 후퇴시키고 구체적 정의를 실현하기 위하여 마련된 것이므로, 판결에 대한 불복방법의 하나인 점에서는 상소와 마찬가지라고 할 수 있지만, 상소와는 달리 재심은 확정판결에 대한 불복방법이고 확정판결에 대한 법적 안정성의 요청은 미확정판결에 대한 그것보다 훨씬 크기 때문에 상소보다 더 예외적으로 인정되어야 한다(헌재 2004.12.16, 2003헌바105 ; 헌재 2018.12.27, 2017헌바472 참조).

③ [○] 민주화보상법은 관련규정을 통하여 보상금 등을 심의·결정하는 위원회의 중립성과 독립성을 보장하고 있고, 심의절차의 전문성과 공정성을 제고하기 위한 장치를 마련하고 있으며, 신청인으로 하여금 위원회의 지급결정에 대한 동의 여부를 자유롭게 선택하도록 정하고 있다. 따라서 심판대상조항은 관련자 및 유족의 재판청구권을 침해하지 아니한다(헌재 2018.8.30, 2014헌바180).

④ [○] 피고인 스스로 치료감호를 청구할 수 있는 권리가 헌법상 재판청구권의 보호범위에 포함된다고 보기는 어렵고, 검사뿐만 아니라 피고인에게까지 치료감호청구권을 주어야만 절차의 적법성이 담보되는 것도 아니므로, 이 사건 법률조항이 청구인의 재판청구권을 침해하거나 적법절차의 원칙에 반한다고 볼 수 없다(헌재 2010.4.29, 2008헌마622).

436

① [×] 범죄피해자구조청구권은 생명 또는 신체를 해치는 죄에 해당하는 행위만을 대상으로 하므로 성질상 법인은 범죄피해자구조청구권의 주체가 될 수 없다.

> **범죄피해자 보호법 제3조【정의】** ① 이 법에서 사용하는 용어의 뜻은 다음과 같다.
> 1. "범죄피해자"란 타인의 범죄행위로 피해를 당한 사람과 그 배우자(사실상의 혼인관계를 포함한다), 직계친족 및 형제자매를 말한다.
> 4. "구조대상 범죄피해"란 대한민국의 영역 안에서 또는 대한민국의 영역 밖에 있는 대한민국의 선박이나 항공기 안에서 행하여진 사람의 생명 또는 신체를 해치는 죄에 해당하는 행위(형법 제9조, 제10조 제1항, 제12조, 제22조 제1항에 따라 처벌되지 아니하는 행위를 포함하며, 같은 법 제20조 또는 제21조 제1항에 따라 처벌되지 아니하는 행위 및 과실에 의한 행위는 제외한다)로 인하여 사망하거나 장해 또는 중상해를 입은 것을 말한다.
> **제23조【외국인에 대한 구조】** 이 법은 외국인이 구조피해자이거나 유족인 경우에는 해당 국가의 상호보증이 있는 경우에만 적용한다.

② [○] 국가의 주권이 미치지 못하고 국가의 경찰력 등을 행사할 수 없거나 행사하기 어려운 해외에서 발생한 범죄에 대하여는 국가에 그 방지책임이 있다고 보기 어렵고, … 따라서 범죄피해자구조청구권의 대상이 되는 범죄피해에 해외에서 발생한 범죄피해의 경우를 포함하고 있지 아니한 것이 현저하게 불합리한 자의적인 차별이라고 볼 수 없어 평등원칙에 위배되지 아니한다(헌재 2011.12.29, 2009헌마354).

③④ [○]

> **범죄피해자 보호법 제3조【정의】** ① 이 법에서 사용하는 용어의 뜻은 다음과 같다.
> 1. "범죄피해자"란 타인의 범죄행위로 피해를 당한 사람과 그 배우자(사실상의 혼인관계를 포함한다), 직계친족 및 형제자매를 말한다.
> 4. "구조대상 범죄피해"란 대한민국의 영역 안에서 또는 대한민국의 영역 밖에 있는 대한민국의 선박이나 항공기 안에서 행하여진 사람의 생명 또는 신체를 해치는 죄에 해당하는 행위(형법 제9조, 제10조 제1항, 제12조, 제22조 제1항에 따라 처벌되지 아니하는 행위를 포함하며, 같은 법 제20조 또는 제21조 제1항에 따라 처벌되지 아니하는 행위 및 과실에 의한 행위는 제외한다)로 인하여 사망하거나 장해 또는 중상해를 입은 것을 말한다.
> ② 제1항 제1호에 해당하는 사람 외에 범죄피해 방지 및 범죄피해자 구조 활동으로 피해를 당한 사람도 범죄피해자로 본다.

정답 ①

① [×]

> **청원법 제13조【공개청원의 공개 여부 결정 통지 등】**
> ① 공개청원을 접수한 청원기관의 장은 접수일부터 15일 이내에 청원심의회의 심의를 거쳐 공개 여부를 결정하고 결과를 청원인(공동청원의 경우 대표자를 말한다)에게 알려야 한다.
> ② 청원기관의 장은 공개청원의 공개결정일부터 30일간 청원사항에 관하여 국민의 의견을 들어야 한다.

② [○]

> **형사보상 및 명예회복에 관한 법률 제8조【보상청구의 기간】** 보상청구는 무죄재판이 확정된 사실을 안 날부터 3년, 무죄재판이 확정된 때부터 5년 이내에 하여야 한다.

③ [○]

> **형사보상 및 명예회복에 관한 법률 제6조【손해배상과의 관계】** ① 이 법은 보상을 받을 자가 다른 법률에 따라 손해배상을 청구하는 것을 금지하지 아니한다.

④ [○]

> **범죄피해자 보호법 제25조【구조금의 지급신청】** ① 구조금을 받으려는 사람은 법무부령으로 정하는 바에 따라 그 주소지, 거주지 또는 범죄 발생지를 관할하는 지구심의회에 신청하여야 한다.
> ② 제1항에 따른 신청은 해당 구조대상 범죄피해의 발생을 안 날부터 3년이 지나거나 해당 구조대상 범죄피해가 발생한 날부터 10년이 지나면 할 수 없다.

정답 ④

④ [×]

> **범죄피해자 보호법 제24조【범죄피해구조심의회 등】** ① 구조금의 지급에 관한 사항을 심의·결정하기 위하여 지방검찰청에 범죄피해구조심의회를 두고, 법무부에 범죄피해구조본부심의회를 둔다.

① [○]

> **범죄피해자 보호법 제31조【소멸시효】** 구조금을 받을 권리는 그 구조결정이 해당 신청인에게 송달된 날부터 2년간 행사하지 아니하면 시효로 인하여 소멸된다.

② [○] 범죄피해자구조청구권의 대상이 되는 범죄피해에 해외에서 발생한 범죄피해의 경우를 포함하고 있지 아니한 것이 현저하게 불합리한 자의적인 차별이라고 볼 수 없어 평등원칙에 위배되지 아니한다(헌재 2011.12.29, 2009헌마354).

③ [○] 범죄피해자구조청구권의 정의이다.

정답 ④

④ [○] 피해구조의 대상이 되는 범죄피해는 사람의 생명·신체를 해하는 범죄로 인한 피해이고 구조금지급의 대상자는 위 범죄피해자가 사망한 경우에는 유족, 장해 또는 중상해를 당한 경우에는 그 피해자이다.

① [×]

> **범죄피해자 보호법 제3조【정의】** ① 이 법에서 사용하는 용어의 뜻은 다음과 같다.
> 4. "구조대상 범죄피해"란 대한민국의 영역 안에서 또는 대한민국의 영역 밖에 있는 대한민국의 선박이나 항공기 안에서 행하여진 사람의 <u>생명 또는 신체를 해치는 죄</u>에 해당하는 행위(형법 제9조, 제10조 제1항, 제12조, 제22조 제1항에 따라 처벌되지 아니하는 행위를 포함하며, 같은 법 제20조 또는 제21조 제1항에 따라 처벌되지 아니하는 행위 및 과실에 의한 행위는 제외한다)로 인하여 사망하거나 장해 또는 중상해를 입은 것을 말한다.

② [×]

> **범죄피해자 보호법 제19조【구조금을 지급하지 아니할 수 있는 경우】** ① 범죄행위 당시 구조피해자와 가해자 사이에 다음 각 호의 어느 하나에 해당하는 친족관계가 있는 경우에는 구조금을 지급하지 아니한다.
> 1. 부부(<u>사실상의 혼인관계를 포함한다</u>)

③ [×] 구조금을 받을 권리는 양도하거나 담보로 제공하거나 압류할 수 없다(범죄피해자 보호법 제32조).

정답 ①

① [×] 외국인은 해당 국가의 상호보증이 있는 경우에 한하여 주체가 될 수 있다(범죄피해자보호법 제23조).

② [○]

> **범죄피해자 보호법 제31조【소멸시효】** 구조금을 받을 권리는 그 구조결정이 해당 신청인에게 송달된 날부터 2년간 행사하지 아니하면 시효로 인하여 소멸된다.

③ [○]

> **범죄피해자 보호법 제16조【구조금의 지급요건】** 국가는 구조대상 범죄피해를 받은 사람이 다음 각 호의 어느 하나에 해당하면 구조피해자 또는 그 유족에게 범죄피해구조금을 지급한다.
> 2. 자기 또는 타인의 형사사건의 수사 또는 재판에서 고소·고발 등 수사단서를 제공하거나 진술, 증언 또는 자료제출을 하다가 구조피해자가 된 경우

④ [○] 국가의 주권이 미치지 못하고 국가의 경찰력 등을 행사할 수 없거나 행사하기 어려운 해외에서 발생한 범죄에 대하여는 국가에 그 방지책임이 있다고 보기 어렵고, 상호보증이 있는 외국에서 발생한 범죄피해에 대하여는 국민이 그 외국에서 피해구조를 받을 수 있으며, 국가의 재정에 기반을 두고 있는 구조금에 대한 청구권 행사대상을 우선적으로 대한

민국의 영역 안의 범죄피해에 한정하고, 향후 해외에서 발생한 범죄피해의 경우에도 구조를 하는 방향으로 운영하는 것은 입법형성의 재량의 범위 내라고 할 것이다. 따라서 범죄피해자구조청구권의 대상이 되는 범죄피해에 해외에서 발생한 범죄피해의 경우를 포함하고 있지 아니한 것이 현저하게 불합리한 자의적인 차별이라고 볼 수 없어 평등원칙에 위배되지 아니한다(헌재 2011.12.29, 2009헌마354).

441
정답 ③

③ [×]

> **범죄피해자 보호법 제31조【소멸시효】** 구조금을 받을 권리는 그 구조결정이 해당 신청인에게 송달된 날부터 2년간 행사하지 아니하면 시효로 인하여 소멸된다.

① [O]

> **범죄피해자 보호법 제3조【정의】** ① 이 법에서 사용하는 용어의 뜻은 다음과 같다.
> 4. "구조대상 범죄피해"란 대한민국의 영역 안에서 또는 대한민국의 영역 밖에 있는 대한민국의 선박이나 항공기 안에서 행하여진 사람의 생명 또는 신체를 해치는 죄에 해당하는 행위(형법 제9조, 제10조 제1항, 제12조, 제22조 제1항에 따라 처벌되지 아니하는 행위를 포함하며, 같은 법 제20조 또는 제21조 제1항에 따라 처벌되지 아니하는 행위 및 과실에 의한 행위는 제외한다)로 인하여 사망하거나 장해 또는 중상해를 입은 것을 말한다.

② [O]

> **범죄피해자 보호법 제16조【구조금의 지급요건】** 국가는 구조대상 범죄피해를 받은 사람(이하 "구조피해자"라 한다)이 다음 각 호의 어느 하나에 해당하면 구조피해자 또는 그 유족에게 범죄피해 구조금(이하 "구조금"이라 한다)을 지급한다.
> 2. 자기 또는 타인의 형사사건의 수사 또는 재판에서 고소·고발 등 수사단서를 제공하거나 진술, 증언 또는 자료제출을 하다가 구조피해자가 된 경우

④ [O] 헌재 2011.12.29, 2009헌마354

제7장 사회적 기본권

442
정답 ④

④ [×] 입법자가 이 사건 시행령조항을 제정함에 있어 '대학원에 재학 중인 사람'과 '부모에게 버림받아 부모를 알 수 없는 사람'을 조건 부과 유예의 대상자에 포함시키지 않았다고 하더라도, 그러한 사정만으로 국가가 청구인의 인간다운 생활을 보장하기 위한 조치를 취함에 있어서 국가가 실현해야 할 객관적 내용의 최소한도의 보장에도 이르지 못하였다거나 헌법상 용인될 수 있는 재량의 범위를 명백히 일탈하였다고는 보기는 어렵다(헌재 2017.11.30, 2016헌마448).

① [O] 심판대상조항이 배우자의 재혼을 유족연금수급권 상실 사유로 규정한 것은 배우자가 재혼을 통하여 새로운 부양관계를 형성함으로써 재혼 상대방 배우자를 통한 사적 부양이 가능해짐에 따라 더 이상 사망한 공무원의 유족으로서의 보호의 필요성이나 중요성을 인정하기 어렵다고 보았기 때문이다. 이는 한정된 재원의 범위 내에서 부양의 필요성과 중요성 등을 고려하여 유족들을 보다 효과적으로 보호하기 위한 것이므로, 입법재량의 한계를 벗어나 재혼한 배우자의 인간다운 생활을 할 권리와 재산권을 침해하였다고 볼 수 없다(헌재 2022.8.31. 2019헌가31).

② [O] 심판대상조항에서 연금보험료를 낸 기간이, 연금보험료를 낸 기간과 연금보험료를 내지 아니한 기간을 합산한 기간의 3분의 2보다 짧은 경우 유족연금의 지급을 제한한 것이 입법형성의 한계를 벗어나 청구인의 인간다운 생활을 할 권리 및 재산권을 침해한다고 볼 수 없다(헌재 2020.5.27, 2018헌바129).

▶ 위 사건은 평등권 침해도 아니었다.

③ [O] '시설 급여비용의 구체적인 산정방법 및 항목 등에 관하여 필요한 사항'을 반드시 법률에서 직접 정해야 한다고 보기는 어렵고, 이를 보건복지부령에 위임하였다고 하여 그 자체로 법률유보원칙에 반한다고 볼 수는 없다(헌재 2021.8.31, 2019헌바73).

③ [×] ④ [○] 국가가 행하는 생계보호의 수준이 그 재량의 범위를 명백히 일탈하였는지의 여부, 즉 인간다운 생활을 보장하기 위한 객관적 내용의 최소한을 보장하고 있는지의 여부는 생활보호법에 의한 생계보호급여만을 가지고 판단하여서는 아니되고 그 외의 법령에 의거하여 국가가 생계보호를 위하여 지급하는 각종 급여나 각종 부담의 감면 등을 총괄한 수준을 가지고 판단하여야 하는바, 1994년도를 기준으로 생활보호대상자에 대한 생계보호급여와 그 밖의 각종 급여 및 각종 부담감면의 액수를 고려할 때, 이 사건 생계보호기준이 청구인들의 인간다운 생활을 보장하기 위하여 국가가 실현해야 할 객관적 내용의 최소한도의 보장에도 이르지 못하였다거나 헌법상 용인될 수 있는 재량의 범위를 명백히 일탈하였다고는 보기 어렵고, 따라서 비록 위와 같은 생계보호의 수준이 일반 최저생계비에 못 미친다고 하더라도 그 사실만으로 곧 그것이 헌법에 위반된다거나 청구인들의 행복추구권이나 인간다운 생활을 할 권리를 침해한 것이라고는 볼 수 없다(헌재 1997.5.29, 94헌마33).

① [○] 장애인의 복지를 향상해야 할 국가의 의무가 다른 다양한 국가과제에 대하여 최우선적인 배려를 요청할 수 없을 뿐 아니라, 나아가 헌법의 규범으로부터는 '장애인을 위한 저상버스의 도입'과 같은 구체적인 국가의 행위의무를 도출할 수 없는 것이다. 국가에게 헌법 제34조에 의하여 장애인의 복지를 위하여 노력을 해야 할 의무가 있다는 것은, 장애인도 인간다운 생활을 누릴 수 있는 정의로운 사회질서를 형성해야 할 국가의 일반적인 의무를 뜻하는 것이지, 장애인을 위하여 저상버스를 도입해야 한다는 구체적 내용의 의무가 헌법으로부터 나오는 것은 아니다(헌재 2002.12.18, 2002헌마52).

② [○] 형의 집행 및 수용자의 처우에 관한 법률에 의한 교도소·구치소에 수용 중인 자는 당해 법률에 의하여 생계유지의 보호를 받고 있으므로, 국민기초생활 보장법의 보충급여의 원칙에 따라 중복적인 보장을 피하기 위하여 위 수용자를 기초생활보장제도의 보장단위인 개별가구에서 제외키로 한 입법자의 판단이 헌법상 용인될 수 있는 재량의 범위를 일탈하여 수용자의 인간다운 생활을 할 권리를 침해하지 아니한다(헌재 2011.3.31, 2009헌마617 등).

③ [×] 유족급여수급권은 공무원의 사망이라는 위험에 대비하여 그 유족의 생활안정과 복지향상을 도모하기 위한 사회보장적 급여의 성격을 가지므로 입법자는 구체적인 내용을 형성함에 있어서 국가의 재정능력과 전반적인 사회보장수준, 국민 전체의 소득 및 생활수준, 그 밖의 여러 가지 사회적·경제적 여건 등을 종합하여 합리적인 수준에서 결정할 수 있는 광범위한 형성의 자유를 가진다. 따라서 입법자가 연령과 장애 상태를 독자적 생계유지가능성의 판단기준으로 삼아 대통령령이 정하는 정도의 장애 상태에 있지 아니한 19세 이상의 자녀를 유족의 범위에서 제외하였음을 들어 유족급여수급권의 본질적 내용을 침해하였다거나 입법형성권의 범위를 벗어났다고 보기 어렵다. 또한 공무원연금제도

와 민법상 상속제도는 그 헌법적 기초와 제도적 취지를 달리하는 것이므로, 유족급여의 수급요건, 수급권자의 범위를 민법상 상속제도와 다르게 형성하였다고 하여 합리적인 입법재량의 범위를 벗어났다고 볼 수도 없다(헌재 2019.11.28, 2018헌바335).

① [○] 이 사건 시행령 조항은 조건 부과 유예 대상자로 '대학원에 재학 중인 사람'과 '부모에게 버림받아 부모를 알 수 없는 사람'을 규정하고 있지 않다. 그런데 국민기초생활 보장법은 조건 부과 유예 대상자에 해당하지 않는다고 하더라도, 수급자의 개인적 사정을 고려하여 근로조건의 제시를 유예할 수 있는 제도를 별도로 두고 있으므로, '대학원에 재학 중인 사람' 또는 '부모에게 버림받아 부모를 알 수 없는 사람'이 조건 제시 유예사유에 해당하면 자활사업 참여 없이 생계급여를 받을 수 있다. 여기에, 고등교육법과 '법학전문대학원 설치·운영에 관한 법률'이 장학금제도를 규정하고 있는 점, 생계급여제도 이외에도 의료급여와 같은 각종 급여제도 등을 통하여서도 인간의 존엄에 상응하는 생활에 필요한 '최소한의 물질적인 생활'을 유지하는 데 도움을 받을 수 있는 점 등을 종합하여 보면, 이 사건 시행령 조항은 청구인의 인간다운 생활을 할 권리도 침해하지 않는다(헌재 2017.11.30, 2016헌마448).

② [○] 지뢰피해자 및 그 유족에 대한 위로금 산정시 사망 또는 상이를 입을 당시의 월평균임금을 기준으로 위로금을 산정하도록 한 것은 한정된 국가재정하에서 위로금의 취지, 국가배상청구권의 소멸시효 제도와의 균형점 모색, '지뢰피해자 지원에 관한 특별법 시행 전 이미 국가배상을 받은 피해자 및 그 유족과의 형평성 등을 고려한 것이다. 다만 사망 또는 상이 당시의 월평균임금을 기준으로 위로금을 산정함으로 인하여 피해시기에 따라 위로금 액수에 현격한 차이가 나는 문제를 보완하기 위해 입법자는 지뢰피해자법 제정 당시 고려한 국가재정부담 정도를 현저히 초과하지 아니하는 범위 내에서 2천만 원을 조정상한금액으로 정하여 위로금 격차 해소를 위한 보완책을 마련하였다. 따라서 심판대상조항이 인간다운 생활을 할 권리를 침해한다고 볼 수 없다[헌재 2019.12.27, 2018헌바236·294, 2019헌바392(병합)].

④ [○] 헌법 제34조의 인간다운 생활을 할 권리나 국가의 사회보장·사회복지 증진의무 등의 성질에 비추어 볼 때 국가가 어떠한 내용의 산업재해보상보험제도를 어떠한 범위에서, 어떠한 방법으로 시행할 것인지는 입법자의 재량영역에 속하는 문제라 할 것이고, 근로자에게 인정되는 보험수급권도 그와 같은 입법재량권의 행사에 따라 제정되는 산업재해보상보험법에 의하여 비로소 구체화되는 법률상의 권리라고 볼 것인바, 그렇다면 처음부터 적용제외사업에 종사함으로써 위 법 소정의 수급자격을 갖추지 못한 근로자로서는 헌법상의 인간다운 생활을 할 권리나 산업재해보상보험법에 기한 권리를 내세워 국가에 대하여 적용대상사업 확정과 관련한 적극적 행위를 요구할 지위에 있다고 볼 수 없으므로, 이 사건 법률조항은 헌법 제34조에 위반되지 않는다(헌재 2003.7.24, 2002헌바51).

445   정답 ②

② [×] 공무원연금법상의 연금수급권은 재산권과 사회보장수급권의 성격이 혼재되어 있다고 보면서 연금수급권의 구체적인 내용을 정함에 있어서 어느 한쪽의 요소에 보다 중점을 둘 수 있다고 할 수 있고, 일차적으로 입법자의 재량에 맡겨져 있다고 본다(헌재 2009.5.28, 2008헌바107 참조).

① [○]

> **헌법 제34조** ⑥ 국가는 재해를 예방하고 그 위험으로부터 국민을 보호하기 위하여 노력하여야 한다.

③ [○] 국가가 인간다운 생활을 보장하기 위한 헌법적 의무를 다하였는지의 여부가 사법적 심사의 대상이 된 경우에는, 국가가 생계보호에 관한 입법을 전혀 하지 아니하였다든가 그 내용이 현저히 불합리하여 헌법상 용인될 수 있는 재량의 범위를 명백히 일탈한 경우에 한하여 헌법에 위반된다고 할 수 있다(헌재 1997.5.29, 94헌마33).

④ [○] 헌재 2002.12.18, 2002헌마52

446   정답 ④

④ [×] 급여에 필요한 재원은 한정되어 있고, 인구의 노령화 등으로 급여대상자는 점점 증가하고 있어 급여수준은 국민연금재정의 장기적인 균형이 유지되도록 조정되어야 할 필요가 있으므로 한 사람의 수급권자에게 여러 종류의 연금의 수급권이 발생한 경우 그 연금을 모두 지급하는 것보다는 일정한 범위에서 그 지급을 제한하여야 할 필요성이 있고 국민연금의 급여수준은 수급권자가 최저생활을 유지하는데 필요한 금액을 기준으로 결정해야 할 것이지 납입한 연금보험료의 금액을 기준으로 결정하거나 여러 종류의 수급권이 발생하였다고 하여 반드시 중복하여 지급해야 할 것은 아니므로, 이 사건 법률조항이 수급권자에게 2 이상의 급여의 수급권이 발생한 때 그 자의 선택에 의하여 그중의 하나만을 지급하고 다른 급여의 지급을 정지하도록 한 것은 공공복리를 위하여 필요하고 적정한 방법으로서 헌법 제37조 제2항의 기본권 제한의 입법적 한계를 일탈한 것으로 볼 수 없고, 또 합리적인 이유가 있으므로 평등권을 침해한 것도 아니다(헌재 2000.6.1, 97헌마190).

① [○] 공무원연금법상 퇴직연금의 수급자가 사립학교교직원 연금법 제3조의 학교기관으로부터 보수 기타 급여를 지급받는 경우 퇴직연금의 지급을 정지하도록 한 공무원연금법 제47조 제1호 규정이 기본권 제한의 입법한계를 일탈하여 헌법에 위반되지 않는다(헌재 2000.6.29, 98헌바106).

② [○] 국민건강보험법 제63조 제2항이 휴직자도 직장가입자의 자격을 유지함을 전제로 기존의 보험료 부담을 그대로 지우고 있는 것은 일시적·잠정적 근로관계의 중단에 불과한 휴직제도의 본질, 휴직자에 대한 보험급여의 필요성, 별도의 직장가입자인 배우자 등이 있는 휴직자와 그렇지 않은 휴직자간의 형평성, 보험공단의 재정부담 등 여러 가지 사정을 고려한 것으로서, 입법형성의 범위 내에서 합리적으로 결정한 것이라 볼 수 있으므로 사회국가원리에 어긋난다거나 휴직자의 사회적 기본권 내지 평등권 등을 침해한다고 볼 수 없다(헌재 2003.6.26, 2001헌마699).

③ [○] 헌재 2000.6.29, 99헌마289

447   정답 ④

④ [○] 헌재 2015.3.26, 2012헌바357

① [×] 이 사건 조항이 학교, 교육방송 및 다른 사교육에 대하여는 교습시간을 제한하지 않으면서 학원 및 교습소의 교습시간만 제한하였다고 하여도 공교육의 주체인 학교 및 공영방송인 한국교육방송공사가 사교육 주체인 학원과 동일한 지위에 있다고 보기 어렵고, 다른 사교육인 개인과외교습이나 인터넷 통신 강좌에 의한 심야교습이 초래하게 될 사회적 영향력이나 문제점이 학원에 의한 심야교습보다 적으므로 학원 및 교습소의 교습시간만 제한하였다고 하여 이를 두고 합리적 이유 없는 차별이라고 보기는 어려운바, 이 사건 조항이 학원 운영자 등의 평등권을 침해하였다고 보기는 어렵다(헌재 2009.10.29, 2008헌마635).

② [×] 이 사건 법률조항이 정하고 있는 '1세대'를 기준으로 하여 3주택 이상 보유자에 대해 중과세하는 방법은 보유 주택수를 억제하여 주거생활의 안정을 꾀하고자 하는 이 사건 법률조항의 입법목적을 위하여 일응 합리적인 방법이라 할 수 있다. 그러나 혼인으로 새로이 1세대를 이루는 자를 위하여 상당한 기간 내에 보유 주택수를 줄일 수 있도록 하고 그러한 경과규정이 정하는 기간 내에 양도하는 주택에 대해서는 혼인 전의 보유 주택수에 따라 양도소득세를 정하는 등의 완화규정을 두는 것과 같은 손쉬운 방법이 있음에도 이러한 완화규정을 두지 아니한 것은 최소침해성원칙에 위배된다고 할 것이고, 이 사건 법률조항으로 인하여 침해되는 것은 헌법이 강도 높게 보호하고자 하는 헌법 제36조 제1항에 근거하는 혼인에 따른 차별금지 또는 혼인의 자유라는 헌법적 가치라 할 것이므로 이 사건 법률조항이 달성하고자 하는 공익과 침해되는 사익 사이에 적절한 균형관계를 인정할 수 없어 법익균형성원칙에도 반한다. 결국 이 사건 법률조항은 과잉금지원칙에 반하여 헌법 제36조 제1항이 정하고 있는 혼인에 따른 차별금지원칙에 위배되고, 혼인의 자유를 침해한다(헌재 2011.11.24, 2009헌바146).

③ [×] '사립학교교직원 연금법'상 퇴직급여 및 퇴직수당을 받을 권리는 사회적 기본권의 하나인 사회보장수급권인 동시에 경제적 가치가 있는 권리로서 헌법 제23조에 의하여 보장되는 재산권이다(헌재 2013.9.26, 2013헌바170).

448   정답 ③

③ [×] 중학교 의무교육을 일시에 전면실시하는 대신 단계적으로 확대실시하도록 한 것은 주로 전면실시에 따르는 국가의 재정적 부담을 고려한 것으로 실질적 평등의 원칙에 부합된다(헌재 1991.2.11, 90헌가27).

① [○] 인간다운 생활을 할 권리로부터 인간의 존엄에 상응하는 "최소한의 물질적인 생활"의 유지에 필요한 급부를 요구할 수 있는 구체적인 권리가 상황에 따라서는 직접 도출될 수 있다고 할 수는 있어도, 동 기본권이 직접 그 이상의 급부를 내용으로 하는 구체적인 권리를 발생케 한다고는 볼 수 없다고 할 것이다. 이러한 구체적 권리는 국가가 재정형편 등 여러 가지 상황들을 종합적으로 감안하여 법률을 통하여 구체화할 때에 비로소 인정되는 법률적 차원의 권리라고 할 것이다(헌재 1998.2.27, 97헌가10).

② [O] 의무교육의 무상원칙을 규정한 헌법 제31조 제3항은 초등교육에 관하여는 직접적인 효력규정으로서 개인이 국가에 대하여 입학금·수업료 등을 면제받을 수 있는 헌법상의 권리라고 볼 수 있다(헌재 1991.2.11, 90헌가27).

④ [O] 해고예고제도는 근로조건의 핵심적 부분인 해고와 관련된 사항일 뿐만 아니라, 근로자가 갑자기 직장을 잃어 생활이 곤란해지는 것을 막는 데 목적이 있으므로 근로자의 인간 존엄성을 보장하기 위한 최소한의 근로조건으로서 근로의 권리의 내용에 포함된다. 해고예고제도의 입법 취지와 근로기준법 제26조 단서에서 규정하고 있는 해고예고 적용배제사유를 종합하여 보면, 원칙적으로 해고예고 적용배제사유로 허용될 수 있는 경우는 근로계약의 성질상 근로관계 계속에 대한 근로자의 기대가능성이 적은 경우로 한정되어야 한다. "월급근로자로서 6월이 되지 못한 자"는 대체로 기간의 정함이 없는 근로계약을 한 자들로서 근로관계의 계속성에 대한 기대가 크다고 할 것이므로, 이들에 대한 해고 역시 예기치 못한 돌발적 해고에 해당한다. 따라서 6개월 미만 근무한 월급근로자 또한 전직을 위한 시간적 여유를 갖거나 실직으로 인한 경제적 곤란으로부터 보호받아야 할 필요성이 있다. 그럼에도 불구하고 합리적 이유 없이 "월급근로자로서 6개월이 되지 못한 자"를 해고예고제도의 적용대상에서 제외한 이 사건 법률조항은 근무기간이 6개월 미만인 월급근로자의 근로의 권리를 침해하고, 평등원칙에도 위배된다(헌재 2015.12.23, 2014헌바3).

449 정답 ①

① [×] 근로자가 사업주의 지배관리 아래 출퇴근하던 중 발생한 사고로 부상 등이 발생한 경우만 업무상 재해로 인정하는 '산업재해보상보험법 제37조 제1항 제1호 다목'이 평등원칙에 위배된다(헌재 2016.9.29, 2014헌바254).

② [O] 공무원연금법상 퇴직연금의 수급자가 사립학교교직원 연금법 제3조의 학교기관으로부터 보수 기타 급여를 지급받는 경우 퇴직연금의 지급을 정지하도록 한 공무원연금법 제47조 제1호 규정이 기본권 제한의 입법한계를 일탈하여 헌법에 위반되지 않는다(헌재 2000.6.29, 98헌바106).

③ [O] 헌법상 보장되고 있는 학문의 자유 또는 교육을 받을 권리의 규정에서 교사의 수업권이 파생되는 것으로 해석하여 기본권에 준하는 것으로 간주하더라도 수업권을 내세워 수학권을 침해할 수는 없다(헌재 1992.11.12, 89헌마88).

④ [O] 그런데 모든 국민은 인간다운 생활을 할 권리를 가지며 국가는 생활능력 없는 국민을 보호할 의무가 있다는 헌법의 규정은 모든 국가기관을 기속하지만, 그 기속의 의미는 적극적·형성적 활동을 하는 입법부 또는 행정부의 경우와 헌법재판에 의한 사법적 통제기능을 하는 헌법재판소에 있어서 동일하지 아니하다(헌재 1997.5.29, 94헌마33).

450 정답 ④

④ [×] 국가가 인간다운 생활을 보장하기 위한 헌법적인 의무를 다하였는지의 여부가 사법적 심사의 대상이 된 경우에는, 국가가 생계보호에 관한 입법을 전혀 하지 아니하였다든가 그 내용이 현저히 불합리하여 헌법상 용인될 수 있는 재량의 범위를 명백히 일탈한 경우에 한하여 헌법에 위반된다고 할 수 있다(헌재 1997.5.29, 94헌마33).

① [O] 모든 국민은 인간다운 생활을 할 권리를 가지며 국가는 생활능력 없는 국민을 보호할 의무가 있다는 헌법의 규정은 입법부와 행정부에 대하여는 국민소득, 국가의 재정능력과 정책 등을 고려하여 가능한 범위 안에서 최대한으로 모든 국민이 물질적인 최저생활을 넘어서 인간의 존엄성에 맞는 건강하고 문화적인 생활을 누릴 수 있도록 하여야 한다는 행위의 지침 즉 행위규범으로서 작용하지만, 헌법재판에 있어서는 다른 국가기관 즉 입법부나 행정부가 국민으로 하여금 인간다운 생활을 영위하도록 하기 위하여 객관적으로 필요한 최소한의 조치를 취할 의무를 다하였는지의 여부를 기준으로 국가기관의 행위의 합헌성을 심사하여야 한다는 통제규범으로 작용하는 것이다(헌재 1997.5.29, 94헌마33).

② [O] 국가는 사회적 기본권에 의하여 제시된 국가의 의무와 과제를 언제나 국가의 현실적인 재정·경제능력의 범위 내에서 다른 국가과제와의 조화와 우선순위결정을 통하여 이행할 수밖에 없다. 그러므로 사회적 기본권은 입법과정이나 정책결정과정에서 사회적 기본권에 규정된 국가목표의 무조건적인 최우선적 배려가 아니라 단지 적절한 고려를 요청하는 것이다(헌재 2002.12.18, 2002헌마52).

③ [O] 사회적 기본권의 성격을 가지는 연금수급권은 국가에 대하여 적극적으로 급부를 요구하는 것이므로 헌법규정만으로는 이를 실현할 수 없고, 법률에 의한 형성을 필요로 한다(헌재 1999.4.29, 97헌마333).

451 정답 ④

④ [×] 국민연금의 급여수준은 수급권자가 최저생활을 유지하는데 필요한 금액을 기준으로 결정해야 할 것이지 납입한 연금보험료의 금액을 기준으로 결정하거나 여러 종류의 수급권이 발생하였다고 하여 반드시 중복하여 지급해야 할 것은 아니다(헌재 2000.6.1, 97헌마190).

① [O] 사회보장수급권은 사회적 기본권으로서 헌법 제34조 제1항, 제2항에 의하여 보장된다. 사회보장수급권은 국가에게 적극적으로 급부를 요구할 수 있는 권리를 주된 내용으로 하기 때문에, 국가가 '인간다운 생활을 할 권리'를 보장하기 위하여 사회보장수급권에 관한 입법을 할 경우에는 국가의 재정부담 능력, 전체적인 사회보장수준과 국민감정 등 다양한 요소를 함께 고려해야 한다. 따라서 이는 입법부 또는 입법에 의하여 다시 위임을 받은 행정부 등 해당기관의 광범위한 재량에 맡겨져 있다고 보아야 한다. 그러므로 국가가 인간다운 생활을 보장하기 위한 헌법적 의무를 다하였는지의 여부가 사법적 심사의 대상이 된 경우에는, 국가가 최저생활보장에 관한 입법을 전혀 하지 아니하였다든지, 그 내용이 현저히 불합리하여 헌법상 용인될 수 있는 재량의 범위를 명백히 일탈한 경우에 한하여 헌법에 위반된다고 보아야 한다(헌재 2019.9.26, 2017헌마632).

② [O] 국가가 인간다운 생활을 보장하기 위한 헌법적인 의무를 다하였는지의 여부가 사법적 심사의 대상이 된 경우에는, 국가가 생계보호에 관한 입법을 전혀 하지 아니하였다든가 그 내용이 현저히 불합리하여 헌법상 용인될 수 있는 재량의 범위를 명백히 일탈한 경우에 한하여 헌법에 위반된다고 할 수 있다(헌재 1997.5.29, 94헌마33).

③ [O] 헌재 2002.12.18, 2002헌마52

452
정답 ③

③ [O] 교사의 수업권은 전술과 같이 교사의 지위에서 생겨나는 직권인데, 그것이 헌법상 보장되는 기본권이라고 할 수 있느냐에 대하여서는 이를 부정적으로 보는 견해가 많으며, 설사 헌법상 보장되고 있는 학문의 자유 또는 교육을 받을 권리의 규정에서 교사의 수업권이 파생되는 것으로 해석하여 기본권에 준하는 것으로 간주하더라도 수업권을 내세워 수학권을 침해할 수는 없으며 국민의 수학권의 보장을 위하여 교사의 수업권은 일정범위 내에서 제약을 받을 수밖에 없는 것이다(헌재 1992.11.12, 89헌마88).

① [×] 일반적으로 학부모가 미성년자인 학생의 교육과정에 참여할 당위성은 부정할 수 없으므로, 입법자가 학부모의 집단적인 교육참여권을 법률로써 인정하는 것은 헌법상 당연히 허용된다. 또 교사의 교육권(수업권) 역시 법적으로 보장되어야 할 권리이며, 지역주민의 학교운영위원회 참여제도는 주민자치라는 민주주의 원리와 관계되며 학교의 운영에 지역사회의 특성과 요구를 반영할 수 있다는 장점이 있다. 그렇다면 사립학교에도 국·공립학교처럼 의무적으로 운영위원회를 두도록 할 것인지 여부는 입법자의 정책문제에 속하고, 그 재량의 한계를 현저하게 벗어나지 않는 한 헌법위반으로 단정할 것은 아니다(헌재 2001.11.29, 2000헌마278).

② [×] 이 사건 조항이 학교, 교육방송 및 다른 사교육에 대하여는 교습시간을 제한하지 않으면서 학원 및 교습소의 교습시간만 제한하였다고 하여도 공교육의 주체인 학교 및 공영방송인 한국교육방송공사가 사교육 주체인 학원과 동일한 지위에 있다고 보기 어렵고, 다른 사교육인 개인과외교습이나 인터넷 통신 강좌에 의한 심야교습이 초래하게 될 사회적 영향력이나 문제점이 학원에 의한 심야교습보다 적으므로 학원 및 교습소의 교습시간만 제한하였다고 하여 이를 두고 합리적 이유 없는 차별이라고 보기는 어려운바, 이 사건 조항이 학원 운영자 등의 평등권을 침해하였다고 보기는 어렵다(헌재 2009.10.29, 2008헌마635).

④ [×] 교육을 받을 권리는 실정법상의 권리이므로 국민에게만 보장되고 외국인에게는 보장되지 아니한다.

453
정답 ④

④ [O] 저소득학생 특별전형과 달리 농어촌학생 특별전형은 학생부종합전형으로 실시된다. 저소득학생 특별전형과 농어촌학생 특별전형은 그 목적, 지원자들 특성 등이 동일하지 아니하므로, 전형방법을 반드시 동일하게 정해야 한다고 볼 수 없다. 수능 성적으로 학생을 선발하는 전형방법이 사회통념적 가치기준에 적합한 합리적인 방법인 이상, 대입제도 공정성을 강화하기 위해 수능위주전형 비율을 높이면서 농어촌학생 특별전형과 달리 저소득학생 특별전형에서는 모집인원 전체를 수능위주전형으로 선발한다고 하더라도, 이것이 저소득학생의 응시기회를 불합리하게 박탈하는 것이라고 보기는 어렵다. 결국 이 사건 입시계획은 청구인의 균등하게 교육을 받을 권리를 침해하지 않는다(헌재 2022.9.29, 2021헌마929).

① [×] 검정고시 응시자격을 제한하는 것은, 국민의 교육받을 권리 중 그 의사와 능력에 따라 균등하게 교육받을 것을 국가로부터 방해받지 않을 권리, 즉 자유권적 기본권을 제한하는 것이므로, 그 제한에 대하여는 헌법 제37조 제2항의 비례원칙에 의한 심사, 즉 과잉금지원칙에 따른 심사를 받아야 할 것이다(헌재 2012.5.31. 2010헌마139).

② [×] 고시 공고일을 기준으로 고등학교에서 퇴학된 날로부터 6월이 지나지 아니한 자를 고등학교 졸업학력 검정고시를 받을 수 있는 자의 범위에서 제외하고 있는 고등학교 졸업학력 검정고시 규칙 제10조 제1항은 교육을 받을 권리를 침해하지 않는다(헌재 2008.4.24. 2007헌마1456).

③ [×] 국가가 일반고의 경쟁력을 강화시키는 정책을 시행함과 동시에 자사고를 후기학교로 정한 것은 국가의 공적인 학교제도를 보장하여야 할 책무에 의거하여 학교제도를 형성할 수 있는 광범위한 재량 권한의 범위 내에 있는 것이다(헌재 2019.4.11. 2018헌마221).

454
정답 ②

② [×] 의무교육의 무상성에 관한 헌법상 규정은 교육을 받을 권리를 보다 실효성 있게 보장하기 위해 의무교육 비용을 학령아동 보호자의 부담으로부터 공동체 전체의 부담으로 이전하라는 명령일 뿐 의무교육의 모든 비용을 조세로 해결해야 함을 의미하는 것은 아니므로, 학교용지부담금의 부과대상을 수분양자가 아닌 개발사업자로 정하고 있는 이 사건 법률조항은 의무교육의 무상원칙에 위배되지 아니한다(헌재 2008.9.25, 2007헌가1).

① [O] 수능시험을 준비하면서 무엇을 어떻게 공부하여야 할지에 관하여 스스로 결정할 자유가 심판대상계획에 따라 제한된다. 이는 자신의 교육에 관하여 스스로 결정할 권리, 즉 교육을 통한 자유로운 인격발현권을 제한받는 것으로 볼 수 있다. 한편, 청구인들은 심판대상계획으로 인해 교육을 받을 권리가 침해된다고 주장하지만, 심판대상계획이 헌법 제31조 제1항의 능력에 따라 균등하게 교육을 받을 권리를 직접 제한한다고 보기는 어렵다(헌재 2018.2.22, 2017헌마691).

③ [O] 교육을 받을 권리의 내용과 관련하여 헌법재판소는 자신의 교육환경을 최상 혹은 최적으로 만들기 위해 타인의 교육시설 참여 기회를 제한할 것을 청구할 수 있는 것은 교육을 받을 권리의 내용이 아니고 자신이 이수한 교육과정을 유사한 다른 교육과정을 이수한 것과 동등하게 평가해 줄 것을 요구할 수 있음을 뜻하는 것도 아니며, 실질적인 평등교육을 실현해야 할 국가의 적극적인 의무가 인정된다고 하

여 이로부터 국민이 직접 실질적 평등교육을 위한 교육비를 청구할 권리가 도출된다고 볼 수 없고, 국가 및 지방자치단체가 사립유치원에 대하여 교사 인건비, 운영비 및 영양사 인건비를 예산으로 지원하여야 할 구체적인 작위의무가 헌법해석상 바로 도출된다고 볼 수 없다고 판시하였다(헌재 2008.9.25, 2008헌마456).

④ [O] 헌법 제31조 제1항은 "모든 국민은 능력에 따라 균등하게 교육을 받을 권리를 가진다"고 규정하여 국민의 교육을 받을 권리를 보장하고 있다. '교육을 받을 권리'란, 모든 국민에게 저마다의 능력에 따른 교육이 가능하도록 그에 필요한 설비와 제도를 마련해야 할 국가의 과제와 아울러 이를 넘어 사회적·경제적 약자도 능력에 따른 실질적 평등교육을 받을 수 있도록 적극적인 정책을 실현해야 할 국가의 의무를 뜻한다(헌재 2000.4.27, 98헌가16 등).

대학을 졸업한 자'와 비교하여 보면 객관적인 과정인 졸업이라는 요건을 갖추지 못하였다. 또한, '4년제 대학에서 2년 이상 과정을 이수한 자'와 비교하여 보면, 고등교육법이 그 목적과 운영방법에서 전문대학과 대학을 구별하고 있는 이상, 전문대학 과정의 이수와 대학과정의 이수를 반드시 동일하다고 볼 수 없어, 3년제 전문대학의 2년 이상 과정을 이수한 자에게 편입학 자격을 부여하지 아니한 것이 현저하게 불합리한 자의적인 차별이라고 볼 수 없다. 나아가 평생교육을 포함한 교육시설의 입학자격에 관하여는 입법자에게 광범위한 형성의 자유가 있다고 할 것이어서, 3년제 전문대학의 2년 이상의 이수자에게 의무교육기관이 아닌 대학에의 일반 편입학을 허용하지 않는 것이 교육을 받을 권리나 평생교육을 받을 권리를 본질적으로 침해하지 않는다(헌재 2010.11.25, 2010헌마144).

455 정답 ③

③ [×] 학교폭력의 심각성, 피해학생 및 가해학생에게 미치는 영향 등을 고려해 볼 때, 학교폭력을 행사하거나 이에 가담한 가해학생에 대하여 수개의 조치를 병과하거나 장기간의 출석정지조치를 하는 근거조항인 이 사건 징계조치 조항으로 인해 가해학생이 받게 되는 학교에서 교육받을 학습권의 제한 정도가, 학생의 인권 보호 및 건전한 사회구성원 육성 등 이 사건 징계조치 조항으로 달성하고자 하는 공익에 비하여 크다고 할 수 없다. 따라서 이 사건 징계조치 조항은 법익의 균형성 원칙에 위반되지 아니한다. 이 사건 징계조치 조항은 학습의 자유를 침해하지 아니한다[헌재 2019.4.11, 2017헌바140·141(병합)].

① [O] 청구인 권○환, 허○민은 수능시험을 준비하는 사람들로서 심판대상계획에서 정한 출제 방향과 원칙에 영향을 받을 수밖에 없다. 따라서 수능시험을 준비하면서 무엇을 어떻게 공부하여야 할지에 관하여 스스로 결정할 자유가 심판대상계획에 따라 제한된다. 이는 자신의 교육에 관하여 스스로 결정할 권리, 즉 <u>교육을 통한 자유로운 인격발현권을 제한받는 것으로 볼 수 있다</u>. 한편, 청구인들은 심판대상계획으로 인해 교육을 받을 권리가 침해된다고 주장하지만, 심판대상계획이 헌법 제31조 제1항의 능력에 따라 <u>균등하게 교육을 받을 권리를 직접 제한한다고 보기는 어렵다</u>. 청구인들은 행복추구권도 침해된다고 주장하지만, 행복추구권에서 도출되는 자유로운 인격발현권 침해 여부에 대하여 판단하는 이상 행복추구권 침해 여부에 대해서는 다시 별도로 판단하지 않는다(헌재 2018.2.22, 2017헌마691).

② [O] 헌법 제22조 제1항이 보장하고 있는 학문의 자유와 헌법 제31조 제4항에서 보장하고 있는 대학의 자율성에 따라 대학이 학생의 선발 및 전형 등 대학입시제도를 자율적으로 마련할 수 있다 하더라도, 이러한 대학의 자율적 학생 선발권을 내세워 국민의 '균등하게 교육을 받을 권리'를 침해할 수 없으며, 이를 위해 대학의 자율권은 일정부분 제약을 받을 수 있다(헌재 2017.12.28, 2016헌마649).

④ [O] 이 사건 법률조항은 대학에 편입학하기 위하여는 전문대학을 졸업할 것을 요구하고 있어, '3년제 전문대학의 2년 이상 과정을 이수한 자'는 편입학을 할 수 없다. 우선 '3년제 전문대학의 2년 이상 과정을 이수한 자'를 '2년제 전문

456 정답 ④

④ [×] 헌법 제31조 제1항에서 말하는 '능력에 따라 균등하게 교육을 받을 권리'란 법률이 정하는 일정한 교육을 받을 전제조건으로서의 능력을 갖추었을 경우 차별 없이 균등하게 교육을 받을 기회가 보장된다는 것이지 일정한 능력, 예컨대 지능이나 수학능력 등이 있다고 하여 제한 없이 다른 사람과 차별하여 어떠한 내용과 종류와 기간의 교육을 받을 권리가 보장된다는 것은 아니다. 따라서 의무취학 시기를 만 6세가 된 다음 날 이후의 학년 초로 규정하고 있는 교육법 제96조 제1항은 의무교육제도 실시를 위해 불가피한 것이며 이와 같은 아동들에 대하여 만 6세가 되기 전에 앞당겨서 입학을 허용하지 않는다고 해서 헌법 제31조 제1항의 능력에 따라 균등하게 교육을 받을 권리를 본질적으로 침해한 것으로 볼 수 없다(헌재 1994.2.24, 93헌마192).

① [O] 의무취학 시기를 만 6세가 된 다음 날 이후의 학년 초로 규정하고 있는 교육법 제96조 제1항은 의무교육제도 실시를 위해 불가피한 것이며 이와 같은 아동들에 대하여 만 6세가 되기 전에 앞당겨서 입학을 허용하지 않는다고 해서 헌법 제31조 제1항의 능력에 따라 균등하게 교육을 받을 권리를 본질적으로 침해한 것으로 볼 수 없다(헌재 1994.2.24, 93헌마192).

② [O] 헌법은, 모든 국민은 그 보호하는 자녀에게 적어도 초등교육과 법률이 정하는 교육을 받게 할 의무를 지고(헌법 제31조 제2항), 의무교육은 무상으로 한다(헌법 제31조 제3항)고 규정하고 있다. 이러한 의무교육제도는 국민에 대하여 보호하는 자녀들을 취학시키도록 한다는 의무부과의 면보다는 국가에 대하여 인적·물적 교육시설을 정비하고 교육환경을 개선하여야 한다는 의무부과의 측면이 보다 더 중요한 의미를 갖는다. 의무교육에 필요한 학교시설은 국가의 일반적 과제이고, 학교용지는 의무교육을 시행하기 위한 물적 기반으로서 필수조건임은 말할 필요도 없으므로 이를 달성하기 위한 비용은 국가의 일반재정으로 충당하여야 한다. 따라서 적어도 의무교육에 관한 한 일반재정이 아닌 부담금과 같은 별도의 재정수단을 동원하여 특정한 집단으로부터 그 비용을 추가로 징수하여 충당하는 것은 의무교육의 무상성을 선언한 헌법에 반한다(헌재 2005.3.31, 2003헌가20).

③ [O]

> **교육기본법 제8조【의무교육】**① 의무교육은 6년의 초등교육과 3년의 중등교육으로 한다.

457
정답 ④

㉠ [O] 청구인 권○환, 허○민은 수능시험을 준비하는 사람들로서 심판대상계획에서 정한 출제 방향과 원칙에 영향을 받을 수밖에 없다. 따라서 수능시험을 준비하면서 무엇을 어떻게 공부하여야 할지에 관하여 스스로 결정할 자유가 심판대상계획에 따라 제한된다. 이는 자신의 교육에 관하여 스스로 결정할 권리, 즉 교육을 통한 자유로운 인격발현권을 제한받는 것으로 볼 수 있다. 한편, 청구인들은 심판대상계획으로 인해 교육을 받을 권리가 침해된다고 주장하지만, 심판대상계획이 헌법 제31조 제1항의 능력에 따라 균등하게 교육을 받을 권리를 직접 제한한다고 보기는 어렵다. 청구인들은 행복추구권도 침해된다고 주장하지만, 행복추구권에서 도출되는 자유로운 인격발현권 침해 여부에 대하여 판단하는 이상 행복추구권 침해 여부에 대해서는 다시 별도로 판단하지 않는다(헌재 2018.2.22, 2017헌마691).

㉡ [×] 헌법 제31조 제2항·제3항으로부터 직접 의무교육 경비를 중앙정부로서의 국가가 부담하여야 한다는 결론은 도출되지 않으며, 그렇다고 하여 의무교육의 성질상 중앙정부로서의 국가가 모든 비용을 부담하여야 하는 것도 아니므로, 지방교육자치에 관한 법률 제39조 제1항이 의무교육 경비에 대한 지방자치단체의 부담 가능성을 예정하고 있다는 점만으로는 헌법에 위반되지 않는다(헌재 2005.12.22, 2004헌라3).

㉢ [×] 중학생의 학부모들에게 급식관련 비용의 일부를 부담하도록 하고 있지만, 학부모에게 급식에 필요한 경비의 일부를 부담시키는 경우에 있어서도 학교급식 실시의 기본적 인프라가 되는 부분은 배제하고 있으며, 국가나 지방자치단체의 지원으로 학부모의 급식비 부담을 경감하는 조항이 마련되어 있고, 특히 저소득층 학생들을 위한 지원방안이 마련되어 있다는 점 등을 고려해 보면, 이 사건 법률조항들이 입법형성권의 범위를 넘어 헌법상 의무교육의 무상원칙에 반하는 것으로 보기는 어렵다(헌재 2012.4.24, 2010헌바164).

458
정답 ①

① [×] 사립학교에도 국·공립학교처럼 의무적으로 운영위원회를 두도록 할 것인지, 아니면 임의단체인 기존의 육성회 등으로 하여금 유사한 역할을 계속할 수 있게 하고 법률에서 규정된 운영위원회를 재량사항으로 하여 그 구성을 유도할 것인지의 여부는 입법자의 입법형성영역인 정책문제에 속하고, 그 재량의 한계를 현저하게 벗어나지 않는 한 헌법 위반으로 단정할 것은 아니다. 청구인이 위 조항으로 인하여 사립학교의 운영위원회에 참여하지 못하였다고 할지라도 그로 인하여 교육참여권이 침해되었다고 볼 수 없다(헌재 1999.3.25, 97헌마130).

② [O] 의무취학 시기를 만 6세가 된 다음 날 이후의 학년 초로 규정하고 있는 교육법 제96조 제1항은 의무교육제도 실시를 위해 불가피한 것이며 이와 같은 아동들에 대하여 만 6세가 되기 전에 앞당겨서 입학을 허용하지 않는다고 해서 헌법 제31조 제1항의 능력에 따라 균등하게 교육을 받을 권리를 본질적으로 침해한 것으로 볼 수 없다(헌재 1994.2.24, 93헌마192).

③ [O] 의무교육의 실시범위와 관련하여 의무교육의 무상원칙을 규정한 헌법 제31조 제3항은 초등교육에 관하여는 직접적인 효력규정으로서 개인이 국가에 대하여 입학금·수업료 등을 면제받을 수 있는 헌법상의 권리라고 볼 수 있다. 그러나 중등교육의 경우에는 초등교육과는 달리 헌법 제31조 제2항에서 직접 중학교교육 또는 고등학교교육 등 중등교육을 지칭하지 아니하고 단지 법률이 정하는 교육이라고 규정하였을 뿐이므로 무상의 의무교육 중 초등교육을 넘는 중학교교육 이상의 교육에 대하여는 국가의 재정형편 등을 고려하여 입법권자가 법률로 정한 경우에 한하여 인정될 수 있는 것이다. 따라서 무상의 중등교육을 받을 권리는 법률에서 중등교육을 의무교육으로서 시행하도록 규정하기 전에는 헌법상 권리로서 보장되는 것은 아니다(헌재 1991.2.11, 90헌가27).

④ [O] 학교교육에 있어서 교사의 가르치는 권리를 수업권이라고 한다면 그것은 자연법적으로는 학부모에게 속하는 자녀에 대한 교육권을 신탁받은 것이고, 실정법상으로는 공교육의 책임이 있는 국가의 위임에 의한 것이다(헌재 1992.11.12, 89헌마88).

459
정답 ④

④ [×] 헌법은 제31조 제1항에서 "능력에 따라 균등하게"라고 하여 교육영역에서 평등원칙을 구체화하고 있다. 헌법 제31조 제1항은 헌법 제11조의 일반적 평등조항에 대한 특별규정으로서 교육의 영역에서 평등원칙을 실현하고자 하는 것이다. 평등권으로서 교육을 받을 권리는 '취학의 기회균등', 즉 각자의 능력에 상응하는 교육을 받을 수 있도록 학교입학에 있어서 자의적 차별이 금지되어야 한다는 차별금지원칙을 의미한다. 헌법 제31조 제1항은 취학의 기회에 있어서 고려될 수 있는 차별기준으로 '능력'을 제시함으로써, 능력 이외의 다른 요소에 의한 차별을 원칙적으로 제한하고 있다. 여기서 '능력'이란 '수학능력'을 의미하고 교육제도에서 '수학능력'은 개인의 인격발현과 밀접한 관계에 있는 인격적 요소이며, 학교 입학에 있어서 고려될 수 있는 합리적인 차별기준을 의미한다(헌재 2017.12.28, 2016헌마649).

① [O] 헌법은 국가의 교육권한과 부모의 교육권의 범주 내에서 학생에게도 자신의 교육에 관하여 스스로 결정할 권리, 즉 자유롭게 교육을 받을 권리를 부여하고, 학생은 국가의 간섭을 받지 아니하고 자신의 능력과 개성, 적성에 맞는 학교를 자유롭게 선택할 권리를 가진다(헌재 2012.11.29, 2011헌마827).

② [O] 자녀의 양육과 교육에 있어서 부모의 교육권은 교육의 모든 영역에서 존중되어야 하며, 다만, 학교교육에 관한 한, 국가는 헌법 제31조에 의하여 부모의 교육권으로부터 원칙

적으로 독립된 독자적인 교육권한을 부여받음으로써 부모의 교육권과 함께 자녀의 교육을 담당하지만, 학교 밖의 교육영역에서는 원칙적으로 부모의 교육권이 우위를 차지한다 (헌재 2000.4.27, 98헌가16).

③ [O] 부모는 자녀의 교육에 관하여 전반적인 계획을 세우고 자신의 인생관·사회관·교육관에 따라 자녀의 교육을 자유롭게 형성할 권리를 가지며, 부모의 교육권은 다른 교육의 주체와의 관계에서 원칙적인 우위를 가진다. 한편, 자녀의 교육에 관한 부모의 '권리와 의무'는 서로 불가분의 관계에 있고 자녀교육권의 본질을 결정하는 구성요소이기 때문에, 부모의 자녀교육권은 '자녀교육에 대한 부모의 책임'으로도 표현될 수 있다(헌재 2000.4.27, 98헌가16 등).

460
정답 ②

② [×] 학교급식은 학생들에게 한 끼 식사를 제공하는 영양공급 차원을 넘어 교육적인 성격을 가지고 있지만, 이러한 교육적 측면은 기본적이고 필수적인 학교교육 이외에 부가적으로 이루어지는 식생활 및 인성교육으로서의 보충적 성격을 가지므로 의무교육의 실질적인 균등보장을 위한 본질적이고 핵심적인 부분이라고까지는 할 수 없다. 이 사건 법률조항들은 비록 중학생의 학부모들에게 급식관련 비용의 일부를 부담하도록 하고 있지만, 학부모에게 급식에 필요한 경비의 일부를 부담시키는 경우에 있어서도 학교급식 실시의 기본적 인프라가 되는 부분은 배제하고 있으며, 국가나 지방자치단체의 지원으로 학부모의 급식비 부담을 경감하는 조항이 마련되어 있고, 특히 저소득층 학생들을 위한 지원방안이 마련되어 있다는 점 등을 고려해 보면, 이 사건 법률조항들이 입법형성권의 범위를 넘어 헌법상 의무교육의 무상원칙에 반하는 것으로 보기는 어렵다(헌재 2012.4.24, 2010헌바164).

① [O] 법률이 교사의 학생교육권(수업권)을 인정하고 보장하는 것은 헌법상 당연히 허용된다 할 것이나, 초·중등학교에서의 학생교육은 교사 자신의 인격의 발현 또는 학문과 연구의 자유를 위한 것이라기보다는 교사의 직무에 기초하여 초·중등학교의 교육목표를 실현하기 위한 것이므로, 교사인 청구인들이 이 사건 교육과정에 따라 학생들을 가르치고 평가하여야 하는 법적인 부담이나 제한을 받는다고 하더라도 이는 헌법상 보장된 기본권에 대한 제한이라고 보기 어려워 기본권 침해 가능성이 인정되지 아니한다(헌재 2021. 5.27, 2018헌마1108).

③ [O] 수업의 자유는 무제한 보호되기는 어려우며 초·중·고등학교의 교사는 자신이 연구한 결과에 대하여 스스로 확신을 갖고 있다고 하더라도 그것을 학회에서 보고하거나 학술지에 기고하거나 스스로 저술하여 책자를 발행하는 것은 별론 수업의 자유를 내세워 함부로 학생들에게 여과 없이 전파할 수는 없다고 할 것이고, 나아가 헌법과 법률이 지향하고 있는 자유민주적 기본질서를 침해할 수 없음은 물론 사회상규나 윤리도덕을 일탈할 수 없으며, 따라서 가치편향적이거나 반도덕적인 내용의 교육은 할 수 없는 것이라고 할 것이다(헌재 1992.11.12, 89헌마88).

④ [O] 국가는 학교에서의 교육목표, 학습계획, 학습방법, 학교조직 등 교육제도를 정하는 데 포괄적 규율권한과 폭넓은 입법형성권을 갖는다. 대학 입학전형자료의 하나인 수능시험은 대학 진학을 위해 필요한 것이지만, 고등학교 교육과정에 대한 최종적이고 종합적인 평가로서 학교교육 제도와 밀접한 관계에 있다. 따라서 국가는 수능시험의 출제 방향이나 원칙을 어떻게 정할 것인지에 대해서도 폭넓은 재량권을 갖는다. 국가의 공권력행사가 학생의 자유로운 인격발현권을 제한하는 경우에도 헌법 제37조 제2항에 따른 한계를 준수하여야 한다. 다만, 국가는 수능시험 출제 방향이나 원칙을 정할 때 폭넓은 재량권을 가지므로, 심판대상계획이 청구인들의 기본권을 침해하는지 여부를 심사할 때 이러한 국가의 입법형성권을 감안하여야 한다(헌재 2018.2.22, 2017헌마691).

461
정답 ①

① [O] 헌재 2004.3.25, 2001헌마710

② [×] 사립학교에도 국·공립학교처럼 의무적으로 운영위원회를 두도록 할 것인지, 아니면 임의단체인 기존의 육성회 등으로 하여금 유사한 역할을 계속할 수 있게 하고 법률에서 규정된 운영위원회를 재량사항으로 하여 그 구성을 유도할 것인지의 여부는 입법자의 입법형성영역인 정책문제에 속하고, 그 재량의 한계를 현저하게 벗어나지 않는 한 헌법위반으로 단정할 것은 아니다. 청구인이 위 조항으로 인하여 사립학교의 운영위원회에 참여하지 못하였다고 할지라도 그로 인하여 교육참여권이 침해되었다고 볼 수 없다. 입법자가 국·공립학교와는 달리 사립학교를 설치·경영하는 학교법인 등이 당해학교에 운영위원회를 둘 것인지의 여부를 스스로 결정할 수 있도록 한 것은 사립학교의 특수성과 자주성을 존중하는 데 그 목적이 있으므로 결국 위 조항이 국·공립학교의 학부모에 비하여 사립학교의 학부모를 차별 취급한 것은 합리적이고 정당한 사유가 있어 평등권을 침해한 것이 아니다(헌재 1999.3.25, 97헌마130).

③ [×] 헌법 제31조의 '능력에 따라 균등한 교육을 받을 권리'는 국가에 의한 교육제도의 정비·개선 외에도 의무교육의 도입 및 확대, 교육비의 보조나 학자금의 융자 등 교육영역에서의 사회적 급부의 확대와 같은 국가의 적극적인 활동을 통하여 사인간의 출발기회에서의 불평등을 완화해야 할 국가의 의무를 규정한 것이다. 그러나 위 조항은 교육의 모든 영역, 특히 학교교육 밖에서의 사적인 교육영역에까지 균등한 교육이 이루어지도록 개인이 별도로 교육을 시키거나 받는 행위를 국가가 금지하거나 제한할 수 있는 근거를 부여하는 수권규범이 아니다(헌재 2000.4.27, 98헌가16).

④ [×] '부모의 자녀에 대한 교육권'은 비록 헌법에 명문으로 규정되어 있지는 아니하지만, 이는 모든 인간이 누리는 불가침의 인권으로서 혼인과 가족생활을 보장하는 헌법 제36조 제1항, 행복추구권을 보장하는 헌법 제10조 및 "국민의 자유와 권리는 헌법에 열거되지 아니한 이유로 경시되지 아니한다"고 규정하는 헌법 제37조 제1항에서 나오는 중요한 기본권이다(헌재 2000.4.27, 98헌가16 등). 교육을 받을 권리를 규정한 헌법 제31조 제1항은 근거조항이 아니다.

① [○] 국민의 수학권(헌법 제31조 제1항의 교육을 받을 권리)과 교사의 수업의 자유는 다같이 보호되어야 하겠지만 그중에서도 국민의 수학권이 더 우선적으로 보호되어야 한다. … 헌법상 보장되고 있는 학문의 자유 또는 교육을 받을 권리의 규정에서 교사의 수업권이 파생되는 것으로 해석하여 기본권에 준하는 것으로 간주하더라도 수업권을 내세워 수학권을 침해할 수는 없으며 국민의 수학권의 보장을 위하여 교사의 수업권은 일정범위 내에서 제약을 받을 수밖에 없는 것이다(헌재 1992.11.12, 89헌마88).

② [×] 부모는 자녀의 교육에 관하여 전반적인 계획을 세우고 자신의 인생관·사회관·교육관에 따라 자녀의 교육을 자유롭게 형성할 권리를 가지며, 부모의 교육권은 다른 교육의 주체와의 관계에서 원칙적인 우위를 가진다[헌재 2000.4.27, 98헌가16·98헌마429(병합)].

③ [×] 학교법인으로 하여금 의무의 부담을 하고자 할 때 관할청의 허가를 받도록 하고 있어 사립학교운영에 관한 자유를 제한하고 있다 하더라도, 이는 공공복리를 위하여 필요한 권리를 제한한 경우에 해당하는 것이며, 일정액 미만의 넓은 범위에서 허가를 받지 않도록 예외를 두고 있고 시행상 일반적인 학교운영과 관련된 통상적인 의무부담은 허가에서 제외하고 있으며 일정액 이상이라도 허가를 받아 자유롭게 처리할 수 있는 점 등을 보면 합리적인 입법한계를 일탈하였거나 기본권의 본질적인 부분을 침해하였다고 볼 수 없다(헌재 2001.1.18, 99헌바63).

④ [×] 학교운영지원비는 그 운영상 교원연구비와 같은 교사의 인건비 일부와 학교회계직원의 인건비 일부 등 의무교육 과정의 인적기반을 유지하기 위한 비용을 충당하는 데 사용되고 있다는 점, 학교회계의 세입상 현재 의무교육기관에서는 국고지원을 받고 있는 입학금, 수업료와 함께 같은 항에 속하여 분류되고 있음에도 불구하고 학교운영지원비에 대해서만 학생과 학부모의 부담으로 남아있다는 점, 학교운영지원비는 기본적으로 학부모의 자율적 협찬금의 외양을 갖고 있음에도 그 조성이나 징수의 자율성이 완전히 보장되지 않아 기본적이고 필수적인 학교교육에 필요한 비용에 가깝게 운영되고 있다는 점 등을 고려해보면 이 사건 세입조항은 헌법 제31조 제3항에 규정되어 있는 의무교육의 무상원칙에 위배되어 헌법에 위반된다(헌재 2012.8.23, 2010헌바220).

① [○] 자녀의 양육과 교육은 일차적으로 부모의 천부적인 권리인 동시에 부모에게 부과된 의무이기도 하다. '부모의 자녀에 대한 교육권'은 비록 헌법에 명문으로 규정되어 있지는 아니하지만, 이는 모든 인간이 누리는 불가침의 인권으로서 혼인과 가족생활을 보장하는 헌법 제36조 제1항, 행복추구권을 보장하는 헌법 제10조 및 "국민의 자유와 권리는 헌법에 열거되지 아니한 이유로 경시되지 아니한다."고 규정하는 헌법 제37조 제1항에서 나오는 중요한 기본권이다(헌재 2000.4.27, 98헌가16).

② [×] ③ [×] 자녀의 양육과 교육에 있어서 부모의 교육권은 교육의 모든 영역에서 존중되어야 하며, 다만, 학교교육에 관한 한, 국가는 헌법 제31조에 의하여 부모의 교육권으로부터 원칙적으로 독립된 독자적인 교육권한을 부여받음으로써 부모의 교육권과 함께 자녀의 교육을 담당하지만, 학교 밖의 교육영역에서는 원칙적으로 부모의 교육권이 우위를 차지한다(헌재 2000.4.27, 98헌가16).

④ [×] 사립학교에도 국·공립학교처럼 의무적으로 운영위원회를 두도록 할 것인지, 아니면 임의단체인 기존의 육성회 등으로 하여금 유사한 역할을 계속할 수 있게 하고 법률에서 규정된 운영위원회를 재량사항으로 하여 그 구성을 유도할 것인지의 여부는 입법자의 입법형성영역인 정책문제에 속하고, 그 재량의 한계를 현저하게 벗어나지 않는 한 헌법위반으로 단정할 것은 아니다. 청구인이 위 조항으로 인하여 사립학교의 운영위원회에 참여하지 못하였다고 할지라도 그로 인하여 교육참여권이 침해되었다고 볼 수 없다(헌재 1999.3.25, 97헌마130).

② [×] 학교교육에 관한 한, 국가는 헌법 제31조에 의하여 부모의 교육권으로부터 원칙적으로 독립된 독자적인 교육권한을 부여받았고, 따라서 학교교육에 관한 광범위한 형성권을 가지고 있다. 그러므로 국가에 의한 의무교육의 도입이나 취학연령의 결정은 헌법적으로 하자가 없다. 학교제도에 관한 국가의 규율권한과 부모의 교육권이 서로 충돌하는 경우, 어떠한 법익이 우선하는가의 문제는 구체적인 경우마다 법익형량을 통하여 판단해야 하는데, 자녀가 의무교육을 받아야 할지의 여부와 그의 취학연령을 부모가 자유롭게 결정할 수 없다는 것은 부모의 교육권에 대한 과도한 제한이 아니다. 마찬가지로 국가는 교육목표, 학습계획, 학습방법, 학교제도의 조직 등을 통하여 학교교육의 내용과 목표를 정할 수 있는 포괄적인 규율권한을 가지고 있다(헌재 2000.4.27, 98헌가16 등).

① [○] 부모는 자녀의 교육에 관하여 전반적인 계획을 세우고 자신의 인생관·사회관·교육관에 따라 자녀의 교육을 자유롭게 형성할 권리를 가지며, 부모의 교육권은 다른 교육의 주체와의 관계에서 원칙적인 우위를 가진다(헌재 2000.4.27, 98헌가16 등).

③ [○] 자녀의 교육은 헌법상 부모와 국가에게 공동으로 부과된 과제이므로 부모와 국가의 상호연관적인 협력관계를 필요로 한다(헌재 2000.4.27, 98헌가16 등).

④ [○] 거주지(居住地)를 기준으로 중·고등학교의 입학을 제한하는 교육법 시행령(教育法施行令) 제71조 및 제112조의6 등의 규정은 과열된 입시경쟁으로 말미암아 발생하는 부작용을 방지한다고 하는 입법목적을 달성하기 위한 방안의 하나이고, 도시와 농어촌에 있는 중·고등학교의 교육여건의 차이가 심하지 않으며, 획일적인 제도의 운용에 따른 문제점을 해소하기 위한 여러 가지 보완책이 위 시행령(施行令)에 상당히 마련되어 있어서 그 입법수단은 정당하므로, 위 규정은 학부모의 자녀를 교육시킬 학교선택권(學校選擇權)의 본질적 내용을 침해하였거나 과도하게 제한한 경우에 해당하지 아니한다(헌재 1995.2.23, 91헌마204).

465 　　　　　　　　　　　　　　　　　　정답 ②

② [×] 종전 결정에서 헌법재판소는 헌법 제32조 제6항의 "국가유공자·상이군경 및 전몰군경의 유가족은 법률이 정하는 바에 의하여 우선적으로 근로의 기회를 부여받는다." 는 규정을 넓게 해석하여, 이 조항이 국가유공자 본인뿐만 아니라 가족들에 대한 취업보호제도(가산점)의 근거가 될 수 있다고 보았다. 그러나 오늘날 가산점의 대상이 되는 국가유공자와 그 가족의 수가 과거에 비하여 비약적으로 증가하고 있는 현실과, 취업보호대상자에서 가족이 차지하는 비율, 공무원시험의 경쟁이 갈수록 치열해지는 상황을 고려할 때, 위 조항의 폭넓은 해석은 필연적으로 일반 응시자의 공무담임의 기회를 제약하게 되는 결과가 될 수 있으므로 위 조항은 엄격하게 해석할 필요가 있다. 이러한 관점에서 위 조항의 대상자는 조문의 문리해석대로 "국가유공자", "상이군경", 그리고 "전몰군경의 유가족"이라고 봄이 상당하다 (헌재 2006.2.23, 2004헌마675 등).

① [○] 청원경찰은 일반근로자일 뿐 공무원이 아니므로 원칙적으로 헌법 제33조 제1항에 따라 근로3권이 보장되어야 한다. 청원경찰은 제한된 구역의 경비를 목적으로 필요한 범위에서 경찰관의 직무를 수행할 뿐이며, 그 신분보장은 공무원에 비해 취약하다. 또한 국가기관이나 지방자치단체 이외의 곳에서 근무하는 청원경찰은 근로조건에 관하여 공무원뿐만 아니라 국가기관이나 지방자치단체에 근무하는 청원경찰에 비해서도 낮은 수준의 법적 보장을 받고 있으므로, 이들에 대해서는 근로3권이 허용되어야 할 필요성이 크다. 청원경찰에 대하여 직접행동을 수반하지 않는 단결권과 단체교섭권을 인정하더라도 시설의 안전 유지에 지장이 된다고 단정할 수 없다. … 그럼에도 심판대상조항은 군인이나 경찰과 마찬가지로 모든 청원경찰의 근로3권을 획일적으로 제한하고 있다. 이상을 종합하여 보면, 심판대상조항이 모든 청원경찰의 근로3권을 전면적으로 제한하는 것은 과잉금지원칙을 위반하여 청구인들의 근로3권을 침해하는 것이다(헌재 2017.9.28, 2015헌마653).

③ [○] 헌재 2015.12.23, 2014헌바3

④ [○] 헌법 제32조 제1항·제4항·제5항

466 　　　　　　　　　　　　　　　　　　정답 ④

④ [×] 우리 헌법은 제33조 제1항에서 근로자의 자주적인 노동3권을 보장하고 있으면서도, 같은 조 제2항에서 공무원인 근로자에 대하여는 법률에 의한 제한을 예정하고 있는바, 이는 공무원의 국민 전체에 대한 봉사자로서의 지위 및 그 직무상의 공공성을 고려하여 합리적인 공무원제도의 보장과 이와 관련된 주권자의 권익을 공공복리의 목적 아래 통합 조정하려는 것이다. 따라서 국회는 헌법 제33조 제2항에 따라 공무원인 근로자에게 단결권·단체교섭권·단체행동권을 인정할 것인가의 여부, 어떤 형태의 행위를 어느 범위에서 인정할 것인가 등에 대하여 광범위한 입법형성의 자유를 가진다(헌재 2008.12.26, 2005헌마971 등).

① [○] 대판 2008.9.11, 2006다40935

② [○] 소방공무원은 일반 근로자나 일반직공무원에 비하여 그 업무의 공공성·공익성이 강하고, 신분 및 근로조건 등에

있어 특수성이 인정된다. 따라서, 심판대상조항이 노동조합에 가입할 수 있는 공무원의 범위를 정함에 있어서 소방공무원 전체에 대하여 노동조합 가입을 금지하여 일반 근로자나 일반직공무원에 비하여 차별취급하고 있다고 하더라도, 이는 헌법 제33조 제2항에 근거를 두고 있을 뿐 아니라 합리적인 이유가 있다 할 것이므로, 청구인의 평등권을 침해하는 것으로 볼 수 없다(헌재 2008.12.26, 2006헌마462).

③ [○] 노동조합법상 근로자란 타인과의 사용종속관계하에서 근로를 제공하고 그 대가로 임금 등을 받아 생활하는 사람을 의미하며, 특정한 사용자에게 고용되어 현실적으로 취업하고 있는 사람뿐만 아니라 일시적으로 실업 상태에 있는 사람이나 구직 중인 사람을 포함하여 노동3권을 보장할 필요성이 있는 사람도 여기에 포함되는 것으로 보아야 한다. 그리고 출입국관리 법령에서 외국인고용제한규정을 두고 있는 것은 취업활동을 할 수 있는 체류자격(이하 '취업자격'이라고 한다) 없는 외국인의 고용이라는 사실적 행위 자체를 금지하고자 하는 것뿐이지, 나아가 취업자격 없는 외국인이 사실상 제공한 근로에 따른 권리나 이미 형성된 근로관계에서 근로자로서의 신분에 따른 노동관계법상의 제반 권리 등의 법률효과까지 금지하려는 것으로 보기는 어렵다[대판 2015.6.25, 2007두4995(전합)].

467 　　　　　　　　　　　　　　　　　　정답 ④

④ [○] 기간제 근로계약을 제한 없이 허용할 경우, 일반 근로자층은 단기의 근로계약 체결을 강요당하더라도 이를 거부할 수 없을 것이고, 이 경우 불안정 고용은 증가할 것이며, 정규직과의 격차는 심화될 것이므로 이러한 사태를 방지하기 위해서는 기간제근로자 사용기간을 제한하여 무기계약직으로의 전환을 유도할 수밖에 없다. 사용자로 하여금 2년을 초과하여 기간제근로자를 사용할 수 없도록 한 심판대상조항으로 인해 경우에 따라서는 개별 근로자들에게 일시 실업이 발생할 수 있으나, 이는 기간제근로자의 무기계약직 전환 유도와 근로조건 개선을 위해 불가피한 것이고, 심판대상조항이 전반적으로는 고용불안 해소나 근로조건 개선에 긍정적으로 작용하고 있다는 것을 부인할 수 없으므로 기간제근로자의 계약의 자유를 침해한다고 볼 수 없다[헌재 2013.10.24, 2010헌마219, 265(병합)].

① [×] 불법체류자는 임금체불이나 폭행 등 각종 범죄에 노출될 위험이 있고, 그 신분의 취약성으로 인해 강제 근로와 같은 인권침해의 우려가 높으며, 행정관청의 관리 감독의 사각지대에 놓이게 됨으로써 안전사고 등 각종 사회적 문제를 일으킬 가능성이 있다. 또한 단순기능직 외국인근로자의 불법체류를 통한 국내 정주는 일반적으로 사회통합 비용을 증가시키고 국내 고용 상황에 부정적 영향을 미칠 수 있다. 따라서 이 사건 출국만기보험금이 근로자의 퇴직 후 생계 보호를 위한 퇴직금의 성격을 가진다고 하더라도 불법체류가 초래하는 여러 가지 문제를 고려할 때 불법체류 방지를 위해 그 지급시기를 출국과 연계시키는 것은 불가피하므로 심판대상조항이 청구인들의 근로의 권리를 침해한다고 보기 어렵다(헌재 2016.3.31, 2014헌마367).

② [×] 헌법 제15조의 직업의 자유 또는 헌법 제32조의 근로의 권리, 사회국가원리 등에 근거하여 실업방지 및 부당한

해고로부터 근로자를 보호하여야 할 국가의 의무를 도출할 수는 있을 것이나, 국가에 대한 직접적인 직장존속보장청구권을 근로자에게 인정할 헌법상의 근거는 없다(헌재 2002. 11.28, 2001헌바50).

③ [×] "월급근로자로서 6월이 되지 못한 자"는 대체로 기간의 정함이 없는 근로계약을 한 자들로서 근로관계의 계속성에 대한 기대가 크다고 할 것이므로, 이들에 대한 해고 역시 예기치 못한 돌발적 해고에 해당한다. 따라서 6개월 미만 근무한 월급근로자 또한 전직을 위한 시간적 여유를 갖거나 실직으로 인한 경제적 곤란으로부터 보호받아야 할 필요성이 있다. 그럼에도 불구하고 합리적 이유 없이 "월급근로자로서 6개월이 되지 못한 자"를 해고예고제도의 적용대상에서 제외한 이 사건 법률조항은 근무기간이 6개월 미만인 월급근로자의 근로의 권리를 침해하고, 평등원칙에도 위배된다(헌재 2015.12.23, 2014헌바3).

468
정답 ①

① [×]

> 헌법 제33조 ③ 법률이 정하는 주요방위산업체에 종사하는 근로자의 단체행동권은 법률이 정하는 바에 의하여 이를 제한하거나 인정하지 아니할 수 있다.

② [○] 단결권의 주체는 근로자의 근로 성격에 따라 달라지는 것이 아니다.

③ [○] 근로3권은 국가공권력에 대하여 근로자의 단결권의 방어를 일차적인 목표로 하지만, 근로3권의 보다 큰 헌법적 의미는 근로자단체라는 사회적 반대세력의 창출을 가능하게 함으로써 노사관계의 형성에 있어서 사회적 균형을 이루어 근로조건에 관한 노사간의 실질적인 자치를 보장하려는 데 있다. 근로자는 노동조합과 같은 근로자단체의 결성을 통하여 집단으로 사용자에 대항함으로써 사용자와 대등한 세력을 이루어 근로조건의 형성에 영향을 미칠 수 있는 기회를 가지게 되므로 이러한 의미에서 근로3권은 '사회적 보호기능을 담당하는 자유권' 또는 '사회권적 성격을 띤 자유권'이라고 말할 수 있다(헌재 1998.2.27, 94헌바13).

④ [○] 청원경찰의 복무에 관하여 국가공무원법 제66조 제1항을 준용함으로써 노동운동을 금지하는 청원경찰법 제5조 제4항 중 국가공무원법 제66조 제1항 가운데 '노동운동' 부분을 준용하는 부분이 국가기관이나 지방자치단체 이외의 곳에서 근무하는 청원경찰인 청구인들의 근로3권을 침해한다(헌재 2017.9.28, 2015헌마653).

469
정답 ①

① [×] 축산업은 가축의 양육 및 출하에 있어 기후 및 계절의 영향을 강하게 받으므로, 근로시간 및 근로내용에 있어 일관성을 담보하기 어렵고, 축산업에 종사하는 근로자의 경우에도 휴가에 관한 규정은 여전히 적용되며, 사용자와 근로자 사이의 근로시간 및 휴일에 관한 사적 합의는 심판대상조항에 의한 제한을 받지 않는다. 현재 우리나라 축산업의 상황을 고려할 때, 축산업 근로자들에게 근로기준법을 전면

적으로 적용할 경우, 인건비 상승으로 인한 경제적 부작용이 초래될 위험이 있다. 위 점들을 종합하여 볼 때, 심판대상조항이 입법자가 입법재량의 한계를 일탈하여 인간의 존엄을 보장하기 위한 최소한의 근로조건을 마련하지 않은 것이라고 보기 어려우므로, 심판대상조항은 청구인의 근로의 권리를 침해하지 않는다(헌재 2021.8.31, 2018헌마563).

② [○] 해고예고제도는 근로조건의 핵심적 부분인 해고와 관련된 사항일 뿐만 아니라, 근로자가 갑자기 직장을 잃어 생활이 곤란해지는 것을 막는 데 목적이 있으므로 근로자의 인간 존엄성을 보장하기 위한 최소한의 근로조건으로서 근로의 권리의 내용에 포함된다(헌재 2015.12.23, 2014헌바3).

③ [○] 근로자가 퇴직급여를 청구할 수 있는 권리도 헌법상 바로 도출되는 것이 아니라 퇴직급여법 등 관련 법률이 구체적으로 정하는 바에 따라 비로소 인정될 수 있는 것이므로 계속근로기간 1년 미만인 근로자가 퇴직급여를 청구할 수 있는 권리가 헌법 제32조 제1항에 의하여 보장된다고 보기는 어렵다(헌재 2011.7.28, 2009헌마408).

④ [○] 이 사건 법령조항은 정직처분을 받은 공무원에 대하여 정직일수를 연차유급휴가인 연가일수에서 공제하도록 규정하고 있는바, 연차유급휴가는 일정기간 근로의무를 면제함으로써 근로자의 정신적·육체적 휴양을 통하여 문화적 생활의 향상을 기하려는 데 그 의의가 있으므로 근로의무가 면제된 정직일수를 연가일수에서 공제하였다고 하여 이 사건 법령조항이 현저히 불합리하다고 보기 어렵다. 또한 정직기간을 연가일수에서 공제할 때 어떠한 비율에 따라 공제할 것인지에 관하여는 입법자에게 재량이 부여되어 있다 할 것이므로 정직기간의 비율에 따른 일수가 공제되는 일반휴직자와 달리, 공무원으로서 부담하는 의무를 위반하여 징계인 정직처분을 받은 자에 대하여 입법자가 정직일수 만큼의 일수를 연가일수에서 공제하였다고 하여 재량을 일탈한 것이라고 볼 수 없으므로 이 사건 법령조항이 청구인의 근로의 권리를 침해한다고 볼 수 없다(헌재 2008.9.25, 2005헌마586).

470
정답 ②

② [×] 해고된 근로자가 해고된 때로부터 상당한 기간 내에 노동위원회에 부당노동행위 구제신청을 하거나 법원에 해고무효확인의 소를 제기하여 그 해고의 효력을 다투고 있는 경우에는, 그 해고에도 불구하고 근로자의 신분이나 노동조합의 조합원으로서의 신분을 계속 보유하는 것으로 보아 그 지위를 보장하여 주려는 데에도 있는 것이므로, 근로자가 회사로부터 해고를 당하였다고 하더라도 상당한 기간 내에 법원에 해고무효확인의 소를 제기하여 그 해고의 효력을 다투고 있다면 위 법 규정의 취지에 비추어 노동조합원으로서의 지위를 상실하는 것이라고 볼 수 없다(대판 1997.3.25, 96다55457).

① [○] 근로자는 노동조합과 같은 근로자단체의 결성을 통하여 집단으로 사용자에 대항함으로써 사용자와 대등한 세력을 이루어 근로조건의 형성에 영향을 미칠 수 있는 기회를 가지게 되므로 이러한 의미에서 근로3권은 '사회적 보호기능을 담당하는 자유권' 또는 '사회권적 성격을 띤 자유권'이

라고 말할 수 있다(헌재 1998.2.27, 94헌바13).
③ [○] 헌법 제33조 제1항에 의하면 단결권의 주체는 단지 개인인 것처럼 표현되어 있지만, 근로자 개인뿐만이 아니라 단체 자체의 단결권도 보장하고 있는 것으로 보아야 한다(헌재 1999.11.25, 95헌마154).
④ [○] 헌법 제33조 제2항이 직접 '법률이 정하는 자'만이 노동3권을 향유할 수 있다고 규정하고 있어서 '법률이 정하는 자' 이외의 공무원은 노동3권의 주체가 되지 못하므로, '법률이 정하는 자' 이외의 공무원에 대해서도 노동3권이 인정됨을 전제로 하여 헌법 제37조 제2항의 과잉금지원칙을 적용할 수는 없는 것이다(헌재 2007.8.30, 2003헌바51).

471 정답 ④

④ [×] 헌법상 보장된 근로자의 단결권은 단결할 자유만을 가리킬 뿐이고, 단결하지 아니할 자유 이른바 소극적 단결권은 이에 포함되지 않는다. 그렇다면 근로자가 노동조합을 결성하지 아니할 자유나 노동조합에 가입을 강제당하지 아니할 자유, 그리고 가입한 노동조합을 탈퇴할 자유는 근로자에게 보장된 단결권의 내용에 포섭되는 권리로서가 아니라 헌법 제10조의 행복추구권에서 파생되는 일반적 행동의 자유 또는 제21조 제1항의 결사의 자유에서 그 근거를 찾을 수 있다(헌재 2005.11.24, 2002헌바95).
① [○]

> **제헌헌법 제18조** 근로자의 단결, 단체교섭과 단체행동의 자유는 법률의 범위 내에서 보장된다. 영리를 목적으로 하는 사기업에 있어서는 근로자는 법률의 정하는 바에 의하여 이익의 분배에 균점할 권리가 있다.

② [○] 노동조합 및 노동관계조정법(이하 '노동조합법'이라고 한다) 제2조 제1호, 제5조, 제9조, 구 출입국관리법(2010. 5.14. 법률 제10282호로 개정되기 전의 것)의 내용이나 체계, 취지 등을 종합하면, 노동조합법상 근로자란 타인과의 사용종속관계하에서 근로를 제공하고 그 대가로 임금 등을 받아 생활하는 사람을 의미하며, 특정한 사용자에게 고용되어 현실적으로 취업하고 있는 사람뿐만 아니라 일시적으로 실업 상태에 있는 사람이나 구직 중인 사람을 포함하여 노동3권을 보장할 필요성이 있는 사람도 여기에 포함되는 것으로 보아야 한다. 그리고 출입국관리 법령에서 외국인고용 제한규정을 두고 있는 것은 취업활동을 할 수 있는 체류자격(이하 '취업자격'이라고 한다) 없는 외국인의 고용이라는 사실적 행위 자체를 금지하고자 하는 것뿐이지, 나아가 취업자격 없는 외국인이 사실상 제공한 근로에 따른 권리나 이미 형성된 근로관계에서 근로자로서의 신분에 따른 노동관계법상의 제반 권리 등의 법률효과까지 금지하려는 것으로 보기는 어렵다. 따라서 타인과의 사용종속관계하에서 근로를 제공하고 그 대가로 임금 등을 받아 생활하는 사람은 노동조합법상 근로자에 해당하고, 노동조합법상의 근로자성이 인정되는 한, 그러한 근로자가 외국인인지 여부나 취업자격의 유무에 따라 노동조합법상 근로자의 범위에 포함되지 아니한다고 볼 수는 없다(대판 2015.6.25, 2007두4995).
③ [○] 모든 쟁의행위가 면책되는 것은 아니며, 헌법에서 단

체행동권을 보장한 취지에 적합한 쟁의행위만이 면책된다는 내재적인 한계가 있다. 이것이 바로 쟁의행위의 정당성의 문제이다. 헌법재판소도 "노동관계 당사자가 쟁의행위를 함에 있어서는 그 목적, 방법 및 절차상의 한계를 존중하지 않으면 아니되며 그 한계를 벗어나지 아니한 범위 안에서 관계자들의 민사상 및 형사상 책임이 면제되는 것이다(헌재 1998.7.16, 97헌바23).

472 정답 ②

② [×] 근로자가 노동조합을 결성하지 아니할 자유나 노동조합에 가입을 강제당하지 아니할 자유, 그리고 가입한 노동조합을 탈퇴할 자유는 근로자에게 보장된 단결권의 내용에 포섭되는 권리로서가 아니라 헌법 제10조의 행복추구권에서 파생되는 일반적 행동의 자유 또는 제21조 제1항의 결사의 자유에서 그 근거를 찾을 수 있다(헌재 2005.11.24, 2002헌바95 등).
① [○] 노동조합의 재정 집행과 운영에 있어서의 적법성, 민주성 등을 확보하기 위해서는 조합자치 또는 규약자치에만 의존할 수는 없고 행정관청의 감독이 보충적으로 요구되는바, 이 사건 법률조항은 노동조합의 재정 집행과 운영의 적법성, 투명성, 공정성, 민주성 등을 보장하기 위한 것으로서 정당한 입법목적을 달성하기 위한 적절한 수단이다. 노동조합의 재정 집행과 운영에 있어서의 적법성, 민주성 등을 확보하기 위해 마련된 이 사건 법률조항 이외의 수단들은 각기 일정한 한계를 가지고, 이 사건 법률조항의 실제 운용현황을 볼 때 행정관청에 의하여 자의적이거나 과도하게 남용되고 있다고 보기는 어려우며, 노동조합의 내부 운영에 대한 행정관청의 개입과 그로 인한 노동조합의 운영의 자유에 대한 제한을 최소화하고 있다고 할 것이므로 피해최소성 또한 인정된다. 이 사건 법률조항이 달성하려는 노동조합 운영의 적법성, 민주성 등의 공익은 중대한 반면 이 사건 법률조항으로 말미암아 제한되는 노동조합의 운영의 자유는 그다지 크지 아니하므로, 법익균형성 또한 인정된다. 따라서 이 사건 법률조항은 과잉금지원칙을 위반하여 노동조합의 단결권을 침해하지 아니한다(헌재 2013.7.25, 2012헌바116).
③ [○]

> **헌법 제33조** ① 근로자는 근로조건의 향상을 위하여 자주적인 단결권·단체교섭권 및 단체행동권을 가진다.

④ [○]

> **노동조합 및 노동관계조정법 제2조 【정의】** 이 법에서 사용하는 용어의 정의는 다음과 같다.
> 6. "쟁의행위"라 함은 파업·태업·직장폐쇄 기타 노동관계 당사자가 그 주장을 관철할 목적으로 행하는 행위와 이에 대항하는 행위로서 업무의 정상적인 운영을 저해하는 행위를 말한다.

③ [×] 노동조합 설립신고에 대한 심사와 그 신고서 반려는 근로자들이 자주적이고 민주적인 단결권을 행사하도록 하기 위한 것으로서 만약 노동조합의 설립을 단순한 신고나 등록 등으로 족하게 하고, 노동조합에 요구되는 자주성이나 민주성 등의 요건에 대해서는 사후적으로 차단하는 제도만을 두게 된다면, 노동조합법상의 특권을 누릴 수 없는 자들에게까지 특권을 부여하는 결과를 야기하게 될 뿐만 아니라 노동조합의 실체를 갖추지 못한 노동조합들이 난립하는 사태를 방지할 수 없게 되므로 노동조합이 그 설립 당시부터 노동조합으로서 자주성 등을 갖추고 있는지를 심사하여 이를 갖추지 못한 단체의 설립신고서를 반려하도록 하는 것은 과잉금지원칙에 위반되어 근로자의 단결권을 침해한다고 볼 수 없다(헌재 2012.3.29, 2011헌바53).

① [○] 근로3권을 향유하는 주체는 근로자이다. 근로자라 함은 직업의 종류를 불문하고 임금·급료 기타 이에 준하는 수입에 의하여 생활하는 자를 말한다. 노동을 제공하고 그 대가를 받는 자이면 육체적·정신적 노동자를 포괄한다.

② [○] 헌법 제33조 제1항은 "근로자는 근로조건의 향상을 위하여 자주적인 단결권·단체교섭권 및 단체행동권을 가진다."고 하여 근로3권을 보장한다. 근로3권은 사회적 보호기능을 담당하는 자유권 또는 사회권적 성격을 띤 자유권이라고 할 수 있다. 자유권적 성격과 사회권적 성격을 함께 갖는 근로3권은, 국가가 근로자의 단결권을 존중하고 부당한 침해를 하지 아니함으로써 보장되는 자유권적 측면인 국가로부터의 자유뿐만 아니라, 근로자의 권리행사의 실질적 조건을 형성하고 유지해야 할 국가의 적극적인 활동을 필요로 한다(헌재 2017.9.28, 2015헌마653).

④ [○] 헌법 제33조 제1항은 "근로자는 근로조건의 향상을 위하여 자주적인 단결권·단체교섭권 및 단체행동권을 가진다."고 규정하고 있다. 여기서 헌법상 보장된 근로자의 단결권은 단결할 자유만을 가리킬 뿐이고, 단결하지 아니할 자유 이른바 소극적 단결권은 이에 포함되지 않는다고 보는 것이 우리 재판소의 선례라고 할 것이다(헌재 2005.11.24, 2002헌바95).

④ [×] 이 사건 법률조항은 헌법상 보장된 단체교섭권을 실효성 있게 하기 위한 것으로서 정당한 입법목적을 가지고 있다. 입법자는 이 사건 조항으로써 사용자에게 성실한 태도로 단체교섭 및 단체협약체결에 임하도록 하는 수단을 택한 것인데, 이는 위와 같은 입법목적의 달성에 적합한 것이다. … 이 사건 조항이 비례의 원칙에 위배하여 청구인의 계약의 자유, 기업활동의 자유, 집회의 자유를 침해한 것이라 볼 수 없다(헌재 2002.12.18, 2002헌바12).

① [○] 헌법에는 사립학교 교원의 단체행동권을 제한하는 명문 규정이 존재하지 않는다.

② [○] 헌법 제33조 제1항은 "근로자는 근로조건의 향상을 위하여 자주적인 단결권·단체교섭권 및 단체행동권을 가진다."라고 규정하여 근로자의 근로3권을 보장하고 있고, 이러한 근로3권은 근로자들의 집단적 활동을 보장하기 위한

권리로서, 개인인 근로자뿐 아니라 단결체인 노동조합도 근로3권의 주체가 된다(헌재 2009.2.26, 2007헌바27).

③ [○] 헌법 제33조는 제1항에서 근로3권을 규정하되, 제2항 및 제3항에서 '공무원인 근로자' 및 '법률이 정하는 주요방위산업체 근로자'에 한하여 근로3권의 예외를 규정한다. 그러므로 헌법 제37조 제2항 전단에 의하여 근로자의 근로3권에 대해 일부 제한이 가능하다 하더라도, '공무원 또는 주요방위사업체 근로자'가 아닌 근로자의 근로3권을 전면적으로 부정하는 것은 헌법 제37조 제2항 후단의 본질적 내용 침해금지에 위반된다. 그런데 심판대상조항은 단체교섭권·단체행동권이 제한되는 근로자의 범위를 구체적으로 제한함이 없이, 단체교섭권·단체행동권의 행사요건 및 한계 등에 관한 기본적 사항조차 법률에서 정하지 아니한 채, 그 허용 여부를 주무관청의 조정결정에 포괄적으로 위임하고 이에 위반할 경우 형사처벌하도록 하고 있는바, 이는 모든 근로자의 단체교섭권·단체행동권을 사실상 전면적으로 부정하는 것으로서 헌법에 규정된 근로3권의 본질적 내용을 침해하는 것이다(헌재 2015.3.26, 2014헌가5).

③ [×] 소극적 단결권이란 근로자가 노동조합에 가입하지 아니할 권리를 말한다. 헌법재판소는 "헌법 제33조 제1항에서 보장된 근로자의 단결권은 단결할 자유만을 가리킬 뿐이고, 단결하지 아니할 자유 이른바 소극적 단결권은 이에 포함되지 않는다."고 하면서 근로자가 노동조합을 결성하지 아니할 자유나 노동조합에 가입을 강제당하지 아니할 자유, 그리고 가입한 노동조합을 탈퇴할 자유는 근로자에게 보장된 단결권의 내용에 포섭되는 권리로서가 아니라 헌법 제10조의 행복추구권에서 파생되는 일반적 행동의 자유 또는 제21조 제1항의 결사의 자유에서 보장된다는 입장이다[헌재 2005.11.24, 2002헌바95·96, 2003헌바9(병합)].

① [○] 노동조합 및 노동관계조정법(이하 '노동조합법'이라고 한다) 제2조 제1호, 제5조, 제9조, 구 출입국관리법(2010. 5. 14. 법률 제10282호로 개정되기 전의 것)의 내용이나 체계, 취지 등을 종합하면, 노동조합법상 근로자란 타인과의 사용종속관계하에서 근로를 제공하고 그 대가로 임금 등을 받아 생활하는 사람을 의미하며, 특정한 사용자에게 고용되어 현실적으로 취업하고 있는 사람뿐만 아니라 일시적으로 실업 상태에 있는 사람이나 구직 중인 사람을 포함하여 노동3권을 보장할 필요성이 있는 사람도 여기에 포함되는 것으로 보아야 한다. 그리고 출입국관리 법령에서 외국인고용 제한규정을 두고 있는 것은 취업활동을 할 수 있는 체류자격(이하 '취업자격'이라고 한다) 없는 외국인의 고용이라는 사실적 행위 자체를 금지하고자 하는 것뿐이지, 나아가 취업자격 없는 외국인이 사실상 제공한 근로에 따른 권리나 이미 형성된 근로관계에서 근로자로서의 신분에 따른 노동관계법상의 제반 권리 등의 법률효과까지 금지하려는 것으로 보기는 어렵다. 따라서 타인과의 사용종속관계하에서 근로를 제공하고 그 대가로 임금 등을 받아 생활하는 사람은 노동조합법상 근로자에 해당하고, 노동조합법상의 근로자성이 인정되는 한, 그러한 근로자가 외국인인지 여부나 취업자격의 유무

에 따라 노동조합법상 근로자의 범위에 포함되지 아니한다고 볼 수는 없다[대판 2015.6.25, 2007두4995(전합)].

② [O] 청구인들은 소수 노동조합에게 교섭권을 인정하는 자율교섭제도 채택을 주장하고 있으나, 이 경우 하나의 사업장에 둘 이상의 협약이 체결·적용됨으로써 동일한 직업적 이해관계를 갖는 근로자 사이에 근로조건의 차이가 발생될 수 있음은 물론, 복수의 노동조합이 유리한 단체협약 체결을 위해 서로 경쟁하는 경우 그 세력다툼이나 분열로 교섭력을 현저히 약화시킬 우려도 있으므로 자율교섭제도가 교섭창구단일화제도보다 단체교섭권을 덜 침해하는 제도라고 단언할 수 없다. 따라서 위 '노동조합 및 노동관계조정법' 조항들이 과잉금지원칙을 위반하여 청구인들의 단체교섭권을 침해한다고 볼 수 없다(헌재 2012.4.24, 2011헌마338).

④ [O] 심판대상조항으로 인하여 교육공무원 아닌 대학 교원들이 향유하지 못하는 단결권은 헌법이 보장하고 있는 근로3권의 핵심적이고 본질적인 권리이다. 심판대상조항의 입법목적이 재직 중인 초·중등교원에 대하여 교원노조를 인정해 줌으로써 교원노조의 자주성과 주체성을 확보한다는 측면에서는 그 정당성을 인정할 수 있을 것이나, 교원노조를 설립하거나 가입하여 활동할 수 있는 자격을 초·중등교원으로 한정함으로써 교육공무원이 아닌 대학 교원에 대해서는 근로기본권의 핵심인 단결권조차 전면적으로 부정한 측면에 대해서는 그 입법목적의 정당성을 인정하기 어렵고, 수단의 적합성 역시 인정할 수 없다. … 최근 들어 대학 사회가 다층적으로 변화하면서 대학 교원의 사회·경제적 지위의 향상을 위한 요구가 높아지고 있는 상황에서 단결권을 행사하지 못한 채 개별적으로만 근로조건의 향상을 도모해야 하는 불이익은 중대한 것이므로, 심판대상조항은 과잉금지원칙에 위배된다(헌재 2018.8.30, 2015헌가38).

는 근로기본권의 핵심인 단결권조차 전면적으로 부정한 측면에 대해서는 그 입법목적의 정당성을 인정하기 어렵고, 수단의 적합성 역시 인정할 수 없다. … 또 최근 들어 대학 사회가 다층적으로 변화하면서 대학 교원의 사회·경제적 지위의 향상을 위한 요구가 높아지고 있는 상황에서 단결권을 행사하지 못한 채 개별적으로만 근로조건의 향상을 도모해야 하는 불이익은 중대한 것이므로, 심판대상조항은 과잉금지원칙에 위배된다(헌재 2018.8.30, 2015헌가38).

477 정답 ③

③ [O] 해고예고제도는 근로조건의 핵심적 부분인 해고와 관련된 사항일 뿐만 아니라, 근로자가 갑자기 직장을 잃어 생활이 곤란해지는 것을 막는 데 목적이 있으므로 근로자의 인간 존엄성을 보장하기 위한 최소한의 근로조건으로서 근로의 권리의 내용에 포함된다. 해고예고제도의 입법 취지와 근로기준법 제26조 단서에서 규정하고 있는 해고예고 적용배제사유를 종합하여 보면, 원칙적으로 해고예고 적용배제 사유로 허용될 수 있는 경우는 근로계약의 성질상 근로관계 계속에 대한 근로자의 기대가능성이 적은 경우로 한정되어야 한다(헌재 2015.12.23, 2014헌바3).

① [×] 소극적 단결권이란 근로자가 노동조합에 가입하지 아니할 권리를 말한다. 헌법재판소는 "헌법 제33조 제1항에서 보장된 근로자의 단결권은 단결할 자유만을 가리킬 뿐이고, 단결하지 아니할 자유 이른바 소극적 단결권은 이에 포함되지 않는다"고 하면서 근로자가 노동조합을 결성하지 아니할 자유나 노동조합에 가입을 강제당하지 아니할 자유, 그리고 가입한 노동조합을 탈퇴할 자유는 근로자에게 보장된 단결권의 내용에 포섭되는 권리로서가 아니라 헌법 제10조의 행복추구권에서 파생되는 일반적 행동의 자유 또는 제21조 제1항의 결사의 자유에서 보장된다는 입장이다[헌재 2005.11.24, 2002헌바95·96, 2003헌바9(병합)].

② [×] 유급휴가권의 구체적 내용을 형성함에 있어 입법자는 국가적 노동 상황, 경영계(사용자)의 의견, 국민감정, 인정 대상자의 업무와 지위, 기타 여러 가지 사회적·경제적 여건 등을 함께 고려해야 할 것이므로 유급휴가를 어느 범위에서 인정하고, 어느 경우에 제한할 것인지 등에 대하여는 입법자 또는 입법에 의하여 다시 위임을 받은 행정부 등 해당기관의 재량에 맡겨져 있다고 할 것이다. 따라서 이 사건 법률조항이 근로연도 중도퇴직자의 중도퇴직 전 근로에 대해 유급휴가를 보장하지 않음으로써 청구인의 근로의 권리를 침해하는지 여부는 이것이 현저히 불합리하여 헌법상 용인될 수 있는 재량의 범위를 명백히 일탈하고 있는지 여부에 달려 있다고 할 수 있다(헌재 2015.5.28, 2013헌마619).

④ [×] 헌법 제32조 제1항은 "모든 국민은 근로의 권리를 가진다. 국가는 사회적·경제적 방법으로 근로자의 고용의 증진과 적정임금의 보장에 노력하여야 하며, 법률이 정하는 바에 의하여 최저임금제를 시행하여야 한다."라고 규정하고 있다. 이는 국가의 개입·간섭을 받지 않고 자유로이 근로를 할 자유와, 국가에 대하여 근로의 기회를 제공하는 정책을 수립해 줄 것을 요구할 수 있는 권리 등을 기본적인 내용으로 하고 있고, 이때 근로의 권리는 근로자를 개인의 차

476 정답 ④

④ [×] 필수공익사업장(철도, 수도, 전기, 가스, 석유정제 및 석유공급, 병원, 한국은행, 통신의 각 사업)에 있어서 강제중재제도를 채택한 것은 헌법상 정당한 목적을 추구하기 위한 필요하고 적합한 수단이므로 과잉금지원칙에 위배되지 아니한다는 것이 헌법재판소의 입장이다(헌재 2003.5.15, 2001헌가1).

① ② [O]

> 헌법 제33조 ① 근로자는 근로조건의 향상을 위하여 자주적인 단결권·단체교섭권 및 단체행동권을 가진다.
> ② 공무원인 근로자는 법률이 정하는 자에 한하여 단결권·단체교섭권 및 단체행동권을 가진다.

③ [O] 심판대상조항으로 인하여 교육공무원 아닌 대학 교원들이 향유하지 못하는 단결권은 헌법이 보장하고 있는 근로3권의 핵심적이고 본질적인 권리이다. 심판대상조항의 입법목적이 재직 중인 초·중등교원에 대하여 교원노조를 인정해 줌으로써 교원노조의 자주성과 주체성을 확보한다는 측면에서는 그 정당성을 인정할 수 있을 것이나, 교원노조를 설립하거나 가입하여 활동할 수 있는 자격을 초·중등교원으로 한정함으로써 교육공무원이 아닌 대학 교원에 대해서

원에서 보호하기 위한 권리로서 개인인 근로자가 근로의 권리의 주체가 되는 것이고, 노동조합은 그 주체가 될 수 없는 것으로 이해되고 있다(헌재 2009.2.26, 2007헌바27).

478
정답 ④

④ [×] 단체행동권에 대한 제한은 가능하지만, 단체교섭권에 대한 제한은 불가능하다. 참고로 근로3권에는 단결권, 단체행동권, 단체교섭권이 있으며 서로 별개의 권리이다.

> 헌법 제33조 ③ 법률이 정하는 주요방위산업체에 종사하는 근로자의 단체행동권은 법률이 정하는 바에 의하여 이를 제한하거나 인정하지 아니할 수 있다.

① [○] 이 사건 법률조항은 노동조합 설립에 있어 노동조합법상의 요건 충족 여부를 사전에 심사하도록 하는 구조를 취하고 있으나, 이 경우 노동조합법상 요구되는 요건만 충족되면 그 설립이 자유롭다는 점에서 일반적인 금지를 특정한 경우에 해제하는 허가와는 개념적으로 구분되고, 더욱이 행정관청의 설립신고서 수리 여부에 대한 결정은 재량 사항이 아니라 의무 사항으로 그 요건 충족이 확인되면 설립신고서를 수리하고 그 신고증을 교부하여야 한다는 점에서 단체의 설립 여부 자체를 사전에 심사하여 특정한 경우에 한해서만 그 설립을 허용하는 '허가'와는 다르다. 따라서 이 사건 법률조항의 노동조합 설립신고서 반려제도가 헌법 제21조 제2항 후단에서 금지하는 결사에 대한 허가제라고 볼 수 없다(헌재 2012.3.29, 2011헌바53).

② [○] 국가 또는 지방자치단체의 정책결정에 관한 사항이나 기관의 관리·운영에 관한 사항으로서 근무조건과 직접 관련되지 아니하는 사항을 공무원노동조합의 단체교섭대상에서 제외하고 있는 공무원의 노동조합 설립 및 운영 등에 관한 법률은 명확성원칙에 위반되지 않는다(헌재 2013.6.27, 2012헌바169).

③ [○] 단체행동권 행사라는 이유로 무조건 형사책임이나 민사책임이 면제된다고 보기는 어려우며, 사용자의 재산권이나 직업의 자유, 경제활동의 자유를 현저히 침해하고, 거래질서나 국가 경제에 중대한 영향을 미치는 일정한 단체행동권의 행사에 대한 제한은 가능하다(헌재 2022.5.26, 2012헌바66).

479
정답 ①

① [×] 종전 결정에서 헌법재판소는 헌법 제32조 제6항의 "국가유공자·상이군경 및 전몰군경의 유가족은 법률이 정하는 바에 의하여 우선적으로 근로의 기회를 부여받는다."는 규정을 넓게 해석하여, 이 조항이 국가유공자 본인뿐만 아니라 가족들에 대한 취업보호제도(가산점)의 근거가 될 수 있다고 보았다. 그러나 오늘날 가산점의 대상이 되는 국가유공자와 그 가족의 수가 과거에 비하여 비약적으로 증가하고 있는 현실과, 취업보호대상자에서 가족이 차지하는 비율, 공무원시험의 경쟁이 갈수록 치열해지는 상황을 고려할 때, 위 조항의 폭넓은 해석은 필연적으로 일반 응시자의 공

무담임의 기회를 제약하게 되는 결과가 될 수 있으므로 위 조항은 엄격하게 해석할 필요가 있다. 이러한 관점에서 위 조항의 대상자는 조문의 문리해석대로 '국가유공자', '상이군경', 그리고 '전몰군경의 유가족'이라고 봄이 상당하다(헌재 2006.2.23, 2004헌마675).

② [○] 축산업은 가축의 양육 및 출하에 있어 기후 및 계절의 영향을 강하게 받으므로, 근로시간 및 근로내용에 있어 일관성을 담보하기 어렵고, 축산업에 종사하는 근로자의 경우에도 휴가에 관한 규정은 여전히 적용되며, 사용자와 근로자 사이의 근로시간 및 휴일에 관한 사적 합의는 심판대상조항에 의한 제한을 받지 않는다. 현재 우리나라 축산업의 상황을 고려할 때, 축산업 근로자들에게 근로기준법을 전면적으로 적용할 경우, 인건비 상승으로 인한 경제적 부작용이 초래될 위험이 있다. 위 점들을 종합하여 볼 때, 심판대상조항이 입법자가 입법재량의 한계를 일탈하여 인간의 존엄을 보장하기 위한 최소한의 근로조건을 마련하지 않은 것이라고 보기 어려우므로, 심판대상조항은 청구인의 근로의 권리를 침해하지 않는다(헌재 2021.8.31, 2018헌마563).

③ [○] 헌법 제32조 제3항은 위와 같은 근로의 권리가 실효적인 것이 될 수 있도록 "근로조건의 기준은 인간의 존엄성을 보장하도록 법률로 정한다."고 하여 근로조건의 법정주의를 규정하고 있고, 이에 따라 근로기준법 등에 규정된 연차유급휴가는 근로자의 건강하고 문화적인 생활의 실현에 이바지할 수 있도록 여가를 부여하는 데 그 목적이 있으므로 이는 인간의 존엄성을 보장하기 위한 합리적인 근로조건에 해당한다. 따라서 연차유급휴가에 관한 권리는 인간의 존엄성을 보장받기 위한 최소한의 근로조건을 요구할 수 있는 권리로서 근로의 권리의 내용에 포함된다 할 것이다(헌재 2008.9.25, 2005헌마586).

④ [○]

> 근로기준법 제43조의2 【체불사업주 명단 공개】 ① 고용노동부장관은 제36조, 제43조, 제51조의3, 제52조 제2항 제2호, 제56조에 따른 임금, 보상금, 수당, 그 밖의 모든 금품(이하 "임금 등"이라 한다)을 지급하지 아니한 사업주(법인인 경우에는 그 대표자를 포함한다. 이하 "체불사업주"라 한다)가 명단 공개 기준일 이전 3년 이내 임금 등을 체불하여 2회 이상 유죄가 확정된 자로서 명단 공개 기준일 이전 1년 이내 임금 등의 체불총액이 3천만원 이상인 경우에는 그 인적사항 등을 공개할 수 있다. 다만, 체불사업주의 사망·폐업으로 명단 공개의 실효성이 없는 경우 등 대통령령으로 정하는 사유가 있는 경우에는 그러하지 아니하다.

480
정답 ②

② [×] 근로기준법이 근로자에게 유급주휴일을 보장하도록 하고 있다는 점을 고려할 때, 소정근로시간 수와 법정 주휴시간 수 모두에 대하여 시간급 최저임금액 이상을 지급하도록 하는 것이 그 자체로 사용자에게 지나치게 가혹하다고 보기는 어렵다. 따라서 이 사건 시행령 조항은 과잉금지원칙에 위배되어 사용자의 계약의 자유 및 직업의 자유를 침해한다고 볼 수 없다(헌재 2020.6.25, 2019헌마15).

① [○] 매월 1회 이상 정기적으로 지급하는 상여금 등이나 복리후생비는 그 성질이나 실질적 기능 면에서 기본급과 본질적인 차이가 있다고 보기 어려우므로, 기본급과 마찬가지로 이를 최저임금에 산입하는 것은 그 합리성을 수긍할 수 있다(헌재 2021.12.23, 2018헌마629).

③ [○] 단순기능직 외국인근로자의 불법체류를 통한 국내 정주는 일반적으로 사회통합 비용을 증가시키고 국내 고용 상황에 부정적 영향을 미칠 수 있다. 따라서 이 사건 출국만기보험금이 근로자의 퇴직 후 생계 보호를 위한 퇴직금의 성격을 가진다고 하더라도 불법체류가 초래하는 여러 가지 문제를 고려할 때 불법체류 방지를 위해 그 지급시기를 출국과 연계시키는 것은 불가피하므로 심판대상조항이 청구인들의 근로의 권리를 침해한다고 보기 어렵다(헌재 2016.3.31, 2014헌마367).

④ [○] 가사사용인 이용 가정의 경우 일반적인 사업 또는 사업장과 달리 퇴직급여법이 요구하는 사항들을 준수할만한 여건과 능력을 갖추지 못한 경우가 대부분인 것이 현실이다. 이러한 현실을 무시하고 퇴직급여법을 가사사용인의 경우에도 전면 적용한다면 가사사용인 이용자가 감당하기 어려운 경제적·행정적 부담을 가중시키는 부작용을 초래할 우려가 있다. … 심판대상조항이 가사사용인을 일반 근로자와 달리 퇴직급여법의 적용범위에서 배제하고 있다 하더라도 합리적 이유가 있는 차별로서 평등원칙에 위배되지 아니한다(헌재 2022.10.27, 2019헌바454).

481
정답 ④

④ [✕] 이상에서 본 바와 같이, 심판대상조항이 '65세 이후 고용' 여부를 기준으로 실업급여 적용 여부를 달리한 것은 합리적 이유가 있다고 할 것이므로, 이로 인해 청구인의 평등권이 침해되었다고 보기 어렵다(헌재 2018.6.28, 2017헌마238).

① [○] 근로의 권리가 "일할 자리에 관한 권리"만이 아니라 "일할 환경에 관한 권리"도 함께 내포하고 있는바, 후자는 인간의 존엄성에 대한 침해를 방어하기 위한 자유권적 기본권의 성격도 갖고 있어 건강한 작업환경, 일에 대한 정당한 보수, 합리적인 근로조건의 보장 등을 요구할 수 있는 권리 등을 포함한다고 할 것이므로 외국인 근로자라고 하여 이 부분에까지 기본권 주체성을 부인할 수는 없다. 즉, 근로의 권리의 구체적인 내용에 따라, 국가에 대하여 고용증진을 위한 사회적·경제적 정책을 요구할 수 있는 권리는 사회권적 기본권으로서 국민에 대하여만 인정해야 하지만, 자본주의 경제질서하에서 근로자가 기본적 생활수단을 확보하고 인간의 존엄성을 보장받기 위하여 최소한의 근로조건을 요구할 수 있는 권리는 자유권적 기본권의 성격도 아울러 가지므로 이러한 경우 외국인 근로자에게도 그 기본권 주체성을 인정함이 타당하다(헌재 2007.8.30, 2004헌마670).

② [○] 헌법 제15조의 직업의 자유 또는 헌법 제32조의 근로의 권리, 사회국가원리 등에 근거하여 실업방지 및 부당한 해고로부터 근로자를 보호하여야 할 국가의 의무를 도출할 수는 있을 것이나, 국가에 대한 직접적인 직장존속보장청구권을 근로자에게 인정할 헌법상의 근거는 없다(헌재 2002.

11.28, 2001헌바50).

③ [○] 근로의 권리는 사회적 기본권으로서 국가에 대하여 직접 일자리를 청구하거나 일자리에 갈음하는 생계비의 지급청구권을 의미하는 것이 아니라 고용증진을 위한 사회적·경제적 정책을 요구할 수 있는 권리에 그치며, 근로의 권리로부터 국가에 대한 직접적인 직장존속청구권이 도출되는 것도 아니다(헌재 2011.7.28, 2009헌마408).

482
정답 ③

③ [○] '건강하고 쾌적한 환경에서 생활할 권리'를 보장하는 환경권의 보호대상이 되는 환경에는 자연환경뿐만 아니라 인공적 환경과 같은 생활환경도 포함되므로(환경정책기본법 제3조), 일상생활에서 소음을 제거·방지하여 '정온한 환경에서 생활할 권리'는 환경권의 한 내용을 구성한다(헌재 2019.12.27, 2018헌마730).

① [✕] 환경소송에서는 개연성이론 등을 통하여 입증책임을 완화해 주고 있다.

② [✕] 환경소송에서는 오염주민의 원고적격을 광범위하게 인정하자는 것이 다수설의 입장이다.

④ [✕] 1980년 제8차 개정헌법 제33조에 "모든 국민은 깨끗한 환경에서 생활할 권리를 가지며, 국가와 국민은 환경보전을 위하여 노력하여야 한다."라고 처음 규정하였고, 현행 헌법에서는 제35조에 이를 이어오고 있다.

483
정답 ①

① [○]

> **헌법 제35조** ② 환경권의 내용과 행사에 관하여는 법률로 정한다.

② [✕] 사회적·문화적 환경, 생활환경 등도 환경권의 내용에 포함되므로 소음, 진동 등으로부터의 보호도 당연히 포함된다.

③ [✕] 일정한 경우 국가는 사인인 제3자에 의한 국민의 환경권 침해에 대해서도 적극적으로 기본권 보호조치를 취할 의무를 지나, 헌법재판소가 이를 심사할 때에는 국가가 국민의 기본권적 법익 보호를 위하여 적어도 적절하고 효율적인 최소한의 보호조치를 취했는가 하는 이른바 "과소보호금지원칙"의 위반 여부를 기준으로 삼아야 한다(헌재 2008.7.31, 2006헌마711).

④ [✕] 국민의 생명·신체의 안전이 질병 등으로부터 위협받거나 받게 될 우려가 있는 경우 국가로서는 그 위험의 원인과 정도에 따라 사회·경제적인 여건 및 재정사정 등을 감안하여 국민의 생명·신체의 안전을 보호하기에 필요한 적절하고 효율적인 입법·행정상의 조치를 취하여 그 침해의 위험을 방지하고 이를 유지할 포괄적인 의무를 진다 할 것이다(헌재 2008.12.26, 2008헌마419).

　　　　　　　　　　　　　　　정답 ①

① [×] 일정한 경우 국가는 사인인 제3자에 의한 국민의 환경권 침해에 대해서도 적극적으로 기본권 보호조치를 취할 의무를 지나, 헌법재판소가 이를 심사할 때에는 국가가 국민의 기본권적 법익 보호를 위하여 적어도 적절하고 효율적인 최소한의 보호조치를 취했는가 하는 이른바 "과소보호금지원칙"의 위반 여부를 기준으로 삼아야 한다(헌재 2008.7.31, 2006헌마711).

② [○]

> **헌법 제35조** ② 환경권의 내용과 행사에 관하여는 법률로 정한다.

③ [○] 심판대상조항이 선거운동의 자유를 감안하여 선거운동을 위한 확성장치를 허용할 공익적 필요성이 인정된다고 하더라도 정온한 생활환경이 보장되어야 할 주거지역에서 출근 또는 등교 이전 및 퇴근 또는 하교 이후 시간대에 확성장치의 최고출력 내지 소음을 제한하는 등 사용시간과 사용지역에 따른 수인한도 내에서 확성장치의 최고출력 내지 소음 규제기준에 관한 규정을 두지 아니한 것은, 국민이 건강하고 쾌적하게 생활할 수 있는 양호한 주거환경을 위하여 노력하여야 할 국가의 의무를 부과한 헌법 제35조 제3항에 비추어 보면, 적절하고 효율적인 최소한의 보호조치를 취하지 아니하여 국가의 기본권 보호의무를 과소하게 이행한 것으로서, 청구인의 건강하고 쾌적한 환경에서 생활할 권리를 침해하므로 헌법에 위반된다(헌재 2019.12.27, 2018헌마730).

④ [○] 환경권을 행사함에 있어 국민은 국가로부터 건강하고 쾌적한 환경을 향유할 수 있는 자유를 침해당하지 않을 권리를 행사할 수 있고, 일정한 경우 국가에 대하여 건강하고 쾌적한 환경에서 생활할 수 있도록 요구할 수 있는 권리가 인정되기도 하는바, 환경권은 그 자체 종합적 기본권으로서의 성격을 지닌다(헌재 2019.12.27, 2018헌마730).

　　　　　　　　　　　　　　　정답 ④

④ [×] 환경소송에서는 개연성이론 등을 통하여 입증책임을 완화하고 있다.

① [○]

> **헌법 제35조** ① 모든 국민은 건강하고 쾌적한 환경에서 생활할 권리를 가지며, 국가와 국민은 환경보전을 위하여 노력하여야 한다.

② [○] 헌법 제35조 제1항은 환경정책에 관한 국가적 규제와 조정을 뒷받침하는 헌법적 근거가 되며 국가는 환경정책 실현을 위한 재원마련과 환경침해적 행위를 억제하고 환경보전에 적합한 행위를 유도하기 위한 수단으로 환경부담금을 부과·징수하는 방법을 선택할 수 있다(헌재 2007.12.27, 2006헌바25).

③ [○]

> **헌법 제35조** ③ 국가는 주택개발정책등을 통하여 모든 국민이 쾌적한 주거생활을 할 수 있도록 노력하여야 한다.

제8장 국민의 기본적 의무

정답 　　　　　　　　　　　　　　　p.186

486	②	487	①	488	③			

　　　　　　　　　　　　　　　정답 ②

㉠ [○] 헌법 제23조 제1항이 보장하고 있는 사유재산권은 사유재산에 관한 임의적인 이용, 수익, 처분권을 본질로 하기 때문에 사유재산의 처분금지를 내용으로 하는 입법조치는 원칙으로 재산권에 관한 입법형성권의 한계를 일탈하는 것일 뿐만 아니라 조세의 부과·징수는 국민의 납세의무에 기초하는 것으로서 원칙으로 재산권의 침해가 되지 않는다고 하더라도 그로 인하여 납세의무자의 사유재산에 관한 이용, 수익, 처분권이 중대한 제한을 받게 되는 경우에는 그것도 재산권의 침해가 될 수 있는 것이다(헌재 1997.12.24, 96헌가19 등).

㉡ [×] 이 사건 공고는 현역군인 신분자에게 다른 직종의 시험응시기회를 제한하고 있으나 이는 병역의무 그 자체를 이행하느라 받는 불이익으로서 병역의무 중에 입는 불이익에 해당될 뿐, 병역의무의 이행을 이유로 한 불이익은 아니므로 이 사건 공고로 인하여 현역군인이 타 직종에 시험응시를 하지 못하는 것은 헌법 제39조 제2항에서 금지하는 '불이익한 처우'라 볼 수 없다(헌재 2007.5.31, 2006헌마627).

㉢ [○] 헌재 1989.12.22, 88헌가13

㉣ [×] 행정중심복합도시의 건설로 말미암아 여러 부작용과 폐해가 발생하여 막대한 재원을 투자하였음에도 불구하고 그에 상응하는 결실보다는 엄청난 국력의 낭비가 초래될 수도 있다는 청구인들의 예상이 전혀 근거가 없거나 불합리한 것으로 볼 수는 없다. 그러나 헌법상 조세의 효율성과 타당한 사용에 대한 감시는 국회의 주요책무이자 권한으로 규정되어 있어(헌법 제54조, 제61조) 재정지출의 효율성 또는 타당성과 관련된 문제에 대한 국민의 관여는 선거를 통한 간접적이고 보충적인 것에 한정되며, 재정지출의 합리성과 타당성 판단은 재정분야의 전문성을 필요로 하는 정책판단의 영역으로서 사법적으로 심사하는 데에 어려움이 있을 수 있다. 게다가 재정지출에 대한 국민의 직접적 감시권을 기본권으로 인정하게 되면 재정지출을 수반하는 정부의 모든 행위를 개별 국민이 헌법소원으로 다툴 수 있게 되는 문제가 발생할 수 있다. 따라서 청구인이 주장하는 재정사용의 합법성과 타당성을 감시하는 납세자의 권리를 헌법에 열거되지 않은 기본권으로 볼 수 없으므로 그에 대한 침해의 가능성 역시 인정될 수 없다(헌재 2005.11.24, 2005헌마579 등).

　　　　　　　　　　　　　　　정답 ①

① [×] 헌법 제39조 제2항은 병역의무를 이행한 사람에게 보상조치를 취하거나 특혜를 부여할 의무를 국가에게 지우는 것이 아니라, 법문 그대로 병역의무의 이행을 이유로 불이

익한 처우를 하는 것을 금지하고 있을 뿐이다. 그리고 이 조항에서 금지하는 '불이익한 처우'라 함은 단순한 사실상, 경제상의 불이익을 모두 포함하는 것이 아니라 법적인 불이익을 의미하는 것으로 보아야 한다(헌재 1999.12.23, 98헌마363).

② [○] 국방의 의무는 외부 적대세력의 직·간접적인 침략행위로부터 국가의 독립을 유지하고 영토를 보전하기 위한 의무로서, 현대전이 고도의 과학기술과 정보를 요구하고 국민 전체의 협력을 필요로 하는 이른바 총력전인 점에 비추어 ⓐ 단지 병역법에 의하여 군복무에 임하는 등의 직접적인 병력형성의무만을 가리키는 것이 아니라, ⓑ 병역법, 향토예비군설치법, 민방위기본법, 비상대비자원관리법 등에 의한 간접적인 병력형성의무 및 ⓒ 병력형성 이후 군작전명령에 복종하고 협력하여야 할 의무도 포함하는 개념이다(헌재 2002.11.28, 2002헌바45).

③ [○] 조세의 부과·징수는 국민의 납세의무에 기초하는 것으로서 원칙으로 재산권의 침해가 되지 않지만 그로 인하여 납세의무자의 사유재산에 관한 이용, 수익, 처분권이 중대한 제한을 받게 되는 경우에는 그것도 재산권의 침해가 될 수 있다(헌재 1997.12.24, 96헌가19 등).

④ [○] 이 사건 법률조항은 헌법상 기본의무인 국방의 의무를 구체적으로 형성하는 것이면서 또한 동시에 양심적 병역거부자들의 양심의 자유를 제한하는 것이기도 하다. 이 사건 법률조항으로 인해서 국가의 존립과 안전을 위한 불가결한 헌법적 가치를 담고 있는 국방의 의무와 개인의 인격과 존엄의 기초가 되는 양심의 자유가 상충하게 된다. 이처럼 헌법적 가치가 서로 충돌하는 경우, 입법자는 두 가치를 양립시킬 수 있는 조화점을 최대한 모색해야 하고, 그것이 불가능해 부득이 어느 하나의 헌법적 가치를 후퇴시킬 수밖에 없는 경우에도 그 목적에 비례하는 범위 내에 그쳐야 한다(헌재 2018.6.28, 2011헌바379 등).

② [○] 조세법률주의는 조세행정에 있어서의 법치주의를 말한다. 조세행정에 있어서의 법치주의의 적용은 법률의 근거 없는 조세징수로부터 국민의 재산권을 보호하고 법적 생활의 안전을 도모하려는 데 그 목적이 있는 것으로, 오늘날의 법치주의는 국민의 권리 의무에 관한 사항을 법률로써 정해야 한다는 형식적 법치주의에 그치는 것이 아니라 그 법률의 목적과 내용 또한 기본권보장의 헌법이념에 부합되어야 한다는 실질적 법치주의를 의미하며 헌법 제38조, 제59조가 선언하는 조세법률주의도 이러한 실질적 법치주의를 뜻하는 것이므로 비록 과세요건이 법률로 명확히 정해진 것일지라도 그것만으로 충분한 것이 아니고 조세법의 목적이나 내용이 기본권보장의 헌법이념과 이를 뒷받침하는 헌법상의 제 원칙에 합치되지 아니하면 아니 된다(헌재 1995.2.3, 93헌바48).

④ [○] 헌재 2002.11.28, 2002헌바45

488 정답 ③

③ [✕] 학교운영지원비는 그 운영상 교원연구비와 같은 교사의 인건비 일부와 학교회계직원의 인건비 일부 등 의무교육 과정의 인적기반을 유지하기 위한 비용을 충당하는 데 사용되고 있다는 점, 학교회계의 세입상 현재 의무교육기관에서는 국고지원을 받고 있는 입학금, 수업료와 함께 같은 항에 속하여 분류되고 있음에도 불구하고 학교운영지원비에 대해서만 학생과 학부모의 부담으로 남아있다는 점, 학교운영지원비는 기본적으로 학부모의 자율적 협찬금의 외양을 갖고 있음에도 그 조성이나 징수의 자율성이 완전히 보장되지 않아 기본적이고 필수적인 학교 교육에 필요한 비용에 가깝게 운영되고 있다는 점 등을 고려해보면 이 사건 세입조항은 헌법 제31조 제3항에 규정되어 있는 의무교육의 무상원칙에 위배되어 헌법에 위반된다(헌재 2012.8.23, 2010헌바220).

① [○]

> **헌법 제31조** ② 모든 국민은 그 보호하는 자녀에게 적어도 초등교육과 법률이 정하는 교육을 받게 할 의무를 진다.

정답

p.190

489	④	490	①	491	①	492	②	493	④
494	②	495	②	496	③	497	②	498	②
499	④	500	④						

489
정답 ④

④ [O] 국제전범재판에 관한 국제법적 원칙, 우리 헌법전문, 제5조 제1항, 제6조의 문언 등을 종합하면, 국내의 모든 국가기관은 헌법과 법률에 근거하여 국제전범재판소의 국제법적 지위와 판결의 효력을 존중하여야 한다. 따라서 한국인 BC급 전범들이 국제전범재판에 따른 처벌로 입은 피해와 관련하여 피청구인에게 이 사건 협정 제3조에 따른 분쟁해결절차에 나아가야 할 구체적 작위의무가 인정된다고 보기 어렵다(헌재 2021.8.31, 2014헌마888).

③ [×] 국가의 신체와 생명에 대한 보호의무는 교통과실범의 경우 발생한 침해에 대한 사후처벌뿐 아니라, 무엇보다도 우선적으로 운전면허취득에 관한 법규 등 전반적인 교통관련법규의 정비, 운전자와 일반국민에 대한 지속적인 계몽과 교육, 교통안전에 관한 시설의 유지 및 확충, 교통사고 피해자에 대한 보상제도 등 여러 가지 사전적·사후적 조치를 함께 취함으로써 이행된다 할 것이므로, 형벌은 국가가 취할 수 있는 유효적절한 수많은 수단 중의 하나일 뿐이지, 결코 형벌까지 동원해야만 보호법익을 유효적절하게 보호할 수 있다는 의미의 최종적인 유일한 수단이 될 수는 없다 할 것이다. 따라서 이 사건 법률조항은 국가의 기본권보호의무의 위반 여부에 관한 심사기준인 과소보호금지의 원칙에 위반한 것이라고 볼 수 없다[헌재 2009.2.26, 2005헌마764·2008헌마118(병합)].

① [×] 경찰대학에 연령제한을 둔 목적은 젊고 유능한 인재를 확보하고 이들에게 필요한 교육훈련을 일관적이고 체계적으로 실시하여 국민에게 전문적이고 질 높은 행정 서비스를 제공하기 위한 것이므로, 이를 위하여 경찰대학 입학에 일정한 상한연령을 규정하는 것은 정당한 목적에 대한 적절한 수단이다. 또한, 고등학교 졸업 후 2-3회의 입학 기회를 부여하고 있는 점, 경찰대학 외에 경찰간부가 될 수 있는 별도의 제도가 마련되어 있는 점 등을 볼 때 이 심판대상 규정으로 확보되는 우수한 경찰간부 양성을 통한 경찰행정서비스의 향상이라는 입법목적을 달성하기 위하여 공무담임권을 보다 적게 제한할 방법은 찾기 어려우므로, 피해최소성의 원칙에 위배되지 아니한다. 그러므로 이 사건 심판대상 규정은 청구인의 공무담임권을 침해하지 아니한다(헌재 2009.7.30, 2007헌마991).

② [×] 성별을 이유로 하는 낙태가 임신 기간의 전 기간에 걸쳐 이루어질 것이라는 전제하에, 이 사건 규정이 낙태가 사실상 불가능하게 되는 임신 후반기에 이르러서도 태아에 대한 성별 정보를 태아의 부모에게 알려 주지 못하게 하는 것은 최소침해성원칙을 위반하는 것이고, 이와 같이 임신 후반기 공익에 대한 보호의 필요성이 거의 제기되지 않는 낙태 불가능 시기 이후에도 의사가 자유롭게 직업수행을 하는 자유를 제한하고, 임부나 그 가족의 태아 성별 정보에 대한 접근을 방해하는 것은 기본권 제한의 법익균형성 요건도 갖추지 못한 것이다. 따라서 이 사건 규정은 헌법에 위반된다 할 것이다[헌재 2008.7.31, 2004헌마1010·2005헌바90(병합)].

490
정답 ①

① [×] 심판대상 법률조항은 투표일 오전 6시에 투표소를 열도록 하여 일과 시작 전 투표를 할 수 있도록 하고 있고, 근로기준법(2012.2.1. 법률 제11270호로 개정된 것) 제10조는 근로자가 근로시간 중에 투표를 위하여 필요한 시간을 청구할 수 있도록 규정하고 있으며, 통합선거인명부제도가 시행됨에 따라 사전신고를 하지 않고도 부재자투표가 가능해진 점 등을 고려하면 위 조항은 선거권 행사의 보장과 투표시간 한정의 필요성을 조화시키는 하나의 방안이 될 수 있다고 할 것이므로, 침해최소성 및 법익균형성에 반한다고 보기 어렵다. 따라서 심판대상 법률조항은 과잉금지원칙에 반하여 선거권을 침해한다고 볼 수 없다(헌재 2013.7.25, 2012헌마815).

② [O] 응시기간산입 예외조항은 법학전문대학원의 교육효과가 소멸하기 전에 변호사자격을 취득할 것을 요구하는 것으로서 전문직으로서의 변호사가 갖추어야 할 적극적 자격요건 자체와 밀접하게 관련되므로, 변호사시험 응시기회를 한 차례도 부여받지 못하게 되는 경우가 발생할 수 있다고 하더라도 입법재량을 벗어나 직업선택의 자유를 침해한다고 보기 어렵다(헌재 2013.9.26, 2012헌마365).

③ [O] 이 사건 법률조항은 사건 브로커 등의 알선 행위를 조장할 우려가 큰 변호사의 행위를 금지하고, 이에 위반한 경우 형사처벌하는 것으로서 변호사제도의 특성상 변호사에게 요구되는 윤리성을 담보하고, 비변호사의 법률사무 취급행위를 방지하며, 법률사무 취급의 전문성, 공정성, 신뢰성 등을 확보하고자 하는 것인바, 정당한 목적 달성을 위한 적합한 수단에 해당하고, 불필요한 제한을 규정한 것이라 볼 수 없다. 나아가 이 사건 법률조항으로 인하여 수범자인 변호사가 받는 불이익이란 결국 수임 기회의 제한에 불과하고, 이는 현재의 변호사제도가 변호사에게 법률사무 전반을 독점시키고 있음에 따라 필연적으로 발생하는 규제로서 변호사를 직업으로 선택한 이로서는 당연히 감수하여야 할 부분

이다. 따라서 이 사건 법률조항이 과잉금지원칙에 위반하여 변호사의 직업수행의 자유를 침해한다고 볼 수 없다(헌재 2013.2.28, 2012헌바62).

④ [O] 피고인 스스로 치료감호를 청구할 수 있는 권리나, 법원으로부터 직권으로 치료감호를 선고받을 수 있는 권리는 헌법상 재판청구권의 보호범위에 포함되지 않는다. 공익의 대표자로서 준사법기관적 성격을 가지고 있는 검사에게만 치료감호청구권한을 부여한 것은, 본질적으로 자유박탈적이고 침익적 처분인 치료감호와 관련하여 재판의 적정성 및 합리성을 기하기 위한 것이므로 적법절차원칙에 반하지 않는다. 그렇다면 이 사건 법률조항들은 재판청구권을 침해하거나 적법절차원칙에 반한다고 보기 어렵다(헌재 2021.1.28, 2019헌가24 등).

491   정답 ①

① [O] 보호의무자 2인의 동의와 정신건강의학과 전문의 1인의 진단으로 정신질환자에 대한 보호입원이 가능하도록 한 정신보건법 심판대상조항은 과잉금지원칙을 위반하여 신체의 자유를 침해한다(헌재 2016.9.29, 2014헌가9).

② [×] 재판에 영향을 미칠 염려가 있거나 미치게 하기 위한 집회 또는 시위를 금지하고 이를 위반한 자를 형사처벌하는 구 '집회 및 시위에 관한 법률' 제3조 제1항 제2호 및 구 집시법 제14조 제1항 본문 중 제3조 제1항 제2호 부분이 집회의 자유를 침해한다(헌재 2016.9.29, 2014헌가3).

③ [×] 후보자의 실효된 형까지 포함한 금고 이상의 형의 범죄경력을 공개함으로써 국민의 알 권리를 충족하고 공정하고 정당한 선거권 행사를 보장하고자 하는 이 사건 법률조항의 입법목적은 정당하며, 이러한 입법목적을 달성하기 위하여는 선거권자가 후보자의 모든 범죄경력을 인지한 후 그 공직적합성을 판단하는 것이 효과적이다. 또한 금고 이상의 범죄경력에 실효된 형을 포함시키는 이유는 선거권자가 공직후보의 자질과 적격성을 판단할 수 있도록 하기 위한 점, 전과기록은 통상 공개재판에서 이루어진 국가의 사법작용의 결과라는 점, 전과기록의 범위와 공개시기 등이 한정되어 있는 점 등을 종합하면, 이 사건 법률조항은 피해최소성의 원칙에 반한다고 볼 수 없고, 공익적 목적을 위하여 공직선거 후보자의 사생활의 비밀과 자유를 한정적으로 제한하는 것이어서 법익균형성의 원칙도 충족한다(헌재 2008.4.24, 2006헌마420 등).

④ [×] 대학 교육과정의 수준과 내용, 그에 따른 학생들의 학업 부담, 현역병과 달리 내무생활을 하지 않는 사회복무요원의 복무형태 등을 고려하면, 심판대상조항이 사회복무요원에 대해 대학에서의 수학행위를 제한한 것은 사회복무요원의 충실한 병역의무 이행을 확보하고 다른 병역과의 형평성을 유지하기 위한 것이므로, 그 필요성을 충분히 인정할 수 있다. 분할복무를 신청하여 복무중단 중인 사회복무요원에 대해 대학에서 수학하는 행위를 허용하는 것은 분할복무제도의 취지에 반하여 사회복무요원이 병역의무를 충실히 이행하고 전념하게 하는 데에 부합하지 않을 뿐만 아니라, 그 기간 동안 대학에 정상적으로 복학하여 수학할 수 있다고 단정할 수도 없고, 병역부담의 형평성과 사회복무제도에

대한 사회적 신뢰도 무너뜨릴 위험이 있으므로, 사회복무요원의 교육을 통한 자유로운 인격발현권을 덜 침해하는 대안이라고 볼 수 없다. 사회복무요원은 구 병역법 시행령 제65조의3 제4호 단서에 따라 근무시간 후에 방송통신에 의한 수업이나 원격수업으로 수학할 수 있고, 개인적으로 수학하는 것도 전혀 제한되지 않는다. 따라서 심판대상조항은 과잉금지원칙에 반하여 청구인의 교육을 통한 자유로운 인격발현권을 침해하지 않는다(헌재 2021.6.24, 2018헌마526).

492   정답 ②

② [×] 디엔에이감식시료채취영장에 따른 디엔에이감식시료 채취 및 등록 과정에서 채취대상자는 신체의 자유, 개인정보자기결정권 등 기본권을 제한받게 된다. 그럼에도 불구하고 이 사건 영장절차 조항이 채취대상자에게 디엔에이감식시료채취영장 발부과정에서 자신의 의견을 진술할 수 있는 기회를 절차적으로 보장하고 있지 않을 뿐만 아니라, 발부 후 그 영장 발부에 대하여 불복할 수 있는 기회를 주거나 채취행위의 위법성 확인을 청구할 수 있도록 하는 구제절차마저 마련하고 있지 않음으로써, 채취대상자의 재판청구권은 형해화되고 채취대상자는 범죄수사 내지 예방의 객체로만 취급받게 된다. … 이상의 사정들을 종합하면, 위와 같은 입법상의 불비가 있는 이 사건 영장절차 조항은 채취대상자인 청구인들의 재판청구권을 과도하게 제한하므로, 침해의 최소성원칙에 위반된다. … 따라서 이 사건 영장절차 조항은 과잉금지원칙을 위반하여 청구인들의 재판청구권을 침해한다(헌재 2018.8.30, 2016헌마344 등).

① [O] 심판대상조항은 음식점 영업 자체를 금지하는 것이 아니고 영업 방식을 한정적으로 제한하고 있을 뿐이다. 반면에 간접흡연의 위험으로부터 국민의 건강을 보호하고 증진하는 것은 매우 중요한 법익이다. 생명·신체의 안전에 관한 권리는 인간의 존엄과 가치의 근간을 이루는 기본권일 뿐만 아니라, 헌법은 제36조 제3항에서 국민의 보건에 관한 국가의 보호 의무를 특별히 강조하고 있기도 하다. 음식점시설 전체를 금연구역으로 지정함으로써 음식점 영업자가 입게 될 불이익보다 간접흡연을 차단하여 이로 인한 폐해를 예방하고 국민의 생명·신체를 보호하고자 하는 공익이 더욱 큰 이상, 심판대상조항은 법익의 균형성도 충족하고 있다. 심판대상조항은 과잉금지원칙에 위반되어 청구인의 직업수행의 자유를 침해한다고 할 수 없다(헌재 2016.6.30, 2015헌마813).

③ [O] 형의 집행 및 수용자의 처우에 관한 법률 시행령 제65조 제1항은 교정시설의 안전과 질서유지, 수용자의 교화 및 사회복귀를 원활하게 하기 위해 수용자가 밖으로 내보내는 서신을 봉함하지 않은 상태로 제출하도록 한 것이나, 이와 같은 목적은 교도관이 수용자의 면전에서 서신에 금지물품이 들어 있는지를 확인하고 수용자로 하여금 서신을 봉함하게 하는 방법, 봉함된 상태로 제출된 서신을 X-ray 검색기 등으로 확인한 후 의심이 있는 경우에만 개봉하여 확인하는 방법, 서신에 대한 검열이 허용되는 경우에만 무봉함 상태로 제출하도록 하는 방법 등으로도 얼마든지 달성할 수 있다고 할 것인바, 위 시행령조항이 수용자가 보내려는 모든

서신에 대해 무봉함 상태의 제출을 강제함으로써 수용자의 발송 서신 모두를 사실상 검열 가능한 상태에 놓이도록 하는 것은 기본권 제한의 최소침해성요건을 위반하여 수용자인 청구인의 통신비밀의 자유를 침해하는 것이다(헌재 2012.2.23, 2009헌마333).

④ [○] 심판대상조항이 이동통신서비스 가입시 본인확인절차를 거치도록 함으로써 타인 또는 허무인의 이름을 사용한 휴대전화인 이른바 대포폰이 보이스피싱 등 범죄의 범행도구로 이용되는 것을 막고, 개인정보를 도용하여 타인의 명의로 가입한 다음 휴대전화소액결제나 서비스요금을 그 명의인에게 전가하는 등 명의도용범죄의 피해를 막고자 하는 입법목적은 정당하고, 이를 위하여 본인확인절차를 거치게 한 것은 적합한 수단이다. … 개인정보자기결정권, 통신의 자유가 제한되는 불이익과 비교했을 때, 명의도용피해를 막고, 차명휴대전화의 생성을 억제하여 보이스피싱 등 범죄의 범행도구로 악용될 가능성을 방지함으로써 잠재적 범죄 피해 방지 및 통신망 질서유지라는 더욱 중대한 공익의 달성 효과가 인정된다. 따라서 심판대상조항은 청구인들의 개인정보자기결정권 및 통신의 자유를 침해하지 않는다(헌재 2019.9.26, 2017헌마1209).

493
정답 ④

④ [×] 헌법 제25조의 공무담임권이 공무원의 재임 기간 동안 충실한 공무 수행을 담보하기 위하여 공무원의 퇴직급여 및 공무상 재해보상을 보장할 것까지 그 보호영역으로 하고 있다고 보기 어렵고, 행복추구권은 행복을 추구하기 위하여 필요한 급부를 국가에 대하여 적극적으로 요구할 수 있음을 내용으로 하는 것이 아니므로(헌재 2003.11.27, 2003헌바39), 심판대상조항으로 인한 공무담임권 및 행복추구권의 제한은 문제되지 않는다(헌재 2014.6.26, 2012헌마459).

① [○] 이 사건 법률조항의 음란표현은 헌법 제21조가 규정하는 언론·출판의 자유의 보호영역 내에 있다고 볼 것인바, 종전에 이와 견해를 달리하여 음란표현은 헌법 제21조가 규정하는 언론·출판의 자유의 보호영역에 해당하지 아니한다는 취지로 판시한 우리 재판소의 의견(헌재 1998.4.30, 95헌가16)을 변경한다(헌재 2009.5.28, 2006헌바109 등).

② [○] 즉, 일반적 행동자유권은 모든 행위를 할 자유와 행위를 하지 않을 자유로 가치 있는 행동만 그 보호영역으로 하는 것은 아닌 것으로, 그 보호영역에는 개인의 생활방식과 취미에 관한 사항도 포함되며, 여기에는 위험한 스포츠를 즐길 권리와 같은 위험한 생활방식으로 살아갈 권리도 포함된다(헌재 2003.10.30, 2002헌마518).

③ [○] 거주·이전의 자유는 국민이 원활하게 개성신장과 경제활동을 해 나가기 위하여는 자유로이 생활의 근거지를 선택하고 변경하는 것이 필수적이라는 고려에 기하여 생활형성의 중심지 즉, 거주지나 체류지라고 볼 만한 정도로 생활과 밀접한 연관을 갖는 장소를 선택하고 변경하는 행위를 보호하는 기본권으로서, 생활의 근거지에 이르지 못하는 일시적인 이동을 위한 장소의 선택과 변경까지 그 보호영역에 포함되는 것은 아니다(헌재 2011.6.30, 2009헌마406).

494
정답 ②

㉠ [×] 비군사적 성격을 갖는 복무도 입법자의 형성에 따라 병역의무의 내용에 포함될 수 있고, 대체복무제는 그 개념상 병역종류조항과 밀접한 관련을 갖는다. 따라서 병역종류조항에 대한 이 사건 심판청구는 입법자가 아무런 입법을 하지 않은 진정입법부작위를 다투는 것이 아니라, 입법자가 병역의 종류에 관하여 입법은 하였으나 그 내용이 양심적 병역거부자를 위한 대체복무제를 포함하지 아니하여 불완전·불충분하다는 부진정입법부작위를 다투는 것이라고 봄이 상당하다(헌재 2018.6.28, 2011헌바379 등).

㉡ [×] 헌법 제10조의 행복추구권은 국민이 행복을 추구하기 위하여 필요한 급부를 국가에게 적극적으로 요구할 수 있는 것을 내용으로 하는 것이 아니라, 국민이 행복을 추구하기 위한 활동을 국가권력의 간섭없이 자유롭게 할 수 있다는 포괄적(包括的)인 의미의 자유권으로서의 성격을 가지므로 국민에 대한 일정한 보상금의 수급기준을 정하고 있는 이 사건 규정이 행복추구권을 침해한다고 할 수 없다(헌재 1995.7.21, 93헌가14).

㉢ [○] 이처럼 일반 공중에게 개방된 장소인 서울광장을 개별적으로 통행하거나 서울광장에서 여가활동이나 문화활동을 하는 것은 일반적 행동자유권의 내용으로 보장됨에도 불구하고, 피청구인이 이 사건 통행제지행위에 의하여 청구인들의 이와 같은 행위를 할 수 없게 하였으므로 청구인들의 일반적 행동자유권의 침해 여부가 문제된다(헌재 2011.6.30, 2009헌마406).

㉣ [○] 헌법 제31조 제1항은 국민의 교육을 받을 권리를 보장하고 있지만 그 권리는 통상 국가에 의한 교육조건의 개선·정비와 교육기회의 균등한 보장을 적극적으로 요구할 수 있는 권리로 이해되고 있을 뿐이고, 그로부터 위와 같은 작위의무가 헌법해석상 바로 도출된다고 볼 수 없다. 또한 사립유치원 운영자 등의 영업의 자유나 평등권을 보장하는 헌법규정으로부터도 위와 같은 작위의무가 도출된다고 볼 수 없다(헌재 2006.10.26, 2004헌마13).

㉤ [×] '국민기초생활 보장법'상의 수급권자가 구치소에 수감되어 형이 확정되지 않은 상황에서 개별가구에서 제외되는 것은 그 사람을 유죄로 취급하여 어떠한 불이익을 주기 위한 것이 아니라 '국민기초생활 보장법'의 보충급여의 원칙에 따라 다른 법령에 의하여 생계유지의 보호를 받게 되는 경우, 중복적인 보장을 피하기 위해 개별가구에서 제외시키는 것으로 이를 '유죄인정의 효과'로서의 불이익이라고 볼 수 없는바, 이 사건 조항이 무죄추정의 원칙에 위반된다고 볼 수 없다(헌재 2011.3.31, 2009헌마617 등).

495
정답 ②

② [×] 심판대상조항에 의한 영창처분은 징계처분임에도 불구하고 신분상 불이익 외에 신체의 자유를 박탈하는 것까지 그 내용으로 삼고 있어 징계의 한계를 초과한 점, … 영창제도가 갖고 있는 위하력이 인신구금보다는 병역법상 복무기간의 불산입에서 기인하는 바가 더 크다는 지적에 비추어 볼 때, 인신의 자유를 덜 제한하면서도 병의 비위행위를 효율적으로 억지할 수 있는 징계수단을 강구하는 것은 얼마든

지 가능하다고 볼 수 있다. … 심판대상조항에 의한 영창처분은 그 사유가 지나치게 포괄적으로 규정되어 있어 복무규율 유지를 위해 인신구금이 불가피하게 요구될만한 중대한 비위행위뿐만 아니라 경미한 비위행위에 대해서도 제한 없이 적용될 수 있는바, 군 조직의 특수성을 고려한다 하더라도 이를 두고 최소한의 범위에서 제한적으로만 활용되는 제도라고 볼 수는 없다. …심판대상조항은 병의 신체의 자유를 필요 이상으로 과도하게 제한하므로, 침해의 최소성원칙에 어긋난다(헌재 2020.9.24, 2017헌바157 등).

① [○] 헌법 제110조 제1항에서 "특별법원으로서 군사법원을 둘 수 있다"는 의미는 군사법원을 일반법원과 조직 권한 및 재판관의 자격을 달리하여 특별법원으로 설치할 수 있다는 뜻으로 해석되므로 법률로 군사법원을 설치함에 있어서 군사재판의 특수성을 고려하여 그 조직·권한 및 재판관의 자격을 일반법원과 달리 정하는 것은 헌법상 허용되고 있다(헌재 1996.10.31, 93헌바25).

③ [○] 공무상 질병 또는 부상으로 인하여 퇴직 후 장애 상태가 확정된 군인에게 상이연금을 지급하도록 한 개정된 군인연금법 제23조 제1항을 개정법 시행일 이후부터 적용하도록 한 군인연금법 부칙 중 구 군인연금법 제23조 제1항에 관한 부분 및 군인연금법 부칙 제1조 중 군인연금법 제23조 제1항에 관한 부분이 평등원칙에 위반된다(헌재 2016.12.29, 2015헌바208).

④ [○] 군인사법 제47조의2는 헌법이 대통령에게 부여한 군통수권을 실질적으로 존중한다는 차원에서 군인의 복무에 관한 사항을 규율할 권한을 대통령령에 위임한 것이라 할 수 있고, 대통령령으로 규정될 내용 및 범위에 관한 기본적인 사항을 다소 광범위하게 위임하였다 하더라도 포괄위임금지원칙에 위배된다고 볼 수 없다(헌재 2010.10.28, 2008헌마638).

496 정답 ③

③ [×] 장애인가구는 비장애인가구와 비교하여 각종 법령 및 정부시책에 따른 각종 급여 및 부담감면으로 인하여 최저생계비의 비목에 포함되는 보건의료비, 교통·통신비, 교육비, 교양·오락비, 비소비지출비를 추가적으로 보전받고 있는 점을 고려할 때, 국가가 생활능력 없는 장애인의 인간다운 생활을 보장하기 위한 조치를 취함에 있어서 국가가 실현하여야 할 객관적 내용의 최소한도의 보장에도 이르지 못하였거나 헌법상 용인될 수 있는 재량의 범위를 명백히 일탈하였다고는 보기 어렵고, 또한 장애인가구와 비장애인가구에게 일률적으로 동일한 최저생계비를 적용한 것을 자의적인 것으로 볼 수는 없다. 따라서, 보건복지부장관이 2002년도 최저생계비를 고시함에 있어 장애로 인한 추가지출비용을 반영한 별도의 최저생계비를 결정하지 않은 채 가구별 인원수만을 기준으로 최저생계비를 결정한 것은 생활능력 없는 장애인가구 구성원의 인간의 존엄과 가치 및 행복추구권, 인간다운 생활을 할 권리, 평등권을 침해하였다고 할 수 없다(헌재 2004.10.28, 2002헌마328).

① [○] 아동·청소년 대상 성폭력 범죄를 저지른 사람에 대하여 신상정보를 공개하도록 한 것은 아동·청소년의 성을 보호하고 사회방위를 도모하기 위한 것으로서 목적의 정당성

및 수단의 적합성이 인정된다. 한편, 심판대상조항에 따른 신상정보 공개제도는, 그 공개대상이나 공개기간이 제한적이고, 법관이 '특별한 사정' 등을 고려하여 공개 여부를 판단하도록 되어 있으며, 공개로 인한 피해를 최소화하는 장치도 마련되어 있으므로 침해의 최소성이 인정되고, 이를 통하여 달성하고자 하는 '아동·청소년의 성보호'라는 목적이 침해되는 사익에 비하여 매우 중요한 공익에 해당하므로 법익의 균형성도 인정된다. 따라서 심판대상조항은 과잉금지원칙을 위반하여 청구인들의 인격권, 개인정보자기결정권을 침해한다고 볼 수 없다(헌재 2013.10.24, 2011헌바106).

② [○] 이 사건 규칙은 사립유치원의 회계업무를 교육부장관이 지정하는 정보처리장치를 이용하여 기록하도록 하고 있을 뿐, 세출용도를 지정·제한하거나 시설물 자체에 대한 청구인들의 소유권 내지 처분권에 어떠한 영향도 미치지 않는다는 점까지 덧붙여 고려하여 보면, 이 사건 규칙이 사립유치원의 회계업무를 특정한 회계시스템을 통하여 처리하도록 하였다고 하여 이를 두고 입법형성의 한계를 현저히 일탈하여 사립유치원 설립·경영자의 사립학교 운영의 자유를 침해한다고 볼 수 없다(헌재 2021.11.25, 2019헌마542).

④ [○] 어음발행인과 달리 수표발행인에 대하여만 이 사건 법률조항과 같은 규제를 두었다고 하더라도, 수표는 현금의 대용물로서 금전지급증권이라는 수표 고유의 특성 때문에 어음과는 본래적 성질을 달리 하므로, 수표발행인과 어음발행인 사이에는 본질적으로 동일한 집단에 대한 차별 취급이 인정되지 않거나, 또는 이들에 대한 차별취급에 합리적 이유가 있다고 할 것이다. 한편 이 사건 법률조항은 일반적인 수표 이외에 신용목적으로 발행된 수표의 경우에도 적용되는데, 이는 신용목적으로 발행된 수표라 하더라도 일반적인 수표와 외관상 구별이 되지 않으므로 수표가 신용증권으로 발행되었는지 여부를 일반 공중으로서는 알 길이 없고, 언제든지 유통가능성이 있다는 점에 근거한 것으로 신용목적으로 발행된 수표를 일반적인 수표와 동일하게 취급하는 데에는 여전히 합리적 이유가 있다. 따라서 이 사건 법률조항은 평등원칙에 위배되지 아니한다(헌재 2011.7.28, 2009헌바267).

497 정답 ②

② [○] 형사재판 중 결정절차에서는 그 결정 일자가 미리 당사자에게 고지되는 것이 아니기 때문에 결정에 대한 불복 여부를 결정하고 즉시항고 절차를 준비하는데 있어 상당한 기간을 부여할 필요가 있다. 또한 심판대상조항의 제정 당시와 비교할 때, 오늘날의 형사사건은 그 내용이 더욱 복잡해져 즉시항고 여부를 결정함에 있어서도 많은 시간이 소요될 수 있고, 근로기준법의 개정으로 주 40시간 근무가 확대, 정착됨에 따라 금요일 오후에 결정문을 송달받을 경우 주말동안 공공기관이나 변호사로부터 법률적 도움을 구하는 것도 쉽지 않게 되었으며, 우편 접수를 통해 즉시항고를 한다고 하더라도 사실상 월요일 하루 안에 발송 및 도달을 완료해야 한다. 그럼에도 심판대상조항은 변화된 사회 현실을 제대로 반영하지 못하여, 당사자가 어느 한 순간이라도 지체할 경우 즉시항고권 자체를 행사할 수 없게 하는 부당한 결과를 초래하고 있다. 형사재판절차의 당사자가 직접 또는

다른 사람의 도움을 받아 인편으로 법원에 즉시항고장을 제출하기 어려운 상황은 얼마든지 발생할 수 있고, 교도소 또는 구치소에 있는 피고인에게 적용되는 형사소송법 제344조의 재소자 특칙 규정은 개별적으로 준용규정이 있는 경우에만 그 적용을 받게 되며, 형사소송법상의 법정기간 연장 조항이나 상소권회복청구 조항들만으로는 3일이라는 지나치게 짧은 즉시항고 제기기간의 도과를 보완하기에 미흡하다. 나아가 민사소송, 민사집행, 행정소송, 형사보상절차 등의 즉시항고기간 1주나, 외국의 입법례와 비교하더라도 3일이라는 제기기간은 지나치게 짧다. 즉시항고 자체가 형사소송법상 명문의 규정이 있는 경우에만 허용되므로 기간 연장으로 인한 폐해가 크다고 볼 수도 없는 점 등을 고려하면, 심판대상조항은 즉시항고 제도를 단지 형식적이고 이론적인 권리로서만 기능하게 함으로써 헌법상 재판청구권을 공허하게 하므로 입법재량의 한계를 일탈하여 재판청구권을 침해하는 규정이다(헌재 2018.12.27, 2015헌바77).

① [×] 헌법 제28조의 형사보상청구권은 건국헌법부터 규정되었다. 다만, '피의자'보상은 현행 헌법(제9차 개정)에서 추가되었다.

③ [×]

> 헌법 제29조 ① 공무원의 직무상 불법행위로 손해를 받은 국민은 법률이 정하는 바에 의하여 국가 또는 공공단체에 정당한 배상을 청구할 수 있다. 이 경우 공무원 자신의 책임은 면제되지 아니한다.

④ [×] 청원에 대하여 국가기관이 수리·심사하여 그 결과를 청원인에게 통지하였다면 비록 그 결과가 청원인의 기대에 미치지 못한다 하더라도 헌법소원의 대상이 되는 공권력의 불행사가 있다고 볼 수는 없다(헌재 1994.2.24, 93헌마213 등).

498 정답 ②

② [○] 하나의 규제로 인해 여러 기본권이 동시에 제약을 받는 기본권 경합의 경우에는 기본권 침해를 주장하는 제청신청인과 제청법원의 의도 및 기본권을 제한하는 입법자의 객관적 동기 등을 참작하여 사안과 가장 밀접한 관계에 있고 또 침해의 정도가 큰 주된 기본권을 중심으로 해서 그 제한의 한계를 따져 보아야 할 것이다(헌재 1998.4.30, 95헌가16).

① [×] 미국에서는 기본권의 대사인적 효력을 인정하지 않았으나 사인에 의한 인종차별의 문제를 중심으로 판례와 이론이 변화되면서 연방대법원이 '국가행위의제이론' 또는 '국가유사설'이라 불려지는 이론을 구성하여 기본권의 대사인적 효력을 제한적으로 인정하고 있다. 국가행위의제이론은 사인에게도 기본권의 효력을 미치게 하려면 사인의 행위를 국가의 행위와 동일시하거나 적어도 국가작용인 것처럼 의제하지 않으면 아니 된다고 한다. 사인의 행위를 국가의 행위로 의제할 수 있으면 기본권규정이 사인 간에도 직접 적용되고, 사인의 행위를 국가행위로 의제할 수 없다면 기본권규정이 적용되지 않는다고 본다. 따라서 사법상의 일반조항(공서양속조항·신의성실조항 등)을 통하여 직접 적용되지

도 않는다. 사법상의 일반조항을 통하여 간접적용되는 이론은 독일이나 우리나라의 다수설의 입장이다.

③ [×] 피청구인이 공공용지의 취득 및 손실보상에 관한 특례법에 의거하여 공공사업에 필요한 토지 등을 협의취득하고 그 협의취득에 따르는 보상금을 지급하는 행위는 토지 등 권리이전에 대한 반대급부의 교부행위에 불과하므로 공법상의 행정처분이 아니라 사경제주체로서 행하는 사법상의 법률행위이므로 헌법소원의 대상이 되는 공권력의 행사라고 볼 수 없다(헌재 1992.12.24, 90헌마182).

④ [×] 기본권 경합과 기본권의 충돌은 기본권 제한의 문제에서도 발생한다.

499 정답 ④

④ [×] 헌법재판소법 제68조 제1항 소정의 헌법소원은 기본권의 주체이어야만 청구할 수 있는데, 단순히 '국민의 권리'가 아니라 '인간의 권리'로 볼 수 있는 기본권에 대해서는 외국인도 기본권의 주체가 될 수 있다. 나아가 청구인들이 불법체류 중인 외국인들이라 하더라도, 불법체류라는 것은 관련 법령에 의하여 체류자격이 인정되지 않는다는 것일 뿐이므로, '인간의 권리'로서 외국인에게도 주체성이 인정되는 일정한 기본권에 관하여 불법체류 여부에 따라 그 인정 여부가 달라지는 것은 아니다. 청구인들이 침해받았다고 주장하고 있는 신체의 자유, 주거의 자유, 변호인의 조력을 받을 권리, 재판청구권 등은 성질상 인간의 권리에 해당한다고 볼 수 있으므로, 위 기본권들에 관하여는 청구인들의 기본권 주체성이 인정된다. 그러나 '국가인권위원회의 공정한 조사를 받을 권리'는 헌법상 인정되는 기본권이라고 하기 어렵고, 이 사건 보호 및 강제퇴거가 청구인들의 노동3권을 직접 제한하거나 침해한 바 없다(헌재 2012.8.23, 2008헌마430).

① [○] 심판대상조항 중 '대부'와 '광고'의 의미에 관하여 대부업법에서 정의한 내용, '조건'과 '등'의 일반적 의미, 대부업법의 입법취지 및 관련규정 등을 종합적으로 고려하면, 심판대상조항의 '대부조건 등'은 대부업자가 자신의 용역에 관한 대부계약을 소비자와 체결하기에 앞서 내놓는 중요한 사항과 대부계약 체결 시 거래의 상대방을 보호하기 위하여 대부업자에게 요구해야 할 중요한 사항을 가리키는 것으로, 어느 경우든 '대부계약'을 전제하고 있다고 해석되므로, 심판대상조항의 '대부조건 등에 관한 광고'는 '대부계약에 대한 청약의 유인으로서의 광고'를 의미한다고 합리적으로 해석할 수 있으므로 심판대상조항은 명확성원칙에 위배되지 않는다(헌재 2013.7.25, 2012헌바67).

② [○] 이 사건 벌칙규정이나 관련 법령 어디에도 '토사'의 의미나 '다량'의 정도, '현저히 오염'되었다고 판단할 만한 기준에 대하여 아무런 규정도 하지 않고 있으므로, 일반 국민으로서는 자신의 행위가 처벌대상인지 여부를 예측하기 어렵고, 감독 행정관청이나 법관의 자의적인 법해석과 집행을 초래할 우려가 매우 크므로 이 사건 벌칙규정은 죄형법정주의의 명확성원칙에 위배된다(헌재 2013.7.25, 2011헌가26 등).

③ [○] 국가의 기본권 보호의무란 사인인 제3자에 의한 생명이나 신체에 대한 침해로부터 이를 보호하여야 할 국가의

의무를 말하는 것으로, 이 사건처럼 국가가 직접 주방용오물분쇄기의 사용을 금지하여 개인의 기본권을 제한하는 경우에는 국가의 기본권 보호의무 위반 여부가 문제되지 않는다. 따라서 청구인들의 위 주장에 대해서는 판단하지 않는다(헌재 2018.6.28, 2016헌마1151).

500
정답 ④

④ [×] 직업소개업은 그 성질상 사인이 영리목적으로 운영할 경우 근로자의 안전 및 보건상의 위험, 근로조건의 저하, 공중도덕상 해로운 직종에의 유입, 미성년자에 대한 착취, 근로자의 피해, 인권침해 등의 부작용이 초래될 수 있는 가능성이 매우 크므로 유료직업소개사업은 노동부장관의 허가를 받아야만 할 수 있도록 제한하는 것은 그 목적의 정당성, 방법의 적절성, 피해의 최소성, 법익의 균형성 등에 비추어 볼 때 합리적인 제한이라고 할 것이고 그것이 직업선택자유의 본질적 내용을 침해하는 것으로 볼 수 없다(헌재 1996.10.31, 93헌바14).

① [○] 헌법재판소는 완화된 수단이 있다고 하더라도 선택된 제한조치가 입법목적달성에 유효적절한 수단인 경우, 제한조치가 현저하게 불합리하거나 불공정하지 않는 한, 완화된 수단이 있다는 것만 가지고 최소침해의 원칙(필요성의 원칙)에 위반된다고 볼 수 없다는 입장이다.

② [○] 이 사건 시행령조항은 규율 위반자에 대해 불이익을 가한다는 면만을 강조하여 금치처분을 받은 자에 대하여 집필의 목적과 내용 등을 묻지 않고, 또 대상자에 대한 교화 또는 처우상 필요한 경우까지도 예외 없이 일체의 집필행위를 금지하고 있음은 입법목적 달성을 위한 필요최소한의 제한이라는 한계를 벗어난 것으로서 과잉금지의 원칙에 위반된다(헌재 2005.2.24, 2003헌마289).

③ [○] 기본권 보호의무란 기본권적 법익을 기본권 주체인 사인에 의한 위법한 침해 또는 침해의 위험으로부터 보호하여야 하는 국가의 의무를 말하며, 주로 사인인 제3자에 의한 개인의 생명이나 신체의 훼손에서 문제되는데, 이는 타인에 의하여 개인의 신체나 생명 등 법익이 국가의 보호의무 없이는 무력화될 정도의 상황에서만 적용될 수 있다[헌재 2009.2.26, 2005헌마764, 2008헌마118(병합)].

MEMO

MEMO

MEMO

2024 최신개정판

해커스경찰
신동욱
경찰헌법

진도별 문제풀이 500제

개정 3판 1쇄 발행 2024년 1월 11일

지은이	신동욱 편저
펴낸곳	해커스패스
펴낸이	해커스경찰 출판팀
주소	서울특별시 강남구 강남대로 428 해커스경찰
고객센터	1588-4055
교재 관련 문의	gosi@hackerspass.com
	해커스경찰 사이트(police.Hackers.com) 교재 Q&A 게시판
	카카오톡 플러스 친구 [해커스경찰]
학원 강의 및 동영상강의	police.Hackers.com
ISBN	979-11-6999-758-4 (13360)
Serial Number	03-01-01

경찰공무원 1위,
해커스경찰 police.Hackers.com

해커스경찰

· 정확한 성적 분석으로 약점 극복이 가능한 **합격예측 모의고사**(교재 내 응시권 및 해설강의 수강권 수록)
· 해커스 스타강사의 **경찰헌법 무료 동영상강의**
· **해커스경찰 학원 및 인강**(교재 내 인강 할인쿠폰 수록)

한경비즈니스 선정 2019 한국 소비자 만족지수 교육(경찰공무원) 부문 1위